1. 우드로 윌슨이 강화회의에 참석하기 위해 성대한 환영 속에 파리에 도착했다. 전쟁을 방지하는 국제연맹을 창설하고 민족들의 자결권을 허용한다는 그의 약속은 유럽과 다른 여러 지역에서 엄청난 기대를 불러일으켰지만, 곧 실망이 뒤따랐다.

2. 프랑스 총리 조르주 클레망소(가운데)와 영국 총리 로이드조지(오른쪽)가 의장대 앞을 지나가고 있다. 두 사람은 전쟁 중 자신의 나라를 단합시켰다. 그들은 큰 대중적 지지와, 그만큼 과도한 기대의 부담을 안고 평화 협상에 왔다.

3. 로이드조지(가운데)와 영제국 대표단은 강화회의에서 상당한 문제를 일으켰다. 영향력이 큰 남아프리카의 외무장관 스뮈츠 장군이 왼쪽에서 두 번째에 서 있다. 로이드조지 왼쪽에는 영국 외무장관 밸푸어, 오른쪽에는 소화불량을 앓고 있던 오스트레일리아의 휴스 총리가 서 있다. 탁자 오른쪽에 윈스턴 처칠이 있다. 로이드조지의 냉소적인 군사 자문관인 헨리 윌슨이 처칠의 왼쪽 어깨 뒤에 서 있다.

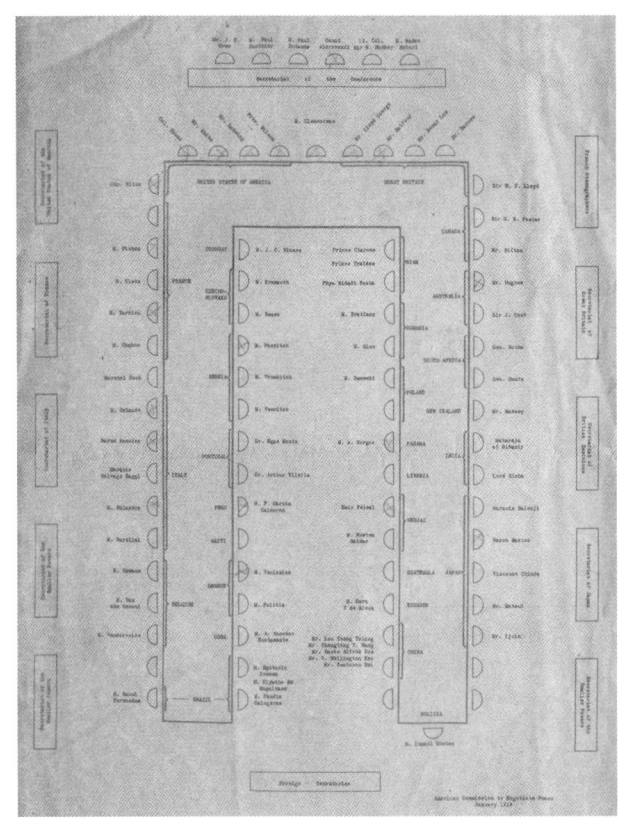

4. 강화회의 좌석 배치도. 참전국과 중립국 등 32개국이 파리에 대표단을 보내도록 초청받았다. 여덟 번 열린 전체회의에서는 약소국들의 불만이 터져나왔다.

5. 강화회의의 실무는 주로 특별위원회와 전문가 위원회, 혹은 네 거두와 참모진이 진행했다. 왼쪽부터 로이드조지(영국), 비토리오 오를란도(이탈리아), 클레망소(프랑스), 윌슨(미국). 3월까지 그들은 외무장관과 두 명의 일본 대표(일본은 예의상 강국으로 대접받았다)와 함께 10인 평의회(대개는 최고평의회라고 불렀다)를 구성해 회의를 진행했다.

6. 평화 조성과 혁명 사이의 경쟁. 당시나 이후 일부 평론가들은 중재자들이 주로 러시아 볼셰비즘에 대한 공포로 움직였다고 주장하지만, 이는 과도한 단순화. 중재자들은 무정부 상태의 확산이나 유럽 중앙부의 경제 붕괴 등을 크게 우려했지만, 또한 세계를 바로 세울 수 있다는 상당한 신념도 가지고 있었다.

7. 생클루 경마장에서 열린 경기를 참관하는 윌슨과 그의 부인. 강화회의는 격무의 연속이었지만 때로 쉬는 시간도 있었다.

8. 급진적인 잔소리꾼에서 승리의 아버지가 된 클레망소. 77세인 그는 네 거두 중 최연장자였다. 그는 강화회의 중 발생한 암살 시도에서 살아남았지만, 일부 사람들은 이후 그가 이전과 달라졌다고 말했다.

9. 프랑스군 총사령관이자 연합국 최고사령관 페르디낭 포슈 원수. 그는 클레망소가 독일 평화 조건에서 너무 많은 타협을 한다고 비판했다. 특히 라인강 서쪽 지역 영토에 대한 프랑스의 통제권을 고수하지 않고 장차 독일이 공격해 올 경우 영국과 미국이 프랑스를 지원한다는 보장을 받아들인 것을 공격했다.

10. 중재자들을 보기 위해 케르도세의 프랑스 외무부 밖에서 기다리는 군중을 그린 어느 화가의 그림.

11. 중재자들의 운전사들.

12. 윌슨이 1919년 2월에 잠시 귀국했다가 한 달 만에 돌아오고, 로이드조지도 런던에서 돌아온 뒤, 10인 평의회를 좀더 작고 비공개적인 모임으로 대체해 속도를 더 높이기로 했다. 4인 평의회로 알려진 이 모임은 주로 윌슨의 서재에서 만났다. 왼쪽부터 오를란도, 로이드조지, 클레망소, 윌슨.

13. 중재자들은 수많은 청원자에게 둘러싸였다. 루마니아의 마리 왕비는 청원자들 가운데 단연 돋보였다. 그녀는 대규모 수행원과 엄청난 옷장, 헝가리 영토의 절반에 달하는 땅에 대한 요구와 함께 파리로 왔다.

14. 강화회의가 자신들의 문제를 해결해주리라 기대한 많은 민족 가운데 폴란드인도 있었다. 폴란드의 첫 총리가 된 위대한 피아니스트 이그나치 파데레프스키는 강대국들의 지원을 얻기 위해 최선을 다했다.

15. 파데레프스키가 파리에서 분투하는 동안, 유제프 피우수트스키 장군은 바르샤바에서 폴란드 국가를 재건하고 군대를 양성하기 위해 노력했다. 영토에 대한 그의 야망이 일부 폴란드 민족주의자들만큼 크지는 않았지만, 그는 리투아니아 남쪽 일부를 장악하고, 동쪽으로 벨라루스와 우크라이나로 진격해 볼셰비키와 충돌했다.

16. 1919년 3월 헝가리 공산주의자인 쿤 벨러가 부다페스트에서 정권을 장악한 것은 파리에 경종을 울렸다. 사실 조사 임무를 맡은 스뮈츠는 그가 오래 정권을 유지하지 못할 것으로 결론 내렸다. 1919년 8월 적들이 그를 끌어내릴 음모를 꾸미고, 체코슬로바키아 군대와 루마니아 군대가 헝가리 영토를 장악하면서 쿤 벨러는 도망칠 수밖에 없었다.

17. 강화회의에 참석한 아랍 대표단. 파이살 왕자(맨 앞)는 자신의 가문이 통치하는 독립된 아랍 국가를 기대했고, 그의 왼쪽에 있는 T. E. 로런스는 프랑스인들을 격분시켰다. 전쟁 중 한 약속에도 불구하고 영국과 프랑스는 중동에 대한 통제권을 포기할 생각이 없었고, 아랍인들은 강화회의를 또 한 번의 서방의 배신으로 여겼다.

18. 손에 지팡이를 든 이탈리아 총리 비토리오 오를란도가 강화회의를 떠나고 있다. 1919년 4월 이탈리아 대표단은 아드리아해, 특히 피우메(리예카)에 대한 영유권 주장으로 동맹국들과 교착상태에 빠졌다. 윌슨은 양보를 거부했다. 마침 독일 대표단이 평화 조건을 통보받기 위해 도착할 예정이었던 터라, 이탈리아 대표단의 이탈은 강화회의 전체를 위협했다.

19. 아드리아해 돌출부의 작은 항구 피우메는 이탈리아에서 첨예한 민족주의 목표가 되었다. 1919년 9월 이 도시를 장악한 시인 가브리엘레 단눈치오는 자국 정부에 저항하고 끊임없이 민족주의적 연설을 하며 15개월 동안 머물렀다. 훗날 이탈리아 독재자가 되는 무솔리니는 그의 사례에서 많은 것을 배웠다.

20. 그리스 총리 엘레프테리오스 베니젤로스는 구 오스만제국 영토 상당 부분을 흡수한 대大그리스를 꿈꿨다. 그는 탁월한 매력으로 파리에서 많은 지지, 특히 로이드조지의 지지를 받았다. 그 결과 그리스는 오스만제국의 유럽 잔여 영토인 트라키아를 얻었고, 소아시아 해안의 그리스인 다수 거주 지역인 스미르나(이즈미르)로 군대를 파견하도록 허용되었다.

21. 중재자들은 1921년 세브르에서 오스만제국에 징벌적 조약을 강요했지만, 뛰어난 장군 무스타파 케말 아타튀르크가 주도하는 깨어나는 튀르키예 민족주의의 힘을 간과했다.

22. 1922년 튀르크 군중이 스미르나를 그리스군으로부터 탈환한 것을 기념하고 있다. 이로써 튀르크의 땅에서 베니젤로스의 꿈과 그리스 세력은 끝이 났다.

23. 1919년 가을에 영국 외무장관을 맡은 커즌은 로이드조지가 그리스의 야망을 지지하는 것을 실망스럽게 지켜보았다. 나중에 그는 사장된 세브르 조약을 대체할 새로운 조약을 튀르크인들과 협상해야만 했다.

24. 1922~1923년 로잔에 머물던 튀르크 대표단. 지팡이를 쥔 사람은 아타튀르크가 신임하던 대표인 이스메트 이뇌뉘 장군으로, 그는 협상에서 조금도 뒤로 물러나지 않아 커즌의 인내심을 시험했다. 결국 1923년에 체결된 로잔 조약으로 튀르크는 오늘날의 영토를 갖추게 되었다.

25. 강화회의는 패전국인 오스트리아, 불가리아, 헝가리, 오스만튀르크와 조약을 체결했지만, 독일과의 조약 체결은 어려웠다. 연합국 사이의 의견 불일치로 적국과 협상 전에 예비회의로 여겨지던 것이 점차 본회의가 되었다. 독일 평화 조건은 1919년 5월까지 확정되지 않았다. 울리히 브록도르프-란차우(오른쪽에서 세 번째)는 독일 외무장관이자 독일 대표단장이었다. 독일인들은 그저 자신들에게 평화 조건을 통보만 하고 진지한 협상을 거부한 연합국을 결코 용서하지 않았다.

26. 베를린에서 군중이 엄청나게 모여 항의 시위를 벌이고 있다. 독일인들은 평화 조건에 경악했다. 그들 입장에서 이는 윌슨의 새로운 외교 원칙에 기반해 부당한 징벌 없이 평화를 협상하겠다는 약속을 어긴, 연합국의 배신이었다. 현수막에는 윌슨의 유명한 연설을 인용한 "오직 14개조"라는 요구가 적혀 있다.

27. 프랑스 병사들이 조약 서명을 위해 가구를 베르사유궁으로 옮기고 있다. 중재자들은 독일의 항의성 서면 답신을 받고서 조항에서 몇 가지 사소한 조정만 했고, 독일 정부에 서명 마감 시한을 통보해 독일을 정치 위기로 몰아갔다. 파리에서는 조약 서명을 위한 준비와 전쟁 재개 준비가 함께 진행되었다.

28. 연합국의 마감 시한 직전인 1919년 6월 23일, 독일 정부는 결국 서명에 동의했다. 서명식은 6월 28일로 예정되었고, 입장권을 얻으려는 경쟁이 벌어졌다. '거울의 방'에 들어갈 수 없었던 사람들이 창문 너머로 안을 들여다보고 있다.

29. 베르샤유 조약 서명식 당시 베르사유궁 거울의 방 내부 모습. 이 장소는 1870~1871년 프랑스-프로이센 전쟁에서 프랑스가 패배한 후 새로운 독일 국가가 선포된 곳이기 때문에 프랑스인들에게는 대단한 의미가 있었다.

30. 1919년 6월 28일 베르사유궁의 전경. 분수가 솟구치고 대포가 발사되어 기다리던 군중에게 독일 조약이 서명된 것을 알렸다. 강화회의는 1920년 1월까지 지속되었지만, 이로써 가장 중요한 단계가 일단락되었다. 윌슨은 그날 밤 미국으로 출발했고, 로이드조지도 얼마 후 영국으로 돌아갔다.

파리 1919

PARIS 1919

Copyright © 2021 by Margaret MacMillan
Maps copyright © 2002 by Jeffrey L. Ward
All Rights Reserved

Korean translation copyright © 2025 by CUM LIBRO
Korean translation rights arranged with HODDER & STOUGHTON LIMITED
through EYA Co.,Ltd

이 책의 한국어판 저작권은 EYA Co.,Ltd를 통해
HODDER & STOUGHTON LIMITED와 독점계약한 도서출판 책과함께에 있습니다.
저작권법으로 보호를 받는 저작물이므로 무단전재와 무단복제를 금합니다.

Paris 1919

— 파리 1919 —

새로운 세계 질서를 향한 6개월

마거릿 맥밀런 지음
허승철 옮김

책과함께

일러두기

- 이 책은 Margaret MacMillan의 PARIS 1919를 우리말로 옮긴 것이다. 초판인 영국판(2001) 제목은 PEACEMAKERS이나 미국판(2002)은 PARIS 1919로 출간되었고, 이후 영국판도 PARIS 1919로 제목을 바꾸어 출간하고 있다.
- 옮긴이의 짧은 설명은 〔 〕로 덧붙이고, 긴 것은 각주로 넣었다.
- '1차 세계대전'과 '2차 세계대전'은 가독성 제고를 위해 '1차대전', '2차대전'으로 축약해 표기했다.
- '1차 세계대전'은 '2차 세계대전'이 발발한 후에 생긴 명칭으로 그전에는 '대전쟁(Great War)'으로 불렸는데, 원서에서 'Great War'로 표기된 부분은 '대전쟁'으로 옮겼다.

나의 부모님 엘뤼네드 맥밀런과 로버트 맥밀런께

차례

지도　　　　　　　　　　　　　　　　　　　　　11

들어가며　　　　　　　　　　　　　　　　　　　19

1부 —— 평화를 위한 준비

　1장　우드로 윌슨, 유럽에 가다　　　　　　　33
　2장　첫인상　　　　　　　　　　　　　　　　58
　3장　파리　　　　　　　　　　　　　　　　　73
　4장　로이드조지와 영제국 대표단　　　　　　89

2부 —— 새로운 세계 질서

　5장　최고평의회　　　　　　　　　　　　　117
　6장　러시아　　　　　　　　　　　　　　　134
　7장　국제연맹　　　　　　　　　　　　　　172
　8장　위임통치　　　　　　　　　　　　　　198

3부 —— 다시 발칸 문제

9장　유고슬라비아　　　　　　　　　　217

10장　루마니아　　　　　　　　　　　246

11장　불가리아　　　　　　　　　　　267

12장　겨울 휴회　　　　　　　　　　 280

4부 —— 독일 문제

13장　징벌과 예방　　　　　　　　　 301

14장　독일 제어　　　　　　　　　　 316

15장　청구서 작성　　　　　　　　　 341

16장　독일 조항에 대한 협상 교착　　 366

5부 —— 동방과 서방 사이에서

17장　다시 태어난 폴란드　　　　　　387

18장　체코와 슬로바키아　　　　　　 429

19장　오스트리아　　　　　　　　　　454

20장　헝가리　　　　　　　　　　　　474

6부 ─── 불안한 봄

21장 4인 평의회	503
22장 회담을 이탈한 이탈리아	514
23장 일본과 인종 평등	563
24장 중국의 심장을 겨눈 칼	591

7부 ─── 중동에 불 지피기

25장 페리클레스 이후 가장 위대한 그리스 정치가	633
26장 오스만제국의 종말	669
27장 아랍의 독립	695
28장 팔레스타인	746
29장 아타튀르크와 세브르 조약 파기	776

8부 —— 마무리
30장 거울의 방　　　　　　　　　　　829

맺으며　　　　　　　　　　　　　　　　871

부록: 우드로 윌슨의 평화 원칙 14개조　　　883
감사의 말　　　　　　　　　　　　　　　887
옮긴이의 말　　　　　　　　　　　　　　889
참고문헌　　　　　　　　　　　　　　　895
주　　　　　　　　　　　　　　　　　　920
찾아보기　　　　　　　　　　　　　　　955

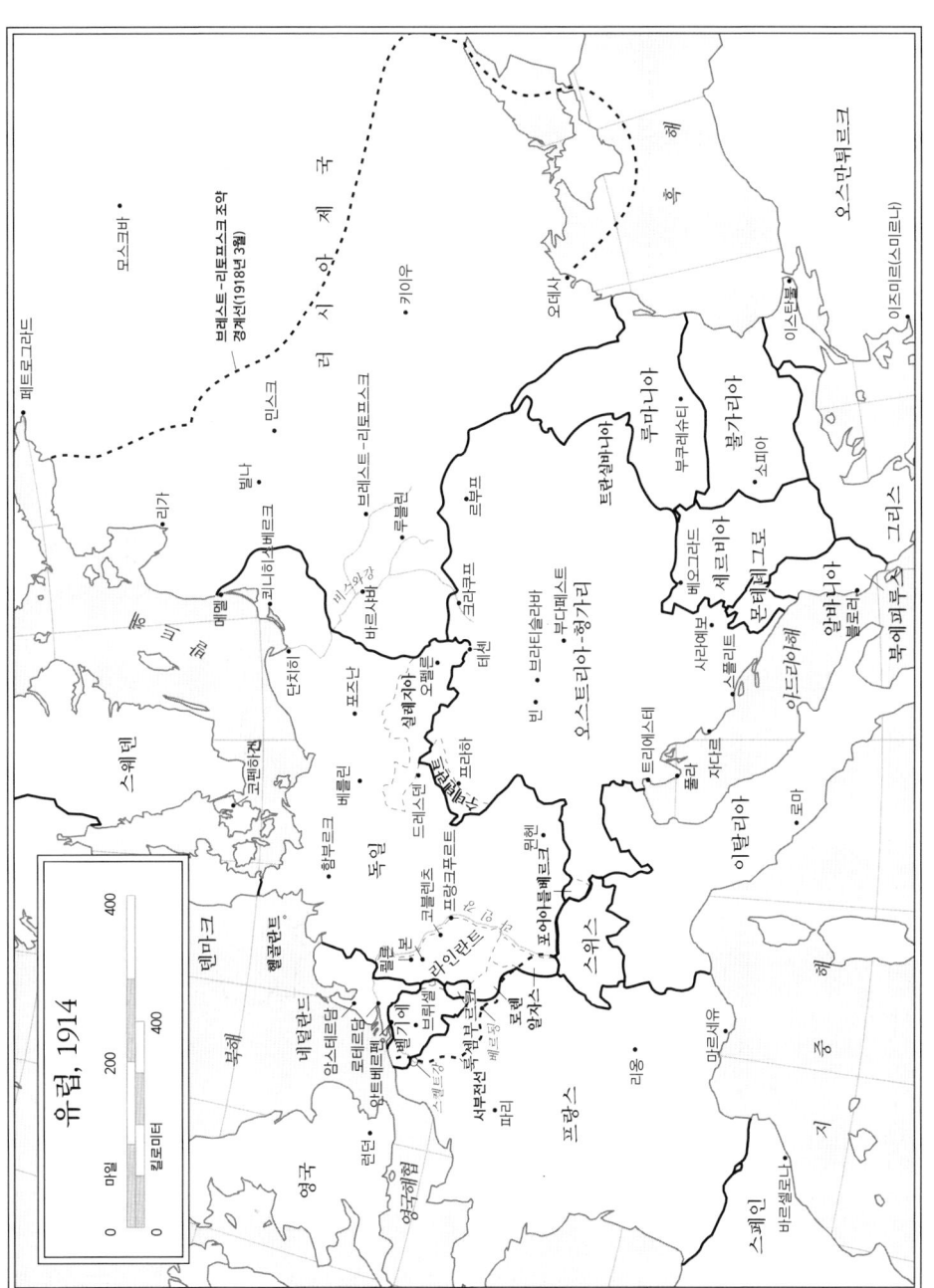

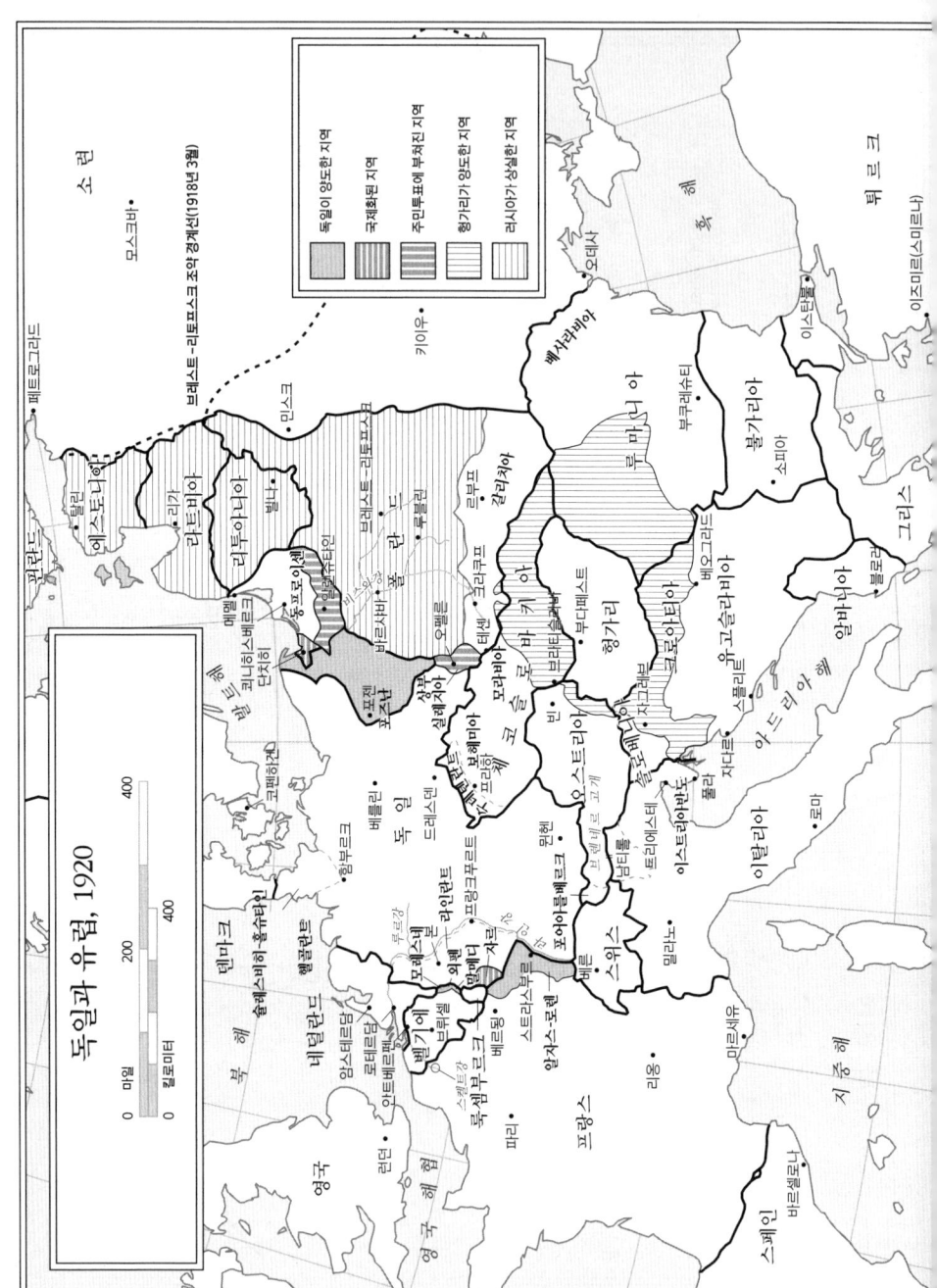

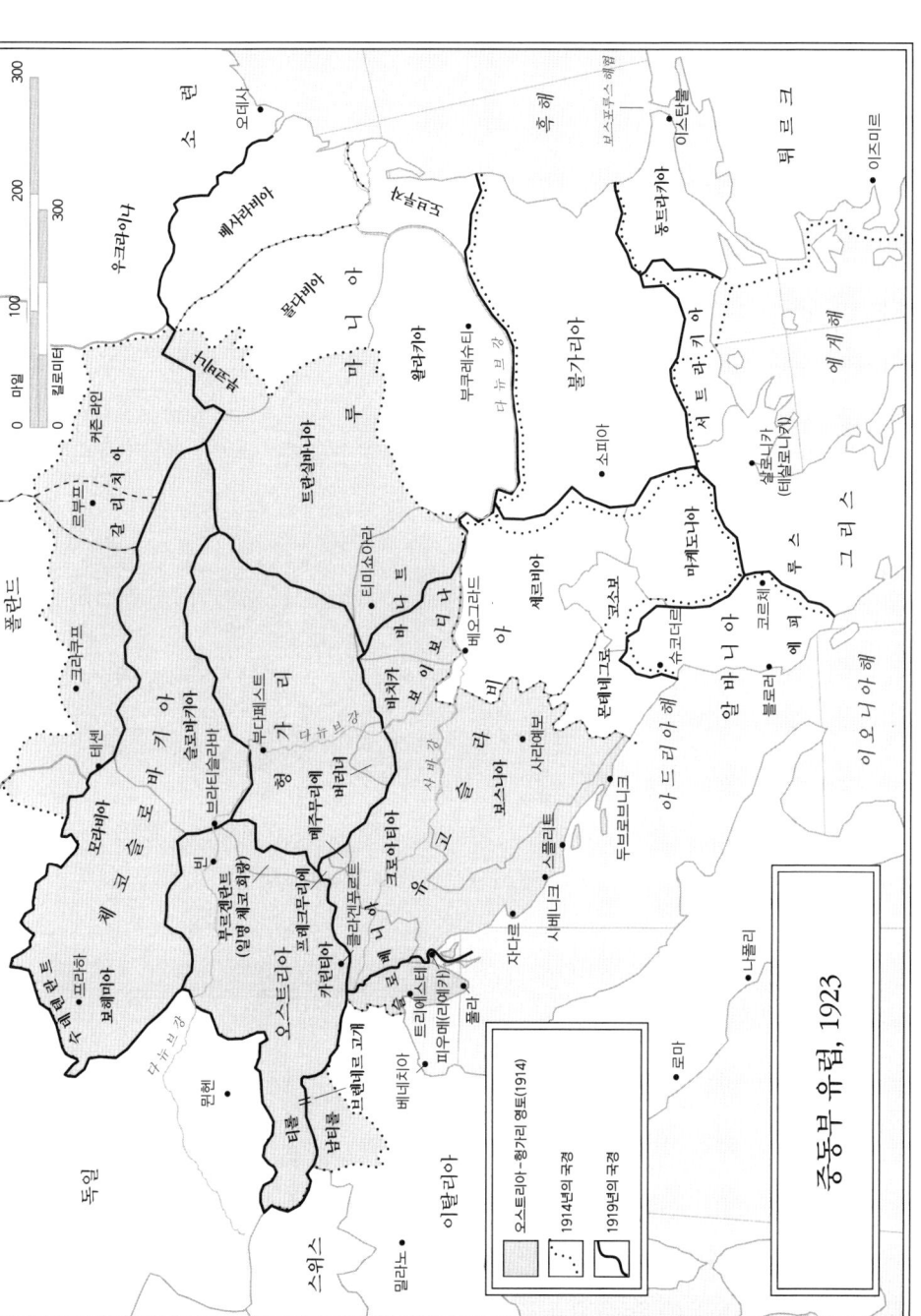

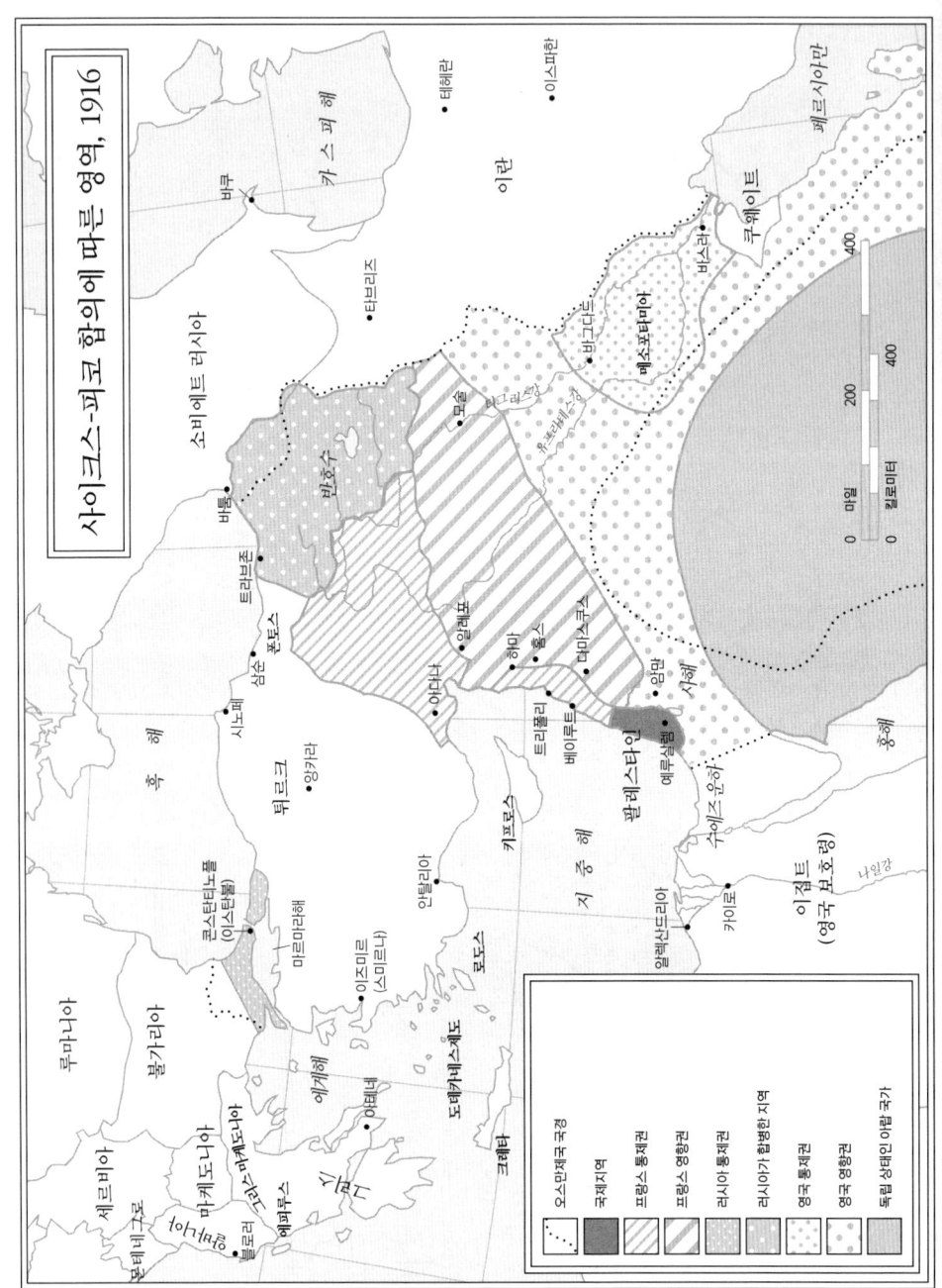

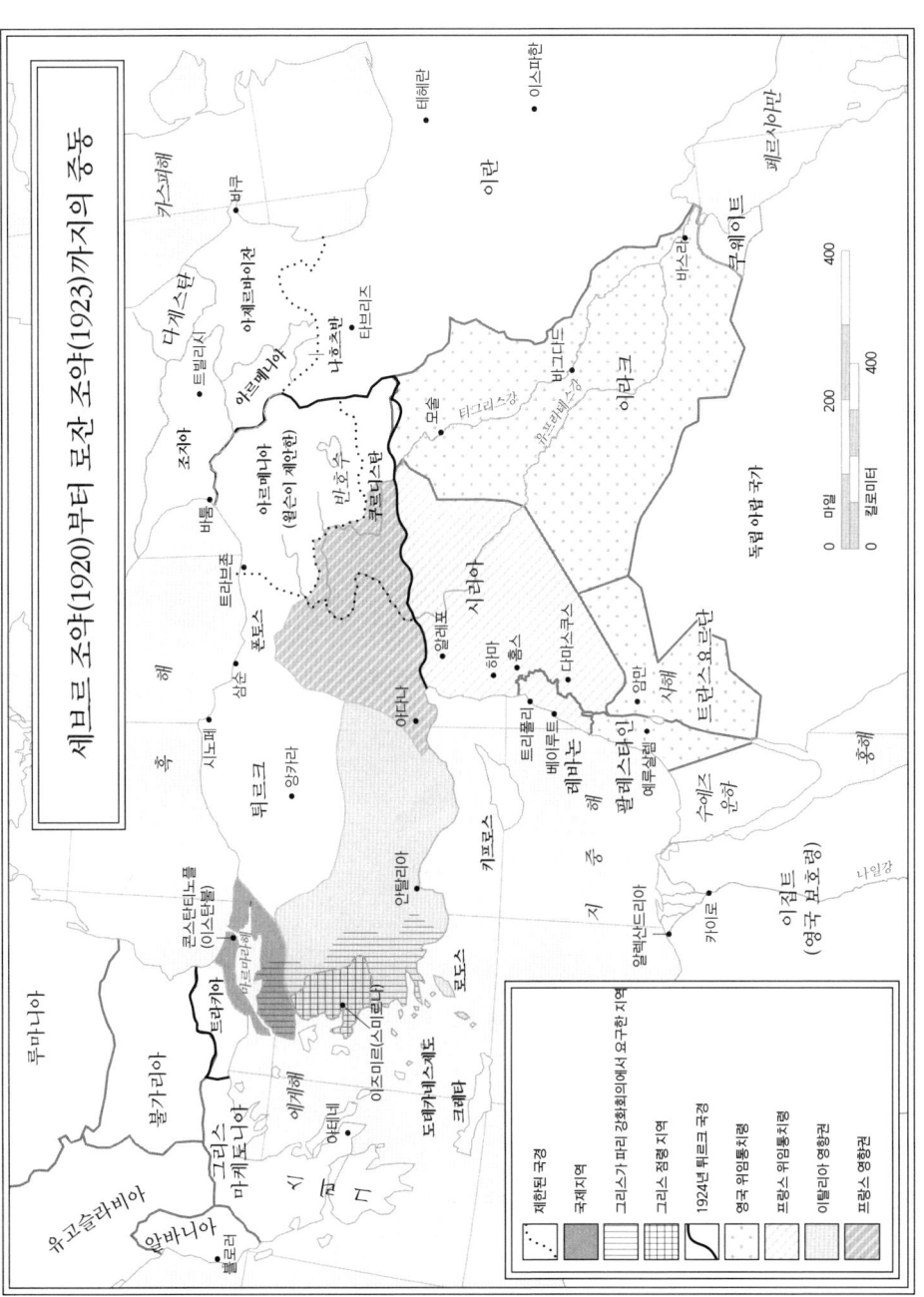

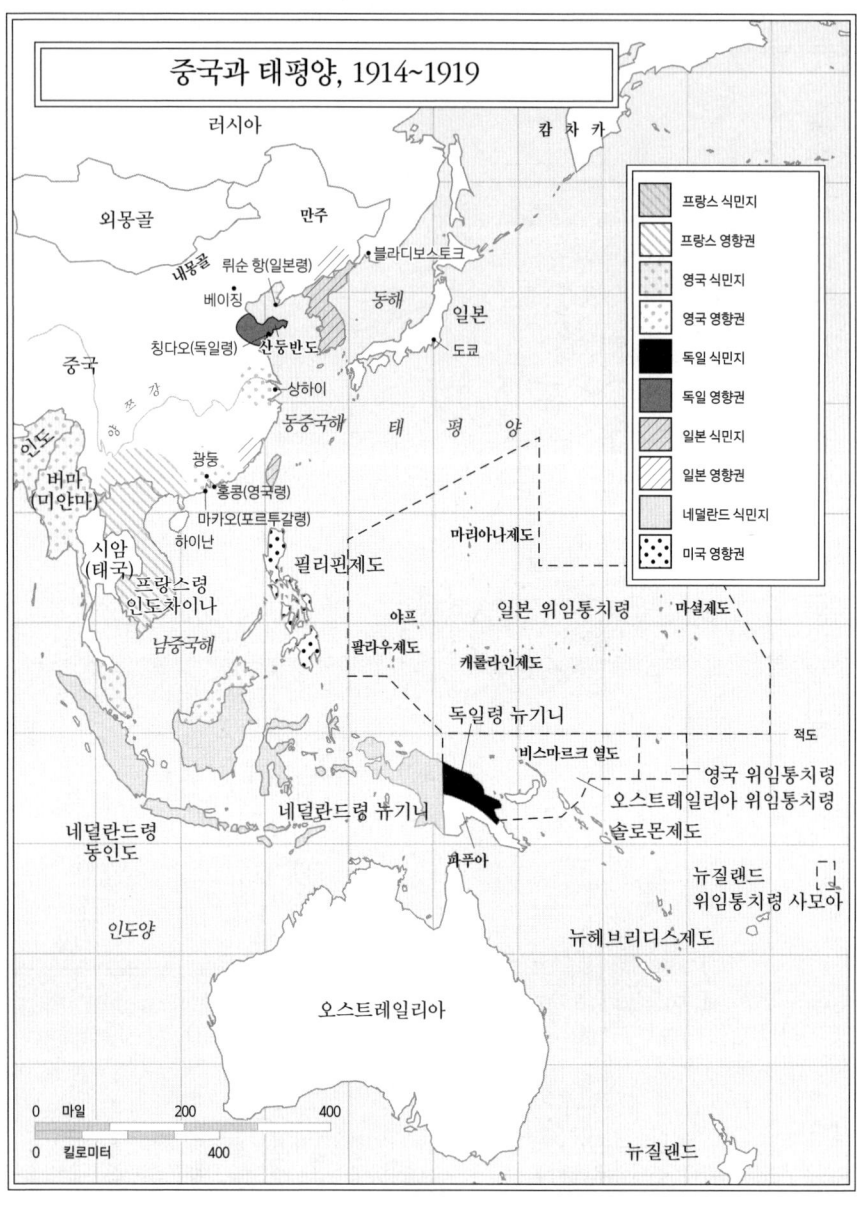

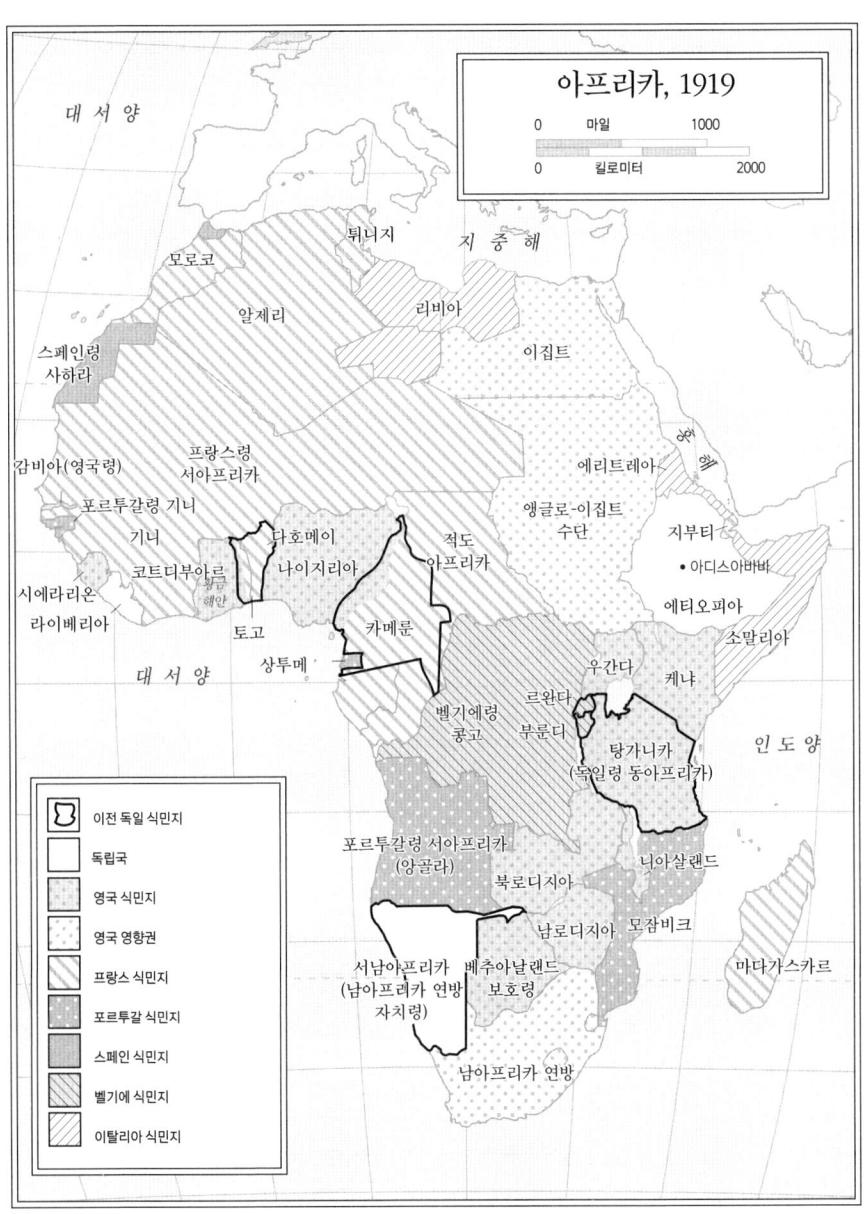

들어가며

1919년 파리는 세계의 수도였다. 강화회의는 세상에서 가장 중요한 과제였고, 중재자들은 세상에서 가장 권력이 막강한 사람들이었다. 그들은 매일 만나서 자신의 의견을 주장하고, 논쟁하고, 싸우고, 다시 논의했다. 그들은 타협을 하고 조약서를 작성했다. 새로운 나라를 만들고, 새로운 조직도 창설했다. 그들은 같이 식사를 하고, 함께 공연을 보러 갔다. 1월부터 6월까지 여섯 달 동안 파리는 세계 정부, 세계의 상고법원, 세계 의회가 되었고, 공포와 희망의 초점이 되었다. 공식적으로 강화회의는 더 길게 진행되어 1920년까지 이어졌다. 그렇지만 첫 여섯 달이 가장 중요했고, 가장 중요한 결정들이 내려졌으며, 핵심 사건들이 연쇄적으로 작동하기 시작했다. 세계는 이와 유사한 것을 본 적이 없었고, 앞으로도 볼 수 없을 터였다.

중재자들peacemakers이 그곳에 모인 이유는 자부심 강하고 확신에 차고 부유했던 유럽이 산산조각 났기 때문이다. 1914년 발칸 지역에서 권력과 영향력의 확보를 놓고 벌어진 티격태격 싸움으로 시작된 전쟁은 동쪽의 차르 전제정 러시아에서부터 서쪽의 영국에 이르기까지 모든 강대국과 약소국 대부분을 끌어들였다. 스페인, 스위스, 네덜란드와 스칸디나비아 국가들만이 이 전쟁에 끼어들지 않았다. 아시아, 아프리카, 태평양 섬, 중동에서도 전투가 벌어졌지만, 대부분의 전쟁은 유럽 땅에서 벌어졌고, 북쪽의 벨기에부터 남쪽의 스위스까지 미친 듯이 뻗은 참호망과 독일 국경, 그 동맹국인 오스트리아-헝가리 국경, 그리고 발칸 지역에서 전투가 치러졌다. 병사들은 전 세계 여러 곳에서 왔다. 오스트레일리아 병사, 캐나다 병사, 뉴질랜드 병사, 인도 병사, 뉴펀들랜드 병사가 영제국을 위해 싸웠고, 베트남 병사, 모로코 병사, 알제리 병사, 세네갈 병사는 프랑스를 위해 싸웠다. 그리고 자국 선박을 공격한 독일에 대해 격분한 미군 병사들이 싸웠다.

    대전장에서 멀리 떨어진 유럽 지역들은 여전히 이전과 같아 보였다. 대도시는 그대로 남아 있었고, 철도도 그대로였고, 항구도 여전히 잘 기능했다. 수많은 건물과 주택이 잿더미가 된 2차대전과 다른 모습이었다. 또한 수백만 명의 전투원이 4년 동안 사망했다(엄청난 민간인 살상의 시기는 아직 오지 않았다). 독일군 180만 명, 러시아군 170만 명, 프랑스군 138만 4천 명, 오스트리아-헝가리군 129만 명, 영국군 74만 3천 명(추가적으로 영연방 자치령 병사 19만 2천 명), 그리고 전사자 통계의 제일 아래에 있는 작은 나라 몬테네그로 병사는 3천 명이 전사했다. 아이들은 아버지를 여의었고, 아내는 남편을 잃었고, 젊은 여자들은 결혼할 기회를 잃었다. 그리고 유럽은 과학자, 시인, 지도자가 될 수 있었던 사람들을 잃었고, 그들에게서 태어났을 아이들도 잃었다. 다만 사망자 총계는 한쪽 다리, 팔, 눈을 잃은 사람들, 독가스로 폐가 망가지거나 신경이 다시 회복되지 않은 사람들을 포함하지 않았다.

세계에서 가장 발전한 국가들이 자국의 인력, 부, 산업, 과학, 기술의 열매를, 우연한 사건으로 시작되었으나 양측의 전력이 너무 대등해서 중지할 수 없었던 전쟁에 4년 동안 쏟아부었다. 독일의 동맹국들이 무너지고, 새로운 미군 병력이 쏟아져 들어온 1918년 여름이 되어서야 연합국은 우위를 점할 수 있었다. 전쟁은 11월 11일에 끝났다. 모든 곳의 사람들은 이제 막 끝난 전쟁 같은 나쁜 일이 더이상 일어나지 않기를 희망했다.

4년간의 전쟁은 유럽을 세계 지배 세력으로 만든 드높은 자신감을 깡그리 부숴버렸다. 서부전선에서의 전쟁 이후 유럽은 더이상 세계 문명화 사명을 말할 수 없게 되었다. 전쟁은 정부를 전복시키고, 권력자들을 초라하게 만들고, 사회 전체를 뒤집었다. 러시아에서는 1917년에 일어난 혁명이 차르 전제정을 아직 아무도 모르는 체제로 대체했다. 전쟁 후반기에 오스트리아-헝가리는 사라져서 유럽 중앙에 거대한 공백을 만들었다. 중동에 엄청난 영토를 소유하고 유럽 일부를 차지했던 오스만제국도 거의 끝난 것이나 마찬가지였다. 독일제국은 이제 공화국이 되었다. 폴란드, 리투아니아, 에스토니아, 라트비아 같은 옛 국가들은 역사에 묻혀 있다가 다시 생명을 얻었고, 유고슬라비아와 체코슬로바키아 같은 새 국가가 탄생하려고 애를 썼다.

파리 강화회의는 1919년 6월 베르사유에서 서명된 독일 조약을 만들어낸 것으로 기억되지만, 그것보다 훨씬 많은 일이 있었다. 이제 별개 나라가 된 오스트리아와 헝가리, 불가리아, 오스만제국 같은 다른 패전국도 조약을 체결해야 했다. 유럽 중앙과 중동에 새로운 국경이 그려졌다. 무엇보다 중요한 것은 국제 질서를 새롭게 재창조해야 한다는 것이었다. 국제노동기구, 국제연맹, 국제전신연맹, 국제항공기구를 설립할 분위기가 무르익었는가? 엄청난 재앙을 겪은 후 그러한 기대는 매우 컸다.

1918년 포성이 멈추기도 전에 절절하고, 요구를 내세우고, 분노하는 목소리가 나오기 시작했다. "중국은 중국인의 것이다", "쿠르디스탄은 독립해야 한다", "폴란드는 다시 살아나야 한다" 같은 목소리가 터져 나왔다. 그들은 여러 언어로 말했고, 많은 요구를 내놓았다. 미국은 세계의 경찰이 되어야 한다는 요구가 있는가 하면, 미국은 자기 나라로 돌아가야 한다는 요구가 있었다. 러시아인들은 도움이 필요하다는 말과 자기 멋대로 하도록 놔두어야 한다는 말이 나왔다. 불평도 많았다. 체코인은 슬로바키아인에 대해 불평했고, 크로아티아인은 세르비아인에 대해 불평했다. 아랍인은 유대인에 불만이 많았고, 중국인은 일본인에 불만이 많았다. 새로운 세계 질서가 구질서보다 더 나은 것이 될지에 대한 걱정과 불안도 컸다. 서방에서는 동방에서 오는 위험한 사상에 대한 말이 많았다. 동방에서는 서방의 물질주의 위협을 우려했다. 아프리카인들은 세계가 자신들을 잊었을까 두려워했다. 아시아인들은 미래는 자신들의 것이지만 현재가 문제라고 생각했다.

우리는 대전쟁 말기에 산다는 것이 어떤 것이었는지 대충 안다. 1919년의 목소리는 현재의 목소리와 비슷한 면이 많았다. 1989년 냉전이 끝나고 소련의 마르크스주의가 역사의 쓰레기통으로 사라졌을 때, 과거의 힘, 종교 또는 민족주의가 냉동 상태에서 되살아났다. 보스니아와 르완다는 그러한 힘이 얼마나 강한지를 우리에게 상기시켜주었다. 1919년에도 국경이 갑자기 바뀌고, 새로운 경제적·정치적 발상이 나오면서 새 질서가 탄생하고 있다는 느낌이 들었다. 위험할 정도로 취약한 세계에 산다는 것은 흥분되기도 했지만, 무섭기도 했다. 오늘날 일부 사람들은 다시 힘을 얻는 이슬람이 위협이라고 주장하는데, 1919년에 가장 큰 위협은 러시아 볼셰비즘이었다. 차이가 있다면 지금 우리는 강화회의를 열지 않고 있고, 그럴 시간이 없다고 생각하는 것이다. 정치인과 참모들은 2~3일 짧은 미팅을 하고 다시 날아간다. 무엇이 세계 문제를 해결하는 데 더 좋은 방법인지 아무도 모른다.

우리가 사는 세계와 1919년의 세계 사이에는 많은 연속성이 있다. 1993년 여름에 일어난 두 사건을 예로 들어보자. 발칸 지역에서 세르비아인과 크로아티아인은 유고슬라비아 국가를 해체했다. 런던에서는 나우루섬에 사는 엄청나게 부유한 주민들이 레오나르도 다빈치의 생애를 다룬 뮤지컬을 후원했으나 성공을 거두지 못했다. 유고슬라비아와 나우루 모두 파리 강화회의 덕분에 탄생한 독립 국가였다. 당시의 합의는 그 이후로 계속 깨지고 있다. 그리고 당시의 많은 딜레마는 오늘날까지 여전히 존재한다. 일본과 중국의 관계, 유럽과 미국의 관계, 러시아와 이웃 국가들의 관계, 이라크와 서방의 관계는 여전히 골칫거리다.

이런 문제들을 해결하려는 정치인, 외교관, 은행가, 군인, 교사, 경제학자, 법률가 등이 세계 곳곳에서 파리로 모여들었다. 미국 대통령 우드로 윌슨, 그의 국무장관 로버트 랜싱, 프랑스 총리 조르주 클레망소, 이탈리아 총리 비토리오 오를란도, 아랍 전통 복장 차림의 신비에 싸인 아라비아의 로런스, 자신의 나라에 큰 재앙을 가져온 그리스 애국주의자 엘레프테리오스 베니젤로스, 피아니스트에서 정치인으로 변신한 이그나치 파데레프스키, 그리고 아직 큰 족적을 남기지 않은 많은 사람이 파리로 왔다. 그중에는 장래의 미국 국무장관 두 사람, 일본 총리, 이스라엘의 초대 대통령도 있었다. 루마니아의 왕비 마리 같은 사람은 태어날 때부터 권력을 가지고 있었고, 영국 총리 데이비드 로이드조지 같은 사람은 자신의 노력으로 권력을 잡았다.

권력의 집중은 기자와 사업가, 온갖 것들의 대변자를 무수히 많은 대의명분으로 끌어모았다. 당시 런던 주재 프랑스 대사는 이렇게 썼다. "파리로 가야 사람들을 만날 수 있다. 파리는 평화 회담에 참여한다는 명목으로 오는 수많은 영국, 미국, 이탈리아, 그밖에 이름이 잘 알려지지 않은 외국 신사들의 유락 장소가 될 것이다."[1] 여성 투표권, 흑인 인권, 노동헌장, 아일랜드 독립, 군비 축소 요구와 세계 모든 곳에서 답지한 청원과 청원자들이 파리에 모였다. 그해 겨울과 봄의 파리는 유대인의 고향, 재건된 폴란드, 독립 우크라이나, 쿠르디스탄, 아르메니아를 놓고 벌어지는 계략이 넘쳐났다. 유권자협회, 파리의 카르파티아-러시아 위원회, 바나트 세르비아인, 반反볼셰비키 러시아 정치회의 등에서 청원이 쏟아져 들어왔다. 이미 존립하는 국가와 아직 꿈으로 남아 있는 국가들로부터도 청원이 들어왔다. 이들 중 일부는 시온주의자들처럼 수백만 명을 대표했고, 발트해의 올란드제도 같은 곳은 수백 명을 대표했다. 일부는 너무 늦게 도착했다. 시베리아에 있던 한국인들은 1919년 2월 도보로 출발했는데, 강화회의가 일단락된 6월 시점에 겨우 북극해 항구인 아르한겔스크까지 도달했다.[2]

 강화회의는 시작부터 조직, 목적, 절차를 둘러싼 혼란으로 어려움을 겪었다. 그 이전에 있었던 여러 가지 일을 고려하면 어느 정도 불가피한 일이었다. 영국, 프랑스, 이탈리아, 미국 4대 강대국은 예비회담을 열어 제시할 조건에 합의한 후, 본격적인 평화 회담을 열어 패전국과 협상할 계획이었다. 그러나 곧바로 의문이 생겼다. 다른 연합국에게도 발언권을 주어야 하는가? 일례로 일본은 극동에서 중요한 국가였다. 세르비아와 벨기에 같은 약소국은 어떻게 할 것인가? 두 나라 모두 일본보다 훨씬 많은 병력을 잃었다.

 4대 강대국은 양보를 했고, 강화회의는 전반적으로 의식이 되었다. 그러나 실질적인 작업은 4대 강대국과 일본의 비공식 회의에서 진행되었고, 이마저 번거롭게 느끼자 4대 강대국 지도자들에 의해 진행되었다. 시간이 지나면서 예비회의라고 생각했던 것이 어느 사이엔가 본회의가 되었다. 독일 대표단은 회의에서 배제된 채 단지 최종 조약을 확인하도록 파리로 소환되었는데, 이것은 외교 전례를 파괴한 처사였다.

중재자들은 더 신속하게 더 잘 조직된 상태로 일하기를 희망했다. 그들은 유일한 선례인 나폴레옹 전쟁을 종결한 빈 회의를 주의 깊게 연구했다. 프랑스 외무부는 참고를 위해 저명한 역사학자에게 빈 회의를 조사한 책을 쓰게 했다. (그는 후에 자신의 책이 거의 영향을 미치지 않았다고 불평했다.[3]) 빈의 중재자들이 당시에 직면한 문제도 엄청나기는 했지만, 파리 회의에 비하면 훨씬 단순했다. 당시 영국 외무장관 캐슬레이Castlereagh 경은 14명의 수행원만 데리고 빈으로 왔지만, 1919년 영국 대표단은 거의 400명에 달했다. 그리고 1815년의 의제들은 차분하고 여유 있게 해결되었다. 캐슬레이와 그의 동료들이 1919년 회의를 보았다면 대중의 철저한 감시에 놀랐을 것이다. 파리 강화회의에는 훨씬 많은 인원이 참가했다. 30개국이 대표단을 보냈고, 이중 이탈리아, 벨기에, 루마니아, 세르비아는 1815년에는 존재하지 않았던 나라였다. 당시 라틴아메리카 국가들은 스페인과 포르투갈 제국의 식민지였고, 태국, 중국, 일본은 멀리 있는 신비스러운 국가였다. 이제 1919년 그 국가들의 외교관은 세로 줄무늬가 있는 바지와 정장코트를 입고 회의에 나타났다. 빈 회의는 노예무역을 비난하는 선언을 제외하고는 비유럽 세계에 관심을 기울이지 않았다. 파리 강화회의가 다룬 주제는 북극에서 남극까지, 태평양의 작은 섬에서 대륙 전체에 이르기까지 다양했다.

빈 회의는 1789년 프랑스 혁명이 촉발한 대격변이 가라앉는 시점에 개최되었다. 1815년이 되자 그 효과는 거의 흡수되었지만, 1919년에 러시아 혁명은 발발한 지 이제 겨우 2년밖에 지나지 않았고, 세계 다른 지역에 미칠 영향은 아직 알 수 없었다. 서방 지도자들은 볼셰비즘이 러시아에서 흘러나와 종교와 전통, 자신들의 사회를 묶어주는 모든 유대를 위협할 것으로 우려했다. 독일과 오스트리아에서 노동자 소비에트는 이미 여러 도시와 마을에서 권력을 장악하고 있었고, 병사들이 반란을 일으켰다. 파리, 리옹, 브뤼셀, 글래스고, 샌프란시스코와 심지어 캐나다 대초원의 조용한 위니펙에서도 총파업이 일어났다. 이것들은 고립된 발생인가, 아니면 지하의 거대한 불에서 올라온 불길인가?

1919년 중재자들은 늘 시간에 쫓기고 있다고 느꼈다. 그들은 빈의 전임자들과 마찬가지로 유럽 지도에 새 경계선을 정해야 했지만 아시아, 아프리카, 중동도 생각해야 했다. '민족자결'이라는 구호는 서로 경쟁하는 민족주의 사이에서 결정하는 데 도움이 되지 않았다. 중재자들은 경찰 역할을 해야 했고, 굶주린 사람들을 먹여 살려야 했다. 그들은 대전쟁이 또다시 일어나지 않도록 새로운 국제 질서를 만들어야 했다. 윌슨은 약자를 보호하고 분쟁을 해결하는 새로운 방법을 약속했다. 전쟁은 엄청난 어리석음과 낭비를 초래했지만, 전쟁을 통해 좋은 결과를 가져올 여지도 있었다. 중재자들은 당연히 조약을 작성해야 했다. 독일은 전쟁을 일으킨 죄에 합당한 대우를 받아야 했고(당시 많은 사람들은 단지 패전했기 때문이라고 생각했지만), 독일의 미래는 좀더 평화로운 노선에 들어서야 했고, 독일의 경계는 서쪽에서는 프랑스에 보상하기 위해서, 동쪽에서는 새 국가들을 위해 조정되어야 했다. 불가리아는 자체 조약을 체결해야 했다. 오스만제국도 마찬가지였다. 오스트리아-헝가리는 특히 문젯거리였는데, 더이상 존재하지 않는 국가였기 때문이다. 영토의 상당 부분은 새 국가들에 넘어갔고 이제 남은 것은 작은 오스트리아와 불안정한 헝가리였다. 강화회의에 대한 기대감은 엄청났고, 그만큼 실망의 위험성도 컸다.

중재자들은 또한 자신의 나라를 대표했고, 대부분이 민주주의 국가에서 왔기에 자국의 여론에도 신경을 써야 했다. 그들은 다음 선거를 미리 생각해야 했고, 여론의 중요한 부분에 부응하거나 이를 소외시키는 비용도 저울질해야 했다. 그런 점에서 그들은 완전히 자유로운 행위자가 아니었다. 그리고 모든 기존 국경이 유동적이라는 생각은 큰 유혹이었다. 오래된 요구와 새 요구를 제기할 수 있는 적기였다. 영국과 프랑스는 중동을 분할하기로 조용히 합의했다. 이탈리아는 강력한 국가가 옆에 나타나는 것을 원하지 않았기 때문에 유고슬라비아 창설 요구를 가로막았다. 클레망소는 한 동료에게 "전쟁을 하는 것보다 평화를 이루는 것이 훨씬 어렵다"라고 불평했다.[4]

중재자들은 파리에 머무는 몇 달 동안 많은 것을 성취해야 했다.

독일과 평화조약을 맺어야 했고, 오스트리아, 헝가리, 불가리아와의 평화를 위한 초석을 놓아야 했다. 또한 유럽과 중동을 통과하는 새 국경을 획정해야 했다. 그들이 한 일의 결과가 오래 지속되지 않은 것은 사실이다. 당시의 사람들이나 이후 사람들은 중재자들이 너무 시간을 끌었고, 일을 잘못 처리했다고 말했다. 1919년 평화 협상은 실패작이고, 결국 2차대전의 직접적 원인이 되었다는 것이 일반 상식이 되어버렸다. 하지만 이는 그들의 힘을 과대평가한 것이다.

1919년 세계에는 두 개의 현실이 있었는데 서로 잘 들어맞지 않았다. 하나의 현실은 파리에 있었고, 다른 하나는 주민들이 자신들에 관한 결정을 내리고 자신들의 전투를 치른 현장에 있었다. 중재자들이 육군과 해군을 보유하고 있었던 것은 사실이지만, 소아시아나 코카서스(캅카스) 내륙처럼 철도, 도로, 항구가 거의 없는 곳에서는 병력을 이동하는 것이 느리고 힘들었다. 새로 등장한 비행기는 이 공백을 메울 만큼 크거나 강하지 못했다. 이미 철도가 깔린 유럽 중앙에서도 질서의 붕괴로 기관차나 화물차가 있어도 연료가 없는 상황이었다. 영민한 영국 장군이었던 헨리 윌슨은 로이드조지에게 말했다. "이런저런 약소국을 비난하는 것은 아무 소용이 없다. 악의 근원은 파리의 합의가 작동하지 않는다는 것이다."[5]

미국과 세계가 오늘날 깨닫는 것처럼 힘은 의지를 필요로 한다. 의지는 돈이나 생명을 대가로 치를 수 있어야 한다. 1919년 유럽인들 사이에서 그런 의지는 손상되었다. 대전쟁은 프랑스, 영국 또는 이탈리아의 지도자들이 자국민에게 힘을 얻기 위한 큰 대가를 치르도록 명령할 수 없게 만들었다. 군대는 하루하루 눈에 띄게 줄어들고, 그들은 더이상 남아 있는 병력에 의존할 수 없게 되었다. 납세자들은 비용이 많이 드는 외국 원조를 더는 원하지 않았다. 미국만이 행동할 능력이 있었지만, 그런 역할을 담당할 생각이 없었고 아직은 힘도 그렇게 세지 않았다. 혹자는 미국이 파시즘과 공산주의 같은 이념이 자리를 잡기 전에 유럽을 자신의 뜻에 맞게 굴복시킬 기회를 놓쳤다고 할지 모르나, 이는 또 한 번의 대전쟁 후 우리가 알게 된 미국의 힘을 과거로 투사하는 것에 지나지 않는다. 1945년에 미국은 초강대국이 되었고, 유럽 국가들은 많이 약해졌다. 그러나 1919년의 미국은 다른 강대국들에 비해 크게 강하지 않았다. 유럽인들은 미국의 바람을 무시할 수 있었고, 실제로 그렇게 했다.

육군, 해군, 철도, 경제, 이념, 역사, 이 모든 것이 파리 강화회의를 이해하는 데 중요하다. 그러나 최종적으로는 사람이 보고서를 만들고, 결정을 내리고, 군대가 움직이도록 명령을 내리기 때문에 개인도 중요하다. 중재자들은 각자의 국익을 파리로 가져왔지만, 개인적인 기호도 가져왔다. 서로 마주 앉은 클레망소, 로이드조지, 윌슨 같은 권력자들에게 당시 파리보다 더 중요한 곳은 없었다.

1부 ——— 평화를 위한 준비

1장

우드로 윌슨, 유럽에 가다

1918년 12월 4일 파리 강화회의에 참석하는 미국 대표단이 탄 조지워싱턴호가 뉴욕 항을 빠져나갔다. 축포를 쏘고, 부둣가에 모인 군중이 환호하고, 예인선이 경적을 울리고, 군용기와 비행선이 상공을 선회했다. 미국 국무장관 로버트 랜싱Robert Lansing은 지속적인 평화에 대한 깊은 희망이 담긴 메시지를 전달하는 비둘기를 날려 보냈다.[1] 과거 독일 여객선이었던 이 선박은 자유의 여신상 옆을 통과해 대서양으로 나아갔고, 옆에서 구축함과 전함이 이 배와 유럽에 보내는 무거운 기대라는 화물을 호위했다.[2]

이 배에는 대학과 정부에서 선별한 최고의 전문가들, 참고 자료와 특별 조사서 더미, 미국 주재 프랑스 대사 및 영국 대사와 우드로 윌슨Woodrow Wilson이 타고 있었다. 그전까지 현직 미국 대통령은 유럽을 방문한 적이 없었다. 그래서 반대자들은 윌슨이 헌법을 위반했다고 비난했고, 지지자들조차 그가 현명한 일을 하는 것이 아닐 수도 있다고 생각했다. 그는 난장판 같은 협상에 빠져 자신의 위대한 도덕적 권위를 잃을 것인가? 윌슨의 시각은 명쾌했다. 평화를 정착시키는 일은 전쟁에서 이기는 것만큼이나 중요하다. 그것이 더 나은 세계를 갈망하는 유럽인들과 미군 병사들에게서 진 빚을 갚는 길이었다. 그는 출발하기 직전 깊은 생각에 잠긴 의회 의원들 앞에서 "그들이 생명의 피를 바쳐 얻은 것을 수호하는 일이 나의 의무"라고 선언했다. 영국 외교관은 다소 냉소적으로, 윌슨은 사교계에 처음 발을 들인 사람이 첫 무도회를 앞두고 기대에 들뜬 것처럼 파리에 이끌렸다고 말했다.[3]

윌슨은 이미 유럽에 가 있던 중요한 친구 에드워드 하우스Edward House에게 자신은 강화회의의 중요한 윤곽이 잡힐 때까지 머물 것이라는 전문을 보냈다. 그가 패전국과 진행하는 공식 강화회의를 위해 계속 파리에 체류할 가능성은 없어 보였다.[4] 그러나 그의 예상은 빗나갔다. 아무도 의도하지 않았지만 예비회의는 본회의가 되었고, 윌슨은 1919년 1월부터 6월까지 6개월 동안 대부분 파리에 머물렀다. 동시대 사람들이 물었던 것처럼 그가 파리에 가야 했는지 아닌지는 중요하지 않아 보였다. 얄타로 간 프랭클린 루스벨트, 캠프 데이비드로 간 지미 카터, 와이강*으로 간 빌 클린턴에 이르기까지 미

• 미국 메릴랜드주에 있는 강으로, 이곳 회의장에서 1998년 10월 22일 이스라엘의 베냐민 네타냐후 총리와 팔레스타인의 수반 아라파트가 협정에 서명했다.

국 대통령들은 국경을 긋고 평화 합의를 이끌어내기 위해 자리를 잡고 앉아 협상을 진행했다. 윌슨은 대전쟁을 끝낸 휴전 조건을 만들었다. 그가 평화 조성에 참여하지 못할 이유는 없었다.

윌슨은 1912년 외교정책에 집중한 대통령으로 임기를 시작하지 않았지만, 상황과 그 자신의 진보적 정치 원칙이 그를 바깥으로 끌어냈다. 당시 많은 미국인과 마찬가지로 그는 대전쟁을 영국과 프랑스가 불완전하게 대표하고 있는 민주주의 세력과, 독일과 오스트리아-헝가리가 너무나 잘 대변하고 있는 반동 및 군국주의 세력 사이의 투쟁이라고 보았다. 벨기에 점령, 무제한 잠수함전, 멕시코가 미국을 상대로 전쟁을 벌이도록 부추긴 일 등 독일의 대범한 시도는 윌슨과 미국의 여론을 연합국 측으로 기울게 했다. 1917년 2월 러시아에서 인민 혁명이 일어나자 연합국에 독재 정권이 포함되어 있다는 마지막 의구심 중 하나가 사라졌다. 윌슨은 1916년 대통령 선거에서 미국의 중립 정책을 내세우며 재선에 성공했지만, 1917년 4월에 참전을 결정했다. 그는 자신이 옳은 일을 하고 있다고 확신했다. 장로교 목사의 아들로서, 목사가 되는 소명을 받아들이진 않았지만 아버지의 깊은 종교적 확신을 공유한 그로서는 중요한 일이었다.

윌슨은 남북전쟁 직전인 1856년 버지니아에서 태어났다. 그는 명예에 대한 고집과 여성 및 흑인에 대한 가부장적 태도 등 어떤 면에서는 평생 남부인으로 살았지만, 남북전쟁의 결과를 받아들였다. 에이브러햄 링컨은 에드먼드 버크, 윌리엄 글래드스턴과 함께 그가 매우 존경하는 위대한 영웅이었다.[5] 젊은 윌슨은 고도로 이상주의적이면서 야망도 아주 컸다. 프린스턴대학에서 행복한 4년을 보내고, 잠시 행복하지 않은 변호사로 일하다가 강의와 저술을 자신의 새 경력으로 삼았다. 1890년 그는 프린스턴대학에서 아주 인기가 많은 유명 교수가 되었다. 1902년에는 이사회, 교수, 학생 모두의 만장일치에 가까운 지지로 프린스턴대학 총장이 되었다.

이후 8년 동안 윌슨은 프린스턴대학을 신사들의 따분한 대학에서 위대한 대학교로 변모시켰다. 그는 커리큘럼을 개정하고, 상당한 기금을 모으고, 미국 전역에서 명석한 최고의 젊은 인재들을 대학으로 데려왔다. 1910년 그는 전국적 명사가 되었고, 보수적 지도자들이 통제하던 뉴저지의 민주당으로부터 주지사 출마를 제안받았다. 윌슨은 이에 동의했지만, 대기업을 규제하고 민주주의를 확장하는 진보적 프로그램을 내세울 것을 주장했다. 그는 주지사 선거에서 압승을 거두었고, 1911년 "윌슨을 대통령으로" 클럽이 여러 곳에 생겨났다. 그는 무산자, 권리를 박탈당한 사람을 비롯해서 19세기 말 급격한 경제 성장의 혜택에서 뒤처진 모든 사람을 위해 나섰다. 1912년 시간을 오래 끌며 치열한 경쟁이 벌어진 민주당 전당대회에서 윌슨은 민주당 대통령 후보로 지명되었다. 그해 11월 시어도어 루스벨트가 진보적 후보로 나서면서 윌슨은 분열된 공화당을 누르고 대통령에 당선되었다. 1916년 그는 더 많은 득표로 재선에 성공했다.

그의 정치 경력에는 연이은 성취가 따랐지만, 개인적으로나 정치적으로나 어두운 순간도 있었다. 우울증과 갑작스럽고 당황스러운 질병 등이 따랐다. 또한 정치 역정에서 많은 적을 만들었고, 그중 상당수는 과거 친구들이었다. 뉴저지의 민주당 지도자는 건배사에서 그를 "배은망덕한 거짓말쟁이"라고 비난했다.[6] 윌슨은 자신에게 반대한 사람을 결코 용서하지 않았다. "그는 대단한 증오자"라고 그의 공보 비서이자 헌신적인 추앙자 레이 스태나드 베이커Ray Stannard Baker는 말했다.[7] 윌슨은 또한 고집이 셌다. "어떤 문제가 제기되면 그는 완전히 열린 마음을 갖고 올바른 결정으로 이끄는 모든 제안과 조언을 환영했다. 그러나 그는 문제를 검토하고 결정을 준비하는 동안에만 남의 의견을 수용했다. 일단 결정이 내려지면 더이상의 조언과 제안은 끝이었다. 그는 움쩍달싹하지 않았다."[8] 일부 사람들이 보기에 이는 존경할 만한 태도였지만, 다른 사람들이 보기에는 위험한 자기중심주의였다. 워싱턴 주재 프랑스 대사는 이렇게 말했다. "2세기 전쯤에 살았다면 그는 세계의 가장 위대한 폭군이 되었을 것이다. 왜냐하면 자신이 틀릴 수도 있다는 생각을 조금도 하지 않기 때문이다."[9]

윌슨의 이런 성격은 그가 파리 강화회의에 참석하는 주요 대표인 위원, 전권대표를 선발할 때도 분명히 나타났다. 우선 자신이 대표가 되었고, 그가 "또다른 나"라고 부른 하우스가 다음이었다. 국무장관 랜싱을 마지못해 세 번째 대표로 선발했는데, 그 이유는 단지 그를 뒤에 남겨놓는 것이 불안했기 때문이다. 윌슨은 한때 랜싱의 엄청난 지식과 빈틈없는 법률적 사고, 기꺼이 뒤로 물러나려는 태도를 존중했지만, 1919년이 되자 초기의 호감은 짜증과 경멸로 바뀌었다. 랜싱은 종종 윌슨과 대립하는 시각을 드러냈다. 그는 하우스에게 윌슨은 "상상력도 없고, 건설적 능력도 없고, 어떤 실질적 능력도 없다"라고 불평했고, 하우스는 이것을 그대로 받아 적었다.[10] 네 번째 전권대표인 태스커 블리스Tasker Bliss 장군은 최고군사평의회의 미국 군사 대표로 이미 프랑스에 가 있었다. 사려 깊고 지적인 그는 휴대용 술병을 가지고 침대에 누워 투키디데스 책을 그리스어 원문으로 읽기를 좋아했다. 대표단의 젊은 위원들이 생각하기에 그는 전성기를 지난 사람이었다. 윌슨은 강화회의 중 그와 다섯 번만 얘기했기 때문에 이것은 큰 문제가 되지 않았다.[11] 윌슨이 선택한 마지막 사람인 헨리 화이트Henry White는 매력적이고 다가가기 쉬운 은퇴한 외교관으로 그의 전성기도 전쟁 전이었다. 윌슨 부인은 그가 파리에서 에티켓 문제에 도움을 줄 것으로 생각했다.[12]

윌슨의 대표 선발은 미국에서 큰 소동을 일으켰고, 이후에도 논쟁의 대상이 되었다. 전 공화당 대통령 윌리엄 태프트William Taft는 "그 싸구려들이 절대 좋은 일을 하지 않을 것"이라고 장담했다.[13] 윌슨은 의도적으로 공화당 인사를 배제했다. 그들 대부분은 전쟁을 열렬히 지지했고, 지금은 국제연맹에 대한 윌슨의 비전을 공유하고 있었다. 유머 작가인 윌 로저스Will Rogers는 윌슨이 공화당원들에게 이렇게 말하는 장면으로 이를 풍자했다. "내가 당신들에게 말하려는 게 뭐냐면, 우리가 50 대 50으로 나눌 테니 내가 하는 대로 당신들은 그저 가만히 있으면 된다는 겁니다." 민주당 내 윌슨 지지자들도 태프트 같은 인사나 상원 외교위원회의 중요한 공화당 의원인 헨리 캐벗 로지Henry Cabot Lodge를 포함시킬 것을 촉구했지만, 윌슨은 석연치 않은 여러 이유를 대며 이를 거부했다.[14] 실은 그가 공화당원을 신뢰하지 않았고 싫어했기 때문이다. 그로 인해 윌슨은 파리에서 그의 입지가 훼손되고, 미국을 중심으로 하는 새 세계 질서에 대한 그의 꿈이 좌절되는 큰 대가를 치르게 된다.

윌슨은 파리에서 가장 가까운 동료인 데이비드 로이드조지David Lloyd George나 조르주 클레망소Georges Clemenceau와 다르게 사람들을 혼란스럽게 만들었다. 성경의 고상한 언어를 인용하는 지도자가 자신의 의견에 반대하는 사람에게 그렇게 무자비할 수 있는가? 어떻게 민주주의는 사랑하면서 자신의 동료들을 경멸할 수 있는가? 어느 누가 인류에 봉사하기를 원하면서 개인적 인간관계는 거의 없을 수 있는가? 그는 시어도어 루스벨트가 생각한 대로 "역대 미국 대통령 중 가장 가식적이고 냉혈한 기회주의자"인가?[15] 아니면 베이커가 생각하듯이 "때로 이 땅에 나타나 한순간 신비로운 힘을 발휘해서, 실수투성이인 인류를 일순간 한층 높은 수준으로 고양시키는" 칼뱅이나 크롬웰과 같이 드물게 나타나는 이상주의자인가?[16]

윌슨은 권력을 원했고, 위대한 일을 하기를 원했다. 이런 양면성은 그의 능력과 결정이 단순히 필요할 뿐만 아니라 도덕적으로도 정당하다고 믿는 자기기만을 동시에 만들어냈다. 전쟁 초기 미국의 중립이 미국인들과 인류에게 옳았던 것처럼, 미국이 결국 참전한 것은 인간의 탐욕과 어리석음, 독일에 대항하고, 정의·평화·문명을 구하기 위한 십자군 운동이었다. 그러나 그가 파리에서 확신을 갖고 행동하도록 만든 이 신념으로 인해, 그는 이견을 참지 못하고 다른 사람들의 정당한 우려를 무시했다. 그에게 반대하는 사람은 단순히 틀린 것이 아니라 사악한 존재였다.

독일인들과 마찬가지로 전쟁에 참전할 것인가는 윌슨에게 큰 고민을 안겨주었다. 그는 연합국과 동맹국의 타협에 의한 평화를 만들려고 노력했다. 양측이 그의 중재 제안을 거절하고, 독일 잠수함이 미국 선박을 침몰시키고, 시어도어 루스벨트 같은 반대자가 그의 소심함을 공격하고, 그의 내각이 만장일치로 참전에 찬성할 때도 그는 기다렸다. 결국 그는 독일이 다른 대안을 남겨놓지 않았다고 생각했기 때문에 결단을 내렸다. 그는 전쟁 선포를 요청하기 위해 1917년 4월 의회에 나가 발언할 때 "문명이 나름대로 균형을 이루고 있는 것처럼 보이는 상황에서 이 위대하고 평화로운 국민을 전쟁으로, 모든 전쟁 중 가장 잔인하고 재앙과 같은 전쟁으로 이끄는 것은 두려운 일"이라고 말했다.[17] 윌슨이 생각하기에 독일, 또는 최소한 그 지도자들은 전쟁에 중대한 책임이 있었다. 독일인들은 구원을 받을 수는 있지만, 먼저 속죄해야 했다.

1919년의 사진을 보면 윌슨은 유령 같은 모습의 장의사처럼 보이지만, 실제로 그는 잘생기고 보기 좋은 곧은 모습에 호리호리하고 꼿꼿한 체구였다. 그의 매너는 설교자나 대학 교수처럼 보이게 했다. 그는 이성과 사실을 중시했지만, 자신이 생각하기에 행운의 날인 12월 13일에 유럽에 도착했다. 13은 그에게 행운의 숫자였다.[18]

그 자신은 감정이 풍부한 사람이었지만, 다른 사람들의 감정은 믿지 않았다. 감정은 사람들에게 최선을 갈망하게 할 때는 좋지만, 민족주의와 마찬가지로 사람을 취하게 만들면 위험하다고 생각했다. 신중하지 않았던 로이드조지는 자신의 친구에게 그의 장점을 이렇게 말했다. "친절하고, 진지하고, 직선적이다." 그리고 바로 이어서 "요령이 없고, 고집이 세고, 허영심이 많다"라고 그의 단점을 열거했다.[19]

공식적인 자리에서 윌슨은 뻣뻣하고 격식을 차렸지만, 가까운 사람들에게는 매력을 발산하고 심지어 장난도 잘 쳤다. 그는 특히 여성들을 자연스럽게 잘 대했다. 그는 자신을 철저히 통제했지만, 강화회의에서 자주 화를 참지 못했다(파리에서 이미 경미한 뇌졸중을 앓았을 가능성도 있다). 농담을 잘하고 희극시를 자주 인용했으며, 대중적인 언어로 자신이 말하고자 하는 바를 강조하기도 했다. 그는 여러 억양으로 말하는 것을 즐겼다. 자신의 조상처럼 스코틀랜드 또는 아일랜드 억양이나 워싱턴에서 그를 위해 일하는 남부 흑인의 억양을 흉내내기도 했다. 저녁에는 기껏해야 위스키 한 잔 정도만 마실 정도로 절제된 습관을 지켰다. 그는 작은 생활 도구를 좋아했고, 새로 발명된 신문물인 영화를 좋아했다. 유럽으로 가는 배에서 그는 저녁 식사를 마치면 영화 감상실로 가서 영화를 즐겼다. 어느 날 저녁에 상영된 영화는 〈두 번째 부인〉이어서 사람들을 당황하게 했다.[20]

윌슨의 여성 편력은 여러 소문을 만들어냈다. 그는 첫 결혼 생활 중에도 몇몇 여자와 가까이 지내고 심지어 로맨틱한 우정을 즐겼다. 그가 깊이 사랑했지만 열정적으로 사랑하지는 않았던 첫 부인은 1914년에 사망했다. 1915년 말 그는 열일곱 살 어린 부유한 워싱턴의 미망인과 재혼했는데, 이를 둘러싼 악의적인 소문 때문에 그는 당황하고 분노했다. 그는 워싱턴에서 회자되는 이런 농담을 만들어낸 영국 외교관을 용서할 수 없었다. "대통령이 새 윌슨 부인에게 청혼했을 때 무슨 일이 일어났는지 알아? 그녀는 놀라서 침대에서 굴러 떨어졌다네." 윌슨의 가족과 친구들은 좀더 너그러웠다. "그렇게 행복한 아버지의 모습을 보는 게 좋지 않나요?"라고 그의 딸은 말했다. 후에 윌슨 부인의 숙적이 된 하우스는 윌슨이 자신의 부담을 같이 짊어질 누군가를 얻게 된 것은 다행이라고 일기에 썼다. "그의 외로움은 애처롭다."[21]

윌슨은 두 번째 아내인 에디스 볼링Edith Bolling과 함께 유럽으로 갔다. 이는 여느 부인들은 꿈꾸기 힘든 특권이었다. 그녀는 성격이 따뜻하고 생동감이 있고 잘 웃었다. 그녀는 골프, 쇼핑, 정원 가꾸기와 파티를 좋아했다. 그녀는 멋진 눈을 가지고 있었지만, 일부는 그녀가 다소 뚱뚱하고 입이 너무 크다고 말했다.[22] 그녀의 옷차림이 몸에 꽉 끼고, 목 아래가 너무 파이고, 치마는 너무 짧다고 파리 사람들이 입방아를 찧었다.[23] 그녀는 영국 사람들이 흑인에게 너무 잘 대해주기 때문에 자신의 하인을 런던으로 데려가 버릇이 나빠지게 하고 싶지 않다고 친구에게 말했다. 그녀는 남부 여성답게 사람에 대해 쉽게 시시덕거리면서도 능수능란한 사업가였다. 첫 남편이 사망하자 그녀는 가족이 경영하던 보석상을 계속 운영했다.

두 사람이 결혼할 때 윌슨은 그녀에게 자신의 일을 공유하기 바란다는 뜻을 분명히 밝혔다. 그녀는 이 제안을 신이 나서 받아들였다. 그녀는 지식인은 아니었지만, 판단이 빠르고 의지가 강했다.[24] 그녀는 새 남편에게 무서울 정도로 헌신했고, 윌슨도 그녀를 매우 아꼈다.

조지워싱턴호에 승선한 윌슨 부부는 주로 둘이서만 시간을 보냈다. 식사는 대통령 선실에서 별도로 하고, 팔짱을 낀 채 갑판을 산책했다. 미국 전문가들은 지도와 서류를 붙들고 씨름했으며 다소 불안해하며 미국의 정책이 무엇인지를 서로에게 물었다. 윌슨은 보편적 원칙에 대해서는 많은 말을 했지만, 구체적인 얘기는 거의 하지 않았다. 윌리엄 불릿William Bullitt이라는 젊은이가 당돌하게 대통령 선실로 찾아와 대통령의 침묵 때문에 다른 사람들이 혼란을 겪고 있다고 말했다. 윌슨은 이에 놀라서 10여 명의 주요 전문가를 만나기로 했다. "이것은 대통령이 자신의 생각이 무엇인지, 자신의 정책이 무엇인지를 다른 사람에게 설명한 첫 사례였다"라고 그중 한 사람이 기록했다. 실제로 그런 기회는 거의 없었다.[25] 전문가들은 감동과 좋은 인상을 받고 방을 떠났다. 윌슨은 격식을 차리지 않고 친근한 태도를 보였다. 그는 앞으로 처리해야 할 무거운 과업을 설명하고, 자신은 그들이 제공하는 최선의 정보에 의존할 것이라고 말했다. 그들은 아무 때나 와서 보고할 수 있다고 말했다. "무엇이 옳은 일인지 나에게 말해주면, 나는 그것을 위해 싸울 거요." 그는 자신의 생각만 말한 것을 사과했다. "그 제안들이 아주 좋다고 할 수 없을지 몰라도, 기존에 들은 것들보다는 나았다."[26]

평화를 조성하는 일에서 미국은 중재자가 될 수 있는 좋은 입장이라고 윌슨은 말했다. 그들은 미국의 정의와 관용의 위대한 전통에 부합하게 행동해야 했다. 미국인은 강화회의에 "유일하게 사적 이해관계가 없는 국민이었다." 그는 또한 "우리가 다루게 될 사람들은 자국의 국민을 대표하지 않는다"라고 경고했다. 이것은 윌슨의 확신 중 하나였지만, 야당인 공화당이 의회를 지배하고 있는 상황에서는 기이한 확신이었다. 강화회의 내내 윌슨은 자신이 대중을 위해 말하고 있고, 프랑스인이건 이탈리아인이건, 심지어 러시아인이라도 그들에게 자신의 뜻을 전할 수 있다면, 그들이 지지해줄 것이라는 믿음을 고수했다.[27]

그는 자신이 가장 좋아하는 또다른 주제를 내세웠다. 미국은 이기적인 이유로 참전한 게 아니라고 청중에게 자주 말했다. 그렇기 때문에 미국은 다른 나라들과 달리 영토나 배상은 물론이고 보복도 원하지 않는다. (미국의 참전은 유럽 국가들의 참전과 다르다는 의미로 미국은 연합국Ally이 아니라 제휴국Associate이라고 주장했다.) 미국은 전반적으로 비이기적으로 행동한다며 일례로 쿠바 정복도 마찬가지라고 했다. "우리는 병합을 위해서가 아니라 도움을 받지 못하고 있는 식민지에 자유의 기회를 제공하기 위해 스페인과 전쟁을 했다"라고 그는 주장했다.[28]

윌슨은 라틴아메리카에서 대부분의 외교 경험을 쌓았기 때문에 그 사례를 인용하기를 좋아했다. 그는 최소한 스스로 만족하기 위해 먼로 독트린Monroe Doctrine을 다시 꺼내들었다. 1823년 미국이 유럽인들에게 아메리카를 다시 정복할 시도를 하지 말라고 경고한 이 독트린은 미국 외교정책의 기본 개념이 되었다. 비록 외부의 많은 세력들이 이를 미국이 인근 국가들을 지배하기 위한 것이라고 비난했지만, 윌슨은 이것을 미주 대륙의 모든 국가들이 평화적으로 같이 일하는 틀이자 유럽 국가들에게 경종을 울리는 모델로 생각했다. 랜싱은 윌슨의 사고에 대해 늘 그랬듯이 회의적이었다. 랜싱은 이렇게 말했다. "그 독트린은 철저하게 미국의 국가 정책이고, 미국의 국가적 안전 및 핵심적 이익과 관련이 있다."[29]

윌슨은 랜싱이 제기하는 하찮은 반대는 거의 신경쓰지 않았다.[30] 그는 자신이 선의를 가지고 있다고 확신했다. 미군 병력을 아이티, 니카라과, 도미니카공화국으로 파병하는 것은 질서와 민주주의를 위함이었다. 그는 대통령 첫 임기 때 "남아메리카 공화국들이 좋은 사람을 선출하도록 가르칠 것"이라고 말했다.[31] 파나마 운하와 미국의 투자를 보호하기 위해서라는 말은 거의 하지 않았다. 윌슨이 대통령으로 재직하는 동안 미국은 자신들이 원하는 종류의 정부를 수립하기 위해 멕시코에 반복적으로 간섭했다. "미국의 유일한 목적은 자치정부 과정이 중단되거나 포기되지 않도록 도움으로써 중앙아메리카에 평화와 질서가 확고하게 자리잡게 하는 것"이라고 윌슨은 말했다.[32] 그는 멕시코인들이 미군의 상륙과 미국의 위협을 그런 의도로 받아들이지 않는 것에 당황하기도 했다.

멕시코 모험은 또한 (아마도 무의식적으로) 진실을 무시하는 윌슨의 경향을 보여주었다. 그는 멕시코에 첫 병력을 파견하면서, 이는 멕시코 혁명을 일으킨 우에르타 장군이 미국과 미국민에게 제기하는 도발과 모욕에 대한 대응이라고 말했다. 사실 우에르타가 미국을 자극하지 않기 위해 상당한 노력을 기울였음에도 말이다.[33] 파리 강화회의에서 윌슨은 예를 들어 이탈리아에게 적국의 영토를 약속한 것과 같은 연합국 사이에 체결된 비밀 협약을 본 적이 없다고 말했지만, 영국 외무장관 아서 밸푸어Arthur Balfour는 그것을 1917년 그에게 보여준 바 있었다.[34] 랜싱은 윌슨에 대해 "기정사실도 자신의 직감과 맞지 않으면 무시하고, 자기가 보기에 옳은 것만 선택하는 반半신적 권력"이라고 씁쓸하게 말했다.[35]

멕시코 난국이 보여주듯이 윌슨은 군사력이건 경제력이건 미국의 강력한 힘을 사용하는 것을 주저하지 않았다. 그리고 1차대전이 끝날 무렵 미국은 1914년보다 훨씬 더 강해졌다. 당초 미국은 아주 작은 육군과 중간 규모의 해군을 보유하고 있었지만, 이제는 유럽에만 100만 명 이상의 미군 병력이 주둔하고 있었고, 해군력은 영국 해군에 필적했다. 미국인들은 유럽 연합국을 위해 전쟁에서 승리해줬다고 여기곤 했다.[36] 미국의 농민들과 공장들이 연합국의 전쟁 보급을 위해 밀, 돼지고기, 철강을 쏟아내면서 미국 경제는 엄청나게 성장했다. 국제 생산과 교역에서 미국이 차지하는 비중이 엄청나게 늘어나는 동안 유럽 강대국들의 비중은 정체되거나 감소했다. 더욱 중요한 양상은 미국이 유럽인들의 은행이 된 것이었다. 유럽의 연합국은 모두 합쳐서 미국에 70억 달러를 빚지고 있었고, 그

중 절반은 미국 은행에 빚지고 있었다. 과도한 자신감으로 드러났지만, 윌슨은 재정 압박을 가하는 것만으로도 원하는 것을 얻을 수 있다고 전제했다.[37] "유럽은 재정적으로 파산 상태이고, 그 정부들은 도덕적으로 파산 상태다. 그들이 정의, 공정, 평화에 대한 바람에 반대할 경우 미군의 철수를 암시하는 것만으로도 유럽의 모든 정부는 예외 없이 붕괴할 것이고, 유럽의 모든 나라는 혁명을 맞을 것이다."[38]

조지워싱턴호 선상 회의에서 윌슨은 중부 유럽의 폐허 속에서 탄생하게 될 국가인 폴란드, 체코슬로바키아, 유고슬라비아를 비롯한 여러 나라가 당면한 문제를 잠깐 언급했다. "그들은 자신들이 원하는 정부 형태를 마음대로 택할 수 있지만, 새 국가에 포함되기를 원하는 사람들만 포함해야 한다. 누가 지식인, 사회적·경제적 지도자인가가 아니라 누가 국민 대중을 형성하는가가 기준이 되어야 하고, 자유를 가져야만 한다. 이것이 그들이 원하는 형태의 정부일 것이다."[39]

윌슨이 유럽으로 가져온 모든 아이디어 중에서 가장 논란이 많고 애매한 것은 민족자결 개념이었다. 강화회의 기간 중 빈의 미국 대표는 파리와 워싱턴에 이 용어를 설명해달라고 반복해서 요청했지만, 아무 답도 오지 않았다.[40] 윌슨이 의미하는 것이 무엇인지 확정하는 것은 결코 쉽지 않았다. "자치적 발전", "권위에 눌린 사람들이 정부에 목소리를 낼 권리", "약소국의 권리와 자유", "우리처럼 평화를 사랑하는 모든 국가가 자신들의 삶을 영위하고, 스스로 제도를 결정하도록" 안전하게 만들어진 세계 등등 많은 해석이 백악관에서 쏟아져나왔고,[41] 이것은 전 세계 많은 사람들에게 영감을 주었다. 민족자결은 궁극적으로 무엇을 의미하는가? 윌슨이 때로 보여준 것처럼 단순히 민주적 자치정부의 확대를 말하는가? 또는 스스로를 민족이라고 부르는 사람들이 자신들만의 국가를 갖는 것을 의미하는가?[42] 미국 국민에게 평화조약을 지지하도록 설득하기 위해 그가 작성했으나 사용하지는 않은 초안에서 그는 이렇게 썼다. "이제 우리는 이 모든 국민이 스스로 선택한 정부 아래서 살아갈 권리를 가지고 있다고 말할 수 있다. 이것이 미국적 원칙이다."[43] 그러나 그는 영국 통치에서 벗어나려고 투쟁하는 아일랜드 민족주의자들에게 전혀 동정심을 보이지 않았다. 강화회의 중 그는 아일랜드 문제는 영국의 국내 문제라고 일축했다. 아일랜드 민족주의자 대표단이 그에게 지지를 요청하자 윌슨은 자신의 법률 자문에게 그들더러 지옥에나 가라는 식으로 말했다. 아일랜드인들은 민주 국가에 살고 있기 때문에 그 문제는 국내적 수단으로 해결해야 한다는 것이 그의 시각이었다.[44]

윌슨의 민족자결 개념을 검토할수록 더 많은 어려움이 나타났다. 랜싱은 물었다. "대통령이 '민족자결'을 말할 때 어느 단위를 염두에 둔 것인가? 인종, 지리적 영토, 공동체 중 무엇을 의미하는가?" 윌슨이 이 용어를 정확히 제시하지 않은 것은 재앙이라고 랜싱은 생각했다. "그것은 결코 실현될 수 없는 희망을 불러일으킬 것이다. 나는 수천 명의 인명이 희생되지 않을까 두렵다. 결국 이것은 신뢰할 수 없는 것으로 결론 날 것이고, 이 원칙을 강제하려고 하는 사람들을 제어하기에는 너무 늦을 때까지 그 위험을 인지하지 못한 이상주의자의 꿈이라고 불릴 것이다."[45] 랜싱이 의문을 제기한 대로, 무엇이 민족을 만드는가? 그것은 미국처럼 공유된 시민권인가, 아니면 아일랜드처럼 공유된 인종인가. 만일 이것이 자치가 아니라면 그럼 무엇이 되어야 하는가? 그 경우 어느 정도의 자치정부여야 충분한가? 그러나 민족이라고 정의되어도 더 큰 다민족 국가에서 행복하게 존재할 수는 없는가? 때로 윌슨은 그렇게 생각한 듯 보였다. 결국 그는 많은 다양한 민족에게 정착지를 제공하고, 그가 잘 기억하는 대로 그 스스로가 분열되지 않은 하나의 국가로 남기 위해 치열한 전쟁을 치른 나라에서 오지 않았는가?

윌슨은 처음에는 오스트리아-헝가리나 러시아와 같은 거대한 다민족 제국의 해체를 원하지 않았다. 1918년 2월 그는 의회에서 "잘 정의된" 국가적 열망은 충족되어야 하지만 "유럽과 세계의 평화를 깨뜨릴 수 있는 불화와 반목의 오래된 요소를 새로 불러들이거나 영속화해서는 안 된다"라고 말했다.[46]

이 말은 곧 또다른 질문을 야기했다. "잘 정의된" 민족주의란 무엇인가? 폴란드인을 말하는가? 그들은 분명한 민족이었다. 우크라이나인은 어떠한가? 슬로바키아인은? 그 아래 범주는 어떻게 되는가? 일례로 가톨릭 우크라이나인 또는 개신교 폴란드인은 어떻게 분류할 것인가? 주민을 나누는 기준은 특히 역사가 종교, 언어, 문화의 풍부한 혼합을 만들어낸 중부 유럽에서는 끝없이 늘어날 수 있다. 그곳에 거주하는 주민 절반 정도는 한 소수민족이나 다른 소수민족 소속으로 간주할 수 있었다.[47] 나라와 나라를 나누는 경계선이 분명하지 않은 상태에서 한 나라나 이웃 나라에 사는 사람들은 어떻게 되는가? 한 가지 해결책은 전문가들에게 맡기는 것이었다. 그들이 역사를 연구하고, 통계 자료를 모으고, 지역 주민들의 의견을 물을 수 있었다. 좀더 민주적인 다른 해결책은 프랑스 혁명 이후 국제관계에서 종종 거론된 것처럼 국제기구의 감독 아래 주민투표를 실시해 지역 주민들에게 선택권을 주는 것이었다. 윌슨 자신은 민족자결이 주민투표를 함의하는 것으로 생각하지는 않았지만, 1918년 당시에는 많은 사람이 그렇게 생각했다. 누구에게 투표권을 줄 것인가? 남성에게만 줄 것인가, 여성에게도 줄 것인가? 지역 거주자만 투표할 수 있는가, 아니면 그 지역에서 태어난 사람이면 누구나 투표할 수 있는가? (프랑스는 독일이 프랑스어 사용자를 추방하고 투표가 불공정하다는 이유로 독일인들을 이주시켰기 때문에 알자스-로렌에서 주민투표를 실시하는 것을 강력하게 반대했다.) 만일 지역 주민이 자신이 어느 민족에 속하는지 모르는 경우에는 어떻게 되는가? 1920년 한 외부 조사관이 러시아인, 폴란드인, 리투아니아인, 벨라루스인, 우크라이나인이 섞여 사는 국경 지역의 한 벨라루스 농민에게 묻자, 그는 자신은 "이 지역에 사는 가톨릭 신자"라고 답했다.[48] 오스트리아령 카린티아 지역에서 조사를 수행한 미국 전문가들은 "혈육의 국가에 합류하기를 원하지 않거나 민족 문제에 무관심한 사람을 만났을 때"는 이 문제를 어떻게 처리할 것인가를 물

었다.[49]

 1919년 말 과오를 깨달은 윌슨은 미국 의회에서 "내가 '모든 민족은 자결권을 갖는다'고 말했을 때 매일 나를 찾아오는 수많은 민족이 존재한다는 사실을 미처 몰랐다"라고 털어놓았다.[50] 18세기 말부터 계속되어온 민족국가를 찾는 민족운동의 확산이 윌슨의 책임은 아니었지만, 이탈리아의 외무장관 시드네이 소니노Sidney Sonnino는 이렇게 분석했다. "전쟁은 의심할 여지 없이 민족 감정을 과도하게 자극하는 효과를 가져왔고, 미국이 원칙을 너무 명확하게 제시함으로써 이를 부채질했다."[51]

 윌슨은 자신이 가장 중요하게 생각하는 문제를 전문가들과 검토하면서 많은 시간을 보냈다. 그것은 국제 질서를 관리하는 새로운 방법을 찾아내는 것이었는데, 그의 청중에게는 놀라운 일이 아니었다. 1918년 1월 유명한 14개조 연설과 이후의 연설에서 윌슨은 자신의 생각을 표명했다. 그는 1918년 2월 미국 의회에서 행한 '4대 원칙' 연설에서 세력 균형은 평화를 유지하는 방법으로서 효력을 잃었다고 선언했다. 계산적인 거래가 오가고, 성급한 약속을 하고, 복잡한 동맹을 만들어서 유럽을 결국 전쟁의 낭떠러지로 밀어넣은 비밀 외교는 더이상 없어야 했다. 평화 타결은 장래 전쟁으로 이끄는 길을 열어놓아서는 안 되었다. 응징, 불공정한 주장, 패자가 승자에게 지불하는 거대한 벌금인 전쟁 배상금은 없어야 했다. 이것은 1870년 프로이센이 프랑스를 패배시킨 후 저지른 잘못된 일이었다. 프랑스인들은 배상금을 부과하고 알자스-로렌을 빼앗아간 독일을 절대 용서하지 않았다. 전쟁을 일으키는 것 자체가 더 어려워져야 했다. 군비에 대한 통제와 전반적인 군축이 이루어져야 한다. 선박들은 전 세계 바다를 자유롭게 항해해야 한다. (이는 영국인들이 잘 알듯이 항구를 봉쇄하고 선박을 나포해 적국의 목을 조르는 전통적인 무기의 종결을 의미했다. 봉쇄는 나폴레옹을 굴복시켰고, 연합국이 독일을 상대로 한 승리를 촉진했다.) 무역 장벽을 낮추어 전 세계 국가들의 상호 의존성을 높여야 한다.

윌슨이 구상한 비전의 중심에는 집단 안보를 제공하는 국제연맹이 있었다. 이것은 잘 운영되는 사회에서 정부, 법 제도, 법원, 경찰이 안전을 제공하는 것과 비슷했다. "구식 권력 체제, 세력 균형은 너무 자주 실패했다"라고 한 전문가가 윌슨의 말을 받아 적었다. 국제연맹은 분쟁이 일어나는 경우 "간섭할 수 있는" 이사회를 두어야 했다. "만일 범죄를 저지르는 국가를 불법화하는 것이 성공하지 못한다면" 국제연맹이 개입해야 하고, "불법자들은 이제 인기가 없다"라는 말도 했다.[52]

자유주의자이고 기독교적 비전을 내세운 윌슨은 평화를 유지하기 위한 기존의 방법론에 도전했다. 필요하다면 동맹을 통해 국가 간 세력 균형을 이루고, 집단 안보가 아닌 힘이 공격을 억제하는 방법이라는 기존의 견해 말이다. 윌슨은 또한 혁명이 전쟁 없는 세계를 가져올 것이라는 러시아 볼셰비키들의 대안에 반격을 가했다. 그는 독립성을 가진 민주주의 국가가 가장 좋은 정부 형태이고, 세계의 선의의 세력이라고 믿었다. 국민이 정부를 선택하게 되면 정부들은 서로 싸우지 않고, 싸울 수도 없을 것이라고 주장했다.[53] 그는 1917년 미국 상원에서 이렇게 말했다. "이것이 미국의 원칙이다. 우리는 다른 것을 주장할 수 없다. 이것은 또한 모든 곳에서 미래를 지향하는 사람들, 모든 현대 국가, 모든 계몽된 공동체의 원칙이자 정책이다. 이것은 인류의 원칙이고, 모두가 따라야 한다."[54] 그는 자신이 인류를 대변해 이 말을 하고 있다고 믿었다. 미국인들은 자신들의 가치가 보편적 가치이고, 자신들의 정부와 사회가 다른 이들의 모델이라고 생각하는 경향이 있었다. 미국은 낡은 세계를 뒤로하고 떠나온 사람들이 건설했고, 미국의 혁명은 새로운 세계를 만드는 일이었다. 미국 민주주의, 미국 헌법, 심지어 미국식 사업 방식은 다른 사람들이 따라야 할 선이었다. 파리에 온 한 젊은 미국 대표는 이렇게 말했다. "이 친구들과 일을 끝내기 전에 우리가 어떻게 일을 하고, 어떻게 신속하게 처리하는지 가르쳐줄 것이다."[55]

미국인들은 유럽인들에 대해 복잡한 태도를 보였다. 그것은 과거 유럽인들의 성취에 대한 존중, 미국이 아니었으면 연합국은 패배했으리라는 확신, 만일 미국인이 주의를 기울이지 않으면 교활한 유럽인들이 자신들의 일에 미국을 다시 끌어들일 것이라는 우려가 혼합되어 있었다. 강화회의를 준비하는 미국 대표들은 프랑스와 영국이 이미 이러한 함정을 준비하고 있다고 의심했다. 아마도 아프리카의 식민지, 아르메니아나 팔레스타인 보호령으로 미국을 유혹할 것이고, 갑자기 모든 것이 너무 늦어질 수 있었다. 미국인들은 자기도 모르는 사이에 떳떳하지 못한 일에 휘말려 들어가고, 유럽인들

은 즐거운 마음으로 이를 지켜볼 수 있었다.[56]

미국 예외주의에는 항상 양면성이 있었다. 하나는 세계를 바르게 정돈하는 것이고, 다른 하나는 자신의 메시지가 무시당하면 경멸적으로 등을 돌리는 것이었다. 윌슨은 함께 파리로 가는 대표들에게 평화 타결은 새로운 원칙에 바탕을 두어야 한다고 역설했다. "만일 그것이 제대로 작동하지 않으면 세계는 다시 지옥을 불러들일 것이다." 그는 그렇게 되면 "부끄러워 숨기 위해 아마도 괌 같은 곳으로 갈 것"이라고 농담 반 진담 반으로 말했다.[57] 미국 예외주의에 대한 신념은 때로 미국인들에게 일정한 둔감함을 초래해 다른 국가들의 의견을 듣기보다 그들에게 설교를 하는 경향과, 미국의 동기는 순수하고 다른 나라들의 동기는 그렇지 못하다고 전제하는 경향으로 이어졌다. 그리고 그런 면에서 윌슨은 전형적인 미국인이었다. 그는 강화회의에 이교도 유럽인을 구원하는 선교사처럼 왔고, 확신에 가득 찬 "작은 설교들"을 쏟아냈다고 로이드조지는 말했다.[58]

윌슨을 조롱하는 것은 쉬웠고, 많이들 그렇게 했다. 1919년에 그의 원칙들이 얼마나 중요했고, 미국인뿐만 아니라 얼마나 많은 사람들이 더 나은 세계를 만든다는 위대한 꿈을 믿고 싶어했는지 잊는 것도 쉽다. 그들은 결국 대전쟁이 남겨놓은 폐허 속에서 무서운 준거점을 갖게 되었다. 현실적 증거에도 불구하고 윌슨은 인류 사회가 더 나아지고 있고, 국가들은 어느 날엔가 서로 조화를 이루며 살게 되리라는 희망을 계속 살렸다. 1919년 환상이 깨어지기 전에 세계는 그의 말을 열심히 경청했다. 윌슨이 말하는 것은 자유주의자나 평화주의자뿐만 아니라 유럽의 정치·외교 엘리트들의 공감을 불러일으켰으나, 그들은 나중에 그런 일이 없었다고 부인했다. 영국 전쟁내각 장관이자 훗날 강화회의 장관으로 일한 모리스 행키 Maurice Hankey는 항상 14개조 사본을 자신의 핵심 자료 상자에 담아 가지고 다녔다. 그것은 "도덕적 배경"이 된다고 그는 말했다.[59] 유럽 여러 곳의 광장, 거리, 기차역, 공원에 윌슨의 이름이 붙여졌다. "우리는 윌슨의 평화를 원한다"라고 쓴 포스터가 나붙었다. 이탈리아에서 병사들은 그의 초상화 앞에 무릎을 꿇었고, 프랑스에서 좌파 신문 《뤼마니테L'Humanité》는 주도적 좌파 인물들이 서로 경쟁하며 윌슨을 찬양하는 특별호를 발행했다. 사막에서 반란을 일으킨 아랍 지도자들, 바르샤바의 폴란드 민족주의자들, 그리스 섬들의 반군, 베이징의 학생들, 일본의 식민 통치에서 벗어나려는 한국인들 모두 14개조에서 영감을 얻었다.[60] 윌슨 자신은 이것을 흥분되지만 두려운 것으로 느꼈다. 그는 조지워싱턴호에 같이 승선한 뛰어난 홍보 담당자인 조지 크릴George Creel에게 "자네가 무의식적으로 나에게 빠져나갈 수 없는 그물을 엮었는지 모르겠네"라고 말했다. 전 세계가 미국을 바라보고 있지만, 커다란 문제들을 당장에 해결할 수는 없음을 그 모두가 알고 있다고 윌슨은 이어갔다. "내가 염려하는 것은, 진심으로 내가 틀리기를 바라지만, 실망의 비극이네."[61]

조지워싱턴호는 1918년 12월 13일 프랑스의 브레스트 항에 입항했다. 전쟁은 이미 한 달 전에 끝난 상태였다. 윌슨이 함교에 선 채로 이 배는 늘어선 영국, 프랑스, 미국 해군의 전함들 사이를 서서히 미끄러져 들어갔다. 며칠 만에 처음으로 태양이 밝게 빛났다. 거리는 화관과 깃발의 물결로 덮였다. 벽에는 윌슨을 찬양하는 포스터가 잔뜩 붙어 있었다. 우파는 그가 자신들을 독일로부터 구원한 것을, 좌파는 그가 약속한 새로운 세계를 찬양했다. 브르타뉴의 전통 의상을 입은 거대한 군중이 거리, 지붕, 나무 위에 가득 찼다. 심지어 가로등 위에 올라간 사람도 있었다. 브르타뉴의 백파이프 음악이 요란히 울렸고, "미국 만세, 윌슨 만세"라고 외치는 함성이 울려 퍼졌다. 프랑스 외무장관 스테판 피숑Stéphen Pichon이 윌슨을 영접하며 말했다. "우리에게 올바른 평화를 가져다주기 위해 방문하신 것에 감사드립니다." 윌슨이 별다른 약속을 하지 않은 채 답사를 마친 후 미국 대표단은 야간열차를 타고 파리로 향했다. 새벽 3시에 윌슨의 주치의는 차창 밖을 내다보았다. 그는 "어른 아이 할 것 없이 모자를 흔들며 이 특별 열차를 향해 환호하는 것을 보았다"라고 회고했다.[62]

   파리에서 윌슨은 더욱 대단한 영접을 받았다. 파리에 거주하는 한 미국인은 수많은 군중이 "이전까지 본 적도 들은 적도 없는 엄청난 열의와 사랑을 표현하는 놀라운 장면을 연출했다"라고 기록했다. 장식용 깃발이 달린 열차가 엄청난 꽃으로 장식된 승강장에 들어섰다. 프랑스 총리 클레망소는 그의 오랜 정적인 레몽 푸앵카레Raymond Poincaré 대통령 및 정부 각료들과 함께 윌슨을 영접했다. 예포를 쏘아 파리 시민들에게 윌슨의 도착을 알렸고, 군중은 연도를 경비하는 병사들을 밀치고 앞으로 나왔다. 윌슨과 그의 부인은 환호 속에 유개 마차를 타고 콩코르드 광장을 통과해 숙소인 엘리제궁에 도착했다. 그날 저녁 차분한 가족 만찬에서 윌슨은 자신을 환영해준 데 대해 깊이 감사한다고 말했다. "우리는 군중의 태도를 세심히 살펴보았습니다. 그리고 그들이 더할 나위 없이 우호적이라는 데 충만한 기쁨을 느꼈습니다."[63]

2장

첫인상

파리에 도착한 날 오후 윌슨은 가장 신임하는 보좌관과 재회했다. 에드워드 하우스 대령은 부유한 텍사스 사람처럼 보이지 않았다. 왜소하고, 창백하고, 거들먹거리지 않고, 허약했으며, 추위를 견디지 못해 무릎에 담요를 덮고 앉아 있는 경우가 많았다. 강화회의가 시작되자마자 그는 독감에 걸려 거의 죽을 듯이 앓았다. 그는 뭔가 들고 있는 듯한 작고 섬세한 손을 움직이며 부드럽고 점잖은 목소리로 말했다고 한 관찰자가 회고했다. 항상 차분하고, 합리적이고, 유쾌하게 말했다.[1] 사람들은 그를 보며 과거의 위대한 프랑스 추기경 마자랭을 떠올리곤 했을 것이다.

그는 실제로 대령이 아니었고, 단지 명예 계급장이었다. 그는 전쟁에 나가 싸워본 적이 없지만, 전쟁에 대해서 많이 알았다. 그가 자란 텍사스는 남자들이 조금이라도 모욕을 당하면 총을 뽑는 그런 세상이었다. 그는 세 살 때부터 말을 타고 총을 쏘았다. 형제 중 하나는 애들 총싸움에서 머리 거의 절반이 날아갔고, 다른 형제는 공중그네를 타다 떨어져 죽었다. 하우스도 밧줄에서 떨어져 머리를 다치는 부상을 입었고, 완전히 회복하지 못했다. 이 때문에 신체적으로는 남을 압도할 수 없게 되자, 심리적으로 그렇게 하는 법을 배웠다. "나는 다른 아이들이 서로 대립하게 만들고, 그들이 하는 짓을 지켜보고, 다시 그들을 화해시켰다."[2]

그는 사람의 마음을 알아차리는 특별한 재주가 있었다. 그를 만난 사람들은 거의 모두 즉각 그가 아주 동정적이고 우호적이라고 생각했다. 그의 적수의 아들은 "그는 심지어 당신의 목을 베는 순간조차 친근한 사람이다"라고 말했다.[3] 하우스는 권력과 정치를 사랑했고, 특히 막후에서 조종하는 것을 좋아했다. 파리에서 베이커는 그를 "모든 사건이 통과해야 하는 작은 매듭 구멍"이라고 건성으로 찬양했다.[4] 그는 인터뷰를 한 적이 거의 없고, 공식 약속도 잡지 않았다. 이로 인해 그는 많은 추측의 대상이 되었다. 그는 그저 쓸모 있는 존재가 되고 싶다고 자주 말했다. 그러나 일기에는 그를 보기 위해 줄을 선 중요한 인물들, 자신을 귀찮게 하는 사람들을 세심히 다 기록했다. 그는 또한 진실성이 느껴지지 않더라도 자신이 들은 모든 칭찬을 빠짐없이 기록했다.[5]

그는 대개의 남부 출신 백인과 마찬가지로 민주당 소속이었지만, 당내에서는 자유주의적이고 진보적인 편에 속했다. 윌슨이 정치에 발을 들여놓자 텍사스 정치에서 이미 중요한 인물이었던 하우스는 윌슨이 자신이 헌신해 일할 사람임을 알아차렸다. 두 사람은 윌슨이 대통령 출마를 준비하던 1911년에 처음으로 만났다. "거의 첫 만남부터 우리는 아주 친해졌다. 첫 순간부터 우리의 심장은 하나처럼 박동했다"라고 하우스는 둘의 관계가 회복할 수 없을 정도로 망가진 수년 후에 기록했다.[6] 그는 윌슨에게 아낌없는 사랑과 그가 필요로 하는 충성을 보였고, 윌슨은 그에게 권력을 주었고, 첫 부인이 사망하자 하우스에게 더 의존하게 되었다. "당신은 내가 모든 일을 논의할 수 있는 세상에서 유일한 사람이다"라고 윌슨은 1915년에 썼다. "어떤 것을 말할 수 있는 사람과, 또다른 어떤 것을 말할 수 있는 사람이 있지만, 당신은 내 마음을 다 드러낼 수 있는 유일한 사람이다."[7] 윌슨의 두 번째 부인은 질투가 가득한 눈으로 하우스를 세심히 관찰했다.

전쟁이 발발하자 윌슨은 하우스를 유럽 여러 나라의 수도로 파견해 전쟁을 중단하도록 시도했지만 실패했다. 전쟁이 끝날 때가 되자 윌슨은 신속히 하우스를 파리로 파견해 휴전 조건을 협상하게 했다. "자네가 알아서 잘할 테니 아무런 지침도 내리지 않겠네"라고 윌슨은 말했다.[8] 하우스는 윌슨의 새로운 외교가 세계를 위한 최선의 희망이라는 데 전적으로 동의했다. 그는 국제연맹이라는 아이디어를 높게 평가했다. 그는 또한 두 사람의 공동의 목표를 성취하는 데 자신이 윌슨보다 더 잘할 수 있다고 생각했다. 윌슨이 지나치게 이상적이고 교조적인 부분에서 하우스는 여기서는 고개를 끄덕이고 저기서는 어깨를 으쓱하며 강조점을 살짝 바꾸고 먼저 이쪽을 약속한 다음 저쪽을 약속하며 이견을 조정하고 일을 성사시켰다. 그는 윌슨의 강화회의 참석을 진정으로 바라지는 않았다. 이후 몇 달 동안 이 충성스러운 보좌관은 일기에 윌슨이 저지른 실책을 냉정하게 기록했다. 그가 화를 낸 것, 일관성이 없는 것, 협상에 서툰 것, 그의 "융통성 없는" 사고를 기록했다.[9]

클레망소는 하우스를 엄청나게 좋아했다. 하우스가 그를 즐겁게 해주기 때문이기도 했지만, 그가 프랑스의 우려를 너무나 잘 이해하는 듯이 보였기 때문이다.[10] "나는 당신과 함께 일할 수 있다. 당신은 실용적이다. 나는 당신을 이해할 수 있지만, 윌슨과 말할 때는 예수 그리스도와 말하는 것 같다."[11] 로이드조지는 좀더 냉정했다. 하우스는 "아무리 넓은 대양이나 대인배라 하더라도 군데군데 얕은 구석이 있다는 것을 누구보다 잘 이해하고 있다." 로이드조지가 보기에 하우스는 매력적인 사람이었지만, 다소 제한된 인물이었다. "근본적으로 세일즈맨이지 생산자는 아니다." 하우스는 좋은 대사가 될 수 있지만, 외무장관은 될 수 없다고 생각했다. "그가 자신의 생각만큼 교활하지 않다는 것이 그의 장점일 것이다"라고 로이드조지는 결론 내렸다.[12] 하우스는 로이드조지를 참을 수 없었다. "풍향계처럼 생각을 바꾸는 이간질꾼이다. 그는 자신이 다루는 어떤 문제에도 깊은 지식이 없다."[13] 그러나 로이드조지는 자신의 목표에 집중할 줄 알았고, 모든 이견은 조정될 수 있다고 생각한 하우스는 그렇지 않았다. 베이커는 하우스에 대해 이렇게 말했다. "그는 대단한 중재자이지만, 지나치게 화해에만 신경을 써서 작은 이견을 견고한 원칙이라는 실체로 만들어내는 덕목을 갖추지 못했다."¹⁴ 하우스는 휴전 협상 중에 이미 이런 면을 보여준 바 있었다.

1차대전은 연이은 실수로 시작되었고, 혼란 속에 마무리되었다. 연합국은(그들의 제휴국인 미국도 포함해서) 전쟁이 승리로 끝나기 전까지 이를 예상하지 못했다. 1918년 여름 오스트리아-헝가리는 확연하게 무너지고 있었지만, 독일은 여전히 강해 보였다. 연합국 지도자들은 최소 1년은 더 전쟁이 계속될 것이라고 예상하고 계획을 세웠다. 그러나 10월 말이 되자 독일 동맹국들이 무너지면서 휴전을 요구했고, 독일군은 자국 국경선으로 빠르게 후퇴했으며, 독일 자체가 혁명적 움직임으로 흔들렸다. 가장 중요하고, 결국 가장 논란이 많았던 독일과의 휴전 협상은 베를린의 새 정부, 파리의 연합국 최고전쟁평의회, 워싱턴의 윌슨 3자 사이에 진행되었다. 윌슨의 개인적 대표인 하우스는 이 사이에서 핵심 연결고리였다. 온건한 휴전 조건을 얻을 수 있는 가장 큰 확률은 윌슨의 선의에 의지하는 것이라고 제대로 계산한 독일은 14개조에 기반한 휴전을 요구했다. 다소 주저하는 유럽 동맹국들이 이 원칙을 받아들이도록 밀어붙인 윌슨은 일련의 공개적 문서에 동의했다.

유럽인들은 불안하다고 느꼈다. 더구나 그들은 14개조를 수정 없이 받아들일 생각이 없었다. 프랑스는 독일 침공으로 입은 엄청난 피해에 대한 보상을 제대로 받고 싶어했다. 영국은 해양의 자유에 대한 조항에 동의할 수 없었다. 그렇게 되면 적에 대한 자국의 강력한 무기인 해양 봉쇄를 사용할 수 없기 때문이었다. 파리에서 진행된 일련의 마지막 논의에서 하우스는 나중에 독일로부터 배상을 받고, 평화 회의에서 해양의 자유에 대한 논의를 할 수 있도록 14개조를 수정하는 데 동의했다. 그리고 벨기에와 프랑스로부터의 철수뿐만 아니라 독일 서쪽 가장자리에서 독일 병력이 철수하는 것을 요구한 휴전의 군사적 조건은 오랜 논의를 거쳐 프랑스가 간절히 바라던 독일군의 무장해제로 이어졌다.[15]

휴전이 맺어진 방식은 많은 비판의 여지를 남겼다. 독일인들은 14개조 원안을 바탕으로 휴전을 수용했을 뿐이고, 이어 나온 평화 조건은 대체적으로 위법이라고 주장했다. 윌슨과 그의 지지자들은 제멋대로인 유럽인들이 새로운 외교의 순수한 의도를 훼손했다고 비난했다.

하우스와 윌슨이 1918년 12월 14일 처음으로 직접 대화하게 되었을 때, 그들은 이미 유럽 국가들의 의도를 의심하고 있었다. 공식 강화회의는 몇 주 뒤에 열릴 예정이었지만, 이미 치열한 싸움은 시작되었다. 클레망소는 영국 측에 두 나라가 평화 조건에 대해 일반적 합의를 할 것을 제안했고, 이탈리아를 포함한 유럽 국가들은 그달 초 런던에서 만났다.[16] 클레망소는 현명하게도 보험을 들어놓았다. 그는 와병 중인 하우스를 찾아가 런던 회담은 아무 중요성이 없으며, 자신은 앞으로 치러질 로이드조지의 선거에 도움을 주기 위해 영국으로 가는 것일 뿐이라고 안심시켰다.[17] 그러나 드러난 것처럼 아드리아해에서 이탈리아의 영토 요구를 둘러싼 이견과 오스만제국 처리를 둘러싼 영국과 프랑스 사이의 이견으로 이 회의는 공동의 유럽 접근법을 만들어내는 데 실패했다. 세 유럽 국가는 윌슨에게 그가 도착하기 전에 일을 타결하려고 했다는 인상을 주지 않기 위해 노력했다.

미국이 평화의 중재자가 되어야 한다는 윌슨의 시각을 공유한 하우스는 별다른 근거 없이 클레망소가 로이드조지보다 더 합리적으로 행동할 것으로 믿었다. 그래서 편의상 윌슨은 클레망소를 먼저 만났다. 윌슨이 대부분의 말을 하는 동안 이 능수능란한 늙은 정치인은 그의 말을 경청했고, 국제연맹에 대한 동의의 뜻을 표명했다. 윌슨은 좋은 인상을 받았고, 프랑스와 미국이 영국에 맞서는 공동 전선을 펴기를 희망한 하우스는 회동 결과에 만족했다.[18] 윌슨은 파리 외곽에 있는 미군 사령부에서 존 퍼싱John J. Pershing 장군과 함께 크리스마스를 보낸 다음 런던으로 향했다.

영국에서 윌슨은 다시 한번 대규모 군중으로부터 대단한 환영을 받았지만, 영국 지도자들과의 비공개 대화는 처음에는 잘 진행되지 않았다. 윌슨은 딱딱했고, 로이드조지와 고위 영국 장관들이 자신을 환영하기 위해 프랑스로 달려오지 않은 것이 기분 나빴고, 영국의 총선이 시작되면 강화회의가 지연될 것을 우려했다. 윌슨은 많은 미국인과 마찬가지로 영국에 대한 태도가 복잡했다. 영국의 위대한 자유주의 전통에 대한 미국의 빚을 의식하면서도 영국의 힘을 경계하고 부러워했다. "만일 영국이 전쟁 후에 해군 지배력을 주장하면, 미국은 영국에게 해군을 어떻게 건설하는지를 보여줄 수 있고, 보여줄 것이오!"라고 윌슨은 클레망소의 보좌관인 앙드레

타르디외André Tardieu에게 말했다.[19] 버킹엄궁에서 열린 갈라 리셉션에서 윌슨은 한 영국 관리에게 이렇게 말했다. "당신은 우리가 형제는 말할 것도 없고 사촌으로 이곳에 온 것처럼 말해서는 안 됩니다. 우리는 형제도 사촌도 아니오." (그 영국 관리는 즉시 이 말을 자신의 상관들에게 전했다.) 그는 많은 미국인이 다른 문화권 출신인데 앵글로색슨 세계에 대해 이야기하는 것은 오해의 소지가 있으며, 두 나라 모두 영어를 사용한다는 점을 지나치게 강조하는 것도 어리석은 일이라고 말했다. "그러나 당신 나라와 우리 나라가 좀더 밀접한 관계를 유지하게 만드는 두 가지가 있소. 이상과 이익의 공동체라는 점이오."[20] 영국 국왕이 미군을 위해 건배를 제의했을 때 윌슨이 영국인에 대해 이와 유사한 칭송을 하지 않는 것을 보고 영국 사람들은 더 놀랐다. "우정의 빛은 전혀 없었고, 공동의 운명으로, 공동의 위험을 간신히 피한 사람들이 만나는 기쁨도 없었다"라고 로이드조지는 말했다.[21]

미국과 좋은 관계를 맺는 것이 엄청나게 중요하다는 것을 잘 알고 있는 로이드조지는 윌슨의 마음을 얻기 위해 노력했다. 두 사람의 첫 사적 대화가 해빙을 가져왔다.[22] 로이드조지는 윌슨이 해양의 자유나 독일 식민지의 운명과 같이 영국이 중요하게 생각하는 문제에 대해 타협할 용의가 있는 듯 보였다고 안도하며 동료들에게 말했다. 윌슨은 가장 중요한 관심사가 국제연맹이라는 인상을 주었고, 강화회의가 시작되자마자 바로 이 문제를 논의하고 싶어했다. 로이드조지는 이에 동의했다. 그는 그렇게 되면 다른 문제를 훨씬 쉽게 다룰 수 있게 될 것이라고 말했다. 두 지도자는 강화회의를 어떻게 진행할 것인지도 논의했다. 그들은 통상적 관행을 따라 독일 및 다른 패전국들과 같이 자리에 앉아 조약을 만들어가는 방식을 상정했다.[23]

그러나 과거의 관행은 윌슨이 원하는 새 질서에 별로 길잡이가 되지 못했다. 정복과 승리의 권리가 유럽 역사에 깊이 새겨져 있었고, 예를 들어 나폴레옹 전쟁에서 승자는 영토나 예술품 등을 마음대로 취할 수 있었다. 또한 패전국은 전쟁 비용에 대한 보상금을 지불해야 하고, 피해 배상금도 지불해야 했다. 그러나 그들은 모두 최근 전쟁에서 이에 등을 돌리지 않았던가? 양측 모두 영토 합병이 없는 정의로운 평화를 얘기했다. 양측 모두 주민들이 통치자를 선택할 권리를 주장했고, 연합국이 삼국동맹보다 더 강하고 설득력 있게 이에 대해 얘기할 수 있었다. 그리고 미국이 참전하기 전에도 민주주의와 정의 같은 조건들이 연합국 전쟁 목표에 가미되었다. 윌슨은 연합국의 의제를 주도하고, 이것을 더 나은 세계를 보장하는 확고한 틀로 만들었다. 그도 승자에 대한 일부 보상을 인정한 것은 사실이었다. 프랑스는 상실한 지방인 알자스-로렌을 되찾기를 원했고, 독일이 벨기에에 입힌 피해를 보상하기를 원했다. 프랑스는 원하는 것이 더 있었다. 가능하다면 독일로부터 영토를 얻고, 독일의 공격에 대비한 확실한 안전 보장을 원했다. 영국은 독일 식민지 일부를 원했다. 이탈리아는 발칸 지역 일부를 요구했고, 일본은 중국의 일부를 원했다. 이런 요구는 새로운 외교라는 관점에서 정당화될 수 있는가? 게다가 유럽 중앙에는 이미 만들어졌거나 만들어지고 있는 국가들이 자신들의 요구가 반영되기를 원하고 있었다. 그리고 식민지 주민, 여성 권리 운동가, 노동조합 대표, 미국 흑인, 종교 지도자, 인도주의자 등이 있었다. 빈 회의는 이번 강화회의에 비하면 문제가 단순했다.

클레망소와 로이드조지 모두 윌슨과의 첫 회동에서 연합국이 평화에 대한 입장을 정리할 필요가 있다는 사실을 지적했다. 그러나 윌슨은 이에 도움을 주지 않았다. 만일 그들이 사전에 모든 평화 조건을 타결 지으면 전체 강화회의는 껍데기에 지나지 않는다고 윌슨은 주장했다. 다른 한편으로 그는 비공식 대화를 통해 연합국의 공동 입장을 정리하기를 원했다. "그것은 사실상 같은 것이지만, 윌슨 대통령은 자신의 시각만을 계속 주장했다"라고 로이드조지는 측근들에게 말했다.[24] 그들은 파리에서 만나서 사전 논의를 하고 (기껏해야 몇 주 정도) 그런 다음 적들과 같이 앉아 논의하기로 했다. 윌슨은 그 시점에 미국으로 돌아갈 수 있으리라고 생각하는 것 같았다.[25]

파리에서 가장 가까운 동료가 될 사람들과 첫 회동을 마친 윌슨은 이탈리아로 갔고, 그곳에서 더 열광적인 환영을 받았다. 그러나 환호, 국빈 만찬, 사적 접견은 시간이 흘러가고 있다는 것을 감추지 못했다. 그는 이것이 의도적인 것이 아닌가 의심하기 시작했다. 일반 사람들은 평화를 원하고 있었지만, 그들이 모르는 동기를 가지고 통치자들은 시간을 끌고 있었다. 프랑스 정부는 윌슨을 위해 전장 시찰을 준비했다. 윌슨은 화를 내며 이를 거부했다. "그들은 내가 폐허가 된 지역을 돌아보도록 하고, 나를 극도로 분노하게 한 다음 영국, 프랑스, 이탈리아 정부의 손에 놀아나게 할 참이었다"라고 그는 측근들에게 말했다. 그는 그런 식으로 조종당하지 않을 것이고, 평화는 차분해야 하고 감정적이지 않아야 했다. "프랑스 전체가 포탄 구덩이가 되더라도 최종 타결을 바꾸지는 못할 것이다."[26] 프랑스는 윌슨의 거부에 크게 실망했고, 그가 3월에 잠시 전장을 시찰했을 때도 마음이 좋지 않았다.

윌슨은 자신과 프랑스 측의 시각이 하우스가 그가 믿기를 바란 대로 그렇게 가깝지 않다는 결론에 도달했다. 프랑스는 주요 의제 끝부분에 국제연맹이 위치하도록 치밀하게 의제를 짰다.[27] 런던 주재 프랑스 대사인 경험이 풍부한 폴 캉봉Paul Cambon은 한 영국 외교관에게 "강화회의의 과제는 독일과의 전쟁을 끝내는 것이다"라고 말했다. 국제연맹은 뒤로 연기할 수 있는 사안이었다.[28] 프랑스 고위 관리 상당수는 국제연맹을 전쟁 중 작동한 동맹의 연장이고, 그 주된 임무는 평화 조건을 강제하는 것이 될 것으로 생각했다. 내부 각 부처는 프랑스 국민은 이를 더 이상적인 시각으로 보고 있다고 보고했다. "그것은 우리에게 도움이 될 것이다"라는 것이 대중의 생각이었다.[29] 클레망소는 공개적으로 회의적인 태도를 보였다. 윌슨이 런던에서 국제연맹이 회원국의 안전을 보장하는 최선의 길임을 다시 한번 강조하는 연설을 한 다음날, 클레망소는 프랑스 하원에서 연설했다. 큰 환호 속에 그는 이렇게 주장했다. "세력 균형이라고 불리는 오랜 동맹 체제가 있었다. 나는 이 동맹 체제를 포기하지 않을 것이고, 그것은 강화회의 중 나의 길잡이가 될 것이다." 그는 심술궂게 윌슨의 고귀한 솔직함candeur이라는 말을 썼다. 이 말은 솔직함이나 감상적 순진성을 뜻할 수 있었다(공식 기록은 이 단어를 위엄grandeur으로 바꾸었다. 미국 대표단은 클레망소의 연설을 도전으로 간주했다).³⁰

이 연설과 이에 대한 미국인들의 반응이 후에 특히 미국에서 충격적이고 지속적인 그림tableau의 씨앗을 심었다. 한편에는 생각과 행동이 순수하고 황금의 미래로 이끄는 빛을 비추는 갤러해드Galahad • 가 있고, 다른 한편에는 분노와 증오로 마음이 검게 물들어 오직 복수만을 생각하는 기형적인 프랑스 난장이가 등장한다. 한편에는 평화가, 다른 한편에는 전쟁이 있었다. 이것은 좋은 이야깃거리를 만들지만, 두 사람 모두에게 공평하지 않았다. 두 사람 모두 급속한 변화에 대해 보수주의적 회의를 품은 자유주의자였다. 두 사람을 가른 것은 기질과 그들 자신의 경험이었다. 윌슨은 인간의 본성은 근본적으로 선하다고 생각했다. 클레망소는 이에 회의적이었다. 그와 유럽은 너무 많은 일을 겪었다. "그는 윌슨에게 이렇게 말한 적이 있었다. "나를 오해하지 마시오. 우리는 당신이 너무나 자주, 너무나 고매하게 말하는 그 고귀한 본능과 고매한 영감을 가지

• 아서 왕의 원탁 기사 중 한 사람이고, 아서 왕 전설에서 성배를 차지한 세 사람 중 하나다. 그는 용맹과 순수함으로 명성을 얻었고, 가장 뛰어난 기사에게 돌아가는 열세 번째 자리에 앉았다.

고 세상에 왔소. 그러나 우리는 우리가 살고 있는 세상의 거친 손에 의해 현재의 우리가 되었고, 우리는 강인한 집단이었기에 살아남을 수 있었소." 미국에서 민주주의는 안전했다. 클레망소는 덧붙였다. "나는 민주주의자를 총으로 쏘는 것이 도리인 세상에서 살아왔소."³¹ 윌슨은 무력 사용은 궁극적으로 실패할 것이라고 믿었지만, 클레망소는 그것이 너무나 자주 성공하는 것을 보아왔다. 클레망소는 로이드조지의 애인인 프랜시스 스티븐슨Frances Stevenson과 함께 점심을 먹으면서 말했다. "나는 힘이 정의라는 결론에 도달했소. 여기에 어떻게 닭요리가 나왔겠소? 그것은 닭이 자신을 죽이려는 사람들에게 저항할 만큼 힘이 강하지 않았기 때문이오. 다행스러운 일이지요."³² 클레망소는 국제연맹을 반대한 것이 아니라 단지 신뢰하지 않았을 뿐이다. 그는 더 큰 국제적 협력을 원했지만, 최근 역사는 만일을 위해 화약과 대포를 준비해야 한다는 것을 분명히 보여주었다.³³ 이 점에서 클레망소는 독일을 절대적으로 의심하는 프랑스 여론을 충실하게 반영했다.³⁴

1919년 1월 둘째 주가 되자 윌슨은 파리로 돌아와 예비회의가 시작되기를 기다렸다. 그는 프랑스 정부가 마련해준 개인 저택에서 호화로운 생활을 했다(윌슨은 미국인들이 프랑스에 빌려준 돈으로 그 비용을 지불하고 있다고 농담했다). 뮈라 호텔은 나폴레옹의 여동생 중 한 명과 결혼한 위대한 병사의 후손들이 소유한 건물이었고, 프랑스 정부가 빌려 쓰고 있었다. 후에 미국과 프랑스의 관계가 악화되자 뮈라 공주는 그 저택을 반환해달라고 요청했다. 윌슨의 주치의 케리

그레이슨Cary Grayson 제독과 영부인의 대외 업무 비서가 포함된 대통령 일행은 춥고 반짝거리는 방에 숙소를 잡았다. 이 방들은 거대한 거울에 끝없이 비치는 과거의 보물들로 가득 차 있었다. 윌슨과 인터뷰를 한 영국 기자는 윌슨이 제국 책상 앞에 회색 플란넬 양복 차림으로 앉아 있고, 그의 머리 위쪽 벽에 거대한 청동 독수리 동상이 붙어 있는 것을 보았다.[35]

나머지 미국 대표단은 약간 거리가 떨어졌지만 마찬가지로 상당히 화려한 크리용 호텔에 숙소를 잡았다. 한 미국 교수는 "나는 높은 천장에 하얀 벽, 벽난로와 커다란 욕실, 아주 편한 침대, 이 모든 것이 오래된 장미 장식으로 꾸며진 거대한 방을 배정받았소"라고 아내에게 편지를 썼다.[36] 미국 대표단은 음식에 만족하고 흠잡을 데 없는 서비스에 감명을 받았고, 때로 물이 한 탱크에서 옆 탱크로 옮겨가는 동안 층 사이에 멈춰 서기도 하는, 천천히 움직이는 오래된 수력 엘리베이터를 신기해했다.[37]

호텔이 작아서 미국 대표단은 근처 몇 곳에 흩어졌고, 일부는 포도주와 음식 냄새가 밴, 과거 맥심 레스토랑의 개인 다이닝룸에 자리를 잡았다. 몇 달 동안 미국인은 크리용 호텔에 자신들의 기호를 가미했다. 이발소와 사적 전화선을 설치하고, 프랑스 조식 대신에 풍성한 미국식 아침 식사를 도입했다.[38] 문 앞에는 경비원이 서 있었고, 초병들은 평평한 호텔 지붕 위를 왔다 갔다 하며 경비를 섰다. "이 장소 전체는 미국 전함 같았다"라고 강화회의에 대한 가장 생생한 서술을 남긴 젊은 미국 외교관 해럴드 니컬슨Harold Nicolson은 기록했다.³⁹ 영국 방문객들은 미국인들이 얼마나 서열을 중시하는가를 보고 놀랐다. 영국인과 달리, 중요한 인사들은 아랫사람과 같이 앉아 식사하는 법이 없었다.⁴⁰

랜싱과 그의 동료 전권대표인 화이트와 블리스는 2층에 방을 배정받았지만, 진정한 권력 집결지는 그 위층이었다. 그곳에는 하우스가 삼엄한 경비 속에 널찍한 스위트룸을 쓰고 있었고, 그는 이것을 자랑스럽게 의식했다. 그는 그곳에 앉아서 자신이 좋아하는 일인 계획을 짜고, 권력이 막강한 사람들을 접견했다. 총리, 장군, 대사, 기자 등 내로라하는 사람들이 그를 만나러 왔다. 그에게 가장 중요한 상대는 역시 윌슨이었다. 두 사람은 매일 직접 만나거나 미 육군 공병대가 설치한 직통 전화로 얘기를 나누었다. 때로 윌슨은 크리용 호텔로 걸어왔는데, 2층에는 한 번도 들르지 않고 바로 위층으로 갔다.⁴¹

3장

파리

1919년 1월 전 세계 각지에서 중재자들이 모여들었을 때 파리는 슬프고 아름다웠다. 파리 시민들은 우울했고 슬픔에 잠겼지만, 파리의 여성들은 여전히 우아했다. 한 캐나다 대표는 "계속해서 좀더 행복했던 시절의 《파리 여성의 생활La Vie Parisienne》 또는 잡지 《보그》에서 튀어나온 듯한 여인을 볼 수 있소"라고 아내에게 보내는 편지에 썼다.[1] 아직 돈이 있는 사람들은 멋진 옷과 보석을 살 수 있었다. 식료품을 조달할 수 있는 레스토랑들은 여전히 대단했다. 나이트클럽에서 커플들은 새로운 폭스트롯과 탱고를 추었다. 날씨는 이례적으로 온화했다. 공원의 풀은 아직 녹색이었고, 더러 꽃도 보였다. 비가 많이 내려 센강이 범람했고, 거리의 악사들은 프랑스가 독일에 거둔 승리와 앞으로 다가올 신세계를 노래했다.[2]

이제 막 끝난 대전쟁의 흔적은 곳곳에 남아 있었다. 북쪽의 폐허가 된 지역에서 온 피난민들, 콩코르드 광장과 샹젤리제 거리에 전시된 노획한 독일 대포, 독일 폭탄이 떨어진 곳의 잔해 더미와 나무판자를 댄 창문들이 도처에 보였다. 튈르리궁 장미 정원에는 거대한 포탄 구멍이 나 있었다. 그랑불바르 연도에 핀 밤나무 행렬은 땔감으로 잘려나간 나무들 때문에 군데군데 비어 있었다. 노트르담 대성당의 창문들은 안전하게 보관된 스테인드글라스가 아직 끼워지지 않은 상태였다. 옅은 노란색 판유리가 조명이 흐릿한 실내를 비추고 있었다. 석탄, 우유, 빵이 심각하게 부족했다.

프랑스 사회도 상처를 안고 있었다. 승리의 깃발이 가로등과 창문에 걸렸지만, 불구자가 된 남자들과 징집에서 해제된 낡은 군복 차림의 병사들이 거리 모퉁이에서 푼돈을 구걸했고, 많은 여자가 상복을 입고 있었다. 좌파 언론은 혁명을 선동했고, 우파 언론은 이런 움직임에 대한 진압을 요구했다. 파업과 시위가 연이어 일어났다. 그해 겨울과 봄의 거리는 프랑스 노동자를 대표하는 파란색 옷을 입은 남녀들의 시위와 중류층의 반대 시위가 끊이지 않았다.

영국과 미국은 강화회의가 파리에서 열리는 것을 원하지 않았다. 하우스는 일기에 이렇게 썼다. "정의로운 평화를 만드는 것은 어려울 수밖에 없다. 더군다나 교전국의 수도 분위기 속에서 그것은 거의 불가능하다. 강화회의는 잘될 수도 있지만, 비극일 수도 있다."[3] 흥분을 잘하는 프랑스 사람들은 너무 많은 고통을 겪었고, 회의에 필요한 차분한 분위기를 제공하기에는 독일에 대한 반감이 너무 컸다. 윌슨은 스위스가 거의 혁명 직전 상황이고 독일 스파이들이 넘처난다는 경고성 보고를 받기 전에는 회의 장소로 제네바를 원했다.[4] 클레망소는 파리에서 회의를 열어야 한다는 뜻을 굽히지 않았다.[5] 로이드조지는 나중에 말했다. "나는 피를 많이 흘린 수도에서 회의를 여는 것을 절대 원하지 않았다. 나와 하우스 모두 중립 지역에서 회의를 여는 것이 더 낫다고 생각했지만, 그 노인이 너무 많이 울고 항의해서 양보하지 않을 수 없었다."[6]

클레망소가 죽을 때 자신의 시신을 독일을 향해 똑바로 세워서 매장해달라고 했다는 말은 단지 신화일 것이다. 그러나 그가 생애 대부분 기간 가장 큰 이웃 국가를 경계한 것은 분명한 사실이다. 프랑스-프로이센 전쟁이 시작되었을 때 그는 불과 28세였다. 그리고 프랑스군이 패배한 다음 파리에서 싸운 젊은 공화주의자 집단의 일원이었다. 그는 파리가 굶주리는 것과 프랑스 정부가 항복한 것, 새로운 독일제국이 베르사유궁 거울의 방에서 제국을 선포하는 것을 보았다. 의원으로 새로 선출된 그는 독일과의 평화 조건에 반대표를 던졌다. 기자, 작가, 정치인, 그리고 총리로서 그는 독일은 프랑스에 큰 위협이 될 것이라는 경고를 계속 반복했다. 그는 죽기 직전 미국 기자에게 "나는 독일이 프랑스에 한 일 때문에 평생 독일을 증오했다"라고 말했다.[7] 그는 1871년 이후 전쟁을 적극적으로 원하지는 않았다. 단지 그것을 불가피한 것으로 받아들였다. 문제는 프랑스에 있는 것이 아니었다. "독일은 승리의 결과가 유럽 지배라고 생각하는 반면, 우리는 우리의 패배의 결과가 독일의 노예가 되는 것이라고 생각하지 않는다."[8]

클레망소는 프랑스가 기회를 얻기 위해서는 동맹국이 필요하다는 것을 잘 인식하고 있었다. 1914년 이전 새 독일은 막강한 경쟁 상대였고, 독일의 산업·수출·부는 계속 증가했다. 프랑스는 정체되어 있었고, 출생률도 감소하고 있었다. 오늘날에는 전투에서 병력 수가 덜 중요하지만, 당시에는 대규모 군대를 전장에 투입하는 것이 지극히 중요했다. 프랑스-프로이센 전쟁 강화조약의 비준에 대해 상원에서 토론하던 클레망소는 "프랑스인이 아이를 많이 낳아야 한다고 꼭 집어서 얘기하지는 않았지만, 실은 제일 먼저 포함되어야 할 사항이다"라고 주장했다.[9] 이러한 불리한 점 때문에 프랑스는 과거 숙적이었던 동방의 차르 전제정 러시아, 그리고 영국해협 너머의 영국에 손을 내밀었다. 러시아의 인력과 영국의 산업 및 해군력은 독일을 견제하는 균형추가 될 수 있었다. 1918년 상황은 많이 변했지만, 잠재적인 불균형은 변하지 않았다. 프랑스인보다 여전히 독일인이 훨씬 많았다. 대체적으로 사회간접자본이 큰 피해를 입지 않은 독일은 경제를 회복하는 데 얼마나 오래 걸릴 것인가? 이제 프랑스는 러시아를 의지할 수 없게 되었다.

강화회의 중 동맹국들은 프랑스의 비타협적인 태도, 프랑스인들의 탐욕, 프랑스의 보복심에 몹시 짜증이 났다. 그러나 그들은 프랑스인들이 당한 고통을 겪지 않았다. 모든 도시와 마을마다 있는 1차대전 전사자 추모탑과 일부 2차대전 추모탑은 프랑스가 겪은 고난에 대해 잘 말해주고 있다. 전쟁 전 프랑스 인구는 4천만 명이었는데, 1차대전으로 18~30세 남성 프랑스인 중 4분의 1에 해당하는 130만 명 이상이 사망했다. 프랑스는 다른 교전국보다 인구 대비 사망자 비율이 높았다. 전사자의 두 배가 넘는 병사들이 부상당했다. 북부 지역에서는 거대한 긴 지역이 포탄 웅덩이로 덮이고, 사방팔방이 참호로 연결되고 십자가 줄이 계속 이어졌다. 최악의 전투가 벌어졌던 베르됭 인근 지역은 생명체가 하나도 자라지 않았고, 새 한 마리 울지 않았다. 전력을 생산하는 데 필요한 탄광은 물에 잠겼고, 제품을 생산하던 공장들은 완전히 파괴되거나 설비가 독일로 운송되었다. 전쟁 전 곡물의 20퍼센트, 철광석의 90퍼센트, 철의 65퍼센트를 생산하던 약 1만 5천 제곱킬로미터의 프랑스 지역은 완전히 파괴되었다. 윌슨이 피해 지역을 직접 시찰했다면, 클레망소의 요구를 더 잘 이해할 수 있었을 것이다.[10]

강화회의에서 클레망소는 모든 중요한 실타래를 손에 쥐고 있었다. 프랑스 대표단은 최고의 인물들로 구성되었지만, 강화회의 첫 넉 달 동안 전혀 모이지 않았다.[11] 클레망소는 케도르세의 외무부 전문가들에게 의견을 거의 구하지 않아서 그들을 불안하게 만들었다.[12] 그는 또한 프랑스의 경제·영토 요구에 대한 보고서를 작성하고, 강화회의 중 우후죽순 생긴 위원회와 전문가 위원회에서 활동하도록 각 대학에서 불려온 사람들에게도 큰 주의를 기울이지 않았다. 명석하고 관록 있는 런던 주재 프랑스 대사 폴 캉봉은 이렇게 말했다. "클레망소의 아이디어는 전혀 조직되지 않았고, 일머리도 없었다. 그러면서도 그 스스로 모든 임무와 책임을 떠맡았다. 그래서 아무 일도 되지 않았다. (…) 78세의 나이로 당뇨병을 앓고 있던 그는 매일 50명을 접견하고, 장관들에게 위임해야 할 천 가지 세부 사항을 직접 다루었다. (…) 전쟁 중에도 이렇게 불편했던 적이 없었다."[13]

외무장관인 스테판 피숑은 쾌활하지만 게으르고 결단력 없는 인물로, 매일 아침 클레망소의 지시를 받았고, 그것을 거부할 꿈도 꾸지 못했다.[14] 클레망소는 무뚝뚝한 방식으로 그를 좋아했다. "피숑이 누구지?"라고 그가 묻자 "각하의 외무장관입니다"라는 답이 돌아왔다. "아, 그 사람이지. 깜박했네"라고 늙은 호랑이는 말했다.[15] 또 한번은 피숑과 여러 명의 전문가들이 뒤에서 회의가 시작되기를 참을성 있게 기다리는 동안 클레망소는 영국 외무장관 밸푸어에게 장난으로 그에게 딸린 참모 수를 물었다. "그들은 더 수가 많은 당신 참모들과 같은 일을 하고 있다"고 대답하자, 의도를 간파당한 클레망소는 크게 화를 내며 피숑에게 "모두 나가! 당신들 하나도 필요 없네!" 하고 소리쳤다.[16]

클레망소는 뭔가 논의할 일이 있으면 항상 저녁에 자신의 집으로 소수의 인원을 불러 상의를 했다. 그의 충실한 보좌관인 앙리 모르다크Henri Mordacq 장군, 잔소리꾼 앙드레 타르디외, 산업가인 루이 루쇠르Louis Loucheur가 그의 측근이었다. 그는 경찰이 그들을 감시하게 해서 항상 정신을 바짝 차리도록 했다. 매일 아침 그는 전날 자신이 한 활동의 상세한 목록을 그들에게 주었다.[17] 그는 자신이 미워하는 레몽 푸앵카레는 가급적 무시했다.

클레망소는 오랜 생에서 험난한 길을 걸어왔다. 정적들은 그의 비스듬한 눈과 잔인함은 어찌어찌 방데Vendée(프랑스 남서부 지방)에 들어온 훈족의 유산이라고 말했다.[18] 그는 1841년에 격렬한 역사를 가진 이 아름다운 지방에서 소귀족의 아들로 태어났다. 전반적으로 그 지역 주민들은 지는 편에 줄을 자주 섰다. 가톨릭이 승리한 종교전쟁에서 그들은 신교 편을 들었고, 프랑스 혁명 때에는 가톨릭과 왕당파 편에 섰다. 클레망소의 가족은 소수 집단 중의 소수 집단이었다. 공화주의자이자 급진주의자였고, 강력한 반교회주의자였다. 클레망소는 고상한 체하는 사람을 어리석다고 생각했지만, 그 자신은 항상 돌로 된 바닥과 이끼와 소박한 가구가 있는 어두운 가족 장원 집으로 돌아갔다.

클레망소는 아버지와 마찬가지로 의사 교육을 받았지만, 또한 아버지와 마찬가지로 의사 생활은 하지 않았다. 그에게 공부는 저작 활동, 정치 활동, 연애보다 뒤로 밀렸다. 다른 머리 좋은 젊은이처럼 그는 파리로 가서 급진적 지식인, 기자, 예술가의 세계에 끌려 들어갔다. 1860년대 말 그는 공화주의자들이 자유의 땅으로 여기던 미국으로 가서 많은 시간을 보냈다. 이 여행으로 그는 영어를 유창하게 구사할 수 있게 되었지만, 철 지난 뉴욕 속어와 양키식 느린 발음과 프랑스어의 'r'이 뒤섞인 억양으로 말했다. 그는 여학교에서 프랑스어를 가르치는 동안 만난 메리 플러머Mary Plummer와 결혼했다. 그녀는 사랑스럽지만 영민하진 않은 전형적인 뉴잉글랜드 여성이었다.[19] 그는 그녀를 프랑스로 데려왔는데, 오랜 시간 방데에서 자신의 부모와 미혼인 이모와 함께 지내게 했다. 그 결혼은 오래 지속되지 않았다. 메리 플러머는 얼마 되지 않는 위자료를 받고 이혼한 뒤에도 계속 파리에서 미국 여행객들을 박물관으로 안내하며 지냈다. 그녀는 클레망소를 거의 만나지 않았지만, 그의 신문 기사를 열심히 스크랩했다. 안타깝게도 그녀는 프랑스어를 배운 적이 없어 그것을 읽지 못했다. 1917년에 그녀가 사망하자 클레망소는 작은 유감을 표했다. "그녀가 나와 결혼한 것은 얼마나 큰 불행인가."[20]

클레망소는 이 결혼으로 세 명의 아이를 두었고, 평생 재혼하지 않고 혼자 살았다. 물론 이성 친구와 애인들은 있었다. 그는 이렇게 말했다. "내 인생에서 내가 먼저 나서서 여자에게 호감을 살 필요는 전혀 없었다."[21] 1919년에 그는 자신이 너무 늙어 연애를 즐길 수 없는데도 여자들이 자신에게 달려든다고 냉소적으로 말했다.

정치와 프랑스가 그의 가장 큰 열정이었다. 1870년 나폴레옹 3세의 제국이 무너지고 제3공화정이 시작되자, 그 같은 급진주의적 정치인들이 공공 생활에 참여할 문이 열렸다. 클레망소는 예리하고 재치 있는 연설가이자 끈질긴 반대자로 이름을 날렸다. 일례로 그의 오랜 친구인 에밀 졸라와 함께 알프레드 드레퓌스 판결 재심의를 이끌어내는 데 일조했다. 그러나 그는 좌파로부터 신뢰를 얻지 못했다. 그의 생애에는 매우 의심스러운 재무 거래, 평판이 좋지 않은 여성들, 빌려준 돈을 갚으라고 요구하는 채권자들이 있었다.[22] 그는 권위에 대한 인정사정없는 공격을 물리치기 위해서는 무슨 일이든 할 준비가 되어 있었다. "그는 늑대 무리에서 왔다"라고 그를 잘 아는 사람이 말했다.[23] 그가 벌인 결투는 알렉상드르 뒤마의 작품에 나오는 누군가를 연상시키는 인상을 남겼다. 클레망소는 관례에 대한 경멸과 깊은 냉소주의로 자신에게 해를 끼쳤다. 로이 드조지는 언젠가 "그는 프랑스를 사랑하지만, 모든 프랑스인을 미워한다"라고 말했다.[24] 클레망소는 60대가 된 1906년에야 장관직에 오를 수 있었다.

가까운 사람들은 그에게서 다른 면을 보았다. 클레망소는 친구들에게 신의를 지켰고, 그들도 그에게 그렇게 했다. 그는 시간과 돈을 쓰는 데 너그러웠다. 그는 자신의 정원을 사랑했다. 한 방문자는 그곳이 "사방에 함부로 뿌려진 뒤섞인 씨앗 중 살아남은 것들이 나선형으로 자란" 곳이라고 평했다.[25] 오랜 세월 동안 클레망소는 지베르니에 있는 그의 위대한 친구인 클로드 모네의 집과 가까운 곳에 시골 별장을 보유했다. 파리에서 그는 모네의 작품〈수련〉을 자주 보러 갔다. "안에 들어서는 순간 숨이 멎는다"라고 그는 말했다. (그는 르누아르의 그림은 참지 못했다. "그의 그림은 보는 사람에게 사랑에 대해 진절머리를 내게 한다. 그가 그린 젊은 여자들의 엉덩이는 절대 허용되어서는 안 된다."[26])

클레망소는 또한 대단히 용감하고 고집이 셌다. 1914년 독일군이 파리로 진격해오자 프랑스 의회는 파리를 떠날 것을 논의했다. 클레망소는 이에 동의했다. "그렇다. 우리는 전선에서 너무 멀리 떨어져 있다."[27] 프랑스군이 서부전선에서 패배해 암울했던 시기인 1917년에 내부 붕괴의 소리가 높아졌다. 그때 승리의 아버지를 자처하는 클레망소가 드디어 권력을 잡았다. 총리가 된 그는 최종 승리 때까지 프랑스를 단합시켰다. 1918년 봄 독일군이 파리를 향해 마지막 대공세를 펴자 클레망소는 항복은 절대 없다고 선언했다. 만일 독일군이 파리를 점령하면 그는 마지막 순간까지 남았다가 비행기로 탈출할 계획을 짰다.²⁸ 독일군이 휴전에 합의했다는 소식을 들었을 때 그는 할 말을 잃은 채 평생 처음으로 두 손으로 머리를 감싸고 울었다.²⁹ 11월 11일 저녁 그는 자신이 가장 아끼는 여동생 소피와 함께 파리 시내를 걸었다. 군중이 노획한 독일 총을 분해하는 것을 본 그는 "전쟁에서 승리했다. 그건 애들이나 가지고 놀게 주어라"고 말했다.³⁰ 나중에 그는 모르다크와 함께 앞으로 해야 할 일을 말했다. "맞다, 우리는 전쟁에서 승리했고, 많은 어려움을 겪었다. 그러나 이제 우리는 평화에서 승리해야 하고, 아마 더 어려울 것이다."³¹

강대국 중에서 프랑스는 독일과의 평화 조건에 많은 것이 걸려 있었다. 영국은 이미 원하는 것 대부분을 얻었다. 독일 함대와 주요 독일 식민지를 손에 넣었고, 미국은 대서양에 의해 독일과 분리되어 있었다. 프랑스는 가장 큰 피해를 입었을 뿐만 아니라 두려워할 것이 가장 많았다. 무슨 일이 일어나건 독일은 여전히 동부 국경에 남아 있게 될 터였다. 1919년 프랑스에서 승리의 기념품으로 팔리는 '포슈Foch'•와 '승리La Victoire'라는 글자가 새겨진 손칼이 독일 공

• 1918년 봄에 연합군 총사령관으로 임명되어 연합군을 승리로 이끈 프랑스 원수 페르디낭 포슈(Ferdinand Foch)를 의미한다.

장에서 만들어진 것은 불길한 조짐이었다. 프랑스는 복수와 보상을 바랐지만, 무엇보다도 안전을 원했다. 이것을 클레망소는 누구보다 잘 인식하고 있었다.

클레망소는 프랑스의 유일한 안보는 전쟁 때의 동맹을 유지하는 것이라고 확신했다. 1918년 12월 그는 하원 연설에서 "이 협상국 동맹을 지키기 위해 어떤 희생도 치를 것"이라고 말했다.[32] 강화회의 중에 그는 최악의 이견이 발생해도 이 방향성을 계속 지켜나갔다. 그는 가까운 참모들에게 "미국과 영국 없이 프랑스는 실제적으로 존재할 수 없을 것"이라고 말했다.[33] 그는 로이드조지와 논쟁 중에 "이 회의에서 나의 정책은 영국 및 미국과의 긴밀한 합의이고, 당신이 이를 인정하기를 희망한다"라고 말했다.[34]

클레망소의 정책이 하나의 문제라면, 프랑스 외무부의 관료와 직원들을 설득하는 것은 또다른 문제였다. "나는 그들이 일을 제대로 진행하겠다는 생각은 없이 온갖 종류의 음모와 속임수로 가득 찬 것을 발견했다"라고 영국 서기인 행키가 불만을 토로했다.[35] 과거의 위대함에 대한 기억, 프랑스 문명의 우위에 대한 확신, 앵글로색슨의 번영에 대한 불만, 자신들의 승리에 대한 안도, 독일에 대한 두려움은 프랑스를 다루는 것을 어렵게 만들었다. 라인란트의 프랑스 점령군을 방문한 한 영국 전문가는 이렇게 썼다. "지난 50년 동안 일어난 모든 일이 사라진 상황에서 프랑스 병사들은 군주정과 혁명 때 자신들이 차지했던 지역으로 당당하고 확신에 찬 채로 신속하게 돌아왔다. 이들은 자신들의 더 높은 문명을 독일인들에게 전하는 역사적 사명을 띠고 있다고 느꼈다."[37] 영국인과 마찬가지로 미국인들은 프랑스가 때로 자신들의 부아를 돋운다고 느꼈다. "프랑스의 근본적인 문제는 프랑스가 생각하는 승리는 완전히 소설과 같고, 프랑스는 그것이 마치 실제인 양 연기를 하고, 스스로 그렇게 믿는다는 것"이라고 어느 미국 전문가는 일기에 썼다.[37] 미국 장교들은 프랑스 장교들과 자주 충돌했고, 병사들은 거리와 카페에서 프랑스인들과 주먹다짐을 했다.[38]

클레망소가 영국 및 미국의 지도자와 개인적으로 좋은 관계를 만들지 못한 것도 애석한 일이었다. 윌슨과 로이드조지는 강화회의 기간 중 자주 허물없이 서로를 방문하고, 비공식 오찬이나 만찬을 가진 데 비해, 클레망소는 혼자 또는 소수의 측근 참모와 식사하는 것을 선호했다. "그것은 나름대로 불리한 점이 있었다. 만일 사교 목적으로 만난 자리에서 현안을 제시해서, 이야기가 잘 진행되면 추진하고, 그렇지 않으면 포기할 수 있다."[39] 클레망소는 가장 좋은 순간에도 통상적 사교 생활에 신경을 쓰지 않았다. 1919년 파리에서 그는 협상 진행을 위해 자신의 부족한 에너지를 아꼈다.

세 지도자 중 가장 나이가 많았던 클레망소는 건강하기는 했지만 나이를 속일 수 없었다. 그는 습진이 심한 손을 감추려고 장갑을 꼈다. 수면 장애도 겪었다.[40] 종종 새벽 3시에 잠에서 깨어 7시까지 무언가를 읽었고, 간단하게 죽으로 아침 식사를 했다. 그런 다음 개인 마사지사와 개인 운동(그가 가장 좋아하는 펜싱도 들어 있었다) 트레이너가 올 때까지 또 일했다. 오전 시간을 일하며 보내고,

점심때는 거의 항상 집으로 가서 삶은 달걀과 물 한 잔을 마시고, 다시 오후 내내 일했다. 그는 우유와 빵으로 간단하게 저녁 식사를 한 후 9시에 잠자리에 들었다. 방데에서 온 하인들은 오랫동안 그를 위해 일했다.[41] 그는 때로 니토 거리에 있는 로이드조지의 아파트에서 차를 마셨고, 로이드조지의 요리사는 그가 가장 좋아하는 간식인 랑드샤를 내놓았다.[42]

클레망소는 윌슨이나 로이드조지를 그다지 좋아하지 않았다. "내가 예수 그리스도와 나폴레옹 보나파르트 사이에 있는 것 같다"라는 그의 말이 파리에 돌아다녔다.[43] 그는 윌슨을 이해가 되지 않는 사람이라고 생각했다. "그가 나쁜 사람이라고는 생각하지 않지만, 얼마나 좋은 사람인지에 대해서는 아직 마음을 정하지 못했다!"[44] 또한 윌슨이 까탈스럽고 오만하다고 생각했다. "유럽을 잘 모르는 그에게 모든 것을 이해시키는 것이 얼마나 어려운가. 그는 공식과 자신의 14개조로 모든 일을 다룰 수 있다고 믿는다. 하느님이 십계명으로 만족한 것처럼 말이다. 윌슨은 우리에게 슬쩍 14개조를 던져주었는데 (…) 그것은 아주 공허한 이론을 내세운 열네 가지 계명이다!"[45]

또한 클레망소가 생각하기에 로이드조지는 위트는 있지만 기만적이고 신뢰할 수 없는 사람이었다. 중동을 놓고 벌어진 영국과 프랑스의 길고도 험악한 협상에서 클레망소는 로이드조지가 양국 간 합의에서 벗어나려 하는 것을 보고 격분했다. 두 사람 모두 정치적으로 급진주의자에서 출발했고 무자비할 정도로 효율적이었다는 공통점이 있었지만, 상당한 차이가 있었다. 클레망소는 지식인이었지만, 로이드조지는 그렇지 못했다. 클레망소는 합리적이었지만, 로이드조지는 직관적이었다. 클레망소는 18세기 신사의 취향과 가치를 갖고 있었지만, 로이드조지는 전형적인 중류층이었다.

클레망소는 대통령 푸앵카레를 포함해 동료들과도 문제가 있었다. "세상에는 전적으로 불필요한 것이 두 가지 있다. 하나는 맹장이고 다른 하나는 푸앵카레다!"⁴⁶ 몸집이 작고 말쑥한 푸앵카레는 시끄럽고, 법을 좋아하고, 지나치게 규칙을 중시하고, 아주 신중하고, 아주 가톨릭적이었다. 푸앵카레는 "왜소한 야수이고, 무미건조하고, 무뚝뚝하고, 용기가 없다"라고 클레망소는 미국인 친구에게 말했다. "이러한 신중함은 오늘까지 보존되었고, 당신이 보다시피 운 좋게도 오직 한 표본만 알려진 불쾌한 동물이다."⁴⁷ 클레망소는 오랫동안 푸앵카레를 공격해왔다.⁴⁸ 클레망소는 푸앵카레의 부인에 대한 악담을 퍼뜨렸다. "당신, 마담 푸앵카레와 잠자리를 하고 싶은가?" 그는 소리쳤다. "오케이, 다 준비됐어."⁴⁹ 전쟁 중 클레망소 쪽 신문들은 푸앵카레를 공격했는데, 가장 부당한 것은 전쟁 수행 방법에 대한 공격이었다. 푸앵카레는 "그는 자신이 진실을 말하고 있지 않다는 것을 잘 안다. 헌법은 나에게 아무 권한도 주지 않았다"라고 제대로 지적했다.⁵⁰•

푸앵카레는 일기에서 그 혐오를 되돌려주었다. "미친 자, 늙고 멍

• 프랑스 제3공화국에서 상하원에 의해 선출되는 7년 임기의 대통령직은 입헌군주제의 군주와 비슷한 상징성이 큰 자리였고, 실권은 의회의 연정으로 구성되는 내각의 총리에게 있었다.

청하고 허영에 찬 인간."⁵¹ 그러나 신기하게도 핵심적 사안에서 푸앵카레와 클레망소는 의견이 일치했다. 두 사람 모두 독일을 지독히 싫어하고 두려워했다. 푸앵카레는 전쟁 중 가장 암울한 시기에 패배주의자들과 싸웠고, 클레망소를 총리로 영입했다. 그는 클레망소가 독일을 패퇴시킬 것을 알았다. 짧은 기간 동안 둘 사이에는 휴전 같은 것이 성립되었다. "자, 오랜 친구, 레몽, 우리는 사랑에 빠질 건가?"라고 1917년 첫 내각 회의가 시작되기 전에 클레망소는 물었다. 6개월 후 푸앵카레는 클레망소가 자신과 상의를 하지 않는다고 크게 불평했다.⁵² 승리 후 두 사람은 되찾은 로렌 지방의 수도인 메스에서 공개적으로 서로 껴안았지만, 두 사람의 관계는 계속 순탄하지 않았다. 푸앵카레는 클레망소가 일을 처리하는 방식에 대한 불만으로 가득 찼다. 휴전은 너무 빨리 체결되었다. 프랑스군은 독일 안쪽으로 더 진격했어야 했다. 프랑스는 회복한 지방인 알자스와 로렌에서 너무 강압적으로 행동했다. 로렌 출신인 푸앵카레는 그곳에 아는 사람이 많았고, 그들은 많은 주민이 아직 친독일파이고, 프랑스 당국이 그들을 너무 요령 없이 다루고 있다고 보고했다. 클레망소는 프랑스 재정 문제를 방관하고 있었다. 그는 또한 영국과 미국에 너무 많은 것을 양보하며 외교정책을 엉망으로 만들고 있었다. 클레망소가 강화회의에서 프랑스어와 함께 영어가 공식 언어로 채택되는 것을 인정하자 푸앵카레는 격분했다.⁵³ 그는 클레망소에 대한 대중의 열광에 화가 머리끝까지 솟았다. "모든 프랑스인이 그를 신처럼 믿고, 나는 대중 언론으로부터 모욕을 당하고 있다.

(…) 나는 모욕을 받을 만한 언사를 한 적이 거의 없다."[54]

클레망소가 독일 식민지를 획득하는 데 크게 신경쓰지 않고, 중동에도 관심이 없는 것은 푸앵카레와 식민지 로비 집단을 실망시켰다.[55] 강화회의가 시작되기 전에 클레망소가 전쟁 목표에 대해 한 몇 번의 발언은 의도적으로 애매했고, 프랑스 대중을 안심시키기에는 충분했지만, 그 자신은 엄격한 요구 사항에 묶이지 않게 했다. 전쟁 중 그의 발언은 벨기에와 점령된 프랑스 영토, 압제받는 주민들의 해방, 그리고 필연적으로 알자스-로렌을 언급했다. 클레망소는 하원에서 자신이 할 일은 전쟁을 치르는 것이라고 말했다. 평화에 대해서 그는 한 기자에게 "하고 싶은 모든 것을 미리 발표할 필요가 있는가? 아니다!"라고 말했다.[56] 1918년 12월 29일 클레망소는 하원의 비판자들로부터 좀더 명확하게 입장을 밝히라는 압박을 받았지만 이를 거부했다. "평화를 위한 과제는 엄청나게 복잡하다"라고 그는 대답했다. 협상은 아주 복잡할 수 있었다. "나는 요구를 제시할 것이지만, 그게 뭔지는 여기에서 말하지 않겠다." 그는 프랑스의 가장 큰 이익의 일부를 희생해야 할 수도 있었다. 그는 신임 투표를 요구했다. 투표 결과는 398 대 93으로 그를 신임했다.[57] 이제 그의 가장 큰 도전은 동맹국이었다.

4장

로이드조지와 영제국 대표단

1919년 1월 11일 영국 총리 데이비드 로이드조지는 영국해협을 건너기 위해 평소와 다름없이 힘차게 영국 구축함에 승선했다. 그가 파리에 도착하면서 많은 것을 결정하게 될 세 핵심 중재자가 드디어 한자리에 모이게 되었다. 로이드조지는 윌슨과는 이제 안면을 익혔지만, 클레망소와는 1908년 이후 여러 기회를 통해 친분을 쌓아왔다. 이미 오랜 경력이 있는 클레망소와 장래가 유망한 젊은 정치인 로이드조지의 첫 만남은 성공적이지 못했다. 클레망소는 로이드조지가 유럽과 미국 모두에 대해 충격적으로 무지하다고 생각했다.[1] 로이드조지가 클레망소에게서 받은 인상도 "호감이 가지 않고, 다소 성깔이 나쁜 늙은 야만인"이었다. 그는 클레망소의 큰 머리에 대해 "자비, 존중, 친절을 위한 둥근 지붕이 전혀 보이지 않았다"라고 말했다.[2] 로이드조지가 전쟁 중 클레망소를 상대했을 때,

클레망소는 더이상의 위협은 허용하지 않겠다는 뜻을 분명히 했다. 시간이 지나면서 클레망소의 재치, 강인한 성격과 프랑스에 대한 뜨거운 열정을 존중하게 되었다고 로이드조지는 말했다. 클레망소도 로이드조지가 교육을 잘못 받았다고 항상 불평했지만, 마지못해 그에 대한 호감을 키웠다. 그는 "영국 신사"가 아니라고 늙은 클레망소는 심하게 말했다.³

강화회의에 참석한 세 거두는 각각 자기 나라에서 가져온 것이 있었다. 윌슨은 미국의 자비심, 미국의 방식이 최선이라는 자신감에 찬 확신과, 그렇지만 유럽인들이 이것을 모를 수도 있다는 불안한 의심을 가져왔다. 클레망소는 프랑스의 깊은 애국심, 승리에 대한 안도, 독일의 재기 가능성에 대한 끊임없는 우려를 가져왔다. 로이드조지에게는 광대한 식민지와 강력한 해군이 있었다. 각 중재자는 엄청난 이해관계를 대변했지만, 동시에 한 개인이었다. 그들의 실패, 그들의 힘, 그들의 피로, 그들의 질병, 그들의 기호 역시 평화 타결을 형성하는 데 중요한 역할을 할 터였다. 윌슨은 미국으로, 로이드조지는 영국으로 잠시 돌아간 2월 중순부터 3월 중순까지를 빼고 1월부터 6월 말까지 세 사람은 매일 만났다. 처음에 그들은 외무장관과 참모를 대동했지만, 3월부터는 비서 한두 명과 전문가 한 명이 배석하기도 한 가운데 비공개적으로 만났다. 이러한 대면 회동으로 세 사람은 서로를 잘 알고 좋아하게도 되었지만, 짜증이 나기도 했다.

로이드조지는 그중 가장 젊었고, 활달하고, 빛나는 파란 눈에 장밋빛 얼굴과 눈에 띄는 은발이었다. (한 어린 소녀가 한번은 "아저씨, 찰리 채플린이에요?"라고 물었다.[4]) 미국 남북전쟁이 끝났을 때 그는 겨우 두 살이었지만, 윌슨은 이 전쟁을 잘 기억하고 있었다. 클레망소가 스무 살에 프랑스가 프로이센에 패배한 후 새로운 독일이 탄생하는 것을 지켜보았을 때 로이드조지는 초등학교를 다니고 있었다. 그는 단지 다른 지도자들보다 더 젊기만 한 게 아니라, 더 건장하고 회복력이 강했다. 윌슨은 자신의 원칙을 달성하려고 노력하느라 몸이 자주 아팠고, 클레망소는 프랑스의 필요를 거듭 숙고하느라 밤 늦게까지 잠을 이루지 못했다. 로이드조지는 도전과 위협 앞에서 더 잘 나아갔다. 로이드조지를 완전히 인정하지 않은 엄격한 보수주의자인 로버트 세실Robert Cecil은 마지못해서 그를 칭송할 수밖에 없었다. "회의에서 어떤 일이 진행되건, 일이 아무리 힘들어도, 자신의 입장에 대한 엄청난 책임감에 짓눌릴 때도 로이드조지는 최상의 컨디션을 유지했다. 그는 함께 일하는 사람들에 대해 예리하고 악의 없는 농담을 수시로 했다."[5]

로이드조지는 지극히 사랑하는 딸의 죽음이라는 비극을 경험했고, 개인적 비극과 정치적 논란이 그의 경력을 파괴하려고 할 때 엄청난 스트레스를 겪었다. 그는 지난 4년간 처음에는 군수장관, 다음으로 전쟁장관으로 엄청난 압박을 받으며 일했다. 그는 연합국이 패배할 것처럼 보이던 1916년 말 연정 정부의 수장인 총리라는 짐을 맡게 되었다. 프랑스의 클레망소와 마찬가지로 그는 영국을 단합시켜 승리로 이끌었다. 1919년 그는 최근 치러진 선거에서 승자가 되었지만, 그가 이끄는 다수파 연정은 그의 것이 아니었다. 그는 자유주의자였지만 그의 지지자들과 핵심 각료들은 대부분 보수주의자였다. 그는 보수파 지도자인 보너 로Bonar Law와 확고한 협력 관계를 유지했지만, 항상 조심해야 했다. 그의 경쟁자였다가 뒤로 밀려난 전 자유주의 총리 허버트 애스퀴스Herbert Asquith는 자신의 막사에서 와신상담하며 로이드조지가 조금만 실수를 하면 공격하려고 벼르고 있었다. 많은 보수주의자는 과거 그의 급진주의 성향을 잊지 않고 있었고, 자신들의 지도자인 디즈레일리와 마찬가지로 특권과 지위를 내놓지 않으려는 그들은 로이드조지가 너무 영리하거나, 너무 기민하거나, 너무 이국적이지 않은지 의심의 눈길을 거두지 않았다. 로이드조지는 또한 언론에서 막강한 적들을 상대해야 했다. 나폴레옹과 이름 첫 자가 같다는 이유로 이것을 자신의 호로 삼은 언론 거물 노스클리프Northcliffe는 과대망상증에서 편집증으로 빠르게 옮겨갔는데, 이것은 결국 그를 죽음에 이르게 한 3기 매독의 초기 증상이었다. 《타임스》와 《데일리 메일》을 포함한 자신의 신문사를 등에 업고 로이드조지를 총리로 만들었다고 확신했던 노스클리프는 이제 자신이 키운 사람이 자신을 전쟁 내각 각료나 파리 강화회의의 대표로 임명하지 않은 것에 몹시 화를 냈다.

로이드조지는 아직 평화에 대한 준비가 제대로 되어 있지 않은 영국을 다루어야 했다. 전쟁이 종결되면서 엄청난 비합리적인 기대가 형성되었다. 평화를 만드는 것은 쉽고, 임금과 사회보장 혜택은 늘어나고, 내야 할 세금은 줄어들 것이라고 사람들은 기대했다. 사회적 조화가 형성되거나 보는 관점에 따라 사회적 격변이 일어날 것 같았다. 대중의 분위기는 예측할 수 없었다. 사람들은 어떤 때는 복수심에 찼고, 어떤 때는 현실 도피적이었다. 1919년에 가장 인기가 있는 책은 어린이가 쓴 만화 소설인 《젊은 방문객The Young Visiters》이었다. 로이드조지는 파리에 있는 동안에도 노동 소요, 의회 반란, 아일랜드 문제 악화 등에 대처해야 했다. 그러나 그는 다른 일에는 별 신경을 쓰지 않는 것처럼 파리에서 협상에 몰두했다.

누군가 나폴레옹 같다면, 그것은 불쌍하고 착각에 빠진 노스클리프가 아니라 그가 미워하는 로이드조지였다. 나폴레옹은 이렇게 말했다. "여러 주제와 여러 일은 내 머릿속에 찬장처럼 정리되어 있다. 한 생각이 연이어 일어나는 것을 끊고 싶으면, 나는 그 서랍을 닫고, 다른 서랍을 연다. 잠을 자고 싶으면, 모든 서랍을 닫는다." 로이드조지도 그런 집중력과 회복력, 그런 에너지와 공격을 기꺼이 감당하는 힘을 가졌다. 한 웨일스 친구는 이렇게 말했다. "이 영국인은 상대가 자신을 이겨야만 존중한다. 그런 다음 그는 그 상대에 대한 특별한 호감을 키운다."[6]

로이드조지는 나폴레옹과 마찬가지로 다른 사람이 무슨 생각을 하는지 알아차리는 기이한 능력이 있었다. 그는 프랜시스 스티븐슨에게 자신이 왜 호텔에 머물기 좋아하는지를 말한 적이 있었다. "나는 늘 사람에게 관심이 많아서 그들이 누구인지 생각한다. 무슨 생각을 하는지, 어떻게 사는지, 일상을 즐기는지 아니면 따분해하는지 생각한다."[7] 그는 언변이 뛰어났지만, 남의 말도 귀 기울여 들었다. 권력이 막강한 사람에서부터 그렇지 못한 사람, 어른에서 아이에 이르기까지 그를 만나는 모든 사람이 자신이 무언가 중요한 것을 말하고 있다고 느끼게 했다. 윈스턴 처칠Winston churchill은 이렇게 말했다. "로이드조지의 성격에서 가장 높게 살 만한 것은 권력, 책임, 행운의 정점에 있을 때조차 완전히 자유로웠고, 거만함이나 우월감 같은 것을 보이지 않았다는 점이다. 그는 항상 자연스럽고 소탈했으며, 늘 그를 잘 아는 사람들이 생각하는 그대로였다. 어떤 주장이든 논의할 준비가 되어 있었고, 논쟁의 여지가 있는 사실에 대해서도 귀를 기울일 준비가 되어 있었다."[8] 그의 유명한 매력은 이러한 호기심과 관심의 조합에서 비롯되었다.

로이드조지는 또한 뛰어난 웅변가였다. 클레망소가 상대를 굴복시키는 명확함과 냉소주의로 자신의 주장을 펼치고, 윌슨이 설교를 하는 사람이었던 데 비해, 로이드조지는 아주 세심하게 준비했지만 즉흥적인 것처럼 보이는 연설을 함으로써 감동과 재치, 영감과 친밀감을 동시에 선사했다. 그의 연설 기법에 대해 누군가 묻자 그는 대답했다. "나는 적절히 말을 쉬고, 손을 내밀어 사람들을 내게 끌어당긴다. 그러면 사람들은 아이 같아진다. 아주 어린 아이가 된다."[9]

파리 강화회의에 대한 신화를 만들어내는 데 여러 일을 한 존 메이너드 케인스John Maynard Keynes는 로이드조지에 대한 신화도 만들었다. 이 위대한 경제학자는 이렇게 말했다. "우리 시대의 비상한 인물이자, 바다의 요정, 산양처럼 확고하게 발을 딛고 선 음유시인,

나무들이 뒤엉킨 매혹적인 고대 켈트 숲에서 우리 시대에 나타난 반#인간 같은 이 방문자를 독자들에게 어떻게 설명해야 할지 모르겠다."[10] 로이드조지에게서는 지적으로 우월한 케임브리지와 둔감한 존 불John Bull*의 목소리가 그대로 나왔지만, 낭만적인 난센스도 있었다. 로이드조지가 자란 웨일스는 수수하고 진지한 작은 땅이었다. 그곳에는 점판암 광산, 조선소, 어민, 농민이 있었고, 그곳 사람들은 잉글랜드 사람들보다 노래를 잘 불렀다.

로이드조지는 초라한 움막에서 자랐다고 말하곤 했지만, 실제로는 교육받은 장인 계층 집안에서 자랐다. 그가 어릴 때 사망한 그의 아버지는 교사였다. 로이드조지를 키운 삼촌은 신발수선공이자 평신도 설교자였고, 작은 마을에서 중요한 위상을 가진 사람이었다. 로이드조지는 자신이 얼마나 먼 곳에서 왔는가를 강조할 때나 감상적 이유로 웨일스를 언급하곤 했다. (그는 자신이 그곳에서 너무 많은 시간을 보냈다면 금방 싫증을 냈을 것이라는 말도 했다.) 그는 어려서부터 더 큰 무대로 나가고 싶어했다. 세계에서 가장 큰 제국의 수도보다 더 큰 무대가 있겠는가? 그는 훗날 아내가 될 고향 소녀에게 "나의 가장 큰 꿈은 성공하는 것"이라고 썼다.[11]

그가 아낌없는 지원과 헌신을 한 삼촌을 만난 것은 큰 행운이었다. 로이드조지가 소년 시절에 신에 대한 믿음을 상실했을 때 평신

---

* 영국 정치 풍자만화에 자주 등장하는 전형적인 신사로 휘그당을 지지하며 혁명 세력에 대항하는 자유주의자다. 보통 강건한 중년 신사로서 시골에 거주하고, 쾌활하고 사무적인 면모를 보인다. 18세기 풍자만화에서 시작되어 1차대전 때까지 유행했다.

도 설교자인 삼촌은 그를 용서했다.¹² 로이드조지가 법을 전공하기로 결정하자, 삼촌은 그에게 필요한 자격 중 하나인 프랑스어를 가르치기 위해 자신이 먼저 프랑스어를 공부했다. 로이드조지가 돈과 연줄이 없는 사람에게는 엄청난 도박인 정치에 뛰어들기로 결정했을 때, 삼촌은 다시 한번 그를 지원했다. 삼촌은 로이드조지가 총리가 되는 것을 보지 못하고 죽었다.

로이드조지는 타고난 정치인이었다. 그는 위원회 회의실의 격무에서 대규모 선거운동에 이르기까지 모든 것을 사랑했다. 그는 활발한 논쟁을 좋아했지만, 기본적으로 성격이 좋았다. 윌슨이나 클레망소와 다르게 그는 정적을 미워하지 않았다. 또한 그는 정치에서 지식인이 아니었다. 폭넓은 독서를 했지만, 전문가들의 두뇌에 의지했고 임기응변에 누구보다 능했다. 강화회의 중 케인스와 그의 동료 한 사람은 아드리아해에 대해 그에게 잘못된 브리핑을 한 것을 깨달았다. 그들은 새로운 논지를 담은 쪽지를 들고 회의 장소로 달려갔지만, 로이드조지는 이미 발언을 시작한 상태였다. 케인스가 쪽지를 건네자 로이드조지는 슥 쳐다보더니, 자신이 시작한 말과 반대되는 결론을 맺으며 발언을 마쳤다.¹³

로이드조지는 정치 경력 초기에 주도적인 급진파 정치인으로 두각을 나타냈다. 윌슨이 대형 은행을 공격하고, 클레망소가 교회를 공격했다면, 로이드조지의 주된 공격 목표는 지주와 귀족이었다. 로이드조지는 사업가, 특히 자수성가한 사업가를 좋아하는 편이었다(그는 자주 그들의 아내도 좋아했다). 그는 급진적 예산안을 밀어붙였고, 가난한 사람들을 위한 복지 혜택과 함께 부자 소득세를 도입했지만, 사회주의자는 아니었다. 윌슨과 클레망소와 마찬가지로 그는 집단주의를 싫어했지만, 보수주의자뿐만 아니라 온건한 사회주의자와도 같이 일할 준비가 되어 있었다.[14]

그는 또한 파격적이면서도 뛰어난 행정가였다. 외부에서 재능 있고 역량 있는 사람들을 영입해 정부 부처를 운영하게 함으로써 기존 관행을 흔들었고, 모든 이해당사자를 불러 의견을 청취함으로써 자신이 제출하는 법안을 성공시켰다. 노동 분쟁에서도 이해당사자 양측을 불러 함께 머리를 맞대고 해결 방법을 찾았다. 지금은 일반적인 방식이지만 당시에는 이례적인 것이었다. 그가 철도 분쟁을 해결하는 것을 본 한 증인은 말했다. "그는 악기의 화음처럼 탁자 주변에 앉은 사람들을 연주했다. 호소하고, 설득하고, 엄해졌다가 장난을 쳤다가 위협했다가 종횡무진했다."[15]

천성이 낙관적인 그는 아무리 어려운 문제라도 해결책을 찾을 수 있다고 항상 확신했다. 그의 자녀의 한 친구는 말했다. "로이드조지에게 매일 아침은 새로운 날은 아니지만, 새로운 인생이자 새로운 기회다."[16] 때로 그가 취하는 기회는 위험 부담이 컸고, 아르헨티나 광산 투자나 내부 정보를 이용한 주식 매입처럼 일부 성격이 애매한 거래를 하기도 했지만, 탐욕보다는 재정적 독립이 더 큰 동기였던 것으로 보였다. 그의 사생활은 부주의했다. 클레망소와 여성들의 관계는 그의 명성을 높인 데 반해, 로이드조지는 화가 난 남편들이 이혼 소송에서 그의 이름을 폭로하겠다고 위협한 일이 몇 번 발생하면서 거의 재앙에 이를 뻔했다. 의지가 강한 여인인 아내는 그를 떠나지 않았지만 두 사람 사이는 멀어졌다. 그녀는 웨일스 북부 지방에서 자신이 좋아하는 정원을 가꾸며 살았다. 로이드조지는 파트타임 결혼에 익숙해졌다. 1919년 그는 천성과 달리 한 여인과 오랜 관계를 유지했다. 상대는 막내딸의 가정교사인 프랜시스 스티븐슨이었다. 그녀는 교육 수준이 높고, 능력 있고 지적인 여성이었다. 그녀는 그에게 사랑과 지적 동반과 잘 운영되는 사무 환경을 제공했다.

사람들은 자주 로이드조지를 단순한 기회주의자로 폄하했다. 클레망소는 한때 그를 영국 사무 변호사로 폄하했다. "그는 사건에서 승소하기 위해 모든 주장을 다 이용했다. 그는 자신이 전날 거부하거나 논쟁한 주장을 다음날 아무렇지 않게 사용했다."[17] 상대의 결점을 날카롭게 꿰뚫어보는 윌슨은 로이드조지에게 원칙이 없다고 생각했다. "로이드조지는 약삭빠르지 않은 고객을 상대하기를 바란다. 자신이 언제나 결정을 미루며 양보하기 때문이다."[18] 로이드조지는 원칙적인 사람이었지만 매우 실용적이었다.[19] 그는 돈키호테 같은 십자군에 에너지를 낭비하고 싶어하지 않았다. 그는 영국이 남아프리카의 작은 공화국들을 상대로 벌인 보어 전쟁이 잘못되었고 소모적이라고 공개적으로 비난했다. 그의 끈질긴 전쟁 반대에는 용기가 필요했고, 버밍엄에서 분노한 폭도들이 그가 연설하는 연단을 습격했을 때 거의 목숨을 잃을 뻔했다. 그러나 그 사건은 정치적 보상을 제공해주었다. 영국 정부가 어렵게 평화를 얻는 과정에서 여러 번 실수를 하는 바람에 로이드조지는 국가 지도자로 부상했다.

1차대전이 발발하자 그는 불가피하게 영국의 전쟁 노력에서 중요한 역할을 하게 되었다. 점점 더 가까운 친구가 된 처칠은 이렇게 평했다. "로이드조지는 어느 누구보다 진솔한 혜안과 용기를 가지고 있다. 그는 아무것에도 집착하지 않고, 너무 과도하지도 않고, 너무 참신하려고 하지도 않는다."[20] 로이드조지는 1916년 노동당 대표들에게 전쟁을 싫어한다면서도 이렇게 말했다. "일단 전쟁에 뛰어들면, 단호하게 헤쳐 나가야 한다. 그렇지 않으면 성공적 과제가 달려 있는 이상이 사라지게 될 것이다."[21] 현명한 원로 보수주의자인 아서 밸푸어는 지도자들이 나타났다가 사라지는 것을 보아왔다. 그는 로이드조지에 대해 이렇게 말했다. "그는 충동적이다. 전쟁 전에는 군사 문제에 대해 아무런 신경을 쓰지 않았다. 아마 자신의 무지의 깊이도 제대로 파악하지 못했을 것이다. 그는 때로 그와 함께 일하는 것을 힘들게 만드는 특이한 성향도 있다." 그러나 밸푸어가 보기에 영국을 성공적으로 이끌 수 있는 다른 사람은 없었다.[22]

로이드조지는 시골의 작은 마을에서 먼 길을 달려왔지만, 영국 상류 계층의 일원이 된 적이 없었다. 그가 총리로 재직할 때 다우닝가 10번지 총리 관저를 방문한 사람들은 북웨일스 바닷가 마을에서 그대로 옮겨온 가정에 와 있다고 느꼈다.[23] 그와 그의 아내는 거대한 시골 별장을 방문하는 것을 싫어했고, 로이드조지는 국왕 내외와 함께 있는 것을 좋아하지 않았다. 조지 5세가 영예의 표시로 의회 개원식에서 로이드조지에게 국가 상징인 칼을 들게 했을 때

로이드조지는 조용히 "나는 하인이 되고 싶지 않다"며 이를 사양했다.[24] 로이드조지의 친구들도 대개 그와 마찬가지로 자수성가한 사람이었다. 유서 깊고 오래된 가문 출신이며 세실가의 일원인 밸푸어만 드문 예외였다.[25] 기꺼이 두 번째 자리를 맡으려고 했던 밸푸어는 외무장관으로서 로이드조지에게 매우 적합했다.

로이드조지는 자기 방식으로 대표단을 꾸리기로 결정했다. 그는 외무부를 무시하고 똑똑한 젊은이들로 구성된 자신의 참모진을 이용했다. 관료들은 특히 그의 개인 비서이자 고상하고 종교적이고 오만한 필립 커Philip Kerr를 싫어했다. 로이드조지는 보고서를 읽는 것을 싫어했기 때문에 그의 편지 상당 부분도 담당한 커가 문지기 역할을 했다.[26] 심지어 밸푸어도 커에게 로이드조지가 특정 문서를 읽었는지 물었다가, 자신이 대신 읽었다는 대답을 듣고 가볍게 그를 꾸짖었다. 그러자 커는 대꾸했다. "별반 차이가 없는 일 아닌가요, 필립?"[27] 직업 외교관들은 자기들끼리 투덜거렸고, 밸푸어와 로이드조지가 파리에 가 있는 동안 외무부를 맡은 조지 커즌George Curzon은 고통스러워했다. 그래도 로이드조지는 전혀 신경쓰지 않았다.

이것은 영국에 나쁜 일이었는가? 로이드조지는 분명히 전임자인 솔즈베리나 나중에 후임자가 되는 처칠처럼 외교 문제를 잘 파악하고 있지는 않았다. 그의 지식에는 허점이 많았다. 1916년 로이드조지는 "슬로바키아인들이 누구인가? 나는 잘 모르겠다"라고 말하기도 했다.[28] 지리 지식도 얕았다. 1918년에 그는 부하에게 뉴질랜드가 오스트레일리아 동쪽에 있는 것을 발견하고서 이것이 얼마나 흥미로운 일이냐고 말하기도 했다. 1919년 오스만군이 지중해에서 동쪽으로 후퇴하자 로이드조지는 극적으로 그들이 메카 쪽으로 후퇴하고 있다고 말했다. 커즌은 준엄하게 '앙카라'라고 그의 실수를 바로잡았다. 그러자 로이드조지는 "커즌 경은 사소한 것을 가지고 나를 훈계할 정도로 좋은 분"이라고 대수롭지 않게 되받아쳤다.[29] 그러나 그는 (전문 관료를 경멸하고 대大그리스를 지지한 것처럼, 그의 열정으로 인해 때로 실수를 저지르기도 했지만) 많은 경우 합리적인 결론에 도달하곤 했다. 그는 전쟁 중 한 친구에게 독일을 패배시켜야 하지만 파괴해서는 안 된다고 말했다.[30] 그것은 유럽이나 영제국에 전혀 도움이 되지 않고, 강력한 러시아에게 문을 열어주는 것과 마찬가지였다. 그는 영국의 이익이 어디에 있는지를 알았다. 가장 중요한 이익은 교역과 식민지이고, 그것을 보호하기 위한 해양 지배와, 다른 국가도 영국의 이익에 도전하는 것을 막기 위해 유럽에서 세력 균형을 유지하는 것이었다.

그는 영국이 혼자 힘으로 이 목표를 달성할 수 없다는 것을 인식했다. 아직 강하기는 했지만 영국의 군사력은 영국이 평화 시기의 태도로 되돌아가면서 급격하게 축소되고 있었다. 1919년 영국은 발트해 연안 국가부터 러시아, 아프가니스탄에 이르기까지 점점 더 많은 책임을 맡게 되고 제국 내에서 인도, 이집트, 아일랜드 등 점점 더 많은 문제를 처리해야 하는 상황에서 영국 군대 규모는 3분의 2로 축소되었다. 거듭되는 병력 요청에 영국 총참모부는 "더이상 가용 가능한 군대가 없다"라는 실망스러운 답을 내놓았다.[31] 강대국으로서의 힘을 유지하는 것은 경제적인 면에서도 무거운 부담이었다. 영국은 더이상 세계의 경제 중심지가 아니었고, 미국이 그 자리를 차지했다. 로이드조지가 잘 알고 있는 것처럼 영국은 미국에 큰 부채를 지고 있었다. 그는 예의 낙관주의로 무장해 미국과 우호적인 관계를 맺을 수 있고, 이것이 취약점을 보완할 것이라고 생각했다. 미국이 흑해 해협이나 콘스탄티노플처럼 전략적으로 중요한 지역에 대한 책임을 떠맡을 수도 있다고 기대했다.

다른 한편으로 로이드조지는 프랑스나 이탈리아보다는 상대적으로 더 유리한 입장에서 강화회의에 참석했다. 영국은 이미 원하는 것의 상당 부분을 얻은 상태였다. 세계 곳곳에서 영국에 도전한 독일 함대가 안전하게 영국 손안에 들어와서 함정들은 스캐파플로에, 잠수함은 하리치에 영치시켰다. 독일의 석탄 보급소, 항구, 전신국은 일본이나 영국에 접수되었다. 로이드조지는 파리에서 이렇게 말했다. "12개월 전의 영국 국민에게 이렇게 말한다고 상상해보라. '독일 해군이 양도되었고, 독일 상선단도 양도되었고, 독일의 식민 지배도 끝났다. 우리의 핵심 교역 경쟁자가 심각한 타격을 입었고, 우리 연합국이 그 나라의 가장 큰 채권자가 될 것이다'라고 말이다. 그들은 필시 당신을 비웃을 것이다. 지금 영국이 획득한 것은 결코 작은 성취가 아니다."

게다가 영국은 "인도에 대한 위협을 제거"했고,[32] 19세기 내내 남하를 시도해서 몇 세대에 걸쳐 영국 정치인들을 불안하게 했던 러시아는 최소한 단기적으로는 강대국 지위를 잃었다. 페르시아에서 코카서스에 이르는 러시아의 남부 국경 전 지역에는 영국군과 영국의 영향력이 자리잡았다.

인도와의 왕래는 그 어느 때보다 안전해졌다. 전쟁 중 영국 정책의 상당 부분은 지중해, 수에즈 운하, 홍해를 직접 통제하거나 이집트의 경우처럼 또는 흔들리는 오스만제국을 지탱함으로써 인도로 가는 항로를 보호하는 데 집중되었다. 오스만제국은 끝났지만, 프랑스와의 비밀 합의 덕분에 영국은 원하는 선택을 할 여유가 있었다. 최소한 영국 외무부와 군부의 꿈에는 새로운 항로가 있었는데, 그것은 흑해를 통해 코카서스로 이동한 다음 남쪽으로 인도에 도달하는 방법, 또는 항로로 그리스와 메소포타미아를 통과하는 것이었다. 그러나 이것도 영국이 필요한 영토를 장악하기 위해 신속하게 움직여야만 보호될 수 있었다.

사람들은 로이드조지가 보어 전쟁을 반대했다는 이유로 제국주의자가 아니라고 자주 전제했다. 사실 그는 항상 제국에 대해 큰 자부심을 가지고 있었지만, 제국이 제대로 운영된다고 생각한 적은 없었다. 모든 것을 런던에서 통제하려고 시도하는 것은 어리석은 일이었고, 그런 면에서 상당히 많은 잘못을 저질렀다는 것이 그의 생각이었다. 제국을 강하게 유지하는 방법은 지역에 최대한 자치정부를 허용하는 것이고, 국방이나 공동 외교정책과 같이 중요한 사안에 대해서는 제국적 정책을 취하는 것이라고 믿었다. 그는 스코틀랜드와 자신의 고향인 웨일스, 그리고 큰 문제가 되고 있는 아일랜드 자치와 관련해서, 제국의 일부는 스스로 돌보는 대가를 자발적으로 치러야 한다고 생각했다. (그가 연설하는 도중에 한 방해자는 "지옥을 위한 아일랜드 자치"라고 소리쳤다. 그러자 로이드조지는 "각자가 나라를 위해 할 말을 하게 하라"고 되받아쳤다.) 오스트레일리아, 캐나다, 뉴질랜드, 뉴펀들랜드, 남아프리카 같은 영연방 자치령 일부는 이미 자치를 실시하고 있었고, 인도조차도 서서히 자치를 향해 가고 있었지만, 아주 적은 수의 유럽인을 포함한 다양한 인종, 수많은 종교와 언어가 있는 인도의 경우 과연 자치가 가능할지에 대해 큰 의구심을 품었다. 그는 인도를 방문한 적이 없었고, 인도에 대해 아는 것이 별로 없었지만, 당대의 고정관념에 따라 인도인을 다른 황인종과 마찬가지로 열등한 사람들이라고 생각했다.[33]

총리가 된 직후인 1916년에 로이드조지는 영국 하원에서 전쟁에서 승리하기 위한 최선의 방법을 찾기 위해 영연방 자치령 및 인도와 진지하게 대화를 할 때가 왔다고 말했다. 그래서 그는 제국 전쟁 내각을 구성했다.[34] 이것은 훌륭한 제스처였고, 필요한 일이기도 했다. 영연방 자치령과 인도는 천연자원, 탄약, 신용 공여, 그리고 무엇보다도 인력을 공급해 영국의 전쟁 노력에 크게 기여했다. 인도에서만 125만 명의 병사가 왔고, 다른 자치령에서 100만 명의 병사가 참전했다. 오스트레일리아 총리 빌리 휴스Billy Hughes는 1918년까지 오스트레일리아가 미국보다 더 많은 병사를 잃었다는 사실을 기회가 있을 때마다 강조했다.

1916년이 되자 과거에는 모국 주변을 조심스레 걷던 영연방 자치령은 완전히 성장했다. 영연방 자치령과 그 장군들은 캐나다 총리 로버트 보든Robert Borden이 말한 대로 "위스키에 소다만 마시는 영국 최고사령부의 무능력과 실수만 저지르는 어리석음"을 너무 많이 보았다.[35] 영연방 자치령은 자신들의 기여가 얼마나 중요했고, 자신들이 얼마나 많은 피를 흘렸는지를 잘 알고 있었다. 그에 대한 보상으로 이제 그들은 전쟁과 뒤에 이어지는 평화에 대해 자신들의 의견이 존중되기를 기대했다.[36] 그들은 영국에서 환영을 받았고, 전쟁 전 식민지 사람들의 조야함에 대한 경멸이 그들의 용기에 대한 열광으로 바뀐 것을 발견했다. 1916년 런던을 방문한 빌리 휴스는 유명인사가 되었다. 여성들은 "우리는 휴스를 원한다"라는 팻말을 들고 행진했다. 인기가 많은 한 만평은 빌리 휴스를 각계각층의 영국인이 들고 다니는 빌리워그Billiwog라는 인형으로 묘사하면서 "이게 빠지면 전쟁이 이루어지지 않는다"라고 덧붙였다.[37] 다음으로 남아프리카의 외무장관 얀 스뮈츠Jan Smuts가 있었다. 전사이고, 정치인이고, 일부 사람들에게는 예언자인 그는 전쟁 후반부를 런던에서 보냈다. 과거 15년 동안 영국에 대항해 싸웠던 그는 이제 영국이 가장 신뢰하는 고문관으로서 로이드조지가 전쟁을 관할하기 위해 만든 소위원회에서 활동했다. 그는 많은 사람으로부터 존경을 받았다. "이 힘든 시기에 그가 우리의 고문관으로서 실질적으로 기여한 것은 아무리 높게 평가해도 지나치지 않다"라고 로이드조지는 말했다.[38]

전쟁 말기 오스트레일리아의 휴스와 캐나다의 보든은 영국 전쟁 내각이 영연방 자치령에 통보하지 않고 연합국과 독일의 휴전을 논의하기 위해 로이드조지와 밸푸어가 파리의 전쟁최고평의회에 참석하도록 재가한 것을 알고 격분했다. 휴스는 또한 윌슨의 14개조가 평화 협상의 기본으로 수용되는 것을 "고통스럽고 심각한 신의의 배신"이라며 강하게 반대했다.[39] 영연방 자치령의 지도자들은 영국이 자신들을 강화회의에 참석할 영국 대표단으로 전제한 것에 화를 냈다. 로이드조지는 영연방 자치령의 총리 한 명이 다섯 명의 영국 전권대표에 포함될 수 있다고 제안하며 그들의 불만을 무마하려 했다. 그러나 누가 포함될 것인가? 행키는 "영연방 자치령들은 서로를 고양이처럼 질투했다"라고 말했다.[40] 보든은 아내에게 쓴 편지에서 대표권의 진정한 문제는 자치령의 입지가 제대로 평가되지 않은 데 있다고 주장했다. 캐나다는 "국가가 아닌 국가다. 이제 이것은 바뀌어야 한다." 보든은 "영국 총리는 나름대로 최선을 다하고 있지만, 그들의 최선은 충분하지 않다"라고 동정적으로 썼다.[41] 그는 행키에게 만일 캐나다가 강화회의에서 완전한 대표권을 갖지 못하면 자신은 "짐을 싸서 캐나다로 돌아가서, 의회를 소집해 이 문제 전체를 그들에게 제기하는 것 말고는 할 수 있는 일이 없다"라고 말했다.[42]

로이드조지는 양보했다. 영연방 자치령의 인사가 다섯 명의 핵심 영국 대표 중 한 명으로 선발될 뿐 아니라, 영연방 자치령과 인도는 강화회의에 별도의 대표단을 파견할 것이라고 연합국에 통보했다. 이것은 로이드조지가 1919년 1월 12일 파리에 도착한 후 처음으로 제기한 문제였다. 미국과 프랑스는 차가운 반응을 보였다. 이 대표들은 영국의 꼭두각시이고, 영국의 세만 불릴 거라고 보았다. 로이드조지가 영연방 자치령과 인도가 시암(태국)이나 포르투갈과 마찬가지로 각각 하나씩 대표단을 구성하겠다고 마지못해 제안하자 영제국 동료들로부터 새로운 불만의 소리가 터져 나왔다. 그들은 자신들의 희생에도 불구하고 약소국으로 대접받는 것은 참을 수 없다고 불평했다. 주저하던 로이드조지는 클레망소와 윌슨에게 캐나다, 오스트레일리아, 남아프리카, 인도에서는 두 명의 전권대표가, 뉴질랜드에서는 한 명의 전권대표가 참석하게 해달라고 설득했다.[43]

영국인들은 제국 내 신민들의 새로운 자기주장에 놀랐다. "이것은 아주 불편한 상황이었다. 외무부가 무엇을 해야 하는가?"라고 한 영국 외교관은 말했다.[44] 원칙적으로 아일랜드 자치에 찬성하던 입장이던 로이드조지는 현실이 불편하다는 것을 깨닫게 되었다. 일례로 휴스는 최고평의회에서 영국이 다음에 벌이는 전쟁에 오스트레일리아는 참여하지 않을 것이라고 말했다. (이 발언은 후에 회의록에서 삭제되었지만, 남아프리카가 다시 문제를 제기했다.[45]) 영국의 동맹국들은 이것을 어느 정도 만족한 시선으로 바라보았다.[46] 그들은 영연방 자치령을 영국에 대항하는 데 사용할 수 있다고 생각했고, 프랑스는 독일 평화 조건을 작성할 때 이것을 기쁘게 인식했다.[47] 하우스는 좀더 긴 시각을 가지고 있었다. 강화회의와 국제연맹, 국제노동기구 같은 국제 조직에서 영연방 자치령과 인도가 별도의 대표권을 갖는 것은 "궁극적인 영제국의 해체"를 앞당길 수 있다고 보았다.

영국은 출발선으로 되돌아가서 원래 섬만 갖게 될 터였다.[48]

　로이드조지가 파리로 데려온 것은 영제국 대표단이었다(이 명칭 자체가 분열된 영연방 자치령에게는 승리였다).* 400명이 훨씬 넘는 관리, 특별 참모, 직원, 타자수는 에투알 개선문 인근의 호텔 다섯 곳에 여장을 풀었다. 이중 가장 큰 사교의 중심은 마제스틱 호텔이었다. 전쟁 전 이 호텔은 옷 쇼핑을 하러 온 브라질 갑부 부인들이 즐겨 투숙하던 곳이었다. 영국 당국은 스파이(독일인보다는 프랑스인)를 막기 위해 심지어 요리사를 포함한 마제스틱 호텔의 전 직원을 영국 중부 지방의 호텔에서 데려온 직원으로 교체했다. 음식은 평범한 기차역 주변 호텔 수준으로 떨어졌다. 아침 식사에는 오트밀 죽과 달걀과 베이컨, 점심과 저녁 식사에는 많은 육류와 채소가 나왔고, 하루 내내 질이 떨어지는 커피가 공급되었다. 니컬슨과 그의 동료들은 기밀 서류로 가득 찬 자신들의 숙소인 아스토리아 호텔 직원들은 여전히 프랑스인이라 이 모든 희생이 무의미하다고 불평했다.[49]

　보안은 영국인들이 극도로 집착하는 문제였다. 런던으로 오가는 서신은 프랑스 우체국을 통하지 않고 특별 서비스를 통해 배달되었다. 스코틀랜드 야드Scotland Yard에 있는 영국 경찰본부에서 온 형사들이 마제스틱 호텔의 현관을 지켰고, 대표단은 사진이 붙은 신

● 원래 영국 대표단(British delegation)이던 것이 영제국 대표단(British empire delegation)으로 바뀐 것이다.

분증을 패용해야 했다. 휴지통에 든 서류는 파쇄해서 버려야 했다. 빈 회의에서 다른 대표단이 버린 서류를 열심히 모은 요원들 덕분에 탈레랑이 아주 성공적인 협상을 진행했던 것은 잘 알려진 사실이었다. 대표 부인들은 호텔에서 식사를 했으나 머물 수는 없었다. 빈 회의의 또 하나의 유산으로, 공식 기억에 따르면 부인들의 대화는 기밀 유출의 또다른 통로였다.[50]

로이드조지는 니토 거리에 있는 화려한 아파트에 머물기로 결정했다. 이곳은 과거 넝마주이들이 자주 다니던 골목에 위치해 있었다. 토머스 게인즈버러, 존 호프너, 토머스 로런스의 멋진 18세기 영국 그림들로 장식된 이 장소는 한 부유한 영국 여성이 세를 내서 그에게 빌려주었다.[51] 로이드조지는 필립 커, 프랜시스 스티븐슨, 그리고 그가 가장 아끼는 막내딸인 열여섯 살 된 메건과 함께 그곳에 머물렀다. 프랜시스가 메건의 보호자이거나 그 반대였을 수도 있다. 한 층 위에는 밸푸어가 머물렀다. 저녁이면 그는 로이드조지가 웨일스 찬송과 민요 송가를 부르는 소리를 들을 수 있었다.

마제스틱 호텔에 머무는 사람들은 지침서를 받았다. 식사는 정해진 시간에 해야 했다. 음료는 사비를 지불해야 했는데, 이는 큰 불만의 요소가 되었다. 결국 영연방 자치령과 인도에서 온 대표들은 영국 정부가 이 비용을 지불했다. 쿠폰을 사용할 수도 있고, 현금으로 지불할 수도 있었다. 개인 계좌 개설은 허용되지 않았다. 대표들은 방에 개인 요리사를 두면 안 되고, 가구를 손상시켜서도 안 되고, 방에 개를 데려와서도 안 되었다. 의사 한 명(니컬슨의 말에 따르면 유명한 산부인과 의사)과 간호사 세 명이 의무실을 지켰다. 여가를 위해 당구실과 겨울 정원jardin d'hiver이 지하실에 있었다. 이용할 수 있는 공용 차량이 두 대 있었는데, 사전에 예약을 해야 했다. 지침서에는 차량의 "문을 세게 닫아서" 창문이 부서지는 일이 발생했다는 경고문이 있었다. "대표단의 전화 통화는 승인되지 않은 사람이 엿들을 수 있다"는 경고문도 있었다.[52]

새로 도착한 대표는 "학교에 처음 온 것 같은 기분"이라고 썼다. "복도에서 서성거리면, 앞서 도착한 사람들이 우리를 '새 학생'처럼 쳐다보고, 짐가방이 옮겨지고, 식사 시간을 알려주고, 내일 할 일은 … 등을 말해주는 것이 아주 재미있었다."[53] 영국인이 교장이고 양호교사라면, 캐나다인은 조금 심각하지만 신뢰할 수 있는 상급반 반장이고, 남아프리카인은 게임을 잘하고 운동에 대한 재능으로 인정받는 새로 입학한 학생이고, 오스트레일리아인은 규칙을 어길 준비가 된 까부는 애들이고, 뉴질랜드인과 뉴펀들랜드인은 저학년 학생이고, 인도인은 피부색이 다른 좋은 친구들이지만 그들을 이 학교에서 빼내 진보적 학교로 전학시키겠다고 위협하는 부모를 둔 학생들 같았다.

자신들이 상급 영연방 자치령에서 왔다는 것을 의식한 캐나다 대표들은 자세가 꼿꼿하고 잘생긴 보든 총리가 이끌었다. 그들은 (국제관계에서 처음이 아닌) 높은 도덕적 어조를 취하면서 자신들을 위해 아무것도 원하지 않는다고 반복해서 말했다. 그러나 판매할 식량과 굶주린 유럽을 눈앞에 둔 캐나다 무역장관은 프랑스, 벨기에, 그리스, 루마니아와 협정을 맺을 수 있었다. 캐나다인들도 국경이 갑자기 유동적으로 변했다는 일반적인 느낌에 휩싸였다. 그들은 알래스카의 팬핸들 지역을 서인도제도나 영국령 온두라스와 교환하는 것에 대해 미국인들과 가볍게 대화를 나누었다.[54] 보든은 또한 로이드조지에게 캐나다의 서인도제도의 행정권 인수 가능성에 대해 이야기했다.[55]

그러나 캐나다의 주요 관심사는 미국과 좋은 관계를 유지하고 영국과 협력하는 것이었다. 수도 오타와에서 반복되는 악몽은 캐나다가 영국과 동맹국 일본의 편에 서서 미국에 맞서 싸우게 될지도 모른다는 것이었다. 한편으로 앵글로색슨 강대국들이 선의의 동맹을 맺어야 한다는 진정한 신념도 있었다. 보든은 국제연맹이 잘 풀리지 않는다면 "공통의 조상·언어·문학을 공유하고, 비슷한 민주주의 이상에 영감을 받고, 유사한 정치 제도를 누리고, 세계의 평화를 보장하기에 충분한 연합된 힘을 가진 두 위대한 영어권 연방" 간의 연합을 위해 노력하자고 로이드조지에게 제안했다.[56]

남아프리카에는 과체중에 질병을 앓고 있던 총리 루이스 보타Louis Botha 장군과 스뮈츠라는 걸출한 두 인물이 있었다. 국제연맹의 열렬한 지지자이자 독일의 평화 조건에 대해서는 온건한 입장이었지만, 독일의 아프리카 식민지 문제만큼은 타협할 수 없는 사안이었다. 영국의 영토 요구안을 작성하는 데 도움을 준 스뮈츠는 영국이 동아프리카(훗날 탕가니카가 되고 탄자니아의 일부가 된 지역)를 유지해야 독일이 지금 막고 있는 남쪽에서 북아프리카로 이어지는 연쇄적 식민지를 가질 수 있다고 주장했다. 그는 남아프리카 제국주의자로서도 목소리를 높였는데, 자국이 독일의 서남아프리카(오늘날의 나미비아)를 차지해야 한다고 주장했다. 그는 포르투갈을 설득해 아프리카 동쪽에 있는 식민지 모잠비크의 남부를 독일령 동아프리카 일부와 교환할 수 있다고 제안했다. 그러면 남아프리카는 대륙의 끝을 가로지르는 깔끔한 국경선이 그려진 아담한 모양이 될 터였다.[57]

오스트레일리아는 어느 문제에서도 온건한 목소리를 내지 않았다. 대표단은 차와 토스트로 끼니를 때우는 비쩍 마른 소화불량 환자였던 휴스 총리가 이끌었다. 시드니 부두에서 노동조합 조직가로 활동하며 오스트레일리아 정치의 굴곡을 겪은 베테랑인 휴스는 파리에서 오스트레일리아의 정책을 사실상 혼자 만들어나갔다. 그는 다혈질에 특이한 성격이었고, 문자 그대로든 비유적으로든 듣고 싶지 않은 주장에 귀를 막았다. 주변 사람 중에서도 그는 평소 아들처럼 여겼던 젊은 기자 키스 머독Keith Murdoch의 말만 들었다. 오스트레일리아 군대가 학살당한 갈리폴리 상륙작전에 대한 영국의 대처를 비판하는 기사를 쓴 머독은 영국의 리더십에 대한 휴스의 회의적 시각을 공유했다.[58] (머독의 아들 루퍼트는 나중에 영국을 비판적인 시각으로 바라보는 가족 전통을 계승했다.) 특정 사안에 대해 휴스는 자국의 여론을 대변하기도 했다. 오스트레일리아가 독일로부터 점령한 태평양 섬들을 합병하고, 백인 이민자를 받아들이고 나머지는 배제하는 백호주의 정책을 훼손할 수 있는 어떤 내용도 연맹 규약에 포함시키지 말아야 한다는 것이 그 내용이었다.

휴스가 교묘하게 사용한 웨일스 카드에 항상 취약했던 로이드조지는 대체로 휴스가 재미있는 인물이라고 생각했다. 클레망소도 독일에 대해 단호한 입장을 견지하는 휴스가 프랑스의 좋은 친구라고 생각했다. 하지만 그의 부하들을 포함한 대부분의 사람들은 휴스가 구제불능이라고 생각했다. 윌슨은 그를 "성가신 해충"으로 여겼다.[59] 휴스는 이에 대한 보응으로 윌슨을 혐오했다. 그는 연맹을 비웃고 윌슨의 원칙을 조롱했다.[60] 뉴질랜드는 비록 큰 소리로 말하지는 않았지만, 연맹에 대한 오스트레일리아의 우려를 공유했고, 뉴질랜드 역시 일부 태평양 섬을 합병하기를 원했다. 한 캐나다인은 뉴질랜드의 윌리엄 매시William Massey 총리가 "외모만큼이나 우둔하고 강경한 존 불처럼 자주 토론이 논점을 벗어나게 만들었다"라고 말했다.[61]

그리고 인도가 있었다(공식 문서에는 항상 "영연방 자치령과 인도"라고 표기했다). 인도는 전쟁에 참여한 덕분에 자치령과 함께 제국 전쟁내각에 포함되었다. 그러나 그 대표단은 독립 국가의 대표단처럼 보이지 않았다. 인도 국무장관 에드윈 몬터규Edwin Montagu가 대표단을 이끌었고, 두 인도인, 즉 신하Sinha 경과 비카네르의 마하라자Maharajah가 충성심을 인정받아 선발되었다. 여러 인도 단체의 촉구에도 불구하고 인도 정부는 인도 민족주의 지도자 중 누구도 대표로 임명하지 않았다. 그리고 인도 내에서는 모한다스 간디Mohandas Gandhi가 인도 국민회의를 점점 더 강하게 자치를 요구하는 대중 정치운동으로 변모시키면서, 인도의 자치 문제와 어떻게 제국에서 제 몫을 하도록 온건하게 이끌 수 있을지에 대한 모든 논의를 급속도로 이론적 논쟁으로 만들었다.

영국은 파리에 많은 식민지 정치가들이 모인 것이 축복이자 문제라고 여겼다. 보든은 그리스와 알바니아의 국경을 다루는 위원회에서 영국의 입장을 충실히 대변했고, 오스트레일리아의 조지프 쿡Joseph Cook도 체코슬로바키아 문제에서 같은 역할을 수행했지만, 식민지 국가들의 이해관계가 걸려 있을 때는 상황이 달랐다. 이미 영연방을 대표해 연합국과 대립한 적이 있는 로이드조지는 또다시 연합국과 대립해야 했다. 강화회의의 힘겨운 협상을 시작해야 하는 이 시점에, 이런 복잡하고 민감한 문제는 로이드조지가 맞닥뜨리리라고 예상하던 것이 아니었다.

2부 ── 새로운 세계 질서

5장

최고평의회

로이드조지가 파리에 도착한 다음날인 1월 12일, 그와 클레망소, 윌슨, 이탈리아 총리 비토리오 오를란도Vittorio Orlando는 케도르세에 있는 프랑스 외무부에서 만남으로써 100여 차례 이상 이어지는 주요 중재자들 간 회담의 첫 테이프를 끊었다. 각 지도자는 자국 외무장관과 여러 보좌관을 대동했다. 다음날 영국 측의 희망을 받아들여 두 명의 일본 대표가 이 그룹에 참여했다. 이것이 10인 평의회가 되었는데, 대개는 이 모임을 최고평의회라고 불렀다. 좀더 작은 국가와 중립국들은 이 평의회에 초대되지 않았고, 이것은 앞으로 그들이 어떻게 배제되는지를 보여주는 신호가 되었다. 3월 말 강화회의가 핵심 투쟁 단계에 진입했을 때 최고평의회는 외무장관과 일본 대표를 제외시키고 로이드조지, 클레망소, 윌슨, 오를란도의 4인 평의회가 되었다.

케도르세의 대회의장은 오랜 세월과 독일이 점거한 기간을 잘 견뎌냈다. 이 홀은 세계 강대국이 되기를 꿈꾸었던 나폴레옹 3세가 통치하던 19세기 중반에 현재의 모습을 갖추었다. 주요 방문객들은 센강을 바라보는 공식 입구를 통과해 양쪽으로 갈라진 거대한 계단을 올라가 개인 아파트를 지나 여러 개의 응접실과 사무실로 가게 된다. 각 방에는 조각 마루와 오뷔송 카펫으로 장식되고 거대한 벽난로가 있었다. 커다란 창문이 화려하게 장식된 높은 천장에까지 이어지고, 정교한 샹들리에가 천장에 달려 있었다. 금박으로 장식된 두꺼운 다리가 떠받치는 무거운 탁자와 의자가 방 안에 놓여 있었다. 주된 장식 색은 금색, 붉은색, 흑단색이었다.

최고평의회는 이 건물 내부의 성소 같은 프랑스 외무장관 스테판 피숑의 집무실에서 회의를 진행했다. 오늘날 그 방은 흰색으로 칠해지고 금박 장식이 되어 있지만, 당시에는 더 어두웠다. 조각 목재가 벽을 장식하고, 색이 바랜 17세기의 장식천이 아직도 걸려 있다. 이중문을 열면 원형 홀이 나오고, 그 너머에는 여전히 장미 정원이 있다. 주최 측인 클레망소는 거대한 통나무 불이 타오르는 난로 앞 안락의자에 앉아 회의를 진행했다. 서류를 놓는 작은 탁자 앞의 의자에 자리잡은 지도자들은 정원 쪽에서 클레망소를 향해 앉았고, 영국과 미국 지도자가 나란히 앉고, 이탈리아와 일본 지도자는 조금 떨어진 구석 쪽에 앉았다. 지도자 중 유일한 국가수반인 윌슨은 다른 지도자들보다 조금 높은 의자에 앉았고, 총리와 외무장관들은 높은 등받이가 있는 안락한 의자에 앉았다. 그들 뒤에는 참모들과 비서들이 작은 금박 의자에 무리 지어 앉았다.

최고평의회는 신속하게 진행 방식을 만들어나갔다. 최고평의회는 하루에 한 번이나 두 번, 때로는 세 번 만났다. 많은 회의 의제가 있었지만, 새로 등장한 현안들도 다루었다. 최고평의회는 청원자를 불러 의견을 들었고, 이 과정은 강화회의가 끝날 때까지 멈추지 않았다. 오후 늦은 시간이 되면 녹색 실크 커튼이 처지고 불이 켜졌다. 이 방은 평소에도 무척 더웠지만, 프랑스 측은 창문을 열어달라는 요청을 대개 거부했다. 클레망소는 의자에 구부정하게 앉았고, 자주 지루한 표정으로 천장을 쳐다보았다. 윌슨은 가만히 있지 못하고 계속 꼼지락거렸고, 다리를 펴기 위해 간간이 자리에서 일어났다. 그의 외무장관 랜싱은 할 일이 별로 없어서 풍자만화를 그렸다. 로이드조지는 큰 목소리로 농담과 발언을 하며 수다를 떨었다. 공식 통역인 폴 망투Paul Mantoux는 프랑스어를 영어로, 영어를 프랑스어로 통역했고, 각 발언에 몰입해 마치 자신이 영토를 요구하는 듯 생생히 통역했다. 클레망소도 영어를 잘하고, 이탈리아 외무장관 소니노도 영어를 막힘없이 구사해서 네 거두의 대화는 종종 영어로 진행되었다. 보좌관들이 뒤에 서서 지도와 서류를 보여주었다. 매일 오후 문이 열리면 급사들이 차와 마카롱을 가지고 들어왔다. 윌슨은 급사들이 이런 사소한 일로 세계의 미래를 논하는 회의를 중단시키는 것에 놀라고 다소 충격을 받았지만, 주치의에게 말한 것처럼 자신이 받아들여야 할 외국의 관습이라는 것을 깨달았다.[1]

최고평의회 참석자들은 첫 회의부터 자국의 군대가 해산되는 상황에서 자신들의 힘이 날이 갈수록 줄어들고 있다는 것을 잘 알았다. 유럽 주둔 미국 사령관인 퍼싱은 그해 봄 하우스에게 이렇게 말했다. "31만 2천 명이 다음달에 귀국할 것이다. 지난달 기록은 30만 명이다. 이 속도라면 우리 병력은 8월 15일까지는 모두 귀국할 것이다."² 중재자들은 아직 힘이 있을 때 평화 조건을 적국에 강요해야 했다. 그들은 또한 전쟁 중 연기된 문제들을 다루고 정적을 상대하기 위해 곧 본국으로 돌아가야 했다. 그들은 다른 적들과도 싸워야 했다. 기아와 장티푸스, 콜레라, 치명적인 독감 같은 질병, 도시마다 연이어 일어나는 혁명적 반란, 1919년에만 수십 번 일어난 작은 전쟁. 이 모든 것이 유럽 사회에 그나마 남아 있는 것을 다 앗아갈 수 있었다.

전쟁이 끝난 지 이미 두 달이 지났지만, 왜 거의 아무것도 이루어지지 않았는지 사람들은 의아해했다. 그 이유 중 하나는 연합국이 갑작스러운 종전에 제대로 준비가 되어 있지 않았다는 것이다. 그들은 모든 힘을 전쟁에서 승리하는 데 투입했다. 처칠은 이렇게 썼다. "우리가 파괴될지도 모르는 상황에서 어떻게 평화를 생각할 수 있는가? 세계 전체가 산산조각이 났는데 누가 재건을 생각할 수 있으며, 유일한 목표가 마지막 한 사람, 마지막 포탄까지 전투에 쏟아부어 승리하는 것이 유일한 목표인 상황에서 누가 군대 해산을 생각할 수 있단 말인가?"³ 외무부, 식민부, 전쟁부는 과거 목표를 쓸어버리고, 전투가 진행되는 동안 새 목표를 만들어냈다. 평화를 진지하게 고려해보려는 시도가 있기는 했다. 1917년 영국 특별조사팀과 프랑스의 조사위원회가 설립되었고, 가장 포괄적인 조사를 수행한 미국 조사팀이 하우스의 감독 아래 1917년 9월에 설립되었다. 이 조직은 외부 전문가와 역사학자에서부터, 직업 외교관들로서는 실망스럽게도 선교사들까지 불러 모아서 상세한 보고서와 지도를 만들어냈다. 미국은 극동과 태평양에 관련해서만 60개의 보고서를 만들어냈고, 유용한 정보뿐만 아니라 "인도에서 미혼자의 대부분은 아주 어린 아이뿐이다"와 같은 통찰이 담긴 보고도 했다.[4] 연합국 지도자들은 이러한 연구 어느 것에도 거의 관심을 기울이지 않았다.

강화회의가 열린 첫 주에 최고평의회는 회의 진행 방식을 논의하는 데 많은 시간을 보냈다. 영국 외무부는 다양한 색으로 된 멋진 육각형 그림을 만들어, 그 안에 회의, 위원회, 분과위원회를 완전한 대칭으로 배치했고, 연합국 위원회가 아닌 것은 위성처럼 외곽에 배치했다.[5] 로이드조지는 이 그림을 보고 웃음을 터뜨렸다.[6] 프랑스는 핵심 원칙과 논의해야 할 사안 목록이 들어가고 중요도에 따라 순위가 매겨진 상세한 회의안을 배포했다. 독일 처리가 최우선순위였고 국제연맹은 부수적으로 올라 있어서, 로이드조지의 지원을 받은 윌슨은 프랑스의 안을 거부했다. (회의안을 만든 타르디외는 "앵글로색슨족이 라틴 정신으로 만든 체계적 구조물을 본능적으로 거부한 것"이라고 여겼다.[7])

최고평의회는 젊은 프랑스 외교관을 평의회 서기로 지명했는데, 그는 클레망소의 혼외자식이라는 소문이 돌았다. (극도로 능률적인 외무차관 행키가 곧 일의 대부분을 떠맡았다.) 최고평의회는 격론 끝에 프랑스어와 영어를 문서 작성 공식 언어로 채택했다. 프랑스 측은 프랑스어가 좀더 정확하고 영어보다 많은 의미를 담을 수 있다는 이유를 내세우며 프랑스어만을 고집했지만, 실제로는 프랑스가 세계 강대국 서열에서 밀려나는 것을 원하지 않았기 때문이다. 그들은 프랑스어가 오랜 기간 국제 소통과 외교 언어였다고 주장했다. 영국과 미국 측은 영어가 점점 더 이를 보완하고 있다고 주장했다.[8] 로이드조지는 자신이 프랑스어를 잘하지 못하는 것을 항상 유감으로 생각하지만(그는 프랑스어를 거의 구사하지 못했다), 1억 7천만 명이 사용하는 영어가 프랑스와 대등한 지위를 갖지 못하는 것은 어불성설이라고 말했다. 이탈리아 측은 그러면 이탈리아어도 포함되지 못할 이유가 있는지 따져 물었다. 이탈리아 외무장관 소니노는 "그렇지 않으면 이탈리아는 하위 국가로 배제되는 것처럼 보일 것이다"라고 주장했다. 로이드조지는 그렇다면 일본어는 왜 배제되어야 하는지 물었다. 영어건 프랑스어건 논의를 따라가는 데 어려움을 겪던 일본 대표단은 침묵했다.[9] 클레망소는 결국 자신의 주장을 굽혀서 많은 프랑스 관리들을 실망시켰다.

  최고평의회는 강화회의가 결정을 내리는 방법에 대해서도 입씨름을 했다. 12월 프랑스 외무부는 라이베리아에서부터 태국에 이르기까지 연합국의 일원이라고 주장할 수 있는 모든 나라에 초청장을 보냈다. 1월이 되자 29개국이 파리에 대표단을 파견했고, 모두가 강화회의의 일원이 될 것으로 기대했다. 이 국가들 모두가 회의에 참석하고, 영제국과 파나마가 동일하게 한 표를 행사해야 하는가? 주요 강대국 중 어느 나라도 이것을 원하지 않았지만, 클레망소는 약소국 대표들이 국제 수로(水路)와 같이 파급력이 비교적 작은 문제부터 다뤄보자고 한 반면, 윌슨은 가능한 한 고정된 구조는 만들지 않는 것을 선호했다. "우리가 해야 할 일은 형식적 회의를 만드는 것이 아니라 오로지 대화다"라고 윌슨은 주장했다. 클레망소는 이것은 너무 짜증나는 방식이라고 생각했다. 만일 모든 대표들이 모든 주요 사안에 동의하기를 기다려야 한다면, 강화회의를 여는 데 몇 달을 기다려야 하고, 그렇게 되면 여론은 크게 실망할 것이라고 보았다. 어찌되었건 파리에 모인 모든 국가에게 무언가 할 일을 주어야 한다고 클레망소는 지적했다. 앞으로 많은 일에서 한 것처럼 로이드조지는 타협안을 제시했다. 그 주말에 전체 회의를 여는 합의가 이루어졌다. 그러는 사이 최고평의회는 다른 문제들을 다루기로 했다.[10]

최고평의회 멤버들은, 심지어 윌슨조차도 엄청나게 방대한 회의 의제를 위임할 생각이 없었다.[11] 거부된 프랑스 의제 명단에 포함된 주제는 국제연맹, 폴란드 문제, 러시아 문제, 발트 민족들, 오스트리아–헝가리제국이 해체되면서 형성된 국가들, 발칸 문제, 극동과 태평양, 유대인 문제, 국제 수로 항행, 인종·종교 소수자 보호, 특허와 상표 등록 국제 입법, 전쟁 중 저지른 범죄에 대한 처벌, 전쟁 피해에 대한 보상, 경제, 재정 문제 등이 있었다.[12] 이 목록은 선견지명이 있는 것이었다.

6월 28일 베르사유궁에서 독일 조약이 서명되면서 강화회의 주요 부분이 종결되기까지 다섯 달 동안 파리는 사실상 세계 정부를 가진 셈이었다. "우리는 인류의 연맹이다"라고 클레망소는 역사적 서명 의식 전날 말했다. 윌슨은 "우리는 곧 국가"라고 맞장구쳤다.[13] 최고평의회 초기 회의부터 멤버들은 정부 내 대의 체제 안의 내각처럼 행동했다.[14] 그들은 함께 일했지만, 자국의 유권자를 대표해 일한다는 사실을 망각하지 않았다.

그들은 언론에도 신경써야 했다. 수백 명의 기자들이 파리로 모여들었다. 프랑스 정부는 백만장자의 저택에 화려한 프레스클럽을 설치했다. 미국의 저명한 부정부패 탐사 기자 아이다 타벨Ida Tarbell 같은 몇몇 여성이 포함되기는 했지만 주로 남성으로 구성된 기자단은 이러한 대접을 별로 고마워하지 않았다. 그들은 장식의 저속함을 비웃었고, 미국 기자들은 "천 개의 젖꼭지가 있는 집"이라는 별명을 붙였다.[15] 더 중요한 것은 비밀로 진행되는 회의 방식에 기자들이 불만을 쏟아냈다는 것이다. 윌슨은 14개조에 "공개적으로 이루어진 공개적 협약"을 언급한 바 있는데 그의 다른 많은 구호처럼 그 의미는 분명하지 않았고, 윌슨 자신도 의미를 잘 몰랐겠지만, 이것은 대중의 상상력을 자극했다.

윌슨은 자신과 다른 많은 사람이 대전쟁의 원인 중 하나로 보는 비밀 조약이 더는 없어야 한다는 입장을 분명히 견지했지만, 그것이 과연 모든 협상이 대중의 감시 아래 진행되어야 한다는 것을 의미한 것인가? 어쨌든 공개적인 협상은 많은 기자와 신문 독자가 기대하던 것이었다. 언론 대표들은 자신들이 최고평의회 회의에 참관하거나, 아니면 최소한 그날의 토의 요약문을 받아야 한다고 요구했다.[16] 클레망소는 자신이 항상 언론의 자유를 위해 싸웠지만, 어느 정도는 제한이 필요하다고 앙리 모르다크 장군에게 말했다. 최고평의회에서 매일 논의되는 사항을 언론에 보도하도록 허용하는 것은 "사실상 자살 행위"나 다름없다고 그는 주장했다.[17] 만일 그렇게 된다면 강화회의는 끝나지 않을 것이라고 로이드조지는 말했다. 그는 언론에 보도자료를 배포할 것을 제안했지만, 강대국이 결정에 이르는 과정은 시간이 오래 걸리고 민감한 문제이기 때문에 자신들의 이견을 공표해 불필요한 논란을 일으킬 생각은 전혀 없다고 말했다. 윌슨도 동의했다.[18] 미국 기자들은 윌슨의 공보 비서인 베이커에게 불만을 토로했는데, 누군가의 말에 따르면 그는 염려로 얼굴이 창백해졌다. 기자들은 그에게 윌슨은 위선자이고, 뭐가 중요한지 모른다고 말했다. 대중의 감시에서 자유로운 로이드조지와 클레망소가 윌슨을 꽁꽁 묶어버릴 수도 있었다. 기자들은 파리를 떠날 것이라고 위협했지만, 실제 행동에 옮긴 사람은 거의 없었다.[19]

약소국들도 불평과 요구 사항이 엄청나게 많았다. 서부전선에 6만 명의 병력을 파견한 포르투갈은 자국은 단 한 명의 대표를 파견하고, 의료팀과 소수의 조종사를 파견한 브라질이 세 명의 대표를 파견한 것은 있을 수 없는 일이라고 불평했다.[20] 영국은 오랜 동맹인 포르투갈을 지지했고, 미국은 브라질을 지지했다. 세계 권력의 중심지인 파리에서 인정을 받는 것은 기존 국가들에게 중요했고,

중재자들이 "설립 과정에 있는 국가"라고 명명한 국가들에게는 사활이 걸린 중요한 문제였다. 러시아의 붕괴와 오스트리아-헝가리, 오스만제국의 와해로 이런 국가들이 많이 생겨났다. 그들은 자신들의 입장을 설명하기 위해 최고평의회 앞에 서는 것만으로도 일종의 정당성을 인정받고, 자국 내 명성에도 아주 큰 도움이 되었다.[21]

파리는 세계 정부를 유치한 것이나 마찬가지였지만, 그 힘은 당시나 이후에 사람들이 생각했던 것만큼 강하지 않았다. 1월 12일 최고평의회가 첫 회의를 연 시점에 폴란드는 재건되었고, 핀란드와 발트해 연안 국가들은 독립을 향해 나아가고 있었고, 체코슬로바키아는 통합이 완료된 상태였다. 발칸반도에서는 세르비아가 오스트리아-헝가리의 남슬라브 영토인 크로아티아와 슬로베니아에 합류했다. 새로운 정치체는 아직 명칭을 갖지 못했지만, 일부 사람들은 유고슬라비아 국가를 거론했다. 로이드조지는 말했다. "파리 조약 작성자들의 임무는 해방된 민족들에게 어떤 공정성이 주어져야 하는가를 결정하는 것이 아니라, 그들이 민족자결의 경계를 넘어가는 경우 그들을 고통에서 해방하는 보편적 성실성은 무엇인가다."[22]

그러나 그 경계가 어디인가? 여기에 대한 분명한 답은 없었고, 모든 민족이 다른 대답을 가지고 있었다. 러시아와 폴란드 간 분쟁이 많은 경계 지역인 리보프를 방문한 미국인에게 한 지역 주민이 말했다. "저기 작은 구멍들이 보입니까? 우리는 '윌슨의 구멍Wilson's points'이라고 부릅니다. 그것들은 기관총 자국이고, 더 큰 구멍은 수류탄으로 만들어졌습니다. 우리는 이제 민족자결에 몰두해야 하고,

언제 어디에서 끝날지는 신만이 알 것입니다."[23] 최고평의회의 초기 회의는 폴란드와 이웃 국가들 사이의 무력 충돌을 다루어야 했다. 1년 뒤 강화회의가 공식적으로 종결되었을 때에도 이 충돌은 여기 저기서 계속되고 있었다. 미국 군사 보좌관인 태스커 블리스는 파리에서 아내에게 앞으로 30년 동안 유럽에서 전쟁이 진행될 것이라고 우울하게 예측하는 편지를 썼다. "가라앉았던 나라들이 다시 수면 위로 떠오르고, 그들은 나타나자마자 누군가의 목을 조른다오. 태어날 때부터 사악하다는 면에서 그들은 모기와 같소."[24]

1919년 상황을 1945년과 비교하는 것은 유혹적이지만, 현실을 호도하는 것이다. 1919년에는 초강대국이 없었다. 수백만 명의 병력으로 유럽 중앙을 장악한 소련도 없었고, 대규모 경제와 핵폭탄을 독점한 미국도 없었다. 1919년 적국들은 완전히 패배하지 않았다. 1919년 중재자들은 나라를 만들고 없애는 일에 적극적으로 나섰지만, 그 진흙은 그렇게 단단하지 않았고, 그것을 형체로 만드는 힘도 그렇게 강하지 못했다. 물론 중재자들은 상당한 힘을 가지고 있었다. 그들은 육군과 해군을 가지고 있었고, 기아에 고통받는 유럽을 상대로 식량이라는 무기도 가지고 있었다. 그들은 위협과 약속으로 영향력을 행사할 수 있었고, 국가 승인을 부여하거나 보류할 수 있었다. 그들은 지도를 꺼내 국경을 이런저런 방식으로 변경할 수 있었고, 대부분의 경우 그들의 결정은 수용되었다. 그러나 튀르크가 극적인 방법으로 보여준 것처럼 항상 그런 것만은 아니었다. 파리의 국제 정부가 사건을 통제하는 능력은 거리, 사용 가능한 교통수단, 동원할 수 있는 군사력 같은 요인, 그리고 자신들의 자원을 사용하기를 꺼리는 강대국들의 의지에 의해 제약을 받았다.

1919년에 이러한 제약은 중재자들 자신이나 세계에도 분명하게 보이지 않았다. 너무 많은 사람이 최고평의회의 주목을 받기만 하면 과거의 잘못을 바로잡을 수 있고 장래가 보장될 것이라고 생각했다. 리츠 호텔의 젊은 주방 보조는 자신의 작은 나라가 프랑스로부터 독립하게 해달라는 청원을 보냈다. 그러나 호찌민과 베트남은 청원에 대한 답을 받기에는 너무 희미한 존재였다. 프린스턴대학을 졸업한 한국인 이승만은 파리로 오려고 했지만 여권 발급이 거부되었다. 2차대전 후 그는 새로 독립한 남한의 대통령이 되었다.[25]

여성 투표권협회는 파리에서 모여 강력한 여성 참정권 운동가인 밀리센트 포셋Millicent Fawcett이 회의를 주관하고, 강화회의 대표권을 요청하는 결의안을 통과시켰다. 그들의 이상에 어느 정도 공감한 윌슨은 이 협회 대표단을 만났고, 여성 문제를 조사하는 여성 회원으로 특별위원회를 구성하는 것에 대해 애매하지만 희망적인 약속을 했다.[26] 2월에 윌슨은 잠시 미국으로 귀국하기 직전, 급하게 최고평의회 동료들에게 이를 지지하는지를 물었다. 밸푸어는 여성 투표권을 적극 지지하지만, 이런 문제를 다루어야 한다고 생각하지 않는다고 말했다. 클레망소도 같은 의견이었다. 이탈리아 측은 이것은 순전히 국내 문제라고 말했다. 클레망소는 다 들리게 속삭였다. "작은 일본인들은 뭐라고 합니까?" 일본 대표는 여성이 문명에서 담당한 위대한 역할을 존중하지만, 일본에서 여성 투표권 운동

은 거의 주목을 받지 못한다고 말했다. 이 의제는 폐기되었고, 다시 거론되지 않았다.[27]

중재자들은 또한 자신들이 유럽 상당 부분과 중동의 큰 부분의 행정을 담당하고 있다는 것을 깨달았다. 과거 통치구조는 무너졌고, 연합국 점령군과 연합국 대표들이 그 역할을 대신하게 되었다. 다른 선택의 여지가 없었다. 그들이 하지 않으면 아무도 그 일을 하지 않을 것이고, 더 나쁜 경우 혁명가들이 그 일을 할 수 있었다. 현장에 있는 사람들이 할 수 있는 조치를 취했다. 베오그라드에 주둔한 영국 제독은 다뉴브강 연안의 여러 정부의 방해에도 불구하고 몇 대의 바지선을 끌어 모아 선단을 만들어 식량과 천연자원을 싣고 다뉴브강을 운행하게 해서 무역과 산업을 조금 되살렸지만, 임시방편에 불과했다. 그가 파리에 와서 한 말처럼 장기적 해결책은 다뉴브강과 다른 유럽 대수로의 국제적 통제였다.[28] 다른 계책과 다른 열성자들이 있었지만, 정치적 의지가 있는지는 불분명했다.

경제적 책임만으로도 버거웠다. 전쟁은 세계 경제를 마비시켰고, 이것을 다시 움직이게 하는 것은 쉬운 일이 아니었다. 유럽 국가들은 엄청난 자금을 빌렸고, 연합국의 경우 점점 더 미국에 빚을 졌다. 이제 그들은 자국의 재건과 무역 재개를 위해 신용을 얻는 것이 불가능하다는 것을 깨달았다. 전쟁으로 공장은 쓸모없어지고, 경작지는 방치되고, 교량과 철도는 파괴되었다. 비료, 씨앗, 천연자원, 선박, 기관차가 부족했다. 유럽은 대부분 석탄을 연료로 사용하고 있었지만 프랑스, 벨기에, 폴란드, 독일의 탄광은 물에 잠겼다. 중부 유럽에 새로운 국가들이 나타나면서 남아 있던 교역 및 교통망도 타격을 받았다. 빈에서 전등은 깜박였고, 전차는 운행을 멈추었다. 북쪽으로부터 공급되던 석탄이 새로운 국경에 막혔기 때문이다.

유럽의 모든 지역에서 공적·사적 구호 기관들은 놀라운 보고를 쏟아냈다. 수백만 명의 실업자, 감자와 배추 수프로 가족을 먹여 살리는 절망에 빠진 가정주부들, 영양 부족에 시달리는 어린아이들이 겪는 고통에 대한 보고였다. 평화 정착 후 첫 겨울 동안 미국 구호단장인 허버트 후버Herbert Hoover는 적국 지역에 있는 약 2억 명의 주민, 그리고 승전국과 중립국 지역의 그와 비슷한 수의 주민이 기아에 직면했다고 연합국에 경고했다. 독일 한 나라에서만 매달 20만 톤의 밀과 7만 톤의 육류가 필요했다. 과거 오스트리아-헝가리 지역 전역의 병원에서는 붕대와 의약품이 바닥났다. 새로 탄생한 체코슬로바키아에서 100만 명의 아동이 우유를 먹지 못했다. 빈에서는 살아남는 아기보다 죽는 영아가 더 많았다. 사람들은 석탄 가루, 나무조각, 모래를 먹었다. 구호 활동가들은 전에 보지도 못한 질병에 새로운 이름을 붙였다. 예를 들어 사탕무만 먹은 사람이 걸리는 병은 사탕무병mangel-wurzel disease이라고 불렀다.[29]

인도주의적으로 무언가를 하는 것은 답이 없었고, 정치적인 것도 마찬가지였다. "기아를 해소하지 못하면 정부의 기초는 계속 흔들릴 것"이라고 윌슨은 다른 지도자들에게 말했다.[30] 캐나다, 오스트레일리아, 뉴질랜드, 미국에는 팔리기를 기다리는 잉여농산물과 천연자원이 있었다. 수송할 선박도 있었다. 그러나 어디에서 자금을 조달해야 하는가? 독일은 금 보유고가 있었지만, 프랑스는 그것을 배상금에 써야지 수입 자금을 조달하는 데 사용해서는 안 된다고 생각했다. 유럽의 승전국은 자금을 충분히 조달할 수 없었고, 패전국은 독일을 제외하고 파산 상태였다. 이런 상황에서 미국만이 조치를 취할 수 있었지만, 미국 의회와 여론은 유럽을 도우려는 충동과, 이미 미국이 전쟁을 승리로 이끄는 데 기울인 노력으로 충분하다는 의견이 맞서고 있었다. 2차대전 후 미국의 분위기도 거의 마찬가지였지만, 결정적 차이가 있었다. 혁명이라는 위협이 잠잠해진 자리에 소련이라는 분명한 적이 있었다. 그런 상황에서 유럽을 부흥시키는 데 엄청난 역할을 한 마셜플랜은 1919년에는 가능하지 않았다.

  미국은 또한 2차대전 후 자국의 힘을 심사숙고할 필요가 없었다. 유럽 동맹국들은 완전히 국력이 소진되거나 절망적이지 않았고, 미국의 제안을 받아들이는 대가를 치르더라도 미국의 원조를 받아들일 준비가 되어 있었다. 그러나 1919년에 유럽 국가들은 여전히 자신들이 국제 문제에서 독자적인 행위자라고 보았다. 전쟁이 끝나기 전 영국, 프랑스, 이탈리아는 연합국의 신용, 식량, 천연자원을 함께 모아 연합국 통합 이사회를 통해 구호와 재건에 사용할 계획을 세웠다. 미국은 이에 반대했다. 미국은 자원의 상당 부분을 자국에서 제공하는데도 불구하고 연합국이 자원의 배분을 통제해, 적국에게 평화 조건을 수용하게 만드는 지렛대로 쓰려 한다고 의심했고, 이 의심은 근거가 있었다.[31] 윌슨이 후버에게 연합국 구호 행정

책임을 맡기려 하자, 유럽 국가들은 이에 반대했다. 후버는 "유럽의 식량 독재자"가 되고, 미국 사업가들이 이 기회를 이용해 들어오게 될 것이라고 로이드조지는 불평했다. 유럽인들은 마지못해 양보했지만, 후버가 하는 일을 방해하기 위해 최선을 다했다.[32]

윌슨과 많은 미국인들에게 허버트 후버는 영웅이었다. 그는 가난한 고아였지만 스탠퍼드대학을 졸업해 세계적 광산 기술자로 자수성가했다. 전쟁 중 그는 독일군이 점령한 벨기에에 대한 대규모 구호 프로그램을 조직했고, 1917년에 미국이 참전하자 전쟁 노력을 위한 식량을 마련하는 일을 맡았다. "나는 저녁 식사에 후버처럼 음식을 아낄 수 있지만, 당신을 사랑하는 데에는 절대 후버같이 아끼지 않을 것입니다"라는 문구가 밸런타인데이 카드에 들어가기도 했다.[33] 그는 능력이 뛰어나고 열심히 일했지만 고지식했다. 로이드조지는 그가 요령이 없고 거칠다고 생각했다.[34] 유럽인들은 그가 반복해서 미국이 유럽 구호의 대부분을 담당하고 있다고 상기시키는 것과 미국의 경제적 이익을 증진하는 것을 달가워하지 않았다. 일례로 미국은 남아도는 돼지고기를 유럽으로 보내서 유럽 생산자들을 크게 위축시켰다.[35]

연합국은 최고경제평의회가 느슨하게 감독하는 여러 경제 기구를 두었지만, 후버의 식량 및 구호 기구가 가장 많은 일을 했다. 미국이 출자한 1억 달러와 영국이 출자한 6200만 달러를 가지고 그는 32개국에 사무실을 설치하고, 수백만 명의 아동을 먹여 살리는 급식소를 열고, 수천 톤의 식량·의복·의료 보급품을 상황이 가장 심각한 지역으로 운송했다. 1919년 봄에 이르러 후버의 기구는 철도를 운행하고, 광산을 감독하게 되었으며, 자체 전신망도 갖추었다. 이를 퇴치하기 위해 수천 개의 이발 기계, 수천 톤의 비누, 특별 목욕통, 미군 병사들이 관리하는 목욕탕을 도입하기도 했다. '제균' 증명서를 소지하지 않은 사람은 바로 끌려가서 소독 처리를 당했다.[36] 1919년 여름, 후버는 다시 한번 유럽인들을 화나게 했다. 그는 이제 미국이 할 만큼 했으므로 앞으로는 유럽인들이 그 일을 해야 한다고 선언했다. 열심히 노력하고 근검절약하면 유럽인들도 할 수 있다고 말했다. 그의 시각은 점점 더 고립주의로 향하는 워싱턴의 동의를 받았고, 미국의 원조와 차관은 급격히 줄어들었다.

실상을 보면 유럽은 1925년이 되어서야 전쟁 전의 생산 수준을 회복했고, 일부 지역에서 회복은 훨씬 느렸다. 많은 국가 정부들은 차입, 적자 예산, 무역 통제를 통해 자국 경제를 유지하려고 노력했다. 유럽의 경제 전체는 아직 취약한 상태여서 1920년대 내내 국내적 정치 압박을 가져왔고, 각국 정부가 보호 조치를 취하면서 해외에서도 긴장이 고조되었다.[37] 만약 미국의 자금과 유럽의 협력이 지속되었다면 유럽은 더 신속하게 재건되었을 것이고, 1930년대 일어나는 더 큰 도전에 더 잘 대응할 수 있었을 것이다.

6장

러시아

1919년 1월 18일 강화회의가 공식 개회했다. 클레망소는 개회 날짜가 빌헬름 1세가 새 독일제국의 카이저로 즉위한 1871년 대관식 날짜와 일치되도록 일정을 짰다.[1] 푸앵카레 프랑스 대통령은 케도르세의 화려한 호를로주 Salle d' Horloge에 모인 각국 대표단에게 적들의 사악함, 동맹국의 위대한 희생, 항구적 평화에 대한 희망을 말했다. "여러분의 손안에 세계의 미래가 들어 있습니다."[2] 회의장을 걸어 나가면서 밸푸어는 클레망소에게 자신이 실크해트를 쓰고 온 것을 사과했다. "나는 이 모자를 쓰는 것이 의전이라고 들었습니다." 중산모를 쓴 클레망소는 "나도 이 모자를 쓰는 것이 의전이라고 들었습니다"라고 응수했다.[3]

관찰자들은 일부 정치인이 회의에 참석하지 않은 것을 발견했다. 그리스 총리 베니젤로스는 세르비아가 자국보다 더 많은 대표단을 보낸 것에 화가 났다. 캐나다의 모든 총리는 작은 뉴펀들랜드가 자신보다 의전이 앞선 것에 모욕을 느꼈다. 일본 대표단은 아직 도착하지 않았다. 가장 눈에 띄는 불참자는 러시아였다.

1914년 전쟁 당시 연합국의 일원이었던 러시아는 동부전선에서 독일을 공격했더라면 프랑스를 패배에서 구할 수 있었을지도 모른다. 3년 동안 러시아는 동맹국과 싸우면서 큰 타격을 가했지만, 그보다 더 큰 손실을 감당해야 했다. 1917년 러시아는 결국 압박을 이겨내지 못하고, 8개월 만에 전제정에서 자유민주주의, 다음으로 혁명 독재로 바뀌어서, 러시아 사람들은 물론 다른 사람들도 거의 들어보지 못한 러시아 사회주의의 극소수 극단 세력인 볼셰비키가 정권을 잡았다. 러시아가 붕괴하면서 거대한 제국이 산산조각 분열되어, 발트 국가들, 우크라이나·아르메니아·조지아·아제르바이잔·다게스탄 등이 갈라져 나왔다. 협상국은 분해되는 동맹을 지탱해 독일과 계속 싸우게 하려고 러시아에 군대를 파견했지만 헛된 노력으로 끝났고, 1918년 초 볼셰비키는 독일과 강화협정을 맺었다. 연합군은 러시아 땅에 계속 남아 있었지만, 이 상황에서 어떻게 해야 할지를 몰랐다. 볼셰비키와 소비에트 정권을 붕괴시키기 위해 싸워야 하는가? 아니면 볼셰비키의 적인 왕정주의자, 자유주의자, 무정부주의자, 환상에서 깨어난 사회주의자, 다양한 종류의 민족주의자 등 여러 이질적 세력을 지원해야 하는가?

파리에 앉아서 동방에서 무슨 일이 일어나는지, 누가 누구 편인지를 아는 것은 쉽지 않았다. 여러 이야기가 서쪽으로 흘러나왔다.

완전히 무너진 질서, 내전, 민족주의 봉기, 계속되는 잔학 행위와 이에 대한 복수, 그리고 이에 대한 잔학 행위, 살해당한 후 깊은 동굴에 버려진 마지막 황제와 그의 가족, 사지가 절단되어 살해된 영국 무관의 시신이 상트페테르부르크 노상에 그대로 방치된 것 등 여러 끔찍한 얘기가 전해졌다. 병사들은 장교를 살해했고, 수병들은 함정의 지휘권을 장악했다. 오랫동안 농지를 갈망해왔던 러시아 농촌 지역의 농노들은 지주를 살해했다. 도시에서 10대 소년들이 총을 들고 거리를 돌아다녔고, 가난한 사람들이 빈민가에서 나와 대저택을 차지했다. 그러나 러시아는 이전에도 사정을 알기가 어려운 나라였기 때문에 이런 소문이 어디까지 사실인지 파악하기 힘들었다(그러나 대부분이 사실이었다). 로이드조지는 이렇게 말했다. "우리는 확인된 사실 또는 확인 가능한 사실을 접한 적이 없었다. 러시아는 정글과 같아서 몇 미터 앞에 있는 것도 알기 어렵다."[4] 러시아 지리에 대한 그의 얕은 지식도 한몫했다. 그는 우크라이나의 도시 하르코프Kharkov를 러시아 장군 이름으로 착각했다.

  강대국들은 1918년 여름에 외교단을 러시아에서 철수했고, 거의 모든 외국 특파원도 1919년 초 러시아에서 빠져나왔다. 내전으로 인해 거의 모든 육로가 차단되었다. 전보는 몇 주 또는 몇 달이 걸렸고, 아예 전달되지 않을 때도 있었다. 유일한 메시지 통로는 볼셰비키가 대표단을 유지하고 있는 스톡홀름이었다. 강화회의 중 중재자들이 러시아에 대해 아는 것은 달 뒤편에 대한 정보만큼이나 거의 없었다.[5]

법적으로 보면 러시아 대표단을 초청할 필요가 없는 것처럼 보일 수도 있었다. 이것이 클레망소의 견해였다. 러시아는 연합국의 목표를 배신했고, 프랑스가 독일로부터 전면 공격을 받게 했다.[6] 한때 현실주의자이면서 광신주의자였던 볼셰비키 지도자 레닌은 브레스트-리토프스크(오늘날 폴란드의 브레스트)에서, 마르크스주의 천년 국가의 도래에 중요한 불꽃을 유지하기 위해 평화를 대가로 독일에 땅과 자원을 양도했다. 이 덕분에 독일은 간절히 필요로 하는 물자를 얻을 수 있었고, 수십만 명의 병력을 서부전선으로 이동시킬 수 있었다. 레닌이 취한 행동은 클레망소가 확신하기에, 러시아에 대한 연합국의 모든 약속을 무효로 만드는 것이었고, 여기에는 흑해에서 지중해로 통하는 중요한 해협에 대한 접근권도 포함되었다.

다른 한편, 기술적으로 보면 러시아는 아직 연합국이었고, 독일과 전쟁 중이었다. 결국 독일은 1918년 11월 휴전 협정을 맺을 때 브레스트-리토프스크 조약을 무효로 만들어야 했다. 어찌되었건 강화회의에 러시아가 불참한 것은 불편한 일이었다. 젊은 영국 보좌관은 일기에 이렇게 적었다. "토론에서 모든 것은 러시아로 귀결되었다. 그런 다음 두서없는 결정이 내려졌다. 핵심 사안은 러시아에 대한 일반 정책이 정해질 때까지 결정될 수 없었다. 이에 합의한 뒤 문제를 해결하는 대신에 다른 주제로 넘어갔다."[7] 핀란드, 새로 구성되는 발트 국가인 에스토니아·라트비아·리투아니아, 폴란드, 루마니아, 튀르크, 페르시아는 모두 강화회의에 참석했지만, 러시아의 형체와 지위가 분명해질 때까지 이 국가들의 국경은 획정할 수 없었다.

러시아 문제는 강화회의에서 계속 대두되었다. 후에 윌슨의 변론자가 되는 베이커는 러시아와 볼셰비즘에 대한 공포가 회의를 주도했다고 말했다. "파리에서 러시아가 프로이센보다 더 중요한 역할을 했다!"[8] 이것은 그의 다른 많은 발언과 마찬가지로 말도 안 되는 과장된 단정이었다. 중재자들은 러시아와 러시아 혁명을 생각하느라 과도하게 시간을 쏟지는 않았다. 그들은 아직 그대로 있는 독일과 평화를 타결하고, 유럽이 다시 평화 시기의 기반으로 돌아가도록 하는 데 훨씬 더 신경을 썼다. 그들은 러시아를 우려하는 만큼이나 좀더 가까운 곳에서 일어나는 사회적 소요를 우려했지만, 이것이 꼭 동전의 양면이라고 생각하지는 않았다. 러시아에서 볼셰비키가 파괴된다고 다른 곳에서 일어나는 소요가 마법처럼 해결될 수는 없었다. 카이저 정권이 신뢰를 잃었고 파산했기 때문에 독일 병사들과 노동자들이 권력을 장악한 것이었다. 오스트리아-헝가리는 더이상 제국을 유지할 수 없고 소수민족들을 통제할 수 없었기 때문에 붕괴한 것이었다. 영국 병사들은 해외로 파견되는 것을 원치 않았기 때문에 포크스턴에서 반란을 일으켰고, 북웨일스의 캐나다 병사들은 고국으로 귀환하고 싶어 반란을 일으킨 것이었다. 러시아 혁명은 때로 고무적인 작용을 했고, 하나의 어휘가 되었다. "볼셰비즘의 시대가 오고 있다"라고 보든은 일기에 썼지만, 그는 혁명이 아니라 노동 소요를 말한 것이었다.[9] 볼셰비즘(또는 그 동지인 공산주의)은 1919년에 편리한 약칭이 되었다. 윌슨의 군사 보좌관

블리스는 "그것을 '혁명적'이라는 말로 바꾸면 더 명확할 것"이라고 말했다.[10]

중재자들은 당연히 혁명 사상의 확산을 우려했지만, 그것은 꼭 러시아 혁명 사상만은 아니었다. 대전쟁 생존자들은 지치고 초조했다. 겉으로 보기에 견고했던 구조, 제국, 정부, 군대가 모두 붕괴했고, 유럽의 여러 지역에서 그 자리를 무엇이 차지할지 분명하지 않았다. 전쟁 전 유럽은 충족되지 않은 갈망의 장소였다. 사회주의자는 더 나은 세계, 노동자는 더 나은 환경, 민족주의자들은 자신들만의 국가를 갈망했고, 이러한 갈망이 더 큰 세력으로 다시 나타났다. 그 이유는 1919년의 유동적 세계에서 대변화를 꿈꾸거나 질서의 붕괴에 대한 악몽을 꾸는 것이 가능했기 때문이다. 포르투갈 대통령이 암살당했고, 1919년 후반 파리에서는 한 미친 사람이 클레망소를 살해하려고 했다. 바이에른과 헝가리에서 공산주의자들이 정권을 잡았다. 뮌헨에서는 불과 며칠이었지만 부다페스트에서는 훨씬 오랜 기간 공산 정권이 이어졌다. 1월에는 베를린에서, 6월에는 빈에서 공산주의자들이 같은 시도를 했지만 뜻을 이루지 못했다. 이 모든 것을 러시아의 볼셰비키 탓으로 비난할 수는 없었다.

그렇다고 해서 좌파 인사는 말할 것도 없고 많은 사람이 겁을 먹진 않았다.[11] 어느 날 마제스틱 호텔에서 점심 식사를 하던 캐나다 대표 올리버 모와트 비가Oliver Mowat Biggar는 로이드조지의 개인 보좌관 필립 커가 포함된 일행과 즐겁게 담소를 나누었다. "우리 모두가 느낀 감정은 돈, 즉 이기적인 돈이 세상에서 너무 큰 힘을 가졌다는 것이었다. 이에 대한 논리적 결론은 공산주의였지만, 우리 모두는 사반세기 안에 모두가 그곳에 도달하리라는 것을 전혀 의심하지 않았다." 그러는 사이 비가는 캐나다에 있는 아내에게 자신이 멋진 시간을 보냈다고 편지를 썼다. 토요일 저녁에는 마제스틱 호텔에서 열린 무도회에 참석했고, 오페라하우스에서 〈파우스트〉와 〈나비부인〉을 관람했는데, 그곳에서 본 매춘부들의 아름다움에 충격을 받았다고도 썼다. 프랑스인들은 캐나다 사람들과 확실히 취향이 달랐다. 한 코믹한 오페라에서 여주인공은 엉덩이에 쇠사슬만 걸쳤고, 다른 공연에서는 허리 위와 아래에 리본과 신발 외에 아무것도 걸치지 않았다. 그러나 그녀는 댄서로서는 형편없었다. 비가는 아내가 파리로 오겠다고 제안하자 주저했다. 물론 자신은 아내가 오기를 바라지만, 지금 파리의 아파트는 임대료가 말도 안 되게 비싸고 욕실도 형편없다고 적었다. 그리고 고위 정치인으로부터 혁명이 곧 독일을 휩쓸고 프랑스에까지 확산될 수 있다는 말을 들었다. 식량과 연료가 심각하게 부족해질 수 있고, 전등이 꺼지고 물이 안 나올 수도 있었다. "당신은 이러한 위험을 감수할 생각을 단단히 해야 할 거요."[12] 그의 아내는 결국 캐나다에 있기로 결정했다.

볼셰비즘은 나름대로 쓸모가 있었다. 루마니아가 러시아령 베사라비아로 진출하고, 폴란드가 우크라이나로 진격한 것은 볼셰비즘을 막기 위한 것이라는 명분이 있었다. 이탈리아 대표단은 자신들이 달마티아 해안 대부분을 차지하지 못하면 국내에서 혁명이 일어날 것이라고 경고했다. 중재자들은 서로를 위협하는 데 볼셰비즘을 이용했다. 로이드조지와 윌슨은 독일에 너무 엄격한 평화 조건을 강요하면 독일이 볼셰비키 수중에 떨어질 것이라고 말했다.

러시아의 새 정권에 대한 서방의 반응도 크게 분열되었다. 특히 정보 부재가 사람들이 엉뚱한 생각을 하는 것을 부추겼다. 우파와 좌파 모두 동쪽에 생긴 블랙홀에 자신들의 두려움과 희망을 투사했다. 1919년 예외적으로 러시아를 다녀온 미국의 기자 링컨 스테펜스Lincoln Steffens는 러시아를 떠나면서 "나는 미래를 보았고, 그것이 작동하는 것을 보았다"라는 유명한 말을 남겼다. 그가 러시아에서 목격한 어떤 것도 그의 생각을 바꾸지 않았다.[13] 우파 쪽에서는 여러 섬뜩한 이야기가 만들어졌다. 영국 정부는 현지 목격자들의 진술을 담았다는 보고서를 발간했다. 볼셰비키는 여성들을 국유화해 "자유연애 인민부"로 조직했다고 이 보고서는 주장했다. 교회는 매춘업소로 바뀌었다는 내용도 있었다. 볼셰비키가 희생자들을 처형하기 위해 동양의 오래된 처형 기술을 가진 중국 처형단을 데려왔다는 이야기도 담겼다.[14]

강화회의 기간 영국 육군장관 및 공군장관이었던 처칠*은 레닌의 볼셰비즘은 정치 지형에서 완전히 새로운 것이라고 간파한 몇 안 되는 사람 중 하나였다. 마르크스주의 수사 표면 아래에는 모든 지렛대를 확보한, 고도로 규율화되고 고도로 중앙화된 공산당이 있

• 전쟁 중 군수장관을 맡고 있던 처칠은 1918년 12월 총선 후인 1919년 1월 로이드조지에 의해 육군장관 겸 공군장관으로 임명되었다.

었다. 완전한 사회라는 먼 목표를 달성한다는 동기를 가진 그들은 수단과 방법을 가리지 않을 터였다. "다른 많은 이상적 정치 사고에 반대되는 볼셰비즘의 정수는, 이것이 오직 폭력에 의해서만 선전되고 유지될 수 있다는 것이다"라고 처칠은 갈파했다. 레닌과 그의 동료들은 러시아의 사회 제도나 러시아인을 막론하고 자신들의 이상을 실현하는 데 방해가 되는 것은 모두 파괴할 준비가 되어 있었다. 처칠은 런던의 한 대중 연설에서 "역사상 나타난 모든 폭정 가운데 볼셰비키가 가장 악랄하고 파괴적이고 모멸적"이라고 강조했다. 로이드조지는 처칠의 이런 발언의 동기를 미심쩍게 바라보았다. "그 자신이 귀족 혈통이라 러시아 대공을 모두 제거한 것에 대해 반감을 보인 것"이라고 그는 평했다. 처칠의 동료들과 영국 대중을 포함한 많은 사람은 처칠을 이상하고 신뢰할 수 없는 사람이라고 폄하했다. 재앙으로 끝난 갈리폴리 전투의 그림자가 여전히 처칠 위에 맴돌았고, 그의 현란한 언사는 히스테리처럼 들렸다. 처칠은 1918년 11월 선거 유세 때 이렇게 말했다. "문명은 거대한 지역에서 완전히 소멸되고 있고, 볼셰비키들은 폐허가 된 도시와 희생자들의 시체 사이를 성난 개코원숭이 군단처럼 미친 듯이 뛰어다니고 있다." 처칠이 내각 회의에서 감정을 분출한 후 밸푸어는 그에게 "당신의 과장법에 탄복한다"라고 차갑게 말했다.[15]

 1919년 대부분의 서방 자유주의자들이 볼셰비키에 대해 의구심이라는 이익을 제공하고 있을 때, 민주적으로 선출된 의회로부터 권력을 탈취한 것, 차르와 그의 가족에 대한 살해라는 가장 악명 높은 행위, 러시아의 외채를 인정하지 않은 것은 여론에 충격을 주었다. (많은 프랑스 중산층이 러시아 정부 국채를 매입했기 때문에 특히 외채 문제에 크게 당황했다.[16]) 그러나 양심 있는 자유주의자들이 상기시킨 바와 같이 미국과 프랑스 모두 혁명의 산물이었다. 윌슨은 처음에는 볼셰비즘이 거대 기업과 거대 정부의 힘을 억제해 개인에게 더 많은 자유를 제공할 것으로 보았다.[17] 주치의인 그레이슨은 윌슨이 볼셰비키 프로그램에 동의할 것이 많다고 생각했다고 언급했다. "물론 그는 그들의 살해 행각, 재산 몰수, 법을 무시하는 태도는 비난받아야 마땅하다고 생각했다. 그러나 그들 교조의 일부는 전적으로 자본주의자들에 의한 압박을 통해 발전한 것이다. 자본주의자들은 도처에서 노동자의 권리를 무시했다. 윌슨은 동료들에게, 만일 볼셰비키가 제정신으로 돌아오고 법과 질서라는 정책에 동의한다면, 그것은 유럽의 모든 지역으로 확산되어 기존의 정부를 전복할 것이라고 경고했다."[18] 그레이슨이나 윌슨 같은 진보적인 사고를 가진 사람은 "무능하고 낭비가 심하고 폭압적인" 구질서가 스스로 뿌린 씨앗의 결과를 거두는 것이 당연하다고 생각한다고 로이드조지는 말했다. 구체제는 "혁명분자들이 보인 잔인함의 원인이 된 착취와 압제에 책임을 져야 한다"라고 그들은 생각했다.[19] 강력한 지역 이익을 추구한 북웨일스 출신의 대담한 젊은 변호사였던 로이드조지에게는 무언가 특기할 면이 있었다. 커즌은 밸푸어에게 이렇게 불평했다. "총리의 문제는 그 자신이 다소 볼셰비키 같은 면을 가지고 있다는 점이다. 그가 트로츠키를 국제무대에서 유일하게 마음이 맞는 인물로 생각한다는 것을 사람들은 알고 있다."[20]

많은 사람이 러시아 볼셰비키는 결국 안락을 찾고 부르주아가 될 것이라고 생각했다.[21] 서방에서 이 문제는 다른 결과를 가져왔다. 만일 볼셰비키 사상이 서방 사회에 스며든다면 그것은 사람들이 구질서에 지쳤기 때문이다. 따라서 볼셰비즘의 원인을 제거하면, 볼셰비즘의 산소를 빼앗게 될 것이라고 윌슨과 로이드조지는 주장했다. 농지가 없는 농민, 일자리가 없는 노동자, 희망을 잃은 서민은 누구나 새 땅을 약속하는 이상주의자들의 먹잇감이 될 수 있었다. 윌슨은 심지어 미국 내에서도 자본과 노동 사이에 위험한 간극이 존재한다고 말했다. "씨앗은 토양을 필요로 하고, 볼셰비키 씨앗은 자신들을 위해 이미 준비된 토양을 찾았다."[22] 윌슨은 파리로 향하는 배 안에서 미국 전문가들에게 새로운 질서를 구축함으로써 볼셰비즘을 격파할 수 있다고 말했다.[23] 로이드조지도 낙관적 견해를 보였다. "당신들은 볼셰비즘이 스스로 사라질 것이라고 생각하지 않는가?"라고 그는 한 영국 기자에게 물었다. "유럽은 매우 강하다. 유럽은 볼셰비즘에 저항할 수 있다."[24]

로이드조지는 강화회의에 러시아가 참석하기를 바랐다. 1918년 런던에서 열린 회담에서 클레망소에게 말했듯이 마치 러시아가 존재하지 않는다는 듯이 회담을 진행할 수는 없었다. 그는 러시아 사람들을 크게 동정하고 있다고 말했다. "그들의 군대는 무기와 탄약 없이 싸웠다. 그들은 정부에 의해 황당하게 배신당했다. 극도의 불만이 쌓인 러시아 사람들이 연합국에 반기를 들었다고 해도 하등

이상할 게 없었다." 러시아는 유럽에서 아시아까지 뻗어 있고, 2억 명의 인구를 가진 거대한 나라였다. 만일 러시아 영토에 대한 영유권을 주장하는 나라들이 파리에 오는 것이 허용되면, 러시아인들도 와서 자신들의 주장을 말하는 것이 당연했다.[25] 로이드조지는 최고평의회에서 볼셰비키를 좋아하지 않는다고 말했지만, 최고평의회의 지도자들은 볼셰비키를 인정하지 않을 수 있는가? "이 큰 나라 주민의 대표를 우리가 선택할 수 있다고 말한다면, 우리가 싸워온 모든 원칙에 위배되는 것이다"라고 그는 말했다. 영국 정부는 프랑스 혁명 후에 망명한 귀족들을 지지하면서 같은 실책을 저질렀었다. "이것은 25년 동안 지속된 전쟁으로 이어졌다"라고 로이드조지는 말했다.[26]

로이드조지의 주장은 볼셰비키를 혐오하는 클레망소에게 잘 먹혀들지 않았다. 클레망소는 볼셰비키를 독일의 도구로 보았고, 그들의 방식을 혐오했다. 클레망소가 생각하기에 1789년 혁명은 고귀한 것이었지만, 완벽함을 달성하기 위해 단두대와 교수대 올가미를 사용한 로베스피에르와 레닌 일당 같은 자코뱅 도당의 손에 떨어졌을 때 이것은 한탄할 일이 되었다. 그는 프랑스-프로이센 전쟁 말기 폭도의 폭력과 파리의 급진적 코뮌에 대한 탄압을 직접 목격했다. 그 순간부터 그는 급진 좌파와 손을 끊었다.[27] 1919년 그는 다른 연합국 지도자와 마찬가지로 자국민의 여론에 주의를 기울여야 했다. 만일 볼셰비키가 파리에 대표단을 보내면, 극단적 급진주의자들이 크게 고무되고, 중류층은 공포에 빠질 것이라고 그는 밸푸어에게 말했다. 거리에는 폭동이 일어나게 될 것이고, 그러면 정부는 강압적으로 진압해야 한다. 이것은 강화회의에 결코 좋은 분위기를 만들어줄 수 없다. 만일 동맹국이 볼셰비키를 초청해야 한다고 계속 고집하면, 자신은 사임할 수밖에 없다고 클레망소는 경고했다.[28]

나아가 볼셰비키가 과연 러시아 주민 전체를 대변하는가? 그들은 단지 상트페테르부르크(곧 레닌그라드로 명칭이 바뀐다)와 모스크바 같은 대도시를 비롯한 러시아 핵심 지역만 통제하고 있을 뿐이었다. 볼셰비키는 다른 정부들과 싸우고 있었다. 남부에서는 제정 러시아의 뛰어난 장군 중 하나로 알려진 안톤 데니킨Anton Denikin이 이끄는 소위 백군白軍이 싸우고 있었고, 시베리아에서는 알렉산드르 콜차크Aleksandr Kolchak 제독의 군대가 싸우고 있었다. 파리에도 보수주의자부터 급진주의자에 이르기까지 망명자들이 모여 비非볼셰비키 러시아인 전체를 대변하는 러시아정치회의를 구성했다. 전 러시아 외무장관인 세르게이 사조노프Sergei Sazonov는 유명한 테러리스트인 보리스 사빈코프Boris Savinkov와 함께 일해야 했다. 단춧구멍에 치자 열매를 달고 다니는, 매끈하고 옷을 잘 입는 사빈코프는 파리에서 인기가 높았다. 늘 효율성을 강조하는 로이드조지는 "그가 계획하는 암살은 항상 능수능란하게 수행되었고, 완벽하게 성공했다"라고 말했다.[29] 불행하게도 러시아정치회의는 대안 정부인 데니킨과 콜차크(두 세력은 서로를 제압하려고 많은 시간을 보냈다)로부터 미약한 지지만 얻었고, 볼셰비키로부터는 아무 지지도 받지 못했다.

1월 16일 로이드조지는 러시아 문제 전체를 최고평의회에 제기했다. 그가 생각하기에 그들에게는 세 가지 선택이 있었다. 첫 번째는 러시아 볼셰비즘을 파괴하는 것이고, 두 번째는 외부 세계를 볼셰비즘으로부터 차단하는 것이고, 세 번째는 볼셰비키를 포함한 러시아인들을 초청해 중재자들이 만나는 것이었다. 그들은 이미 앞의 두 가지를 위한 조치를 취했다. 연합국 병사들과 연합국은 러시아를 봉쇄했다. 이러한 선택지는 작동하지 않는 것으로 보였다. 그래서 그 자신은 마지막 선택지를 선호했다. 실제로 그들은 러시아의 여러 정파가 서로 대화를 하도록 설득해서 러시아에 좋은 전환점을 만들고, 휴전을 성사시킬 수 있었다.[30] 이것이 로마인들이 야만족에게 사람을 보내 그들이 어떻게 행동해야 하는지를 가르쳐준 방식이었다고 그는 사적인 자리에서 말했다.[31]

로이드조지는 그들에게 바른 선택지를 제시했지만, 중재자들은 쉽게 마음을 정할 수 없었다. 각 행동 단계에 대한 반대가 있었다. 볼셰비키를 전복하기 위한 간섭은 위험 부담이 크고 비용이 많이 드는 일이었다. 러시아를 고립시키는 것은 러시아 주민들에게 피해를 입힐 수 있었다. 볼셰비키 대표를 파리나 서방 다른 곳으로 불러오는 것은 보수주의자들을 격분시키는 것은 말할 것도 없고, 볼셰비키들에게 메시지를 확산할 기회를 주는 것이나 마찬가지였다. 윌슨은 로이드조지를 지지했지만, 프랑스 외무장관 피숑과 이탈리아 외무장관 소니노는 반대했다. 피숑은 적어도 러시아에서 귀환한 프랑스 대사와 덴마크 대사의 이야기를 들어보아야 한다고 주장했다.

두 사람은 회의에 출석해 무서운 적색 테러 상황을 이야기했지만, 로이드조지는 호탕하게 그들의 말을 과장이라고 무시했다.[32] 최고평의회는 아무 결정도 내릴 수 없었다.

강화회의 중 러시아에 대한 연합국의 정책은 지속성과 일관성이 없었고, 볼셰비키 정권을 전복할 정도로 강하지 못했지만, 서방 국가들은 그들이 무자비한 적이라고 확신할 정도로 볼셰비키에 적대적이어서 미래에 불행한 결과를 초래했다. 영국 정부의 분명한 정책 노선을 반복적으로 요구한 처칠은 회고록에서 연합국의 우유부단함에 대해 큰 유감을 나타냈다. "그들은 소비에트 러시아와 전쟁 상태에 있는가? 분명히 그것은 아니었다. 그러나 그들은 소비에트 러시아인을 눈에 보이는 대로 죽였다. 그들은 러시아 땅에 침략자로 발을 들여놓았다. 그들은 소비에트 정부의 적들을 무장시켰다. 그들은 러시아 항구를 봉쇄하고 전함을 침몰시켰다. 그들은 정부 전복을 진정으로 원했고, 이를 위한 계략을 짰다. 그러나 전쟁은 너무 충격적이다! 간섭은 수치스러운 일이다!"[33]

사실 처칠은 개입을 원했다. 프랑스의 최고 원로 장군이자 연합군 사령관이었던 페르디낭 포슈 원수도 마찬가지였다. 영국 의회의 보수당 의원들과 분노에 찬 프랑스 투자자들도 개입을 원했다. 그들에 대항해 목소리를 높이는 집단들도 나섰다. 노동계급 운동의 연대를 천명한 노동조합, 다양한 색깔의 인본주의자와 실용주의자들은 간섭을 반대하고 나섰다. 실용주의 입장을 취한 《데일리 익스프레스》는 "우리는 러시아인들을 안타깝게 생각하지만, 그들은 스스로

싸워 이겨야 한다"라고 주장했다.[34]

윌슨도 이와 비슷한 입장을 취했다. "나는 그들이 스스로 구원의 길을 찾아야 한다고 생각한다"라고 그는 전쟁 종결 직전 워싱턴에서 영국 외교관에게 말했다. "그들은 당분간 무정부 상태에서 큰 혼란을 겪을 것이다. 나는 이런 모습을 상상한다. 엄청나게 많은 사람들이 모여 서로 싸우고 있다. 당신은 그들과 일을 할 수 없다. 그래서 당신은 그들을 모두 한 방에 몰아넣은 다음 문을 잠그고, 그들이 해결책을 마련하면 문을 열어주고 같이 일을 하겠다고 말해야 한다."[35] 윌슨은 방의 모양은 그대로 남아 있어야 한다고 생각했다. 때로 영국인들이 고려한 것처럼 러시아제국이 분할되어야 한다고는 생각하지 않았다. 그가 생각하기에 자결권은 러시아 주민들이 거대한 자신들의 나라를 운영하는 것을 의미했다. 그가 유일하게 예외로 생각한 것은 같은 원칙에 근거한 러시아령 폴란드 영토였고, 이것은 재건된 폴란드의 일부가 되어야 했다. 신기하게도 그는 우크라이나 민족주의를 같은 시각에서 보지 않았고(그의 막강한 정적인 로지 상원의원이 우크라이나 독립을 선호했기 때문일 수도 있다), 발트 국가들을 연합국이 승인하는 것을 강력하게 반대했다.[36] 이외에 러시아에 대한 그의 시각은 대체적으로 부정적이었다. 불간섭과 불승인이 그의 정책이었다. 그의 14개조 가운데 제6조는 외국 군대가 러시아 영토에서 철수할 것을 요구해(그는 특히 일본군을 염두에 두었다), 러시아 주민들이 자신들에게 가장 적합한 제도를 만들어내기를 바랐다. 러시아인들이 스스로 통치자를 선택하면(그는 그 통치자가 볼셰비키가 되지 않기를 바랐다), 미국은 러시아를 승인할 수 있었다. 이것은 미국이 멕시코 내전에서 한 일이라고 윌슨은 지적했다.[37]

문제는 연합국이 이미 개입을 시작했다는 데 있었다. 1918년 봄 영국 병력이 러시아 북부의 항구 아르한겔스크와 무르만스크에 상륙했고, 일본군은 태평양으로 난 항구 블라디보스토크를 점령하고 독일군이 곡물이나 석유 같은 러시아의 자원과 항구와 철도를 장악하지 못하도록 하기 위해 서쪽으로 진군할 준비를 했다. 미국은 일본군을 (그리고 아마 영국군 역시) 감시하고, 러시아 포로수용소에서 나왔으나 시베리아에 갇힌 체코 군단을 보호하기 위해 마지못해 군대를 러시아 땅에 상륙시켰다. ("나는 무엇이 옳은지, 무엇이 가능한지를 놓고 피땀을 흘렸다. (…) 그것은 내가 만지면 수은처럼 조각조각 났다"라고 그해 여름 하우스에게 불평했다.[38]) 그러자 영국은 캐나다를 설득해 미군과 일본군의 균형을 이루기 위해 군대를 파견하게 만들었다. 남쪽에서는 러디어드 키플링Rudyard Kipling의 학우였던 장군이 지휘하는 또다른 영국군 부대가 유전이 있는 코카서스 산악지대로 진입했다. 영국보다 병력이 적은 프랑스도 군사 파견단과 상징적 병력을 파견했다. 전쟁이 끝난 후 영국이 군대를 그대로 러시아에 남겨둘 뿐만 아니라 볼셰비키와 싸우는 백군 세력을 지원하기로 결정했을 때, 독일군에 대항해 러시아에 개입한다는 명분은 분명 완전히 다른 것으로 변질되어 있었다.[39]

패배한 독일은 연합국의 지시에 따라 우크라이나와 발트 국가에서 병력을 철수했다. 연합국은 그 공백을 메우려고 애를 썼다.

1918년 말이 되자 18만 명 이상의 외국 병력이 러시아 땅에 들어가 있었고, 몇 개의 백군 군대가 연합군으로부터 재정과 무기를 지원받았다.[40] 사람들은 볼셰비즘에 대항한 십자군을 말하기 시작했다. 연합국 지도자들을 주저하게 만든 것은 더이상의 군사적 모험을 강하게 반대하는 여론이었다. 좌파가 주장하는 "러시아에서 손을 떼라"는 구호가 인기를 얻고 있었다. 로이드조지는 만일 조심하지 않으면 볼셰비즘을 제압하려고 애쓰다가 오히려 확산시키는 결과를 가져올 수 있다고 내각에 말했다. 영국 군사 당국은 영국군 병사들 사이에서 러시아 파병은 아주 기피 대상이라고 보고했다.[41] 시베리아와 무르만스크 파병에 병력을 제공했던 캐나다는 여름까지 모든 병력을 철수시키기를 원했다. 보든 캐나다 총리는 영제국 대표단에 포함되는 자국 대표들에게 이 문제에 대해 캐나다는 "크게 우려"하고 있다고 말했다.[42]

강력하게 간섭을 주장했던 프랑스는 실제로 할 수 있는 일이 별로 없었다. 영국은 병력과 자원이 부족했다. 소수의 프랑스 병력만이 전쟁 전에 러시아에 도착했다. 영국과의 합의에 따르면 프랑스는 이론적으로 우크라이나 남부, 크림반도, 코카서스, 중앙아시아를 책임져야 했다(반反볼셰비키 세력을 지원하는 것 외에 그것이 무엇을 의미하는지는 분명히 정의된 바가 없었다). 중동에 주둔하는 프랑스군 사령관 루이 프랑셰 데스페레이Louis Franchet d'Esperey는 강한 불만을 표현했다. "나는 이 나라에 보낼 충분한 병력이 없다. 게다가 다른 병사들이 휴식을 취하고 있는 상황에서 러시아 겨울을 경험하는 것은 병사들에게 전혀 호소력이 없다."[43] 어리석게도 그의 경고는 무시되었다. 프랑스 정부는 프랑스 병력, 그리스 병력, 폴란드 병력이 혼합된 부대를 흑해의 오데사 항에 파견했다. 원정 부대는 즉시 다양한 이질적인 적과 싸우는 상황에 처했다. 볼셰비키, 우크라이나 민족주의자, 무정부주의자 모두가 그들의 적이었다. 1918~1919년의 긴 겨울 동안 이 부대는 사기가 땅에 떨어졌고, 볼셰비키는 프랑스어 사용자를 투입해 선동 공작을 하며 손쉽게 상대를 제압했다. "베르됭과 마른 들판에서 살아남은 병사들 가운데 러시아 들판에서 생명을 잃는 데 동의하는 병사는 단 한 명도 없다"라고 한 프랑스 장교는 보고했다. 1919년 4월 프랑스 당국은 대실패로 끝날 수 있는 원정을 급작스레 포기하고, 오데사와 그 주민들을 볼셰비키에게 넘겨주고 황급히 군대를 철수시켰다. 부두에서는 민간인이 몰려들어 자신들도 프랑스로 데려가달라고 간청했다. 크림반도의 세바스토폴 항을 출발한 좀더 작은 프랑스군 부대는 살해된 니콜라이 2세의 어머니를 포함한 약 4만 명의 러시아인을 철수시키는 데 성공했다. 2주 후 프랑스 흑해 함대는 반란을 일으켰다.[44]

프랑스는 볼셰비키와 그 행동에 반대하는 강력한 목소리를 냈지만, 연합국의 간섭에 더이상 역할을 하지 못했다. 포슈 원수는 점점 더 실현 불가능한 계획을 들고 나왔고, 폴란드인, 핀란드인, 체코슬로바키아인, 루마니아인, 그리스인, 심지어 아직 독일에 있는 러시아 전쟁 포로로 구성된 군대가 러시아로 진군할 것을 제안했지만, 이중 실현된 것은 아무것도 없었다. 이러한 역할을 제안받은 사람

들은 들러리 역할을 맡는 것을 거부했을 뿐 아니라, 영국과 미국도 이러한 계획에 강력히 반대했다.⁴⁵

프랑스의 정책은 자연스럽게 로이드조지가 요약한 것 중 두 번째 것이 되었다. 즉 볼셰비즘을 러시아 안에 묶어놓는 것이었다. 강화회의와 이후 기간 프랑스는 러시아 주변에 폴란드 같은 국가들을 설립하는 데 최선의 노력을 기울였다. 이것은 중세적 표현을 빌리면 전염병 전파자 주변에 "봉쇄 지역cordon sanitaire"을 설치하는 것이었다. 이로써 독일에 대항하는 평형추를 건설하고, 실현될 가능성은 낮지만 독일과 러시아가 연결되는 것을 막는 장애물을 설치하는 것이 프랑스에게는 긴요한 과제였다.⁴⁶ 포슈 원수와 처칠은 1919년 파리에서 이 가능성을 진지하게 고려한 소수의 사람에 포함되었다. 처칠은 장래에 볼셰비키 러시아와 민족주의적 독일, 일본이 손을 잡을 수 있다고 경고했다. "최종 결과로 우리는 라인강에서 요코하마까지 뻗은 약탈적 국가연합이 형성되는 것을 고려해야 한다. 그렇게 되면 인도와 기타 여러 곳에서 영제국의 핵심 이익과, 나아가 세계의 미래가 크게 위협받을 것이다."⁴⁷

"우리는 그들을 주시해야 한다"라고 경계심에 사로잡힌 클레망소가 1919년 말 로이드조지에게 경고했다. "그들을 조밀한 철조망으로 둘러싸고 돈을 낭비하지 말아야 한다."⁴⁸ 1919년 자금은 항상 큰 문제였다. 로이드조지는 재무장관 오스틴 체임벌린Austen Chamberlain과의 대화를 인용해 간섭을 열렬히 주장하는 처칠의 입장을 약화하려고 했다. "우리는 이 짐을 감당할 수 없다. 체임벌린은 평화 기반에서 지금과 같은 엄청난 과세율로 간신히 수지를 맞출 수 있다고 말했다."[49] 영국은 전쟁에 1억 파운드를 썼고, 프랑스는 그 절반 이하를 지출했다.[50] 영국의 납세자들은 더이상 동맹도 아닌 러시아에 돈을 쏟아부을 생각이 전혀 없었다. 1919년 2월 러시아에 간섭하는 비용이 화두로 떠오르자 로이드조지는 "프랑스는 얼마나 지출할 수 있는가?"라고 물었다. "나는 그들이 지출할 수 없고, 우리도 지출할 수 없다고 확신한다. 미국이 비용을 부담할 것인가? 그것을 승인하기 전에 모든 계책에 대한 비용을 확실히 정해야 한다."[51]

백군에게 제공된 지원의 상당 부분은 비효율과 부패에 의해 낭비되었다. 막후에서 일하는 하급 관리들이 병사들에게 지급되어야 할 군복을 편취하고, 아내와 딸들은 영국 간호사의 스커트를 입었다. 데니킨 군대의 트럭과 전차가 추위에 노획되면, 그 안에 있던 부동액은 술집에서 팔렸다. 볼셰비키는 후에 세계 자본주의가 모든 힘을 기울여 자신들의 혁명을 무산시키려고 노력한다는 선전선동을 전개했지만, 실상 연합국의 지원은 백군의 패배를 막는 데 큰 도움이 되지 못했다.[52]

러시아에 대한 연합국의 간섭은 서로 다른 목표와 상호 의심으로 항상 엉망이 되었다. 미국은 공식적으로는 간섭에 반대했지만, 종전 후 일본의 책략을 막기 위해 시베리아에 병력을 파견했다. 1914년 이전 프랑스는 독일을 견제하기 위해 강력한 러시아에 의존했지만, 영국은 자주 남쪽과 인도에 대한 러시아의 위협을 우려했다. 1919년 프랑스가 재건된 백군 정권을 선호했다면, 영국은 취약한 적군 정권을 선호했을 것이다. 볼셰비키가 목표하는 모든 것을 혐오한 커즌은 러시아가 코카서스에 대한 통제력을 상실한 것을 기뻐했다. 그는 러시아 남부의 백군 지도자인 데니킨이 다시 이 지역을 손대지 못하도록 조심해야 한다고 처칠에게 말했다.[53] 영국인에게는 프랑스의 동기를 의심하는 경향이 깊게 뿌리 박혀 있었다. 프랑스 정부는 러시아에 투자한 돈을 잃은 자국 중류층의 감정에 과도하게 좌우되고 있다고 로이드조지는 불평했다. "그들에게는 우리가 자신들을 위해 뜨거운 불에서 밤을 꺼내주는 것을 보는 것보다 더 좋은 일은 없을 것이다."[54]

연합국은 러시아에 개입하는 것을 간헐적으로 저울질했지만, 또 한편으로는 로이드조지가 가장 선호한 선택지인 협상 가능성을 모색했다. 1919년 1월 21일 로이드조지와 윌슨은 최고평의회에 타협안을 제시했다. 볼셰비키가 파리로 오는 것을 프랑스 측이 원치 않는다면, 러시아와 좀더 가까운 곳에서 만나는 것은 어떤가? 중재자들이 볼셰비키와 대화를 하지 않으면 러시아 사람들은 연합국이 자신들의 적이라는 볼셰비키의 선전선동을 믿게 될 것이 분명하다고 윌슨은 첨언했다. 소니노의 지원을 받은 클레망소는 볼셰비키와 대화를 하는 것 자체가 그들에게 신뢰성을 부여하게 될 것이라며 이를 반대했다. 다른 한편으로 그는 이 문제로 연합국과 갈라지는 것을 원치 않았기 때문에 마지못해 대화 제안을 따르기로 했다. 소니노는 계속 이에 반대했다. 소니노는 그들이 모든 백군을 모으고, 그들에게 충분한 병사를 제공거나 아니면 최소한 볼셰비키를 패배시킬 수 있는 무기를 제공해야 한다고 주장했다. 로이드조지는 실질적 의문을 제기했다. 그들은 얼마나 많은 병사를 제공할 수 있는가? 그러자 어색한 침묵이 흘렀다. 아무도 모른다는 답이 나왔다.[55] 협상을 진행하기로 의견이 모아졌다. 윌슨은 바로 타자수를 불렀다. "우리는 아름다운 미국 속기사가 등장하는 장면을 머릿속에 떠올렸다"라고 영국 기자는 회고했다. 그러나 전령은 윌슨의 망가진 타자기를 들고 나타났다. 그래서 윌슨은 구석에 앉아 직접 초청 문구를 써야 했다.[56] 회의장을 빠져나온 클레망소는 기다리고 있던 프랑스 기자에게 "우리가 졌어!"라고 소리쳤다.[57]

러시아 사람들을 돕고 싶다는 연합국의 진지하고 비이기적인 바람을 담은 윌슨의 초청장은 주요 러시아 정파 대표에게 보내졌고, 흑해와 지중해 사이에 있는 마르마라해의 프린세스섬(프린키포)에서 만나자고 제안했다. 이 섬은 콘스탄티노플 주민들이 가장 좋아하는 소풍 장소였고, 또한 전쟁 전 튀르크 당국이 수천 마리의 유기견을 격리시킨 장소였다. 몇 주 동안 절망적인 개들의 울음소리가 바다 건너까지 들렸다.

볼셰비키에게는 단파 라디오를 통해 메시지가 전달되었고, 파리는 답신을 기다렸다. 어떤 답이 올지 짐작하기는 힘들었다. 볼셰비키는 이미 무례함과 공손함이라는 익숙한 패턴을 사용했다. 레닌은 러시아 혁명이 유럽에, 그리고 이어 세계에 불을 놓을 것으로 믿었다. 종말로 가는 자본주의 세계의 노동자들을 분열시키기 위한 도구에 불과한 국경, 국기, 민족주의는 곧 사라질 터였다. 레닌의 첫 외무 인민위원인 위대한 혁명가이자 이론가인 레온 트로츠키 Leon Trotsky는 자신의 직무를 단순하게 이렇게 간주했다. "나는 세계의 인민들에게 몇 번의 포고령을 발표한 다음 가게 문을 닫을 것이다."[58] (윌슨의 개방 외교를 무의식적으로 실행한 그는 과거 차르 정권의 문서들을 뒤져서, 전쟁 중 비밀 합의와 일례로 중동을 분할하는 합의를 공개해 연합국을 크게 당혹하게 만들었다.) 레닌과 트로츠키의 유일한 관심은 전술의 문제였다. 만일 세계 혁명이 바로 일어나면 적과 협상할 필요가 없었다. 그러나 혁명이 지연될 경우 자본주의 국가들이 서로 대립하도록 만들 필요가 있었다. 1917년 볼셰비키는 첫 번째 가능성이 사실이 될 것이라고 전제했다. 1919년이 되자 레닌이 세계 혁명 사령부인 코민테른 설립 총회를 소집했음에도 불구하고 그들은 의구심을 갖기 시작했다.

이러한 양면성을 반영한 그들의 외교정책은 연합국의 의심을 더욱 부추기는 데 큰 역할을 했다. 1918년 10월에 트로츠키를 대신해 외무 인민위원이 된 머리가 부스스하고 집착이 강한 학자인 게오르기 치체린 Georgii Chicherin은 윌슨에게 냉소적인 전문을 보내, 그가 소중히 생각하는 원칙들을 조롱했다. 14개조는 러시아가 스스로 자신의 운명을 결정하도록 촉구하고 있지만, 신기하게도 미국은 시베리아에 병력을 파견했다고 그는 꼬집었다. 미국은 민족자결을 얘기하고 있지만, 아일랜드나 필리핀을 언급하지 않은 것은 얼마나 이상한 일인가? 그는 모든 전쟁을 끝내기 위한 국제연맹을 약속했다.

이것은 일종의 농담인가? 자본주의 국가들이 전쟁을 일으킨 책임이 있다는 것을 모든 사람이 알고 있다. 바로 그 순간에 미국과 그 범죄 파트너인 영국과 프랑스는 러시아인의 피를 더 흘리게 만들고, 러시아에게서 돈을 더 탈취하기 위한 음모를 꾸몄다. 진정한 연맹은 인민의 연맹뿐이라고 그는 윌슨을 조롱했다.[59]

그러나 볼셰비키는 회유적인 전문도 보냈다. 외무 담당 부인민위원인 막심 리트비노프Maxim Litvinov는 원만하고 상냥한 사람이었다. 그는 런던에서 몇 년을 살았고, 사무원으로 생계를 이어갔으며 블룸즈버리 외곽 출신인 소설가 아이비 로Ivy Low와 결혼했다. 1918년 크리스마스이브에 그는 스톡홀름에서 윌슨에게 전보를 보냈다. 그는 지상의 평화와 정의, 인류애에 대해 얘기했다. 러시아인들은 윌슨의 위대한 원칙을 공유하고, 자신들이 처음으로 자결권과 공개 외교를 주창했다고 그는 주장했다. 지금 그들이 원하는 가장 중요한 것은 새로운 사회를 만들기 위한 평화였다. 그들은 협상을 원하고 있지만, 연합국의 간섭과 봉쇄는 엄청난 불행을 야기하고 있다고 그는 주장했다. 볼셰비키는 나라를 지키기 위해 폭력을 사용할 수밖에 없다고 자신들을 정당화했다. 윌슨은 그들을 도울 생각이 없는가? 윌슨은 이 전보에 깊은 인상을 받았고, 이 전보를 로이드 조지에게 보여주자 그도 깊은 인상을 받았다.[60] 리트비노프와 대화를 하기 위해 미국 외교관 윌리엄 버클러William Buckler가 파견되었다. 윌슨이 1월 21일 최고평의회에 가져온 버클러의 보고는 고무적이었다. 이제 소비에트 정부라는 명칭을 가진 볼셰비키는 평화를 위해 많은 것을 할 준비가 되어 있었다. 그것은 최소한 자신들이 말소한 외채의 일부를 갚거나 외국 기업에 새로운 사업권을 제공하는 방식이 될 수 있었다. 소비에트 정부는 세계 혁명 요구를 포기할 수 있었다. 그들은 독일, 좀더 최근에는 연합국에 대항해 자신들을 방어하기 위한 하나의 수단으로 그런 프로파간다를 사용해야만 했다고 항변했다.[61]

그렇게 되자 윌슨과 로이드조지는 프린키포로 오라는 초청을 볼셰비키가 환영할 것이라고 믿었다. 두 국가는 자신들의 대표를 선발했다. 미국은 자유주의적 기자와 성직을 박탈당한 사제를 택했고, 영국은 보든을 택했다. 보든은 이것이 "캐나다에 영예"라며 기쁘게 받아들였다(그는 로이드조지가 파견할 사람을 찾는 데 어려움을 겪었다는 것을 몰랐다[62]). 모두가 소비에트 정부의 연락을 기다렸다. 2월 4일 답신이 왔다. 볼셰비키는 앞으로도 그런 모습을 보이듯, 서방을 잘못 판단했다. 그들은 최고평의회가 내세운 전제 조건 중 하나인 휴전을 교묘하게, 그러나 분명하게 피했다. 그들은 초청장에 언급된 고매한 원칙에 대한 호소를 언급하지도 않았다. 자본주의자들은 한 가지에만 관심이 있다고 생각한 그들은 상당한 물질적 양보를 제안했다. 그것은 자원이나 영토가 될 수 있었다. 이것은 볼셰비키가 독일인들과 브레스트-리토프스크에서 협상할 때 큰 역할을 했었다. 윌슨은 크게 당황했다. "이 답신은 부당하고, 모욕적으로 생각될 수도 있다." 로이드조지도 이에 동의했다. "우리는 돈이나 사업권이나 그들의 영토를 원하는 것이 아니다."[63]

이와 함께 프랑스와 처칠 같은 친구들의 지원을 받은 다른 초청 대상자들은 자신들의 입장을 고수했다. 프린키포 협상 제안은 백군 파 러시아인들에게 큰 충격을 주었다. 파리에서 망명자 공동체는 큰 시위를 벌였고, 먼 북쪽 아르한겔스크에서는 윌슨의 사진들을 떼어냈다. 러시아 전 외무장관 사조노프는 연합국은 자신에게 가족을 죽인 사람들을 만나기를 바란다고 한 영국 외교관에게 불평했다.[64]

만일 영국이나 미국이 압력을 가했다면 백군파 러시아인들은 뜻을 굽혔을 테지만, 윌슨이나 로이드조지는 그럴 준비가 되어 있지 않았다. 프린키포는 두 사람 모두에게 정치적 문제가 되었다. 언론과 그들 동료 일부는 점점 비판적이 되었다. 연립정부에서 보수당의 지원을 받고 있던 로이드조지는 보수당의 지도자인 보너 로와 다음 서열 대표로부터 정부가 이 문제로 해산될 수 있다는 경고를 받았다.[65] 2월 8일 클레망소는 드물게 소통 의사를 보이면서 푸앵카레에게 프린키포 회담이 문제라고 말했다. 윌슨은 볼셰비키의 부분적 수락 의사 표시에 반응을 보일 조짐이 전혀 없었다.[66] 일을 분명하게 하기 위해 클레망소는 밸푸어에게 귀국길에 오른 윌슨이 미국에 도착할 때까지 이 문제를 미룰 것을 요청했다.[67] 백군파 러시아인들이 2월 16일 거부 답신을 보낼 때까지 윌슨은 항해 중이었고, 로이드조지는 런던으로 돌아가 총파업 위협을 다루고 있었다. 프린키포 제안은 이미 사장된 것이나 마찬가지였다.

이렇게 해서 러시아 문제는 아무 결정 없이 방치되었다. 런던에서 처칠은 로이드조지에게 개입을 하든지 아니면 병력을 완전히 철수하든지 분명한 결정을 내릴 것을 요구했다. 로이드조지는 두 가지 모두에 준비가 되어 있지 않았다. 전면적 간섭은 자신의 정부 좌파에 문제를 일으킬 것이고, 철수는 우파에 문제를 일으킬 게 뻔했다. 그는 강화회의의 다른 사안, 특히 독일 배상 문제에서 그렇듯이 자신을 노출시키지 않으면서, 한 접근법을 시험하고 다음 접근법을 시험하는 식으로 간접적으로 일을 진행했다.

그는 처칠에게 러시아에 관한 모든 결정은 윌슨이 참여한 가운데 파리에서 내려져야 한다고 말했다. 처칠은 윌슨이 미국으로 떠나는 날인 2월 14일 아침 영국해협을 건너갔다. (로이드조지는 자서전에서 처칠이 스스로 결정해서 "능란하게" 파리로 잠입한 것에 대해 경건한 공포를 표현했다.[68]) 파리로 정신없이 차를 몰고 온 처칠은(사고로 그의 차 앞쪽 유리가 박살났다) 윌슨이 자리에서 뜨려는 순간 최고평의회가 열리고 있는 방으로 뛰어 들어왔다. 처칠의 견해는 병력 철수는 재앙을 가져온다는 것이었다. "그러한 정책은 기계 전체에서 린치핀을 빼내는 것과 마찬가지다. 러시아에서는 더이상 볼셰비키에 대한 무장 저항이 없게 될 것이고, 끝나지 않는 폭력과 불행만이 러시아 전체를 물들일 것이다." 로이드조지가 예상한 대로 윌슨은 이 문제에 말려들려고 하지 않았다. 그는 연합군 병력이 러시아에서 아무 도움도 안 되고 있다고 인정했지만, 상황은 너무 혼란스러웠다.[69]

처칠은 파리에 이틀 더 머무르면서 최고평의회가 분명한 정책을 결정하도록 노력했지만, 윌슨과 로이드조지가 없는 상태에서 이는 어려웠다.⁷⁰ 충실한 커로부터 매일 보고를 받고 있던 로이드조지는 먼 곳에서 지시를 내렸다. 그는 한 친구에게 쾌활하게 말했다. "윈스턴이 파리에 가 있다. 그는 볼셰비키를 상대로 전쟁을 치르고 싶어한다. 그것은 혁명을 야기할 것이다. 우리 국민은 그것을 허용하지 않을 것이다!"⁷¹ 그는 처칠에게 혼동을 주는 메시지를 보냈다. 한 전문에서는 백군에게 무기와 자원병을 보내는 것을 암시했다가 다음 전문에서는 볼셰비키를 상대로 한 군사적 행동에 대해 경고했다. 전쟁부는 러시아에 병력이 가 있는 것은 실책으로 생각한다고 로이드조지는 주장했다. 자신도 이에 동의한다고 그는 말했다. "내정 문제에 간섭하는 것은 우리가 할 일이 아닐뿐더러 분명히 무모한 일이다. 이것은 볼셰비키의 의견을 강화하고 공고히 할 것이다."⁷² 로이드조지는 이 전문의 사본이 영국 대표단뿐 아니라 하우스에게도 전달되도록 조치했다.⁷³ 대서양 한가운데 있던 윌슨도 경고를 보냈다. 그는 "처칠의 러시아 관련 제안에 크게 놀랐다. 러시아의 혼란에 더 끌려 들어가는 것은 치명적이 될 것이다"라는 전문을 보냈다.⁷⁴ 그는 걱정할 필요가 없었다. 최고평의회에서 러시아에 대한 논의를 재개하기로 한 2월 19일 클레망소는 총탄을 맞아 부상을 입었고, 그래서 결정은 무기한 연기되었다. 연합국 군대는 러시아 땅에 남았지만, 대규모 십자군 원정은 없었다.

윌슨이 즐겨 제안한 것처럼 연합국은 좀더 많은 정보를 필요로 했다. 오랫동안 러시아 혁명이 어떻게 진행되는지를 보고 싶어했던 급진주의 기자 스테펜스와, 간섭에 반대하는 것으로 알려진 미국 대표단 일원인 젊은 러시아 전문가 윌리엄 불릿은 이미 조사단 구성을 제안한 적이 있었다. 로이드조지는 좋은 아이디어라고 동의했고, 적어도 힘든 결정을 미루는 방법으로도 좋다고 생각했다.[75]

2월 17일 불릿은 하우스로부터 자신이 볼셰비키 지도자들을 만나 대화를 하기 위한 작은 비밀 파견단을 이끌게 될 것이라는 말을 들었다. 그들은 볼셰비키가 연합국과 평화를 이루는 데 필요한 조건을 탐색할 예정이었다. 불릿은 매우 기뻐했다. 파리에서 그가 하는 일은 대수롭지 않았지만, 이제 그는 무대 중앙으로 나가고 있었다. 특권적이고 배타적인 필라델피아 상류층 출신인 그는 자신과 자신의 판단력에 대해 엄청난 확신을 가지고 있었다. 그를 애지중지하는 그의 어머니가 생각한 대로 영재이기도 한 그는 예일대학을 졸업했다. 학우들은 그의 머리가 비상하다고 생각했지만, 일부는 그가 사람을 이용하고 버리는 차갑고 계산적인 면이 있다고 보았다.[76] 그는 윌슨과 그의 원칙들을 엄청나게 존경했지만, 윌슨이 그것을 옹호하는 데 적당한 인물인지에 대해서는 의구심을 품었다.[77]

하우스와 커 모두 파견단이 논의해야 할 사항들을 요약했다. 하우스는 "불릿이 정보를 얻기 위해서 가는 것"이라고 미국 대표들을 안심시켰다. 그는 이 사실을 불릿에게 분명하게 말하지 않았기 때문에, 불릿은 임무가 실패로 돌아갔을 때도 자신은 윌슨을 대신한 하우스와 로이드조지로부터 전권을 위임받아 볼셰비키와 평화 조건을 협상하러 갔다고 주장했다. 그와 함께 간 스테펜스도 이에 동의했다. "불릿이 받은 지시는 러시아인들과 예비 조건을 협상해 영국이 프랑스가 어느 정도의 결과를 확신하고 협상에 참여하도록 설득할 수 있게 만드는 것이었다."[78] 스테펜스의 예상이 빗나간 것은 이번이 처음이 아니었다. 하우스와 로이드조지 모두 협상 가능성에 대한 희망을 포기하지는 않았지만, 그들은 볼셰비키가 완강하게 나오는 경우 프랑스와 국내 여론을 소외시킬 생각은 없었다. 무명의 28세 대표가 이끄는 작은 파견단이 좋은 뉴스를 가져올 수도 있지만, 그렇지 않다면 소모품에 불과했다.[79]

불릿과 스테펜스는 모스크바에서 멋진 일주일을 보냈다. 몰수한 궁전에 숙소가 마련되었고, 캐비아가 무한정 제공되고, 밤에는 차르 관람석에서 오페라를 감상하고, 낮에는 레닌 및 치체린과 대화를 나누었다. 볼셰비키는 가난, 부패, 폭정, 전쟁의 원인을 없애려 노력한다고 스테펜스는 생각했다. "그들은 정치적 민주주의, 법적 자유, 협상을 통한 평화를 위해 노력하고 있지는 않지만, 현재로서는 이런 좋은 일을 위한 기초를 다지고 있다." 불릿은 러시아에서 위대한 일이 시작되었다는 데 동의했다. 두 사람 모두 레닌에게서 깊은 인상을 받았다. 그는 "단도직입적이고 직선적이지만, 또한 친근하고 대단한 유머와 고요함을 가지고 있었다." 스테펜스는 볼셰비키의 "반대자들"을 대상으로 한 테러에 대해 물었고, 레닌이 유감을 표시하자 그가 "본능적으로는 자유주의자"라고 스테펜스는 생각했다.[80]

일주일이 끝날 때 불릿은 협상 결과를 얻었다고 생각했다. 휴전이 시작되고, 양측에서 양보를 하기로 했다. 연합국은 병력을 철수하지만, 볼셰비키는 러시아 내의 다양한 백군 정부의 종결을 주장하지 않기로 했다(타협 조건으로 연합국이 백군 지원을 중단하기로 했기 때문에 볼셰비키는 너그러울 수 있었다). 그러나 볼셰비키가 선의를 가지고 협상을 했는지는 의심스러웠다. 레닌은 독일과 브레스트-리토프스크에서 협상할 때 시간을 벌기 위해 양보를 했었다. 불릿과 스테펜스는 "쓸모 있는 바보들useful idiots"*이었고, 그들의 임무는 최소한 선전선동에 유용했다.

불릿은 자랑스럽게 이 협상 결과를 가지고 파리로 돌아왔고, 스테펜스는 미래에 대한 장밋빛 그림을 가지고 돌아왔다. 하우스는 늘 그렇듯이 그들을 독려했지만, 다른 미국 대표단 멤버들은 의구심을 보였다. 이제 미국에서 돌아온 윌슨 자신은 독일 조약과 관련한 어려운 협상에 몰두하느라 여기에 많은 신경을 쓸 수 없었다. 그는 시간을 내서 불릿을 만나지 않았다. 3월 28일 아침 불릿과 조찬을 한 로이드조지는 자신감을 잃었다. 지난 주말에 헝가리에서 쿤 벨러Kun Béla가 권력을 잡으면서 볼셰비즘이 서방으로 확산될 수 있다는 두려움이 다시 살아났다. 불릿의 임무에 대한 뉴스가 누출되고, 영국과 미국이 소비에트 정부를 승인할 것이라는 소문이 돌았다. 로이드조지 정부의 보수당 의원들은 사냥매처럼 그를 노려보고 있었다. 노스클리프의 신문도 마찬가지였다. 그날 아침 《데일리 메

---

* 자신이 고귀한 목표를 위해 싸우고 있다고 생각하고, 다른 행위자에게 이용당하는 것을 모르는 사람을 뜻하는 표현. 레닌과 스탈린은 공산당에 포섭되거나 대가를 받지 않으면서 서방에서 소련과 공산주의를 선전하고, 이를 위해 노력하는 사람을 지칭하는 말로 이 용어를 썼다.

모》 자매지 《타임스》의 새로운 편집장이 된 헨리 위컴 스티드Henry Wickham Steed는 잔인한 내용의 머리기사를 실었다. 그는 노스클리프만큼 로이드조지를 혐오했다. 국제 유대인 재정가들과 독일 이익집단의 주도로 프린키포 '음모'가 되살아났다. 로이드조지는 조찬 자리에서 이 신문을 불릿에게 넘겨주며 "영국 언론이 이런 일을 하는 한 어떻게 내가 러시아가 합리적으로 행동하기를 기대하겠는가?"라고 말했다.[81]

이후 몇 주 동안 로이드조지에 대한 압박이 커졌다. 4월 10일에 200명이 넘는 보수당 의원들은 소비에트 정부를 승인하지 말 것을 촉구하는 전보를 그에게 보냈다. 독일 평화 조건으로 공격을 받고 있던 로이드조지는 언제 손절매를 해야 할지를 알았다. 4월 16일 하원에 출석한 그는 파리에서 소비에트 정부 승인에 대해 논의한 적이 결코 없고, 불가능한 일이라고 확고하게 말했다. 불릿의 임무에 대한 구체적인 질문에 대해서는 "어떤 젊은 미국인이 돌아왔다는 말을 들었다"라고 의기양양하게 대답했다. 하지만 그 젊은이가 유용한 보고를 가지고 돌아왔는지는 말할 수 없었다.[82]

불릿은 큰 충격을 받았다. 파리에 있는 사람 중 누구도 그의 임무에 대해 들으려 하지 않았고, 그가 그렇게 존경했던 윌슨도 마찬가지였다. 5월 독일 조약 조건이 발표되자 윌슨에 대한 그의 환멸은 완결되었다. 그는 분노에 찬 사직서를 보냈고, 리비에라로 가서 "모래밭에 누워 세상이 지옥으로 떨어지는 꼴을 보기로 했다." 그해 가을 그는 미국으로 돌아갔고, 상원 청문회에서 미국 대표 여러 사람과 함께 증언해 윌슨과 베르사유 조약의 운명을 봉인하는 데 도움을 주었다. 그는 또한 러시아 파견 임무 보고서를 기록으로 남기는 데 성공했다. 1934년 그는 초대 소련 주재 미국 대사가 되어 모스크바로 돌아갔다. 이번에 그는 그간의 경험으로 열렬한 반공주의자로 일했다.[83]

프랑스는 간섭을 계속 거론했지만, '봉쇄 지역' 이상은 더 나갈 생각이 없었다. 로이드조지와 윌슨은 소련 정부와의 접촉을 꺼렸지만, 볼셰비키가 기적적으로 민주주의자로 전향하는 것에 대한 기대를 버리지 못했다. 두 사람은 식량 공급을 이용해 볼셰비키를 통제하는 아이디어도 잠시 떠올렸다. 이것은 식량 구호 책임자인 후버가 추진하던 노선이었다. 볼셰비키에 대한 후버의 시각은 윌슨의 시각과 가까웠다. 즉 그는 볼셰비키가 극도로 어려운 상황에 대해 이해할 만한 반응을 보일 것이라고 예견했다. 그러나 그들은 위험했고, 그들의 선전선동은 미국처럼 강력한 사회에도 매력적이었다. 연합국은 볼셰비키가 혁명을 퍼뜨리려는 노력을 중단하면, 러시아가 상당한 지원을 받을 수 있다는 것을 간접적으로 알리려고 노력했다. 시간이 가고 식량 원조를 받으면 러시아인들은 급진적 사상에서 멀어질 것이라고 기대했다. 연합국의 국가 승인에 대한 어떤 암시도 피하고 프랑스의 반대를 막기 위해 후버는 중립국의 저명한 인물이 식량 구호 프로젝트를 책임지는 안을 제안했다.[84]

그는 "점잖고 강인한 성격을 지녔으며, 대단한 신체적·도덕적 용기를 가진 인물"을 염두에 두고 있었다. 그 사람은 노르웨이 출신의 극지 탐험가인 프리드쇼프 난센Fridtjof Nansen이었다. 그는 국제연맹을 위해 무언가를 하겠다는 막연한 생각을 가지고 파리에 와 있었다. 4월 중순 최고평의회가 변형된 4인 평의회는 후버의 계획을 승인했다.[85] 난센의 고국인 노르웨이를 포함해 중립국 단체가 러시아에 보낼 식량과 의약품을 모으는 일을 맡기로 했다. 구호품은 볼셰비키가 적들과 휴전을 하는 경우 러시아에 전달될 예정이었다. 난센은 레닌에게 이 좋은 소식을 전달하려고 했지만, 이 계획을 영국, 미국, 심지어 러시아로부터 사업권을 얻어내려는 독일 이익집단의 구상이라고 생각한 프랑스나, 볼셰비키를 승인하는 것처럼 보이는 행동은 일절 하지 않으려는 영국은 이 메시지를 전달하려고 하지 않았다. 전보는 결국 베를린에서 발송되었다.

치체린과 리트비노프가 작성한 소련의 답신은 5월 15일 라디오와 전신을 통해 도착했다. "난센에게는 극도로 친절하게 대하고 윌슨, 로이드조지, 클레망소는 극도로 무례하게 대하라"는 것이 레닌이 그들에게 내린 지시였다. 이 계획 자체에 대해서는 "그것을 프로파간다에 이용하라. 그것 외에 다른 유용한 목적은 없다"라고 말했다. 레닌의 부하들은 그의 지시에 따라 적절한 강화회의가 없으면 휴전을 고려하는 것을 단도직입적으로 거절하며 연합국을 맹렬히 공격했다. 파리에서 중재자들은 머리를 설레설레 흔들고, 인도주의적 지원에 대한 모든 논의를 포기했다. 이 일화는 러시아에 대한 연합국 정책의 파산을 다시 한번 보여주었다.[86]

1919년에 러시아인들이 자신들의 딜레마를 스스로 해결할 수 있다는 마지막 희망의 작은 불빛이 보였다. 얼어붙은 길이 진흙탕으로 변하는 봄이 시작되기 직전 백군은 볼셰비키에 대한 공격을 조율하는 데 성공했다. 콜차크는 시베리아 동부의 거점에서 넓은 전선에 걸쳐 공격을 개시했다. 한 부대는 아르한겔스크를 향해 북쪽으로 진격해 선발대가 진퇴양난에 빠진 백군과 영국군을 연결했다. 다른 부대는 우랄산맥을 향해 서쪽으로 진군했다. 세 번째 부대는 데니킨과 그의 부대와 합류하기 위해 남쪽으로 진군했다. 4월 중순이 되자 콜차크와 그의 동맹군은 볼셰비키로부터 30만 제곱킬로미터의 영토를 빼앗았다. 그러나 이것이 그들에게는 운의 정점이었다.

볼셰비키는 두 가지 핵심 이점을 가지고 있었는데, 단합과 지리적 이점이었다. 그들은 러시아 중앙을 통제하고 있는 데 반해, 이질적인 그들의 적들은 변방 지역에 넓게 흩어져 있었다. 백군 지휘관들은 서로를 의심하고 적대적 지역에 의해 먼 거리에 분리되어 있어서, 다른 세력이 무슨 일을 하는지를 잘 몰랐다. 볼셰비키는 병력이 세 배 많았고, 러시아 무기 공장 대부분을 차지하고 있었다.[87]

1919년 5월 23일 연합국은 콜차크 정부를 부분적으로 승인하기로 결정했다. "선택된 순간은 그 선언이 너무 늦은 바로 그 순간이었다"라고 후에 처칠은 회고했다.[88] 민주적 제도를 보장할 것을 요구한 전문은 시베리아로 어렵게 전달되었고, 시간이 지나자 필요한 보증을 약속한 것처럼 보이는 답신이 도착했다.[89] 그 직후 러시아로부터 온 다른 소식은 백군이 패배했다는 것이었다. 6월 말이 되자 적군은 콜차크의 중앙을 돌파했고, 백군은 수백 킬로미터를 후퇴했다.

그러나 이 시점이 되자 강화회의는 거의 종결되고 있었고, 독일은 베르사유 조약에 서명할 참이었다. 러시아에 대해 무언가를 추가적으로 요구할 시간이 없었다. 조약을 위해 앞으로 연합국과 러시아 사이, 아니면 그 일부 사이에 맺어진 조약은 인정되어야 한다고 언명한 짧은 구절이 조약에 첨부되었다. 또다른 구절은 러시아가 전쟁 배상금을 요구할 가능성을 열어놓았다. 러시아에 대한 나머지 정책은 오래전과 마찬가지로 혼란스러운 상태로 남았다. 볼셰비키에 대한 봉쇄도 유효했지만, 백군에 대한 지원은 점차 중단되었다. 영국과 프랑스는 콜차크를 포기했다. (콜차크 제독은 여전히 시베리아 동부에서 체코 군단의 보호를 받았으나 체코 군단은 그를 볼셰비키에게 넘겨주었고, 1920년 2월에 그는 총살되었다.) 1919년 10월이 되자 데니킨은 남쪽으로 전면적 후퇴를 했다. 1921년 1월 영국의 재촉으로 유럽의 연합국들은 군사 간섭을 끝내고 봉쇄를 포기했다. 1921년 3월에 영국은 소비에트 정부와 무역 협정을 체결했다. 러시아에서 기회를 잃고 있다고 생각한 보수적인 사업가들조차도 이를 지지했다. 1924년 영국과 소련은 외교 관계를 수립했다. 프랑스도 마지못해 이를 따랐다.

되돌아보면 처칠과 포슈의 볼셰비키에 대한 판단이 옳았고, 로이드조지와 윌슨의 판단은 틀린 것으로 드러났다. 러시아의 집권당은 스웨덴의 사회민주당처럼 되지 않았다. 레닌은 공포를 주고, 제약을 받지 않는 권력 구조를 만들었으며, 스탈린은 이를 이용해 자신의 편집증적 환상에서 추동된 자의적 통치를 했다. 러시아 주민과 다른 여러 나라 국민들은 러시아 내전에서 볼셰비키가 승리한 것에 대한 엄청난 대가를 치렀지만, 파리의 중재자들은 자신들의 힘의 제약에 직면해야 했다.

7장

국제연맹

1월 25일 강화회의는 국제연맹 위원회 설립을 공식적으로 승인했다. 미국 대표단 중 몇몇 젊은이들은 이 회의가 훌륭한 영감을 주는 영화가 될 것이라고 생각했다. 그들은 과거 외교가 한 사악한 짓을 보여줄 수 있다고 여겼다. 화려한 지도가 과거 전쟁의 씨앗이 뿌려졌던 곳을 보여줄 수 있었다. 비밀 동맹, 정의롭지 못한 전쟁, 노쇠하고 이기적인 유럽 강대국들이 자의적으로 지도에 국경을 그은 회의들을 보여줄 수 있었다. 강화회의와 국제연맹은 "선명한 대조"가 될 터였다. 이 영화는 분명히 큰돈을 벌어줄 것이라고 그들은 확신했다.[1]

오늘날에는 이러한 프로젝트가 진지하게 고려된다는 것을 상상하기 어렵다. 소수의 특이한 역사가들만이 국제연맹을 계속 연구하는 수고를 하고 있다. 풍부한 자료를 보유하고 있는 국제연맹 문서

보관소를 방문하는 사람은 거의 없다. 국제연맹이라는 이름 자체가 진지한 관료, 정신없는 자유주의 지지자들, 효력 없는 결의안, 비생산적인 사실 확인 임무, 그리고 무엇보다 실패를 연상시킨다. 1931년 만주, 1935년 에티오피아, 그리고 가장 큰 재앙으로는 1차대전이 종결된 지 20년 만에 발발한 2차대전이 있다. 무솔리니, 히틀러, 일본 군국주의자 등 전간기戰間期 중 활동한 역동적 지도자들은 국제연맹을 비웃었고, 결국 여기에 등을 돌렸다. 영국, 프랑스 같은 국제연맹 핵심 지지국과 더 작은 민주 국가들은 미온적이었고, 힘이 빠져 있었다. 소련은 당시 스탈린이 다른 대안을 찾을 수 없었기 때문에 국제연맹에 가입했다. 미국은 가입도 하지 못했다. 이 실패의 흔적이 너무 커서 2차대전 중 항구적인 국제연합을 생각한 강대국들은 완전히 새로운 국제연합United Nations을 만들기로 결정했다. 공식적으로 1946년에 사망선고를 받은 국제연맹은 1939년에 사실상 아무런 역할도 하지 못했다.

국제연맹 탄생 때부터 활동한 로버트 세실은 국제연맹 마지막 회의에서 "지난 20년간 쏟은 우리의 모든 노력이 정말 물거품이 되었다는 말인가?"라고 물었다. 그는 이 질문에 스스로 용감하게 대답했다. "사상 처음으로 이 조직은 근본적으로 이런저런 나라의 국익을 보호하기 위해서가 아니라 (…) 전쟁을 근절하기 위한 보편적인 조직으로 만들어졌다." 그는 국제연맹은 커다란 실험이었다고 결론 내렸다. 이 조직은 수 세기 동안 평화를 위해 노력한 사람들의 꿈과 희망을 구체적 형태로 주조했다. 이 조직은 세계의 국가들이 집단 안보를 위해 함께 일할 수 있고, 그렇게 해야 한다는 사상이 폭넓게 수용되는 유산을 남겼다. "국제연맹은 사멸했다. 국제연합 무궁만세!"[2]

세실의 말이 옳았다. 국제연맹은 매우 중요한 무언가를 대변했다. 이것은 국제관계에서 이미 일어난 변화를 인정하고, 미래에 건 판돈이었다. 증기기관이 사람들이 지구 표면을 이동하는 방식을 변화시킨 것처럼, 민주주의는 각국의 상호 관계와 각국 정부에 대한 다른 관계를 만들어서, 국가들이 서로를 상대하는 방식은 강화회의가 개최되기 전에 이미 큰 변화를 겪었다. 물론 힘은 여전히 중요하고, 각국 정부는 자국의 이익을 우선시했지만 그 의미는 달라졌다. 18세기에는 동맹이 체결되고 해체되고, 왕조의 이익, 명예 문제로 전쟁을 치르고 종결했으며, 주민들의 의사와 상관없이 땅을 차지하는 것이 아무런 문제가 되지 않았지만, 19세기는 다른 시각을 향해 움직였다. 전쟁은 점점 더 일탈로 간주되었고, 비용도 커졌다. 18세기에는 누군가 이득을 얻으면 누군가는 손실을 보았고, 전체적인 거래는 균형을 이루었다. 이제 대전쟁이 보여준 것처럼 전쟁은 모두에게 큰 대가를 치르게 했다. 국익은 교역과 산업이 번창하게 만들어주는 평화에 의해 달성될 수 있었다. 그리고 국가 자체도 달라졌다. 더이상 군주와 소수의 엘리트에 의해 구성되지 않고, 점점 더 국민에 의해 구성되었다.

외교 형식은 그대로 유지되었다. 대사는 신임장을 제정하고, 조약이 서명되고 봉인되었다. 그러나 규칙은 변했다. 국가들 간의 게임에서 일례로 한 국가가 다양한 민족이 사는 다른 나라의 영토를 장악하는 것은 더이상 멋진 일도 아니고 받아들여지지도 않았다. (식민지는 예외였다. 식민지 주민들은 유럽보다 낮은 정치 발전 단계에 있다고 전제되었기 때문이다.) 비스마르크가 독일을 통일했을 때, 그는 자신의 주군이 통치하는 프로이센의 정복을 위해서가 아니라 독일의 통합이라는 명분으로 그렇게 했다. 1871년 프랑스에게서 알자스-로렌을 빼앗았을 때 독일 정부는 구시대적인 전리품이 아니라 그 지방의 주민들이 진정한 독일인이기 때문이라고 자신과 세계를 설득하기 위해 최선을 다했다.

또다른 변수가 방정식에 들어왔는데, 그것은 여론이었다. 민주주의의 확산, 민족주의의 성장, 철도와 전신망, 바삐 돌아다니는 기자들, 대량으로 신문을 찍어내는 인쇄기, 이 모든 것이 정부로서는 그리 달갑지 않지만 감히 무시할 수 없는 것을 만들어냈다. 파리 강화회의에서 협상은 대중이 세심히 지켜보는 가운데 진행되어야 하는 것으로 전제되었다.

이상주의자들에게 이것은 좋은 일이었다. 주민들은 국제관계에 절대적으로 필요한 상식을 가져올 수 있었다. 그들은 전쟁이나 비용이 많이 드는 군비 경쟁을 원하지 않았다. (이 믿음은 많은 유럽인이 1914년 이전 수십 년 동안 전쟁에 열의를 보였고, 1914년에도 열정적이었다는 사실에 의해 흔들리지 않았다.) 그리고 유럽과 세계 도처에 이상주의자가 정말 많았다. 19세기에 이루어진 진보와 번영은 세계가 점점 더 문명화된다는 믿음을 고무했다. 점점 더 커지는 중류층은 전쟁을 막기 위해 분쟁의 강제적 조정, 국제재판소, 군비 축소, 무력 사용을 하지 않는다는 약속의 가치를 강조하는 평화운동의 자연적인 구성 요소를 제공했다. 전쟁 반대자들은 자신들의 사회, 특히 서유럽 사회를 모델로 삼았다. 이곳에서는 정부가 시민들의 바람에 부응하고, 공공 경찰력이 사적 병력을 대체하고, 법의 지배가 널리 받아들여졌다. 그러면 구성원들의 집단 안전을 제공하는 국가들의 사회를 상상하는 것도 가능하지 않겠는가?³

파리에서 윌슨은 국제연맹 위원회 의장을 맡기로 자처했다. 그 이유는 국제연맹은 평화 정착의 요체였기 때문이다. 만일 국제연맹을 탄생시킬 수 있다면, 다른 모든 것은 조만간 제자리를 잡을 터였다. 만일 평화조약 조건이 불완전하면, 후에 국제연맹이 이를 바로잡을 시간이 충분히 있었다. 국제연맹은 많은 새 국경을 그릴 수 있었고, 만일 그것이 정당하지 않으면 국제연맹이 바로잡을 수 있었다. 독일의 식민지는 박탈되어야 할 것이고, 국제연맹은 그 조치가 제대로 이행되도록 강제할 수 있었다. 오스만제국은 소멸했고, 연맹은 아직 스스로 통치할 준비가 되지 않은 민족을 위해 청산자이자 수탁자 역할을 할 것이었다. 그리고 미래 세대를 위해 연맹은 일반적인 번영과 평화를 감독하고, 약자를 격려하고, 악인을 꾸짖고, 필요한 경우 반항하는 자를 처벌할 터였다. 이것은 인류가 스스로에게 한 약속인 규약covenant이었다.

윌슨이 신세계에서 독일과의 평화 조건으로 국제연맹이라는 선물을 가지고 대서양을 건너 구대륙으로 항해하는 그림은 사람들의 시선을 사로잡았지만, 그것은 잘못된 그림이었다. 많은 유럽인이 이미 국제관계를 운영하는 더 나은 방법을 오래전부터 원하고 있었다. 그들이 살아남은 전쟁은 더 나은 세계를 만들어내고 더이상 전쟁이 일어나지 않아야만 의미가 있었다. 이것은 어두운 시기에 그들의 정부가 약속한 것이었고, 그들이 계속 버티도록 만든 목표였다. 유럽인들이 많은 피를 흘린 재앙과 같은 그 시기를 되돌아보던 1919년, 유럽 사회가 끔찍하게, 어쩌면 치명적으로 손상되었음을 깨달았을 때, 국제연맹은 자유주의자나 좌파 인사뿐만 아니라 많은 사람에게 마지막 기회처럼 보였다. 해럴드 니컬슨은 다음과 같이 말했는데, 이는 많은 동시대인의 생각을 대변하는 것이었다. "우리는 단순히 전쟁을 없애기 위해서가 아니라 유럽의 새 질서를 찾기 위해 파리로 왔다. 우리는 단순한 평화가 아니라 항구적 평화를 준비하고 있다. 우리에게는 성스러운 임무의 후광이 드리워져 있다. 우리는 정신을 바짝 차리고, 준엄해야 하고, 정의로워야 하고, 절제해야 한다. 위대하고 항구적이고 고귀한 일을 해야 하기 때문이다."[4]

로이드조지가 강화회의의 첫 과제가 국제연맹이라는 윌슨의 주장에 동조한 것은 단순히 미국인들을 행복하게 해주기 위해서가 아니었다. 그는 원래 자유주의자였고, 전쟁에 반대하는 강력한 역사를 가진 당의 지도자였다. 최고 수준의 정치인인 그는 영국 대중이 원하는 것을 알았다. 1918년 크리스마스이브에 "그들은 다시 그런 비극으로 퇴보할 수 있는 상황이 지속되는 것을 엄청난 공포 속에 우려한다"라고 한 동료에게 말했다. 강화회의에서 국제연맹을 만들지 못하고 돌아오면 정치적 재앙이 될 수 있었다.[5] 그러나 국제연맹은 그의 상상력을 사로잡지 못했다. 아마도 실효성에 의구심을 가졌기 때문일 것이다. 그는 연설에서 그런 의구심을 가끔 언급했고, 총리로 있는 동안 국제연맹 본부를 방문하지 않았다.[6]

과거 독일의 침략에 대한 기억과 미래의 침략에 대한 우려가 고통스럽게 살아 있는 프랑스에서는 전쟁을 끝내는 국제적 협력에 대해 깊은 회의가 남아 있었다. 다른 한편으로 특히 자유주의자와 좌파 인사들에게는 국제연맹에 한번 기회를 주는 것이 좋다는 바람도 있었다.[7] 클레망소는 독일 평화 문제를 먼저 다루고 싶었지만, 프랑스가 국제연맹을 가로막는다는 말을 듣고 싶지 않았다. 그는 국제연맹에 적대적이지는 않았지만 애매한 태도를 취했다.[8] 그는 "나는 국제연맹을 좋아하지만 그것을 믿지는 않는다"라는 유명한 말을 했다.[9]

여론은 국제연맹에 대한 전반적 지지를 나타냈지만, 그 형태에 대한 구체적인 가이드라인은 전혀 없었다. 그 기구는 경찰이 되어야 하는가, 성직자가 되어야 하는가? 무력을 사용해야 하는가, 도덕적으로 설득해야 하는가? 프랑스인들은 분명한 이유로 무력으로 공격을 억제할 힘을 가진 국제연맹으로 기울었다. 법률가, 특히 영어권 세계의 법률가들은 국제법과 국제재판소를 신뢰했다. 평화주의자들로서는 국제적 무력 사용에 대해 국제연맹에 기대하는 또 다른 역할이 있었다. 보편적 군비 축소와 국제연맹의 모든 구성원들이 전쟁을 자제한다는 약속이었다. 그러면 국제연맹은 어떤 모습이 되어야 하는가? 그것은 일종의 초강대국이 되어야 하는가? 국가 수장들의 클럽이 되어야 하는가? 비상 상황이 있을 때마다 회의를 소집해야 하는가? 어떤 형태가 되든 간에 국제연맹은 구성원들의 자격, 규칙, 과정, 그리고 일종의 사무국을 두어야 했다.

  국제연맹을 연합국 평화 프로그램의 중심에 놓은 윌슨은 전쟁 중 이런 세부 사항에 대해 수수께끼 같은 침묵을 지켰다. 윌슨은 영감을 주기는 했지만 단지 일반적인 이야기만 했다. 그의 국제연맹은 인류의 조직화된 의견을 대변하기 때문에 강력할 수 있었다. 윌슨은 14개조에서 국제연맹 회원국들은 서로의 독립과 국경을 보장할 것이라고 말했다. 국제연맹은 이를 위해 무력을 쓸 수 있지만, 그럴 필요가 없을 수도 있었다. 전쟁은 보통 사람들이 이러한 기구를 오랫동안 갈망해왔다는 것을 보여주었다. 이것이 그들이 싸운 이유였다. 윌슨은 전쟁이 종결되기 전 뉴욕 메트로폴리탄 오페라하우스를 가득 채운 군중 앞에서 이렇게 말했다. "자신들이 힘의 게임을 하고, 많은 판돈이 걸린 게임을 한다는 생각을 여전히 가지고 있는 정교한 사람들의 생각보다 평범한 사람들의 지혜가 모든 면에서 더 분명하고, 더 직관적이고, 더 단합되어 있습니다."[10]

  윌슨은 전쟁이 진행되는 동안 구체적인 문제를 다루는 것은 잘못된 일이라고 보았다. 연합국 사이에 논의를 촉발해서 적국에게는 국제연맹이 자신들에게 대항하기 위한 것이라는 인상을 심어줄 수 있었기 때문이다.[11] 그에게 이것은 너무나 합리적인 발상이었고, 그 필요성은 매우 폭넓게 인정되어서 그 스스로가 건강한 유기체로 성장할 수 있었다. 국제연맹 규약이 작성되는 파리에서도 그는 지나치게 세부적인 사항을 작성하는 것은 거부했다. 그는 국제연맹 위원회의 동료들에게 말했다. "다음 세대는 여러분이나 나처럼 지적인 사람들로 채워질 것이 분명합니다. 나는 국제연맹이 스스로 알아서 감당해나갈 수 있다고 믿습니다."[12]

윌슨의 태평무사한 태도는 그의 지지자들에게도 경각심을 주었다. 다행히도 몇 가지 세부 계획이 마련되었다. 전쟁을 질질 끌자 분쟁을 막을 수 있는 방안에 대한 많은 논의가 촉발되었다. 미국에서 평화를 강제하는 국제연맹이 공화당원과 민주당원을 하나로 뭉치게 했다. 영국에서 국제연맹협회는 존경받을 만한 중류층과 자유주의자들을 끌어들였다. 좌파에서 페이비언주의자들은 레너드 울프Leonard Woolf가 수행하는 전면적 연구를 지원했다. 1918년 초 프랑스 정부와 영국 정부는 윌슨 덕분에 국제연맹이 이제 명백한 연합국 전쟁 목표가 되었기 때문에 같이 행동에 나서는 것이 더 낫다고 결정했다. 프랑스에서는 저명한 자유주의 정치가 레옹 부르주아Léon Bourgeois의 주도로 위원회가 설립되어 자체 군대를 보유한 국제기구에 대한 상세한 계획을 만들었다. 영국에서는 저명한 법률가인 월터 필리모어Walter Phillimore의 주도로 특별위원회가 전쟁 전에 나왔던, 예를 들어 분쟁의 강제 조정 같은 구상을 포함한 상세한 건의안을 만들었다. 그 접근법은 세계연방 같은 이상주의적 아이디어를 거부하고, 국제연맹은 전쟁 중 동맹의 단순한 연장이라는 조심스러운 입장을 취했다.[13] 영국 정부가 필리모어 보고서 사본을 보내자 윌슨은 실망스럽다는 말과 함께 자신만의 계획을 수립 중이며 조만간 공개할 것이라고 답했다. 그가 영국인들에게 알려준 두 가지 원칙은 "국제연맹은 반드시 존재해야 하며, 이는 서류상의 연맹이 아닌 실질적인 연맹이어야 한다"였다.[14] 워싱턴에서 더이상 결정적인 말이 나오지 않은 상태에서 전쟁은 끝났다.

  이 시점에 영제국의 한 저명인사가 국제연맹 계획에 손을 대기로 했다. 키 크고 마른 체형에 짙은 푸른 눈을 가진 남아프리카 외무장관 스뮈츠 장군은 첫인상은 그렇게 위압적이지 않았다. (런던에서 보든의 비서는 그를 전구를 수리하러 온 사람으로 착각해 퉁명스럽게 밖에서 기다리라고 말했다.[15]) 그러나 그는 윌슨을 설득할 수 있는 자질을 가진 사람이었다. 그는 윌슨과 비슷한 점이 아주 많았다. 큰 문제를 다루기 좋아하고, 종교적·윤리적 확신이 강하고, 세계를 더 나은 곳으로 만들려는 열망이 확고했다. 둘 다 작은 공동체의 안정적이고 행복한 가정에서 자랐다. 물론 윌슨은 미국 남부 출신이고, 스뮈츠는 남아프리카 케이프의 보어에 정착한 농업 공동체 출신이었다. 두 사람 모두 흑인 하인들과 행복한 기억(두 사람은 흑인이 백인과 같아질 수 있을지에 대해 의구심을 가졌지만)과, 윌슨의 경우는 남북전쟁, 스뮈츠는 영국에 대항한 보어 전쟁에 대한 기억을 갖고 있었다. 둘 다 겉으로는 차분하고 자제력이 강해 보였지만, 속으로는 열정적이고 예민했다. 두 사람 모두 독선을 거대한 야망과 결합했다. 그리고 다른 사람들의 모순은 바로 알아차렸지만, 자신의 문제에는 눈을 감았다.[16]

스뮈츠는 중등교육을 마치고 스텔렌보스대학에 진학한 다음, 식민지 출신의 다른 수재들과 마찬가지로 영국으로 갔다. 그는 케임브리지대학에서 열정적으로 공부해 여러 상을 받았고 법학과 졸업 시험 두 과목에서 최고 점수를 받았다. 런던에서 변호사 시험을 준비하는 동안 그는 연극이나 콘서트를 보러 다니지 않았고, 미술관도 찾아다니지 않았다. 여유 시간에 그는 시를 읽었다. 셸리와 셰익스피어도 좋아했지만 월트 휘트먼을 가장 좋아했고, 자연에 대한 그의 깊은 사랑을 공유했다. 윌슨이 냉정한 산문으로 청중에게 영감을 주고, 로이드조지가 황금의 연설로 청중을 기립하게 만든다면, 스뮈츠는 다른 모든 중재자들 위에서 그들에게 노래를 부를 수 있었다.[17] 스뮈츠는 전쟁의 큰 현안에 대한 조언을 했다. 그가 평화에 대해 조언하는 것은 너무나 당연했다.

스뮈츠는 윌슨이 국제무대에 등장했을 때 그를 열렬히 환영했다. "전쟁의 어두운 밤을 지나는 동안 우리를 들어올린 것은 이 도덕적 이상주의와 더 나은 세계에 대한 비전이었다"라고 그는 미국 기자들에게 말했다. 세상은 파괴되었지만, 이제 그 앞에는 엄청난 기회가 놓여 있었다. "그 세계를 더 나은 목적을 위해 재창조하고, 보편적 자유와 정의의 선상에서 국제적 재조직을 계획하고, 선의가 모든 지속적인 국제 체제를 보장하는 유일한 길임을 여러 계급과 국가들 사이에 재확립하는 것이 우리가 노력해야 할 일입니다." 그는 이상적인 말과 권고를 쏟아냈다. "우리의 기회를 과소평가하지 마세요. 기적의 시대는 결코 지나가지 않았습니다." 그는 낙담한 세

상을 향해 외쳤다. 전쟁 자체를 영구히 종결시킬 시대가 온 것 같았다.[18]

스뮈츠가 더 크게 얘기하지 않은 것은 국제연맹이 영제국에도 유용할 수 있다는 것이었다. 1918년 12월 그는 영국 동료들을 위해 세계정세에 대한 현란한 분석을 했다. 오스트리아-헝가리가 사라지고, 러시아가 혼란에 싸여 있고, 독일이 패배한 상황에서 세계에는 영국, 미국, 프랑스 세 강대국만 남았다. 프랑스는 믿기 어려웠다. 프랑스는 아프리카와 중동에서 영국의 경쟁자였다. (프랑스는 스뮈츠의 반감에 보복했다. 스뮈츠는 부주의하게 자신의 보고서 일부를 파리에 남겨두고 왔다.[19]) 영국이 미국에 우호와 협력을 구하는 것은 너무나 당연하다고 스뮈츠는 주장했다. "언어, 이익, 이상이 같다는 것"이 그들이 같이 갈 여정을 보여주었다. 미국인들에게 이것을 가장 잘 보여주는 것은 국제연맹이었다. 모두가 알다시피 윌슨은 국제연맹을 자신의 가장 중요한 과업으로 생각하고 있었다. 그가 영국의 지지를 얻게 되면 해양의 자유에 대한 주장 같은 불편한 현안을 포기할 수도 있었다.[20]

스뮈츠는 자신이 보기에 막연한 윌슨의 아이디어들을 일관된 형태로 만드는 작업을 시작했다. 그는 놀라운 속도로 자신이 "실용적인 제안"이라고 겸손하게 부른 것을 만들어나갔다. 모든 국가가 참여하는 총회, 좀더 작은 집행이사회, 상설 사무국, 국제 분쟁을 해결하는 절차, 아직 스스로를 통치할 수 없는 주민들에 대한 위임통치 등 나중에 국제연맹 규약에 들어가는 많은 것이 그의 초안에 들어 있었다. 그밖에도 많은 것이 있었다. 최근 전쟁의 공포, 낱낱이 분열된 유럽, 더 나은 세계에 대한 희망에 매달린 일반 사람들, 중재자들 앞에 놓인 엄청난 기회 등을 서술했다. "기반이 흔들리고 느슨해지면서 모든 것이 다시 유동적으로 변하고 있다. 천막을 걷고 인류는 다시금 위대한 걸음을 내딛고 있다."21 스뮈츠는 "내 보고서는 고위층에 엄청난 인상을 주었고, 내각 회의록에서 총리가 '내가 읽은 보고서 중 가장 뛰어난 보고서'라고 말했다는 것을 알았다"라고 한 친구에게 자랑스럽게 썼다. 그 보고서는 바로 소책자로 인쇄되었다.22

한 미국 법률 전문가는 그 소책자는 "아주 아름답게 쓰였지만", 일부분에서는 다소 애매하다고 평가했다. 일례로 스뮈츠는 아프리카의 독일 식민지들에 대한 위임통치를 논의하는 것을 피했다.23 (그는 자신의 국가가 독일의 서남아프리카 식민지를 차지해야 한다는 생각이 확고했기 때문에, 이것은 의도적인 누락이었다.) 로이드조지로부터 이 보고서 사본을 받은 윌슨은 마음에 들어했는데, 특히 국제연맹 창설이 강화회의의 첫 번째 과제가 되어야 한다는 주장 때문이었다. 1919년 초 유럽 순방 후 파리로 돌아온 윌슨은 오랫동안 미루어왔던 일을 시작했는데, 자신의 아이디어를 문서로 작성하는 것이었다. 그가 1월 19일 영국에 보여준 초안은 많은 아이디어를 스뮈츠에게서 빌려왔지만, 이를 신경쓰지 않았다. "자신의 의지가 곧 위대한 의지의 물결을 발견하는 것임을 알고, 그리하여 불완전하게 시작한 일을 종국에 신이 이루어주시리라고 믿는 것은 특별한 만족

감을 주는 일이다."²⁴ 윌슨은 스뮈츠를 "벽돌"이라고 불렀다.²⁵

윌슨은 또한 영국인으로 또다른 국제연맹 전문가인 세실의 의견에 동의하게 되었다. 마른 체구에 엄격하고 잘 나서지 않는 세실은 종종 사람들에게 수도사를 연상시켰다. 그는 거의 웃지 않았다. 그가 웃으면 "중국 용龍"이 웃는 것 같다고 클레망소가 말했다.²⁶ 그는 영국 성공회 신자였고, 법률가로 교육을 받았으며, 정치를 직업으로 삼았고, 귀족 태생이었다. 세실 가문은 16세기부터 영국을 위해 봉사했다. 밸푸어는 그의 사촌이었고, 그의 아버지는 1880년대와 1890년대 대부분의 기간을 총리로 일한 위대한 솔즈베리 경이었다. 로버트 세실은 젊은 시절 디즈레일리와 글래드스턴을 만났고, 윈저궁을 방문했으며, 프로이센의 왕세자를 방문하도록 선발되었다. 특권을 누리고 동시에 엄격했던 그의 성장 과정은 그에게 옳고 그름에 대한 확고한 감각과 공적 의무에 대한 감각을 불어넣었다.²⁷ 1차대전이 발발했을 때 그는 싸우기에는 너무 늦은 50세의 나이였기 때문에 프랑스에서 적십자에 지원했다. 1916년이 되자 그는 독일에 대한 해상 봉쇄 책임을 맡았다.

이때 그는 전쟁을 막을 수 있는 국제 조직을 설립해야 한다고 확신하게 되었고, 윌슨의 발표를 열성적으로 환영했다. 1918년 두 사람의 첫 만남은 안타깝게도 실망스러웠다. 리셉션에서 두 사람은 단지 몇 마디 말만 나누었다.²⁸ 1919년 1월 19일 윌슨을 다시 만나 제대로 대화를 나누게 되었을 때, 그는 국제연맹에 대한 윌슨의 아이디어는 대체로 영국의 아이디어를 빌려온 것이라는 사실을 알았다. 세실은 일기에 이렇게 썼다. 윌슨은 "약간 깡패 같은 사람이라, 최대한 존중하고 예의를 갖추면서 동시에 단호하게 상대해야 하는데, 이 둘을 적절히 조화시키기란 결코 쉽지 않은 일이다."29 윌슨은 데이비드 헌터 밀러David Hunter Miller에게 세실을 만나서 공동의 초안을 만들도록 지시했는데, 이는 점점 더 심화되는 미국과 영국 간 협력의 조짐이었다.

강화회의가 국제연맹 위원회를 만든 1월 25일, 회의장은 고매한 감정으로 가득 찼다. 그러나 파리에서 자신들의 역할에 대해 불안함을 느끼던 약소국 대표들이 이 위원회가 영제국, 프랑스, 이탈리아, 일본, 미국 등 5개 강대국의 대표 두 명씩으로 구성된 것을 불평하면서 이러한 분위기는 다소 망가졌다. 벨기에 대표는 자신들도 고난을 겪었다고 주장했다. 의장을 맡은 클레망소는 이에 귀를 기울이지 않았다. 5개 강대국은 수백만 명의 사상자를 대가로 치르고 그 자리를 얻은 것이었다. 초청을 받지 않은 약소국은 운이 좋았다고 할 수 있었다. 양보 조치가 취해져 그들은 다섯 명의 대표를 보낼 수 있게 되었다(후에 아홉 명으로 늘었다). 반발의 폭풍은 수그러들었지만, 불만이 가라앉진 않았다.30 영국과 미국이 5개 강대국으로 구성되는 이사회가 주축인 국제연맹 계획을 밝히자 약소국들이 큰 소동을 일으켜 결국 이사회에 4개국을 추가하게 되었다.

세실은 윌슨이 2주 만에 국제연맹 규약을 문서로 작성하겠다고 말했을 때 그가 미쳤다고 생각했지만, 실제로 그 작업은 매우 신속히 진행되었고, 이것은 미국과 영국이 사전에 상당한 합의에 이른

덕에 가능했다.³¹ 2월 3일 첫 회의가 열렸고, 2월 14일에 전체 초안이 마련되었다. 위원회 위원 19명은 크리용 호텔에 있는 하우스의 방에 붉은 천으로 덮인 탁자에 둘러앉아 거의 매일 회의를 했다. 그들 뒤에는 통역관이 앉아 조용히 대표들의 귀에 대고 통역을 했다. 영국 대표와 미국 대표들은 나란히 앉아 계속 의견을 나누었다. 프랑스 대표들은 이탈리아 대표들에 의해 이들과 분리되어 앉았다. 포르투갈 대표와 벨기에 대표는 지치지 않고 의견을 냈고, 일본 대표는 거의 말을 하지 않았다.³² 의장을 맡은 윌슨은 신속하게 회의를 진행했고, 연설이나 상세 사항에 대한 논의는 가로막고, 국제연맹 논의를 자신이 원하는 방향으로 밀고 나갔다. 세실은 이렇게 적었다. "나는 개인적으로 그를 좋아하지 않는다는 결론에 도달했다. 나는 무엇이 역겨움을 불러일으키는지 잘 알 수 없었다. 허영과 효율 추구와 결합된 일종의 딱딱함일 수도 있다."³³ 두 번째 미국 대표인 하우스는 항상 윌슨 옆에 바짝 붙어 있었지만 거의 말을 하지 않았다. 늘 그렇듯이 그는 막후에서 바쁘게 움직였다. "나는 문제가 발생할 곳이 어딘지 미리 알아내서 그것이 너무 커지기 전에 무마해야 했다."³⁴

로이드조지와 클레망소는 이 위원회에 들어오지 않았다. 베이커는 그들의 불참이 곧 유럽 지도자들이 국제연맹을 진지하게 생각하지 않는다는 증거라고 생각했다. 그들은 윌슨이 바쁘게 움직이는 걸 지켜보면서 여느 때처럼 전리품을 나눠 가져갔다고 베이커는 시니컬하게 말했다.³⁵ 그러나 윌슨은 최고평의회에 계속 참여했고, 모든 중요한 결정을 같이 내렸다. 로이드조지는 정치 역정에서 자주 보여주었듯이, 스뮈츠와 세실 등 자신이 신뢰하는 인물에게 전권을 부여하고 전반적으로 일을 맡겼다.³⁶ 클레망소는 평소에 자신이 무시하던 두 사람을 대표로 골랐다. 파리대학 법과대학장인 페르디낭 라르노드Ferdinand Larnaude 교수와 레옹 부르주아였다.

학식과 교양이 뛰어난 법률 전문가 부르주아는 산스크리트어를 공부하고 음악에도 일가견이 있었으며 조각과 풍자만화를 열정적으로 연마했다. 자유주의자로 정치에 입문한 후 빠르게 정상으로 올라가 내무장관, 교육장관, 법무장관, 외무장관, 총리를 차례로 역임했다. 국제 질서에 대한 그의 관심은 전쟁 훨씬 이전으로 거슬러 올라갔다. 그는 헤이그 평화회의에 프랑스 대표로 참석했으나, 전쟁을 제한하려는 그의 시도는 성공을 거두지 못했다. 윌슨이 국제연맹 개요를 밝혔을 때, 부르주아는 기쁨의 눈물을 흘렸다. 그러나 1919년에 그는 나이가 들고 지쳤다. 그는 시력이 크게 떨어졌고, 감기를 심하게 앓았다.³⁷

그는 상당히 불리한 상황에서 일을 했다. 많은 프랑스인은 국제연맹을 여전히 독일에 대항하는 전쟁 중 동맹 체제의 지속으로 볼 것을 주장했다.³⁸ 클레망소는 부르주아를 바보라고 보는 자신의 생각을 감추려 하지 않았다. 클레망소는 부르주아가 어떻게 총리직을 맡게 되었는지 물은 하우스에게 이렇게 대답했다. "내가 내각을 해체할 때, 자원이 바닥났소. 그래서 그들이 부르주아를 선택한 거요."³⁹ 영국과 미국의 대표들은 감미로운 프랑스어 억양으로 장황하게 연설해 때로 졸음을 부르는 부르주아를 농담거리로 생각했다.[40] 클레망소가 그에게 가능한 한 협상을 지연시키라는 지시를 내렸다는 소문을 들은 윌슨은 부르주아를 대놓고 싫어했다.[41] 소문은 사실이었다. 부르주아는 독일 평화 조건에서 가능한 한 많은 것을 윌슨으로부터 받아내려는 클레망소와 협의하기 전에는 일을 하려 하지 않았다. 클레망소는 라르노드와 부르주아에게 지시했다. "당신들이 지도록 하라. 그것은 큰 문제가 되지 않는다. 당신들이 실패하면 내가 라인 지역에서 추가적 보장을 얻는 데 도움이 될 것이다." 부르주아는 푸앵카레에게 "달리 말하면 그는 자신은 다른 곳에서 싸우는 동안 내가 참호에서 죽기를 원했다"라고 말했다.[42]

국제연맹 위원회에서 프랑스 대표들은 영국과 미국을 상대로 연맹에 힘을 실어주기 위해 싸웠는데, 이는 결국 윌슨이 원하던 일이었다.[43] 부르주아는 국제연맹이 현대 민주 국가의 사법제도처럼 운영되어야 한다고 말했다. 즉 평화가 파괴되는 경우 이에 간섭해 강제적으로 질서를 회복하는 방식으로 운영되어야 한다는 것이었다. 달리 말하면 만일 국제연맹 회원국 간에 분쟁이 발생하는 경우, 의무적으로 중재에 회부되어야 했다. 그리고 해당 국가가 국제연맹의 결정을 받아들이지 않으면 다음 단계는 경제 제재, 심지어 군사 제재를 가하는 것이었다.[44] 그는 국제연맹의 감독 아래 엄격한 군비 축소를 주장했다. 국제연맹은 사찰에 대한 포괄적 권한과 회원국 군대로 구성되는 국제군대를 보유해야 했다.[45] 영국과 미국의 대표들은 이러한 제안은 독일에 대항하는 항구적인 군사동맹을 구축하려는 프랑스의 구도에 불과하다고 의심했다. 대통령과 외교정책에 관한 권한을 공유하는 데 이미 많은 문제를 겪고 있는 미국 의회가 미국이 언제, 어디에서 싸워야 하는지를 다른 나라가 결정하는 것을 허용할 리가 없었다. 로이드조지 정부에서 보수주의자들은 영국을 방어하는 오래되고 분명한 방법을 신뢰하기를 선호했다. 처칠은 국제연맹은 "영국 함대를 대신할 수 없다"고 말했다. 그것은 모두 "쓰레기 같고 쓸데없는 헛소리"라고 총참모장 헨리 윌슨은 말했다. 영국은 유럽 대륙과 이해관계가 없는 더 먼 곳의 분쟁에 끌려들어갈 수 있었다.[46]

영국의 주저하는 태도는 파리에 온 영제국의 몇 개 국가 대표들도 공유했다. 작은 도깨비처럼 악의를 가진 빌리 휴스는 예상한 대로 거세게 나왔다. 그는 워싱턴을 방문했을 때 윌슨에게 무시를 당했기 때문에 특히 미국인을 싫어하고 프랑스인을 좋아했다. 그는 국제연맹은 윌슨의 장난감이라고 말했다. "그는 그것을 손에 넣어야 행복할 것이다." 오스트레일리아와 자신을 대변해 말하면서 그는 영제국이 윌슨의 승리의 마차 뒤에 끌려가는 것을 보기 원하지 않았다.[47] 보든은 여기에 좀더 냉정하고 요령 있는 비판을 더했다. 그는 국제연맹이라는 아이디어는 괜찮다고 여겼지만, 너무 많은 유럽 국가들이 나서지 않는 방식을 선호했다. 그의 진정한 꿈은 미국과 영제국의 파트너십이었다.[48] 이제 막 영국으로부터 어느 정도 외교정책 통제권을 얻은 캐나다인들은 또다른 우월적 기구에 그것을 넘겨줄 의사가 없었다.[49]

프랑스가 국제연맹의 무력 보유를 시도하면서 연합국은 불편함을 느꼈고, 강화회의가 유보될 위험에 처했다. 국제연맹 위원회가 윌슨이 잠시 미국으로 귀국하기 전 첫 초안 작성을 끝내려고 서두르면서 비밀 회담장에서 누출된 많은 정보가 경보를 울렸다. AP통신의 미국 특파원은 "어두운 구름이 회의장에 몰려들고 있고, 불신과 불만의 분위기가 팽배해서 국제연맹의 운명은 큰 의구심의 대상이 되고 있다"라고 전했다. 프랑스 언론이 윌슨을 공격하기 시작한 것이나 클레망소가 프랑스는 고상하지만 애매한 이상의 이름으로 희생되어서는 안 된다는 내용의 인터뷰를 한 것도 도움이 되지 않았다. 이에 대한 보복으로 윌슨이 강화회의 전체를 파리에서 다른 곳으로 옮기거나 국제연맹을 설립하는 시도를 아예 포기할 수도 있다는 소문이 돌았다.[50] 윌슨이 출발하기 3일 전인 2월 11일에 국제연맹 위원회는 하루종일 회의를 진행했다. 프랑스 측은 국제연맹 군대를 창설하는 수정안을 가지고 나왔다. 윌슨은 "헌법에 위배되고 불가능하다"라고 말했다.[51] 회의는 아무 결정도 내리지 못하고 연기되었다. 다음날 세실은 프랑스 측이 몰린 궁지를 지적했다. "윌슨의 시각에서 프랑스는 미국 측과, 그보다 덜하지만 영국 측에 자신들에게 더 많은 것이 제공되지 않았기 때문에 제공된 선물을 받지 않는다고 말하는 것이나 마찬가지이고, 그는 그들에게 만일 국제연맹이 성공하지 못하면 그에 대한 대안은 영국과 미국 간 동맹이라고 아주 솔직히 말했다."[52] 부르주아는 뒤로 물러났지만, 한 달 후에 마지막 시도를 했다. 국제연맹이 최소한 총참모부는 두어야 한다고 제안한 것이다. 그는 총참모부를 두면 국제연맹 이사회에 정보를 주고, 전쟁이 일어났을 때 국제연맹이 무방비 상태가 되는 것을 막을 수 있다고 부드럽게 말했다.[53] 이런 프랑스의 태도에 윌슨은 격분했다. 그는 주치의 그레이슨에게 말했다. "프랑스 대표들은 도저히 참을 수 없다. 그들은 한 말을 또 하고, 이미 사장되고 완전히 제거된 문제를 계속 다시 거론하려고 한다."[54] 부르주아는 이에 반감을 보였다. 그는 푸앵카레에게 윌슨은 권위주의적이고 신뢰하기 어렵다고 말했다. "그는 자신의 행복감 성취를 목적으로 모든 일을 처리한다."[55]

2월 13일 첫 번째 초안이 완성되었다. 윌슨은 상서로운 날짜와 초안의 조항이 13의 두 배인 26개인 것에 기뻐했다.[56] 드디어 국제연맹의 골격이 잡혔다. 모든 회원국이 참여하는 총회, 사무국, 5개 강대국이 간신히 다수가 되는 이사회(미국이 국제연맹 회원국이 되지 않으면서 이 구절의 효력은 급감했다). 국제연맹 군대나 분쟁의 강제적 중재 회부나 군비 축소는 들어가지 않았다. 다른 한편으로 국제연맹의 모든 회원국은 서로의 독립과 영토 국경을 존중해야 했다. 강대국들은 약소국들이 뭉쳐 표로 자신들을 제압할 것을 우려해 대부분의 결정이 만장일치로 내려져야 한다고 규정했다.[57] 후에 이 조항은 국제연맹의 무능의 원인으로 지목되었다.

독일은 바로 국제연맹에 가입하지는 못했다. 프랑스가 강력하게 반대했고, 동맹국들도 이를 양보했다. 윌슨은 독일을 교정이 필요한 범죄자처럼 다루는 데 앞장섰다. "세계는 독일을 비무장화하고,

사려가 깊은 세대에 굴복하도록 만들 도덕적 권리가 있다."⁵⁸ 그 결과 독일은 베르사유 조약에서 자국이 가입하지 못하는 조직의 요구에 동의하는 이상한 입장에 놓이게 되었다. 영국과 미국 모두 이것은 다소 부당하다고 생각했다.⁵⁹

국제연맹 규약은 국제주의자와 인본주의자들에게 소중한 몇 가지 조항을 담고 있었다. 국제연맹이 상설 국제사법재판소 설치를 검토하는 의무, 무기 거래 및 노예제에 반대하는 조항, 국제적십자의 확산을 지지하는 조항 등이었다. 또한 노동 조건의 국제적 표준화를 위해 국제노동기구를 설치했다.

이는 중류층 개혁가, 좌파 정당, 노동조합이 오랫동안 원하던 것이었다(특히 하루 8시간 노동은 그들이 간절히 원하던 것이었다). 그들이 전쟁 전에 달성한 최대치는 여성의 야간 노동 금지, 성냥 제조에 유황 사용 금지였다. 볼셰비키 혁명이 서구 지배계급의 변화를 기적적으로 일으키는 데 도움을 주었다. 승리한 민주 국가의 노동자들도 동요하고 있었다. 그들이 혁명으로 얼마나 다가갈지 누가 알겠는가? 유럽 노동운동 대표들은 파리 강화회의와 같은 시기에 파리에서 승전국과 패전국이 모두 참여하는 회의를 열겠다고 위협했다. 연합국이 이를 무산시켜 회의는 스위스 베른에서 열렸고, 로이드 조지와 클레망소는 노동자들을 진정시키는 데 큰 도움이 되었다. 어찌되었건 윌슨과 마찬가지로 두 사람의 정치적 성향으로 인해 최소한 노동운동이 혁명을 지향하지 않으면서 이 운동에 호의적이 되도록 만들었다.⁶⁰

국제연맹 위원회가 구성되는 날, 국제노동을 다루는 또다른 위원회가 구성되었다. 미국노동조합의 무서운 지도자인 키가 작은 새뮤얼 곰퍼스Samuel Gompers가 먼저 의장을 맡고, 다음으로 영국 노동 지도자인 조지 반스George Barnes가 의장을 맡은 가운데 이 위원회는 조용히 작업을 했다. 반스는 로이드조지에게 중재자들이 자신들의 위원회 일에 별로 관심이 없다고 불평했다.61 결과적으로 이것은 좋은 일이 되었다. 국제노동기구는 최소한의 논쟁으로 탄생하게 되었고, 1919년 말이 되기 전에 첫 총회를 열었다. 이 기구는 처음부터 독일 대표단을 포함했다. 그리고 국제연맹과 다르게 이 기구는 오늘날까지 살아남았다.

2월 14일 윌슨은 국제연맹 규약 초안을 강화회의 총회에 제출했다. 국제연맹 위원회 멤버들은 실용적이면서 영감을 주는 문서를 만들어낸 것을 자랑스러웠다. "이 전쟁에서 많은 무서운 일이 벌어졌지만, 아주 아름다운 일도 이 전쟁에서 나왔다"라고 윌슨은 결론 내렸다.62 그날 밤 그는 강화회의에 참석한 가장 중요한 목표를 달성했다고 확신하며 파리를 떠나 미국으로 향했다.63

그러나 국제연맹 규약이 완전히 마무리된 것은 아니었다. 프랑스는 여전히 군사력에 대해 무언가를 얻기를 바랐다. 일본은 논란이 많은 인종 평등 조항을 넣겠다고 경고했다. 독일 식민지와 오스만 제국에 대한 위임통치를 배분해야 했다. 또한 미주 대륙에서 미국 외교정책의 근간이 되는 먼로 독트린이라는 예민한 문제도 있었다. 윌슨의 보수적인 반대자들이 우려했던 것처럼 국제연맹이 이 독트린을 무력화할 힘을 가지고 있는가? 만일 그렇다면 그들은 국제연맹에 반대해야 하고, 이것은 미국 의회에서 반대로 이어질 수 있었다. 윌슨은 특히 자신이 혐오하는 사람들에게 양보하기를 싫어했지만, 파리로 돌아오면서 국제연맹 규약의 어떤 것도 먼로 독트린을 무효화하지 않는다는 특별 유보 조항을 협상하는 데 동의했다.[64]

윌슨은 이번에는 자신이 늘 경멸했던 종류의 외교 게임으로 영국과 논란에 휩싸이게 되었다. 스뮈츠와 세실은 윌슨이 겪는 어려움에 동정심을 가지고 그를 지지할 준비가 되었지만, 로이드조지가 기회의 냄새를 맡았다. 그는 미국과 해군력 증강 경쟁을 막는 합의를 보려고 했지만 뜻을 이루지 못했다. 이제 그는 먼로 독트린에 대한 어떤 유보 조항도 거부하겠다고 나섰다.[65] 일본과도 난관이 있었다. 일본은 다른 나라에게 극동에서 손을 떼라고 경고하는 유사한 독트린을 인정할 것을 요구할 수 있었다. 그렇게 되면 이미 일본의 의도에 극도로 예민한 중국이 가만히 있을 리 없었다.[66]

4월 10일 해군 문제가 타결되고 영국이 다시 제자리로 돌아온 상태에서 윌슨은 조심스럽게 수정안을 소개했다. 수정안에는 국제연맹 규약의 어떤 것도 먼로 독트린처럼 평화를 유지하기 위해 만들어진 국제적 합의의 정당성에 영향을 줄 수 없다는 말이 들어갔다. 국제연맹에 무력을 더하지 못한 것에 불만을 품은 프랑스 측은 흠잡을 수 없는 논리로 이를 공격했다. 규약에는 모든 회원국의 국제적 합의가 국제연맹과 그 원칙에 부합되도록 만들어야 한다는 구절이 이미 들어 있다. 먼로 독트린은 여기에 부합하지 않는다는 말인가? 윌슨은 물론 부합한다고 말하고, 먼로 독트린은 사실 국제연맹의 모델이라고 주장했다. 그러자 부르주아와 라르노드는 그러면 왜 먼로 독트린을 언급해야 하는지를 따졌다. 세실이 윌슨을 도우러 나섰다. 먼로 독트린을 언급한 것은 일종의 예시라고 그는 주장했다. 윌슨은 아무 말 없이 가만히 앉아 있었지만 그의 아랫입술이 떨렸다. 자정이 다 된 시각에 그는 미국을 옹호하는 격정적인 발언을 했다. 미국은 자신의 반구에서 절대주의에 대항하고, 훨씬 최근에는 이곳에서 대전쟁에 대항한 자유의 수호자라고 주장했다. "지난 세기 그 나라의 정책이 자유와 독립의 원칙에 봉헌된 사실을 언급하는 몇 마디 말을 넣는 작은 선물을 유보해야 한다는 말인가? 이 원칙은 전 세계의 항구적인 헌장이 되는 이 문서에서 봉헌될 것이다." 그의 발언에 미국인들은 깊은 감동을 받았지만, 프랑스인들은 그렇지 않았다.[67]

4월 28일 새로 내린 눈이 파리를 덮은 가운데, 강화회의 전체 회의는 규약을 승인했다. 파나마 대표는 평화에 대한 아리스토텔레스의 말에서 시작해 윌슨의 말로 끝나는 아주 길고도 교양 있는 연설을 했다. 온두라스 대표는 스페인어로 먼로 독트린 조항에 대해 언급했으나 그의 말을 이해하는 사람이 거의 없어서 그의 반대는 무시되었다.[68] 의장을 맡은 클레망소는 특유의 신속성으로 심지어 자국 대표단의 발언이라도 적대적인 개정안에 대한 토론을 제한하며 회의를 진행했다. 그는 의사봉을 강하게 치고 퉁명스럽게 "통과되었습니다"라고 선언했다.[69]

윌슨은 모든 면에서 만족할 만한 이유가 있었다. 그는 자신이 원하는 방향으로 국제연맹 규약을 설정했고, 프랑스가 원한 군사력 같은 요구를 막았고, 미국에서 비준을 보장하는 먼로 독트린에 대한 유보 조항도 넣었다. 시간이 가면서 국제연맹은 성장하고 변화할 것이라고 그는 확신했다. 시간이 지나면 적대국을 포용하고 그들이 평화와 민주주의의 길로 나아가도록 도울 수 있을 것이라고 믿었다. 그는 아내에게 "평화 정착지에 수정이 필요한 부분이 있다면 하나씩 연맹으로 가져와 재조정할 수 있으며, 연맹은 작은 나라는 물론이고 큰 나라까지 모든 나라가 들어올 수 있는 영구적인 창구 역할을 할 것"이라고 말했다.[70] 국제연맹에 집중한 윌슨은 다른 많은 것은 강화회의에서 대충 통과되도록 놔두었다. 그는 자신의 원칙에 어긋나는 잘못된 결정에 대해서도 싸우지 않았다. 이를테면 독일어 사용 지역인 티롤을 이탈리아에 넘겨준 것이다. 수백만 명의 독일어 사용자들이 체코슬로바키아나 폴란드의 통치를 받는 상황도 개의치 않았다. 한번 만들어진 타결은 놀라울 정도로 지속력이 있어서 다음 전쟁이 시작될 때까지는 효력을 유지했다. 국제연맹 규칙은 사실상 모든 결정을 만장일치로 내리도록 했기 때문에 어떤 상황에서건 국제연맹이 행동에 나서기는 힘들었다. 이에 못지않게 위험한 또다른 전제는 국제연맹이 미국 의회에서 비준될 만큼 충분한 지지를 확보했다는 윌슨의 생각이었다.

8장

위임통치

국제연맹 위원회가 작업을 시작하기 전부터 위임통치 문제는 최고 평의회에 올라와 있었고, 윌슨은 국제연맹이 과거 독일 식민지에 대한 책임을 맡을 것으로 기대한다는 점을 분명히 밝혔다. 승전국 중 어느 나라도 독일이 식민지 소유권을 되찾아야 한다고 생각하지 않았다. 독일 식민지는 태평양의 몇몇 군도와 아프리카의 일부로 구성되어 있었다. 독일이 전쟁 중 유럽에서 저지른 행위는 연합국에게 독일이 다른 주민을 통치하는 것이 적절하지 않다는 것을 보여주었다. 다른 한편으로 윌슨의 태도는 일부 국가에게 원하지 않았던 충격을 가져왔다.

미국인들에게는 실망스럽게도 미국의 동맹국들은 식민지를 여전히 전리품의 관점에서 생각하는 경향이 있었다. 프랑스는 토고와 카메룬을 원했고, 모로코에서 독일의 권리가 종결될 것을 바랐다(그렇게 되면 프랑스는 이 나라의 유일한 보호국이 될 수 있었다). 이탈리아는 소말리아 일부에 눈독을 들이고 있었다. 영제국에서 남아프리카는 독일령 서남아프리카를 원했고, 오스트레일리아는 뉴기니와 인근 도서를, 뉴질랜드는 독일령 사모아를 원했다. 영국은 독일령 동아프리카를 병합해 북쪽과 남쪽 식민지 사이의 끊어진 고리를 연결하려고 했다. 영국과 프랑스는 오스만제국을 분할하는 비밀 거래를 했다. 일본은 자신들만의 비밀 거래가 있었고, 중국은 독일의 권리와 특권을 되찾으려 했고, 영국은 적도 이북 독일령 섬들을 차지하려고 했다.

월슨의 새로운 세계 질서에서는 아직 스스로 통치할 준비가 되지 않은 지역의 경우 병합과 식민화 말고 다른 조정이 필요했다. 위임통치가 하나의 해결책이 될 수 있었다. 그런 지역은 국제연맹이 직접 관할하거나 국제연맹이 위임한 국가가 신탁통치할 수 있었다. 위임통치 기간은 보호국이 이룬 성과에 의해 결정될 수 있었다. 월슨은 당혹스러울 정도로 애매모호했다. 아프리카에 외부 통제가 필요한 것은 분명할지라도, 패배한 제국에서 떨어져 나온 지역은 어떻게 할 것인가? 오스만제국에서 독립한 아랍 중동이나 러시아에서 떨어져 나온 아르메니아, 조지아와 기타 코카서스 공화국들은 어떻게 할 것인가? 혼란스러운 중부 유럽에도 스스로를 통치할 수 없는 것으로 보이는 주민들이 있었다. 여기에서도 월슨은 단순히 유럽 주민들에 대한 위임통치에는 동의하지 않았다고 말할 것인가?[1]

강자가 약자를 보호한다는 발상 자체는 새로운 것이 아니었다. 대전쟁 이전에 제국주의자들은 자주 매우 진지하게 이것을 자신들의 임무라고 내세웠다. 저명한 아프리카 전문가인 한 미국인은 독일은 자신의 임무를 제대로 이해한 적이 없기 때문에 예외라고 가혹하게 말했다. "원주민은 거의 보편적으로 목적을 위한 수단으로 간주되었을 뿐, 그 자체가 목적으로 간주되지 않았다. 원주민과 식민지의 복지는 현장에 있거나 먼 곳에 있는 독일인의 이익에 완전히 종속되었다."[2]

독일의 영토나 다른 나라의 영토를 자기 제국에 추가하는 얘기를 해서 미국을 적대적으로 만들 필요가 없다는 것을 인식한 영국은 위임통치 아이디어를 지지했다.[3] 스뮈츠는 자신의 장기인 우아한 언변으로 이를 표현했다. 대제국들은 제거되었기 때문에 이제 국제연맹이 나서야 한다고 그는 국제연맹 각서에 썼고, 윌슨은 이를 마음에 들어했다. "러시아, 오스트리아, 오스만의 해체로 남겨진 주민들은 대부분 정치적으로 훈련이 되지 않았다. 그들 대부분은 자치정부를 구성할 능력이 없다. 그들은 대부분 가난하고, 경제적·정치적 독립을 위해 보호가 필요하다. 예를 들어 유럽인, 핀란드인, 폴란드인은 바로 스스로 일어설 수 있지만, 중동에서는 더 오래 걸릴 것이다. 태평양과 아프리카의 과거 독일 식민지들은 스스로를 돌볼 수 없다. 그 지역의 주민들은 유럽식 의미의 정치적 자치의 어떤 아이디어도 적용할 수 없는 야만인들이다." 만일 영제국이 위임통치를 직접 떠맡으면 가장 좋은 일일 수 있었다. 그러나 미국이 반대하면, 영국은 기꺼이 양보해 이에 대한 보상으로 보편적이고 최소한의 국제연맹 감독 아래 두는 것을 요청할 수 있다고 스뮈츠는 동료들에게 말했다. 그렇게 되면 다른 국가들, 특히 골칫거리인 프랑스도 식민지에 대해 비슷한 조건을 받아들이게 될 터였다.[4] 스뮈츠에 뒤지지 않는 고상한 생각을 가진 세실도 실용적 이익을 찾았다. 영국의 교역자와 투자자들은 드디어 아프리카의 프랑스령 식민지와 포르투갈령 식민지에 진입할 수 있었다.[5]

'위임통치mandate'라는 말 자체가 자애롭고 산뜻한 용어였다. 강화회의에서 이 용어가 나왔을 때 처음에는 상당한 혼란이 일었다. 냉소자들이 본 것처럼 이것은 과거의 영토 차지하기를 근사하게 포장한 것인가, 아니면 국제관계에서 새로운 출발점인가? 국제연맹은 위임통치를 담당한 국가에 지정된 영토의 행정을 전적으로 맡길 것인가, 아니면 끊임없이 간섭할 것인가? 중국 대표는 과거 독일 영토에 새 통치자가 올 것이라는 말을 듣고 당황하며 "누가 위임통치국인가?"라고 물었다.[6]

프랑스인들은 이 모든 아이디어에 적대감과 우려를 가지고 반응했다. 클레망소는 푸앵카레에게 선언했다. "평화를 보장하는 국제연맹은 좋다. 그러나 식민지를 차지하는 국제연맹은 안 된다."[7] 식민지는 힘의 상징이었다. 그리고 식민지는 프랑스가 절대적으로 필요로 하는 인력을 제공했다. 독일 인구는 항상 프랑스 인구보다 더 많겠지만, 아시아와 아프리카 식민지를 포함하면 프랑스는 스스로 "우리의 먼 형제"라고 부르는 나라와 균형을 회복할 것이라는 희망을 가질 수 있었다.⁸ 만일 프랑스가 국제연맹이 감독하는 위임통치국이 된다면 외국에서 임무 수행을 위해 원주민 병사를 모집하는 것에 대해 까다로운 제약을 받을 것인가? 불행하게도 미국과 영국 모두 이런 방식으로 생각하는 것으로 보였다. 두 국가가 위임통치에 대해 제안한 조건에 따르면 책임을 맡은 국가는 인도주의적 활동, 예를 들어 노예 인신매매 근절 등의 책임 있는 활동을 할 권한이 있었지만, 경찰과 "영토 방어"를 제외하고 주민들에게 군사훈련을 시키는 것은 금지했다.

위임통치 의제가 최고평의회에 올라오자, 클레망소와 피숑은 공격을 시작했다. 프랑스가 필요할 때 영토를 방어할 자원자를 구할 수 없다면 왜 위임통치령을 돌보는 데 시간과 돈을 써야 하는가? 독일로부터 지리적으로 떨어진 미국과 영국은 방관적 시각을 가질 수 있겠지만, 프랑스는 식민지 병사가 없으면 독일 공격에서 살아남지 못했을 것이다. 로이드조지는 타협안을 찾으려고 시도했다. 프랑스를 그렇게 화나게 만든 조항은 독일이 다른 나라 식민지를 공격하기 위해 거대한 원주민 군대를 구성하려고 할 때 사용하던 것이었다. 프랑스는 스스로와 현재 보유하고 있는 어떤 영토도 방어하는 데 완전한 자유를 가진다는 것이 타협안의 골자였다. 클레망소는 드디어 진정되었다. "만일 이 조항이 전면전이 일어나는 경우 위임통치국이 군대를 소집할 수 있다는 것을 의미한다면, 당사국은 만족할 것이다." 로이드조지도 기꺼이 동의했다. "클레망소 씨가 공격할 목적으로 대규모 흑인 군대를 훈련시키지 않는다면, 이 조항이 바로 그런 것을 막기 위한 것이다." 윌슨은 로이드조지의 해석에 동의한다고 말했다. 문제는 그것이 무엇을 의미하는지 아무도 모른다는 것이었다. 프랑스는 유럽 전쟁에 위임통치령 군대를 사용할 수 있는가, 아닌가? 몇 달 후인 5월에 프랑스는 국제연맹 규약의 첫 초안이 인쇄되려고 할 때 위임통치 조항에 '조국' 방어라는 단어를 끼워넣어 이것을 분명하게 만들려고 시도했다. 강화회의의 영국 서기인 행키는 밤늦게 이 수정된 부분을 발견했고, 다른 강대국도 동의했다는 프랑스 측의 주장을 믿지 않았다. 그는 사방을 돌아다녔지만, 윌슨은 이미 잠자리에 들었고 로이드조지는 옷을 갈아입으려는 참이었다. "내가 의심한 대로 이것은 한번 찔러보는 것이었다." 화가 난 윌슨은 클레망소에게 그 단어를 삭제하게 했다.[9]

영국은 프랑스가 잘난 체하며 동의를 거부하고 꼼수를 쓰는 것을 지켜보는 와중에 미국과 문제를 겪고 있었다. 자신들의 영토적 야망으로 인해 위임통치와 아무 관련을 맺으려고 하지 않는 남아프리카, 오스트레일리아, 뉴질랜드가 그런 상황을 조장했다. 로이드조지는 미국이 반대할 일을 자신이 떠맡은 것을 알았다. 1월 24일 최고평의회에서 그는 건성으로 위임통치는 행정적 의미에서 시행되어야 한다고 주장했다. 그는 다른 주장을 보충적으로 제기하는 것은 영연방 지도자들에게 맡겼다.

스뮈츠와 보타는 독일령 서남아프리카에 대한 남아프리카 연방의 요구를 발표했다. 두 사람 모두 보타가 계획하고 승리한 1915년의 짧은 원정에 참여한 바 있었다.* 그들은 영국과 프랑스를 합친

면적의, 별 가치가 없는 기다란 땅을 요구했다(풍부한 광물 자원은 아직 발견되지 않은 상태였다). 대서양 연안은 사막이고, 내륙 대부분을 차지하는 관목 지역은 방목에나 적당했다. 고국에서 사고를 치고 도망쳐 나온 것으로 소문이 도는 수천 명의 독일인은 성을 모방한 건축물, 예쁜 독일 마을, 깔끔한 작은 수도를 빈트후크에 건설했다. 첫 독일제국 총독 에른스트 괴링Ernst Göring(헤르만 괴링의 아버지)은 권위주의적이고 무자비한 행정을 통해 많은 아프리카 주민을 통치하는 기초를 놓았다.[10]

스뮈츠와 보타는 원주민에 대한 독일인들의 잔학함을 문제 삼았다. 이와 대조적으로 남아프리카의 백인들은 원주민을 이해한다고 스뮈츠는 주장했다. 실제로 그들은 원주민에게 자치정부를 마련해 주기 위해 최선을 다했다. 그들은 야만인의 대륙에 백인 문명을 만들었고, 남아프리카 전역에서 위대한 문화 전도사가 되었다. 이제 남아프리카 주민들이 이 이익을 공유할 기회가 생겨났다. 이 영토는 이미 지리에 의해 남아프리카와 묶여 있다. 모든 근거를 볼 때 두 지역을 합쳐 하나의 나라로 만드는 것이 합리적이라고 그는 주장했다. 윌슨은 동정적 입장에서 이를 경청했다. 두 사람을 모두 좋아했지만 스뮈츠를 특히 좋아한 윌슨은 사실 양보할 생각은 없었지만, 남아프리카 위임통치는 아주 성공적이어서 서남아프리카의

• 1915년 7월 남아프리카 연방은 약 5만 명의 병력을 동원해 독일 식민지인 서남아프리카를 침공했고, 16일 만에 이 지역을 병합했다. 당시 보타는 총리였고 스뮈츠는 국방장관이었다.

주민들도 분명히 언젠가 남아프리카와 통합되기를 원할 것이라고 말했다.[11]

위원회 의장을 맡은 클레망소는 오스트레일리아와 뉴질랜드의 주장을 듣기 위해 '식인종들'(그가 휴스와 만든 농담)을 불렀다.[12] 휴스는 자신이 원하는 지역인 뉴기니와 사실상 오스트레일리아에 닿은 비스마르크제도와 인근 섬들을 보여주는 크게 왜곡된 지도를 흔들며 노골적인 병합을 요구했다. 그는 방어(그 섬들은 '도시에 들어오는 물처럼 오스트레일리아에 필요하다')와 오스트레일리아의 전쟁 기여를 인용했다. 이 전쟁에서 오스트레일리아는 9만 명의 사상자를 냈고, 그중 6만 명이 전사했으며, 3억 파운드의 빚을 졌다. "오스트레일리아는 이러한 짐 아래서 비틀거리고 불안정한 상황을 바라지 않는다."[13] 그는 휴스가 대놓고 말하지는 않았지만, 그가 생각하는 미래의 적은 일본이었다. 오스트레일리아는 원주민들이 팔을 벌려 자신들을 환영했다고 주장할 생각도 했지만, 오스트레일리아가 뉴기니에서 실시한 조사에 따르면 원주민들은 자신들이 행복한 식인 사냥을 하도록 해준 독일 관리들을 훨씬 더 좋아했다.[14] 윌슨 대통령이 진지하게 묻자 그들은 선교사들에게 마음대로 접근할 수 있었다고 그는 대답했다. "불쌍한 악마들이 선교사의 절반도 먹지 못한 많은 날이 있었다."[15]

매시 총리는 손에 든 지도를 흔들면서 사모아제도에 대한 뉴질랜드의 주장을 담은 길고 두서없는 연설을 했다. 뉴질랜드 병력은 "큰 위험을 무릅쓰고" 전쟁 초기 이 섬을 점령했다. (실상을 보면 가장 큰 위험은 이후 몇 년간 점령군이 엄청난 맥주를 마시며 앉아 있던 지루함에서 나왔다.[16] 사모아인은 야만인은커녕 아주 지각 있는 사람들이었고, 그들은 뉴질랜드의 통치를 원했다. (그러는 동안 사모아인들은 지역 뉴질랜드 행정관에게 미국의 통치, 런던으로부터의 통치 등 뉴질랜드를 제외한 강대국의 통치를 요구하는 청원서를 제출했다.[17])

특히 휴스의 태도를 참을 수 없었던 윌슨은 동정심을 전혀 보이지 않은 채로 발언을 들었다. 프랑스인들은 그저 흥밋거리로 이를 지켜보았다. 그들은 위임통치를 좋아하지 않았고, 영제국에서 일어나는 혼란을 신경쓰지 않았다.[18] "불쌍한 휴스는 자신이 중요한 존재라는 환상으로 부풀어 올랐다"라고 오스트레일리아의 한 대표가 기록했다. "물론 그는 카메룬과 토고와 시리아를 원하는 프랑스에 꼭두각시로 이용되었다."[19]

며칠 후 프랑스 식민장관인 앙리 시몽 Henri Simon은 최고평의회에서 발언할 때 최대한 말을 절제하며, 프랑스는 단지 아프리카에서 두 개의 작은 지역만을 원한다고 말했다. 프랑스의 서아프리카 식민지인 다호메이를 따라 내륙으로 이어진 토고와, 1911년 독일이 프랑스로부터 얻는 데 성공한 서아프리카의 카메룬이 전부였다. (프랑스는 모로코에 대한 배타적인 보호령도 원했지만, 그것을 언급할 필요는 없었다.) 시몽은 병합이 좀더 효과적이고 원주민들에게 더 낫다고 말했다. 프랑스가 바라는 것은 그저 적도 아프리카 지역에 문명을 전파하는 과업을 계속하는 것이라고 주장했다.[20] 식민지 획득에 관심이 없었던 클레망소는 자신은 타협할 준비가 되어 있다고 말해서 이러

한 주장의 효과를 반감시켰다.[21]

윌슨은 완강하게 자신의 입장을 고수했다. "만일 병합 과정이 계속 진행되면 국제연맹은 처음부터 신뢰를 잃을 것"이라고 그는 최고평의회에서 말했다. 세계는 그들에게 더 많은 것을 기대하고 있었다. 그들은 도움을 받지 못하는 사람들을 나누어 갖는 과거의 게임으로 돌아가서는 안 되었다. 만일 주의를 기울이지 않으면 여론은 그들에게 반기를 들 수 있었다. 그들은 혁명으로 이미 몸살을 앓고 있는 유럽에서 더 많은 소요를 보게 될 터였다.[22] 그는 "장물을 나누어 갖는 것"을 더이상 참을 수가 없다고 사적으로 말했다.[23] 필요하면, 그가 즐겨 활용하는 위협 수단으로서 문제 전체를 대중에게 공개해버릴 수 있었다.[24] 다른 한편으로 그는 위임통치 문제 말고 더 중요한 문제를 논의하고 싶어했다. 독일, 오스트리아-헝가리, 러시아를 포함한 유럽의 운명은 중요한 문제였다.[25]

막후에서 많은 주요 중재자들은 대결을 종결시키기 위해 노력했다.[26] 미국과 영국 사이에 긴장이 조성되는 결과를 항상 두려워한 캐나다는 휴스와 매시에게 합리적으로 생각하라고 요구했다. 병에서 회복한 하우스는 영국 대표들에게 뒤로 물러나야 한다고 말했다. 스뮈츠와 세실은 하우스가 생각하기에 타협의 기초가 될 제안을 만들어냈다.[27] 이제 세 가지 유형의 위임통치가 가능했다. A안은 자신들의 일을 직접 감당할 준비가 된 중동의 민족 등을 위한 것이었고, B안은 위임통치국이 그것을 운영하는 것이고, C안은 위임통치령에 근접하거나 가까운 영토를 위한 것으로, 예를 들어 알코올이나 무기 판매 제재 같은 것이 적용되는 곳이었다. 다른 말로 하면 C안은 서남아프리카와 오스트레일리아와 뉴질랜드가 원하는 섬에 쉽게 적용될 수 있었다. 휴스는 완전한 자유 보유권 대신에 999년 임차 같은 것이라고 말했다.[28] 그러나 그는 점잖게 양보할 준비가 되어 있지 않았다.

1월 29일 영제국 대표단은 보든의 말에 따르면 "아주 따뜻한 장면"을 만들어냈다.[29] 로이드조지는 세 유형의 위임통치를 설명하고, 미국이 이를 수용할 것이라고 생각했다. "족제비같이" 싸우는 휴스는 조목조목 불만을 제기했고,[30] 결국 화를 참지 못한 로이드조지는 자신은 미국과 이 문제를 가지고 사흘 동안 논의했지만, 사모아 제도를 놓고 미국과 싸울 생각은 없었다고 소리쳤다.[31]

불행하게도 다음날 아침 《데일리 메일》 파리판은 휴스가 자극한 것이 분명한 기사를 실었다. 그 기사는 영국이 미국에 굴종하고 있다고 비난하고, 윌슨의 비현실적 이상을 만족시키기 위해 영제국의 이익이 희생되고 있다고 주장했다.[32] 그날 아침 최고평의회에서는 "일급 언쟁"이 일어났다.[33] 로이드조지는 휴스에게 화를 냈고, 늘 비판에 민감한 윌슨도 격분했다. 그는 제안된 타협안을 장황하고 혼란스럽게 비판하고, 위임통치에 관한 논의 전체를 국제연맹 문제가 타결된 뒤로 미루자고 제안했다. 그는 특히 휴스를 거칠게 대했다. 합의를 얻는 것이 불가능하다는 생각에 낙담한 로이드조지는 "휴스는 이런 방식으로 같이 일을 하기에 제일 꺼려지는 사람"이라고 말했다. 윌슨은 단도직입적으로 휴스에게 물었다. "만일 문명 세계 전체가 오스트레일리아에게 이 섬과 관련된 위임통치를 받아들이라고 요구하면, 오스트레일리아는 문명 세계 전체의 호소를 거부할 준비가 되어 있습니까?" 청력 보조기를 사용하는 휴스는 못 알아들은 척했다. 윌슨은 자신의 말을 반복했다. "대략 상황이 그렇게 되었습니다, 윌슨 대통령"이라고 휴스는 대답했다. 매시는 투덜대며 마지못해 동의했다.[34] 사실 휴스는 말하는 것만큼 당돌한 사람은 아니었다. 그는 기사에 대한 반응에 위축되었고, 이후 며칠 동안 로이드조지를 피해 다녔다.[35]

이 시점에 폭넓게 존경받고 있는 보타가 천천히 자리에서 일어났다. 그는 신문 기사가 역겹다고 생각했다. 그들은 신사답게 이견을 자신들끼리만 간직해야 했다. 그는 자신은 전심으로 윌슨 대통령의 위대한 아이디어를 지지한다고 말했다. 그들 모두가 지지하는 것도 분명했다. "그는 협력의 정신을 시험해볼 것을 희망했다. 작은 문제에 대해 양보하고, 어려움을 피하지 않고, 좀더 큰 타협이 이루어지도록 해야 한다." 화를 낸 것이 무안해진 윌슨은 이 말에 큰 감동을 받았다. 매시는 화해의 말을 한 반면, 휴스는 아무 말도 하지 않았다. 세 유형의 위임통치에 대한 제안은 통과되었다. 누가 무엇을 가질 것인가 하는 불편한 문제는 뒤로 미루어졌다.[36]

이때가 가장 논쟁이 많았고 주간의 가장 힘든 시간이었다. 최고평의회는 볼셰비키와 협상을 할지 말지, 폴란드의 요구를 놓고 폴란드와 협상을 할지, 체코슬로바키아의 국경 문제를 협상할지, 독일과 평화 조건에 관해 협상을 할지를 다루어야 했다. 최고평의회는 독일에 제공한 이권을 돌려받기를 원하는 중국 측의 주장을 들었고, 아프리카의 영토를 원하는 벨기에의 주장을 들었고, 영토를 놓고 싸우는 루마니아와 유고슬라비아의 주장을 들었다. 금요일 저녁 클레망소는 보좌관 모르다크에게 자신이 참을 만큼 참았다고 말했다. 그는 논의한 모든 문제를 속으로 되씹고 있었다. 그에게 필요한 것은 긴장을 푸는 일이었다. 두 사람은 오페라 코미크를 보러 갔다.[37]

이 모든 논의를 하면서 독일의 식민지들이 독일 통치로부터 벗어나는 것이 얼마나 기쁘겠는가에 대해 많은 얘기가 오갔으나, 윌슨 14개조의 제5조에 토착 주민의 이익을 고려해야 한다는 언급이 있었음에도, 아무도 아프리카 주민이나 태평양 도서 주민의 의사를 참고하려고 하지 않았다. 사모아인이나 멜라네시아인은 파리에 오지 않았지만, 아프리카 사람들은 와 있었다. 세네갈의 흑인 프랑스 대표인 블레즈 디아뉴와 위대한 미국 흑인 지도자 W. E. B. 뒤부아는 범아프리카회의를 조직하느라 바쁘게 움직였다. 이 회의는 중재자들이 마지못해 동의한 가운데 2월에 개최되었다. 강화회의의 주요 인사 중 회의에 참석한 사람은 아무도 없었다. 벨기에 대표단의 한 멤버는 콩고에서 진행되는 개혁을 열정적으로 소개했고, 전 포르투갈 외무장관은 자국의 뛰어난 식민지 경영을 찬양했다. 프랑스령 아프리카에서 온 대표 몇 사람은 프랑스 제3공화국이 이룬 성취를 찬양하며 문명화 사명mission civilatrice의 성공을 과시했다. 범아프리카회의는 강화회의가 국제연맹이 과거 독일 식민지를 직접 통제하라고 요청하는 결의안을 통과시켰다. 하우스는 예의 정중한 태도로 뒤부아를 접견했지만, 이 결의안에 대해서는 아무 말도 하지 않았다.[38]

시간이 지나는 동안 강대국들은 막후에서 거래를 했다. 일부는 전쟁 기간 중 만들어진 타협을 확인했다. 일례로 일본은 적도 위의 섬들을 얻었다. 남쪽에서 뉴질랜드와 오스트레일리아는 자신들이 원하는 섬을 얻었다. 윌슨에게 반기를 들 때는 서로 손을 잡던 국가들은 아직 주인이 정해지지 않은 나우루섬을 두고 몇 달 동안 실랑이를 벌였다. 이 섬은 면적이 20제곱킬로미터에 불과하지만, 섬이 주로 새들의 배설물로 구성되어서 비료를 만드는 데 필요한 인산염이 풍부했다. 휴스와 매시 모두 나우루가 없으면 자국의 농업이 붕괴된다고 주장했다.[39] 영국은 나우루를 위임통치령으로 만들어 문제를 해결하고, 수천 명의 주민들에게 약간의 하사금을 지불했다. 1968년에 나우루가 독립하고, 인산염 사업을 본격적으로 시작하자 나우루 주민들은 세계에서 1인당 국민소득이 가장 높은 나라가 되었고, 그들의 땅은 발아래에서 사라졌다. 약 10억 달러에 달하는 신탁자금으로 해외 부동산 구입에 열을 올렸고, 상당한 돈이 오스트레일리아 자문관들의 주머니로 들어갔다. 인산염은 고갈될 위험에 처했지만, 나우루는 러시아 마피아의 자금 세탁 장소로서 새로운 수입원을 찾았다.[40]

영국과 프랑스는 전쟁 중 아프리카의 독일 식민지에 대한 예비적 분할을 끝낸 상태였다. 강화회의에서 영국 식민장관인 밀너는 프랑스 식민장관 앙리 시몽과 1300만 명 이상의 주민들에 대한 상세한 위임통치 방안을 만들어냈다. 프랑스는 토골란드와 카메룬 대부분을 차지하고, 영국은 나이지리아 식민지 옆에 붙은 카메룬의 작은 땅과, 독일령 동아프리카 거의 전체를 갖기로 했다. 포르투갈은 이에 불만을 제기했다. 그들은 자신들의 식민지 모잠비크에 독일령 동아프리카 일부를 추가하려고 했다. 포르투갈 대표는 클레망소에게 포르투갈은 "인류와 문명, 무엇보다도 아프리카의 모든 사람에게 망각할 수 없는 기여를 했고, 14세기부터 많은 피를 흘렸다"라고 주장했다.[41] 포르투갈은 연합국이 벨기에령 콩고에 대서양 해안을 만들어주기 위해 앙골라 일부를 떼어내려 한다고 근거 있는 의심을 했다. 결국 포르투갈은 식민지를 그대로 보존했고, 모잠비크에 작은 땅을 추가했다.[42]

벨기에의 요구는 그렇게 쉽게 무시할 수 없었다. 5월 2일 벨기에 대표단은 4인 평의회에 벨기에가 위임통치령 배분에서 제외되었다고 불만을 제기하고, 독일령 동아프리카의 일부를 요구했다. 로이드조지는 "가장 무례한 요구"라고 이를 비판했다. "영제국이 수백만 명의 병사를 동원해 벨기에를 위해 싸울 때, 소수의 흑인 병사만 독일령 동아프리카로 파견되었다."[43] 로이드조지의 말은 부당했다. 벨기에군이 지휘하는 콩고 군대가 독일군을 동아프리카로 격퇴하는 데 중요한 역할을 했기 때문이다. 전쟁 말기에 벨기에군은 이 지역의 3분의 1을 장악했다. 벨기에 정부는 이를 계속 보유하는 데 관심이 없었다. 벨기에 정부는 동아프리카를 대서양의 포르투갈 영토와 거래하는 데 이용하려고 했다. 포르투갈을 설득할 수 없었던 영국은 난처한 입장에 처하게 되었다. 벨기에는 대가 없이는 이득을 포기하지 않았다. 불행하게도 벨기에가 점령한 땅은, 영제국 옹호론자들이 오랫동안 꿈꿔온 케이프에서 카이로까지 연결되는 남북 철도의 가장 좋은 경로로 보였다.[44] 영국이 열심히 주장한 것처럼 전쟁에서 벨기에가 한 역할을 축소하는 것은 정당하지는 않아도 합리적으로 보였다.[45]

독일이 평화 조건을 수락한 직후인 5월 7일 클레망소, 로이드 조지, 윌슨, 오를란도는 베르사유궁의 한 방에서 만나 위임통치령의 최종적 분배에 합의했다. 벨기에는 아무것도 얻지 못했다는 말이 언론에 유출되자, 이미 독일로부터 받는 것이 부족하다고 생각한 벨기에 사람들은 격노했다.[46] 결국 영국은 영토 일부를 벨기에에 넘겨주기로 했고(철도를 위해서는 대안적 노선이 있었다), 콩고와 접경한 지역의 두 지역이 동아프리카에서 떼어졌다. 벨기에는 르완다와 부룬디에 대한 위임통치권을 획득했다.

1920년에 드디어 국제연맹이 창설되었을 때 이 기구는 이미 오래전에 결정된 것을 확인했을 뿐이다. 전간기 중 아프리카와 태평양의 위임통치령은 휴스가 예언한 대로 직접적인 병합과 거의 같았다. 위임통치국은 국제연맹에 연례 보고를 했지만, 나머지는 모두 자신들의 방식으로 해나갔다. 2차대전 말기 국제연합(UN)은 위임통치령을 인수했고, 제국주의 강대국들이 사라지면서 물려받은 영토에 독립을 부여했다. 여기에 단 하나의 예외가 있었다. 남아프리카는 서남아프리카를 포기하려 하지 않았다. 1990년이 되어서야 남아프리카공화국은 새 이웃인 나미비아의 독립을 환영했다. 1994년에는 1919년 일본의 위임통치령이 되었다가 1945년 유엔의 관할로 들어간 팔라우가 독립하면서 마지막 위임통치령이 사라졌다. 999년 임차 기간은 일찍 만료되었다.

3부 ─── **다시 발칸 문제**

9장

유고슬라비아

강대국들이 국제연맹에 몰두해 있는 동안 약소국들은 자신들의 요구를 다듬고 있었다. 1919년 2월 17일 저녁 에투알 근처에 있는 보시테 호텔에 한 통의 전화가 걸려왔다. 세르비아인, 크로아티아인, 슬로베니아인 대표들이 다음날 오후 최고평의회에 출석할 수 있는지 묻는 것이었다. 강대국들이 보여준 이런 갑작스럽고 변덕스러운 관심은 그들에게는 큰 안도감을 주었다. 이 지역 대표단은 1월 초부터 파리에 와 있었지만, 1월 31일 최고평의회에 한 번 출석해서 두 지역 사이에 있는 풍요로운 땅 바나트에 대한 루마니아의 권리 주장에 반박했다.

보시테 호텔은 이 긴 몇 주 동안 행복한 장소가 아니었다. 다양한 남슬라브인들로 구성된 약 100명의 대표단에는 세르비아인, 크로아티아인, 슬로베니아인, 보스니아인, 몬테네그로인, 대학 교수, 군인, 빈 의회의 전직 의원, 베오그라드에서 온 외교관, 달마티아에서 온 변호사, 급진주의자, 왕정주의자, 정교도, 가톨릭교도, 이슬람교도가 포함되어 있었다. 대표들 대부분은 서로를 몰랐다. 세르비아의 신민이나 오스트리아-헝가리의 신민이었던 그들은 전쟁 중 반대편에서 싸웠다. 대표단은 발칸 지역을 가로지르는 커다란 분리선을 그대로 반영했다. 남북으로는 서방 로마가톨릭과 동방정교회의 경계선이 가로지르고, 북쪽의 기독교와 남쪽의 이슬람을 가르는 축도 있었다. 아드리아 쪽에서 온 슬로베니아와 크로아티아 대표들은 이탈리아에 대항한 안보와 한때 오스트리아-헝가리에 속했던 항구 및 철도 통제를 크게 신경썼지만, 동쪽의 국경 변경에는 무신경했다. 다른 한편으로 세르비아에서 온 사람들은 달마티아와 이스트리아는 포기하고 북쪽과 동쪽에서 더 많은 영토를 얻고자 했다.

대표단이나 그들이 온 나라를 어떻게 불러야 할지조차 분명하지 않았다. 세르비아와, 사라진 오스트리아-헝가리의 남부 땅으로 구성된 지역은 최종적으로 '남슬라브인의 국가'라는 뜻의 유고슬라비아라는 명칭을 갖게 되었다. 그 이후 많은 사람이 생각한 것처럼 강화회의가 유고슬라비아를 만든 것은 아니고, 강화회의가 소집되었을 때 이미 만들어져 있었다. 70년 후 강대국들은 그때와 마찬가지로 이 국가의 해체를 막을 수 없었다. 그러나 파리의 중재자들은 새 국가의 영토를 빼앗고, 심지어 이것을 파괴할 능력이 있었다. 중재자들은 발칸 지역의 야심이 큰 민족들을 경계했고, 여기에는 충분히 근거가 있었다. 윌슨은 남슬라브 국가의 해군 보유를 허용하는 것은 실책이라고 생각했다. "그들은 격렬한 주민이었기 때문에 격렬한 민족이 될 것이고, 해군을 보유하게 되면 큰 문제를 일으킬 것이다."[1]

1919년 2월 중재자들은 아직 동화 속 좋은 대모代母가 될지 나쁜 대모가 될지를 결정하지 못했지만, 한 국가만은 예외였다. 이탈리아 정부는 신생아를 요람에서 목 졸라 죽이고 싶어했다. 이탈리아 민족주의자들은 사라진 오스트리아-헝가리 대신에 유고슬라비아를 주적으로 간주했다. "유고슬라비아가 오스트리아를 대신하게 되면 모든 것이 이전처럼 불만족스러워질 것"이라고 불평하며 "우리의 상처와 부끄러움은 이루 말할 수 없을 것"이라고 이탈리아 총리 오를란도가 말했다.[2] 영국과 프랑스는 처음에는 마지못해 이탈리아와 같은 태도를 취하고, 이 새 국가를 승인하기를 거부했다. 이탈리아와 발칸에서 이탈리아의 야망을 경계한 미국은 2월 유고슬라비아를 승인했다. 영국과 프랑스도 이탈리아의 비타협적 태도가 원인이 되어 6월에 유고슬라비아를 승인했다. 그 시점에 이탈리아는 강화회의를 해산시키겠다고 위협하고 있었다.[3]

오랜 기간 세르비아 총리를 맡은 니콜라 파시치Nikola Pašić가 유고슬라비아 대표단을 이끌었다. 70대 중반인 그는 맑은 파란 눈에 허리까지 내려오는 흰 턱수염을 기르고 있어서 자애로운 노수도승처럼 보였다. 그는 식물과 꽃을 좋아했다. 그의 사생활은 모범적이었다. 그는 신앙심이 깊었고, 부유한 여인과 결혼했지만 검소하게 생활했다.[4] 그는 저녁에 집에 앉아 아내와 딸들과 함께 세르비아 민요

9장 유고슬라비아 219

를 부르는 것이 취미였다.⁵ 그는 연설을 많이 하진 않았지만, 할 때는 차분하고 신중했다. (그의 세르비아어는 오류가 많은 것으로 알려졌다.) 그는 프랑스어와 독일어를 약간 구사했고, 영어는 전혀 하지 못했다. 아마도 이 때문에 그는 대단한 지혜를 가지고 있는 것으로 알려졌다. 로이드조지는 그를 "남동부 유럽에서 가장 교활하고 완강한 정치인 중 하나"로 생각했다.⁶ 1990년대의 또다른 세르비아 지도자*처럼 그는 사실 사악하고 위험한 노인이었고, 세르비아와 권력을 사랑했다. 그의 동료 중 그를 신뢰하는 사람은 거의 없었다. 그러나 그는 세르비아인들이 주로 거주하는 농촌 지역에서 숭앙을 받았다.⁷

첫 회의 때 로이드조지는 세르비아인과 크로아티아인이 같은 언어를 사용하는지 물었다.⁸ 파리에 모인 많은 사람은 발칸 지역이 이해하기 힘든 곳이라고 생각했다. 소수의 전문가 또는 괴짜만이 이 지역을 탐구했다. 대다수는 발칸이 유럽에 위험한 지역이라고 생각했다. 그들은 오스만제국이 해체되고 오스트리아-헝가리가 통제력을 놓고 경쟁하면서 수십 년 동안 많은 문제의 근원이 되었다. 그리고 세르비아 민족주의자들이 오스트리아의 황태자를 사라예보에서 암살하면서 1차대전을 촉발한 것도 잊지 않았다.

• 슬로보단 밀로셰비치를 의미한다. 그는 유고슬라비아 해체 시기인 1989년에 세르비아 대통령으로 선출된 후 대(大)세르비아주의를 제창하며 민족주의를 자극해 내전을 촉발했다. '발칸의 도살자'라 불린 그는 인종청소를 벌이다가 2000년 민중봉기로 실각했다. 1999년 구유고슬라비아 국제형사재판소에 의해 전쟁범죄와 반인도적 범죄 혐의로 기소되었고, 2001년 체포되어 재판을 받던 중 2006년 3월 감옥에서 사망했다.

파시치는 세르비아가 이미 공후를 가진 독립 국가가 된 후 태어났다. 그러나 그는 오랜 세월 오스만제국의 통치 흔적이 그대로 남아 있는 세계에서 성장했다. 루마니아와 남쪽의 그리스에 이르기까지 오스만제국은 요리, 관습, 관료제, 부패, 이슬람교 등 상당한 유산을 남겼다. '발칸'은 지리적 지역의 대명사가 되었지만, 또한 빈번한 전쟁, 침략, 정복으로 얼룩진 마음의 상태와 역사를 뜻하기도 했다. 발칸의 과거는 이 지역 주민들에게 속담에 나오는 말처럼 "자를 수 없는 손은 입 맞추어야 한다"라는 교훈을 가르쳐주었다.[9] 전사를 숭앙하는 전통도 있었지만, 파시치 같은 다른 종류의 사람, 즉 아무도 믿지 않고, 진정한 의도를 감추고, 충언을 절대 받아들이지 않는 사람도 존중했다.[10]

세르비아인, 크로아티아인, 슬로베니아인, 알바니아인, 불가리아인, 마케도니아인 외에도 발칸 지역에는 그리스인(그들은 자신들을 지중해 민족으로 간주하기를 선호했다)과 과거 역사의 물결이 남겨놓은 많은 소수민족이 살고 있었다. 사라예보의 유대인, 달마티아 해안의 이탈리아 식민지, 알바니아인 족장들, 북쪽 지역 독일 정착민들의 후손, 남쪽의 튀르크인도 발칸 지역 현실의 일부였다.

이 지역의 중심에 세르비아가 자리잡고 있었다. 파시치가 어렸을 때 그곳은 소박한 장소였다. 철도와 전보는 아직 이 작은 공국을 외부 세계와 연결하지 않았다. 인구 2만 명의 수도 베오그라드를 제외한 소도시들은 사실 단지 큰 부락에 지나지 않았다. 주민들은 고대부터 해온 대로 농사와 상업으로 먹고살았다. 파시치는 그 세대

중 더 나은 교육을 받기 위해 외국 여행을 해본 소수였다. 파시치는 취리히로 갔다.[11] 그의 작은 고국은 꿈이 있었고, 그도 자라면서 이 꿈을 공유하게 되었다. 그것은 동쪽으로는 흑해, 서쪽으로는 아드리아해에 이르는 대大세르비아를 건설해 중부 유럽에서 에게해로 이어지는 거대한 육로를 타고 앉는 것이었다. 19세기 민족주의가 확산되면서 세르비아 역사가들은 자신들의 주장을 뒷받침하고 모든 세르비아인을 포용하기 위해 과거 역사를 뒤졌다. 아직 오스만의 통치를 받고 있던 마케도니아의 한 교장은 말했다. "우리에게는 어린아이들이 있다. 우리는 그들이 세르비아인이라는 것을 자각하게 만들어야 한다. 우리는 그들에게 그들의 역사를 가르쳤다."[12] 발칸 지역 전역에서 교사, 예술가, 역사가는 기억을 되살리고, 민족 신화를 다듬고, 새로운 의식을 퍼뜨리기 위해 열심히 노력했다.

문제는 민족적으로 각성한 것이 세르비아인만이 아니었다는 사실이다. 발칸 지역에는 강렬한 기억이 많이 있었다. 처칠은 발칸 지역은 소비할 수 있는 것보다 더 많은 역사를 만들어낸다고 지적한 바 있다.[13] 세르비아의 시각장애인 음악가가 14세기 다뉴브강에서 에게해에 이르는 지역을 차지했던 위대한 스테판 두샨의 왕국을 노래할 때, 불가리아인들은 거의 같은 지역을 통치했던 10세기 시메온 왕이 건설한 제국을 바라보았다. 그리스인들은 고대로 거슬러 올라가는 가장 위대한 기억을 가지고 있었다. 당시에 그리스의 영향력은 소아시아와 흑해, 서쪽으로는 이탈리아와 지중해까지 뻗쳐 있었다. 오래전 한 지역을 잠시 소유했던 기억도 현재에 와서 이 영토에 대한 영유권 주장으로 이어졌다. "우리는 칼레*를 정당하게 요구할 수 있다. 당신들은 왜 그렇게 하지 않는가?"라고 한 영국인 여행가가 민족주의자 교장에게 묻자, 그는 "당신들에게는 해군이 있지 않은가"라고 대답했다.[14]

파시치는 세르비아 민족급진당을 창설한 사람 중 한 명이었다. 이 정당은 오스트리아-헝가리제국 내에 있는 세르비아인을 포함해서 모든 세르비아인의 해방과 단결을 촉구했다. 많은 세르비아 민족주의자와 마찬가지로 그는 크로아티아인과 슬로베니아인에 대해서는 거의 신경쓰지 않았다. 그들은 로마 가톨릭교도로 서쪽을 바라보았고, 세르비아인은 정교도였다.[15] 크로아티아인과 슬로베니아인이 세르비아에 들어오면, 그들은 세르비아의 조건에 따라, 세르비아의 지도력을 받아들여야 한다는 것이 세르비아인들의 생각이었다.

1919년의 관점에서 보면 단순하고 직선적으로, 발칸 지역 민족들은 작은 전쟁을 통해 하나하나 무기력한 오스만제국으로부터 자유를 획득했다. 1914년이 되자 한때 빈을 위협했던 오스만제국의 영토 중 유럽에 남은 지역은 트라키아의 좁은 땅과 수도 콘스탄티노플(지금의 이스탄불)뿐이었다. 새 나라들은 국가의 상징을 갖게 되었다. 즉 신문, 철도, 대학, 예술과학아카데미, 국가國歌, 우표, 군대,

---

• 프랑스 북서부 지역으로 1347년부터 1558년까지 영국의 지배를 받았다. 유럽 대륙 내 영국의 면방직 교역 중심지였다.

그리고 대부분 독일계 왕을 갖게 되었다.

험난한 세르비아 정치에서 파시치가 살아남은 것 자체가 대단한 승리였다. 사형 선고, 유형, 암살 시도, 자동차 사고 모두에서 그는 살아남았다. 그리고 적들이 자신에게 한 일을 되갚아주었다. 영국 작가 리베카 웨스트Rebecca West는 파시치가 사라예보에서 페르디난트 황태자를 암살할 것이라는 음모를 알고 있었다는 소문(진실이었을 것으로 보이는)을 대수롭지 않게 부정했다. "세르비아 총리 파시치처럼 농민 출신으로 완전히 발칸의 전통 속에서 자란 사람은 민족적 숙적의 살해에 연루되었다는 의심을 받는 것에, 밸푸어나 애스퀴스 같은 당대 사람이 느낀 것과 같은 당혹감을 피할 수 없다."16

1919년 누가 파리로 가는 유고슬라비아 대표단을 이끌 것인가라는 문제가 나오자, 연로하고 노망이 난 아버지의 섭정을 맡고 있던 알렉산더 왕자는 파시치를 지명했는데, 아마도 그를 베오그라드에서 멀리 떨어진 곳으로 보내기 위해서였을 것이다.17 파시치는 크로아티아 대표인 새 외무장관 안테 트룸비치Ante Trumbić와 권한을 공유해야 한다는 것을 알고 짜증을 냈다. 세르비아 대표들과 크로아티아 대표들은 서로의 일을 방해할 생각만 했다. 한 세르비아 관리는 영국인 방문자에게 "세르비아인에게는 모든 일이 단순하지만, 크로아티아인에게는 모든 일이 복잡하다"라고 말했다.18 그리고 트룸비치는 전형적인 크로아티아인이었다. 이탈리아어에 능통하고, 이탈리아 문화를 무척 사랑하는 그는 코즈모폴리턴적인 달마티아 해안 출신이었다. 파시치는 오스트리아-헝가리를 파괴하는 꿈을 꾸어왔고, 트룸비치는 그 제국 의회에서 활동했다. 트룸비치는 의회에서 전례와 옥신각신하는 것을 사랑하는 법을 배웠고, 일이 실행되지 않는 이유를 알았다.[19] 그는 생애 상당 부분을 세르비아를 포함한 유고슬라비아 국가를 만드는 데 바쳤지만, 세르비아인들을 오랜 오스만 지배로 상처 입은 야만인으로 보았다. 그는 한 프랑스 작가에게 말했다. "오랜 기간 오스트리아·이탈리아·헝가리와의 예술적·도덕적·지적 교감으로 순수한 서양인이 된 크로아티아인·슬로베니아인·달마티아인을, 슬라브인과 튀르크인의 혼종이자 반半문명인인 세르비아인과 비교하지 말아달라."[20]

1914년이 되자 트룸비치는 자기 민족의 미래는 오스트리아-헝가리 바깥에 있다고 확신하게 되었다. 1915년에 그는 기자 한 명, 젊은 조각가 한 명과 함께 세르비아가 포함된 남슬라브인들의 연방을 구성하기 위해 런던에서 유고슬라브민족위원회를 만들었다. 이것은 유럽 수도 곳곳에 나타난 잃어버린 이상을 추구하는 이상한 자조 위원회의 하나처럼 보였다. 강대국 중 어느 나라도 오스트리아-헝가리의 해체를 고려하지 않았다(1918년까지도 그랬다). 세르비아인들은 연방에 전혀 관심이 없었고, 오로지 대세르비아의 창설에만 관심이 있었다. 연합국은 오스트리아-헝가리 내 남슬라브인들에 대해 전혀 생각해보지 않았지만, 이것은 거래를 위해서는 효용성이 있었다. 1915년 런던 비밀 조약으로 영국, 프랑스, 러시아는 이탈리아에 슬로베니아 상당 부분과 달마티아 해안 북부를 약속했다. 세르비아는 달마티아의 나머지 부분과 보스니아-헤르체고비

나, 심지어 크로아티아 일부를 차지하는 것으로 암시되었다.[21]

트룸비치와 그의 지지자들, 특히 북아메리카의 번영하는 크로아티아 및 슬로베니아 공동체는 격렬하게 불만을 표현했다. 트룸비치는 세르비아인들과 동등한 지위의 동맹을 맺는 것을 거부했다. 그는 너무 낙담해 모든 것을 포기하고 부에노스아이레스에서 택시 운전사로 일하겠다는 말을 하기도 했다.[22] 그러나 런던에서 그들의 이상은 소수이지만 강력한 지지자들을 끌어들였고, 그중에는 독자적으로 활동하는 부유한 학자 로버트 시턴-왓슨Robert Seton-Watson 과 전쟁 전 빈에서 《타임스》 특파원으로 근무했던 위컴 스티드가 있었다. 두 사람은 오스트리아-헝가리를 초조하게 바라보았다. 이 제국은 부패하고 무능한 비정상 국가가 되었다고 보고, 두 사람은 이 나라를 곤궁에서 벗어나게 하는 것을 자신들의 과업으로 삼았다. 로마 주재 영국 대사의 말에 따르면 위컴 스티드는 유고슬라비아 이상에 특별한 열정을 가지고 있었다. 그 이유는 그가 오랜 기간 아주 영리한 남슬라브 여성과 "결혼 상태가 아니라 부녀처럼" 살았기 때문이다.[23]

크로아티아, 슬로베니아, 보스니아는 전쟁 중 오스트리아-헝가리제국의 일부로 남았고, 그 지역 출신의 많은 병사는 구제국을 위해 끝까지 충성스럽게 싸웠다. 세르비아 수도 베오그라드가 폐허가 되도록 포격을 퍼부어 세르비아군을 격파하고 세르비아 정부를 망명하게 만들고, 세르비아를 정복해 여성들을 강간하고 민간인에게 잔학 행위를 한 병사 중에는 크로아티아인, 슬로베니아인, 보스니아인, 심지어 같은 세르비아인도 있었다. 그들이 사라예보에서 벌어진 살해 행위에 얼마나 가담했는가를 떠나서 세르비아인들은 엄청난 희생을 치렀다. 450만 세르비아 인구 중 12만 명이 전쟁 중 사망했다. 전쟁이 끝난 뒤 트룸비치와 그의 위원회가 아무리 남슬라브 통합을 강조해도, 최근까지 적으로 싸운 사람들이 서로를 형제자매로 생각하는 것은 쉽지 않은 일이었다. 다른 한편으로 그들이 어떤 대안을 가지고 있는지는 분명하지 않았다.

오스트리아-헝가리가 연이어 군사적 재앙을 맞자 남슬라브인들은 다소 주저하면서도 독립을 지향하기 시작했다. 전쟁에서의 패배와 큰 후원자인 러시아의 붕괴로 일시적으로 위축된 세르비아인들은 유고슬라비아인들의 국가 아이디어를 더 수용했다. 코르푸로 망명한 파시치는 트룸비치를 만났고, 1918년 7월에 두 사람은 세르비아, 크로아티아, 슬로베니아를 유고슬라비아로 통합하고 세르비아 왕을 통치자로 삼는다는 데 동의했다. 현명하지 못하게도 양측은 헌법 논의를 뒤로 미루어서 연방을 구성할지(크로아티아인과 슬로베니아인이 원하던 것) 또는 단일 국가를 만들지(당연히 파시치가 원하던 것)에 대해서는 합의를 보지 못했다. 트룸비치는 세르비아인들이 다양한 민족을 통합하는 과정을 어떻게 생각하는지에 대해 환상을 가지고 있지는 않았다. 한 세르비아 정부 관리는 그에게 보스니아 무슬림을 골라내는 데 아무 어려움이 없다고 말했다. 세르비아 군대가 그들에게 24시간 또는 48시간 내에 정교회로 개종하라고 명하면 된다고 그는 말했다. "우리가 세르비아에서 통치하는 동안 한 것처럼 개종을 원하지 않는 사람은 죽을 것이다."트룸비치가 놀라서 "진심으로 하는 얘기가 아니지요?"라고 묻자 그 관리는 "진심이오"라고 대답했다.[24]

코르푸 선언 이후 파시치는 진정한 연합에서 슬그머니 발을 뺐다. 그는 막후에서 연합국이 트룸비치와 유고슬라브위원회를 오스트리아-헝가리 내 남슬라브인들의 대표 기관으로 인정하지 않도록 노력을 기울였다.[25] 10월, 전쟁이 끝나가자 그는 런던에서 아직 오스트리아-헝가리 잔재를 멋지고 질서 있는 정치체로 만들 수 있다고 생각하는 위컴 스티드와 만났다. 파시치는 통제할 수 없었다. 그는 스티드에게 세르비아가 남슬라브인들을 오스트리아-헝가리 지배에서 해방시켰고, 코르푸 선언은 선전용으로만 만들어진 것이고, 세르비아는 어떤 형태로 만들어지든 새 국가를 통제할 것이라고 말했다. 이를 원하지 않는 크로아티아인이나 슬로베니아인은 얼마든지 자유롭게 떠날 수 있다고 말했다. "그 혼자만이 어떤 정책이 수행되어야 하는지 결정할 수 있고, 그가 고용한 사람들은 명령에 복종해야 했다"라고 스티드는 파시치가 술탄처럼 행동하는 것에 화를 냈고, 두 사람은 두 번 다시 만나 대화를 나누지 않았다.[26]

위컴 스티드처럼 스스로 과제를 맡고 나선 전문가를 제외하고 연합국은 중부 유럽의 장래에 대해 많은 생각을 하지 않았고, 심지어 발칸보다도 덜 신경을 썼다. 전쟁 말기 합스부르크제국이 갑자기 해체되면서 큰 현안이 생겨났다. 오스트리아와 헝가리가 다른 종류의 합스부르크가 지배하는 커다란 국가로 남을 것인가? 아마도 크로아티아는 영국 왕자를 통치자로 하는 새 왕국이 될 수 있었다. 좀더 실용적인 현안은 누가 철도와 항구를 통제할 것인가였다. 오스트리아-헝가리 함대는 어떻게 될 것인가? 젊은 황제 카를은 마지막 통치 행위로 이 함대를 급속하게 제국을 이탈하는 남슬라브 신민들에게 넘겨주었고, 강대국들은 1914년 이전에 아주 어렵게 타협된 국경을 건드리지 않기로 암묵적으로 합의했다.

강화회의가 개최되기 훨씬 이전에 남슬라브인들은 이 문제를 스스로 처리하기 시작했다. 1918년 10월 29일 크로아티아 수도 자그레브에서 크로아티아인-세르비아인-슬로베니아인 민족평의회는 독립을 선언했다. 다음 단계는 분명하지 않았다. 많은 사람들은 별도의 남슬라브 국가를 희망하고 있었다. 다른 한편으로 많은 세르비아인은 단순히 세르비아에 가담하는 것을 우려하고 있었다. 트룸비치와 그의 지지자들은 연방을 선호했지만, 상당수의 크로아티아인은 독립 국가 크로아티아를 원했다. 모든 선택 가능성은 열려 있는 것처럼 보였다.

그러나 세르비아와 여러 상황이 그들을 막고 있었다. 11월 둘째 주 파시치는 연합국으로부터 트룸비치와 민족평의회 대표들과 연정을 구성하라는 압력을 받고 있었지만, 그는 이것은 유산된 것이라는 것을 분명히 했다. 시턴-왓슨은 "늙은이는 몇 시간마다 생각을 바꾸고, 그가 한 말은 5분도 믿을 수 없을 정도다"라고 불평했다. 그러는 동안 현지에서 연합국의 일원인 세르비아군은 오스트리아 영토로 진입하고 있었다. 처음에는 북쪽과 남쪽으로, 그리고

11월에는 크로아티아와 슬로베니아로 진주했다. 이 지역에 대한 명목적 책임이 있는 프랑스 당국은 그냥 지켜보고만 있었다. 프랑스는 이탈리아에 제동을 걸 수 있는 강력한 유고슬라비아에 반대하지 않았다. 약 8만 명에 달하는 오스트리아-헝가리 지역 출신의 유고슬라비아 자원병 부대가 연합국 측에서 싸우면서 점령 세력으로서 연합국의 인정을 받으려고 노력하자, 파시치는 트룸비치와 여타 크로아티아인들에게는 실망스럽게도 이를 저지하기 위해 노력했다.[27] 세르비아에 고무된 바나트와 보스니아-헤르체고비나의 주민들은 서둘러 세르비아와의 병합에 찬성하는 투표를 했다.[28] 세르비아 군대가 점령하고 있는 몬테네그로에서도 제대로 된 시각을 가진 사람들로만 구성된 것으로 보이는 의회가 똑같이 서둘러 투표를 실시해서 왕을 하야시키고 세르비아와 병합하기로 결정했다.

자그레브의 민족평의회는 당황하기 시작했다. 이 기구가 자체 병력이 없는 데다, 농민들이 지주를 공격하고, 도적떼가 상점과 사업체를 약탈하면서 법과 질서는 무너지고 있었다. 아드리아해 연안에서는 이탈리아군이 주요 항구를 점령하고 있었다. 자그레브 거리에는 시위대가 나타나 세르비아와의 병합을 요구하기 시작했다. 11월 25일 민족평의회는 서둘러 세르비아에 합병을 제안했다. 헌법과 같은 핵심적 세부 사항은 추후에 결정하기로 했다. 크로아티아 민족주의 지도자들은 "안개 속을 헤매는 술 취한 거위들처럼" 세르비아 수도 베오그라드로 달려가는 것을 경고했지만 소용이 없었다.[29] 많은 사람은 강대국이 자신들을 보호해줄 것이라고 확신했다. 한 미국 군인은 1919년 초 슬로베니아에서 이렇게 썼다. "정부와 사람들은 파리에서 미국이 자신들의 막강한 후원자가 될 것이라고 거의 병적으로 확신했다. 그들은 항상 윌슨과 그가 제창한 원칙을 언급하고, 다른 약소국과 마찬가지로 자신들의 민족적 요구와 민족적 안전은 이 원칙을 수용하고 평화조약의 기초로 수행될 때에만 보장될 수 있다고 생각한다."[30]

1918년 12월 1일 세르비아의 알렉산더 왕자는 세르비아인-크로아티아인-슬로베니아인 왕국을 선포했다. 이 명칭 자체가 문제였다. 비非세르비아인들은 전반적으로 유고슬라비아라는 명칭을 선호했는데, 이것이 동등한 관계의 진정한 연합을 의미한다고 생각했기 때문이다. 세르비아인들은 세르비아의 중심적 위치를 나타내는 명칭을 원했다. 이는 오랜 기간의 역사, 종교, 문화적 영향과 좀더 최근에는 전쟁으로 분열된 주민들 사이의 불편한 결합이었다. 같은 민족이라는 주장과 언어가 유사하다는 점이 이것을 지속되게 하기에 충분한가? 외부인들은 회의적으로 바라보았다. 한 미국 군사 관찰자는 1919년 봄에 이렇게 썼다. "모든 정부 관리들이 세르비아인과 크로아티아인이 동일한 민족이라는 주장에 항의하려고 애쓰는 상황에서 그렇게 말하는 것은 얼토당토않은 일이다. 사회적 '분위기'는 너무 다르다. 세르비아인들은 병사-농민이고, 크로아티아인들은 정적인 지식인 경향이 강하다. 강한 정신을 가지고 있을 것으로 기대되는 한 검사는 크로아티아인은 오래전에 마자르인과 투쟁하는 것을 포기했고, 예술에 헌신했다고 솔직하게 말했다." 이 관

찰자는 세르비아 군대가 크로아티아 영토 전역에서 점점 더 민심을 잃어가는 것을 발견했다.[31]

많은 세르비아인이 자신들은 새로운 국가를 창설한 것이 아니라 세르비아 영토를 확장했다고 믿는 것도 일을 어렵게 만들었다. 그리고 크로아티아인, 슬로베니아인, 보스니아 무슬림은 오스트리아와 헝가리의 통치에서 벗어나기 위해 열심히 노력하지 않았다는 그들의 의심도 문제였다. 세르비아인은 인구의 절반도 되지 않았지만, 그들이 새 나라를 운영했다. 세르비아 군대가 새 국가의 군대가 되었다. 과거 오스트리아-헝가리 군대에 소속되었던 크로아티아인 부대는 해산되었다. 관료층과 정부에서 세르비아인이 거의 모든 요직을 차지했다. 베오그라드가 계속 수도가 되었고, 세르비아의 왕이 새 국가의 왕이 되었다. 알렉산더 왕자는 세르비아 역사에서 가장 중요한 날인 코소보 전투 기념일인 1921년 6월 28일 헌법에 선서했다.[32] 이것은 유고슬라비아가 앞으로 결코 그 상처를 치유할 수 없게 되는 상황의 시작이었다.

파리에서 열린 최고평의회는 첫 회의부터 유고슬라비아가 갑자기 등장한 현실로 인한 후유증을 처리해야 하는 상황이었다. 몬테네그로는 별개의 국가로 다루어야 하는가? 세르비아와 합병하고 왕족을 하야시키기로 결정한 후 서둘러 치러진 투표는 이 합병을 인정하지 않는 왕정주의자들로 구성된 녹색군과 이를 찬성하는 백군 사이에 무력 충돌을 촉발했다. (이 색깔과 분리는 1991년 티토가 사망한 후 다시 나타났다.) 이탈리아를 대변해 발언한 소니노는 세르비아인과 몬테네그로인이 사실상 같다는 이유로 별개의 대표단을 인정하는 데 반대했다. 당연하게도 이탈리아는 세르비아가 지금까지 행사한 것보다 더 큰 발언권을 갖는 것을 원하지 않았다.[33] 다른 한편으로 이탈리아인들은 세르비아가 몬테네그로 합병을 소화하지 못하기를 바라며 이 합병을 잘된 일이라고 생각했다.[34] 로이드조지와 윌슨은 양측 모두의 의견을 듣고 싶어했다. 윌슨은 특히 몬테네그로인의 민족자결에 신경을 썼다. "세르비아가 취한 행동, 즉 자치정부에게 적용해야 하는 과정에 대한 모든 원칙에 위배되는 행동은 윌슨에게 세르비아에 대한 편견을 심었다." 정치가라면 모두 동의하듯이 가장 큰 어려움은 현재 상황에서 몬테네그로인을 위해 발언할 사람을 찾는 것이었다. 연합국은 니콜라스 국왕을 인정해야 하는가? 밸푸어는 "우리는 그에게 금전을 지불했다"고 노골적으로 말했다. (영국과 프랑스는 전쟁 중 그를 재정 지원했고, 니콜라스에 대한 승인을 철회하지 않은 상태였다.) 윌슨은 국왕은 자신을 위해 발언할 수 있지만, 몬테네그로인을 대신해 발언할 수는 없다며 반대했다.[35]

더 큰 문제들이 산적해 있었지만, 몬테네그로에는 뭔가 매력적인 것이 있었다. 지도에서 크로아티아와 알바니아 사이에 위치한 작은 점인 몬테네그로는 너무 작아서 사람들이 찾기 힘든 나라였지만, 뭔가 황당하고 영웅적이고, 먼 나라 이야기 같고 아름다운 것이 있었다. 몬테네그로인들은 유럽 사람들에게 발칸 지역이 이치에 닿는 말인지를 생각하게 만들었다. 그들의 국가들은 진정한 나라인가 아니면 존 버컨과 앤서니 호프의 모험 소설에 등장할 만한 대상인가? 몬테네그로 전설에 따르면 신이 세상을 창조할 때 산들은 배낭에 지고 있었는데, 이것이 터져서 조각들이 정신없이 떨어진 것이 그들의 조국이 되었다. 몬테네그로인 자신들은 그 산에 걸맞은 존재였다. 그들은 스스로를 유럽에서 가장 훤칠하고 잘생기고 용맹하고 자존심 강한 존재라고 여겼다. 그들은 쉴 새 없이 커피를 들이키고, 불명예스럽게 사느니 복수와 보복을 위해 죽음을 택하며, 적의 머리를 기둥에 매달았다(이 전통은 20세기까지 이어졌다). 두려움을 모르는 여행가 에디스 더럼Edith Durham은 무심코 한 전사의 가방을 보았다가 사람의 코가 60개 들어 있는 것을 발견하고 그들에게 반감을 갖게 되었다. 그 순간부터 그녀의 애정은 알바니아인에게로 옮겨갔다.[36]

그들의 전설도 몬테네그로인이 14세기 튀르크군의 침공을 피해 도망친 세르비아인의 후손이라고 언급했고, 그들이 세르비아인과 마찬가지로 정교도이고, 세르비아어에 가까운 언어를 말한다는 것도 사실이었다. 몬테네그로인들은 산악 지역에서 튀르크인들과 싸워서 그들을 막아냈고, 튀르크 이슬람 바다에서 자치적 기독교 섬을 유지했다. 19세기 중반까지 몬테네그로인들의 지도자는 전사를 겸한 주교였다. 강화회의 당시의 왕조는 1851년 독신에 싫증이 난 마지막 주교가 결혼하면서 만들어진 가문이었다. 그의 조카인 니콜라스 2세는 1860년대부터 왕좌를 지켜왔다.

니콜라스는 영국으로부터 소액의 연금을 받으면서 파리에 살고 있었고, 그의 딸들은 양재사로 일했다.[37] 그가 교활한 어릿광대였는지(리베카 웨스트의 견해)[38] 아니면 위대한 전사 국왕이었는지(전쟁 전 마르살라에서 그와 유쾌한 저녁을 보내며 건배를 한 에디스 더럼의 의견)[39]에 대해서는 의견이 갈렸다. 니콜라스 국왕에게는 중세적 냄새가 났다. 그는 자신이 직접 군대를 이끌고 전장에 나가는 것을 고집했고, 고목 아래 앉아서 송사를 결정했으며, 거대한 훈장을 자신과 친구들에게 엄청나게 많이 수여했다.[40] 그의 수도 체티네는 그저 거대한 마을에 지나지 않았고, 몬테네그로 은행은 초가집이었고, 가장 큰 호텔은 기숙사였다. 그의 오래된 궁전 이름 빌리아르다Biljarda는 산까지 끌어올린 소중한 당구대에서 나온 이름이고, 궁전 자체는 영국의 시골 여관 같았다. 그의 새 궁전은 독일 하숙집처럼 보였고, 민속 의상을 입은 왕의 자녀들은 스위스 가정교사와 수업을 하고, 왕은 현관 계단에 앉아 방문객을 기다렸다. 헝가리 작곡가 프란츠 레하르는 몬테네그로를 자신의 오페레타 〈메리 위도The Merry Widow〉의 배경으로 삼았다.

   사실 니콜라스는 보이는 것처럼 그렇게 희한한 인물은 아니었다. 그는 프랑스를 비롯한 여러 곳에서 교육을 받았고, 전쟁 전 복마전 같은 발칸 지역 정치에서 그런 성공을 거두어 자신의 작은 나라의 영토를 네 배 늘렸다. 그는 또한 자녀를 잘 결혼시켰다. 딸 둘은 러시아 황실 대공에게 시집보냈고, 딸 하나는 이탈리아 국왕, 또다른 딸은 세르비아 국왕과 결혼시켰다. 그는 몬테네그로가 세르비아를 흡수하는 꿈을 꾸었다. 그 반대로 일이 진행되는 것은 바라지 않았다. 그는 1919년 전쟁 중 잃어버린 왕좌를 되찾을 수 있다는 꿈을 가졌다.

몬테네그로는 1916년 오스트리아가 세르비아를 침공하면서 전쟁에 휘말렸다. 니콜라스는 기민하게 이탈리아로 도주해 연합국을 놀라게 했다.[41] 그가 오스트리아와 조용히 거래를 했다는 의심은 파리까지 그를 따라왔다. 영국 외무부는 그를 배신을 일삼는 동맹으로 보았고, 그가 의심받을 만한 일을 했다고 생각했다.[42] 파리에서 누가 몬테네그로를 대표할 것인가를 논의할 때 현지 사정을 아는 사람이 아무도 없어서, 몬테네그로 대표성 문제는 당분간 그대로 두기로 했다. 이 문제는 강화회의가 끝날 때까지 진척이 없었다.

니콜라스는 자신이 할 수 있는 작은 일을 했다. 그는 하우스 대령에게 가장 멋진 훈장을 수여했다. 그는 윌슨에게 편지를 썼고, 보스니아 일부에 대한 몬테네그로의 영유권을 주장하는 낙관적 각서를 썼다. 그는 이에 대해 아무 답신도 받지 못했다. 20만 명의 인구를 가진 나라보다 훨씬 긴급한 문제가 쌓여 있었기 때문이다. 파리에서는 그의 왕위 복귀에 대한 지지가 거의 없었다.[43] 세르비아의 통제하에 새로운 투표가 진행되었고, 그 결과는 몬테네그로인들이 유고슬라비아의 일부가 되기를 원한다는 결과를 보여주었다. 1920년 말 프랑스는 니콜라스에 대한 지지를 철회했고, 1921년 봄 영국도 같은 일을 했다. 그해 봄 그는 망명지에서 사망했다. 프랑스에서 건축가로 일하던 그의 손자는 왕좌를 되찾는 데 아무 관심이 없다고 말했다. 몬테네그로는 1918년 이후에도 그랬지만, 유고슬라비아의 불안한 일부로 남게 되었다.

1919년 2월 드디어 유고슬라비아 대표단이 최고평의회에서 발언할 기회를 얻었을 때 대표단은 국가 창설과 마찬가지로 서두르고 많은 실랑이를 벌인 끝에 자신들의 요구 사항을 모아서 제안했다.[44] 모두를 만족시키기 위해 일곱 개의 국경선 중 여섯 곳이 논의 대상이 되었다. 과거 오스만제국의 영토였던 마케도니아에 있는 그리스와의 국경에 대해서만 이의가 없었다. 슬로베니아인들은 남아 있는 오스트리아로부터의 방어를 위해 서쪽에서는 클라겐푸르트를, 북쪽에서는 알프스산맥의 남쪽 돌출부를 요구했다. 슬로베니아인들은 서쪽 나머지 지역에서는 과거 오스트리아-헝가리 시절 이탈리아와의 국경과 거의 같다는 데에 만족했다. 파시치는 늘 그렇듯이 자신의 게임을 시작했다. 다른 세르비아인들과 마찬가지로 그의 주된 관심은 동쪽으로는 불가리아로 국경을 밀어내고, 북쪽으로는 헝가리 영토를 차지해 다뉴브강 북쪽으로 국경을 밀어내는 것이었다. 이것은 무엇보다도 수도 베오그라드 방어에 중요했다. 베오그라드는 강 하나를 사이에 두고 적대국인 오스트리아-헝가리와 분리되어 있어서 취약했다.[45] 이러한 취약점에도 불구하고 세르비아인들이 이곳을 수도로 택한 이유는 이 도시가 다뉴브강이 북쪽에서 흘러 내려오는 곳과 서쪽으로 흐르는 사바강의 교차 지점에 있어서 남부 유럽에서 가장 중요한 전략적 요충지였기 때문이다. 북쪽과 서쪽에서 오는 상인, 순례자, 군대는 그리스와 주요 무역항 살로니카와 동쪽의 불가리아와 콘스탄티노플로 가려면 베오그라드 옆을 통과해야만 했다. 베오그라드는 로마인·훈족·십자군·튀르크군·오스트리아군·세르비아인에 의해 포위되고 점령당하고 약탈당했다.

2월 18일 오후 최고평의회에서 세르비아인인 밀렌코 베스니치 Milenko Vesnić는 강대국들에게 제시할 전체 각서를 준비하지 못한 것을 사과하면서 발언을 시작했다. 그는 "일부 어려운 점"이 있었다고 양해를 구했다. 대표단에서 단연 가장 말을 잘하는 사람인 베스니치는 부드럽고 친근하고 여행 경험이 많았다. 부유하고 매력적인 그의 아내는 윌슨 대통령의 새 아내와 가까웠다. 베스니치는 지도를 펼쳐놓고, 유고슬라비아가 내세우는 주장의 근거를 설명했다. 그것은 공로에 대한 보상(세르비아는 충실한 동맹이었고, 오스트리아-세르비아 내 남슬라브인들은 적의 전쟁 노력을 훼방하기 위해 최선을 다했다), 자치, 안보였다. 슬로베니아와 크로아티아 동료들이 서로 상충하는 주장을 하나하나 설명했다. 거의 이탈리아 주민들의 도시인 트리에스테, 크로아티아와 전통적인 경계 북쪽의 헝가리 지방 바치카와 버러녀, 루마니아어 사용 지역인 바나트와 클라겐푸르트 인근의 독일어 사용 지역도 요구했다. 유고슬라비아 사람들은 비슬라브인 거주 지역을 요구한다는 것을 부정했다. 오래된 인구 조사는 신뢰할 수 없고, 어찌되었건 오스트리아와 헝가리는 슬라브 학교와 문화를 탄압했다. 어떻게 구제국에서 슬로베니아어로 기차표를 요구했다는 이유로 체포되는 일이 일어날 수 있는가?[46] 이런 주장에 대해 심지어 유고슬라비아 지지자들도 불편함을 느꼈다. "그들은 균형감각과 상식을 잃어버렸는가?"라고 시턴-왓슨의 친구가 물었다.[47]

유고슬라비아는 강화회의가 시작되는 시점에 오스트리아-헝가리 내에서 원하는 지역 상당 부분을 차지한 상태였다. 여기에는 보스니아-헤르체고비나, 구오스트리아 카르니올라 지방의 슬로베니아 중심지, 달마티아 상당 부분, 그리고 당연히 구크로아티아 왕국이 포함되었지만, 그들은 더 많은 지역을 원했다. 유고슬라비아 대표단은 크로아티아가 오스트리아 및 헝가리와 만나는 서쪽에서 메주무리에와 프레크무리에라고 알려진 작은 두 지역, 동쪽에서는 풍요로운 헝가리 평원의 일부인 버러녀와 바치카를 원했다. 헝가리는 파리에 친구가 거의 없었다. 헝가리는 단순히 패배한 적일 뿐만 아니라 혁명의 소용돌이에 휘말릴 것처럼 보였다. 결정해야 할 핵심 사항은 합리적으로 유고슬라비아가 얼마나 더 많은 영토를 차지하는 것이 합리적인가였다. 주민 대다수가 크로아티아인과 슬로베니아인인(헝가리는 다르게 주장하려고 노력했지만) 메주무리에와 프레크무리에 지역은 약간의 논의를 거쳐 유고슬라비아에 양도되었다. 그러나 버러녀와 바치카 지역은 루마니아와 유고슬라비아 사이에 논쟁의 대상이 되었고, 동쪽의 바나트는 타협점을 찾는 데 훨씬 오랜 시간이 걸렸다.

   유고슬라비아의 주장만이 전부가 아니었다. 발칸 국가 모두는 오스트리아-헝가리의 소멸은 전쟁 전 오스만제국의 패배만큼이나 흥분되는 기회였다. 각 나라는 얻을 수 있는 만큼 영토를 획득하려고 노력했다. 민족자결은 자신들에게는 적용되지만, 이웃 민족에게는 적용되지 않는 원칙이었다. 오스트리아-헝가리가 강화를 요청하고 역사에서 사라진 1918년 10월의 혼란스러운 시기에 발칸의 각 정부는 군대를 진격시켜 영토를 넓혔다. 새로운 조직들이 우후죽순 생겨났다. 노동자평의회, 병사평의회, 크로아티아인 평의회, 마케도니아인 평의회, 그리스인 평의회 등등. 누가 그 배후에 있는지는 분명하지 않았지만, 그들의 요구는 끝이 없는 것처럼 보였다.

그리스는 유럽 지역의 오스만제국 영토 나머지를 원했고, 불가리아도 마찬가지였다. 그리스와 유고슬라비아 모두 알바니아 분할을 고려했다. 루마니아와 불가리아는 흑해 서부 연안을 따라 뻗어 있는 도브루자에 대해 합의를 하지 못했다. 세르비아, 그리스, 불가리아 모두 마케도니아 땅을 더 원했다. 문명을 구하고, 정의와 명예를 위해 싸운다는 멋진 말이 오갔지만, 수면 아래에서는 현실정치realpolitik의 계산이 난무했다. 지도 위의 많은 경계선이 요동치고, 모든 일에 대한 협상이 가능할 것 같은 1919년의 흥분된 분위기 속에서 최대한 많은 것을 차지하지 않는 것이 미친 짓처럼 보였다. 발칸 정치인들은 윌슨을 존경한다고 주장했다. 그들은 민족자결, 정의, 국제 협력의 언어를 말하고, 청원을 제기하고, 국민의 목소리를 대변한다고 주장하며, 구태의연한 영토 욕심을 뒷받침했다. 그들은 멋지게 그려진 지도를 보여주었다. 한 미국 전문가는 이렇게 썼다. "전쟁과 평화를 다룬 회의가 유발한 온갖 종류의 지도 위조는 (…) 두꺼운 책 한 권을 쓸 만한 분량이었다. 이러한 과정이 가장 극적으로 활용된 곳은 발칸 지역이었다."[48]

중재자들이 모든 주장을 평가하는 데 도움이 될 만한 것은 거의 없었다. 윌슨은 14개조에서 오스트리아-헝가리 주민들의 "자율적

자기 발전의 가장 자유로운 기회"에 대해 얘기하며 발칸 지역을 간접적으로 언급했고, 좀더 직접적으로 루마니아, 세르비아, 몬테네그로가 자립해야 한다고 말했다. 그는 또한 세르비아는 해양 접근권을 가져야 한다고 말했지만, 어떻게 실현할지는 구체적으로 언급하지 않았고, 발칸 국가들은 강대국의 자애로운 눈길 아래 모두 "역사적으로 수립된 애국심과 민족 경계선을 따라" 친구가 되어야 한다고 주장했다. 마지막 말이 무엇을 뜻하는지는 분명하지 않았지만, 최근의 역사와 발칸 지역의 민족적 혼합을 무시하는 제안이었다.

충성스러운 동맹국은 보상을 받아야 한다는 감정도 있었다. 세르비아는 고난에 대한 보상을 받아야 하며, 그것은 아드리아해의 항구일 수도 있고, 적어도 에게해의 항구는 되어야 한다고 생각했다. 그리스와 루마니아는 전쟁 중 남발된 약속의 일부를 받아내야 했다. 그러나 불가리아와 오스만튀르크는 동맹을 잘못 선택한 벌을 받아 마땅했다. 그들이 무엇으로 이를 감당할 것인가는 별개의 문제였다. 오스만제국이 고철 더미가 되어야 하는 것은 분명하지만, 발칸 지역에는 남아 있는 땅이 없었다. 불가리아는 파산 상태일 뿐만 아니라 1913년 전쟁에서 상당히 넓은 지역을 이미 상실한 상태였다.

영국은 대체적으로 중부 유럽에 큰 관심이 없는 것과 마찬가지로 발칸 지역에서 일어나는 일에 무관심했다. 영국은 자국의 상업적 이익이나 해군 이익이 보호되는 한 크게 관여할 일이 없었다. 영국은 다시 살아날 독일이나 러시아를 견제할 수 있는 강력하고 안정된 국가를 선호했다. 몬테네그로나 알바니아와 같이 "용맹한 소국 세르비아"에 열광하는 사람들도 있었지만, 영국 정부는 이 국가들을 위해 영국 군사력이나 자금을 사용할 생각이 없었다.[49] 이와 대조적으로 프랑스는 항상 독일에 대한 방어가 우선이었다. 이상적으로는 더 커진 세르비아나 루마니아, 북쪽으로는 체코슬로바키아와 폴란드가 독일에 대한 견제 세력이 되어서 독일이 두번 다시 감히 프랑스를 침공할 수 없기를 원했다. 강력한 세르비아가 이탈리아를 견제한다면 더욱 좋은 일이었다. 만일 프랑스가 발칸 지역에 대한 감상적 집착이 있다면 그것은 같은 라틴족으로 간주될 수 있는 루마니아였다.

이탈리아는 원하는 것이 분명했다. 지리적 여건으로 인해 이탈리아는 발칸 지역을 진지하게 생각할 수밖에 없었다. 이탈리아는 세습적 숙적인 오스트리아-헝가리의 종말을 기쁘게 여기는 입장이었고, 최소한 자유주의자들은 자유를 얻기 위해 투쟁하는 약소국에 대해 동정적이었다. 이탈리아 민족주의자들은 볼셰비키 러시아이건 새로운 남슬라브 국가이건 다른 국가가 발칸 지역에서 지배력을 확보하는 것을 원하지 않았다. 이탈리아 민족주의자들은 이탈리아 정책을 점점 더 호전적이고 팽창주의적 방향으로 몰고 갔다. 이탈리아는 강력한 남슬라브 국가의 출현을 두려워했기 때문에 루마니아에서부터 오스트리아, 불가리아에 이르기까지 주변 국가들의 요구를 지지했다. 파리에서 소니노는 이탈리아와 유고슬라비아

간의 상충하는 요구는 최고평의회에서만 논의되어야 한다고 주장했다. 그는 전문가 위원회가 국경의 정당성에만 신경쓰고 전쟁 중 이탈리아가 받은 약속을 무시할까봐 우려했는데, 여기에는 나름의 근거가 있었다. 이 이야기는 이탈리아와 그 동맹국들이 강화회의를 거의 좌초시킬 뻔한 더 큰 논쟁의 한 부분이었다.

미국은 다른 지역에서와 마찬가지로 발칸 지역에서 성실한 중재자 역할을 자임해 구식 외교의 관행을 깨고 민족자결주의 원칙을 적용하려고 했다.[50] 그러나 안타깝게도 발칸 지역의 주민들에 대한 진실은 파악하기 힘들었다. 민족을 기준으로 주민의 정체성을 정의하는 관행은 너무 새로운 것이었고, 발칸 지역의 많은 주민은 여전히 자신을 지역, 종족 또는 오스만 지배하에서 살아온 방식과 종교를 기준으로 인식하고 있었다. 거대한 폭풍이 휩쓸고 간 후의 해안 웅덩이처럼 발칸 지역은 많은 유기체를 가지고 있었다. 그들을 민족적 범주로 분류하는 것은 큰 도전이었다. 세르비아인과 크로아티아인은 언어가 비슷하기 때문에 같은 민족인가, 아니면 세르비아인은 정교도이며 키릴 문자를 쓰고, 크로아티아인은 가톨릭이고 라틴 문자를 쓰기 때문에 다른 민족인가? 마케도니아인은 어디에 속하는가? 그들의 역사 때문에 그리스인에 가까운가, 아니면 언어 때문에 슬라브족에 속하는가?

언어, 민족, 또는 종교적 경계선을 막론하고 어떤 분명한 경계선이 없어 더 어려웠다. 주민들이 그렇게 섞여 살아가는 지역에서 어떻게 분명한 경계선을 그릴 수 있는가? 서로를 두려워하는 주민들을 어떻게 하나로 모을 수 있겠는가? 발칸 지역의 인구 지도 패턴은 꽤 예뻤다. 점묘법으로 표시한 색깔과 때로 선명한 방울이 나타났다. 그러나 현장의 상황은 그렇게 깔끔하지 않았다. 의심과 증오의 도가니는 1919년까지 점점 더 뜨겁게 달아올랐다.

이 세계를 가른 국경은 그 여파로 많은 불행한 소수민족과 불만이 쌓인 이웃을 만들어냈다. 그 한가운데 유고슬라비아가 있었다. 이 국가는 스스로 형성되었고, 중재자들은 이것을 인정해 몇 개 개별 위원회의 작업을 통해 국경을 정리했다. 그 결과 과거 세르비아보다 세 배 크고 더 많은 적을 가진 나라가 탄생했다. 유고슬라비아는 오스트리아, 크로아티아, 헝가리의 바나트 일부, 알바니아와 불가리아 일부를 포함해 몬테네그로, 슬로베니아, 보스니아를 영토로 갖게 되었다. 강화회의에서 자주 나온 것처럼 이것이 만들어낸 결과는 단순히 땅과 그 안에 사는 사람들만이 아니라, 유럽의 평화가 달린 동맹 구조였다. 명목상 같은 편이었던 이탈리아와 루마니아는 부당한 대우를 받았다고 느꼈다.

패전국이 된 오스트리아, 헝가리, 불가리아는 영토와 주민 모두를 포함해 자신들이 잃은 것을 슬퍼했다. 남쪽의 그리스만이 우호적 태도를 유지했다. 언어 외에는 공통점이 별로 없는 유고슬라비아 내 주민들은 자신들의 나라가 무엇을 의미하는지에 대한 해석에서 의견이 일치하지 않았다. 유고슬라비아는 2차대전 중 자신들이 얻은 것에 대한 큰 대가를 치렀다. 독일의 큰 지원을 받은 이웃 국가들은 유고슬라비아가 파리 강화회의에서 얻은 것을 다시 차지했고, 그 주민들은 서로에게 대항했다. 공산주의 지도자 티토가 흩어진 조각들을 다시 모았지만, 파리 강화회의가 처음으로 유고슬라비아의 존재를 인정한 지 70년 만에 이 나라는 다시 별개의 조각들로 분해되었다. 이웃 국가들은 1919년 이후 늘 그랬던 것처럼 이곳을 불안하게 지켜보았다.

10장

루마니아

강화회의가 공식적으로 시작되기 며칠 전, 약소국 가운데 벨기에와 세르비아만이 강화회의에 초청될 것이라는 소문이 루마니아에 돌았다. "격렬한 감정"에 사로잡힌 루마니아 총리 이온 브르티아누 Ion Brătianu는 연합국 대사들을 불러 모아 "루마니아는 정의에 대한 권리를 가진 동맹국이 아니라 동정을 받아야 하는 불쌍한 거지처럼 대접받고 있다"고 불평했다. 그는 대사들에게 루마니아는 항상 충실한 동맹이었다는(신뢰가 가지 않는 발언이었다) 것을 본국 정부에 보고하도록 요청했다. 그는 세르비아의 공격을 받았기 때문에 참전했다고 간접적으로 비판했다. 그는 조국과의 관계를 끊어버린 사람들을 좋지 않게 말했다(그의 정적 중 일부는 파리로 망명했다). 그는 만일 연합국이 주의하지 않으면 루마니아에서 모든 영향력을 상실할 것이라고 위협했다. 또한 철수할 것이라는 위협도 했다(어디에서 철수하는지는 분명하지 않았다). 연합국 대사들은 이 신기한 발언을 본국에 보고하고 자신들의 의견도 덧붙였다. 루마니아는 러시아와 러시아 볼셰비즘에 대항하는 유용한 완충 국가가 될 수 있으므로 루마니아를 소외시키지 말아야 한다는 것이었다.[1] 그러나 애초 강대국들은 루마니아가 대표단을 파견해야 한다고 생각했기 때문에 이 모든 행동과 경고는 불필요한 것이었다.

루마니아 사람들은 자국의 중요성을 아주 높게 생각했다. 그들은 또한 강화회의에 큰 기대를 걸고 있었다. 1월 8일에 이미 영국 대표단의 해럴드 니컬슨은 두 명의 루마니아 대표와 짧은 회동을 가졌다. "그들은 '내부 사정'에 대해 말하는 게 너무 부끄럽다고 했다. 그러나 외부 문제에 대해서는 전혀 수줍어하는 기색이 없이 헝가리 거의 전부를 요구했다."[2] 루마니아는 러시아의 일부도 원해 자국이 이미 점령한 베사라비아를 요구했고, 북쪽의 오스트리아로부터는 부코비나를 원했다. 루마니아의 요구는 과도했으나 그들을 막을 만한 러시아 군대는 없었고, 오스트리아와 헝가리는 크게 위축된 상태였다. 루마니아군은 헝가리령 트란실바니아와 부코비나로 진주해 점령했고, 강화회의의 최종 결정에 이 지역의 운명이 달려 있었다. 그들은 오스트리아 조약과 헝가리 조약이 체결될 때까지 기다려야 했다.

발칸 지역에서 루마니아는 헝가리로부터 바나트를 취하려고 했지만, 유고슬라비아도 이 지역에 대한 영유권을 주장하고 나서자 더 어려운 상황에 처했다. 트란실바니아 알프스 산자락에서 서쪽으로 경사져 내려오며 헝가리 평원 남쪽 끝에 이르는 이 전원적인 낙후 지역은 1919년에 많은 논란을 불러일으켰다. 이곳은 탐낼 만한 지역이었다. 약 2만 8천 제곱킬로미터의 면적에서 일하는 근면한 농부들과 비옥한 토양, 수량이 풍부한 강과 하천이 옥수수와 밀을 넉넉히 생산해냈다. 털이 긴 암소가 초원에서 자라고, 살진 닭과 돼지가 농장에서 자랐다. 바나트는 산업이라고 할 만한 것이 없었고, 인구가 10만 명 이상이 되는 도시나 기념물도 없었다. 그곳은 웅장하다기보다 풍경화 같은 곳이었다.

1919년 1월 31일 루마니아 대표와 유고슬라비아 대표가 최고평의회에 나와 발언을 했다. 그 주 초반에 중국 대표, 체코 대표, 폴란드 대표가 각각 자신들의 주장을 개진했다. 로이드조지는 이런 전례에 우려를 표명했고, 다른 대표들도 같은 입장이었다. 이틀 전 그는 좀더 확고한 의제를 가지고 논의해야 한다고 주장했다. "그는 주 초에 진행된 체코슬로바키아와 폴란드에 대한 논의는 완전히 잘못되었다고 생각했다. 그는 '시간 낭비'라는 표현은 쓰지 않았는데, 이 표현이 아주 도발적이고, 이미 (윌슨) 대통령의 눈에서 분노의 불길이 이는 것을 보았기 때문이다. 당시 그는 이것이 문제를 다루는 최선의 방법이 아니라고 생각했다." 만일 그들이 영토 문제를 다루기 시작하면, 여기에 집중해 실제로 결정을 내려야 했다. 결론을 내리지 못한 최고평의회는 밸푸어의 제안을 수용해 루마니아와 세르비아의 주장도 들어보기로 했다. 그게 두 국가를 더 행복하게 해준다는 것이 그 이유였다.[3] 밸푸어의 다른 많은 해결책과 마찬가지로 이것은 실용적이기보다는 품위가 있었다.

날이 어두워지는 추운 오후, 브러티아누는 루마니아의 요구를 설명했다. 부자에다가 권력이 많고, 터무니없을 정도로 세련된 그는 자신의 중요성에 대해 깊은 확신을 가지고 있었다. 그는 지식인의 요람인 파리의 고등 교육기관인 오트제콜에서 수학했고, 모든 사람에게 이를 상기시켰다. 그는 나른한 손에 프랑스 시집을 들고 소파에 기댄 모습을 사람들에게 보여주기를 좋아했다.[4] 강화회의 초기 그와 식사를 한 적이 있는 니컬슨은 그에게서 좋은 인상을 받지 않았다. "브러티아누는 턱수염 달린 여자이고, 억지를 부리는 협잡꾼이고, 부쿠레슈티의 지식인이고, 아주 불쾌한 자다. 잘생기고 활기 있는 그는 머리를 살짝 기울여서 잔에 비친 자신의 옆모습을 바라본다. 그는 의도적인 농담을 하며, 그것이 파리 사람들이 하는 농담이라고 상상한다."[5] 여자들은 그를 좋아했다. 그는 "가젤 같은 눈에 호랑이 턱을 가지고 있다"라고 한 여인은 말했다. 유혹의 기술을 잘 아는 루마니아 왕비 마리$_{\text{Marie}}$는 보름달이 그를 "감상적"으로 만든 어느 저녁을 회고했다.[6] 그녀는 윌슨에게 그는 "지겹고, 끈끈하고, 지루한 사람"이라고 덜 호의적으로 말했다.[7]

니컬슨은 그가 "연극을 하듯이 무심하게" 가방을 확 열며 바나트 전체 영유권을 주장했다고 말했다. "그는 자신이 그 자리에 있는 다른 정치인들보다 위대한 사람이라고 확신하는 것 같았다. 역설과 자의식이 가득 찬 미소를 수시로 지었다. 그는 자신의 멋진 머리를 옆으로 돌렸다. 그는 무서운 인상을 주었다."[8] 그는 루마니아를 전쟁에 참전하게 만든 1916년 부쿠레슈티 조약에서 바나트를 약속받았다는 엄격한 법적 주장에서부터 윌슨의 원칙 사이를 오가며, 루마니아인은 한 국가 안에 살아야 한다고 강변했다. 그는 장황한 연설에서 인류학, 역사, 지리, 그리고 루마니아의 전쟁 중 희생에 대해 언급했다. 그는 또한 세르비아인은 과거에 오스트리아-헝가리에 기울었다고 암시했다. (세르비아인들은 루마니아에 대해 똑같은 비난을 했다.)

이런 주장에 베스니치와 트룸비치가 답변을 했다. 그들은 세르비아는 바나트의 서쪽 부분만을 원하고 있다는 점을 지적했다. 그들은 비밀 조약은 언급하지 않았지만, 루마니아 측과 거의 같은 주장을 했다. "중세 이래로 세르비아가 영유권을 주장하는 바나트 지역은 항상 세르비아 주민들과 밀접하게 연계되었다." 역사적으로 "일 드프랑스가 프랑스에 속하고, 토스카나가 이탈리아에 속하는 것과 마찬가지로 바나트는 세르비아에 속한다"라고 그들은 주장했다. 이곳에서 세르비아의 부흥과 후에 세르비아 민족주의가 시작되었다고 강조했다. 세르비아 왕족 가문이 망명을 하는 경우에도 항상 이곳을 택했다는 사실도 지적했다. (이 말에 브러티아누는 세르비아의 정치적 변동으로 인해 때로 그 지도자들이 루마니아 본토로 왔지만, 이것이 세르비아가 영토를 주장할 근거는 되지 않는다고 나름대로 일리 있는 답변을 했다.[9])

논의 중 윌슨은 다소 놀랍게도 발칸 지역에서 온 대표자들이 같은 방식으로 사실을 표현하지 않으며, 항상 명확하지 않은 부분이 있다고 지적했다. 미국은 항상 사실에 근거한 타결을 지지할 준비가 되어 있다고 말했다.[10] 반쯤 졸고 있던 밸푸어는 언뜻 듣기에 단순한 질문을 하며 끼어들었다. "바나트의 민족적 혼합에 대한 수치가 있는가?" 유고슬라비아인들은 있다고 대답했다. 자신들이 영유권을 주장하는 서부 지역은 세르비아인이 대다수 주민을 이루고 있고, 이뿐 아니라 (정교회) 수도원과 수녀원이 곳곳에 있다고 그들은 주장했다. 그리고 바나트 지역에는 많은 수의 독일인과 헝가리인이 있지만, 그들은 루마니아보다는 세르비아의 일부가 되기를 원한다고 주장했다. 그러나 브러티아누는 바나트가 하나의 단위로 보면(정치적·역사적 이유로만 그렇게 한다면), 루마니아인이 다수 주민이라고 주장했다. 세르비아인들은 다른 모든 슬라브인과 마찬가지로 정교회 성향이 있다는 것을 알기 때문에 어디에도 가톨릭 수도원은 없고, 독일인과 헝가리인을 고려하면 세르비아인들은 이렇게 큰 소수민족을 관리하는 데 어려움을 겪을 것이라고 그는 주장했다.[11]

2월 1일 브러티아누는 루마니아의 요구 사항 전체가 담긴 목록을 제출했다. 바나트, 트란실바니아, 러시아와 국경 지역의 베사라비아, 그리고 북쪽의 부코비나가 그 대상이고, 이 모든 지역이 역사적·민족적으로 루마니아의 일부라고 주장했다. 연합국은 베사라비아와 부코비나에 대한 영유권 주장은 받아들였다. 연합국 대표들은 베사라비아를 볼셰비키 러시아에, 부코비나를 당시 볼셰비키로 보이는 헝가리에 반환할 뜻이 별로 없었다. 트란실바니아는 훨씬 큰 지역이었고 복잡한 문제였다. 연합국은 헝가리 조약을 해결한 뒤 이 문제를 여유 있게 다룰 수 있을 것으로 전제했다.

브러티아누는 강대국들은 상황이 통제를 벗어나 "심각한 사태"가 발생하기 전에 루마니아의 주장을 다루어야 한다고 경고했다. "루마니아는 지금까지 한 역할인 볼셰비즘에 대항하는 유럽의 집결지로서 모든 연합국의 도덕적 지원을 필요로 한다."[12] 이것은 파리 강화회의에서 많이 사용된 주장이었지만, 새로운 볼셰비키 러시아와 혁명적 헝가리 사이에 위치해 있는 루마니아의 주장은 설득력이 강했다. 지리는 또다른 방법으로 루마니아를 도왔다. 루마니아는 연합국의 의지를 관철하기에는 너무 멀리 있었다. 루마니아는 신뢰하기 어렵다는 악명이 높기는 했지만, 전쟁 중 동맹국이었고, 영국과 프랑스는 지금은 사이가 거북해진 이탈리아에 한 약속처럼 여러 약속을 루마니아에 한 바 있었다.

파리가 알고 있는 루마니아는 교양 있고 사교적인 마르테 비베스코Marthe Bibesco 공주의 나라였다. 그녀의 살롱은 전쟁 전에도 유명했고, 프랑스의 전통 있는 대귀족 가문과 결혼하고 안나 드 노아유Anna de Noailles라는 이름으로 당대 가장 유명한 시인이 된 그녀의 아름다운 사촌도 유명했다. 루마니아 상류층은 프랑스를 사랑했다. 그들은 프랑스에서 자녀를 교육시키고 의상과 가구를 구입했다. 프랑스도 나름의 무뚝뚝한 방식으로 이에 호응했다. 루마니아는 로마 군단의 후손으로 라틴어족 언어를 사용하는 동류 라틴 민족이라고 치켜세웠다. 19세기 프랑스는 루마니아가 오스만제국으로부터 독립하는 것을 지원했고, 1919년 프랑스 정부는 독일에 대한 견제 세력이자 러시아 볼셰비즘을 막는 봉쇄 지역의 중요한 거점으로 강한 루마니아를 선호했다. 루마니아 사람들도 서방과의 연계를 크게 내세웠다. 자신들은 로마제국의 후손이고, 서방 문명의 일원이라고 주장했다. 평화 협상에서 그들은 거리낌 없이 헝가리에 속한 트란실바니아를 포함한 로마제국의 다키아 지방 전체가 루마니아에 복원되어야 한다고 주장할 수 있었다.

그러나 좀더 복잡한 역사를 가진 또다른 루마니아가 있었다. 이 루마니아는 오랜 기간 동쪽에서 온 주민들에 의해 침략당하고, 그 이주민들이 정착하고, 유럽 중심부에 나타났다가 사라진 여러 왕국에 의해 분열되고, 16세기 오스만제국의 통치하에서 몰다비아와 왈라키아로 존재하기도 했었다. 아름다운 프랑스어를 사용하고, 의상을 구하기 위해 파리로 오는 그 귀족들의 조부모 초상화를 보면 그들은 이슬람식 카프탄을 입고 터번을 쓰고 있었다.

루마니아 사회에는 오랜 세월 부패한 오스만의 통치 흔적이 남아 있었다. 루마니아에는 "물고기는 머리부터 썩는다"는 속담이 있었다. 루마니아에서는 관직, 허가장, 여권 등 거의 모든 것을 돈으로 살 수 있었다. 암시장을 이용하지 않고 합법적으로 환전을 하려던 한 외국 기자는 특별한 사기 행각에 관여했다는 의심을 받고 경찰 유치장에 갇히기도 했다. 모든 정부 계약에는 수뢰가 따랐다. 루마니아는 자연이 풍요롭고 농지가 비옥한 나라였고, 1918년에는 유전도 있었지만, 정부가 할당한 예산은 브러티아누 가족 같은 영향력 있는 가문의 손으로 흘러 들어가서 도로, 다리, 철도 사정이 열악했다.[13] 루마니아 사람들은 사방에서 음모가 진행되고 있다고 믿는 경향이 있었다. 파리에서 그들은 최고평의회가 볼셰비즘의 영향 아래 떨어졌다거나, 그 반대로 사악한 자본주의 세력의 뇌물에 굴복했다는 식의 불길한 암시를 하기도 했다.[14]

루마니아를 방문한 서유럽 사람들은 그 이국적이고, 심지어 동양적인 정취에 놀랐다. 양파 모양 돔을 얹은 정교회 사원에서부터 파란색 벨벳 카프탄을 입은 택시 운전사에 이르기까지 이국적 정취가 물씬 풍겼다. 주민 대부분은 정교도였지만, 택시 운전사는 자녀 두 명을 낳으면 거세를 하는 종파 사람들이었다. 전쟁 전 수도 부쿠레슈티는 매력적이지만 낙후되어 있었다. 건물 대부분은 낮고 허름했으며, 포장이 안 된 대부분의 도로는 살아 있는 새, 과일, 빵, 카펫을 파는 노점상들이 차지하고 있었다. 검은 눈동자를 가진 집시 소녀들은 꽃을 팔러 다녔다. 나이트클럽에서 집시 남자들은 음악을 연주하거나, 인기가 많은 "당신은 자신이 예쁘다는 것을 알지요tu sais que tu es jolie"라고 노래를 불렀다. 부유한 가족들은 알바니아 인들이 지키는 영지 저택에서 가축을 키우며 생활했다.[15]

먼 과거까지 거슬러 올라가는 모든 주장에도 불구하고 루마니아는 비교적 신생국이었다. 몰다비아와 왈라키아는 19세기 중반 오스만제국으로부터 제한적 독립을 얻었고, 1880년에 완전한 독립국이 되었다. 두 공국은 함께 L자를 뒤집어놓은 형태의 나라를 형성했다. 좀더 부유하고 발전된 트란실바니아의 알프스 남쪽 면을 따라 서쪽에서 동쪽까지 왈라키아가 차지했고, 몰다비아는 카르파티아산맥 동쪽을 차지했다. 1866년 루마니아인들은 후에 국왕 카롤이 되는 독일 왕자를 통치자로 초빙했다. 그는 자신을 제지하려는 오스트리아의 시도를 피해 상인으로 위장한 채 다뉴브강 기선을 탔다. 유명한 신비주의자인 그의 아내는 카르멘 실바Carmen Silva라는 이름으로 시와 로맨스 소설을 썼다. 루마니아에서는 종종 믿기지 않는 일이 일어났다.

　루마니아인들은 중부 유럽의 나폴리 사람 같았다. 남녀 모두 강렬한 향을 사랑했다. 상류층 여성들은 화장을 짙게 했고, 남자들은 좀더 조심스럽게 화장을 했지만 군사 당국이 일정 계급 이상의 장교에게는 화장을 제한해야 할 정도였다.[16] 루마니아가 참전한 후에도 외국 관찰자들은 장교들이 "색칠한 얼굴로 돌아다니며 매춘부를 찾거나 서로를 찾는 것"을 보고 충격을 받았다. 시끄럽고, 감정 표현이 과도하고, 멜로드라마적이고 싸움을 좋아하는 루마니아인들은 계층을 막론하고 여가를 즐기는 데 열정을 쏟았다. 한 고위층 루마니아 여성은 이렇게 말했다. "지역 정치와 함께, 사랑과 성교가 사회 모든 계층의 가장 큰 관심사였다. 도덕성이 우리 동포들에게서 강점이 되었던 적은 없지만, 그들은 매력, 아름다움, 위트, 재미, 지성을 드러낼 줄 안다."[17] 심지어 루마니아 정교회도 간음에 대해 너그러운 태도를 보였다. 정교회는 상호 동의만 있으면 세 번까지 이혼을 허용했다.

　브루티아누가 파리에 도착하기 전에는 뛰어나고 매력 있는 타케 이오네스쿠Take Ionescu가 루마니아의 대변인이었다. 쾌활하고 말쑥하고 잘 먹는 그는 소르본대학에서 법학을 공부했고, 프랑스어를 훌륭하게 구사했다. 그에 못지않게 쾌활한 영국인 아내 베시는 브라이튼의 하숙집 주인 딸이었다. 이오네스쿠는 전쟁이 벌어진 후 친연합국 입장을 취했고, 루마니아를 연합국 편에 서게 하는 데 상당한 역할을 했다. 그는 루마니아의 주장을 내세우는 데는 브러티아누보다 온건한 편이었다. 한 미국 대표는 이렇게 말했다. "그의 태도는 세르비아인에 대해 대단히 우호적이었다. 불가리아 사람들은 아주 나쁘게 행동해서 불가리아군에 잡힌 루마니아군 포로 2만 8천 명 중 1만 명만 살아남았다." 바나트에 대해서 이오네스쿠는 타협을 하고자 했다. "루마니아는 세르비아와 좋은 관계를 맺어야 했기에 이오네스쿠는 바나트 전체를 차지하려고 하지 않고 남서부 지역은 세르비아에 넘겨줄 의향이 있었다."[18]

그리고 실제로 1918년 10월에 타협이 이루어졌다. 이오네스쿠는 불가리아 대표들과 만나 몇 달 후 타결된 합의를 만들어냈다. 루마니아가 바나트의 상당 부분을 얻고, 나머지는 세르비아가 차지하는 것이 타협안이었다. 그러나 이 타협은 루마니아 언론으로부터 민족에 대한 배신이라는 공격을 받았고, 브러티아누는 결국 이를 무효화했다. 그 이유 중 하나는 그가 이오네스쿠를 정적으로 미워했기 때문이다.[19] 강화회의에 참석할 루마니아 대표를 선발할 때 브러티아누는 이오네스쿠가 포함되지 않도록 손을 썼다.

바나트에 대한 루마니아의 영유권 주장은 불가피하게 민족적 요인을 강조했고, 또한 전쟁 중 루마니아의 역할도 크게 강조했다. 이것은 어쩌면 가장 현명한 선택이 아니었을 수 있다. 루마니아는 전쟁이 시작되자 현명하게 어느 편도 들지 않았다. 당시 브르티아누 총리는 동료들에게 가장 조건이 좋은 제안을 기다려야 한다고 말했다.[20] 그러나 브르티아누 정부는 현명하지 못하게 이것을 너무 분명하게 내세워서, 한 프랑스 외교관으로부터 "동양 시장의 장사꾼처럼" 행동한다는 말을 들었다. 1916년 여름 연합국이 우위를 차지하는 것처럼 보이자 루마니아는 결국 참전하기로 결정하고, 그 대가로 바나트와 트란실바니아 전체와 부코비나 대부분을 받는다는 약속을 얻어냈다. 막후에서 프랑스와 러시아는 평화가 달성되면 이 모든 약속을 재검토하기로 합의했다.[21]

루마니아의 참전 시점은 좋지 않았다. 루마니아군이 이동할 준비가 되었을 때 동맹국이 반격을 펼쳤다. 1916년 말이 되자 루마니아 절반 이상이 독일군과 오스트리아군에 점령되었다. 그해 겨울 600만 명의 인구를 가진 루마니아에서 30만 명이 질병이나 기아로 사망했다.[22] 연합국은 부당하게도 루마니아 자체가 이 재앙에 책임이 있다고 비난했다.[23] 1918년 5월 동맹국과 새로이 부쿠레슈티 조약을 맺은 루마니아는 전쟁에서 이탈했다. 이것은 이해할 만한 움직임이었지만, 영토 요구는 다른 문제였다. 1916년에 맺은 부쿠레슈티 조약에서 루마니아는 개별 강화를 하지 않기로 약속했기 때문에 연합국은 이제 더이상 약속을 지킬 의무가 없다고 생각했다. 클레망소는 자신이 보기에 배신 행위를 한 브르티아누를 절대 용서하지 않았다.[24] 브르티아누는 총리직을 사임하고 자신이 선택한 후임자에게 책임을 맡김으로써 적어도 자신은 만족할 만한 방식으로 이 난처한 상황에 대처했다. 그는 새 조약의 의회 비준을 지연시켰고, 1918년 11월 10일 독일에 다시 선전포고를 했다. 그리고 이로써 연합국과의 약속이 다시 살아났다고 의기양양하게 선언했다. 루마니아는 전쟁을 치를 힘을 보존하기 위해 강화를 했을 뿐이라고 합리화했다. "법적으로나 실제적으로나 도덕적으로 루마니아 사람들은 진정으로 적과 평화 상태에 있었던 적이 없다."[25] 만약을 위해 그는 세르비아의 영토 획득을 제한하려는 열망이 큰 이탈리아 측과 만나 전쟁 중 맺어진 조약을 준수하기로 조용히 합의했다.[26]

최고평의회는 루마니아의 과도한 요구와, 바나트를 놓고 유고슬라비아와 벌이는 싸움에 짜증을 냈다. (브러티아누는 자신이 발언을 하는 동안 최고평의회 일부는 잠을 잤다고 불평했다.[27]) 중재자들은 바나트를 포함한 루마니아의 요구 사항을 전문가 위원회에 회부해 타결점을 찾자는 로이드조지의 제안을 수용하면서 한시름 놓게 되었다. 그는 이 사안을 조사하고 사실을 알아본 다음, 단지 몇 가지 문제만이 최고평의회에서 논의될 것이라고 낙관적으로 말했다. 윌슨도 이에 동의했지만, 전문가들은 사안의 정치적 면을 고려하지 말아야 한다고 주의를 주었다(무엇이 '정치적'인가는 정의되지 않았다). 클레망소는 아마 윌슨의 간섭으로 인해 사실상 아무 말도 하지 않았고, 오를란도는 이곳저곳의 국경을 해결하자는 청원을 했지만 소용이 없었다.[28] 그래서 바나트 문제와 남동부 유럽의 다른 영토 전리품은 해당 영토위원회에 회부되었다. 이것은 여러 당사자들을 한

데 모으는 데 큰 성공을 거둔 많은 영토위원회 중 처음으로 구성된 것이었다. 시간이 가면서 루마니아와 유고슬라비아 문제 위원회는 유고슬라비아의 모든 국경 문제를 다루었지만, 이탈리아와의 국경은 예외였다. 이 문제는 이탈리아 측의 요청에 의해 최고평의회에서 다루어지게 되었다.

영토위원회(모두 여섯 개의 위원회가 있었다)의 전문가들은 몰랐지만, 그들이 추천한 내용은 그대로 여러 평화조약에 실리게 되었고, 그 이유는 거물 정치인들이 이 문제를 상세하게 다룰 시간이 없었기 때문이다.[29] 루마니아 위원회는 그 임무를 확장해 유고슬라비아, 루마니아, 그리스, 불가리아의 미래 형태와 발칸 지역의 장래 세력 균형을 결정했다. 헝가리와 이웃 국가들 사이, 소비에트 러시아와 남동부 유럽 사이의 세력 균형이 그들에 의해 결정되었다. "여기에서 얼마나 많은 오류가 범해지는가!"라고 영국 전문가 중 한 사람인 니컬슨이 썼다. "지도 한 장, 연필 한 자루, 투사지 한 장을 가지고 일을 했다. 그러나 나의 용기는 우리가 엉터리 경계선으로 수천 명의 주민의 행복을 포함하거나 배제할 수 있다는 생각을 견디지 못했다."[30]

최고평의회는 무엇이 정당한 타결을 만들어냈는지 설명하지 않았다. 이것은 방어할 만한 국경을 제공한 것을 의미하는가? 철도망은? 교역로는? 결국 전문가들은 민족 경계선에 따라 국경을 획정하려고 노력했다는 데에만 동의했다.[31] 이 과정을 촉발한 작은 영역인 바나트는 이 기준에 의한 작업의 어려움을 경고하는 역할을 했다.

이곳에는 세르비아인, 헝가리인, 독일인, 러시아인, 슬로바키아인, 집시, 유대인, 심지어 흩어져 거주하는 프랑스인과 이탈리아인이 섞여 있었다.³² 또한 민족 정체성이라는 개념 자체가 다뉴브강의 뱀장어처럼 미끄러운 상황에서 각 민족에 속하는 주민의 수를 어떻게 집계한다는 말인가. 케도르세의 금박과 장식 천으로 꾸며진 연회 홀에서 루마니아 위원회는 지도를 꺼내고, 제출된 자료를 읽고, 증인들의 증언을 듣고, 비합리적인 세계에 합리적 질서를 부여하려고 노력했다.

 그들은 또한 최소한 유럽인들이 관련된 사안에서는 자신들의 국익을 수호하는 데 신경을 썼다. 바나트 문제에 대해 중부 유럽에서 동맹국을 원하는 프랑스는 루마니아와 유고슬라비아 모두가 강하고 우호적인 국가가 되기를 원했다. 반면 이탈리아는 유고슬라비아의 요구를 차단하기 위해 이간질을 하고 절차를 놓고 다투다가 아드리아해에 대한 영유권을 인정받는 대가로 그중 일부에 동의할 수 있음을 암시해 미국을 당황하게 했다. 오스트리아 클라겐푸르트 지역에 대한 유고슬라비아의 영유권 주장을 받아들이는 대승적이고 비용도 안 드는 제스처를 취할 수 있었음에도 불구하고 이탈리아는 그러지 않았다. 예일대학 출신의 젊은 역사학자인 찰스 시모어Charles Seymour는 이것을 "형편없는 외교"라고 평가했고, 프랑스 측은 좀더 직접적으로 비판했다. "그는 이탈리아인들의 비뚤어진 심사는 신경쓰지 않았지만, 그들의 서투름에는 강하게 반대했다."³³ 미국 측은 용감하게도 쉽지 않은 정당한 타협안을 이끌어내려고 노력했고, 영국 측은 미국과 프랑스를 화해시키려고 했다. "우선 상대보다 앞서 나가려고 애를 썼고, 소위 입지를 차지하기 위한 많은 지저분한 일이 일어났다. 영국 측은 우리와 함께 확고하게 이것을 제지하고, 일이 정직하게 진행되도록 노력했다."[34]

유고슬라비아는 이미 자신들이 요구한 것을 반복해서 주장했고, 유고슬라비아의 일부가 되기를 원하는 것처럼 보이는 여러 주민 집단의 애매한 요구도 제출했다.[35] 브르티아누는 타협안을 거부하고, 성깔을 부리고, 너무 상세하게 질문을 받으면 짜증을 내는 등 좋지 않은 인상을 남겼다. 그는 바나트 전체를 루마니아가 소유하면 "앓던 이를 빼는 것과 같아서" 실제로는 유고슬라비아와의 관계를 증진시킨다는 기괴한 논리를 내세웠다. 그는 위협도 했다. 만일 바나트를 얻지 못하면 사임할 것이고, 그렇게 되면 볼셰비키가 루마니아를 장악할 것이라고 했다.[36] 그는 전문가들에게 호소를 했고, 윌슨을 찾아갔지만 윌슨은 그를 하우스와 만나보라고 했고, 하우스는 술 취한 그의 장광설을 참고 들어야 했다. 브르티아누는 후버가 미국의 이익, 사실상 유대인의 이익인 루마니아 석유에 대한 양보를 얻어낼 때까지 차관과 식량을 보류하고 있다고 비난했다. 중부 유럽에서 나오는 뉴스도 그의 입장을 도와주지 못했다. 루마니아군은 휴전선을 넘어 헝가리와 불가리아로 진입했고, 대규모 군대가 바나트 북쪽 끝에 집결하고 있었다. 루마니아는 세르비아인들이 루마니아 민간인을 학살하고 있다는 근거 없는 비난을 했다. 여기에 비하면 유고슬라비아는 이성적인 것으로 보였다.[37]

3월 초 루마니아 대표단은 마리 왕비가 통통한 세 딸을 데리고 왕실 열차 편으로 파리에 도착하면서 원군을 얻게 되었다. 콜레트는 《르 마탱Le Matin》에서 이렇게 서술했다. "회색빛 아침이었지만 마리 왕비는 빛을 품고 있었다. 반짝이는 금빛 머리카락, 분홍색과 흰색 피부의 선명함, 당당하면서도 부드러운 눈동자의 빛이 말을 잃게 했다." 왕비는 자신의 나라를 돕고 싶어하는 열망을 매력 있게 표현했고, 자신이 전쟁 중 기울인 노력에 주의를 집중시켰다. "나는, 오 맙소사, 나를 찾는 곳이면 어디든 갔고, 모든 곳에서 나를 필요로 했어요." 그녀는 "나의 나라를 위해 올라간 깃발" 같다고 말했다.[38]

그녀는 실제로 그랬다. 루마니아 왕좌의 상속자가 빅토리아 여왕의 이 증손녀와 결혼한 것은 행운이었다. 그녀는 자신의 영국식 교육을 털어버리고, 새 나라의 생활방식에 적용하는 데 아무런 어려움을 겪지 않았다. 국왕은 몹시 지루하고 소심하고 어리석은 사람이었지만, 그녀는 사랑스럽고 생동감 넘치고 염문도 뿌렸다. 그녀의 새 신민인 루마니아 국민은 그런 모습조차도 매력으로 보았다.[39] 그녀의 애인 중에는 클론다이크 출신의 캐나다 백만장자 광산업자이자 브러티아누의 매제인 당돌한 조 보일Joe Boyle도 있었는데, 그는 훗날 카롤 국왕이 되는 아이를 빼고 다른 모든 자식들의 아버지라는 소문이 돌았다.[40] 마리는 또한 사치를 좋아했다. 그녀의 파리 여행은 나라를 위하는 것만큼 쇼핑을 위한 것이기도 했다. "루마니아는 트란실바니아, 베사라비아도 얻어야 한다. 그런데 가운이 없어서 양보를 얻어내지 못한다면 어떻게 되겠는가?"라고 그녀는 흥분해서 말했다.[41] 그녀는 항상 '나의' 장관, '나의' 나라, '나의' 군대라고 말했고, 남편인 국왕은 무시했다. 그녀는 국왕이 파리로 보낸 조언의 편지에 대해서 "읽기가 거의 불가능해서 그녀에 대한 전적인 신뢰로 시작하는 첫 문장만 읽고서 나머지 부분은 읽으려고도 하지 않았다."[42]

리츠 호텔의 특실에서 마리는 힘 있는 사람들을 정복하러 나섰다. 그녀는 포슈 원수를 구워삶는 데 어느 정도 성공해 볼셰비즘과 싸운다는 명분으로 루마니아에 무기를 보내게 만들었다. 그녀는 하우스와 재담을 나누었고, 그는 그녀를 "내가 서방에서 만난 모든 왕족 여성 가운데 가장 유쾌한 여성"이라고 말했다.[43] 그녀와 식사를 한 파리 주재 영국 대사는 이렇게 말했다. "그녀는 정말 재미있는 사람이다. 그녀가 그렇게 소탈하지 않았다면 자만심에 차 있다고 착각할 수 있다."[44] 그녀는 밸푸어에게 최근 자신이 산 물건을 먼저 얘기하는 게 좋을지 윌슨과 나눈 국제연맹 얘기를 먼저 하는 게 좋을지를 물었다. 밸푸어는 말했다. "국제연맹을 먼저 얘기하고, 분홍 속옷으로 얘기를 끝내세요. 그러나 로이드조지 씨와 얘기할 때는 분홍 속옷을 먼저 얘기하세요." 로이드조지는 그녀가 "매우 무례하지만 아주 영리한 여자"라고 생각했다.[45] 클레망소도 그녀와의 대화를 즐겼지만, 루마니아가 적국과 개별적으로 강화를 한 것에 대한 불쾌감과 브러티아누에 대한 혐오를 표현했다. 루마니아가 바나트 전체를 차지하려 한다는 클레망소의 비난에 마리는 재미있다는 듯이 "그게 바로 내가 호랑이사촌을 찾아온 이유예요"라고 대답했다. 클레망소는 "호랑이는 암사자와 애를 낳는 법이 없소"라고 되받아쳤다.[46]

마리가 가장 크게 실패한 상대는 윌슨이었다. 그녀는 첫 만남에서 사랑에 대해 이야기해서 그에게 충격을 주었다. 그레이슨의 회고에 따르면 윌슨은 이렇게 말했다. "숙녀가 그런 얘기를 하는 것을 들어본 적이 없다. 나는 너무 당황해서 시선을 어디에 두어야 할지 몰랐다."[47] 마리는 "한두 명의 나의 신사들과 함께" 오찬을 하기로 하고 윌슨을 초대했다. 그녀는 30분 늦게 나타났고, 열 명의 남자를 데리고 왔다. "그녀를 기다리는 동안 내내 대통령의 턱이 일그러지며 루마니아의 조각이 잘려져 나가는 것을 볼 수 있었다"라고 한 손님이 말했다.[48] 그녀는 윌슨과의 오찬이 잘 진행되었다고 생각했다. 또한 자신이 파리에서 보낸 시간이 루마니아에 큰 도움이 되었다고 생각했다. "나는 간청하고, 설명하고, 그들이 방어용으로 내세운 창을 계속 부쉈다. 나는 내 나라의 살아 있는 얼굴을 보여주었다."[49]

그녀가 거물들의 부하와 더 많은 시간을 보내라는 조언을 들었다면 더 좋은 결과를 낼 수 있었을 것이다. 3월 18일 루마니아 위원회는 전리품 바나트를 나누어 서부 3분의 1을 유고슬라비아에 귀속시키고 나머지 대부분은 루마니아가 차지하도록 결정했다. 위원회는 또한 유고슬라비아에 버려녀의 4분의 1과 바나트 서쪽 끝에 있는 바치카의 절반 이상을 귀속시켰다. 민족적 정당성을 항상 신경쏜 미국 전문가들은 헝가리인이 많이 거주하는 도시 세게드가 헝가리에 남아야 한다고 주장했다. 6월 21일 루마니아의 격렬한 반대에도 불구하고 최고평의회는 이 제안을 수용했다. 유고슬라비아는 루마니아에 제공된 다뉴브강에 있는 한 섬에서 철수하기를 거부해 잠시 문제를 일으켰고, 1919년 가을에는 바나트를 놓고 루마니아와 유고슬라비아 사이에 긴장이 고조되었다. 1923년이 되어서야 양국은 자국에 할당된 전리품을 존중하기로 합의했다.

지도 위에 그려진 새 경계선은 인구를 깔끔히 정리하지 못했다. 거의 6만 명의 세르비아인이 루마니아에 남게 되었고, 7만 4천 명의 루마니아인과 40만 명의 헝가리인이 유고슬라비아에 남게 되었다. 유럽 중앙에 나타난 민족적 국가들의 새 세계에서 이러한 주민들이 처한 입장은 간단하지 않았다. 그들은 오랜 기간 그 지역에 거주했지만, 너무 자주 침입자 취급을 받았다. 루마니아와 유고슬라비아 모두 민족 동화정책을 추진했다. 유고슬라비아는 헝가리로부터 얻은 땅을 모아 보이보디나 자치주를 만들었다. 오늘날에도 그렇지만 베오그라드는 이 지역을 압제적으로 통치했다. 세르비아어가 일상 공용어로 선포되었고, 상점 간판에는 키릴 문자를 써야 하고, 라틴 문자는 그 아래 쓰는 조건으로 병기할 수 있었다. 콘서트에는 세르비아 음악이 포함되어야 하고, 신문과 교과서는 엄중한 검열을 받았다. 1930년대 외국 관찰자는 보이보디나의 세르비아인조차 아래와 같은 슬픈 노래를 부르는 것을 보았다.

나는 세르비아인을 이곳으로 데려오기 위해
네 마리의 말을 주었지.
그들을 데려간다면
여덟 마리의 말을 주겠네.[50]

2차대전 중 히틀러의 나치 독일과 헝가리는 이 지역을 나누어 가졌다. 그런 다음 이곳은 점령군과 저항군 사이의 전장이 되었다. 미국이 헝가리에 귀속되어야 한다고 주장한 세게드는 보이보디나와 함께 이 유럽 지역 전체에서 오는 유대인들이 살해당한 장소가 되었다. 오늘날 보이보디나에는 유대인이나 집시가 거의 남아 있지 않지만, 주민들은 여전히 민족적으로 섞여 있다. 주민의 절반 정도가 세르비아인이고, 4분의 1은 헝가리인이다. 베오그라드는 이 지역을 통제하기 위해 위협과 압제라는 낯익은 기술을 사용하고 있다. 평화로운 장래를 기대하기는 어렵다.

루마니아는 바나트에 대한 영유권 요구에서 가장 큰 성과를 거두었을뿐더러 장기적 관점에서 영토를 아주 잘 관리했다. 강화회의에 참석한 모든 승전국 중에서 루마니아는 가장 많은 전리품을 차지해 인구와 영토를 두 배로 늘렸고, 예외적으로 이 모든 전리품을 계속 보유하고 있다. 2차대전 후 베사라비아는 소련에 다시 귀속되었고, 소련은 또한 부코비나 북쪽 절반을 차지했으며, 불가리아는 남쪽에서 도브루자라는 분쟁 지역을 다시 차지했다. 그러나 루마니아는 가장 큰 전리품인 트란실바니아를 여전히 보유하고 있다.

11장

불가리아

바나트 문제가 논의되는 동안 이 지역이 복잡한 일련의 영토 거래에 포함될 가능성을 제기한 것은 미국인들이었다. 만일 루마니아가 바나트의 상당 부분을 차지하게 되면 루마니아는 1913년 남서쪽의 이웃 국가인 불가리아로부터 장악한 영토의 일부를 돌려줄 수 있을 것으로 보았다. 그러면 불가리아는 영토 일부를 유고슬라비아에 넘겨주고, 유고슬라비아에게는 바나트의 일부를 상실한 것보다 더 큰 보상이 될 수 있었다.[1] 놀랍지 않게도 이런 구상은 아무런 결과를 가져오지 못했다. 루마니아와 유고슬라비아는 타협을 할 생각이 전혀 없었다.

독일과 오스트리아 편에서 싸운 유일한 발칸 국가인 불가리아는 당연히 강화회의 당사자가 아니었다. 그럼에도 불구하고 놀랍게도 불가리아는 영토를 잃기보다는 얻는 상황에 가까이 갔다. 불가리아는 특히 미국에 친구가 있었고, 그 적들도 모질지 않았다. 민족자결주의도 불가리아에 도움이 되었다. 불가리아인들은 국가 밖의 최소한 두 지역에서 다수파 주민이었다. 흑해 서부 해안의 남부 도브루자와 에게해 위쪽 트라키아 서부에서는 불가리아인이 많이 거주했다. 불가리아인들이 주장하듯이 유고슬라비아에 속하는 마케도니아 일부 지역에서도 불가리아인이 다수 주민인 경우가 있었지만, 발칸 지역에서 자주 있는 일처럼 이것을 확정하는 것은 지극히 힘들었다.

  무엇이 불가리아 사람을 만드는지가 분명하지 않았다. 대부분의 불가리아어 사용자는 정교도였지만, 일부는 이슬람교도였기 때문에 종교는 그 기준이 되지 않았다. 민족이 기준이 될 수 있었지만, 불가리아인은 슬라브인인가 아니면 몽골인처럼 아시아에서 온 유목민인가, 아니면 두 가지가 혼합된 민족인가? 불가리아인은 세르비아인이나 마케도니아인과 어떻게 다른가? 무엇보다도 그들의 언어는 아주 비슷했다. 불가리아 민족주의는 발칸 지역의 다른 민족주의처럼 새로 생겨난 것이었고, 불가리아 사람들은 다른 어느 발칸 민족보다도 더 오래전인 14세기부터 오스만의 지배를 받았기 때문에 더 새로운 것이었다. 1870년대 불가리아 사람들은 드디어 반란을 일으켰다. 글래드스턴은 오스만 군대가 수천 명의 불가리아인을 학살했을 때 그의 연설 중 가장 위대한 연설을 했다. 그러나 1919년의 불가리아 사람들은 서유럽에서 희생자라기보다는 믿을 수 없는 도당으로 보였다.[2] 루마니아-유고슬라비아 위원회가 주로 다룬 불가리아 국경 문제에서 영국과 프랑스 전문가들은 불가리아 영역을 축소해야 한다고 합의했다.

근대적 국가로 처음 존재한 시점부터 불가리아는 발칸 지역의 아메바처럼 영역이 요동쳤다. 1878년 거대한 자치 불가리아가 오스만제국 영역에서 탄생해 서쪽으로는 알바니아 국경, 남쪽으로는 에게해 해안까지 차지했다. 이웃 국가나 강대국이 보기에 너무 큰 영토였다. 세르비아는 마케도니아의 상당 부분을 차지했고, 그리스의 서트라키아를 차지했다. 오스만제국은 동트라키아 지역을 겨우 지켰다. 불가리아는 짧은 확장 후 1912년에 도브루자 남부를 루마니아에게 빼앗겼다. 잃어버린 영토를 회복하는 것과, 불가리아가 서쪽으로는 아드리아해, 동쪽으로는 흑해에 이르는 대국이었던 10세기의 황금기를 되찾는 것이 불가리아 민족주의자들의 꿈이었다.

루마니아인이 발칸의 나폴리인이라면, 약 500만 명에 이르는 불가리아인은 저지대 스코틀랜드인과 같았다. 무미건조하고, 근면하고, 검소하고, 말수가 적은 불가리아인은 그 끈기로 유명했다. "불가리아인은 소가 끄는 수레를 타고서도 토끼를 잡는다"라는 속담이 있을 정도였다.[3] 1차대전에서 불가리아가 쫓은 토끼는 다른 무엇보다도 마케도니아였다. 이것은 유럽에 "여우같은 페르디난트"라고 알려진 야심차고 교활한 독일 대공 출신 불가리아 국왕도 공유한 목표였다. 마케도니아를 차지하면 에게해 해안뿐만 아니라 남부와 중동으로 연결되는 계곡과 철도까지 통제할 수 있었다. 얼마간의 계산 후에 페르디난트와 그의 정부는 삼국동맹이 더 나은 혜택을 제공할 것이라고 결론 내렸고, 1915년 가을 세르비아를 공격했다. 그러자 연합국은 불가리아에 선전포고를 했다. 불가리아는 잠시 승리를 거두어 도브루자 남부와 마케도니아 상당 부분을 장악했지만, 1918년에 무기와 식량이 떨어진 불가리아 군대는 더이상 싸울 수가 없었다. 불가리아는 동맹국 중 처음으로 항복한 나라가 되었다.

불가리아가 패배하자 페르디난트 왕은 하야한 뒤 오스트리아-헝가리의 대영지로 돌아가 어머니로부터 떨어진 채 가장 좋아하는 취미인 새 관찰에 몰두했다. 그의 후계자인 아들 보리스는 여위고 행복하지 않은 젊은이였다.[4] 보리스에게 가장 큰 낙은 기차를 운전하는 것이었다. 오리엔트 급행열차의 기관사들은 그가 운전실에 가까이 오지 못하게 하라는 경고를 받았다.[5] 불가리아 신민들은 그를 바보나 그 이하로 생각했다. 대부분의 관찰자들은 그가 왕위에 오래 있지 못할 것으로 생각했고, 스스로도 그렇게 생각했다.[6] 연합국은 멀리서 조바심을 보였다. 불가리아는 공산 국가가 될 것인가? 불가리아가 평화조약에 서명하지 않으면 어떻게 되는가? 1919년 여름 영국 군사 대표는 이렇게 말했다. "연합국은 병력이 없다. 만일 국가적 봉기가 일어나면, 그것을 진압하는 것은 불가능하다."[7]

많은 것이 알렉산데르 스탐볼리스키Alexander Stamboliski라는 현란한 인물에 달려 있었다. 한 영국 관찰자는 그를 "블랙베리 숲에서 준동하는 산적 같다"고 평했다.[8] 불가리아의 지도적인 공화주의자인 그는 모든 면에서 보리스와 정반대였다. 자신감과 카리스마가 넘치고, 거칠고 정열적이었다. 자신의 작은 농가에서 매일 한 시간씩 운동을 했고,[9] 보리스와 달리 페르디난트를 무서워하지 않았다.[10] 불가리아가 독일과 오스트리아-헝가리에 기울자, 그는 사석에서 국왕을 공격했을 뿐만 아니라 자신의 신문에 그 내용을 상세하게 실어서 감옥에 갔다.

스탐볼리스키는 자신이 농민 출신임을 한껏 자랑했다. 그는 독일의 대학을 다녔지만, 그의 언어는 황소 짝짓는 소리와 닭 울음소리처럼 요란했다. 그는 많은 사람이 의심한 것처럼 공산주의자는 아니었고 농민 사회주의자에 가까웠다. 그는 공산주의와 자본주의 모두를 의심했는데, 이것은 주민 대부분이 소농인 불가리아에서는 특이한 현상이었다. 그는 도시 사람들과 상류층에 대한 농민들의 의심을 잘 대변했다. "누가 여러분을 참호로 보냈습니까? 그들입니다. 누가 여러분에게서 마케도니아, 트라키아, 도브루자를 잃게 했습니까?"[11]

1918년 9월 불가리아 군대는 붕괴했고, 페르디난트는 국왕으로서의 마지막 행위로 옛 적을 불러냈다. 스탐볼리스키는 반란을 일으키려는 병사들을 진정시켰다. 다음해 가을 그는 총리가 되었는데, 이상하게도 군주정을 철폐하려고 전혀 시도하지 않았다. 아마도 "작은 왕$_{kinglet}$ 보리스"에게 특별한 애착을 느꼈던 것 같다.[12] 1919년 불가리아는 더이상의 혼란을 감당할 수 없었다. 불가리아는 사방에서 적을 상대해야 했다. 튀르크인과 불가리아인은 오랜 세월 서로를 증오했다. 루마니아는 북쪽 국경에 군대를 배치하고 남쪽으로 내려올 준비를 하고 있었다. 그리스는 남쪽 국경에 군대를 집결하고, 소 절도를 포함해 불가리아인들이 저지르는 범죄를 불평했다.[13] 유고슬라비아만이 다소나마 우호관계를 맺을 수 있는 희망을 주었다. 세르비아와 불가리아가 대남슬라브 국가를 건설한다는 오래된 꿈은 두 나라에서 완전히 사라지지 않았다.[14] (실제로 이 꿈은 2차대전 후 티토 원수에 의해 부활했다.) 그러나 전쟁 중 불가리아가 한 행위를 보면 슬라브족의 단합을 거론하는 것은 앞뒤가 맞지 않는 태도였다. 불가리아는 우회 진격으로 오스트리아-헝가리, 독일과 함께 공격해 세르비아 땅을 약탈했다. 1919년의 어느 시점에 세르비아와 그리스는 힘을 합쳐 불가리아를 상대로 하는 전쟁을 거론했지만, 클레망소는 이 발상을 단호히 일축했다.[15]

놀랍게도 불가리아 사람들은 상당히 낙관적인 기대를 품고 강화회의의 시작을 기다렸다. 소피아 주재 미국 대사는 그들의 생각이 "특이하다"고 평가했다. 그들은 어찌된 일인지 자신들이 연합국 편이었다고 생각하는 경향이 있었다. "그들은 총리가 말한 대로 자신들이 '죄'를 저질렀다는 것을 안다. 하지만 일단 이 사실을 인정하면 모든 것이 끝난다고 생각하는 것 같고, 연합국이 불가리아에 대해 괘씸하다는 생각이나 불만을 가질 이유가 없다고 여기거나, 불가리아가 '발칸의 문제아'로서 전쟁 전 입지를 되찾는 것을 가로막지 못할 것이라고 생각한다."[16] 불가리아 총리는 불가리아가 독일, 오스트리아와 손을 잡은 큰 실수를 저질렀다고 솔직하게 인정했다. 그러면서 "불가리아는 영국 및 강대국들과 충돌하리라는 것을 알았다면 절대 전쟁에 참여하지 않았을 것"이며, 불가리아 국민은 전쟁 중 동맹국에 항상 반대했고, 이 동맹은 "독일로부터 돈을 받은 소수의 몰지각한 정치인들"이 밀어붙인 것이라고 했다. 따져보면 승리한 연합국은 먼저 강화를 제안해 전쟁 종결 과정을 시작한 불가리아에 빚을 지고 있다는 것이 그들의 논리였다.[17]

불가리아 정부는 한 나라에 특히 큰 희망을 걸었다. "이 어두운 역사의 시간에 우리는 미국이 우리를 멸절에서 구할 유일한 나라라고 기대했다." 불가리아 사람들은 윌슨을 크게 존경한다는 말이 돌았다. 특히 많은 수의 불가리아인이 국외에 거주하는 상황에서 그들은 민족자결 원칙을 환영했다. 이것은 불가리아인들의 영민한 판단이었다. 불가리아는 공식적으로 미국과 교전 상태에 들어가지 않았고, 개신교연합에서 파견한 미국 선교사들의 적극적인 로비 덕분에 미국 국민의 여론도 동정적이었다. (불가리아는 발칸 국가 중 미국 선교사들이 성공한 유일한 국가였기에 선교사들은 한결같이 친親불가리아 입장을 취했다고 한 냉소적인 평론가가 말했다.[18]) 미국 전문가들은 불가리아가 에게해와 도브루자 남부에 대한 접근권을 갖고, 마케도니아 일부를 차지하는 것을 선호했다.[19] 불가리아는 더 많은 것을 바라고 있었다. 불가리아 정부는 트라키아 전체를 포함한 요구 사항이 담긴 각서를 파리로 보냈다. 이에 대해 영국 대표단은 "비현실적이고 고려할 가치가 없는 주제"라고 생각했다.[20]

불가리아의 남부 국경은 오스만제국과 평화 조건이 타결되기 전까지 결정될 수 없었고, 타결은 당분간 어려울 것으로 보였다. 연합

국은 이 불행하고 논란이 많은 마케도니아 지역에 대한 걱정 외에
도 할 일이 많았다. 영국과 프랑스는 1914년 이전에 발칸에 그어진
국경을 간섭하는 작업부터 하는 것은 위험하다는 데 동의했다. 유
고슬라비아 통치 지역 안에 상당수의 불가리아인이 남게 되더라도
마케도니아는 별도로 남겨두기로 했다.

영국과 프랑스는 불가리아가 불이익을 당할 만하다고 여겼다면
자신들이 세운 규칙을 깼을 수도 있었다. (후에 두 국가가 서트라키아
를 불가리아에서 떼어내 그리스에 제공할 때 이런 일이 발생했다.) 그러나 그
들은 그렇게 하지 않았다. 유고슬라비아가 핵심적 철도와, 베오그
라드를 잠재적 공격으로부터 방어하기 위해 불가리아 서부 국경의
영토 영유권을 주장하자 영국과 프랑스는 이에 귀를 기울였다. 그
러나 유고슬라비아에 적대적인 이탈리아는 반대했다. 게다가 연합
국 점령 병력에 포함된 이탈리아군은 불가리아 포로들이 탈출하도
록 방조한 듯 보였고, 불가리아군의 무장해제를 시간을 끌며 지연
하고, 오히려 무기를 제공했다. 최종적으로 이탈리아의 반대에도
불구하고, 불가리아인들이 주로 거주하는 네 곳이 유고슬라비아에
넘겨졌다. 이것은 유고슬라비아가 원한 것보다는 적었지만, 불가리
아로서는 너무 큰 상실이었다. 불가리아는 양국을 갈라놓은 산악지
대의 모든 전략적 거점을 잃었다고 항의했다.[21]

도브루자 남부 문제는 불가리아에 더 큰 상처를 주었다. 미국은
강화회의가 도브루자 귀속 문제를 다루어야 한다고 주장했다. 민
족적 기반으로 보면 불가리아의 주장이 루마니아의 주장보다 설득

력이 있었다. 그 지역 주민은 혼합되어 있었다. 대체로 주민은 타타르인, 튀르크인, 불가리아어를 말하는 무슬림과, 그들보다 다소 많은 인구로 다수 주민이 된 기독교 불가리아인으로 구성되어 있었다. 주민 약 30만 명 중 루마니아인은 1만 명도 되지 않았다.[22] 하지만 루마니아가 요구하는 헝가리와 러시아 영토를 놓고 벌어지는 브러티아누와 연합국의 더 큰 논쟁의 맥락에서 이것은 작고 덜 중요한 주제였기 때문에 계속 이 문제를 포기하지 않았다. 그리고 자주 일어나는 일처럼 현장 상황이 사실을 만들어냈다. 강화회의가 개최될 시점에 점령군의 프랑스 군사 당국은 루마니아 병력과 민간 관리들이 이 지역을 통제하도록 허용했다.[23]

불가리아로서는 애석하게도 자국의 주장을 지지하는 유일한 강대국인 미국은 이 문제가 부각되었을 때 유럽과 유럽 문제에서 손을 떼고 있었다. 파리에 머물던 미국 대표들은 1919년 여름 이 문제를 집요하게 주장했지만, 그들은 더이상 유럽 강대국을 대상으로 사용할 수 있는 지렛대가 없었다. 밸푸어가 말했듯이 유럽 강대국들은 무관심한 태도를 보였고, 루마니아는 "분명히 루마니아 땅이 아닌" 작은 땅을 포기해야 했지만, 지금은 그런 요구를 할 때가 아니었다. "그것은 공평하거나 발칸 지역의 평화에 이바지하는 것이 아니었음에도 불구하고 도브루자의 옛 국경을 유지하는 것을 전제로 했다."[24]

불가리아 조약이 아직 준비되지 않았지만, 스탐볼리스키가 포함된 불가리아 대표단은 1919년 7월 파리로 초청되었다. 두 달 반 동안 그들은 따분하게 경찰의 감시를 받으며 뇌이 교외에 있는 옛 성을 개조한 호텔에 머물렀다. 그들은 파리로 나가는 것이 금지되었고, 그들의 우편물은 검열을 받았다. 클레망소는 유감을 표현한 편지에서 프랑스 언론이 불가리아인을 문명국가들의 신뢰와 우애를 받을 자격이 없는 "야만인"으로 다루고 있다고 불평했다.[25]

9월에 드디어 조약 초안이 전달되었을 때 불가리아 대표단이 불평할 것이 훨씬 많았다. 불가리아는 서트라키아와 에게해 접근로는 계속 보유했지만, 도브루자 남부를 포함한 영토의 약 10퍼센트를 상실했다. (연합국은 잠시 트라키아를 떼어냈지만, 긴 요구 사항 목록을 가지고 온 그리스는 여전히 그것을 얻을 수 있다는 강한 희망을 품고 있었다.) 불가리아는 9천만 파운드의 배상금을 지불해야 했다. (외채와 함께 매년 지불해야 할 배상금이 불가리아 예산 전체보다 많았기 때문에 불가리아는 결국 외채와 배상금 모두 지불 불능 상태가 되었다.) 마지막으로 불가리아 군대는 크게 감축되어서, 경찰 수준인 2만 명으로 줄여야 했다. 조약의 세부 사항이 알려지자 불가리아는 국가 애도일을 선포했다.

불가리아 대표단은 조약의 수정을 간청했다. 그들은 불가리아가 페르디난트를 하야시킴으로써 혁명 후 프랑스처럼 새롭고 민주적인 국가가 되었다고 주장했다. 연합국은 이러한 간청에 그다지 주의를 기울이지 않았고, 유일한 양보는 다뉴브강을 순찰하는 작은 선박 함대를 인정한 것이었다. 연합국의 결정에 저항하자는 얘기도 나왔지만, 현실주의자인 스탐볼리스키는 "나쁜 평화"라도 서명하겠다고 말했다.[26] 1919년 11월 27일 뇌이의 오래된 시청에서 작은 의식이 진행되었다. 경비병들이 착검 상태로 계단에 도열했고, 호기심에 찬 군중은 불가리아인들이 나타나기를 기다렸다. 창백하고 근심에 찬 스탐볼리스키가 혼자 건물로 들어섰다. 동정적인 한 미국인 관찰자는 "사무실에서 일하는 소년이 이사회에 불려온 듯한 모습이었다"라고 말했다. 그리스 총리 베니젤로스는 "너무 기뻐하는 모습을 보이지 않으려고 애쓰며" 근처에 서 있었다. 그린베이지색 천이 덮인 탁자에서 클레망소가 조약 서명식을 주재하는 가운데 서명은 신속하게 끝났다.[27] 아테네에서는 이날이 공휴일로 선언되었고, 테데움Te Deum[신을 향한 감사와 축복의 음악]이 울려 퍼졌다. 소피아에는 음울한 절망만이 감돌았다.

11월에 연합국이 서트라키아를 그리스에게 넘겨줄지 말지를 고심하는 동안 스탐볼리스키는 베니젤로스에게 양국이 협력하자고 간청했다. "발칸 지역의 모든 정치인 중에서 각하만큼 발칸 국민들 사이의 양해의 위대한 효과를 잘 아는 분은 없습니다."[28] 그러나 더 큰 그리스를 만드는 꿈에 사로잡혀 있고 영국의 지원을 확보한 베니젤로스는 귀를 기울이지 않았다. 다음해 서트라키아는 그리스에 양도되었다. 불가리아의 남쪽 국경은 튀르크와의 항구적 조약이 서명된 1923년까지 결정되지 않았다. 그 시점에 베니젤로스의 꿈은 현실과 충돌했다.

스탐볼리스키는 정치가다운 면모를 보여주었다. 불가리아는 새 국경을 받아들이고, 과거의 팽창 정책과 심지어 유고슬라비아령 마케도니아도 포기했다. 나아가 유고슬라비아와의 관계를 개선하고, 테러리스트에 대항하는 협력 협정에 서명했다. 그리고 이에 따라

소피아를 근거지로 삼은 마케도니아 테러리스트들을 척결했다. 그는 소비에트 러시아인들이 세운 공산 인터내셔널에 대항해 농민녹색인터내셔널을 창설했다. 불가리아는 국제연맹의 열성적 일원이 되었다. 그러나 스탐볼리스키의 대외 정책과 국내 정책은 많은 적을 만들어냈다. 불가리아 민족주의자, 군 장교, 마케도니아 테러리스트, 인플레이션과 높은 세금에 고통받는 중산층이 그의 적이 되었고, 국왕도 여기에 포함될 수 있었다. 1923년 6월 쿠데타가 일어나 스탐볼리스키는 마케도니아 음모자들에 의해 살해되었고, 그들은 유고슬라비아와 반테러 조약을 서명한 그의 팔부터 잘랐다. 이 소식을 들은 국왕은 "불쌍하게 죽은 위대한 사람"이라고 작게 말했다.[29]

스탐볼리스키가 취한 온건적 외교정책은 그가 죽은 후 오래 지속되지 못했다. 너무 많은 불가리아인이 수십 년 전의 대불가리아 시기를 그리워했다. 그들은 뇌이 조약에 큰 불만을 품었고, 불가리아 동포들이 루마니아, 그리스, 유고슬라비아에서 받는 대우에 격분했다. 마케도니아 테러리스트들은 아무런 제재를 받지 않고 계속 불가리아를 근거지로 준동했으며 그리스, 유고슬라비아와의 관계를 악화시켰다. 1930년대 기존의 국경을 존중하는 보편적 발칸 합의 체결 시도는 불가리아의 반대로 무산되었다. 그 결과로 유고슬라비아, 그리스, 튀르크, 루마니아만의 협약이 체결되었고 불가리아는 고립되었다. 유럽이 다시 전쟁으로 향하자 불가리아는 독일로 기울었다. 1940년 독일로부터 압력을 받은 그리스는 도브루자 남부를 불가리아에 반환했다. 독일군 및 이탈리아군과 함께 싸운 불가리아군은 1941년 봄에 마케도니아와 서트라키아를 점령했다.[30] 불가리아는 탈환한 영토를 오래 보유하지 못했다. 1947년 파리 협약으로 불가리아는 도브루자 남부만 보유하게 되었다. 그 시점에 새 공산 정권이 확고하게 정권을 잡았다. 보리스는 오래전에 죽었고, 나치에 의해 독살당한 것으로 많은 사람이 생각했다. 여우같은 페르디난트는 1948년 독일에서 87세의 나이로 수명을 다하고 죽었다.

12장

겨울 휴회

1919년 1월 말이 되자 평화 타협안의 주요 윤곽이 드러나기 시작했고, 일부는 비교적 더 명확해졌다. 러시아 문제, 국제연맹, 중부 유럽의 새 국경선 문제가 완전히 해결되지는 않았어도 강화회의에서 논의되었다. 독일 조약의 핵심 세부 사항 일부에서 특별위원회들은 일부 진전을 이루었다. 전쟁 피해, 독일의 배상금 지불 능력, 독일 국경, 독일 식민지와 독일 군대, 전쟁범죄자 처벌, 독일 해저 케이블 문제가 그런 주제였다. 그러나 큰 주제인 독일을 어떻게 징벌하고, 앞으로 어떻게 통제할 것인가는 이 문제를 해결할 수 있는 사람들인 클레망소, 로이드조지, 윌슨이 조금밖에 다루지 못했다.

새로 나타난 현상은 한 스위스 외교관이 "회의의 큰 놀라움"이라고 말한 영국과 미국의 밀접한 관계였다.[1] 위임통치령을 두고 난관이 있었던 것은 사실이지만, 최고평의회, 특별위원회와 특별작업반,

복도에서 영국과 미국 대표들은 대부분의 사안에서 의견이 일치하는 것을 발견했다. 윌슨은 로이드조지를 진심으로 좋아하지는 않았지만, 그의 개인적 매력에 이끌려 회의장을 들어가고 나오며 그와 가벼운 대화를 나누었고, 가끔 오찬이나 만찬을 하러 함께 나가기도 했다. 윌슨은 또한 보수주의보다 입지가 강한 자유주의자 총리를 상대하는 것이 더 낫다는 것도 알게 되었다.[2]

1월 29일 윌슨은 하우스에게 미국 전문가들이 영국 전문가들과 긴밀하게 일하는 것이 좋겠다고 말했다. 하우스는 개인적 의구심에도 불구하고 이 말을 미국 대표단과 영국 대표단에게 전달했다. 영국과 미국의 우호적 관계를 중요하게 생각한 로이드조지는 이 말을 듣고 기뻐했다. 자신들의 세계에서 두 강대국 사이의 긴장을 두려워했던 캐나다 대표단도 이를 반겼다. 일찍부터 접촉을 해온 양국의 전문가들도 기분이 좋았다. 미국 전문가인 시모어는 이렇게 말했다. "여기에서 유일하게 국수주의적 정치를 하지 않은 유일한 대표단인 영국인(윌슨이 이 사실을 발견하는 데는 약 일주일이 걸렸다)과의 관계는 매우 긴밀해서, 우리는 유럽 영토 문제에 대해 진솔하게 의견을 교환했다." 양국 대표들은 자주 상의를 하고, 기밀 각서를 교환하고, 미군 공병대가 설치한 크리용 호텔과 마제스틱 호텔 간의 직통 전화로 대화를 나누었다. 니컬슨은 나중에 이렇게 회고했다. "우리의 의견 일치는 정말 대단했다. 과거 맥심 레스토랑의 특별실은 유고-슬라비아, 체코-슬로바키아, 루마니아, 오스트리아, 헝가리의 모든 국경 문제를 다루는 앵글로-미국의 세심한 논의 장소가 되었다. 단지 유럽에서 그리스, 알바니아, 불가리아, 튀르크와 관련해서만 의견이 불일치했다. 그러나 그것도 원칙의 문제는 아니고, 세부 사항에 대한 이견일 뿐이었다."³

영국과 미국이 서로 가까워지는 동안 영국-프랑스, 미국-프랑스의 관계는 악화되었다. 영국은 프랑스를 중동과 중앙아시아에서 오스만과 러시아의 영토를 차지하기 위한 경쟁자로 보았다. 윌슨이 잠시 귀국하면 프랑스 측은 독일과의 평화 조건을 자신들이 원하는 방향으로 만들려 할 것이라고 의심했다. "나는 그들이 공정하게 게임을 하려는 생각 없이 온갖 종류의 음모와 교묘한 속임수로 가득하다는 것을 발견했다"라고 행키는 썼다.⁴ 2월 프랑화의 가치가 하락하면서 프랑스가 재정 위기에 처하자, 영국은 냉담한 반응을 보였다. 하우스가 나서서 간섭한 다음에야 로이드조지는 일부 자금을 조달해주었다. 프랑스는 이 차관을 받아들였지만, 늦장을 부렸다는 것은 분명히 기억했다.⁵ 영국인과 미국인들은 프랑스인들의 무능력과 무책임에 고개를 설레설레 흔들었다.⁶

프랑스와 미국의 관계는 특히 좋지 않았다. 프랑스 외교관들은 윌슨이 정말 중요한 사안인 독일 징벌 문제를 국제연맹과 연계시켜 시간을 끌고 있다고 생각했다. 프랑스 재무장관 루이-뤼시앵 클로츠Louis-Lucien Klotz는 동료들에게 미국은 자국의 잉여농산물을 현금으로 받고서 독일에 판매하려 하고 있고, 그렇게 되면 당연히 독일로부터 제대로 배상금을 받아내는 게 더 어려워질 것이라고 말했다. 미국 측은 프랑스가 자신들의 파리 체류와 미군의 주둔 비용에

야박하다고 불평했다. 프랑스 극장에서 과거 윌슨이 스크린에 나타날 때마다 환호하던 관객들은 이제 그런 상황에서 침묵을 지켰다. 프랑스 경찰과 미군은 거리에서 싸움을 벌였다. 일부 미국인이 자신들이 잘못된 편에 서서 싸웠다고 말하는 소리가 프랑스 사람의 귀에 들리기도 했다. 파리 시민들은 윌슨 부인을 조롱했고, 윌슨에게 전반적으로 호의적이었던 프랑스 신문들은 이제 그를 비판하기 시작했다.[7]

이러한 공격에 격노한 윌슨은 프랑스 정부가 조종했다고 확신했고, 이것은 어느 정도 근거가 있었다. 윌슨은 떨리는 목소리로 한 방문자에게 기밀 서류를 보여주었다. 거기에는 프랑스 신문에 러시아의 혼란을 과장하고, 독일에 대한 공세 재개 가능성을 강조하고, 윌슨에게 미국 내에서 강력한 공화당 반대파에 직면하고 있다는 것을 상기시키라는 지시가 들어 있었다. 사석에서 윌슨은 점점 더 강하게 프랑스에 대한 불만을 털어놓았다. 프랑스인은 "바보 같고" "쩨쩨하고" "정신이 나갔고" "믿을 수 없고" "속임수에 능하고" "내가 이제까지 같이 일해본 사람들 중에 가장 까탈스럽다"고 말했다.[8] 윌슨은 주치의에게 일반 프랑스 사람은 괜찮은데, 정치인들이 그들을 호도하고 있다고 말했다. "프랑스 정치인들이 미국에 대한 명백한 차별을 너무 많이 허용해서 미국 조야의 친프랑스 분위기를 친영국 분위기로 바꾸어놓았다고 말했다. 윌슨은 또한 영국인은 게임을 고상하고 충실하게 하는 것처럼 보인다고 말했다."[9]

프랑스와 미국의 관계처럼 날씨도 쌀쌀해졌다. 파리에 축축한 눈이 내렸고, 미군 병사들은 샹젤리제 거리에서 눈싸움을 했다. 사람들은 불로뉴숲에서 스케이트를 탔고, 베르사유궁에서는 썰매를 탔다. 석탄이 부족해서 큰 호텔도 꽤 추웠다. 사람들은 감기에 걸렸고, 더 위험하게는 독감 대유행이 1918년 여름부터 시작되었다. 크리용 호텔의 군의관들은 기침약과 의료 조언을 해주었다. 어떤 사람은 담배를 피우는 것이 좋은 예방책이라고 말했다.[10]

대표들은 계속 도착해서 1천 명 이상이 되었다.[11] 영국은 빈 회의에서와 마찬가지로 자국 대표가 상대역과 함께 자국 본부를 방문할 수 있는 1500장의 방문 카드를 발급했다. 많은 사람이 시간 낭비를 불평하자 클레망소는 이 관행을 포기하는 것으로 결정했다.[12] 많은 대표들이 외교관이나 정치인이었지만, 국제회의에서 처음으로 많은 사람이 그렇지 않았다. 영국은 거의 정보국 인력을 데리고 왔고, 여기에는 젊은 아널드 토인비Arnold Toynbee와 루이스 네이미어Lewis Namier도 포함되었다. 그들은 나중에 자기 세대에 가장 유명한 역사학자가 되었다. 미국도 하원 조사국 출신 교수들과 토머스 러몬트Thomas Lamont와 버나드 바루크Bernard Baruch 같은 월스트리트 은행가를 데려왔다. 직업 외교관들은 불평을 털어놓았다. '즉흥적'이라고 프랑스 외무부 사무총장 쥘 캉봉이 말했지만, 그런 시각은 로이드조지나 윌슨, 클레망소에 영향을 주지 않았다. 로이드조지가 생각하기에 "외교관은 단지 시간을 낭비하기 위해 발명된 것"이었다.[13]

그밖에도 파리는 청원자, 기자, 또 단순히 호기심에 찬 사람들로 넘쳐났다. 낭만적 소설가인 엘리너 글린Elinor Glyn은 리츠 호텔의 구석 자리에서 저명한 남자들과 만나 대화를 나누며 "여성은 변하는 가", "기사도는 죽었는가" 같은 제목의 기사를 썼다. 당시 해군 차관보였던 프랭클린 루스벨트는 상관을 설득해 유럽의 미국 해군 자산을 판매하는 것을 감독한다는 명목으로 파리에 왔고, 불만에 차고 행복하지 않은 엘리너 루스벨트가 그를 따라왔다. 두 사람의 결혼 생활은 이미 파탄 지경에 이르렀고, 엘리너는 남편이 파리 여성들에게 너무 신경을 많이 쓴다고 생각했다.[14] 윌리엄 오펜William Orpen과 오거스터스 존Augustus John은 강화회의의 공식 그림을 그리기 위해 자리를 잡았지만, 후자는 광란의 파티에 많은 에너지를 소비했다.[15] 영국 내각 각료들은 한 번 와서 하루이틀 회의를 관찰하고 돌아갔다. 부총리인 보너 로는 모피 안감이 들어간 조종사복을 입고 용감하게 파리와 런던을 비행하며 오갔다. 로이드조지의 장녀이자 갓 결혼한 활달한 올웬Olwen이 잠깐 파리를 방문했다. 클레망소는 그날 오후 그녀를 자신의 차에 태우고 다니며 예술을 좋아하느냐고 물었다. 그녀가 그렇다고 열정적으로 대답하자, 그는 외설스러운 엽서 세트를 꺼내 보였다.

아직 국제 카페 사교계의 원로는 아닌 엘사 맥스웰Elsa Maxwell은, 새로운 남편을 찾아 파리로 온 매력적인 이혼녀와 함께 뉴욕에서 파리로 왔다. 두 여인은 임대한 저택에서 성대한 파티를 열었다. 퍼싱 장군이 파티 음료를 제공했다. 맥스웰은 콜 포터의 최신곡을 피아노로 연주했고, 이혼녀는 남편감으로 잘생긴 미군 대위 더글러스 맥아더를 찾았다.[16] 어느 날 아침 옥외에서 두 젊은 장교가 하나 남

은 미국의 미녀를 두고 사브르 검을 들고 결투를 벌였다.[17]

 매력적인 여성들은 그해 파리에서 아주 좋은 시간을 보냈다. 아내를 데려온 대표는 거의 없었고, 하급 관리들에게는 아내 동반이 공식적으로 금지되었다. "여러 부처가 가장 아름답고 멋지게 차려입은 사교계 여성들을 데려왔다"고 행키는 아내에게 썼다. "그들이 일을 제대로 하는지는 모르겠지만, 매일 저녁 춤추고 노래하고, 브리지 게임을 하고 있소!"[18] 청교도적 사고를 가진 사람들은 브리지 게임 이상의 일이 진행되고 있다고 의심했다. 한 미국 여성 기자는 이탈리아 장군과 "더없는 솔직함과 대단한 열정을 가지고" 여행을 했다. 대표단이 머무는 호텔에는 여성들이 자유롭게 남자들 방을 드나들었다. 캐나다 적십자사의 간호사 두 명은 방을 잘못 들어갔다가, 나오는 것을 거부해 본국으로 송환되었다. 전쟁은 과거의 금기를 느슨하게 만든 것 같았다. "악이 파리에 넘쳐나고 있다"라고 엘리너 글린이 엄하게 말했다. "레즈비언들이 라뤼 식당에서 때로 여섯 명씩 무리를 지어 공개적으로 식사하고 (…) 남자들도 마찬가지였다. 금기 사항은 없고, 악이나 탐욕을 비롯해 무엇도 감추어지지 않았다."[19]

 파리는 여러 유흥을 제공했다. 생클루의 경마, 가격을 감당할 수 있으면 출입 가능한 화려한 레스토랑, 과거 가장 인기를 끌었던 작품인 〈호프만 이야기〉, 〈나비 부인〉, 〈라 보엠〉 등을 공연하는 오페라극장을 찾아갈 수 있었다. 극장도 하나하나 다시 문을 열고, 위대한 고전 작품부터 희극에 이르기까지 다양한 작품을 공연했다.

사라 베르나르는 프랑스 자선 갈라 공연에 출연했고, 이사도라 덩컨의 남동생은 창작 댄스를 추었다. 루스 드레이퍼가 런던에서 와서 일인극을 공연했고, 캐나다 대표단은 뮤지컬 〈피피Phi Phi〉를 보고 다소 충격을 받았다. 한 대표는 아내에게 이렇게 썼다. "그러나 우리는 눈에 들어오는 무언가가 있다는 데 모두 동의했소. 나는 더 큰 지식으로 들여다보면 프랑스 탈출병escape diseases이 우리를 지배하고 있다는 것에 의심의 여지가 있는지를 알고 싶소."[20] 통상 밤 10시에 잠자리에 드는 윌슨조차 유희극을 보러 밤에 나갔다. 그는 일부 농담이 너무 노골적이라고 느꼈지만, "고상한 파리"를 즐겼다.[21] 엘사 맥스웰은 밸푸어를 생전 처음 나이트클럽으로 데리고 갔다. 이 예의 바른 늙은 정치인은 "내 생전에 가장 멋지고 타락한 밤을 경험하게 해준 것에 감사한다"라고 말했다.[22]

어떤 대표들은 더 순진한 여가를 즐겼다. 이른 아침에는 불로뉴 숲을 산책하고, 저녁에는 브리지 게임을 즐겼다. 밸푸어는 기회가 되는 대로 테니스를 치려고 노력했다. 랜싱은 철학책을 읽으며 저녁 시간을 보냈다. 이탈리아 수석대표인 소니노와 오를란도는 호텔에서 나오지 않았다.[23] 로이드조지는 저녁에 가끔 외출해 레스토랑이나 극장을 찾았는데, 프랜시스 스티븐슨은 로이드조지가 나타나면 항상 불미스러운 소동이 일어난다는 것을 발견했다. 어느 날 저녁 그녀는 로이드조지가 대표단의 젊은 영국 여성에게 치근대는 것을 불평했다. "그는 아주 노골적이었고, 내가 신경을 쓰지 않는 것이 좋을 것 같았다."[24]

파리의 사교 생활이 되살아나기 시작했다. 무라트 왕자와 엘사 맥스웰이 가장무도회(무라트는 클레망소 분장을, 다소 뚱뚱한 맥스웰은 로이드조지 분장을 했다)에 가는 길에 그들이 탄 차는 샹젤리제에서 환호하는 군중 때문에 멈춰야 했다. 리츠 호텔의 바에서 사람들은 서로 만나 새로운 칵테일을 즐겼다. 장식가 엘시 드 울프Elsie de Wolfe(후에 멘들 여사)는 베르사유에 있는 자신의 유명한 저택에서 저명한 대표들을 위한 티파티를 열었다. 윌슨 부인은 남편을 일부 파티와 리셉션에서 끌고 나가려고 해서 그의 추앙자들을 당황하게 했다.[25]

마제스틱 호텔에서 밸푸어의 개인 비서 이언 맬컴Ian Malcolm은 자신이 쓴 희극적 시 〈평화에서 빠져나오기〉, 〈프린키포의 발라드〉를 낭독했다.[26] 지하실에서는 아마추어 연극이 공연되었다. 오펜이 두 어린이의 발가벗은 모습을 그린 포스터를 만든 후 다음 순서로 합창단이 "우리는 옷을 빼앗긴 두 작은 오펜이다"라는 노래를 불렀다.[27] 중부 유럽 상황을 보고하기 위해 수백 킬로미터를 달려온 한 영국 장교는 이런 분위기에 크게 실망했다. "그와 계급이 엇비슷한 누구도 폴란드의 경악할 만한 상황에 대한 그의 보고를 들으려고 하지 않았다. 그들은 화요일과 목요일에 무도회를 열지 말고 연극을 할지, 아니면 목요일만 할지 논의하는 데 온 정신이 팔려 있었다."[28] 로이드조지의 막내딸인 열여섯 살의 메건은 인생 최고의 시간을 즐겼다. 그녀가 묵는 호텔을 메건틱이라 불러야 한다고 한 만평은 비꼬았다. 결국 로이드조지가 이를 제지하고 나섰고, 그녀는 학교를 마치기 위해 영국으로 돌아가야 했다.[29]

마제스틱 호텔의 댄스파티는 유명했다. 젊은 간호사와 타자수들은 "요정처럼" 헤지테이션 왈츠부터 폭스트롯에 이르기까지 최신 댄스를 출 줄 알았다. 한번은 댄스파티에 들른 포슈 원수가 "영국인들은 어떻게 그렇게 슬픈 얼굴을 하면서 발랄한 엉덩이를 가질 수 있는가?"라고 물었다.[30] 특히 토요일 밤에 벌어지는 댄스파티는 너무 인기가 좋아서 당국자들은 이것이 주는 인상을 우려하기 시작했고, 중지시킬 생각까지 했다.[31]

그러나 파리 강화회의는 빈 회의보다 대규모 무도회나 화려한 여흥은 훨씬 적었다. 가장 인기 있는 사교 활동은 대표들이 훨씬 유용한 일을 할 수 있는 오찬과 만찬이었다. 누구보다도 활기가 넘치는 로이드조지는 조찬 만남도 자주 가졌다. 청원을 제기하는 국가들은 호화로운 식사를 대접하며 요구 사항을 쏟아냈다. 찰스 시모어는 아내에게 이렇게 썼다. "나는 사교적 노동을 다시 시작하고 있소. 내일은 브러티아누와 만찬, 토요일 오찬은 이탈리아 자유주의자들, 그날 만찬은 세르비아인들, 월요일 만찬은 체코슬로바키아인들(카렐 크라마시Karel Kramář와 베네시)과 할 예정이오."[32] 폴란드 대표들이 미국 대표들과 함께한 오찬은 오후 5시까지 이어졌다. 폴란드 역사학자, 경제학자, 지리학자가 차례로 자기네 요구의 정당성을 설명했다.[33] 중국 대표들은 외국 기자들을 특별 만찬에 초대했다. 코스 요리가 하나씩 나오는 가운데 한 시간, 두 시간이 흘렀고 손님들은 초청자의 발언을 듣기 위해 기다렸다. 거의 완벽한 영어를 구사하는 중국 대표들은 강화회의와 무관한 온갖 주제에 대해 환담을 나누었다. 새벽 3시 30분에 미국 기자들은 그들에게 들은 말을 보도하기 위해 자리를 떴고, 한 기자만 기록을 위해 남게 했다. 그가 떠날 때 여명이 밝아오고 있었지만, 중국 대표들은 여전히 만찬을 베푼 이유를 얘기하지 않았다.[34]

일부 외국 대표들은 전쟁터를 둘러보았다. 그들은 집으로 보내는 편지에서 자신들이 본 것을 묘사했다. 쪼개진 나무들, 종려나무 잎이 흩어진 들판에 세워진 작은 나무 십자가들, 도로에 방치된 포탄 파편, 포탄 구멍, 녹슨 채 엉켜 있는 철조망, 진흙에 파묻힌 전차와 대포들을 고든 오킨클로스Gordon Auchincloss는 서술했다. 하우스의 사위는 이렇게 썼다. "땅은 포탄으로 깊이 파인 물 웅덩이들로 엉망이고, 들판에는 산산조각이 난 10여 대의 전차가 방치되어 있다. 나는 이렇게 무서운 폐기물과 이렇게 극심한 파괴를 본 적이 없다." 기자들은 참호 안에 들어가 독일군 철모와 포탄 껍데기를 주워 기념품으로 챙겼다. 한 그룹은 "아이들에게 좋은 장난감이 될" 새 퓨즈를 발견했다. 그들은 한때 도시와 마을이었던 곳에 쌓인 잔해 더미를 보고 놀랐다. 대성당이 있는 랭스를 방문한 후 폼페이의 폐허 같다고 느낀 미국 교수 제임스 쇼트웰James Shortwell은 폐허 속에서 소시지와 사워크라우트를 팔고 있는 식당을 발견하고 기분이 좋아졌다.[35]

2월 중순이 되자 일의 속도가 많이 느려졌다. 윌슨은 잠시 미국으로 돌아가야 했다. 공식적인 이유는 의회 폐회에 참석하기 위해서였지만, 국제연맹에 대해 점점 커지는 반대를 무마해야 했다. 로이드조지도 여러 국내 문제를 해결하기 위해 런던으로 돌아갔다. 밸푸어가 최고평의회에서 로이드조지를 대신했고, 윌슨은 또 한번 국무장관을 무시하고 하우스를 대리인으로 삼았다. 랜싱(그는 자신의 당뇨병에 새로운 치료법을 시험하고 있었다)은 모욕을 깊이 느꼈고, 이것은 결코 처음 있는 일이 아니었다. 경험 많은 국제 변호사인 랜싱이 미국 대표단 회의에서 국제연맹에 대한 제안을 하자, 윌슨은 변호사들에게 평화조약 초안을 맡길 의사가 없다고 말한 바 있었다. 그 자리에 있던 사람 중 유일한 변호사였던 랜싱은 그 말을 자신과 자신의 직업에 대한 모욕으로 받아들였다. 윌슨은 계속해서 하우스에게 중요한 일을 맡겼다. 랜싱은 자신이 싫어하는 일인 기자들에게 브리핑하는 역할을 맡았다. 윌슨은 하우스와 랜싱 사이에 문제를 일으키는 것에서 악의적 즐거움을 느끼는 것처럼 보였고, 랜싱에게 해가 되는 일을 전해 들으면 기뻐했다. 눈물에 젖은 랜싱 부인이 윌슨 부인을 방문한 후, 그녀의 비서는 일기에 이렇게 썼다. "랜싱이 하는 모든 일이 대통령을 화나게 하는 것 같다. 너무 자주 만찬에 나가고 대통령이 좋아하지 않는 사람들의 초대를 수락해서일지 모른다. 대통령은 자신이 영위하는 삶 말고 다른 형태의 삶을 좋아하지 않는다."[36] 윌슨의 행위는 잔인했고, 궁극적으로 그 대가를 치렀다. 평화 타결안이 미국에서 인준을 받을 때 랜싱은 복수를 했다.

 하우스와 밸푸어 모두 상관이 없을 때 일을 더 빨리 진행하려고 노력했다. 그들은 독일에 대한 최소한의 일반적 조건을 만드는 데 집중했고(세부 사항은 전체 강화회의에서 직접 협상할 수 있다고 전제했다), 영토 문제를 다루는 특별위원회와 배상금 문제 등을 다루는 위원회(최종적으로 이런 위원회가 거의 60개나 되었다)는 3월 6일까지 보고 준비를 하라는 지시를 받았다. 이것은 윌슨이 복귀하기 일주일 전이었다. 3월 말이 되기 전에 독일 대표단을 소환할 수 있다고 생각했지만, 지나치게 낙관적인 계획이었다.[37]

대표단은 불만을 보였지만 계속 일을 해나갔다. 니컬슨이 "하얀 피부에, 면도를 하지 않아 지저분하고 기름기 흐르는 얼굴의" 마르셀 프루스트를 리츠의 만찬에서 만났을 때, 이 위대한 작가는 일이 진행되는 상세한 상황에 큰 관심을 보였다. "위원회가 어떻게 일하는지 설명해달라"고 프루스트는 요청했다. 니컬슨은 위원회가 통상 오전 10시에 일을 시작한다고 대답했다. 프루스트는 더 자세한 사항을 물었다. "당신들은 대표단에서 차를 얻어 타고, 케도르세로 가서 계단을 올라 방으로 들어갑니다. 그다음에는요? 좀더 구체적으로 말해주세요, 내 친구여, 좀더 구체적으로."[38]

윌슨이 잠시 귀국했을 때 국제연맹 규약은 대부분 작성되었고, 독일 평화 조건에도 일부 진전이 있었으며, 대부분의 영토위원회가 구성되었다. 그러나 오스만제국, 오스트리아, 헝가리, 불가리아와의 조약은 거의 검토되지 않은 상태였다. 예비 강화회의에 대한 이야기는 점점 줄어들고, 적국이 파리에 불려오기 전까지 처리해야 할 일이 얼마나 많은지에 대한 얘기가 나왔다. 아직 공식적으로 인정되지는 않았지만, 파리에서 일어나는 일이 이제 강화회의 자체가 되었다. 호텔과 회의실에서는 세계가 다시 불길에 휩싸이기 전에 평화가 만들어질 수 있을지에 대한 암울한 전망이 오갔다.

2월 19일 파리에서 불길이 솟아오른 것처럼 보였다. 클레망소가 크리용 호텔에서 하우스와 밸푸어를 만나기 위해 프랭클린가(街)에 있는 자택에서 나올 때 작업복을 입고 공중 철제 화장실 뒤에 숨어 있던 남자가 갑자기 뛰어나와 총 몇 발을 그의 차에 쏘았다. 클레망소는 후에 로이드조지에게 그 순간이 영원히 지속된 듯했다고 말했다. 총알 하나가 그의 갈비뼈 사이를 통과했지만 중요한 장기는 살짝 피해갔다(그 총알을 제거하는 것은 너무 위험해서 10년 후 죽을 때까지 그대로 두어야 했다). 그를 공격한 반쯤 미친 무정부주의자인 외젠 코탱Eugène Cottin은 클레망소의 출퇴근을 보려고 모여 있던 군중에 붙잡혀서 폭행을 당했다. 클레망소는 다시 집 안으로 옮겨졌다. 그의 충실한 조수인 모르다크가 뛰어 들어갔을 때 클레망소는 창백했지만 의식이 있었다. 그는 이렇게 말했다. "그놈들이 내 등에 총을 쏘았어. 감히 정면에서 나를 공격하지도 못하는군."[39]

이 소식이 크리용 호텔에 도착하자 밸푸어는 "이런, 이것이 무엇을 의미하는지 궁금하군" 하고 중얼거렸다. 파리의 많은 사람은 최악의 상황을 우려했다. 특히 이틀 뒤 바이에른의 사회주의자 수석장관이 암살되었다는 소식이 들어왔을 때 더욱 그랬다. "만일 이 시도가 볼셰비키가 한 짓이라면, 이것은 무정부주의자들이 얼마나 광신적인지를 잘 보여준다. 클레망소를 노리는 시도가 성공하는 것만큼 그들에게 중요한 일은 없고, 심지어 실패해도 프랑스의 여론을 자극해서 그들과 어떤 타협도 이루어지지 못하게 할 것이다."[40]

클레망소는 이 사건을 특유의 아주 당당한 자세로 맞았다. 방문객들은 그가 안락의자에 앉아서, 코탱의 사격 솜씨를 나무라는 말을 하는 것을 들었다. "그 프랑스 놈이 지근거리에서 쏜 일곱 발 중에 여섯 발이나 목표물을 벗어났소!" 또 그는 의사들과 논쟁했다. "의사 양반들, 내가 의사라서 누구보다 잘 알아요." 그가 죽음을 피한 것은 기적이라고 말한 간호사에게는 "하늘이 기적을 보여주려고 했다면, 그자가 총을 쏘지 못하게 만들었어야지!"라고 말했다. 그는 코탱에게 사형 선고를 내리는 것을 반대했다. "늙은 공화주의자이자 사형 반대자로서 반역죄로 그가 처형되는 것을 볼 수가 없다." 코탱은 10년형을 선고받았지만, 형기를 절반 마치고 석방되었다.

위로의 메시지가 쏟아졌다. 런던에서는 로이드조지와 영국 국왕 조지 5세로부터, 대서양 너머에서는 윌슨으로부터, 사라 베르나르로부터는 "지금 클레망소가 프랑스다"라는 편지를 받았다. 또한 클레망소를 승리의 아버지라고 생각하는 수천 명의 프랑스인이 전보와 편지를 보냈다. 교황도 축복의 메시지를 보냈고(오랜 반교회적 급진주의자인 클레망소도 답장을 보냈다), 일반 병사들은 클레망소 집 앞에 자신들이 받은 훈장을 내려놓았다. 다른 사람과 마찬가지로 처음에는 큰 충격을 받은 푸앵카레는 격분했다. "대단한 집단적 광기다. 현실을 감추는 전설이고 역사를 왜곡할 것이 분명하다." 암살 시도가 일어난 다음날 클레망소는 정원을 걸었고, 일주일 뒤에는 업무에 복귀했다. 그러나 그는 크게 약해졌다. 윌슨은 누구보다도 예리

하게 그가 예전의 집중력을 보여주지 못한다는 것을 발견했다.⁴¹

런던으로 돌아간 로이드조지는 적들을 상대하는 데 좀더 많은 성공을 거두었다. 그는 2월 10일 기차에서 내리자마자 보너 로와 핵심 참모들에게 달려가 노동 문제를 다루었다. "나는 그가 다소 늙은 것을 보았다. 그러나 아주 명랑하고 힘이 넘치고 파리에서 한 일로 행복했고, 광부와 철도원들이 1~2주 뒤에 복귀하면 그들을 다룰 계책으로 머릿속이 가득 찼다."⁴² 그는 노동자들이 위협한 파업을 저지했고, 조사위원회를 구성하고, 전에 자주 한 것처럼 노사를 한자리에 모았다. 그 몇 주 동안 그는 교통부를 신설하고, 사회 문제를 다루는 다양한 법안을 의회에 상정했다.⁴³

윌슨의 귀국 여정은 그다지 성공적이지 못했다. 그는 보스턴에 도착하자마자 바로 선동적이고 당파적인 연설을 했다. 그와 미국은 파리에서 위대한 일을 수행하고 있고, 이것을 문제 삼는 사람은 이기적이고 생각이 짧다고 말했다. 자리에 있던 청중은 국제연맹 규약 사본이 배포된 것을 발견했다. 워싱턴의 상원의원들도 아직 보지 못한 상태였다. 이것은 요령 없는 행동이었고, 윌슨의 정치적 대실수는 여기서 그치지 않았다. 보스턴은 그의 가장 큰 정적인 매사추세츠 출신 상원의원 헨리 캐벗 로지의 본거지였다. 고향 땅의 흙처럼 "척박하지만, 부지런히 경작된" 마음을 가지고 있다는 말을 듣는 로지는 뉴잉글랜드 귀족 계급 출신이었다. 그는 키가 작고 성미가 급하고 대단한 속물이었다. 그는 미국이 세계를 더 나은 곳으로 만들어야 하는 의무를 지고 있다는 윌슨의 확신을 공유했고, 평화를 유지하는 데 일정 형태의 연맹을 받아들일 준비도 되어 있었다. 그러나 그는 윌슨의 방법에 동의하지 않았고, 국제연맹이 세계의 모든 문제를 해결할 수 있다는 그의 확신에도 동의하지 않았다. 이견뿐만 아니라, 윌슨을 비열한 데다 겁쟁이라고 여겨 싫어했다. 윌슨과 마찬가지로 그도 정치적 이견을 개인적 이견과 분리하지 못했다.[44]

두 사람은 오랜 기간 서로 적대적이었다. 전쟁이 시작되었을 때 로지는 연합국 편에서 즉각 개입할 것을 원했지만, 윌슨은 중립을 택했다. 전쟁이 끝날 때 로지는 베를린까지 진격하기를 바랐지만, 윌슨은 휴전 체결을 택했고, 평화에 대해서도 의견이 엇갈렸다. 윌슨은 전쟁을 끝내는 방법으로 국제연맹과 집단 안보를 전적으로 믿었지만, 인간 본성의 완벽성에 대한 신뢰가 별로 없는 로지는 힘을 믿었다. 그는 독일을 강력한 국가들, 즉 재건된 폴란드, 견고한 체코슬로바키아, 알자스-로렌, 어쩌면 라인란트까지 강화된 프랑스가 둘러싸기를 원했다. 만일 미국이 어떤 형태로든 연합에 가담한다면, 다른 민주주의 국가들과 연합해야 하고, 그것은 국가를 애매하고 열려 있는 약속으로 끌어들이려고 하는 국제연맹이 아니라, 이익 공동체여야 했다.[45]

로지는 공화당 내에서 온건 중도파를 대변했다. 한쪽 파벌은 주로 중서부에서 온 정치인들로 사악한 유럽과의 어떤 접촉도 피하려고 했고, 다른 한 파벌은 주로 동부 해안 출신의 국제주의자들이 중심이 되어 국제연맹을 열렬히 지지했다. 윌슨은 공화당 내 많은 정치인에게 손을 내밀 수 있었지만, 그가 공화당의 주요 정치인을 파리로 데려가기를 거부하고, 1918년 11월 의회 선거에서 민주당에 투표한 사람은 평화에 투표한 것이고, 공화당에 투표한 사람은 완전히 반대편에 투표했다는 주장과 이제 그가 귀국해서 한 행동으로 그들을 밀어냈다.

그는 민주당 내 의구심을 가진 의원들을 회유하는 노력도 거의 하지 않았다. 그는 한 남부 상원의원과 대화를 하는 것을 거부했다. 그는 이 의원이 변호사로 일할 때 "구급차를 쫓아다니는 사람"이었다고 폄하한 적이 있었다. 그는 사소한 농담에서도 냉소적인 면을 드러냈다. 그가 새로 태어난 손자를 처음 보고 "입만 벌리고 눈을 감고 있는 걸 보니 커서 상원의원이 되겠군" 하고 말한 것도 사람들에게 회자되었다. 하우스의 강력한 권고에 따라 백악관에서 열린 상하원 외교위원회 핵심 의원들과의 만찬도 좋지 않게 진행되었다. 로지는 옆에 앉은 윌슨 부인으로부터 윌슨이 보스턴에서 얼마나 대단한 환영을 받았는지를 계속 들어야 했다. 일부 손님들은 저녁 식사 후 시가와 음료를 충분히 대접받지 못했다고 불평했다. 좀 더 심각한 문제는 윌슨이 자신들을 위협했다는 인상을 받고 돌아간 것이었다. 한 의원은 "마치 교회 학교 수업에서 엄격한 선생님으로부터 수업을 제대로 듣지 않았다고 야단맞는 것 같았다"라고 말했다. 하우스를 만났을 때 윌슨은 회한을 보였다. "자네의 만찬은 성공적이지 않았네."[46]

윌슨은 자주 그랬듯이, 의원들이 자신과 함께하지 않아도 국민이 함께하고 있다고 확신했다. 그의 생각은 옳았을 수도 있다. 한 주요 신문이 독자들에게 국제연맹을 지지하는가를 묻자 3분의 2가 지지한다고 답했다. 그러나 조약을 비준하는 것은 대중이 아니라 상원이었다. 3월 4일 윌슨이 유럽으로 다시 출발하려고 준비할 때 로지는 현재 초안이 작성된 국제연맹 규약을 거부하고, 독일과의 조약이 서명되기 전까지 국제연맹에 관한 논의를 연기할 것을 강화회의에 요구해야 한다는 회람을 의원들에게 돌렸다. 96명의 상원의원 가운데 3분의 1이 넘는 39명이 이 청원서에 서명했다. 윌슨의 첫 반응은 어떻게 하면 상원을 우회해서 일을 처리할 수 있을지에 대한 궁리였다.[47]

3월 14일, 윌슨이 탄 기차가 파리에 도착하자 소수의 프랑스 고위 인사가 기차역에서 그를 영접했다. 그가 로이드조지의 숙소 맞은편에 있는 플라스 데제타쥐니의 새 숙소까지 차로 이동할 때, 지난 11월과 같이 흥분한 군중의 환영은 없었다. 돈 많은 은행가 소유의 그 집은 뮈라 호텔만큼 웅장하고 컸다. 마당에는 데이지 꽃이 풀 위로 솟아 나오고 있었고, 강화회의의 문제들도 머리를 내밀고 있었다.

4부 — 독일 문제

13장

징벌과 예방

월슨 대통령이 귀환하면서 독일 조약에 대한 집중적인 작업이 시작되었고, 5월 초에야 조약 조건이 최종적으로 합의되었다. 이 시점은 전쟁이 끝난 지 넉 달 이상이 지난 후로, 이러한 지연은 독일의 패배가 정말 의미하는 것이 무엇인가라는 불편한 질문을 제기했다. 독일은 아직 얼마나 많은 힘을 가지고 있는가? 연합국은 얼마나 강한가? 1918년 11월 승전국은 엄청난 이점을 가지고 있었다. 만일 승전국이 그 시점에 평화 협정을 맺었다면, 만일 그들이 승리의 범위를 깨달았다면 자신들이 원하는 어떤 조건도 강요할 수 있었다.

루덴도르프Ludendorff 장군이나 힌덴부르크Hindenburg 장군, 그리고 히틀러 상병이 훗날 주장한 대로 독일 정부가 강화를 요청하기 전, 독일 내에서 구정권이 전복되기 전에 독일군은 이미 전장에서 결정적으로 패한 상태였다. 미국으로부터 새로운 병력과 엄청난 장비가 쏟아져 들어온 1918년 여름, 연합국이 공격을 시작했다. 1918년 8월 8일은 독일군에게 '암흑의 날Black Day'이었고, 연합군이 독일 방어선을 파괴했다. 4년 동안 서부전선의 변화는 미터 단위로 계산되었지만, 이제 독일군은 대포, 전차, 병사들을 뒤에 남겨놓은 채 수십 킬로미터씩 후퇴했다. 연합군 공격 초기에 독일군 16개 사단이 사라졌다. 8월 14일 루덴도르프는 카이저에게 연합국과 강화 협상을 고려해야 한다고 말했다. 9월 29일이 되자 그는 무슨 대가를 치르고라도 강화를 해야 한다고 요구했다. 연합국은 느리지만 멈추지 않고 독일 국경으로 다가왔고, 독일군 최고사령부는 연합군을 막기 위해 할 수 있는 일이 별로 없었다. 독일은 인력과 보급품이 거의 바닥이 났고, 여론도 전쟁 의욕을 상실했다. 베를린 거리에서 가정주부들은 더는 가족을 먹일 수 없다는 것을 보여주기 위해 빈 솥과 팬을 들고 행진했다. 조선소와 공장에서 노동자들은 작업을 중단했다. 한때 복종적으로 전쟁에 찬성하는 표를 던졌던 제국의회 의원들은 강화를 요구했다. 독일의 동맹국들은 하나하나 전쟁을 중단했다. 9월 말에는 불가리아, 한 달 후에는 오스만튀르크, 그다음으로는 오스트리아-헝가리가 전투를 중지했다. 11월이 되자 독일에서 반란이 일어났다. 11월 11일 프랑스 철도 객차에서 휴전이 서명되자 독일은 전쟁에서의 상실과 자체적 정치 소요가 결합되어 비틀거렸다. 강화 조건은 연합국의 승리의 정도를 확연히 보여주었다. 힌덴부르크는 우울증에 빠졌고, 루덴도르프는 겁을 먹고 가짜 수염과 짙은 안경을 쓰고 변장한 채 스웨덴으로 도주했다.

독일은 1914년 이래 정복했던 모든 영토뿐만 아니라 알자스-로렌도 상실했다. 연합군은 라인란트 전체뿐만 아니라 라인강 동쪽 연안의 교두보 세 곳을 점령했다. 독일은 또한 잠수함, 중포, 박격포, 비행기, 2만 5천 정의 기관포를 연합국에 넘겨주었다. (이 조치는 독일 협상가들에게 고통스러운 비명을 지르게 했다. "아무리 우리가 패배했더라도, 볼셰비즘에 어떻게 대항하란 말인가?"[1]) 영국과 독일을 그렇게 소원해지게 만들었던 대양 함대는 항구를 떠나 마지막 항해를 했다. 전함에서 구축함에 이르는 69척의 함정은 늘어선 연합국 함정들 사이를 지나 영국 오크니제도의 스캐파플로로 들어갔다. 이것은 전면적 항복이었다.

강화 협정 서명 다음날 프랑스 대사는 로이드조지를 만났다. 그는 "총리는 이렇게 빠른 결말을 기대하지 않았고, 독일 세력의 완벽한 붕괴도 기대하지 않았다고 말했다"라고 보고했다.[2] 연합국 지도자 중에 미국 최고사령관인 퍼싱 장군만이 연합군은 필요한 경우 라인강 너머로 더 압박해 들어가야 한다고 생각했다. 프랑스는 더 이상 병사들이 죽는 것을 원하지 않았다. 연합군 총사령관이자 프랑스군 사령관인 포슈 원수는 강력한 저항과 큰 인명 손실의 위험이 있다고 경고했다.[3] 영국은 미군이 너무 강해지기 전에 강화를 원했다. 스뮈츠는 많은 유럽인의 생각을 대변해 "볼셰비키 무정부주의의 무서운 유령이 전선을 위협하고 있다"라고 음울하게 경고했다.[4]

훨씬 후에 분명해진 연합국의 실책은, 강화의 결과 독일인 대다수가 자국의 패배를 직접 경험하지 못했다는 것이었다. 라인란트를 제외하고 그들은 점령군을 보지 못했다. 연합군은 독일군이 1871년에 파리에서 한 것처럼 베를린으로 승리의 행진을 하지 않았다. 1918년 독일군은 질서정연하게 고향으로 돌아갔고, 군중은 그들의 행진에 환호를 보냈다. 베를린에서 새 대통령 프리드리히 에베르트Friedrich Ebert는 "어느 적도 여러분을 정복하지 못했다!"는 말로 그들을 맞았다.[5] 독일에 세워진 새 민주공화국은 취약했지만, 부분적으로는 잔당으로 남은 독일군의 지원 덕분에 살아남을 수 있었다. 독일에 대한 연합국의 이점은 사라지기 시작했다.

연합군 전력도 약화되었다. 1918년 11월에는 198개 연합군 사단이 있었지만, 1919년 6월에는 39개 사단만이 남았다. 그들을 신뢰할 수 있는가도 의문으로 남았다. 전투를 재개할 의욕은 거의 남아 있지 않았다. 연합국의 징병 해산은 시위, 때로는 노골적인 반란으로 더욱 촉진되었다. 각국 내에서는 평화와 감세에 대한 갈망이 컸다. 프랑스는 연합국이 조건을 제시할 수 있을 때 독일과 강화를 맺어야 한다는 합당한 주장을 강력하게 내세웠다.[6] 클레망소는 독일인을 신뢰할 수 없다고 경고했다. 그들은 다시 "무례"해지기 시작했다. 바이마르에서 제헌의회는 "모든 것 위에 독일Deutschland über Alles"이라는 노래를 부르며 헌법을 통과시켰다. 독일에게 연합국이 "하고 싶은 대로 계속하라. 언젠가 우리는 관계 단절을 위협할 것이다. 그러나 지금 우리는 의견이 확고하지 않다"라고 말하는 것은 미친 짓이었다.[7] 미군이 철수하는 4월이 되면 상황은 어떻게 될 것인가? 그때는 "프랑스와 영국이 단독으로 독일을 상대해야만 할 것"이라

고 클레망소는 말했다.[8]

　클레망소의 이러한 비관주의는 성급했지만, 1919년 봄이 되자 연합군 사령관들은 독일을 상대로 제대로 된 전쟁을 계속할 수 있을지에 대해 점점 더 의구심을 가졌다.[9] 독일군은 전장에서 패배했지만, 그 구조와 제대로 훈련받은 수십만 명의 병사들은 전쟁에서 살아남았다. 포슈 원수가 반복적으로 말한 것처럼 독일 인구는 7500만 명이지만 프랑스 인구는 4천만 명에 불과했다. 또한 주민들 사이의 분위기도 독일에 가혹한 조건의 강화를 요구하는 것에 반대하고 있다는 것을 관찰자들은 느꼈다.[10] 연합군이 독일로 진격할수록 어떤 저항이 있을지 누가 알겠는가? 그들은 화가 난 독일 주민들, 파업, 심지어 총격을 만날 것이라고 군사 전문가들은 경고했다. 연합군이 베를린까지 진격할 가능성은 아주 낮았다.[11]

　해상 봉쇄라는 연합국의 강력한 무기도 녹슬기 시작하는 것처럼 보였다. 이것은 1919년에도 여전히 실시 중이었고, 연합국 함정들이 독일로 가는 수출 금지 화물을 찾아내려고 바다를 순찰하고 있었지만, 이 조치는 점점 더 느슨하게 시행되고 있었다. 독일과의 무역 금지를 주로 책임지던 영국에서 대중은 독일 민간인이 겪는 고통에 대해 불편한 질문을 제기하기 시작했다. 독일 내 영국군 지휘를 맡고 있던 장군은 프랜시스 스티븐슨에게 "만일 독일 어린이들이 반쯤 굶은 상태로 거리를 돌아다니기 시작하면 그곳 통제를 책임질 수 없다"라고 말했다.[12] 해군 제독들도 수병들의 사기를 걱정했다. 해군 참모총장은 최고평의회에서 이렇게 말했다. "최종 강화 조건이 바로 결정되면, 해군은 더이상 해상 봉쇄 수단으로만 묶여 있지 않게 될 것이다. 현재 해군에는 불만의 기운이 도사리고 있다. 다음번 강화 협상에서 해군 평화 조건이 확정된다면 해군 전반에 걸쳐 안정적인 영향을 미치게 될 것이다."[13]

군사 보좌관들은 독일이 식량을 충분히 확보하게 되면 평화조약 서명에 열의를 보이지 않을 수 있다고 경고했지만 강화 조건에는 독일로 식량을 반입하는 것이 포함되어 있었다.[14] 프랑스는 이에 불만을 나타냈다. 클레망소는 냉소적으로 말했다. "독일에 식량과 원자재를 제공함으로써 독일인들의 선의를 얻는다는 제안이 들어 있는데, 여전히 전쟁 상태가 지속되고 있고, 조금이라도 양보하는 기미를 보이면 이것은 취약함의 증거로 해석될 것이다."[15] 윌슨과 로이드조지는 절박한 상황에 빠진 독일이 무정부 상태나 볼셰비즘으로 빠져드는 것을 우려했고, 독일이 "유럽 전역을 오염시키는 균을 배양하는 수조가 될 수 있다"라고 말했다.[16]

이러한 압박에도 불구하고 독일로 들어가는 식량 공급은 진행되었지만, 매우 더뎠다. 많은 독일인이 후에 이 일을 용서하지 않았다. 그 원인의 일부는 선박 부족이었다. 연합국은 독일이 선박을 제공할 것을 주장했고, 많은 독일 상선들이 독일 항구에 계류 중이어서 이런 제안은 일리가 있었다. 그러나 일단 선박을 제공하면 나중에 돌려받지 못할 수 있다고 생각한 선박 소유주들로부터 압박을 받은 독일 정부는 시간을 끌었다. 또한 독일은 공급되는 식량의 양에 대한 연합국의 보장을 받아내려고 시도했고, 후에 미국으로부터 차관을 얻어 식량 구매 비용을 지불할 수 있다고 말했다. 이것은 당시 연합국에 대한 독일의 태도를 보여주는 현실감이 결여된 전제였다. 미국 의회를 통해 차관을 받을 가망이 없다는 것이 분명해지자 독일 정부는 자국이 보유한 금 보유고를 사용하겠다고 제안했다. 그러나 이 말은 독일 금 보유고가 배상금에 쓰여야 한다고 생각하는 프랑스의 경계심을 자극했다.[17] 로이드조지가 독일에 기근이 닥쳤다는 전보를 독일 주둔 영국군으로부터 받았다며 최고위원회에서 격렬한 토론을 벌인 후에야 프랑스는 마지못해 물러섰다. 1919년 3월 말에야 첫 번째 식량 수송선이 도착했다.[18]

평화 조건을 만들어내는 일이 지연된 것은 연합국에 또 하나의 불이익을 안겨주었다. 승리의 흥분이 국익과 국가 간 경쟁이라는 좀더 항구적인 현실에 자리를 내주면서 전쟁 중 연합은 평화 시기에 분해되었다. 1919년 봄 시점에 독일에 무엇을 요구해야 하는가에 대해 나라마다 다른 시각이 존재한다는 것은 모두가 아는 사실이 되었다(독일도 당연히 연합국의 언론을 주의 깊게 살펴보고 있었다). 자주 묘사된 바와 같이 프랑스가 복수심에 불타는 데 반해, 미국은 용서하는 경향이었고, 영국은 그 중간 어딘가에 있었다. 1871년 프랑스가 독일에 빼앗긴 알자스와 로렌 두 지방을 다시 프랑스에 돌려주어야 한다는 점에는 모두가 동의하고 있었다. 그리고 암묵적 양해로 아무도 민족자결주의라는 불편한 이슈를 제기하지 않았다. 지역 주민들의 의견을 참고해야 한다고 문제를 제기하는 사람도 없었다. 지역 주민 다수는 이런 결정을 따르지 않고 독일 땅으로 남는 것을 선호했을 수도 있었다. 모든 사람은 벨기에와 프랑스 북부가 입은 피해가 회복되어야 한다는 데 동의했다. 독일과 독일인들이 징벌을 받아야 한다는 데도 모든 사람이 같은 생각이었다. 전쟁 중 자신이 싸우는 상대는 독일 지배층이라고 주장했던 윌슨조차도 독일 국민 전체를 비난하는 듯이 보였다. 윌슨은 파리에서 측근에게 말했다. "그들은 아마 오랜 기간 나병 환자처럼 배척당할 것이다. 지금까지도 그들 대부분은 다른 국가들이 어떻게 느끼는지, 자신들이 배척당할 것임을 모르고 있다."[19] 독일이 다시 유럽을 전쟁으로 끌고 들어가는 것을 어떻게 해서라도 막아야 한다는 데 모두가 동의했다.

1919년 파리에 있는 거의 모든 사람은 독일이 전쟁을 일으켰다고 생각했다(시간이 지난 다음에야 이런 전제에 대한 의구심이 일어났다). 독일이 중립국 벨기에를 침공했을 때 그들은 스스로 약속한 양해를 위반한 셈이었다. 독일군은 연합국과 미국 여론이 경악할 정도로 나쁘게 행동했다(전쟁 중 선전선동만이 잔학 행위의 전부는 아니었다). 또한 오늘날 많이 망각되었지만 연합국이 보기에 독일은 두 조약으로 큰 피해를 입혔다. 1918년에 체결된 부쿠레슈티 조약은 루마니아를 종속국으로 만들었다. 그리고 볼셰비키 러시아가 폴란드의 작은 도시에서 체결한 브레스트-리토프스크 조약으로 독일은 발트해에서 코카서스산맥에 이르는 거대한 땅에 대한 직간접적인 통제권을 얻었다. 20년 후 히틀러는 같은 목표에 시선을 고정했다. 러시아는 5500만 명의 인구, 영농지의 거의 3분의 1, 많은 중공업 시설과 탄광과 철광산 상당 부분을 잃었다. 볼셰비키 정부는 또한 100만 골드 루블 이상의 배상금을 독일에 지불해야 했다. 1918년 4월에 윌슨은 독일이 강화를 내세울 수 있지만, 행동으로 진정한 의도를 보여주어야 한다고 말했다. "그들은 어디에서도 정의를 실행하지 않고, 자신들의 힘을 강제하고, 영토를 확장하고, 자신들이 사용하기 위해서 모든 것을 탈취했다."[20] 종교적 배경이 강하고 자유주의자인 로이드조지와 윌슨 모두 악을 처벌해야 한다는 신념이 강했다. 그들은 또한 구원도 믿었고, 독일이 어느 날엔가 구원될 것이라고 생각했다.[21]

징벌, 배상, 예방, 이 세 가지 큰 목표에 대해서는 의견이 일치했다. 그러나 그 모든 세부 사항이 문제가 되었다. 카이저와 그의 최고위 참모들은 전쟁범죄자로 처벌받아야 하는가? 독일에게 요구하는 배상에는 무엇이 담겨야 하는가? 전쟁 피해(일어난 모든 피해)? 민간인 손실? 연합군 병사의 미망인과 고아들에 대한 연금? 독일은 얼마나 배상할 수 있는가? 독일은 어느 정도의 군사력을 가져야 하는가? 독일은 얼마나 많은 영토를 잃어야 하는가? 연합국은 예전 독일을 상대하고 있는가, 아니면 종전 후 부상한 새 독일을 상대하고 있는가? 전임자가 저지른 죄악으로 분투 중인 민주주의를 징벌하는 것은 공정한가?

징벌, 배상, 예방은 서로 연결된 문제였다. 더 작아지고 가난해진 독일은 주변 국가에 덜 위협이 될 터였다. 그러나 독일이 상당한 영토를 잃으면서 거대한 배상금까지 감당하는 것이 공정한가? 평화 조건의 여러 조합 사이에서 균형을 찾는 것은 쉬운 일이 아니었다. 특히 윌슨, 클레망소, 로이드조지 사이에 합의가 이루어지지 않고, 자주 그들과 동료들 사이에도 합의가 이루어지지 않는 상태에서 이것은 간단한 일이 아니었다.

문제를 더 복잡하게 만든 것은 따라야 할 분명한 원칙이 없다는 것이었다. 과거에는 문제가 좀더 간단했다. 예술품이건 대포이건 말이건 전쟁 노획물은 승자가 차지했고, 패배한 국가는 전쟁 비용에 대한 배상금을 지불하고, 통상적으로 영토도 상실했다. 빈 회의에서 프랑스는 나폴레옹이 정복한 땅 대부분을 잃었고, 7억 프랑의 배상금을 지불하고, 점령 비용도 물어야 했다. 파리의 많은 사람들이 생생하게 기억하고 있는 1870~1871년 프랑스-프로이센 전쟁 후 프랑스는 50억 골드 프랑을 지불하고 알자스와 로렌을 잃었다. 그러나 1919년은 새로운 외교 방식의 시작을 알리는 이정표가 되어야 했다. "영토 병합과 징벌적 평화는 더이상 없다"가 자유주의자와 좌파의 구호가 되었고, 워싱턴에서부터 모스크바에 이르는 많은 곳의 정치인들은 이 구호를 받아들였다. 세력 정치가 아니라 민족자결주의가 국경을 정하는 원칙이 되어야 했다.

신경쓰이는 새로운 요소가 된 여론도 전혀 도움이 되지 않았다. 누군가 이 무서운 전쟁에 대해 배상을 해야 한다는 감정이 널리 퍼졌지만, 이에 못지않게 평화에 대한 갈망도 컸다. 연합국의 대중은 시끄럽고 서로 상반되는 목소리를 냈다. 1918년 12월 영국 대중은 카이저를 체포하기를 원했지만, 넉 달 후에는 그런 생각이 많이 시들해졌다. 프랑스인들은 독일을 약화하려고 했지만, 볼셰비즘에 독일을 넘겨주고 싶지는 않았다. 미국은 독일의 군국주의를 파괴하고 싶었지만, 독일 민족을 재건시키고 싶은 마음도 있었다. 파리에 모인 정치인들은 유권자들의 분위기에 신경을 쓰고, 자신들의 원칙을 지켜나가며 동시에 모두가 수용할 수 있는 타협안을 만들어내려고 노력했다. 그들 앞에 놓인 엄청난 과제를 고려하면 그들이 회의 초기에 상대적으로 간단하면서 상징성이 큰 문제인 카이저의 운명을 논의한 것은 이해할 만했다.

1919년 비스마르크가 만든 제국의 세 번째이자 마지막 황제인 빌헬름 2세는 위트레흐트 인근 성에서 안락한 생활을 하면서도 가만히 있지 못하는 60대 초반의 노인이었다. 전쟁 말기 그의 군대는 괴멸되었고, 그는 주변에 있는 군인들과 같이 죽는다는 기세 좋은 말을 한 다음 조용히 네덜란드로 망명했다. 그의 가장 가까운 장군들조차 그가 사라진 것을 좋아했다. 그의 갑작스러운 열정과 이에 못지않은 갑작스러운 격노는 늘 참기 어려운 변덕이었다. 빌헬름 2세는 제대로 성장한 적이 없었다. 사랑을 받지 못하고 불안했던 어린이는 옷을 멋지게 차려입는 것을 좋아하고 잔인한 농담을 즐기는 어른이 되었다. 그의 기괴한 행동과 거친 언사는 1차대전 전 유럽을 불안하게 만드는 데 큰 역할을 했다. 그는 병리학적으로 보면 정신이 나간 상태였을 수도 있었다. 1914년 이전 독일에서는 섭정을 두어야 한다는 말도 자주 나왔다.[22] 빅토리아 여왕에게는 골치 아픈 다른 자식과 증손자, 증손녀가 있었지만, 누구도 빌헬름 2세만큼 큰 해를 끼치지는 않았다. 한 비평가가 독일을 이끄는 그의 정권을 "오페레타operetta 정권"이라고 이름 붙였지만, 카이저는 특히 군사·외교 부문에서 위험할 정도의 권력을 가지고 있었다. 만약 다른 사람이었다면 상황은 다르게 전개되었을 것이다. 유럽 대륙에서 가장 강력한 국가는 휘청거리고 남을 위협하면서 1914년 폭발을 향해 나아갔다.

카이저는 항상 나의 독일, 나의 군대, 나의 해군이라는 말을 썼다. 1918년 11월 영국의 조지 5세는 "그는 자기 나라와 자기 자신을 완전히 망쳤다"라고 말했다. "나는 그가 4년 3개월 동안 지속되고 모든 불행을 가져온 이 유령 같은 전쟁을 일으킨 가장 중대한 범죄자라고 생각한다."[23] 조지 5세는 연합국의 많은 사람이 하고 싶은 말을 대변한 셈이었다. 세계가 전쟁으로 망가진 책임을 누군가에게 물어야 한다면 카이저와 병약하고 여자 꽁무니를 쫓아다니는 그의 아들인 왕자와 군사 지도자들 말고 누가 있겠는가?

정치인들은 대중의 반응에 신속하게 대응한다. 영국에서 연정 정부는 고상한 방식으로 전후 총선 선거운동을 벌였다. "우리는 어떠한 복수심, 어떠한 탐욕, 정의의 기본적 원칙을 기각하려는 어떠한 충동도 허용해서는 안 된다." 유권자들은 카이저를 교수형에 처하기를 원한다는 것이 바로 분명해졌다.[24] 로이드조지 자신은 그런 언어를 규탄했지만, 그 감정은 공유했다.[25] 그는 카이저를 런던이나 도버 성에서 공개 재판에 회부한 후 유죄 판결이 나면 그를 포클랜드섬으로 추방할 생각을 잠시 하기도 했다. 이런 낌새를 눈치챈 처칠 같은 동료들은 화를 냈고, 국왕도 격노했다.[26] 외무성의 한 관리는 일기에 이렇게 썼다. "신문들은 카이저를 교수형에 처하자는 쓰레기 같은 기사를 쏟아낸다. 그들은 한때 점보 코끼리에 미쳤던 것만큼 미쳤다. 우리는 생각해야 할 더 좋은 일이 많이 있다."[27]

이탈리아인들의 태도는 미온적이었다. 삼국동맹과 조약을 맺었다가 파기한 소니노는 바뀌는 전쟁 분위기를 심사숙고할 이유가 많았고, 이런 해결책에 반대했다. 이런 선례를 남기는 것은 좋지 않다고 그는 주장했다. 클레망소는 그의 주장에 인내심을 발휘하지 못했다. "선례란 무엇인가? 내가 말해주겠다. 누군가 나타나서 선행을 하거나 악행을 저지른다. 그의 선행은 우리에게 선례가 된다. 그의 악행은 범죄자—개인이든 국가원수든—들에게 범죄에 대한 선례가 된다." 독일이 저지른 죄에 대한 선례는 없었다. 그들은 "경쟁을 끝내기 위해 조직적인 파괴를 저질렀고, 죄인들을 고문하고, 잠수함으로 해적질하고, 점령한 국가에서 여성을 학대하는 혐오스러운 죄를 저질렀다."[28]

윌슨이 도착하기 전 런던에서 열린 유럽 지도자들의 회의에서 카이저와 그의 부하들을 징벌해야 한다는 논의가 오래 이어졌지만, 합의된 것은 윌슨의 생각이 무엇인지를 기다려보자는 것이었다. 윌슨도 확실한 생각이 없었다. 그는 카이저가 중요한 상징이었던 독일의 군국주의를 혐오했지만, 아마 카이저도 총참모부로부터 강요받았을 수도 있다고 생각했다.[29] 랜싱 국무장관이 이끄는 미국 대표단은 독일인들에 대한 재판의 법적 정당성에 대해 불편한 생각을 가졌다. 어쨌거나 미국은 이 문제에서 떨어져 있을 수 있다고 그들은 생각했다. 미국은 이 전쟁에서 상대적으로 피해를 적게 입었다.[30] 윌슨은 결국 마지못해 전쟁 책임을 조사하고 범죄자들에게 적절한 형벌을 검토하는 위원회의 설립에 동의했다. 랜싱을 포함한 미국 대표단은 독일인들이 인류에 반하는 범죄로 처벌받는 것에 반대했다. 윌슨은 4인 평의회에서 동료 중재자들에게 카이저가 불명예를 당한 채로 놔두는 것이 훨씬 낫다고 말했다. "카를 1세(오스트리아-헝가리제국의 마지막 황제)는 경멸받아 마땅한 인물이자 역사상 최악의 거짓말쟁이였으나, 처형됨으로써 찬양받는 순교자로 변모했다."[31] 윌슨은 타협의 정신을 발휘해(국제연맹 규약으로 먼로 독트린을 수정하고자 하는 바람으로) 결국 빌헬름 2세가 "국제적 도덕과 조약의 신성함에 반하는 최고의 범죄를 저질렀다"는 구절을 넣고, 네덜란드 정부가 그를 인도하도록 촉구하는 데 동의했다. 죄가 덜한 다른 독일 범죄자들은 독일 정부가 그들을 인도한 후 특별군사법원에서 재판하기로 했다. "먼저 토끼를 잡아야 한다"가 미국 전문가 중 한 사람의 의견이었다.[32]

1919년 봄이 되자 범죄자 추적에 대한 대중의 열정은 식어갔다.[33] 네덜란드가 카이저의 인도를 거부하자, 중립 약소국을 겁박하는 것으로 보이기 싫어한 연합국은 이를 받아들였다. 독일이 평화조약에 서명하기 직전인 6월 25일에 4인 평의회는 마지막으로 이 문제를 논의했다. 분위기는 징벌적이기보다는 유쾌했다. 로이드조지가 카이저를 영국으로 데리고 와야 한다고 말하자, 클레망소는 "그가 익사하지 않게 조심하시오"라면서 이어 말했다. "영국에서 재판하고 처형은 프랑스에서 합시다." 재판 후에는 그를 어디로 보내야 할지 로이드조지가 물었다. 캐나다? 아니면 어느 외딴섬? 그러자 윌슨이 말했다. "버뮤다로만은 보내지 말아주시오! 거기는 내가 혼자 가고 싶은 곳이라서 말이오."[34] 독일 정부는 마지막 순간까지 관련 조항을 삭제하려고 애썼지만, 사실 그렇게 걱정할 필요는 없었다.

  카이저는 회고록을 쓰고, P. G. 우드하우스의 작품을 읽고, 영국차를 마시고, 개를 산책시키고, 독일과 자신을 패망시킨, 자신이 발견한 국제 유대인 음모를 맹렬히 비난하며 1941년까지 생존했다. 그는 1939년에 히틀러가 전쟁을 일으키자 "연속적 기적"에 흥분했고, 독일이 소련을 침공하기 직전 사망했다.[35] 연합국은 결국 다른 독일인들도 재판에 회부한다는 생각을 포기했다. 그들은 루덴도르프와 힌덴부르크가 포함된 명단을 독일 정부에 보냈고, 독일 정부는 특별 법원을 만들었다. 명단에 오른 수백 명 중 12명이 재판을 받았다. 대부분은 즉시 방면되었다. 부상자가 가득 탄 구명보트를 침몰시킨 두 명의 잠수함 장교만 각각 4년형을 선고받았다. 그들은 몇 주 후 탈출했고, 이후 발견되지 않았다.[36]

14장

독일 제어

겨울 휴회 전에 4인 평의회가 이미 살펴본 독일 조약의 군사 조항은 독일을 다루는 것이 카이저를 다루는 것보다 훨씬 어려우리라는 점을 예고했다. 대개의 사람은 군국주의와 거대한 군대, 특히 독일 군대는 세계를 위해서 좋지 않다는 데 동의했다. 군비 경쟁이 대전쟁을 촉발했다고 주장하는 책들이 이미 나오고 있었다. 윌슨의 14개조 중 하나는 국가들의 군사력을 "국내 안전에 부합되는 가장 낮은 수준으로" 축소할 것을 주창했고, 국제연맹을 창설하는 가장 큰 목적이 그러한 안보를 보장하는 것이므로 개별 국가는 군사력을 줄여도 된다고 했다. 영국에서 징병제가 전혀 인기가 없다는 것을 알고 있는 로이드조지는 이 아이디어를 열성적으로 받아들였다. 대륙에서 가장 군사력이 강한 국가의 무장을 해제하는 것은 국제연맹이 수행할 보편적 군비 축소의 중요한 첫 단계가 될 것이 분명했다. 비록 독일에 비하면 그 중요성이 훨씬 덜했지만, 연합국은 다른 패전국들에게도 엄격한 군사적 조건을 부과하려고 했다. 또한 체코슬로바키아, 폴란드, 그리스 등 유럽 내 우방국들에게도 작은 군대 운용을 받아들이도록 설득했으나 성공적이진 못했다.[1]

 군비 축소는 그 자체로 좋은 아이디어였지만, 독일에 얼마만큼의 군사력을 남겨놓아야 하는지에 대해 합의하는 것은 어려웠다. 새로운 독일 정부는 국내에서 발생하는 반란을 진압할 수 있어야 했다.[2] 그럼 동쪽으로부터 볼셰비키의 위협을 막아낼 수 있을 만큼 강해야 하는가? 연합국이 이 일을 대신하긴 어려웠을 뿐 아니라 그들은 러시아에 대한 간섭을 축소하고 있었다. 중부 유럽 국가들은 그럴 힘도 의지도 없었다. 그들은 생존하기 위해 투쟁할 뿐만 아니라 로이드조지의 최측근 참모인 행키가 말한 대로 "그들 사이에는 볼셰비키에 대항하려는 연합된 노력을 위한 시도의 조짐이 전혀 없었다. 오히려 반대로 그들은 발칸 국가들에서 우리가 익숙해진 최악의 특성을 보여주었다." 독일인들은 모든 단점에도 불구하고 최소한 "견고하고 애국적이고 신뢰할 만하고 잘 조직된 국민"이었다.[3] 그러나 프랑스의 시각에서 보면, 독일군은 항상 위협이었다. 특히 포슈 원수는 처음부터 연합국이 독일의 군사 장비를 압류하고, 라인란트와 교두보를 점령하고, 프랑스와의 국경에 있는 독일 요새를 파괴하고, 독일군 병력을 10만 명으로 제한해야 한다고 주장했다. 그는 이것이 단순히 군사적 요구라는 설득력이 떨어지는 주장을 했다. 드물게 명성이 고양된 채로 전쟁을 마친 프랑스 장군인 포슈 원수는 자신을 평범한 병사라고 말하기를 좋아했다. 그는 키가 작고, 금발에 위압감이 없었고, 외모가 다소 어수선했다. "5미터 거리에서 보면 그가 대원수라는 것을 알아채지 못한다"라고 한 미국 전문가가 말했다.⁴ 피레네산맥의 평범한 가정에서 태어난 포슈는 경건한 가톨릭교도였고, 정원 가꾸기와 사냥과 연극(현대극은 빼고)을 좋아하는 흠 없는 가정적인 남자였고, 정치인과 독일인을 미워했다. 그의 절친한 친구인 영국인 헨리 윌슨은 그의 용기와 전쟁의 가장 암울한 순간에도 포기하지 않는 불굴의 의지를 높게 보았다. 그는 포슈가 "옳은 일을 하는 기묘한 감각을 가지고 있다. 그가 항상 합리적으로 보이지는 않을 것이다"라고 말했다.⁵ 한편 전쟁 말기 그와 충돌한 미군 사령관 퍼싱은 그를 "속이 좁고 고집만 부리는 자"로 보았다.⁶ 윌슨 대통령은 점점 더 그를 프랑스의 복수심과 맹목성의 화신으로 보게 되었다. 그는 또한 포슈가 재미없다고 생각했다.⁷

오랫동안 그를 알고 지낸 클레망소는 항상 입장이 애매했다. 그는 1919년 최고평의회에서 "그는 위대한 장군이지만, 군대 교황은 아니다"라고 말했다.⁸ 전쟁 중 그는 연합군 총사령관으로 페탱Pétain 장군과 포슈를 저울질했다. "나는 두 사람 사이에서 갈등했지만, 한 사람은 우리가 끝났다고 말했고, 다른 사람은 미친 사람처럼 나서서 싸우기를 원했다. 나는 스스로에게 '포슈를 시험해보자!'라고 말했다."⁹ 클레망소는 자신의 판단이 옳았다고 생각했다. "나는 1918년 3월 그가 어느 때보다 더 확신에 차고 열성적이고, 자신이 위대한 지도자임을 보여주고, 오직 한 가지 생각만 하는 것을 보았다. 그것은 적이 항복할 때까지 계속 싸우는 것이었다."[10] 다른 한편으로 그는 "전쟁 중 나는 포슈가 바보 같은 짓을 하지 못하도록 그를 사실상 매일 만났다"라고도 말했다.[11]

클레망소는 군인을 완전히 신뢰하지 않았고, 특히 종교성이 강한 사람은 더 그랬다. 그는 포슈를 강화회의 프랑스 대표로 지목하지 않았고, 포슈는 초대받는 경우에만 회의에 참석할 수 있다는 태도를 분명히 했다. 포슈는 클레망소를 용서하지 않았다. "클레망소가 나를 윌슨 대통령과 로이드조지의 저항을 극복할 수 있는 사람으로 생각하지 않았다는 것은 정말 이상한 일이다."[12] 그럼에도 불구하고 포슈와 그의 지지자들이 평화 협상에 영향을 미치려고 하자 클레망소는 점점 더 인내심을 잃었다.[13] 끔찍한 장면도 있었다. 한번은 최고평의회 회의 중 클레망소가 회의장을 박차고 나가 대기실에 앉았다. 측근들이 그에게 회의장으로 들어가라고 설득하자 그가 "절대, 절대, 절대 안 가"라고 소리치는 것이 회의장 안에까지 들렸다.[14] 클레망소는 때로 그를 해임할 생각을 했지만, 차마 그렇게 할 수가 없었다. "사람들에게 자신의 우상을 계속 갖게 하라. 그들은 우상을 가져야 한다"라고 그는 말했다.[15]

포슈는 1918년 11월 11일 초기 휴전 합의에 엄격한 규정을 넣어야 한다고 주장했다. 강화회의 중 그는 독일이 휴전 조항을 어기고 있다고 경고했다. 그들은 신속히 징집을 해산하지 않고, 무기도 넘겨주지 않고 있었다. 연합국은 대규모 군대를 유지해야 하고, 특히 라인란트에 주둔시켜야 한다면서, 그렇지 않으면 강화 조건을 강제할 수 없다고 주장했다.[16] 영국과 미국은 이에 대해 회의적인 입장을 보였다. 윌슨은 프랑스가 "히스테리를 부리고 있다"고 생각했다. 퍼싱이 포슈가 독일의 힘을 과장하고 있다고 말하자 윌슨은 이 말을 바로 로이드조지에게 전달했다.[17]

매달 연장되는 휴전 합의를 갱신할 때 포슈는 새로운 규정을 넣으려고 시도했다.[18] 윌슨은 말했다. "그것은 스포츠맨 정신에 어긋난다. 이전에 수용된 조건이 충족되지 않고 있다는 보고가 계속 들어오는 상황에서 사소하고 짜증나는 부차적 요구가 강화 조건에 계속 추가되고 있다."[19] 그들은 어떻게 독일 측이 이를 수용하도록 설득해야 하는가? 포슈의 대답은 단도직입적이었다. "전쟁으로." 클레망소는 다소 마지못해 그를 지지했다.[20] "그는 독일 국민을 잘 알고 있다. 그들은 상대가 먼저 물러나면 격렬해진다."[21] 상당한 논쟁 끝에 2월 12일 최고평의회는 타협안을 만들었다. 휴전 합의는 중요한 변화를 추가하지 않는 상태에서 무한히 갱신되고, 포슈는 평화조약의 군사적 조건을 작성하는 위원회의 책임을 맡게 되었다.[22] 이 위원회가 예비적 조약을 만드는지 아니면 최종 조약을 만드는지에 대해 혼란이 지속되는 가운데, 이 조건들이 배상금 계획에 먼저 제시되어야 하는지 아니면 더 큰 문서에 포함되어야 하는지에 대해서도 아무도 분명한 의견을 제시하지 않았다.[23]

3월 3일 포슈의 위원회 보고는 독일군이 기본적인 장비만 갖추고, 총참모부와 전차 같은 추가적 조직과 무기의 보유는 금지하는 것을 추천했다. 포슈는 최고평의회가 즉각적 결정을 내릴 것을 요청했다. 그는 3주 안에 독일 대표들과 협상을 시작하기를 바랐다. 연합군 해산 속도를 감안하면 그와 연합국 동료들은 오랫동안 독일군보다 우위를 유지할 수 있는지 확신할 수 없었다. 영국과 미국의 중재자들은 이에 동조하지 않았다. "이것은 평의회의 머리에 권총을 들이대는 것과 마찬가지"라고 밸푸어는 말했다.[24] 또한 그는 포슈의 제안 일부가 논란의 여지가 많기 때문에 로이드조지가 없는 자리에서 결정을 내리기를 원치 않았다.[25]

포슈는 독일군이 1년만 복무하는 징집병으로 이루어진 14만 명의 병력을 유지하기를 원했지만, 포슈 위원회의 영국 대표 헨리 윌슨은 여러 해 복무하는 자원병 20만 명의 군대를 선호했다. 영국 측은 프랑스 측에 매년 수천 명의 병사를 훈련시키는 것은 상당한 규모의 경험 많은 병사를 배출해내는 것이나 마찬가지라고 설득하려 했다. 포슈는 자신은 양이 아니라 질을 걱정한다고 대답했다. 오랫동안 복무하는 병사들은 훨씬 더 큰 군대의 중핵이 될 수 있었다. "양 떼 같은" 독일인들이 그들을 몰고 갈 많은 장교들을 갖게 되는 결과로 귀결될 수 있다고 그는 우려했다.[26]

로이드조지는 포슈를 옆으로 데려가 징병제 독일군 아이디어를 포기하도록 설득했다. 포슈는 이 결정을 다음 최고평의회 회의에서 알고서 클레망소에게 격렬하게 항의했지만, 클레망소는 물러나려고 하지 않았다.[27] 그가 얻은 것은 독일군 병력을 10만 명으로 제한하는 것이었다. "나는 원칙은 얻었지만 수는 얻지 못했고, 포슈는 수는 얻었지만 원칙은 얻지 못했다. 놀라운 상황이다"라고 헨리 윌슨은 썼다.²⁸ 군사 관련 규정은 윌슨이 돌아올 때까지 논의를 미루기로 했다.

포슈는 다른 많은 프랑스인과 마찬가지로 비무장 독일보다 훨씬 많은 것을 원했다. 그는 훨씬 축소된 독일을 원했다. 독일이 축소되어야 한다는 데 모든 중재자들이 동의했다. 그러나 어디를 축소하고 얼마나 축소해야 하는가가 문제였다. 폴란드는 탄광이 있는 상부 실레지아와 단치히 항구(지금의 그단스크)를 원했다. 리투아니아는 살아남게 되면 메멜 항(지금의 클라이페다)과 내륙으로 이어지는 땅을 원했다. 중부 유럽의 훨씬 많은 정착지가 포함된 동쪽에서 경계는 많은 문제를 일으킬 수밖에 없었다.

북서쪽에서 독일의 경계는 비교적 쉽게 결정되었다. 중립국인 덴마크는 슐레스비히홀슈타인 일부를 원했다. 이 지역의 운명은 19세기 중엽 유럽에 많은 문제를 안겼다. 독일인과 덴마크인이 섞여 살고 있고, 오래전으로 거슬러 올라가고 놀랄 정도로 복잡한 역사와 법적 지위를 가진 이 지역은 근대 독일을 창설하는 과정에서 프로이센에 병합되었다. (비스마르크는 유럽에서 단 두 사람만이 이 법적 지위를 이해하고 있다고 주장했다. 자신이 한 사람이고, 다른 한 사람은 망명 중이라고 말했다. 파머스톤도 이와 비슷한 말을 한 것으로 알려졌다.) 독일 정부는 주민들이 독일인이라는 것을 주장하기 위해 최선을 다했지만, 북부 지역 주민 대부분은 여전히 덴마크어를 사용하고 있었다. 덴마크 정부는 강화회의에 신속한 행동을 촉구했다. 구독일 정권의 붕괴로 슐레스비히홀슈타인에는 다른 곳과 마찬가지로 혁명평의회가 설립되었지만, 여전히 독일의 일부로 행동하고 있었다. 덴마크어 사용자들은 집회가 허용되지 않았고, 주택 창문이 부서졌으며, 최악의 상황은 가장 번영하는 농촌 지대에서 암소를 몰수당한 것이었다.[29] 아무도 오래된 법적 문제를 다시 꺼내기를 원하지 않았지만, 다행히도 민족자결주의라는 새 원칙을 사용할 수 있었다. 최고평의회는 이 문제를 독일에 대한 벨기에의 요구를 다루는 위원회에 넘기기로 결정했다. 위원회는 두 차례 주민투표를 실시할 것을 제안했고, 이것은 중재자들이 명령한 여러 차례 주민투표 중 첫 사례가 되었다. 1920년 2월 국제위원회는 20세 이상의 남녀를 대상으로 주민투표를 실시했다. 그 결과는 언어 경계선과 거의 같게 나와서 북쪽은 덴마크와 합병되는 것을, 남쪽은 독일에 남아 있는 것을 택했다. 이 국경은 현재까지도 변하지 않고 남아 있다.

서쪽에서는 프랑스의 보상과 안보의 필요가 민족자결주의와 상충했고, 프랑스가 유럽 대륙을 지배하는 것에 대한 영국의 오랜 두려움 때문에 독일의 경계를 정하는 것이 쉽지 않았다.[30] 알자스의 북쪽 끝에는 독일의 풍부한 탄광 지역인 자르가 있었다. 프랑스는 석탄이 필요했고, 프랑스의 탄광은 대부분 독일군에 의해 파괴된 상태였다. 휴전 합의 직후 클레망소가 영국 대사에게 상기시킨 대로 영국은 나폴레옹 전쟁 종결 후 자르를 프랑스에 넘겨줄 생각을 한 적이 있었다. 이 기회를 이용해 "워털루 전투에 대한 쓰라린 기억"을 지우면 어떻겠느냐고 클레망소는 제안했다. 그러나 자르는 알자스-로렌에서 네덜란드로 이어지는 라인란트의 작은 부분에 지나지 않았다. 클레망소는 프랑스의 안보를 위해 독일에서 제거되어야 한다고 주장했다. "라인강은 갈리아 지방과 게르만족의 자연 경계였다"라고 그는 말했다. 연합국은 벨기에처럼 강대국들이 중립을 보장하는 독립 국가를 만들 수도 있었다. 영국 대사는 "나는 그가 이를 위해 강하게 압박할 것임을 알았다"라고 말했다.[31] 클레망소는 안보라는 가장 중요한 목표를 달성하기 위해 프랑스의 다른 요구에 대해서는 타협할 준비가 되어 있었다. 실제로 그는 독일과 제한적 협력을 추진해 두 나라가 함께 프랑스의 파괴된 지역을 재건하고 효과적인 경제적 연대를 발전시키는 데 힘을 합칠 생각이 있었다.[32]

포슈는 그런 식으로 생각하지 않았고, 라인강 너머에서 제기되는 위협을 다루는 데 평생을 바친 군사 권위자로서 자신의 의견을 말했다. 프랑스는 강이라는 장애물을 필요로 하고, 프랑스가 통제하는 라인란트가 동쪽의 침략으로부터 시간을 벌어주고, 프랑스는 인구가 추가적으로 필요하다고 생각했다. 그는 1919년 1월 강화회의에 제출한 각서에서 이렇게 주장했다. "앞으로 독일로부터의 모든 진입 및 집결지를 박탈해야 한다. 즉 라인강 서쪽 연안에서 모든 영토적 주권을 박탈해야 한다. 다시 말해 1914년처럼 벨기에와 룩셈부르크를 신속하게 침공할 수 있고 북해 연안까지 이어지고 영국을 위협하고 프랑스의 자연 방어선을 우회하는 모든 시설을 박탈하고, 프랑스 북부를 점령하고 파리로 진격할 수 있는 라인강과 뫼즈강 지역을 박탈해야 한다."[33]

포슈는 세실에게 독일이 공격을 하는 경우 독일군은 미국과 영국이 대응하기 전에 프랑스로 깊숙이 진격할 수 있다고 말한 바 있다. "만일 좋은 방어선이 될 수 있는 다른 자연적 방어물이 있다면 그는 라인강 전선을 요구하지 않았을 테지만, 그런 것은 전혀 없었다."[34] 그가 선호한 것은 방어 동맹으로 벨기에, 프랑스, 룩셈부르크와 힘을 합칠 수 있는 독립국 라인란트였다. 헨리 윌슨은 이렇게 말했다. "나는 포슈가 너무 나갔다고 생각하지만, 이와 동시에 나는 룩셈부르크와 벨기에 같은 중립국들은 프랑스의 측면에 노출되어 있어서, 라인강 변에는 독일군이 배치되지 않는다든지, 독일 징집병이 들어오지 못하는 것과 같은 주의 조치가 필요하다고 분명히 생각한다."[35] 포슈의 두 번째 선택은 라인란트에 중립적이고 비군사화된 하나 또는 몇 개의 국가를 만드는 것이었다.[36] 그곳 주민들은 자연적으로 프랑스에 동정적이고, 시간이 지나면 그들에게 최선의 이익은 동쪽이 아니라 서쪽을 바라보는 것임을 깨닫게 될 것이라고 그는 생각했다.[37]

프랑스군이 라인란트 점령군의 대부분을 차지했고, 프랑스 지휘관들은 포슈의 시각에 완전히 동의했다(여기에는 페탱 원수도 포함되는데, 그는 2차대전 때 독일에 대해 다른 생각을 하게 된다). 샤를 망쟁Charles Mangin 장군은 라인란트는 "다시 한번 강대국이 된 불멸의 프랑스"의 상징이라고 말했다. 프랑스 식민지에서 주로 경력을 쌓은 망쟁은 지역 주민들을 축제, 횃불을 든 행진, 폭죽, 강력한 통제로 포섭해야 할 원주민으로 보았다.[38] 프랑스는 또한 경제적 양보로 라인란트 주민들의 환심을 사기 위해 독일에 대한 봉쇄에서 이 주민들을 면

제시켜주었다.³⁹

1919년 흥분된 몇 달 동안 강력한 분리주의 집단이 주로 가톨릭 교도인 라인란트 주민들을 선동하는 것처럼 보였다. 라인란트 주민들은 프로이센의 지배에 편안히 정착하지 못했었다. 그렇다고 그들이 프랑스 품에 안길 준비가 되어 있었는가? 조심스럽고 정직하지 못한 정치인이자, 라인란트의 대도시 쾰른의 시장인 콘라트 아데나워Konrad Adenauer는 온건파를 대변하고 있었다. 그는 분리주의를 고려했지만, 봄이 되자 이 생각을 버렸다.⁴⁰ 열렬한 분리주의자는 소수에 그쳤다.

클레망소는 프랑스 군부가 주력하는 것을 모른 척하기로 했다. 그는 또한 그들이 분리주의자들과 음모를 짜는 것을 막지도 않았다.⁴¹ 그는 라인란트가 독일에게 또다시 공격의 발판이 되지 않는 한 라인란트를 어떻게 관리할 것인가에 대해서는 크게 신경쓰지 않았다. 그는 연합국의 점령이 계속되기를 바랐고, 그 점령이 교두보를 보호하기 위해 라인강 동부로까지 확대되기를 바랐다. 그는 프랑스 안보를 보장받을 수 있다면 배상금 같은 요구에서 양보할 준비가 되어 있었다. 그는 연합국에 평화 조건을 일괄해서 제안할 것을 촉구했다. 그는 2월에 밸푸어에게 말했듯이, 군축 조건이 거의 준비되었음에도 불구하고 독일이 더이상 협상할 것이 없다고 느끼고, 다른 모든 것에 까탈스럽게 나올 것이 분명했기 때문에 군축 조건이 독일에 제공되는 것을 원하지 않았다.⁴²

클레망소는 국내 비판자들이 예의 주시하고 있기 때문에 라인란트 문제에 조심스럽게 접근해야 했다.⁴³ 엘리제궁에 있는 푸앵카레는 "적의 움직임이 빨라지고 있으므로 만일 우리가 단결해 강한 자세를 보이지 않으면, 모든 것을 두려워해야 할 것"이라고 말했다. 프랑스가 라인란트를 통제해야 한다는 것이 그의 입장이었다.⁴⁴ 푸앵카레의 시각은 프랑스에서 큰 지지를 받고 있었다. 전쟁 중 프랑스 정부는 프로파간다 때문에 독일 영토를 합병하는 것을 공개적으로 말하는 데 조심했지만, 프랑스 시민들은 위원회 등을 조직해 앞다퉈 출간물을 내놓고 있었다(검열 당국은 이를 제지하려는 노력을 전혀 하지 않았다). 라인강은 항상 서구 문명과 좀더 어둡고 원시적인 것 사이의 경계였다. 프랑스는 라인란트를 문명화했고, 카롤루스 대제의 수도가 그곳에 있었고, 루이 14세가 그곳을 정복했고, 프랑스 혁명군이 그곳을 재차 점령했다(독일어 사용 공후들이 라인탄트를 통치한 훨씬 더 오랜 기간은 편리하게 생략했다). 그들은 라인란트 주민들의 유전자와 마음이 진정한 프랑스인이라고 주장했다. 그들의 포도주 사랑, 살아가는 즐거움 joie de vivre, 가톨릭주의(심지어 반교회적인 프랑스 작가들도 지적하는)가 그 증거였다. 그곳에서 프로이센 사람들을 제거하면, 라인란트는 다시 진정한 프랑스적 성격을 되찾을 것이 분명했다. 가장 설득력 있을 것 같은 주장은 라인란트는 프랑스가 입은 손실에 대한 정당한 보상이라는 것이었다.⁴⁵

미국은 이런 의견에 설득되지 않았다. 라인란트가 아니라 국제연맹이 프랑스의 안보 문제를 해결해줄 터였다. 하우스는 말했다. "국제연맹 설립 후 독일이 다시 큰 군대를 훈련하고 무장시키고, 세계에 다시 위협이 되도록 방치할 정도로 우리가 멍청하다면 그런 멍청한 짓이 우리에게 가져올 운명을 받아들여야 할 것이다."[46] 로이드조지는 입장을 정하지 않았다. 라인란트가 작은 중립국가가 될 수 있다고 생각하면서도,[47] 거듭 말한 것처럼, 이후 세대에 또다시 유럽의 평화를 방해하는 새로운 알자스-로렌을 만들기를 원하지 않았다.[48]

프랑스 관리들은 라인란트에 대해 다양한 책략을 가지고 의견을 떠보았다. 연합국에 의한 항구적 점령, 독일이 명목적으로는 독일에 속하되 프랑스와 관세동맹을 맺는 것, 군사적으로는 프랑스가 지배하고 법적으로는 독일이 되는 것 등이 그러한 아이디어였다. 일부 사람들은 좀더 극적인 주장을 했다. 프랑스 외무부는 이렇게 주장했다. "유럽의 지속적인 평화를 위해서는 비스마르크의 작업을 파괴할 필요가 있다. 그는 양심의 가책 없이 프로이센에서 발아한, 군사화되고 관료주의적이고 엄격하고 무서운 전쟁 기계를 만들어냈다. 프로이센은 '국가를 가진 군대'로 정의된다."[49] 유럽의 중심부에서 바이에른과 작센을 다시 보게 되고, 무엇보다도 과오를 반성하는 프로이센을 다시 보게 된다면, 비로소 프랑스는 악몽을 떨쳐 낼 수 있을 터였다.

그러나 클레망소는 독일이 살아남을 것이고, 프랑스는 독일을 상대해야 한다고 생각했다. 그는 프랑스의 안보는 자체 노력만큼이나 동맹에 달려 있음을 알고 있었다. 그는 또한 라인란트는 프랑스가 원하는 것의 일부에 지나지 않는다는 사실도 기억해야 했다. 만일 그가 그것을 얻는 데 모든 노력을 기울이면 연합국은 프랑스가 요구하는 배상금 액수를 수용할 것인가? 그들은 독일을 비무장화하는 데 동의할 것인가? 그가 그린 계략 전체와 그가 진정 어떤 생각을 갖고 있었는지는 결코 알 수 없다. 그 이유 중 하나는 그 스스로가 그것을 드러내지 않으려고 했기 때문이다. 몇 년 후 프랑스 외무부가 1919년 라인란트 협상에 대한 요약본을 작성하려고 할 때, 서류 파일에서 라인란트에 대한 문건은 하나도 찾을 수 없었다.[50] 클레망소가 죽기 전 자신의 서류 대부분을 파기했기 때문이다.

강화회의 초기에 클레망소는 연합국과 우호관계를 구축하기 위해 최선을 다했다. 일례로 그는 국제연맹 창설에 적극 협조했다. 그는 최고평의회에서 라인란트 문제에 대해 침묵을 지켰고, 완전한 합병이나 독자적인 라인란트 국가에 대한 대안을 연합국 대표들에게 사적으로 표현했다.[51] 그는 미국 대표들, 특히 하우스에게서 동맹을 발견했다. 영국을 설득하는 것은 더 힘들다는 것을 그는 알게 되었다.[52] 클레망소는 윌슨이 2월 14일 미국으로 떠나기 전에 그와 대화하지 않은 것으로 보인다. 아마 윌슨의 반대를 우려했기 때문일 것이며, 그 우려는 타당한 근거가 있었다.[53] 로이드조지는 지리에 대한 예의 무지를 드러내며 "늙은 호랑이는 독일 돼지를 찢어 죽이기 전에 로키산맥의 회색 곰을 되찾기를 원한다"라고 말했다.[54]

2월 25일 프랑스 대표 중 한 사람인 앙드레 타르디외가 라인란트에 대한 공식 입장문을 강화회의에 제출했다. 그것은 그의 눈부신 활동 중 하나였다. 파리의 판화가 집안 출신인 타르디외는 뛰어난 지식인(파리고등사범학교를 수석으로 졸업했다), 외교관, 정치인, 언론인이었다. 1917년 클레망소는 그를 특별 사절로 미국에 파견했다. 그는 아주 영리하고, 활기가 넘치고, 매력적이었다. 로이드조지는 그를 견딜 수 없었고, 윌슨은 워싱턴에서 공화당 인사들을 만난 그를 결코 용서하지 않았다.[55] 클레망소는 그를 좋아했고, 다른 사람에게 한 것처럼 그에게 많은 보상을 했다. 그는 또한 타르디외를 엄격한 자기 통제 아래 두었다.[56] 타르디외가 최고평의회에서 자신보다 앞서서 걷자 그는 "신사 양반, 실례합니다"라고 경고했다. 타르디외는 황급히 뒤로 물러난 채 감히 대답을 하지 못했다.[57]

클레망소의 지시를 받고 그가 작성한 2월 25일자 각서는 독일의 서부 국경이 라인강에서 멈추고, 연합국이 교두보를 항구적으로 점령할 것을 요구했다. 프랑스는 라인란트의 어느 부분도 합병하려는 의도가 전혀 없다고 주장했고, 그곳이 어떻게 통치되어야 하는가에 대해서는 말하지 않았다.[58] 프랑스 동맹국들의 반응은 확고했다. "우리는 이것을 연합국이 전쟁에 나서고, 희생의 시간에 국민에게 각인한 기본적 원칙에 대한 분명하고도 불명예스러운 배신으로 여긴다"라고 로이드조지는 말했다. 항상 현실주의자인 그는 독일을 분해하려는 시도는 장기적으로 제대로 이루어질 수 없는 데다 "끝없는 갈등을 불러일으켜 또다른 전쟁을 일으킬 것"이라고 말했다.[59] 미국에 있던 윌슨도 이에 못지않게 확고했다. "그렇게 될 수 없다"라고 그는 그레이슨에게 말했다. "주민들이 갈망하는 쪽은 독일이다. 이 영토를 독일로부터 빼앗는 것은 증오의 원인만 만들어주고,

잃어버린 영토에 대해 프랑스가 독일에게 느끼는 쓰라린 감정에 버금가는 전쟁 재개의 결의를 독일 전역에 퍼뜨릴 것이다."[60] 윌슨은 하우스에게 라인란트에 대해 일절 아무 약속도 하지 말라고 지시했다. 그는 파리로 돌아가면 직접 이 문제를 다루기로 했다.[61]

타협안을 만들려는 시도로 로이드조지, 클레망소, 하우스는 윌슨이 도착하기 며칠 전에 비밀위원회를 만들었다. 프랑스를 대표한 타르디외는 이제 공개적으로 독립된 라인란트 국가 구성을 주장하고 나섰다. "프랑스는 1914년의 반복으로부터 안전을 보장받지 않는 한 절대 만족하지 못할 것이다. (…) 이 안전은 라인강을 따라 국경을 획정하는 것으로만 확보될 수 있다. 프랑스는 다시 전쟁이 일어나면 프랑스 땅에서 벌어지지 않는다고 기대할 권리를 가지고 있다." 영국 대표인 필립 커는 영국은 라인란트를 독일에서 분리하거나 그곳에 항구적으로 병력을 주둔하는 것 모두 상정할 수 없다고 대답했다. 영국 여론은 이에 반대하고 있고, 의견을 무시할 수 없는 영연방 정부들도 마찬가지였다. 다른 한편으로 독일군이 다시 공격하면 영국군은 프랑스를 도우러 나설 것이라고 그는 말했다. 타르디외는 영국군이 제시간에 도착하지 못할 수 있다고 지적했다(프랑스 측은 영국해협 밑에 터널을 건설하자는 로이드조지의 제안을 진지하게 받아들이지 않았다). 미국 대표는 거의 발언을 하지 않았다. 이 회담은 유용한 결과를 만들어내지 못했다.[62]

윌슨이 파리에 돌아왔을 때 독일 조약의 군사 조항은 상당한 진전을 이루었지만, 라인란트를 포함한 독일의 국경 문제는 해결이 난망했고, 복잡한 배상금 문제에 대한 협상도 교착상태에 빠졌다. 윌슨이 탄 배가 3월 13일 저녁 브레스트 항에 도착하자 하우스는 그를 영접했다. 그는 실망을 주는 뉴스를 가져왔다. 독일 조약은 윤곽만 잡힌 상태였다.

하우스 대령은 단순히 대통령에게 보고만 했다고 생각했지만,[63] 하우스를 좋아하지 않는 윌슨 부인과 그녀의 지지자들은 대통령이 큰 충격을 받았다고 말했다. 그녀는 20년 후에 회고했다. "윌슨은 10년은 더 늙은 것처럼 보였다. 그는 자신을 통제하기 위한 초인적 노력을 할 때 나타나는 턱 모양을 보여주었다." 그녀의 주장에 따르면 윌슨은 "하우스는 내가 파리를 떠나기 전에 얻은 것을 모두 넘겨주었다"라고 선언했다. 그레이슨은 자신의 느낌을 추가해 윌슨 대통령은 하우스가 별도의 라인 공화국 설립에 동의하고, 국제연맹을 무시하려는 영국과 프랑스의 범죄적인 계략에 넘어가 독일 조약에서 국제연맹 규약을 뺀 것을 알고 경악했다고 회고했다.[64] 하우스는 두 가지 일 모두 하지 않았지만, 윌슨의 의심은 커졌고, 주변 사람들은 그 의심이 살아난 것을 기뻐했다.

윌슨 대통령과 하우스 사이에 무슨 일이 일어났는지는 아무도 정확히 모르지만, 그날 밤 두 사람의 우정에 금이 간 것은 확실했다. 두 사람은 계속 만났고, 하우스는 윌슨 대통령을 위해 행동했지만, 이 작은 사람의 말에 윌슨은 더이상 귀를 기울이지 않는다는 소문이 돌았다. 로이드조지는 4월에 하우스가 크리용 호텔의 클레망소 방에서 만난 것 때문에 큰 문제가 생겼다고 생각했다. 하우스는 그때 아드리아해에 대한 이탈리아의 주장을 놓고 벌어진 윌슨과 이탈리아 사이의 논쟁을 무마하려고 그를 만났던 것이었다. 그런데 갑자기 윌슨이 그 방에 들어섰고, 자신이 모르는 가운데 무슨 일이 진행되고 있다는 낌새를 알아차렸다. 로이드조지는 이렇게 말했다. "그는 최소한 하나의 신적인 속성을 가지고 있었다. 그것은 질투하는 신이었다. 이 면에서 하우스는 자기 우상의 한 특성을 잊었고, 용서받을 수 없는 죄를 저질렀다."[65]

브레스트 항에서 하우스가 한 일은 포슈가 제안한 군사 조항이 들어가고, 일부 재정 관련 조항이 들어간 예비 조약을 독일 측에 제안하고, 국경과 배상금 같은 복잡한 문제는 나중에 다루자고 제안한 것이었다. 윌슨은 프랑스에 도착하자마자 이 이야기를 들은 것이 분명했다. 그는 즉시 국제연맹 규약을 지연시키려는 음모를 눈치챘다. 3월 15일 그는 로이드조지와 클레망소에게 "국제연맹이 만들어졌을 때 이와 연관된 많은 문제가 있고, 국제연맹의 창설은 첫 번째 목표가 되어야 한다. 군사·해군·재정 문제만 다룬 조약에는 절대 합의할 수 없다"라고 "아주 솔직하게" 말했다.[66] 윌슨은 군사 조건을 승인할 예정인 그날 오후 최고평의회에 불참했다. 그는 문서를 읽을 시간이 필요하다고 말했다. 영국의 헨리 윌슨 장군은 이에 대해 "무례하다"고 말했다. 이틀 후 이 문제가 회의에서 다루어지자 윌슨은 독일 자원군에 대한 조항에 반대할 것을 고려했다. 승인이 지연되는 것에 짜증이 난 로이드조지는 이에 대응해서 자신은 국제연맹 규약 동의를 거부할 것이라고 위협했다. 실랑이 끝에

군사 조건은 승인되었다.[67]

연합국도 인정한 바와 같이 독일은 군대라기보다는 경찰력을 가진 국가에 가까운 상태가 되었다. 이후 시기에 각국 군대의 군비 축소 약속이 실현되지 않자 독일 조약에 대한 영국의 불안과 독일의 분노는 가중되었다.[68] 독일은 10만 명의 육군과 1만 5천 명의 해군을 보유하되 공군, 전차, 장갑차, 중포, 비행선, 잠수함은 전혀 보유할 수 없게 되었다. 독일은 공세적 전쟁을 할 수 없는 상황에 놓였다. 보유 중인 모든 무기와 라인강 서쪽에 있는 모든 요새와 강 동안에 있는 모든 요새는 파괴되어야 했다. 독일 내 소수의 공장만 전쟁 물자를 생산하도록 허용되었고, 전쟁 물자 수입은 전면 금지되었다. 독일이 은밀하게 남자들을 훈련시키는 것을 막기 위해 경찰 병력은 전쟁 전 수준을 유지해야 했고, 여행 동호회나 재향군인회와 같은 민간단체는 군사적인 성격의 활동을 할 수 없었다. 독일 고등학생과 대학생들은 더이상 생도가 될 수 없었다. 이 모든 조치는 독일이 스스로 집행하되 연합국 공동통제위원회의 감독을 받아야 했다. 이것은 되돌아보면 걸리버를 묶은 작은 릴리퍼트인들의 밧줄이나 마찬가지였다.

군사 조건에 대한 다툼은 아직 끝나지 않았다. 윌슨은 해군 조건을 놓고 영국과 심각하게 충돌했다. 이것은 과거 해군력 경쟁과 미국이 세계적 해군 강국으로 떠오르며 발전한 새로운 경쟁 관계를 반영한 것이었다. 우선 영국 해군부는 발트해와 북해를 연결하는 킬 운하를 파괴하기를 원했다. 독일은 코펜하겐 옆에 있는 해협을 통과할 필요 없이 이 운하를 통해 가장 큰 선박을 운항할 수 있었다. 영국 해군부는 당연히 상업적 운송의 이해관계자와 미국 정부가 반대할 것을 우려했다. 이 운하를 덴마크에 넘겨주는 대안은 고려 대상이 될 수 없었다. 덴마크는 독이 든 성배 같은 이 아이디어에 관심을 보이지 않았다. 최선의 방법은 이 운하를 독일의 통제에서 벗어나게 해서 모든 국가의 선박이 자유롭게 이용할 수 있게 하는 것이었다. 그러나 미국은 이런 아이디어에도 반대했다. 미국 해군 대표이자 해군 작전사령관인 윌리엄 벤슨William Benson 제독은 이것을 "징벌적 조치"라며 반대했다.[69] 새로 개통된 파나마 운하를 확고히 장악한 미국은 수로의 국제적 관리라는 전례를 만들고 싶어 하지 않았다. 벤슨은 전반적으로 독일에 대해 가혹한 조건을 강요하는 데 반대했다. 그는 이것을 강제하는 끝없는 노력에 미국이 말려들어갈 것이라고 주장했다. 조약에 반영된 타협안은 독일과 평화 관계를 맺은 모든 나라의 선박이 운하를 자유롭게 항행한다는 것이었다.[70]

미국은 독일 해안의 모든 요새를 파괴해야 한다는 영국의 제안에도 이와 유사한 유보적 태도를 보였다. 랜싱은 "이미 해군력이 제한된 마당에 독일이 자국의 해안을 방어하도록 허용하지 못할 이유가 있는가?"라고 의문을 제기했다.[71] 로이드조지가 해결책을 제시했다. 그의 안은 방어적 요새는 수용하되, 공격적 요새는 허용하지 않는다는 것이었다.[72] 결국 하나의 예외를 제외하고 모든 독일의 해안 요새는 방어적인 것으로 판명되었다. 북해에는 헬리골랜드(헬골란트)와 듄이라는 두 개의 고도가 낮은 섬이 있었는데, 영국은 이 두 섬을 1890년에 독일에 양도하는 대가로 잔지바르를 얻었다. 당시에는 최고의 거래로 여겨졌다. 그러나 유감스럽게도 시간이 지나면서 비행기, 잠수함, 장거리포가 나타났고, 영국과 독일 사이에 해군력 증강 경쟁이 시작되었다. 쓸모없어 보였던 반점 같은 땅들은 강력한 요새가 되었다. 영국 해군부는 단순한 해결책을 내놓았다. "미친개가 사는 우리의 열쇠는 우리가 보관해야 한다. 그 짐승이 언제 또 광견병 발작을 일으킬지 모르니까"라고 한 영국 제독이 말했다.[73] 만일 미국이 반대하면 두 섬을 폭파해 가루로 만들 수도 있었다. 영국 정계에서 은퇴한 반쯤 눈이 먼 에드워드 그레이 경은 한 가지 제안을 내놓았는데, 헬리골랜드를 자연보호구역으로 만들자는 것이었다. "인간적인 관점으로는 매력 없고 황량한 곳이지만 수백만 철새에게는 여러 이유로 쉬어가는 장소"라는 이유를 붙였다.[74] 이 제안에 클레망소는 왜 그것을 오스트레일리아의 휴스 씨 가족에게 주지 않느냐고 반문했다.[75] 프랑스 측이 동의한 영국의 최종 제안은 요새와 항구 시설만 파괴하는 것이었다.[76] 윌슨은 나중에 이렇게 말했다. "헬리골랜드와 듄의 요새를 파괴하는 데 나는 전적으로 동의했지만, 북해에 폭풍이 불 때 어민들에게 피난처를 제공하는 방파제를 파괴하는 것은 인도주의적 시각에서 볼 때 심각한 문제라고 생각했다."[77] 그러나 그는 "쓸데없는 파괴를 실행한다는 인상"을 주고 싶지 않았다고 첨언했다. 영국 측은 어민들은 자연적 항구에서 쉽게 피난처를 찾을 수 있다고 주장했다.[78] 영국은 자신들의 조치를 시행했고, 두 섬은 독일 영토로 남았다. 1930년대 나치가 집권하자 요새는 재건되었고, 2차대전이 끝나자 다시 파괴되었다.

독일 잠수함에 대해서 영국과 미국은 같은 입장을 나타냈다. 이 문제가 의제에 오르자 "이 해충은 박멸되어야 한다"라고 로이드조지는 말했다.[77] 미국 해군 장관 조지퍼스 대니얼스Josephus Daniels는 이것을 독가스에 비교하며 많은 사람의 의견을 대변했다. "모든 잠수함은 침몰시켜야 하고, 국제연맹이 설립되면 어느 국가도 잠수함을 더이상 건조하지 말아야 한다." 프랑스와 이탈리아는 이에 반대했다. "무기는 기만하지 않는다. 무기가 사용되는 방법에 기만이 있을 뿐"이라고 프랑스 해양장관이 말했다. 만일 잠수함을 파괴해야 한다면 프랑스는 그 작업에 동참하고 고철을 얻어야 한다고 그는 주장했다. 결국 프랑스 해군은 10대의 잠수함을 얻었고, 나머지는 해체되었다.[80]

영국과 미국 사이의 진정한 긴장은 독일의 해상 함정을 놓고 고조되었다. 영국과 미국은 처음에는 같은 시각을 가지고 있었다. 양국 해군은 이 함정들을 원하지 않았다. 그 함정들을 자국 함대에 포함시키는 것은 비용이 많이 들고 어려운 작업이었다. 윌슨은 훌륭한 선박을 파괴하는 것은 바보 같은 짓이라고 생각했지만, 로이드조지는 그것들을 대서양 한복판에서 화려하게 침몰시키는 아이디어를 좋아했다.[81] 프랑스와 이탈리아는 이에 반대했다. 프랑스는 육상에서 벌어진 전쟁에서 이기기 위해 모든 자원을 쏟아부었다고 한 프랑스 제독은 말했다. "우리 동맹국의 함대는 상당히 커졌지만, 우리 함대는 손볼 수 없는 손실을 겪었다."[82] 함정을 나누어 갖는 것이 더 합리적이라고 프랑스는 주장했다. 일본은 소심하게 몇 척을 바란다고 말했다. 3월 초 하우스가 로이드조지에게 미국은 영국 해군이 더 커지는 것을 받아들일 수 없다고 말하자, 영국은 양보할 생각을 했다. 독일 함대 분할은 흥분을 잘하고 영국 공포증에 빠진 미국 해군 보좌관 벤슨에게 경종을 울렸다(사실 그 경종은 항상 울렸지만). 벤슨은 함대 분할의 기준이 전쟁에 대한 기여인지, 전쟁 중 입은 손실인지와 상관없이 영국이 가장 큰 몫을 차지하게 될 것이라고 지적했다. "장래에 영국의 유일한 해군 경쟁자는 미국이 될 것이고, 영국이 건조하거나 획득하는 모든 함정은 미국 함대만을 염두에 두게 될 것"이라고 그는 말했다. 영국은 세계 해양과 세계 무역을 지배할 결의를 하고 있다고 그는 확신했다.[83]

로이드조지는 또다른 교묘한 제안으로 이 문제를 진정시키려고 했다. 그는 함정을 분배하되, 미국과 영국은 분배받은 배를 침몰시키자고 제안했다. 그는 현명하지 못하게 이것은 "앞으로 우리가 서로를 겨냥해 건함 경쟁을 하지 않는다는 양해가 전제되어야 한다"라고 말했다. 그렇지 않으면 영국은 자신의 몫에 해당하는 독일 함정을 획득할 것이라고 말했다.[84] 이 제안의 배경에는 영국의 해양 지배를 위협하는 미국 해군의 지속적인 증강에 대한 우려가 깔려 있었다. 대니얼스는 1918년 말 두 번째 해군력 증강 프로그램을 미국 의회에 제출했다. 이 프로그램은 1916년에 시작된 것을 이어서

하는 것이고, 국제연맹을 지원하기 위한 것이라는 게 정당화의 논리였다. 그러나 파리에서 벤슨은 미국은 영국과 대등한 해군력을 갖기 전까지 멈추지 않을 것이라고 분명히 말했다.[85] 영국 해군은 다른 어떤 나라보다 커야 하며, 이상적으로는 다른 두 나라보다 더 커야 한다는 것이 영국 정책의 기본이었다. 그러나 다른 한편으로 영국은 재정적으로 해군력 증강 경쟁을 감당할 수 없었다. 더군다나 영국은 미국과의 새로운 관계를 위태롭게 만들고 싶지 않았다.[86] 그 결과로 로이드조지는 세련되지 못하게 미국 해군이 영국 해군을 앞서지 않는다는 보장을 미국으로부터 받아내려고 했다.

미국 해군장관 대니얼스가 긴장을 완화하기 위해 파리에 직접 왔다. "대통령은 우리가 이 문제를 논의해 제대로 된 양해를 얻기를 희망했다"라고 그는 일기에 썼다.[87] 그러나 대화는 제대로 풀리지 않았다. 영국 해군장관 월터 롱Walter Long은 벤슨과 대니얼스에게 "영국 해군의 우위는 영제국의 존재뿐만 아니라 세계 평화에 절대적으로 필요"하다고 주장했다. 벤슨은 미국도 평화를 유지하는 데 한몫을 할 수 있다고 냉정하게 대답했다. 그와 영국 파트너 '로지' 위미스'Rosie' Wemyss는 격하게 말다툼을 벌였다. 두 사람이 서로 주먹을 날릴까봐 두려워한 대니얼스는 이렇게 말했다. "영국 제독은 자국이 세계에서 가장 강력한 해군을 만들 권리를 가지고 있고, 우리가 거기에 동의해야 한다고 생각했다. 그러나 벤슨으로서는 그렇게 하는 것은 곧 조국에 대한 반역이었다." 영국 측은 국제연맹 규약의 먼로 독트린 특별 수정 조항에 반대하겠다고 위협했다. 이것은 윌슨이 생각하기에 국제연맹 규약이 의회 동의를 받는 데 필수적인 사항이었다.[88] 로이드조지는 벤슨과 만우절 아침 식사를 하는 자리에서 미국이 계속 해군력을 증강하면 국제연맹은 무용지물이 될 것이라고 말했다. "윌슨이 원했던 국제연맹을 우리가 진정으로 신뢰한다면, 우리도 멈춰야 한다."[89]

양측 모두 회담 결렬을 원하지 않았기 때문에 휴전이 선언되었다. 미국은 자국의 해군 증강 프로그램을 조정하겠다고 약속했고 (의회 통과가 어려웠기 때문에 어차피 조정해야 할 상황이었다), 영국은 국제연맹 규약 수정에 반대하지 않겠다고 약속했다. 양측은 계속 협의를 해나가는 데 동의했다. 그러나 새로운 분위기도 스캐파플로에 억류 중인 독일 함정에 대한 합의를 이끌어내지는 못했다. 위미스는 부하에게 말했다. "우리는 그 배들이 침몰되기를 원한다. 그러나 나는 그것이 게임의 인질이라는 것을 안다."[90] 영국과 미국의 협력은 관찰자들을 놀라게 할 만큼 너무 엉망이 되어서 후에 '파리 해전'이라고 불리게 되었다. 이들은 독일 배상금 문제를 놓고 더 흔들리게 된다.

15장

청구서 작성

1995년 새로 통일된 독일이 베르사유 조약의 배상금을 지불하기 위해 전간기 중 얻은 차관에 대한 이자를 지불하기로 동의했을 때, 독일 평화조약의 큰 이슈였던 배상금 문제가 다시 희미하게 메아리쳤다. 파리에서 미국 재무부를 대표한 은행가인 토머스 러몬트는 "배상금 문제는 파리 강화회의에서 조약의 다른 어느 조항보다 더 많은 문제, 논쟁, 거친 감정, 지연을 만들어냈다"라고 말했다.[1]

전쟁 배상금 문제는 1920년대와 1930년대의 대부분 기간에 독일과 연합국 사이, 그리고 연합국 상호관계를 심각하게 악화했다. 1919년 중재자들이 당면한 문제는 아주 단순하면서도 복잡했다. 단순한 이유는 로이드조지가 말한 대로 "누군가 지불을 해야 했다. 만일 독일이 지불을 하지 못하면 영국의 납세자들이 지불해야만 했다. 손실을 초래한 자가 지불해야 하는데 말이다."[2] 복잡한 이유는 지불 명세서를 만들어야 했고, 독일이 얼마나 감당할 수 있는가를 계산해야 했기 때문이다. 전쟁 배상금reparation이라는 말 자체가 이견을 만들어냈다. 이것은 단순히 피해에 대한 보상compensation인가, 아니면 벌금으로 위장된, 승리자들의 전쟁 비용까지 대신 부담하는 것인가? 여기에는 침략을 당해 거두지 못한 세금이나 상실된 수입, 혹은 죽음이나 피해도 포함되는가? 미망인과 고아에 대한 연금도 포함되어야 하는가? 주인이 피난 가서 죽은 가축도 포함되는가? 그것은 독일과 그 동맹국들이 참혹했던 전쟁에 대한 도덕적 책임을 갚는 일인가?

최종 합의를 만들어낸 프랑스, 영국, 미국은 서로 다른 필요에서 서로 다른 시각을 가지고 있었다. 미국은 높은 도덕적 태도를 보였다. 미국은 스스로를 위해서는 아무것도 원하지 않았지만, 유럽인들이 전쟁 중 빌린 돈을 갚기를 원했다. 유럽인들에게 전쟁 배상금은 부채를 갚고, 사회를 재건하는 길을 약속해주는 것이었다. 전쟁 배상금 계산서에 무엇이 포함되어야 하는가는 전쟁 노획물의 분배에 영향을 주기 때문에 매우 중요한 문제였다. 프랑스가 가장 큰 직접적 피해를 입었고, 다음이 벨기에였지만, 영국이 가장 많은 자금을 쏟아부었다. 독일이 얼마나 지불할 수 있는가에 대해서는 치열한 논쟁이 벌어졌다. 만일 배상금이 너무 높게 책정되면, 독일 경제는 쉽게 붕괴할 것이고, 이것은 영국 수출업자들에게 도움이 되지 않을 터였다. 만일 너무 낮게 책정되면 독일은 쉽게 책임을 모면하고 더 빨리 재건할 것이 분명했고, 이러한 전망은 프랑스에게 우려를 안겼다. 과장하고 애매하게 만드는 것이 모든 사람에게 이익이 되었기 때문에 분명한 금액을 산정하는 것은 당시에도 어려웠고 그 이후에도 마찬가지였다. 연합국은 받아야 할 것을 과장했고, 독일은 지불해야 할 것을 축소했다. 중재자들이 최종 금액을 합의할 수 없었기 때문에 독일 조약은 단지 연합국 대표들로 이루어진 특별위원회 구성만 규정했고, 이 위원회에서 2년 안에 독일이 지불해야 할 배상금 액수를 정하기로 했다. 그러자 당연히 독일은 이것이 백지수표에 서명하는 것과 마찬가지라고 비난했다.

역사학자들은 그 부담이 독일이나 독일에 동정적인 사람들이 주장하는 것만큼 크지 않았다는 결론으로 점점 더 기울고 있지만, 전쟁 배상금 문제는 파리에서 체결된 평화조약 가운데 가장 눈에 띄는 상징으로 남아 있다.[3] 베르사유 조약의 440개 조항 대부분은 오래전에 잊혔지만, 전쟁 배상금을 다룬 일부 조항은 징벌적이고 단견적이고 독소적인 조약의 증거라는 것이 표준적 시각이다. 새로운 바이마르 민주주의 체제는 엄청난 부담을 안고 태어났고, 나치당은 독일인들의 당연한 불만을 자극해 이익을 얻었다. 재앙과 같은 결과에 대한 책임은 1919년 중재자들로부터 시작한다고 이 주장은 설파한다. 복수심에 불타고 욕심 많은 클레망소, 겁쟁이에 생각이 오락가락한 로이드조지, 무기력하고 망가진 윌슨은 존 메이너드 케인스의 말에 따르면 스스로를 기만했다.

물론 케인스가 이런 그림을 만들어낸 것은 아니지만, 그는 이것을 가장 설득력 있고 일관되게 그려냈다. 아주 영리하지만 못생긴 젊은이였던 그는 이튼스쿨과 케임브리지를 졸업하고 많은 상을 받고 사람들의 주목을 받았다. 블룸즈버리 서클의 멤버가 되면서 그는 도덕적 우월감이 더 커졌다. 그는 거의 모든 상사에 대한 경멸을 숨기지 않았다는 점에서 형편없는 부하였다. 그는 재무부 수석 고문으로 강화회의에 참석했다. 독일 평화조약 직후에 쓴《평화의 경제적 결과The Economic Consequences of the Peace》에서 그는 평소의 권위 있는 목소리로 여러 말을 했다.

윌슨은 유럽인들의 소름 끼치는 맹인의 공갈에 희생양이 되었다고 케인스는 말했다. "그는 유럽인들의 분위기에 취해, 그들의 계획과 자료를 바탕으로 토론하고, 그들이 이끄는 대로 따라가도록 자신을 내버려두었다." 윌슨은 자신의 원칙, 자신의 국가, 더 나은 세계를 원한 사람들의 희망을 배신했다.[4] 로이드조지는 웨일스 산악 지대의 안개 속에서 나와서 선하고 남의 말을 잘 믿는 사람들을 유혹해 늪으로 데려가는 신이자, 반인·반염소인 요정의 우두머리였다. "그와 어울리면 무목적성과 내적 무책임성, 외부인 또는 우리 색슨족의 선과 악에서 멀리 떨어져서 교활하고, 후회라고는 할 줄 모르고, 권력에 대한 사랑과 결합되어, 멀리 있는 북유럽 민담에 나오는 마법사들에게 환상과 흥분, 공포를 준다."[5]

클레망소는 무미건조하고 늙고 고약하고, 프랑스와 그 안보에만 신경썼다.[6] 케인스는 자신이 보기에 과도한 탐욕으로 가득한 프랑스인들을 혐오하게 되었다. 그는 프랑스가 영국으로부터 필요로 하는 차관, 그리고 독일 구제와 관련해 프랑스 대표들과 싸웠다. 휴전

위원회에서 그가 만난 독일 대표들은 완전히 달랐다. 그는 블룸즈버리 친구들을 위해 쓴 회고록에서 함부르크 은행가인 카를 멜키오르Carl Melchior에 대해 이렇게 묘사했다. "섬세하게 깔끔하고, 높은 깃이 달린 옷을 아주 멋지고 단정하게 입고 (…) 우리를 똑바로 쳐다보는 그의 눈에는 비상한 깊은 슬픔이 서려 있었다. 당신은 궁지에 몰린 착한 동물 같은 그를 보게 된다."[7] 케인스가 멜키오르에 대해 일종의 호감을 표현한 것을 너무 심각하게 받아들일 필요는 없다. 그것은 그의 복잡한 성적 과거를 알고 있는 친한 친구들에게 하는 수사적 장식이었다.

중재자들은 케인스를 경악하게 했다. 유럽 문명이 붕괴의 나락에 처한 상태에서 그들은 복수를 떠들고 있었다.

파리에서 최고경제평의회와 관련된 사람들이 거의 매 시간 중부 유럽과 동유럽 전체에서 연합국과 적국을 막론하고 겪고 있는 고난, 무질서, 붕괴되는 조직 등에 대한 보고를 접하고, 독일과 오스트리아의 재정 대표들의 입을 통해 자신들의 국가가 겪는 무서운 탈진에 관한 이야기를 듣고 있다. 그런 와중에 대통령 관저의 덥고 건조한 방을 가끔 방문해 네 정상이 공허하고 무미건조한 속셈을 가지고 자신들의 운명을 수행하는 것을 보는 일은 악몽 같은 느낌을 더해줄 뿐이었다.[8]

금박 장식이 된 방에서 그들은 무엇을 성취했는가? 케인스의 말에 따르면, 그들이 달성한 평화란 전쟁으로 인한 유럽의 경제 파괴를 완결짓는 것이었다. 그들은 자유무역 지대를 만들면서 지도 위에 새로운 국경선을 그렸다. 그들은 서로 진 빚을 모두 탕감해야 할 상황에서 이를 놓고 입씨름을 했다. 그리고 독일에서 큰 비난을 받은 결정으로 한 나라를 반신불수로 만드는 전쟁 배상금을 부과했다. 강화회의에서 기록한 개인 각서를 광범위하게 인용한 케인스는 독일은 최대 20억 파운드(100억 달러)를 지불할 수 있다고 주장했다. 이보다 액수가 더 크면 독일은 절망에 빠질 것이고, 유럽에 위험한 결과를 가져오는 혁명이 발발할 수도 있었다.[9]

케인스는 파리에 머무는 동안 유럽의 경제 문제와 배상금 문제를 하나의 깔끔하고 현명한 패키지로 해결할 계획을 만들어냈다. 유럽의 연합국은 자금을 조달하고, 전쟁 피해를 복구하고, 서로에게 진 부채와 미국에 진 부채를 갚아야 했다. 패전국은 배상금 마련을 위해 채권을 발행해야 하지만 이 채권은 패전국과 연합국이 같이 보증할 수 있었다. 그렇게 되면 자금의 강은 다시 흐르게 되고, 유럽 국가들은 공동의 이익을 위해 다같이 연계될 수 있었다.[10] 궁극적으로 이 모든 것은 미국의 참여에 달려 있었다. 문서상으로 영국은 여전히 채권국이었고, 프랑스는 총 35억 달러의 외채를 지고 있었지만, 실상은 조금 달랐다. 두 유럽 국가 모두 엄청난 금액을 러시아에 빌려주었지만 러시아는 외채 지불 불능을 선언했고, 두 나라는 이탈리아와 루마니아에도 돈을 빌려주었지만 두 나라 모두 빚을 갚을 형편이 아니었다. 영국은 미국에 47억 달러의 부채를 지고 있었고, 프랑스는 미국에 40억 달러, 영국에 30억 달러의 부채가 있었다.[11] 로이드조지는 1919년 4월 케인스의 보고서를 회람하며 "유럽의 경제 메커니즘은 막혀 있다"라고 말했다. "미래의 전망을 제시하고, 유럽 주민들에게 식량과 고용, 정상적 생활을 제공하는 길이 다시 한번 나타난다면, 볼셰비즘의 위협으로부터 인류 사회를 지키는 데 다른 어느 것보다 더 강력한 무기가 될 것이다. 이것은 미래의 개선과 더 큰 복지를 위한 출발점이 될 것이라 믿는다."[12]

미국이 전쟁 후 유럽을 다시 앞으로 나아가게 만들기 위해 자체 재정 자원을 사용해야 한다는 제안이 당분간 여러 형태로 제시되었다. 연합국에 많은 빚을 지고 있고, 막대한 재건 비용이 필요한 프랑스는 전쟁 중 연합국 간 경제 협력을 연장하고 강화하는 데 열의를 보였다. 농업 가족 출신으로 근면하고 진지한 인물인 프랑스 상업-산업장관 에티엔 클레망텔Étienne Clémentel은 "신경제 질서"를 위한 세심한 계획을 만들어냈다. 이 계획의 요체는 조직과 협력이 소모적 경쟁을 대체하고, 자원을 공동으로 관리해 필요에 의해 공유하고, 이 모든 계획을 영민한 전문 관료들이 감독하는 것이었다. 독일이 자체 정치 질서를 정비하면, 강력한 조직에 포함되어 새 질서에 참여할 수 있었다.[13] 이 계획은 미국의 적극적인 반대와 영국의 무관심으로 별 주목을 받지 못하다가 1919년 4월 연합국에 의해 최종적으로 폐기되었다. 그러나 이 노력은 2차대전 후 예기치 않은 열매를 거두었다. 1919년 클레망텔의 보좌관이었던 장 모네Jean Monnet는 장차 유럽연합으로 성장하는 경제 기구를 만들었다.[14]

영국은 미국이 몇 년 동안 이자를 유예하기를 바랐다. 혹은 전쟁에 들어간 모든 비용을 합산해 미국이 그중 상당 부분을 감당하는 것도 제안했다.[15] 대범한 구상을 좋아하는 로이드조지는 좀더 극적인 해결책을 선호했는데, 연합국 간 모든 부채를 완전히 말소하는 것이었다.[16] 그러나 미국은 유럽의 재정 문제에 관여하지 않기로 작정했다. "나는 우리를 불안한 유럽 재정 구조에 얽어매려는 노력을 알고 있고, 이 노력을 물리치는 데 당신의 도움이 필요하다"라고 윌슨은 주요 조언자 중 한 명인 재정가 버나드 바루크에게 썼다.[17] 윌슨의 전문가 대부분도 이에 동의했고, 워싱턴의 재무부도 같은 생각이었다. 자국의 문제를 해결하는 것은 유럽 사람들이 할 일이고, 미국이 더 많이 도와줄수록 그들은 스스로 일어설 가능성이 적어진다고 미국은 보았다.[18] 어느 경우이건 당시 공화당이 주도하고 있던 미국 의회가 유럽에 대한 거대한 재정 원조에 동의할 가능성은 아주 낮았다.[19] 케인스의 계획은 다른 모든 계획과 마찬가지로 완전히 거부되었고, 중재자들이 배상금 부과를 계속 추진하는 것을 그는 점점 더 암울한 시선으로 바라보았다.

강화회의가 넉 달째 접어들면서 그것은 아주 어려운 일이라는 것이 드러났다. 로이드조지는 영국 내각의 한 장관이 보낸 우려 섞인 질문에 답을 보내면서 말했다. "우리가 액수에 동의할 수 있다면 총액을 확정하는 것이 좋다는 데는 의문의 여지가 없다. 그러나 첫 번째 어려움은 그 액수를 확인하는 것이고, 두 번째는 연합국이 그 금액에 대해 서로 합의를 하는 것이고, 세 번째는 이것을 배분하는 비율에 합의하는 것이다. 만일 당신이 이 세 가지 어려움을 해결할 수 있는 계획을 가지고 있다면, 당신은 강화회의에서 가장 곤혹스러운 문제를 해결하는 것이다."[20] 최고평의회는 강화회의 개막 직후 손해배상위원회를 구성해, 적국들(당연히 주로 독일을 의미한다)은 얼마를 배상해야 하고, 배상할 수 있는지, 그리고 배상이 어떻게 이행되어야 하는지를 검토하게 했다. 마지막 문제를 다룬 분과위원회는 거의 열리지 않았지만, 다른 두 소위원회는 매일 회의를 열어 엄청난 문서를 만들어냈다. 윌슨이 귀국할 시점이던 2월 14일까지, 미국은 상대적으로 적은 금액을 주장하고, 영국과 프랑스는 더 큰 금액을 요구하면서 이 위원회는 완전히 교착상태에 빠졌다. 한 냉소적인 기자는 이렇게 썼다. "그들은 수백억 달러를 가지고 마치 나무 벽돌을 가지고 노는 아이들처럼 행동했다. 그러나 어떤 합의가 이루어져도 이것은 말로만 하는 금액이고, 독일은 그렇게 엄청난 금액을 절대 배상할 수 없을 것이다."[21] 영국은 배상금으로 240억 파운드(1200억 달러), 프랑스는 440억 파운드(2200억 달러), 미국 전문가들은 44억 파운드(220억 달러)를 요구했다.[22]

미국은 또한 조약에 확정된 금액을 포함시키기를 원했다. 그래야 유럽의 재건을 막고 있는 재정적 불확실성을 끝낼 수 있다고 미국 전문가들은 주장했다.[23] 영국의 내각 장관 중 한 사람인 몬터규는 말했다. "만일 금액이 너무 적으면 독일은 즐겁게 지불할 것이고, 연합국은 너무 적은 것을 받게 될 것이다. 반면에 금액이 너무 크면 독일은 두 손을 들 것이고, 연합국은 아무것도 받지 못할 것이다."[24]

지금 그때를 되돌아보면서 승전국은 독일의 배상금 지급에 신경을 덜 쓰고, 유럽이 다시 앞으로 나가게 하는 데 집중했어야 했다고 말하는 것은 쉬운 일이다. 그러나 그렇게 엄청난 규모의 파괴를 가져오고, 유럽 사회를 그렇게 약화한 전쟁 후 정치 지도자들이 어떻게 잊자는 말을 할 수 있었겠는가? 어느 경우이건 여론은 정치인들이 그런 말을 하는 것을 허용하지 않았을 것이다. "훈족이 배상하게 하라"고 영국인들은 말했고, 파리의 벽을 덮은 포스터들은 "독일이 먼저 배상을 해야 한다"라고 주장했다.[25]

유럽 지도자들은 독일의 배상 능력을 평가하는 것에서도 위험을 느꼈다. 그 이유는 어떤 금액도 일반 대중이 기대한 것보다 낮을 것이 분명했기 때문이다.[26] 또한 영국과 프랑스는 독일에 무엇이 남아 있는지, 그리고 앞으로 얼마를 배상할 수 있는지를 판단하는 것이 대단히 어렵다고 말했는데, 이것은 근거가 있는 말이었다. 독일은 나라 자체가 큰 어려움에 빠졌고, 경제와 정부 모두 불안했다. 외국과의 무역은 중단되었고, 이와 함께 독일의 가장 큰 수입원도 사라졌다. 독일은 스스로 원해도 신뢰할 만한 자료를 제공할 수 없었다. 게다가 정부 재정은 엉망이었다. 세금은 정치적 이유로 낮은 수준을 유지했고, 전쟁 비용은 주로 엄청난 금액의 전쟁 채권과 특별 화폐 발행으로 조달되었다. 독일의 계획은 전쟁에 승리하면 이 모든 비용을 정산해 패배한 적에게 전가한다는 것이었다.[27] 전쟁 마지막 시간에 실제 이 일은 시행되었다. 러시아와 맺은 브레스트-리토프스크 조약, 루마니아와 맺은 부쿠레슈티 조약으로 엄청난 자원의 통제권이 독일에 넘어왔다. 또한 볼셰비키는 6억 달러에 달하는 배상금 지불을 시작해야 했다. 1919년 패배한 독일에서 보수주의자들은 세금을 올리거나, 정부 채권 지불 불능 선언에 격하게 반대했고, 좌파는 퇴역군인과 미망인·고아에 대한 연금 지불, 식량 보조금과 임금 인상을 요구했다. 정부는 힘없이 이에 순응했고, 독일의 재정 적자는 계속 늘어나 1921년에는 전체 예산의 3분의 2에 달했다.[28] 단순히 배상금을 지불하기 위해 지출을 절감하거나 세금을 올릴 동인은 거의 없었다.

연합국이 배상금 액수를 정하는 것도 쉽지 않았다. 해방된 지역의 프랑스 지사는 한탄했다. "나의 가난한 나라 프랑스에는 아무도 돌아오지 못한 수백 개의 마을이 있다. 그곳은 사막이고, 폐허이고, 죽음이라는 것을 제발 알기 바란다."[29] 프랑스와 벨기에에서 전쟁의 참화를 입은 지역을 가장 세밀하게 조사한 미국 기술자와 그의 조사팀은 1919년 1월, 피해를 재건하는 비용을 제대로 산정하려면 최소한 2년이 걸릴 것이라고 평가했다.[30] 영국은 냉정하게 연합국이 자신들의 피해를 과장하고 있고, 벨기에의 경우 전쟁 전의 부富보다 더 많이 피해를 산정하고, 프랑스는 전쟁 전 부의 절반 정도를 피해액으로 주장하고 있다고 여겼다. 로이드조지는 "거의 믿을 수 없다"라고 엄격하게 말했다.[31] 연합국이 더 많이 주장할수록, 당연히 영국이 차지할 몫은 줄어들 수밖에 없었다.

무엇이 손실인지에 대해서도 큰 이견이 있었다. 윌슨은 불법적인 전쟁 행위로 인한 피해의 복구만을 고려하고, 전쟁 비용이나 징벌적 배상금은 고려하지 않는다고 엄격하게 말했다. 윌슨의 14개조는 단순히 침략당한 영토의 "복구"만을 말하고, "병합, 기여, 징벌적 배상은 절대 없다"고 언급했다. 독일은 이러한 이해를 바탕으로 강화조약에 서명한 것이었다. 그래서 독일은 프랑스와 벨기에의 전장에서 일어난 피해를 복구할 책임은 있지만, 탄약이나 병사들을 먹이는 데 들어간 돈 같은 연합국 정부가 쓴 비용을 배상할 필요는 없다고 생각했다.[32] 로이드조지는 배상금과 보상 사이의 경계를 없애려고 했지만, 윌슨은 이를 거부했다. "로이드조지는 배상이라는 표현이 보상까지 포함하고 있다고 생각했다."[33]

항상 낙관적인 로이드조지는 동료들에게 윌슨이 진정으로 배상금을 제외한 것은 아니라고 생각한다고 말했다.[34] 만일 윌슨이 계속 자기 생각을 고집하면, 영제국은 주로 독일군에 의해 침몰한 선박에 대한 보상만 받는 것으로 끝날 수 있었다. 영국이 보기에 프랑스가 가장 큰 몫을 차지하겠지만, 예의 비효율적인 재정 운영으로 그것을 낭비할 가능성이 컸다. 영국은 또한 프랑스가 영국에 진 부채를 갚으려고 열심히 노력하지 않는다고 의심했다. 처칠은 "프랑스 국가가 파산할지라도, 프랑스 사람들 개인은 더 부유해질 것"이라고 냉정하게 말했다.[35]

로이드조지는 윌슨을 설득하려고 노력하다가 나중에는 위협을 했다. 그는 1919년 3월 말 영국의 비용이 어떤 식으로든 포함되지 않으면 조약에 서명하지 않을 수도 있다고 했다.[36] 다행히도 스뮈츠가 기발한 해결책을 제시했다. 그는 종전이 합의되었을 때 유럽 연합국은 독일이 공격으로 민간인에게 끼친 모든 손해를 배상해야 한다고 제안했고, 미국도 이 의견을 받아들였다. 스뮈츠는 이어 배상금은 병사 가족에 대한 연금과 미망인 및 고아에 대한 연금을 포함해야 한다고 주장했다. 그것은 배상액을 두 배로 늘리는 결과를 가져올 수 있었다.[37] 이 제안은 넉 달 전만 해도 과도한 배상금에 대해 로이드조지에게 경고하고, 한 달 뒤 배상금이 독일을 휘청거리게 만들 것이라고 강력하게 경고한 바로 그 스뮈츠에게서 나온 것이었다.[38] 고매한 생각을 가지고 있고, 도덕적이고 영리한 스뮈츠는 자신이 일관성이 없는 것이 아니라고 스스로 생각했다. 자신을 방어하면서 스뮈츠는 강화회의에 참석한 법률 전문가 대부분이 공유한 의견을 표현한 것일 뿐이라고 주장했다. 좀더 솔직하게, 그는 연금을 포함하지 않으면 배상금의 대부분을 프랑스가 차지하게 될 것이라고 썼다.[39]

윌슨은 로이드조지의 주장을 귀담아듣지 않았지만, 스뮈츠의 주장에는 귀를 기울였다. 그러나 미국 전문가들은 그의 주장이 황당하고 비논리적이라고 생각했다. 윌슨은 "논리! 논리! 나는 논리를 전혀 신경쓰지 않는다. 나는 연금을 포함시킬 것이다!"라고 말했다.[40] 그의 결정은 결과적으로 배상금의 배분에 영향을 미쳤지만, 최종 배상금은 독일이 실제 얼마를 배상할 수 있는가에 의해 결정되었다.

윌슨은 뒤로 물러난 것에 대해 비판을 받았지만, 로이드조지는 케인스가 말한 대로 미국인들을 혼란에 빠뜨리고 영국 대중이 어마어마한 금액을 독일로부터 받아내는 꿈을 꾸게 만들었다고 더 많은 비난을 받았다. 기껏해야 그는 당시 많은 사람이 본 것처럼 자신의 원칙을 일관되게 지키지 않는 자유주의자로 보였다. 그는 분명히 일관성이 없었다. 오스트레일리아 대표 휴스가 처음에 수백만 파운드의 배상금을 언급했을 때 로이드조지는 독일은 제조업을 확장하고, 값싼 물건을 세계 시장에 헐값에 처분하는 방식으로 그 금액을 마련할 수 있다고 지적했다. "그것은 앞으로 두 세대 동안 우리가 독일 노동자들을 우리의 노예로 만드는 것을 의미한다"라고 그는 문제점을 지적했다. 게다가 영국과 제국의 무역에도 피해를 입힐 터였다.⁴¹ 그런 다음 로이드조지는 태도를 바꾸어 휴스를 독일의 배상 능력을 평가하기 위해 만든 위원회의 의장으로 임명했다. 이 위원회는 강경론자들로 채워졌다. 이 집단은 "내가 일한 가장 이상한 위원회였다"라고 캐나다에서 온 조지 포스터George Foster 경이 말했다. 이 위원회는 증거를 수집하려는 노력은 하지 않고, 개인적 인상과 희망적 사고에 의지해 일했고, 조지 포스터는 "한 세대를 정복하고 감독하건 말건 훈족이 최대한 지불하게 만들고, 다른 결과는 다 잊어버렸다"라고 지적했다.⁴²

강화회의에서 로이드조지는 계속 입장이 왔다 갔다 했다. 윌슨과 클레망소에게는 큰 배상금을 주장했지만, 3월 말 유명한 퐁텐블로 각서에서는 온건한 입장을 밝혔다. 그는 금액이 너무 낮아질 것을 우려해 조약에 확정된 금액을 넣는 것을 반대했지만, 독일이 불만을 제기한 후인 6월에는 태도를 바꾸어서 연합국은 금액을 확정해야 할 것이라고 말했다. 그는 때로 온건파인 케인스와 몬터규의 이야기에 귀를 기울이는 것처럼 보였다가, 다른 때는 잉글랜드은행 전 총재인 컨리프Cunliffe 경과 판사 섬너Sumner 경의 말에 귀를 기울였다.[43] 케인스가 "하늘이 내린 쌍둥이"라고 별명을 붙인 두 사람은 강화회의에서 악역을 맡았다. "두 사람은 늘 붙어 다녔고, 뭔가 비도덕적인 행동을 해야 할 때 불려 나왔다."[44] 로이드조지는 두 사람을 배상금위원회의 영국 대표로 임명했지만, 3월 교착상태를 돌파하기 위해 만들어진 특별위원회에는 몬터규를 대표로 지명했다. 한 미국 전문가는 "그가 일을 제대로 하려고 할 때는 케인스와 몬터규를 불렀고, 일을 방해하려고 할 때는 섬너와 컨리프를 불렀다"라고 말했다.[45] 케인스는 자신의 경쟁자들을 혐오했다.[46] 로이드조지는 후에 그들의 판단력 결여에 놀랐다고 말했다.[47] 강화회의 중 그는 자신이 더 낮은 배상금을 선호해도 "쌍둥이"가 동의하지 않았다고 부정직하게 말했다.[48]

컨리프와 섬너 모두 자신들은 영국에 가장 좋은 결과를 가져오기 위해 노력하고 있다고 믿었지만, 둘 다 타협할 준비가 되어 있었고, 로이드조지의 지침에 따를 준비가 되어 있었다. "우리는 이곳에서 정치인처럼 행동해야 한다"라고 섬너는 배상금위원회에서 큰 배상금을 받아내려는 시도에 반대하면서 자신의 동료들에게 말했다.[49] 두 사람 모두 로이드조지가 지시를 내렸다면 조약에 확정된 금액을 넣고 낮은 배상금에 동의할 수도 있었다.[50] 로이드조지는 왜 그렇게 하지 않았는가? 오락가락하는 그의 태도는 파리에서 그의 명성을 흠집 내고 동료들과 많은 문제를 일으켰다. 미국 전문가인 러몬트는 이렇게 말했다. "나는 로이드조지 씨가 최종적으로 원하는 것을 말해주길 바란다. 그래야 그의 생각과 우리가 짐작하는 대통령의 생각이 실제로 얼마나 서로 먼지 아니면 아주 가까운지를 판단할 수 있다."[51] 윌슨부터 그 아래에 있는 모든 미국인을 화나게 만든 로이드조지는 자신이 가장 중요하다고 여기는 양국 관계를 위험하게 만들었다. 문제는 그 역시 자신이나 영국 국민이 무엇을 원하는지 확신하지 못하는 데 있었다. 파리에 머물면서 로이드조지는 아이디어를 만들어내고, 자신이 취할 노선에 대해 정치적으로 감을 잡은 것처럼 보였다.

그의 내면에는 독일이 처벌받는 것을 보고 싶어하는 측면이 있었다. 로이드조지는 정적들의 말과는 달리 도덕적 핵심에서 전쟁을 개탄했고, 독일은 세계 역사상 최악의 전쟁을 일으켰다고 생각했다. 그는 변호사로서도 이 문제를 바라보았다. "개인 간에 적용될 수 있는 정의의 원칙으로 보자면 독일인들은 자신들이 입힌 모든 피해와 그것을 복구하는 데 필요한 비용을 지불해야 한다." 그는 어떤 면에서는 영국을 위해 일하고 있었기 때문에 독일의 다른 채권자들이 자신들의 주장을 과도하게 내세우지 못하게 해야 했다. "파산한 영지에 대해 많은 주장을 하는 것은 옛날 방식이다."[52]

그러나 그는 또한 정치가였다. 그는 전쟁 전 재무장관을 역임했기 때문에 재정과 무역을 잘 이해했다. 그래서 조만간 영국이 다시 독일에 물건을 팔아야 한다는 것을 알았다. 그는 독일을 파괴하고 싶어하지 않았다.⁵³ 윌슨이 아직 미국에 있었던 3월 초에 로이드조지는 하우스와 오찬을 하며 배상금 문제를 논의했다. 그는 하우스에게 말했다. "전쟁 비용, 배상금 등의 문제를 가지고 국민을 현혹시킨 것을 정당화하는 그럴듯한 이유를 찾아내야 한다." 그는 독일이 영국과 프랑스가 요구하는 배상금을 지불할 수 없다는 것을 알고 있다고 인정했다.⁵⁴ 파리로 돌아오자마자 이 얘기를 들은 윌슨은 로이드조지의 입장에 호의적이지 않았다. 그는 큰 배상금을 요구하는 것에 저항해야 한다고 로이드조지에게 촉구했다. "이런 종류의 위기에서는 옳은 일을 하고 물러나는 것보다 더 좋은 것은 없다." 로이드조지는 사후에 좋은 평가를 받을 수 있다는 것에 위안을 얻을 수도 있었다. "나는 역사에서 이보다 더 멋진 자리를 바랄 수 없다고 생각한다"라고 윌슨은 그에게 말했다.⁵⁵

로이드조지는 이렇게 고상하면서 덧없는 탈출구를 찾지 않은 것을 자신의 공으로 돌릴 수 있었다. 그는 무엇이 실용적인가, 그리고 무엇이 정의로운 것인가를 저울질해야 하는 정치인이었다. 그는 또한 국민의 민주적 소리에 귀를 기울여야 하는 세계에서 정치인 노릇을 해야 했다. 파리에서 그는 엄청난 압박을 느꼈다. 자유주의 언론 일부는 화해를 거론하기 시작했지만, 보수주의 신문들은 큰 배상금을 공개적으로 요구했다. 노스클리프는 로이드조지에게 과녁을 계속 보게 만드는 역할을 자임했다. 언론왕인 그는 《데일리 메일》과 《타임스》의 편집자들에게 로이드조지가 친독일 세력의 영향 아래 있다고 어둡게 암시했다.⁵⁶

로이드조지는 1918년 12월 총선으로 어느 정도 자신의 입지가 좁아진 것을 알았다. "한계까지 압박을 가한다"라는 유명한 문구로 독일로부터 많은 것을 뽑아내겠다고 약속한 그는 선거를 잘 치렀다. 로이드조지는 독일에 대한 더 큰 형식상의 약속을 했다. "우리는 그들의 주머니를 뒤질 것이다." 투표 직전 마지막 연정 공약은 단순했다. "첫째, 카이저를 징벌한다. 둘째, 독일이 지불하게 만든다."[57] 압승을 거둔 총선에서 당선된 보수주의자 대부분은 정치 초년이었다. 한 지도적 보수당 정치인의 표현에 따르면 "전쟁에서 살아남은 병사처럼 무감각한 얼굴을 한" 그들은 독일을 힘들게 만드는 것을 자신들의 의무로 생각했다. 4월 윌슨과 논쟁을 벌이던 로이드조지는 370명의 의원이 서명한 전보를 받았다. 이 전보는 그가 선거 유세 때 한 말을 지키고, "완전한 청구서를 내밀도록" 촉구했다. 그는 런던으로 급하게 돌아가서, 4월 16일 의회에서 비판자들을 잠재우는 대단한 연설을 했다. 그는 약속을 어길 의사가 전혀 없다고 청중에게 말했다. 그들은 원한에 차고 엄청난 허영에 빠진 남자의 이야기를 들을 필요가 없지만(이 대목에서 그는 의미심장하게 자신의 이마를 톡톡 두드렸다) 인류와 평화를 위해 최선을 다하는 세계의 정치인들은 신뢰해야 한다고 주장했다. 그는 큰 환호를 받으며 의사당을 빠져나왔다. 파리로 돌아온 그는 충성심이 강한 프랜시스 스티븐슨에게 자신이 "그들에게 강화회의에 대해서는 전혀 언급하지 않고 하원을 완전히 장악했다"고 말했다.[58]

압박은 영제국으로부터도 왔다. 캐나다인들은 다른 많은 사안에서 그랬듯이 미국의 입장에 동조했고, 오스트레일리아인들은 독일로부터 최대한 많은 것을 받아내기를 원했다. 많은 오스트레일리아인과 마찬가지로 오랫동안 독일을 자국의 주된 위협으로 생각한 휴스는 독일인을 혐오했다. 그는 또한 큰 배상금에 반대하는 미국은 원칙을 벗어났고 이기적이라고 생각했다. 그는 로이드조지에게 중립을 지킨 미국은 전쟁 초기에 영제국이 피와 돈을 쏟아붓는 와중에 많은 이익을 얻었다고 말했다. 독일로부터 큰 양보를 얻어내지 못하면 영국은 앞으로 벌어질 세계 경제 주도권 경쟁에서 미국에 질 수밖에 없다고 말했다.[59]

로이드조지가 배상금 문제를 다루는 방식은 겉으로 드러난 것보다는 더 성공적이었다. 그는 윌슨이 연금을 배상금에 포함시키도록 해서 영국의 몫을 늘렸다. 조약에 확정된 액수를 넣지 않음으로써 (여기에는 상당한 기술적 이유가 있었다), 그는 영국 국내와 영제국의 여론을 만족스럽게 유지하는 데 성공했다. 그는 또한 사적으로 저명한 유럽 사회주의자에게 독일을 너무 가혹하게 다루는 것에 대한 공개적 비판의 목소리를 내게 해서 또다른 성과를 이루었다.[60] 마지막으로 그는 프랑스가 너무 탐욕을 부리는 것으로 보이게 만드는 데 성공했고, 이후 프랑스는 재무장관 루이-뤼시앵 클로츠가 주로 악역인 그 역할을 계속 수행했다.

클레망소가 "내가 아는 유대인 중 유일하게 금융을 모르는 사람"이라고 부른 클로츠는 프랑스의 미래에 대한 모든 질문에 "독일이 배상할 것이다"라고 대답할 것으로 짐작되었다.[61] (실제로는 그는 독일 배상금으로 모든 비용을 지불할 수 있다고 기대하지 말라고 경고했다.[62]) 클레망소는 여느 동료를 대할 때와 마찬가지로 그를 경멸적으로 대했다.[63] 로이드조지는 클로츠가 무자비하다고 생각했다. "그의 생각과 마음은 채권으로 가득 차 있어서, 인류를 위한 공간은 전혀 없다"라고 로이드조지는 말했다.[64] 윌슨도 마음속으로 클로츠에 대한 농담에 동의했다.[65] 케인스는 늘 그렇듯이 클로츠에 대해서도 잔인하게 묘사했다. "작고 통통한, 짙은 콧수염을 기른 유대인. 결혼을 잘한 덕에 윤택하게 살고 있지만, 눈은 불안하게 움직이고 어깨는 본능적인 반대를 하기 위해 조금 굽었다." 또한 케인스는 그가 기아에 허덕이는 독일에 식량을 보내는 것을 막으려 했다고 기록했다.[66] 그러나 클로츠가 한 모든 일은 클레망소의 부하로서 한 것이었다. 클로츠는 공개적으로는 큰 배상금을 주장했지만, 이는 독일에 대해 충분히 강경하지 않다는 대중의 비난으로부터 클레망소를 보호하기 위한 것이었다.[67] 사적인 자리에서 클레망소는 프랑스는 원하는 것을 얻을 수 없다는 것을 인정했고, 자신이 가장 신뢰하는 경제 참모 루쇠르를 미국 대표단에 보내 비공개적으로 좀더 온건한 금액에 대해 대화를 나누도록 했다. 미국 대표들과의 대화에서 루쇠르는 독일을 파산 상태로 만들면 프랑스는 장기적으로 전혀 이득을 얻을 수 없다고 말했다.[68]

로이드조지와 마찬가지로 클레망소도 여론에 신경을 써야 했다. 프랑스인 대부분은 단순한 시각을 가지고 있었다. 독일은 중립을 존중한다는 엄중한 약속을 어기고 벨기에를 침공하고 프랑스를 침공했지, 그 반대가 아니었다. 대부분의 전투는 벨기에와 프랑스 땅에서 벌어졌다. 보수주의 신문인 《르 마탱》은 "누가 파괴되어야 하는가? 프랑스인가 독일인가?"라는 머리기사를 실었다.[69] 분명한 것은 손해를 복구해야 할 당사자는 침략자이지 희생자가 아니었다. 미국인들이야 배상금이나 벌금이 없는 새로운 외교를 얘기할 수도 있겠지만, 패자가 배상금을 지불하는 오랜 전통은 여전히 강하게 작용했다. 프랑스는 나폴레옹이 완전히 패배한 1815년까지 배상금을 지불했고, 1871년 이후에 또 그렇게 했다. 두 번 모두 독일은 배상금을 챙겼다. 이제 독일이 지불할 차례였다.

프랑스와 벨기에는 처음부터 배상금 배분에서 자신들이 입은 직접적 피해에 대한 보상의 우선권을 가져야 한다고 주장하며 논쟁했다. 두 나라는 또한 점령된 영토를 독일군이 약탈한 사실을 지적했다. 벨기에는 모든 것을 빼앗겼다. 산업이 집중된 프랑스 북부에서 독일은 자신들에게 필요한 것은 반출하고 나머지 대부분은 파괴했다. 1918년 독일군이 철수할 때도 그들은 마지막 순간까지 프랑스에서 가장 중요한 탄광을 파괴했다. 클레망소는 분기탱천해서 말했다. "역사에 나오는 야만인들은 자신들이 침략한 영토에서 얻을 수 있는 것은 다 가져갔지만 무작정 파괴하지는 않았고, 공존하기 위해 그곳에 정착했다. 그러나 이제 적은 눈앞에 있는 모든 것을 체계적으로 파괴했다." 노획된 독일 문서를 보면, 독일군은 프랑스 산업을 마비시키고 자신들이 차지할 땅만 남겨놓은 것처럼 보였다.[70]

프랑스와 벨기에는 자신들이 치른 전쟁 비용도 배상금에 포함되기를 요구했다. 여기에서 벨기에는 또 한번 유리한 입장에 있었다. 그 이유는 윌슨이 복구를 얘기할 때, 1914년 8월 최초의 불법적 침공에서 독일이 행한 모든 악을 포함한다는 것을 분명히 했기 때문이다. 프랑스는 그런 입장에 있지 못했다. 프랑스의 안전과 관련된 다른 문제에서 미국의 지원이 필요했기 때문에 미국을 적대적으로 만들고 싶지 않은 클레망소는 이 문제를 너무 주장하지 않는 편을 택했다. 그는 공개적으로 말하지는 않았지만 독일의 지불 역량에 한계가 있다는 것을 인정했다. 클로츠는 프랑스 의회 외무위원회에서 전쟁 비용 계산은 소설가라도 가장 허황된 꿈에서조차 생각해 낼 수 없는 엄청난 숫자를 만들어낼 것이라고 말했다.[71]

강화회의 중 프랑스는 영국이 프랑스보다 전쟁에 더 많은 비용을 지출했기 때문에 전쟁 비용을 포함시키게 되면 독일이 지불하는 금액 중 영국의 몫이 커질 것이라는 사실을 깨달았다.[72] 프랑스는 은근슬쩍 전술을 바꾸어 파괴된 프랑스의 도시, 마을, 물에 잠긴 탄광과 끊어진 철도선 같은 직접적인 피해만 포함시키자고 주장했다. 이렇게 되면 프랑스는 독일이 지불하는 전체 배상금의 70퍼센트를 차지하고, 영국이 20퍼센트, 벨기에·이탈리아 또는 세르비아 같은 다른 요구자들이 나머지를 차지하게 될 터였다. 집중적인 논의 끝에 영국은 30퍼센트를 요구하고 프랑스가 50퍼센트, 나머지 국가들이 20퍼센트를 나눠 갖는 것을 주장했다. 1920년이 되어서야 영국이 28퍼센트, 프랑스가 52퍼센트를 갖는 것으로 합의되었다.[73]

프랑스가 가장 큰 양보를 했다는 사실에 주목해야 한다. 그들은 독일이 배상해야 하는 최종 금액에서도 같은 양상을 보였다. 항상 전체적 타결의 관점에서 문제를 바라본 클레망소는 미국이 지속적인 연합국 협력을 원한 프랑스의 제안을 고려하도록 설득하기 위해 초기에는 높은 금액을 제시했다.[74] 2월 말 미국이 이에 관심이 없는 것이 분명해지자 루쇠르는 프랑스가 처음 주장한 금액의 4분의 1이 조금 넘는 80억 파운드(400억 달러)로 배상금 요구액을 낮추었고, 영국을 대표한 컨리프는 94억 파운드(470억 달러) 이하로 내려가는 것을 거부했다. 영국은 프랑스가 미국의 편을 들어 배상금을 낮추고, 영국이 가장 많은 금액을 주장하는 것처럼 보이게 만들려고 한다는 근거 있는 의심을 했다.[75] 프랑스에 앙심을 품은 케인스와 다른 사람들이 프랑스가 독일을 파괴하려는 의도를 가지고 있다고 그린 그림은 해체되기 시작했다.

최종적으로 주로 영국의 반대로 인해 조약을 위한 배상금에 대한 합의를 이루는 것은 불가능해졌다.[76] 3월 말 이제 4인 평의회로 만나는 연합국은 특별위원회에 이 문제를 회부하는 대안을 결정했다. 미국의 한 전문가는 일기에 이렇게 적었다. 이 연기 결정은 "영국과 프랑스가 얻는 적은 배상금 액수가 공개됨으로써 야기될 문제에서 벗어나게 했다. 두 총리는 만일 사실이 알려지면 자신들의 정부가 전복될 것이라고 생각했다."[77] 그의 말이 맞았다. 특별위원회가 1921년 최종적으로 배상금을 1320억 금 마르크화(약 65억 파운드, 340억 달러)로 결정하자 독일에 대한 감정은 특히 영국에서 차분해졌다.

5월에 베르사유에 온 독일 대표단은 이 진행 과정에 큰 유감을 표명했다. "독일 국민의 지불 능력 외에는 어떠한 제한도 두지 않았는데, 이는 곧 그들의 생활 수준이 아니라 오로지 적국의 요구를 충족시킬 수 있는 그들의 노동력으로만 설정된 것이다. 이렇게 되면 독일 국민은 영원한 노예 노동의 굴레에 빠지는 셈이다."[78] 배상 조건에 대한 전반적인 실망으로 인한 감정은 이해할 만했지만, 이에 대한 해석은 과도할 정도로 비관적이었다. 특별위원회는 독일의 배상 능력을 고려해야 했다. 또한 독일인들과도 협의를 해야 했다. 이뿐 아니라 배상금이 지불될 피해의 범주는 특정하게 한정되었다. 이것은 연금을 포함했지만, 제약이 분명히 있었기 때문에 충분하지는 않았다.[79]

조약에서 배상 관련 부분은 제231조와 제232조로 시작되었고, 이 두 조항은 독일에서 특별한 증오의 대상이 되고, 연합국의 양심을 불편하게 만드는 원인이 되었다. 조약 제231조는 독일과 동맹국에 전쟁으로 발생한 모든 피해에 대한 책임을 물었다. 제232조는 독일의 자원은 한정되어 있으므로 특정한 피해에 대해서만 배상하도록 요구되었다고 언명함으로써 무한정 책임에 대해 제약을 두었다. 전쟁 유죄 조항으로 알려진 첫 번째 조항은 많은 논란과 수정 끝에 만들어졌고, 독일의 법적 책임을 명시해야 한다는 영국과 프랑스의 요구에 따라 포함되었다. 미국 대표단은 영리한 젊은 법률가인 존 포스터 덜레스John Foster Dulles를 위원회에 포함시킨 게 도움이 되었다. 나중에 미국 국무장관이 되는 그는 책임소재도 분명히 하고, 책임에 제한을 두는 데도 성공해 전체적으로 조약은 아주 공평하게 보였다.[80] 유럽 동맹국도 이런 공식에 만족했다. 정치적 고려에 항상 예민한 로이드조지는 이렇게 말했다. "영국 대중은 프랑스 대중과 마찬가지로 다른 무엇보다 독일이 자신들의 침략으로 인해 우리에게 발생한 결과 모두를 보상해야 하는 책임을 인정해야 한다고 생각한다. 이 일이 달성되면 우리는 독일의 지불 능력 문제를 들여다볼 것이다. 우리는 독일이 이 문서가 독일에 요구하는 것 이상을 지불하기는 불가능할 것이라고 본다."[81] 만일 독일이 특정 범주의 피해를 지불하는 것을 거부하면, 연합국은 무제한적 요구로 독일을 위협할 수 있다고 루쇠르는 생각했다.[82] 아무도 이 구절 자체에 문제가 있다고 생각하지 않았다.

16장
독일 조항에 대한 협상 교착

배상금 문제는 3월 14일 윌슨이 파리로 돌아올 때까지 타결되지 않았고, 라인란트 문제도 마찬가지였다. 윌슨은 로이드조지와 바로 개인 면담을 했고, 로이드조지는 모종의 군사적 보장과 영국해협 터널 건설이 프랑스를 만족시킬 것이라고 말했다.¹ 두 사람은 독일이 공격하는 경우 프랑스를 지원하기로 합의했다. 이에 대한 보상으로 프랑스는 별도의 라인 국가 계획을 포기해야 했다.² 윌슨은 프랑스를 끌어들일 수 있을 것으로 생각했다. "그들을 낚았다면 처음에는 조금 끌어당긴 다음, 그들이 물러날 자유를 주고, 다시 당겨서 결국 그들을 지치게 만들고 무너지게 한 다음 거기에 올라타야 한다."³

그날 오후 클레망소는 크리용 호텔에서 두 사람을 같이 만났다. 그는 다시 한번 프랑스가 겪은 고난, 장래에 대한 두려움, 독일을 라인강에서 저지해야 할 필요를 주장했다. 로이드조지와 윌슨은 자신들의 제안을 말했다. 클레망소는 기뻐했지만, 생각할 시간을 달라고 요청했다. 그는 자신의 내각이나 푸앵카레와 협의하지 않았다. 이틀 동안 클레망소는 외무장관 피숑과 타르디외를 포함한 측근 참모들과 이 문제를 심사숙고했다. 타르디외는 이 제안을 거부하면 당연히 자신들은 죄인이 될 것이지만 그대로 받아들이기에는 문제가 있다고 말했다. "프랑스 정부가 단지 이것에만 만족한다면 그 또한 유죄에 다름아니다."[4] 3월 18일 프랑스는 다른 보장도 필요하다고 밝혔다. 즉 라인란트와 교두보를 최소한 5년간 연합국이 점령하는 것이었다. 독일 군대는 그곳에 발을 들여놓을 수 없고, 라인강 변 80킬로미터 이내로 들어올 수 없게 해야 한다고 요구했다.[5] 윌슨은 크게 염려했다. 프랑스인들에게 말하는 것은 마치 고무공을 다루는 것 같았다. "어떤 모양을 만들려고 하지만, 손가락을 떼는 순간 그 공은 이전처럼 다시 둥근 모양이 된다."[6] 밸푸어조차 평소의 침착함을 잃었다. 프랑스는 강력한 국제 시스템 구축 가능성에 대해 그들 대다수가 가진 은근한 비아냥의 태도를 버리고, 적극적으로 임하는 게 나을 거라고 그는 로이드조지에게 말했다. "그들 대다수가 은근히 조롱하는 바로 그 가능성"이었다. "라인강 국경을 마음대로 하지 못하면 프랑스는 이류 강대국에 지나지 않을 것이고, 동쪽의 큰 이웃 국가가 고개를 한번 끄덕이면 몸을 떨고, 매일 변화와 유동적인 외교 기회와 불확실한 동맹에 의존하게 될 것이다."[7]

다음달 프랑스가 영국-미국 보장에 추가 조항을 넣으려고 시도하면서 각서와 전문이 바쁘게 오갔다. 매일 클레망소와 동료들은 새로운 제안으로 영국과 미국의 대표단을 압박했다. 라인강 동부 연안의 비무장 지역 확대, 포괄적 권한을 가진 감독위원회 창설 또는 독일이 평화조약의 조항을 위반하는 경우 프랑스가 라인란트를 점령할 권한 등을 제안했고, 군비 강화에서 배상금 지불에 관한 여러 제안도 내놓았다.[8]

그리고 프랑스는 라인란트가 알자스-로렌과 만나는 남서부 구석 지역인 자르에 대한 요구도 새로 내놓았다. 강 연안 계곡이 펼쳐진 아름다운 농경지였던 그곳은 19세기에 주요 탄광과 제조업 지역이 되었다. 1919년에 석탄이 유럽의 모든 연료 수요를 채우게 되면서 이 지역은 더욱 중요해졌다. 프랑스로서는 불편하게도 그 지역의 65만 명 인구가 거의 독일인이었다. 프랑스는 역사적 주장을 내세웠다. 소도시 자를루이는 루이 14세가 건설했고, 이 자르 지역은 프랑스 혁명 기간 중 잠시 프랑스가 점령했다. 1814년에 그어진 국경으로 이 지역 대부분은 프랑스에 귀속되었다. 윌슨은 클레망소에게 말했다. "당신들은 104년 전에 일어난 일을 근거로 주장하고 있소. 우리는 그렇게 오래전에 존재했던 조건을 기초로 유럽을 재조정할 수 없소."[9] 프랑스는 전쟁 배상금을 거론할 때는 좀더 나은 주장을 했다. 윌슨은 14개조에서 독일이 가한 피해에 대한 복수를 언급했고, 독일이 프랑스의 탄광을 의도적으로 파괴했다는 점에는 모든 사람이 동의했다.[10] 2월 이후 별도로 논의를 해온 영국 전문가들과 프랑스 전문가들은 프랑스가 자르의 석탄을 통제해야 한다고 조언했다.[11] 프랑스는 자르의 완전한 병합을 요구했다.

3월 말 로이드조지는 독일 평화 조건을 만들어가는 방법에 대해 심각하게 우려하기 시작했다. 프랑스는 라인란트의 정교한 통제와 자르 지역 병합을 주장하고 있었다. 동쪽에서 폴란드는 300만 명의 독일인이 거주하는 지역뿐만 아니라 실레지아(슐레지엔)의 거대한 탄광을 얻으려 하고 있었다. 영국의 여론은 신속하고 적당히 온건한 평화조약을 원하는 쪽으로 옮겨가고 있었다. 로이드조지의 군사·재정 전문가들은 많은 병력이 지구 여러 곳에 흩어져 있는 것에 대해 경고하고 있었다. 그리고 그는 영국 내의 노동 소요와 유럽의 혁명을 우려하고 있었다. 3월 21일 헝가리에서 공산주의자들이 정권을 잡았다는 소식이 전해졌다.

다음날 로이드조지와 커, 행키, 헨리 윌슨 등 그의 가까운 참모 여러 명은 독일 조약 협상에서 잠시 손을 떼고 파리의 멋진 교외 퐁텐블로의 프랑스에당글레테르 호텔에서 주말을 보냈다. 이들은 멋진 정원이 있는 궁을 방문했지만, 실제 목적은 조약 전체를 다시 들여다보고 영국, 프랑스, 미국 모두가 수용할 수 있는 무언가를 만들어내는 것이었다. 그날 오후 로이드조지는 참모들을 방으로 불러 각자에게 연합국이나 적국의 역할을 맡겼다. 우리가 아는 바로는 아무도 미국 대표의 역할을 맡지 않았다. 영국 측 역할을 맡은 행키는 독일은 징벌을 받아야 마땅하고, 식민지 일부를 분명히 잃어야 한다고 주장했다. 그러나 연합국은 너무 가혹하지 말아야 한다고도 했다. 그렇게 되면 그들은 유럽 중앙부를 볼셰비즘의 무서운 위험에 넘겨줄 수 있었다. 유럽과 독일 국민을 위해서 독일은 재건되어야 하고 국제연맹의 일원이 되어야 했다. 이는 영국의 이익에도 부합했다. 왜냐하면 영국은 유럽 대륙에 항구적으로 군대를 배치하기를 원하지 않기 때문이었다. 행키는 또한 해군이 영국을 지켜왔기 때문에 해양 권력에 대한 도전은 항시 살펴보아야 한다고 주장했다.

헨리 윌슨은 열성적으로 자신의 역할을 수행했다. 그는 먼저 독일 장교 역할을 하기 위해 군모를 거꾸로 썼다. "나는 현재 상황을 설명했고, 영국·프랑스와 합의에 도달하기를 바라지만, 아무런 희망을 보지 못했다. 왜냐하면 그들이 내게 강요하는 엄청난 조건에서 나를 완전히 죽이겠다는 결의를 읽었기 때문이다. 혼자 감당할 수 없다면 나는 러시아로 돌아설 것이다. 시간이 지나면 지금은 정신없는 그 나라가 법과 질서를 회복할 것이고, 그렇게 되면 그들과 동맹을 맺을 것이다."[12] 그런 다음 그는 프랑스 여론에서 중요한 프랑스 여성의 역할을 했다. 그는 "그렇게 많은 남편, 아들, 남자들을 잃고, 가정을 꾸려나가기 위해 절망적인 노력과 과로를 하는" 상황을 감동적으로 그려냈다. 물론 그들은 복수와 독일로부터의 보상을 원하지만, 더 중요한 것은 독일이 다시는 자신을 해치지 못한다는 보장이었다.[13]

로이드조지는 주의 깊게 그들의 주장을 들은 다음 자신의 생각을 말했다. 평화 조건은 독일을 파괴하지 말아야 한다는 것이 그의 요지였다. 논의가 계속되자 커가 이 모든 토론을 정리하는 역할을 맡았다. 월요일 아침이 되자 그는 최종 초안을 만들어냈다. 이른바 퐁텐블로 각서Fontainbleau Memorandum였다. 로이드조지는 활력이 넘쳐 파리로 돌아왔다. 프랜시스 스티븐슨은 이렇게 보도했다. "그는 이번 주에 진지하게 일을 진행할 것이다. 프랑스나 미국의 엉뚱한 주장을 더이상 방관하지 않을 것이고, 평화를 유지하는 장기적 시각을 취할 것이며, 이것은 미래에 분노를 남기고 또 하나의 전쟁을 불러오지 않는 방식이 되어야 한다고 주장할 것이다."[14] (그녀는 충성스럽게도 그가 이 분노에 기여했고, 독일 평화 조건을 만드는 것을 지연시켰다는 사실을 간과했다.)

로이드조지는 이제 4인 평의회가 된 회의의 동료들에게 자신의 각서를 제시했다. 각서는 중재자들에게 오래 지속되는 온건한 평화를 만들 것을 촉구했다. "여러분은 독일로부터 식민지를 빼앗고, 군비를 축소해 단순한 경찰 병력으로 만들고, 그 해군을 5등 국가 수준으로 끌어내릴 수 있다. 그러나 어떻게 처리하건 그 국가는 1919년 평화 타결에서 부당한 대우를 받았다고 생각하고, 정복자들을 응징할 수단을 찾을 것이다." 그들은 유럽에서 수백만 명이 독일인이나 헝가리인, 다른 소수민족을 엉뚱한 민족의 통치 아래 남겨둠으로써 독이 든 유산을 물려주어서는 안 된다고 그는 주장했다. 또한 혁명 세력이 유럽 전역을 불태우도록 만들어서도 안 된다고 강조했다. "현 상황에서 내가 보는 가장 큰 위험은 독일이 볼셰비즘에 운을 걸고, 무기의 힘으로 볼셰비즘을 위해 세계를 정복할 꿈을 꾸는 혁명적 광신자에게 자신들의 자원, 두뇌, 엄청난 조직력을 맡기는 것이다." 로이드조지는 영국, 미국, 프랑스, 이탈리아가 자국의 해군과 육군 증강을 제한하고, "세계 전체의 국제 권리와 국제 자유"의 수호자인 국제연맹이 독일이 충분히 안정을 찾자마자 새로운 민주적 독일을 허락하는 대안적 미래를 설명했다.

이것을 어떻게 성취할 것인가? 독일은 여전히 영토를 상실해야 하지만, 일부 사람들이 바라는 정도로 많이 잃지는 말아야 했다. 폴란드는 바다로 이어지는 회랑을 보유해야 하지만, 가능한 한 가장 적은 독일인이 폴란드 지배 아래 남아야 했다. 비무장 지역이 된 라인란트는 독일에 남아야 했다. 로이드조지는 자르에 대해서는 덜 엄격했다. 프랑스는 1814년의 국경을 다시 회복하거나 아니면 단지 탄광만 소유할 수 있었다. 독일은 당연히 모든 식민지를 상실해야 했다. 그리고 당연히 전쟁 배상금을 지불해야 했다.[15] 윌슨은 퐁텐블로 각서는 대부분 자신도 직접 작성할 수 있는 내용이었기 때문에 이를 승인했다.[16] 프랑스는 격분했다.[17] 클레망소는 로이드조지에게 "만일 평화 조건이 너무 가혹하다고 생각한다면, 독일에 식민지와 함대를 돌려주고, 패배한 침략자를 달래기 위해 유럽 대륙 국가들(프랑스, 벨기에, 보헤미아, 폴란드)에게만 영토 양보를 요구하자"라고 말했다.[18] 온건한 평화 조건으로 독일을 달랠 수 있다고 생각하는 것은 "순진한 환상"이라고 그는 덧붙였다.[19]

환상이건 아니건 영국은 대륙과 대륙 문제에서 손을 떼기로 결정했다. 유럽 대륙에서 세력 균형은 항상 영국의 이익에 부합했다. 한 나라가 대륙 전체를 지배하려고 위협할 때에만 간섭이 필요했다.

독일이 그런 위협이었지만, 이제 독일을 파괴하고 프랑스가 강대해지게 만드는 것은 바보 같은 일이었다. 영국인들은 열정이 식자 프랑스와의 오랜 경쟁관계와 독일과 영국 간의 우호관계 가능성을 다시 떠올렸다. 영국 산업은 시장을 필요로 했고, 7천만 명의 독일인은 좋은 시장이었다. 영국이 대륙에서 원한 것은 안정이었지, 더 동쪽에서 분명히 볼 수 있는 그런 혼란은 아니었다. 유럽의 중심에 있는 견고한 독일은 이것을 제공할 수 있었다. 로이드조지가 평화 조건에 대해 많은 비판을 감수하면서 마음을 바꾼 것은 전반적인 영국의 이중적 태도를 반영한 것이었다.

단기적으로 퐁텐블로 각서는 성취한 것이 거의 없었다. 영국과 프랑스는 계속 배상금에서 자신들이 차지할 몫을 놓고 실랑이를 벌였다. 프랑스는 자국이 입은 피해에 대한 평가액이나 독일이 배상하기를 원하는 금액 모두 제시하지 않았다. 윌슨은 격앙해서 그레이슨에게 "세계 문제를 올바른 방향으로 해결하는 것이 한시라도 시급한 상황에서 이것은 범죄나 마찬가지"라고 말했지만, 그는 만일 연합국을 너무 밀어붙이면 연합국 정부들이 붕괴하고 평화는 더 지연될 수 있다는 것을 우려했다.[20]

클레망소는 독일에 대한 입장을 더 강경하게 취하기로 한 듯 보였다. 그는 영국과 미국은 바다에 의해 보호를 받고 있다고 주장하면서 "우리도 육상에서 같은 보호를 받아야 한다"라고 말했다.[21] 그는 라인란트를 군사적으로 점령하는 것과 자르를 계속 요구했다. "독일인은 주장을 내세우기 위해서는 무력을 사용하는 노예 같은 국민"이라고 그는 말했다. 3월 31일 그는 포슈에게 4인 평의회에서 별도의 완충 국가의 필요성을 차분하게 설명하라고 지시했다. "평화는 추후 통지, 다시 말해 독일이 마음을 바꾸지 않는 동안 라인강 좌안을 보유함으로써만 보장된다"라고 포슈는 말했다.[22] 윌슨과 로이드조지는 이 제안을 공손하게 경청했지만, 주의를 기울이지 않는 기미가 역력했다.[23]

윌슨은 프랑스가 일을 방해하고 있다는 생각만 들었다. "나는 엄청나게 실망했다. 두 시간 동안 클레망소와 논쟁하고 그를 밀어붙이자, 그는 거의 모든 것에 동의했다. 그러나 그는 떠날 때 다시 우리가 시작한 지점으로 돌아왔다."[24] 윌슨이 중압감을 받는 느낌이 역력했고, 다른 모든 사람도 마찬가지였다. 4인 평의회는 쉬지 않고 계속 열렸고, 날씨도 좋지 않았고, 나쁜 소식이 계속 들어왔다. 헝가리에서는 공산주의자들이 권력을 완전히 장악했다는 소식이 들려왔고, 러시아에서는 볼셰비키가 내전에서 승리하는 것으로 보였다. 단치히에서는 독일 당국이 폴란드 병력의 상륙을 거부하고 있다는 소식이 들려왔다.

3월 28일 클레망소가 다시 한번 자르에 대한 프랑스의 권리를 주장하면서 긴장이 폭발했다. 윌슨은 프랑스가 이것을 전쟁 목표 중 하나로 내세운 적이 없으며 자르를 프랑스에 넘겨주는 것은 14개조에 어긋난다고도 말했다. 클레망소는 윌슨이 친독일적이라고 비난하고 평화조약에 서명하느니 사임하겠다고 위협했다. 화가 나서 턱을 앞으로 내민 윌슨은 클레망소의 발언이 고의적인 거짓

말이며, 자신이 미국으로 돌아가기를 클레망소가 바라고 있다고 말했다. 똑같이 화가 난 클레망소는 방에서 나가버렸다. 그는 프랑스의 요구에 그런 요지부동의 반대가 있을 것으로 생각하지 못했다고 모르다크에게 말했다.

당황한 표정으로 이 장면을 지켜보던 로이드조지와 오를란도는 그날 오후 회의에서 분위기를 풀어보려고 노력했다. 로이드조지가 회의에 늦은 것을 사과하자 윌슨은 "고故. late 로이드조지 씨라고 말해야 한다면 너무 싫을 것입니다"라고 말했고, 로이드조지는 이 농담에 감탄하며 웃음을 터뜨렸다. 타르디외가 눈치 없이 자르 지역과 프랑스의 오랜 연관성을 장황하게 늘어놓자 오를란도는 그런 논리라면 이탈리아는 과거 로마제국의 땅을 요구할 수 있지만, 그렇게 하면 자신의 절친한 친구인 로이드조지가 불편해할 것이라고 지적했다. 클레망소를 제외하고 모두가 유쾌하게 웃었다. 로이드조지가 타협안을 제안했는데, 자르 지역은 자치를 하되 프랑스가 탄광을 차지하는 안이었다. 이 문제는 전문가들에게 검토를 맡기기로 합의했다. 클레망소는 사과 비슷한 말을 하고, 프랑스를 미국과 묶는 애정의 사슬에 대해 얘기했지만, 후에 그는 참모들에게 윌슨의 대단히 비타협적인 태도에 대해 말했다. 윌슨은 프랑스의 위대함을 찬양하는 말을 했지만, 사적으로 윌슨은 프랑스가 강화회의 전체의 발목을 잡고 있다고 화가 나서 불평했다. 그는 클레망소가 늙은 개와 같다고 말했다. "그는 자신의 꼬리를 보며 천천히 계속 돌다가 그 자리에 주저앉는다."[25]

이틀 후 눈이 내렸다. 그해 파리의 4월은 나쁜 날씨로 시작되었고, 기상이 악화되었다. 4인 평의회는 엄격한 보안 속에 진행되었지만, 상세한 논의 내용이 유출되었다. 포슈는 낙담했다. 헨리 윌슨은 일기에 "그는 지금부터 일주일 안에 파리 강화회의는 붕괴한다고 예언했다"라고 적었다.[26] "푸른 유황 안개 속에" 소문이 밖으로 퍼졌다고 한 미국 대표가 말했다.[27] 독일에는 혁명이 일어날 것이라고 한 캐나다 대표가 집에 보내는 편지에 썼다. 《데일리 메일》 파리판은 "파멸에 다가가고 있다"고 썼다.[28] 《뉴욕 타임스》 특파원은 "국제연맹은 이미 죽은 것이나 마찬가지이고 강화회의는 실패작이다"라고 본국에 타전했다.[29]

윌슨과 그의 공보 비서 베이커는 "내내 안색이 점점 잿빛이 되어가고 더 우울해졌다."[30] 윌슨은 혼자 외롭게 정의로운 평화를 구축하기 위해 투쟁하고 있다고 느꼈다. 오를란도는 아드리아해에서 이탈리아의 요구를 내세우며 문제를 일으키고 있었다. 로이드조지는 너무 정치인처럼 처신했다. 윌슨은 로이드조지에 대해 이렇게 말했다. "그는 한 주제에서 나와 동의할 때는 가만히 있고, 그가 나와 함께할 때는 나에게 동의하지 않고, 내가 떠난 다음에는 입장을 바꾸어 반대파에 가담한다."[31] 클레망소는 14개조에 근거한 평화를 맺는 것을 제멋대로 거부하고 있었다. "윌슨이 그렇게 격노하는 모습을 이전에 본 적이 없다"라고 윌슨 부인의 비서는 적었다. 그는 프랑스 측의 태도와 지연을 "저주받을 짓"으로 규정했다.[32] 윌슨은 프랑스 언론의 공격에도 격분했다. 한 신문은 그가 "나는 겨울이

가면 봄이 온다는 사실을 발견하고 놀랐다"라고 말했다고 보도했다.[33] 또 로이드조지와는 "격렬한 대립"을 하면서 "프랑스의 평화조약에 절대 서명하지 않을 것이고, 그러느니 귀국하겠다"라고 말한 것으로 보도했다.[34]

　4월 3일 윌슨은 독감에 걸려 침대에 누웠고, 화이트가 그를 대신해 4인 평의회에 참석했다. 클레망소는 이 소식을 반겼다. 4월 5일 그는 로이드조지에게 물었다. "그는 오늘 상태가 더 안 좋은 것 같소. 당신은 그의 주치의를 알고 있소? 그에게 접근해서 어떻게 구워삶을 수 없겠소?"[35] 병상에서 윌슨은 여러 가지 생각을 했다. "나는 많은 생각을 했다. 만일 이 프랑스 정치인들이 원하는 대로 하고, 가지고 싶은 것을 다 갖게 되면 세계에 어떤 결과가 미칠 것인가를 생각했다. 내 결론은 만일 그들이 하고 싶은 대로 하게 두면 세상이 금방 산산조각 나리라는 것이었다." 그는 뭔가 결단을 내리고 분노가 풀어진 듯했다. 그는 그레이슨에게 브르타뉴 해안의 브레스트 항에 있는 조지워싱턴호가 출발할 수 있게 하라고 지시했다. "나는 배가 준비되는 대로 떠난다는 말은 하고 싶지 않다. 다만 배가 당장 떠날 수 있게 대기하고 있기를 바란다." 다음날 이 소식이 누출되었고, 윌슨이 진지하다는 데 의문을 달 수 없었다. 그의 위협은 큰 파장을 일으켰다. 《뉴욕 타임스》는 "위기에 봉착한 강화회의"라는 제목의 머리기사를 냈다.[36]

　프랑스는 이것의 의미를 축소했다. "윌슨은 복도에 여행 가방을 놓고 곧 떠날 것처럼 위협하는 요리사처럼 행동한다"라고 클레망소는 한 친구에게 말했다.[37] 프랑스 외무부 대변인은 "엄마를 보러 집으로 가려고 하는가"라고 무례하게 말했다.[38] 그러나 실제로는 크게 겁을 먹었다.[39] 검열 당국은 프랑스 언론이 공세를 최소화하도록 만들고, 공식 서클에 가장 가까운 것으로 알려진 《르 탕Le Temps》은 프랑스는 독일인들이 거주하는 어떤 영토도 합병할 의사가 없다는 기사를 급하게 실었다.[40] 타르디외의 보좌관은 미국 특파원들에게 프랑스는 요구 조건을 최소한으로 줄이고, 알자스-로렌은 포함하되 더이상 아무것도 포함하지 않는 1871년 국경을 수용할 것이라는 성명을 발표했다. (이것은 어느 정도 재미있는 얘기를 만들어냈다.[41])

클레망소는 국내의 정적들과도 문제가 있었다. 하원의원과 상원의원들은 프랑스의 합법적 요구를 강력히 주장할 것을 요구했다. 포슈는 라인란트 주장을 요구하는 언론 운동을 자극했다. 포슈 원수는 4인 평의회의 명령을 전달하기를 거부하고 프랑스 내각에 보고할 것을 요구하면서 거의 반기를 들다시피 했다. 이것은 군사 쿠데타가 자주 일어나는 국가에서는 경각심을 주는 행동이었다. 이것은 또한 당혹스러웠다. 포슈 사건이 일어난 후 윌슨은 "나는 정부에 복종하지 않는 장군에게는 미국 군대를 맡기지 않을 것"이라고 말했다.[42]

주요 정치인, 언론인, 군인들은 푸앵카레에게 프랑스는 재앙으로 향하고 있다고 경고했다. 클레망소는 독일의 위협으로부터 안전을 확보할 가능성을 걸어차고 있었다. 그렇다면 푸앵카레가 이에 대한 항의로 사임해야 하는가? 아니면 포슈와 다른 사람들이 촉구하듯 헌법에 보장된 힘을 사용해 그가 협상을 떠맡아야 하는가? 주로 비판에 가담했던 푸앵카레는 행동을 취하기를 주저했다. 정보력이 좋은 클레망소는 엘리제궁으로 가서 푸앵카레가 국가에 불충하고 있다고 비난하는 인상적인 장면을 연출했다. "당신의 모든 친구들이 나에게 대적하고 있으나, 나는 충분히 할 만큼 했습니다. 매일 밤낮으로 치열한 논의에 시달리고 있지요. 거의 죽을 지경이오." 그는 사임 의사를 전달했다. 이에 푸앵카레는 항의했다. "단언컨대 나는 불충한 적이 없습니다. 오히려 부모님을 대하듯 헌신적이었습니다." 클레망소는 그가 거짓말을 한다고 비난했다. 푸앵카레도 격분해서 이에 맞섰다. "당신은 나를 모욕하고 있습니다!" 그러나 결국 두 사람은 악수를 했다. 푸앵카레는 정치인처럼 처신했다. "상황이 엄중하고, 미래가 어둡습니다. 공직자들의 단합이 무엇보다 중요합니다." 그는 그날 일기에 모든 감정을 쏟아냈다. "이 대화는 클레망소가 산만하고, 폭력적이고, 기만적이고, 위협적이고, 끔찍하게 피상적이고, 신체적·지적으로 부족하고, 비이성적이며, 논의를 따라갈 수 없다는 것을 보여주었다."[43]

로이드조지만이 위기 속에서도 밝은 모습을 유지했다. 그는 언론 재벌 조지 리델George Riddell에게 말했다. "우리는 큰 진전을 이루었다. 전쟁 법규 위반 관련한 것을 빼고는 사실상 모든 현안을 타결했다. 우리는 다음주부터 평화조약 초안 작성에 들어갈 것이다."[44] 그는 최종 평화조약안이 2주 후인 부활절 주일까지 만들어질 것으로 기대했다.[45] 로이드조지는 특히 전쟁 배상금에 대한 자신의 요지가 반영된 것을 기뻐했다. 그것은 최종 배상액을 조약에 명기하지 않는 것이었다.

월슨이 4월 8일 다시 자리에서 일어났을 때는 드디어 봄이 찾아왔고, 강화회의의 분위기는 눈에 띄게 좋아졌다.[46] 그는 아직 "흔들리는" 상태이지만 "마음이 한결 편하다"고 그레이슨에게 말했다.[47] 윌슨은 조지워싱턴호를 대기시키는 위협이 효과가 있다는 것을 발견했다.[48] 그가 없는 동안 여러 합의를 위한 기반이 마련되었다. 자르 문제는 4월 13일에 드디어 타결되었다. 전문가들은 프랑스가 탄광만을 소유하는 타협안을 마련했다. 국제연맹이 15년 후 주민투표를 한다는 약속으로 자르 지역의 행정을 맡고, 주민투표에서는 독립, 프랑스 귀속, 독일 귀속을 결정할 수 있었다. 1935년 히틀러의 새 제국이 큰 인기를 얻는 가운데 실시된 주민투표에서 90퍼센트의 주민은 독일에 재귀속되는 것을 선택했다.

라인란트와 영국-미국의 프랑스 안전 보장 패키지는 좀더 시간이 걸렸다. 충분한 보장을 제공했다고 생각한 윌슨은 4월 12일 클레망소에게 메시지를 보내 연합국의 항구적인 점령이 아니라 비무장화된 라인란트로 타결점을 찾을 것이라고 통보했다.[49] 이 제안을 숙고한 클레망소는 이틀 후 오랜 친구인 하우스를 찾아갔다. 그는 이탈리아인들이 독일 조약에 서명하지 않고 떠나겠다고 위협하는 것은 유감이라고 말했다. 그 자신은 당연히 동료들과 같이 일할 준비가 되어 있었다. 그는 자신이 원하던 바는 아니었지만 미국의 제안을 수용하고, 이 문제에 대해 포슈와 싸우겠다고 말했다. 그 대가로 그는 윌슨이 주요 교두보 주변 세 지역을 프랑스가 일시 점령하는 것을 허용해줄 것을 요청했다. 프랑스는 라인란트 북쪽의 첫 번째 지역(쾰른 주변의 교두보 포함)에서는 5년 후 철수하고, 중앙의 두 번째 지역(코블렌츠 주변의 교두보 포함)에서는 10년 후, 남쪽의 세 번째 지역(마인츠 주변의 교두보 포함)에서는 15년 후에 철수할 것이라고 밝혔다.[50]

4월 15일 클레망소는 습진이 악화되어 글씨를 제대로 쓸 수 없다고 불평했다. 그날 저녁 하우스가 윌슨이 라인란트 임시 점령에 동의한다고 알리자 클레망소는 다른 사람이 되었다. 그는 모르다크에게 말했다. "나는 더이상 염려하지 않는다. 프랑스와 관련된 큰 문제는 이제 거의 타결되었다. 앞으로 10일 후면 우리는 아마도 조약의 주요 줄기를 만들 수 있을 것이다. 특히 독일이 공격하는 경우 미국과 영국으로부터 군사 원조를 받는 것과 별개로, 오늘 나는 각각 5년 후에 일시 철수 조건이 들어간 라인란트 15년 점령 약속을 받아냈다. 물론 독일이 조약을 준수하지 않을 경우 부분 철수나 최종 철수는 없을 것이다."[51] 클레망소는 하우스에게 유쾌하게 보상을 약속했다. 클레망소는 개인 비서에게 윌슨에 대한 프랑스 언론의 모든 공격은 즉각 중단되어야 한다고 말했다. 다음날 평소 윌슨에게 적대적이었던 신문에도 윌슨을 찬양하는 기사가 가득 실렸다.[52]

영국 의회의 반대를 무마하고 개선장군처럼 돌아온 로이드조지는 조바심을 드러냈다. 그는 시간이 지난 후에 썼다. "어느 영토든 외국 군대가 점령하면 필연적으로 도발적 사건이 발생한다. 독일

도시들을 유색 인종이 섞인 병력이 점령한 것에 대한 짜증과 혐오는 나치즘으로 나타난 독일의 애국 감정이 격렬하게 표출되는 결과를 가져왔다."⁵³ 그는 다소 주저했지만 4월 22일 라인란트 관련 구절에 서명했다.

4월 25일 클레망소는 참모들을 자기 방으로 데려가서 포슈와 다른 사람들의 열띤 비판을 경청했다.⁵⁴ 푸앵카레는 몇 가지 사항에 대한 명확한 설명만을 요구해 모두를 놀라게 했다. "그는 공화국에서 대표적인 비판가이지만 내가 지난 3개월 동안 다루어왔고, 여전히 다루고 있는 많은 복잡한 문제에 대해 조언을 요구할 때마다 애매한 대답만 들었다"라고 클레망소는 말했다.⁵⁵ 프랑스 내각은 이 조항을 만장일치로 승인했고, 5월 4일 평화조약 전체도 만장일치로 승인했다. 분개한 포슈는 클레망소를 범죄자라고 비난했다.⁵⁶ 푸앵카레는 사임을 고려했지만, 이전에도 자주 그랬던 것처럼 생각을 바꾸었다.⁵⁷

클레망소는 항상 자신이 프랑스에 최선의 결과를 가져왔다고 생각했고, 그의 생각은 맞았다. 그는 연합국이 처음에 주려고 했던 것보다 더 많은 것을 얻었다. 그는 영국·미국과의 동맹을 그대로 살렸다. 라인란트의 비무장화와 15년간의 점령으로 프랑스에 또다른 안전을 보장했고, 점령 종결을 독일이 조약의 다른 부분을 준수하는가와 연계시켰다. 그는 1919년 9월 하원 비준 토론에서 이렇게 선언했다. "이 조약은 모든 복잡한 구절에도 불구하고 여러분이 받을 만한 것을 가져다주었다. 이것은 여러분이 어떻게 만들어가는

가에 좌우될 것이다. (…) 오늘 여러분이 하는 투표는 시작도 아니다. 시작의 시작이다. 조약에 담긴 아이디어는 자라서 열매를 맺을 것이다. 여러분은 그것을 패배한 독일에 강요할 힘을 획득했다."[58]
어려움은 항상 그것을 집행하는 것이었다. 푸앵카레를 포함한 클레망소의 후계자들은 영국과 미국의 지원 없이 프랑스가 할 수 있는 일은 별로 없다는 것을 깨달았다. 1920년대에는 그런 지원이 없었고, 1930년대에는 독일의 나치 위협에 맞서 사기가 떨어진 프랑스를 결집할 클레망소 같은 인물이 없었다. 게다가 독일 국경 너머에는 더이상 믿을 만한 폴란드도 없었다.

5부 — **동방과 서방 사이에서**

17장

다시 태어난 폴란드

폴란드의 재탄생은 파리 강화회의의 위대한 이야기 중 하나다. 이 것은 또한 끝없는 어려움을 만들어냈다. 폴란드 국경에 대한 보장은 회의에서 다룬 어느 주제보다 더 많은 논의를 필요로 했다. 폴란드의 국경은 독일이 과거에 저지른 잘못과 현재의 패배를 징벌하기 위해 그려져야 하는가? 볼셰비즘을 차단할 장벽으로 거대한 폴란드가 있어야 하는가? 폴란드가 살아남기 위해서는 무엇이 필요한가? 탄광? 철광? 철도? 발트해의 좋은 항구? 윌슨은 14개조의 제13번 조항에서 새로 구성되는 폴란드가 "자유롭고 안전한 해양 접근권"을 가지게 될 것이라고 약속했지만, 다른 많은 조항처럼 그 의미는 너무 탄력적이었다. 윌슨은 또한 "논란의 여지가 없는" 영토를 폴란드에 준다고도 약속했지만, 중부 유럽에 논란의 여지가 없는 영토를 찾는 것은 결코 쉽지 않았다. 폴란드 내부의 의견 불일치도

일을 더 어렵게 만들었다. 그들은 과거에 가장 넓었던 범위의 국경(이 경우 그들은 상당한 수의 비폴란드인을 포함해야 한다), 혹은 폴란드 중심부(이 경우 많은 폴란드인이 국경 바깥에 살게 된다), 아니면 두 가지의 타협 가운데 무엇을 선택할지 논쟁을 벌였다. 중재자들은 파리에서 수백 킬로미터 떨어진 곳까지 손을 뻗어 구제국들이 법과 질서, 교역과 통신을 파편처럼 조각내고, 그 결과로 수시로 변하는 충성, 내전, 피난민, 도적이 난무하는 변화무쌍한 세계에 질서를 수립해야 했다.

연합국이 독일과 휴전하기 며칠 전, 가늘고 창백한 얼굴에 머리가 희끗희끗하고 무서운 푸른 눈을 가진 폴란드 병사가 고뇌와 초조 속에 강화 조건을 낭독했다. 거기에 폴란드에 대한 언급은 없었고, 그는 독일 죄수복을 입고 있었다. 유제프 피우수트스키Józef Piłsudski는 생애 대부분을 18세기 말에 사라진 나라를 되찾는 데 보냈다. 이제 폴란드의 가장 큰 적인 오스트리아-헝가리, 독일, 러시아가 사라진 상태에서 폴란드에 절호의 기회가 찾아왔다. 독일의 붕괴로 피우수트스키는 자유를 되찾았고, 1918년 11월 10일 옛 폴란드 수도 바르샤바로 돌아왔다. 폴란드 부활은 이상이었지 현실이 아니었다. 폴란드는 친구는 거의 없고 적은 많았다. 분명히 정해진 국경도 없었고, 정부도 군대도 관료제도 없었다. 그러나 3년 후 피우수트스키는 나라를 만들었다.

피우수트스키는 그러한 임무를 완수하기 위해 살아남았고, 과업을 쟁취할 수 있는 유일한 사람이었다. 어떤 면에서 보면 그는 이 일을 하기 위해 평생을 훈련한 사람이었다. 그는 러시아령 폴란드인 빌나(폴란드어로 빌노, 현재 리투아니아의 빌뉴스)에서 태어났다. 그의 어머니는 러시아 검열관들이 금지한 폴란드 문학책을 읽어주었고, 폴란드의 비극적 역사를 가르쳤다. 16세기와 17세기 폴란드-리투아니아 연합국가가 발트해에서 거의 흑해까지 뻗었고, 후에 독일과 러시아가 된 많은 지역을 포함하고, 폴란드의 공화정 정부, 폴란드 학문, 폴란드 도시들이 유럽인들에게 숭앙의 대상이었던 시기부터 1790년대 폴란드가 분할되어 이웃 국가들의 수중에 들어간 과정을 설명했다. 피우수트스키는 반복된 가망 없는 반란, 처형, 투옥, 시베리아로 가는 긴 대열, 폴란드 문화를 뿌리 뽑으려는 시도에 대해 배웠다. 1795년부터 폴란드는 애국주의자들의 기억과, 위대한 작가와 음악가들의 작품에만 존재했다.

합리적인 관찰자들이 보기에 폴란드의 분할은 시간이 지나면 영구적이 될 것 같았다. 전체 폴란드인 5600만 명 중 300만 명에 달하는 독일 내 폴란드인은 유럽에서 가장 발달한 나라의 번영을 공유했다. 그들은 자신들의 언어 일부를 보존했지만, 문화적으로는 점점 독일화되었다.[1] 오스트리아령 갈리치아에 집중적으로 살았던 오스트리아-헝가리제국의 폴란드인들은 훨씬 뒤처졌다. 쇠락하는 제국의 부패하고 가난하고 가장 낙후된 지역인 갈리치아는 빈곤의 대명사였다. 이민 갈 수 있는 사람들은 이민 갔고, 많은 수가 북아메리카로 이주했다. 전체 인구의 절반 정도 되는 나머지 폴란드인들은 분할 통치 제국 중 가장 잔인하고 압제적이고 무능한 러시아의 통치를 받았다.

러시아 땅에 사는 다른 폴란드 소년들과 마찬가지로 피우수트스키는 폴란드어를 사용할 수 없었다. 폴란드인 절대다수처럼 그는 가톨릭 신자였지만, 정교회 예배에 참석해야 했다. 그는 급진적 사회주의자가 되었고, 이 점은 중재자들에게 볼셰비키 폴란드의 가능성에 대한 우려를 안겨주었지만, 그는 다른 무엇보다도 민족주의자였다. 전쟁이 끝난 후 그가 바르샤바에 도착한 다음날, 그를 만나러 와서 동지라고 부르는 옛 사회주의자 동료들에게 그는 일갈했다. "여러분, 우리는 같은 붉은 전차를 탔지만 나는 '폴란드 독립'이란 역에서 내렸는데, 여러분은 '사회주의'라는 역으로 계속 가려고 하는군요. 잘 가시오. 그러나 나를 귀하라고 불러주기 바라오!"[2]

기질과 경험으로 인해 피우수트스키는 다른 사람을 신뢰하지 못하는 외로운 늑대가 되었다. 그는 1887년 레닌의 형이 꾸민 차르 암살 음모 사건에 가담한 혐의로 처음 체포되어 시베리아로 5년간 유배되었다. (레닌의 형은 처형되었다.[3]) 1900년 또다시 체포되었지만, 정신병을 가장해 탈출했다. 그는 전쟁 전 사회주의 지하활동가로 조직원과 자금을 모집하며 보냈다(은행과 우편 열차를 습격했다). 그는 동료 음모자와 결혼했지만, 지하에서 더 젊은 여성과 사귀면서 결혼 생활은 끝이 났다.

전쟁이 발발하자 폴란드인들은 제국들 중간에 끼여 일부는 오스트리아-헝가리와 독일을 위해 싸웠고, 일부는 러시아를 위해 싸웠다. 전장에서 때로 그들은 적군의 참호에서 폴란드 노래가 흘러나

오는 것을 들었다. 피우수트스키는 운을 오스트리아-헝가리에 걸었고, 이것은 파리 강화회의에서 그의 또다른 오점이 되었다. 그의 계산은 아주 단순명료했다. 러시아가 폴란드의 희망을 가로막는 가장 큰 장애물이라는 것이었다. 1917년 러시아가 붕괴하고 오스트리아-헝가리가 점점 흔들리자, 그는 예리하게 상황을 지켜보았다. 그가 가장 바라지 않던 것은 막강한 독일의 등장이었다. 그는 자신의 군대를 독일 지휘에 넘기기를 거부하며 다시 한번 감옥에 들어갔다.[4]

1918년 바르샤바로 돌아온 피우수트스키는 중부 유럽에 얼마 남지 않은 제대로 된 병력인 폴란드 군단을 이끌고 폴란드의 이름으로 독일 점령 당국의 권력을 박탈했다. 한 폴란드 정치인은 "지금 이 순간 폴란드 사회를 사로잡은 흥분과 열정은 말로 표현할 수 없다"라고 말했다. 120년 만에 저지선을 돌파한 것이다. "그것이 사라졌다! 자유! 독립이다! 우리의 국가를 되찾았다!"[5] 한 귀족 가족은 이날을 위해 보관하고 있던, 폴란드 1차 분할 연도인 1772년산* 포도주를 가지고 나왔다. ("그것을 마실 수 있다고 말하는 것은 이상하다"라고 한 영국 외교관은 말했다.[6])

그러나 피우수트스키에게는 적이 많았다. 보수주의자들은 그의 사회주의를 두려워했고, 자유주의자들은 무력 사용에 대한 그

• 폴란드는 1772년, 1793년, 1785년 세 차례에 걸쳐 러시아, 오스트리아, 프로이센에 의해 분할되며 나라가 완전히 사라졌다.

의 열정을 혐오했고, 일부 사람들은 러시아를 포함한 동맹의 지원을 기대했다. 그들의 대변인은 피우수트스키의 가장 큰 정적인 로만 드모프스키Roman Dmowski였다. 피우수트스키가 귀족 출신인 데반해 드모프스키는 도시에서 가난하게 성장했다. 생물학자였던 그는 과학, 이성, 논리를 좋아했다. 그는 폴란드의 위대한 피아니스트 이그나치 얀 파데레프스키Ignacy Jan Paderewski에게 음악은 "단순한 소음"에 지나지 않는다고 말했다.7 그는 거창한 책략, 고상한 자세, 헛된 시도를 경멸했다. 그는 폴란드 민족주의가 이런 것을 너무 많이 보아왔다고 생각했다. 그는 폴란드인이 현대화되고 실용적이 되기를 원했다. 그는 과거 폴란드와 종교적 관용에 대한 향수가 거의 없었고, 리투아니아인이나 우크라이나인, 유대인과 타협을 시도하는 것도 탐탁하게 여기지 않았다. 확고한 사회진화론자답게 그는 삶이란 투쟁이라고 생각했다. 강자가 승리하고 약자가 패배하는 게 당연했다.8 그는 서유럽에서 존중을 받았지만, 영국인들은 주저했다. 그를 상대해본 한 외교관은 이렇게 평가했다. "그는 영리한 사람이다. 그리고 영리한 사람은 신뢰받지 못한다. 그는 정치적 이론에서 논리적이지만, 우리는 논리를 싫어한다. 그는 모든 사람을 화나게하는 데 있어서 끈질긴 일관성을 보여준다."9

파리에 있는 드모프스키의 폴란드 민족위원회는 폴란드인들을 대변한다고 주장했고, 1918년 프랑스 정부는 유제프 할레르Józef Haller 장군이 지휘하는 프랑스 내 폴란드 망명자로 구성된 군대가 이 위원회의 통제를 받아야 한다는 데 동의했다. 전쟁이 끝났을 때 폴란드는 두 개의 잠재적 정부를 가지고 있었다. 하나는 파리에, 다른 하나는 바르샤바에 있었고, 경쟁하는 두 지도자는 각각 군대를 보유하고 있었다. 이와 대조적으로 체코인들은 단일하고 명확한 소리로 주장을 내세우고 있었다.

외부인들은 폴란드가 제대로 나라를 구성할 수 있을까 의구심을 가졌다. 1919년 폴란드의 모든 국경은 논란의 대상이었고, 적은 아직 도처에 있었다. 독일군 잔존 병력은 주로 서쪽에 있었고, 그다음으로는 러시아 군대(볼셰비키와 반볼셰비키 모두 폴란드의 독립을 원하지 않았다), 여러 소수민족이 같은 영토를 놓고 다투고 있었다. 북쪽에는 리투아니아인, 동쪽에는 우크라이나인, 남쪽으로는 체코인과 슬로바키아인이 폴란드인과 경쟁했다. 그리고 폴란드에는 자연적 방어물이 거의 없었다. 1918년부터 1920년까지 피우수트스키는 각기 다른 전쟁을 여섯 번 치렀다. 그는 또한 자신의 등 뒤를 살펴보아야 했다. 오른쪽에는 드모프스키 지지자들이, 왼쪽에는 급진주의자들이 그와 경쟁했다.

피우수트스키는 여위고 창백해졌지만 자신의 일에만 집중했다. 그는 종종 밤늦게까지 미친 듯이 일했고, 연신 차를 마시고 담배를 피우며 정신을 유지했다. 이 초기 시기에 그는 궁전 앞을 건너가 값싼 식당에서 혼자 끼니를 때우곤 했다.[10] 그가 해야 할 일은 엄청났다. 폴란드 국부의 10퍼센트가 전쟁으로 파괴되었다. 독일군은 점령 기간 동안 폴란드 영토를 약탈했다. 천연자원, 공산품, 공장, 기계, 심지어 교회 종까지 약탈해 전쟁에 투입했다.[11] 1919년 초 바르샤바에 도착한 영국 외교관은 "시선을 돌릴 때마다 눈에 들어오는 이런 극단적 빈곤과 가련함을 어디에서도 본 적이 없다"라고 썼다.[12] 피우수트스키는 이질적 경제, 다른 법 체계, 다른 관료제를 통합해야 했다. 그는 아홉 개의 서로 다른 사법 체계를 통합해야 했다. 또한 다섯 개의 통화를 하나로 통합해야 했지만, 화폐를 찍어낼 인쇄기조차 없었다. 철도는 악몽과 같았다. 66개의 서로 다른 철로와 165가지 기관차와 조각보같이 다양한 신호 체계로 운영되고 있었다.[13]

그는 또한 1세기 넘는 억압 끝에 해방되어 자신들의 힘을 훨씬 벗어나는 야망을 가진 주민들을 다루어야 했다. "폴란드인들은 막 알을 까고 나온 종달새 같은 식욕을 가지고 있다"라고 종전 후 한 달이 채 지나지 않은 시점에 한 독일 대표가 보고했다.[14] 현재의 리투아니아, 벨라루스 대부분과 우크라이나 상당 부분이 포함된 1772년의 영토를 되찾자는 이야기가 나왔다. 파리에서 드모프스키와 그의 폴란드 민족위원회는 독일과 볼셰비즘을 모두 견제하는 수단으로 거대한 폴란드 창설을 주장했다. 이렇게 되면 폴란드는 영토 내에 전체 인구의 40퍼센트에 해당하는 독일인, 우크라이나인, 벨라루스인, 리투아니아인 같은 중요한 소수민족을 포함하게 되고, 이들은 모두 폴란드인의 지배를 받을 터였다.[15] 드모프스키는 연합국에 민족자결의 언어를 사용했지만, 국내에서는 이런 이율배반이 없었다.

피우수트스키는 좀더 조심스러운 접근을 보였다. 그 역시 강한 폴란드를 원했지만, 드모프스키가 주장하는 것보다 적은 것을 받아들일 준비가 되어 있었다. 그는 리투아니아인과 우크라이나인이 폴란드인과 동등한 권리로 서로 협력하는 연방을 고려했다.[16] 그는 연합국의 도움을 받아야 한다는 것을 인정했다. "서쪽에서 우리가 얻을 수 있는 것은 모두 연합국에 달려 있다. 즉 연합국이 독일에서 얼마나 빼낼 것인가에 달려 있다." 동쪽에서는 상황이 달랐다. "이곳에는 자주 열렸다 닫히는 문이 있다. 그것은 누가 그 문을 열고, 얼마나 많이 열 것인가에 달려 있다."[17]

그러나 모든 폴란드인이 동의하는 한 가지가 있었다. 발트해 접근권을 확보해야 한다는 것이었다. 그들은 폴란드가 바다까지 이어지는 비스와강과 철도를 따라 교역이 이루어지는 강대국을 꿈꾸었기 때문에 커다란 어려움을 견뎌왔다고 한 미군 장교가 바르샤바에서 보고했다. 그들은 이 희망을 거두어가지 않는 것이 중요했다. "미래에 대한 그들의 확신이 처참하게 흔들리자, 현재의 어려움은 더 날카롭게 다가왔고, 그들의 애국주의는 근본까지 흔들렸다. 이러한 미래가 없다면 그들은 왜 볼셰비즘에 계속 저항하겠는가?"[18] 비스와강 하구에 있는 단치히는 당연히 폴란드의 항구로 선택되었다. 한때 폴란드의 통치 아래 번성한 자유 도시였던 단치히는 활발한 무역과 부유한 상인, 우아한 건물 등으로 동방의 암스테르담이라고 불렸다. 그러나 1790년대 이후 이 지역은 독일 통치하에 들어갔다. 1919년 이 도시의 인구 90퍼센트 이상이 독일인이었고, 주변의 농촌 지역은 폴란드인이 다수를 차지하고 있었다.[19]

연합국은 강화회의 전 폴란드의 독립에 대해서는 동의했다. 그러나 영국은 여기에 많은 이익이 걸려 있지 않았기 때문에 큰 힘을 쏟으려 하지 않았다. 그들은 충분한 근거를 가지고 폴란드가 골칫거리가 될 수 있다고 우려했다. 이웃 국가인 독일과 러시아가 공격하는 경우 누가 폴란드를 방어할 것인가? 이뿐 아니라 영국은 폴란드 정파 중 어느 한쪽을 특별히 지지하지 않았다. 피우수트스키는 영국에 대항해 싸운 위험한 급진주의자였다. 드모프스키와 폴란드 민족위원회도 우파였다. 바르샤바에 있던 영국 외교관은 이렇게 말했다. "당시 나에게 큰 영향을 준 지배적인 의견은, 폴란드 위원회의 요구를 들어주는 것은 폴란드에 대부분의 시간을 폭동을 일으키며 보낸 사악한 지주들을 위한 체제를 만들어주고, 비폴란드계 주민들이 거주하는 영토를 획득하는 것을 목표로 하는 국수주의적 정부를 설립해주는 것이나 마찬가지라는 것이었다."[20] 1차대전 동안 런던에 거주했던 드모프스키도 이런 인상을 강화하는 발언을 피하지 않았다. 일례로 그는 G. K. 체스터턴과 대화하다가 "나의 종교는 예수 그리스도에서 나왔는데, 그는 유대인들에 의해 죽임을 당했다"라고 말했다. 반유대주의가 어느 정도 있었던 영국인들마저 그가 거칠다고 생각했다. 저명한 영국 유대인들은 정부에 폴란드 민족위원회를 다루는 방식에 대해 항의했다. 외무부에서는 폴란드-유대인 배경을 가진 루이스 네이미어가 드모프스키와 그의 "국수주의 패거리"에 대항하는 운동을 벌였다.[21]

이와 대조적으로 프랑스인들은 드모프스키를 적극 지지했고, 폴란드에 깊은 관심을 가졌다. 1917년 가을 피숑은 영국이나 미국보다 몇 달 앞서 "크고 강한, 아주 강한 폴란드"의 독립에 대한 프랑스의 지지를 공개적으로 선언했다. 폴란드에 대한 프랑스의 정책은 실용주의와 낭만성의 결합이었다. 프랑스는 더이상 러시아를 독일에 대한 대항마로 쓸 수 없었지만, 폴란드, 가능하면 체코슬로바키아 및 루마니아와 동맹을 맺은 폴란드는 이 역할을 대신할 수 있었다. 한편 프랑스인들에게는 나폴레옹의 아름다운 애인이었던 마리 바웨프스카Marie Walewska(두 사람의 아들은 프랑스 외무장관이 되었다), 파리에 망명한 불쌍한 폴란드 망명자들, 조르주 상드의 연인이었던 프레데리크 쇼팽, 1870년 프로이센에 대항해 싸웠던 폴란드 자원병 등 폴란드에 대한 좋은 기억이 있었다. 폴란드는 신앙심이 경건한 가톨릭교도와 선한 자유주의자들의 이상이었다. 클레망소는 소년 시절 차르의 학정을 피해 망명한 폴란드인들과 대화를 나눈 적이 있었다.[22] 대전쟁이 발발하자 그는 자신의 신문에 "폴란드는 다시 살아날 것이며, 역사상 가장 큰 범죄 중 하나가 바로잡힐 것이다"라고 썼다.[23] 전쟁 중 프랑스는 폴란드 구제를 위해 자금을 제공했고, 강화회의 중에는 폴란드의 명예를 위한 만찬을 열었다.

미국은 두 나라의 중간 정도의 태도를 취했다. 미국도 폴란드인에 대한 좋은 기억을 가지고 있었다. 타데우시 코시치우슈코Tadeusz Kościuszko는 미국 독립전쟁의 영웅이었고, 폴란드인들은 남북전쟁 때 양편에 가담해서 싸웠다. 파데레프스키의 연주회는 미국 청중으로 만원이었다. 1914년 폴란드인은 중부 유럽에서 건너온 가장 큰 이주민 집단이었다. 당시 400만 명에 이를 것으로 추정되는 폴란드 이주민들은 자체 신문, 학교, 교회를 가지고 있었고, 미국 선거에서 투표권을 행사했다. 1차대전은 잠자고 있던 애국심을 일깨웠지만, 친연합국 폴란드인과 친독일 폴란드인 사이에 균열을 만들어서 폴란드인들은 항상 자기들끼리 싸운다는 인상을 주었다.[24] 다른 한편으로 미국인들은 벨기에인과 마찬가지로 폴란드인들이 겪은 고난을 가슴 아파했다.[25] 윌슨은 폴란드의 독립을 지지하는 쪽으로 생각이 바뀌었지만, 그 국경에 대해서는 아무 확언도 하지 않았다. 그는 파리에서 중재자들에게 말했다. "나는 드모프스키와 파데레프스키를 워싱턴에서 만난 적이 있다. 그들에게 폴란드를 정의해달라고 부탁했고, 그들은 지구의 큰 부분을 차지하는 폴란드가 그려진 지도를 보여주었다."[26]

프랑스는 드모프스키의 폴란드 민족위원회가 폴란드 국민을 대표하는 유일한 기구로 인정받게 하려고 시도했으나, 미국과 영국은 이에 동조하지 않았다. 두 국가는 드모프스키에게 피우수트스키와 연정을 구성하도록 촉구했다.[27] 세계에서 가장 유명한 폴란드인인 파데레프스키가 중재해 두 사람을 한자리에 앉게 했다. 1918년 12월 영국은 영국 군함 콘도르호를 타고 파데레프스키가 폴란드를 방문하도록 주선했다. (파데레프스키는 크리스마스이브에 장교들을 위해 사관실의 오래된 피아노를 연주했다.) 그해 크리스마스에 그가 포젠(포즈난) 항에 도착하자 엄청난 흥분이 일어났다. 거리 시위는 폭력 시위로 변했고, 새해 첫날 그가 바르샤바를 향해 출발하자 포젠 시민들은 독일 통치 당국에 대항해 시위를 벌였다. 위대한 독일 총리 비스마르크 청동상 손에는 베를린으로 가는 4등 기차표가 쥐여졌다.[28]

파데레프스키는 오스트리아령 갈리치아의 중산층 가정에서 태어났다. 그의 아버지는 대귀족 지주를 위해 일했다. 지주인 귀족은 영국 외무차관 니컬슨에게 파데레프스키에 대해 이렇게 말했다. "대단한 사람, 대단한 사람이다. 당신은 그가 나의 마을, 즉 체페토프카에서 태어난 것을 아는가? 그와 대화할 때 나는 동등한 사람과 말하고 있다고 느꼈다."[29] 파데레프스키는 국제적 유명인사가 되었다. 에드워드 번-존스는 그의 스케치를 그렸고, 조지 버나드 쇼는 그의 음악적 지성을 찬양했으며, 여성들은 그에게 수백 통의 연서를 보냈다. 1918년 그는 58세였고, 금빛이 도는 붉은 머릿결은 은색으로 변해가고 있었다.

거의 모든 사람이 그를 보자마자 좋아했다. 그는 입담이 좋고 박식했으며, 어린이를 특히 좋아했다. 1차대전 중 그는 폴란드가 다시 자유로워질 때까지 공연을 하지 않기로 맹세했다. 그는 폴란드 구호를 위해 모금을 했고, 세계 지도자들에게 로비를 했다. 1916년 여름 백악관의 작은 파티에서 그는 쇼팽을 연주했다. 윌슨은 훗날 한 동료에게 말했다. "그때 파데레프스키가 조국에 대해 한 연설을 자네도 들었으면 좋았을 텐데. 그의 말은 피아노로 화음을 만들어 수천 명을 감동시키는 것보다 더 숭고하게 심금을 울렸다네."[30] 파데레프스키 지지자들은 훗날 그의 노력 덕분에 윌슨이 14개조에

폴란드를 포함시켰다고 말했다.³¹

바르샤바에서 처음 만난 긴 모직 외투를 입은 파데레프스키와, 허름한 군복을 입은 여위고 창백한 혁명가인 피우수트스키는 서로를 의심의 눈초리로 바라보았다.³² 피우수트스키는 파리의 폴란드 민족위원회에 대한 파데레프스키의 영향력과 그의 인맥을 필요로 했고, 파데레프스키는 한목소리를 내는 폴란드를 원했다. 두 사람은 피우수트스키가 국가 원수와 군 총사령관을 맡고 파데레프스키는 연정 정부의 총리가 되어, 드모프스키와 함께 파리 강화회의 대표로 참석하는 데 합의했다. 두 사람은 함께 기념식, 만찬, 연극, 심지어 새로 선출된 의회 개원을 기념하는 바르샤바 대성당 미사에도 참석했다. 드모프스키와 피우수트스키는 여전히 먼 거리를 유지했다.

강화회의가 시작되었을 때 파데레프스키는 여전히 바르샤바에 머물렀기 때문에 1월 최고평의회에서 폴란드 문제가 처음 논의될 때에는 드모프스키만 참석했다. 피우수트스키는 폴란드가 적을 물리칠 수 있게 보급품, 특히 무기와 탄약 공급을 긴급히 제공해줄 것을 요청했다. 프랑스는 할레르 장군이 지휘하는 폴란드군을 귀환시킬 것을 제안했다. 이를 실행하는 가장 쉬운 방법은 병사들을 배에 태워 아직 독일이 통제하고 있는 단치히로 보낸 다음, 기차로 바르샤바로 보내는 것이라고 포슈가 말했다. 영국과 미국은 이 제안을 선뜻 받아들이지 않았다. 할레르의 군대는 드모프스키 진영에 속해 있었기 때문에 이 군대가 폴란드로 귀환하면 내전을 유발할 수 있었다.³³ 윌슨은 단치히를 경유하는 경우 일어날 수 있는 또다른 위험을 염두에 두었다. 그는 "폴란드에 폴란드군을 귀환시킨다는 목적 때문에 폴란드 문제 전체를 예단하는 우를 범할 수 있다"고 경고했다.³⁴ 이것은 당연히 프랑스가 의도한 일이었다. 이 소문을 들은 독일 측은 격렬히 항의했다. 폴란드군은 결국 4월에 육로를 통해 귀환했다. 피우수트스키는 이 군대의 귀환을 강하게 주장하지 않았다. 그는 드모프스키처럼 단치히 경로를 주장해 연합국을 자극하는 것을 원하지 않았고, 단치히 자체도 중요하게 생각하지 않는 것 같았다.³⁵

1월 29일 드모프스키는 최고평의회에 출석해 폴란드 상황을 설명하라는 초청을 받았다. 폴란드의 주장을 브리핑하거나 최소한 자신이 지지하는 요구를 설명할 기회였다. 그는 폴란드가 한때 소유했던 모든 것을 주장하지는 않을 것이라고 말했다. 리투아니아와 우크라이나 일부는 더이상 폴란드 지역으로 보기 어려웠다. 그러나 그들은 스스로 문제를 해결하려면 멀었기 때문에 폴란드는 기꺼이 그들을 도울 의사가 있었다. 다른 한편으로 폴란드는 독일 동부를 차지해야 했다. 이 지역 상당 부분은 폴란드에 포함된 적이 없었지만, 독일 통계가 말하는 것보다 더 많은 폴란드인이 그곳에 거주하고 있었다. "이 폴란드인들은 폴란드 민족 중에서 가장 많은 교육을 받았고, 문화 수준이 높고, 민족의식이 강하고, 진보적 사상을 가졌다." 현지 독일인들도 이들을 높이 본다고 했다.³⁶ 폴란드는 또한 실레지아와 테셴(폴란드 이름은 치에신, 체코 이름은 테신) 지역의 탄광을 필요로 했다. 로이드조지는 조바심을 가지고 이런 주장을 들었고, 윌슨은 벽에 걸린 그림들을 유심히 쳐다보았다.[37]

폴란드인들은 파리에 모인 우방국들을 짜증나게 만드는 재주를 가지고 있었다. 영국 사람은 코끼리에 대한 책을 쓸 때 그 서식지와 사냥하는 법을 다루고, 독일 사람은 그 생물학에 대한 논문을 쓰는 반면, 폴란드 사람들은 "코끼리는 폴란드 문제다"라고 시작한다는 농담이 생겨났다.[38] 프랑스조차도 러시아 지역에 대한 폴란드의 과도한 요구에 경악했다.[39] 영국과 미국 측은 폴란드가 자체적으로 경쟁하는 대표단을 파견한 것을 좋지 않게 생각했다.[40] 폴란드 현지에서 발생하는 일도 의심을 불러일으켰다. 밸푸어는 이렇게 비판했다. "폴란드인들은 전쟁 종식과 강화회의 결정 사이의 공백을 이용해 러시아령 폴란드 밖의 지역에 대한 영유권을 주장하고 있는데, 일부 지역에서는 그들의 요구가 충분히 정당화될 수 있지만, 많은 경우 그들은 거의 권리가 없다." 윌슨도 이에 동의했다. 이뿐 아니라 루마니아인, 세르비아인, 헝가리인도 같은 일을 하고 있었다. 피우수트스키는 포젠 인근의 독일 영토로 병력을 진주시켰고, 북쪽으로는 리투아니아, 남쪽으로는 갈리치아로 군대를 보냈다. 그의 행동을 중지시키는 것은 쉽지 않았다. 연합국은 보급품 공급을 중단할 수 있었지만, 여전히 많은 보급품을 보냈다. 연합국은 위협을 할 수도 있었지만, 유럽 중앙부에서는 거의 힘이 없었다. 오히려 연합국은 러시아와의 국경에 배치된 독일군이 계속 그 자리를 지키도록 해야 했다. 연합국은 또한 폴란드에 강력한 조치를 취하는 것을 주저했다. 5월 폴란드 군대가 우크라이나인들에 대한 공격을 멈추자 윌슨은 말했다. "만일 파데레프스키가 무너지고 볼셰비키가 등장하면 어떻게 할 것인가? 파데레프스키 정부는 무질서를 막는 유일한 둑일 것이다."[41] 만일 이 둑이 무너지면 볼셰비키의 파도가 서쪽으로 얼마나 밀려갈지 누가 말할 수 있겠는가?

중재자들은 전보를 보내 호소하고 현지 조사단도 파견했다. "아는 것 없이 취하는 행동은 큰 혼란을 불러올 수 있다"라고 로이드조지는 현명하게 말했다.[42] 연합국은 군사 전문가들을 파견했다. 프랑스 대표단에는 젊은 샤를 드골Charles de Gaulle 대령이 포함되어 있었다. 영국은 전쟁 영웅인 에이드리언 카턴 드 위아트Adrian Carton de Wiart가 대표단을 이끌었다. 한쪽 팔과 한쪽 눈, 한쪽 다리만 있는 그는 위험을 전혀 개의치 않고 결투도 불사하는 용맹으로 폴란드인들에게 깊은 인상을 남겼다.

중재자들은 폴란드 문제를 대체로 전문가들에게 맡겼다. 2월 최고평의회는 폴란드로부터 들어오는 보고를 처리하기 위해 폴란드 위원회를 설립했다. 2주 후 윌슨과 로이드조지가 없는 동안 강화회의가 크게 진척되기를 바랐던 밸푸어는 폴란드 국경선에 대해 아무것도 이루어지지 않은 것을 발견했다. 그의 제안으로 폴란드 위원회가 이 임무를 맡았다. 상세한 정보가 없는 위원회 멤버들은 민족적 요인과 폴란드의 해양 접근권을 제안한 윌슨의 약속을 기초로 결정을 내려야 한다고 생각했다.[43] 그러나 이것은 불가능한 일이었다.

폴란드에는 자연 방어물이 없기 때문에 여러 세기 동안 침략을 받아왔지만, 이런 점은 폴란드인들이 쉽게 외지로 떠날 수 있게도 했다. 동쪽에서 폴란드 정착민들은 오늘날 벨라루스와 우크라이나 접경 지역에 있는 대삼림지대와 북쪽과 남쪽의 늪지대로 이주했다. 그 결과 북쪽 끝으로는 빌나 인근에, 남쪽으로는 르부프(독일어 렘베르크, 폴란드어 르부프, 지금의 우크라이나 르비우)에 폴란드인들이 집중적으로 거주하는 초승달 모양의 정착지가 형성되었다. 북쪽에서 폴란드인들은 리투아니아인, 독일인과 뒤섞였다. 중앙 지역에는 "백러시아인이나 우크라이나인일 수 있지만, 폴란드인은 분명히 아닌 수수께끼 같은 주민들이 살고 있다"라고 파리의 한 전문가가 말했다.[44] 소도시에는 주로 폴란드인과 유대인이 거주했고(많은 유대인은 폴란드인과 동일시되었다), 농촌 지역에는 폴란드 지주들이 산발적으로 흩어져 살고 있었다.

서쪽에도 이와 유사한 민족적 혼합 지역이 많았다. 오랜 기간 폴란드인은 북쪽의 발트해로 밀려나고 독일인들은 동쪽으로 진출했다. 발트해 동부 연안의 도시에는 주로 독일인이 거주했다. 농촌 지역에서도 대지주는 거의 독일인이었고 발트 지주Baltic Barons라고 불렸다. 남쪽에는 폴란드인이나 리투아니아인 지주들이 일부 있었다. 폴란드인 대부분은 비스와강 연안에 살았다. 발트해 남동쪽 구석에 정착한 동프로이센 주민 대부분은 독일어를 사용하는 개신교도였다. 만일 폴란드가 해양 접근권을 가지려면, 비스와강 연안과 단치히 모두를 통제해야 하는가? 그렇게 되면 수십만 명의 독일인이 폴란드 통치하에 살게 되고, 독일 서부 지역과 동프로이센의 육로는 차단될 수 있었다.

중부 유럽의 인구 통계는 다른 곳과 마찬가지로 신뢰할 수 없었다. 중부 유럽에 거주하는 주민들은 자신이 어느 민족인지 잘 모르는 경우가 많았다. 정체성의 기준은 종교여야 하는가 언어여야 하는가? 동프로이센 남부 지역의 중요한 주민 집단인 폴란드어를 사용하는 개신교도들은 종교가 같은 독일인으로 보아야 하는가, 아니면 가톨릭교도인 폴란드인으로 보아야 하는가? 리투아니아인은 별개의 민족인가, 아니면 폴란드인의 한 일파인가? 우크라이나인은 정말 러시아인인가?

폴란드 위원회에서 일하는 영국과 미국의 전문가들은 비공식 회합에서 폴란드의 국경은 가능한 한 민족 경계선을 따라 그어져야 하지만, 발트해 접근권, 철도 통제 또는 전략적 고려 같은 다른 요인도 참고해야 한다는 데 의견이 일치했다. 현명한 원로 외교관 쥘 캉봉이 이끄는 프랑스 대표단은 한결같이 폴란드인들의 주장을 믿는 쪽을 택했다. 폴란드는 비폴란드인을 포함하게 되더라도 독일과 러시아에 대항해 방어할 수 있는 국경선을 확보해야 한다고 그들은 말했다. 이탈리아는 대개 프랑스 편을 들었다. 일본인들은 늘 그렇듯이 별로 말을 하지 않았다.[45]

폴란드 위원회는 윌슨이 미국에서 돌아온 며칠 후 독일과의 경계에 대한 첫 보고서를 제출했다. 전문가들은 강과 호수가 한 나라에 들어가도록 노력했고, 철도가 국경을 넘나들지 않도록 주의하고, 상대편 지역에 남는 폴란드인과 독일인을 최소화하려고 애썼다. 폴란드는 비스와강을 따라 긴 팔이 북쪽으로 뻗어 발트해에 접근하게 되었다. 폴란드 회랑Polish Corridor이라고 불리게 되는 이곳은 팔꿈치 부분에서 서쪽으로 꺾여 포젠 인근의 폴란드인 다수 거주 지역을 포함했다. 쾨니히스베르크 항구(이마누엘 칸트가 살았던 곳)를 가진 동프로이센은 독일 영토로 남게 되었다. 이렇게 되면 약 200만 명의 독일인이 폴란드 영내에 남게 될 터였다. 주민들이 폴란드어를 사용하고 폴란드에 가장 가까운 동프로이센 지역인 알렌슈타인에서만 영토 귀속에 대한 주민투표를 실시하기로 했다. 1920년에 실시된 주민투표에서 찬성 36만 3천 표, 반대 8천 표로 주민들은 동프로이센에 남기로 했다.

최고평의회는 3월 19일에 보고서를 검토했고, 이 회의에서 폴란드인과 우크라이나인 사이의 전쟁을 논의했다(양측이 교전을 중단할 것을 요청하는 전보가 추가로 발송되었다). 로이드조지는 폴란드 위원회의 건의를 전반적으로 좋게 평가했다. 그는 한 가지만 질문했다. "단치히 항구를 포함해 독일 영토를 그렇게 많이 넘겨주는 것이 필요한가?" 그는 단치히에서 남쪽으로 80킬로미터 떨어진 곳에 동프로이센 쪽으로 뻗어 나온 마리엔베르더라는 지역이 있고, 이곳 주민 대부분은 독일인이라는 것을 발견했다. 이곳 주민들에게도 자신들의 장래를 결정하는 주민투표를 허락해야 하지 않을까? 제안된 폴란드 회랑은 공정하지 않을뿐더러 위험하다고 그는 주장했다. 독일은 이러한 조약에 서명하지 않을 가능성이 높았다. "그는 이미 독일에 요구된 많은 것에 더해 이 요구는 독일 여론에 심각한 결과를 초래할 것으로 우려했다. 연합국은 독일을 절박한 상황으로 몰아 어느 독일 정부도 이런 조건에 서명하지 않도록 만드는 위험을 감수해서는 안 된다는 것이었다." 많은 독일인을 폴란드에 남겨두는 것은 새로운 알자스-로렌을 만들고 미래 전쟁의 씨앗을 뿌리는 것이 아닌가? 폴란드인들은 행정가로서 좋은 평가를 받지 못했다고 그는 덧붙였다. 폴란드 위원회는 제안을 다시 검토하라는 지시를 받았다.[46]

당시와 이후에도 많은 폴란드인은 로이드조지가 독일이나 심지어 볼셰비키 러시아에 유화적이고, 모든 약소민족을 비이성적으로 혐오하기 때문에 이렇게 간섭하고 나선다고 생각했다. 그는 원칙 없고 오만한 데다 전문가들의 의견을 무시한다고 생각했다. 그는 또한 놀랄 정도로 현장 상황을 제대로 알지 못했고, 그 일례로 비스와강을 통과하는 수송량도 파악하지 못했다. 드모프스키는 로이드조지가 "유대인들의 요원"이라고 악평했는데, 이는 로이드조지가 강한 폴란드를 반대하는 사악한 자본주의 세력의 앞잡이라고 생각하는 모든 사람을 대변한 것이었다.[47]

대부분의 자유주의자와 마찬가지로 로이드조지는 실제로는 폴란드가 겪은 고난에 크게 동정하고 있었다. 그는 강화회의 사교 모임에서 만난 파데레프스키를 좋아하고 존중했다.[48] 그러나 그는 폴란드의 요구는 폴란드의 적을 만들고 유럽에 문제를 야기한다는 점에서 비합리적이고 위험하다고 생각했다. 커는 그를 대신해서 바르샤바 영국 대사관에 "로이드조지 총리는 폴란드에게 가장 중요한 것은 독일 국민과 러시아 국민 모두가 정당하다고 인정할 만한 타결안을 찾는 것이라고 생각한다"라는 전문을 보냈다.[49] 로이드조지가 폴란드인들이 비난하는 것처럼 독일과의 조약이 서명되도록 하는 데 집중하고 있었던 것은 사실이지만, 이는 잘못된 일이 아니었다. 로이드조지는 폴란드가 살아날 가능성에 대한 믿음이 별로 없었다. 이 또한 잘못된 판단이 아니었다.

로이드조지는 퐁텐블로에서 주말을 보낸 후 독일에 대한 각서를 만들 때 폴란드는 해양에 대한 접근권을 가져야 한다면서도 200만 명 이상의 독일인을 폴란드 통치하에 두는 것에 대해서는 경고했다. 그는 3월 27일 최고평의회에서 "나의 결론은 탄생 때부터 가장 문명화된 이웃과 망각할 수 없는 싸움으로 소외되는 폴란드를 만들어서는 안 된다는 것이다"라고 주장했다. 단치히를 자유시로 만들고 회랑을 통해 가급적 폴란드의 폴란드인들과 독일의 독일인들이 서로 멀리 떨어지게 만드는 것이 그의 바람이었다. 폴란드가 바로 단치히를 소유하고 여유 있는 회랑을 갖기를 원한 클레망소는 로이드조지의 논리를 반박했다. 그는 독일인들의 불평에 신경쓰지 말아야 한다고 말했다. "우리는 폴란드어로 신께 기도했다고 매를 맞은 어린이들, 독일 민족 정복자를 위한 공간을 만들어주기 위해 자신들의 농지를 징발당한 농민들을 기억한다." 폴란드는 보상을 원하고, 다시 생활할 수 있는 수단을 필요로 한다고 그는 주장했다.[50]

윌슨은 회의에서 별로 말을 하지 않았지만, 로이드조지의 우려를 공유했다.⁵¹ 그는 해결해야 할 또다른 문제를 생각하는 것 같았다. 그것은 피우메를 둘러싼 이탈리아와의 분쟁이었다. 만일 단치히를 폴란드에게 준다면, 피우메도 이탈리아에 넘겨주는 상황에 처할 수 있었다(22장 참조). 두 사람은 따로 만나서 단치히는 독립적 도시가 되고 폴란드 회랑 안에 있는 독일인 다수 거주 지역인 마리엔베르더는 주민투표로 스스로 운명을 결정해야 한다는 결론을 내렸다. 4월 1일 그들은 주저하는 클레망소를 동의하게 만들었다. 로이드조지는 다시 한번 안심을 시켰다. 단치히가 폴란드와의 경제적 유대를 강화하면 그곳 주민들은 해바라기처럼 바르샤바를 향하게 될 것이고, 이와 마찬가지로 자르의 주민들은 자신들의 진정한 이익은 독일이 아니라 프랑스에 있다는 것을 깨달을 것이라고 설득했다.⁵² 소식을 들은 폴란드인들은 격노했고, 파데레프스키는 간곡히 말했다. "단치히는 폴란드에 없어서는 안 될 곳이다. 우리는 바다로 난 창문이 없으면 숨을 쉴 수 없다."⁵³ 그를 따로 만난 클레망소는 그가 눈물을 흘리는 것을 보았다고 말했다. 윌슨은 냉정하게 대꾸했다. "그러나 그의 감성이 아주 예민하다는 것을 고려해야 한다."⁵⁴ 윌슨이 "우리의 문제 많은 친구인 폴란드인들"이라고 표현한 폴란드가 파리로부터의 거듭된 요청에도 불구하고 르부프 근에서 전투를 계속하고 있다는 사실은 폴란드의 대의에 도움이 되지 않았다.⁵⁵

독일과의 조약 개정안에서 폴란드 회랑은 축소되었다. 마리엔베르더에서는 결국 주민투표를 실시하기로 했고, 그곳 주민들은 압도적으로 독일을 선택했다. 그 결과로 단치히와 바르샤바를 연결하는 철도 중 한 노선이 독일의 통제 아래 들어가게 되었다. 단치히 자체는 국제연맹의 통제를 받는 자유시가 되고, 폴란드와 관세동맹을 맺는 것으로 결정되었다. 폴란드와 독일은 별도 조약을 맺는 것으로 결정되었고, 두 나라는 이 조약에서 폴란드가 교역을 재개하는 데 필요한 부두 시설부터 전화까지 모든 설비를 다시 얻는 것을 보장했다. 국제연맹이 지명하는 고등판무관이 양국 간 분쟁을 조정하는 중재자가 되기로 했다. 그러나 분쟁거리는 너무 많았다. 누가 항구를 순찰할지, 세금은 어떻게 거둘지, 심지어 폴란드는 자체 우체통을 설치할 수 있는지 등 많은 것을 논쟁해야 했다.[56] 단치히의 산업, 행정, 인구는 여전히 독일인들의 수하에 있었기 때문에 많은 문제가 발생했다. 폴란드 회랑도 마찰을 불러일으켰다. 철도를 놓고 분쟁이 벌어졌고, 당연히 그곳과 폴란드의 나머지 지역에 여전히 거주하는 독일인들도 문젯거리였다. 독일은 영토 상실을 온전히 받아들이지 않았고, 성실한 자유주의자부터 우파 민족주의자에 이르기까지 모든 독일인은 폴란드를 경멸했다.[57] 1939년 9월 히틀러는 약속한 대로 자신이 베르사유의 사슬이라고 부른 것 중 하나를 깨고 국경을 돌파해 기습 공격을 했고, 결국 단치히와 폴란드 회랑을 장악했다. 1945년 폴란드는 단치히를 되찾아 그단스크라는 이름을 붙였다. 그곳에는 독일인이 더이상 살지 않았고, 도시는 조선업이 쇠퇴하면서 큰 어려움을 겪었다.

로이드조지는 폴란드에 불리하도록 또 한번 간섭했다. 이번에는 남쪽에서 폴란드와 독일 국경이 만나는 약 1만 1천 제곱킬로미터의 면적을 가진 상부 실레지아 문제였다. 이 지역은 탄광, 철광, 제련소가 있는 소중한 획득 대상이었다. 폴란드 위원회는 이 지역 주민의 약 65퍼센트가 폴란드어 사용자라는 이유로 이곳을 폴란드에 넘겨주었고, 독일은 이에 항의했다. 실레지아 탄광은 독일의 연간 석탄 생산량의 거의 4분의 1, 아연 생산량의 81퍼센트, 납 생산량의 34퍼센트를 담당하고 있었다. 독일 정부는 이러한 영토 양도는 민족자결주의에 위배된다고 항의했다. 상부 실레지아 주민은 독일인, 체코인, 지역 폴란드인이었고, 그들이 쓰는 지역 방언은 독일어의 영향을 강하게 받았고, 폴란드 독립 이상에 전혀 관심을 보이지 않았다. 상부 실레지아는 오랫동안 폴란드와 분리되어 있었다. 그 지역의 번영은 독일 산업과 독일 자본의 덕을 많이 보았다. 폴란드는 이미 석탄 생산량이 충분한 반면, 독일은 특히 자르 지방을 상실한 후 석탄 생산량이 충분하지 않았다. "독일은 상부 실레지아를 포기할 수 없으나, 폴란드는 그곳을 필요로 하지 않는다." 독일은 만일 상부 실레지아를 잃으면 조약에 서명할 수 없고, 조약이 부과하는 다른 의무도 이행하지 않을 것이라고 못박았다.[58]

5월 30일 로이드조지는 오랜 친구인 리델과 저녁 식사를 같이했다. 그는 문서 하나를 건네주면서, 읽고 어떻게 생각하는지 말해달라고 부탁했다. 리델의 기분을 좋게 하기 위해 그는 쇼팽의 곡을 피아노 연주자에게 부탁했다. 리델이 상부 실레지아를 폴란드에게 넘겨주는 데는 전략적 고려가 있다고 말하자, 로이드조지는 이것은 독일 배상금 부과에 위협이 될 수 있다고 말했다. "만일 폴란드인들이 탄광에서 생산되는 것을 적절한 조건으로 독일인들에게 넘겨주지 않으면 독일인들은 배상금을 지불할 수 없다고 말할 것이다. 그러므로 연합국이 배상금 문제를 고려하지 않고 그들에게 탄광을 넘기면 얼굴을 가리기 위해 코를 자르는 셈이다." 두 사람은 밸푸어가 머무는 위층으로 올라가 같이 노래를 불렀다.[59]

다음날 로이드조지는 런던에서 핵심 각료를 불러들여 긴급회의를 진행했다. 6월 1일 영제국 대표단은 그가 다시 4인 평의회로 돌아가는 것을 재가했고, 배상금, 라인란트 점령, 상부 실레지아에 대한 조건을 완화할 것을 요구했다. 스뮈츠는 자신이 이끈 보어 전쟁 후 남아프리카가 극적으로 살아난 후 특히 독일-폴란드 국경을 다시 획정해야 한다는 데 강경한 입장을 보였다. "폴란드는 역사적 실패작이고, 언제나 실패작이 될 것이다. 이런 면에서 우리가 맺으려는 조약은 역사의 평결을 뒤집는 일이 될 것이다."[60] 그는 또한 사적으로 독일인을 폴란드 지배하에 넘기는 것은 그들에게 많은 아프리카 흑인을 넘기는 것과 마찬가지로 나쁜 일이라고 비판했다.[61] 밸푸어는 스뮈츠가 폴란드에 대해 다소 강경하다고 생각하긴했지만, 다른 각료들과 마찬가지로 상부 실레지아에서도 주민투표를 실시해야 한다고 주장했다.[62]

4인 평의회의 로이드조지의 동료들은 작성하는 데 그렇게 오랜 시간이 걸린 조약 조건을 변경하려고 하지 않았다. 6월 3일 험한 말이 오간 회의에서 클레망소는 주민투표를 일언지하에 거절했다. 폴란드인이 다수 주민이기는 해도, 지역 행정을 독일인이 장악한 상태라는 것이 반대 이유였다. 윌슨도 이에 동의했다. 전문가들은 그에게 대지주와 자본가 모두가 독일인이라고 말해주었다. 그렇다면 연합국은 병력을 파견해 투표를 감독할 수 있다고 로이드조지는 말했다. 이것은 조약과 관련해 독일과의 문제를 피하기 위해서 치를 수 있는 작은 대가였다. "베를린으로 대군을 보내는 것보다 상부 실레지아에 미군이나 영국군 사단을 보내는 것이 더 낫다"라고 로이드조지는 말했다. 그는 윌슨에게 민족자결주의 원칙을 상기시켰고, 공정한 처신을 하는 윌슨은 자신의 주장을 굽혔다.[63] 클레망소는 상당히 화가 났지만 그렇게 하는 것 외에 선택의 여지가 없었다.[64] 주민투표를 실시하되, 연합국이 공정한 투표가 진행될 수 있다고 확신한 다음에 실시하기로 결정되었다.[65] 파데레프스키는 이에 항의했지만 아무 소용이 없었다. 로이드조지는 경고했다. "당신들의 자유는 다른 사람들의 피로 얻어졌다는 것을 잊지 마시오. 만일 폴란드가 현 상황에서 우리의 결정에 반기를 든다면, 폴란드는 우리가 바라는 것과 크게 달라질 게 분명하오."

상부 실레지아의 주민투표를 준비하는 데는 여러 달이 걸렸다. 그 지역의 폴란드인들이 독일인에 반기를 들고 일어나기도 했고, 그곳에 파견할 충분한 병력이 없던 것도 이유였다.[66] 실제로 실레지아에 거주하는 사람에게만 투표를 허용할 것인가(폴란드 정부의 선호), 아니면 이전에 거주했던 사람도 투표를 할 수 있는가(독일 정부의 선호)에 대한 논란도 있었다. 독일 정부의 주장이 받아들여졌고,

1921년 3월의 어느 일요일에 밴드 음악이 환영하는 가운데 실레지아 주민이었던 독일인들을 가득 태운 기차가 도착한 후 주민투표가 실시되었다. 북부와 서부는 독일을, 남부는 폴란드를 택했고, 산업 시설이 집중되어 폴란드와 독일 모두가 원한 중앙 지역은 표가 대등하게 갈라졌다. 몇 달 동안 추가 협상이 진행되었지만, 영국은 독일을, 프랑스는 폴란드를 지원해 협상은 교착상태에 빠졌다. 결국 사안 전체가 국제연맹에 넘겨졌고, 이 지역에 아무런 직접적 이익이 없는 벨기에, 중국, 스페인, 브라질 네 국가가 경계선을 그었다. 상부 실레지아의 70퍼센트는 독일에 배당되었지만, 산업과 광산 대부분은 폴란드가 차지하게 되었다. 1922년 유례없이 긴 조약문에 합의한 독일과 폴란드는 경제·정치 협력과 각 소수민족을 보호하는 데 합의했다.[67] 이것은 인구가 혼합된 지역을 처리하는 하나의 모델이 되었지만, 자발적 의지는 그곳에 존재하지 않았다. 독일인들은 단치히나 폴란드 회랑과 마찬가지로 상부 실레지아를 상실한 것에 분노했다. 1939년 히틀러는 이 지역 전체를 다시 독일에 병합했다. 1945년에 이 지역은 다시 폴란드에 돌아가 이 지역에 사는 독일인은 전부는 아니더라도 대부분이 탈출하거나 추방되었다.

폴란드의 북동 방면과 동부 방면 국경을 정하는 것은 더 어려웠다. 무정부주의자, 볼셰비키, 러시아인, 우크라이나인, 리투아니아인, 라트비아인, 에스토니아인, 발트 독일인이 서로 세력 다툼을 벌였다. 중재자들은 얼마나 많은 나라를 상대해야 하는지, 어느 정부를 상대해야 하는지도 몰랐다. 그럼에도 폴란드 위원회는 계속 작업을 하도록 독려를 받았고, 폴란드 영토가 분명한 지역 모두를 폴란드에 포함시켰다. 1919년 12월 최고평의회는 소위 커즌 라인이라고 알려진 국경(대체로 지금의 폴란드 국경)을 정했다. 폴란드 정부는 이를 받아들일 의사가 조금도 없었다. 중재자들이 지도를 놓고 열심히 논의하는 동안 폴란드군은 현지에서 부지런히 움직였다. 논쟁이 된 국경 지역 모든 곳에서 폴란드는 더 많은 영토를 주장했고, 이것은 대부분 전쟁에서 성공이나 실패에 의해 결정되었다.

피우수트스키의 개인적 감정은 북동쪽에 가장 깊이 개입되었다. 그는 아버지 쪽으로는 폴란드-리투아니아 가문 출신이었다. 그의 조상들은 15세기 폴란드와 리투아니아 연합에 기여했다. 빌나는 그가 진정으로 고향으로 느끼는 곳이었다.[68] 그는 자신의 출생지가 리투아니아 남동부 일부와 함께 폴란드에 포함되기를 원했다. 이로 인해 폴란드의 요구는 새로 탄생하는 리투아니아의 요구와 대치하게 되었고, 발트 지역 전체의 평화 타결에도 영향을 주었다.

1919년 발트해 동쪽 끝의 지도는 많은 의문부호가 달릴 수 있었다. 북쪽의 핀란드만이 백군과 적군의 치열한 내전 끝에 러시아로부터 빈약하나마 독립을 이룰 수 있었다. 강화회의는 1919년 봄 핀란드를 공식 승인했다. 그 남쪽으로 에스토니아인, 라트비아인, 리투아니아인도 러시아로부터 독립을 선언했지만, 그들은 독일 점령 당국과 자체 내 독일인, 러시아인 소수민족을 다루어야 했다. 어느 국가도 확정된 국경이나 설립된 정부를 가지고 있지 못했고, 러시아군이 철수하면서 파괴하지 않고 남겨둔 것은 독일군이 징발했다. 백군 러시아인, 볼셰비키 붉은군대, 녹색 무정부주의자, 발트 지주들, 독일 약탈자들, 발아하는 민족주의 군대, 단순한 도적 떼들이 온 지역을 장악했다가 사라졌다. 도시와 마을은 계속 주인이 바뀌었다. 바다에서는 이제 볼셰비키의 손에 들어간 러시아제국 해군 잔당이 페트로그라드(곧 레닌그라드로 이름이 바뀌는)로부터 출몰했다.

연합국은 이런 상황을 크게 우려했지만 일관된 정책은 없었다. 만일 그들이 발트 국가들을 승인하면, 어느 면에서는 러시아 국내 문제에 간섭하는 것이었다. 미국은 민족자결을 지지했지만, 윌슨은 러시아의 국경을 일방적으로 바꾸기를 원하지 않았기 때문에 신생 국가를 완전히 승인하는 것을 주저했다.[69] 영국과 프랑스는 1919년 여름이 되어서야 콜차크 제독이 볼셰비키를 제압하기를 바랐지만, 콜차크 제독은 러시아제국의 지역 어느 곳도 독립하는 것을 강하게 반대했다. 프랑스는 자신들이 폴란드에 신경쓰는 동안 영국이 발트 지역을 신경쓰도록 방치했다.[70] 영국은 동원할 수 있는 소규모 함대를 파견해 레닌그라드의 볼셰비키 함대를 봉쇄하고, 가능하다면 지역의 민주 세력을 지원하려고 했다. 영국 해군 제독은 수뢰나 해빙에 갇히지 말고 볼셰비키 공격을 격퇴하되, 육지에서 멀리 떨어진 안전한 곳에서만 그렇게 하도록 지시를 받았다.[71] 제독은 1919년 봄 외무부에 이렇게 전문을 보냈다. "발트해에 파견된 해군 장교들의 임무는 만일 그들이 어떤 정책을 지원해야 하는지를 분명히 지시받았다면 훨씬 더 용이했을 것이다."[72]

임시방편으로 연합국은 독일군이 강화 후에도 발트 지역 군대를 그대로 남겨두도록 지시했다. 다소 치욕적이지만, 다른 대안은 없었다고 밸푸어는 말했다.[73] 이것은 그 자체로 문제를 만들어냈다. 독일 최고사령부는 이 상황을 기뻐했다. 독일 군부나 민족주의자 모두 발트해 연안을 포기하려고 하지 않았다. 그들은 이곳을 볼셰비즘과 슬라브족의 위협에 대한 방어선으로 보았다(우파의 기괴한 상상 속에서는 두 위협이 동일한 것으로 취급되곤 했다). 발트 땅은 수 세기 전 자신들을 위해 싸운 튜턴기사단의 피가 적셔진 곳이었다. 이곳은 또한 연합국에 대항하는 보루가 될 수 있었다.[74]

1918년 크리스마스 날 네브래스카대학의 농업 전문가였던 라트비아의 임시 대통령은 현지 영국 지휘관의 묵인 속에 독일에 도움을 요청했다. 그의 취약한 군대는 볼셰비키에 패퇴할 위험에 처했다.[75] 그의 호소는 새로운 튜턴기사단인 자유군단Freikorps 형성의 길을 열어놓았다. 이 부대는 독일에서 조직된 사병 집단이었다. 집단 소속원들은 볼셰비즘을 막기 위해, 문명을 구하기 위해, 혹은 토지 제공 약속이나 단순한 모험심이나 무료 식사 때문에 자원병으로 나섰다.

1919년 2월이 되자 의용군은 발트 지역 도시와 마을로 쏟아져 들어왔다. 진짜 군인 같아 보이는 병력도 있었지만, 머리를 길게 기르고 창문과 가로등에다 사격 연습을 하는 사람들도 있었다. 그들은 때로 지역 주민들을 구해주기도 했지만 경멸하는 태도로 대했다. 4월에 그들은 볼셰비키가 후퇴하자 라트비아 정부를 전복하고

에스토니아로 행군했다.[76] 발트 지역에 큰 관심을 기울이지 않던 중재자들은 이런 상황이 점점 더 신경이 쓰였다. 밸푸어는 이렇게 말했다. "이 지역에서 혼란이 악화되는 것을 보면, 독일인들이 지역 군대의 조직을 막고, 그곳 국가들이 볼셰비즘의 침공을 막는 데 자신들의 지원에 전적으로 의존하게 함으로써 영향력과 지배를 항구화하려는 것은 기이한 일이다."[77] 5월에 연합군은 발트 지역 정부들이 군대를 조직하는 것을 돕기 위해 대표단을 파견했다.[78]

이제 의용군을 철수시키는 것이 또 하나의 어려운 문제가 되었다. 파리에서 베를린으로 엄중한 경고가 전달되었다. 독일 당국은 의용군 사령관인 폰 데어 골츠von der Goltz 장군에게 자체 명령을 전달했지만 무시되었다. "경악할 혼란"이라고 로이드조지는 불평했다.[79] 8월에 독일 정부는 폰 데어 골츠를 다시 독일로 데려왔다. 그의 병사들은 뒤에 그대로 남았고, 러시아 재정복을 꿈꾸는 허풍쟁이 러시아 대귀족의 수하에 들어갔다. 그는 발트 국가들은 다시 러시아가 되어야 한다고 선언하고, 주민들을 노예 노동자로 징집하려 했기 때문에 독일인 외에는 지역 주민들의 지원을 받지 못했다.[80] 1919년 말이 되자 힘이 빠진 의용군은 슬그머니 독일로 되돌아와서 연합국, 슬라브인들, 독일 정부를 강력히 비판했다. 폰 데어 골츠를 포함한 의용군 출신 중 많은 사람이 히틀러와 나치에게서 정신적 안식처를 찾게 된다. 연합국은 1921년 1월 결국 에스토니아와 라트비아의 독립을 인정했다.

발트 국가 중 가장 남쪽에 있는 리투아니아는 폴란드를 상대해야 했기 때문에 훨씬 복잡한 탄생 과정을 겪었다. 1919년 폴란드인 대부분은 과거 폴란드와 리투아니아 국가연합을 복원하고 싶어했지만, 이번에는 폴란드가 리투아니아를 강력히 통제하고 싶어했다. 드모프스키는 리투아니아인은 단순히 부족에 지나지 않기 때문에 폴란드인이 되는 것이 낫다고 멸시하듯이 말했다. 민족자결주의에 기반해, 폴란드는 폴란드인이 지역 주민의 다수인 지역을 흡수해야 한다. 폴란드인이 주류가 아닌 곳이라도 폴란드 인구가 많다면 그 또한 그래야 한다. 이런 지역에서 폴란드는 문명의 전파자 역할을 할 수 있다. 리투아니아인이 다수를 차지하는 북쪽 끝 지역은 작은 리투아니아 국가를 만들 수 있다. 만일 이곳이 폴란드와의 연합을 원하면 그들은 자치를 할 수 있다. 피우수트스키와 좌파는 느슨한 연방제를 고려할 준비가 되어 있었다.[81] 이제 민족주의를 자각하기 시작한 리투아니아인에 대해서는 아무도 고려하지 않았다.[82]

1919년 리투아니아인들의 민족주의적 꿈은 다른 민족들처럼 거창했고, 빌나를 수도로 삼고 싶어했다. 1919년 1월 독일군이 철수하자 리투아니아인과 벨라루스인으로 구성된 볼셰비키가 빌나를 장악했다. 4월에 폴란드군이 다시 빌나를 장악했다. 피우수트스키는 리투아니아 주민들에게 '자치'라는 마법의 단어가 들어간 포고령을 발표했다. 그는 곧바로 단순한 합병을 원하는 드모프스키 지지자들로부터 비판을 받았다. 리투아니아 총리는 빌나 없이는 나라가 살아남을 수 없다고 말했다.[83] 빌나에서 유대인들은 냉소적으로 말했다. "새로운 행진이 선언되었다. 이번에는 폴란드인만을 위한 것이다. 녹색군, 백군, 적군은 더이상 없다. 하룻밤 사이에 모든 사람이 폴란드인이 되었다. 유대인만 빼고. 유대인은 태연하게 받아들였다. 이미 평생 서로 다른 많은 깃발 아래 복무해왔으니까."[84]

양측은 강화회의에 호소했다. 파리로 파견된 리투아니아인들의 대표단은 폴란드인들과도 싸우고 자기들끼리도 싸웠다. 중재자들은 간헐적으로 싸움을 중단하도록 요청했고, 공정한 국경선을 정하려고 시도했다. 로이드조지는 리투아니아의 독립에 대해 의문스럽게 생각했다. 리투아니아는 웨일스와 비슷한 인구를 가진 소국이었다.[85] 다른 한편으로 중재자들은 폴란드인이 주민의 소수인 지역까지 폴란드의 영토로 넘겨주는 것은 위험하다고 생각했다. 1919년 여름이 되자 로이드조지는 리투아니아를 독립 국가로 만드는 아이디어에 대해 긍정적이 되었다. 에스토니아, 라트비아와 함께 리투아니아는 볼셰비키와의 관계가 수립되면 영국 측에 러시아 교역의 좋은 통로가 될 수 있었다. 당시 볼셰비키는 내전에서 승리를 거둘 가능성이 커 보였다. 프랑스는 여전히 거대한 폴란드를 선호했다. 폴란드군이 계속 행진하는 동안 이것은 큰 차이를 만들어내지 않았다. 1년 후 볼셰비키는 폴란드군을 빌나에서 몰아내고, 1920년 10월 빌나를 리투아니아인들에게 넘겨주는 강화협약을 맺었다. 그러나 그 직후 폴란드군 부대가 반란을 일으켜 손쉽게 빌나를 다시 장악했다. 2년 뒤 여전히 폴란드가 통제하고 있던 이 지역은 투표에서 압도적 다수로 폴란드에 병합하기로 결정했다.[86] 2차대전 후 소련은 이곳을 다시 리투아니아에 넘겨주었고, 리투아니아는 소비에트연방공화국의 일원이 되었다.*

당시 리투아니아는 조용한 발트해 항구 도시 메멜과 내륙으로 뻗은 좁고 긴 지역을 점령함으로써 영토 손실을 만회했다. 그러나 이는 연합국과 독일 모두와의 관계를 악화하는 어리석은 행동이었다. 사실 연합국은 애초 독일로부터 이 지역을 빼앗아 리투아니아에 자유항으로 제공하려 했는데, 한편으로 이 지역 주민의 구성은 리투아니아인과 독일인이 거의 균등하게 차지하고 있던 데다 메멜은 독일인이 인구의 92퍼센트에 달했다. 1939년 히틀러는 이곳을 다시 점령했고, 2차대전 후에는 다시 리투아니아 영토가 되어 클라이페다로 명칭이 바뀌었다. 메멜은 리투아니아가 빌나를 폴란드에 빼앗긴 것을 보충하기에 충분하지 않았다. 양국은 15년 동안 일체 교류와 대화를 하지 않았다. 1938년 두 나라는 관계를 개선하려고 했지만, 이미 너무 늦은 상태였다. 지금도 리투아니아는 폴란드가 과거에 저지른 잘못을 사과하기를 요구하고 있다.

빌나에서 멀리 떨어진 남쪽에서도 1919년 폴란드는 오스트리아 영토였던 갈리치아를 놓고 이웃 국가들과 영토 분쟁을 벌였다. 주민 대다수가 폴란드인인 서부 반쪽과, 유서 깊은 대학과 멋진 르네상스식 건물이 있는 크라쿠프는 폴란드에 귀속되어야 한다는 데 모두가 동의했다. 그러나 서쪽 끝에 있는 부유한 소공국인 테셴은

• 라트비아·에스토니아와 함께 소련의 연방공화국이 된 리투아니아는 1991년 소련 붕괴 때 가장 적극적으로 독립을 추구했다.

새로 탄생한 체코슬로바키아와 큰 대가를 치르게 되는 충돌을 야기했다. 갈리치아 동부 절반이 누구에게 속해야 하는지를 결정하는 것은 매우 어려웠다. 북쪽에서와 마찬가지로 도시 지역 주민 대다수는 폴란드인이었지만, 농촌 지역은 전혀 그렇지 않았다. 르부프는 폴란드인들의 고립된 섬이었고, 훨씬 동쪽에 있는 타르노폴(테르노필)도 마찬가지였다. 갈리치아 지역 전체를 보면 폴란드인이 인구 3분의 1에 미치지 못했고, 폴란드인으로 간주하거나 그렇지 않을 수도 있는 유대인이 14퍼센트를 차지했다. 주민 다수는 가톨릭을 신봉하는 루테니아인이었다. 그들은 과거 러시아제국 내에서 다수 인구를 차지한 정교도 우크라이나인과 자신들을 구분하기 위해 이러한 명칭을 사용했다. 루테니아인은 스스로를 통치하기에는 아직 멀었다고 최고평의회에서 드모프스키는 주장했다. 또한 그들은 폴란드의 지도력과 폴란드 문명이 필요하다고 주장했다. 드모프스키는 언급하지 않았지만, 폴란드도 르부프 인근의 유전 지역을 원했다.[87] 로이드조지가 이것을 지적하자 파데레프스키는 화를 냈다. 폴란드인들은 르부프를 우크라이나인과 볼셰비키로부터 방어하면서 많은 사상자를 냈다. "열세 살 아이가 제국주의자들을 위한 영토 병합을 위해 싸운다는 것이 가당하기나 한가?"[88] 그러나 그의 위엄도 별 효과를 내지 못했다. 프랑스만이 폴란드의 모든 주장에 그랬듯이 이 영토 주장에 동정적이었다.

　루테니아인이 어디에 속하는지는 분명하지 않았다. 그들은 동부 갈리치아에 거주하는가 아니면 서부 우크라이나에 거주하는가?

언어와 문화는 그들을 동포 우크라이나인이 있는 동쪽으로 끌어당기지만, 오스트리아제국에 속했던 과거와 종교는 그들을 서쪽으로 끌어당겼다. 1918년 11월 루테니아인 일파가 오스트리아-헝가리로부터의 독립과 키이우의 우크라이나 공화국과의 병합을 선언했지만, 이 공화국은 바로 지역 공산주의자들과 러시아 볼셰비키의 공격을 받았다. 1919년 봄 파리에 간신히 도착한 루테니아 대표단은 자신들이 원하는 것을 말할 수 없었다.[89]

갈리치아에서 나온 독립선언은 르부프 지역 폴란드인들과의 싸움의 시작을 알렸다. 폴란드 지원 병력과 우크라이나 지원 병력이 도착하면서 싸움은 확대되었고, 양 민족의 백군과 적군도 전투에 가담하면서 혼란은 확대되었다. 연합국은 휴전을 중재하려 했지만 성공을 거두지 못했다. 5월 윌슨은 "지금 렘베르크(르부프)를 포위한 우크라이나인이나 볼셰비키에 대한 더 깊은 이해 없이 관여하는 것은 아주 어렵다"라고 말했다.[90] 폴란드인들은 강화 협상을 질질 끌도록 최선을 다하며 자신들의 입지를 강화했다.[91] 이것은 파리에서 큰 짜증을 일으켰다. 그러나 중재자들의 문제는 일단 결정을 내린 다음 자신들의 의지를 강요하는 것이었다.

로이드조지는 말했다. "나는 우크라이나 사람을 딱 한 번 보았다. 그가 내가 마지막으로 본 우크라이나인이다. 나는 그들을 더 보기를 바라는지 확신이 없다."[92] 우크라이나에 대해 말하자면 연합국 중 어느 나라도 우크라이나의 독립을 원하지 않았다. 영국과 프랑스는 반볼셰비키 정부가 이끄는 단일한 러시아를 여전히 원하고 있었다. 다른 한편으로 패배한 국가가 보유하고 있던 갈리치아 동부 귀속 문제는 강화회의에서 매듭지어야 했다. 로이드조지는 민족자결주의는 지역 주민들의 의사를 중시하는 것이라고 주장했다.[93] 폴란드는 갈리치아 동부를 장악함으로써 자신들이 전쟁을 무릅쓰고라도 막으려 했던 바로 그 일을 하고 있는 셈이었다.[94] "약소국이 자유의 빛으로 도약하기 전에 다른 민족을 억압하는 것을 보게 되는 것은 큰 실망이다." 만일 그들이 폴란드가 원하는 것을 이루게 놓아둔다면, 또 하나의 알자스-로렌을 만드는 셈이었다.[95]

현지에서 치열한 전투가 치러지고, 파리에서 격렬한 논쟁이 오간 끝에 오스트리아는 갈리치아 동부를 강대국들이 처리하도록 넘겨주기로 했다. 이 지역은 영국이 원하는 대로 폴란드로 갈 수도 있었고, 러시아로 갈 수도 있었고, 체코슬로바키아로도 갈 수 있었다.[96] 이미 영국 정부에 큰 의심을 품고 있던 폴란드인들은 격노했다. 1919년 크리스마스 직전 영국 대사관저 무도회에 초대받은 바르샤바 사교계의 명사들은 저녁 식사는 하되 춤을 추는 것은 거부해서 자신들의 경멸을 표출했다. 영국 무관부 책임자인 카턴 드 위아트는 분노로 하얗게 질려 대사 부인에게 "내가 당신이라면 그들을 집 밖으로 쫓아냈을 것입니다"라고 말했다. 이어 제안된 결투 신청과 이에 대한 응답은 다음날 아침 조용해졌다.[97] 강대국들이 갈리치아 동부의 운명을 3년 더 심사숙고하는 동안 폴란드는 조용히 계속 작전을 펼쳐 이 지역을 장악했다. 1923년 폴란드의 갈리치아 동부 소유는 정식으로 인정되었다. 루테니아인들은 강하게 불만을 나타냈지만, 결과적으로 스탈린 치하에 들어간 국경 너머 동포들보다는 훨씬 운이 좋았다.

1919년 초부터 1920년 가을까지 폴란드의 가장 큰 투쟁 상대는 볼셰비키였다. 상대적으로 온건한 피우수트스키를 포함한 폴란드인들은 국경을 동쪽으로 크게 밀어붙여 벨라루스와 우크라이나를 재장악하고 싶어한 반면, 볼셰비키는 혁명을 유럽의 산업 중심지로 확산하기를 원했다. 폴란드의 역사는 모든 종류의 러시아인을 의심하도록 만들었고, 국제적 형제애를 주장하더라도 마찬가지였다. 볼셰비키는 폴란드 민족주의와 폴란드 가톨릭주의가 혁명의 장애라고 생각했다. 그들이 보기에 민족주의는 항상 의심의 대상이었고, 봉건적 지주, 공장 소유자, 다양한 반동분자가 권력을 계속 유지하기 위해 내세우는 구실로 보았다. 트로츠키는 이렇게 썼다. "민족 자결 권리를 인정하면 우리는 인민에게 제한된 역사적 중요성만을 설명하는 셈이 되고, 그것을 프롤레타리아 혁명의 이익보다 앞세우지 못하게 된다."[98] 이것은 새로운 옷으로 갈아입은 구식 러시아 제국주의였다.

1919년 2월부터 볼셰비키와 폴란드군의 전투는 넓은 전선으로 확대되었다. 폴란드군은 러시아 영토 깊숙이 들어와 북쪽에서는 벨라루스 상당 부분을 장악했다. 1919년 여름에 진행된 비밀 강화 협상은 폴란드 측이 우크라이나의 독립을 요구하면서 아무런 결과를 만들어내지 못했다.[99] 1920년 4월 24일 피우수트스키는 새로운 공격을 시작해 우크라이나 수도 키이우 쪽으로 진격했다. 5월이 되자 폴란드군은 키이우를 장악했으나 미신을 깊이 믿은 피우수트스키는 마음이 불안했다. 키이우 정복자에게는 불운이 닥친다는 악명 높은 전설이 있었다.[100] 그달 말 볼셰비키가 키이우를 탈환하고 서쪽으로 진군했다. 볼셰비키군의 명령서는 이렇게 선언했다. "백색 폴란드의 시체들 너머에는 전 세계 장악으로 가는 길이 놓여 있다!"[101] 바르샤바 주재 영국 대사는 아내와 아이들을 귀국시켰다. 8월이 되자 볼셰비키군은 바르샤바 외곽까지 도달했다. 영국 대사는 아내에게 썼다. "나는 모든 액자, 그림, 인쇄물, 도자기, 사진, 훌륭한 책과 찻잔과 유리잔, 카펫 등등을 포장했소. 그러나 포장하지 못한 이 좋은 가구들과 침대 등은 어떻게 해야 할지 모르겠소."[102] 폴란드인들은 절망적으로 무기 공급을 요청하고, 볼셰비키가 강화 협정을 맺도록 압력을 행사해줄 것을 호소했다. 그러나 아무런 도움도 오지 않았다. 프랑스도 뒤로 물러났다. 프랑스는 볼셰비키를 좋아하지 않았지만, 폴란드의 야망에 진저리를 냈다.[103] 로이드조지는 폴란드인들에게 강화 협상을 시작할 것을 촉구했다. 그는 폴란드인들은 아일랜드처럼 가망이 없고 어려운 상황에 처했다고 《맨체스터 가디언》의 유명한 편집장 C. P. 스콧에게 말했다. "그들은 독일인, 러시아인, 체코-슬로바키아인, 리투아니아인, 루마니아인, 우크라이나인 등 모든 이웃들과 싸웠다. 지금 그들은 패배할 위기에 처했다."[104] 다행히도 로이드조지의 예언은 틀린 것으로 드러났다. 나중에 레닌은 말했다. "만일 폴란드가 소비에트화되었다면 베르사유 조약은 파기되었을 것이고, 승전국이 만든 국제 체제 전체가 무너졌을 것이다."[105]

바르샤바 전투는 폴란드 역사상 가장 위대한 승리 중 하나였다. 상호 질투와 장교들 간의 알력으로 얼룩졌던 폴란드군은 공동의 적 앞에서 하나로 뭉쳤다. 한 영국 외교관은 "그들이 전혀 두려워하지 않는 것을 보고 계속 놀랐다"라고 말했다.[106] 피우수트스키는 차분히 대담한 반격을 준비했다. 8월 16일 폴란드군은 볼셰비키군의 후방을 기습 공격해 보급과 통신선을 차단했다. 볼셰비키군의 지휘관은 서둘러 퇴각 명령을 내렸다. 1920년 9월 말이 되자 레닌은 강화를 요청했다. 1921년 3월 18일에 체결된 리가 조약으로 파리의 중재자들이 제안한 것보다 훨씬 동쪽에 국경이 설정되었고, 더 많은 소수민족이 폴란드에 포함되었다. 우크라이나인 400만 명, 유대인 200만 명, 벨라루스인 100만 명이 폴란드에 속했다.[107]

피우수트스키는 평화나 민주 정치에 잘 적응하지 못했다. 1926년 그는 쿠데타로 권력을 장악하고 1935년에 사망할 때까지 폴란드를 군사적 노선으로 경영하는 데 최선을 다했다. 그의 막강한 경쟁자이면서 공직을 맡은 적이 없던 드모프스키와 그의 추종자들은 더 우파 쪽으로 옮겨갔다. 파데레프스키는 1919년 말에 총리직을 사임했다. 그는 연합국이 폴란드가 원하는 것을 모두 허용하지 않은 것에 대한 비난과, 아내가 요령 없이 정치에 간섭한다는 비판(그저 누명은 아니었다)에 크게 상처를 받았다.[108] 그는 다시는 폴란드로 돌아가지 않았다. 1922년 그는 다시 피아노를 몇 곡 쳐보았는데, 놀랍게도 자신이 아직 연주를 즐긴다는 사실을 발견했다. 연주자로서의 두 번째 삶은 첫 번째만큼 성공적이었다. 그는 1941년 여름 뉴욕에서 사망했다. 그는 독일이 소련을 침공해서 폴란드에 다시 희망이 생겼다는 것을 알고 행복하게 생을 마감했다.

폴란드는 어려운 탄생 과정에서 살아남았고, 한동안 번영을 누렸다. 폴란드는 역사적 영토를 모두 되찾지는 못했지만, 여전히 큰 나라였고 발트해로 나가는 창을 가지게 되었다. 그러나 이러한 획득은 큰 희생을 치렀다. 강대국들은, 심지어 프랑스조차도 폴란드인들이 너무 욕심이 많고 무책임하다고 생각했다. 이웃 국가들은 폴란드에 대한 불만이 컸다. 리투아니아는 빌나 지역을 상실한 것에 대한 불만이 컸고, 소련은 전에 러시아 영토였던 240킬로미터 폭의 광대한 지역을 되찾고자 했고, 체코슬로바키아와는 테셴 지역에 대한 갈등이 있었고, 독일과는 당연히 단치히와 폴란드 회랑이 문제였다. 1939년 여름 폴란드는 다시 한번 지도에서 사라졌다. 2차대전 후 폴란드가 다시 지도에 나타났을 때 폴란드는 이상한 모양으로 축소되었고, 유대인들은 나치에 의해, 그리고 독일인들은 소련에 의해 제거되었으며, 영토는 300여 킬로미터 서쪽으로 이동했다.

18장

체코와 슬로바키아

폴란드인들이 지지자들로부터도 깊은 한숨을 끌어냈다면, 체코인들은 대체로 찬사를 받았다. 폴란드인들은 담대하고 용감하지만 아주 비이성적이었고, 루마니아인들은 매력 있고 영리하지만 기만적이었으며, 유고슬라비아인들은 역시 발칸 사람이었다. 체코인들은 신선할 정도로 서구적이었다. 1919년 1월 옛 오스트리아-헝가리제국의 여러 지역을 여행한 미국 구호 기관 관리는 이렇게 말했다. "우리가 만난 모든 사람 중에 체코인이 가장 능력이 있고 상식적이고 가장 좋은 조직과 최상의 지도자를 보유한 것처럼 보였다."[1]

체코 대표단과 총리 카렐 크라마시와 외무장관 에드바르드 베네시Edvard Beneš는 1919년 2월 최고평의회에 자신들의 입장을 설명했다. 베네시가 대부분의 말을 했다. 미국 전문가인 찰스 시모어는 그의 말에 깊은 인상을 받았다. "그는 합스부르크인을 몰아낸 혁명을 조직하고, 시베리아에서 체코-슬로바키아 군단을 구성하는 데 큰 역할을 했다. 그의 외교적 수완은 마사리크 대통령의 확실한 정직성과 결합해 신생 국가 탄생에 대한 연합국의 인정을 받아냈다."²

파리 강화회의에 참석한 사람들은 베네시와 토마시 마사리크 Tomáš Masaryk가 자신들의 민족을 오스트리아제국에서 해방하는 데 생애를 바쳤다는 것을 잘 알고 있었다. 러시아군에 항복했다가 혁명의 소용돌이에 빠진 체코 군단의 이야기도 알고 있었다. 그들이 시베리아 수천 킬로미터를 횡단해 태평양 연안으로 와서 자유를 찾은 것도 알고 있었다. 파리의 거의 모든 사람이 체코인들과 그들의 지도자를 좋아했다. (로이드조지는 예외였는데, 그는 베네시를 "작은 표범"이라 불렀고 체코인들의 주장이 너무 과하다고 여겼다.³) 베네시와 마사리크는 서로 긴밀히 협력했고, 이성적이고 설득력이 있었다. 그들은 체코의 뿌리 깊은 민주적 전통을 강조하고, 과거 독일과 오스트리아-헝가리가 주로 내세운 군국주의, 과두정치, 거액 융자에 대한 반감을 잘 표현했다.

영국과 미국 모두 북쪽으로는 폴란드, 남쪽으로는 오스트리아와 헝가리 사이에 끼인 이 새로운 약소국에 특별한 관심을 보이지 않았다. 반면 프랑스는 감상적 이유가 아니라 안보적 이유로 이 나라에 관심을 가졌다. 프랑스는 폴란드 및 새로운 남슬라브 국가와 힘을 합쳐 볼셰비즘과 독일 모두에 대항할 수 있을 정도로 강한 세력을 형성하기를 원했다.⁴ 이를 위해서는 다른 무엇보다 체코슬로바키아가 핵심 철도를 통제하고, 거대한 중부 유럽의 수로인 다뉴브강

에 대한 입지를 확보하고 적절한 탄광을 소유하게 해주어야 했다.[5]

베네시는 2월 5일 최고평의회에서 체코슬로바키아의 주장을 설명했다. 그 전날 베니젤로스가 그리스의 주장을 설명했고, 다음날에는 파이살이 와서 아랍의 독립을 요청했다. 베네시는 이 두 사람에 비해 쉬운 임무를 수행했다. 그 이유는 체코슬로바키아는 이미 강대국의 인정을 받았고, 오스트리아령 보헤미아, 모라비아, 실레지아와 헝가리령 슬로바키아를 포함한 원하는 영토 대부분을 얻게 되었기 때문이다. 이 모든 성과는 베네시의 노력과 프랑스의 도움 덕분에 가능한 것이었다.

1915년 베네시가 파리에 도착했을 때 그는 이름 없는 사회학 교수로서 체코슬로바키아 민족평의회라고 불리는 기구를 대표했다. 4년 후 그는 새로운 국가의 외무장관이 되었다. 베니젤로스나 파이살 같은 낭만적 인물도 아니고 피우수트스키 같은 군인도 아닌 베네시는 키가 작고 평범한 외모에 현학적이었고, 지루한 저자이고 감동을 주지 못하는 연사였다(프랑스인들은 이것이 앵글로색슨족에게는 호소력이 있다고 생각했다). 그는 특별한 취미도 안 좋은 습관도 없었고 가까운 친구도 별로 없었다. 그가 헌신하는 마사리크와의 관계도 신기할 정도로 형식적이었다. 그런가 하면 베네시는 엄청나게 활력이 넘치고 효율적으로 일했다. 전쟁 중 파리에서 그는 외무부 관리에서부터 주도적 지식인까지, 체코슬로바키아의 이상 실현에 도움을 줄 수 있는 많은 중요한 사람들과 친분을 맺었다.[6] 베네시가 프랑스인들의 주의를 끌었다면, 매력적이고 잘생긴 그의 슬로바키아인 동료 밀란 슈테파니크Milan Štefánik는 프랑스인들의 마음을 얻었다. 이미 전쟁 전에 파리에서 천문학자로 명성을 얻은 슈테파니크는 자신이 프랑스 시민임을 알린 후 프랑스 공군의 에이스 조종사가 되어 대단한 인상을 남겼다.[7] 무너져가는 오스트리아-헝가리제국 안의 소수민족들이 강대국의 시선을 끌기 위해 서로 경쟁하자 베네시는 더 큰 노력을 기울였다. 그는 자신의 국가가 이웃 국가들과는 다르게 볼셰비즘에 맞서 싸울 준비가 되어 있다는 것을 프랑스인들에게 알렸다. "체코인들만으로 이 움직임을 저지할 수 있다." 그는 영국에서 자신의 목표는 "특히 영국에 완전히 우호적인 국가를 만들고, 이로써 독일과 동방 사이에 장벽이 되게 하는 것"이라고 설명했다.[8] 그는 상당히 강력한 협상 카드를 가지고 있었다. 포로수용소에서 풀려난 상당수의 체코 병력이 연합국 편에서 싸우고 있었다. 독일이 마지막 대공세를 펼친 1918년 6월에 클레망소는 베네시에게 말했다. "당신의 모든 병사를 프랑스로 모시고 싶소. 나를 믿어도 됩니다. 나는 끝까지 당신과 함께할 것이오." 클레망소는 체코슬로바키아 민족평의회를 장래 독립된 체코슬로바키아의 정부로 인정했고, 프랑스의 동맹국들도 이를 따르도록 압력을 넣었다. 프랑스는 또한 당시나 이후에 까다로운 체코슬로바키아 국경을 인정하는 데에도 앞장섰다. 베네시는 오스트리아-헝가리와 강화 협상을 논의하는 최고전쟁평의회에서도 한자리를 차지해 자신의 높은 위상을 잘 보여주었다.[9] 이 평의회에 유고슬라비아나 폴란드는 초청되지 않았다. 체코슬로바키아인들은 또한 한목소리를 내는 이점을 가지고 있었다. 특히 베네시와 마사리크는 비상한 협력을 보여주었고, 이는 마사리크가 죽을 때까지 이어졌다.

베네시가 열심히 일하는 말 같았다면, 마사리크는 체코슬로바키아에 생명을 준 인물이었다. 그는 내세울 역사 자료가 있었다. 고유한 언어와 문학을 가진 민족과 풍부한 역사적 기억을 내세울 수 있었다. 14세기에 부유하고 강력한 보헤미아 왕국은 북쪽으로 뻗어나가 거의 발트해에 도달했고, 프라하가 신성로마제국의 수도가 되면서 짧은 황금기를 누렸지만 1526년부터 마지막 남은 독립의 불꽃이 하나하나 합스부르크제국에 의해 꺼져갔다. 그러나 이 역사는 유사한 언어를 사용하지만, 헝가리 지배하에 들어간 10세기 이후 체코인들과 정치적으로 연결되지 않았던 슬로바키아인들은 포함하지 않았다. 합스부르크 왕가가 헝가리를 획득한 다음에도 슬로바키아인들의 상황은 크게 변하지 않았다. 대부분의 체코인을 개신교도로 만든 종교개혁도 슬로바키아인을 비켜 지나갔고, 슬로바키아인들은 신실한 가톨릭교도로 남았다.

마사리크는 거대한 영지를 관리하는 농민의 아들로 태어났다. 그는 중부 유럽 전역에 민족주의의 불길을 지핀 1848년 혁명 직후인 1850년에 태어났다. 야심이 큰 어머니의 자극을 받아 그는 어려서 시골 생활을 탈출하기로 했다. 대단한 의지로 그는 철학을 공부하기 위해 빈대학에 입학했다.[10] 그는 진지하고 부지런하지만 다소 융통성 없는 학생이었고, 자신의 의견에 대단한 확신이 있었다. 대학에서 첫 강의 자리를 맡은 후에도 선배 교수와 이견을 보여 논란을 일으켰다. 그는 언론계로 옮겨갔다가 정치에 입문했다. 그는 계속 권위에 도전하는 경향을 보였다.[11]

전쟁이 시작되자 마사리크는 오스트리아-헝가리는 더이상 존재하기 힘들고, 체코슬로바키아의 미래는 독립에 달려 있으며(그는 처음부터 슬로바키아인을 포함하는 것으로 전제했다), 아마도 러시아의 지원을 받아 이를 이루어야 하리라는 결론을 서서히 내렸다. (슬라브인들과 협력하는 것은 그가 죽을 때까지 추구한 희망이었다.) 1915년에 그는 스위스에 무사히 도착했지만, 불행히도 그의 가족은 여전히 프라하를 벗어나지 못했다. 그의 미국인 아내는 심한 신경쇠약에 걸린 후 완전히 회복하지 못했고, 그의 장녀는 투옥되었으며, 아들 얀은 오스트리아 군대에 징집되었다. 마사리크는 영국으로 옮겨가 런던대학에서 강의하면서 2년을 보내는 동안 외교관에서부터 《타임스》의 위컴 스티드 같은 여론 주도자까지 영향력 있는 사람들을 친구로 만들었다.[12]

1917년 1차 러시아 혁명으로 차르 정권이 전복되자 마사리크는 상트페테르부르크로 갔다. 그는 불안정한 임시정부에 오스트리아 군대에 대한 공격을 재개할 것을 촉구했고, 체코 전쟁 포로들을 군대로 조직해 러시아군과 협력해 싸우도록 만들었다. 1917년 11월에 일어난 볼셰비키 혁명과 레닌의 강화 결정으로 그의 계획은 실행이 불가능해졌다. 다른 한편으로 볼셰비키는 5만 명의 병력을 가진 체코 군단을 서부전선으로 보내기로 했다. 유일한 수송로는 시베리아 횡단 열차를 타고 약 1만 킬로미터를 이동해 태평양의 블라디보스토크 항까지 간 다음 배를 타고 프랑스로 가는 것이었다. 볼셰비키 지도자들로부터 안전을 보장받은 마사리크가 1918년 3월에 먼저 출발하고 체코 군대가 바로 뒤를 따라가기로 했다. 그러나 시베리아 중간 지점에서 체코 군단은 볼셰비키에 가담하기 위해 서쪽으로 이동하는 헝가리 병사들과 충돌했다. 전투가 확대되면서 체코 병사들은 볼셰비키와도 전투를 하게 되었다. 여름이 끝날 때쯤 체코 군단은 시베리아 철도 대부분을 장악했고, 우연히 차르 정부가 보관하던 금괴도 차지하게 되었다. 이 시점에 유럽 전쟁은 열기가 가라앉았고, 체코 군단은 현재 있는 위치에서 효용이 더 컸다. 8월 블라디보스토크에 상륙한 연합국 군대는 볼셰비키군을 상대하기 위해 서쪽으로 이동하려고 했다. 러시아 내전에 간섭한 연합국에 의해 발목이 잡힌 체코 병사들은 고향을 그리워하며 2년을 더 시베리아에 머물러야만 했다. 베네시는 이것을 유감으로 생각하지 않았다. 이 덕분에 감사하는 마음을 가진 영국으로부터 체코슬로바키아 민족평의회는 체코인들과 슬로바키아인들의 공식 대표 기구로 인정받았다. 마사리크도 이에 동의했다. "사랑하는 젊은이들은 당분간 연합군과 함께 머물러야 한다"라고 그는 블라디보스토크에서 지원을 얻기 위해 미국으로 가는 배에서 말했다.[13]

마사리크는 미국을 종횡무진했다. 시카고, 워싱턴, 보스턴, 클리블랜드 등 체코인과 슬로바키아인 이민자들이 사는 주요 도시를 방문했다. 뉴욕에서 그는 동유럽 민족자결 조사 전문가들에게 강

연도 했다. 그는 오스트리아-헝가리 내 다른 소수민족 대표들과도 자유와 우애를 위해 협력하는 방안을 논의했다. 카네기홀에서 열린 대규모 집회에서 그와 파데레프스키는 서로에 대한 깊은 존경을 표현하고, 압제에 대한 공동 투쟁을 다짐했다. 전쟁이 끝나기 3주 전 폴란드인, 우크라이나인, 체코인, 남슬라브인, 루마니아인, 이탈리아인, 심지어 맞지 않아 보이는 아르메니아인, 시온주의자들이 가담한 중부유럽민주연합은 필라델피아에서 나흘 동안 회의를 진행했다. 마사리크는 '중부유럽 독립국가 공동목표 선언문'을 작성했다. 자유의 종이 울리는 가운데 그는 미국 독립선언서 서명에 사용된 잉크에 펜을 적셔 가장 먼저 선언문에 서명을 했다.[14]

피츠버그에서는 체코인 및 슬로바키아인 조직과 또다른 합의문에 서명했다. 슬로바키아인들에게 상당한 자치를 허용하고, 자체 법원 및 의회를 운영하고, 자체 언어를 사용할 권리를 보장했다. 전 세계 슬로바키아인의 3분의 1이 미국에 거주했지만, 그들은 아직 민족주의 감정이 강하지 않았다. 자신들 모두가 체코와의 연합을 원하는 것은 아니라는 중부 유럽에 있는 동포들의 목소리는 아직 대서양 너머로 전달되지 않은 상태였다.[15] 후에 체코인과 슬로바키아인 사이에 일이 틀어졌을 때, 마사리크는 이 합의문의 의미를 축소했다. "그것은 신만 아는 슬로바키아 독립 형태를 꿈꾸는 작은 슬로바키아인 파벌을 달래기 위해 서명된 것이다."[16]

피츠버그 협약은 미국인들에게 자치가 슬로바키아를 체코에 포함시키는 데 도움이 된다는 생각을 하게 했다. 그리고 미국의 지원이 가장 중요하다는 것을 마사리크는 잘 알고 있었다. 부엌 싱크대와 화장실 변기 제작으로 큰돈을 벌었고 여행을 자주 하고 호기심이 많은 재벌 찰스 크레인Charles Crane을 통해 마사리크는 랜싱 국무장관과 하원 의원을 만났고, 6월 18일에 드디어 윌슨 대통령을 만났다. 윌슨과의 만남은 잘 진행되지 않았다. 두 전직 교수는 서로에게 강의를 했다. 마사리크는 윌슨이 체코슬로바키아 독립을 지지하는 것보다 체코 군단을 활용하는 데 더 관심이 많다는 것을 발견했다. 미국은 오스트리아-헝가리가 끝났다고 공식 선언할 준비가 되어 있지 않았다.[17]

가을이 되자 상황은 분명해졌다. 오스트리아군은 전선에서 괴멸했고, 제국 내부에서 경험이 없는 젊은 황제는 폴란드인, 남슬라브인, 체코인, 독일인이 서로 독립을 주장하는 것을 무력하게 지켜보았다. 프라하에서 시위대는 윌슨과 마사리크를 향해 환호했다. 윌슨은 오스트리아-헝가리를 "지지대에 의해 지탱되는 낡은 건물"에 비유했다. 이제 그 지지대를 치울 때가 되었다.[18] 9월 3일 미국은 체코슬로바키아 민족위원회를 사실상 교전 당사국 정부로 인정했다. 영국의 인정과 마찬가지로 이 성명은 새로운 나라가 차지할 영토에 대해서는 구체적으로 언급하지 않았다.

파리에서 베네시는 상황을 확고하게 다지기로 마음먹었다. 그는 동료들에게 이렇게 썼다. "소요나 투쟁 없이 이루어진 기정사실fait accompli이 이제 상황을 지배하는 결정적인 요소가 되었다."[19] 10월 28일 프라하에서 체코 정치인들은 차분하면서도 확고하게 오스트리아 행정 당국으로부터 권력을 인수했다. 베네시는 연합국이 독일군과 헝가리군을 체코 땅과 슬로바키아에서 철수시키고 연합군이 진주할 것을 요청했다. 그는 프랑스 측에 폴란드와의 국경 지대에 있는 테셴과 헝가리의 브라티슬라바(독일어명 프레스부르크)를 포함하는 것이 중요하다고 말했다. 연합국은 여유 병력이 거의 없었기 때문에 이 지역 점령은 연합국의 지휘를 받은 체코 병력이 수행했다.[20]

강화회의의 지연은 체코인들에게 상당한 도움을 주었다. 1919년 1월이 되자 마사리크는 프라하로 귀환해 체코슬로바키아의 초대 대통령으로 추대되었고, 과거 보헤미아의 왕들이 살던 궁전을 거처로 삼았다. 주민들의 불평에도 불구하고 체코 병력은 독일어를 사용하는 국경 지역으로 진주해, 남쪽에서는 헝가리와 맞닿았고, 북쪽에서는 독일과 접경했다. 슬로바키아에서 프랑스 군사 당국은 헝가리 병력을 체코가 원하는 경계선 너머로 철수하도록 만들었다.

중재자들이 체코슬로바키아에 주의를 돌리는 시점에 국경은 거의 결정된 상태였다. 베네시는 무엇보다도 강화회의의 승인을 원했지만, 한편으로 몇 개 지역에서 국경을 더 전진시키기를 원했다. 최고평의회에서 그는 폴란드의 작은 땅 몇 곳과 다뉴브강 연안의 일부 땅과 다뉴브강이 카르파티아산맥 쪽으로 휘어지는 남쪽 지역의 헝가리 땅 일부를 요구했다. 또한 체코슬로바키아가 좀더 평탄하고 방어하기 쉬운 국경을 갖기 위해 북쪽과 남쪽에서 폴란드 땅과 헝가리 땅 중 과거 보헤미아와 모라비아가 가졌던 지역도 원했다. 사적인 대화에서 베네시는 이것은 자신의 주장이 아니고, 크라마시 같은 민족주의자 동료의 압박이었다고 말했다.[21]

동쪽의 체코슬로바키아 꼬리에서 베네시는 카르파티아산맥 남쪽의 우크라이나어 사용 지역을 요구했다. 그 근거는 주로 루테니아인 지역의 다수 주민이 슬로바키아인과 많이 비슷하다는 것이었다. 체코슬로바키아가 그들을 날개 아래 품을 준비가 되어 있는 상태에서 그들을 헝가리 통치 아래 두는 것은 좋지 않다고 그는 생각했다. (다행히도 미국으로 이민한 루테니아인들은 투표로 체코슬로바키아에 들어가기로 결정했다.) 이 작은 영토를 추가하게 되면 체코슬로바키아는 우호적 국가인 루마니아와 국경을 접할 수 있었다.[22]

베네시는 두 가지를 더 요구하거나 제안했다. 독일 남부 지역, 드레스덴 동쪽에 거주하고 있는 슬라브인들이 있는데, 그들은 체코슬로바키아의 보호를 요청했다. 이는 기본적으로 도덕적인 문제이기 때문에 그는 이것을 강화회의에 일임했다. 다음으로 삼면이 독일과 헝가리에 둘러싸인 체코슬로바키아는 우호적 국가가 필요했고, 오스트리아와 헝가리 사이 회랑을 이용하면 유고슬라비아와 연결될 수 있었다.[23] 로이드조지는 이 제안을 "매우 당돌하고 옹호할 수 없는 것"이라고 평가했다.[24] 결국 실현되지 않은 이 회랑은 슬라브 연방에 대한 마사리크의 오랜 꿈을 반영한 것이었다. 베네시는 프랑스에 폴란드인, 유고슬라비아인, 체코슬로바키아인은 많은 것을 공유하고 있다고 설득했다.[25] 테셴 문제가 이 공식에서 폴란드를 진작 제외했지만, 체코슬로바키아와 유고슬라비아는 우호적 관계를 계속 유지했다.

  체코인들은 자신들의 주장을 뒷받침할 많은 근거를 가지고 있었다. 영광스러운 과거, 자유에 대한 깊은 사랑, 건전하고 근면한 덕성 등이 여기에 포함되었다. 주변의 작은 민족들이 볼셰비즘에 굴복할 때 그들은 거기에 저항해 일어났다. 그들은 또한 슬라브족 가운데 가장 선진화되었고, 서구 문명의 요새였다. 체코인들은 독일의 위협에 대항해 민주주의를 방어하는 특별한 임무를 느끼고 있다고 베네시는 주장했다. "이 전쟁에서 체코인들의 대단한 헌신을 모든 사람들이 주목했다"라고 그는 강조했다. 체코의 요구는 온건하고 합리적이라는 것이 그의 생각이었다. "300년간 노예 생활과 환란을 겪으며 거의 소멸될 뻔한 국민은 신중하고 합리적이어야 하고, 이웃 국가들에 공정해야 한다. 또한 시기를 촉발하지 말아야 하고, 유사한 위험에 빠뜨릴 수 있는 투쟁을 재개하지 말아야 한다." 그의 정부는 "정의롭고 지속적인 평화를 위해 최선을 다할 것"이라고 베네시는 주장했다. 로이드조지만이 이런 주장에 큰 인상을 받지 않았다. "그의 연설은 시작부터 끝까지 국제적 정의를 위한 십자군 운동을 벌이는 연합국이 주창한 고귀한 이상에 대한 동감의 표현으로 가득했다"라고 그는 평가했다.[26] 체코 대표단의 차석 대표인 크라마시가 자신의 견해를 밝히고 싶다고 말하자 클레망소는 그의 말을 가로막았다. "자, 우리는 특별위원회를 지명할 테니 당신은 그들에게 두 시간 동안 말해도 됩니다. 지금은 차 한 잔 하는 게 낫겠어요."[27]

체코인들은 모든 어려움을 쉽게 헤쳐 나갔다. 슬로바키아에는 약 65만 명의 헝가리인이 거주하게 되지만, 35만 명의 슬로바키아인은 국외에 머물러야 했다. 헝가리는 불평을 할 수 없었다. 그들은 슬로바키아인을 헝가리인으로 만들려고 했지만 뜻을 이루지 못했고, 수천 명을 외국으로 이민 가게 만들었다. 과거 보헤미아의 서쪽 지역(독일인들은 이곳을 주데텐란트 또는 남쪽 지방이라고 불렀다)인 오스트리아와 독일 국경 지역에는 독일어 사용자들이 남게 된다는 것을 베네시는 인정했다. 그러나 전쟁 전 오스트리아인 주민이 수백만 명이 된다는 통계는 신뢰할 수 없었다. 이와 대조적으로 아주 조심스럽게 작성된 체코 통계에 따르면 이 지역의 독일인 주민 수는 150만 명이고 체코인은 이보다 세 배 많았다. 보헤미아 독일인들은 자신들의 미래가 체코슬로바키아에 있다는 것을 알았다. 그들은 자신들의 사업이 더 강력한 독일 경제에 흡수되는 것을 원하지 않았다. 그들 중 일부는 더 큰 독일이나 오스트리아에 포함되기를 원했는데, 이것은 주로 외부 선동자에 의해 위협을 받았기 때문이라고 베네시는 주장했다. 그리고 그는 수데텐란트의 설탕 공장, 유리 공장, 면방직 공장, 용광로, 양조장이 없으면 체코슬로바키아는 살아남을 수 없다고 강변했다.[28] 또한 체코는 스스로를 방어하기 위해 산과 언덕으로 이어진 옛 국경이 필요했다. 한 미국 전문가는 냉소적으로 말했다. "보헤미아에서 그들은 이런 식으로 대우받기를 원치 않는 많은 독일인의 항의에도 불구하고 '역사적 국경'을 주장했다. 슬로바키아에서는 소수민족의 권리를 주장하고 고대부터 잘 획

정된 헝가리의 '역사적 국경'을 무시했다."²⁹

연합국은 신생 체코슬로바키아를 거의 그대로 받아들였기 때문에 이 나라에 대한 보고를 맡은 특별위원회의 작업은 비교적 수월했다. 위원회 멤버들은 화기애애한 분위기에서 격식을 차리지 않고 일했고, 영국과 미국 대표들이 사전에 만나 대부분의 현안에 대해 의견을 조율한 것에 도움을 받았다고 시모어가 말했다. 때로 그들은 영국 대표인 오스트레일리아의 조지프 쿡 때문에 어려움을 겪었는데, 그는 상세한 지식이 전혀 없는 상태에서 자신의 의견을 강하게 내세웠다. 니컬슨은 그를 지도하느라 상당한 시간을 보냈다.³⁰ 이탈리아인들은 유고슬라비아 국경 문제에서 그랬던 것처럼 방해를 하지는 않았지만, 그렇다고 크게 도움을 주지도 않았다. 연로한 외교관인 이탈리아 대표는 "이 단계에서 최소한 두 가지 가능성을 검토하는 것이 더 현명하지 않나 싶습니다"라고 말하곤 했다.³¹

모두에게 가장 어려운 문제를 제기한 것은 슬로바키아와 헝가리 사이의 국경이었다. 주민 대부분을 차지하는 슬로바키아인과 헝가리인은 크게 혼합되어 있었다. 다뉴브강 동쪽에는 분명한 지리적 경계도 없었다. 프랑스는 주로 헝가리인이 많이 사는 지역에 대한 체코의 주장을 지지했지만, 영국과 미국은 그렇지 않았다. 많은 협상과 타협 끝에 위원회는 3월 첫째 주 후반에 보고서를 완성했다. 의장은 영국의 최종 의견을 물었다. "자, 내가 할 수 있는 말은 우리 모두 행복한 가족이라는 것입니다. 그렇지 않습니까?" 통역이 프랑스어로 통역을 준비하는 동안 침묵이 흘렀다.³²

체코에 독일, 오스트리아, 헝가리로부터 원하는 영토의 전부가 아닌 일부를 주기로 한 보고서는 각 양자 조약이 만들어지는 대로 차례로 승인되었다. 독일과의 조약 조건을 놓고 힘겨운 논쟁을 벌여온 4인 평의회는 4월 4일 보헤미아 왕국의 옛 국경을 존중하는 것이 더 낫지 않겠느냐고 당당히 제안했다. 5월 12일 4인 평의회는 체코슬로바키아와 오스트리아 사이 옛 국경을 신속하게 승인했다. 중재자 중 일부는 체코슬로바키아 내에 300만 명의 독일인이 남게 되는 상황을 잠시 우려했다. 랜싱은 민족자결주의가 무시된 것을 우려했다.[33] 윌슨은 놀라서 "왜 마사리크는 나에게 이를 전혀 언급하지 않았는가!"라고 말한 것으로 알려졌지만, 결국 그는 수데텐란트 독일인을 제대로 고려하지 않았다.[34] 로이드조지는 이에 대해 상당히 심각하게 우려했다고 후에 주장했지만, 당시에는 크게 문제 삼지 않았다.[35] 클레망소는 전혀 신경쓰지 않았다. 그는 4인 평의회에서 말했다. "이 회의는 몇 개 신생국에 새 생명을 주었다. 그들에게 독일과 연관된, 받아들일 수 없는 국경을 강요해서 그들을 희생시키는 것이 과연 불의가 아닐 수 있겠는가?"[36] 아무도 독일 영토를 패배한 다른 국가에 더해주는 것을 원하지 않았다. 마사리크가 참지 못하고 한 말에 대부분이 수긍했다. "모든 민족이 지금 독일인과 마자르인들에 의해 압제를 받고 있다. 이것은 아무것도 아니란 말인가?"[37] 체코인들은 자국 내 소수민족에 대해 다양한 보장을 함으로써 중재자들에게 좋은 인상을 주었다. 소수민족 자체 학교, 종교의 자유, 심지어 비례적 대표권을 인정해 그들도 의원을 선출할

수 있게 하겠다고 약속했다. 체코슬로바키아는 중부 유럽의 스위스가 되려 하고 있었다.[38]

수데텐란트 독일인들은 1918년과 1919년에 항의를 제기했지만 아무 결과도 얻지 못했다. 대부분이 부유한 농민이거나 확고한 부르주아인 그들은 새로운 체코 통치자들을 경멸하는 집단과 좌파 혁명이 독일과 오스트리아를 휩쓸지 않을까 두려워하는 사람들로 갈라져 의견이 통일되지 않았다. 체코슬로바키아는 최소한 안정을 제공하기는 했다. 어찌되었건 자체 문제에 휩싸인 독일은 당시 이들에게 거의 관심을 보이지 않았다. 베르사유의 독일 대표들은 중재자들에게 문서를 전달할 때 한 번 그들에 대해 언급했다. 독일 외무장관 울리히 브록도르프-란차우Ulrich Brockdorff-Rantzau는 수데텐란트 독일인들에게 동정을 전했지만, 독일의 일부가 된 적이 없는 주민들까지 신경쓰느라 독일의 협상 입지를 위험에 빠뜨릴 수는 없다는 점을 분명히 했다.[39] 1919년 독일어 사용자들은 오스트리아와 독일 국경을 따라 초승달 지역에 거주하고 있었기 때문에 오스트리아와 연계를 짓는 것도 수데텐란트 독일인들에게는 가능한 해결책이 아니었다. 게다가 당시 오스트리아는 제대로 살아남을 것처럼 보이지 않았다.[40]

체코 정부는 약속한 것의 상당 부분을 실제로 이행했다. 독일인이 다수 거주하는 지역에서 독일인들은 공식 업무에서 독일어를 사용할 수 있었다. 독일인 학교, 대학교, 신문도 존재했다. 그러나 체코슬로바키아는 슬라브 국가였다. 새 국가의 지폐에는 전통 체코 또는 슬로바키아 복장을 한 젊은 여인들의 그림이 들어갔고, 독일인들은 헝가리인, 루테니아인과 함께 자신들이 이 나라에 완전히 속한다는 느낌을 가질 수 없었다.[41] 만일 대공황이 수데텐란트 산업에 특히 큰 타격을 주지 않았고, 히틀러가 상실한 독일인들을 자신의 정치적 목표로 삼지 않았더라면 이것은 큰 문제가 되지 않았을 수도 있다. 1938년 뮌헨 회담에서 수데텐란트 독일인은 히틀러에게 체코슬로바키아를 파괴할 수 있는 구실을 제공했다.

체코슬로바키아와 헝가리 국경을 타결하는 것은 더 시간이 걸렸다. 그 이유 중 하나는 3월 말 헝가리에서 공산주의 혁명이 일어났고, 이후 전투가 더 격렬해졌기 때문이다. 혁명 직후 체코 군대는 자신들의 유일한 목적은 볼셰비즘과 싸우는 것이라고 중재자들을 안심시킨 후 헝가리로 진입해 영토를 장악했다. 포슈의 허락을 받은 체코 군대는 헝가리 영토 내 철도 요지를 장악한 후, 포슈의 허락을 넘어서 계속 진격해 헝가리에 유일하게 남은 탄광도 장악했다.[42] 6월 초 헝가리군은 반격을 시작했다. 체코는 즉각 중재자들에게 호소했다. 아무도 체코인들이 헝가리인들을 자극할 수 있으리라고 생각하지 못했기 때문에 중재자들은 놀라고 당황했다. 크라마시는 "나는 체코군의 진격에 대해 전혀 몰랐다"라고 말했다. 베네시는 남쪽에 제기하는 위협을 의식하지 못하고 평화를 사랑하는 체코슬로바키아를 강조했다. "우리는 국내 문제와 앞으로 치러야 할 선거에 몰두해 있다"라고 그는 말했다. 체코군 대부분은 독일이 조약 서명을 거절하는 경우 바로 독일로 진입하기 위해 독일 국경에 집결해 있었다. "그러자 이번에는 헝가리 군대가 방어가 전혀 되지 않은 슬로바키아로 진격해 들어왔다."⁴³ 체코는 이 기회를 이용해 헝가리 영토에 대한 새로운 주장을 내놓았고, 추가적 철도와 남쪽으로 다뉴브 연안에 교두보를 요구했다. 이제 양국 간 충돌을 심각하게 우려한 중재자들은 이 모두를 거부했다.⁴⁴ "로이드조지는 이렇게 말했다. 우리는 헝가리인들에게도 공정해야 한다. 그들은 자신들의 나라를 방어하는 것이다."⁴⁵ 하나의 예외는 독일인이 주로 거주하는 다뉴브강 변의 브라티슬라바였다. 이 지역은 강 항구가 필요하다는 이유로 체코슬로바키아에 제공되었다. 상황이 이렇게 되었어도 체코슬로바키아는 헝가리 영토의 상당 부분을 차지했고, 100만 명 이상의 헝가리인을 자국 내에 두게 되었다.

체코슬로바키아는 상부 실레지아, 그리고 갈리치아 끄트머리와 만나는 작은 삼각지역인 테셴을 놓고도 폴란드와 분쟁을 벌였다. 오스트리아-헝가리에 속했던 테셴은 여러 나라가 서로 차지하려고 경쟁했다. 실레지아의 가장 큰 탄광이 있을 뿐만 아니라 주요 철도 교차로인 이곳은 소중한 존재였다. 유럽 중앙부의 남북 주 철도와 동서 주 철도가 이곳에서 만났다. 파리에서 드모프스키는 민족적 근거를 내세우며 이곳이 폴란드의 땅이 되어야 한다고 주장했다(전체 50만 명의 인구 중 폴란드인이 체코인보다 두 배 많았다⁴⁶). 폴란드인은 교육 수준이 높고, 그래서 특히 더 민족적이라고 드모프스키는 주장했다. 베네시는 이 통계에 문제를 제기했다. 그는 많은 폴란드인은 높은 생활수준에 이끌려 이곳에 온 일시 거주자이고, 체코어와 문화에 큰 영향을 받아 더는 폴란드인이 아니라고 주장했다. 그는 테셴 주민들의 복장과 건축을 보라고 지적했다.[47] 테셴의 석탄은 체코슬로바키아에 필수적으로 중요했고, 이 나라의 양쪽을 연결하는 철도가 폴란드의 통제 아래 들어가는 것은 안전하지 않았다. 자체 독립을 요구한 테셴 대표들은 그것을 실현할 기회를 전혀 갖지 못했다.[48]

파리에 넘치는 다른 모든 사안과 마찬가지로 이 문제도 쉽게 해결할 수 없었다. 그 전해 워싱턴에서 만난 마사리크와 파데레프스키는 전쟁이 끝나면 우호적으로 이 문제를 논의하기로 합의했었다.[49] 테셴의 현지 폴란드인과 체코인은 오스트리아 행정이 붕괴하는 경우 책임 분배 방안을 만들어냈다. 지금 와서 보면 현명하지 못하게도, 새로 출범한 폴란드 정부는 새 의회를 구성하는 선거에 테셴 지역이 포함된다고 선언했다. 체코 정부는 이에 과도하게 반응해 1919년 1월 모든 폴란드 군대가 테셴에서 즉각 철수할 것을 요구했다. 체코인들도 마찬가지로 현명하지 못하게 몇 명의 연합국 장교를 설득해 이 명령이 연합국 당국에서 나왔다는 인상을 주도록 만들었다. 총격전이 벌어졌고, 긴장된 상황은 양국 정부가 서둘러 보충 병력을 투입하면서 위기로 발전했다.[50] 프라하로 마사리크를 방문한 한 미국 교수는 그가 지치고 신경이 예민한 상태인 것을 발견했다. "나는 이 사태에서 그가 상황을 주도하는 것이 아니라 끌려가고 있다는 인상을 받았다. 그는 이 문제 전체에 대해 불쾌해했다."[51]

중재자들이 국제연맹과 러시아 문제에 몰두하고 있던 파리에서 두 아군 국가 사이에 벌어진 교전은 달갑지 않은 새로운 문제였다.[52] 그해 말 영국 하원에서 "테셴에 대해 들어본 의원이 몇 명이나 되는가?"라고 로이드조지가 물은 것은 유명하다. "나 역시 들어본 적이 없다고 말할 수 있다."[53] 최고평의회는 폴란드 대표와 체코 대표를 불렀다. 양측이 서로를 비난하는 가운데 베네시는 이 기회를 이용해 모든 근거를 제시했다. 그는 통계, 민족적·역사적·경제적 이유를 내세우며 테셴이 왜 체코슬로바키아에 속해야 하는지를 격정적으로 주장했다. 로이드조지는 그에게 진정하라고 날카롭게 경고했다.[54] 중재자들은 연합국 간 특별위원회를 구성했고, 양측은 마지못해 이를 받아들였다.[55]

특별위원회는 일종의 휴전은 성사시켰으나 해결책을 찾는 것은 훨씬 어려웠다. 로이드조지는 자신은 폴란드인의 입장에 좀더 동조한다고 고백했다. 윌슨도 같은 생각이라고 말했다. 그는 일군의 폴란드 농민들이 그의 사무실을 찾아와 자신들을 체코슬로바키아에 들어가지 않게 해달라고 청원하자 마음이 움직였다. 그들은 약 100킬로미터를 걸어서 가장 가까운 기차역까지 간 다음 기차를 타고 파리로 왔다고 말했다.[56] 대체로 폴란드 입장을 지지해온 프랑스는 이번에는 체코인들을 지지했다. 그들은 폴란드는 테시친(테셴) 없이도 살아남을 수 있지만, 볼셰비즘에 대한 중요한 봉쇄 지역인 체코슬로바키아는 테셴이 없으면 살아남을 수 없다는 논리를 내세웠다.[57] 베네시는 볼셰비키 유령을 불러들이는 데 최선을 다했다. 그는 휴전은 베를린, 빈, 부다페스트에서 반反체코슬로바키아 세력을 고무할 뿐이라고 경고했다. 체코 당국은 그들이 보낸 스파이와 선동자들을 이미 색출해냈고, 선전 전단과 지도도 발견했다고 주장했다.[58]

연합국 간 특별위원회는 중재자들에게 효용이 있는 조언을 하지 못했다. 테셴을 민족적 경계로 나누면 국경이 탄광 지역 중앙을 통과하게 될 것이라고 보고서는 지적했다. 폴란드인과 체코인 모두를 화나게 할 방식이었다. 4월에 중재자들은 베네시와 파데레프스키가 직접 대화하도록 했다.[59] 이 논의가 아무런 결과를 만들어내지 못하자 중재자들은 주민투표를 실시하는 입장으로 후퇴했다. 1919년 여름 폴란드 정부는 자신들이 이기리라 확신해 주민투표 실시에 찬성했고, 그 반대 이유로 체코슬로바키아는 반대했다. 1년 후 체코슬로바키아가 테셴 주민의 지지를 얻기 위해 최선을 다하는 동안 폴란드가 생각을 바꾸었다. 폭동과 파업으로 주민투표는 불가능해졌고, 1920년 7월에 강대국들은 최종 결정을 내렸다. 체코슬로바키아가 탄광을 차지하고 작은 도시 테셴은 반으로 나뉘어 구시가지는 폴란드에, 철도가 있는 농촌 지역은 체코슬로바키아에 귀속되었다. 한 국가가 발전소를 차지하면 다른 국가는 가스 공장을 갖기로 했다.[60] 이것은 중부 유럽 전역에 적용된 해결 방식으로, 현대적 인종 민족주의가 오래된 다른 세계를 대체했다. 이제 친구가 되었어야 할 국가는 서로를 증오하게 되었다.

폴란드는 테셴을 점령하는 생각을 잠시 했으나 모든 자원을 러시아와의 전쟁에 투입하는 바람에 실행하지 못했다. 폴란드는 러시아와의 사활을 건 전쟁을 체코슬로바키아가 이용한 것과, 오스트리아로부터 운송되는 절대적으로 필요한 무기를 억류하는 등 자국에 우호적 태도를 보이지 않은 것을 결코 용서하지 않았다.[61] 1938년 10월 1일 뮌헨 회담으로 체코슬로바키아가 분해된 다음날 폴란드 정부는 테셴 반환을 요구했다. 헝가리 정부는 슬로바키아와 카르파티아산맥 남쪽 지역의 루테니아 영토 반환을 요구했다.

새로 탄생한 민주 국가 체코슬로바키아는 허약한 기초 위에 서 있었다. 오스트리아 사회주의자 지도자의 말에 따르면 연합국은 "서로에 대한 혐오로 가득하고, 경제·사회 발전에서 정체되고, 혐오와 민족주의 분쟁으로 문명의 진보를 이루고, 폭정에 시달리고, 공적 생활 전체를 중독시키는 상황에서 몇 개의 민족으로 하나의 국가를 만들어냈다."[62] 그의 말은 일리가 있었다. 체코슬로바키아의 1400만 인구에는 300만 명의 독일인, 70만 명의 헝가리인, 55만 명의 루테니아인이 포함되어 있었고, 폴란드인과 집시가 여기저기 거주하는 가운데, 체코인과 슬로바키아인이 나머지 3분의 2를 차지했다. 그러나 이 두 민족도 서로 확연히 구별되는 특징을 가지고 있었다. 체코 땅에는 오스트리아의 통치가 지워지지 않는 흔적을 남겨놓았고, 슬로바키아에는 헝가리의 지배 흔적이 그대로 남아 있었다. 체코인들은 자신들이 후진 지역에 진보와 문명을 가져왔다고 생각했고, 슬로바키아인들은 이를 불만으로 여겼다. 정부를 장악한 체코인들은 마사리크가 피츠버그에서 너무 대범하게 약속한 자치를 슬로바키아에 부여하지 않았다. 슬로바키아에는 자체 정부를 운영할 교육받은 슬로바키아인이 부족하다는 것이 그 이유 중 하나였지만, 더 중요한 이유는 독일인, 루테니아인, 헝가리인들이 이와 유사한 권리를 요구하는 것을 원하지 않았기 때문이다.[63]

1919년 초 슬로바키아 경제가 갑자기 악화된 것은 앞으로 일어날 일에 대한 경고였다. 슬로바키아 경제는 갑자기 헝가리 시장과 헝가리 석탄 공급으로부터 차단되었다. 사탕무는 들판에서 그냥 썩어갔고, 설탕 공장은 문을 닫았다. 어느 미국 관찰자는 슬로바키아 농민과 노동자들은 사실상 프라하 정부에 대항해 폭동을 일으켰으며, 이렇게 말했다고 전했다. "우리는 당신들에게 고마워할 것이 전혀 없다. 당신들은 아주 가혹했던 헝가리인들의 정치적 압제에서 우리를 구해냈다고 말하지만, 이제 우리는 계엄령 아래 살고 있다. 우리는 일자리도 없고, 식량은 부족하고, 추위에 떨고, 앞날은 암담하다." 지역 사제들은 개신교도인 체코인들에 의해 가톨릭 교도가 고통을 받을 것을 우려했다.[64] 그해 여름 체코와 헝가리가 충돌하자 진격하는 체코 군대는 후방에서 슬로바키아인들의 공격을 받았다.[65]

9월에 두 명의 슬로바키아인이 하우스 대령의 비밀 보좌관 스티븐 본살Stephen Bonsal을 찾아왔다. 그들은 체코슬로바키아에서 출국하는 것이 금지되다시피 하고, 유고슬라비아, 이탈리아, 스위스로 어렵게 돌아 파리에 왔다고 말했다. 그들은 병치레 중인 자신들의 연로한 지도자인 흘린카Hlinka 사제를 만나줄 것을 요청했다. 본살과 슬로바키아인 안내자는 혹시 있을지 모를 미행을 따돌리기 위해 파리 시내를 차로 질주한 후 외진 수도원 정문에 도착했다. 수도원 안에서 그들은 수사의 침대에 누워 기도서를 낭독하고 있는 여윈 흘린카를 만났다. 흘린카는 체코슬로바키아에 대한 실망을 이야기했다. 헝가리인들은 그렇게 나쁘지만은 않았다는 얘기도 했다. "우리는 마자르인들과 천 년을 같이 살아왔다. 슬로바키아의 모든 강은 헝가리 평원으로 흘러 들어가고, 우리의 모든 길은 그들의 큰 도시인 부다페스트로 흘러가지만, 프라하는 카르파티아산맥이라는 장벽으로 막혀 있다." 슬로바키아인은 가톨릭교도이지만, 체코인은 스스로 무슨 말을 하건 이교도였다. 본살은 중재자들이 지금까지 한 일을 되돌릴 것이라는 희망을 줄 수는 없었다. "신이 우리를 벌했으나, 나는 신과 사람 앞에 아무 죄도 없고 오점도 없는 우리 민족을 위해 계속 기도할 것"이라고 흘린카는 슬프게 말했다.[66]

1920년대에 흘린카는 슬로바키아민중당이라는 정당을 창설했고, 이것은 슬로바키아에서 가장 중요한 정치 세력이 되었다. 1938년 5월에 미국 내 슬로바키아인들은 1918년 피츠버그 합의문 원본을 다시 꺼내 들었고, 브라티슬라바에서 열린 대규모 집회에서 흘린카는 마사리크가 한 약속을 이행할 것을 촉구했다. 마사리크는 그 전해에 죽었고, 흘린카는 그해 가을 사망했다. 이때 뮌헨 회담은 오랫동안 닫혀 있던 문을 열었다. 연합국에 버림받은 체코슬로바키아는 사방에서 적들에게 위해를 당했고, 흘린카의 후계자인 사제 요제프 티소Jozef Tiso의 요구에 굴복해 체코슬로바키아 국가의 잔존 영역 내에서 슬로바키아의 완전한 자치를 허용했다. 1939년 3월 나치 군대가 체코 땅에 진주했고, 새로운 슬로바키아 국가가 탄생했다. 모든 슬로바키아인이 이런 방식의 국가 탄생이나 이를 축복한 나치의 후원자를 환영한 것은 아니었다.[67]

티소는 이 국가의 존속 기간보다 조금 더 살았다. 1946년 그는 스탈린을 새 후원자로 삼아 재건된 체코슬로바키아에서 반역죄로 처형되었다. 새 국가는 1919년 중재자들이 만들어준 국가보다 작았고, 국가 성격도 달랐다. 루테니아 지역은 소련에 흡수되었고, 독일인들은 체코인들에게 고무되어 탈주했다. 늙고 병든 베네시는 유럽 중앙을 가로질러 만들어진 소련의 거미줄에서 조국을 벗어나게 하려고 노력했지만 실패했다. 그는 공산당원들이 쿠데타를 일으켜 정권을 잡은 직후였지만 다가오는 모든 불행을 제대로 목격하기 전인 1948년 9월에 사망했다. 마사리크의 아들인 외무장관 얀은 이 쿠데타로 사망했다. 공산당 요원에 의해 창문에서 밀쳐져 떨어진 듯하다. 1993년 1월 1일 슬로바키아와 체코공화국이 결별하면서 1919년의 건축물 중 남아 있던 것은 와해되었다.

19장

오스트리아

1919년 6월 2일 파리 외곽에 있는 오래된 생제르맹앙레 궁전의 대연회홀에서 한때 위대한 제국의 잔재를 대표하는 오스트리아 대표단은 늘어선 연합국 대표들이 보는 앞에서 붉은 카펫이 깔린 탁자에 앉아 강화 조건을 수락했다. 같이 동료로 일하던 시기 때부터 알던 몇몇 오스트리아인을 발견한 체코슬로바키아 총리는 짐짓 등을 돌리는 척했다. 벽에는 멸종한 석기시대 동물들 그림이 걸려 있었다. 클레망소의 보좌관인 모르다크는 "우리 중 몇 사람은 이것을 의식하지 않을 수 없었다"라고 말했다.[1]

13세기부터 합스부르크 왕가가 고생스럽게 모은 거대한 영토 수집품은 1914년 이전에 이미 붕괴되고 있었다. 대전쟁은 최후의 타격을 가했을 뿐이다. 폴란드인, 체코인, 슬로바키아인, 슬로베니아인, 크로아티아인은 모두 자신들의 나라로 탈출했고, 합스부르크

통치에 항상 불만을 가졌던 헝가리인들도 드디어 독립을 얻게 되었다. 마지막 합스부르크 황제인 점잖고 병약한 젊은 군주 카를 1세는 1918년 11월에 조용히 황좌를 포기했지만, 수많은 결혼, 거래, 정복에 의해 얻은 수십 개 직위는 계속 유지했다. 1922년 마데이라에서 그는 독감으로 그 수많은 직위와 함께 조용히 세계에서 사라졌다. 동방과 서방으로 갈라진 유럽이 통합되기 몇 달 전인 1989년 3월에 그의 황후 치타도 사망했다.

폴란드, 체코슬로바키아, 유고슬라비아, 루마니아를 만족시키는 데 몰두한 중재자들은 오스트리아와 헝가리를 방관하는 경향이 있었다. 새로운 국경을 만드는 영토위원회는 독일어 사용 지역으로 축소된 작은 오스트리아와, 고대 크로아티아 왕국과 슬로바키아 왕국을 잃은 헝가리에 대해 영토가 더 축소되는 것까지 감안하며 무기력하게 대기하고 있다고 전제했다. 민족자결주의 원칙에 의거해 오스트리아와 헝가리에 정당한 것은 무엇인지, 두 국가가 살아남으려면 무엇이 필요한지는 파리에서 거의 아무도 신경쓰지 않는 문제였다. 두 나라 모두 별도의 위원회도 없었다.

옛 오스트리아-헝가리제국의 대부분이 독립해 연합국으로 변해 있었고, 이는 거북한 문제를 만들어냈다. 누가 오스트리아-헝가리의 배상금을 지불해야 하는가? 폴란드인? 체코슬로바키아인? 유고슬라비아인? "우리는 우리가 저주한 전쟁에 책임을 질 수 없다"라고 베네시는 확고하게 말했다.[2] 연합국도 이에 동의했고, 오스트리아와 헝가리만 적국으로 남게 되었다. 두 나라는 오랜 기간 제국의 핵심으로 서로 연결되어 있었다. 두 나라 대표들은 자신들을 제국의 상속자로 간주하지 말아야 한다고 주장했다. 오스트리아 총리 카를 레너Karl Renner는 중재자들에게 구제국은 1918년 11월에 소멸했다고 상기시켰다. "우리는 사라지고 멸망한 제국의 부분 중 하나로 여기 당신들 앞에 서 있다"라고 그는 말했다. "다른 새 민족국가들과 마찬가지로 우리 공화국은 새로 탄생했고, 그 결과 다른 신생국들과 마찬가지로 사라진 군주정의 상속자로 간주하면 안 된다."[3] 최소한 영국 법률 전문가들은 그의 발언이 이치에 맞는다고 생각했지만, 오스트리아의 희생을 대가로 많은 것을 얻으려는 이탈리아는 이에 동의하지 않았다.[4]

오스트리아와 헝가리 모두 자비와 이해를 호소했다. 두 나라는 과거에 저지른 실책과 심지어 악의도 있었음을 인정했지만, 자신들의 책임이 아니라고 주장했다. 독일과 마찬가지로 자신들은 새로 탄생했고, 과거를 척결했다고 주장했다.[5] 그들은 과거 정권을 제거했고, 지금은 윌슨의 성스러운 원칙을 전심으로 받아들이고 있다고 내세웠다. 미국 대표들은 이런 말을 동정적으로 들었다.[6] 윌슨은 오스트리아가 평화조약을 맺는 즉시 국제연맹에 가입하기를 원했다.[7] 그러나 유럽 국가들은 더 엄격했다. 오스트리아는 독일과 마찬가지로 전쟁 책임을 받아들여야 하고, 그 기초 위에 전쟁범죄자를 인도하고 배상금을 지불해야 한다고 생각했다. 오스트리아가 제국의 다른 구성원들의 책임 문제를 무리하게 제기하자 연합국은 오스트리아인들이 다른 누구보다 전쟁을 더 열성적으로 지지했다는 빈약한 논리를 내세웠다. "오스트리아는 세계에 이런 재앙을 가져온 범죄에 대해 전적으로 책임을 져야 한다."[8]

그러나 현실적으로 유럽인들은 오스트리아를 헝가리보다는 너그럽게 다룰 준비가 되어 있었다. 로이드조지는 오스트리아에 대해 특별한 적개심을 품지 않았다.[9] 오스트리아 여성과 결혼한 동생을 둔 클레망소는 전쟁 전 오스트리아에서 많은 시간을 보냈다. 그는 많은 프랑스인과 마찬가지로 오스트리아-헝가리가 독일의 동맹이 된 것은 정신 나간 일이라고 생각했지만, 전쟁 말기까지 이 제국의 해체를 적극적으로 고려하지 않았다.[10] 오를란도는 전쟁 중 오스트리아가 이탈리아의 주적이었다고 강하게 주장했지만, 이탈리아의 정책은 애매했다. 오스트리아는 과거 이탈리아의 적이기도 했고 동맹이기도 했다. 이탈리아는 오스트리아 영토, 특히 티롤을 얻으려고 했지만, 유고슬라비아가 비슷한 요구를 하는 것을 원하지 않았다. 이탈리아 외교관들은 오스트리아 정부에 티롤을 둘러싼 문제가 원만히 해결되면 두 나라는 밀접한 경제 연합을 구축할 수 있으리라고 암시했다.[11]

헝가리는 또다른 문제였다. 헝가리는 1919년 볼셰비키 정부가 장악하고 있었고, 오스트리아는 사회주의 정부가 지속되고 있었다. 헝가리는 이웃 국가 대부분과 계속 전투를 벌이고 있었고, 오스트리아는 평화를 유지했다. 헝가리는 징벌을 받아야 하고, 오스트리아는 동정을 받을 수 있었다. 독일이나 헝가리와 다르게 오스트리아는 너무 작고 가난해서 위협이 될 수 없다는 점도 호의적인 고려에 도움이 되었다. 오스트리아는 합스부르크 왕조의 일부였지 국가였던 적이 없기 때문에 강력한 민족주의도 없었다. 1919년 오스트리아는 아주 작은 몸에 큰 머리를 가진 기형적 고아였다. 오스트리아는 아름답고 척박한 산과 계곡을 가진 독일어 사용 지역과 과거 제국의 수도였던 빈을 가지고 있었다. 빈에 있는 웅장한 궁전, 거대한 건물, 대로, 연병장, 대성당, 교회는 300만 명의 오스트리아인이 아니라 5천만 명의 신민을 가진 제국의 통치자를 위해 지어졌다는 것이 그들의 논리였다. "우리는 필요한 것보다 수천 명 더 많은 관리들과 최소한 20만 명의 공무원을 보유하고 있다. 그들을 어떻게 처리해야 할지는 두려운 문제"라고 오스트리아 총리는 자국에 동정적인 미국 대표들에게 불평했다.[12] 오스트리아 인구의 절반은 도시에 거주했지만, 그들을 지원할 자원은 별로 남아 있지 않았다.

오스트리아-헝가리제국이 무너지면서 오스트리아가 중심을 이루던 경제 조직도 함께 무너졌다. 다뉴브강이 이곳을 관통하고 있었고, 거대한 수레바퀴처럼 연결된 철도 노선이 그 주변을 돌며 부다페스트와 프라하를 잇는 다른 수레바퀴와 연결되었다. 그런데 식품과 천연 원료를 오스트리아로 운송하고 공산품을 반출하던 교역이, 1918년 11월 오스트리아 신문의 표현에 따르면 "도끼로 절단되듯" 끊어졌다.[13] 보헤미아에서 반입되던 석탄과 감자, 헝가리에서 반입되던 육류와 밀이 국경을 넘지 못했다. 오스트리아는 구매 자금이 없었고, 새로운 이웃 국가들은 무상으로 제공할 여력이 없었다. 그들은 빈의 제국 재산에 대한 자신들의 몫을 주장하느라 나름대로 바빴다. 예술품, 가구, 무기고, 과학 장비, 서적, 문서고, 심지어 실험실도 원했다. 이탈리아인들은 이탈리아가 통일국가로 존재하기 전 빈으로 반출된 예술품의 반환을 요구했고, 벨기에는 마리아 테레지아가 가져간 교회 제단의 세 폭짜리 제단화 반환을 요구했다.[14]

오스트리아의 상황에 대한 우려스러운 보고가 파리에 들어왔다. 농촌 지역에는 가축이 없고, 상점 진열대는 텅 비었고, 결핵이 만연하고 있었다. 남자들은 다 떨어진 군복을 입고 다녔고, 실업자가 총 수십만 명에 이르렀는데, 그중 12만 5천 명이 빈에 살고 있었다. 공장은 멈춰 섰고, 기차와 전차는 간간이 운행되었다. 전직 제국 군대 총사령관은 작은 담배 가게를 운영했고, 하급 장교들은 구두를 닦았다. 굶주린 아이들이 거리에서 구걸을 했고, 음식 배급소에는 긴 줄이 늘어섰다. 중산층 출신 소녀들은 음식과 옷을 얻기 위해 몸을 팔았다. 자주 일어나는 격렬한 시위에서 경찰의 말 몇 마리가 죽자, 몇 분 만에 뼈만 남기고 말고기는 다 사라졌다.

빈의 커피하우스는 여전히 문을 열었고 오케스트라는 계속 연주회를 이어갔다. 그러나 손님들은 호밀로 만든 커피를 마셔야 했고, 계속 겨울 코트를 입고 있어야 했다. 상점과 식당은 연료를 아끼기 위해 일찍 문을 닫았고, 극장은 일주일에 하룻밤만 문을 열었다. 거리는 지저분하고 아무렇게나 방치되었다. 유리가 없어 창에는 널빤지를 붙였다. 합스부르크 궁전들은 약탈당했고, 쇤브룬 궁전은 이제 고아들의 집이 되었다. 호프부르크 궁전은 파티용으로 대여되었다.[15] 당시 빈에 있던 한 미국인 관찰자는 말했다. "사람들의 태도는 홍수나 지진 같은 커다란 자연재해를 겪은 사람들 같았다. 그들의 태도와 주장은 인도의 기근 재난을 위해 구호를 요청하는 대표들 같았다. 우리는 그들이 자신들의 힘으로 일어나기를 바라는 동정적 바람으로 가득했다."[16]

1919년 1월 영국 관리인 윌리엄 베버리지William Beveridge(훗날 복지국가의 아버지)가 오스트리아가 필요로 하는 것을 검토하기 위해 파리에서 파견되었다. 그는 즉각적인 구호가 없으면 사회가 완전히 붕괴할 가능성이 크다고 경고했다.[17] 이미 지방은 빈으로 식량을 공급하는 것을 거부하고 있었다. 오스트리아 서쪽 끝에 있는 포어아를베르크는 스위스로 병합되려고 움직이고 있었다. 사회주의 정부는 할 수 있는 일이 없었고 스스로 조직된 민병대와 권력을 공유해야 했다.[18] 중재자들은 이러한 조짐이 무엇을 의미하는지 잘 알고 있었다. 그들은 오스트리아가 러시아나 헝가리가 간 길로 빠지기를 원치 않았다. 3월 말 연합국은 오스트리아에 대한 경제 봉쇄를 풀고 오스트리아 정부에 차관을 제공했다. 또한 연합국은 식품과 의복을 오스트리아로 보냈다. 오스트리아는 독일, 폴란드, 벨기에 다음 네 번째로 연합국의 구호를 받는 나라가 되었다.[19] 1919년 봄이 되자 빈의 한 저명한 언론인은 어느 미국인에게 상황은 아주 심각하지만, 완전히 희망이 없는 것은 아니라고 말했다.[20] 그해 6월 공산주의자들이 무력으로 권력을 탈취하려는 시도는 비교적 쉽게 진압되었다.

오스트리아에 대표단을 파리로 파견하라고 초청했을 때, 오스트리아 조약은 준비가 한참 부족한 상태였지만, 윌슨이 말한 대로 연합국이 오스트리아 정부를 지원한다는 사실을 보여주는 것은 좋은 생각이었다. 그들은 공산 정권이 들어서고 볼셰비키와 분명한 동맹인 헝가리는 초청할 수 없었다. 로이드조지는 좀더 온건한 입장을 나타냈다. 그는 부다페스트에서 중산층 200명이 처형되었다는 소문을 들었지만 사실을 확인할 수는 없었다. "우리가 헝가리 정부를 좋아하지 않는다고 해서 그들과 평화 협정을 맺는 시도를 포기해서는 안 된다." 결국 헝가리와 이웃 국가들 사이에 전투가 벌어지는 바람에 헝가리를 초청하는 것은 불가능해졌다.[21]

오스트리아 대표단은 총리 레너가 이끌었다. 쾌활하고 약간 뚱뚱한 그는 좋은 음식과 술, 게임과 춤추는 것을 좋아했다. 그는 온건파 사회주의자이자 현실주의자였다.[22] 그가 파리로 떠날 때 기차역에 모인 군중은 "좋은 평화를 가져와달라"고 외쳤다. 레너는 이렇게 답했다. "우리의 소중한 국민을 위해 인도적으로 가능한 모든 것을 획득하도록 애쓰겠습니다. 믿어주십시오. 그러나 우리의 불행한 나라가 승리를 거두지 못했다는 것을 잊어서는 안 됩니다. 부디 허망한 희망은 갖지 않기를 부탁합니다."[23] 그는 대표단과 더불어, 전쟁 전부터 파리에 클레망소를 비롯한 많은 친구가 있었고 영국의 영웅인 저명한 평화주의자이자 언론인을 대동했다. 루돌프 슬라틴 Rudolf Slatin은 고든 장군과 함께 재앙으로 끝난 수단 원정에 참여했다가 마흐디족에 잡혀 오랜 기간 포로 생활을 한 후 키치너Kitchener에 의해 석방되어 작위를 받았다. 영국인들이 슬라틴 파샤로 기억하는 그는 오랜 친구인 밸푸어에게 편지를 써서, 오스트리아 대표단이 중재자들과 직접 얼굴을 맞대고 협상을 할 수 있게 해달라고 청원했다. 밸푸어는 그렇게 할 수 없는 것을 유감으로 여겼지만, 슬라틴을 비공식 소통자로 활용했다.[24]

기차가 파리에 도착하자 레너는 자신이 프랑스어를 못하는 것을 프랑스어로 사과했다. 그는 파리를 처음으로 방문하게 되어 매우 기쁘다고 말했다. 그는 기자들에게 따뜻한 미소를 보였다. 다른 대표는 "누군가 선견지명을 가지고 우리 기차를 느리게 가게 해서 화창한 5월의 멋진 프랑스 경치를 볼 수 있었다"라고 조용히 비꼬았다.[25] 열정에 사로잡혀 오스트리아 대표단을 초청한 4인 평의회는 금세 그들을 잊어버렸지만, 오스트리아 대표단은 인내심을 가지고 기다리는 동안 나무랄 데 없이 행동했다. 오스트리아 대표단은 카드 게임을 하고, 책을 읽고, 오랫동안 산책을 했다. "오랫동안 제대로 먹지 못한 우리는 훌륭한 프랑스 음식과 음료를 마셨다"라고 한 대표가 회고했다. 시찰이 조직되면 연합국 호위병들이 그들의 짧은 여행에 동행했고, 농부의 아들로 태어난 레너는 프랑스 농업대학 방문을 특별히 요청했다. 오스트리아 대표단은 독일 대표단과 다르게 좋은 인상을 남겼다. 생제르맹에서 지역 주민들은 티롤에서 온 한 대표를 특히 좋아했다. 그는 밤 수집용 재킷 차림에 커다란 검은 깃털이 달린 녹색 모자를 쓰고 다녔다. 사람들은 티롤 남부 지역 대부분이 이미 이탈리아에 할당되어 그가 조문용 옷을 입었다는 사실을 알지 못했다.[26]

평화 조건에 대한 많은 정보가 주로 이탈리아를 통해 흘러나와서 오스트리아인들은 불안하고 낙심했다. 오스트리아의 국경은 대부분 전문가 위원회에서 검토했지만, 그들은 체코슬로바키아와 이탈리아 같은 나라들이 원하는 것은 참고했어도 오스트리아의 의견은 당연히 참고하지 않았다.[27] 갈리치아는 폴란드에, 보헤미아는 체코슬로바키아에 귀속되었고, 이 지역과 함께 약 300만 명의 독일어 사용자도 양국에 포함되었다. 오스트리아의 영리한 사회주의자이자 외무장관인 오토 바우어Otto Bauer는 빈에서 격정적으로 연설을 했다. "우리 국민의 5분의 2 이상이 주민투표 없이 자신들의 명백한 의사에 반해 외국 지배하에 들어가게 된 것은 민족자결 원칙을 박탈당한 것입니다."[28] 그는 이치에 맞는 말을 했지만, 파리는 이 말을 들을 생각이 없었다.

연합국은 오스트리아가 다시 독일과 연합하는 것을 허용하지 않기로 결정했다.[29] 1919년에 많은 오스트리아인은 오스트리아-독일 연합Anschluss이 자신들의 작은 나라를 보호하고 발전시키기 위한 유일한 희망이라고 생각했다. 대학과 커피하우스에서 범게르만 지식인들은 절단된 거대한 게르만족 나무의 가지에 다시 붙어야 한다는 극단적인 주장을 펼쳤다. 바우어가 주장했듯이 독일이 좌경화되고 있었기 때문에 오스트리아 사회주의자들도 이에 적극적이었다. 오스트리아 노동계급과 독일 노동계급이 손을 잡으면 다른 모든 곳의 사회주의도 강력해질 수 있었다. 레너의 태도는 좀더 실용적이고 전형적이었다. "기근과 실업의 공포와 사업 영역의 갑작스러운 축소를 겪자, 거의 모두가 오스트리아-독일 연합을 유일한 해결책이라고 생각하게 되었다."[30] 그럼에도 불구하고 많은 오스트리아인은 주저하는 태도를 보였다. 가톨릭교도들(절대 다수 주민)은 독일 북부의 개신교도를 좋아하지 않았고, 사업가들은 독일인 사업가들과 경쟁하는 것을 원하지 않았다. 빈 시민들은 자신들의 도시가 베를린이나 바이마르 다음의 2등 도시가 되는 것을 원하지 않았다. 모든 계층의 오스트리아 사람들은 프로이센과 오스트리아가 오랜 기간 독일인들의 지도력을 놓고 경쟁한 것, 그리고 독일이 전쟁 중 오스트리아가 단독 강화를 하지 못하도록 막은 것을 기억하고 있었다.

전쟁이 끝난 다음날인 11월 12일 빈의 새 임시 의회는 오스트리아-독일 연합을 찬성하는 결의안을 통과시켰고 독일과 협상의 길을 열어놓았다. 오스트리아인들은 조심스럽게 움직여서 어떤 연합도 오스트리아의 특수성을 존중해야 한다는 점을 분명히 했다.[31] 독일인들도 이에 못지않게 조심스러웠다. 독일인들은 중재자들을 불필요하게 자극하려고 하지 않았고, 특히 자신들의 평화 조건이 결정되기 전이라 극도로 조심했다. 독일 외무장관 브록도르프-란차우는 바우어에게 독일은 스스로를 먼저 생각해야 한다고 분명히 말했다. 만일 독일이 남부에서 영토를 얻으려는 것처럼 보이면 연합국, 특히 프랑스는 서부와 동부에서 독일 영토를 취할 가능성이 컸다.[32]

그들의 논의는 이론적이었다. 연합국은 주로 프랑스의 주장에 의거해 두 독일어 사용 국가 사이의 어떤 연합도 막기로 결정했다.[33]

전쟁 말기 프랑스는 잠시 오스트리아와 바이에른이 연합해 개신교인 프로이센에 대항하는 강력한 가톨릭 블록을 형성하는 것을 잠시 고려했었다.[34] 1919년 봄 영국과 미국 모두 독일의 분할에 반대한다는 것이 분명해지자 프랑스는 오스트리아가 독일의 품 안에 떨어지는 것을 막으려고 했다. 빈에서 프랑스 대표들은 만일 오스트리아가 호의적 평화 조건을 원한다면 오스트리아-독일 연합에 대한 모든 논의를 중지해야 한다는 강력한 암시를 보냈다.[35] 클레망소는 프랑스가 평화를 지향한다고 하면서, "그러나 만일 우리가 군축하는 와중에 오스트리아가 700만 명의 인구를 독일 인구에 더한다면, 이웃 게르만 국가들의 힘이 너무 커져서 우리에게 너무나 큰 위협이 될 것"이라고 말했다.[36] 윌슨은 민족자결 원칙에 반할 수 있다고 우려하다가, 급하게 그것은 독일 때문이 아니라 오스트리아 때문이라고 덧붙였다. 다른 한편으로 그는 빈의 요원들로부터 오스트리아-독일 연합 지지가 약해지고 있다는 보고를 받았다. 그는 또한 자신과 이탈리아 대표들의 관계가 아주 좋지 않은 상태에서 다른 중재자들과 더이상 논쟁을 원하지 않았다. 그와 클레망소는 1919년 4월 독일과의 조약에 독일은 오스트리아와의 국경을 존중한다는 구절을 넣기로 합의했다. 로이드조지도 이 결정을 따랐다. 나중에 오스트리아인들은 이 지지의 뒤에는 클레망소가 로이드조지에게 페르시아의 프랑스 석유 채굴권 양도를 약속한 뒷거래가 있었다고 주장했는데, 사실일 가능성은 적었다.[37] 로이드조지는 또한 체면을 세워주는 타협으로서 오스트리아는 국제연맹이 인정하는 경우 독일과 연합할 수 있다는 제안을 했다. 윌슨은 안도하며 이 제안을 받아들였고, 이 구절이 독일과의 조약, 오스트리아와의 조약 모두에 들어가게 되었다.[38] 최고평의회의 결정은 만장일치로 이루어지기 때문에 프랑스와 이탈리아는 사실상 이에 대한 거부권을 가진 것이나 마찬가지였다.

5월 말 오스트리아 대표단은 평화 조건의 "불확실성"에 불안을 느낀다고 점잖게 불평했다.[39] 오스트리아와의 평화조약은 헝가리, 불가리아, 튀르크와의 조약과 함께 파리 여러 곳의 다양한 위원회에서 나뉘어 논의되고 있었다. 최종안을 승인할 권한을 가진 4인 평의회는 독일 조약의 마지막 협상에 몰두하고, 이탈리아의 주장을 다루느라 씨름하고 있었다. 오스트리아와 국내 문제는 파리의 논의 대상에서 뒤로 밀려 있었다. 한 영국 전문가는 "현장에는 제대로 된 지식과 경험이 있는 사람이 사실상 아무도 없고, 이탈리아인들은 매우 다루기 힘들었다"라고 불평했다.[40]

6월 2일 오스트리아 대표단이 받은 조약안은 서둘러 작성한 문서로 행키의 의견에 따르면 "짝퉁 조약"이었다. 일부 구절은 독일과의 조약에서 그대로 옮겨왔고, 정확성과 일관성을 검토할 시간은 없었다. 오스트리아 대표단은 일례로 자국의 잠수함 보유를 금지한 조항을 보고 경악했다.[41] 일부 조건들은 당황한 클레망소가 설명한 대로 불완전했다. 연합국은 오스트리아 일부 국경, 특히 티롤 지방의 이탈리아와의 국경과 유고슬라비아와의 국경에 대해 합의를 하지 못했다. 마지막 순간의 이견 때문에 클레망소는 오스트리아

대표단에 문서를 넘겨주기 전에 오스트리아-유고슬라비아 국경을 다룬 부분을 찢어버릴 수밖에 없었다.[42]

중재자들은 독일과의 조약을 표본으로 삼았기 때문에 오스트리아와의 조약 작성은 상대적으로 쉬웠다. 일례로 전쟁범죄와 관련해 카이저를 징벌하는 것은 별개 문제였지만, 로이드조지가 지적한 대로 카를 1세는 1914년에는 황제의 지위에 있지 않았다.[43] 전쟁 배상금과 관련해서 전문가들은 처음에는 오스트리아와 헝가리가 구제국의 전쟁 부채의 대부분과 배상금도 지불해야 한다는 실행 불가능한 계획을 만들어냈다. 밸푸어는 "자선에 의해 생명이 유지되는 자에게 부채까지 갚도록 강요하면 안 된다"라고 지적했다. 배상금 책정은 결국 배상금위원회로 넘어갔는데, 2년 후 이 위원회는 오스트리아가 어떤 금액도 지불할 수 없다고 결론 냈다. 불운한 헝가리는 금과 물자로 매년 배상금을 지불해야 했다. 헝가리는 몇 년간 배상금을 지불했으나, 대공황 시기인 1930년에 경제사정이 너무 악화되어 연합국에 차관을 제공받고 배상금 지불을 일시 중지해 1944년부터 다시 지불하도록 조정되었다.[44] 문서가 전달된 후 평화조약 조건을 알게 된 레너는 위엄 있으면서도 화해적인 연설을 했다. "우리는 여러분이 만든 평화조약안, 승리자들이 만든 평화조약안을 수용해야 한다는 것을 잘 알고 있습니다. 우리는 우리 앞에 놓인 모든 조항, 여러분이 우리에게 제안한 모든 조언을 양심적으로 진지하게 받아들이기로 확고하게 결의합니다."[45] 오스트리아 대표단은 호텔로 돌아와 평화조약안을 세밀히 검토했다. "좀더 유리한 조건을 기대했다가 오스트리아가 독일보다 더 가혹한 조건을 받았다는 것을 알고서 매우 슬프고 가슴 아프고 크게 낙담했다"라고 한 대표는 말했다.[46] 오스트리아에서도 충격과 실망은 대단히 컸고, 3일간 애도 기간이 엄수되었다. 한 좌파 신문은 "이 조약의 경우처럼 실질적 내용이 그 작성의 근간이 된 의도를 무자비하게 배신한 적은 없었다"라고 논평했다.[47]

오스트리아 대표단은 서면 건의서를 작성하고 중재자들의 답변을 기다렸다. 7월이 되자 각국 최고위급 정치인들이 자리를 뜨면서 중재자의 수는 줄어들었다. "해가 밝게 비치는 정원, 우리의 여가, 좋은 식사와, 우리 패배자가 정복자들로부터 받아야 하는 지연된 징벌의 예상되는 결과 사이의 간극은 아주 컸다"라고 한 오스트리아 재정 전문가는 회고했다. 그는 알렉상드르 뒤마의 책을 읽으며, 동료 대표들과의 신경이 곤두선 대화는 피했다. 오스트리아의 전략은 모든 조건을 문제 삼기보다 몇 가지 핵심 이슈에 집중하는 것이었다. 그들은 지불 자체가 불가능한 배상 관련 조항은 따로 남겨놓았고, 오스트리아의 예술품을 승계 국가들이 나누어 갖는 것을 금지하는 조항 삽입 등 몇 가지 양보를 받아내는 데 성공했다.[48]

중재자들은 유고슬라비아가 영유권을 주장하는 카린티아(케른텐) 남쪽 클라겐푸르트에서 주민투표를 실시하기로 동의했다. 이는 북부 지역에서 체코슬로바키아에 속하게 된 독일인들의 자결권이 무시된 데 대한 보상 차원이었을 수도 있고, 유고슬라비아가 체코슬로바키아만큼 동정을 받지 못했기 때문일 수도 있으며, 혹은 단순히 또다른 소규모 전쟁으로 번질 위험을 방지하기 위한 조치였을 수도 있다.

1919년 15만 명 정도인 클라겐푸르트 주민은 민족적으로 혼합되어 있었다. 슬로베니아어 사용자가 다수를 차지했지만, 주요 소도시들은 독일어 사용자가 많았다. 대부분의 주민은 두 언어를 교차해서 사용했다. 한때 오스트리아제국과 오스만제국의 국경 지역이었던 카라바켄산맥 북쪽 기슭에 있는 이곳은 호수와 언덕이 이어진 평화로운 지역으로, 중세 수도원, 고딕식 교회, 바로크 궁전, 지붕이 뾰족한 흰색 주택이 여기저기 흩어져 있었다. 전쟁이 종결되면서 북부 지역에는 오스트리아의 임시 행정 당국이 들어섰고, 남쪽은 유고슬라비아가 점령했다. 유고슬라비아 당국의 강압적 통치는 곧 저항을 불러일으켰다. 휴전선 인근에서 오스트리아인과 유고슬라비아인 사이의 긴장은 높았고, 간헐적으로 전투가 벌어졌다.[49] 2월 미국 파견단은 이 지역을 가로지르면서, 수시로 멈춰서 무작위로 주민들에게 어느 나라에 속하기를 원하는지를 물었다. "슬로베니아인은 우리가 그들을 직접 보지 못했다면 생각하지 못했을 호기심의 대상이었고, 인구수도 많았다."[50]

결정을 내리는 데 이탈리아가 가장 큰 장애물이었다. 이탈리아는 원칙적으로 이 지역에 대한 유고슬라비아의 영유권 주장에 반대했을 뿐만 아니라, 트리에스테의 새 항구와 빈을 연결하는 철도가 유고슬라비아를 통과하는 것도 반대했다. 루마니아와 유고슬라비아 특별위원회는 이 문제를 최고평의회로 넘겼고, 최고평의회는 이것을 다시 특별위원회에 반려했다. 5월 클라겐푸르트를 둘러싼 작은 문제가 이탈리아 동부 국경에 대한 연합국과 이탈리아 사이의 격심한 논쟁으로 이어졌다. 영국 기자 위컴 스티드는 이렇게 보도했다. "오스트리아에 대한 '세 강대국'의 입장은 확연하게 부드러워졌다. 이탈리아가 아드리아해에서의 국경선을 놓고 이 국가들과 강경한 입장으로 거래를 하는 동안, 오스트리아가 카린티아의 슬로베니아 국경 확정을 놓고 강경한 입장을 내놓는 것을 다른 연합국들이 지지할까봐 남슬라브인들은 두려워하고 있다."[51] 유고슬라비아 대표단은 자신들의 요구를 조금 축소했지만, 5월 말 갑자기 북쪽으로 병력을 증파하면서 이 양보는 무의미해졌다. 4인 평의회는 휴전을 명령했지만, 그 효과는 불과 몇 주밖에 가지 않아서 중부 유럽에서 무력한 권위를 드러냈다. 그러는 사이 유고슬라비아는 클라겐푸르트 인근 지역을 모두 점령하고 유용성이 아주 큰 오스트리아의 전쟁 물자를 장악했으며, 이탈리아는 핵심적 철도 노선을 장악했다.

유고슬라비아는 당시 떠오르던 분할 논의에 반대했다. 또한 영국과 미국이 제안한 주민투표 실시 계획에도 강력히 반대했다(그들이 패배를 두려워할 충분한 이유가 있었다).[52] 그들은 알자스-로렌에도 주민투표 요구가 있을 것을 의식한 클레망소로부터 다소 지원을 받았다. 그러나 윌슨은 이 지역은 주민들의 선택에 맡겨야 한다는 결의가 강했다. 5월 31일 그는 프랑스가 불쾌하게 생각하는 가운데 4인 평의회를 마치고 나오면서 "만일 전문가들이 나를 따라오면 내가 그들에게 이 사안을 설명하겠다"라고 말했다. 네 거두와 그들의 전문가들은 바닥에 깔린 거대한 지도 여기저기를 살펴보았다. 초조해진 오를란도는 자신의 시야를 가로막은 미국 대표 한 명을 밀쳤다.[53]

유고슬라비아는 오스트리아와의 조약 체결을 거부할 것이라며 불만을 나타냈지만, 결국은 타협안에 동의했다. 슬로베니아 바로 북부의 오스트리아 지역에는 주민투표를 실시하고, 만일 주민들이 유고슬라비아를 택하면 좀더 북쪽의 독일어 사용 지역도 주민투표를 실시하기로 했다. 1920년 10월에 치러진 주민투표는 모든 관찰자들이 모범적으로 공정하게 진행되었다고 인정했고, 주민들은 2만 2천 표 대 1만 5천 표로 오스트리아에 남기로 결정했다. 투표자들은 오스트리아와의 경제적 연계와, 오스트리아가 신생국 유고슬라비아보다 더 발전했음을 중시한 것으로 보였다. 여성들에게는 자신의 아들이 유고슬라비아 군대에 징집될 수 있지만, 오스트리아에서는 그렇지 않을 것이라도 점도 중요하게 작용했다. 그러나 만일 그들이 오스트리아가 나치 독일의 일부가 되고, 슬로베니아 아동들이 강제로 독일어 학교에 다니고, 슬로베니아의 정체성이 억압받는 미래를 예측했다면 투표 결과는 달라졌을지도 모른다.[54]

투표 결과가 발표된 후 유고슬라비아 군대가 이 지역으로 진입했지만, 이틀 후 큰 소동 없이 철수했다. 유고슬라비아에 남은 슬로베니아인들은 민족 영토가 '절단'된 것에 큰 불만을 나타냈고, 세르비아가 궁지에 몰릴 생각이 전혀 없다고 제대로 의심했고, 북쪽과 동쪽의 세르비아와의 국경에 대해 더 크게 우려했다.[55] 이렇게 해서 신생 국가 유고슬라비아에는 불만이 하나 더 추가되었고, 이웃 국가들 사이에도 가슴 아픈 기억이 하나 더 만들어졌다.

오스트리아는 연합국에 한 가지 양보를 더 요구했는데, 헝가리 서쪽의 띠 같은 지역이었다(형태상으로 이곳은 강화회의에서 거부된 제안인 체코슬로바키아와 유고슬라비아 사이의 회랑과 비슷했다). 오스트리아는 이 지역의 주민들이 주로 독일인이라고 주장했다. 불행하게도 그들은 오스트리아의 통치 밑에 산 적이 없고, 자신을 헝가리의 일부로 생각하는 것처럼 보였다. 영국 전문가는 헝가리의 공산주의 혁명으로 그들이 큰 혼란에 빠졌기 때문에 주민들의 의견을 묻는 것은 아무 의미가 없다고 말했다. (헝가리가 주민투표 실시를 주장하고 나왔을 때 오스트리아 정부는 이것은 효과가 큰 주장이라는 것을 발견했다.[56]) 오스트리아는 전략적 이유도 들고 나왔다. 빈과 핵심적인 철도가 헝가리 국경에 너무 가깝다는 것이었다. 하소연하듯이 영양 공급 문제도 들고 나왔다. 이곳은 빈 지역에 식료품을 공급하는 지역이었다. 헝가리가 독립 국가가 된 후 이 지역으로부터 채소와 우유가 공급되지 않아 빈 주민들은 고통을 겪었다.[57] 헝가리 대표단은 반론을 제기했지만, 중재자들은 오스트리아의 주장에 귀를 기울였다. 이 지역 대부분은 한 도시를 빼고는 오스트리아에 귀속되었다. 헝가리는 1938년 오스트리아-독일 연합에 중립을 지킨 대가로 이 지역을 반환할 것을 히틀러에게 요청했지만 뜻을 이루지 못했다.[58] 이렇게 해서 오스트리아는 강화회의에서 패전국 중 유일하게 영토를 얻은 국가가 되었다. 오스트리아는 1919년 9월 생제르맹 조약에 서명했다.

독립한 오스트리아의 첫 경험은 행복하지 않았다. 1920년대 오스트리아 경제는 계속 위기를 겪었고, 강대국으로부터 찔끔찔끔 차관을 얻어냈으며, 대공황이 시작되기도 전에 실업률이 10퍼센트를 훨씬 넘어섰다. 1938년 3월 히틀러의 군대가 오스트리아 나치의 동조 아래 오스트리아에 진입하자, 유대인이나 공산주의자를 제외한 오스트리아인들은 안도의 숨을 쉬며 오스트리아-독일 연합을 열렬하게 환영했다. 레너 같은 합리적인 사람도 잠시 이런 분위기에 휩쓸렸다. 히틀러가 자신의 출생지에서 오스트리아 국경을 넘어 빈으로 승리의 행진을 하자 흥분한 군중이 환호를 하며 그에게 꽃을 던졌다. 1945년, 징벌받았던 오스트리아는 다시 별도의 국가가 되었고, 연로한 레너는 대통령이 되었다. 그 이후 오스트리아-독일 연합에 관한 얘기는 거의 나오지 않았다.

20장

헝가리

1919년 3월 23일 봄의 첫 조짐이 나타날 때 두 미국 전문가가 불로 뉴숲 거리를 우울한 표정으로 걷고 있었다. 한 대표는 "우리는 막 헝가리에서 큰 문제가 발생했고, 만일 이것이 확산되면 우리의 협정들이 당분간 휴지 조각이 될 수 있다"라고 일기에 썼다.[1] 오스트리아가 파리에서 약간의 우려를 낳았다면 헝가리는 비상벨을 울렸고, 특히 알려지지 않은 공산주의자 쿤 벨러가 부다페스트에서 권력을 잡으면서 경고등이 켜졌다. 갑자기 볼셰비즘은 전략적으로 중요한 위치에 있는 풍요로운 헝가리 평원으로 거대한 발걸음을 내디뎠다. 볼셰비즘은 한 걸음만 더 나아가면 이미 사회주의 정부가 들어선 오스트리아나 발칸 지역으로 도달할 수 있었고, 또 한 걸음 더 나아가면 공산주의자들이 잠시 권력을 잡게 되는 바이에른까지 세력을 뻗칠 수 있었다. 쿤은 이율배반적인 메시지를 보내고 있었다. 연합국 지도자들을 안심시키는 메시지를 보내는 동시에 이 국가들의 노동계급에게는 형제로서 인사를 전했다. 더 우려되는 점은 그가 레닌에게 양국 간 조약을 맺자고 제안한 것이었다. 두 공산주의 국가는 폴란드와 체코슬로바키아 동부의 영토 분쟁 지역을 통해 연결될 수 있었다. 이미 이곳에는 지역 볼셰비키들이 준동하고 있다는 소문이 돌았다.

쿤이 등장하기 전에도 중재자들은 헝가리를 의심스러운 눈초리로 보고 있었다. 막강한 대지주들과 겁에 질린 농민들, 그 역사(마자르족은 9세기 중앙아시아에서 몰려왔다)는 뭔가 유럽과는 다른 냄새를 풍겼다. 자유주의자들은 헝가리 과두정이 오스트리아-헝가리제국의 최대 실책이라고 비난했다.[2] 로이드조지는 혁명 소식을 들은 직후 4인 평의회의 동료들에게 말했다. "헝가리에서 혁명을 진압해야 한다는 말이 많이 나오는데, 나는 우리가 왜 그래야 하는지 잘 모르겠다. 헝가리만큼 혁명이 절실했던 나라는 거의 없다. 바로 오늘 나는 헝가리를 방문한 적이 있고 그 나라를 잘 아는 사람과 이야기를 나눴다. 그는 이 나라가 유럽 최악의 토지 소유 제도를 갖고 있다고 했다. 그곳의 농민들은 중세처럼 압제받고 있었고, 장원법이 아직도 시행되고 있다."[3]

중부 유럽에 대한 지식이 빈약한 로이드조지이지만 이번에는 그렇게 틀린 말을 한 것은 아니었다. 부다페스트는 우아한 현대적 수도였으나, 헝가리 부의 대부분을 창출하는 농촌 지역은 아주 다른 세계였다. 농노제는 1848년에 결국 폐지되었지만, 농지 대부분은 대귀족, 소귀족 또는 교회가 소유한 대영지에 속해 있었다. 1914년 에스테르하지Esterházy 왕자는 13만 헥타르의 농지를 소유했고, 그의 조상 중 한 사람은 군복 단추를 모두 다이아몬드로 만들고 솔기에 진주를 달았다. 대가문들은 세계 여러 곳을 다니고 국제화되어, 빈과 파리에 저택을 가지고 있었다. 영국 유모와 급사, 프랑스 요리사, 독일 음악 교사가 가족을 위해 일했다. 그들은 프랑스어나 라틴어는 쉽게 구사했지만, 헝가리어는 서툴렀다. 그 가문들은 정치 지도자, 장군, 때로 자유주의적 개혁가를 배출했지만, 대부분은 골수 보수주의자이고, 자신들의 세상 밖의 일에는 별 관심이 없었다.[4] 그들은 유대인을 불신했지만, 유대인 산업가와 금융가들은 그들의 자녀와 결혼하기 시작했다. 그들은 인구의 절반 이상을 차지하는 비非마자르인인 크로아티아인, 슬로바키아인, 루마니아인을 엄격한 통제 아래 두어야 한다고 생각했다.[5]

1919년 3월 쿤 벨러가 전복시킨 군주는 초거대 지주이기도 했다. 전쟁 말기 정권을 차지한 카로이 미하이Károlyi Mihály는 1만 헥타르가 넘는 농지와 유리 공장, 탄광, 멋진 시골 별장과 부다페스트의 저택과 몇 곳에 사냥 별장을 소유했다. 식당에서 집시 음악가들에게 팁을 주면 가정교사가 야단쳤다고 그는 회상했다. "나는 카로이 백작이었기 때문에 다른 사람들보다 두 배의 팁을 주어야 했다."[6] 운명은 그에게 많은 것을 주었지만, 전부를 주지는 않았다. 그는 구개파열로 인한 못난 외모로 외로운 어린 시절을 보내야 했다. 자신을 과잉보호하는 친척과 하인들에게 둘러싸여 생활한 그가 처음으로 헝가리 사교계에 나갔을 때, 사람들이 자신을 비웃고 소녀들은 그의 소심한 접근을 거절해 카로이는 큰 상처를 받았다.[7]

젊은 카로이는 여러 가지 일에 미친 듯이 몰두하는 것으로 이런 대접에 대응했다. 그는 웅변가가 되기 위해 큰 노력을 기울였고, 정치에 뛰어들었다. 그는 도박을 하고, 주연에 빠지고, 경주용 차를 거칠게 몰았다. 그는 부다페스트에서 가장 유명한 멋쟁이가 되었고, 도시에서 가장 요란한 사람이 되었다. 그는 무모한 방식으로 폴로 경기를 했고, 충동적으로 칼싸움을 하고, 부다페스트 상공을 처음으로 비행한 사람이 되었다. 그는 사냥 동료들이 재미가 없으면 짜증을 냈고, 자신의 침대에 들어온 농촌 처녀를 거부해 남성적 능력에 의심을 받았다(관습적으로 처녀가 사냥감과 함께 손님들에게 제공되었다). 그의 생각은 최소한 그의 세계의 기준에서 보면 급진적이었다. 전쟁 전 그는 괴짜, 사회주의자, 중산층 정치인, 지식인들과 어울렸다.[8]

전쟁이 발발하자 카로이는 전쟁에 뛰어들었다. (그가 속한 연대는 그의 아내가 첫아이를 낳을 때까지 후방에 머물렀다.) 1918년이 되자 그는 연합국과 개별 강화를 요구했고, 결국 오스트리아와의 연합을 끝낼 것을 요구했다. 10월 31일 카로이는 헝가리 총리가 되었고, 2주 후 공화국의 출범을 선언했다. 한 미국인은 이렇게 말했다. "그는 아주 좋은 동료 같아 보이지만, 신경이 예민하고 항상 걱정이 많았는데, 이것은 그렇게 놀라운 일은 아니었다."[9] 군대는 더이상 명령에 복종하지 않았고, 민간 행정은 와해되었고, 교통 체계는 붕괴했고,

화폐 가치는 급속히 떨어졌다.

영토가 잘려나가는 위험에 처한 헝가리는 여기저기에 도움을 요청했다. 스스로를 요에 합스부르크Joe Habsburg라고 부른 황제의 사촌은 영국의 조지 5세에게 편지를 써서 헝가리가 영제국의 일부가 될 수 있다고 제안했다. 헝가리인들은 영국 왕자 한 명을 빌려올 수 있다고 생각했을 수도 있다.[10] 또한 그들은 독일이나 오스트리아와 마찬가지로 공화국 혁명이 연합국의 태도를 부드럽게 만들 수 있다고 생각했다. 헝가리 과학아카데미는 저명한 연합국 학자들에게 헝가리가 해체되지 않게 해달라고 청원하는 편지를 보냈다.[11] 카로이는 저명한 페미니스트를 사절로 파견해 중립국 스위스의 연합국 대표들을 접촉하게 했다. 그는 이것이 헝가리의 새롭고 자유주의적인 모습을 보여줄 것이라고 기대했지만, 역효과를 냈다(그녀는 보수적인 스위스인들에게 충격을 주었고, 자신의 대표단과 싸우는 데 시간을 다 보냈다[12]). 대표적인 부다페스트 식당은 메뉴에 포슈 원수 이름을 붙였다(불행하게도 이 명칭은 헝가리어로는 '설사 수프'가 되었다).

다른 나라들과 마찬가지로 카로이는 미국에 희망을 걸었다. 그는 부다페스트에 온 미국 대표에게 자신의 평화 원칙은 "윌슨, 윌슨, 윌슨"이라고 확언했다. 부다페스트에는 윌슨의 사진과 "윌슨의 평화가 헝가리를 위한 유일한 평화"라는 현수막이 여기저기 걸렸다. 이것은 최소한 헝가리인들에게는 헝가리 내 소수민족들의 민족자결이 아니라 헝가리의 역사적 경계를 계속 유지하는 것이었다. 중부 유럽의 가장 좋은 사례인 스위스에 대한 언급이 많았고, 지역의 자치 또는 언어와 기타 권리 보장을 내세웠다. 카로이 정부는 이런 방향으로 가는 법안을 통과시킬 준비를 했다.[13]

헝가리의 호소는 아무런 효과가 없었다. 연합국은 여전히 헝가리를 의심했다. 카로이는 정말 자신이 주장하는 대로 자유주의자인가? 그는 결국 대귀족이고, 헝가리를 전쟁으로 이끈 사람들과 밀접한 관계가 있었다.[14] 영국과 미국이 냉정한 태도를 유지한 데 반해, 프랑스는 적대적으로 나왔다. 프랑스의 정책은 러시아의 볼셰비즘을 봉쇄하고, 독일에 대항하는 균형 세력을 만든다는 두 가지 목표를 지향하고 있었다. 이 경우 그 대상은 헝가리의 이웃 국가인 체코슬로바키아, 루마니아, 유고슬라비아였다. 이탈리아만이 헝가리에 호의적이었는데, 그 이유는 헝가리가 유고슬라비아의 대항 세력이 되기를 바랐기 때문이다. 체코슬로바키아와 루마니아는 연합국이 헝가리를 도우려고 하지 않았기 때문에 자신들의 요구를 제기할 수 있었다. 헝가리 국경은 체코슬로바키아 위원회와 루마니아-유고슬라비아 위원회에 의해 단편적으로 결정된다는 사실도 헝가리에 도움이 되지 않았다. 양 위원회 모두에서 영국 대표를 맡고 있던 니컬슨은 이렇게 말했다. "이 별개의 두 위원회 각자가 헝가리에 강요한 것이 합쳐지면 상당히 심각한 영토와 인구 상실을 가져온다는 것을 깨달았을 때는 너무 늦은 시점이었다."[15]

프랑스군이 주력인 중부 유럽의 연합군 때문에 헝가리는 강화회의 이전에 이미 상당한 영토를 잃었다. 카로이와 그의 동료들이 1918년 11월에 항복하기 위해 베오그라드에 도착했을 때 그들은 너무 낙관적이었다. 그들은 프랑스군 루이 프랑셰 데스페리 장군의 사진이 들어간 엽서를 가져가 사인을 요청했다. 그러나 이 프랑스 장군은 새로운 자유 헝가리를 대표한다는 그들의 주장을 무시하고 그들을 차갑게 대했다. "나는 당신들의 역사를 안다. 당신네 나라는 마자르인이 아닌 사람들을 억압했다. 이제 당신들은 체코인, 슬로바키아인, 루마니아인, 유고슬라비아인을 적으로 만들었다. 그들은 내 손아귀에 있다. 내가 신호만 주면 당신들은 파괴될 것이다."[16] 프랑스는 세르비아인들이 북쪽으로 올라가 헝가리 영토 내로 진입하도록 허용했고, 체코인들은 슬로바키아를 취하고, 루마니아인은 오랫동안 원하던 트란실바니아로 진격하도록 허용했다. 헝가리 정부가 부다페스트 주둔 군사 고문단 책임자 빅스Vix 대령에게 결국 불만을 드러내자 그는 그들의 불평을 전달하기를 거부했다.[17]

헝가리인들은 일시적 점령이 항구적 영토 점령으로 굳어지지 않을까 두려워했는데, 이것은 현실이 되었다. 그들은 크로아티아나 슬로바키아에서는 좀더 관용적인 경계를 희망했지만, 결국 이 두 지역의 상실을 받아들일 수밖에 없었다. 그러나 트란실바니아는 다른 문제였다. 헝가리 평원을 둘로 나누는 언덕 위 고지에 있는 이 지역은 카르파티아산맥의 화살촉이 흑해를 향하는 지역이었다. 트란실바니아는 구헝가리 왕국의 절반 정도 크기였다. 그곳은 풍요롭고 헝가리 역사와 밀접하게 연관되어 있었다.

지리적 여건은 트란실바니아를 자연 방어선으로 만들었지만, 오랜 세월에 걸쳐 로마인, 게르만인, 슬라브인, 마자르인 같은 외부인들이 이 지역에 들어왔다. 11세기가 되자 이 지역은 헝가리 통제 아래 들어왔고, 1918년까지 여러 형태로 그 상태를 유지했다. 루마니아 학자들은 이 역사를 무시하고, 루마니아인들이 다른 누구보다 오래전에 이곳에 정착했다고 주장했다. 2월 브러티아누는 최고평의회에 "루마니아 민족이 만들어지고 형성되었고, 오랜 세월 그들의 열망은 이 지역과의 정치적 연합을 지향했다"라고 주장했다.[18] (브러티아누는 루마니아의 주장이 트란실바니아의 오래된 경계를 넘어 헝가리 영토 안까지 들어간다는 것을 언급하지 않았다.) 루마니아는 1916년 부쿠레슈티 조약에 의해 전쟁에 참여할 때 트란실바니아를 약속받았다고 그는 주장했다. 그러나 루마니아가 1918년 독일과 개별 강화를 한 것을 모두가 기억하고 있었기 때문에 이 주장은 설득력이 떨어졌다. 사실 그는 훨씬 설득력 있는 주장을 펼 수도 있었다. 헝가리의 통계를 보더라도 루마니아인이 트란실바니아 인구의 절반 이상을 차지하고 있었다. 헝가리인은 지역 인구의 23퍼센트에 불과했고, 나머지는 독일인과 다른 민족이 차지했다. 전쟁이 끝날 무렵 트란실바니아 루마니아인 의회는 압도적으로 루마니아와의 합병을 찬성했다. 이 지역의 독일인들도 결국 이에 동의했다. 헝가리인들은 당연히 반대했다.[19] 중재자들이 헝가리인 소수민족에 대해 일부 우려를 표출하자, 브러티아누는 그들을 가장 자유주의적 방식으로 대하겠다고 약속했지만, 트란실바니아가 루마니아에 속해야 한다는 점에는 의문을 달지 않았다.[20] 실제로 프랑스는 루마니아 상황을 청취하기 훨씬 이전에 이미 결정을 내린 상태였다.[21]

중재자들은 루마니아-유고슬라비아 위원회에 헝가리와 루마니아 사이의 국경을 설정하도록 요청했다. 프랑스와 이탈리아는 루마니아에 헝가리 영토를 넉넉히 주기를 바랐지만, 영국과 미국은 민족적 경계선을 따르기를 원해서 국경을 더 동쪽으로 밀어냈다.[22] 그러나 한 영국 전문가는 "균형은 적국이었던 헝가리보다는 동맹인 루마니아에게 유리하게 기울었다"라고 말했다.[23] 위원회는 3월 루마니아의 요구를 만족시키기 위해 먼 길을 돌아온 타협안을 보고했다. 그런데 이 내용이 유출되면서 헝가리인들에게 경악을 불러일으켰다.[24] 헝가리가 네 곳으로 분열된 지도가 실린 포스터에는 "당신은 알자스-로렌을 네 개로 분리할 것인가?"라는 문구가 프랑스어로 들어갔다.[25] 최고평의회가 결정을 내리기도 전에 헝가리에서 혁명이 일어나, 이미 곤경에 빠진 나라에 볼셰비즘의 오점을 남겼다.

카로이 정부는 토지개혁에 큰 불만을 품은 우파로부터 공격받았고, 좌파로부터는 개혁이 미진하다는 이유로 공격받았다. 중재자들은 할 수 있는 일이 별로 없었다. 오스트리아가 28만 8천 톤의 구호물자를 받은 데 비해 헝가리는 단 635톤의 구호물자를 수령했다.[26] 카로이는 훗날 망명지에서 "우리의 어려움은 부다페스트에 주둔한 여러 외국 기구들의 악의에 의해 몇 배 더 커졌다"라고 비통하게 회고했다.[27] 3월 20일 빅스 대령은 헝가리와 루마니아 사이에 중립지대를 만든다는 최고평의회의 결정을 카로이에게 통보해 마지막 일격을 가했다. 헝가리는 10일 안에 이 지역에서 모든 병력을 철수해야 하고, 루마니아는 헝가리 동쪽 끝까지 병력을 진주시킬 수 있었다. 중재자들은 이것이 두 국가 사이의 충돌을 방지하기 위한 것이라고 설명했다.[28] 헝가리인들은 그런 시각으로 받아들이지 않았다. 카로이는 헝가리군은 루마니아도 마찬가지로 영유권을 주장하는 지역에서 철수하라는 명령을 받았지만, 루마니아군은 서쪽으로 100킬로미터나 진주하도록 허락받았다고 빅스 대령에게 불만을 털어놓았다. 그들이 헝가리로 더 밀고 들어오는 것을 무엇으로 막겠는가? 헝가리인들은 루마니아의 시도를 믿을 수 없다는 것을 배웠다. 만일 자신이 중립지대 설정에 동의하면 혁명이 일어나고 정부는 붕괴할 것이라고 그는 경고했다. 그리고 그는 작은 소리로 "나도 내가 제거되었으면 한다"라고 말했다. 그러나 빅스는 전혀 동요하지 않았다. 그는 이것은 정치 문제가 아니라고 반복해 말했다. 헝가리인들은 진정하고 파리의 최후통첩을 받아들여야 한다고 그는 말했다. 그는 연합국이 루마니아를 견제할 것으로 확신한다고 주장했다. 루마니아는 헝가리 전체를 점령할 수도 있다고 카로이는 반박했다. "이곳을 프랑스 식민지로 만들든지, 루마니아 식민지로 만들든지, 체코슬로바키아 식민지로 만들든지 하라"고 카로이는 말했다. 빅스는 별 반응을 보이지 않았다. 다음날 카로이 정부는 붕괴되었고, 그는 망명길에 올랐다.[29] 그는 1955년 프랑스 리비에라에서 사망했다.

카로이가 예언한 대로 그의 후계자들은 혁명가였다. 쿤 벨러는 트란실바니아의 작은 마을 출신으로 무기력한 술주정꾼 공증인의 아들이었다(그의 아버지는 의례를 실천하지 않는 유대인이었고, 이것은 후에 반유대주의자들에 의해 널리 퍼진 유대인-마르크스주의 음모의 증거로 이용되었다). 쿤은 멋부리기 좋아하고, 허영심 많고, 성질이 급하고, 자기중심적이었다.[30] 그는 머리는 크고 몸집은 작으며 납작한 코에 큰 귀를 가져서 몰골이 보기 사나웠다고 일반적으로 알려졌다.[31] 전쟁 전 그는 급진적 언론인으로 나름대로 이름을 알렸다. 1914년 군대에 들어가 동부전선에서 러시아군과 싸우다가 포로가 되었다. 1917년에 일어난 러시아 혁명은 그의 정치적 운명에 급격한 변화를 가져왔다. 1918년 포로수용소에서 풀려난 그는 모스크바에서 레닌과 기타 볼셰비키 지도자들, 새로 시작된 헝가리 공산주의 운동의 지도자를 만났다. 전쟁 종결 무렵에 새 친구들로부터 금과 위조화폐를 제공받은 쿤은 혁명을 확산시키기 위해 헝가리로 들어왔다. 최적의 시점에 돌아온 것이다.

쿤은 돌풍처럼 혼란한 헝가리 정치를 헤치며 움직였다. 선언문과 요구서를 발표하고, 파업과 시위를 선동했다. 부다페스트 경찰에게 구타를 당하면서 그는 순교자가 되었다.[32] 연합국이 최후통첩을 전달한 다음날인 3월 21일, 정부 내 카로이의 사회주의 연맹 세력이 감옥에 있는 쿤을 방문했다. 그들은 공산주의자들에게 권력을 넘겨줄 준비가 되어 있었다. 쿤 벨러는 그날 총 한 방 쏘지 않고 자유와 혁명과 권력을 모두 손에 넣었다. 다음날 그는 헝가리가 소비에트공화국이 되었다고 선언했다.

부다페스트에 있던 젊은 미국 장교의 의견에 따르면 이는 공산

혁명이라기보다 민족주의 혁명이었다. "헝가리가 해체되어서는 안 된다는 헝가리인들의 결의가 볼셰비즘을 자신들의 국가의 통합성을 유지하는 마지막 수단으로 여기게 만들었다."[33] 파리에서 이제 4인 평의회가 된 지도자들 모임은 행동을 주저했다. 클레망소와 그의 군사 자문관들은 루마니아를 강화해 헝가리와 볼셰비키 모두에 대항하게 해야 한다고 제안했다. 포슈는 커다란 지도를 가져와 루마니아가 유럽 중앙부에서 견고한 볼셰비키 전선을 막는 데 핵심이라는 것을 보여주었다. 러시아 남부의 백군은 잊어버리라고 그는 단도직입적으로 말했다. 그들은 이미 패배한 것이나 마찬가지였다. "이것이 내가 루마니아를 강화하라고 여러분께 이야기하는 이유다. 그곳에는 군대뿐만 아니라 정부와 국민이 있다." 윌슨은 무엇이 올바른 행동 노선인지 확신할 수 없다고 인정했다. "볼셰비키와 관련해 우리의 입장은 정확히 무엇인가?" 아마도 루마니아와 헝가리 사이에 중립지대를 만든 것이 현명하지 못했을 수 있었다. "이 방법은 바람직한 결과를 만들어낸 것으로 보이지 않는다." 강화회의가 어느 한쪽 편을 들었어야 했는가라는 의문을 그는 제기했다. "명목적으로 우리는 헝가리인들의 친구이지만, 루마니아인들과 더 좋은 친구가 되었다"라고 윌슨이 말하자 클레망소는 "헝가리인들은 우리의 친구가 아니라 적"이라고 날카롭게 받아쳤다. 오스트리아-헝가리제국의 모든 민족 가운데 헝가리인들이 항복하는 것을 가장 꺼려했기 때문이다.[34]

헝가리에 대한 기존의 적대적 입장을 바꾼 로이드조지는 윌슨

편을 들었다. 크로아티아인과 슬로베니아인도 오스트리아-헝가리가 비참한 종말을 맞을 때까지 싸웠지만, 연합국은 그들에게 호의적이지 않았다. "마자르인들과도 왜 대화를 시작하지 않는가?" 독일의 평화 조건은 그들 모두에게 경고가 되어야 했다. 로이드조지는 지난 주말을 퐁텐블로에서 이 조약의 문제점을 검토하며 보냈다. 그중 하나는 독일인들을 폴란드 지배하에 남겨두는 것이었다. 수백만 명의 헝가리인을 국외에 방치하는 것은 그 못지않게 유럽의 미래 평화에 위험한 일이었다. 그는 또한 러시아와의 경험에 비추어 볼셰비즘에 대한 군사적 해결에 의문을 품었다. "헝가리를 러시아처럼 다루어선 안 된다"라고 그는 다른 사람들에게 촉구했다. "러시아 하나만으로도 충분하다." 그는 스뮈츠 같은 신뢰할 만한 사람을 파견해 쿤과 그의 정권에 대해 보고하게 하자고 제안했다. 프랑스의 압력으로 4인 평의회는 루마니아에 군사 보급품을 보내는 데 동의했다.[35]

4월 1일 저녁 스뮈츠와 해럴드 윌슨을 포함한 로이드조지의 보좌관들은 특별 열차를 타고 파리를 떠나 부다페스트로 향했다. 스뮈츠의 임무는 표면적으로는 헝가리와 루마니아 사이의 중립지대를 받아들이도록 헝가리인들을 설득하는 것이었지만, 진정한 목적은 쿤을 평가하고 그가 레닌으로 통하는 비공식 중계자 역할을 할 가능성을 알아보는 것이었다. (연합국은 아직 러시아에 대해 실행 가능한 정책을 가지고 있지 못했다.) 영국 관점에서 보면, 이 임무가 중부 유럽에서 프랑스의 영향력을 견제하는 역할을 할 수 있다면 그것도 유용한 일이었다.[36] 영국 대표단의 방문 소식은 부다페스트에서 큰 반향을 불러왔다. 파리 강화회의가 새 정부를 인정할 준비가 되어 있다는 신호로 받아들여졌기 때문이다. 쿤은 남아 있던 자산인 엄청난 육류 지방 재고를 재빨리 이탈리아에 팔고, 기차역에서 부다페스트의 최고급 호텔로 이어지는 거리의 건물들을 장식할 붉은 벨벳 천을 사들였다. 이 호텔 건물은 영국 국기와 헝가리 삼색기로 장식되었다.

부다페스트에 도착한 스뮈츠는 헝가리 측이 준비한 대로 행동하지 않았다. 그는 고집스럽게 기차 안에 계속 있었고, 쿤은 그를 만나러 직접 기차로 가야 했다. (수 킬로미터에 걸쳐 준비된 붉은 천은 노동절에야 사용되었다.[37]) 가장 좋은 시기에도 헝가리의 친구가 된 적이 없는 니컬슨은 귀족계급의 자만을 보이며 이 공산주의 지도자를 만났다. "서른 살가량에 몸집이 작고, 부은 듯한 흰 얼굴에 젖은 입술은 늘어졌다. 수염은 깎았고 붉게 보이는 머리카락에 의심에 가득 찬 눈은 쉴 새 없이 움직였다. 그의 얼굴은 음산하고 불안한 범죄자의 느낌을 풍겼다." 쿤을 수행한 새 헝가리 외무장관도 호감을 주지 않았다. "몸집이 작은 번들거리는 얼굴의 유대인, 좀이 슨 모직 외투에 녹색 줄 넥타이와 지저분한 셔츠 깃이 보였다."[38]

좁은 식당 칸에서 이어진 논의는 잘 진행되지 않았다. 쿤은 정부 승인을 바랐지만, 스뮈츠는 단호하게 보류했다. 또 쿤은 루마니아군이 중립지대 동쪽으로 철수하기를 바랐지만, 스뮈츠는 작은 것도 양보할 생각이 없었고, 루마니아는 트란실바니아를 점령하게 되었다. 스뮈츠는 더이상 협상을 할 필요가 없다고 결정했다. 둘째 날이 끝나갈 무렵 스뮈츠는 "신사 여러분, 이제 작별을 해야 합니다"라고 말하고 악수를 한 후 다시 기차에 올라탔다. 기차는 놀란 헝가리인들을 뒤로하고 천천히 기차역에서 빠져나갔다.[39] 짧게나마 쿤을 겪어본 스뮈츠는 멍청한 그가 이끄는 그의 정부가 오래가지 못할 것으로 내다보았다.

다른 한편으로 그는 파리의 중재자들에게 쿤이 한 유용한 제안을 추진할 생각임을 알렸다. 그것은 오스트리아-헝가리제국에 속했던 민족들이 함께 모여 공동의 국경과 공동의 경제 정책을 결정하는 것이었다. 스뮈츠는 다뉴브 연안 지역의 경제를 다시 살리기 위한 국제 차관 공여 계획을 케인스와 잠시 만들기도 했다. 이것은 합리적인 아이디어였지만, 파리에서는 아무 결과도 나오지 않았다. 이탈리아는 붕괴된 오스트리아-헝가리가 다시 살아나는 것에 결사반대했고, 다른 연합국도 이것을 실행하는 데 딱히 관심이 없었다. 오스트리아-헝가리 후계 국가들 사이의 적대감을 고려하면 1919년 당시에 이것은 아마도 누군가 할 수 있는 범위를 벗어나는 일이었다. 오스트리아-헝가리 상속자들은 유산을 둘러싸고 싸우면서 더 멀어졌고, 전간기 중 다뉴브강 연안 지역에서는 소중한 경제 협력이나 기타 협력은 없었다.[40] 그래도 그 꿈이 완전히 죽지는 않았다. 유럽 의회에 오토 폰 합스부르크-로트링겐Otto von Habsburg-Lothringen이라는 이름으로 알려진 마지막 황제의 아들은 한때 자신의 조상 밑에서 살았던 민족들의 협력을 위해 지칠 줄 모르고 노력했다.

헝가리에서 공산당이 통제하는 신문들은 스뮈츠의 방문으로 연합국이 자신들의 정권을 승인했다고 주장했다. 스뮈츠가 갑자기 떠난 사실에 대해서는 보도하지 않았지만, 무슨 일이 일어났는지에 대한 여러 이야기가 나돌아서 대중의 불안을 키웠다.[41] 연합국이 부다페스트를 점령하기 위해 군대를 보낸다거나, 헝가리 혁명과 이제 막 일어난 바이에른 혁명을 지원하기 위해 트로츠키와 붉은 군대가 북동쪽에서 접근하고 있다는 소문도 돌았다. 오스트리아의 공산주의자들이 빈을 점령할 것이라는 소문도 들렸다. 공산주의자들이 수천 명의 중류층 및 상류층 시민을 체포할 것이라는 말도 나왔다. 정권을 잡으려고 우파가 음모를 꾸미고 있고, 좌파는 집단 테러를 벌일 계획을 세운다는 소문도 나왔다.[42] 모든 소문이 다 거짓은 아니었다.

트로츠키가 헝가리를 향해 오고 있지는 않았지만, 볼셰비키는 헝가리의 동료 공산주의자들과 연계하는 것을 희망했다.[43] 베오그라드에서 프랑셰 데스페리는 유고슬라비아인들을 설득해 쿤에 대항하기 위해 부다페스트를 향해 북쪽으로 군대를 보내려고 했다.[44] 빈의 한 궁전에서 카로이의 친척을 포함한 망명한 귀족들이 모여 비밀리에 반혁명 계획을 세웠다. (그들은 당돌하게도 헝가리 대사관을 습격해 쿤이 국외로 반출한 현금 일부를 탈취했다. 그들은 이 자금을 어떻게 사용할 것인가를 놓고 싸운 뒤 곧 해산되었다.[45]) 부다페스트의 권력이 미치지 못하는 안전한 헝가리 농촌 지역에서는 카로이의 사촌이 이끄는 군 장교들이 군사 쿠데타를 모의했다. 그들은 오스트리아-헝가리의 해군 전쟁영웅인 호르티 미클로시Horty Miklós 제독에게 자신들에게 가담할 것을 설득했다.[46]

쿤 정권은 반대자들의 일을 쉽게 만들어주었다. 쿤 정부는 정권을 잡고 있던 133일 동안 극적이면서 대체로 강제할 수 없는 개혁 조치들을 남발했다. 알코올 금지, 공장의 사회주의화, 대영지 분배, 모든 지위의 철폐, 모든 사람을 위한 프롤레타리아 문화, 학생들을 위한 필수적 목욕, 성 교육, 주택과 가구의 강제 재분배, 무덤의 표준화 등이 그런 조치였다. 그들은 주민과 모든 계층을 소외시켰다. 교회를 강제로 영화관으로 개조한다는 발표에 놀란 가톨릭교회에서부터 검열, 무작위 체포, 비밀경찰, 경악한 자유주의자에 이르기까지 거의 모두가 정권에 등을 돌렸다. 여론은 다른 무엇보다 정권이 인플레이션과 물자 부족, 자체 부패를 제대로 다루지 않은 것을 비난했다.[47]

쿤 정부의 종말을 가져온 것은 외부의 적이었다. 4월 스뮈츠가 부다페스트를 떠난 일주일 후 프랑스 군부로부터 신호를 받은 루마니아 군대가 중립지대를 통과해 부다페스트로 진주했다.[48] 며칠 후 체코군도 북쪽에서 내려왔다. 파리에서 루마니아 대표단은 체코슬로바키아 대표단과 마찬가지로 자신들은 잘못이 없다고 선언했다. 브루티아누는 4인 평의회에서 이렇게 말했다. "나는 여러분이 루마니아 군대의 역할과 헝가리의 도발에 대해 제대로 된 정보를 가지고 있지 않다는 사실을 우려한다."[49] 그들의 움직임은 모두 방어적 목적으로 진행되었다고 그는 주장했다. "그들은 모두 영토 강탈을 원하는 쩨쩨한 도둑 민족이다"라고 로이드조지는 비난했다.[50] 루마니아군이 원래 주장하던 것보다 훨씬 서쪽까지 진주하자 심지어 클레망소도 그들의 요구가 과도하다고 생각했다. 그리고 이 움직임의 정치적 함의를 우려했다. 정부 내 좌파 인사들은 클레망소가 헝가리 공산주의자들에 대항해 간섭할 계획을 가지고 있다고 우려했다. 그는 또한 동유럽의 휴전을 감독하는 프랑스 군대의 사기에 대해 우려되는 보고를 받았다.[51]

헝가리인들은 잠시 이에 저항했다. 심지어 보수주의 장교들도 쿤 벨러가 쓸모 있고, 특히 루마니아에 저항하는 데 유익하다고 생각했다. 정권은 프롤레타리아 혁명이라는 언어를 포기하고 단순히 애국심에 호소했다.[52] 자원병이 군대로 몰려왔다. 헝가리의 다른 적대적 이웃 국가인 유고슬라비아에 대한 적대감에 주로 자극을 받은 이탈리아인들은 쿤 정권에 대포와 탄약을 판매했다. 영국 관찰자에 따르면 그들은 연합국 측의 정보를 헝가리에 넘겨주었다.[53] 5월 중순이 되자 헝가리 군대는 체코 군대를 몰아내고, 체코군과 루마니아군 사이에 쐐기를 박았다.

파리에서 중재자들은 처음에는 이런 사태에 대응하지 못했다. 윌슨은 헝가리인들이 무고하다고 생각한 윌슨은 어정쩡하고도 너무나 식상한 질문을 했다. "우리는 루마니아군의 움직임을 막을 방법이 있는가?" 로이드조지와 클레망소는 브러티아누에게 강경하게 이야기할 것을 조언할 뿐이었다.[54] 그들은 피우메를 둘러싸고 벌어진 이탈리아와의 결별에 너무 신경이 집중되어 있었다고 인정할 수밖에 없었다. 5월 둘째 주 루마니아와 헝가리 사이, 루마니아와 체코슬로바키아 사이 국경에 대한 전문가들의 보고를 받은 4인 평의회는 거의 논의 없이 그대로 승인했다.

전투는 격렬히 계속되어 중재자들은 여기에 신경쓰지 않을 수 없었다. 6월 헝가리에서 막 돌아온 영국 기자가 현지 상황을 설명하기 위해 로이드조지 및 그의 군사 보좌관 헨리 윌슨과의 오찬에 초대되었다. 그는 다같이 중부 유럽 지도를 볼 때 로이드조지가 유쾌한 기분이라는 것을 알아차렸다. 로이드조지는 이제 이 충돌의 책임을 체코슬로바키아와 루마니아에 돌렸다. "나는 헝가리인들이 그곳에서 최고라고 생각한다. 그들은 가장 강한 종족이고 항상 다른 민족들을 통제했다." 그들은 쿤 벨러에 대항하는 연합국의 간섭을 논의했다. 헨리 윌슨은 우울하게 물었다. "어디에서 병력을 데려옵니까?" 로이드조지는 볼셰비즘은 스스로 소멸할 것이라고 주장했다. 그는 이 대화를 즐겼다. 그날 늦게 4인 평의회에서 동료들에게 의견을 말할 때 도움이 될 것이었다. 그 기자는 이렇게 결론 내렸다. "네 거두는 독일 동쪽에 있는 나라들에 대해서는 진지하게 생각하지 않은 것이 분명하고, 주범에만 몰두하느라 하수인들에 대해서는 신경을 쓸 겨를이 없었다."[50]

4인 평의회는 폴란드인들에게 한 것과 마찬가지로 경고와 명령을 보냈지만, 별 성공을 거두지 못했다. 루마니아인들은 부다페스트를 점령하지 말라는 경고를 받았다. 브러티아누는 도덕적 주장을 내세웠다. "우리는 연합국과 연대 정신을 보이며 질서를 재확립하는 것을 돕기 위해 페스트*로 전진할 것이다."⁵⁶ 이것은 이미 익숙한 주장이었다. 그는 또한 전쟁 중 큰 기여를 한 루마니아인들을 감사의 마음 없이 다룬다고 비난했다.⁵⁷ 헝가리인들도 전투를 중지하라는 명령을 받았다. 그러나 쿤은 루마니아와 체코슬로바키아가 먼저 전투를 중지해야 헝가리도 중지할 것이라고 대답했다.⁵⁸

연합국은 다음으로 어떤 조치를 내려야 하는가에 합의하는 데 어려움을 겪었다. 프랑스는 헝가리의 남아 있는 지역을 점령하기 위해 루마니아군, 유고슬라비아군, 프랑스군으로 구성된 군대를 파견하자고 제의했다. 미국은 일단 진입한 루마니아군은 절대 철수하지 않을 것이라고 지적했다.⁵⁹ 로이드조지는 연합국이 루마니아에 대한 보급품 중지를 위협할 수 있다고 제안했다.⁶⁰ 6월 12일 4인 평의회는 헝가리, 체코슬로바키아, 유고슬라비아 모두에 그들의 국경이 어떻게 되는지를 알리고, 그 국경 너머로 모든 군대를 철수할 것을 요구하는 전보를 보내기로 합의했다. 더이상 영토 획득은 허용되지 않았다. 연합국은 "무원칙한 군사적 방법에 의해" 자신들의 결정이 바뀌지는 않을 것이라고 선언했다.⁶¹ 미국 대표인 블리스 장군은 다양한 군대들이 철수하는 것을 감독하는 책임을 맡았다. 그는 "여유롭고 평화를 사랑하고 다소 지친 사람이 맡기에 좋은 일이

---

* 부다와 페스트가 합쳐진 부다페스트의 다뉴브강 동안 지역으로, 부다페스트 전체를 지칭하는 명칭으로 자주 쓰인다.

지 않소?"라고 아내에게 썼다.[62]

로이드조지는 윌슨과 클레망소에게 "우리는 이제 우리의 의사를 전달하는 데 있어 강제력을 가져야 한다"라고 강변했다.[63] 그러나 전투는 계속되었고 루마니아군은 동쪽으로 철수하려고 하지 않았다. 브루티아누는 쿤과 러시아 볼셰비키에게 동시에 공격당할까봐 두려우며, 전투 준비가 끝난 불가리아가 쳐들어올 수 있다고도 했다.[64] 7월 쿤이 마지막 절망적인 시도로 루마니아군을 부다페스트 동쪽 100킬로미터 떨어진 티사강 너머로 격퇴하려고 하면서 루마니아는 다시 진격할 구실을 갖게 되었다. 루마니아군은 강력한 반격을 개시했다. 호르티 제독 세력과 연결된 헝가리군 몇 개 부대가 전투를 중지하면서 헝가리 방어선은 무너졌다. 쿤은 오스트리아로 탈출한 다음 소련으로 도주했다. 그는 스탈린 대숙청 기간에 체포되어, 루마니아 비밀경찰과 음모를 꾸민 죄로 1939년 가을에 처형되었다.[65]

1919년 8월 3일 루마니아군은 부다페스트를 점령했다. 유고슬라비아군과 체코슬로바키아군도 이 기회를 이용해 국경 지역에서 헝가리 내로 더 진격했다. 연합국의 반복적인 경고에도 불구하고 헝가리의 모든 적국은 1919년 자신들이 차지한 지역에서 물러나지 않았다.[66] 연이어 들어선 취약한 정부는 농촌 지역에서 계속 힘이 커지는 호르티 세력을 다룰 수 없었다. 부다페스트 주재 미국 대표는 일기에 이렇게 적었다. "만일 세 강대국이 군대를 구성해 문제가 생기는 지역에 바로 파견할 수 있었다면 상황은 완전히 달라졌을 것이다. 그러나 최고평의회는 루마니아라는 조그만 나라에도 아무 효과가 없는 최후통첩만 남발했다."[67] 강화회의는 이제 막바지에 이르렀다. 윌슨은 의회에서 국제연맹에 대한 비준을 받기 위해 귀국했고, 로이드조지는 대부분의 시간을 런던에서 보냈다. 클레망소는 프랑스 대통령 선거에 나설 준비를 했다.

이제 헝가리 영토 대부분을 점령한 루마니아는 쿤과 그의 정권이 남겨놓은 것을 마음껏 약탈했다. 전화기, 명마, 소방차, 신발, 카펫, 자동차, 곡물, 소 등을 헝가리 철도차량과 기관차에 실어 동쪽으로 보냈다. 마리 왕비는 한 미국 장교에게 쾌활하게 말했다. "당신이 이런 행위를 도둑질이든 밀로든 불러도 된다. 그렇지만 우리는 이런 일을 할 완전한 자격이 있다." 부다페스트에 주둔하는 연합국 군사고문단이 이를 반대하자 루마니아인들은 자신들의 군대 보급품을 가져가는 것일 뿐이라고 항변했다. 브러티아누는 루마니아가 볼셰비즘으로부터 문명을 구했다고 자랑스럽게 말했다.[68]

11월, 강대국들 중에 주로 영국과 프랑스가 나서서 이런 상황을 더는 묵과하지 않겠다고 경고했다. 루마니아, 체코슬로바키아, 유고슬라비아는 즉각 평화 조건에서 정해진 헝가리 국경 너머로 군대를 철수하라는 명령을 받았다. 루마니아는 마지못해 이에 동의했지만, 병력 철수에 시간을 질질 끌었다.[69] 새롭고 좀더 안정된 정부가 헝가리에 들어서자 연합국은 드디어 평화조약을 체결하기로 했다. 12월 1일 헝가리는 파리에 대표단을 보내라는 통보를 받았고, 1920년 1월 5일 대표단이 탄 기차가 파리를 향해 출발했다. 철로

변에는 헝가리 사람들이 모여 행운을 빌었다.[70]

대표단의 연장자이자 단장인 아포니 알베르트Appony Ailbert는 가계가 12세기 중앙아시아에서 이주해온 선조로 거슬러 올라갔다. 그의 정치적 시각은 18세기 정도에 멈춰 있었다.[71] 그는 친절하고 정중하고 교양 있고 신앙심이 깊은 헝가리 애국자였다. 그는 거의 희망을 갖지 못한 채 파리로 갔다. "나는 가장 슬픈 임무를 거부할 수 없었지만, 우리의 운명을 완화할 가능성이 조금이라도 있다는 환상을 갖지 않았다."[72] 헝가리는 거래할 만한 것이 사실상 거의 없었다. 쿤이 외국으로 도주했을 때 헝가리의 국경은 이미 정해졌고, 연합국은 그 이웃 국가들과 조약을 체결한 상태였다.

헝가리는 프랑스 측으로부터 차갑지만 격식을 갖춘 환영을 받았고, 불로뉴숲 거리에 있는 휴양 호텔 샤토드마드리드에 숙소를 제공받았다. 그들은 독일 대표단보다는 나은 대접을 받았다. 그들은 불로뉴숲 거리를 산책할 수 있었고, 인근 레스토랑도 찾아갈 수 있었다. 그들은 케도르세에 있는 프랑스 외무부에서 짧은 의식과 함께 평화 조건을 통보받았다. 클레망소는 아포니에게 다음날 서면 답변을 보낼 수 있고, 구두 협의는 없다고 간결하게 통보했다. 클레망소는 방을 나서면서 비웃듯이 큰 웃음을 터뜨렸다.[73]

아포니의 답변은 로이드조지의 말에 따르면 압승tour de force이었다. 그는 유창한 프랑스어로 말하다가 흠 없는 영어로 말을 이어갔고, 완벽한 이탈리아어로 말을 맺었다. 그는 헝가리는 다른 패전국에 비해 더 가혹한 대우를 받았다는 점을 지적했다. 헝가리는 영토와 인구의 3분의 2를 상실하고, 시장 및 자원 공급처와 차단되고, 무거운 배상금을 물어야 했다. 350만 명의 헝가리인이 헝가리 땅 바깥에 살아야 했다. 만일 민족자결주의 원칙이 정말로 공정하고 제대로 적용된다면, 헝가리인들에게도 적용되어야 한다고 주장했다. 그리고 최소한 헝가리로부터 이전되는 영토에서만큼은 주민투표를 실시해야 한다고 말했다. (그는 현명치 못하게 헝가리인들은 하등 문명의 통치 아래 살도록 저주받았다고 말해서 자신의 주장을 약화했다.[74])

로이드조지가 묻는 말에 답하면서 아포니는 자신이 가져온 커다란 민족 지도를 펼쳤다. 중재자들이 지도 주변으로 모여들자 로이드조지는 아포니에게 "웅변이 뛰어나십니다"라고 말했다.[75] 클레망소조차도 공손한 태도를 보였다. 헝가리인들이 서면 답변을 준비하기 위해 호텔로 돌아갔을 때 희망이 조금 보이는 것 같은 느낌이 들었다.[76] 영국 의회에서는 헝가리 평화 조건에 대한 중요한 질문들이 제기되었다. 몇몇 중요한 프랑스 사업가들은 프랑스와 헝가리 사이에 경제 관계를 재개하는 데 관심이 많았고, 비공식 대화가 이미 시작되었다.[77] 새 총리가 들어선 이탈리아 정부는 이전의 적대적 태도를 버리고 연합국에 헝가리의 항의를 고려할 것을 요청했다.[78] 그러나 그것으로는 충분하지 않았다. 어찌되었건 영국과 프랑스는 조약을 다시 만들 준비가 되어 있지 않았다.[79] 중재자들은 또한 국경을 새로 정하는 것은 배반으로 간주될 것이라는 루마니아, 유고슬라비아, 체코슬로바키아의 각서에 영향을 받았을 가능성이 컸다.[80] 헝가리 측에 불리한 결정이 내려진 것은 완전한 무기력 때문이었다. 1919년 한 젊은 영국 관찰자는 카로이에게 "협상국 정부들은 천만 명의 인구를 가진 헝가리의 운명보다 더 걱정해야 할 중요한 일이 많았다"라고 말했다.[81]

헝가리는 다뉴브강에 순찰선의 수를 늘리는 것 같은 일부 작은 양보만 얻어냈다. 1920년 6월 4일 트리아농 궁전에서 짧은 기념식과 함께 헝가리 대표들은 조약에 서명했다. 헝가리의 공공건물에는 조기가 걸렸다. 트리아농은 연합국의 잔인함의 대명사가 되었고, 그 기억은 거의 모든 헝가리인에게 그 조항을 무력화해야 한다는 욕망을 자극했다.[82] 전간기에 지도적 정치 인물은 호르티였다. 헝가리는 여전히 군주정이었기 때문에 그는 섭정을 맡았다(영국과 호르티 모두를 만족시키는 국왕을 다시 찾지 못했다). 호르티와 그의 지지자들은 헝가리를 전쟁 전 국경으로 복원시킨다는 실현 불가능한 꿈을 꾸기도 했고, 슬로바키아에 주둔 중인 체코슬로바키아 병사들에게 가스를 살포한 후 헝가리 군대가 진입한다는 생각도 했다.[83] 온건주의자들은 트란실바니아만 되찾아도 된다고 생각했다.

1930년대 헝가리는 다른 수정주의 세력인 히틀러의 독일과 무솔리니의 이탈리아에 조심스럽게 접근했다. 1938년 뮌헨 협약으로 체코슬로바키아가 고립되고 히틀러의 야욕에 노출되자 헝가리는 슬로바키아 땅 일부와 루테니아 전체를 되찾는 데 성공했다. 1940년에는 루마니아에 빼앗긴 땅을 되찾았고, 1941년에는 유고슬라비아에 넘어간 땅을 되찾았다. 히틀러의 지원을 받은 헝가리는 트란실바니아의 5분의 2와 남쪽의 바나트 일부를 차지했다. 그러나 회복된 영토를 소유한 기간은 짧았다. 1945년 승리한 연합국은 트리아농 조약의 국경을 되살렸고, 그 상태로 현재까지 지속되고 있다. 이것은 파리 강화회의의 결정이 아직 변경되지 않고 있는 것 중 하나다.

6부 **불안한 봄**

21장

4인 평의회

1919년 파리에는 봄이 늦게 찾아왔지만, 4월 중순이 되자 목련이 만개하고 가로의 밤나무들이 꽃을 피우기 시작했다. 키가 크고 잘생긴 에티오피아 대표단이 흰옷을 입고 뒤늦게 회의에 도착했다. 대형 박물관들은 하나하나 문을 열었고, 아이들은 공원에서 놀았다. 노동절에는 좌파가 수천 명의 시위자를 동원해 연례 사회주의 집회를 열고, 정부는 군 병력을 불러들이면서 도시는 철시했다. 파리 중심부 모든 곳에서 충돌이 일어났다. 2천 명 이상이 크게 부상을 입어 병원으로 이송되었다는 소문이 돌았다.[1]

강화회의에서 독일과의 평화 조건 결정은 거의 완료되었고, 중부 유럽과 남부 유럽의 많은 국경이 최소한 문서상으로는 확정되었다. 오스트리아, 헝가리, 불가리아, 오스만제국과의 조약이 체결되기 시작했다. 그 국가들은 "정의롭고 계속 지속될 전쟁"을 준비 중

이라는 신랄한 소문이 파리에 퍼졌다.[2]

회담의 중심에 클레망소, 로이드조지, 오를란도, 윌슨으로 구성된 4인 평의회가 새로 생겨났다. 이 위원회는 3월 마지막 주에 회동을 시작했다. 이 위원회를 만든 목적은 관습적인 전문가와 비서 수행원을 대동하지 않고 네 사람이 만나서 큰 문제를 해결한다는 것이었다. 로이드조지는 최고평의회에서 정보가 새어나가고 중재 노력이 너무 느리게 진행되는 것 모두를 우려했다. 클레망소도 동의했다. 두 달 동안 회담은 별 성과를 거두지 못했다. 윌슨도 같은 생각이었다. 그는 자신의 의견을 자유롭게 말하고 필요한 경우 생각을 바꿀 수 있는 작은 규모의 비공식적 회동을 원했다. 냉소주의자들은 이 위원회가 그 시점에 자국 총리를 포함한 모든 사람을 적으로 만든 이탈리아 외무장관 소니노를 배제하기 위한 편리한 구실이었다고 말했다.[3]

네 정치인은 매일 두 번 만났고, 특별한 위기가 있는 경우 일요일에도 만났다. 그들은 때로 전쟁부 건물 안에 있는 클레망소의 눅눅하고 불편한 집무실에서 만났지만, 대부분의 경우 윌슨의 서재에서 만났다. 때로 이 회동에 참관한 타르디외에 따르면 그곳에서 윌슨은 "마치 지도 학생의 논문을 비판하는 대학 교수처럼" 안락의자에 꼿꼿이 앉았다. 윌슨은 천천히 신중하게 말을 한 반면, 로이드조지는 "자신의 무릎을 손으로 꼭 움켜잡은 채 주제를 단도직입적으로 말했고, 때로 화를 내기도 하고, 어떤 때는 멋진 유머를 한껏 구사하며 말했다. 그는 기술적 논쟁에는 최대한 무관심하고, 예상치 못한 해결책에 거부할 수 없이 끌리면서도 웅변과 재치로 현란하게 말했다." 클레망소는 장갑 낀 손을 옆으로 늘어뜨린 채 의자에 길게 몸을 기댔다. 그는 다른 두 사람보다 말을 덜 했지만, 윌슨보다 더 열정적으로, 로이드조지보다 더 논리적으로 말했다. 그는 때로 오가는 얘기를 더 잘 듣기 위해서 벽난로 앞의 방화벽에 걸터앉았다. 오를란도는 보통 세 사람을 마주 보고 벽난로 옆에 앉았다. 그는 다른 방식으로도 고립되었다. 이탈리아의 주장에 몰두한 그는 다른 논의에는 거의 끼어들지 않았다. 그는 또한 나머지 세 사람이 빠르게 영어로 말할 때는 알아듣지 못했다. 한번은 최근 회동이 어땠는지 묻는 친구에게 오를란도는, 윌슨의 흑인 관련 농담을 여섯 번째 듣고서야 이해하게 되었다고 울적하게 말했다.[4]

　4인 평의회에서 제외된 일본은 부드럽게 항의했다. 그들은 5인 위원회라는 다른 회동으로 일본 대표단을 달랬다. 여기에서 일본인들은 영국, 프랑스, 이탈리아, 미국 외무장관들과 만나 4인 평의회에서 넘어온 문제들을 논의했다. 영국 대표단은 이것을 제2의 11인 회의라고 불렀다. 직업 외교관들은 최고평의회가 사라지고 이 두 회동으로 대체된 것에 대해 불평을 터뜨렸다. 폴 캉봉은 "쓸데없는 책략과 즉흥적 아이디어"라고 비판했다. 보도 제한 때문에 이미 불만을 가지고 있던 기자들은 격렬하게 불평을 쏟아냈다. 《피가로》의 특파원은 강화회의는 검은색 페인트로 칠한 캔버스 같다고 말하고, "터널 속 흑인들의 야간 전투"라는 제목으로 기사를 실었다. 《뉴욕 헤럴드》는 윌슨이 언론인을 바닥에 던지는 모습을 보여주며

"새로운 레슬링 챔피언"이란 만평을 실었다.[5]

강화회의에 참석한 빈틈없는 영국 서기인 행키는 4인 평의회가 기록을 남기지 않는 것에 우려를 표하며 "서기의 관점에서 무서울 정도로 불편하다"라고 썼다. 2주 후 4인 평의회도 어떤 일을 마무리하는 관점에서 이 회의가 불편하다는 것을 알게 되었다. 그들은 회의에서 무엇을 결정했는지 기억하지 못하거나, 누가 무슨 일을 하기로 했는지를 정확히 알지 못했다. 4월 중순 행키는 다시 회담장에 복귀해 회의 내용을 기록했다. 후에 밝혀진 바로는 클레망소를 위해 매일 아침 그 전날 회담에서 나온 이야기를 구술해 기밀 각서를 만든 것은 통역관이었던 폴 망투Paul Mantoux였다. (망투는 자신을 위한 복사본도 만들었는데, 1940년 독일군이 파리를 침공했을 때 이를 남겨두고 떠나면서 이 각서는 전쟁에서 살아남았다.) 4월 말이 되자 오를란도도 이탈리아인 서기를 불러들였다. 그 결과 세계의 주요 정치인 네 명이 3개월 동안 200번 넘게 매일 만나 서로 나눈 얘기에 대한 예사롭지 않은 완전한 그림이 만들어졌다. 행키의 기록이 모든 사람이 세심한 공복처럼 말하고 어색한 의견 교환을 부드럽게 넘긴 것처럼 보인 데 반해, 망투와 이탈리아의 알드로반디Aldrovandi의 기록은 통명스러운 말과 화가 난 방백도 담고 있다.[6]

네 사람은 서로 다투고 소리치고 저주하는 말을 하면서도, 서로 약 올리고 농담하고 위로했다. 그들은 같이 지도를 세세히 살피고, 윌슨이 가져온 거대한 유럽 지도를 마루에 펼쳐 그 위를 같이 기어 다니기도 했다. 로이드조지와 윌슨은 교회를 가겠다고 말했고, 클레망소는 자신은 평생 교회에 가본 적이 없다고 말했다. 그들은 자신을 화나게 만든 회의 기록을 서로 비교했다. 클레망소는 자신은 남에게 모욕을 받은 것 때문에 잠 못 드는 일은 없지만, 스스로 바보 같은 짓을 했을 때는 잠들기 어렵다고 말했다. 윌슨과 로이드조지 모두 그가 하는 말의 의미를 정확히 알았다. 다른 사람들은 윌슨이 던지는 소박한 미국 남부의 농담을 경청했고, 용기를 내어 자신도 농담을 했다. 하루는 윌슨이 "친애하는 나의 친구"라며 말을 시작하자, 클레망소는 "당신이 우리를 친애하는 나의 친구라고 부를 때 조금 겁이 납니다"라고 되받아쳤다. 그러자 윌슨은 "딱히 다르게 표현할 수 없지만, 만일 당신 마음에 든다면 '나의 저명한 동료'라고 부를 수 있소"라고 대꾸했다. 네 사람의 회합이 끝나갈 무렵 클레망소는 로이드조지에게 "윌슨이 마음에 듭니까?"라고 물었고, 로이드조지는 "그렇소. 회담 시작 때보다 훨씬 더 좋아합니다"라고 대꾸했다. "나도 그렇소"라고 클레망소가 대답했다. 그들은 권력의 외로움을 공유했고, 다른 사람들이 이해할 수 없는 방식으로 서로를 이해했다.[7]

할 일은 계속 불어났다. 일례로 3월의 마지막 날 네 거두는 독일 배상금 문제, 자르 탄전, 연합국의 라인란트 점령, 영국해협 터널, 벨기에의 요구, 헝가리 혁명, 헝가리와 루마니아의 무력 충돌, 스뮈츠 조사단 파견을 논의했다. 그 와중에 클레망소는 포슈와 위기를 겪고 있었고, 연이은 파업을 다루어야 했다. 언론은 강화회의에 대해 계속 비판했고, 특히 비밀주의와 보잘것없는 결과를 비난했다.[8]

네 정치인 중에 로이드조지가 이 시간을 가장 잘 보냈다. 그는 후에 파리에서 보낸 이 6개월이 인생에서 가장 행복했던 시간이었다고 자주 말했다. 그는 전쟁 기간 영국을 성공적으로 이끌었고, 평화 협상을 즐겼다. 파리를 떠나는 날 그는 오랜 친구인 리델에게 말했다. "다시는 열리지 않을, 아주 흥미로운 책을 덮는 느낌이야. 때로 초조하기도 했지만 즐거운 시간이었어. 앞으로 다시는 이런 경험을 할 수 있을 것 같지 않아. 모든 것이 너무나 생생해."[9]

반면 윌슨은 이 시간 동안 확 늙어버린 듯했고, 턱의 틱 증상이 더 심해졌다. 그는 독일 평화 조건을 놓고 험악한 논쟁을 벌이던 중에 갑자기 이상 증세를 보였다. 경미한 뇌졸중이었거나 4개월 뒤 겪을 치명적인 뇌졸중의 전조 증상이었을 듯하다. 5월 초 그의 공보 비서 베이커는 이렇게 기록했다. "나는 대통령의 이렇게 핼쑥하고 피로한 모습을 전에 본 적이 없다. (…) 4인 평의회에서 당일 오전에 논의한 내용도 어렵게 기억했다." 윌슨은 감정적으로 소진되었다. 하루는 "좋은 뉴스를 가져올 수 있을지 의문이다. 나는 바로 쓰러질 것 같다"라고 말했다. 그는 더 예민해지고, 더 비이성적이 되고, 더 쉽게 짜증을 냈다. 공식 차량의 이용을 놓고 실랑이를 벌였고, 숙소의 모든 프랑스 직원이 영어를 완벽하게 구사한다는 이유로 스파이가 틀림없다고 했다. 갑자기 서재의 물건들을 재배치하기도 했는데, 주치의에게 이렇게 말했다. "이 가구들의 색이 서로 싸우는 것처럼 보여 마음에 들지 않는다. 녹색과 붉은색이 뒤섞여 있어서 조화를 이루지 않는다." 4인 평의회의 미국 측 색은 붉은색,

영국 측은 녹색, 프랑스 측은 여러 색이었다.[10]

4월 14일 4인 평의회가 독일 정부에 대표단을 파리로 보내도록 초청하면서 새로운 긴장이 조성되었다. 전체 강화회의에서 승인을 받아야 하는 조약은 기묘한 혼합물이 되어, 일부분은 패배한 적에 대한 전통적 규정으로 이루어지고, 일부는 새로운 세계 질서에 대한 청사진을 담았다. 전쟁의 노획물에 대해 언급하는가 하면(독일은 1871년 프랑스에서 가져간 모든 깃발과 베를린으로 가져간 아프리카 지도자의 두개골을 반환해야 했다) 폴란드와 체코슬로바키아 같은 국가들의 민족자결에 대해서도 언급했다. 독일의 영토 상실과 전쟁 책임자들에 대한 징벌을 다루는 조항이 국제노동기구와 같이 새로운 국제 질서에 대한 조항과 나란히 들어 있었다. 윌슨의 주장이 반영되어 조약의 첫 부분은 국제연맹 규약으로 시작되었다. 독일 조약이 가장 우선적이고 중요해서 윌슨과 그의 지지자들은 거기에 새로운 외교의 기본 원칙과 제도가 담겨야 한다고 주장했다.

초안 작성 중앙위원회가 구성되어 각 조항을 조정해 언어가 분명하고 일관되게 만들었다. 조약안을 보기 위해 프랑스 외무부에 들른 베이커의 보좌관은 이렇게 보고했다. "초안 작성 위원회는 사력을 다해 일하고 있으나 그들이 작업을 시작했을 때 자료가 거의 모이지 않은 상태였고, 아주 엉성하게 초안이 만들어졌다. 예를 들어 전쟁 배상금, 항구, 재정, 경제 문제가 뒤엉켜 그 내용의 많은 부분이 서로 상충했다."[11] 중재자들은 문서 전체가 인쇄에 넘겨질 때까지 초안을 끊임없이 수정하고 추가 사항을 쏟아냈다. 4인 평의회는 아편 무역이나 룩셈부르크에 대해 규정하는 것을 잊어버렸다는 사실을 발견했다. 로이드조지는 독가스에 대한 규정을 넣고 싶어했다. 캐나다 총리 보든은 국제노동기구 조항의 변경을 요청했다. 포슈와 그의 참모들은 초안 작성 위원회가 군비 축소 규정을 약화했다고 의심해서 위원회 회의에 배석하겠다고 주장했다.[12]

4월 29일 아침, 사적 파티에 초대받지 않은 불청객처럼 벨기에 대표단이 윌슨의 서재를 찾아와서 자신들은 현재 상태의 조약안에 서명할 수 없다고 말했다. 자국의 여론은 벨기에가 홀대받고 있다는 비판을 한목소리로 내고 있다고 그들은 말했다. 거리에서 시위자들은 "영국은 1914년 8월을 잊었는가?", "윌슨은 왜 폐허가 된 우리를 방문하지 않는가?", "동아프리카에 묻힌 벨기에 영웅들의 무덤을 누가 보호할 것인가?" 같은 팻말을 들고 행진했다. 브뤼셀의 한 신문은 "벨기에는 연합국에 의해 버려졌고 모욕을 당했다"라는 머리기사를 실었다.[13] 이는 과장이 아니었다. 침략을 받아 대전쟁에 휘말린 이 나라는 강화회의에서 대체로 무관심의 대상이었다. 이와 유사하게 1945년에 승리한 연합국은 폴란드를 포기하고 소련에 넘겨주었다.

연합국 가운데 벨기에가 독일에 의해 가장 큰 피해를 입었다. 해안에서 이프르에 이르는 작은 지역을 제외하고 벨기에는 독일에 점령당했다. 벨기에에서 독일군이 취한 행동에 대한 연합국의 선전은 많은 부분이 거짓이었지만, 모두가 그런 것은 아니었다. 독일은 잔인하고 철저하게 이 나라를 약탈했다. 기계, 부품, 지붕을 포함한 공장 전체, 열차 차량과 그것을 끌고 가는 기관차가 동쪽으로 반출되었다. 1914년까지 잘사는 나라였던 벨기에는 1919년 그 노동력의 80퍼센트가 실업 상태였고, 철강 생산은 과거의 10분의 1에도 미치지 못했다. 농촌에서 농민들은 비료나 종자가 없었고, 수백만 마리의 말, 소, 양, 심지어 닭까지 동쪽으로 반출되어 남아 있는 가축도 거의 없었다. 연합국의 구조 노력이 없었다면 평화의 해 첫 겨울에 벨기에 사람들은 기아에 직면할 뻔했다.[14]

불행하게도 벨기에는 후원자가 없었다. 14개조에 벨기에의 재건을 포함시킨 윌슨은 더 큰 문제에 몰두했다. 프랑스는 벨기에가 작은 룩셈부르크 공국을 병합하려 한다고 의심했고, 영국은 벨기에가 너무 욕심이 많다고 생각했다. 로이드조지는 벨기에의 "터무니없는 요구"를 놓고 벨기에 총리와 설전을 벌였다. "나는 그에게 냉정하게 벨기에는 전쟁 중 사상자가 상대적으로 적었고, 종합적으로 볼 때 영국보다 큰 희생을 치르지 않았다고 말했다."[15]

벨기에의 목표 달성에 외무장관 폴 하이만스Paul Hymans는 별 도움이 되지 않았다. 단정하고 영리하고 키가 작은 그는 자신의 목표의 정당성을 확신하고 4인 평의회에서 이를 강의했고, 자신과 벨기에가 푸대접을 받는다고 느끼자 큰 소리로 길게 불평을 늘어놓았다. 절정에 이르렀을 때 그는 "내가 벨기에를 위해 할 수 있는 일이 있기를 원한다"라고 소리쳤고, 로이드조지는 "당신이 할 수 있는 최선은 죽거나 사임하는 것"이라고 말해 그를 흥분시켰다.[16]

벨기에는 강대국들이 네덜란드를 압박해 두 국가 사이의 국경,

특히 대서양에서 네덜란드 영토를 통과해 벨기에의 항구 안트베르펜으로 흐르는 스켈트강 변의 국경 문제를 해결해주기를 바랐다. 로테르담 항구를 가지고 있는 네덜란드는 전쟁 중 항행 여건을 개선하기 위해 예를 들어 준설 작업 등을 거의 하지 않았다. 중립국으로서 강화회의에 참석하지 않았던 네덜란드는 독일의 다른 곳에서 얻는 보상을 포기하는 한이 있더라도 자국 영토를 조금이라도 포기하지 않겠다고 단호히 거부했다. 강대국들은 이 문제에 침묵을 지켰다.[17]

벨기에는 독일과의 국경도 개선하기를 원했다. 벨기에 위원회는 벨기에가 소도시 외펜과 말메디 사이의 작은 지역을 획득하도록 권고했다. 면적이 1천 제곱킬로미터가 안 되고 인구도 약 6만 명에 불과했지만, 벨기에가 전쟁 중 상실한 것을 보상하는 소중한 숲이 있었다. 전문가들은 중립 모레스네Moresnet라고 알려진 추가적 영토도 벨기에에 부여했다. 이 지역은 1815년 빈 조약이 이 지역 관련 규정을 엉성하게 만들어서 법률적으로 어중간한 상태에 놓여 있었다. 4인 평의회는 이 제안도 수락했다.[18]

전쟁 배상금과 관련해서도 4인 평의회가 벨기에에 호의적이지 않았으나, 벨기에는 전쟁 중 피해 비용을 요구에 포함할 수 있는 특별 허가를 요청했다. 나라 대부분이 점령된 상태에서 벨기에 정부는 전적으로 차관에 의존해 재정을 꾸려왔기 때문에 전혀 근거 없는 주장은 아니었다. 벨기에는 독일로부터 받는 배상금에서 우선순위를 요구했다. 미국은 이 제안에는 호의적이었다. 전쟁 배상금에 대해 자체 계획을 가지고 있던 영국과 프랑스는 그렇지 않았지만, 4월 29일 그들이 뒤로 물러나면서 타협안이 만들어졌다. 벨기에는 독일 배상금이 지불되는 대로 5억 달러를 지급받고, 전체 배상금에서 수령할 비율은 나중에 결정하기로 합의되었다. 영국과 프랑스는 이후 벨기에의 요구를 줄이려고 최선을 다했고, 독일은 전혀 배상금을 지불하지 않으려고 노력했다. 벨기에는 1925년이 되어서야 우선 배상금을 다 받을 수 있었다. 궁극적으로 벨기에는 다른 연합국들처럼 원하는 것의 아주 일부만 얻어냈다.[19]

벨기에는 한번은 파리에서 협상의 기술을 보여주기도 했다. 그들은 가장 민감한 시점에 독일 조약에 서명하지 않겠다고 위협했다. 이탈리아가 강화회의에서 철수하고, 일본의 요구로 인해 심각한 위기가 발생했다. 독일 대표단은 그날 파리에 도착할 예정이었고, 그들의 조건은 아직 확정되지 않은 상태였다. 더 우려되는 것은 따로 있었다. 분위기가 혼란스러워진 강화회의가 독일 측에 조약에 서명하도록 강제할 수 있을 것인가?[20]

22장

회담을 이탈한 이탈리아

벨기에 관련 최후통첩이 나오기 9일 전인 4월 20일 프랜시스 스티븐슨은 니토 거리에 있는 로이드조지의 숙소 창문에서 4인 평의회의 회의가 계속되고 있는지를 보기 위해 길 건너편 윌슨의 숙소를 바라보았다. 그날은 부활절 주일이고, 화창한 봄날이었으며, 로이드조지가 그녀와 나들이를 가기로 약속한 상황이었다. "갑자기 오를란도가 창가에 나타나서, 창문을 가로지르는 틀에 기대 얼굴을 손에 묻었다. 그는 우는 것처럼 보였다. 하지만 손수건을 꺼내 눈과 뺨을 닦을 때까지는 믿기 어려운 일이었다."[1] 옆에 있던 로이드조지의 급사는 "저 불쌍한 노인에게 무슨 일을 하신 겁니까?"라고 소리쳤다.[2] 그 방 안에서 클레망소가 이 장면을 냉담하게 바라보고 있었다. 영국인들은 놀라서 몸이 얼어붙은 것 같았다. 행키는 자신의 아들이 그런 감정적 행동을 보였다면 볼기를 때렸을 것이라고 말했다.³ 유일하게 행동한 사람은 윌슨이었다. 그는 오를란도에게 다가가 그를 위로했다. 그것 미국과 이탈리아의 의견이 날카롭게 대립하던 시점에서 그가 보여준 매우 자애로운 태도였다.⁴

강화회의에서 가장 심각한 논쟁이 가장 예민한 단계에 도달했고, 이것은 가장 나쁜 시점에 일어났다. 독일 대표단이 파리에 도착하기 직전인 그 시점에 중재자들이 통일된 전선을 형성하는 것은 매우 중요했다. 강화회의에서 이탈리아의 요구는 아프리카, 중동, 유럽 세 지역에 걸쳐 제기되었지만, 문제를 일으킨 것은 아드리아해, 특히 피우메 항구였다. 이 논쟁의 대상은 영토였지만, 원칙도 관련되어 있었다. 이탈리아는 구외교에서 약속받은 것을 원했지만, 미국은 새 외교를 강하게 옹호했다. 이것은 또한 개성 간의 충돌로서, 윌슨과 이탈리아인, 특히 외무장관 소니노 사이의 충돌이었다. 이것은 미국인들이 경멸적으로 말한 것처럼 평화가 노획물을 의미하는지 아니면 민족적 경계를 따라 국경을 긋는 것인지의 문제이기도 했다. 이탈리아가 원한 것은 런던 비밀 조약(윌슨이 혐오한 조약)으로 영국과 프랑스가 약속한 것을 획득하거나, 주로 슬라브인이 거주하는 지역을 원하거나(민족자결권을 위배하는 것), 아니면 둘 다였기 때문에 윌슨의 반대는 강경했다.

오를란도는 대결을 피하려 했다. 그러나 그는 윌슨이 다른 정치인과 다르다는 것, 그리고 1918년의 세계는 1914년과 다르다는 것을 인식하지 못했다. 오를란도는 거래, 조정, 후원이 난무하는 어지러운 이탈리아 정치의 산물이었다. 작은 키에 몸집이 떡 벌어진 그는 큰 제스처를 좋아했다. 시칠리아 태생으로 법률가 교육을 받은 그는 그럴듯한 문서로 해결하지 못할 일은 없다고 믿었다. 그는 조국과 자신의 가족에 큰 자부심을 가졌다. 파리의 한 식사 자리에서 그는 미국인들에게 자신이 31개월 만에 세 자녀를 낳았다며 자랑했다.[5] 로이드조지는 그를 "창백하고 나약하고 무기력한 자"라고 평가절하했지만, 오를란도는 패배에 직면한 이탈리아를 단합시켰다.[6]

이탈리아는 번영하고 산업화되던 북부와 농업 중심적이고 전통에 얽매인 남부로 분열이 심화되던 상황이었는데, 대전쟁은 이런 이탈리아 사회에 더욱 커다란 부담을 안겼다. 1860년대에 나온 위대한 통합 약속은 아직 실현되지 않았다. 이탈리아의 경제는 느리게 성장했고, 종종 외교정책은 당혹스러운 결과를 가져왔으며, 1896년 아두와 전투에서 에티오피아인들에게 치욕적인 패배를 당했다. 독일과 마찬가지로 새로운 국가를 출범시킨 이탈리아는 많은 적을 가지고 있었다. 이탈리아에서 가톨릭 주민들은 새 국가를 받아들이지 않았고, 급진적 사회주의자들은 기존 체제 내에서의 개혁에 실망했고, 우파 민족주의자들은 부패와 지루한 정치 전통을 단절하고 싶어했다.

강대국 중 가장 가난한 이탈리아는 전쟁 중 없는 돈을 지출해야 했다. 1919년 이탈리아는 동맹국에 7억 파운드의 부채를 졌고, 전쟁 인플레이션은 러시아를 제외하고 가장 높았다. 오스트리아-헝가리와 싸운 이탈리아 병사들은 제대로 된 지휘를 받지 못했고, 장비도 형편없는 상태에서 알프스산맥으로 올라가며 치른 전투에서 대량 학살을 당했다. 이탈리아군은 1917년 카포레토에서 붕괴했다. 이탈리아인들은 자국 장군들뿐만 아니라 시스템도 비난했다. 1918년까지 50만 명 이상의 병사가 전사하고, 그보다 많은 수가 중상을 입었다. 이는 다 무엇을 위한 것이었는가? "불구의 승리"라는 말이 널리 회자되었고, 혁명 이야기도 나왔다.

자유주의자와 온건파 사회주의자들은 정부에 대한 지지를 철회했고, 정부의 뿌리 깊은 냉소주의에 경악했으며, 오를란도도 점점 민족주의 우파에 기댔다.[7] 오를란도는 파리에서의 승리가 절대적으로 필요했고, 그런 모양새라도 갖추어야 했다. 소니노와 보수파 동료들이 런던 조약의 문구를 계속 주장한다면 그것을 쟁취해야 했다. 만일 일부 민족주의자들이 아드리아해 동부에서 약속된 것보다 더 많은 영토, 일례로 피우메를 원한다면, 그것도 가능해야 했다. 국외에 흩어져 있는 모든 이탈리아인에 대해 윌슨의 원칙, 특히 민족자결권을 강조한다면(그러나 이탈리아의 통치를 받게 되는 독일인과 슬라브인에게는 적용하지 않고) 자유주의자들의 지지를 얻을지도 몰랐다. 오를란도가 "런던 조약 더하기 피우메"라는 구상을 실제로 내놓자, 민족주의자들은 열광했지만 연합국은 격분했다.[8] 피우메가 이탈리아 민족주의자들에게 사활이 걸린 문제가 되고 윌슨에게는 난제가 되자 오를란도는 누구보다도 놀랐다.

이탈리아 대표단의 또다른 강경파인 소니노는 런던 조약(그가 직접 협상했다)을 강하게 지지했지만, 피우메에는 거의 관심이 없었다. "그는 이탈리아가 이런 사소한 요구로 인해 더 큰 것을 희생하게 되지 않을까 우려했다"라고 로이드조지는 말했다.⁹ 그럼에도 소니노는 파리에서 재앙으로 끝난 이탈리아 외교의 실패에 대한 모든 책임을 뒤집어써야 했다. 오를란도는 영어를 잘하지 못한 것도 한 이유가 되어 책임에서 벗어날 수 있었다. 많은 미국 대표와 영국 대표는 그가 하는 말을 알아들을 수 없었다. 그렇지만 로이드조지가 말한 것처럼 "그는 같이 일하기에 아주 즐거운 매력적이고 친근한 성격이었다." 로이드조지는 또한 "외양이나 원칙에서 그와 윌슨 사이에 근본적인 차이는 없다"라고 잘못 말했다. 오를란도는 미국인들 사이에 인기가 매우 높았다. "만일 오를란도가 여기에 오면 나는 무언가 할 수 있지만, 소니노는 가망이 없다"라고 하우스는 윌슨에게 썼다.¹⁰ 오를란도와 대비되게 소니노는 "지루하고 뻣뻣하고 다루기 힘들었다."¹¹ 그는 말주변이 없어서 파리에서 친구를 거의 만들지 못했다.

1919년 시드니 소니노는 70대 초반이었다. 은발과 축 늘어진 턱수염, 딱정벌레 눈썹 아래 깊게 파인 눈, 심각한 표정을 짓는 그는 전형적인 보수 이탈리아 정치인이자 구식 유럽 정치인의 모습이었다. 그러나 실제로는 그렇지 않았다. 주민 대부분이 가톨릭인 이탈리아에서 개신교도였고, 단테의 베아트리체에 대해 열정적으로 글을 쓰는 지식인이자 대단한 논쟁가였다. 이집트에서 유대계 이탈리아인 사업가 아버지와 웨일스 출신의 어머니 사이에서 태어난 그는 외부인이었지만, 처음에는 구식 자유주의자였다가 시간이 가면서 우파로 이동해 이탈리아 정치 중심에 뛰어들었다. 그는 대중을 도와야 한다고 생각했지만, 대중이 스스로 해나갈 수 있다고 생각하지는 않았다. 전쟁이 발발하기 전 그는 짧게 두 번 총리로 일하며 적들로부터 정직하고 사심이 없는 정치인이라는 평가를 억지로 받아냈다. 1914년에 그는 외무장관이 되었다.

그의 적이 아닌 한 사람은, 그가 자신이 남과 똑같지 않다는 것에 자부심을 느낀 정도가 아니라 거기에 집착했다고 말했다. "전쟁 전 젊은 외교관이던 나는 트라야누스 포룸에 있는 아름다운 외딴 집에서 그를 자주 만났다. 나는 그 자신이 가장 큰 희생자가 되는 그의 강박적인 우월감에 불쾌함을 느끼곤 했다."[12] 그러나 소니노에게는 다른 면도 있었다. 젊은 시절 그는 깊은 사랑에 빠졌지만 결실을 거두지 못했다. 그는 일기에 이렇게 썼다. "모든 물리적·도덕적 매력을 결여한 이 빈 껍데기를 누가 사랑하겠는가? (…) 작은 애정이라도 얻기 위해서라면 뭔들 못하겠는가! 오직 애정만이 나를 집어삼키는 이 검은 열병을 치유할 수 있다. 이 열병은 나를 자괴감에 빠지게 하고, 어떤 진지하고 지속적인 일도 할 수 없게 한다."[13] 파리에서 협상이 제대로 진행되지 않자 그는 자신이 물리적으로 아픈 것 같다고 비서에게 말했다.[14]

국제관계에 대해 소니노는 비스마르크와 같이 힘에 의해 좌우된다고 보았다. 다른 이탈리아 외무장관이 말한 것처럼 국가는 "성스러운 이기심"에 의해 움직인다는 것이었다. 이탈리아 민족주의자인 소니노는 자국의 안전을 원했다. 이것은 영토, 동맹, 거래, 잠재적 적에 대항하는 우방의 획득을 의미했다. 그는 너무 자주 협상 자체를 목적으로 삼았다. 클레망소는 그에 대해 "마키아벨리를 위대한 스승으로 삼는 이탈리아식 방식에 너무 집착해 분명한 해법을 제시하지 않는다"라고 질책했다.[15] 소니노는 국제관계에서 원칙, 도덕성 또는 개방성에 대한 이야기를 신뢰하지 않았고, 다른 사람들이 그런 가치를 믿는다는 것을 이해하지 못했다. 1919년에 그는 마치 빈 회의에 와 있는 것처럼 협상했다. 그는 세상에 떠도는 희망과 감정에 대한 인식이 거의 없었다.

전쟁이 발발하자 이탈리아는 적이었던 오스트리아-헝가리, 독일과 동맹을 맺었다. 소니노는 소수의 국민과 함께 삼국동맹에 기울었다. 그는 상당히 합리적 전제로 삼국동맹이 승리할 것이라고 여겼고, 어찌되었건 보수 세력이 유럽을 지배하기를 바랐다. 그러나 이탈리아인 대부분은 중립을 선호했다. 전쟁이 장기화되자 중립을 지지하는 사람들과 연합군 편에서 개입해야 한다는 점점 더 많아지는 사람들 사이에 균열이 생겼다. 전자는 대부분 보수주의자였지만, 일부 급진적 좌파도 포함되어 있었다. 후자는 자유주의자, 공화주의자, 사회주의자, 광적인 민족주의자가 뒤섞여 있었는데, 이탈리아의 전쟁 목표를 두고 서로 갈라질 것이었다. 소니노는 많은 생각 끝에 개입이 최선의 선택이라고 결론 내렸다.

그는 그것이 합리적이라고 생각해서 마음을 바꾼 것이었다. 오스트리아-헝가리가 완전히 패배하는 것을 원하지 않았고, 사실 오스트리아-헝가리가 완전히 사라질 것이라고 상상하지도 않았다. 그는 삼국동맹에 대해 딱히 적대감이 없었다. 그가 삼국협상과 동맹을 맺은 이유는 그것이 이탈리아가 필요로 하는 영토를 얻는 길이라고 생각했기 때문이다. 그는 항상 이탈리아 전쟁과 좀더 보편적인 전쟁을 구분하는 데 신경을 썼다. 그는 1917년에 말했다. "지속적 평화가 보장되려면, 이탈리아가 안전한 국경을 가지는 것이 매우 중요하다. 이것은 완전한 독립을 위해 없어서는 안 될 조건이다."
1918년 윌슨이 14개조를 발표한 직후 소니노는 "부정직한 외교 선전은 이탈리아의 열망을 제국주의, 반민주주의, 반민족주의로부터 영감을 받은 것으로 암시하려고 하는데, 이는 완전히 틀린 것"이라고 꼬집어 지적했다. 이와 반대로 오스트리아 영토에 대한 이탈리아의 요구는 "민족지학과 육상 및 해상에서의 합법적 방어"에 기초하고 있다고 그는 주장했다. 그는 이웃인 유고슬라비아와 좋은 관계를 지향하고 있다고 말했다.[16]

전쟁 중 유럽에서 자신들의 땅이 아닌 영토를 항상 기꺼이 넘겨주려고 하던 연합국은 이탈리아의 민족주의적 꿈을 완성시켜주겠다고 약속했다. 이탈리아 탄생 때부터 오스트리아-헝가리가 위협했던 취약한 북동 국경을 가로질러 "트렌토에서 트리에스테까지"가 당시 유행하던 구호였다. 런던 조약이 만들어진 1915년에 영국과 프랑스는 오스트리아-헝가리령 아드리아 해안의 섬과 달마티아 일부, 알바니아의 블로러(이탈리아어로는 발로나) 항구, 알바니아 중부 보호령, 소아시아 연안의 도데카네스제도, 오스만제국이 사라질 경우의 지분 등 더 많은 것을 내어주었다. (로이드조지가 같은 영토의 일부인 스미르나 주변을 그리스에도 약속하는 바람에 파리 강화회의에서 많은 문제를 일으켰다.) 이탈리아는 아라비아반도와 홍해에서 영국 및 프랑스와 똑같은 권리를 얻을 것이라는 약속도 받았다. 소니노에게 런던 조약은 엄중한 거래였다. 그러나 1919년이 되자 영국과 프랑스에게 이것은 당혹스러운 문제가 되었다.

윌슨은 미국은 비밀 합의에 구속되지 않는다는 것을 분명히 했다. (윌슨은 전쟁 중 런던 조약을 확인했지만, 후에 자신은 본 적이 없다고 잡아뗐다.[17]) 영국과 프랑스도 맞건 틀리건 이탈리아는 연합국의 승리에 큰 기여를 하지 않았다고 여겼다. 이탈리아군은 오스트리아-헝가리에 대한 공격을 지연시켜 전투를 엉망으로 만들었다는 얘기가 당시와 후에 나돌았다. 이탈리아 함정은 지중해와 아드리아해를 순찰한다고 거듭 약속했음에도 항구 밖으로 거의 나가지 않았다. 이탈리아 정부는 압박을 받고 있는 동맹국들로부터 자원을 짜낸 다음 이것을 전쟁 노력에 투입하지 않았다.[18] 클레망소는 "이탈리아인들은 처음 만날 때 17세기 식으로 엄청난 경의를 표했지만, 인사를 한 다음에는 구호금을 받기 위해 모자를 내밀었다"라고 비아냥댔다.[19] 파리에서 이탈리아 대표단의 태도는 "지금까지 보여준 최고의 경멸이었고, 이제는 극도로 짜증나게 한다. 그들은 모두 휴전을 위한 신호를 이탈리아가 싸우라는 신호로 받아들인다"라고 영국 대사가 보고했다.[20]

영토를 약속하고 이탈리아를 참전시킨 영국과 프랑스는 로이드 조지가 "강매하는 장사꾼 정신"이라고 말한 것을 이탈리아가 계속 보이자 격분했다.[21] 전쟁 막바지에 이탈리아군이 모든 영토를 점령하고, 아드리아해 주변에서는 약속한 것보다 더 많이 점령하자 강대국들은 눈살을 찌푸렸다. 프랑스 외무장관 피숑은 이탈리아군이 의도적으로 현지 슬라브계 주민들과 문제를 일으키고 있다고 영국 대사에게 불평했다. "그들은 어떤 평화조약에서도 그들에게 주어지지 않을 영토를 차지하기 위해 유혈 사태를 조장하고 있다."[22]

1918년 12월 세르비아가 오스트리아-헝가리의 슬라브계 주민을 중심으로 하나의 국가가 될 가능성이 확실해지자 이탈리아와 연합국 사이에는 새로운 긴장이 조성되었다. 영국과 프랑스는 세르비아에 동정적일 이유가 각각 있었다. 이탈리아는 변화된 상황에서 남슬라브 지역에 대한 영유권을 주장하는 것은 이치에 맞지 않는다는 것을 알게 되었다. 모든 것을 떠나 이탈리아가 받은 약속은 전쟁 후에도 오스트리아-헝가리가 여전히 존재한다는 전제하에 이루어진 것이었다. 패배한 적의 항구와 해군기지를 빼앗는 것은 당연한 일이었다. 그러나 이제 우호적인 국가에 같은 일을 하는 것은 이치에 닿지 않았다. "이탈리아가 이 문제에 대해 이성적인 태도를 취하도록 모든 노력을 경주해야 한다"라고 영국 전쟁 내각은 결론 내렸다.[23] 클레망소도 소니노가 런던 조약을 포기하도록 설득하라고 오를란도에게 몇 차례에 걸쳐 말했다.[24]

이탈리아 정부는 그럴 준비가 되어 있지 않았다. 이탈리아 내의 여론이 이것을 어렵게 만들었다. 위대한 마치니의 사상에 충성하는 자유주의자들은 압제받는 주민, 특히 과거 이탈리아 압제자의 폭정에 시달린 사람들을 해방시키기를 원했지만, 대부분의 이탈리아인은 크로아티아인과 슬로베니아인을 오스트리아-헝가리 편에서 싸운 적으로 여겼고, 기회가 되면 계속 그렇게 할 사람들로 보았다. 전쟁 말기 이탈리아군이 크로아티아와 슬로베니아를 점령하기 위해 진군할 때 그들은 해방자보다는 정복자처럼 행동했다.[25] 그러면 세르비아인들은 이들보다 더 믿을 만한가? 이탈리아군 참모차장인 피에트로 바돌리오Pietro Badoglio 장군은 이탈리아 정부에 세르비아인보다 더 영리한 크로아티아인과 슬로베니아인들이 결국 그들을 지배하게 될 것이라고 경고했다.[26] 그래서 그는 세르비아인, 크로아티아인, 슬로베니아인 사이, 그리고 농민과 지주 사이에 충돌을 조장하는 방식으로 유고슬라비아를 파괴하고, 아드리아해 동부에 대한 이탈리아의 통제를 견고하게 하는 계획을 1918년 12월 소니노와 오를란도로부터 승인받았다. 보스니아에서는 종교적 갈등을 이용할 수 있다고 바돌리오는 말했다. 그는 이미 필요한 요원들을 침투시켜놓았다. 평범한 이탈리아 군인도 "말 잘 듣는" 지역 여성을 유혹하는 방식으로 이 일을 도울 수 있었다.[27]

이탈리아 해군도 이와 아주 유사한 태도를 가졌다. 합스부르크 황제가 마지막 행위 중 하나로 아드리아해 해군과 풀라(이탈리아어로 폴라)의 거대한 해군기지를 유고슬라비아 임시위원회에 넘기자 이탈리아 해군은 격분했다. 다음날 이탈리아 해군의 어뢰정이 풀라 항으로 진입해 오스트리아 해군의 자랑인 드레드노트급 전함 비리부스 우니티스를 격침시켜서 유고슬라비아 함장과 선원이 다수 사망했다. 이탈리아의 강력한 항의 끝에 나머지 함대는 연합국에 넘겨졌고, 이탈리아군은 풀라를 점령했다. 이후 몇 달 동안 이탈리아 해군과 연합국, 특히 미국 사이에 지역 슬라브인에 대한 이탈리아군의 행동을 놓고 갈등이 점점 커졌다.[28] 이탈리아인들은 긴 각서에서 자신들의 입장을 옹호했다. 그들은 자연이 이탈리아에 잔인한 속임수를 써서 아드리아해 서쪽에는 항구가 거의 없고 자연 방어물이 없는 반면, 동쪽은 "앞으로 돌출한 뛰어난 절벽과 섬들"이 보호하고 있다고 주장했다. "동쪽의 바다는 맑고 깊어서 수뢰를 부설하는 것이 어렵지만, 서쪽의 바다는 흐리고 낮아서 바다 아래 무기의 은밀한 사용을 돕는 것처럼 보였다." 이탈리아가 아드리아해 동쪽의 영토를 차지하려는 것은 순전히 필요에 의해서라는 것이었다.[29]

민족주의자들은 주장할 것이 또 있었다. 이탈리아는 흩어져 있는 이탈리아인 공동체를 슬라브인들의 전횡 아래 둘 수 없었다. 이탈리아 언론은 이스트리아와 달마티아 해안에서 여성과 아동들이 살해당하고 있다는 놀라운 가짜 뉴스를 퍼뜨렸다. "유고슬라비아인들은 달마티아의 이탈리아 주민들의 목을 자르고, 그들에게 테러를 가하고 있다." 학식이 높은 교수들도 "달마티아에서 이탈리아인이 아닌 자들은 야만인이다!"라고 주장했다. 달마티아에 주둔한 이탈리아군 사령관은 좀더 부드러운 평가를 했다. "이곳 주민들은 기본적으로 단순한 원시적 주민처럼 선량하다. 그러나 단순하고 원시적인 주민은 또한 극도로 예민하고, 의심이 많고, 폭력적인 충동이 있다." 이탈리아의 문명화 임무는 분명했다.[30] 이탈리아 신문들은 교회에 출석하는 농민들의 사진을 실으면서 그들이 이탈리아군

사령관에게 경의를 표하러 간다고 설명하거나, 식량을 받으러 늘어선 줄을 이탈리아가 그곳에 남기를 간청하기 위해 줄을 선 슬라브인들이라고 설명했다.[31]

1918년이 끝나갈 무렵 로마, 제노바, 나폴리에서는 열성적인 군중이 나타나서 달마티아의 날을 기념했다. 미국 대사는 이탈리아 정부가 이 시위의 배후에 있다고 의심했다. 그 대사의 보고에 따르면, 소니노는 이탈리아는 다른 무엇보다 달마티아에 안보를 의존해야 하고, 이것은 국제연맹에 의해 보호를 받는 것이 아니라 이 영토를 통제하는 것을 의미한다고 말했다. "경찰은 자신들이 보호하는 주민들에게, 저녁에 문을 걸어 잠그라고 한다. 경찰이 출동할 때까지 침입자를 막기 위함이었다."[32] 소니노는 오를란도와 마찬가지로 윌슨의 아이디어가 바보 같다고 생각했다. "일부 외교관들의 활동으로 방 안에서 세상을 바꾸는 것이 가능하기는 한가? 발칸 지역으로 가서 14개조를 실험해보라."[33]

이탈리아 정부는 연합국이 자신들의 생각을 지지하도록 만들기 위해 최선을 다했다. 1918년 12월 오를란도는 영국과 프랑스 측에 유고슬라비아는 이탈리아인을 분명히 학살하고 있다고 말했다. 이탈리아 병사들은 공격을 당하고, 이탈리아 여성들은 이탈리아 색 옷을 입었다는 이유로 테러를 당한다고 그는 주장했다.[34] 그는 새로운 유고슬라비아 국가를 인정하는 것을 확고히 거부했다. 영국과 프랑스는 이탈리아의 입장에 끌려 들어갔다. 그들은 마지못해 런던 조약을 존중하려고 했다. 로버트 세실은 이탈리아 주재 영국 대사에게 이렇게 썼다. "사실 이탈리아 외교정책의 탐욕이 사방으로 이탈리아를 심각한 어려움에 빠뜨리고 있다. (…) 유고슬라비아인들이 정당한 권리보다 훨씬 더 많은 것을 요구한 것은 사실이지만, 소니노의 고집과 이탈리아의 과장된 주장으로 인해 이제 이탈리아는 유럽에서 우리 외에는 친구가 없다는 것이 문자 그대로 사실이며, 고립을 완성하기 위해 최선을 다하고 있다."[35]

이런 태도는 미국도 등을 돌리게 만들었다. 윌슨은 이탈리아가 주장하는 영토 일부에 대해서는 피상적 지식을 가지고 있었지만(그는 트리에스테가 독일의 도시라고 생각한 듯하다[36]) 자신의 원칙에 확고했다. 그의 법률 전문가들은 이탈리아가 삼국동맹 측과 14개조를 바탕으로 강화를 했다면, 그것은 런던 조약을 대신한다는 것을 암묵적으로 인정한 것이라고 주장했고 윌슨도 이에 동의했다. 다른 한편 14개조는 "이탈리아 국경의 조정은 확실히 인정할 수 있는 민족 경계선을 따라 시행되어야 한다"는 것을 약속했다. 이에 따르면 이탈리아는 북동쪽 국경에서 원하는 지역 일부를 얻을 수 있지만, 이스트리아에서는 조그만 부분만 얻고, 아드리아해에서는 어떤 영토도 얻을 수 없었다.[37] 휴전 협상에서 오를란도는 이탈리아의 국경은 안보적 필요를 고려해야 한다는 입장을 관철하려 했지만 뜻을 이루지 못했다. 이탈리아는 후에 자신들의 입장이 고려되었다고 주장했지만, 미국인들은 그렇게 생각하지 않았다.[38]

그럼에도 불구하고 오를란도와 소니노는 상당히 낙관적 생각을 가지고 윌슨이 유럽으로 돌아오기를 기다렸다. 하우스는 미국을 우방으로 생각하라고 그들을 고무했고, 이탈리아군이 런던 조약에서 약속된 모든 영토를 점령하도록 오스트리아-헝가리와 휴전 협상을 하는 것을 허용했다.[39] 그는 소니노에게 협상 기술을 조언하기도 했다. 만일 이탈리아가 영국과 프랑스가 원하는 것을 다 얻을 때까지 기다리면, 강화회의가 이탈리아의 요구를 거부하기가 어려울 것이라고 말했다. 하우스는 일기에 이렇게 썼다. "나는 순전히 악마의 마음으로 이것을 제안했다. 나는 소니노와 오를란도가 영국과 프랑스의 주장을 기반으로 자신들의 주장을 내세울 때 그것을 즐기며 바라볼 것이다."[40] 두 사람은 또한 미국 주재 이탈리아 대사인 마치 디첼레레Macchi di Cellere로부터도 잘못된 조언을 받았다. 사실을 무시하는 뛰어난 능력을 가진 그는 윌슨이 이탈리아와 이탈리아의 목표에 동정적이라고 장담했다.[41] 오를란도는 그에 대해 훗날 이렇게 말했다. "좋은 사람이지만, 자신의 직무에 절대적으로 무능한 사람이었다. (…) 우리가 윌슨의 진정한 감정을 완전히 모른 상태에서 강화회의에 간 이유이기도 하다."[42] 어쩌면 이탈리아 지도자들은 알고 싶어하지 않았을지도 모른다. 로마 주재 미국 대사는 이렇게 보고했다. "소니노는 미국에 대해 아는 것이 너무 없어서 완전히 무지하다고 해도 될 정도이고, 나는 그가 우리의 주요 동기에 따라 행동할 것으로 생각하지 않는다."[43]

윌슨은 이탈리아인들을 의심했고, 이탈리아가 "냉혈한 계산"을 하면서 전쟁에 참전했다고 보았다.[44] 1918년 12월 파리에 도착한 윌슨이 제일 먼저 한 일은 런던 조약 사본을 가져다달라는 요청이었다. 그는 크리스마스 며칠 전 소니노와 오를란도를 처음으로 만났고, 아드리아해에 대한 이탈리아의 요구를 놓고 오랫동안 토론했다. 두 이탈리아 지도자는 회담이 잘되었다고 생각했지만, 다음날 윌슨과 대화를 나눈 영국 대사는 다른 인상을 받았다. "그는 매우 반이탈리아적이었다. 그는 오를란도와 소니노와 그들이 하는 방식을 극도로 싫어했고, 그들과 더는 어떤 대화도 하고 싶어하지 않았다."[45] 강화회의 시작이 지연되면서 윌슨은 로마 방문에 동의했다. 이것도 슬프게도 양측의 오해를 심화하는 데 일조했다.

그는 거대한 군중으로부터 열광적인 환영을 받았다. 윌슨은 이탈리아 국민이 자신의 프로그램을 지지한다고 잘못 판단했다. 윌슨의 주치의는 대통령이 이렇게 말했다고 기록했다. "이탈리아 국민은 자신들이 막 겪은 것과 같은 전쟁이 다시 일어나지 않게 보장하는 평화를 이루는 데 관심이 있고, 그 목적을 달성하기 위한 수단으로 국제연맹이라는 아이디어를 지지하는 것 같다."[46] 넉 달 후 이탈리아 정부와의 관계가 최악의 상태에 이르자 윌슨은 이탈리아 국민에게 직접 호소하기로 했다. 오를란도는 여전히 낙관주의에 매달렸다. "나는 윌슨과 그의 아이디어를 믿는다"라고 그는 자신의 친구에게 유쾌하게 말했다. "나는 윌슨주의가 이탈리아의 권리와 이익을 포함하고 있는 한 그것을 받아들인다."[47] 소니노는 좀더 의심을 품었다. 그는 윌슨이 정부 비판자들에게 말하는 방식을 좋아하지 않았다. 윌슨도 자신의 감정을 털어놓았다. 그는 소니노가 "뱀장어나 이탈리아인처럼 미끈거려서 다루기 힘들다"라고 말했다.[48]

1919년 1월 13일 윌슨은 오를란도에게 런던 조약은 더이상 유효하지 않다고 결론 내렸다고 통보했다.⁴⁹ 최고평의회가 국제연맹 문제와 볼셰비키를 회의에 초청할 것인가 같은 복잡한 문제에 몰두하는 동안 이탈리아 문제는 진전이 없었다.

이탈리아 대표단은 파리 오페라극장 근처에 있는 화려한 에드워드 7세 호텔에 머물렀다. 신혼인 대표 한 사람을 제외하고 아내 동반은 허용되지 않았다. 전화기가 한 대밖에 없어서 대표들은 오를란도의 허락을 받고 전화를 사용해야 했다. 대표단 자체가 이탈리아 정부의 분열을 그대로 반영하고 있었다. 한 젊은 대표가 대표단 분위기를 이렇게 서술했다. "맙소사, 모든 문제를 로마에서 파리로 옮겨온 것 같다. 조직력 결여, 직원 선발에 만연한 의회식 수작, 악소문과 험담이 난무한다."⁵⁰

이탈리아 대표단은 강력하지도 능력이 있지도 않다는 것이 일반적인 평가였다. 시원치 않은 조력을 하기 위해 워싱턴에서 파리로 불려온 마치 디첼레레는 한 미국인에게 자랑스럽게 이렇게 말했다. "이탈리아는 애써 스스로를 선전할 필요가 없다. 이탈리아는 너무나 오래된 나라이고, 너무나 자랑스러운 민족이다."⁵¹ 이탈리아 대표 중 미국과 영국 대표단처럼 비공식 접촉을 하는 사람은 거의 없었다.⁵² 대표단 지도자 중 전 총리 살란드라Salandra는 자신의 건강에만 신경썼다. 오를란도는 상냥했으나 산만했다. 소니노는 냉담하고 비밀스러운 태도를 유지하며 동료 대표들에게 도움이 될 만한 정보도 철저히 보호했다. 시간이 나면 그는 혼자 산책을 했다. 그는 이탈리아를 위해 로비를 하려고도 하지 않았다. "그런 방법에 의존하면 우리는 세계 여론에 영토를 구걸하러 다니는 약소국 수준으로 떨어질 것이다."[53] 시간이 지나면서 그와 오를란도의 관계는 악화되었다. 평소 자신을 잘 통제하는 소니노가 분노로 얼굴이 붉어진 장면이 여러 번 목격되었다.[54]

분열된 이탈리아 대표단은 동맹국도 믿지 않았다. "그들은 자신들이 다른 강대국으로부터 대등하게 대접받지 않는다고 생각했다. 그들은 사방에서 공격당하고 비판받았다. 그들은 자신들에게 좋은 것이 무엇인지에 대한 말을 들었지만, 실제 논의로 진전되지는 않았다."[55] 소니노는 윌슨이 성직자 같은 사람specie di clergyman이라고 비아냥댔고, 디첼레레는 미국은 평화를 명령하는 "강탈자"라고 말했다.[56] 1월 말 《타임스》의 편집자인 위컴 스티드는 윌슨이 소니노와 "격렬한 논쟁"을 벌였고, 소니노는 "이성을 잃고 윌슨에게 유럽 문제에 간섭하지 말고, 미국의 일에만 신경쓰고 남의 일에 참견하지 말라고 말하는 데까지 간 것 같다"라고 보도했다.[57]

이탈리아 대표단은 유럽 국가 중 영국과 사이가 제일 좋았다. 오를란도는 로이드조지를 좋게 보았다. "켈트족의 피를 물려받아 영리한 면에서는 우리 지중해인처럼 보인다."[58] 사실 두 나라를 갈라놓을 사안도 거의 없었다. 프랑스와는 상황이 달랐다. 이탈리아는 프랑스 덕분에 통일을 이루었지만, 프랑스가 니스와 사보이를 가져간 데에는 너무 큰 대가였다는 감정이 있었다. 두 나라는 지중해의 강국이 되려고 노력했고, 전쟁 전 튀니지와 모로코를 놓고 충돌했다. 이탈리아가 삼국동맹에 가담한 데에는 프랑스에 대항하는 동맹을 찾기 위한 이유도 있었다. 세계 정치인들이 크게 신경쓰는 척도에 따르면 이탈리아는 철강, 석탄, 인구 생산에서 프랑스에 뒤졌다. 로이드조지는 회고했다. "이탈리아와의 협상 내내 나는 그들의 외교 정책이 질투, 경쟁, 분노, 특히 프랑스에 대한 두려움이 복합적으로 작용하고 있음을 발견했다."[59] 프랑스의 태도에는 두려움보다는(이탈리아의 출생률에 대한 약간의 우려에도 불구하고) 경멸이 섞인 우월감이 컸다.

1918년 12월 런던에서 연합국 회담을 가진 후 오를란도와 소니노는 파리까지 클레망소와 함께 이동했다. 클레망소의 보좌관은 이렇게 말했다. "나는 그 긴 여정 중 그들을 한 번도 보지 못했다. 그리고 파리 북역에서 그들은 클레망소를 떠났다. 클레망소는 크게 놀랐을 뿐만 아니라 모욕감까지 느꼈다."[60] 클레망소는 소니노를 마지못해 인정하기는 했지만, 오를란도에 대해서는 전혀 아니었다. "모든 사람의 비위를 맞추려고 하는 전형적인 이탈리아인"이라고 클레망소는 말했다.[61]

오스트리아-헝가리의 붕괴로 이탈리아와 프랑스가 유럽 중앙에 대한 영향력을 놓고 견제하면서 새로운 경쟁 분야가 생겼다. 아드리아해에서 프랑스는 유고슬라비아와 우호관계를 맺는 동시에 이탈리아와 합리적인 관계를 유지해야 하는 어려움에 처했다. 한 프랑스 외교관은 "나는 아드리아해 문제에 지쳤다. 그렇다고 해도 우리는 유고슬라비아를 포기할 수 없다. 그들은 비합리적이지만 약하다. 로마에 있는 친구들은 또 얼마나 바보 같은가?"[62] 클레망소의 다음 발언은 오를란도의 분노를 일으켰다. "맙소사, 이탈리아인가 유고슬라비아인가? 금발인가 갈색 머리인가?"[63] 1919년 4월이 되자 클레망소는 갈색 머리를 택하기로 마음먹었다. 그는 이탈리아가 자르 문제와 독일 지도자들을 전쟁범죄로 기소하는 문제에서 프랑스를 지지하지 않는 것에 화가 났다. 그는 또한 자신에게 움직일 수 있는 여지가 있다는 것을 당연히 여겼다. 이탈리아가 프랑스에 우호적인 국가로 남을 수밖에 없다고 생각했기 때문이다.[64]

오를란도와 소니노는 연합국을 의심하고, 이웃 국가인 유고슬라비아에 적대적이지만, 자신들의 정부가 붕괴될 것이 두려워 감히 관계를 끊을 생각을 하지 못한 프랑스와 어색한 동맹을 유지해야 하는 상황을 이어갔다. 서서히 점화되는 퓨즈처럼 이탈리아의 공식 각서가 2월 7일 강화회의에 제출되었다. 이것은 런던 조약을 거의 거론하지 않았지만, 사실상 그 내용을 그대로 반복하면서 이번에는 신新외교라는 잘 맞지 않는 옷으로 치장한 흥미로운 문서였다. 이 문서는 이렇게 시작했다. "이탈리아의 주장은 정의, 정당함, 절제의 정신을 보이며 윌슨 대통령이 발표하고 동의한 원칙에 완전히 부합하므로 모든 사람의 인정과 동의를 받아야 한다." 이탈리아의 요구는 이탈리아인들의 자치 실현에 전적으로 기반하고, 다른 주민들이 거주하는 지역에 대한 요구는 안전한 국경을 만들기 위한 목적만이 있다고 이 문서는 주장했다.[65]

오를란도와 소니노는 유럽에만 집중해 이탈리아 식민주의자들을 실망시켰다. 이탈리아 식민부는 위대한 계획, 특히 아프리카에 대한 계획에 열정적으로 집중했다. 아두와에서 패배한 1896년 "수치의 해"는 정복으로만 씻어낼 수 있었다. 영국과 프랑스는 옆으로 물러나야 하고, 이탈리아가 에티오피아에 대한 배타적 영향력을 확보하도록 허용해야 한다고 이탈리아 식민장관 가스파레 콜로시모Gaspare Colosimo는 주장했다. 이뿐 아니라 홍해에서 인도양을 거쳐 에티오피아에 가는 경로를 확보하기 위해 영국은 이미 이탈리아가 소유한 작은 영토에 소말리아 일부를 추가해야 하고, 케냐의 북동쪽을 양도해야 했다. 프랑스도 소말리아 일부와 지부티 항구에서 아디스아바바로 가는 철도를 양도해야 했다. 콜로시모는 또한 영국령 리비아와 프랑스 소유 영토를 양도받아 리비아를 확대하고, 만일 포르투갈 식민지들이 간청하는 경우 앙골라도 획득할 꿈을 꾸었다. 전쟁 종결 직전에 콜로시모는 이러한 목표를 정리한 각서를 밸푸어와 하우스에게 보냈다. 문서에 사용된 언어는 윌슨주의처럼 들리게 세심하게 선택되었지만, 이탈리아의 탐욕에 대한 인상만 남겼다.[66]

오를란도와 소니노는 파리에서 아프리카에 대한 주장을 강하게 밀어붙일 준비가 되어 있지 않았고, 영국과 프랑스가 이에 관심을 기울일 가능성도 적었다. 두 국가는 이탈리아와 상의하지 않은 채 이미 신속하게 독일 식민지를 나누어 가졌고, 자신들의 영토를 이탈리아에 양도하는 것에 대해서는 상대국이 그렇게 하면 기꺼이 응하겠다는 입장을 취했다. 아무 일도 일어나지 않았고, 이탈리아는 또 하나의 불만과 또 하나의 실현되지 않은 꿈만 갖게 되었다.[67] 무솔리니는 이것을 유용하게 사용할 수 있다는 것을 알았다.

유럽에서 이탈리아가 요구한 것 중 유일하게 쉽게 해결된 것은 브렌네르 고개 남쪽의 오스트리아-헝가리 영토 작은 부분과 남南티롤, 트렌티노 남쪽 영토였다. 대체로 이탈리아어 사용 지역인 트렌티노는 문제가 되지 않았지만, 티롤은 독일어 사용자가 절대적으로 많은 지역이었다.[68] 오랜 자치 역사를 가진 티롤 주민들은 지역 분할에 항의했다. 새로운 오스트리아 국가도 이에 항의했다. 신생 오스트리아 정부는 "스위스를 제외하고 지금까지 티롤은 모든 외국 지배에 대한 자유와 저항의 불타는 중심지였으며, 군국주의의 제단에 제물로 바쳐질 전략적 고려에 희생될 것"이라고 말했다.[69] 이탈리아인들은 브렌네르 고개로 통하는 긴 언덕을 소유해야만 이탈리아가 안전할 수 있다고 주장했다. "그보다 남쪽에 설정되는 어떤 경계도 평화에 영감을 준 원칙에 반하는 값비싼 무장 유지가 필요한 인위적 절단이다."[70] 강화회의 시작 전 윌슨은 자신이 합리적인 사람임을 보여주기 위해 이탈리아 북부 국경 변경에 반대하지 않는다고 말했다.[71] 강화회의의 동료 중재자들도 그의 의견을 따랐다. 하우스의 말에 따르면 로이드조지는 티롤에 대해 잠시 걱정했다. 그는 그곳에서 휴가를 보낸 적이 있었고, 유럽 대륙에서 잘 알고 있는 몇 안 되는 지역 중 하나였기 때문이다.[72] 윌슨은 나중에 25만 명이나 되는 독일어 사용 티롤 주민을 이탈리아 통치에 넘겨준 것을 후회했다.[73] 1922년 이후 파시스트 정권이 그들을 이탈리아인으로 만들려고 하면서 티롤 주민들의 불만이 증폭되었다. 하룻밤 사이에 학교와 정부 관청에서 이탈리아어를 사용해야 했다. 어린아이들은 "이탈리아 감정"을 상하게 하는 이름을 가질 수 없었다. 이탈리아와 유럽이 크게 변한 1970년대가 되어서야 티롤은 오랜 자치 전통의 일부를 되찾을 수 있었다.[74]

윌슨은 티롤에서 독일인들에 대한 불의는 받아들일 용의가 있었지만, 유고슬라비아의 주장에 반하는 이탈리아의 요구는 받아들일 생각이 없었다. 아드리아해 동부 연안 비도시 주민은 완전히 슬라브인이었다. 이 지역에는 약 75만 명의 크로아티아인, 슬로베니아인, 세르비아인, 보스니아인이 거주하고 있었다. 그럼에도 불구하고 이탈리아는 오스트리아-헝가리와 과거 국경을 50~100킬로미터 동쪽으로 이동시켜서, 오늘날 크로아티아와 슬로베니아를 포함하고, 남쪽으로는 스플리트(이탈리아어로 스팔라토)를 향해 달마티아 해안으로 국경을 이동시켜서 이스트리아반도 전체를 차지하려고 했다. 그렇게 되면 풀라의 해군기지와 헝가리의 두 주요 항구인 트리에스테와 피우메를 차지하게 되는데, 이 지역은 중부 유럽과 철도로 연결되고, 아드리아해 북동쪽 끝의 몇 개 섬과 자다르(이탈리아어로 차라)와 시베니크(이탈리아어로 세베니코) 인근의 달마티아 해안을 얻을 수 있었다. 이탈리아는 또한 남쪽에서는 알바니아의 블로러 항을 원했다. 이 땅을 차지하면 아드리아해를 지배하게 되고, 신생 국가 유고슬라비아는 주요 항구가 없는 짧은 해안과 내륙을 연결하는 단 하나의 철도만 갖게 될 터였다. 이것이 이탈리아인들이 원한 것이었다.

이탈리아 대표단은 파리에서 이러한 논리를 사용하지 않았다. 그들은 전략적 필요를 강조하고 역사를 상기시켰다. "로마와 베네치아 공국 시대에 그곳 자체의 번영과 세계 평화를 위해 달마티아 전체가 이탈리아와 통합되었다."⁷⁵ 그들은 해안의 여러 광장에 남아 있는 베네치아의 상징인 사자상과 가톨릭교회 건물, 로마 원주를 상기시켰고, 오스트리아의 압제에도 불구하고 이탈리아어가 계속 살아남은 점을 지적했다. 그들은 만일 이탈리아인이 "반‡야만적인 슬라브인들"에 복속되는 경우 일어날 무서운 불의를 언급했다.[76]

그러나 현지로부터 우려되는 소식이 파리에 전해졌다. 슬라브인에 대한 강제 이주와 자의적 체포, 슬라브계 신문 폐간, 유고슬라비아 철도 차단 등이 그런 소식이었다. 한 영국 장교는 분노에 찬 보고를 밸푸어에게 보냈다. "달마티아는 기아에 시달리고 있고, 이탈리아인들은 이탈리아에 충성 선언을 한 사람들에게만 식량을 나누어주고 있다."[77] 연합국 식량 구호를 책임지고 있던 후버는 이탈리아 당국이 트리에스테에서 식량 운송을 지체시키고 있고, 2월 22일에는 내륙으로의 모든 통신을 갑자기 차단했다고 보고했다. "이것은 단지 유고슬라비아인만 고립시키는 것이 아니라 오스트리아와 체코-슬로바키아로 이어지는 핵심 철도를 차단시켰다." 윌슨은 "굶주리는 사람들에 대한 미국의 식량 구호를 정치적 무기로 사용할 수 없다"라는 후버의 결론에 동의하고, 이탈리아에 대한 미국의 원조를 보류하는 방식으로 보복을 해야 한다는 그의 건의를 받

아들였다.[78] 이 문제는 강화회의 나머지 기간 동안 이탈리아와 미국의 관계를 망쳐놓았다.[79]

처음에 미국은 영국과 프랑스의 지원을 얻어 이탈리아와 유고슬라비아가 스스로 국경을 협상하도록 고무했다. 유고슬라비아인들은 타협할 준비가 되어 있다고 말했다. 이견이 생기는 지역을 윌슨이 중재할 수도 있었다. 이탈리아 대표단은 당혹스러워했다. 오를란도는 한 미국 대표에게 "남슬라브의 제안에 경악했지만, 이를 거부할 합당한 이유를 찾을 수 없었다"라고 속을 털어놓았다. 오를란도는 윌슨에게 "울며 겨자 먹기로 남슬라브인들이 자신의 목을 졸랐다고 말했지만, 결국 로마의 국왕 및 동료들과 논의를 한 다음 되도록 빨리 답을 주겠다고 약속했다." 2월 윌슨이 미국으로 일시 귀국하자 이탈리아 대표단은 윌슨의 중재를 거부하면서, 유고슬라비아인들이 "잔인한 방식으로" 너무 일찍 제안 내용을 공표했다는 것을 그 이유로 내세웠다.[80]

강화회의가 시작되었을 때부터 이탈리아는 유고슬라비아나 다른 누구와도 타협할 생각이 없었던 것은 분명하다. 그들은 이탈리아 국경 문제가 전문가 위원회로 회부되도록 영향을 주는 것은 모두 막으려고 했다. 최고평의회와 이후 4인 평의회에서 이탈리아 대표들은 자국의 이해가 걸린 일을 제외하고는 거의 발언을 하지 않았다. 3월의 한 회의 후 클레망소는 이렇게 불평했다. "오늘 오후 오를란도는 이탈리아의 요구를 장황하게 설명하고, 자신이 생각하는 국경의 정당성에 대해 끝없이 늘어놓았다. 그리고 우리는 다음으로

이에 못지않게 지루한 소니노의 두 번째 연설을 들어야만 했다."[81] 국제연맹 규약과 독일 평화 조건이 만들어지는 동안 이탈리아 대표들은 거의 한마디도 하지 않았다. (오를란도는 후에 이것이 이탈리아가 배제되었다고 느꼈기 때문이라고 말했지만, 설득력이 없었다.[82])

이탈리아의 전술은 짜증을 유발하고, 너무 단도직입적이고, 능숙하지 못했다. 이탈리아 대표단은 유고슬라비아가 불가리아와 헝가리로부터 원한 영토를 반대했고, 바나트 문제에서는 루마니아를 지지했다. 이탈리아는 헝가리에 무기를 팔았고, 심지어 무너진 쿤 벨러 정부와 비밀 협약을 맺기도 했다.[83] 소니노는 우매하게도 알바니아에 대한 그리스의 요구를 전혀 고려하지 않고, 그리스인이 다수 주민인 소아시아 해안의 도데카네스제도에 계속 집착해 그리스가 유고슬라비아 편을 들게 했다. 이탈리아는 발칸 전쟁 후 이 제도를 계속 점령하고 있었다. 소니노는 베니젤로스 그리스 총리가 면담을 요청했을 때 심통을 부리며 그를 접견하는 것을 거부했다.[84] 여러 위원회 논의에서 이탈리아는 한결같이 반유고슬라비아 입장을 취하고, 고집스럽게 비협조적인 태도를 취했다. 이탈리아 대표단은 압박을 받을 때면 자국 정부로부터 지시받지 못했다고 주장했다. 영국 외무부의 에어 크로Eyre Crowe가 이탈리아 외교관에게 항의하자, 그 외교관은 이렇게 말했다. "지난 12월 우리가 런던에 방문했을 때도 당신들은 우리와 단독 회담을 하지 않았고, 파리에서도 우리와 대화나 협의를 하지 않을 것이니, 우리는 이 문제에 대해 어떠한 의견도 표명하지 않을 것이다."[85]

이탈리아의 요구를 드디어 결정하는 회의가 4월에 열렸을 때 다른 강대국은 이탈리아에 확연히 덜 호의적이었다. 이탈리아의 식욕은 항상 그 이빨보다 크다는 비스마르크의 말이 적절히 인용되었다. 지친 밸푸어는 말했다. "이탈리아인들은 어떤 식으로든 진정시켜야 한다. 유일한 문제는 어떻게 인류에게 가장 적은 대가를 치르게 하는 방법으로 그들을 진정시키는가다."[86] 이탈리아 대표단은 절박했다. 오를란도는 달마티아를 얻지 못하고 돌아오는 경우 자신을 죽이겠다고 공언한 비밀 결사가 존재한다고 말했다.[87] 민족주의 언론은 아드리아해의 이탈리아 통제를 위해 맹렬한 운동을 벌였고, 정치는 의회 회의장을 벗어나서 거리로 쏟아져나왔다. 급격하게 세를 확대하고 급진주의자들이 장악한 사회당은 자체 부대를 파견했고, 민족주의 우파는 자체 전투 집단fasci di combattimenti을 파견했다. 이탈리아의 요구를 반대하는 대표적인 인물인 레오니다 비솔라티 Leonida Bissolati가 밀라노의 라스칼라 극장에서 열린 국제연맹 지지 대회에서 연설을 할 때, 무솔리니를 포함한 광적인 민족주의자들이 청중 속에 있었다. 한 이탈리아 기자는 앞으로 점점 더 익숙해지는 장면을 보도했다.

한순간 마치 보이지 않는 지휘봉이 신호를 보낸 것처럼 지옥의 교향곡이 시작되었다. 꽥꽥거리는 소리, 비명, 휘파람 소리, 투덜대는 소리, 인간의 소리 같기도 하고 야생 짐승의 울부짖음처럼 들리기도 하는 것이 소리의 물결을 차지했다. 간간이 구별되는 인간의 소리, 아니

애국적인 외침이 잔인한 행진의 리듬을 탄 감정을 제대로 표현하지 못하는 군중을 지배했다. 그들은 "크로아티아인 반대, 크로아티아인 반대!"라고 외쳤다. 이것은 크로아티아인이나 유고슬라비아인과의 우정을 전혀 원하지 않는다는 의미였다. 그리고 이것은 비솔라티도 크로아티아인이라는 뜻이기도 했다.[88]

피우메는 다른 무엇보다 이탈리아의 민족주의적 프로그램과 그것에 저항하는 윌슨의 결의를 상징하게 되었다. 그곳은 강화회의에서 이러한 위기를 만들어낼 만한 장소가 아니었다. 특별히 멋지거나 뛰어나지 않은 작고 번잡한 이 항구는 전쟁 전에는 오스트리아의 아드리아해 출구로 사용되었다. 중부 유럽에서 전형적인 모습처럼 이 도시의 인구는 여러 민족이 혼합되어 있었다. 소수의 헝가리인과 번영을 누리는 이탈리아인 중류 계급, 그리고 대부분이 노동계급인 크로아티아인이 주민을 이루고 있었다. 피우메에는 이탈리아인이 조금 더 많았지만, 수사크 외곽 지역을 합치면 크로아티아인이 다수 주민이었다. 전쟁 전 이 지역의 이탈리아인들은 향수에 젖어 이탈리아를 거론하고, 헝가리 당국에 불만을 토로했지만, 1918년이 되자 조국과 통합의 실제 가능성으로 부각되었다. 자신들을 청년피우메당_giovani fiumani_이라고 부르는 청년 집단이 갑자기 나타나서 카페를 점령하고, 매 15분마다 악단이 이탈리아 국가를 연주하고, 손님들에게 일어나 경의를 표하도록 강요했다.[89]

앞으로 2년 동안 피우메에서 일어날 많은 일이 그러했듯이, 전쟁이 끝날 무렵 일어난 사건들은 이탈리아의 전설이 되었다. 아르고 선원Argonauts*이라는 명칭을 사용한 자원자들은 오스트리아의 총격에도 아랑곳하지 않고 고속으로 운항하는 배를 타고 바다를 가로질러서 피우메를 구출하기 위해 이탈리아 해군을 데려왔다.[90] 미국 대사가 보고한 사실, 즉 피우메에게 다섯 명의 청년이 징발된 예인선을 타고 건너왔고 이탈리아 해군이 실수로 그들에게 발포했다는 사실은 편리하게 무시되었다.[91] 휴전 때 피우메를 점령한 이탈리아군은 그곳을 이탈리아 땅으로 계속 유지하기로 결정했다. 한 제독은 외교적 합의는 무의미하다고 말했다. "그러한 논의는 외교관과 정치인들의 논쟁일 뿐이다. 피우메는 이탈리아 땅이고 앞으로도 계속 그럴 것이다. (…) 어떤 간섭도 이탈리아의 권리를 결코 해칠 수 없다."[92]

이탈리아가 갑자기 피우메에 집착하게 된 데에는 실제적 이유가 있었다. 파리에 온 한 이탈리아 대표는 "우리가 피우메를 통제하지 못하면 트리에스테의 교역을 계속 유지할 수 없고, 그 무역을 트리에스테로 돌려야 한다"라고 솔직하게 설명했다.[93] "아드리아해의 보석"으로 불리는 피우메는 이탈리아 민족주의자들에게 매우 중요했다. 하우스는 일기에 썼다. "왜 그들이 인구 5만 명에 주민 절반 조금 넘는 수가 이탈리아인인 이 작은 도시에 그렇게 마음을 던졌는

---

* 아르고는 그리스 신화에서 전설 속의 황금양털을 찾아 떠난 영웅 이아손과 그의 모험가들이 타고 간 배의 이름이다.

지 나로서는 수수께끼다."⁹⁴ 피우메를 둘러싼 소동이 절정에 이른 1919년 4월 오를란도는 하우스에게 이탈리아의 요구가 전쟁 종결 직후에 바로 해결되었더라면 더 좋았을 것이라고 수심에 차서 말했다. "그랬다면 피우메는 결코 이탈리아인들의 평화 조건의 일부가 되지 않았을 것이다."⁹⁵

여론은 종종 사소한 대상에 집착한다. 1919년에 이탈리아의 여론은 피우메를 자신의 이상으로 삼은 비상한 인물인 가브리엘레 단눈치오Gabriele d'Annunzio에 의해 추진력을 얻었다. 그는 키가 작고 대머리에 못생겼지만 엄청나게 매력적이었다. 그가 군중 앞에서 연설할 때면 군중은 완전히 순종적인 대중이 되었다. 그가 "여러분의 목숨을 바치겠습니까?"라고 물으면 군중은 "예"라고 외쳤다. 그는 당연히 이를 기대했다. 그는 무솔리니보다 먼저 총통(두체)이 되고, 니체의 용어를 빌리면 초인이 되었고, 그는 당연히 이에 동의했다. 단눈치오는 또한 위대한 시인, 극작가, 영화 제작자였다. 그의 육체적 용기, 평범한 정치인에 대한 경멸, 신성한 민족주의가 이탈리아 국민의 마음을 움직였다. 관습의 무시, 극적인 것에 대한 감각, 열정적인 애정 행각은 그를 유럽 전역에서 낭만적 영웅으로 만들었다. 열여섯 살에 첫 시집을 낼 때 그는 자신이 죽었다는 소문을 냈다. 그는 유명세를 이해했다. 그의 생애는 전설을 만들어냈다. 그의 애인인 여배우 엘레노어 두세Eleanore Duse는 그가 저녁 수영을 마치고 알몸으로 바다에서 나올 때 커다란 자주색 가운을 들고 바닷가에 서 있었다. 아름답고 이국적인 장식물로 가득 찬 그의 서재에서 예술가들은 교령회交靈會를 진행했다. 그는 갑자기 빚쟁이들로부터 도망가기도 했다.

이탈리아가 참전하자 52세의 단눈치오는 기병대 연대에 들어갔다. 그는 전선, 잠수함, 공중 등 자신이 원하는 곳에서 전투를 치렀다(그는 또한 자신이 원할 때 휴가를 갔다). 그는 한쪽 눈을 잃었지만, 용맹을 발휘한 공으로 훈장을 받았다. 가장 유명한 그의 행각은 1918년 8월 자신의 비행기를 타고 빈의 상공을 선회하며 오스트리아에게 항복을 촉구하는 이탈리아 색깔의 전단을 뿌린 것이었다. 개인적 영웅이 별로 없던 이 전쟁에서 그는 가장 눈에 띄었다. 이탈리아는 영웅을 필요로 했다.

단눈치오는 이탈리아의 영토 요구를 적극 지지했다. "불구의 승리"라는 말을 만들어낸 것도 그였다. 그는 1919년 1월에 무솔리니가 발행하는 신문에 선동적인 내용의 '달마티아인들에게 보내는 편지'를 실었다. 그는 연합국과, "윌슨 박사가 제안한 대서양 국가들을 약화시키는 설사제, 클레망소 박사의 알프스 국가 수술"을 책망하고, 전쟁 중 이탈리아가 보인 용맹을 찬양했다. "결국 그리스도의 불쌍한 양인 우리에게 어떤 평화가 강요될 것인가?" 갈리아식 평화? 영국식 평화? 성조기 평화? 그것은 절대 안 된다. 이미 충분하다! 모든 국가 중 가장 큰 승리를 거둔 이탈리아, 자신과 적에게 승리를 거둔 이탈리아는 알프스산맥과 바다 위에 유일하게 적절한 팍스로마나를 구현할 것이다."[96] (그의 저술은 바티칸의 금서 목록에 올랐지만, 그는 가톨릭의 이미지를 마음껏 활용했다.)

이탈리아에서 피우메에 대한 갈망과 기타 요구에 대한 지지가 열기를 더해가는 동안, 강화회의는 다른 문제에 몰두해 있었다. 윌슨이 미국으로 돌아가 있던 1919년 2월 14일부터 3월 14일까지, 문제가 된 국경이나 이것을 확정할 오스트리아와 헝가리와의 조약은 진전되지 않았다. 그사이 오를란도도 귀국해 이탈리아 의회에서 파리에서 모든 일이 잘되고 있다는 인상을 주는 당당한 연설을 했다. (그가 피우메를 언급하자 청중 모두가 자리에서 일어나 외쳤다. "피우메 만세!"[97]) 독일 평화 조건을 둘러싸고 긴장이 고조된 4월이 되어서야 중재자들은 이탈리아와 유고슬라비아 간의 국경을 다루기 시작했다.

4월 3일, 4인 평의회에서 로이드조지는 이탈리아 대표단에게 아드리아해에 대한 입장을 밝히라고 요청했다. 오를란도는 이미 익숙한 주장을 반복하며 장황하게 발언했다. 그는 피우메를 국제연맹이 관할하는 자유 국가로 만든다는 제안을 거부했다. 그날 오후 유고슬라비아의 입장을 듣게 되자 오를란도는 적국과 거래할 생각이 전혀 없기 때문에 회의에 불참한다고 단호하게 말했다.[98] 이후 몇 주 동안 이탈리아와 동맹국 사이에 사적 회동이 진행되었지만, 나쁜 감정 말고는 이렇다 할 결과를 만들어내지 못했다. 오를란도가 회의에서 이탈할 것이라는 소문이 돌았다. 4월 13일 4인 평의회가 독일을 언제 파리로 초청할지를 결정하려고 하자, 오를란도는 이탈리아 문제를 먼저 해결해야 한다고 주장했다. "이탈리아 여론은 격앙되어 있다. 나는 그들을 진정시키기 위해 최선의 노력을 기울이고 있지만, 그들의 실망이 가져올 결과는 매우 심각하다." 만일 그가 진전을 보고하지 못하면 그의 정부는 붕괴할 수 있었다. 그의 말을 들은 사람들은 동정을 표했지만, 마음이 움직이진 않았다. 로이드조지는 "독일 대표단을 바로 불러서 아직 남아 있는 유일한 적국을 상대하는 것이 적절하다"라고 말했다.[99] 윌슨은 독일 대표단 초청을 며칠 늦추자고 했고, 이것이 받아들여졌다. 그사이 윌슨은 이탈리아와 논의했고, 오를란도는 마지못해 이에 동의했다. 그는 하우스에게 클레망소와 특히 "능구렁이 같고 교묘한" 로이드조지의 배신을 매우 유감스럽게 생각한다고 말했다.[100]

로이드조지와 클레망소도 그에 못지않게 화가 났다. 클레망소는 이렇게 말했다. "오를란도가 내게 이렇게 말한 적이 있다. '개에게 물렸는데도 그 개를 용서하고 치즈 덩어리까지 준 폴란드의 성자 스타니스와프 왕 같은 느낌을 당신에게서 받았소.' 그때 나는 이렇게 답했다. '글쎄, 내 이름은 스타니스와프가 아니라 조르주다. 나는 카포레토에서 도망친 소년들에게 치즈를 주지 않을 것이다. 나는 조약의 약속을 지킬 것이며, 내 깊은 경멸을 전달할 수는 있겠지만, 추가로 주는 건 없을 것이다.'" 클레망소는 막후에서 이탈리아가 양보할 것을 요청했지만,[101] 이탈리아 대표단은 런던 조약을 준수해야 한다고 재차 강조했다.

윌슨이 타협안을 도출하는 데 실패한 것은 놀랄 일이 아니었다. 그는 유럽으로 돌아오는 길에 전문가들에게 "무엇이 옳은지 내게 말해주면, 나는 그것을 위해 싸울 것"이라고 한 말을 상기시키며 자신의 입장을 고수했다.[102] 그는 반복적으로 측근들에게 이탈리아가 피우메를 차지하도록 허용하지 않겠다고 말했다. 매일 저녁 윌슨을 만나는 베이커가 그에게, 만일 이탈리아가 강화회의에서 이탈하면 미국은 경제 지원을 계속할 의무가 없다고 이탈리아 대표에게 말했다고 보고하자, 윌슨은 "그것이 바로 자네가 해야 할 일일세"라고 대답했다.[103]

이탈리아 대표들의 말에 따르면 4월 14일 윌슨과 오를란도의 회동은 "매우 격렬했다." 윌슨은 살면서 겪은 최악의 경험이라며, 마치 프린스턴대학에서 한 학생을 퇴학시키려고 하자 그 학생의 엄마가 자신의 아들은 수술을 받고 아마 죽게 될 것이라고 말한 것과 유사하다고 말했다.[104] 윌슨은 자신이 14개조에 의거해 독일 평화 조건을 결정한다고 명시한 각서를 오를란도에게 주고, 오스트리아와 다른 조건으로 평화를 맺을 수 없다고 말했다. 오를란도는 이탈리아 대표단에게 이 각서는 전혀 논의할 여지가 없는 것이라고 말했다.[105]

4인 평의회는 다시 시도할 수밖에 없었다. 부활절 전 토요일인 4월 19일, 6일 동안 지속된 진지한 토론이 시작되었다. 이탈리아 대표단은 고난 주간을 빗대 이야기를 꺼냈다. "나는 사실상 새 그리스도다. 나는 내 나라의 구원을 위해 고난을 겪어야만 한다"라고 오를란도는 말했다.[106] 그는 어떤 결과가 나오건 회의에서 이탈할 수 있다고 위협했다. "나는 이 순간의 비극적 엄숙성을 잘 안다. 이탈리아는 이 결정에 의해 고난을 받을 것이다. 이탈리아에게는 두 죽음 사이의 선택이다."로이드조지는 물었다. "그게 피우메 때문이라는 말인가? 이탈리아인이 불과 2만 4천 명밖에 안 되고, 외곽 지역의 인구까지 따지면 이탈리아인이 다수라고 말하는 것이 아주 의심스러운 그곳 때문에?"[107] 그는 만일 미국 대표단이 철수한다면 어떻게 될지 생각해보라고 이탈리아 대표단에 말했다. "나는 미국이 우리와 함께 남아서 기계에 기름을 붓지 않으면 유럽이 어떻게 스스로 일어날 수 있을지 모르겠다."[108]

윌슨은 이탈리아가 새로운 관점에서 생각하도록 촉구했다. "미국에서는 구질서에 대한 환멸이 있다. 그러나 미국에서만 그런 것이 아니다. 전 세계가 이에 지쳤다." 그러나 이탈리아인들은 미동도 하지 않았다. 소니노는 윌슨에게 말했다. "이탈리아에서 50만 명이 사망하고 90만 명이 불구자가 되는 엄청난 희생을 치렀는데 우리가 전쟁 전보다 나쁜 상태로 돌아간다는 것은 생각할 수도 없다. 우리의 중립을 얻기 위해 오스트리아-헝가리는 달마티아 해안의 일부 섬을 양도하기까지 했다. 당신은 이조차 우리에게 양도하려 하지 않는다. 이것은 이탈리아 국민에게 설명할 수 없는 일이다."[109] 그는 연합국 편에 참전해 협상하게 된 것을 후회했다. "나로서는 이 모든 것에서 나의 죽음을 본다. 나는 도덕적 죽음을 말하는 것이다. 나는 스스로 의무를 다하고 있다고 믿으면서 나의 나라를 망쳤다."[110]

오를란도는 이탈리아의 내전 발발 가능성으로 위협했다.[111] 소니노는 "우리나라에서 일어날 일은 러시아 볼셰비즘이 아니라 무정부 상태"라고 말했다.[112] 이탈리아에서 들려오는 소식에 비추어보면

이는 괜한 위협이 아니었다. 파업, 시위, 폭동, 건물 파괴, 시위자 살해, 우파와 좌파 사이의 폭력적 충돌 소식이 들려오고 있었다. 파리에서 떠도는 소문도 상황에 불을 질렀다. 오를란도는 무너지고 있고, 연합국은 유고슬라비아를 반볼셰비키 국가로 만들기로 결정했으며, 윌슨은 달마티아가 이탈리아 손에 들어가지 못하게 하고, 피우메는 자유항이 될 것이라는 소문이 돌았다. 이탈리아에서는 대표단이 강력한 입장을 취하도록 촉구하는 전문이 들어왔다.[113]

  이 시점에 오를란도와 소니노가 할 수 있는 일은 강경한 입장을 고수하는 것뿐이었다. 두 사람은 어떤 타협도 큰 양보처럼 보이는 상황으로 자신들을 몰고 갔다. 로이드조지와 클레망소는 이탈리아와 미국 사이의 간극을 좁히려고 최선을 다했다. 그들은 이탈리아가 섬들을 차지하되 달마티아 본토는 차지하지 않는 안, 피우메와 달마티아 해안의 모든 도시가 자유 도시가 되는 안, 소아시아에서 이탈리아에 보상을 해주는 안, 이탈리아가 피우메를 차지하되 유고슬라비아를 위해 다른 곳에 새로운 항구를 건설하는 방안 등을 고려했다.[114] 윌슨은 마지못해 그들의 시도에 동의했다. "나는 책임감이 없는 사람들과 타협을 하는 것을 별로 좋아하지 않는다. 그들은 자신들의 요구를 계속 주장하면 더 많은 것을 얻을 수 있다고 항상 생각한다."[115] 행키는 이탈리아 대표단에 이 제안서들을 전달했으나 아무 성과도 얻지 못했다. 그는 일기에 이렇게 적었다. "우리는 이제 교착상태에 빠졌다. 이탈리아인들은 피우메와 런던 조약 전체를 약속받지 않으면 독일 조약에 서명하지 않겠다고 말한다. 그러나 아무도 그들에게 피우메를 주지 않을 것이고, 윌슨 대통령은 그들에게 달마티아를 주지 않을 것이다. 윌슨의 말에 따르면 그것은 민족 자결주의 원칙에 위배되는 것이다."[116] 이탈리아 대표들은 "절대적으로 완고했다."[117] 이제 위기가 증폭되는 것을 조용히 지켜보던 유고슬라비아인들은 만일 이탈리아가 피우메와 달마티아 해안을 차지하게 되면 대항해 싸울 것이라고 경고했다.[118]

시간이 없었다. 독일 대표단은 4월 25일에 도착해 평화 조건을 통보받을 예정이었다. 이탈리아만이 회담에서 이탈하겠다고 경고한 것이 아니었다. 보통은 조용히 있는 일본 대표단도 중국의 전 독일 조차지에 대한 소유권을 주장하고, 국제연맹 규약에 인종 평등 조약을 삽입하려는 마지막 시도를 했다. 일본 대표단은 평소의 공손함을 보이며 독일 조약에 서명하지 않을 수도 있다고 암시했다. 벨기에도 배상금에 대한 요구가 수용되지 않자 화가 났다. 윌슨, 로이드조지, 클레망소가 가장 피하고 싶어한 것은 연합국이 자기들끼리 싸우는 모습을 독일인들에게 보여주는 것이었다.[119]

모두가 중압감을 드러냈다. 에드워드 7세 호텔에서 별도로 만난 이탈리아 대표들은 입지가 약해진 것에 대해 서로를 비난했다. 부활절 주일날 오를란도는 울음을 참지 못했다. 윌슨은 초췌해 보였고 목소리는 떨렸다. 클레망소는 특히 이탈리아 대표들에게 냉소적이고 무례했다. 로이드조지조차 신경이 곤두선 듯 보였다. 소니노는 윌슨에 대한 혐오를 더이상 감추려고 하지 않았다. 그는 로이드조지와 클레망소에게 "윌슨은 자신의 14개조를 무시하고 위반한 뒤 이탈리아와 관련이 있는 조항에서만 그것을 강력하게 적용해 그 순수성을 되살리려 하고 있다"라고 말했다.[120]

이 비난은 어느 정도 진실을 담고 있었다. 윌슨은 티롤과 폴란드 회랑에서는 민족자결주의를 타협했다. 부활절 다음주에 그는 14개 조를 재검토하고, 자신이 세계에 도입하려는 새 외교에 대해 다시 한번 숙고했다.[121] 그는 모든 문제는 사실에 근거해 해결되어야 한다고 다시 한번 강조했다. 그는 전문가들과 함께 지도와 통계를 검토했다. 민족 혼합 상황은 이탈리아가 피우메 또는 달마티아를 요구할 근거를 제공하지 않았다. 그는 공개 외교를 원했지만, 이탈리아 국민은 자국 정부로부터 진실을 전달받지 못하고 있었다. 윌슨은 넉 달 전의 이탈리아 방문을 기억하고, 이를 잘못 해석했다. 그는 자신을 열렬하게 환영하는 군중을 보고 깊은 인상을 받았다. 그는 이탈리아 국민이 자신을 지지하고 있다고 확신했다. 그는 이탈리아 국민에게 직접 호소하기로 마음먹었다.

4월 21일, 그는 로이드조지와 클레망소에게 직접 작성한 성명서를 보여주었다. 이 성명은 분명하고 직접적인 언어로 왜 런던 조약을 무효로 해야 하는지를 설명했다. 그는 이탈리아인들에게 그들의 조국이 이미 얼마나 많은 것을 얻고 있는지를 상기시켰다. "국경은 자연 방어선인 대장벽까지 연장되었다." 이탈리아는 아드리아해 너머에 있는 새 국가와 우호적 관계를 맺을 기회를 가지고 있다고 그는 지적했다. 그는 이탈리아인들에게 국민의 주권과 세계가 평화를 이룰 권리에 바탕을 둔 새로운 질서를 같이 만들자고 제안했다.[122]

로이드조지와 클레망소는 이 성명서에 큰 인상을 받았지만, 조심스러운 태도를 취했다.[123] 이 성명서를 공표하는 것은 "이탈리아에서 도움이 되는 인상을 만들어낼 수도 있겠지만, 일정한 시간이 지난 다음에나 가능할 것이다. 현재로서는 제정신이 아닌 반응만 기대할 수 있다."[124] 클레망소의 지원을 받은 그는 이탈리아 대표단과 마지막으로 한번 더 얘기해보기로 했다. 이 시도마저 실패로 돌아가자, 윌슨은 4월 23일 오후 자신의 성명서를 신문사에 보냈다.

《르 탱》의 특별호가 에드워드 7세 호텔에 도착하자 엄청난 분노가 일어났지만, 새삼스럽진 않았다. 이탈리아인들은 윌슨이 쓴 성명서의 존재를 이틀 전부터 알고 있었고, 강화회의에서 이탈하는 것을 오래전부터 고려해왔다.[125] 오를란도는 다음날 이탈리아로 돌아가기로 결정했다. 4인 평의회 회의에서 그는 윌슨과 완고하지만 공손하게 얘기를 나눈 다음 기차를 타기 위해 출발했다. 소니노도 이틀 후 그를 따라 귀국했다. "자, 결국 불에 기름이 부어졌다"라고 로이드조지가 말했다.[126]

이탈리아 신문은 윌슨의 성명서와 오를란도의 답변을 나란히 실었지만, 후자가 더 큰 글자로 인쇄되었다.[127] 환호하는 군중이 오를란도가 타고 온 기차를 맞았다. 로마에서는 그의 도착에 맞추어 교회 종이 울렸고, 공중에서는 비행기로 애국적 인쇄물을 뿌리고, 시위대는 "오를란도 만세!", "피우메 만세!", "이탈리아 만세!"를 외쳤다.[128] 이탈리아 정부는 미국 대사관 주변에 경비대를 배치했다. 이탈리아 전역의 벽은 피우메의 병합 요구와 오스트리아군 헬멧을 쓴 윌슨의 풍자만화로 도배되었다. 토리노에서 대학생들은 '윌슨 대통령 카페' 주인에게 간판을 내리도록 요구했다. 그들은 윌슨의 최근 방문을 기념해서 만들어진 '윌슨 거리' 주변을 돌아다니며 도로 표지판에 적힌 '윌슨 거리'를 모조리 '피우메 거리'로 고쳤다.[129] 피우메에서 젊은 이탈리아인들은 "윌슨 타도, 인디언 타도"라는 기괴한 구호를 외쳤다.[130] 민족주의 신문은 피우메와 달마티아의 즉각적 병합을 요구했다.

오를란도는 이탈리아 의회에서 행한 연설에서 먼저 "차분함과 냉정"을 요구한 다음 현 상황을 연합국의 잘못으로 비난하고, "이탈리아의 모든 주장은 올바름과 정의의 고매하고 엄숙한 이유에 기반하고 있기 때문에 그 성실성이 인정되어야 한다"라고 주장했다. 그의 정부는 382 대 40의 표차로 신임을 확인했다.[131] 파시스트가 단연 돋보인 민족주의 진영은 이탈리아 전역에서 집회를 열었다. 단눈치오는 자신의 본령을 과시하며 연합국의 배신을 맹렬히 비난하고 윌슨을 조롱했다. 그는 윌슨을 "말처럼 긴 얼굴에 32개의 가짜 치아가 박혀 있는 입을 가진 '크로아티아화된 퀘이커교도'"라고 조롱했다. 그것은 인간이 아니라 흉측한 괴뢰였다.[132] 이탈리아는 범죄적 음모에 놀아날 수 없었다. 단눈치오는 일갈했다. "저곳에 이스트리아로 가는 길이, 달마티아로 가는 길이 있습니다. 여러분은 진군하는 군대의 발소리가 들립니까?"[133]

중재자들은 이 모든 것을 우려의 눈으로 보고 있었다. 한 프랑스 신문의 머리기사 제목은 "혼란"이었다. 한 미국 신문은 "다양한 대표단들이, 강화회의의 존재 자체가 위협받고 있다는 것을 갑자기 깨달으면서 무슨 일을 해야 하는지를 놓고 회합을 열고 있다"라고 보도했다.[134] 강화회의 사무국은 독일 조약 초안을 다시 검토하며 이탈리아에 대한 모든 언급을 삭제했다.[135] 전체 회의에서 한 파나마 대표는 오를란도가 앉았던 빈 좌석에 검은 천을 씌웠다. 포르투갈 대표는 그 검은 천을 벗기면서 아직 애도를 하기에는 너무 이르다고 말했다.[136]

막후에서 이탈리아 정부와 연합국 모두 이탈리아가 돌아올 방법을 모색했다. 이탈리아는 다른 강대국이 자신들 없이 강행할 것처럼 보이자 당황했다. 클레망소는 오스트리아 대표단이 5월 중순 파리로 초청되었다고 발표하면서 압박을 강화했다. 파리에 남아 있던 이탈리아 대표들은 오를란도에게 이탈리아의 입지가 급격히 악화되고 있다는 경고를 보냈다. 미국은 이탈리아가 절대적으로 필요로 하는 2500만 달러의 원조를 보류했다. 영국과 프랑스는 이탈리아가 이탈했기 때문에 자신들은 런던 조약의 의무에서 해방되었다고 말했다. 그들은 이탈리아와 협의하지 않고 아프리카 식민지를 나누어 가졌다. 다른 한편으로 로이드조지는 타협의 가능성을 암시했다.[137]

5월 5일, 이탈리아 정부는 오를란도와 소니노가 회담에 복귀한다고 발표했다. "오를란도는 아주 창백하고 지쳐 보였고, 말을 거의 하지 않았으며, 생기가 없어 보였다"라고 미국 대표 시모어가 보고했다. "그는 10년은 더 늙어 보였다. 소니노는 외양은 변하지 않았고, 호전적 태도는 어느 정도 유지했지만 공격적이지는 않았다."[138] 회담 사무국은 독일 평화 조건에 손 글씨로 '이탈리아'와 '이탈리아인'을 추기했다.

그러나 협상을 결렬시킨 문제들의 해결은 난망했다. 윌슨은 이탈리아 대표단과 추가적 협상을 하는 데 난색을 표했다. "이 이탈리아인들이 일정한 입장을 취하고 그것을 고수하는 능력이 전혀 없다는 것은 참으로 기이한 일이다."[139] 하우스가 만든 하나의 가냘픈 희망은 이탈리아와 유고슬라비아가 직접 만나서 난관을 돌파하는 것이었다. 5월 16일 양측은 크리용 호텔의 하우스 숙소에 모여 각각 다른 방에 자리를 잡았고, 미국 대표들이 양측 사이를 부지런히 오갔다. 다음날 클레망소가 오를란도에게 어떻게 되었느냐고 묻자, 그는 "아무것도 없다. 타결은 불가능하다"라고 대답했다.[14] 이탈리아와 미국 사이에 다리를 놓으려는 이 하우스의 시도는 윌슨이 자신의 오랜 친구에 대해 반감을 키우는 데 일조했을 뿐이었다.[141]

강화회의의 핵심 부분은 상호 분노의 분위기로 귀결되었다. 윌슨은 탐욕스러운 이탈리아인에 대한 분노를 베이커에게 독설로 표출했다.[142] 프랑스 측은 이탈리아가 자국의 자금으로 건설한 오스트리아 철도를 차지하려 한다고 불평했다. 클레망소는 소리쳤다. "프랑스는 이에 분개하고, 이것을 잊지 않을 것이다. 나는 당신들에게서 공정성을 기대하지 않는다."[143] 피우메에서 프랑스 병사 몇 명이 민족주의자들에게 폭행을 당하자, 그는 4인 평의회에서 "암살자 국민"이라고 큰 소리로 비난했다.[144] 이탈리아인들은 윌슨을 향해 독설을 쏟아냈다. 한 보좌관이 소니노에게 "오늘 아침 윌슨이 상냥해 보인다"라고 보고하자, 그는 "어떤 새로운 제안, 어떤 위협을 생각해냈는지 누가 알겠는가?"라고 대꾸했다.[145] 오를란도는 회고록에서 이렇게 썼다. "윌슨이 유고슬라비아인들과 개인적 약속을 한 것으로 확신했다. 그 약속이 무엇인지는 알 수 없지만, 그런 게 있는 것은 분명하다."[146] 이탈리아 신문들은 윌슨이 유고슬라비아로부터 뇌물을 받았거나, 유고슬라비아 애인이 있다는 기사를 실었다.[147] 소니노와 다른 대표들은 이보다는 윌슨이 적십자사로 위장한 미국 재정 로비집단의 손아귀에 들어가 있다고 의심했다. 그 집단이 자신들의 이익을 위해 아드리아해를 개발하려고 한다는 것이었다.[148]

6월 말 윌슨이 귀국하기 전 이탈리아는 런던 조약에서 약속된 모든 땅을 요구하지는 않으면서 다소 뒤로 물러났다. 그러나 피우메에 대해서는 여전히 완강했다.[149] 오를란도와 소니노는 위험한 게임을 하고 있었다. 그들의 가장 중요한 적인 윌슨은 18개월 후면 대통령 직에서 물러날 터였다.[150] 다른 한편으로 이탈리아 민주주의가 그렇게 오래 버티지 못할 수도 있었다. 오를란도는 로이드조지에게 말했다. "나는 해결책을 찾아야 합니다. 그렇지 않으면 이탈리아 의회나 거리에서 위기를 맞을 겁니다." 로이드조지가 "만일 그렇게 되지 않는다면 누가 당신 자리를 차지할 것으로 보입니까?"라고 묻자, 오를란도는 "아마도 단눈치오겠지요"라고 대답했다.[151]

6월 19일 오를란도 정부는 결국 붕괴했지만, 소니노와 기존 대표단의 다른 두 대표는 계속 파리에 남아 이탈리아를 대표해 베르사유 조약에 서명했다. 오를란도는 훗날 자신이 서명자가 아니라는 사실에 자부심을 가지면서도, 윌슨이 이탈리아 국민에게 직접 호소하면서 자신을 강화회의에서 제외시킨 셈이나 마찬가지라고 주장했다.[152] 이탈리아는 이 조약 작성에 거의 역할을 하지 못했지만, 성적이 매우 나쁜 것은 아니었다. 이탈리아는 국제연맹 이사회의 상임국이었고, 독일로부터 받는 배상금의 지분을 얻었다. 그러나 이것은 이탈리아에서의 시각은 아니었다. 로마 주재 영국 대사는 친구에게 이렇게 썼다. "유감스럽게도 이곳 사람들은 아주 상처가 크고 낙담하고 있네. 자기네 대표들이 여러모로 일을 잘못 처리했다고 느끼고 있어."[153] 이탈리아는 유고슬라비아, 프랑스, 오스트리아-헝가리의 재건을 두려워하는 걱정이 많은 나라가 되었다.[154]

오를란도 정부의 뒤를 이어 나타난 프란체스코 니티Francesco Nitti 정부는 내부 문제에 몰두했고, 아직 해결되지 않은 외교 문제는 원만하게 해결하려고 했다. 새 외무장관 톰마소 티토니Tommaso Tittoni는 베니젤로스를 만나 알바니아와 도데카네스제도에 대한 이탈리아와 그리스의 합의를 도출해냈다. 아드리아해 문제에서도 다소 변화가 있었다. 1919년 8월 티토니는 피우메가 국제연맹이 관할하는 중립 도시가 되고, 달마티아 전체를 유고슬라비아에 귀속시키기로 로이드조지, 클레망소와 합의했다. 이 제안은 이제 미국으로 돌아간 윌슨에게 전달되었지만, 대답이 오기 전에 단눈치오는 자신의 방식대로 일을 해결하기로 결정했다.

다양한 집단들, 군대와 퇴역군인 협회 일부, 파시스트, 무정부주의자들은 여름 내내 피우메를 거의 공개적으로 장악하는 음모를 짰다. 새로운 애정 행각에 빠져 있던 단눈치오는 이 음모를 이끌도록 추대되었다. 9월 11일(그가 11을 행운의 숫자로 생각했기 때문에 선택된 날짜) 저녁에 그는 약 200명을 이끌고 출발했다. 다음날 그를 막기 위해 파견된 병사들이 되려 그의 부대에 합류했고, 그는 피우메로 힘차게 진군했다. 이탈리아군 지휘부는 전혀 저항 없이 후퇴했고, 다른 연합국 병력은 좀더 마지못해 물러났다. 그 도시는, 최소한 이탈리아인 거주 지역은 광란의 흥분에 휩싸였다. 그날 저녁 단눈치오는 총독 궁전 발코니에서 극적인 첫 연설을 했다.

이후 15개월 동안 피우메는 광란의 축하, 연기, 무도회, 파티의 축제에 휩싸였다. 도시의 건물들은 깃발과 현수막으로 덮였고, 행진에 던질 꽃을 구하기 위해 정원은 아수라장이 되었다. 술과 마약에 자극된 민족주의와 혁명의 열기 속에서 사제들은 결혼할 권리를 요구했고, 젊은 여자들은 밤새 밖에서 놀았다. 관찰자들은 도시가 사랑을 나누는 소리로 가득했다고 말했다. 성병 치료를 위한 병원이 따로 마련되었다.[155]

이탈리아와 유럽 곳곳에서 모여든 자원자들과 단순히 호기심에 찬 사람들은 효과가 없는 연합국의 봉쇄를 뚫고 피우메로 몰려들었다. 미래주의 예술가 필리포 토마소 마리네티가 왔고, 젊은 아르투로 토스카니니는 오케스트라를 이끌고 왔다. 무선 통신 발명가인 굴리엘모 마르코니와 로마의 반대파 정치인들도 왔다. 갱단과 매춘부도 왔다. 에이스 조종사들은 비행기를 몰고 왔고, 무솔리니도 왔다. 탈취한 배를 타고 돌아다니는 현대판 해적들은 피우메 항구를 드나들며 아드리아해의 보급품을 약탈했다. 무장한 남자들이 각자 만든 군복을 입고 거리를 활보했다. "일부는 턱수염을 길렀고, 일부는 머리를 빡빡 밀었다"라고 오스버트 시트웰Osbert Sitwell이 보도했다. "어떤 사람들은 15센티미터가 넘는 긴 머리채를 앞이마에 휘날리고, 머리 뒤에는 검은 페즈를 써서 균형을 유지했다."[156] 이탈리아 정부가 가장 경악한 것은 전쟁 영웅과 유명한 장군을 포함한 자국군 장교들이 단눈치오에게 자신의 운명을 맡긴 것이었다.

단눈치오의 연설은 새로운 경지에 들어섰다. 피우메는 성스러운 자유의 도시로, 자신이 십자군을 이끌고 먼저 달마티아를, 다음으로 이탈리아를, 종국에는 세계를 해방시킬 발판이었다.[157] 그는 볼셰비키, 이집트 민족주의자, 새로운 유고슬라비아에 불만이 많은 크로아티아인, 신페인당과 접촉했다. 일부는 사실인 요란한 소문이 피우메에서 나왔다. 니티와 티토니를 죽이려는 암살자들이 출발했다는 소문도 돌았다. 이탈리아에서는 계획된 군사 쿠데타, 무장 봉기 소문이 나돌았다. 1921년 여름이 되자 이탈리아 북부 상당 부분은 사실상 통치가 불가능한 지역이 되었고, 무장한 파시스트 집단이 좌파 및 민주주의 적들과 전투를 벌였다.[158]

국내의 민족주의적 여론과 해외의 동맹들을 더이상 격분시키지 않는 해결책을 간절하게 찾고 있던 이탈리아 정부는 이런 상황에 경악하고 당혹스러워했다. 니티는 피우메에 수출 금지를 실시해 단눈치오 일당을 굶주리게 만들려고 했지만, 적십자가 기본 보급품을 공급하는 것은 허용했다.¹⁵⁹ 무솔리니는 이 상황을 지켜보며 때를 기다렸다.

이탈리아 동맹국들과의 논의는 더욱 복잡한 제안을 만들어내는 데 그쳤다. 워싱턴에서 윌슨은 이탈리아에 피우메 통제권을 주는 어떤 해결도 배척했다. 로이드조지는 미국이 유럽에 채찍질을 하지만 어떤 책임도 지지 않으려 한다고 신랄하게 비판했다.¹⁶⁰ 영국과 프랑스는 이탈리아를 너무 압박하는 것을 주저했다. 클레망소는 로이드조지에게 말했다. "그 나라는 왕은 아무것도 아니고, 군대는 명령에 복종하지 않고, 한편에는 180명의 사회주의자가 있고, 다른 편에는 교황에게 속한 120명이 있다."¹⁶¹

1920년에 이탈리아와 유고슬라비아는 드디어 직접 문제 해결에 나서서, 모든 난관을 물리치고 합의에 도달했다. 강력한 현실주의자인 조반니 졸리티Giovanni Giolitti가 이끄는 새로운 이탈리아 정부(니티 정부는 6월에 붕괴했다)는 국내에서 질서를 회복하고, 국외에서 해가 되는 모험에서 발을 빼려고 했다. 이탈리아는 알바니아에서 군대를 철수해 유고슬라비아와의 긴장을 완화했다. 유고슬라비아 정부도 무역의 회복을 간절히 원했는데, 이는 이탈리아인들이 아드리아해의 항구를 가로막고 있는 상황에서는 불가능했다. 11월 미국 대통령 선거에서 공화당 후보가 당선되자, 유고슬라비아는 미국이 기적과 같이 개입하고 나설 것이라는 기대를 포기했다.¹⁶² 그 직후 유고슬라비아 대표단과 이탈리아 대표단은 라팔로에서 만났고, 양국 국경 문제를 해결해 세계를 놀라게 했다. 이탈리아는 이스트리아반도 거의 전체와 자다르(아드리아해에서 이탈리아인이 유일하게 다수인 곳)를 얻었고, 아드리아해에서 중요하지 않은 섬 몇 개를 얻었다. 유고슬라비아가 나머지를 차지했고, 피우메는 좁은 땅으로 이탈리아에 연결되는 자유국이 되었다.

 무솔리니를 포함한 많은 이탈리아인은 이 조약을 승리로 간주했다. 어쨌든 피우메가 슬라브인들의 수중에 떨어지는 것을 막았기 때문이다. 유고슬라비아에서 크로아티아인과 슬로베니아인은 자신들의 이익이 세르비아인에 의해 희생되었다고 불평했다. 피우메에서 단눈치오는 분노에 차서 은둔에 들어갔고, 간간이 대중 앞에 나와 피우메를 떠나느니 차라리 죽음을 택하겠다고 말했다. 1920년 12월 1일, 그는 이탈리아에 대한 전쟁을 선포했다. 이탈리아군이 결국 행동에 나섰다. 크리스마스이브에 대포가 발포되었다. 포탄이 단눈치오를 간발의 차이로 빗나가자 그는 서둘러 항복을 협상하고, 이탈리아 국민의 소심함과 "크리스마스 폭음"을 비난하며 이탈리아로 조용히 돌아왔다.[163]

 2년 후 무솔리니는 피우메에서 얼마나 많은 것을 배웠는지를 여지없이 보여주었다. 그는 로마로 진군해 들어갔고, 전쟁과 "불구의 승리"에 대한 대중의 실망에 취약해진 이탈리아 민주주의는 거의 아무 소리도 내지 못하고 무너졌다. 1924년 1월 무솔리니는 피우메를 이탈리아에 병합시켰다. 1940년에 그는 증오하는 유고슬라비아를 지도에서 지워버리기 위해 최선을 다했다. 1945년 국경선은 다시 이동해 트리에스테를 제외한 이스트리아반도 대부분이 재건된 유고슬라비아에 귀속되었다. 약 30만 명의 이탈리아인이 서쪽으로 도망쳐서 이탈리아로 들어왔다. 피우메는 현재 리예카가 되었고, 구세대만이 이탈리아어를 조금 기억한다.

단눈치오는 국가 예산으로 자신의 생활방식을 유지했다. 새로 총통이 된 무솔리니는 그에 대해 뽑아버리거나 금으로 씌워야 하는 썩은 이빨 같다고 불평했다.[164] 단눈치오는 공적 생활에서 더이상 이렇다 할 역할을 하지 못하고, 자신의 영지에서 마술, 여인, 코카인과 함께 생활했다. 그는 이탈리아가 독일과 우호관계를 강화하는 것을 반대했고, 1938년에 의문의 죽음을 맞았다. 그의 조수이자 정부였던 티롤 출신의 젊은 독일 여성이 갑자기 집을 나간 후 히틀러의 외무장관 요아힘 폰 리벤트로프의 사무실에서 일한다는 소식이 들려왔다.[165]

파리 강화회의를 거의 망칠 뻔했던 고집불통 소니노는 자신을 비난하는 사람들에게 대꾸하지 않았고, 이탈리아에서 다시는 공개적인 발언을 하지 않았다. 그는 1922년 말에 사망했다. 그가 그렇게 오랫동안 봉사한 국가에 유일하게 청한 것은 토스카나 해안에 있는 자신의 사랑하는 집 아래 절벽에 시멘트로 자신의 석관을 봉인해달라는 것이었다.[166] 오를란도는 1944년 파시스트 정권을 전복한 사람 누구보다도 오래 살았다. 그는 1952년 민주화된 이탈리아에서 존경받는 상원의원으로 생을 마쳤다.

23장

일본과 인종 평등

1919년 봄, 프랑스 언론은 잠시 이탈리아 위기에서 흥미로운 문제로 관심을 옮겼다. 일본 대표단의 단장인 명예로운 정치가 사이온지 긴모치西園寺公望가 파리에 와 있기는 한 것인가에 언론의 관심이 쏠렸다. 그는 거의 눈에 띄지 않았고, 중병에 걸렸거나 일본으로 돌아갔다는 소문까지 돌았다. 하우스의 무소부재의 눈이자 귀인 스티븐 본살은 이것은 전형적인 동양인의 행동으로, 사이온지 긴모치는 혼자 조용히 있으면서 마네킹이 춤을 추는 것을 뒤에서 조종하고 있다고 주장했다.[1]

일본과 상대한 서구인들은 신비한 동양에 대한 고정관념에 쉽게 빠졌다. 일본에 대한 호기심이 너무 많았고, 세계에서 일본의 지위도 마찬가지였다. 일본은 강대국인가 아닌가? 그리고 일본은 다른 유럽 강대국과 같은 수의 대표단을 파견할 자격이 있는가? 주장은 양방향으로 갈라졌다. 일본은 국제무대에 나타난 아주 새로운 국가이고, 1914년까지 그들의 관심은 동아시아에만 머물렀다. 일본은 독일을 상대로 전쟁을 선포했지만, 연합국 편에서 중요한 노력을 기울이지는 않았다. 다른 한편으로 일본은 세계에서 가장 해군력이 강한 3~4개국 중 하나이고(독일 해군을 포함하는가 여부에 따라 달라진다) 상당한 전력의 육군과 아주 훌륭한 무역 균형을 보이고 있는 나라였다. 캐나다 총리 보든이 보기에 "세계에는 세 강대국만 남았는데, 미국, 영국, 일본이다." 국제연맹이 탄생할 때 일본은 기여금 순위에서 다섯 번째를 차지하는 애매한 영예를 얻었다.[2]

강대국들은 일관된 태도를 보이지 않았다. 그들은 강화회의에서 일본에 자신들과 같은 다섯 명의 대표를 할당했지만, 최고평의회에서 일본은 전반적으로 무시되거나 농담 대상으로 여겨졌다. 클레망소는 한 회의에서 외무장관에서 들릴 듯 말 듯 속삭였다. "세상에 금발의 여인들이 얼마나 많은데, 우리는 이렇게 괴상하게 생긴 일본인들 옆에 갇혀 지내는군."[3] 신속한 회의 진행을 위해 4인 평의회를 구성할 때 일본은 포함되지 않았다. 일본은 다른 강대국처럼 총리나 대통령이 대표단을 이끌고 오지 않았다는 이유였다.

일본 대표단은 고위급이기는 하지만 은퇴한 사이온지 긴모치가 대표단장이었다. 화려한 브리스틀 호텔은 해군 문제에서 노동 문제까지 다루는 일본 전문가들이 머물고 있었지만, 한 영국 평론가의 말에 따르면 강화회의의 여러 부문에 출석한 일본 대표들은 주로 "관찰하는 역할"만 했다.[4] 일본 대표 대부분이 영어나 프랑스어가 시원치 않은 것도 한몫을 했다. 한 위원회에서 의장이 일본 대표에게 찬성인가 반대인가를 묻자 "예스"라는 답이 돌아왔다.⁵ 한편, 일본은 이탈리아와 비슷했다. 그들은 파리에서 자신들의 목표 외에는 별로 관심이 없었다. "그들은 회의에 한 가지 가격만 제시하는 장사꾼이었다"라고 윌슨의 공보 비서인 베이커가 기록했다. "그들은 천재성, 아마도 동양적인 천재성을 가지고 있었다. 그것은 기다릴 줄 아는 것이었다."⁶

일본 대표단 가운데 가장 주목받은 인물은 두 명의 경험 많은 외교관이었다. 한 사람은 외무장관을 역임한 마키노 노부아키牧野伸顯 남작이었고, 다른 한 사람은 영국 대사인 친다 수테미珍田捨巳 자작이었다. 하우스는 두 사람이 "조용하고, 감정을 드러내지 않고, 경계심이 많다"라고 관찰했고,⁷ 다른 중재자들 사이에서는 두 사람이 서로 얼마나 닮았는지에 대한 농담이 오갔다. 미국 대표들은 그들을 두 미카도〔과거 일본 천황에 대한 칭호〕라고 불렀다.⁸ 그러나 두 사람 사이에는 큰 차이가 있었다. 마키노는 자유주의자로 윌슨의 새로운 외교를 좋아했고 국제연맹을 지지했다.⁹ 아쉽게도 그의 영어 실력은 썩 좋지 않아서 이러한 생각을 제대로 표현할 수 없었다. 친다의 영어 실력이 좀더 나았고, 그는 불편한 문제가 부상하면 강경론자처럼 보였다. 모든 일본 대표단은 사이온지를 제외하고는 도쿄의 엄격한 통제를 받고 있었다. 사이온지는 너무 고위급이라 통제할 수 없었다.¹⁰

사이온지는 늦게 도착하기는 했지만 3월 초에 파리에 와 있었다.

윌슨, 로이드조지, 클레망소, 오를란도가 파리로 자국 대표단을 직접 이끌고 온다는 것을 알게 된 일본 정부는 (정치적 입지가 너무 불안정해 위험을 감수할 수 없었던) 총리나 (너무 아픈) 외무장관을 보내지 못하는 것을 보완하기 위해 그를 보내기로 급하게 결정했다. 사이온지를 대표단장으로 임명한 것은 일본이 이 강화회의를 진지하게 여긴다는 것을 보여주었다. 일본 정부는 또한 만일 회담에서 원하는 것을 전부 얻지 못하더라도, 사이온지의 권위가 적국과, 러일전쟁 후 발생한 폭동으로부터 보호해줄 것을 기대했다.[11] 파리에 도착한 사이온지는 일본에서 한 것처럼 막후에 머물면서 대표단의 일을 비공식적 개인 회동을 통해 조종하기로 했다.

4월 15일 본살은 몽소 공원 인근에 있는 사이온지의 숙소로 그를 예방했다. 옛 면식을 다시 활용하는 것이었지만, 그의 방문은 그동안 경색된 일본과 동맹국들 사이의 관계를 부드럽게 만들려는 시도이기도 했다. 두 명의 건장한 일본 형사들이 본살을 맞았고, 그는 여러 방을 통과한 다음 내실로 안내되었다. "희미한, 거의 종교적인 불빛이 방을 가득 채웠고, 잠시 시간이 흐른 후 나는 큰 키에 호리호리하고 다소 수척하며 일본 옷을 입은 사람이 나에게 손을 내미는 것을 보았다. (…) 그의 외모는 가마쿠라에서 바다를 내려다보고 있는 거대한 불상처럼 차분했다."[12]

두 사람은 일본에서의 만남과 오랜 친구들을 회상하며 유쾌하게 환담했다. 그들은 러시아와 볼셰비키 정부를 논했지만, 일본과 서방 사이의 긴장에 대해서는 애매하고 고도로 암시적인 말 외에는 조심스레 대화를 피했다. 본살은 일본 외무장관이 1890년대 시도한 실험에 대해 물어보았다. 그는 외국에서 가져온 난쟁이 소나무를 국가신토神道에서 가장 신성한 이세신궁의 소나무에 접목하려고 시도했다. 사이온지는 최근 소식을 전해주었다. "노르웨이, 스코틀랜드, 러시아, 캘리포니아에서 들여온 소나무 줄기와 가지를 성스러운 소나무에 접목했지만, 충격으로 인해 잠시 문제가 있었을 뿐 곧 이세신궁의 신토 소나무가 다른 것들을 눌렀습니다."[13]

사이온지는 이 일화를 통해 자신의 메시지를 전달했다. 그는 자신의 생애 중에 일본이 북태평양의 보잘것없는 섬나라에서 주요한 국가로 변신하는 것을 보았다. 그러나 외부 사람은 물론 일본인들도 변화의 정도를 제대로 인식하기가 어려웠다. 봉건 귀족이 지배하던 내부 지향적인 국가가 근대 국가로 탈바꿈했다. 1919년 기준으로 일본의 산업 경제는 프랑스와 거의 대등해졌고, 군사력은 칼과 창에서 기관총과 전함으로 바뀌었다. 철도, 전보, 학교, 대학 같은 사회간접자본도 크게 발전했다. 사이온지 자신과 같이 봉건 영주들은 외교관, 정치인, 산업가로 변신했다. 그들의 가신은 군인이나 경찰이 되었다.

사이온지는 단순하지 않고 대단히 섬세하며 그의 민족처럼 복합적인 인물이었다. 그가 파리로 온 것은 단지 장거리 여행에 그치지 않는 시간대의 큰 이동이었다. 그는 일본이 외부 세계와 거의 단절되어 있던 1849년에 태어났다. 극도로 조심스레 보관된 그의 오랜 족보는 다른 가문 및 왕족과의 결혼을 보여주었다. 이와 대조적으로 1600년대 이후 권력이 없는 천황을 대신해 일본을 지배한 도쿠가와 막부는 저속한 벼락출세 가문과 비슷했다. 그는 어릴 때 계급에 걸맞은 교육을 받았다. 일본어와 한문으로 된 고전 문학을 공부했고, 서예와 전통적 악기 연주를 배우고, 작은 관목 분재술도 배웠다.[14] 그는 승마를 배워 집안의 어른들을 놀라게 했다. 승마는 귀족의 품위를 손상시키는 기술로 여겨졌기 때문이다. 만일 관습적인 길을 따랐더라면, 그는 명예로운 직위를 차지하고, 격에 맞는 소수의 소녀 중에 아내를 얻어 유서 깊은 궁정에서 따분하고 고립된 생활을 영위하면서 다른 것은 생각하지도 못했을 것이다. 권력은 사무라이 귀족이 잡고 있었기 때문에 진정한 권력은 누려보지도 못했을 것이다.

일본인들은 일본 열도가 거대한 거북이 등 위에 균형을 잡고 앉아 있고, 이 거북이가 움직이면 지진이 일어난다는 신화를 믿어왔다. 1853년에 아주 다른 종류의 지진이 일어났다. 공격적인 미국 정부의 위임을 받고 행동하는 미국 해군의 페리 제독이 도쿄만에 나타나서 통상 개시를 요구했다. 그리고 이어서 영국, 프랑스, 러시아 전함들이 나타나 유사한 통상 특권과 자국민이 일본에 입국할 권리, 외교 관계 수립을 요구했다. 일본의 지배 계층은 15년 동안 무례한 외국인들을 거부할지 받아들일지를 놓고 논쟁을 했지만, 강경파 고립주의자들은 공세적이고 팽창적인 서방 세력을 물리칠 수 없었다. 귀족 중에서도 젊은 급진주의자들은 도쿠가와 막부를 향해 외부 세계에 개방할 것과 외국 여행을 허용할 것을 요구했다. 이런 논쟁의 반향은 교토에 있는 고요한 궁정에도 미쳤고, 젊은 사이온지는 급진주의자 편을 들었다. 그는 가능하다면 자신도 직접 해외로 나가보기로 했다.

1868년, 개혁파 귀족들이 사이온지의 학창 친구인 메이지 천황의 이름으로 도쿠가와 막부로부터 권력을 빼앗았다. 사이온지는 짧게 지속된 내전에서 천황 편에서 싸웠다. 궁정에 돌아왔을 때 그는 머리를 짧고 자르고 양복을 입고 나타나 충격을 주었다.[15] 메이지 유신(이 쿠데타에 잘못 붙여진 이름)으로 대단한 국가적 노력이 시작되어 수백 명의 젊은이를 외국으로 유학 보내고, 서방 전문가들이 좋은 대접을 받으며 일본에 들어와 지식을 전파했다. 정부의 구호가 국가적 목표를 대변했다. 그것은 부국강병이었다. 일본은 해군의 모델로 영국을, 육군과 헌법의 모델로 프로이센을, 은행 체제의 모델로 미국을 택했고, 세계 전체를 경제 모델로 삼았다.

사이온지는 편안한 정부 직위 제안을 거부하고 세계를 직접 보기 위해 고국을 떠났다. 1870년 그는 프랑스에 도착해 10년을 보냈다. 소르본대학에서 법학을 공부했는데 동급생 중 한 명이 젊은 클레망소였다. 그는 사이온지를 "호감이 가고" "충동적인" 사람으로 기억했다.[16] 그는 공쿠르 형제와 프란츠 리스트를 파리에서 만났다. 그는 프랑스어를 사랑했고, 프랑스 문화와 자유주의적 전통도 사랑했다. 프랑스어로 잠꼬대를 하기도 했다. 생애 마지막 시기에 그는 자신을 위해 특별히 수입해온 생수 비시를 마시고, 우비강 향수를 뿌렸다.[17]

일본으로 돌아온 우아한 사이온지는 매력 넘치고 품위 있지만 다소 무심한 태도를 보였다. 그는 일본인들에게도 수수께끼 같은 인물이었다. 한 비평가는 영어 세 단어를 사용해 그를 묘사했다. "지적이고intelligentce 나태하고indolence 무심하다indifference."¹⁸ 그는 가문에 대한 자긍심에도 불구하고 결혼하려고 애쓰지 않았지만, 여러 여성과 오랜 관계를 유지했다. (그는 1919년 파리에 거의 50살 어린 젊은 여인을 데려왔다가 그녀의 무분별한 행동 때문에 돌려보냈다.) 그는 물질적인 걱정을 하지 않아도 되었다. 그의 동생 중 한 명이 일본의 새로운 산업 재벌의 수장이 되어 사이온지의 정치활동 자금을 댔기 때문이다.¹⁹

사이온지는 새로 탈바꿈한 일본의 외교관과 외무장관을 지내다가 1900년대에는 총리로 일했다. 1913년 천황은 그를 "원로 정치인"으로 잘못 번역된 겐로genro/元老로 임명했다. 겐로는 새 일본 헌법에서 공식 직무는 없지만 막대한 영향력을 행사했고, 특히 정부 구성과 외교정책에서 영향력이 매우 컸다. 위기 때에는 겐로의 입에서 나오는 말이 결정적이었다. 미국에 견주어 말하면, 윌리엄 태프트와 시어도어 루스벨트가 우드로 윌슨을 대통령으로 선택했을 뿐만 아니라 그가 취하는 정책을 세심히 관찰하는 것과 마찬가지였다.

일본은 1914년 이전 서방 제국주의자들의 침략을 물리쳤을 뿐만 아니라 제국에 가담한 유일한 아시아 국가로 놀랄 만한 성공 스토리를 보여주었다. 상품과 용역의 총가치인 일본의 국내총생산은 1885년부터 1920년 사이에 거의 세 배, 광업과 제조업은 거의 여섯 배나 늘어났다. 1914년이 되자 일본은 자국에 필요한 함정을 국내에서 만들 수 있었고, 1918년 이전의 경제 발전을 1945년 이후에 또다시 보여준 유일한 나라가 되었다.[20] 이러한 급속한 발전은 보상과 함께 부담도 가져왔다. 많은 일본인은 향수를 품고 좀더 생활이 단순했던 과거를 회상했지만, 사이온지는 일본이 자유민주주의 미래를 향해 나아가야 한다고 주장하고, 군사력에만 의존하는 것을 경고했다.[21] 이러한 경고는 시의적절한 것이었다. 당시 일본은 국력이 강해지면서 이웃 국가에게 필요하다면 무력을 사용해 자신의 뜻을 강제해야 한다는 목소리가 힘을 얻고 있었기 때문이다.

1914년 이전에 일본이 연달아 군사적 승리를 거두면서 무력이 큰 보상을 가져오는 듯 보였다. 1895년 청일전쟁에서 승리한 일본은 타이완을 얻었고, 한국에서 지배적인 위치를 차지했다. 1902년 증대하는 일본의 국력을 중요시한 영국은 오랜 적대적 태도를 버리고 일본과 동맹을 맺었다. 1919년에도 여전히 유지된 영일 해군 동맹은 일본이 국제무대에 진출한 것을 증명하는 증거였다. 1904년 일본은 만주 육지에서 러시아 육군을 격파하고, 해상에서는 두 러시아 함대를 침몰시켰다. 1905년 러시아와 맺은 강화조약에서 일본은 만주에 대한 포괄적인 권리를 획득했다. 몇 년 후인 1910년에 일본은 공식적으로 한국을 병합했고, 세계는 이를 인정할 수밖에 없었다. (소규모 한국 대표단은 나중에 자국의 독립을 청원하기 위해 파리 강화회의를 향한 길을 떠났다.)

다른 국가들은 일본을 경이와 우려의 눈길로 바라보았다. 일본이 경제 발전에 성공하면서 일본의 수출품이 다른 나라들을 위협했다. 일례로 1914년이 되자 세계 면사 수출의 4분의 1을 일본 제품이 차지했다.[22] 영국은 중국과 인도에서 일본이 시장을 장악하는 것을 우려했다. 미국은 중국 무역뿐만 아니라 새로 점령한 필리핀을 포함한 아시아에서의 이권을 걱정했다. 아시아인들에게 일본은 서방 제국주의자들을 패퇴시킬 수 있다는 영감을 불러일으켰고, 그들은 일본의 사례에서 희망을 보았다. 수천 명의 중국 청년들이 바다를 건너 일본의 대학에서 수학했다.

아시아에서 일본의 힘에 대해 큰 의구심을 가진 유일한 곳은 일본 자체였다. 러일전쟁에서의 승리는 갓 날개를 편 일본의 근대 경제가 감당하기에는 너무 큰 부담이었다. 전쟁은 치를 가치가 있었는가? 다른 강대국은 일본의 승리에 대해 어떤 생각을 하는가? 일본인들은 서구 세계가 자신들을 대등한 파트너로 받아들이는 데 뜸을 들인다는 것을 알아차렸다. 한 지도적 정치가는 독일 친구에게 씁쓸하게 이렇게 말했다. "우리의 문제는 우리 피부가 황색이라는 것이다. 우리 피부가 당신들처럼 희다면 부당한 러시아의 공격을 막아낸 우리의 과업에 전 세계가 환호했을 것이다."[23]

고통스럽지만 일본인들은 자신들의 약점을 인지하고 있었다. 일본은 보유한 자원이 별로 없었다. 만일 다른 나라들이 천연자원과 시장 접근을 막으면 어떻게 될 것인가? 민족주의자들의 해결책은 다른 강대국의 선례를 따라서 제국을 건설하는 것이었다. 일본이 아시아를 이끌 역사적 책임이 있다는 말도 나왔다. 특히 중국은 거부하기 힘든 유혹이었다. 중국의 마지막 통치 왕조는 죽은 것이나 마찬가지였고, 중국은 통제할 수 없는 부패, 지역주의, 비적질로 추락하고 있었다. 1911년 미완으로 끝난 혁명은 더 큰 무정부 상태를 불러왔다. 중국은 천연자원부터 거대한 시장까지 일본이 필요로 하는 것을 너무나 많이 가지고 있었다. 1885년부터 1920년 사이에 본토 인구가 45퍼센트나 늘어나서 지도자들이 인구 과잉이 사회적 불안과 심지어 혁명까지 일으킬 수 있다고 우려하던 일본에게 한국 바로 너머에 텅 비어 있다시피 한 만주는 중요한 고려 대상이었다. 장애물은 다른 강대국이었고, 만일 이 국가들이 일본에게 만주에서 행동의 자유를 준다면, 자국의 이익을 보호해야 하는 중국으로서는 일본이 넘어올 수 없는 경계선을 그어야 했다.

사이온지 같은 자유주의자들은 민족주의자들의 이러한 꿈을 경계했다. 그는 이렇게 말했다. "나는 애국심의 부족을 염려하지 않는다. 오히려 과도한 애국심이 우리를 어디로 이끌 것인지를 염려한다." 그는 누구보다 확고한 국제주의자였고, 안정적인 국제 질서가 일본이 다른 나라들과 함께 평화적으로 번영할 길을 열어준다고 믿었다. 일본이 아시아로 팽창하면 다른 강대국들과의 우호관계가 손상되기 때문에 팽창은 중지되어야 했다.[24] 대전쟁의 발발로 이러한 논쟁은 격화되었다.

일본은 한 원로 정치인의 말에 따르면 "강 건너 불구경하듯이" 전쟁을 멀리서 관망했다.[25] 일본 정부는 처음에는 어떤 입장을 취해야 하는지에 대해 갈팡질팡했다. 일본은 전쟁에서 멀찍이 떨어져 있어야 하는가? 아니면 동맹국을 지원해야 하는가? (육군의 많은 장교들은 독일에서 훈련을 받았기 때문에 독일 육군에 대해 엄청난 존경심을 가지고 있었다.) 아니면 연합국을 지원해야 하는가? 내각에서 논쟁은 주로 실용적인 관점에서 진행되었고, 어느 편을 드는 것이 가장 이익이 되는가에 집중되었다.[26] 최종 결론은 연합국 편을 드는 것이었다. "일본은 아시아에서 권리와 이익을 확보하기 위해 새천년의 기회를 잡아야 한다"라고 정부는 선언했다.[27] 일본은 독일을 공격하면서 자국의 이익을 내세우는 데 위험 부담이 적은 방법을 택했다. 독일은 중국 산둥반도와 마셜제도, 캐롤라인제도, 마리아나제도 같은 북태평양 섬들에 대한 조차권을 가지고 있었지만, 이곳을 방어할 수단은 전혀 없었다. 일본의 군사 작전은 1914년 11월에 마무리되었다.

전쟁의 나머지 과정도 일본에 유리하게 전개되었다. 전쟁은 일본의 생산업자에게 많은 주문을 가져왔지만, 동시에 전쟁 전 시기 무역 경쟁의 상당 부분을 잠식했다. 일본의 대영국·대미국 수출이 두 배, 대중국 수출이 네 배, 대러시아 수출이 여섯 배 늘어나면서 일본의 대양 상선단은 두 배로 커졌다.[28] 1918년 에둘러 말하지 않는 오스트레일리아의 휴스 총리는 밸푸어 영국 총리에게 부지런한 일본인들이 사방으로 뻗어나가고 있다고 경고했다. "우리도 같은 방식으로 일하든지, 아니면 우리 조상들처럼 비옥한 들판을 버리고 황량하고 거친 산악으로 물러나야 할 것이다."[29] 영국과 미국의 걱정을 불러일으킨 것은 경제적 위협뿐만이 아니었다. 해상에서 일본은 1914년보다 강해졌고, 육상에서는 중국으로 영향력을 확대하고 러시아령 시베리아를 향해 움직이고 있었다.

일본은 자국에 대한 강대국들의 분노를 걱정했다. 1차대전 중 원로 정치인 야마가타 아리토모山縣有朋는 "황인에 대한 백인들의 동맹 결성을 막는 것이 (…) 매우 중요하다"라고 강조했다.[30] 1917년 일본 총참모부는 유럽에서 싸울 병력을 파견하는 것은 불가능하다고 결론 내렸다. 전쟁이 끝난 후 일본이 중국에서 서방과 경쟁하는 경우에 대비해 병력을 유지해야 한다는 것이었다.[31] 전쟁이 종결되기 직전 한 일본 잡지는 주요 인물들에게 일본이 전쟁에서 무엇을 얻게 될지를 물었다. 그들의 대답은 일본의 국제적 입지와 아시아에서의 영국과 미국의 구상에 대해 상당한 비관주의를 나타냈다.[32] 백인 강대국들이 반일본 연맹을 맺을 것이라는 우려는 그저 기우가 아니었다. 전쟁이 끝나자 책임 있는 서방 지도자들은 어느 날엔가 대결이 벌어질 것이라는 결론에 도달했다. 1917년 밸푸어는 전쟁 내각에 제출한 비밀 각서에서, 일본이 미국을 공격하는 경우 영국은 분명히 미국을 방어할 것이라고 썼다.[33] 1930년대가 되자 더 심각해지는 일본의 딜레마는 백인 강대국을 신뢰하고 국제 질서 유지를 위해 그들과 협력할 것인가, 아니면 스스로 자국의 이익을 찾을 것인가였다.

일본 정부는 독일에 대한 공격의 보상을 원하는 국내 여론에도 귀를 기울여야 했다. 이 공격으로 중국에서만 2천 명의 인명 손실과 5천만 엔의 재산 피해가 발생했다.[34] 광신적 민족주의자뿐 아니라 일반 대중의 여론도 일본을 통치하는 엘리트들의 우려를 촉발했다. 전쟁으로 인한 번영의 열매는 사회 모든 부문에 고르게 돌아가지 않았고, 새로 부자가 된 사람들에 대한 사회적 불만이 고조되었다. 러시아 혁명도 앞으로 일어날 수 있는 일에 대해 우려되는 사례를 제공했다. 1918년 중반 쌀 가격 폭등으로 인해 심각한 폭동이 일어나 정부가 해산되었다.

새로 등장한 정부는 일본이 얻은 이익을 사수하면서 다른 강대국을 자극하지 않기를 희망했다. 일본 대표단은 국제연맹 규약에 인종 평등 선언을 삽입하고, 다음으로 북태평양 섬들을 계속 통제하고, 산둥반도의 독일 조차권을 계속 유지한다는 세 가지 분명한 목표를 가지고 파리에 파견되었다. 그렇지 못할 경우에는 윌슨의 14개조를 지지하라는 훈령이 내려졌다. 일본 총리는 마키노에게 개인적으로 영국 및 미국과 협조할 것을 지시했다.[35] 그러나 말하기는 쉬워도 실행하기는 어려운 일이었다.

태평양 섬들인 마셜제도, 캐롤라인제도, 마리아나제도가 제일 먼저 최고평의회의 의제로 올라왔다. 하와이와 필리핀 사이에 산재한 수천 개의 작은 환초와 암초로 이루어진 이 섬들과 그곳 주민들은 평화로운 무관심 속에 오랜 세월을 살아왔다. 제국들의 경쟁, 현대 기술의 확산, 현대 해군의 성장으로 이 섬들은 외부인들, 처음에는 독일인, 이제는 일본인들에게 소중한 자산이 되었다. 일본 군부는 일본이 자국과, 아시아 대륙의 시장 및 천연자원 접근로를 보호하기 위해서는 태평양의 많은 부분을 통제해야 한다고 주장했다. 이것은 자연히 다른 해군 강국들을 상대할 능력을 키워야 한다는 것을 의미했다. 일본은 1914년 이전 중국과 러시아를 격파하고 영국과 해군 협정을 맺었지만, 미국과는 만족할 만한 양해를 이루지 못한 상태였다. 그럴 가능성도 별로 없었다.

1898년 미국-스페인 전쟁에서 미국은 필리핀을 차지하고, 동쪽에는 괌이라는 중요한 기지를 확보했다. 새로운 노획물을 보호하기 위해 미국은 하와이도 합병했다. 단번에 미국은 일본에 수천 마일 가까이 접근했다. 1차대전 전까지 미국 해군은 대서양을 근거지로 삼았지만, 미국의 전략이 아시아에서 책임을 감당하는 쪽으로 바뀌는 조짐이 보였다. 1908년 시어도어 루스벨트 대통령은 미국 함대를 세계일주 항해에 파견했다. 그는 의회에 해군 예산 증액을 압박했고, 하와이의 진주만 기지 건설에 착수했다. 1914년이 되자 미국은 영국과 독일 다음으로 세계 제3위의 해군 전력을 보유하게 되었다. 1915년이 되자 미국 자본으로 건설된 파나마 운하가 개통되어 선박들이 대서양과 태평양을 오가는 것이 용이해졌다. 1916년에 미국 정부는 공개적으로 "두 개의 대양" 해군 전략을 발표했다.[36] 일부 미국인들은 미국이 서쪽으로(즉 태평양 쪽으로) 계속 확장할 수밖에 없는 숙명에 대해 이야기했다. 미국의 그 '숙명'은 결국 일본과 충돌할 수밖에 없었고, 한 나라의 방어적 움직임은 다른 나라에게는 공세로 보일 가능성이 컸다.

일본과 미국의 군사 전략가들은 양국이 서로 충돌하기 시작했다는 것을 인식했다. 양국은 상대국과의 전쟁을 염두에 둔 계획을 작성하기 시작했지만, 아직은 사전 경계의 성격이 강했다. 양국에는 전쟁 가능성을 심각하게 생각하는 사람들이 생겨났고, 심지어 이를 열성적으로 주창하는 사람도 있었다. 1914년 이전 미국에서는 일본의 침공이 성공하는 악몽 같은 줄거리로 독자를 겁먹게 하는 소설들이 출간되었다. 대중 선동적인 허스트Hearst 언론 그룹은 황화론yellow peril을 크게 부각시켰고, 일본 어민들이 멕시코의 바하칼리포르니아의 만灣 하나를 임대하자 일본이 그곳에 해군기지를 건설하려는 음모를 꾸미고 있다는 특종 기사를 냈다.[37] 일본도 이와 유사한 공포에 시달렸고, 백화론white peril이 일본 언론에 자주 등장했다. 은퇴한 일본 해군 장교는 《우리의 다음 전쟁Our Next War》이라는 소설을 발표해, 일본이 미국을 공격하고 태평양의 미국 섬들을 장악하는 시나리오를 선보였다. 1914년 일본이 중국에 있는 독일 조차지를 차지하려고 움직일 때 많은 장교와 남자들은 미국을 상대로 한 전쟁에 동원되는 것으로 생각했다.[38] 일본 해군은 적대적 미국의 접근을 방어하기 위해서 태평양의 섬들을 외곽 방어선으로 유지해야 하거나, 반대로 태평양의 비군사화 합의의 협상 카드로 이 섬들을 차지해야 한다고 정부에 조언했다.[39]

  일본은 파리에서 자신들의 입장을 지지하는 국가들이 있을 것으로 기대했다. 1917년 2월 일본의 해군 지원의 대가로 영국은 태평양 섬에 대한 일본의 영유권 주장을 인정했고, 영국의 주도로 이탈리아, 프랑스, 러시아도 같은 입장을 취했다. 반면 영연방 자치령인 뉴질랜드와 오스트레일리아, 정도는 덜하지만 캐나다는 태평양에서 커지는 일본의 존재감에 대해 촉각을 곤두세우며 반대 목소리를 냈다. 영국 내에서도 일본의 도움이 느리고, 마지못해 제공되고 있다는 불만의 소리가 나왔다. 일본의 대형 운송회사 사장이 전선에 있는 영국 병사들에게 마멀레이드를 보내고, 지중해에 전대를 보내긴 했지만 영국인들을 충분히 만족시키지 못했다.[40] (일본의 기여에 대한 영국의 시각은 프랑스도 공유했다. 클레망소는 1919년 1월 동료 중재자들에게 말했다. "예를 들어 프랑스와 비교해 그 나라가 전쟁에 어떤 역할을 했다고 말할 수 있는 사람이 있는가? 일본은 극동에서 자국의 이익을 방어했지만, 유럽에 관여해달라는 요청을 받았을 때 그들이 뭐라고 답했는지는 모든 사람이 안다."[41]) 생사를 건 전쟁에 관여한 유럽 정치인 중 일본이 유럽에 관여하지 못할 정당한 이유가 있었다는 냉정한 태도를 보인 사람은 거의 없었다. 독일이 일본에 시도한 평화 협상 타진도 관계를 증진시키는 데 걸림돌로 작용했다. 일본이 독일의 시도에 응하지는 않았지만, 그 시도만으로도 일본이 신뢰할 만한 동맹이 아니라는 인상을 주었다. 영국 해군은 장래 일본과의 전쟁 가능성을 고려하기 시작했다.[42]

그럼에도 불구하고 파리 강화회의에서 영국의 공식 입장은 일본의 주장을 지지한다는 것이었다. 영국 대표들은 일본 대표들이 초조하게 확언을 요청했을 때 이를 분명히 밝혔다. 영국은 왜 일본이 원하는 영토를 얻도록 보장하지 않고 파리 강화회의에서 일본의 주장을 지지한다고만 했을까? 그 이유는 그것이 1917년 비밀 합의에서 영국이 약속한 전부였기 때문이다. 로이드조지 자신도 이 약

속을 지킬 것이라고 말했다.⁴³

그러나 윌슨은 비밀 외교를 할 필요가 없었고, 1917년 합의는 미국이 관여하지 않은 사적 합의라는 점을 분명히 밝혔다.⁴⁴ 그는 또한 일본에 강경한 입장을 취해야 한다는 압박을 받고 있었다. 미국인 사이에는 반일 감정이 강했는데, 그 이유 중 하나는 계속 문제가 된 일본인 이민이었고, 다른 하나는 독일의 강화 협상 시도였다.⁴⁵ 멕시코도 문제였다. 일본은 격렬한 멕시코 내전에서 미국인이 잘못된 편이라고 여기는 쪽에 무기를 판매했다. 더군다나 1917년 일본을 동맹국 편으로 끌어들이려는 다급한 시도를 한 독일의 외무장관은 많은 지탄을 받은 소위 치머만 전보Zimmerman telegraph에서 멕시코 측에 일본을 반미 동맹에 끌어들이라고 촉구했다.⁴⁶ 일본으로서는 억울할 수 있지만 어쨌든 이것도 일본에 대한 나쁜 인상을 만들어냈다. 전쟁이 끝날 무렵 일본은 볼셰비키 혁명에 대한 연합국의 간섭을 내세우며 시베리아로 적극 진출했다. 윌슨 역시 '교활한 일본인'이라는 대중의 혐오를 공유했다. 그는 이제 만일 일본이 북태평양의 섬들을 계속 장악할 경우 태평양을 가로질러 하와이로 향하는 디딤돌이 될 수 있다는 것을 우려했다.⁴⁷ 그의 해군 참모들은 앞으로 만들어질 일본 기지와 비행장에 대해 경고했다.

1919년 1월 27일 마키노는 최고평의회에서 일본의 입장을 천명하는 성명을 낭독했다. 독일로부터 섬들을 빼앗은 것이 전쟁 중 항로를 얼마나 안전하게 만들었는지 상기시키고, 전형적인 제국주의적 논리로서 지역 주민은 원시적인 사람들이라 일본의 보호와 자비로 이익을 얻을 수 있다고 주장했다.[48] 윌슨은 노골적인 소유보다 위임통치를 선호한다는 것을 재차 강조했다. 윌슨은 중국에서 독일 조차지 같은 일본의 다른 요구를 다루어야 하기 때문에 북태평양의 섬 문제로 일본과 대립하려고 하지 않았다. 그는 미국은 국제 전신망의 중심인 캐롤라인제도의 서쪽 마지막 섬인 야프섬에 대한 일본의 위임통치를 반대한다는 것만 분명히 했다.[49] 1919년 위임통치령이 최종적으로 분배될 때 일본은 원하는 지역 모두에 대한 위임통치권을 인정받았다.

전간기 중 일본은 미국 해군이 우려하던 일을 시작했다. 위임통치 규약에는 군사기지나 요새 건설을 금지했지만, 이것을 강제할 수단은 없었다. 외국인이 위임통치를 받는 섬을 방문하는 일은 점점 어려워졌고, 일본은 자국 정착민을 이주시키고 군대를 파견했다. 그 와중에 일본 건설 계약자들은 큰 항구를 새로 건설했다. 캐롤라인제도의 터크섬은 일본의 남태평양 핵심 해군기지가 되었다.[50] 거의 알려지지 않았던 섬인 티니언, 사이판, 터크는 2차대전의 주요 격전지가 되었다.

국제연맹 규약에 "인종 평등" 조항을 넣는 것은 훨씬 더 어려웠다. 이것은 일본인에게는 상징적 의미가 컸다. 일본은 이제 세계적 강대국이고, 일본 국민은 그에 상응하는 존중을 받아야 했다. 불행하게도 미국과 '백인' 국가 지역의 대중은 동양의 이민자들이 백인 문명을 압도하는 망령에 시달렸다. 1차대전 전에 일본 사업가들은 외국에 나가면 자주 모욕을 받는다고 불평했다. 캘리포니아에서 일본 국적을 가진 사람은 토지를 구매할 권리가 없었고, 다음으로 임차할 권리를 잃었고, 마지막으로 아내를 데려올 수도 없었다. 1906년 샌프란시스코 교육위원회는 일본인 아동과 중국인 아동(다 합쳐 100명도 되지 않았다)이 백인 아동보다 다수가 되는 것을 막기 위해 분리된 학급을 운영했다. 일본 이민자는 (중국과 인도에서 온 이민자도) 캐나다와 미국으로 들어오는 것이 점점 어려워졌고, 오스트레일리아의 경우는 이민이 아예 불가능해졌다. 일본이 영국의 동맹국으로 참전한 1차대전 중에도 일본 국적자는 계속 배제되었다.

일본 정부는 이민자 수를 제한하는 등 화해적 조치를 취했지만, 자국 내 여론의 압박을 받았다. 일례로 1913년 한 집회에서 발언자가 일본은 캘리포니아의 토지 구입 제한법을 수용하느니 전쟁을 벌여야 한다고 주장하자, 2만 명의 청중이 환호했다. 1916년 일본 정부는 "영국 식민지에서 반일 감정이 여전히 강한 것에 대해 제국의 회에서 일반적인 유감의 감정이 크다"라는 직설적인 메시지를 영국에 전달했다.[51] 일본이 파리 강화회의 참가를 준비하자, 일본 신문들은 일제히 들뜬 반응을 보였다. 한 사설은 "국제적 인종 차별에 맞서 싸울 시간이 왔다"라고 주장했다.[52]

일본의 고위 정치인들은 국제연맹 설립 제안에 조심스럽게 접근해야 한다고 자국 정부에 경고했다. 만일 국제연맹이 현상 유지를 동결하고, 일본을 계속 이등 국가로 묶어두는 수단이 되면 어떻게 할 것인가? 윌슨의 신외교도 의심을 받았다. 한 젊은 애국주의자는 고노에 후미마로近衛文麿 공작은 민주주의와 인도주의가 그럴싸해 보이겠지만, 미국과 영국이 전 세계 부의 대부분을 통제하는 것을 돕는 은폐물이 될 수 있다고 신문에 기고해 상당한 호응을 얻었다. 그는 일본이 살아남으려면 더 공격적이 되어야 한다고 주장했다.[53] 일본 대표단은 파리에 파견될 때 국제연맹 설립을 가능한 한 늦추고, 만일 여의치 않으면 국제연맹 규약에 인종 차별 금지 조항을 넣으라는 지시를 받았다.[54] 고노에는 대표단의 일원으로 사이온지를 수행해 파리 강화회의에 참석했다. 수년 후 일본이 미국과의 전쟁에 돌입할 때 그는 총리가 되었다. 1945년 그는 전범 재판을 받기 직전에 독극물을 먹고 자살했다.

윌슨이 국제연맹 설립을 가장 중요한 의제로 삼았기 때문에, 일본 대표단은 다음 목표인 인종 평등 조항을 넣기 위해 막후에서 노력을 기울였다. 2월 초 마키노와 친다는 하우스 대령을 방문했고, 하우스는 평소처럼 아주 고무적이고 우호적인 태도를 보였다. 그는 자신도 인종적 편견을 혐오한다고 말하고, 그들을 돕기 위해 최선을 다할 것이라고 말했다.[55] 이틀 후 그들이 밸푸어를 만났을 때 그는 덜 낙관적이었다. 가장 큰 문제는 일본 대표단은 온건한 문안을 원하지 않은 반면, 다른 국가들, 일례로 오스트레일리아는 인종 평등에 대한 언급 자체도 너무 나간 것으로 보았다. 밸푸어는 그의 전형적인 태도인 거리를 두는 모습을 보였다. 그는 모든 사람이 평등하게 태어났다는 개념은 흥미롭지만, 자신은 그것을 믿지 않는다고 말했다. 중앙아프리카에서 태어난 사람이 유럽인과 동등하다고 과연 말할 수 있는가? 그는 또한 하우스에게 미국과 영제국의 주민들은 이 조항을 일본인의 이민 제한을 불법화하는 첫걸음이 될 거라고 경고했다. 하우스도 그 점을 인지하고 있다면서도, 일본이 인구 과잉이라는 큰 문제를 안고 있다고 덧붙였다. 그는 그들이 시베리아나 브라질로 가면 좋겠다는 희망도 피력했다.[56]

국제연맹 규약위원회에서 마키노와 친다는 자신들이 조만간 제출할 조항을 작성 중이라는 사실을 은밀히 알렸다. 2월 13일 국제연맹 규약 초안이 작성되자 마키노는 긴 성명을 낭독했다. 그는 종교의 자유를 보장하는 조항에 연맹의 모든 회원국이 서로의 시민을 차별 없이 평등하게 대우하는 데 동의한다는 취지의 수정안을 추가하고 싶다고 말했다. 그는 인종적 편견이 뿌리 깊다는 것을 인정했지만, 중요한 것은 원칙을 받아들인 다음 개별 국가가 자체적으로 정책을 마련하는 것이라고 강조했다. 국제연맹은 국가들의 대가족이 되어야 한다고 그는 주장했다. 그는 사람들이 한 국가의 국민을 동등하게 다루지 않아서 그 국민만 희생하는 것, 심지어 목숨을 포기하는 것은 분명히 비합리적인 일이라고 강변했다. 대전쟁 때 서로 다른 민족들이 힘을 합쳐 싸웠다는 점도 강조했다. 이 전쟁으로 "이전에 경험해보지 못한 수준의 동정과 감사의 유대가 확립되었다"는 말도 덧붙였다.

이것은 가슴을 울리는 자유주의적 발언이었지만 아무런 변화를 가져오지 못했다. 영국을 대표해 발언한 세실은 그것은 사실 상당히 논란의 여지가 많은 문제라고 말했다. 그는 이 문제 전체를 미래로 미루는 것이 낫다고 말했다. 이에 대해 전반적으로 동의하는 목소리들이 나왔다. 그리스 총리 베니젤로스는 종교의 자유도 예민한 문제이기 때문에 이 조항 전체를 넣지 말아야 한다고 주장하며 반대 입장을 도왔다. 이렇게 되자 포르투갈 대표는 분명한 반대 의사를 밝히며 자신의 정부는 신에 의지하지 않은 조약을 체결한 적이 없다고 말했다. 그러자 세실은 드물게 유머 감각을 발휘해, 이번에는 모두가 한번 신에 의지하지 않는 시험을 해보자고 말했다. 규약 초안에는 인종 평등이나 종교 평등 조항이 전혀 들어가지 않았고, 그 상태로 강화회의 전체 회의에 회부되었다. 일본 대표단은 이 문제를 다시 한번 제기하겠다고 분명히 말했다.[57] 다음날인 2월 14일 윌슨은 미국으로 잠시 떠났고, 국제연맹 문제는 일시 논의가 중단되었다.

그러나 인종 평등 문제는 대중의 관심을 끌기 시작했다. 일본에서는 대중 집회가 열리고 "치욕의 배지" 착용 중지 요구가 잇따랐다. 미국 서부 해안에서 정치 지도자들은 이 조항이 통과되는 경우 백인에게 일어날 심각한 결과를 경고했다.[58] 로이드조지는 이 조항은 이미 미국과 오스트레일리아에 거주하는 일본인에 대한 차별 철폐를 목표로 하고 있다고 발언해, 이미 퍼진 대중의 오해를 가중시켰다.[59]

일본은 파리 강화회의에 모인 중재자들로부터 기껏해야 미약한 지지만 받았다. 자국민이 유사한 차별을 받고 있던 중국 대표단은 이 조항에 찬성표를 던져야 하지 않을까 생각했지만, 한 중국 대표는 미국 대표에게 자신들은 훨씬 중요한 문제를 우려하고 있다고 말했다. 그것은 중국 영토에 대한 일본의 주장이었다.[60] 윌슨은 자국 내의 여론을 염려해야 했고, 일본의 의도를 의심했다. 그는 한 미국 전문가에게 말했다. "예전에는 일본인을 신뢰했다. 그러나 그들은 시베리아에 대한 합의를 어겼다."[61] 게다가 윌슨은 인종 문제에 관한 한 그렇게 자유주의자가 아니었다. 우선 그는 미국 남부 출신이었고, 대통령 선거 첫 운동에서는 흑인 유권자에게 호소했지만, 대통령에 취임하고 나서는 흑인을 위해 별다른 일을 하지 않았다.[62]

인종 평등에 대한 가장 심한 반대는 영제국 대표단, 특히 오스트레일리아 대표 휴스가 제기했다. 많은 오스트레일리아인과 마찬가지로 그는 그 조항이 오스트레일리아를 보호하는 제방을 무너뜨리는 것이라고 생각했다. "백인 오스트레일리아를 건드리는 정부는 단 하루도 생존할 수 없다"라고 그의 수행원 중 한 명이 파리에서 적었다. "일본의 제안은 뭔가 다른 것을 숨기고 있거나, 아니면 아무것도 아니다. 만일 전자라면 그것을 막아야 하고, 후자라면 왜 신경써야 하는가."[63] 휴스는 하우스가 제안한 어떠한 타협도 거절했다. 그는 한번은 "별문제 없을 수도 있다"고 종이에 끼적였지만, 바로 "그것에 동의하느니 나는 센강으로 걸어 들어가거나, 나체로 폴리 베르제레Folies Bergeres(파리의 카바레 음악 홀)로 걸어 들어가겠다"라며 완강히 타협을 거부했다.[64] 뉴질랜드 대표 매시도 휴스와 같은 태도를 보였다.[65] 그들은 일본과의 동맹을 유지하고 싶어했지만, 무엇보다도 자국의 통치령을 생각하지 않을 수 없었다.

윌슨이 2월 중순부터 3월 중순까지 미국으로 돌아가 있는 동안 영국은 이 문제를 해결하기 위해 최선을 다했다. 이 문제에 아무 이익도 걸려 있지 않은 프랑스는 흥미롭게 추이를 지켜보았다.[66] 보든과 스뮈츠는 휴스와 일본 대표단 사이를 오가며 중재했다. 그들은 마키노와 친다가 휴스를 방문할 것을 권했다. 일본 대표단은 휴스를 농민으로 생각했다. 그는 일본 대표단이 "나에게 굽실거리고, 최고의 경의를 표하며, 침이 마르도록 아첨했다"라고 불평했다. 휴스는 그 조항이 자국의 이민 정책에 영향을 주지 않는다면 수용할 수도 있다고 한발 물러났지만, 이번에는 일본 대표들이 거부했다.[67] 마키노와 친다는 다시 하우스에게 도움을 요청했다.[68] 그러나 그들은 번지수를 잘못 찾아간 것이었다. 하우스는 미국에서 전혀 인기가 없는 것을 위해 싸우려고 하지 않았다. 개인적으로 그는 영국이 나서서 인종 평등 조항을 반대하는 것이 기뻤다. "우리 어깨에서 짐을 내려서 영국인에게 옮겨놓는 데에는 아주 섬세한 기술이 필요했는데, 다행히 그 일이 이루어졌다."[69]

본국으로부터 압박을 받고 있던 일본 대표들은 이 조항을 그대로 밀어붙이기로 결정했다. 친다는 하우스에게 표결에서 패하더라도 최소한 일본 국민에게 자신들이 최선을 했다는 것을 보여주겠다고 말했다.[70] 4월 10일 국제연맹 규약위원회에서 일본 대표들은 다음날 이 수정안을 제안할 것이라고 말했다. 그들은 너무 자주 이것을 연기했기 때문에 이번 역시도 그러겠거니 했다고 하우스의 사위인 고든 오킨클로스가 말했다.[71] 4월 11일 규약위원회는 밤늦게까지 회의를 진행하며 미국이 먼로 독트린을 유지하면서 국제연맹에 가입할 수 있는 방식을 찾아내려고 노력했다. 모두가 지쳤을 때 드디어 일본 대표가 일어나 규약 서문에 인종 평등 구절이 들어가야 한다고 제안했다. 마키노와 친다는 모두 온건하고 차분하게 의견을 내놓았다. 이것이 다른 나라 대표들에게 아주 좋은 인상을 남겼다. 규약위원회에 들어와 있던 다른 나라 대표들인 베니젤로스, 오를란도, 중국 대표 웰링턴 쿠Wellington Koo(구웨이쥔顧維鈞), 프랑스 대표인 부르주아와 라르노드, 체코 총리는 차례로 이 수정안에 찬성하는 발언을 했다. 세실은 극도로 불편한 표정으로 찬성할 수 없다고 짧게 말한 뒤 눈을 아래로 깐 채 침울한 표정으로 자리에 앉았다.

다른 사람들이 발언하는 동안 하우스는 규약위원회 의장을 맡은 윌슨에게 쪽지를 건넸다. "만일 이 위원회가 이것을 통과시키면, 전 세계에 인종 문제를 일으킬 것입니다." 윌슨은 인종 평등에 대한 사소한 언급도 서부 해안의 정치인들을 소외시킬 것이라고 생각했는데, 국제연맹 가입 비준 통과를 위해서는 그들의 표가 필요했다. 그는 일본 대표들에게 수정안 철회를 요구했다. 그는 인종 편견에 대해 너무 큰 소동을 일으키는 것은 잘못된 일이라고 지적했다. 그것은 궁극적으로 국제연맹을 훼손하는 불길을 일으킬 것이라고 그는 주장했다. 그 방에 있던 모든 사람은 국제연맹이 모든 민족의 평등에 기초하고 있다는 것을 잘 알고 있었다. 그 이상 다른 얘기를 할 필요가 없었다. 윌슨은 최대한 우호적인 태도로 일본 대표들에게 말했다. 그는 그들이 좋은 의도를 가지고 있다는 것을 알았지만,

잘못된 방법으로 일을 추진하고 있다고 생각했다. 일본 대표들은 표결을 주장했다. 윌슨은 대학 총장으로 일하면서 배운 것이 분명한 능란함으로 수정안에 대한 강력한 반대가 있기 때문에 표결을 진행할 수 없다고 말했다. 일본 대표들은 이 애매한 평결에 이의를 제기하지 않았고, 결국 인종 평등 조항은 규약에 포함되지 않았다.[72]

일본 언론은 "소위 문명 세계"에 대해 통렬하게 비판했다.[73] 자유주의적이고 국제적 사고를 가진 일본인은 실망했다. 그들은 적극적으로 나섰고, 자신들이 국제 공동체에 참여할 준비가 되어 있다는 것을 보여주었지만 여전히 열등한 대상으로 취급되었다. 4월 28일에 열린 전체 회의에서 마키노는 만일 어느 민족이 정당하고 동등한 대접을 받지 못하면 국제연맹의 기반이 되는 원칙은 그 신뢰를 상실할 것이라고 경고했다. "그러한 사고는 국제연맹이 굳건한 기반으로 삼으려 하는 조화와 협력에 큰 해악을 끼칠 것이라고 우려하는 바이다."[74] 그의 말이 옳았다. 인종 평등 조항을 집어넣는 데 실패한 것은 전간기 중 일본이 서방과의 협력에서 멀어지고, 좀더 공격적인 민족주의 정책으로 기울어지게 하는 중요한 요인이 되었다.

그러나 단기적으로 일본은 자신들의 실패를 이익으로 활용할 수 있었다. 윌슨은 4월 말에 동료 중재자들에게 상기시켰다. "일본인들은 만일 우리가 이 조항에서 그들 편을 들지 않으면, 조약의 나머지 부분에 서명할 수 없다고 매우 정중하게 말했습니다." 로이드조지는 이에 동요하지 않고 그저 "이런이런!" 하는 데 그쳤다. 그러자 클레망소가 맞장구쳤다. "이 사안이 당신에게 그 정도일 뿐이라면,

나 역시 더 괴로워할 건 아니겠군요."⁷⁵ 그러나 실상을 보면 그들 모두가 크게 우려했다. 파리 강화회의는 또 하나의 국가가 이탈하는 사태를 감당할 수 없었다. 이탈리아 대표들은 이미 회담장에서 퇴장했고, 벨기에 대표들도 언제든지 뛰쳐나갈 수 있는 상황이었다. 국제연맹 수립에 절박한 마음을 가지고 있지만 인종 평등 조항을 수용할 수는 없는 윌슨은 결국 일본이 중국에서 원하는 것을 주어야 하는 상황에 처했다. 그러나 중국 또한 만만치 않은 과제였기에 그의 입장은 어려울 수밖에 없었다.

24장

중국의 심장을 겨눈 칼

대전쟁이 끝났다는 소식이 중국에 전해지자, 중국 정부는 3일 동안 경축일을 선언했다. 민족주의자 학생과 교사들이 상당수를 차지하는 6만 명의 군중이 베이징에서 열린 승리 행진에 참가했다. 대중의 환호 속에 20년 전 의화단 봉기 때 살해된 독일 외교관을 기리기 위해 카이저 정부가 세운 기념비도 철거되었다. 민주주의가 폭정에 거둔 승리와 윌슨의 14개조를 찬양하는 언론 기사가 넘쳐났다. 특히 중국 젊은이들 사이에는 서구 민주주의, 서구의 자유주의 이상, 서양 학문에 대한 맹목적 동경이 일어났다. 많은 중국인은 평화가 강대국의 중국 문제 간섭을 종식시킬 것으로 기대했다.

중국은 1917년 여름에 독일에 선전포고를 했고, 연합국의 승리에 상당한 기여를 했다. 서부전선의 참호를 구축하고 보수하는 데는 엄청난 노동력이 필요했다. 1918년까지 약 10만 명의 중국 노동자가 배에 실려 프랑스로 수송되어, 연합국 병력이 노동에서 벗어나서 독일군에 대한 공격에 집중할 수 있게 해주었다. 많은 중국인이 프랑스에서 포탄에 맞거나, 질병으로, 심지어 향수병으로 사망했다. 독일 잠수함이 프랑스 선박을 침몰시켰을 때 500명 이상의 중국인이 익사했다.

중국으로서는 전쟁 노력을 위한 노동자를 파견하는 것이 평화 협상에 참여할 경험 많은 외교관을 찾는 것보다 더 쉬웠다. 중국은 워싱턴 주재 대사, 브뤼셀 주재 대사, 런던 주재 대사, 외무장관을 포함해 외무부에서 가장 뛰어난 인물들을 서둘러 모았다. 대총통이나 총리가 중국 대표단을 이끌지 않았는데, 당시 국내 정치 상황이 너무 위태로워서 두 사람 다 중국을 떠날 수 없었기 때문이다. 자신들의 입장을 세계에 설명하고, 국제 상황을 분석하는 데 도움을 줄 외국인 고문 몇 명도 포함시켰다. (파리에서 성실한 중재자 역할을 맡기로 한 미국의 경우, 최소한 공식적으로는 미국 시민이 중국의 자문으로 일하는 것을 허용하지 않았다.)

파리의 루테티아 호텔에 모인 약 60명의 중국 대표와 5명의 외국인 자문은 구질서와 신질서 사이, 그리고 북부와 남부 사이의 불안정한 균형을 유지하고, 외부의 강력한 영향을 받고 있는 중국 자체를 상징했다. 그들이 국가를 대표하는지 정부를 대표하는지도 불분명했다. 중국은 여러 조각으로 분열되어 있었고, 한 무리의 병사와 그 지지자들이 수도인 베이징과 중국 북부를 통제하는 동안, 다른 집단은 남부 광둥에서 독립 정부를 선언했다. 파리에서 강화회의가 열리는 동안 상하이에서는 두 정부의 화해를 중재하기 위한 또다른 강화회의가 열렸다. 파리에 도착한 대표단은 두 집단이 선발했는데, 이 대표들은 서로를 신뢰하지 않았고, 베이징에 있는 명목적인 정부도 신뢰하지 않았다.

대표단을 이끈 40대 후반의 루정샹陸徵祥은 중국의 변화를 상징하는 인물이었다. 그는 서방의 무역과 투자 덕분에 크게 성장한 항구 도시인 상하이 출신이었다. 기독교도인 그의 아버지는 외국인 선교사들을 위해 일했고, 아들을 서구식 학교에 보내 오랜 기간 중국 소년들이 공부한 중국 고전이 아니라 외국어를 배우게 했다.[1] 이런 사람은 오랜 세월 중국을 운영해온 구세대 학자들(서방에서는 만다린이라고 부르는)이 가장 싫어하는 유형이었다. 이런 구세대 학자들의 사고는 대부분 서구 사람들이 이해하기 불가능할 정도로 섬세했다. 그들의 자제심과 태도는 완전무결하고, 그들의 조상들은 오랜 기간 중국을 통치해왔지만, 그들의 기술은 공격적인 서구 세력의 대포와 기선을 상대할 수 없었다.

루정샹은 구문명이 변화의 세력과 지는 싸움을 벌이던 시기에 성장했다. 오랜 세월 중국은 자신들의 방식으로 일을 처리해왔다. 중국中國은 세계의 중심이라는 의미였다. 첫 서방인들("코가 길고 털이 긴 야만인")이 중국인 앞에 나타났을 때 그들은 코끼리 위에 나타난 모기보다 큰 인상을 만들어내지 못했다. 그러나 19세기에 들어서면서 주변부에서는 아편을 판매하고 상인, 선교사, 사상을 통해 중심부를 교란하기 시작했다. 중국은 이에 저항했지만 계속 패배했다. 19세기 말이 되자 중국 정부는 재정 및 관세에 대한 통제력을 잃었고, 중국 영토 곳곳에 외국인 조차지, 항구, 철도, 공장, 광산이 들어서고, 그곳을 보호하기 위한 외국 군대가 들어왔다. 강대국은 중국의 법과 재판관이 서방 문명의 산물을 다루기에 너무 원시적이라는 이유로 자국민을 위한 보호막인 치외법권을 마련했다. 상하이의 외국 조계지 입구에는 "개와 중국인 출입 금지"라는 표지판이 붙었다는 말이 돌았다. 중국인들은 자존심과 기존의 세계 질서에 가해진 엄청난 타격을 견디어보려고 계속 애를 썼다.

한 저명한 중국 사상가는 이런 유명한 질문을 했다. "그들은 작은데 왜 강한가? 우리는 큰데 왜 약한가?" 2천 년 동안 지속된 관습을 버리는 것이 쉽지 않았지만 중국은 외국인들에게서 배우기 시작했고, 학생들을 외국으로 유학 보내고, 외국 전문가를 고용했다. 새로운 사상과 기술이 이미 대학과 학교를 설립한 선교사들과, 광둥이나 상하이처럼 큰 항구 도시에 정착한 사업가들을 통해 들어왔다. 출세를 위해 외국으로 나갔다가 배우자를 찾고 고향 땅에 묻히기 위해 돌아온 점점 더 많은 수의 중국인도 새로운 사상과 기술을 들여왔다.

루정샹은 중국이 살아나는 데 필요한 새로운 종류의 교육을 받았다. 그는 새로운 직업인 외교 분야에 뛰어들었고, 1차대전 전에 유럽의 여러 수도에서 일했다. 그는 먼저 벨기에 여성과 결혼하면서 파장을 일으켰고, 변발을 해서 화제가 되었다. 그는 또한 점점 더 급진적 시각을 받아들여 중국의 문제는 왕조 체제에 있다고 비난하고, 공화국의 창설을 주장했다.

　중국의 상황은 점점 암울해졌다. 강대국은 자기들끼리 세력권을 나누어 러시아는 북부를 차지하고, 영국은 양쯔강 계곡(양쯔강은 티베트에서부터 중국해까지 6천 킬로미터에 달한다)을, 프랑스는 남부 지방을, 독일은 산둥반도를, 일본은 이곳저곳을 차지했다. 경쟁에 뛰어들지 않은 미국은 (일부 냉소주의자들은 미국은 그럴 여력이 없었다고 비아냥거렸다) 모든 국가가 중국을 동일한 입장에서 착취할 수 있는 이상적인 문호개방을 주창했다. 중국 민족주의자들의 눈에 분명히 보이는 위험은 중국이 조각조각 나뉘어서 중국 민족과 중국 문명에 남아 있는 것은 모조리 사라질 것이라는 전망이었다. 만일 어떻게 중국을 나누어 가질 것인가를 놓고 강대국 간의 대결이 벌어지지 않았다면 1차대전 때 그런 일이 일어났을 수도 있다.

　이런 두려움이 근대 중국의 민족주의 성장을 자극했다. 이전에는 필요하지 않았던 '주권', '민족' 같은 단어들이 중국어에 들어왔다. 잠든 중국이 깨어나고, 중국을 고통스럽게 하는 세력이 짐을 싸고 돌아가는 것을 이야기하는 연극과 노래가 나왔다. 급진주의자들은 이제 중국 구원의 장애물인 통치 왕조를 전복하기 위해 은밀하고, 대개는 금방 사라지는 비밀 결사를 만들었다. 적국이 만든 상품에 대한 불매운동과 첫 시위가 중국의 주요 도시들을 뒤흔들었다. 애국적 자살이 줄을 이었다. 이것은 강자가 아니라 약자가 취하는 전술이었지만, 중국의 강력한 힘이 처음으로 분출하는 것을 보여주었다. 그리고 중국인들은 일본을 점점 더 주적으로 여기게 되었다.

1911년 루정샹과 다른 민족주의자들은 여덟 살 난 마지막 청 황제가 무혈 혁명으로 제거되자 자신들의 바람이 이루어지는 것을 보았다. 중국은 근대 사회를 다루는 데는 근대적 제도가 필요하다고 보았기 때문에 공화국이 되었다. 도시 밖에 거주하는 사람 중 공화국이 무엇인지 조금이라도 알고 있는 사람은 거의 없었다. 내륙의 소도시와 마을에서는 왕조가 사라졌다는 것을 모르는 사람도 많았다. (1960년대 홍위병이 낙후된 지역을 찾아갔을 때 그곳의 농민들은 누가 용상龍牀에 앉아 있는지 말해달라고 했다.)

루정샹은 새 공화국에서 외무장관을 지냈고, 나중에는 총리로 성실히 일했다. 희망의 조짐도 보였다. 중국 경제가 움직이기 시작했고, 대도시에는 근대적 산업이 작동하기 시작했으며, 새로운 지식이 학교와 대학에 스며들었다. 사회는 과거의 억압적 방식을 벗어던졌으나, 불행하게도 첫 대총통이 된 위엄 있는 장군인 위안스카이는 낡은 보수 세계 출신이었다. 혁명 4년 만에 그는 황제가 되려고 시도했다. 결국 그 꿈을 실현하지 못하고 죽었지만, 그는 분열된 나라, 약하고 작동하지 않는 의회, 그리고 가장 불행하게도 각 장군들이 이끄는 지역 군벌을 유산으로 남겨놓았다. 1916년이 되자 중국은 군벌이 통치하는 혼란스러운 상황이 시작되어 1920년대 말까지 지속되었다.

위대한 작가 루쉰은 중국인을 쇠로 만든 집에 사는 사람들에 비유했다. 그 집에 불이 났고, 안에 있는 사람들은 잠에서 깨지 않으면 죽을 수밖에 없다. 만일 그들이 깨어난다고 해도 집 밖으로 나올 수 있겠는가? 그들은 아무것도 모른 채 죽는 것이 나을까, 자신들의 운명을 깨닫고 죽는 것이 나을까? 모든 의구심에도 불구하고 루쉰과 그의 세대에 속하는 다른 급진적 지식인들은 중국을 깨우려고 노력했다. 그들은 과거의 파편을 제거하고 중국인이 미래를 바라보도록 일깨워서 변화를 가속화하는 것을 자신들의 책무라고 생각했다. 그들은 《신청년》, 《새물결》 같은 잡지를 발간했다. 그들은 전통을 비판하는 풍자적 희곡과 단편을 발표했다. 중국을 위한 그들의 처방은 "미스터 과학과 미스터 민주주의"였다. 과학은 이성을 대변하고, 민주주의는 정부와 국민의 단합을 가져와 중국을 강하게 만든다고 보았다. 그들은 연합국을 좇았는데, 전쟁 중 서방 지도자들이 여러 번 강조한 원칙에 따르면 연합국은 중국을 공정하게 다룰 것이기 때문이었다. 산둥반도는 그 시험대가 될 것이었다.

베이징 바로 아래 북쪽으로 튀어나온 산둥반도는 인구가 많고 프랑스의 알자스-로렌처럼 중국에서 중요한 곳이었다. 이곳은 오랫동안 중국을 하나로 묶은 접착제의 일부가 된 위대한 공자가 태어난 곳이기도 했다. (그가 태어난 지 2600년이 지난 오늘날에도 산둥반도에는 그의 후손임을 주장하는 가족들이 있다.) 산둥반도를 차지하는 세력은 베이징의 남쪽 부분을 장악하고, 양쯔강과 중국 북부 및 남부를 연결하는 대운하를 위협할 수 있었다. 서구인에게 이 이름은 (그곳에서 만들어진) 부드러운 견직물의 동의어였고, 좀더 최근의 무서운 기억에서는 모든 서구인과 그 영향을 모조리 쓸어버리겠다고 일어난, 머리를 기른 의화단의 근거지였다.

산둥반도가 중국의 양보를 얻고 중국에서 영향력을 확보하려는 전면적 경쟁에서 외부 세력의 관심을 끈 것은 피할 수 없는 일이었다. 3천만 명에 달하는 산둥의 인구는 시장과 값싼 노동력을 제공했다. 이 지역에는 개발 의욕을 불러일으키는 석탄과 기타 광물 자원이 많았다. 독일 여행가 페르디난트 폰 리히트호펜Ferdinand von Richthofen이 카이저와 독일 해군에게 중국 해안에서 최고의 천연 항구가 산둥반도 남쪽의 자오저우만에 있다는 사실을 알리자 그들은 관심을 가지고 이곳을 눈여겨보았다. 독일은 세계 강대국의 지위를 탐하고 있었고, 그 시절 이것은 식민지와 기지를 의미했다. 하늘의 뜻인지 몰라도 1897년 지역의 소요 사태에서 두 독일 선교사가 살해되자, 카이저는 "절호의 기회"라며 독일 함대를 보내 자오저우만을 점령했다. 중국 정부는 항의했지만 소용이 없었고, 1898년 자오저우 항 주변의 중국 영토 약 250제곱킬로미터를 99년간 독일에 조차하는 협약에 서명해야 했다. 독일은 철도를 부설하고, 광산을 개발하고, 자국의 이익을 보호하기 위해 독일 병력을 주둔시킬 권리를 획득했다.

독일 정부는 새로 얻은 영토에 돈을 아낌없이 쏟아부었다. 훨씬 넓은 아프리카의 식민지에 투자한 돈보다도 더 큰 규모였다.[2] 독일 정부는 자국의 기업들에게 철도와 광산 개발에 나서도록 독려했지만, 그들은 이상할 정도로 신중했다(실제로 어느 기업도 이익을 얻지 못했다). 독일 해군이 자오저우만의 새 항구를 관리했다. 칭다오라고 알려진 이 항구는 근대적 항구 시설, 깔끔하게 포장된 거리, 상하수관과 최신 전화선과 독일 학교, 병원, 심지어 오늘날까지 생산되는 뛰어난 독일 맥주 양조장을 갖춘 모범적인 개발 지역이 되었다.[3] 이곳을 보고 경탄한 한 외국인 방문자는 "동방의 브라이튼"이라고 불렀다.[4] 1907년이 되자 이 항구는 중국에서 일곱 번째로 큰 항구가 되었다. 유일한 단점은 가장 가까운 독일 식민지나 독일 본국으로부터 수천 킬로미터 떨어져 있다는 것이었다.

카이저가 산둥반도에서 양보를 요구할 때 써먹은 엄포에도 불구하고, 독일 정부는 1914년 전까지 중국 정부를 다루는 데 상당한 기교를 보여주었다. 독일 정부는 자국 병력을 배치할 수 있음에도 중국 병력이 철도와 탄광을 보호하도록 허용했고, 다른 철도를 부설할 권리를 포기했고, 칭다오를 자유항으로 유지하지 않고 중국 관세 제도 안에 두었다.[5] 그 결과 1914년이 되자 독일이 유지한 권한은 1898년의 협약보다 훨씬 제한적이었고, 중국-독일 관계는 상대적으로 양호했다. 중국 주재 독일 공사 대리는 "나비 부인의 간섭 가능성이 높다"라는 전문을 베를린에 보냈는데, 동방에서 오는 모든 전문을 읽고 있던 영국은 이 암호를 해독하는 데 별 어려움을 겪지 않았다. 일본이 산둥반도를 공격했을 때 중국 정부는 간섭할 수 있는 상황이 아니었고, 독일도 할 수 있는 일이 없었다. 카이저는 단지 다음과 같은 전보를 보내 무운을 빌 수 있었을 뿐이다. "신이 귀관들과 함께하기를! 앞으로 있을 투쟁에서 나는 귀관들을 생각할 것이다."[6] 그리하여 산둥반도의 독일 조차지, 철도, 깔끔한 작은 항구와 광산은 이제 일본 손에 들어가게 되었다.

일본은 이 특권을 중국에 반환하겠다고 했지만, 중국 정부는 당연히 거의 믿지 않았다. 전쟁 중 일본은 모든 수단을 동원해 새로 얻은 노획물을 지킬 수 있는 방도를 찾았다. 처음부터 새 점령 당국은 새로운 철도를 건설하는 데 힘을 쏟았고, 전화선과 우체국 운영권을 중국으로부터 넘겨받았으며, 지역 주민들에게서 세금과 노동력을 착취했다. 일본은 독일이 누린 것을 훨씬 넘어서는 수준으로 산둥반도를 통제했다.[7]

일본은 무력한 중국 정부를 법적 그리고 기타 올가미로 묶는 데 최선을 다했다. 일본은 거액의 자금을 중국에 융자해주었는데, 그중 일부는 중국 관리들이 일본의 목표를 지원하도록 유도하는 뇌물에 가깝다는 의심을 받았다. 사적인 일본 민족주의 집단들과 군부 내 정파 재정가들도 각기 자신들의 목표를 추구했는데 일본 정부의 목표와 상충되기도 했다. 일본 정부가 인정한 베이징 정부에 반기를 든 남부 반군에게 무기가 공급되었고, 남만주와 인접한 몽골 동부에서는 일본 군사 당국과 모험가들이 반란에 나선 군벌들과 함께 음모를 꾸몄다. 그 결과 중국에서 일본의 정책은 극도로 기만적이고 혼란스럽고 일관성이 없어 보였다.

일본 정부는 공식적으로 중국을 자국의 통제 아래 두려고 다소 어설프게 시도했다. 1915년 1월 베이징 주재 일본 공사는 중국 대총통을 예방했다. 일본 공사는 오랜 기간 이어진 양 국민 사이의 밀접하고도 우호적인 관계를 언급하고, 외부 세력이 양국 사이를 벌려놓으면 수치스러운 일이 될 것이라고 말했다. 양국 간에는 해결해야 할 몇 가지 문제가 있다고 그는 첨언했다. 그런 다음 그는 당황한 중국 대총통에게 21개조 요구 사항을 전달했다. 만일 여기에 동의하지 않으면 일본은 "적극적인 방법"을 취할 수 있다고 모호하게 말했다. 일부 요구 사항은 중국에서 일본의 기존 활동을 확인한 것이지만, 다른 요구들은 일본과 독일 사이에 독일이 양보에 동의하기 전에 중국 정부가 먼저 동의해야 할 것들이었다. 더 나쁜 것은 마지막 비밀 요구 사항들로, 이것은 사실상 중국을 일본의 보호령으로 만드는 것이었다. (중국 정부가 딴생각을 하는 경우에 대비해서, 요구 사항이 기록된 종이에는 드레드노트 전함과 기관총이 워터마크로 들어가 있었다.[8])

중국 정부는 요구 사항마다 불만을 나타냈다. 또한 중국 정부는 일본의 요구 사항을 누출해 중국 전역에서 민족주의적 항의 시위를 촉발했다. 일본은 마지못해 좀더 극적인 조항을 삭제했고, 1915년 5월 25일 중국 정부는 결국 일본이 산둥반도에서 원하는 것을 갖도록 보장하는 조약에 서명해야 했다. 중국인은 그날을 국치일로 선언했다. 도쿄에서 사이온지는 큰 실수를 한 일본 정부의 무능에 실망해서 총리가 되려는 외무장관의 시도를 가로막았다.[9]

다른 나라들은 우려의 시선으로 이를 바라보았지만, 행동에 나서지는 않았다. 영국은 해양에서 일본의 도움이 크게 필요했다. 일본 선박들이 태평양 지역을 순찰하고 있었고, 영국은 일본이 희망봉과 심지어 지중해까지도 순찰하기를 희망했다.[10] 유럽에서 큰 손실을 겪은 러시아는 극동에서 강력한 이웃 국가를 적대시할 의도가 전혀 없었다. 프랑스와 이탈리아는 영국의 노선을 따르는 것으로 만족했다. 1917년 영국 및 다른 유럽 강대국과의 비밀 합의로 일본은 산둥반도의 독일 조차지와 특권을 계속 소유할 수 있도록 지원을 받았다.

중국에서 일본의 활동을 공개적으로 반대한 유일한 강대국은 미국이었다. 미국은 태평양과 아시아에서 일본의 세력이 점점 커지는 것을 우려했다. 윌슨이 "전체가 의심되는 사안"이라고 부른 일본의 21개조 요구 제출에 앞서, 중국 해안에서 미국 해군 함정이 석탄을 적재한 일, 그리고 일본이 경영하는 만주 철도가 미국 상품에 높은 사용료를 부과한 일 같은 문제에서 양국 간 마찰이 있었다.[11] 미국 사업가들은 일본과의 경쟁으로 중국 시장에서 밀려나고 있다고 불평했다. 일본의 요구 사항을 놓고 중국과 일본 사이에 오래 진행된 협상에서 미국 정부는 일본 측에 입장을 수정하도록 촉구했다. 반일 감정이 강한 베이징 주재 미국 대사는 중국이 강하게 대응하도록 고무했다. 미국은 중국과 일본 정부 모두에 전문을 보내 중국에서 미국의 조약 권리를 침해하거나, 중국 자체의 정치 또는 영토적 통합성을 훼손하는 어떤 합의도 수용하지 않을 것임을 밝혔다. (이러한 견제는 1931년에 매우 중요한 사안이어서 미국은 이것을 일본의 만주 점령 반대의 근거로 사용했다.)

일본 정부는 1915년에 뒤로 물러났지만 중국에서 우위를 차지하려는 시도를 포기하지 않았다. 1916년 일본은 러시아와 특별 협정을 체결했고, 여기에서 러시아는 남만주와 몽골 동부에서 일본의 특별한 지위를 인정했다. 이와 동시에 일본 정부는 이시이 기쿠지로石井菊次郎 자작을 워싱턴에 파견해 중국에서의 일본의 지위를 미국으로부터 인정받으려고 했다. 이시이와 랜싱 사이에 진행된 회담은 양측이 각자 입맛에 맞게 해석한 각서의 교환으로 이어졌다. 미국은 일본이 지리적 여건으로 인해 중국에서 특별한 이익을 가지고 있다는 것만을 인정했다고 생각한 반면, 일본은 미국이 훨씬 더 넓은 의미에서 일본의 특별한 지위를 인정했다고 주장했다.[12]

1917년 러시아 혁명이 발발하면서 일본은 중국에 남겠다는 의지를 더욱 굳혔다. 이시이는 일기에 이렇게 적었다. "외국 정부들은 중국에서 일어나는 재앙, 역병, 내전, 볼셰비즘 등에 의해 위협을 느끼지 않을 수 있겠지만, 일본은 중국 없이 존재할 수 없고 일본인은 중국인 없이 생존할 수 없다."[13] 이것이 곧 일본인들이 자주 언급한 "아시아 먼로 독트린"의 논리였다. 미국이 자국 안보를 위해 라틴아메리카를 자기네 뒷마당처럼 다루듯, 일본도 같은 이유로 중국, 한국, 몽골 같은 이웃 국가들을 염려해야 한다는 것이었다.

1918년 1차대전이 거의 끝나갈 무렵 일본은 중국 문제를 만족스럽게 종결하기 위한 마지막 시도를 했다. 5월 일본 정부는 중국 정부와 방위 협정을 맺었고, 9월 산둥반도에 대한 1915년 합의를 재확인하는 비밀 각서를 교환했다. 파리에서 특히 중국의 입장에 큰 타격을 준 조항에서 도쿄에 파견된 중국 대표들은 자국 정부가 이 각서에 "기꺼이 동의했다"고 말했다.[14] 이는 곧 중국 정부가 전쟁이 끝나기 전 자신들의 협상 지위를 스스로 훼손한 셈이다. 파리에 온 중국 대표들은 1919년 1월 일본이 협정을 제시하기 전까지 비밀 협정에 대해 전혀 몰랐다고 주장했다.[15]

1919년이 되자 중국에서 일본이 한 행동은 많은 외부 관찰자에게 나쁜 인상을 남겼다. 일본을 지지하기로 한 영국조차도 일본의 오만과 야망을 우려했다.[16] 영국은 특히 양쯔강 계곡의 자국 경제권에 일본이 진입하는 것을 우려했다. 도쿄 주재 영국 대사는 엄중하게 경고했다. "오늘 우리는 민낯을 드러낸 일본이 기회주의적이고 이기적이라고 해도 과언이 아님을 알게 되었다. 대전쟁의 주역 국가들에 비하면 그 중요성은 미미하지만, 우주에서 맡을 자신의 역할에 대해 지나치게 과장된 자기 인식을 가진 나라다." 영국 병사들이 중국의 독일 조차지를 점령한 것을 일본 언론이 비판하자 영국은 더욱 분노했다.[17] 다른 한편으로 중국은 아주 절망적인 국가로 보였다. 밸푸어에 이어 외무차관이 된 커즌은 이렇게 썼다. "그 나라의 해안에서는 도움을 받지 못하고, 매우 무기력하고 수동적인 중국의 대중을 보게 된다. 인구 밀도가 매우 높은 중국은 힘이 없고 단합할 줄 모르며, 남북이 서로 계속 싸우고 있고, 군사력과 열정이 없는 탓에 내가 설명한 특성을 가진 국가의 쉬운 먹잇감이 되고 있다."[18] 프랑스는 최소한 중국 문제와 관련해서는 영국과 같은 태도를 보였다.

하우스도 이에 동의했다. 그는 전쟁 중 윌슨에게, 백인 세계의 상당 부분이 일본인에게 봉쇄된 상태에서, 일본이 중국 본토로 진출하지 않을 것이라고 기대하는 것은 비합리적이라고 말했다. "우리가 일본의 영토와 이민에 대한 욕망을 만족시킬 수 없으니, 동방 내 일본의 세력권에서라도 일부 양보하지 않으면 조만간 문제가 발생할 것이 분명하다." 그는 과도한 낙관주의를 보이며 "문호를 개방하고, 중국을 회복시키고, 일본을 만족시키는 정책을 만들어낼 수 있다"라고 첨언했다. 파리의 미국 대표단을 분석한 일본은 그를 우호적인 인물로 간주했다.[19] 그 외에 그런 인물은 거의 찾을 수 없었다.

파리 강화회의 이전부터 미국 국무부 극동 문제 담당 차관보를 맡았던 브레킨리지 롱Breckinridge Long은 훗날 한 인터뷰에서 1917년 이후 일본에 대한 의심이 미국인의 사고에 항구적인 요소가 되었다고 말했다.[20] 세계에 대한 합리적 접근을 자랑하는 랜싱조차도 이러한 변화를 감지했다. 1915년에 그는 일본과 화해할 필요를 강조하고, 일본에 필리핀을 넘겨주는 것까지 제안했으며, "일본의 깊고 사악한 계략에 대해 신경질적인 반응을 보이는" 사람들을 비판한 바 있었다.[21] 그러나 중국과 관련해서는 분명한 경계선을 그어야 한다고 결의했다. 그는 파리로 가면서 "일본과 확실하게 끝장을 봐야 한다고 결심했다"라고 나중에 회고했다. 그는 일본을 "프로이센"이라고 지칭했는데, 결코 칭찬으로 하는 말이 아니었다.[22]

강화회의가 시작되자 윌슨도 같은 시각을 가진 것처럼 보였다. 그는 일본이 맺은 것과 같은 비밀 조약에 반대하고, 주민의 의사를 고려하지 않고 주민과 영토를 양도하는 것에 반대했다. 그는 또한 중국에 큰 관심을 가졌는데, 중국에서 일하는 많은 선교사들의 보고가 그런 관심에 한몫했다.[23] 그의 사촌은 상하이에서 장로교 선교 주간지를 편집하고 있었다.[24] 윌슨은 중국이 다시 도덕적으로 재건되기를 원하며, 미국이 "친구이자 모범으로서" 중국을 도울 준비가 되어 있다고 말했다.[25] 베이징 주재 미국 대사인 위스콘신대학 교수 출신의 진보 인사 폴 라인시Paul S. Reinsch는 중국 내 일본인들이 동아시아 전체를 지배하려는 목적으로 반란을 선동하고, 아편을 판매하고 관리들을 매수하고 있다는 보고를 연일 워싱턴에 보냈다.[26] 그는 또한 다음과 같이 선견지명 있는 경고도 했다. "일본에게 좀더 행동의 자유가 주어지고, 소위 먼로 독트린 같은 형태나 다른 방식으로 일본의 특별한 지위를 인정하는 것으로 해석될 수 있는 일이 벌어지면, 거대한 무력 충돌이 한 세대 안에 일어나는 것을 피할 수 없다. 중국 문제 해결만큼 미래 세계 평화에서 더 중요한 문제가 유럽에는 없다." (그는 산둥반도 결정을 놓고 폭발이 일어나기 훨씬 전에 사망했다.[27])

윌슨은 이런 조언에 귀를 기울이는 것처럼 보였다. 1918년에 그는 그동안 활동이 정지된 중국 정부에 차관을 제공하는 국제 컨소시엄을 되살리는 데 주도적인 역할을 했다. 산만한 이야기가 강화회의 내내 이어졌고, 일본은 이 컨소시엄에 참여하는 데 동의했지만 자국의 영향력을 약화할 수 있는 발전 계획에는 돈을 빌려주지 않을 것이라고 분명히 밝혔다. 이것이 미국이 바라던 바였다. 미국의 한 고위 관리는 "일본을 중국에서 몰아낸다는 최종적 목표에 대해서는 아무 언급도 없었다"라고 말했다.[28]

그러나 이것이 정말 미국이 원했던 것인가? 만일 일본이 아시아 서쪽으로 확장할 수 없다면, 태평양으로 방향을 돌려 필리핀이나 더 동쪽으로 뻗어 나올 수 있었다. 윌슨과 그의 참모들은 일본과 협력하는 실용적 목표와 중국을 돕는다는 이상적 목표 사이에서 의견이 갈렸고, 1920년대 그들의 후계자들도 마찬가지였다. 중국을 돕는 것은 가능한 일인가? 일본과 충돌하는 것을 감내할 가치가 있는가? 장기적으로 태평양의 평화는 아시아보다 미국에 바람직한 일이었다.

윌슨은 파리로 출발하기 직전에 워싱턴 주재 중국 대사 구웨이쥔(웰링턴 쿠)을 불러 우호적인 분위기 속에 짧게 환담했다. 1919년에 서른두 살이던 구웨이쥔은 강인하고 눈에 띄는 인물이었다. 칭찬에 인색한 클레망소조차 그를 좋게 보았다. "그 젊은 중국 고양이는 파리 시민의 말솜씨와 패션 감각을 지녔고, 일본을 위해 제공된 쥐를 구슬리고 발로 모는 데 능수능란하다."[29] 구웨이쥔은 미국을 잘 알았다. 컬럼비아대학에서 학부와 대학원을 마친 그는 뛰어난 학생이었다. (파리에서 그는 미국 전문가로서 참가한 옛 스승을 만나 대학 시절에 부르던 노래를 함께 부르며 즐거운 오후를 보내기도 했다.[30]) 대학 토론 클럽에 참여한 경험으로 다져진 그의 논리 앞에서 일본 대표단은 톡톡히 대가를 치를 것이었다. 그는 윌슨과의 회동을 마치면서, 미국이 강화회의에서 중국을 지원할 것이라는 확신을 가졌다.[31] 윌슨은 구웨이쥔에게 미국 대표단과 같은 배를 타고 파리로 가자는 호의적인 제안도 했다.[32] 구웨이쥔은 이것을 좋은 신호로 받아들였다.

또다른 좋은 신호는 미국 대표단 구성 자체였다. 랜싱은 워싱턴에서 초기 경력을 쌓을 때 중국 정부의 자문 역할을 했고, 대표 중 한 사람이자 전쟁 중 국무부 극동 과장을 맡았던 E. T. 윌리엄스Williams는 선교사와 외교관으로 중국에 체류한 적이 있었다.[33] 미국 대표단의 전반적인 분위기는 반일본적이었다. 일본 문제를 진지하게 고려할 준비가 된 사람들도 일본의 전쟁 목적을 지배하고 있는 군국주의적이고 민족주의적인 일본에 대해서는 본능적 반감을 품고 있었다.[34] 윌슨은 미국이 아시아 문제에서 중립을 지켜야 한다고 자주 밝혔지만, 미국 대표단은 파리에서 명백한 편향성을 보이며 중국이 요구 사항을 작성하는 것을 돕고 중국이 얻지 못했을 정보를 제공했다. 중국은 현명하게 미국 측에 조언을 구하고 이를 성실히 받아들였다.[35]

자체 분열로 인해 중국 정부는 파리로 가는 대표단에게 모든 사항을 제대로 전달하지 못했지만, 한 가지 지시는 분명히 전달되었다. 중국이 산둥반도에서 독일에 양도한 권리를 모두 되찾아야 한다는 것이었다.[36] 1918년 12월 파리로 떠날 준비를 하고 있던 중국 대표단은 기자회견을 열어(그 자체가 중국이 얼마나 변하고 있는지를 보여주는 신호였다), 강화회의에서 매우 낙관적인 목표를 열거했다. 중국은 강대국들에게 포괄적인 관계 정상화를 요구할 것이고, 여기에는 치외법권 철폐, 자체 관세와 철도 통제, 산둥반도의 독일 조차지 반환이 포함되어 있었다. 이에 대한 대가로 중국은 몽골과 티베트의 외국 무역을 허용할 것이라고 대표단은 밝혔다.[37]

불행하게도 중국 대표단에는 중국의 분열이 그대로 반영되었다. 대표단원들은 서로를 일본에 매수되었다고 의심했다. 파리로 가는 도중에 이상한 일들이 벌어지기도 했다. 그들은 파리로 가는 길에 일본 도쿄를 경유했는데, 루정샹은 도쿄에서 일본 외무장관과 두 시간 동안 회동을 했다. 이 회동에서 어떤 일이 진행되었는지에 대한 이야기는 서로 달랐다. 일본 측은 중국이 강화회의에서 협력하기로 약속했다고 믿는 것으로 보였다. 중국 측은 나중에 루정샹이 중국과 일본의 1918년 비밀 협약의 정당성을 인정할 수 없다고 말했다고 했지만, 설득력이 떨어지는 설명이었다.[38] 또 중국 대표단이 일본에 머무는 동안 중국 대표단 화물 가운데 중국과 일본 사이의 비밀 협약 전문을 포함해 여러 문서가 담긴 상자가 사라졌다.[39] 파리에서 예일대학 법대 출신으로 남중국 분파를 대표한 왕정팅王正廷은 동료 중에 "분명한 반역자"들이 있다는 악의적 비난이 담긴 전문을 상하이 신문사들에 보냈다.[40] 그는 악명 높은 친일파 관리의 딸과 약혼했다는 소문이 돌았던 구웨이쥔을 지목한 것으로 보였다.[41] (실상을 보면 구웨이쥔은 파리에서 만난 인도네시아의 아름다운 젊은 상속녀와 사랑에 빠졌다.) 루정샹은 일본인으로부터 뇌물을 받았다는 보도로 망신을 당했다.[42] 그는 시간이 갈수록 점점 침울해지고 고립되었다.[43]

산둥반도 문제는 1919년 1월이 될 때까지 강화회의의 의제가 되지 않았다. 윌슨은 어떤 조치를 취해야 할지 아직 결정하지 못한 상태였다. 그는 가능한 대안들을 살펴보았다. 아마도 구웨이쥔에게 제안한 대로 영국이 영일동맹에도 불구하고 중국을 돕도록 설득할 수 있다고 생각한 듯했다.[44] 일본이 자발적으로 산둥반도에 대한 권리를 포기할 수도 있었다. 결국 여러 관리들은 일본이 독일 조차지를 중국에 반환할 의사가 있다고 제안했다. 어쩌면 일본은 공식적으로 산둥반도 소유권을 되찾아서 체면을 살린 다음 그 주권을 중국에 넘겨줄 수도 있었다.[45]

하지만 일본은 타협할 의사가 별로 없었다. 최고평의회가 1월 27일 태평양의 독일 식민지 문제를 논의하기 시작하자, 마키노는 산둥반도는 독일로부터 빼앗은 여러 도서와 함께 묶어서 처리하려고 시도했다. 그는 또한 산둥반도는 일본과 독일 사이의 문제이고, 이 문제를 해결하는 데 중국이 나설 필요가 없다고 주장했다.[46] 그는 산둥반도 역시 중국이 관여하지 않는 상태에서 다른 태평양 섬들과 함께 전리품으로 신속하게 처리되기를 바랐다. 다른 강대국은 산둥반도는 별도로 논의되어야 한다고 결정했고, 그날 오후 이 문제를 논의하는 데 중국이 초대되었다.

오전과 오후 회의 사이의 휴식 시간에 중국 대표단은 자신들의 친구들에게 협조를 구하기 위해 노력했다. 명목상 대표인 루정샹은 찾을 수가 없었고, 젊은 구웨이쥔은 랜싱을 방문해 중국이 미국으로부터 지원을 기대할 수 있는지를 물었다. 랜싱은 이를 약속했지만, 유럽 강대국들을 우려한다고 말했다.[47]

그날 오후 중국 대표들은 케도르세의 편안하지 않은 금박 의자에 앉아 마키노가 멈칫거리고 설득력 없는 말로 일본의 주장을 펼치는 것을 들었다. (구웨이쥔은 후에 윌슨이 이날 발언으로 심기가 많이 불편했다고 말했다고 주장했다.) 구웨이쥔은 다음날 아침 중국을 대표해 답변을 했다. 그의 목소리는 처음에는 떨렸지만, 국제법과 라틴어 경구가 교양 있게 들어간 놀라운 연설로 일본의 주장을 반박했다.[48] 그는 중국이 1915년과 1918년에 산둥반도에서의 독일의 권리를 일본이 인수한다는 것을 약속한 듯 보이는 협약을 일본과 맺은 것은 사실이지만, 중국은 협박을 받고 서명한 것이므로 그 합의를 지킬 수 없다고 주장했다. 어찌되었건 독일 조차지와 관련된 모든 문제를 강화회의에서 다루어야 한다고 그는 주장했다.[49]

그는 산둥반도를 독일로부터 해방시킨 일본에 감사함을 표하며 이렇게 이어갔다. "그러나 감사하는 마음과 별개로, 중국 대표단은 감사의 빚을 갚기 위해 자국민의 태생적 권리를 파는 행위는 장래 분쟁의 씨앗을 뿌리는 일이라고 생각하고, 이 일에 반대하지 않는다면 중국과 세계에 대한 의무를 저버리는 셈이라고 믿는다."[50] 민족자결주의에 따라 강대국은 산둥반도를 다시 중국에 넘겨줄 책임이 있다고 그는 주장했다.

산둥반도는 "중국 문명의 요람이고, 공자와 맹자의 탄생지이고, 중국인에게 성소"라고 구웨이쥔은 계속 말했다. 이뿐 아니라 산둥반도가 외국의 통제 아래 들어가도록 허용하는 것은 "단검이 중국의 심장을 겨누게" 하는 것이라고 말했다. 역설적으로 이것은 일본 군부가 그곳을 보는 시각과 상당히 일치했다. 도쿄의 전쟁장관은 산둥 해안에서 내륙으로 연결되는 철도는 일본의 힘을 아시아 본토를 향해 펌프질하는 "동맥"이라고 일본 정부에 설명했다. 캐나다의 보든은 중국의 설명이 "아주 뛰어났다"고 말했고, 랜싱은 구웨이쥔이 일본 대표단을 완전히 압도했다고 평가했다. 비공개를 전제로 행해진 클레망소의 따뜻한 축하는 그날 저녁 모두가 아는 사실이 되었다.[51] 말의 효과로 보면 중국이 분명한 승리자였다.

불행하게도 산둥반도 문제는 1월에 결정되지 않았다. 이 문제는 정신없는 속도로 독일 조약의 마지막 조항이 만들어지는 4월까지 기다려야 했다. 그 시점에 중재자들은 수백 개의 결정을 놓고 씨름했다. 어떤 것은 양보하고 어떤 것은 주장하면서 연합국 모두가 서명할 수 있는 독일 조약을 만들어내는 극도로 어려운 요구에 부응해야 했다. 중국 측과 그들의 희망은 이 모든 계산에서 작고 중요하지 않은 부분이었다. 윌슨은 자신이 혐오하는 일종의 물밑 거래를 통해, 자신의 원칙 자체를 포기하면서 인종 평등 조항을 포함하지 않은 국제연맹 규약에 대한 일본의 동의를 얻어내려고 노력했다. 만일 국제연맹이 세계의 마지막 희망이라면 중국의 작은 일부를 희생하는 것은 감당할 만한 일이었다.

오랜 동면 기간 동안 일본 대표단과 중국 대표단은 다시 바쁘게 움직였다. 양국은 새로운 국제관계의 중요한 요소를 파악해 자신들의 입장을 연설과 인터뷰 등으로 주장했다. 일본 대표단은 아주 효과적인 정보 부서를 가지고 있었는데, 그들이 보기에 대부분의 관찰자들은 민족자결에 기반한 요구 사항을 제기하는 중국이 시대 분위기에 더 잘 맞는다고 생각했다. 2월 초순 중국이 일본과 맺은 비밀 조약을 공개하는 것을 놓고 큰 논쟁이 벌어졌다. 클레망소와 다른 지도자들이 강화회의에서 비밀 조약 문서를 공개하는 것이 좋겠다고 말하자 일본 대표단은 크게 당황했다. 좋은 기회라고 생각한 구웨이쥔은 재빨리 이에 동의하고 본국 정부에 전문을 보내 조약 사본을 보내달라고 요청했다. 베이징 주재 일본 대사는 중국 정부가 일본 정부의 동의 없이는 절대 조약 사본을 공개하지 못하도록 하는 강압적 시도를 했다. 이 소식이 언론에 누출되면서 중국의 여론을 더 자극했고, 일본에 대한 미국의 불신은 더욱 깊어졌다.[52]

중국 대표단은 전문가들과 외국 기자들에게 포도주와 저녁 식사를 대접하며 적극적으로 접촉했다. 루정샹은 프랑스 정부와 벨기에 정부가 베르됭과 이프르에 학교를 재건하는 사업에 중국 정부가 돈을 기부하도록 주선했다.[53] 그러나 막후에서는 일본이 더 일을 잘했다.[54] 그해 봄 로이드조지와 밸푸어, 클레망소와 그의 외무장관 피숑과 사적으로 만난 자리에서 일본은 자신들이 원하는 것을 보장받았다.[55] 일본은 미국 대표단으로부터 많은 것을 기대하지는 않았지만, 하우스와 우호적인 면담을 했다.[56] 일본 대표단은 중국 측이 엄중한 약속을 파기하려고 시도하고 있다고 설명했다. 그리고 다른 무엇보다도 인종 평등 조항을 고집하지 않겠다는 의사를 밝힌 것이 일본의 입장을 도와주었다.

이탈리아 대표단이 강화회의에서 이탈하기 직전인 4월 21일에 마키노와 친다는 윌슨과 랜싱을 방문해 일본은 독일 조약이 마무리되기 전에 중국과의 분쟁을 해결하고 싶다고 알렸다.[57] 그들은 만일 그렇게 하지 못하면 일본 국민 사이에 큰 분노를 촉발할 것이라고 경고했다. 윌슨은 그날 오후 클레망소 및 로이드조지와 협의를 했고, 세 지도자는 산둥반도에 대한 결정을 미루고 싶었지만 일본의 요구를 들어주어야 한다는 결론을 내렸다. 4인 평의회 서기 행키는 이렇게 말했다. "독일 조약을 다루기 전에 이탈리아 대표단이 철수한 것만 해도 몹시 나쁜 상황인데, 초청 강대국 중 다섯 번째 국가인 일본마저 철수해버린다면 남은 세 강대국은 매우 난처한 처지에 놓일 것이다."[58] 랜싱은 파리가 "명백한 권리를 냉소적으로 무시하는 이기적인 물질주의"에 물들어 있다고 불평했다. "미국의 이상주의가 과거의 사악한 시대정신에 굴복해야 하는가?"[59] 그러나 중재자들에게 어느 정도는 연민을 가질 만하다. 그들에게 가해진 압박은 엄청났으며, 산둥반도 문제가 제기된 시점에는 다들 그 부담을 견디지 못하고 있었다.

 4월 22일 아침 마키노는 4인 평의회에서 일본의 입장을 다시 한 번 설명했다. 또한 그는 신중하게 독일 조약에 포함될 조항들의 초안을 만들어냈다. 윌슨은 일본 측에 아시아와 세계의 장기적 이익을 고려해달라고 호소했다. 각국은 자국보다 서로를 더 생각해야 한다고 그는 강조했다. 만일 일본이 중국에서 자국의 권리를 계속 주장하면 중국은 이에 분개해 일본을 불신하게 될 것이고, 이렇게 되면 모두에게 불이익이 된다고 그는 지적했다. "중국에는 많은 가연성 요소가 있고, 만일 거기에 불꽃이 튀면 그 불을 끌 수 없다"라고 그는 경고했다. 일본 대표단은 공손하게 경청했지만, 그 자리에

있는 정치가들에게 만일 일본이 원하는 것을 얻지 못하면 조약에 서명할 수 없다는 점을 상기시켰다.[60]

그날 오후에는 중국 대표단이 자신들의 입장을 설명했다. 일본 대표들은 현명하게도 막강한 구웨이쥔과 논쟁하지 않기로 결정하고 그 자리에 참석하지 않았다. 중국 대표단은 중재자들이 자신들이 하려는 일을 정당화하려고 하는 말에 귀를 기울였다. 로이드조지는 왜 영국이 일본의 주장을 지지하기로 결정했는지 설명했다. 그는 영국이 1917년에 처했던 절망적인 상황을 기억해달라고 요청했다. 당시 영국은 독일 잠수함의 공격에서 살아남기 위해 일본의 도움을 필요로 했다. "우리는 신속하게 구축함을 파견해달라고 요청했고, 일본은 이 거래를 자국에 가장 유리하게 만들었다"라고 그는 설명했다.[61]

윌슨은 중국 측을 안심시켰다. 국제연맹은 중국이 앞으로 일본이나 다른 나라부터의 공격을 걱정하지 않게 보장할 것이라고 그는 말했다. 그는 또한 중국의 이해를 구했다. 강대국들은 전쟁 중 서명된 모든 조약 때문에 매우 당혹스러운 입장에 있다고 설명했다. 그는 중국에 매우 동정적이지만, 연합국은 그들이 일본과 맺은 조약을 포함해서 조약의 신성함을 인정해야만 했다. "이 전쟁은 서방 국가들이 조약 위반에 반발하면서 일어난 것이기 때문에 우리는 무엇보다도 조약을 존중해야 한다." 로이드조지도 이에 동의했다. "우리는 조약을 더이상 필요하지 않을 때 찢어버릴 수 있는 종잇조각으로 간주해서는 안 된다." 프랑스의 이익이 걸려 있지 않은 사안에 대해서는 거의 간섭하지 않는 클레망소조차 적극적으로 나섰다. 한 분개한 중국 관찰자가 "순진함, 무지, 무관심의 분위기"라고 표현한 클레망소의 말은 로이드조지가 하는 말에는 무엇이든 동의한다는 식이었다.[62]

구웨이쥔은 언변과 지력을 총동원해 대세를 뒤집으려고 했다.[63] 그는 다시 한번 중국이 일본과 맺은 조약의 위법성을 주장했다. 그리고 그는 참석자들에게 중국은 갈림길에 있다고 예언처럼 말했다. 중국인 대부분은 서방과 협력하기를 원하지만, 만일 중재자들이 중국을 정당하게 다루는 데 실패하면 중국인은 방향을 바꾸어 일본 쪽으로 향할 수도 있다고 경고했다. (실제로 1930년대 들어 일본은 중국의 상당 부분을 장악하기 시작했고, 자발적인 부역자를 많이 얻었다.) 그는 다음과 같은 경고로 자신의 말을 마무리했다. "이것은 극동에 반세기의 평화를 보장할 수 있는가의 문제다. 제대로 처리되지 않으면 10년 안에 전쟁으로 이어질 수 있는 상황이 조성될 것이다." 그는 자신의 노력에 대한 경탄 외에는 얻은 것이 없었고, 산둥반도 문제는 전문가 위원회에서 다루기로 결정되었다. 전문가들은 일본이 1914년에 존재한 독일의 권리를 얻는 것이 나은지 아니면 전쟁 중 일본이 얻은 권리를 유지하는 것이 나은지를 선택하는 상대적으로 덜 중요한 문제를 4월 24일에 4인 평의회에 보고했다. 이 위원회는 이틀이라는 기록적으로 짧은 시간 안에 전자가 더 낫다는 보고서를 제출했다.[64]

이후 며칠은 강화회의 기간 중 가장 긴장이 고조된 시기였다. 이탈리아가 강화회의에서 이탈한 것이다. 우려가 커진 윌슨은 회의 지침으로 14개조를 다시 낭독했다. 민족자결 원칙이 말하는 바는 분명했다. 이탈리아는 피우메를 차지할 수 없고, 일본은 산둥반도를 차지해서는 안 되었다.[65] 이탈리아를 둘러싼 위기는 산둥반도에 대한 조정을 부추겼다. 중국 대표단은 각서와 편지를 윌슨에게 보냈다. 일본 대표들도 윌슨을 방문했다. 마키노와 친다는 하우스의 보좌관인 본살을 방문해 중국 언론이 일본 쪽에 행하는 적절치 못한 언사에 대해 불만을 표시하고 일본은 조약에 서명하지 않을 것이라고 다시 한번 위협했다. 마키노는 격분한 상태였다고 본살은 기록했다.[66] 사이온지는 공손하게 쓴 서한을 친분이 있는 클레망소에게 보내, 일본은 산둥반도 문제가 가능한 한 빨리 해결되기를 바란다고 밝혔다.[67]

4월 25일에 4인 평의회(이탈리아의 이탈로 이제 3인으로 줄어든)는 밸푸어를 일본 측에 보내서 타협 가능성을 타진했다. 일본 측은 언젠가는 독일의 권리를 중국에 반환한다는 약속을 할 수 있는가? 윌슨은 랜싱에게 비슷한 임무를 부여해 일본 측과 만나게 했다. 밸푸어와 랜싱 모두 큰 성과를 얻지 못했다. 일본 측은 밸푸어에게 거래를 제안했다. 만일 강대국이 산둥반도에 대한 일본의 주장을 수용하면 일본은 국제연맹 의제가 전체 회의에서 최종 승인을 받기 위해 상정될 때 인종 평등 조항이 누락된 점에 대해 분란을 일으키지 않을 것이라고 제안했다. 랜싱에게는 일본이 선의로 행동할 때도 미국은 항상 의심을 거두지 않는다고 불평했다.[68]

밸푸어가 일본의 입장에 대한 보고서를 준비하고 있던 4월 26일 토요일, 마키노는 그를 다시 방문했고, 산둥반도에 대한 임시 타협안이 만들어졌다. 만일 일본이 산둥반도에서 독일의 경제적 권리, 칭다오 항과 철도(아직 건설되지 않은 부분도 포함), 광산을 인수하게 되면 일본은 점령군을 철수하기로 했다. 밸푸어는 일본이 관대하게 다른 나라의 시민들도 항구와 철도를 이용할 수 있게 허용할 것이라고 보고했다. 이뿐 아니라 일본은 분쟁 지역에 대한 정치적 통제권을 곧 중국 정부에 넘길 준비가 되어 있다고 밝혔다. 중국은 이 타협안을 알게 되었을 때 당연히 의구심을 떨치지 못했다. 산둥반도는 이미 민족주의적 이슈가 되어 중국 측으로서는 어떤 형태의 일본 통제도 받아들일 수 없는 상황이었다. 이와 반대로 일본 측은 더이상의 양보는 불가능하다고 생각했다.[69] 입장을 고수하라는 훈령이 도쿄에서 날아왔다. 만일 중국이 일본을 경멸적으로 다루게 놓아둔다면 극동 전역에서 일본은 권위를 잃을 것이라고 훈령은 경고했다.[70]

월요일 아침 밸푸어가 4인 평의회에 보고를 할 때 마키노는 "아주 섬세하면서도 명징하게" 일본의 주장을 일괄해서 다루어야 한다는 것을 지적했다. 일본이 인종 평등 조항을 포기했음에도 산둥반도마저 잃게 되면 "아주 심각한" 상황이 될 것이라고 그는 경고했다. 시간이 많지 않았다. 강화회의 전체 회의는 그날 오후에 모여 국제연맹에 대한 최종 승인을 하기로 예정되어 있었다. 만일 일본이 국제연맹 규약에서 인종 평등 조항이 누락된 것에 대해 강하게 항의하면 매우 당혹스러운 일이 될 터였다. 나아가 일본이 국제연맹의 설립을 반대한다고 표명하면 더욱 심각한 일이었다. 윌슨으로부터 마지못한 동의를 얻은 4인 평의회는 밸푸어가 일본 측에 산둥반도에 대한 요구를 수용한다는 내용의 전문을 쓰기로 결정했다.[71]

공보 비서인 베이커는 윌슨에게 국제 여론은 산둥반도 문제에서 중국을 지지하고 있다고 경고했다. "나도 알고 있다"라고 윌슨은 대답했다. "그러나 이탈리아가 떠난 마당에 일본마저 철수해버리면 국제연맹은 어떻게 되겠는가?"[72] 4월 28일, 마키노가 전체 회의에서 인종 평등 조항을 거의 언급하지 않은 채 싱거운 연설을 하자 랜싱은 최종 거래 내용을 통보받지 못했음에도 무슨 일이 일어났는지 바로 알아차렸다. 그는 하우스에게 이건 원칙 위반이라고 속삭였지만, 하우스는 "우리는 진작에 이렇게 했어야 했다"라고 대답했다. 랜싱은 화가 나서 말했다. "그래, 이 회의의 골칫거리는 늘 그래왔지."[73] 후에 언론 보도를 위해 작성된 성명에서 윌슨은 이 타결을 "중국이 얽힌 복잡한 조약에서 풀어낼 수 있는 만족할 만한" 결과라고 서술했다.[74]

중국 측은 큰 충격을 받았다.[75] 루정샹은 윌슨에게 격렬한 항의 전문을 보냈다. 중국은 14개조와 국제관계를 운영하는 새로운 방식의 약속을 신뢰해왔고, "무엇보다도 정의와 자국 문제에 대한 공평한 처리를 믿었다. 하지만 결과는 중국에 엄청난 실망을 안겼다."[76] 윌슨의 참모들도 거의 한목소리로 어떠한 결과가 나오더라도 윌슨이 일본의 요구를 거절해야 한다고 촉구했다. 블리스는 조약 서명을 피하기 위해 사임을 고려했고, 랜싱과 화이트의 지원을 받은 그는 윌슨에게 엄중한 편지를 보냈다. "지갑을 찾아준 경찰이 그 내용물은 자신이 갖고 빈 지갑을 돌려주면서 자기 임무를 다했다고 주장하는 것이 옳다면, 일본의 행동도 용인될 수 있을 것입니다." 그는 도덕적 문제를 거론했다. 만일 일본이 산둥반도를 차지하게 된다면, 이탈리아가 피우메를 차지하지 못할 이유가 무엇인가? "평화는 바람직하지만, 평화보다 더 소중한 것이 있습니다. 바로 정의와 자유입니다."77

윌슨은 중재를 위해 할 수 있는 일을 다 했고, 그 노력으로 거의 쓰러질 지경이었다. "지난밤 나는 잠을 자지 못했다. 내 머릿속은 온통 일본-중국 논란으로 가득하다"라고 그는 주치의에게 말했다.78 그레이슨은 윌슨이 그렇게 지쳐 보이는 것이 처음이라고 말했다.79 윌슨은 산둥반도 철도 경찰의 구성에 이르기까지 일본이 중국에서 얻는 것을 상세하게 기술할 것을 요구했다. (철도 경찰은 중국인이 맡아야 했고, 필요한 곳에서는 일본 책임자를 두어야 했다.80) 4월 30일에 산둥반도와 관련된 조약의 문구가 4인 평의회의 최종 논의를 위해 제출되자 윌슨은 일본이 산둥반도의 주권을 최종적으로는 중국에 넘겨준다는 구두 약속을 일본 대표들로부터 받아냈다. 그렇지만 일본은 이 약속을 문서로 남기는 것을 시종일관 거부했는데, 그 이유는 뒤로 물러나는 것처럼 보이면 일본 국내의 여론을 자극하게 된다는 것이었다.81

이 시점에 중국의 상황이 나빠지고 있다는 소식이 전해졌다. 파리는 소문으로 가득 찼고 언론은 이를 놓치지 않았다.[82] 4월 29일 저녁, 파리의 중국 유학생들은 당통 거리에 있는 강당에서 격렬한 집회를 열었다. 연이어 연사들이 나서서 서방을 비난했다. 후에 일본의 괴뢰 정부 수반을 맡아 유명해지는 왕징웨이汪精衛는 유창한 영어로 중국인들의 반응에 대해 경고했다. 한 예술 전공 학생은 강화회의의 종결을 요구했다. "우리는 무력을 사용해야 한다." 후에 중국 외무장관이 되는 기자 천유런陳友仁은 4대 강대국을 비난하고, 윌슨을 특별히 언급한 결의안을 채택했다. 이 결의안은 만장일치로 통과되었다. 그날 밤 윌슨에 대한 경비는 강화되었다.[83]

중국 대표단은 4월 30일 타결안의 상세한 내용을 알게 되었다. 한 대표는 절망으로 바닥에 쓰러졌다.[84] 그날 밤늦게 윌슨의 변명과 위로를 전달하기 위해 베이커가 루테티아 호텔에 도착했을 때 그는 윌슨을 비난하는 낙담한 사람들을 대면했다.[85] 그들 중 일부는 조약에 서명하느니 당장 파리를 떠나고 싶다고 말했다. (구웨이쥔은 후에 본살에게 본국 정부로부터 직접적인 지시가 내려오는 경우에만 서명하겠다고 말했다. "그들이 나에게 서명하도록 만들지 않기를 바란다. 이것은 나에게 사형 선고다."[86])

파리에서 진행되는 협상은 지구 반대편에서 초미의 관심사였다. 학생 조직, 상공회의소, 심지어 노동조합에서 그동안 중국 대표단에게 쇄도한 전보들에는 윌슨의 14개조에 대한 신뢰와 강화회의가 중국의 주장을 존중할 것이라는 확신이 담겨 있었다.[87] 그러나 5월 첫째 주 중국의 주요 도시 신문들은 산둥반도 권리가 일본에 넘겨질 예정이라고 보도했고, 중국 민족주의자들은 정부를 신랄히 비난했지만 서방 강대국에 더 큰 분노를 표했다.

토요일인 5월 3일 밤, 언제나 민족주의 동요의 중심이었던 베이징대학의 학생들이 다음날 아침 천안문 광장에서 시위를 벌이기 위해 베이징의 모든 대학과 단과대학 대표들을 소집했다. 학생들이 잔뜩 몰려들었고, 감정이 격앙되었다. 그들은 파리의 중국 대표단에 전보를 보내서 조약 서명 거부를 요구하기로 합의했다. 한 젊은이는 자신의 손가락을 베어 산둥반도 양보의 중심인 칭다오의 반환을 요구하는 혈서를 썼다.[88]

중국 민족주의자들의 분노는 단순히 산둥반도 결정 자체를 비난하는 것을 넘어섰다. 한 학생은 다음과 같이 회고했다.

파리 강화회의 소식이 드디어 도착했을 때 우리는 큰 충격을 받았다. 우리는 즉시 다른 국가들이 여전히 이기적이고 군국주의적이고 대단한 사기꾼이라는 사실을 깨달았다. 나는 5월 2일 밤을 기억한다. 우리 중 잠을 잔 사람은 거의 없었다. 친구들과 나는 거의 밤을 새워가며 토론을 했다. 우리는 더 큰 세계 전쟁이 조만간 일어날 것이고, 이 대전쟁은 동방에서 치러질 것이라는 결론에 도달했다. 우리는 우리 정부와 아무 상관이 없고, 우리는 모든 것을 잘 알고 있고, 이와 동시에 더이상 소위 위대한 지도자라 불리는 우드로 윌슨의 원칙을 믿을 수 없다고 생각했다. 우리 민족과 불쌍하고 무지한 대중을 바라보며 우리는 투쟁할 수밖에 없다고 생각했다.[89]

5월 4일 아침은 쌀쌀하고 바람이 불었다. 점심 무렵까지 3천 명의 시위대가 천안문 광장에 모였다. 그들 대부분은 학자들이 입는 전통적인 비단옷을 입고 있었지만, 서방 세계에 대한 제스처로 일부는 중산모를 썼다. 시위대의 현수막에는 "칭다오를 반환하라", "강대국 정치에 반대한다", "중국은 중국인의 것이다" 등의 구호가 쓰여 있었다. 지도자들은 다음과 같은 극적인 선언문을 배포했다. "이것은 중국의 사활이 걸린 마지막 기회다." 오후 2시가 되자 군중은 더 늘어났고, 외국 대사관 지역으로 이동했다. 시위대가 일본의 앞잡이로 유명한 한 장관의 사택 앞에 도착했을 때 분위기는 더욱 험악해졌다. 시위대는 집 안으로 난입해 가구를 부수고, 장관을 찾지 못하자 방에 숨어 있던 일시 귀국한 일본 주재 중국 대사를 구타했다. 정부는 주요 학생 지도자들을 체포함으로써 소요를 진압하려고 했지만, 그런 조치는 여론을 더 격화하기만 했다. 베이징대학 문과대 학장은 길모퉁이에서 선전물을 나누어주었다. 시위는 다른 대도시로 확산되었고, 부두 노동자부터 상인에 이르기까지 학생이 아닌 일반 시민들도 시위에 참가하기 시작했다. 정부는 뒤로 물러설 수밖에 없었고, 반성하는 학생들은 석방했다.[90]

 이 소동은 중국 북부와 남부를 화해시키려던 상하이의 또다른 평화 회의도 무산시켰다. 남부 파벌은 중국 정부가 전쟁 중 일본과 맺은 조약 모두를 파기하고 산둥반도에 대한 결정을 거부할 것을 요구하면서 대중적 분위기에 편승하려고 했다. 이미 친일파 군벌이 장악하고 있던 북부 파벌은 이를 받아들일 수 없었고, 상하이 회담은 무기한 연기되었다.⁹¹ 이러한 실낱같은 희망도 사라지면서 중국은 이후 9년 동안 분열과 내란에 시달리게 되었다.

5월 4일은 중국 민족주의 발전의 이정표가 되었다. 그것은 지적 발효의 전체 기간을 상징하게 되었지만, 더 중요한 점은 많은 중국인이 서방의 지식인을 거부하는 전환점이 되었다는 것이다. 그들은 1919년 이전에는 서방 민주주의와 자유주의를 지향했는데, 그 중요한 이유는 다른 대안을 찾을 수 없었기 때문이다. 일부 사람들은 서방 민주주의가 개인과 경쟁을 강조하는 것을 불편하게 생각했다. 중국 공화국의 실패와 유럽 국가들이 전쟁 중 서로 철저히 갈라지는 극적인 장면은 이러한 불편함을 심화했다. 파리 강화회의 기간 중 파리에 머물던 한 저명한 학자는 집으로 보낸 편지에 이렇게 썼다. "유럽인은 사막에서 길을 잃은 여행자와 같다. (…) 그들은 큰 낙담에 빠졌다. (…) 그들은 한때 과학의 전능한 힘을 꿈꾸었으나, 이제 그들의 이야기는 그 꿈이 파산했다는 말로 가득 찼다."⁹²

우연의 일치가 생각보다 역사에서 중요한 역할을 하는 경우가 많고, 1919년 중국인들에게는 하나의 대안이 제시되었다. 중국 전통으로 돌아가는 것이 아니라 러시아에 나타난 새 질서가 그것이었다. 러시아 혁명은 중국과 다르지 않은 전통 사회가 단 한 번의 대범하고 영광스러운 움직임으로 미래로 도약해나간 것처럼 보였다. 서방에 대한 환상이 깨지고, 1911년 이후 서구식 민주주의에 대해 실망한 경험, 러시아가 제시한 분명한 대안이 결합되어 공산주의가 중국의 문제를 해결하는 대안으로 보이게 했다. 게다가 1919년 여름에 새로운 볼셰비키 외무 담당 인민위원이 제시한 전례 없는 제스처는 그런 분위기를 더욱 고양했다. 그는 차르 시대에 중국으로부터 획득한 모든 영토와 권리를 포기하겠다고 선언했다. (새 볼셰비키 정부는 이 약속을 실제로 이행하지 않았지만, 당시 중국인들은 다른 강대국들이 보여주지 않은 관용에 큰 인상을 받았다.)

파리 강화회의가 끝나고 1년 후에 한 무리의 중국 급진주의자들이 모여서 중국 공산당을 결성했다. 1년 전에 선전물을 나누어주던 베이징대학 문과대 학장 천두슈가 공산당의 첫 당수가 되었다. 5월 4일 운동에 적극 참여한 마오쩌둥과 저우언라이의 지도 아래 공산당은 1949년에 중국 정권을 차지하게 된다.[93]

파리에서 구웨이쥔은 합의를 중국에 유리하게 바꾸기 위해 용감하지만 소용이 없는 시도를 했다. 최소한 그는 자신의 목숨을 바칠 필요는 없게 되었다. 1919년 6월 중국은 베르사유 조약에 서명하지 않았다. 파리의 중국 학생들은 중국 대표들이 나가지 못하도록 루테티아 호텔을 둘러쌌다.[94] 중국은 1919년 9월에 독일과 강화조약을 체결했다.

일본은 집요하게 압박하는 방식으로 산둥반도를 차지했다. 일본은 단순히 공갈을 한 것인가, 아니면 다른 강대국이 생각한 것처럼 정말 조약에 서명하지 않으려고 한 것인가? 증거는 양면을 다 보여준다. 1919년 4월 산둥반도에 대한 협상이 치열하게 진행되는 동안 도쿄에서는 대표단에게 일본의 주장이 거부되면 국제연맹 규약에 서명하지 말라는 지시를 내렸다. 일본 정부가 이 규약이 독일 조약의 일부인지를 알고 있었는지는 분명하지 않았다.[95] 그러나 같은 기간 일본 정부의 내부 문서를 보면 일본은 고립되는 것을 두려워하고 있었다. 일본은 산둥반도에 대한 권리를 넘겨주지 않겠다는 결연한 거부 앞에서 뒤로 물러날 수도 있었다. 4월 30일, 산둥반도 관련 구절이 4인 평의회에서 최종적으로 합의되기 전에 일본 내각총리대신 하라 다카시原敬는 파리의 대표단에 그런 거부가 있는 경우 다음 훈령을 기다리라는 지시를 내렸다.[96]

일본 국민은 파리에서 거둔 승리에 대해 복합적인 반응을 보였다.[97] 일본 대표단이 귀국할 때, 군중은 인종 평등 조항을 삽입하지 못한 것에 항의했다.[98] 사이온지는 천황에게 공식 보고하는 자리에서 사과를 했다. "우리가 바라던 것 모두를 달성하지 못해 면목 없습니다." 그러나 그는 세계에서 일본의 입지가 1914년보다 높아졌다고 주장했다.[99] 다른 한편으로 일본 대표단은 미국이 중국에서 자신들의 행동을 가로막으려 했다는 확신을 가지고 파리에서 돌아왔다. 그들의 생각은 맞았을 것이다. 1921년 워런 하딩Warren Harding이 대통령에 선출되면서 미국 정부는 더욱 반일본적인 입장을 취했다. 미국과의 불편해진 관계는 1920년대 중국에 대한 이견, 양국 모두 참여한 차관 컨소시엄, 미국에 거주하는 일본인에 대한 지속적인 차별로 더욱 악화되었다.

산둥반도에 대한 승리는 다른 면에서도 비싼 대가를 치르게 했다. 중국에서 민족주의적 소요가 더욱 격렬해져서 일본의 사업에 타격을 주었다. 다른 강대국과의 관계에서도 타격을 받았다. 영국은 영일 해군 동맹의 미래에 대해 심각하게 생각하기 시작했다. 일본이 '황색 프로이센'이라는 인식이 서방에 자리를 잡았다. 1919년 커즌은 런던 주재 일본 대사가 된 친다에게 중국에서의 일본의 행보에 대해 훈계를 했다. 일본이 중국에 대한 권리를 주장한 것은 현명하지 못했다는 것이 그의 요지였다. 일본은 중국에서는 적대감을, 영국에는 우려를 일으켰다. 그는 일본 대사에게 영일동맹의 장래와 극동의 전반적 안보 문제에 대해 숙고하라고 말했다.[100]

이 같은 부작용을 미처 예상하지 못했던 일본 정부는 산둥반도의 양보권을 중국에게 넘겨줄 것이라는 약속을 지켜야 한다고 생각하기 시작했다. 1920년 초 일본 정부는 산둥 지역에서 일본군이 철수하는 문제를 놓고 중국 정부와 협상을 시도했다. 그러나 중국 측은 이 문제에 대한 논의를 거부했다. 1921년 가을 일본은 다시 이를 시도하면서 산둥반도에 대한 권리를 포기하는 조건을 제시했으나, 중국 정부는 명확한 답을 주지 않았다.

결국 워싱턴에서 열린 해군 군축 회의에서 영국과 미국이 중재자로 나선 가운데 중국이 산둥반도 주권을 완전히 회복하는 합의가 이루어졌다. 많은 문제를 야기한 칭다오 항에서 내륙으로 연결되는 철도는 사실상 10년간 일본이 통제권을 갖는 복잡한 방식을 통해 중국에 매각되었다.[101] 일본이 알아차린 것처럼 이 철도는 수익성이 없었기 때문에 재정 면에서 보면 손해를 본 쪽은 중국이었다.[102] 1922년 워싱턴에서 일본은 다른 강대국들과 함께 중국의 주권과 영토의 독립성을 보장하는 조약에 서명했다. 이 보장은 일본이 중국 본토를 침공한 1937년에 효력을 잃었고, 남쪽으로 이어지는 다른 해안 지방과 함께 산둥반도는 다시 일본의 지배하에 들어갔다.

파리에서 각자 역할을 수행한 사람들은 사뭇 다른 방향으로 나아갔다. 1919년의 대실패 이후 루정샹은 외교에 관심을 잃었다. 그는 몇 년 동안 스위스에서 중국 공사로 지내며 한적하게 보냈고, 1926년에 사랑하는 아내가 사망하자 벨기에의 베네딕트 수도원에 들어가 수도원장 자리에까지 올랐다. 그는 1949년에 사망해 브뤼주에 매장되었다. 한편 구웨이쥔은 계속 승승장구해 몇 번에 걸쳐 외무장관으로 일했고, 중국 총리, 런던·워싱턴·파리 주재 중국 대사를 역임했다. 국제연맹에서 중국을 대표했고, 국제연합 창립총회에도 참석했다. 1966년부터 1976년까지는 헤이그의 국제사법재판소 판사로 일했다. 1977년 컬럼비아대학은 그의 아흔 번째 생일을 축하하는 행사를 열었다. 1919년 파리에서 그를 매혹시킨 아름다운 인도네시아 상속녀인 그의 아내는 다음과 같이 다소 슬프게 회고했다. "그는 자신의 고국에 헌신했다. 그가 사적으로 나를 대하지 않은 것은 놀랍지 않은 일이었다. 그는 명예로운 사람이고, 중국이 필요로 하는 사람이었지만, 나에게 남편은 아니었다."[103] 구웨이쥔은 1985년에 사망했다.

미국 대표단 가운데 중하급 대표 몇 사람은 산둥반도에 대한 미국의 입장에 항의해 사임했다. 랜싱은 내키지는 않았지만 국무장관직을 계속 수행했다. 그는 미국이 중국을 놓고 대결을 피해야 한다고 항상 생각했다. 그는 이전에 여러 차례에 걸쳐 "중국 영토 회복 문제로 미국이 국제적 난제에 빠지는 것은 극도로 허황된 짓"이라고 경고한 바 있었다.[104] 윌슨이 미국 국민에게 평화 협정을 지지하도록 설득하려다 실패했을 때, 공공 집회와 상원에서 거듭 거론된 쟁점 중 하나가 산둥반도를 놓고 중국을 배신한 일이었다. 강화회의에 참석한 미국 법률 전문가 데이비드 헌터 밀러는 이렇게 말했다. "'산둥 강탈'을 두고 가장 많은 눈물을 흘린 것은 공화당의 악어들이다. 그들은 사실 중국에 거의 관심이 없었다."[105] 윌슨은 대통령 임기 마지막 주에 중국 기아 구호기금을 조성하기 위한 연회의 참가권을 구매하라는 전문을 보냈다. "비록 사소할지라도 도움이 된다면 기껍겠습니다."[106]

7부 — 중동에 불 지피기

25장

페리클레스 이후 가장 위대한 그리스 정치가

1918년 12월 그리스 대표단이 강화회의에 참석하기 위해 아테네를 떠날 때 의회 의원들은 줄을 서서 엘레프테리오스 베니젤로스 Eleftherios Venizelos 총리의 손에 입을 맞추었다. 그는 최소한 서유럽인에게 위대한 민주주의자로 여겨졌기에 이는 다소 기묘한 광경이었다. 그리스 대표단은 가는 길에 로마에 들러, 알바니아와 튀르크의 영토에 대해 그리스와 상반된 입장을 가진 이탈리아의 총리 및 외무장관과 논의했다. 어떠한 합의도 이루어지지 않았다. 그의 방문 초기부터 적대적이었던 이탈리아 언론은 그리스 대표단을 태운 기차가 이탈리아에서 프랑스로 가는 도중에 두 명의 철도 노동자를 치어 사망하게 하면서 더욱 적대적이 되었다. 파리에 도착한 그리스 대표단은 영국 대표단이 머무는 숙소 인근인 메르세데스 호텔의 3층을 다 차지했다. 19명밖에 되지 않은 대표단이 80명분의 방을 차지한 것이다.¹ 강화회의에서 그리스의 요구도 이와 유사한 낙관주의를 드러냈다.

그리스 대표단에는 외무장관과 장래의 대통령이 포함되어 있었지만, 실제로 중요한 유일한 사람은 베니젤로스였다. 프랜시스 스티븐슨은 "정신적으로나 신체적으로나 고전적 틀에서 조형된 멋진 그리스인의 전형"이라고 그를 묘사했다.² 활기차고 설득력이 강하고 지치지 않는 그는 영국인들의 마음을 얻고, 프랑스인들과 농담을 하고, 미국인들을 안심시키고, 이탈리아인들을 중립화했다. 그는 파리에서 하루 15시간을 일하며 각서와 편지를 쓰고, 인터뷰를 하고, 영향력 있는 사람들에게 접촉했다.³ 냉소적이고 자만심 강한 영국 서기 행키도 "끔찍한 프랑스어"로 말하는 베니젤로스와 점심 식사를 하면서 그의 매력에 빠졌다. 행키는 그를 "달콤하리만치 제멋대로"이고 "유쾌한 늙은 소년"이며 "정말이지 대단한 인물"이라고 평가했다.⁴ 중재자들에게 미치는 그의 이런 매력과 영향력이 과연 좋기만 한 것인지에 의문을 품은 사람이 조금이나마 있었다. 한 미국인 관찰자는 이렇게 말했다. "그는 그를 아는 모든 사람으로부터 호감을 얻고 있다. 그러나 이것이 정말 도움이 되는가? 그는 모든 대표단원과 전권대표들의 동정과 존경을 받지만, 그들은 또한 잘 알려지고 저항할 수 없는 그의 매력 때문에 그를 두려워했다."⁵ 베니젤로스는 그리스의 가장 큰 자산이었지만, 장기적으로는 가장 큰 부담이 되었다. 그가 없었다면 강화회의 테이블에서 그리스가 얻은 것을 결코 얻지 못했겠지만, 그가 없었으면 그리스는 소아시아의 그렇게 많은 부분을 집어삼키려고 시도하지도 않았을 것이다.

베니젤로스는 그리스 본토 남쪽의 가장 큰 섬인 크레타에서 부유한 상인의 아들로 태어났다. 크레타를 포함해 당시 그리스 영토 대부분은 여전히 튀르크의 통치 아래 있었다. 그는 엘레프테리오스('해방자')라는 이름으로 세례를 받았고, 그의 아버지는 그리스의 독립을 위해 싸웠으며, 세 명의 삼촌이 그 목표를 추구하다가 목숨을 잃었다. 베니젤로스가 두 살이던 1866년에 그가 결코 잊을 수 없는 무서운 일이 일어났다. 크레타섬을 반복적으로 뒤흔든 한 반란에서 궁지에 몰린 크레타 반군이 한 수도원에서 자폭을 했고, 생존자들은 튀르크군에게 몰살당했다.6 이런 유산과 역사, 그 자신의 성격이 합쳐져서 베니젤로스는 열정적인 그리스 민족주의자가 되었다.

1881년 베니젤로스는 법을 공부하러 아테네로 갔다. 당시부터 자신감 강한 리더였다. 그는 차분히 교수의 말에 반박하고, 시험을 통과하지 못하는 한이 있어도 뒤로 물러서려 하지 않았다. 영국 방문객인 조지프 체임벌린이 크레타 민족주의를 폄하하는 말을 한 것으로 알려지자 베니젤로스는 그에게 면담을 요청해 이를 성사시켰다. 그는 특유의 스타일대로 사실과 숫자를 교묘하게 결합해 쏟아부어, 그가 완전히 틀렸음을 논증했다.7

그리스가 독립한 직후에 세워진 대학은 고전 문화를 부활시켰다. 강의 언어조차도 현대 그리스어가 아니라 소크라테스와 아리스토텔레스 시절의 그리스어였다. 많은 학생은 베니젤로스와 마찬가지로 튀르크의 통치 아래 여전히 구원을 받지 못한 채 살아가고 있는 동료들에게 헬레니즘 세계를 전파하는 것을 자신들의 사명으로 여겼다. 어느 날 베니젤로스는 서재에 친구들을 불러서 커다란 지도 주위에 둘러서게 했다. 그는 그 지도 위에 자신이 원하는 그리스의 국경을 그렸다. 오늘날 알바니아의 절반 이상, 그리고 오늘날 튀르키예의 대부분이 여기에 들어갔다. 이 국가의 수도는 콘스탄티노플이 될 터였다.[8]

이것이 '위대한 이상megali idea'이었다. 한 초기 민족주의자는 이렇게 말했다. "자연은 다른 사람들의 열망에 한계를 만들었지만, 그리스인에게는 아니다. 그리스인은 과거에도 그랬지만, 현재에도 자연의 법칙에 영향을 받지 않는다."[9] '위대한 이상'(과대망상megalomania이란 단어도 같은 어원에서 나왔다)은 그리스어가 로마에서부터 크림반도에까지 사용되는 황금시대를 반영하는 재탄생한 제국에 대한 꿈과 환상에서 나왔다.

19세기 말 크레타는 튀르크의 지배에서 처음으로 자유를 찾은 다음 그리스에 편입되었고, 베니젤로스는 이 투쟁에서 이름을 날렸다. 1910년 그는 총리가 되었다. 1912~1913년 발칸 전쟁 와중에 그는 국제무대에서 뛰어난 활약을 펼쳤다. 그 결과 그리스는 서쪽으로는 에피루스에서, 동쪽으로는 마케도니아와 트라키아 일부에 이르는 광대한 북부 지역을 얻었다. 이에 따라 그리스 영토는 두 배 이상 확장되었다. 베니젤로스는 1913년에 그리스의 영토를 확정지은 부쿠레슈티 조약에 서명하자마자 이렇게 말했다. "이제 우리의 눈을 동쪽으로 돌리자."[10]

동쪽은 오스만튀르크를 의미했다. 옛 그리스의 너무나 많은 부분이 그곳에 있었다. 트로이와 소아시아 해안을 따라 존재했던 위대한 도시국가들인 페르가몬, 에페수스, 할리카르나소스가 그곳에 있었다. 역사의 아버지 헤로도토스와 의학의 아버지 히포크라테스가 그곳에서 태어났다. 레스보스섬에서 사포는 시를 썼고, 사모스섬에서 피타고라스는 기하학을 발명했다. 헬레스폰투스(지금의 다르다넬스) 해협에서 레안드로스는 영웅에 대한 사랑으로 물에 빠져 죽었다. 이아손과 그의 아르고호 선원들은 콜키스(지금의 조지아)에서 황금 양털을 탈취해오기 위해 흑해 동쪽 끝까지 항해했다. 비잔티움제국과 기독교는 또다른 층의 기억을 만들었고, 영토 주장의 또 하나의 근거가 되었다. 콘스탄티누스가 첫 기독교도 황제가 된 이후 그의 후계자들은 콘스탄티노플에 머물렀고, 그리스어를 사용하고 위대한 전통을 계속 이어나갔다. 그리스 정교회의 총대주교도 여전히 아테네가 아니라 콘스탄티노플에 거주하고 있었다. 이슬람 사원이 된 아야소피아는 원래 6세기의 위대한 황제 유스티니아누스가 건설한 것이었다. 오래된 예언에 따르면 그 도시는 이교도 튀르크인의 속박에서 구원될 터였다. 그리스인들은 오랫동안 이 예언의 실현을 갈망해왔다.

베니젤로스는 파리에 모인 강대국들에게 그리스는 콘스탄티노플을 원하지 않는다고 맹세하면서, 어쩌면 미국의 위임통치가 적절할 수 있다고 했다. 그러나 사적인 자리에서는 측근들에게 그리스가 머지않아 그 꿈을 이루게 될 것이라고 말했다. 그 도시가 튀르크인의 손에서 벗어나면 그리스인은 태생적인 근면성과 역동성을 가지고 그곳을 신속하게 통치하게 될 것이라고 자신했다. 그는 로이드조지에게 "튀르크인은 그토록 위대한 도시와 항구를 제대로 운영할 능력이 없었다"라고 말했다. 강화회의 중 베니젤로스는 그 도시가 얼마나 그리스적인가를 강조할 기회를 놓치지 않았다.[11]

그리스와 그리스 사회가 오스만제국의 과거 흔적을 간직하고 있었음에도 불구하고, 베니젤로스는 그리스인이 현대적 서구 세계의 일부라고 주장해 많은 그리스인을 대변했다. 영국인과 프랑스인이 아프리카인과 아시아인을 문명화한 것처럼, 그리스인은 후진적인 튀르크인을 문명화할 것이 분명했다. 그리스인의 출생률(특히 크레타섬)을 보기만 해도 알 수 있다고 그는 주장했다. 세계에서 가장 높은 출생률은 그리스인의 생명력을 분명히 보여주는 지표였다. 1919년 약 200만 명의 그리스인이 튀르크인의 통치 영역에서 살고 있다고 그는 주장했다.[12]

정확한 수치는 150만 명에 근접할 것으로 추정되었다.[13] 그러나 베니젤로스의 주장에도 불구하고 그 모든 사람이 자신을 대그리스의 일부로 생각한 것은 아니었다. 오스만튀르크 도처에 있는 그리스 식민지 중에는 흑해 남부 해안 트라브존 인근 폰토스의 식민지처럼 너무 오래전에 만들어져서 주민 대부분이 알아듣기 힘든 그리스어를 겨우 유지하는 곳도 있었다. 내륙 지역에서는 그리스인과 튀르크인의 차이가 별로 없었다. 최대 40만 명의 명목적 그리스인인 오스만 주민들은 단지 종교, 그리고 튀르크 말을 기록할 그리스 문자를 쓴다는 것만으로 구분되었다. 스미르나(지금의 이즈미르)와 콘스탄티노플 같은 큰 항구에서만 그리스 민족주의가 조금이나마 영향력을 발휘했다.

  1914년 이전 수십 년 동안 수천 명의 그리스인이 일자리와 기회를 찾아 튀르크로 이주했다. 그들은 튀르크 내 그리스인들이 구원받을 수 있다는 동포들의 희망을 안고 왔으며, 이는 그리스 문화에 대한, 나아가 대그리스에 대한 열망이기도 했다.[14] 튀르크에서 일어난 변화 자체가 그리스 민족주의를 자극했다. 1908년 청년튀르크 당이 권력을 잡으면서 오스만제국이 소수민족들에게 보인 오랜 관용은 사라졌고, 1912~1913년 발칸 전쟁 때 이슬람 난민들이 발칸 지역에서 도망쳐 튀르크로 피난오면서 기독교 소수민족에 대한 보복이 시작되었다. 그러한 상황에서도 1차대전 이전까지 베니젤로스는 튀르크의 그리스인을 보호하고 그들을 그리스와 연합하는 것에 대해 조심스러워했다. 그리스는 발칸 전쟁에서 회복하고 정복지를 흡수해야 했다. 실제로 베니젤로스는 1914년 평화로운 인구 교환을 협상할 준비가 되어 있었다. 트라키아와 소아시아의 그리스인을 받아들이는 대신 그리스의 튀르크인을 내보내는 인구 교환이었다. 그러나 8년 후 이 인구 교환은 협상으로 이루어지지 않았고, 평화롭게 진행되지도 않았다.

  1차대전이 이 그림을 완전히 바꾸어놓았다. 오스만제국은 패배한 편에 섰고, 베니젤로스와 그리스는 이기는 편에 섰다. 1919년이 되자 오스만튀르크조차 사라질 운명에 처한 것처럼 보였다. 승리의 크기와 그리스 우방국들의 힘은 대단해 보였다. 그리스 신문들은 "우리의 꿈이 실현될 것"이라고 흥분했다.[15] 검열 당국의 조치로 콘스탄티노플만 언급되지 않았다. 실상을 보면 튀르크는 패배했지만 완전히 끝난 것은 아니었다. 그리스 우방국들은 베니젤로스가 생각한 만큼 강하지도 않았고, 일관되지도 않았다. 그리스는 베니젤로스 지지자와 반대자로 크게 분열되어 있었다.

이 분열은 그리스 참전의 유산이었다. 베니젤로스는 처음부터 연합국을 대놓고 지지했지만, 독일 황제의 누이와 결혼한 현실주의자인 그리스 국왕 콘스탄티노스 1세는 그리스를 중립으로 유지하기를 원했다. 국왕과 그의 지지자들은 대그리스라는 자극적인 비전에 영향받지 않고 "작지만 명예로운 그리스"를 원했다.[16]

1915년부터 1917년까지 지속된 정치 위기 속에서 베니젤로스는 정권에서 물러났고, 1916년에 국왕에 반대하는 임시정부를 세워 그리스의 절반이 전쟁에 참여하도록 했다. 1917년에는 콘스탄티노스 국왕이 그리스를 떠나야 했다. 재통합된 그리스는 연합국의 일원으로 참전했지만, 국가 통합은 베니젤로스가 반대자들을 탄압하기 위해 만든 변명처럼 허약했다. 정부, 사법, 공직, 군대, 심지어 정교회 모두가 탄압을 받아서 한 세대 이상 지속되는 깊은 균열을 그리스에 남겼다.

연합국 진영이 이러한 상황을 감지했다 하더라도 베니젤로스의 명성에 타격을 주지 않았다. 베니젤로스는 그리스가 중립을 유지하던 때에도 영국군과 프랑스군의 살로니카(지금의 테살로니키) 상륙을 과감하게 허용했다. 그는 그리스가 감당할 수 없는 수백만 달러의 돈을 군대에 사용했다. 그리스 병력은 전장에서 싸웠을 뿐만 아니라 러시아에서 연합국의 반볼셰비키 간섭에도 참여했다. 베니젤로스는 서방과 그 가치에 완전히 동조하고 독일의 군국주의에 반대하는 충성스러운 동맹이었다. 현명하게도 기회가 있을 때마다 윌슨의 원칙을 내세웠고, 국제연맹을 열렬하게 지지했다.[17]

그는 강화회의의 스타 중 한 명이었다. 윌슨은 자신이 만난 사람 중 가장 거물이라며 평소 볼 수 없던 관심을 보였다. 베니젤로스는 크레타섬에서 게릴라로 싸울 때의 절절한 이야기, 소총을 무릎에 올려놓고 《타임스》를 읽으며 영어를 공부한 애기 등으로 저녁 식사 자리에서 좌중을 휘어잡았다. 그리고 대화할 때마다 빠뜨리지 않고 그리스의 영광스러운 과거와 위대한 미래를 언급했다. 젊은 영국 외교관 니컬슨은 이렇게 말했다. "전반적으로 매력, 카리스마, 세계 정치, 애국심, 용기, 문학성 등이 기묘하게 뒤섞여 있다. 무엇보다도 안경을 뚫고 빛을 발하는 눈에 검은 비단으로 만든 사각형 베레모를 쓰고 만면에 웃음을 띤 건장한 체구가 강한 인상을 주었다."[18]

1919년 2월 3일 베니젤로스는 최고평의회에서 발언할 기회를 가졌다. 그는 메모, 통계, 심지어 자신이 원하는 섬에서 조업하는 행복한 얼굴의 그리스 어부 사진도 가지고 왔다. 그날 아침과 다음날, 그는 너무나 합리적이고 너무나 설득력이 강했다. 역사, 언어, 종교, 그리고 미국인들의 고개를 끄덕이게 만든 민족자결이 그의 설득에 동원되었다. 그는 모든 것이 간단하다고 주장했다. 유럽 지역에서 그리스는 알바니아 남부 지역(그는 북에피루스라고 부르기를 선호했다), 동쪽에서 에게해와 흑해 사이에 있는 트라키아(최소한 그 서부 지역), 몇 개의 섬과 마르마라해 남쪽 해안에서 소아시아 남쪽 해안의 스미르나까지 약 650킬로미터에 이르는 소아시아의 거대한 땅을 원했다. 그는 그리스는 콘스탄티노플을 요구하지 않는다는 점을 강조했다. 이탈리아인을 칭찬하고, 그리스가 원하는 이 지역에서 미국 교사들이 한 일도 호의적으로 언급했다.[19] 그의 언변은 대단했다. "놀라운 힘과 영리함이 결합된 주장이었다"라고 니컬슨은 기록했다.[20] 그러나 그의 주장은 그리스, 그리스인, 중동의 미래 평화를 위협했다. 강화회의의 승리의 순간에 베니젤로스는 튀르크의 오랜 그리스 공동체의 재앙적 파괴와 오늘날까지 그리스와 튀르크 사이에 존재하는 적대감으로 이어지는 뇌관에 불을 붙였다.

지도를 한번 보기만 해도(최고위급 정치가들이 거의 하지 않는 일) 베니젤로스가 에게해를 둘러싼 기이한 나라를 제안하고 있다는 것을 알 수 있었다. 그가 제안한 그리스는 손가락 하나는 북쪽으로 아드리아해를 가리키고, 다른 가느다란 손가락은 콘스탄티노플로 향하는 에게해 북쪽을 가리킨다. 그다음 튀르크 영토 일부와 다르다넬스 해협을 건너 소아시아의 거의 3분의 2를 차지하고, 스미르나 쪽으로 크게 튀어나온 땅을 요구했다. "두 대륙과 다섯 바다에 걸친" 이 그리스는 앞뒤가 뒤바뀐 나라로, 작은 땅이 스스로 통제할 수 없는 바다들에 둘러싸인 형국이었다. 이것은 적을 만들 수밖에 없었다. 튀르크는 분명히 적이 될 것이고, 아드리아해에 나름의 계획을 가지고 있는 이탈리아, 불가리아, 알바니아, 소아시아도 적이 될 가능성이 컸다. 베니젤로스도 나라 모양이 안정적이지 않다는 데 동의하면서, "그러나 3천 년 동안 그리스인은 그런 조건에서 살았고, 큰 재앙들을 극복하며 번성했다"라고 주장했다.[21]

그러나 인구가 500만 명도 되지 않는 나라가 어떻게 그런 부담을 감당할 수 있겠는가? 그리스는 너무 가난해서 1914년 이전에 인구의 6분의 1(대부분 젊은 남자)이 해외로 이민 가지 않았는가? 나라가 너무 분열되어 1917년 전에는 거의 내전이 일어날 뻔하지 않았는가? 아무리 고대 그리스를 들먹여도 강화회의에 참석한 나라는 신생국이고 취약했다. 다른 발칸 국가들과 마찬가지로 과거의 영광으로 현재의 불완전을 가리고 있을 뿐이었다.

강화회의에서 내놓은 아주 논리적인 듯한 베니젤로스의 주장은 사실 그가 원하는 그리스만큼이나 허점투성이였다. 그의 통계는 발칸 지역의 다른 통계와 마찬가지로 의심스러웠고, 이미 낡은 오스만제국의 통계와 희망적 사고의 결합이었다. 일례로 알바니아 남부에 대한 영유권을 주장하면서 그는 알바니아인처럼 생기고, 알바니아어를 사용하는 사람들이 사실은 그리스인이라고 주장했다. 만일 그들이 정교도라면, 그들의 영혼 자체는 그리스인이었다. 그는 그리스 군대에 왜 알바니아 출신 남자가 많았는가를 반문했다. 베니젤로스는 인구 통계를 마술 부리듯이 사용했다. 북에피루스 주민 총 23만 명 중 15만 1천 명이 그리스인이다. 순수한 알바니아

구역을 제외하면 12만 명의 그리스인과 8만 명의 알바니아인이 남는다. 그리스인이 다수 주민인 지역은 당연히 그리스에 속해야 하고(민족자결 원칙에 따라), 뚜렷한 다수 주민이 없는 지역도 그리스가 차지해야 한다. "어느 한 주민 집단에서 더 높은 수준의 문명을 가진 다수 주민이 열등한 문명을 지닌 소수 주민에게 복속되는 것은 평등의 원칙에 위배된다." 그러면서 그는 알바니아인이 그리스가 자신들을 포용하려고 하는 것을 행운으로 여겨야 한다고 강변했다.[22]

그리스의 과거는 현대 그리스를 지지하는 집단을 만들어주었다. 클레망소는 이례적으로 열정을 보이며 자신의 비서 장 마르테Jean Martet에게 인류는 고대 그리스에서 정점에 도달했다고 말했다. "그리스에 빠져보게, 마르테. 그것이 나를 계속 움직이게 하는 힘일세. 정치의 어리석음과 공허함에 진이 빠질 때마다 나는 그리스를 바라본다네. 어떤 사람들은 낚시를 하러 가지. 각자 자신만의 방법이 있는 것이야." (클레망소는 안타깝게도 자신들의 영광스러운 역사를 제대로 알지 못하는 현대 그리스인에 대해 유감을 가지고 있었다.[23]) 그리스는 호메로스, 페리클레스, 소크라테스의 후예였다. 경건한 신전, 고상한 원반던지기 선수들, 고대 그리스와 비잔티움 황제들이 던진 황금의 빛이 파리의 정치가들과 작고 분열되고 후진적인 국가 사이를 떠돌았다. 베를린에서부터 워싱턴까지의 국가 의회, 박물관, 미술관, 심지어 뉴잉글랜드의 작은 도시의 흰색 교회들까지도 서방 세계의 상상 속에서 고대 그리스의 지속적인 힘을 보여주고 있었다. 연륜이 짧은 미국은 고전 그리스어를 공식 언어로 삼다시피 했다. 영국, 프랑스, 미국의 외교 부처와 정부는 고전 교육을 받고 고대 그리스에 대한 애정이 있어서 현대 그리스에 친밀감을 가진 사람들로 채워졌다.

이뿐 아니라 1820년대에 시작된 튀르크 통치로부터 해방되려는 그리스인들의 투쟁은 유럽의 위대한 자유주의 이상의 하나가 되었다. 바이런Byron 경은 여기에 자신의 목숨을 바쳤고, 들라크루아는 자신의 가장 위대한 그림의 일부를 이 주제에 바쳤다. 그리스인이 튀르크의 통치를 받고 있는 동안 그 대의도 계속 살아남았다. 1919년 유럽과 미국의 여러 도시에서 그리스와 그리스의 주장을 지지하는 사람들은 한자리에 모여 결의안을 채택하고 기금을 모았다. 《데일리 텔레그래프》는 러디어드 키플링이 번역한 그리스 국가인 '자유 송가'를 실었다. 원로 프랑스 외교관인 쥘 캉봉은 강화회의는 "헬레니즘 국가의 오랜 요구를 만족시키고, 한 세기 전 유럽 자유주의 국가들에 의해 시작되었지만 아직 완수되지 않은 독립의 과업을 이행할 최고의 수단"을 제공했다고 썼다.[24]

그리스가 황금빛으로 빛난 반면, 튀르크는 어두운 기억으로 덮여 있었다. 중앙아시아에서 온 잔혹한 기마 전사들, 빈 외곽에 나부끼던 초승달 깃발, 1870년대 불가리아인 학살, 좀더 최근에는 수만 명의 아르메니아인 학살이 뒤엉킨 기억이었다. 오스만의 술탄은 유럽을 떨게 한 강력하고 무자비한 전쟁 군주의 상속자였다(실상을 보면 그는 신경통으로 고생하는 허약한 중년 남자였다). 최근 전쟁에서 연합국이 생각할 수 있는 악몽 중 하나는 전 세계 이슬람교도의 영적 지도자인 칼리프가 수백만 명의 전사를 선동해 인도에서는 영국, 북아프리카에서는 프랑스에 대항하게 만드는 것이었다. 오스만튀르크는 기독교에 대항하는 이슬람을 상징했고, 지금도 오랜 기간 치러온 문명 충돌에서 승리할 기회를 가지고 있었다. 영국에서 성공회 대주교와 다른 명사들은 아야소피아 복원위원회를 서둘러 결성했다.[25]

세계는 더이상 존재해서는 안 되는, 몰락하는 잔인하고 무능한 강대국을 보았다. 아랍 지방들은 이미 사라졌다. 자유를 찾으려는 자체 노력이나 강대국에 의해 해방되었다. 생존한 아르메니아인들은 1918년 5월에 공화국 출범을 선언했고, 동부 국경의 쿠르드족은 자신들의 국가를 만들기 위해 소요를 일으키고 있었다. 튀르크어를 사용하는 중심 지역인 유럽의 트라키아와 소아시아의 아나톨리아의 운명은 그리스와 이탈리아의 요구가 어떻게 수용되는가에 따라 강화회의에서 결정될 참이었다.

오랫동안 오스만튀르크를 지탱해온 영국은 이제 지중해 동부 끝에서 통상을 안전하게 보장할 대안적 파트너를 찾아야 했다. 영국은 그곳에 광범위한 프랑스제국을 원하지 않았고, 웬만하면 자신들의 돈을 사용하지 않으려 했다. 그 결과 그리스, 강화된 그리스가 매력적인 대상으로 떠올랐다. 편리하게도 원칙과 이해가 겹쳤다. 그리스는 서구에 속하는 문명국이었고, 오스만튀르크는 아시아적이면서 야만적이었다. 또한 베니젤로스는 매우 존경할 만한 인물로, 로이드조지는 그를 "페리클레스 이후 가장 위대한 그리스 정치가"라고 생각했다. 더 강해진 그리스는 영국에 매우 유용한 동맹이 될 수 있다는 것이 로이드조지와 영국 외무부의 생각이었다. 베니젤로스가 재빠르게 지적한 바와 같이 그리스는 영국 해군을 위한 항구와 인도에 도달하는 새로운 방법인 비행장을 제공할 수 있었다. 그리스의 힘은 오스만제국의 붕괴로 생긴 공백을 메울 수 있었다.[26] 지도를 제대로 보고 강점과 약점을 분석하는 임무를 지닌 군부만이 오스만튀르크가 실질적으로 축소되는 정도에 대비되는 그리스의 군사력에 회의적 입장을 보였다.[27] 영국 총참모부는 소아시아에 대한 그리스의 주장을 평가하라는 요청을 받자, 그리스의 점령은 "오스만튀르크인으로 하여금 이 영토를 다시 점령하려는 조직적 시도를 촉발함으로써 지속적인 소요의 근원이 될 수 있다"라고 경고했다.[28]

그러나 로이드조지는 베니젤로스를 적극 지지했다. "그는 근본적으로 자유주의자이고 민주주의자다. 모든 반동적 요소들이 그의 이상, 그의 입법, 그의 개성을 미워하고 두려워하고 있다."[29] 이는 스스로에 대해 말하는 것이나 마찬가지였다. 보어 전장에서 로이드조지가 한 것처럼 베니젤로스는 전사, 웅변가, 인습 파괴자, 부당한 정착과 자신의 정부에 저항한 사람이었다. 두 사람은 이미 서로를 알고 있었고, 서로에게 호의적이었다. 1912년 두 사람이 처음 만났을 때 누가 누구에게 더 매력을 발산했는지를 말하기는 어렵다. 베니젤로스가 보기에 로이드조지는 구약의 선지자 같았다. 그는 "뛰어난 능력과, 사람과 사건에 대한 적확한 통찰력"을 가진 사람으로 보였다. 로이드조지가 보기에 베니젤로스는 "거물, 아주 큰 거물이었다."[30] 두 사람은 함께 그리스, 프랑스, 영국의 강력한 동맹을 만들어 동지중해를 통제함으로써 모두에게 이익이 되게 했다. 그리스는 번영할 수 있었지만, 오스만튀르크는 종속국으로 전락할 상황에 처했다.

전쟁 중에도 두 사람은 계속 교분을 이어갔다. 로이드조지는 후에 자신이 베니젤로스와 함께 콘스탄티노스를 하야시킬 음모를 꾸몄다고 주장했다. 1918년 10월 전쟁이 막바지에 도달했을 때 로이드조지는 정신없이 바쁜 일정에도 불구하고 짬을 내 베니젤로스와 점심 식사를 하며 그리스의 주장에 대해 논의했다. 회동은 우호적인 분위기 속에 진행되었다. 로이드조지는 고무적이었지만, 이 시점에서 그는 그리스의 모든 주장을 확고하게 지지하지는 않았다. 베니젤로스는 각서와 개인 편지를 보내 그리스가 얼마나 열성적으로 협조적인지를 강조했다. 영국의 우려를 야기한 문제, 즉 그리스인이 주민의 80퍼센트를 차지하는 키프로스 문제에서 베니젤로스는 대단한 기지를 발휘했다. 만일 영국이 기쁘게도 키프로스섬을 그리스에 넘겨준다면, 그리스는 당연히 영국군에게 그곳의 기지를 사용하도록 허가할 것이고, 만일 영국이 그곳을 차지하기를 원한다면 그것도 양해할 만하다고 그는 썼다.[31]

베니젤로스는 최고평의회에서 자신의 주장을 펼칠 때, 영국이 자신을 지지한다고 확신했다. 그는 프랑스도 믿을 만하다고 생각했다. 그리스 군대는 프랑스군과 함께 볼셰비키에 대항해 싸웠다. 미국도 동정적이었다. 그가 유일하게 우려하는 나라는 이탈리아였다. 로이드조지는 종종 그에게 점잖은 질문을 던지며 그를 응원했다. 윌슨은 튀르크인들이 저지른 잔혹 행위에 대해 좀더 정확하게 설명해줄 것을 요청했다. 클레망소는 사실상 아무 말도 하지 않았다. 오를란도는 세세하게 그리스와 이탈리아 사이의 이견을 지적하면서, 이것이 신속하게 해결되기를 바란다는 희망을 피력했다(다른 사안처럼 이 문제에 대해서도 오를란도의 예측은 틀렸다). 베니젤로스는 아테네에 확신으로 가득 찬 전문을 보냈다. "나의 발언이 좋은 인상을 만들어냈다고 생각한다. 윌슨, 클레망소, 로이드조지, 심지어 오를란도도 내가 회의장을 떠날 때 나를 안심시켰다." 베니젤로스의 발언을 직접 지켜본 그리스 외무장관도 마찬가지로 기뻐했다. "원칙적으로 우리는 이탈리아를 뺀 모든 강대국을 우리 편으로 만들었다. 이탈리아는 스스로 합의와 화해를 생각하고 있다."[32]

　이탈리아는 화해를 생각해왔지만, 그리스가 일부 지역에 눈독을 들이고 있는 알바니아와 소아시아를 차지할 생각도 품고 있었다. 이탈리아는 또한 주민 대다수가 그리스인인 도데카네스제도도 갖기를 희망하고 있었다. 이탈리아 신문들은 정부가 약속한 모든 것은 물론 그 이상을 요구했다. 작가들은 야만적인 세르비아인과 그들의 친구인 그리스인을 통렬히 비난했다. 그리스인과 이탈리아인이 충돌한 알바니아의 상황이 일을 더 어렵게 만들었다. 전쟁 중에 이탈리아는 알바니아 대부분을 점령했고, 그리스 정부와 현지 그리스인은 이탈리아군의 행태를 반복적으로 비판했다. 이탈리아 점령 당국은 세금 면제 같은 허황된 약속으로 알바니아인의 마음을 사려고 노력했다. 그리스 신문들은 이탈리아 병사들이 저지른 잔혹 행위와 강간 등 끔찍한 이야기를 보도했다. 아테네 주재 영국 대사는 "이탈리아에 대항하는 동원령이 내려지면 온 국민이 깃발 아래 모일 것"이라고 보고했다.[33]

전쟁 중 그리스와 이탈리아는 두서없이 타협을 언급했다. 강화회의 초기, 매력 없는 소니노와 매력이 넘치는 베니젤로스는 몇 차례나 회동해 타협 가능성을 타진했다. 소니노는 이탈리아가 알바니아 해안 전체와 내륙의 절반을 차지해야 한다고 주장했고, 그 대가로 그리스는 코르처(그리스어로는 코리차), 도데카네스제도, 소아시아 해안의 스미르나 인근 지역을 차지하는 것을 제안했다. 두 사람은 알바니아와 도데카네스제도에 대해서는 협상할 생각이 있었지만, 소아시아 지역에 대해서는 양보하려고 하지 않았다. 만일 여기서 타협이 이루어졌다면 후에 갈등을 크게 줄일 수 있었겠지만, 그러진 못했다. 두 사람 모두 상대를 신뢰하지 않았다. 두 사람은 강대국과 직접 협상하면 더 나은 결과를 얻을 수 있으리라고 생각했다.[34]

1919년 2월 베니젤로스가 도박을 한 것이 옳았던 것처럼 보였다. 하나의 큰 의문부호는 미국이었지만, 베니젤로스는 영국의 지지를 얻어낸 것처럼 미국의 지지도 얻어낼 수 있다고 확신할 충분한 이유가 있었다. 그는 하우스와 대화를 나누었고, 하우스는 미국이 도움을 줄 것이라고 그를 안심시켰다. 니컬슨은 몇몇 젊은 미국 외교관을 만나도록 주선했다. "베니젤로스는 온건하고 매력적이고 점잖고 수완이 있다. 아주 성공적인 오찬이었다." 베니젤로스는 늘 상대를 파악해내는 데 뛰어났다. 미국 전문가인 시모어는 그와 가진 또다른 회동에 대해 이렇게 썼다. "자신의 솔직함에 대한 우리의 믿음이 가장 큰 자산이라는 것을 아는 그는 자신의 모든 카드를 드러냈다. 그는 완전히 솔직한 태도로 말을 했고, 성공을 거두었다고 생각한다. 이 전략가의 영리함은 비스마르크에 버금간다."[35] 미국은 동정적이었지만 맹목적이지는 않았다. 그들은 알바니아와 트라키아에 대한 그리스의 요구에 대해 유보적인 태도를 취했다. 다만 소아시아에 대해서는 이탈리아보다 그리스의 요구에 동정적이었다. 초기부터 미국과 이탈리아의 관계는 악화되고 있었다.

그리스와 알바니아 위원회가 회동을 시작하자 베니젤로스는 긴장의 끈을 놓지 않고 정신없는 속도로 활동했다. 그는 다시 한번 발언을 했다. "그는 압도적으로 솔직하고 상냥하고 섬세했다"라고 니컬슨은 보고했다.[36] 그는 많은 사람과 식사 자리를 마련했고, 편지와 각서를 직접 써서 돌렸다. 미국과 유럽에서 그를 동정하는 사람들은 회합을 조직했다. 발칸반도와 튀르크에서 그의 요원들은 그리스 공동체를 대상으로 선전 활동을 벌여서 자신들을 그리스의 일부로 인정해달라는 청원서를 강화회의에 보내게 했다. 교수들은 그리스인이 "유럽이 아직 문명화하지 못한 민족"인 알바니아인의 지배를 받아서는 안 된다고 주장했다. (알바니아인들은 자신들을 미국의 위임통치령으로 삼아달라고 청원했다.[37]) 아테네의 한 정부 관리는 주의를 기울일 것을 요청했다. "과도한 열정은 우리에게 해가 될 수 있다."38

위원회 첫 회의부터 국가 경계선이 그어졌다. 영국과 프랑스가 그리스의 주장을 지지한 반면, 미국은 좀더 거리를 둔 중도적 태도를 취했고, 이탈리아 측은 사실상 모든 것을 부정했다. 이탈리아는 더 강해진 그리스가 바로 아드리아해 너머에 있는 것을 원하지 않았다. 아드리아해의 가장 좁은 부분은 이탈리아반도의 발뒤꿈치에 있고, 양안의 거리가 100킬로미터도 채 되지 않았다. 또한 알바니아 해안에는 사자리(이탈리아어로 사세노)섬에 의해 보호받는 멋진 자연 항구 블로러가 있었다. 만일 이탈리아가 이 섬과 항구 모두를 갖게 되면, 이탈리아는 대안으로 건너가 아드리아해 입구를 막을 수 있었다. 그러나 만일 비우호적인 세력이 아드리아해 동부에 자리잡으면 이탈리아는 항상 그 영향을 받을 수밖에 없었다. 세르비아가 알바니아 북부의 작은 지역을 요구하자 이번에도 이탈리아는 반대했다. 이탈리아는 다른 이해관계도 있었다. 알바니아 북부에 있는 가톨릭교도 소수 주민은 이탈리아 학교와 이탈리아 사제가 이끌고 있었다. 이탈리아로서는 그 지역을 바로 얻는 것이 가장 좋았고, 최소한 알바니아의 상당 지역을 보호령으로 만들어야 했다.

1919년 2월과 3월, 이탈리아와 연합국 간에 발생한 위기의 여파가 위원회의 일을 더 어렵게 만들었다. 두 이탈리아 대표는 위원회 회의를 지연시키려고 했다. 그들은 사소한 것을 문제 삼고, 위원회에서 철수하겠다고 위협했다. 그들은 아프다는 핑계로 회의에 자주 빠졌다. (다른 대표들이 파리 식당 식사 자리에서 그들과 마주치면서 불편한 상황이 벌어지기도 했다.) 니컬슨은 두 대표가 "토라진 어린이처럼 행동한다. 그들은 모든 것을 방해하고 지연시킨다"라고 불평했다.[39]

처음 논의된 알바니아에 대한 그리스의 주장은 최근에 만들어진 알바니아라는 나라가 살아남을 수 있는가 하는 좀더 큰 의문을 제기했다. 그리스는 모호한 민족 통계를 바탕으로 이 나라 남쪽 대부분을 원했다. 그리고 파리에서 다루어진 모든 복잡한 문제가 그러하듯이 다른 사안이 배경에 나타났다. 만일 이탈리아가 발칸 남부 지역에서 땅을 얻으면 이탈리아는 아드리아해 북부에 대한 요구를 포기할 것인가? 그리스는 소아시아에서 보상으로 알바니아에 대한 요구를 철회할 것인가? 어느 곳이 민족자결 원칙에 잘 맞아떨어지는가?

알바니아는 강력한 적들을 마주한 상태에서, 친구가 거의 없는 가련한 약소국이 되었다. 그리고 알바니아는 산업이 거의 없고, 무역도 보잘것없고, 철도도 전혀 없고, 포장도로는 다 합쳐봐야 300킬로미터에 불과했다. 이 나라는 전쟁 전 아무도 모르던 상태에서 갑자기 나타났고, 오스만제국의 네 개 지방을 떼어내 만들어졌다. 그곳을 방문한 외부인은 극히 적었다. 그곳의 역사와 주민에 대해 알려진 것도 거의 없었다. 알바니아인은 아주 드물게 (일례로 로마의 디오클레티아누스 황제와 콘스탄티누스 황제 때에) 유럽 역사에 불현듯 등장했다. 일부 주장에 따르면 알바니아인은 발칸 지역의 원주민인 일리리아인이었는데, 슬라브인이 남쪽과 서쪽으로 밀고 들어오면서 가장 가난하고 접근하기 어려운 지역으로 밀려났다. 확실히 그들이 사용하는 언어는 이웃 민족인 몬테네그로어나 세르비아어 또는 그리스어와 달랐다. 오스만제국에서 그들은 전투력과 아름다움으로 높은 평가를 받았다.

역사와 더불어, 해안에서 내륙으로 이어지는 산악과 계곡이 엉킨 지리적 조건은 많은 부족을 만들어냈고, 그들은 외부인과 서로를 모두 경계했다. 북쪽의 게그인과 남쪽의 토스크인은 서로 다른 방언을 사용했고, 풍습도 달랐다. 발칸 지역의 다른 곳과 마찬가지로 과거 역사가 종교적 분열을 유산으로 남겨놓았다. 70퍼센트에 달하는 이슬람 주민은 일부는 수니파, 일부는 시아파이고, 소수는 데르비시파였다. 소수 주민인 기독교도는 북쪽은 가톨릭, 남쪽은 정교도였다. 정신없을 정도로 복잡한 명예와 수치에 대한 규칙이 일상을 지배했다. 일부 지역에서 남자 다섯 중 하나는 결투로 사망했다.

걷거나 말을 타고 알바니아를 여행한 사람들은 그곳의 자연, 그리고 사람들과 사랑에 빠졌다. 바이런은 알바니아 민속 의상을 입은 자신의 모습을 그림으로 그렸고, 알바니아 연인이 있었다. 19세기 말 에디스 더럼이라는 기자는 의사의 조언에 따라 그곳으로 갔다. 그녀는 그 여행이 신경쇠약을 치료하는 데 좋긴 했지만, 알바니아는 그 의사가 생각했던 것과는 다른 곳이었다고 썼다. 그녀는 전쟁 전 알바니아 시골 곳곳을 혼자서 아니면 하인 한 명을 데리고 다녔다. 알바니아 사람들은 이 체구가 큰 이방인을 어떻게 대해야 할지 몰랐다. 그래서 그들은 결국 그녀를 명예로운 남자로 대하기로 했다. 영국 병사들은 전쟁 중 알바니아 동부 지역을 이동할 때, '더럼'이라고 말하면 그 이름이 여권과 같은 역할을 하는 것을 발견했다.[40]

더럼이 알바니아를 처음 방문했을 때는 민족주의 감정이 고조되고 있었다. 한 오스트리아 교수가 알바니아어 사전과 문법책을 만들었고, 이제 글을 읽고 쓸 줄 아는 알바니아인들은 자신들이 하나의 민족이라는 의식을 갖게 되었다. 많은 논의 끝에 라틴 알파벳이 그리스 문자나 아랍 문자를 누르고 채택되었다. 민담, 역사서, 시집 등 알바니아어로 쓰인 책들이 출간되었다. 알바니아 학교가 설립되었는데, 많은 경우 몰래 만들어졌다. 그러나 오스만의 통치가 가혹하지 않은 한 많은 알바니아인은 병사나 행정인으로 오스만을 위해 일하는 데 만족했다. 1차대전 직전에 청년튀르크당이 오스만제국을 되살리려고 시도하면서 강력한 압제를 시작하자 오히려 자극제가 되었다. 민족주의 봉기가 일어났고, 오스만제국으로부터의 독립이 그들의 목표가 되었다. 이런 움직임에 외국에 있는 알바니아인 공동체들은 열성적인 지지를 보냈다.

1912년 알바니아의 이웃 민족들, 특히 그리스인과 세르비아인이 오스만 세력을 유럽에서 완전히 몰아내고 전리품을 나누어 가지려고 하면서 알바니아 독립은 민족의 생존과 직결되었다. 이러한 시도를 달가워하지 않은 강대국들은 1913년에 알바니아를 창설했다. 국제위원회가 알바니아 국경을 정할 때 세르비아인과 그리스인의 반대가 심했다. 이 위원회가 알바니아 남부를 방문했을 때, 날카로운 눈을 가진 한 기자는 자신이 멈출 때마다 똑같은 사람들이 "그리스 도시에 온 것을 환영합니다"라는 팻말을 들고 반복적으로 나타나는 것을 알아차렸다. 잠시 그 지역을 점령한 그리스군은 아이들에게 그리스 노래를 부르게 했고, 각 가정은 집을 그리스 국가 색깔로 칠하라는 명령을 받았다. 그리스 군대가 철수한 후에도 그들은 계속해서 비정규군을 들여보내 반란을 선동했다.

알바니아의 짧은 역사는 불행으로 점철된 역사였다. 부족장, 도적 떼, 오스만 충성파, 그리스인, 세르비아인, 이탈리아인 요원 등이 취약한 중앙 정부에 대항해 자신들의 목표를 추구했다. 그중 한 인물이 존재감을 드러냈다. 사악하고 묘한 매력이 있는 에사드 파샤 토프타니Essad Pasha Toptani였다. 그는 유럽 언어는 전혀 말하지 못했지만, 유럽 모든 국가의 화폐 가치는 잘 알고 있었다고 한다. 그는 슈코더르(이탈리아어로는 스쿠타리) 경찰서장으로 오스만제국을 위해 일했고, 청년튀르크당, 몬테네그로인(알바니아 북부에 대한 계획을 가지고 있었다), 이탈리아인들을 위해 일하면서 항상 자신의 이익을 챙겼다. 동포들은 그를 무서워하고 증오했다. 그의 첫 부인이 둘째 부인을 얻은 그를 독살하겠다고 위협하자 그녀는 큰 칭송을 받았다.[41]

꾀를 낸 강대국들은 이 거대한 소용돌이 속으로 독일 왕자인 비트의 빌헬름을 밀어넣었다. 더럼은 그를 "연약한 막대기같이 힘, 기지, 예의가 없고 그 나라를 전혀 모르는" 인물로 평가했다.[42] 새로 왕이 된 그는 에사드를 국방장관으로 임명했는데, 이는 엄청나게 멍청한 짓이었다. 빌헬름은 겨우 여섯 달 동안 왕위에 있다가 독일로 도망갔고, 이후 각기 다른 다섯 개 정권이 알바니아 정부를 자처하고 나섰다. 1차대전이 발발했을 때 알바니아는 그 지리적 입지로 인해 바로 전쟁으로 끌려 들어갔다. 이탈리아군은 아드리아해를 건너와서 블로러 항을 점령했다. 그리스군은 알바니아 남쪽으로 진입했다. 1915년 오스트리아군에 패퇴한 세르비아군은 알바니아를 통과했다. 알바니아 도적 떼가 아드리아해로 피신하는 절박한 세르비아인들을 공격하면서, 세르비아인과 알바니아인 사이의 해묵은 상호 의심은 이제 새로운 국면에 접어들었다.[43]

전쟁 말기 알바니아 지역 대부분이 점령되었다. 북쪽은 세르비아군이, 남쪽은 이탈리아군과 그리스군이 점령했고, 이탈리아군은 해안 도시 대부분을, 프랑스군은 북쪽의 슈코더르 인근 내륙 지역과 남서부 코르체를 점령했다. 프랑스군은 프랑스 국기 색과 전통적인 알바니아 문양이 혼합된 특이한 깃발을 날렸다. 남쪽에서는 그리스 당국이 학교를 열고, 그리스 의회 의원 선거를 실시했다. 세르비아와 그리스는 알바니아를 분할하는 것을 놓고 비밀리에 논의했는데, 이는 런던 조약에서 블로러를 약속받은 이탈리아를 무시하는 것이었다. (1917년에 이탈리아는 이 지역 전체를 장악하려다가 포기했다.) 런던 조약은 또다른 영토 조정을 암시했는데, 세르비아, 몬테네그로, 그리스가 알바니아를 분할하고, 중부에는 이탈리아가 통제하는 작은 국가를 두는 것이었다.[44]

나라가 이런 위협에 직면하자 알바니아인들은 단결하려고 노력했다. 1918년 12월에 열린 회합에서 각지에서 모인 대표들이 투르한 파샤Turkhan Pasha가 이끄는 임시정부를 구성했다. 그는 한때 오스만제국의 외교관으로 일했던 연로한 신사였다. 이전처럼 자신의 게임을 하는 에사드는 알바니아 대통령 또는 국왕 행세를 번갈아 했다. (그는 전쟁 중 자신이 직접 수여한 훈장이 주렁주렁 달린 눈부신 군복을 입었다.) 임시정부가 투르한 파샤를 단장으로 하는 대표단을 파리에 보내자, 에사드도 직접 파리로 가서 공식 대표들과 논쟁을 하고, 그들이 이탈리아인들과 음모를 짜고 있다고 비난했다.⁴⁵ 적이 많은 그는 암살을 두려워해서 호텔 밖으로 거의 나오지 않아 불리한 상황에 처했다.

얼마 되지 않는 알바니아의 해외 친구들은 힘닿는 데까지 도왔다. 한 집단은 미국인들에게 로비하기 위해 눈길을 끄는 한 헝가리 귀족을 고용했다. 불행하게도 그의 평생의 관심과 모든 대화 주제는 공룡의 이빨 구조인 것으로 드러났다. 미국 범알바니아연맹은 미국 선교사 한 명을 파견했지만, 그도 이에 못지않게 무능했다. 그런 다음 영국 대귀족 가문의 젊은 아들인 오브리 허버트Aubrey Herber가 나타났다. 그는 전쟁 전 오스만제국 곳곳을 여행했고, 그것도 가장 불편하고 위험한 상황에서 여행하는 것을 좋아했다. 그는 튀르크어와 알바니아어를 포함한 몇 개 언어를 유창하게 구사했으며, 영국 외무부의 무급 요원으로 일했다. 존 뷰캔John Buchan은 그를 "모든 알바니아 도적과 피를 나눈 형제"인 《그린맨틀Greenmantle》의 주인공 모델로 삼았다. 알바니아인들은 그에게 왕좌를 제안했지만, 그는 이를 거절하고 대신 알바니아 독립을 위해 일하는 영국-알바니아 협회를 만들었고, 에디스 더럼이 서기를 맡았다.[46]

최고평의회는 2월 24일 투르한 파샤의 발언을 청취했다. "아주 아주 늙고 가엾은" 그의 말은 제대로 알아들을 수가 없었고, "그가 말하는 동안 여러 대표가 잡담을 나누고 웃는 소리가 들렸다. 그의 말을 듣기가 다소 고통스러웠다"라고 니컬슨은 보고했다.[47] 알바니아 대표단은 강화회의, 특히 미국의 자비에 모든 것을 걸었다. 서면 발표문은 "윌슨 대통령과 그의 동료들이 엄숙하게 선언한 민족자결 원칙이 공허한 것이 아님을 믿으며, 지금까지 발에 짓밟힌 우리의 권리는 존중받을 것"이라고 선언했다.

알바니아 대표단은 자신들의 통계를 내세우며 그리스의 주장에 반박했다. 그리스는 남부에 12만 명의 그리스인이 거주한다고 주장하지만, 알바니아는 그리스인을 단 2만 명 찾을 수 있었다. 종교는 아무런 지표가 되지 못했다. 기독교도이건 이슬람교도이건 모든 알바니아인은 조국에 대한 사랑으로 뭉쳤고, 오랫동안 그래왔다. 그리스는 알바니아보다 더 문명화되었다고 주장하지만, 그들은 경악할 잔혹 행위를 저질렀다. 세르비아인도 마찬가지였다. 전쟁 중 알바니아인들은 연합국을 돕기 위해 할 수 있는 일을 다 했다. 알바니아는 가장 엄격한 정의의 기준에서 어떤 영토도 잃을 수 없었다. 오히려 알바니아는 알바니아인이 다수 주민인 세르비아, 몬테네그로, 그리스의 일부를 제공받아야 했다.

알바니아가 영유권을 주장한 곳에는 코소보가 포함되었다. 알바니아 북서 국경에 위치해 상대적으로 번영한 농촌 지역인 이곳에는 알바니아인이 "기억할 수 없는 시기"부터 거주해왔다고 알려졌다. 이곳의 소유권을 주장하는 세르비아인은 7세기에야 그곳에 도착했다. 그뿐 아니라 1913년 이후 코소보를 통제하는 세르비아인은 경악할 방식으로 행동했다. 만일 알바니아인이 세르비아의 통치 아래 살게 된다면 미래에 큰 문제가 발생할 것이 분명했다.[48] (세르비아인들도 알바니아인에 대해 같은 이야기를 했다.)

과거에 잘한 일이나 잘못한 일이 무엇이건(발칸 지역에서는 확인하기가 항상 어려운 일이다), 알바니아인들은 좋은 근거를 가지고 주장을 하는 것이 분명했다. 그러나 코소보는 다른 문제였다. 왜냐하면 세르비아인에게 이곳은 여러모로 중대한 지역이기 때문이었다. 코소보는 1389년 오스만군이 세르비아군을 격파하고 세르비아인들을 이슬람 통치 아래 둔 곳이었다. 이것은 패배였지만, 역설적이게도 세르비아의 가장 큰 승리가 되어 여러 세기 동안 축하되었다. 전설에 따르면 독수리 모습으로 나타난 천사는 세르비아 왕자에게 지상에서 벌어지는 전투에서 승리를 원하는지 하늘에서 승리를 원하는지 선택하라고 했다. 그는 하늘에서의 승리를 택해 전사했지만, 그와 기독교도 세르비아인들은 구원을 보장받았다. "이 지역은 13세기 대세르비아제국의 일부라는 것을 부정할 수 없다"라고 하우스의 보좌관 본살이 말했다. "이곳을 다시 베오그라드에게 돌려줄 것인가? 캘리포니아나 멕시코를 다시 스페인이나 멕시코에게 돌려줘야 하는지는 나도 잘 모르겠다." 간단한 해결책은 주민들을 교환하는 것이었다. "논쟁 당사국 간에 좋은 관계가 수립될 수 있다면 모든 것이 잘되겠지만, 불행하게도 그것이 불가능하다는 것이 모든 전문가의 동일한 의견이다."[49]

코소보는 1919년에 큰 문제가 되지 않았다. 강대국들이 알바니아의 국경을 어느 방향으로든지 확대해야 할 이유를 찾지 못했기 때문이다. 알바니아는 취약하고, 정부는 무능했다. 약 50만 명의 알바니아인이 세르비아나 유고슬라비아의 통치 아래 산다고 해서 큰 문제가 되겠는가? 이후 시간이 지나면서 세계는 일부 투덜거림과 불만의 소리를 들었다. 알바니아 사제들이 국제연맹을 찾아와서 학교가 문을 닫았다고 하소연했다. 2차대전 중 독일과 이탈리아의 지원을 받은 알바니아는 드디어 코소보를 장악했지만, 유고슬라비아의 새 지도자 티토는 전쟁 말기에 그곳을 다시 점령했다. 알바니아는 불만을 가졌지만, 공개적으로는 감히 아무 일도 하지 못했다. 티토의 통치는 나중에 일어난 일에 비하면 상대적으로 온건했다. 강화회의 70년 후 알바니아는 코소보에 대한 영유권 주장을 다시 내세워 분쟁이 시작되었다.

그리스 위원회는 알바니아의 주장을 무시했고, 대부분의 시간을 이탈리아와 그리스의 상충하는 요구를 다루는 데 보냈다. 다양한 계획이 제안되었다. 이탈리아가 알바니아 전체를 위임통치하는 안, 아니면 그리스 남부를 위임통치하는 안이 제안되었다. 이탈리아의 확장을 막으려는 프랑스는 남쪽의 코르체는 그리스에게 귀속되어야 한다고 주장했다. 왜냐하면 이 지역은 그리스의 아드리아 해안과 그리스령 마케도니아를 연결하는 유일한 도로를 통제하고 있기 때문이었다. 그리스와 이탈리아가 각각 별개의 거래를 하려고 한다는 소문도 돌았다.[50] 즉 이탈리아는 자국에 우호적인 무리를 무장시키고, 프랑스는 코르체가 그리스에 양도되지 않는 한 그곳을 계속 점령할 것이라는 소문이 돌았다. 보통 중재자 역할을 자임하는 미국은 이 문제에 대해서는 이상할 정도로 소극적이었다. 아마도 윌슨이 독일 조약과 이탈리아와의 관계 악화에 정신이 팔려 있었기 때문일 것이다. 절박한 상황에 처한 영국 대표단의 니컬슨은 황당한 계획을 내놓았다. 알바니아를 분할하는 안이었다. 북쪽은 세르비아와 연결하고, 중부는 이탈리아의 위임통치를 받고, 남쪽은 그리스가 통치하고, 코르체는 미국의 보호를 받는 중앙알바니아대학이 들어서는 장소로 만든다는 것이었다.[51]

알바니아인들은 거물 정치인들에게 선을 대려고 노력했다. 많은 청원서를 받은 윌슨의 말에 따르면 알바니아인들은 이탈리아의 위임통치를 받는다는 생각에 경악했다. 그들은 독립을 얻어야 할 것이라고 윌슨은 말했다. "독립 후 그들이 서로를 죽이려고 하는 것 외에는 어떻게 될지 알 수 없다"라고 로이드조지는 말했다. 알바니아는 15세기 스코틀랜드 고지대처럼 될 것이라고 그는 말했다. 그러자 윌슨은 "스코틀랜드 고지대는 우리 가문이 나온 곳이니 나쁘게 말하지 말라"고 말했다. 이것이 4인 평의회가 알바니아를 구체적으로 논의한 마지막 말이었다.[52]

1919년 여름, 새로 들어선 좀더 화해적인 이탈리아 정부는 압박

을 받고 있는 베니젤로스와 논쟁 중인 주장을 타결하기로 합의했
다. 이것은 과거식 주고받기 거래였다. 이탈리아는 그리스가 소아
시아 남부 지역에서 이탈리아가 원하는 영토에 대한 주장을 포기
하면, 이탈리아는 트라키아를 포함한 그리스의 주장을 지지하기로
했다. 이탈리아는 가장 중요한 로도스섬을 제외한 도데카네스제도
전체를 그리스에 양도할 의사가 있었다(이탈리아는 이곳에 아무런 법적
권한이 없었기 때문에 겉으로 드러난 것만큼 대단한 양보는 아니었다).

알바니아의 경우 이탈리아는 그리스가 남쪽을 얻는 것에 동의했
다. 그에 대한 보상으로 그리스는 이탈리아가 블로러 항구와 배후
지역을 얻고, 나머지 지역을 위임통치하는 데 동의해야 했다. 타협
의 새로운 정신으로 블로러에서 아테네까지 이어지는 철도가 건설
될 예정이었다. 이런 제안이 나오자 다른 강대국들은 즉각적으로
반대했다. 프랑스는 좀더 보편적인 타협이 이루어질 때까지 코르체
를 떠나지 않기로 했다. 유고슬라비아는 자국과의 국경에 이탈리아
가 그렇게 많은 영토를 차지하는 것에 동요했다. 만일 그리스와 이
탈리아가 알바니아 영토 일부를 얻게 되면, 유고슬라비아도 북쪽의
영토 일부를 얻어야 한다고 생각했다.

이 합의에 대한 최종적 타격은 1920년 2월 예상치 않은 곳에서
나왔다. 미국 의회에서 베르사유 조약의 비준을 얻는 데 실패한 윌
슨은 여전히 자신의 원칙에 매달리고 있었다. 미국은 알바니아 주민
들에게 불공정한 일을 할 수 없다고 그는 전문에서 밝혔다. 1920년
봄 알바니아인들은 이탈리아군 점령에 맞서 전면적 봉기를 일으켰

다. 이에 대해 이탈리아가 치른 대가는 너무 컸다. 8월이 되자 이탈리아는 블로러 항을 마주 보는 사자리섬을 빼고 모든 곳에서 철수하는 휴전안에 서명해야 했다. 한 이탈리아 신문은 이렇게 썼다. "고귀하고 너그러운 이탈리아의 피가 그토록 많이 흐르고, 문명의 위대한 과업과 우리 국경의 안정을 위해 수백만 명이 희생된 다음에 이런 대실패를 보는 것은 너무나 슬픈 일이다."53 프랑스군도 코르체에서 철수하고, 그리스와 유고슬라비아는 당분간 자신들의 요구를 철회했다. 1920년 말 알바니아는 독립 국가로 국제연맹에 가입했고, 알바니아 국경은 사실상 1913년의 모습을 그대로 유지했다.

알바니아의 국내 정치는 계속 혼란스러웠다. 에사드는 왕이 된다는 꿈을 잠시 이루었지만, 왕좌에는 앉아보지 못했다. 그는 경호원을 대동하고 브라우닝 권총을 휴대하고 다녔음에도 파리의 콘티넨털 호텔을 나서다가 암살범의 총에 맞아 사망했다. 암살범은 에사드의 조카인 조구Zog의 명령에 의해 사살되었고, 조구는 왕이 되었다.

이탈리아는 자신들의 계획을 완전히 버리지 않았다. 무솔리니 통치 시기에 이탈리아의 영향력은 점점 커졌고, 2차대전 직전에 알바니아를 합병했다. 2차대전 후 전직 프랑스어 교사인 엔베르 호자Enver Hoxha가 세계에서 가장 이상하고 권위주의적인 공산 정권을 수립했다. 조구 1세를 다시 복귀시키려는 알바니아인들의 저항 운동과 서방의 지지는 아무 결과를 만들어내지 못했다. 이것은 서방에 심어진 소련 스파이인 킴 필비Kim Philby에 의해 정보가 유출된 탓이었다. 냉전이 종결된 1990년대에 남아프리카공화국 출신 무기 거래상인 에사드의 후손 한 사람이 왕관에 대한 자신의 권리를 요구했다.

그리스는 베니젤로스가 거의 전체를 요구한 트라키아에서 훨씬 좋은 결과를 얻었다. 그가 통계를 영리하게 이용해 속인 것은 인구 혼합 상황이었다. 동트라키아는 그리스인이 다수 주민일 가능성이 컸지만, 1913년 이후 불가리아에 속한 서트라키아에서는 튀르크인이 그리스인보다 3 대 1의 비율로 다수였다. 그곳에는 상당수의 불가리아인도 거주했다.[54] 미국이 항상 선호한 민족자결 원칙을 적용하면, 그리스는 동트라키아에 대해서만 권리를 주장할 수 있었다. 서트라키아는 튀르크가 차지하거나 아니면 불가리아에 계속 남아 있어야 했다. 불가리아는 아드리아해의 항구를 필요로 했다. 이탈리아인들이 불가리아인들과 음모를 짜서 세르비아에 대항해 불가리아를 지원한다는 소문이 돌았다.[55] 어느 경우든 그리스의 주요 지역과 새로운 동트라키아 지역 사이에 다른 국가가 자리잡게 될 터였다. 그리스는 불가리아인과 많은 튀르크인이 실제로는 그리스인이라는 주장을 폈다. 한 그리스 대표는 본살에게 말했다. "그들은 아티카의 직접적인 후손이고, 그 지역은 그들로 가득 차 있다. 하지만 그들은 잔인한 슬라브 이웃 주민들을 자극하지 않고, 일상생활과 일터에서 의사소통을 하기 위해 대다수가 모국어를 잊어버렸다." 그리스의 만약의 대비책은 서트라키아의 다수 주민인 이슬람교도들은 불가리아인이건 튀르크어를 말하는 주민이건 그리스의 통치를 선호한다는 것이었다. 베니젤로스는 영리하게 현지 이슬람 주민들의 청원서를 만들어냈다. "우리를 가장 혹독하고 자비심이 없는 불가리아인의 굴레에서 고통받도록 허용하는 것은 공정하지 않다."⁵⁶

한편으로, 패배한 적을 고려할 이유가 있는지도 그리스 측은 따져 물었다. 베니젤로스는 오스만튀르크 측에 콘스탄티노플 바로 북쪽에 있는 작은 트라키아 지역을 허용할 생각은 있었다(물론 그는 그 도시의 주변 지역이 곧 그리스 땅이 될 것을 희망했다). 서트라키아에 대해서는 발칸뿐만 아니라 세계의 미래 안전을 위해서 불가리아가 그 지역 전체를 그리스에 넘겨주는 것이 더 낫다고 주장했다. "어떤 양보가 이루어져도 소용이 없다. 왜냐하면 불가리아는 발칸 지역 전체를 얻기 전에는 결코 만족하지 않을 것이기 때문이다. 불가리아인들은 발칸반도 전체에 대한 완전한 패권을 주장하고, 자신들의 야망을 실현할 어떤 기회도 놓치지 않을 것이다. 서유럽에서 프로이센이 한 역할을 발칸반도에서는 불가리아가 하려고 한다."⁵⁷ 불가리아에 호의적이지 않은 영국과 프랑스는 이런 시각에 동의했다. 다른 고려를 떠나서 그리스는 동트라키아와 육로 연결이 필요했다.

불가리아가 지중해의 모든 항구를 잃으면 경제적으로 타격을 받을 것이라며 (불가리아를 동정하는) 미국과 이탈리아가 제기한 반대에 대해 베니젤로스는 늘 그렇듯이 답을 가지고 있었다. "민족자결 원칙은 경제적 고려보다 우선되어야 한다. 불가리아는 흑해에 뛰어난 항구를 가지고 있다." 불가리아의 과거 역사를 볼 때 그 나라는 에게해에 잠수함 기지를 건설하고 그리스를 위협할 능력이 충분히 있다. 다만 불가리아가 정말로 해양 출구가 필요하다면 그리스는 항구 사용을 허용할 수 있다고 그는 제안했다. (그러한 규정이 결국 만들어지자, 불가리아는 이를 전면 거부했다. "튀르크와 그리스 영토를 통과하는 불가리아의 해양 출구는 실질적으로 불가능할뿐더러 심리적으로도 받아들일 수 없다."[58])

그리스 위원회는 최종적으로 트라키아의 두 지역 모두를 그리스에 양도하는 것을 추천했지만, 강화회의는 콘스탄티노플의 운명이 아직 타결되지 않았기 때문에 그러한 결정은 이르다는 이유로 어떤 결정도 내리는 것을 연기했다(미국이 위임통치를 하는 방안도 나왔다). 트라키아 문제가 다시 제기되자 미국은 위임통치 아이디어를 포기하고, 서트라키아를 그리스에 넘기는 것도 확고하게 반대했다. 그 대신에 미국은 서트라키아를 불가리아에 남겨두는 것을 제안해 영국을 크게 당황하게 했다. 영국은 만일 그리스의 요구 중 하나가 거부되면 모든 문제를 다시 검토해야 한다고 지적했다. 영국은 이제 소아시아에서 심각한 문제를 만난 그리스에 대해 극도로 우려했다. 베니젤로스는 국내에서 공격을 받았다. 그는 로이드조지에게 확실한 결과를 보여주지 않으면 자신의 입지가 위험해질 것이라고 말했다.[59]

미국이 유럽에서 철수하기 시작하면서 유럽 강대국들은 미국의 바람을 무시할 수 있게 되었다. 1919년 11월에 서명한 뇌이 조약에서 불가리아는 결국 서트라키아를 잃었다. 불가리아 대표단은 마지막으로 부질없는 호소를 했다. "1912~1913년 전쟁에서 우리를 정복했던 적국인 그리스와 세르비아조차 감히 빼앗지 못했던 서트라키아를 불가리아에서 분리하면 (…) 불가리아는 지리적으로 프랑스와 해양 강대국들로부터 더욱 멀어질 것이다."[60] 1920년 튀르크에서 분리된 트라키아 동부와 서부 모두 연합국에 의해 그리스에 넘겨졌다. 그리스는 강화회의에서 새로 얻은 영토를 정확하게 2년만 영유할 수 있었다. 훨씬 남쪽인 소아시아에서는 "위대한 이상"이 현실과 거칠게 충돌했다. 그리스는 너무 멀리, 너무 많이 확장했다. 그 결과, 그리스는 튀르크인의 민족주의를 깨웠다.

26장

오스만제국의 종말

파리에서 멀리 떨어진 유럽의 남동부 끝에 있는 또다른 큰 도시는 과거를 한탄하며 미래를 불안하게 바라보았다. 그리스와 로마인들은 비잔티움, 중재자들은 콘스탄티노플, 튀르크인은 이스탄불이라고 부른 이 도시는 한때 영광스러운 비잔티움제국의 수도였고, 1453년 이후에는 이곳을 차지한 오스만튀르크의 수도였다. 이제 오스만제국은 쇠망의 길에 들어섰다. 이 도시는 피난민과 패배한 군대의 병사들로 넘쳐났고 연료, 식량, 희망이 부족했다. 그들의 운명과 제국 전체의 운명 모두가 강화회의에 달린 것처럼 보였다.

역사의 여러 층이 콘스탄티노플에 쌓여 교회, 모스크, 프레스코, 모자이크, 궁전, 지붕이 있는 시장, 어촌을 남겨놓았다. 거대한 도시 성벽은 유럽과 동방에서 온 침공자인 페르시아인, 십자군, 아랍인, 마지막으로 튀르크인을 보았다. 마지막 비잔티움 황제는

1453년 그곳에서 죽음을 택했고, 오스만튀르크는 제국 정복을 완결했다. 콘스탄티노플 땅 밑에는 고대의 파편이 묻혀 있었다. 성벽, 금고, 통로, 물탱크가 묻혀 있고, 그곳에는 그리스와 로마식 기둥들이 둥근 지붕을 지탱하고 있었다. 그 위에는 모스크의 첨탑이 솟았고, 그중 일부는 아야소피아처럼 기독교 교회가 이슬람 사원으로 개조되었다. 제노바 사람들이 건설한 거대한 탑이 도시의 성벽 위를 내려다보고 있었다. 금각만Golden Horn의 깊은 내수로 너머에는 역사와 위용을 자랑하는 고도 이스탄불이 외국인들이 거주했던 좀더 넓은 현대 지역을 마주하고 있었다. 그곳은 많은 기억과 많은 사람의 도시였다.

도시는 온통 물로 감싸여 있었고, 삼면이 바다로 방어되었다. 북서쪽에는 보스포루스 해협이 러시아와 중앙아시아를 향해 북쪽으로 뻗어 있고, 남서쪽에는 마르마라해가 다르다넬스 해협과 지중해 쪽으로 이어져 있었다. 지리가 이 도시를 만들었고, 오랜 기간 이 도시를 중요한 거점이 되게 했다. 이아손이 이곳을 통과해 지나가고 알렉산드로스 대왕이 인근에서 페르시아군을 격파한 고대부터, 러시아의 예카테리나 여제와 독일의 빌헬름 2세가 이곳을 장악하려고 손을 뻗은 좀더 최근까지 이 도시는 중요한 전리품이었다.

19세기 외교의 많은 부분은 이처럼 중요한 해협의 통제권을 둘러싸고 전개되었다. 러시아는 세계 대양으로 진출할 수 있는 부동항을 오랫동안 갈망해왔다. 영국은 러시아를 흑해 안에 안전하게 가두어두기 위해 병든 오스만제국을 지탱해주었다. (전쟁에서 가장 절박한 순간에 이르러서야 영국은 흑해 해협의 통제권을 러시아에 양보했지만, 1917년 혁명으로 러시아는 그 전리품을 챙길 수 없게 되었다.) 한때 오스트리아 빈 성문 코앞까지 진격했던 오스만튀르크인은 할 말이 거의 없었다. 1차대전 전에 권력을 잡은 청년튀르크당도 자국의 쇠퇴를 막기 위해 할 수 있는 일이 거의 없었다. 그들의 제국은 발칸 지역과 북아프리카에서 점점 쪼그라들고 있었다.

1914년 오스만 지도자들은 오랜 우방국인 영국, 그리고 러시아에 맞서기로 결정하고, 독일과 오스트리아-헝가리 편에서 전쟁에 참전했다. 이 도박은 실패했다. 오스만제국은 상대적인 취약성에 비해 놀랄 정도로 용감하게 전투를 했다. 메소포타미아와 갈리폴리에서 오스만 병사들은 신속한 승리를 예상했던 연합군에 치욕을 안겼다. 그러나 1918년이 되자 오스만제국은 운이 다했다. 9월에 불가리아가 무너지면서 서쪽에서 콘스탄티노플로 진입하는 길이 열렸고, 영국군과 인도군은 남쪽과 동쪽에서 콘스탄티노플로 진격했다. 지중해 동쪽 끝에는 엄청난 수의 연합군 함정이 집결했다. 러시아제국이 해체되는 북동쪽 국경에서만 여유가 있었지만, 너무 약해진 오스만 군대는 이를 활용할 수 없었다. 전쟁 전에 이미 조각이 나기 시작한 오스만제국은 이제 눈 녹듯이 녹아내렸다. 메소포타미아에서 팔레스타인, 시리아에서 남쪽으로 아라비아반도에 이르기까지 아랍 영토는 사라졌다. 흑해 동쪽 끝에서는 아르메니아인, 조지아인, 아제르바이잔인과 같이 제국의 통치를 받던 민족들이 러시아와 국경 지역에 새로운 국가를 만들기 위해 투쟁을 시작했다. "튀르크인은 대개 절망에 빠져 강화회의의 결과를 기다리고 있다"라고 한 미국 외교관은 보고했다. 다른 많은 민족과 마찬가지로 그들은 미국이 자신들을 구해주기를 바라고 있었다. 민족자결은 최소한 동트라키아와 아나톨리아에서 튀르크어를 사용하는 민족을 구할 수 있었다.¹ 콘스탄티노플에서 지식인들은 '윌슨원칙협회'를 조직했다.²

제국을 전쟁으로 이끈 사람들은 1918년 10월 첫 주에 사임한 뒤 독일 전함을 타고 도주했고, 임시정부는 영국에 강화를 요청했다. 영국 정부는 즉각 에게해에 있는 무드로스섬에서 협상을 시작했는데, 그 이유 중 하나는 프랑스가 끼어들지 못하게 하기 위해서였다. 영국은 휴전 조건에 대해 프랑스와 상의하기는 했지만, 오스만제국이 먼저 자신들과 접촉했기 때문에 협상을 이끌어나가는 것은 영국의 책임이라는 애매한 주장을 내세웠다. 프랑스 정부와 무드로스섬에 주둔하는 프랑스 제독 모두 이에 항의했지만, 아무 결과를 얻지 못했다. 협상은 영국군 사령관 아서 칼소르프Arthur Calthorpe 제독이 관장했다.³

오스만 협상 대표단은 젊은 해군 영웅이자 새로 해군장관이 된 후세인 라우프Hussein Rauf가 이끌었다. 10월 28일 그들은 칼소르프의 기함인 아가멤논호에 도착했다. 협상은 점잖게 진행되었고, 심지어 우호적이기까지 했다. 라우프는 칼소르프가 정직하고 직선적인 성격임을 알아챘다. 그리고 그가 영국은 오스만제국에서 남아 있는 튀르크를 점잖게 대해줄 것이라고 약속하자 안심했다. 콘스탄티노플은 점령당하지 않을 것 같았다. 튀르크인들의 주요한 근심거리인 그리스군과 이탈리아군의 상륙도 허락되지 않을 것 같았다. 콘스탄티노플로 돌아온 라우프는 한 기자에게 "나는 적국의 병사 한 명도 우리 이스탄불에 상륙하지 못한다는 것을 보장한다"라고 말했다. 영국은 그들을 아주 잘 대해주었다. "우리가 맺은 휴전 협정은 우리가 바라던 것 이상이었다." 영국이 제시한 모든 조항을 수용하면서 라우프는 휴전 조건이 불공정하게 이용되지 않을 것이라고 약속한 칼소르프의 말을 믿었다. 영국은 흑해 해협의 자유로운 항해에만 관심이 있었다. 굳이 영국이 콘스탄티노플을 점령하거나 다른 곳을 점령할 이유가 있는가? 라우프는 영국이 이미 아랍 영토를 장악했다고 스스로에게 상기시켰다. "나는 그들의 국익 관점에서, 그들이 원하고 그래서 점령하려고 시도할 만한 다른 지역을 생각할 수 없었다."[4]

10월 30일 두 사람은 휴전 협정에 서명한 뒤 유쾌하게 샴페인 잔을 들어 건배했다. 칼소르프 제독은 아내에게 보낸 편지에서 라우프가 "기술적으로는 적인 그에게 베푼 배려에 감사하는 멋진 짧은 연설을 했다"라고 썼다. 칼소르프의 어린 쌍둥이 아들 사진은 자신에게 영감의 근원이 되었다고 라우프는 말했다. "멋진 일 아니오?"라고 칼소르프는 썼다.[5]

런던에서 영국 내각은 휴전 협정 서명 소식을 기쁘게 받아들였고, "동양의 정신력"을 고려해 콘스탄티노플을 어떻게 점령해야 하는지를 놓고 진지하게 논의했다. 영국과 동맹국은 휴전 협정을 엄격하게 시행할 의사만 있었다. 모든 튀르크군 병영은 항복을 하고, 모든 철도와 전신선은 연합국이 운영해야 했다. 튀르크 항구는 모든 연합국 함정이 사용할 수 있어야 했다. 그러나 가장 큰 타격을 준 조항은 "연합국의 안전을 위협하는 상황이 발생하는 경우 연합국은 어떤 전략 거점도 점령할 권리를 가진다"라고만 기술한 제7조였다. 시간이 지난 후 라우프는 "우리나라에서는 영국과 프랑스가 서면 조약은 물론 자신들의 약속을 충실하게 지키는 나라라는 일반적 확신이 있었고, 나도 그렇게 확신했다. 이런 우리의 믿음과 신념이 착오였다는 것은 얼마나 수치스러운 일인가!"[6]

라우프의 친구이자 전쟁 영웅인 한 지휘관은 시리아와의 국경에 있는 남쪽의 먼 주둔지에서 정부를 향해 실망에 가득 찬 편지를 보냈다. "만일 우리가 휴전 협정에 대한 오해와 잘못된 해석을 끝내는 조치를 취하지 않고, 우리 군대를 해산하고 영국이 원하는 것을 다 주면, 영국의 탐욕스러운 구상에 어떤 제동도 걸 수 없게 된다는 것이 나의 진지하고 솔직한 의견이다."[7] 오늘날에는 아타튀르크Atatürk('튀르크의 아버지')라고 더 잘 알려진 무스타파 케말Mustafa Kemal은 콘스탄티노플로 달려가서, 주요 정치인부터 술탄에 이르기까지 만나는 사람 모두에게 외국인들에게 맞서기 위해 강력한 민족주의 정부를 세워야 한다고 촉구했다. 그의 주장에 많은 사람이 호응했지만, 술탄은 연합국을 달래는 것을 선호했다. 1918년 11월에 술탄은 의회를 해산하고, 심복들을 앞세워 통치하려고 했다.

술레이만 대제를 만들어낸 위대한 술탄의 계보는 메흐메드 6세에 이르러 빛이 바랬다. 그의 핵심 성취는 세 형제의 통치에서 살아남았다는 것이었다. 형 하나는 미쳐서 하야했고, 편집광이고 잔인한 그의 후계자는 적을 너무 두려워해서 담배를 피울 때마다 환관에게 첫 모금을 맛보게 했다. 그다음에는 겁이 많은 노인이 1918년 여름까지 통치했다. 메흐메드 6세는 제정신이었지만, 그의 딱딱한 머리에 과연 어떤 아이디어가 있을지 짐작하기 어려웠다. 그는 큰 염려를 하며 술탄 자리에 올랐다. "나는 어찌해야 할지 모르겠소. 나를 위해 기도해주시오." 그는 종교 지도자에게 부탁했다.[8]

한때 세상을 떨게 했던 왕좌의 힘은 사라졌다. 정부에서 내린 명령을 "지방에서 수령은 하지만 거의 고려하지 않았고, 소아시아 전 지역의 공공 안전은 아주 열악했다"라고 한 미국 대표가 기록했다.[9] 콘스탄티노플은 처음에는 공식적으로 정복되지 않았지만, 연합국 병사들과 외교관이 "도처에 있어서 조언하고 명령하고 제안했다."[10] 연합국 함정들이 항구에 가득 차서 단단한 덩어리처럼 보였다. 술탄은 중얼거렸다. "몸이 안 좋다. 창밖을 내다볼 수 없다. 그것들을 보는 것이 싫다." 아타튀르크는 아주 다른 생각을 하고 있었다. "그것들은 떠나 온 대로 떠나게 될 것이다."[11]

아타튀르크는 단순하지 않고 용감하고 결의가 강하고 위험한 인물이었다. 선명한 푸른 눈동자를 가진 그의 초상화는 오늘날 튀르크 곳곳에 걸려 있다. 1919년에 그의 이름을 들어본 외국인은 거의 없었다. 4년 뒤 그는 영국과 프랑스의 코를 납작하게 만들고, 새로운 튀르크 민족국가를 창설할 것이었다. 그의 사망일인 11월 10일은 국가 추모일이다. 그의 냉철함은 적과 동료를 가리지 않았다. 위대한 승리를 거둔 후 그는 라우프를 비롯한 옛 동료 일부를 반역죄로 기소했다. 그는 남성적인 매력도 넘쳤다. 어린이들을 아주 좋아했지만, 위대한 인물의 자식들은 대개 타락하기 때문에 자신에게 자식이 없는 것은 다행스러운 일이라고 늘 말했다. 합리적이고 과학적인 사고방식을 가졌지만, 생애 후반에는 비술祕術에 매료되었다. 앙카라 라디오에서 튀르크의 전통 음악을 내보내지 못하게 했으나, 친구들과 그 음악을 들었다. 튀르크 여성들을 해방하려고 했지만, 전통적인 이슬람 방식으로 이혼했다. 그는 민주주의를 강제로 실현하려 한 독재자였다. 1930년에 그는 야당을 만들었지만, 그 지도자를 스스로 정했고, 야당이 자신에게 도전하자 해체해버렸다. 변덕이 심했으나 나름의 방식으로 공정했다. 부하들은 그가 한밤중에 술에 취해 내린 명령은 무시해도 된다는 것을 알았다.[12]

아타튀르크는 옛 오스만제국의 변방인 마케도니아의 항구 살로니카에서 태어났다. 그의 어머니는 간신히 글을 깨우친 농민이었고, 아버지는 실패한 상인이었다. 오스만제국 자체와 마찬가지로 살로니카에는 많은 민족이 살고 있었다. 부두 노동자조차 대여섯 개 언어를 말할 수 있었다. 살로니카 주민의 거의 절반은 유대인이었고, 나머지 주민은 튀르크인, 그리스인, 아르메니아인, 알바니아인이었다.[13] 서유럽 국가들이 오스만제국을 지배한 것처럼 서유럽 사람들이 교역과 상업을 지배했다.

아타튀르크는 일찍부터 종교를 경멸했고, 이 생각은 평생 지속되었다. 이슬람 지도자와 성직자들은 "나의 국민들의 가슴을 향한 독 묻은 단검"이었다. 그가 학생이었을 때 족장(셰이크)과 데르비시 교도가 군중을 미친 듯이 채찍질하는 모습을 본 날 저녁부터 그는 자신이 보기에 원시적 광신주의인 이런 관습을 미워했다. "과학·지식·문명이 모든 부문에서 빛을 비추며 존재하는 오늘날, 튀르크의 문명화된 공동체에 원시적인 자들이 존재하는 것을 나는 단호히 거부한다. 족장의 지도를 통해 물질적·도덕적 안녕을 추구하는 자들 말이다."[14]

어머니의 반대에도 불구하고 그는 군사학교에 가겠다고 고집했다. 그 시절 군사학교는 미래의 지도자를 양성하는 곳을 넘어 점점 커지는 민족주의적이고 혁명적인 감정의 중심지였다. 아타튀르크는 특히 수학과 정치에 재능을 보였다. 그는 볼테르와 몽테스키외 같은 정치철학자들의 글을 읽기 위해 프랑스어를 배웠다. 열아홉 살에 콘스탄티노플의 포병학교에 입학한 아타튀르크는 세속적이고 코즈모폴리턴적인 수도를 알게 되었다. 콘스탄티노플 주민의 절반 이하만이 이슬람교도였다.[15] 나머지 주민은 여러 세기 전 기독교 국가 스페인에서 도망쳐 나온 세파르디 유대인, 차르의 통치를 피해 이주해온 폴란드 애국주의자, 정교도 아르메니아인, 루마니아인, 알바니아인, 그리스인이었다. 4세기에 걸친 오스만의 통치에도 불구하고 그리스인들이 여전히 상업을 장악하고 있었다. (심지어 2차 대전 후에도 상공회의소 회원 절반 이상이 그리스식 이름을 가지고 있었다.[16]) 유럽인이 가장 중요한 산업을 운영했고, 서방 채권자들이 정부가 파산하지 않도록 지탱해주고 정부의 재정을 감독했다. 오스만제국은 너무 약해져서 서구인들에게 특권 및 면제를 제공해야만 했다. 여기에는 세금 면제와 튀르크 사법 기피권도 있었다. "우리는 상업과 교역, 심지어 허물어진 초가집마저 외국인에게 제공되는 것을 방관하는 구경꾼으로 전락했다"라고 한 튀르크 기자가 한탄하며 썼다.[17]

아타튀르크가 수학한 포병학교는 금각만 북쪽에 있었다. 이곳은 도시에서 가장 현대적인 곳으로 넓은 도로와 조명, 오페라하우스, 카페, 상공회의소, 은행, 최신 유럽 패션 제품을 파는 상점, 심지어 핑크빛 소파가 있는 매춘 골목도 있었다. 아타튀르크는 매춘 골목을 열심히 드나들며 방탕하게 여자들과 어울렸고, 폭넓은 독서를 했지만 항상 콘스탄티노플에 대해서는 이중적인 생각을 가지고 있었다. 콘스탄티노플은 즐기기에는 좋은 곳이었지만, 정부에게는 위험한 곳이었다.[18] 훗날 그는 수도를 내륙 깊숙이 있는 앙카라라는 잘 알려지지 않은 곳으로 이전했다.

1914년 이전의 다른 많은 장교들과 마찬가지로 그는 제국에 근대적 헌법을 마련하기로 맹세한 비밀 결사에 가담했다. 그는 1908년에 일어난 혁명에 희망을 걸었지만, 이것이 제국을 강하게 만드는데 실패하자 크게 실망했다.[19] 1908년 오스트리아가 보스니아와 헤르체고비나를 병합했고, 불가리아가 독립을 선언했다. 1911년 유럽 강대국 가운데 가장 약한 이탈리아가 리비아를 장악했다. 1912년과 1913년에 벌어진 발칸 전쟁 이후 알바니아, 마케도니아, 살로니카를 포함한 트라키아의 일부가 사라졌다. 1914년, 한때 헝가리가

지 뻗어 있던 제국의 유럽 지역은 불가리아 밑에 붙은 작은 트라키아 고립 지역을 빼고 다 사라졌다. 6년 사이에 110만 제곱킬로미터의 영토가 사라졌다.

1차대전이 발발했을 때 아타튀르크는 불가리아에서 외교관 생활을 즐기고 있었다. 그는 소피아에서 생애 처음으로 오페라를 관람했다. 15년 후 그는 새 수도 앙카라 도시 건설 계획에 오페라하우스를 포함시켰다. 그는 사교댄스를 배웠고, 훗날 새 공화국의 공무원들은 공식 무도회에서 춤을 추어야 했다. 그 이유는 "서구에서 그렇게 하기" 때문이었다.[20] 1915년에 그는 갈리폴리반도의 방어에 투입되는 새 사단을 지휘하게 되었다. 서방의 많은 저명인사들이 갈리폴리에서 명성에 먹칠을 했지만, 그는 큰 명성을 얻었다.* 훗날 영국 공식 역사서의 저자는 이렇게 썼다. "역사에서 한 사단 지휘관이 쏟은 노력이 세 번에 걸쳐서 전투뿐만 아니라 작전 전체, 심지어 국가의 운명의 향방에 그렇게 큰 영향을 미친 적은 없었다."[21]

전쟁이 끝난 후 콘스탄티노플은 아타튀르크가 기억하던 곳과는 너무나 달라졌다. 석탄이 없어서 난방을 하지 못했고, 식량도 바닥이 났다. 당시 소년이었던 한 튀르크인은 어머니가 가족을 먹이기 위해 얼마나 고생했는지 회고했다. "우리는 영원히 렌틸콩과 배추수프, 마르고 검은 빵조각처럼 보이는 것으로 연명해야 할 것 같았

---

* 당시 해군장관을 맡고 있던 처칠은 다르다넬스 해협을 쉽게 돌파해 콘스탄티노플의 독일 함대를 격파한다는 생각으로 공격을 개시했다. 그러나 갈리폴리에 상륙한 영국군은 고지대에서 방어하는 아타튀르크 휘하 튀르크군의 포화와 공격으로 큰 피해를 입고 철수했다.

다." 정부는 파산했다. 훈장을 받은 장교들이 거리 모퉁이에서 레몬을 팔아 연명했다. 그들의 연금은 휴지 조각이 되었다. 이 와중에 많은 피난민이 쏟아져 들어왔다. 내전을 피해 온 러시아인, 필사적으로 안전을 찾아온 아르메니아인, 중동과 유럽을 떠나온 튀르크인이 도시에 넘쳐났다. 1919년 말 최대 10만 명이 거리에서 노숙했다. 투기꾼과 범죄자만이 돈을 벌었다. 경악할 소문이 도시에 넘쳐났다. 하루는 다시 기독교 종이 매달린다는 소문을 들은 군중이 아야소피아에 몰려들기도 했다.[22]

헬레니즘 통치가 회복될 수 있다는 희망에 취한 그리스인 주민들은 흰색과 파란색으로 그려진 그리스 국기를 내걸었고, 그리스 총리 베니젤로스의 거대한 초상화가 중심 광장 한곳에 세워졌다. 그리스 총대주교는 튀르크인을 비난하고 콘스탄티노플이 다시 그리스 땅이 되어야 한다고 주장하는 청원서를 파리로 보냈다. 정교회 사무국은 그리스 기독교도들에게 튀르크 당국에 더이상 협조하지 말라고 얘기했다. 그리스인은 "잘난 체하는 능력이 뛰어나다"라고 한 영국 외교관은 말했다.[23] 일부 성질 급한 사람들은 거리에서 튀르크인에게 시비를 걸고 페즈(일부 이슬람 국가에서 남자들이 쓰는 빵모자같이 생긴 모자)를 벗으라고 요구했다.

휴전 협정을 관리하기 위해 연합국 장교들과 관리들이 점점 더 많이 들어왔다. 한 젊은 영국인이 이렇게 회고했다. "생활은 유쾌하고 방탕하고 즐거웠다. 카페에서는 음주와 가무가 넘쳐났다." 나이트클럽에서는 백러시아인들이 구슬픈 노래를 불렀고, 젊고 예쁜 난민들이 한 끼 식사값에 몸을 팔았다. 모터보트를 타고 마르마라해를 가로질러 경주를 벌일 수 있었고, 보스포루스 해협의 아시아 방면에서 사냥개를 데리고 말을 탈 수 있었으며, 푼돈에 굉장한 골동품을 건질 수도 있었다.[24] 연합국은 비공식적으로 콘스탄티노플을 세력권으로 나누어서 그 행정을 담당하고 지역 경찰을 운영하고 각국 법원을 만들었다. 튀르크 신문이 이 손님들에 대한 비판적인 기사를 싣자, 연합국은 언론을 검열하기 시작했다. 1920년 3월에 콘스탄티노플이 공식적으로 점령되었을 때 이전과 달라진 게 무엇인지 얘기하기가 어려울 정도였다.

도시 밖 트라키아와 소아시아에서 연합국 장교들이 항복을 감독하기 위해 널리 배치되었다. 프랑스군은 남쪽의 중요한 도시 알렉산드레타(지금의 이스켄데룬)를 점령했고, 1919년 초 내륙으로 이동했다. 전체적으로 영국인이 더 인기가 있었다. 남부의 한 여성은 "영국은 귀족의 아들들을 보냈고, 프랑스는 하인의 자식들을 보냈다"라고 말했다.[25] 명목적 지도자 술탄만큼이나 약하고 사기가 떨어진 오스만 정부는 아무 일도 하지 않고 연합국을 달래는 데만 신경을 썼다.

연합국은 마음이 누그러질 기미가 없었다. 영국 내각에서 중동 지역에 대한 영국의 정책을 관장한 커즌 같은 관리들은 이제 "유럽 생활에 독을 뿌린 이 병폐"를 제거할 기회가 왔다고 생각했다. 부패, 이름 없는 악덕, 음모가 콘스탄티노플에서 퍼져 나와 순진한 유럽 사람들을 전염시켰다. 강화회의는 그런 악을 완전히 뿌리 뽑을 기회였다. "유럽에서 튀르크인은 관련된 모든 사람에게 지독한 악덕이었다. 나는 지난 500년 동안 그 악과 연관되어 이익을 얻은 국가는 튀르크를 포함해 단 한 곳도 없다고 생각한다." 역사를 공부한 학생으로서 커즌은 더 많은 것을 알아야 했지만, "실상을 보면 학정, 압제, 음모, 그리고 동방 세계에서 유례를 찾아볼 수 없는 대량학살의 기록만 있다."26 그의 상관인 총리도 이런 감정을 공유했다. 많은 자유주의자처럼 로이드조지는 위대한 글래드스턴으로부터 튀르크인에 대한 혐오를 물려받았다.

문제는 무엇으로 오스만제국을 대체할 것인가였다. 영국은 적대국의 전함들이 흑해 해협을 통과하지 못하기를 여전히 원했다. 수에즈 운하를 통해 인도로 연결되는 바닷길도 보호해야 했다. 새롭게 대두되는 점도 있었다. 오스만제국의 모술과 페르시아로부터 점점 더 많은 양의 석유가 공급되는 것이었다. 영국은 모든 책임을 떠맡기를 원하지 않았고, 그리스도 그 책임을 맡을 수 없었다. 그렇지만 프랑스처럼 다른 강대국이 들어오는 것도 원하지 않았다. 역사를 보면 두 나라는 오랜 기간 유럽, 북아메리카, 인도, 아프리카, 중동에서 싸워왔고, 양국의 우호는 비교적 최근에 이루어진 일이었다. 이 우호관계는 전쟁의 시험을 견뎌냈지만, 평화의 시험까지 견딜지는 아직 분명하지 않았다. 오스만제국의 아랍 지역에서는 이미 문제가 나타나고 있었다. 진정 영국은 프랑스 함정이 동지중해 끝에 나타나고, 해안 여러 곳에 프랑스 기지가 세워져도 괜찮은가? 그렇지 않다고 커즌은 명징하게 말했다.

나는 공직 생활의 상당 부분을 프랑스의 정치적 야망과 관련된 분야에서 보냈다. 튀니지, 시암, 그리고 프랑스가 지배력을 가진 거의 모든 먼 지역에서 나는 그것과 대면했다. 우리는 국가 안보라는 이유로 프랑스와 동맹관계를 맺었다. 나는 이 동맹이 지속되기를 바라지만, 그들의 국민성은 우리와 다르고, 그들의 정치적 이해는 많은 경우 우리의 정치적 이해와 충돌한다. 나는 앞으로 강대국 중 가장 두려워할 대상이 프랑스일 거라고 경고한다.

프랑스가 중동에서 영향력을 갖도록 허용하는 것은 큰 실수라고 그는 주장했다. "프랑스는 고도로 조직된 국가이고, 한없는 대담성, 상상력, 동방 사람들을 다룰 상당한 능력을 가진 국가다."[27]
영국이 프랑스를 믿지 않는 만큼 프랑스도 영국을 믿지 않았다. 또한 프랑스는 동료 기독교도를 보호하는 것에서부터 상당한 투자에 이르기까지 오스만제국에 중요한 이해관계를 가지고 있었다.[28] 그러나 프랑스의 입장에서 오스만제국이나 발칸 지역에서 일어나는 일은 독일을 다루는 문제보다 훨씬 덜 중요했다. 클레망소는 식민지 로비 집단이 어떤 요구를 하건 유럽에서 영국의 지지를 필요로 했기 때문에 영국과 타협할 의사가 있었다. 그는 튀르크의 아시아 지역이 완전히 사라지는 것을 보고 싶어하지 않았지만, 최소한 처음에는 이곳에 대한 그리스의 주장을 강력히 지지하는 입장을 취했다. 유럽과 관련해서 그는 트라키아에 대한 그리스의 주장을 지지했다.[29] 만일 그리스가 이탈리아의 주장을 막을 수 있다면 그

것은 프랑스에 더 좋은 일이었다.[30]

전쟁 중 영국, 프랑스, 러시아는 오스만제국의 장래에 대해 여러 번 논의했다. 1916년 영국과 프랑스 대표인 마크 사이크스Mark Sykes와 조르주 피코Georges Picot는 양국이 아랍어를 사용하는 지역을 분할하고, 튀르크어를 사용하는 지역에서는 프랑스가 시리아에서 북쪽으로 킬리키아에 이르는 지역을 차지하기로 합의했다. 콘스탄티노플 병합과 흑해 해협 통제권 확보에 대한 약속을 이미 받아낸 러시아는 코카서스 국경과 접한 튀르크 지방을 차지한다는 조건으로 영국과 프랑스의 합의에 동의했다. 그러나 볼셰비키 정부가 삼국동맹 측과 강화하기로 결정하면서 이 합의는 사실상 무효가 되었다. 영국과 프랑스만 중동에서 주요 강대국으로 남게 되었고, 전쟁이 막바지에 접어들면서 양국은 서로를 의심하며 주변을 맴돌았다.

10월 30일 최고평의회에서 로이드조지와 클레망소는 영국이 단독으로 튀르크 강화를 주관하겠다는 영국 측의 주장을 놓고 격렬하게 싸웠다. "그들은 말과 행동이 거친 여자처럼 서로를 향해 많은 말을 날렸다"라고 하우스는 보고했다.[31] 로이드조지는 클레망소에게 다음과 같이 말했다.

영국을 제외하고 팔레스타인 원정에 소수의 흑인 병력 이상을 제공한 나라는 없었다. 프랑스 정부 측의 인색함에 놀라움을 금치 못했다. 영국은 지금 약 50만 명의 병력을 튀르크 땅에 보낸 상태다. 영국은 3~4개 튀르크 군단을 격파했고, 튀르크와의 전쟁에서 수십만 명의 사상자를 냈다. 다른 나라 정부들은 우리가 성묘를 도굴하지 않을까 감시하기 위해 소수의 흑인 경찰을 투입했을 뿐이다! 그러다 휴전을 서명할 때가 되자 이 모든 소동이 일어났다.[32]

이것은 공평하지 않은 주장이었다. 클레망소가 이후 회의에서 지적한 바와 같이 영국은 이에 비례해서 서부전선에 적은 병력을 보냈다. "만일 당신들이 그곳에 보낸 백인 병력을 독일군과의 전투에 투입했다면, 전쟁이 몇 달은 일찍 끝났을 것이라는 나의 생각은 변함이 없다."[33] 그럼에도 프랑스는 피숑이 표현한 대로 "프랑스 정부가 영국을 다룰 때 항상 적용해야 한다고 생각한 화해의 정신"에 따라 휴전 협정 문제에서 뒤로 물러났다.[34] 그러나 전리품을 나누는 문제에서는 그런 정신이 거의 나타나지 않았다.

중재자들은 1919년 1월 30일까지 오스만제국 문제를 다루지 않았고, 과거 독일 식민지에 대한 위임통치라는 어려운 문제를 논의하는 가운데 오스만제국을 언급했을 뿐이다. 지난주에 미국과 고집을 굽히지 않는 영연방 국가들을 합의에 이르게 한 로이드조지는 오스만제국을 위임통치가 필요한 사례로 잠깐 언급했다. 튀르크인은 신민을 다루는 데 너무 좋지 않은 모습을 보여주었기 때문에, 그들은 시리아, 메소포타미아, 팔레스타인과 아라비아를 포함한 모든 아랍 영토를 상실해야 했다. 아랍인들은 문명화되었지만 아직 조직화되지는 않았기 때문에, 외부의 지도가 필요했다. 또한 오스만인들은 아르메니아인을 잃어야 했고, 아르메니아 국가는 외부 국가의 위임통치령으로 탄생해야 했다. 아르메니아 남쪽에는 쿠르디스탄이 설립되어야 했다. 이렇게 해도 튀르크어를 사용하는 많은 지역, 유럽의 작은 지역, 흑해 해협 지역과 소아시아의 아나톨리아가 남았다. 그 지역들은 "각자의 장점에 의해" 해결될 수 있다고 로이드조지는 말했다(그는 프랑스, 이탈리아 또는 그리스가 약속받은 소아시아 해안에서 내륙으로 뻗은 땅에 대해서는 언급하지 않았다).

다른 중요한 문제는 오스만제국 내의 모든 다양한 집단이 서로를 공격하지 않게 만드는 것이라고 로이드조지는 말했다. 영국이 떠맡기를 원하는 책임은 없었다. 로이드조지가 지적한 대로 연합국은 100만 명 이상의 병력을 오스만제국에 분산 배치했고, 영국이 그 대가를 치르고 있었다. "만일 튀르크와 평화조약이 서명되고, 국제연맹이 구성되어 업무를 시작하고, 그곳의 문제가 해결될 때까지 연합국 병력이 그곳에 머물러야 한다면, 그 비용은 엄청날 것이고, 그들은 분명히 감당할 수 없을 것이다."[35]

로이드조지는 윌슨이 이 암시를 받아들여 미국이 최소한 아르메니아와 흑해 해협 지역에 대한 위임통치를 수용해주기를 희망했다.[36] 만일 미국이 튀르크 지역 전체를 맡는다면 더 좋을 터였다. 하우스는 분명히 그 가능성을 암시해주었다.[37] 그러나 미국 측은 튀르크에 대한 반감을 표시하는 것 이상의 분명한 입장을 보여주지 않았다. 1820년대 이후 오스만튀르크에서 활발하게 활동해온 미국의 개신교 선교사들은 이 파산한 정권에 대해 암울한 그림을 그려 보냈다. 그들 중 많은 수는 아르메니아인들과 함께 일했고, 전쟁 중

대량학살을 현장에서 목격한 대로 보고했다. 미국에서는 아르메니아 구호를 위해 거액의 기금이 모금되었다.[38] 하우스는 영국 대표들과 오스만제국을 쪼개 나누는 방법에 대해 영국 대표들과 유쾌하게 대화를 나누었고, 윌슨은 튀르크가 완전히 사라지는 것을 분명히 고려했다.[39]

다른 한편으로 미국은 오스만제국을 상대로 선전포고를 한 적이 없기 때문에 그 제국의 운명을 결정하는 문제에서 애매한 입장이었다. 윌슨의 14개조 가운데 그 문제를 다루는 유일한 조항도 애매했다. "현재 오스만제국의 튀르크 부분은 확실한 주권이 보장되어야 하고, 현재 튀르크의 통치하에 있는 다른 민족들은 확실한 생명의 안전과, 위협을 받지 않는 자치적 발전의 기회를 보장받아야 한다." 여기서 '튀르크 부분'이란 무엇을 말하는가? 누가 자치적 발전을 해야 하는가? 아랍인인가, 아르메니아인가, 쿠르드인인가? 아니면 흩어져 있는 그리스인 공동체인가?

1918년 12월 미국 전문가 집단이 제출한 보고서는 튀르크 본토(정의되지 않았다)가 정당하게 대우받아야 하고, 오스만제국의 신민 민족들은 압제와 잘못된 통치에서 해방되어야 하고, 그것은 아르메니아의 '자치'와 아랍 지역의 '보호'를 의미한다고 언급했다.[40] 다른 한편으로 1918년 10월에 나온 14개조에 대한 공식 논평은 콘스탄티노플과 흑해 해협의 국제 통제, 아시아 해안에 대한 그리스의 위임통치를 언급했지만, 그곳의 다수 주민은 그리스인이라고 잘못 전제했다. 또한 미국이 콘스탄티노플, 아르메니아, 심지어 발칸 지역의 마케도니아를 위임통치하는 방안을 제시했다.[41] 강화회의가 시작되기 전에 최소한 미국이 아르메니아와 흑해 해협에 대한 위임통치를 하는 것으로 전제되었다.[42] 모두가 이에 만족한 것은 아니었다. 러시아의 위협을 제거한 영국 제독들은 강력한 미국이 지중해 동쪽 끝에 나타나는 것을 원하지 않았다.[43] 인도 행정국도 우려했다. 메흐메드 6세는 단지 오스만 술탄일 뿐만 아니라 모든 이슬람교도의 정신적 지도자에 가까운 칼리프였다. 그를 콘스탄티노플에서 쫓아내거나, 심지어 외국의 감독 아래 두는 것은 인도의 이슬람교도들을 자극할 수 있었다.[44] 로이드조지는 그들의 반대를 그냥 묵살했다.[45]

늘 그렇듯이 강화회의는 어려운 결정은 일단 미루었다. 그 1월의 회의에서 윌슨은 튀르크 영토를 점령하는 부담을 어떻게 최선의 방법으로 나눌지 군사 보좌관들이 검토할 것을 제안했다. "그러면 문제가 해결될 것"이라고 로이드조지도 동의했지만, 당연하게도 문제는 해결되지 않았다. 보고서가 제출되었고, 2월 10일에 이에 대한 간략한 논의가 있었다. 다음날 이 문제는 의제에 올랐지만, 벨기에 국경을 정하는 문제가 훨씬 더 대표들의 흥미를 끌었다.[46]

2월 26일 아르메니아 대표단이 최고평의회에 나타나자 중재자들은 오스만제국 문제가 아직 타결되지 않았다는 것을 상기했다. 보고스 누바르 파샤Boghos Nubar Pasha는 부드럽고 부유하고 교양 있는 사람으로, 그의 아버지는 이집트의 총리였다. 아베티스 아하로니안Avetis Aharonian은 코카서스 출신의 강하고 냉소적인 시인이었다. 보고스는 아르메니아인의 디아스포라 상황을 설명했다. 아하로니안은 러시아, 페르시아, 튀르크가 만나는 산악 지대에 위치한 조국에 대해 설명했다. 이제 익숙한 관행이 되었지만 그들은 오랜 기간 아르메니아인이 그곳에 거주했고, 아르메니아 기독교의 생명력을 언급하면서 역사에 호소했다. 연합국에 대한 자신들의 기여(일부 아르메니아인은 러시아군에서 싸웠다)와 연합국의 약속에 호소를 했다. 그리고 다른 대표단과 마찬가지로, 그들은 코카서스 남쪽과 서쪽에서 지중해에 이르는 거대한 땅에 대한 영유권을 주장했다. 여느 나라와 다르게 그들은 외부 강대국의 보호를 요청했는데, 이웃 국가와 과거 역사를 비추어볼 때 현명한 요구였다.[47] 그들은 미국에 희망을 걸었다. 한 미국 전문가는 이렇게 회고했다. "검은 턱수염에 검은 옷을 입은 아르메니아인들이 미국 대표단을, 때로는 대통령을 둘러싸고 고향 땅의 참혹한 상황을 설명하지 않고 지나가는 날이 드물었다."[48]

아르메니아인들은 강화회의에 가장 슬픈 역사를 가져왔다. 마지막 독립 아르메니아 국가가 점령된 1375년부터 민족주의 세력이 러시아 땅이었던 곳에서 아르메니아공화국의 출범을 선언한 1918년 봄까지 그들은 이방인의 통치를 받았다. 19세기 초 러시아인들이 코카서스로 남하한 후 아르메니아인은 러시아, 오스만튀르크, 페르시아에 흩어져 살게 되었다. 대다수가 평범한 농민이었던 아르메니아인은 러시아인이나 튀르크인이나 페르시아인에 동화되었지만, 민족주의와 민족자결주의가 동쪽으로 밀려오자 다시 탄생한 아르메니아 민족이라는 비전을 형성하기 시작했다. 그러나 이것은 일관된 비전은 아니었다. 기독교도, 세속주의자, 보수주의자, 급진주의자, 친튀르크 세력, 친러시아 세력이 뒤섞였고, 아르메니아가 어떤 국가가 되어야 하는가에 대한 합의는 없었지만, 이 비전은 더욱 강해졌다. 그러나 불행하게도 아르메니아 민족주의는 그 지역에서 자라나는 유일한 민족주의는 아니었다.

"오늘날 누가 아르메니아인을 기억하는가?"라고 히틀러는 냉소적으로 물었다. 파리 강화회의에서는 튀르크인들이 아르메니아인에게 저지른 끔찍한 행위에 대한 기억이 생생했고, 세계는 아직 인종 말살 시도에 익숙하지 않은 상태였다. 이 학살은 튀르크 구정권이 자신들에게 반대하는 모든 집단을 잔혹하게 다룬 1890년대에 시작되었다. 오스만 병력과, 스스로 민족으로 깨어나고 있던 쿠르드 현지 주민들이 아르메니아인 마을들을 습격했다. 1908년에 정권을 잡은 청년튀르크당은 세속적인 다민족 국가를 말하고 있었지만, 그들은 또한 중앙아시아의 다른 튀르크계 주민들과의 연계도 꿈꾸고 있었다. 이 범투란주의Pan Turanizm* 세계에서 아르메니아인과 다른 기독교도들은 설 자리가 없었다.

오스만제국이 전쟁에 참전했을 때, 1913년 이후 콘스탄티노플을 통치하던 삼두정치의 한 사람인 엔베르 파샤Enver Pasha는 많은 군대

---

* 유라시아의 다양한 인종 집단 간의 생물학적·언어적 연관성에 근거한 유사과학적 범민족적 정치운동으로 우랄-알타이어족에 속하는 많은 민족이 중앙아시아에 기원을 두고 있고, 그 결과 서로 밀접한 문화·인종·언어적 유대를 가지고 있다는 주장이다.

를 동부로 보내 러시아와 싸우게 했다. 1915년 그 결과는 재앙으로 끝났다. 러시아군은 엄청난 오스만 군대를 격파했고, 서쪽에서 연합군이 갈리폴리에 상륙했을 때 아나톨리아를 향해 남하하려고 하고 있었다. 삼두정치는 아나톨리아 동부에 거주하는 아르메니아인들을 잠재적·실제적 반역자라는 이유로 강제 이주시켰다. 많은 아르메니아인은 떠나기도 전에 살해되었고, 남쪽으로 걸어서 강제 이주하는 동안 기아나 질병으로 사망한 사람도 많았다. 오스만 정부의 실제 목표가 인종 학살$_{genocide}$이었는지에 대해서는 많은 논란이 있지만, 사망자 수는 30만 명에서 150만 명으로 추산되었다.[49]

서구의 여론은 경악했다. 영국에서 아르메니아 대의는 아가일 공작에서부터 젊은 아널드 토인비까지 지지자를 끌어 모았다. 영국 어린이들은 음식을 남기면 굶주린 아르메니아 아이들을 기억하라는 말을 들었다. 미국에서는 아르메니아 구호를 위해 막대한 금액이 모금되었고, 클레망소는 잔혹 행위를 상세하게 다룬 책의 서문을 썼다. "20세기 새벽, 파리에서 불과 닷새 거리에서, 가장 깊은 야만 시대에도 상상하기 어려운 공포로 땅을 뒤덮은 잔혹 행위가 처벌받지 않고 자행되었다는 것이 사실인가?" 보통은 자제력이 강한 랜싱도 친아르메니아적인 윌슨에게 "이것은 이 전쟁의 역사에서 가장 암울한 페이지 중 하나"라고 썼다. 오를란도는 "아르메니아 대의는 나의 대의라고 아르메니아인들에게 전해달라"고 말했다. 로이드 조지는 아르메니아가 절대 튀르크인의 "폭발적인 폭정" 아래 다시 들어가지 않게 하겠다고 약속했다. 그는 회고록에 이렇게 썼다. "이

비인간적인 제국을 격파하는 데 성공하면, 우리가 강요해야 할 가장 중요한 평화 조건은 튀르크인의 유혈의 학정으로부터 아르메니아 계곡을 구원하는 것이어야 한다는 점을 마음에 새기지 않은 영국 정치인은 당을 막론하고 아무도 없었다."⁵⁰

이런 좋은 감정은 최종적으로 거의 결과를 내지 못했다. 강화회의에서 원칙에 대한 진정한 합의도 다른 고려 앞에서는 좌절되었다. 아르메니아는 먼 곳에 있었고, 적에 둘러싸여 있었고, 연합군 병력은 그 지역에 거의 없었다. 자원이 널리 분산된 당시에 병력을 이동시키고 구호물자를 보내는 것은 힘든 작업이었다. 그곳의 철도는 심하게 손상되었고, 도로는 열악했다. 도움은 멀리 있었지만, 아르메니아의 적들은 바로 옆에 있었다. 남쪽으로 진격하는 러시아 군대는 백군이건 볼셰비키이건 코카서스에 아르메니아나 어떤 독립 국가가 그곳에 들어서는 것을 그대로 넘길 수 없었다. 아르메니아의 다른 방면에서 튀르크인은 영토 상실에 크게 불만을 품었고, 아르메니아의 요구는 추가적 영토 상실을 의미했다.

파리에서 아르메니아의 친구들은 미적지근하고 주저했다. 영국은 아르메니아를 위임통치령으로 만들면 이점이 있다는 것을 알고 있었다. 카스피해의 바쿠에서 흑해의 바투미까지 석유를 수송하고, 볼셰비즘과 중동의 영국 소유 영토 사이에 장벽을 구축할 수 있었다.⁵¹ (영국인들이 상상하는 최악의 악몽은 볼셰비즘이 반란을 일으키는 이슬람 세력과 손을 잡고 영제국을 전복하는 것이었다.) 그러나 영국 전쟁부는 영국의 자원이 이미 너무 과도하게 확장되었다는 것을 반복해서 강조했다. 프랑스 외무부는 거대한 아르메니아를 자국의 보호 아래 두면 프랑스의 투자와 문화가 확산되는 장으로 사용할 수 있다는 구상을 했다. 그러나 클레망소는 이에 별로 열정이 없었다.[52] 이탈리아는 프랑스와 마찬가지로 지중해 튀르크 해안과 유럽에서 자신들이 얻을 수 있는 것에 노력을 집중하고자 했다. 그렇게 되면 미국만 남았다.

 3월 7일 하우스는 로이드조지와 클레망소에게 미국은 분명히 위임통치를 떠맡을 것이라고 안심시켰다.[53] 로이드조지는 미국이 이 "고귀한 의무"를 맡는다는 전망에 기뻐하고, 프랑스가 빠진 것에 안도했다.[54] 그러나 자주 그렇듯이 하우스는 과장을 한 것이었다. 윌슨이 최고평의회에서 제대로 경고한 것처럼 "그는 미국 국민이 아시아에서 군사적 의무를 떠안는 것을 매우 꺼려하는 점을 전혀 고려하지 않았다." 이것은 하우스의 판단력이 얼마나 흐려졌는지를 보여주는 척도가 될 만했다. 5월 14일 아르메니아 문제가 4인 평의회에 올라오자 윌슨은 미국 상원의 동의를 얻는 조건으로 위임통치를 받아들이기로 합의했다.[55] 미국이 제안한 위임통치는 사이크스-피코 합의에서 프랑스에 약속된 킬리키아 지역까지 밀고 들어오는, 흑해에서 지중해까지 이어지는 지역이었기 때문에 프랑스를 당혹하게 만들었다. 튀르크어 사용 지역에 별로 관심이 없던 클레망소는 이의를 제기하지 않았지만, 그의 동료들은 격분했다. 런던에서 폴 캉봉은 이렇게 불평했다. "그들이 취하지 않고서야 이렇게 굴복할 수는 없다. (…) 완전한 항복, 난장판, 상상 이상으로 엉망진창이다."[56] 그러나 당시 아무도 짐작하지 못했지만, 파리에서 이루어진 어떤 조정도 아르메니아에 영향을 미치지 못할 것이었다.

그해 봄 오스만제국에 대한 각종 계획이 강화회의가 열리는 방과 파리의 저녁 식사 자리에서 떠돌았다. "버펄로든 암소든, 어떤 동물이든 빨리 오게 하라"는 말이 콘스탄티노플에 농담으로 돌아다녔다.[57] 만일 논의된 모든 주장, 보호령, 독립 국가, 위임통치령이 실제로 이행되면 튀르크는 해협도 지중해 해안도 없이 흑해 일부만 가지고, 북동쪽에 아르메니아와 쿠르드 영토를 상실한 작고 희한한 나라가 될 터였다. 파리의 계산에서 빠진 것은 무엇보다도 강대국들이 자신들의 의지를 집행할 수 없다는 것이었다. 영제국 총참모장인 헨리 윌슨은 정치인들은 완전히 비현실적이라고 생각했다. "그들은 자신들이 발부한 영장이 아시아의 튀르크에도 효력이 있으리라 생각한다. 우리는 심지어 휴전 협정 후에도 더 뒤쪽 지역으로 들어가려고 시도하지 않았다."[58] 튀르크인도 고려 대상에서 제외되었다. 파리의 거의 모든 사람은 그들이 그저 하라는 대로 따를 거라고 상정했다. 영국의 인도 담당 국무장관인 몬터규가 "무슬림들에게 그들이 무엇을 생각해야 하는지 말하지 말고, 그들이 생각하는 것을 인정하자"라고 외쳤을 때, 밸푸어는 냉담하게 답했다. "우리가 무슬림에게 무엇을 생각해야 하는지 말하면 안 된다고? 그래야 하는 이유를 나는 당췌 찾지 못하겠다."[59] 이는 오스만제국의 옛 아랍 신민들에게도 해당되는 말이었다.

27장

아랍의 독립

강화회의가 진행되던 어느 날 영국 대표단의 자문관인 아널드 토인비가 총리에게 보고서를 전달해야 하는 일이 있었다. "로이드조지는 내가 온 것도 모른 채 혼자 중얼거리기 시작했다. '메소포타미아… 그래… 석유… 관개수로, 메소포타미아는 가져야지. 팔레스타인… 그래… 성지… 시오니즘… 팔레스타인도 가져야 해. 시리아… 음, 시리아에는 뭐가 있지? 거기는 프랑스가 가지라고 해.'"[1] 이는 곧 중동 평화 타결의 윤곽을 드러내는 것이었다. 기회를 잡은 영국, 프랑스에 뭔가 던져줄 필요성, 유대인의 고향, 석유, 그리고 오스만의 영토였던 지역을 중재자들 마음대로 처분할 수 있다는 전제 등등. 아랍 중동의 평화 타결은 19세기 제국주의적 방식의 재탕이었다. 영국과 프랑스가 이 지역을 (일시적이나마) 나눠 가지게 된 것은 미국이 관여하지 않은 데다 아랍 민족주의가 그들에 맞설 만큼 충분히 강하지 못했기 때문이다.

윌슨이 유럽에 도착하기 전인 1918년 12월 런던에서 열린 회합에서 로이드조지와 클레망소는 페르시아와의 경계에 있는 메소포타미아에서 지중해까지 뻗어 있는 오스만제국의 광대한 아랍 영토를 분할하는 데 동의했다. 두 사람은 여전히 독일에 대한 승리로 들떠 있었고, 두 나라 사이에 형성된 것으로 보이는 새롭고도 따뜻한 우호관계도 고양되었다. 클레망소는 런던의 군중이 소리치고, 휘파람을 불고, 모자와 지팡이를 공중에 던지며 자신을 열광적으로 환영한 것도 기분이 좋았다. 클레망소의 보좌관인 모르다크는 이렇게 말했다. "그렇게 침착하고 냉정한 국민이 그런 모습을 보여준 것은 정말 많은 것을 시사했다."[2] 중동에 관한 대화는 짧고 유쾌했다. "자, 우리가 논의할 게 뭡니까?" 클레망소가 말했다. "메소포타미아와 팔레스타인입니다." 로이드조지가 대답했다. "원하는 것을 말해보십시오." "모술을 원합니다." "가능할 겁니다. 다른 것은요?" "예루살렘도 원합니다." "그 역시 가능할 겁니다. 다만 피숑이 모술 문제로 난처해할 수 있습니다."[3] (모술은 석유 때문에 곧 중요한 곳이 될 것이었다.)

로이드조지도 그에 대한 대가로 클레망소에게 뭔가 약속을 한 듯이 보였다. 영국은 미국의 반대에도 불구하고 프랑스가 요구한 레바논 해안과 시리아 내부 통제 요구를 지지할 것이고, 프랑스는 모술에서 나오는 석유의 양이 얼마가 되건 일정 지분을 갖게 될 터였다.[4] 클레망소가 그렇게 관대했던 이유는 나중에 그가 주장한 대로 로이드조지가 유럽에서 자신의 요구, 특히 라인 지역에 대한 영국의 지원을 믿어도 된다고 안심시켰기 때문이다.[5] 로이드조지는 회고록에서 이 부분의 거래에 대해서는 언급하지 않았다.[6] 프랑스가 착각한 것이었는가, 아니면 영국이 (다시) 배신을 한 것인가? 이 대화의 공식 기록은 남아 있지 않지만, 아무튼 이는 강화회의 기간과 이후 오랜 기간 프랑스와 영국의 관계를 악화한 문제의 불길한 시작이었다.

'시리아 문제'라고 불리게 된 이 사안(실제로는 오스만의 아랍 영토 전체와 관련되었지만)은 그렇게 큰 문제가 아닐 수도 있었다. 영국과 프랑스는 1916년 이미 사이크스-피코 비밀 합의로 중동 문제에 대해 거래를 한 상태였다. 그러나 오스만제국이 갑자기 붕괴하면서 과거의 꿈과 해묵은 경쟁관계가 되살아났다. 1919년 내내 이어진 논쟁의 대상은 영토 문제 이상의 것이었다. 그것은 잔다르크와 정복왕 윌리엄, 아브라함 평원 전투와 플라시 전투, 십자군, 이집트 원정 중이던 나폴레옹의 함대가 넬슨의 영국 함대에 대패한 나일강 전투, 1898년 파쇼다 사건으로 전쟁 직전까지 갔던 아프리카 분할 경쟁, 프랑스와 앵글로색슨 문명 간의 영향력 경쟁에 관한 것이기도 했다.

로이드조지가 자유주의자에서 영토 강탈자로 변모해가면서 상황은 더욱 악화되었다. 나폴레옹과 마찬가지로 그는 중동에서의 가능성에 빠져들었다. 소아시아에 재건된 헬레니즘 문명, 팔레스타인에 들어설 새로운 유대 문명, 수에즈 운하와 모든 인도 연결로의 안전 보장, 비옥한 초승달 지대와 티그리스강 및 유프라테스강 유역에 들어설 충직한 아랍 국가들. 페르시아에서 영국으로 향할 석유 운송로의 보호와 영국이 직접 통제하는 새로운 원유 공급원 확보 가능성, 미국이 충실하게 이곳저곳에서 위임통치를 맡는 것, 그리고 프랑스의 언행일치. 전쟁 종결 직전 사적인 저녁 식사 자리에서 로이드조지의 최측근 보좌관들은 그가 "아주 들떠 있고 매우 완고한" 상태임을 알아챘다. 그는 이전에 한 약속을 깨는 한이 있더라도 중동에서 최대한 프랑스를 배제하려고 했다.[7] 그 약속이란 커즌이 "우리 목에 맷돌처럼 걸린 불행한 합의"라고 표현한 사이크스-피코 합의를 의미했다.[8]

강화회의에서 환영받지 못한 다른 많은 거래처럼 사이크스-피코 합의 역시 전쟁이 한창이던 시기, 즉 약속은 값싸고 전쟁에 패할 가능성은 매우 높았던 시기에 체결되었다. 1916년 전쟁은 연합국에 불리하게 전개되고 있었다. 동쪽에서 갈리폴리 상륙작전은 실패로 끝났고, 인도에서 온 대군이 메소포타미아에서 항복했다. 영국은 이집트에서 오스만군에 대한 새로운 공세를 개시하고 싶어했으나, 서부전선에서 자원을 전용하기 위해서는 프랑스의 동의가 필요했다. 그래서 그들이 미끼로 내놓은 것이 장래 오스만제국의 처분이었다.

두 협상가 모두 가톨릭교도였고 중동을 잘 알았다. 피코는 전쟁 전에 베이루트 총영사를 지냈고, 사이크스는 카이로에서 바그다드까지 중동 지역을 두루 여행했다.

피코는 많은 프랑스 외교관, 식민지 총독, 고위 관리를 배출한 프랑스 중상류층 집안에서 태어났다. 건장하고 보수적이고 경건한 그는 자신의 위엄과 프랑스의 위엄을 동등하게 소중히 생각했다. 그는 세력이 막강한 프랑스 내 식민지 로비 집단과 가까웠다. 그의 동생은 프랑스-아시아 위원회의 재무부장이었다. 이 단체는 그 명칭에도 불구하고 중동에 훨씬 많은 신경을 썼다.[9]

이와 대조적으로 사이크스는 영국 외교의 변두리를 떠돌던 부유하고 귀족적인 호사가였다. 그는 공식 교육을 많이 받지 않았다. 요크셔의 대영지에서 가정교사에게 교육을 받았고, 기숙학교를 잠깐 다닌 다음, 케임브리지대학에 2년 재학하는 동안 연극 부문에서 두각을 나타냈다. 그는 열정적이고 활기가 넘쳤으며, 자주 비실용적인 태도를 보였다. 토머스 로런스Thomas Lawrence는 사이크스에 대해 이렇게 얘기했다. "그는 모든 것에서 특이한 것을 보고, 평균은 놓친다. 그는 새로운 세계를 몇 번의 붓질로 그릴 수 있고, 균형이 잡히지는 않지만 우리가 바라는 일부 면에 대한 비전을 선명하게 그릴 수 있다."[10] 그는 짓궂은 장난과 캐리커처 그리기, 요크셔 시골 지역과 영제국을 좋아했다. 그는 도시와 판에 박힌 일상과 평화주의자를 싫어했다. 그는 아내와 여섯 명의 자녀에게 충실했는데, 이는 어쩌면 술주정뱅이이고 난잡한 어머니와 신경쇠약증에 걸리고 차가운 아버지로 인해 불행한 어린 시절을 보낸 탓일 수 있다. 그는 오래되고 오염되지 않은 중동과 사막과 순진한 농민을 아주 좋아했다. 그는 오래된 사회를 현대화하고 부패시키는 프랑스인과 국제 금융을 비난했다. 그는 프랑스 문화를 존중했지만, 프랑스는 현재 소유한 제국을 가질 자격이 없다고 보았다. 그는 프랑스령 북아프리카를 방문한 다음 "프랑스인은 존경받을 자격이 없고, 유능한 식민 행정가가 아니며, 신사도 전혀 없고, 장교들은 말도 총포도 개도 없다"라고 말했다.[11]

신기하게도 사이크스와 피코는 사이좋게 일을 잘했다. 1916년 5월 영국과 프랑스 정부에 제출된 그들의 계획은 서구 제국주의자의 관점에서 보면 충분히 이해할 만했다. 오늘날 레바논에 해당하는 시리아 해안은 프랑스가 차지하고, 영국은 바그다드 인근 메소포타미아 중부와 바스라 인근 남부 지역을 직접 통제한다는 내용이었다. 다른 유럽 강대국(특히 러시아)의 이해가 얽혀 있어 민감한 문제인 팔레스타인은 국제 행정 아래 들어가게 되어 있었다. 현재의 시리아, 이라크 북부의 모술, 요르단이 포함된 거대한 나머지 지역에서 북쪽은 프랑스, 남쪽은 영국의 관리를 받는 아랍 부족장들이 관할하기로 했다. (아라비아반도는 언급되지 않았는데, 당시 그 광대한 사막은 고려할 가치가 없다고 보았기 때문이다.) 이 합의는 시리아 해안에 상당한 투자를 하고, 이 지역의 레바논산 인근의 마론파 교도와 같이 커다란 기독교 공동체의 보호자를 자처하고 나선 프랑스의 마음에 들었다. 이것은 또한 영국의 마음에도 들었고, 영국은 영리하게도 남쪽으로 향하는 동안 자신들과 러시아인 사이에 프랑스인이 들어오게 했다.[12]

그러나 이 거래가 합의되자마자 영국은 후회하기 시작했다. 수에즈 운하에 너무 가까운 팔레스타인을 직접 통제하는 것이 더 현명하지 않은가? 이것은 이집트에 있는 영국 관리들이 적극적으로 촉구한 것이었다. 프랑스가 왜 모술을 차지해야 하는가? 1917년 러시아가 전쟁에서 철수하자 갑자기 프랑스가 완충 역할을 하는 것이 덜 중요해 보였다. 오스만제국이 항복했다는 소식이 들어오자 사이크스는 한 동료에게 말했다. "프랑스를 레바논을 제외한 모든 아랍 지역에서 몰아내고, 대신에 〔튀르크의〕 아다나에서 페르시아에 이르는 쿠르드-아르메니아 지역과 코카서스 지역을 담당하도록 만드는 새롭고 기발한 계획이 나왔다."[13]

프랑스에서는 시리아의 비단을 원하는 리옹의 면직 제조업자, 모술이 자동차를 모는 데 중요한 나라라고 주장하는 자동차 제조업 협회, 베이루트에 대학을 운영하는 예수회 성직자들, 프랑스-아시아협회의 재정가, 관리, 지식인 같은 다양한 식민지 로비 세력은 자국 정부에 확고한 입장을 촉구했다. 이 로비 집단들에게 시리아는 항상 시나이반도에서 모술에 이르는 대大시리아Greater Syria를 의미했다. 의회 집단들은 전략적 필요성을 지적했다. 프랑스는 이미 지중해 남부 해안의 알제리와 튀니지를 장악했고, 이제 모로코를 가져야 했다. 영국이 1882년 기만적 술책으로 장악한 이집트는 차지하기에 이미 늦었지만, 레바논과 시리아 내륙, 팔레스타인은 늦지 않았다.[14] 프랑스 외무부는 클레망소에게 "무겁지만 영광스러운 짐"에 대한 각서를 보냈다. 프랑스의 시리아 연계는 십자군 시대까지 거슬러 올라간다. 프랑스는 기독교도를 보호하고, 아랍인들에게 문명을 전파하기 위해 많은 일을 했다. 이제 아랍 지역 주민들은 오스만의 지배 시기에 가해진 손해를 복구하는 데 프랑스에 의지할 수 있게 되었다. 프랑스는 시리아를 포기할 수 없었다. 프랑스 여론은 "세계에서 프랑스의 역할을 성스럽게 만든 전쟁을 치르고 승리했지만, 프랑스의 입지는 1914년 8월 이전보다 열등해졌다"라고 분노한 태도를 보였다.[15]

영국의 태도는 강경해졌다. 1918년 중동 정책을 만들어내기 위해 설립된 전쟁내각 동방위원회는 동맹국인 프랑스를 통제해야 할 필요성을 거듭 강조했다. 만일 프랑스가 팔레스타인과 시리아를 차지하게 되면, 영국은 수에즈 운하와 중요한 인도 항로를 보호하기 위해 대규모 병력을 이집트에 주둔시켜야 한다고 위원회 의장이자 정신적 지도자인 커즌이 경고했다.[16] 그리고 지중해 동부에서 시리아와 메소포타미아를 통과하거나, 좀더 북쪽에서 흑해를 거쳐 코카서스 지역을 통과하는 대안적인 육로와 항공로(새로운 가능성)도 있었다. 밸푸어는 이것이 위험한 주장이라고 지적했다. "5년 동안 내가 간헐적으로 이 회의에 참석할 때마다 인도로 가는 길목을 보호하기 위해 우리가 방어해야 할 새로운 영역이 나타난 것을 발견했다. 그 길목은 인도에서 점점 멀어졌고, 나는 총참모부가 이를 얼마나 서쪽으로 움직일지 알 수 없다." 그의 동료들은 사이크스-피코 합의를 파기하기로 결정했다.[17]

프랑스가 이 사실을 인식하기 전에도 영국의 행동은 프랑스의 의심을 불러일으켰다. 프랑스 가톨릭 지도부는 에드먼드 앨런비

Edmund Allenby 장군이 지휘하는 영국군이 1917년 크리스마스 직전 예루살렘에서 튀르크인들을 몰아내자 실망했다. "개신교의 위험 Protestant Peril"이 성지를 장악하고 있었다. 이집트 파운드가 처음에는 팔레스타인, 다음에는 시리아의 화폐가 되고, 교역이 남쪽으로 집중되는 것을 프랑스 식민지 로비 집단은 불안하게 바라보았다. 피코가 프랑스의 이익을 방어하기 위해 팔레스타인으로 달려갔을 때 그는 앨런비와 그의 참모들이 비협조적인 것을 발견했다.[18] 독일의 대공세가 서부전선을 무너뜨리고, 영국이 시리아에 대한 또 하나의 공세를 준비하던 1918년 여름, 프랑스 외무부는 "결정적 시점에 병력을 다른 곳으로 이동시킨 사람들에 의해 응당 프랑스의 것인 이익을 빼앗기면" 프랑스 여론은 이를 용납하지 않을 것이라고 경고했다. 영국 군사 당국이 사이크스-피코 합의에서 프랑스에 넘겨주기로 한 시리아 지역의 프랑스 대표에게 전권을 넘겨주는 것을 거부하자 프랑스의 동요는 가라앉지 않았다. 영국은 또한 자국의 장기적 계획에 대해 불길한 침묵을 지켰다. 동료들보다 덜 강경한 피코는 사이크스에게 프랑스의 분위기에 대해 경고하려고 했다. "앙심을 품은 사람들은 이것을 숨겨진 의도의 증거로 보고 있다. 다른 사람들도 점점 더 불안해하고 있다." 영국은 프랑스나 피숑의 우려를 없애려 애쓰거나 피코를 진지하게 대하려고 하지 않았다. 한 영국 관리는 피코를 "자신의 위치와 프랑스의 권위에 대해 불안해하는 허영심 많고 약한 사람"이라고 폄하했다.[19]

영국과 프랑스는 중동을 자신들만이 다룰 수 있는 지역인 양 행동했지만, 다른 동맹국들도 신경써야 했다. 전쟁 중 이탈리아에 애매하게 약속된 하이파와 아크레 같은 항구에 대한 접근권, 팔레스타인 행정에서의 일정한 역할, 아라비아반도와 홍해에 대한 동등한 대우는 신경쓰지 않고 무시할 수 있었고, 실제로 그랬다. 그러나 미국은 달랐다. 윌슨은 아랍인들에게는 지도가 필요하고, 영국과 프랑스가 이를 제공할 수 있겠지만, 지역 주민들의 의견을 진지하게 고려해야 한다고 생각했다. "이 전쟁과 관련된 모든 영토 조정은 관련 주민들의 이해와 이익을 고려해 이루어져야 한다"라고 그는 1918년 2월 11일 의회에서 행한 '4대 원칙' 연설에서 말했다. 전 식민장관이자 프랑스의 식민지 목표를 만들어내는 공식 프랑스 위원회의 부의장인 가스통 도메르그Gaston Domergue는 "장애물은 바로 미국이다!"라고 제대로 선언했다.[20]

부드럽게 태도를 바꾼 유럽인들은 미국인의 언어로 말하기 시작했다. 도메르그는 "우리는 인류의 이익, 프랑스의 문명화 사명을 실행할 식민 제국을 필요로 한다"라고 말했다.[21] 영국인들도 구식 제국주의적 목표에 능숙하게 보기 좋은 새 옷을 입혔다. 스뮈츠가 동방위원회에서 동료들에게 말한 것처럼, 미국인의 기분을 거슬리게 해봐야 좋을 게 없었다. "전리품을 나눠가지려 해서는 안 된다. 그것은 미래를 위한 잘못된 정책이다." 역으로 영국이 아랍의 희망을 존중한다고 미국인들이 생각하게 만들 수 있다면, 그들은 프랑스에게도 사이크스-피코 합의에 약속한 것의 일부를 포기하도록 압박을 가할 수 있었다. 고상하면서 기만적인 세실은 "미국인들은 우리가 현지 정부의 성격에 맞는 무언가를 위해 관여한다고 생각할 때에만 우리를 지원할 것"이라고 말했다. 커즌도 동의했다. "어떤 다른 방법으로도 곤경에서 벗어날 수 없다면, 우리는 민족자결 원칙을 최대한 활용해야 한다. 프랑스인, 아랍인, 혹은 그 누구와 갈등을 빚는 상황에서도 말이다. 그것이 결국 누구보다 우리에게 이익이 돌아오는 방식임을 믿어야 한다."[22]

아랍어로 널리 배포된 선언문에서 영국과 프랑스 정부는 오스만 제국 땅에서 벌어진 전쟁에서 자신들의 주된 목표는 "오랫동안 튀르크인들에게서 압제받은 주민들의 완전하고도 명확한 해방과, 토착 주민들의 주도와 자유로운 선택에 의해 권위를 부여받은 민족 정부와 행정의 수립"이라고 그럴싸하게 주장했다.[23] 영국은 아랍인들이 자발적으로 영국의 보호를 택할 것으로 확신한다고 커즌은 말했다. 프랑스인은 아랍 민족주의를 전혀 진지하게 받아들이지 않았다. 피숑은 "수많은 부족이 하나의 유기체가 될 수는 없다"고 말했다. 하지만 두 나라는 자신들의 선언이 아랍 세계에서 어떤 열정으로 수용될지 간과했다.[24] 다마스쿠스에서 아랍 민족주의자들은 전선을 절단하고, 축하 의식으로 엄청난 총탄을 발사했다. 전쟁 중 자신들의 필요로 아랍 민족주의의 정령을 불러낸 영국과 프랑스는 이제 이것을 도로 램프에 집어넣기 어렵다는 사실을 발견했다.

1918년 11월 말, 어느 정도 근거 있게 자신이 아랍인들을 대변한다고 주장하는, 구릿빛 피부에 잘생긴 청년이 베이루트에서 마르세유와 파리의 강화회의로 향하는 영국 전함에 올라탔다. 예언자의 후손이자 고대 하심 부족의 일원인 파이살Feisal은 영리하고 결의가 굳고 야망이 대단한 인물이었다. 콘스탄티노플에서 성장했음에도, 모두가 상상하는 고매한 사막 아랍인의 면모 그 자체였다. 상상력이 부족한 랜싱조차 유향과 황금을 떠올렸다. "그는 고요한 사막의 평화로움, 광활한 대지에서 살아가는 사람의 차분함, 자연과 홀로 교감하는 사람의 엄숙한 사색적 면모를 보였다."²⁵ 강인한 영국 노장 앨런비는 그를 이렇게 묘사했다. "예리하고 호리호리하며 민감한 남자다. 여자처럼 아름다운 그의 손은 이야기할 때마다 분주하게 움직인다."²⁶ '성 조지 기병대'(금주군gold sovereigns), 영국 무기, 자문관들의 지원을 등에 업은 파이살은 튀르크에 맞선 아랍 저항을 이끌었다.

영국은 그를 후원하는 도박을 했는데, 그 과정에서 사이크스-피코 협정과 충돌하는 약속을 했다. 1915년 카이로의 영국 고위 관리인 헨리 맥마흔Henry McMahon은 파이살의 아버지이자 메카의 샤리프(지도자)인 후세인과 대화를 시작했다. "위엄 있으면서도 유쾌한 매력이 넘치는 작고 단정한 노신사"인 후세인은 아랍의 자결보다 자기 가문의 운명에 더 신경을 많이 썼다.²⁷ 수십 세대를 거슬러 올라가는(그런 경우가 자주 있었다) 조상에 대해 엄청난 자부심을 가진 그는 유서 깊은 아랍 가문의 수장이었다. 그는 헤자즈의 이슬람 성지의 보호자였고, 메카의 전화번호 1번을 자랑스럽게 소유했다. 후에 큰 논란을 불러일으킨 후세인과의 교신에서 맥마흔은, 만일 아랍인들이 튀르크에 대항해서 반란을 일으키면 영국은 도움을 줄 것이고, 나아가 독립을 제공할 것이라고 약속했다. 프랑스와 영국의 이익을 지키기 위해 몇 개 지역은 아랍 통치에서 제외되었다. 대략적으로 북쪽의 알레포에서 남쪽의 다마스쿠스에 이르는 경계선의 서부, 달리 말하면 시리아와 레바논 해안과 튀르크 지방인 바그다드와 바스라가 이 지역에 해당했다. 제외된 지역과 나머지 지역 사이의 경계는 확실하게 그어지지 않았다. 후에 영국은 지리를 무시하고, 팔레스타인도 알레포-다마스쿠스 경계선 서쪽에 위치한다고 주장했다. 독립이란 말이 무엇을 의미하는지도 분명하지 않았다. 후세인과 그의 지지자들은 제외된 지역조차 유럽의 감독을 받는 아랍 지역이 된다고 전제했다. 나머지 지역인 아라비아반도에서 팔레스타인을 거쳐 메소포타미아 북쪽의 시리아 내륙과 모술에 이르는 지역은 독립적인 아랍 국가가 된다는 것도 전제했다. 이것은 영국이 상정한 것과 많이 달랐다.[28]

1915년 당시, 분명한 조약이 아니라 약속의 교환으로 얘기된 것은 크게 중요하지 않았다. 양측 모두 온전한 신의로 협상을 하지 않았다고 해도 과언이 아닐 것이다. 후세인은 자신의 신호를 기다리는 거대한 아랍 음모를 암시하면서 자신의 영향력을 크게 과장했다. 1915년 그의 입지는 위험했다. 그는 오스만 당국이 그를 샤리프로 임명하기를 기다리며 콘스탄티노플에서 생의 많은 시간을 보냈지만, 최근에 그들이 자신의 하야를 고려하고 있음을 알게 되었다.[29] 강력한 경쟁자 이븐사우드가 가까이에서 내륙 지역의 부족들을 규합해 그에게 도전하고 있었다. 영국의 관점에서는 아랍인들이 봉기를 일으킬지, 오스만제국이 붕괴할지, 심지어 연합국이 승리할지도 전혀 분명하지 않았다. 사이크스-피코 합의와 마찬가지로 후세인-맥마흔 편지는 장기적 전략이라기보다 단기적인 임시 합의였다. 그리고 중재자들에게 문제를 일으키게 되는 또다른 약속이 전쟁 기간 중에 만들어졌다. 전 세계의 유대인에게 팔레스타인에 조국을 가질 수 있다고 말한 밸푸어 선언이 영국 정부의 명의로 발표되었고, 프랑스가 이에 동의하고 이후 미국도 동의했다. 이 선언이 아랍인들에게 한 약속과 어떻게 양립할 수 있는지는 분명하지 않았다.

전쟁 중에 만들어진 약속 문서는 평화 시기에 모으기가 어려웠지만, 1916년 6월 아랍인들의 봉기가 시작되었고, 영국은 자신들의 외교 성과에 만족할 충분한 이유가 있었다. 샤리프는 자신이 아랍인들의 왕이라고 바로 선언했지만, 영국은 그를 헤자즈의 왕으로만 인정했다. 튀르크인들과 싸운 그의 네 아들 중 두각을 나타낸 것은 파이살이었다. 파이살 옆에서 말을 타고 싸운, 금발에 파란 눈을 가진 영국군 연락 장교 토머스 로런스는 후에 '아라비아의 로런스'라는 이름으로 더 유명해졌다.

뛰어난 학자이자 행동하는 사람이었고, 병사이자 작가이며 아랍인과 영제국을 열정적으로 사랑하는 로런스는 로이드조지의 말에 따르면 "가장 파악하기 어렵고 접근할 수 없는 성격을 가진 사람"이었다.[30] 일부는 사실이고, 일부는 스스로 만들어낸 신화에 둘러싸인 그는 수수께끼로 남았다. 그가 옥스퍼드대학에서 우수한 학생이었고, 뛰어난 고고학자가 될 수 있었으며, 대단히 용감하다는 것은 사실이었다. 그러나 그가 아랍 봉기를 만들어냈다는 것은 사실이 아니다. 《지혜의 일곱 기둥》은 그가 인정한 대로 일부는 역사이고 일부는 신화였다. 그는 쉽게 아랍인 역할을 할 수 있다고 주장했지만, 아랍인들은 그가 말하는 아랍어가 오류투성이라는 것을 알았다.[31] 그를 유명하게 만든 미국 기자 로웰 토머스Lowell Thomas는 앨버트홀에서 열린 로런스의 강연을 들으러 여러 번 비밀리에 왔다. 토머스는 그가 "이목을 집중시키는 데 천재"라고 말했다.[32] 로런스는 마음만 먹으면 엄청난 매력을 발산했다. 그의 친구는 사막의 아랍인부터 E. M. 포스터에 이르기까지 전 세계 모든 계층에 포진했다. 그는 또한 잔인할 정도로 무례할 수도 있었다. 강화회의 중 열린 만찬에서 그의 옆에 앉은 사람이 불안한 목소리로 "내 이야기가 별로 흥미롭지 않으실까 염려되는군요" 하고 말하자 그는 "전혀 흥미롭지 않아요"라고 대꾸했다.[33]

《지혜의 일곱 기둥》에서 로런스가 파이살을 처음 만난 장면을 설명하는 대목은 서사적이다. "나는 첫눈에 이 사람이 내가 아랍에서 찾던 인물이라고 느꼈다. 그는 아랍 봉기를 완전한 영광으로 이끌 지도자였다." 당시 그가 받은 인상은 좀더 인간적인 파이살을 그린다. "그는 성격이 급하고 자존심이 세고 조급하고 때로 비합리적이고 자주 대화가 옆길로 빠지곤 한다. 그는 형제들보다 훨씬 강한 개성과 활력이 있지만 덜 신중하다. 영리하지만 세심하지는 않다."[34] 마지막 말은 로런스에게도 그대로 들어맞았다. 그는 파이살과 함께 레바논을 포함한 독립 시리아의 왕권에 대한 비전을 펼쳤고, 영국이 프랑스나 유대인에게 한 다른 약속은 경시했다.[35] 그는 다마스쿠스를 점령한 공을 파이살의 군대에게 돌려서, 실제로 그 일의 상당 부분을 한 오스트레일리아 군대를 화나게 했다. 파이살은 시리아의 수석 행정관으로 임명되었다. 로런스는 이 모든 일을 아랍인을 위해서도, 영국인들을 위해서도 했다. 어느 쪽이 자신에게 더 중요한지 스스로도 잘 알지 못했고, 때로는 아랍인을 '우리', 영국인을 '당신들'이라고 부르기도 했다.[36] 다른 친아랍주의자들과 마찬가지로 그는 아랍인들이 영국의 자애로운 감독과 통제를 받는 제한적인 자치정부를 기꺼이 택하기를 바랐다. 그는 커즌의 동방위원회에서 민족자결주의는 "여러모로 어리석은 발상"이라면서도, "우리와 함께 싸운 사람들이 스스로 운명을 결정하도록 할 수는 있을 것"이라고 말했다.[37] 그렇게 되면 영국의 제국적 필요와 아랍 민족주의는 궤를 같이할 것이며, 그러므로 그는 그 사이에서 선택할 필요가 없게 될 것이었다.[38]

프랑스는 로런스를 단순한 아랍인들을 자신들에게 대항하게 만든 파이살의 "사악한 천재"로 보았다.[39] 1918년 11월 로런스가 파이살과 함께 "기이한 흰색 동방 의상"을 입고 마르세유에 도착했을 때 이를 혐오한 한 프랑스 대령은 그들이 영국 장교로서만 환영받을 수 있다고 말했다. 로런스는 격분해서 프랑스를 떠났지만, 강화회의가 시작되자 여전히 아랍 복장을 하고 다시 나타났다.[40] 그는 영국인과 미국인들로부터 환영을 받았지만, 프랑스인들은 자국에 대한 이해할 수 없는 그의 혐오를 성토했다. 그는 자신의 무공십자 훈장을 떼어내어 개의 목줄에 달았다.[41] 시리아를 놓고 영국과 대결하고 싶지 않았던 클레망소는 그를 접견하는 데 동의했다. 그는 로런스에게 프랑스인들이 중동에서 십자군으로 싸운 사실을 상기시켰다. 그러자 로런스는 이렇게 답했다. "맞습니다. 그러나 십자군은 패배했고, 십자군 운동은 실패했습니다."[42]

영국이 파이살을 이용해 시리아에 대한 자신들의 주장을 약화하려 한다(한 프랑스 외교관의 말에 따르면 "아랍 모자를 쓴 영제국주의")고 의심한 프랑스는 파이살과 로런스가 프랑스에 오는 것 자체를 싫어했고, 만일 제때 알았다면 그들을 베이루트에서 제지했을 것이다. 그렇지만 그들은 파이살을 마르세유에서 돌려보내는 것을 주저했다. 그 이유는 그를 영국에서 떼어낼 수 있는 작은 가능성이 항상 있었기 때문이다. 파이살은 정중하지만 차가운 영접을 받았고, 아무런 공식 지위를 가질 수 없었으며, 그의 프랑스 방문이 잘못된 조언에 근거한 것이라는 얘기를 들었다. 그를 파리에서 멀리 떼어놓기 위해 전장 시찰로 시간을 끌었지만, 그가 떠나겠다고 위협하자 그제야 푸앵카레와의 접견이 주선되었다.[43] 프랑스는 그에게 레지옹 도뇌르 훈장을 수여했는데 운명의 장난처럼 이 훈장을 앙리 구라르Henri Gourard 장군으로부터 받았다. 구라르 장군은 나중에 파이살을 시리아 왕좌에서 쫓아낸 인물이다.

런던을 방문했을 때 그는 좀더 따뜻한 환영을 받았지만, 물밑에서 진행되는 일은 그를 불안하게 만들었다. 영국은 파이살에게 아마도 시리아에 대한 프랑스의 통제를 받아들여야 할 것이라고 말했다.[44] 그들은 또한 팔레스타인이 아랍인들이 주장한 것처럼 시리아의 일부가 아니라는 데 그가 동의하고, 세계 시온주의 기구의 지도자인 하임 바이츠만Chaim Weizmann과 시온주의자들의 존재를 인정하는 합의에 서명할 것을 원했다. 파이살은 프랑스의 적대적 태도에 맞서 영국의 지지를 필요로 했다. 그는 1월 말 합의에 서명했으나, 중동을 다룬 다른 많은 문서와 마찬가지로 이 문서의 정당성은 그 이후 계속 문제가 되었다.[45]

강화회의가 시작되자 프랑스는 파이살과 영국 사이에 갈등을 조장하려고 했다. 파이살의 이름은 공식 대표 명단에서 빠졌다. 파이살이 불평하자 프랑스의 한 외무부 관리는 노골적으로 말했다. "이해하기 쉽지 않소? 당신은 조롱당하고 있소. 영국이 당신을 내친 거요. 만일 당신이 우리 편으로 오면 우리가 편의를 봐드리겠소."[46] 영국이 항의를 제기한 후에야 프랑스는 마지못해 파이살이 공식 대표로 회의에 참석하는 것을 허용했지만, 단지 그의 아버지의 헤자즈를 대표하는 자격으로만 참가할 수 있었다. 로런스는 그의 보호자이자 통역관 역할을 했고, 파이살이 영국 외무부에서 보조금을 받았기 때문에 재무 담당자 역할까지 했다. 프랑스 언론은 파이살을 영국의 꼭두각시라고 비난했고, 프랑스 정보기관은 그의 편지를 열어보고, 중동으로 보내는 그의 전보를 지연시켰다. 프랑스 외무부는 세계의 시리아인들을 대변해 프랑스의 보호를 받는 대시리아를 원한다고 주장하는 시리아 중앙위원회를 후원했다. 궁극적으

로 이는 실패했고, 그 결과로 아랍 민족주의자들은 프랑스를 더욱 의심하게 되었다.[47]

2월 6일 헤자즈의 대표단이 드디어 최고평의회에서 발언할 기회를 얻었다. 금박으로 장식된 긴 흰색 옷차림에 곡도를 옆에 찬 파이살은 아랍어로 연설했고, 로런스가 통역을 했다. 파이살은 단지 쿠란을 낭송했고, 로런스가 즉흥적으로 말을 만들어냈다는 소문이 돌았다.[48] 아랍인들은 자치를 원한다고 파이살이 말했다. 그는 레바논과 팔레스타인을 제외하는 것을 존중했지만, 나머지 아랍 세계는 독립을 얻어야 한다고 주장했다. 그는 영국과 프랑스가 이미 한 약속을 지키기를 촉구했다. 로이드조지가 아랍인들이 연합국의 승리에 기여했음을 보여주기 위한 질문을 한 반면, 윌슨은 아랍인들이 하나의 위임통치와 여러 개의 위임통치 중 어느 것을 더 선호하는지만 물었다. 파이살은 이 거북한 질문을 회피하고, 아랍인들은 단합과 독립을 원한다고 강조했다. 만일 강대국이 위임통치를 결정하면, 그의 주민들은 다른 나라보다 미국의 위임통치를 선호한다고 암시했다. 파이살이 로런스와 함께 사적으로 윌슨을 방문했을 때, 그들은 윌슨이 주저하고 있고 결정적인 말을 하지 않는 것을 발견했다. 몇 년 후 일이 파이살에게 불리하게 전개되었을 때, 그는 만일 시리아가 정말로 독립을 달성하면 미국이 보호해주겠다는 약속을 윌슨이 했다고 주장했다.[49]

프랑스 외무장관 피숑은 파이살을 곤란하게 만들려고 시도했다. 한 영국 관찰자는 "피숑은 바보같이 프랑스가 그를 돕기 위해 한 일을 물었다"라고 악의적으로 보고했다. 파이살은 바로 프랑스를 찬양했지만, 프랑스가 아주 제한된 지원만 했다고 지적했다. "그는 아무도 모욕을 느끼지 않게 대답했고, 당연히 피숑은 바보같아 보였다."⁵⁰ 며칠 후 프랑스는 공격을 재개했는데, 아랍인 몇 사람을 데려와 그들의 동포들이 프랑스의 도움을 가장 간절히 바란다고 주장하도록 시켰다. 회색 수염을 기른 이 시리아 중앙위원회 대변인이 두 시간이나 연설을 하는 동안, 어느 미국 전문가가 윌슨에게 쪽지를 건넸다. 발언자가 과거 35년 동안 프랑스에 거주했다는 사실이 적혀 있었다. 윌슨은 더 듣지 않고 방 안을 어슬렁거렸다. 클레망소는 피숑에게 화가 나서 속삭였다. "대체 저 친구를 왜 여기 데려온 거요?" 피숑은 식은땀을 흘리며 말했다. "아, 저런 식으로 할 줄은 몰랐습니다."⁵¹ 클레망소는 파이살의 요구가 터무니없이 과하다고 생각했지만, 여전히 영국과의 공개적인 충돌은 피하려고 했다. 특히 독일에 제안할 평화 조건이 예민한 단계에 이른 현 상태에서는 더욱 그랬다.⁵²

프랑스 측은 또한 프랑스의 보호 아래 별개의 레바논을 요구하고 프랑스를 찬양하는 대표단을 불러들였다. 대표단 지도자는 "프랑스의 자유주의적 원칙, 프랑스의 유구한 전통, 어려운 시기에 레바논이 분명히 받은 지원, 모든 레바논 주민의 눈에 명백히 보이는 프랑스가 전파한 문명"에 대해 말했다.⁵³ 프랑스는 역사적으로 오스만제국 내의 기독교 공동체를 보호해왔지만, 특히 레바논산 인근 황야에 다수 주민으로 이루어진 마론파 신자들과 특별한 인연이 있었다. 1861년 프랑스는 오스만제국이 그곳에 자치 지방을 세우도록 강제했다. 마론파 신자들은 프랑스의 십자군과 손을 잡고 싸웠다. 그들은 카롤루스 대제와 족보적 연계를 주장했지만 근거는 없었다. 그들은 프랑스 가톨릭교도와 마찬가지로 콘스탄티노플의 정교회 총대주교보다 로마의 교황을 받들었고, 프랑스인만큼이나 프랑스 문화를 숭앙했다. 마론파 지도자들이 베카 계곡과 트리폴리에서 시돈에 이르는 해안 모두와 많은 수의 이슬람교도를 포함한 대레바논의 윤곽을 제시하자, 프랑스는 우호적인 태도를 보였다.[54]

클레망소는 강화회의에서 유럽에서의 프랑스 안보에 주로 신경을 썼지만, 자국의 식민지 로비를 완전히 무시할 수는 없었다. 그는 로이드조지의 보좌관인 커에게 이렇게 말했다. "나는 개인적으로 근동에 특별한 관심이 없다. 그러나 프랑스는 항상 그곳에서 중요한 역할을 수행했고, 현재의 재정 상태를 고려하면 프랑스에게 경제적 이익을 주는 타결은 매우 중요하다. 프랑스 여론은 이런 프랑스의 입지에 부응하는 타결을 기대하고 있다. 이러한 조건과 부합하지 않는 어떠한 타결도 할 수 없다."[55] 그는 1918년 12월 유명한 논쟁거리가 된 대화에서 보여준 것처럼 영국의 입장을 수용하는 데 오랜 시간이 걸렸다. 그는 중동에서 무엇도 영국에게 넘겨줄 수 없었다.

2월 14일 윌슨이 잠시 귀국하는 일정의 압박 속에서 아랍 영토에 대해서는 아무것도 결정되지 않았고, 관련 현안은 계속 곪아갔다. 문제의 핵심 근원은 영국이 아직 무엇을 원하는지 분명히 결정하지 않았다는 것이었다. 영국은 손을 떼고, 사이크스-피코 합의 대로 프랑스가 원하는 대로 시리아를 차지하게 허용할 것인가?[56] 커즌의 동방위원회와 군부는 만일 프랑스가 북쪽으로는 아르메니아에서 남쪽으로는 팔레스타인 국경까지 광대한 과거 오스만의 영토를 차지하는 경우의 위험성을 서둘러 경고했다.[57] 또한 로런스처럼 영국이 아랍인들, 특히 파이살에게 의무를 지고 있으므로 그들을 단순히 프랑스가 원하는 대로 내버려두어서는 안 된다고 생각하는 이들도 있었다. 로이드조지도 이에 동의하는 편이었다. 그는 영제국 대표단에게 "만일 우리가 신의를 저버리면 우리는 동방을 다시 상대할 수 없다"라고 말했다.[58] 그는 다른 대안이 없는 경우에만 프랑스에 시리아를 넘겨줄 생각이었다. 그렇지만 프랑스와의 관계 악화도 원하지 않았다. 그는 영국 점령군의 철수를 늦추었고, 이는 프랑스인들에게 영국은 믿을 수 없다는 인상을 심어주었다. 밸푸어는 다음과 같이 불평했다.

우리는 이 문제 전체와 관련해 대단히 혼란한 상태에 있다. 그 이유 중 하나는 프랑스의 비합리성이고, 다른 하나는 우리가 어떤 상황에서도 우리 것으로 만들 생각이 없는 나라를 군사적으로 점령하겠다면서도 정작 우리가 인정한 사람들이 그것을 차지하는 것은 배제하려는 근본적으로 잘못 설정된 입장이다. 또다른 원인은 우리가 관여한 공개적 개입의 복잡하고도 모순적인 성격에 있다.[59]

윌슨이 파리를 떠나 있는 동안 영국은 프랑스를 사이크스-피코 합의와는 완전히 다른 상황에 놓이게 하는 다양한 계획을 내놓고 상대를 떠보았다. 로이드조지는 클레망소에게 파이살을 시리아의 통치자로 받아들이라고 촉구하고, 그러지 않으면 시리아에서 전쟁이 일어날 것이라고 경고했다.[60] 영국은 팔레스타인의 국경을 변경하려고 시도하면서 프랑스를 더욱 격앙시켰다. 그렇게 되면 팔레스타인은 시리아 남부의 거의 3분의 1을 가져가게 된다고 프랑스는 불평했다.[61] "심지어 적국 사이에서 오가는 전문도 이보다 더 나쁠 수는 없을 것"이라고 파리 주재 영국 대사는 보고했다. 시리아 문제를 맡고 있는 영국 식민장관 밀너는 프랑스를 안심시키기 위해 파리에 도착했다. "우리는 시리아를 원하지 않고, 프랑스가 거기에 진출하는 것도 전혀 반대하지 않는다"라고 그는 말했다. 그는 오랜 친구인 클레망소가 파이살을 만나서 두 사람이 무언가 만들어낼 수 있는지를 탐색해보라고 설득했다. 불행하게도 이 회동이 성사되기 직전인 2월 19일에 클레망소 암살 시도가 일어났다. 밀너는 클레망소를 귀찮게 하고 싶지 않다며 후속 조치를 취하지 않았고, 클레망소는 더이상 밀너와 함께 일하기를 거부했다.[62] 몇 주 후 로이드조지는 또다시 사이크스-피코 합의를 거론했다가, 며칠 후에 프랑스에게 레바논과 북쪽의 알렉산드레타 항을 넘겨주고, 시리아는 파이살이 통치하는 독립 국가로 만드는 또 하나의 지도를 가지고 왔다.[63] 클레망소는 로이드조지는 늘 약속을 어긴다고 하우스에게 강하게 불평했다.[64] 프랑스 정부는 프랑스 식민주의자들로부터 강력한 압박을 받고 있었다. 심지어 외무부도 시리아의 위임통치를 요구하는 언론 플레이를 했다. 클레망소는 푸앵카레에게 말했다. "나는 더이상 아무것도 양보하지 않을 것이다. 로이드조지는 사기꾼이다. 그는 나를 '시리아 사람'으로 만들어버렸다"[65]

3월 20일 파리로 돌아온 윌슨에게 피숑과 로이드조지는 4인 평의회에서 그동안 논의된 내용을 전부 반복해 설명했다. 사이크스-피코 합의는 차 종류 같은 어감을 주고 "구식 외교의 아주 전형적인 예"라고 윌슨은 후에 넌더리를 내며 말했다.[66] 이 시점에 사이크스는 유행성 독감으로 이미 사망했고, 피코는 베이루트로 가서 적대적인 영국 군사 행정 당국에 맞서 자국의 이익을 지키려고 용감하게 나섰다. 다마스쿠스에서 파리로 소환된 앨런비 장군은 아랍인들은 프랑스 점령에 격렬하게 저항할 것이라고 경고했다.[67] 윌슨은 타협안을 찾으려고 노력했다. 그는 자신의 유일한 관심은 평화라는 것을 재차 강조했다. 아랍인들이 무엇을 원하는지를 알아보기 위해 조사단을 보내면 어떤가? 윌슨은 자신이 가장 좋아하는 공식을 이용하며 강화회의는 "타협을 위한 가장 과학적 근거"를 찾아낼 것이라고 말했다.[68] 클레망소는 교활하게 조사위원회는 메소포타미아와 팔레스타인도 조사해야 한다고 주장해 영국 측을 화나게 했다. 프랑스 식민지 로비 집단을 화나게 만든 태평한 어조로 클레망소는 푸앵카레에게 자신은 윌슨에게 잘 보이기 위해 이에 동의했고, 어떤 상황에서도 조사위원회는 "우리가 200년의 전통을 가지고 있는" 시리아에서 프랑스에 유리한 사실만 찾아낼 것이라고 장담했다. 푸앵카레는 그 말에 크게 놀랐다. 그는 일기에 이렇게 썼다. "클레망소는 재앙의 인간이다. 재앙을 막거나, 재앙을 일으킨다."[69] 로이드조지도 조사위원회에 동의했지만, 개인적으로는 끔찍한 아이디어라고 생각했고, 클레망소도 다시 생각해보고 나서는 마찬가지였다. 두 사람이 조사위원회 구성을 지연시키자 화가 난 윌슨은 5월에 일방적으로 일을 추진해서 자신이 구성한 조사단을 중동에 파견했다.

조사단이 구성될 것이라는 소식을 들은 파이살은 생전 처음으로 샴페인을 마셨다.[70] 그는 늘 함께 다니는 로런스와 마찬가지로 이 조사단은 자신이 통치하는 시리아를 주민들이 원한다는 사실을 확인하게 될 것이라고 확신했다.[71] 파리에서 초조함과 지루함을 느낀 두 사람은 파리 상공 비행으로 기분 전환을 했다. "이 사람들에게 던질 폭탄 하나 없다는 게 얼마나 애석한 일인가." 파이살은 소리쳤다. "뭐 괜찮아, 여기 방석이 몇 개 있군."[72] 로런스는 점점 신경이 예민해져서 어느 날 저녁에는 계단 아래에 있는 로이드조지와 밸푸어에게 두루마리 휴지를 던지는 등 기행을 했다.[73] 4월에 파이살과 클레망소는 오래 지연된 회동을 했고, 여기에서 그들은 영국과 프랑스의 전문가들이 만든 부드러운 형태의 프랑스 위임통치를 준비하는 또다른 계획을 논의했다. 클레망소는 파이살이 전보다 더 우호적이고 합리적인 태도를 보이는 것을 발견했고, 그가 제안된 조건을 받아들일 것으로 생각했다.[74] 로런스의 조언을 들은 파이살은 시간을 끌었다.[75] 아무런 합의도 만들어질 수 없고, 진지한 연합국

조사위원회도 파견되지 않을 것이 분명해진 5월이 되자 파이살은 안전하게 다마스쿠스로 돌아갔다.

5월 21일 오스만제국 전체를 놓고 클레망소와 로이드조지가 격렬한 말싸움을 벌이면서 양국의 갈등은 절정에 도달했다. 클레망소는 미국이 위임통치하는 아르메니아에 킬리키아를 통합하는 것에 프랑스가 동의한 사실을 지적했다. 그는 자신이 지난해 12월에 모술을 포기한 사실을 로이드조지에게 상기시켰다. "그렇게 나는 모술과 킬리키아를 포기했다. 당신이 아무런 난관이 없게 될 것이라고 말하며 나에게 요청한 양보를 주저 없이 했다. 그러나 오늘 당신이 제안한 것을 받아들인다면 우리 정부는 바로 다음날 전복될 것이다. 나라도 반대표를 던질 테니까."[76] 클레망소는 모술에 대한 자신의 제안을 취소할 것이라고 위협했다. 그렇게 되면 강화회의는 모술뿐만 아니라 현재 이라크로 알려진 페르시아만까지 뻗은 지역 전체를 다루어야 할 판이었다. 이것은 영국이 지금까지 언급을 피해온 의제였다.

메소포타미아(영국이 모술, 바그다드, 바스라가 포함된 고대 오스만 지역을 느슨하게 지칭하는 용어)는 모두가 전제하듯 영국의 위임통치령이 될 수 있다는 것을 제외하고는 강화회의에서 거의 언급되지 않았다. 영국군이 이 지역을 점령하고 있었고, 인도에서 온 영국 행정가들이 이곳을 관리하고 있었으며, 영국 선박이 티그리스강을 왕래했다. 다른 강대국이 영국의 주장에 도전을 제기할 가능성은 거의 없었다. 러시아와 페르시아는 너무 약했고, 미국은 관심이 없었다. 프랑스는

5월에 4인 평의회에서 격렬한 논쟁이 오가기 전까지는 모든 주장을 포기한 듯 보였다. 클레망소는 화가 나서 말했지만, 자신이 안일하게 포기했던 것이 무엇인지 깨닫기 시작했다. 그것은 석유였다.

석탄은 산업혁명 시기에 중요한 연료였지만, 1919년이 되자 석유가 미래의 연료가 될 것이 분명해졌다. 전차, 비행기, 대형 화물차, 해군 모두 석유를 필요로 했다. 영국만 보더라도 석유 수입이 1900년부터 1919년 사이에 네 배 늘었고, 석유 대부분은 우려스럽게도 미국, 멕시코, 러시아, 페르시아 등 영제국 밖에서 수입한 것이었다. 유정, 정제 공장, 송유관을 통제하는 것은 1차대전 때와 마찬가지로 미래에도 중요했다. 커즌은 1차대전에서 "연합국의 대의는 석유의 물결을 타고 승리를 얻었다"라고 말하기도 했다.[77] 메소포타미아에 석유가 매장되어 있는지는 아무도 몰랐지만, 바그다드 인근에서 검은 석유 진흙이 땅에서 솟아 나와서 웅덩이를 만들거나, 석유 가스 불길이 모술의 늪지대에서 타오르자 이제 추측은 쉬워졌다. 1919년이 되자 영국 해군은 더이상의 증거를 기다릴 필요도 없이 메소포타미아 유전은 세계에서 가장 크다고 주장하기 시작했다.[78] 사이크스-피코 합의가 어찌되었건 이 지역의 어느 곳이라도 프랑스에 넘겨주는 것은 바보 같은 짓이었다. 로이드조지의 영리하고 젊은 참모인 레오 에머리Leo Amery는 말했다. "세계에서 가장 큰 유전이 모술과 그 너머까지 이어지기 때문에, 전쟁이 발발하면 다른 사람들이 달려드는 것을 막기 위해 중요한 유전의 주변 땅을 안전을 이유로 내세워 확보해야 한다."[79]

"석유가 필요해지면 식료품점에서 찾을 것"이라고 말했던 클레망소는 이제 이 새로운 연료의 중요성을 파악했다. 그는 모술에 대한 공식적 통제는 포기했지만, 로이드조지에게 프랑스는 현지에 있는 것에 대한 일정 지분을 가져야 한다고 말했다. 영국 연료부 장관 월터 롱과, 석유가 "승리를 위한 혈액"이라고 생각한 프랑스 연료부 장관 앙리 베랑제Henri Bérenger는 같이 작업을 했다. 그들은 튀르크 석유회사 지분 4분의 1을 프랑스가 소유하고, 그 대가로 두 개의 송유관이 모술에서 시리아를 관통해 바다로 이어지도록 허용한다는 합의를 만들어냈다. 중동의 석유에 관심을 가지고 여기에 뛰어들려고 하는 미국을 배제하는 데 양측의 의견은 일치했다.[80] 불행하게도 합리적인 이 타협은 시리아를 놓고 벌어진 대결에 파묻혔다. 헨리 윌슨은 일기에 이렇게 썼다. "일류급 공중전이 벌어졌다. 클레망소는 월터 롱이 프랑스 측에 메소포타미아 석유의 절반을 약속했다고 말했고, 로이드조지는 나에게 그런 말을 들은 적이 있느냐고 물었다. 물론 들은 적이 없었다. 로이드조지는 바로 클레망소에게 편지를 써서 그 합의는 취소되었다고 선언했다."[81] 몇 달이 지나도록 외무부가 이 사실을 몰랐다는 것은 그 시기 영국의 정책 수립의 혼란을 보여준다.[82] 영국과 프랑스가 시리아에 대한 논쟁을 해결한 1919년 12월이 되어서야 석유 문제는 롱과 베랑제가 합의한 것과 유사한 선에서 무마되었다. 이 거래의 일부로 프랑스는 모술에 대한 권리 주장을 영구히 포기하는 데 동의했다.

영국은 프랑스가 모술을 차지해서는 안 된다는 것을 분명히 알앉지만, 그것을 넘어 메소포타미아에 대한 영국의 정책 자체가 불규칙적으로 발전했다. 1914년 그 지역에서 영국의 초기 작전은 페르시아만을 튀르크군으로부터 보호하는 방어적 작전이었다. 일단 교두보를 확보한 영국은 북쪽으로 바그다드를 향해 나갔다. 젊은 정치 장교 아널드 윌슨Arnold Wilson은 "너무 멀리 보지 말고 우직하게 나아가는 것이 가장 현명한 방법"이라고 부모에게 썼다.[83] 4년 뒤 영국은 아주 멀리 진격해서 튀르크와의 접경 지역인 쿠르드족 지역까지 나아갔고, 윌슨은 이제 영국 행정 수장이 되었다.

아널드 윌슨은 잘생기고 용기 있고 강인하고 차분했다. 학교 생활기록부에는 이렇게 적혀 있다. "미덕을 과장하는 것을 비롯해 자신의 약점을 보완하려 노력한다. 경영과 조직 관리에 자질이 있다. 이타적이다. 매너는 보완해야 한다."[84] 그는 춤추는 것, 추문, 게으름을 혐오했다. 성경을 자유자재로 인용했고, 그의 손가락은 방아쇠에서 머뭇거리는 법이 없었다. 한마디로 총독이 더이상 필요하지 않은 시대에 식민지 총독의 자질을 가지고 있었다.

전쟁이 시작되었을 때 아널드 윌슨은 튀르크 북쪽 아라라트산 근처에서 페르시아와 오스만튀르크의 경계를 지도에 그리는 거대한 프로젝트를 완수해가고 있었다(그 경계는 거의 바뀌지 않았다). 그와 동료들은 러시아와 아르한겔스크를 거쳐 영국으로 귀환했다. 프랑스에 주둔한 자신의 연대에 귀환하려고 할 때 그는 다시 중동으로 가서 수석 정치 장교인 퍼시 콕스Percy Cox의 부관으로 메소포타미아 원정에 참여하라는 명령을 받았다.[85] 전쟁 말기 콕스가 페르시아 문제를 담당하기 위해 소환되자 아널드는 그의 후임자가 되었다. 1918년 4월부터 1920년 10월까지 그는 메소포타미아를 통치했다.

아널드 윌슨은 그 지역에 있던 다른 대부분의 영국인과 마찬가지로 영국이 가치 있는 새로운 자산을 획득한다고 생각했다. 모술이 어떤 가치가 있다면 그것은 석유였고, 관개시설이 제대로 놓이면 밀을 수확할 수 있어서 새로 얻은 지역은 자급자족이 가능했다. 실제로 제국의 금고에 돈을 보내기도 했다. 윌슨은 영국 정부에 모술을 전쟁 목표의 하나로 삼을 것을 요청했고, 튀르크와 휴전 협정이 체결된 직후 영국군이 그 지역에 확실히 진입하도록 만들었다. 그는 모술이 바그다드와 바스라를 방어하는 데 요충 지역이라고 주장했다.[86] 오스만제국이 붕괴하고 러시아 혁명이 일어나자 메소포타미아는 더 큰 전략적 중요성을 띠게 되었다. 영국은 러시아의 반공산주의 세력과 코카서스 지역에 설립된 작은 독립 공화국들을 지원했다. 이 일을 수행하고 볼셰비즘이 남쪽으로 확산되는 것을 막기 위한 한 가지 방법은 페르시아와 코카서스 사이에 교통로를 여는 것이었고, 이는 모술을 통과해야 했다.

아널드 윌슨은 이 지역을 어떻게 통치해야 하는가에 대해 확고한 생각을 가지고 있었다. "바스라, 바그다드, 모술은 행정적 목적을 위해 하나의 단위로 간주되어야 하고, 영국의 효과적인 통제 아래 있어야 한다." 단일적 단위가 어떤 면에서는 이치에 맞지 않는다는 생각을 그는 하지 못했다. 1919년에는 이라크 민족이 없었다. 역사, 종교, 지리는 주민들을 하나로 묶는 게 아니라 크게 분산시켰다. 바스라는 남쪽으로 인도와 페르시아만을 향해 있었고, 바그다드는 페르시아와 강한 연계를 가지고 있었으며, 모술은 튀르크, 시리아와 좀더 밀접히 연계되었다. 이 세 오스만 지방을 하나로 만드는 것은 유럽식으로 생각하면 보스니아 이슬람 주민, 크로아티아인, 세르비아인으로 하나의 나라를 만드는 것이나 마찬가지였다. 발칸 지역에서와 마찬가지로 제국과 문명의 충돌은 깊은 균열을 만들어놓았다. 주민의 대략 절반은 시아파 무슬림이고 4분의 1은 수니파, 나머지 소수 주민은 유대인에서부터 기독교도에 이르기까지 다양했지만, 또다른 균열선이 종교적 균열선을 가로지르고 있었다. 주민 절반은 아랍인인 반면, 나머지는 쿠르드인(주로 모술에), 페르시아인, 아시리아인이었다. 도시는 상대적으로 발전되고 코즈모폴리턴적이었지만, 시골 지역은 세습적 부족, 종교 지도자들이 여전히 지배하고 있었다.[87] 이라크 민족주의는 전혀 없었고, 아랍 민족주의만 있었다. 전쟁 전 오스만제국에 복무하는 젊은 장교들은 아랍 지역에서 더 확대된 자치를 확보하기 위해 노력했다. 전쟁이 끝나자 누리 사이드Nuri Said를 비롯해 이들 중 일부는 파이살에게 모여들었다. 그들의 관심은 분리된 국가들이 아니라 대大아라비아였다.

아널드 윌슨은 이렇게 다양한 주민을 한 국가에 밀어넣는 것의 문제점을 예상하지 못했다. 그는 영국인들이 몇 세대 동안 변하지 않고 남아 있으리라 생각한 가부장주의자였다. "바그다드의 소수 아마추어 정치인과 달리 대부분의 아랍인들은 영제국의 기치 아래 정당한 대우와 물질적·도덕적 진보를 미래의 방향으로 보고 있다."

그는 영국 정부에 신속하게 행동을 취하도록 촉구했다. "우리의 최상의 노선은 메소포타미아를 영국 보호령으로 선언하고, 그 안에서 모든 계층에게 선하고 안전한 정부와 최고 수준의 자유와 자치를 당장 부여하는 것이다."[88] 런던에 있는 그의 상관들은 이런 아이디어를 배제했다. 그들은 영국이 인도의 왕국들과 이집트에서 실행한 것과 같은 간접 통치를 선호했다. 이것은 직접 통치보다 비용이 덜 드는 이점이 있었고, 특히 1919년에는 중요한 고려 사항이었다. 밸푸어는 동방위원회가 영국 앞에 놓인 모든 영광스러운 가능성에 대해 줄기차게 이야기할 때 이렇게 말했다. "우리는 원주민들의 이점과 우리 권위의 이점을 고려한다. 우리는 통상 및 상업과 관련된 일과 나머지 모든 것을 고려한다. 그러나 아직 언급되지 않은 돈과 사람이 가장 지배적인 고려 사항이라고 생각한다."[89] 그리고 간접 통치는 최소한 아랍인들의 자치와 자유주의적 여론을 받아들이는 쪽으로 기울어졌다. 인도 통치국의 한 관리는 말했다. "우리가 원하는 것은 우리가 안전하게 뒤에 남기되 우리가 조종할 수 있는 아랍인 기관을 가진 아랍식 행정 체계다. 노동당의 원칙에 부합되어 흡수할 수 있으면서 비용이 많이 들지 않는, 우리의 경제적·정치적 이익이 보장되는 체계다."[90]

이것은 말은 쉬워도 실행하기는 어려운 일이었다. 아랍 세계와 그 너머에는 새로운 정신이 고양되고 있었다. 인도에서는 간디를 중심으로 민족주의자들이 힘을 모았고, 이집트에서는 와프드당Wafd의 세력이 날로 커지고 있었다. 이라크에서 아랍 민족주의는 아직 세력이 약했지만, 시리아와 이집트에서는 이미 강력한 세력이 되었다. 아널드 윌슨은 그렇지 못했지만 그의 동방 문제 담당 서기이자 신뢰받는 참모인 거트루드 벨Gertrude Bell은 이를 잘 이해하고 있었다.

벨은 평화 타결에서 스스로의 힘으로 중요한 역할을 한 유일한 여성이었다. 호리호리하고 강렬하고 줄담배를 피우고 날카로운 목소리를 가진 그녀는 통상적 부류에서 벗어나는 데 익숙해져 있었다. 그녀는 부유하고 연줄이 좋은 집안 출신임에도 자신이 속한 계층의 일반적 패턴인 결혼, 아이, 사교와 결별했다. 그녀는 옥스퍼드 대학에 입학해 역사학에서 1등급 학위를 받은 최초의 여성이 되었다. 그녀는 마테호른 봉우리에 오르고 알프스에서 새로운 등산로를 개척했다. 그녀는 인정받는 고고학자이자 역사학자이면서, 기세등등하고 만만하지 않고 영향력이 매우 강했다. 1919년 11월 바그다드 주둔 영국군 사령관이 파티에 80명의 고위인사를 초청했을 때, 손님들은 자기 자리를 떠나 그녀 주변에 몰려들었다.[91]

전쟁 전에 그녀는 하인들과 가이드만 데리고 중동 전역을 여행했다. 베이루트에서 다마스쿠스로, 바그다드에서 모술까지 여행했다. 그녀는 사막을 사랑했다. "침묵과 고독은 뚫을 수 없는 막처럼 주위를 감싼다. 오랜 이동만이 유일한 현실이다. 아침엔 추위에 떨고 오후에는 졸면서 간다. 묵을 자리를 잡을 때는 부산해지고, 저녁 식사 후에는 장작불에 둘러앉아 이야기를 나눈다. 문명이 만들어낼 수 없는 깊은 잠에 빠지고, 그런 다음 또다시 길을 떠난다."[92] 1914년이 되자 그녀는 영국에서 중동에 관한 지도적 권위자가 되었다. 1915년에는 영국 군사정보국을 위해 일하는 최초의 여성이 되었고, 영국군의 메소포타미아 원정에 참여한 유일한 여성이 되었다.

그녀는 여성의 권리는 크게 생각하지 않았을뿐더러 여성 대부분을 좋아하지 않았다. 한번은 결혼하는 영국 신부 앞에서 "유망한 영국 젊은이들이 이런 바보 같은 여자들과 결혼하는 것은 안타까운 일이다"라고 큰 소리로 말하기도 했다. 그녀의 가장 가까운 친구들은 다 남자였다. 로런스, 세인트 존 필비(악명 높은 킴 필비의 아버지), 파이살, 그리고 잠시 동안 아널드 윌슨이 그녀의 친구였다. 그녀는 열정적으로 사랑한 적은 있지만 결혼하진 않았다. 그녀의 첫사랑 상대가 노름꾼으로 밝혀지자 그녀의 아버지는 결혼을 반대했고, 두 번째 상대는 기혼자였다. 1920년 크리스마스 날 그녀는 아버지에게 말했다. "아시다시피 저는 친구가 없는 편이에요. 저는 사람들이 제게 신경을 써주는 만큼 다른 사람을 충분히 신경쓰지 않아요. 자연히 그들도 제게 큰 신경을 쓰지 않게 되지요. 그럴 이유가 뭐가 있겠어요. 그리고 그들이 하는 오락은 너무나 지루해서 같이 어울리고 싶지 않아요."[93]

그녀는 메소포타미아에서 자신의 일에 헌신했다. "우리는 이곳을 아랍 문명과 번영의 중심지로 만들어야 해요"라고 아버지에게 썼고, 처음에는 아랍인들이 자신들의 정부에 할 일이 별로 없다고 생각했다. "우리가 이곳을 강하게 유지할수록 주민들은 더 기뻐할 거예요." 그녀는 처음에는 아널드 윌슨과 사이가 좋았다. 그는 "서른네 살의 탁월한 능력자이고, 남다른 정신적·신체적 힘을 갖고 있어요"라고 부모에게 열성적으로 보고했다.[94] 아널드는 서류 작업을 처리하는 그녀의 "지칠 줄 모르는 근면함"에 감탄했다. 그녀는 "대단히 기운차고, 많은 면에서 도움이 된다"라고 그는 가족에게 썼다.[95]

두 사람은 메소포타미아에서 할 일에 대해 상관들의 지시를 기다렸다. 그러나 지시는 내려오지 않았다. "그 이유는 그들의 의구심이 우리보다 컸기 때문일 것이라고 짐작했다"라고 아널드는 말했다.[96] 지시를 기다리는 동안 벨은 메소포타미아에 필요한 정부의 형태에 대한 생각을 바꾸었다. 아랍인들은 그녀가 처음 생각했던 것보다 더 큰 역할을 맡아야 했다.[97]

1919년 1월 아널드 윌슨은 벨을 카이로, 런던, 파리로 파견했고, 그녀는 메소포타미아에 국가를 건설하는 방안을 설명했다. 그녀는 가족에게 다소 우쭐대며 썼다. "내일 밸푸어 씨와 점심 식사를 할 텐데, 그는 별 신경을 쓰지 않을 거라고 생각해요. 저는 어떻게든 로이드조지 씨를 만나서 그의 호의를 얻을 거예요. 그러는 동안 저는 바그다드에서 아널드 대령에게 사람을 파견했어요." 그녀는 메소포타미아의 운명은 시리아 문제를 어떻게 해결하느냐에 달려 있다고 제대로 생각했다. "우리는 어느 하나를 다른 하나 없이 고려할 수 없다. 시리아의 경우 중요한 것은 프랑스의 태도다." 그녀는 로런스 및 파이살과 많은 시간을 보냈고, 프랑스를 설득해 파이살을 독립국 시리아의 왕으로 인정하게 만들 수 있다는 희망을 공유했지만, 아널드는 로런스와 파이살의 시각을 강하게 부정했다. "로런스는 엄청난 해를 끼친 것으로 보인다. 우리가 프랑스와 겪는 어려움

은 주로 그의 행동과 조언 때문이다."⁹⁸

대화와 로비는 별다른 성과를 거두지 못했다. 인도 국무장관 몬터규는 밸푸어에게 하소연했다. "우리는 파리에서 벨 양과 아널드 대령을 만났다. 나는 그들을 책임져야 했다. 그들은 내게 와서 물었다. "우리가 여기서 어떤 역할을 하길 기대하는 겁니까?" 나는 뭐라고 할 수 없었다."⁹⁹ 중재자들이 문제 해결을 미루는 사이 메소포타미아에서는 소요가 확산되었다. 아랍인들의 지배에 불만이 많았던 쿠르드인과 페르시아인들, 수니파의 영향력에 반발한 시아파 무슬림, 영국에 의해 도전을 받은 부족 지도자들, 오스만제국의 붕괴로 지위를 잃은 고위 장교와 관리들, 점점 수가 많아지는 아랍 민족주의자들이 소요를 일으켰다. 벨은 그런 상황을 우려의 시선으로 지켜보았다. 4월에 그녀는 알바니아 문제를 우려하던 오랜 친구 오브리 허버트에게 이렇게 썼다. "그들은 중근동에서 엄청난 혼란을 일으키고 있다. 그곳은 분명 전쟁 전보다 훨씬 상황이 나빠질 것이다. 전반적인 혼란 속에서 그나마 메소포타미아는 우리가 질서를 유지할 수 있을지도 모르겠다. 마치 큰일이 벌어질 게 뻔한데도 아무 손을 쓸 수 없는 악몽 같다."¹⁰⁰

그해 봄 이집트에서는 큰일이 터졌다. 이집트인들은 영국의 지배를 탐탁하게 여기지 않았다. 영국이 튀르크의 총독 정부를 통해 간접 통치를 하는 위장술을 썼어도 마찬가지였다. 전쟁이 시작되었을 때 이집트에는 강력한 민족주의 운동을 위한 기반이 마련되어 있었다. 강력한 종교 지도자, 지역 대지주, 점점 커지는 전문 직업 계층은 서로 연계를 만들고, 나일강 삼각주 지역의 거대한 수의 농민들과도 손을 잡았다.[101] 전쟁은 새로운 문제를 가져왔다. 아직은 명목적으로 이집트의 군주인 오스만제국은 1914년 영국에 선전포고를 했고, 영국은 이집트를 보호령으로 선포했다. 영국과 오스트리아 군대의 유입과 물가 인상으로 많은 이집트인이 격분했다. 영국은 미래에 대해 상반되는 메시지를 전달했다. 현지에서 이집트에 대한 통제를 강화하면서도, 영국 정부는 우드로 윌슨의 언어를 사용했다. 14개조 자체는 이집트인들의 열광적인 환영을 받았다.[102]

아랍인에 대한 영국-프랑스의 선언이 바로 그 자치의 언어를 사용한 직후인 1918년 11월에 한 저명한 이집트 민족주의자가 이집트의 영국 행정 당국 수장인 레지널드 윈게이트Reginald Wingate와 대화하기 위해 대표단과 함께 그를 찾아갔다. 사이드 자글룰Said Zaghlul은 저명한 변호사였고, 학식이 높았으며, 교육장관을 역임했다. 그는 나일강 삼각주 지역의 전통적인 지주 집안 출신이었지만, 왕족 공주의 후원으로 좀더 현대적이고 코즈모폴리턴적인 분위기의 카이로로 이주했다. 영국 당국은 그를 자신들의 지지자로 간주했다. 이집트의 첫 총독이었던 크로머Cromer 경은 그를 이렇게 평가했다. "그는 더 출세해야 한다. 그는 조국을 위해 봉사하는 데 필요한 모든 자질을 갖추고 있으며, 정직하고 유능하며 신념에 대한 용기를 가지고 있다."[103] 그러나 1914년이 되자 영국은 그에 대한 열성이 식었다. 자글룰은 총리가 되지 못한 것에 대한 불만, 혹은 자신의 진정한 신념에 따라 민족주의 진영으로 옮겨갔다.[104]

자글룰은 윈게이트와의 만남에서 이집트인의 완전한 자치를 요구했다. 그는 윈게이트에게 이집트인은 "영광스러운 과거를 가진 유구하고 유능한 민족으로, 최근에 자치권을 약속받은 아랍인이나 시리아인, 메소포타미아인보다 훨씬 더 질서 있는 정부를 운영할 능력이 있다"라고 말했다. 그는 이집트 대표단(사실상 와프드당)과 런던 및 파리로 가서 자신들의 주장을 알릴 수 있게 해달라고 요구했다. 윈게이트가 거부하자 이집트인들은 격렬하게 항의했다. "극단주의적인 인도인들의 요구도 몬터규 경은 경청했다. 에미르 파이살은 파리로 가도록 허락받았다. 이집트인들은 덜 충성스럽다는 말인가? 왜 이집트인은 안 되는가?"[105]

강화회의가 시작될 때 이집트에 대한 청원서가 회람되었다. 처음에는 수천 명, 다음에는 수십만 명이 청원서에 서명했다. 항의 시위는 와프드라고 제대로 불린 운동으로 발전했다. 자글룰은 튀르크 총독에게 완전한 독립을 요구하도록 촉구했다. 3월 9일 영국 당국은 자글룰과 여러 지도적 민족주의자를 체포해 몰타로 보내 억류했다. 다음날 파업과 항의 시위가 이집트 전역에서 일어났다. 전례 없이 상류층 여성들도 고립된 생활을 버리고 거리로 쏟아져 나왔다. "나는 일사병에 쓰러져도 상관없다. 영국 당국의 폭정은 비난받아 마땅하다"라고 한 여성은 말했다.[106] 시위는 폭력적으로 변해 전보선이 절단되고 철도가 파괴되었다. 3월 18일 여덟 명의 영국 병사가 폭도들에게 살해되었다. 영국 당국은 갑자기 이집트에 대한 통제권을 잃을 위기에 처했다.

당황한 영국 정부는 서둘러 계엄령을 선포하고 앨런비 장군을 이집트로 파견해 질서를 잡도록 했다. 그러나 그는 이집트인들과 같이 일할 희망을 조금이라도 살리려면, 몰타에 억류된 민족주의 지도자들을 석방하고 그들이 원하면 외국으로 나가게 허용해야 한다는 신속한 결론을 내려 영국 정부를 당황하게 했다.[107] 자글룰은 파리로 갔지만 다른 강대국들로부터 지지를 이끌어내는 데는 성공하지 못했다.[108] 그러나 그는 영국인들에게 큰 인상을 남겨 이집트를 통치하는 방법을 바꾸어야 한다는 생각을 하게 만들었다. 여러 달에 걸친 협상이 필요하기는 했지만, 1922년 영국 정부는 최종적으로 이집트의 독립을 인정했다(그러나 영국은 수에즈 운하와 외교정책을 통제하게 되었다). 자글룰은 1924년에 이집트 총리가 되었다.

영국이 이집트에 들어간 근본적인 이유였던 인도도 1919년 영국에 우려를 자아냈다. 인도 민족주의는 이집트 민족주의보다 더 발달되어 있었다. 온건한 제한적 자치 요구는 이제 전면적인 자치 요구로 바뀌었다. 전쟁 중 간디는 자치 조직과 시민 불복종이라는 수단을 가지고 남아프리카에서 돌아와 대체로 중류층이 참여한 인도민족회의를 강력한 대중 운동으로 변모시켰다. 급격한 인플레이션, 인도 수출의 붕괴, 그리고 영국 군사 당국의 무능으로 메소포타미아에서 수많은 인도군 병사들이 희생된 사실이 드러나면서 영국 통치는 최소한 좋은 정치를 제공한다고 믿어왔던 인도인들의 환상이 깨졌다. 영국 정부는 1917년에 점진적인 자치정부로의 이행을 약속했지만, 선수를 빼앗기고 수세에 몰렸다.

인도 민족주의자들은 윌슨의 자치에 대한 언급을 긍정적으로 받아들였지만, 처음에는 강화회의에 별로 주의를 기울이지 않았다. 인도는 아무런 영토적 주장이 없거나 아니면 최소한 인도인들이 신경쓰는 영토 문제가 없었다. (인도 행정국의 영국 관리들은 메소포타미아와 독일령 동아프리카에 대한 인도의 위임통치를 주장했다가 실패했다.[109]) 인도는 자체 지도자가 아니라 인도 국무장관 몬터규와 엄선된 두 명의 인도인이 대표로 나섰다. 위원회 활동에 적절한 저명한 판사인 신하Sinha와, 말은 거의 하지 않았지만 멋진 만찬 파티를 개최한 비카네르의 마하라자가 인도 대표였다. 콘스탄티노플의 칼리프 제도 철폐 같은 사소해 보이는 문제가 인도에서 중요한 문제가 된 것에 중재자들은 놀랐고 영국은 경계심을 품었다.

영국령 인도 인구의 4분의 1을 차지하는 인도 무슬림들은 오스만제국의 종언으로 술탄이 전 세계 무슬림에게 행사했던 영적 지도력이 끝난다는 사실에 은근히 불만을 품고 있었다. 인도 전역의 모스크에서는 매주 기도 시간에 술탄을 칼리프로 추대해달라고 기원했다. 전쟁으로 인도 무슬림은 두 갈래로 갈라졌다. 소수는 공개적으로 오스만 편을 들었고 그 대가로 수감되었다. 나머지는 침울하게 침묵을 지켰다. 1919년 파리에서 강대국들이 오스만제국을 분할하고 술탄을 하야시키고 칼리프 제도를 철폐하려 한다는 소문이 들려오자, 무슬림 신문들은 영국에 그를 보호할 것을 간청하는 기사를 싣고, 지역 유지들은 칼리프 위원회를 구성했다. 영국 당국에는 윌슨이 칼리프 제도를 보호하기로 약속했다는 잘못된 청원이 쏟아져 들어왔다.¹¹⁰ 인도 정부는 영국 정부 측에 콘스탄티노플의 술탄을 그대로 두고 중동 지역 이슬람 성지들을 관할하는 권한을 술탄에게 부여해줄 것을 요청했다.¹¹¹ 파리에서 몬터규는 동료들에게 영국에 특히 충성하는 인도의 대규모 주민 집단을 소외시키는 위험성에 대해 거듭 경고했다.¹¹² 그러나 그의 경고와 껄끄러운 성격은 불편한 감정만 만들어냈다. 로이드조지는 그에게 "사실 강화회의에서 당신이 보여준 태도는 당신이 영국 내각의 일원이 아니라 무굴제국 황제의 후계자 같다는 인상을 만들어냈다"라고 말했다.¹¹³

5월 17일 로이드조지는 마지못해 4인 평의회에 아가 칸Aga Khan을 포함한 대표단을 초치하는 데 동의했다. 그들은 오스만제국의 튀르크 지역을 분할하지 않는 것, 그리고 칼리프 제도를 계속 유지하는 것을 요청할 생각이었다. 로이드조지도 대표단의 주장에 좋은 인상을 받았다. "나는 튀르크 본토를 분할하는 것은 불가능하다는 결론에 도달했다. 우리는 무함마드 세계를 무질서 속으로 던져놓는 막대한 위험 부담을 감수해서는 안 된다."¹¹⁴ 불행하게도 나흘 후인 5월 21일에 그와 클레망소는 중동 타결안을 놓고 격렬한 논쟁을 벌였고, 칼리프 제도를 포함한 모든 문제 해결은 무기한 연기되었다.

인도에서 무슬림들은 점점 더 격앙했다. 지역 위원회들은 중앙칼리프위원회로 다시 조직되었다. 핵심 이슬람 정치결사인 무슬림연맹은 로이드조지를 만나기 위해 대표단을 파견했다. 훨씬 더 심각한 움직임은 간디가 자신과 인도민족회의에 대한 지지를 민족주의 운동에 투입하기로 결정한 것이었다. 깡마르고 내성적이며 신체와 영혼에 똑같이 집착하고 인도의 정치적 흐름에 항상 귀를 기울이면서도 자신의 복잡한 마음에도 귀를 기울인 그는 보기 드문 정치적 천재였다. 그는 칼리프의 동요 속에서 힌두교도와 무슬림 사이에 다리를 놓고 영국 당국을 난처하게 만들 기회를 포착했다.

인도는 이미 불안했다. 독감의 대유행으로 1200만 명의 인도인이 사망했다. (간디는 이것을 영국이 인도를 통치하기에 도덕적으로 부적절하다고 주장하는 데 이용했다.) 무슬림은 칼리프 제도 문제로 격앙하고, 노동자들은 파업하고, 농민들은 소작료에 대해 항의 시위를 벌였다. 인도 정부는 자의적 권력을 강화하는 입법으로 상황을 더욱 악화했다. 3월과 4월에 대도시들에서는 시위와 대중 집회가 연일 열렸다. 4월 6일에 간디는 인도 전역에서 총파업을 유도했다. 그는 지지자들에게 폭력을 자제하라고 했지만, 약탈과 난동이 간헐적으로 일어났다. 최악의 소요는 펀자브 지역에서 일어났다. 4월 13일 암리차르에서 공포에 질린 영국 장교는 병사들에게 대규모 군중을 향해 근접 사격을 하도록 명령했다. 암리차르 학살로 알려진 이 사건으로 온건한 인도인들조차 영국에 등을 돌리게 되었다. 영국인, 특히 인도에 있는 영국인들은 겁을 먹기 시작했다. 현지 영국 신문은 "악의적이고 고도로 위험한 배후 조직이 있는가?"라고 의문을 제기했다.[115] 이것은 볼셰비키의 공작인가? 이집트에서 침투해 조장한 것인가?[116] 어쩌면 전 세계적인 무슬림의 음모일 수도 있다. 무슬림이 다수인 아프가니스탄과의 전쟁이 발생하고, 금욕주의적인 이슬람

운동에서 결집된 이븐사우드의 세력이 아라비아반도를 휩쓸고 있는 것은 그저 우연의 일치인가?"[117]

이집트와 인도에서 발생하는 소요로 영국의 확신은 흔들렸고, 자국의 힘의 한계를 다시 한번 깨닫게 되었다. 영국 총참모장인 헨리 윌슨은 자국 정부에 이것을 인지하도록 반복적으로 알렸다. 그는 1919년 4월 한 친구에게 썼다. "우리 군대를 유럽과 러시아에서 빼내고 우리의 모든 힘을 다가오는 폭풍의 눈, 즉 영국, 아일랜드, 이집트, 인도에 집중하는 데 내 모든 에너지를 쓰고 있다. 이것이 현재 상황이다."[118] 영국은 코카서스와 페르시아 같은 지역에서 병력을 빼내더라도 '폭풍의 눈'을 다룰 수 있다는 확신이 없었다. 영국군은 와해되고 있었다. 앨런비 장군은 중동에서 1919년 봄 매달 2만 명의 병사를 제대시키고 있었다.[119]

이러한 소요는 또한 큰 비용을 발생시켰다. 이제 식민장관이 된 처칠은 "중동에서 일어나는 모든 일은 지출 축소에 비하면 부차적이라는 사실을 부디 인식하기 바란다"라고 썼다.[120] 1919년 여름, 결론 없이 끝난 내각 회의 후 커즌은 밸푸어에게 보고했다. "32만 명의 영국군과 인도군을 오스만제국의 여러 곳과 이집트에 유지하거나, 이집트는 뺀다 쳐도 22만 5천 명의 병력을 유지하는 엄청난 비용을 부담하는 것이 더이상 불가능하다는 사실을 인식하는 일이 긴요하다."[121] 오스만제국에 대한 평화 타결의 시급성을 깨닫지 못하던 로이드조지도 드디어 이 문제에 주의를 기울이기 시작했다. 1919년 8월 그가 휴가를 떠나기 전에 밸푸어는 문제에 대해 감탄할 만한 요약 보고를 했지만, 늘 그렇듯이 아무 해결책도 제시하지 않았다. "불행한 진실은 (…) 프랑스, 영국, 미국이 시리아 문제에 대해 엄청나게 혼란스러운 입장을 취하고 있어서, 깔끔하고 만족할 만한 사안이 그들 중 누구에게도 가능하지 않다."[122] 로이드조지는 또한 프랑스의 깊은 분노를 불편하게 인식하고 있었다.[123] 설상가상으로 파이살은 5월에 시리아로 돌아간 후 영국이 달가워하지 않는 독립을 계속 강조했다. 그는 다마스쿠스에서 행한 연설에서 청중에게 "여러분이 노예가 될 것인지, 운명의 주인이 될 것인지는 전적으로 여러분에게 달려 있다"라고 말했다. 그는 이집트 민족주의자들과 영국에 대항하는 공동 전선을 논의 중이고, 튀르크 민족주의자들과는 튀르크와의 재결합 가능성을 놓고 협의하고 있다는 소문이 돌았다. 그의 요원들은 메소포타미아에서 선전을 확대하고 있었다. 파이살은 앨런비와의 대화에서 우드로 윌슨이 미국 혁명의 예를 따르라고 말했다고 주장했다. "만일 독립을 원하면 병사를 모으고 강해져야 한다."[124] 시리아의 영국 군사 당국은 만일 파이살이 봉기를 일으키기로 결정하면 그들을 제압할 수 없다고 로이드조지에게 경고했다.[125]

9월, 일단 마음을 먹으면 신속히 움직이는 로이드조지는 영국이 시리아에서 병력을 철수하고 프랑스군이 진입하도록 결정했다. 대화하는 데 난항을 겪은 이후 로이드조지와 클레망소는 권력 이양에 합의했다. (시리아와 팔레스타인 사이의 경계에 대해서는 여전히 문제가 있었고 1922년에야 해결되었다.[126]) 미국은 가볍게 항의하고 민족자결을 언급했지만, 그다지 심각한 일은 아니었다. 1919년 말이 되자 영국과 프랑스 사이의 다른 현안은 해결되었다. 모술의 석유는 6개월 전에 합의된 선에 따라 공유하기로 합의했다. 오스만제국에 대한 조약안이 동의된 1920년 4월 산레모 회의에서 영국과 프랑스는 양국 사이의 이견을 잠시 잊고, 각각 위임통치령을 정했다. 영국은 팔레스타인과 메소포타미아를 맡고, 프랑스는 시리아를 맡기로 했다. 이론적으로 이 합의는 국제연맹이 승인해야 효력이 생겼는데, 영국과 프랑스가 주도하는 국제연맹에 의해 1922년에 승인되었다.

아랍인들의 의견도 참고가 되었지만, 미국만 그들의 의견에 귀를 기울였다. 로이드조지와 클레망소가 지지하기를 거부한 윌슨의 조사위원회는 자신의 일을 해나갔다. 작은 미국 대학 학장인 헨리 킹Henry King과 체코슬로바키아의 대의를 돕는 데 많은 일을 한 찰스 크레인은 1919년 여름 끈질기게 팔레스타인과 시리아를 돌아다녔다. 그들은 주민 대부분이 시리아가 팔레스타인과 레바논 모두를 포함하기를 원한다는 것을 발견했다. 또한 거의 비슷한 다수가 독립을 원한다는 것도 조사했다. "현명하지 않고 비신의적으로 이 사람들을 다루면 위험이 발생할 것이지만, 그들을 솔직하고 성실하게 다루면 평화와 진보의 큰 희망이 있다"라고 두 사람은 결론 내렸다.[127] 그들이 작성한 보고서는 이미 타격이 가해진 한참 후인 1922년에야 나왔다.

1919년 9월 파이살은 영국과 프랑스가 중동에 대한 협상을 재개했다는 정보를 일방적으로 전달받았다. 영국은 로이드조지와 클레망소가 합의에 이르기 전에 파이살이 런던에 오지 못하게 했다. 파이살은 항의했다. 그는 프랑스의 통치에 굴복하지 않겠다고 말했다.[128] 다소 당황한 영국은 그에게 프랑스 당국과 대화를 해보도록 촉구했다. 옥스퍼드에서 로런스는 영국 정부가 자신의 오랜 친구와 아랍인들을 버리는 것을 무기력하게 지켜볼 수밖에 없었다. 그는 에덴동산에서 아담과 이브가 쫓겨난 이야기를 읽고 또 읽었다. 그는 어머니의 집에서 "아침부터 점심까지 내내 같은 자세로 움직이지 않고 같은 표정으로 집에 앉아 있었다"라고 그의 어머니는 회상했다.[129]

파리에서 파이살은 차가운 대접을 받았다. "프랑스 언론은 그를 꽃으로 덮어주고 온갖 찬사를 쏟아냈지만, 사실상 그를 진흙탕으로 끌어내리고 거짓말과 모욕을 쏟아냈다"라고 모르다크는 보고했다.[130] 프랑스는 파이살이 질서를 유지하는 한 그를 다마스쿠스의 통치자로 인정할 용의가 있었고, 파이살은 위급한 상황이 발생하면 프랑스군을 불러들일 수 있었다. 파이살은 큰 선의의 표시로 클레망소에게 자신의 말을 선물했다. 그중 두 마리는 아름다운 순종이었다.[131] 그러나 클레망소는 영향력이 점차 줄어들고 있었고, 아랍 민족주의에 결코 호의적이지 않았던 프랑스 당국은 점점 더 강경해졌다. 시리아에서는 프랑스 통치를 강화할 필요가 있었다. 특히 튀르크 민족주의자들이 킬리키아의 프랑스군을 공격하면서 더 강경해졌다. 1919년 11월에 새로 구성된 프랑스 정부는 클레망소 정부보다 제국에 훨씬 큰 관심을 가졌다. 푸앵카레의 후임으로 대통령이 된 폴 데샤넬Paul Deschanel은 동료 식민주의자 대표들에게 지중해와 중동은 프랑스 정책의 반석이라고 안심시켰다. (얼마 후 그는 엘리제궁 정원에서 나무에게 말을 하는 모습이 눈에 띄었다.[132]) 파이살은 1920년 1월까지 파리에 머물렀지만 프랑스인들과 분명한 합의를 하는 데 실패했다. 그는 프랑스와 영국에 실망한 채 다마스쿠스로 돌아갔다. "나는 손과 발이 묶인 채 프랑스인들에게 넘겨졌다."[133]

파이살은 상황이 악화되고 있음을 알았다. 좋은 시절에 파이살에게 훈장을 수여했던 프랑스 고등판무관 구라르는 아랍인들에 강경해야 한다고 생각했다.[134] 아랍 민족주의자들은 점점 더 호전적이 되었다. 이는 강대국을 거부하고 목적을 달성한 듯 보인 피우메의 단눈치오의 사례에서 용기를 얻은 탓도 있었다.[135] 바알베크에 위대한 로마 도시 유적이 있는 광활한 베카 계곡에서 아랍 비정규군은 프랑스 병사들을 저격했다. (1970년대 전 세계에서 모인 급진주의 게릴라들도 이 계곡이 자신들의 활동에 유리하다는 것을 깨달았다.) 막후에서는 프랑스와 전쟁을 하는 한이 있더라도 독립을 선언하라는 엄청난 압박이 파이살에게 가해졌다.[136] 파이살은 불가피하게 시류를 따라갔다. 1920년 3월 7일 시리아 회의는 그를 시리아의 왕으로 선포했다. 그는 영국과 프랑스가 경계를 정한 시리아의 왕이 아니라 레바논과 팔레스타인을 포함하고 유프라테스까지 뻗은 '자연적 경계선'의 시리아 왕이었다. 프랑스군과 충돌이 일어났다. 그 직후 메소포타미아를 대표한다고 주장하는 다른 시리아 회의가 다마스쿠스에서 모였다. 이 회의는 독립을 선언하고 영국에 점령을 끝낼 것을 요구했으며, 파이살의 형인 압둘라Abdullah를 왕으로 선포했다.[137]

그러나 시리아 내에서조차 파이살은 완전한 지지를 받지 못했다. 프랑스와 분쟁에 휘말리고 싶어하지 않은 레바논의 기독교도들은 1920년 3월 20일 대규모 집회를 열어 자체 독립을 선언하고, 프랑스의 삼색기 중앙에 레바논 백향목이 들어간 국기를 채택했다.[138] 7월에 구라르 장군은 파이살에게 최후통첩을 보내, 시리아에 대한 프랑스의 위임통치를 받아들이고 프랑스군을 공격한 자들을 징벌할 것을 요구했다. 파이살은 절박하게 다른 강대국들에게 도움을 청했지만, 강대국들은 동정의 언급 이상은 하지 않았다. 7월 24일 다마스쿠스로 이어진 도로에서 프랑스군은 보잘것없는 무장을 한 아랍군을 제압했다. 파이살은 가족과 함께 망명을 떠났다.

프랑스는 시리아를 통제하기 위해 그 크기를 줄였다. 그 대신 기독교 동맹세력에게 베카 계곡이 있는 레바논산, 지중해 항구 티레, 시돈, 베이루트와 트리폴리, 남부의 땅과 팔레스타인 북부 지역으로 경계를 넓혀주는 보상을 했다. 수천 명의 무슬림 주민이 기독교도가 지배하는 국가에 포함되었다. 그 결과 프랑스군이 떠난 후에도 자신들이 잃은 것을 기억하는 시리아가 생겨났고, 해결되지 않은 종교적·민족적 긴장 주위에서 불편하게 춤을 추는 레바논이 탄생했다. 1970년대 레바논 문제는 폭발했다. 외부 세계만이 놀랐지만 시리아 정부는 이 기회를 이용해 군대를 파견했고, 그 이후 계속 거기에 머물렀다.

아랍인들에게 1920년은 재앙의 해로 기억되었다. 팔레스타인이 사라졌고, 그다음으로 시리아, 레바논, 마지막으로 메소포타미아가 사라졌다. 1920년 여름 이 지역의 약 3분의 1에 해당하는 유프라테스 계곡 위아래와 모술의 쿠르드족 지역에서 봉기가 일어났다. 오래전부터 메소포타미아가 자치정부를 가져야 한다고 여긴 벨이 경고했던 상황이었다. 철도가 파괴되고 소도시가 포위되고 영국 장교들이 살해되었다. 벨이 더이상 말을 섞지 않는 아널드 윌슨은 이 모든 것을 외부 소요자와 윌슨의 14개조 탓으로 돌렸다.[139] 영국은 가혹하게 대응했다. 원정군을 봉기 지역에 보내 마을을 불태우고 벌금을 징수했으며, 새롭고 아주 효율적인 전술로 등장한 영국 군용기가 공중에서 기총소사를 가하고 폭탄을 떨어뜨렸다. 1920년 말이 되자 질서는 회복되었고, 아널드 윌슨은 그의 멘토이자 훨씬 더 외교적인 콕스로 대체되었다.

메소포타미아에서 일어난 사건으로 영국 정부는 크게 흔들렸다. "우리는 단 한 명의 병사도 찾지 못해 쩔쩔맸다"라고 처칠은 말했다.[140] 비평가들은 메소포타미아가 그만한 대가를 치를 가치가 있는지 물었다.[141] 커즌, 처칠, 로이드조지 모두 웬만하면 메소포타미아를 지키려고 했다. 벨과 콕스가 촉구해온 실용적이고 값싼 해결책은 조종하기 쉬운 아랍 지도자를 찾는 것이었다. 편리하게도 그들에게는 신세를 진 파이살이 있었다. 1921년 3월 카이로에서 열린 회의에서 식민장관인 처칠은 그를 왕으로 만드는 데 합의했다. 두 번째 보상으로 "호색가에 한량이고 아주 게으른" 그의 형 압둘라가 트란스요르단을 차지하게 되었다.[142] 파이살은 메소포타미아로 초청되었고, 그곳에서 무대 연출을 맡은 콕스와 벨은 그에게 왕으로 머물러달라고 요청하는 줄지은 청원자들을 조직했다. 공화국을 선호하고 이를 공개적으로 주장한 세인트 존 필비는 짐을 싸서 귀국했다. 선거가 치러졌고, 투표자의 96퍼센트가 파이살을 선택했다. 벨은 국기와 대관식과 국왕 자리도 만들어주었다. "나는 파이살을 위한 궁정 의식을 준비해야 했다"라고 그녀는 탄식했다. 1921년 8월 23일에 차가운 아침 공기 속에 파이살은 지금까지 "뿌리가 깊은 나라"라고 알려진 이라크의 왕이 되었다. 벨은 이렇게 썼다. "북쪽에서부터 남쪽까지 모든 이라크 사람들이 함께 모인 광경을 보는 것은 놀라운 일이었다. 이것은 역사상 처음 일어난 일이었다."[143]

그녀는 처음에는 파이살의 지근에 머물렀지만, 파이살은 경험과 확신이 쌓여가자 끊이지 않는 그녀의 조언에 짜증을 냈다.[144] 그는 영국의 생각과 달리 호락호락하지 않은 인물로 드러났다. 그는 자신의 새로운 나라의 독립을 추진했고, 1932년에 이라크는 독립 국가로 국제연맹에 가입했다. 파이살은 이듬해에 사망했다. 쾌활한 플레이보이였던 그의 아들은 1939년에 자동차 사고로 사망했다. 그의 후계자인 파이살의 손자는 1958년 쿠데타에서 살해되었고, 이라크는 공화국이 되었다. 아랍 세계를 운영할 위대한 하심 왕조를 꿈꾸었던 파이살의 아버지 후세인은 먼저 이성을 잃었고, 1924년에는 이븐사우드에 의해 왕조를 잃었다. 그 왕국은 지금도 그 이름을 유지하고 있다. 아직까지 살아남은 유일한 하심 왕조는 요르단이다. 압둘라는 모두의 생각과 달리 유능한 통치자로 드러났다. 압둘라의 증손자가 현재 요르단 국왕이다.

로런스는 사막의 전쟁 이후 행복한 적이 없었다. 1935년에 오토바이를 타고 가던 그는 두 소년을 피하기 위해 급회전하다가 사고로 사망했다. 거트루드 벨은 1926년에 자살했다. 아널드 윌슨은 영국-페르시아 석유회사에서 일하기 위해 공직을 떠났다. 됭케르크 철수 작전 때 55세이던 그는 공군 사격수로 참전하다가 전사했다. 사이크스와의 합의로 프랑스와 영국 사이에 많은 문제를 야기했던 피코는 의심을 받는 상황에서 공직 생활을 마감했다. 1920년 시리아에서 교체된 그는 불가리아로 전근했지만, 평판이 나쁜 여성과 공개적인 관계로 스캔들을 만들었다. 그는 부에노스아이레스에 가서도 스캔들과 미지급금 문제를 일으켰다. 그는 1932년에 프랑스 외무부에서 은퇴해 역사 속으로 사라졌다.[145]

영국과 프랑스는 중동의 평화 정착에서 자신들이 했던 역할의 대가를 치렀다. 프랑스는 시리아를 제대로 평정하지 못했고, 그 보상을 받지 못했다. 영국은 이라크와 요르단에서 가능한 한 신속히 철수했지만, 팔레스타인에 발이 묶이고 아랍인과 유대인 사이의 독이 되는 상황에 끼인 것을 알게 되었다. 아랍 세계 전체는 영국의 배신을 결코 잊지 않았고, 아랍의 적대감은 서구 배신의 가장 가까운 사례인 팔레스타인의 시온주의자들에게 집중되었다. 아랍인들은 전쟁 말기 아랍 통합이라는 짧은 희망을 기억했다. 1945년 이후 그 유감과 희망이 중동을 계속 지배했다.

28장

팔레스타인

1919년 2월 말 중년의 영국 화학자 하임 바이츠만은 파리에서 아내에게 편지를 썼다. "어제, 2월 27일 오후 3시 30분 케도르세에서 역사적 장면이 연출되었소. 내 인생에 가장 영광스러운 순간이었소."[1] 후에 이스라엘 국가의 초대 대통령이 되는 그는 시온주의자로 구성된 대표단과 함께 팔레스타인에 유대인의 국가 건설을 주장하기 위해 최고평의회에 출석했다. 그날 파리에서 그는 특유의 명쾌함과 에너지를 가지고 짧게 연설했다. 그는 강대국의 자체 이익에 호소했다. 수백만 명의 유대인이 과거 러시아제국과 오스트리아제국 땅을 떠나려 하고 있다. 그들이 어디로 갈 수 있겠는가? "강대국은 당연히 자국으로 들어오는 모든 이방인을 면밀히 조사할 것이고, 유대인은 전형적인 떠도는 이방인으로 간주될 것이다." 가장 분명한 해결책은 그들을 팔레스타인으로 가게 하는 것이라고 그는 주장했다. 그곳은 인구가 적고 빈 땅이 많으며, 세계의 유대인들은 제공할 준비가 된 자금과 노동으로 추가적으로 수백만 명을 지원할 수 있다. 유일하게 필요한 것은 중재자들의 신호다. 그는 "1800년 동안 순교자 같은 희생을 겪은 민족의 이름으로" 팔레스타인 이주를 요구한다고 떳떳하게 말했다.[2] 그가 발언을 마치자 "소니노는 자리에서 일어나 격려했고, 밸푸어와 다른 모든 사람도 성원했지만, 프랑스인들은 예외였다"라고 그는 아내에게 설명했다.[3]

파리에는 그런 대표단이 많았고, 그런 요구도 많았다. 시온주의자들은 체코인이나 폴란드인 같은 영향력이나 힘이 없었고, 대중의 마음에도 아르메니아 대의 같은 유대인의 국가라는 이상은 없었다. 강력한 위치에 있는 친구가 일부 있었지만, 적대감이나 무관심과도 싸워야 했다. 그러나 바이츠만은 승리를 장담할 충분한 이유가 있었다. 비록 프랑스가 적대적일지라도 미국과 영국이 그를 지원하고 있었다. 그는 자신이 발언할 내용을 사전에 대표단 멤버들과 함께 검토했다.[4] 바이츠만과 시온주의 모두 먼 길을 왔지만, 앞으로도 갈 길이 멀었다.

바이츠만은 1874년 러시아에서 평범한 목재상의 아들로 태어났다. 그의 말에 따르면 그가 자란 곳은 "유대인 거주 지역의 가장 후미진 구석에 있는 유대인 공동체"였다.[5] 전 세계 유대인의 거의 절반에 해당하는 700만 명의 유대인이 러시아에 살고 있었고, 그들 대부분은 지금의 벨라루스, 우크라이나, 폴란드 동부의 거주 지정 구역에 살아야만 했다. 그들이 사는 지역은 평지에 늪이 많았다.

한 유대인 작가는 겨울에는 지독히 춥고, 여름에는 숨이 막히게 덥고, "슬프고 단조로웠다"고 말했다.[6] 유대인들은 풍부한 전통과 신앙을 가지고 있었지만, 다른 모든 면에서는 절망적으로 핍진했다. 유대인의 수는 늘어났지만, 차르 정부가 그들에게 허용한 땅과 자원은 늘어나지 않았다. "러시아 유대인들은 마치 웅덩이에 쌓인 메뚜기 떼처럼 처참하게 겹겹이 쌓인 채 숨 막히게 살았다"라고 한 관찰자는 적었다. 무관심과 폭력 사이를 오가는 정부는 아무런 탈출구를 제공하지 않았고, 반유대인 폭동이나 유대인 학살$_{pogrom}$로부터 유대인을 보호하지 않았다. 한 유대인 시인은 이렇게 썼다. "만족의 기쁨도 없고 영광도 없고 빛도 없는 처참한 삶. 소금이나 후추도 없이 식어버린 음식 같은 삶."[7]

그러나 그런 세계 속에서도 많은 사상이 잉태되어 사회주의, 민주주의, 민족주의 사상이 나타났다. 트로츠키 같은 일부 러시아 유대인들은 혁명에 눈길을 돌렸다. 이보다 훨씬 많은 수십만 명의 유대인이 북아메리카와 서유럽으로 떠났다. 1914년 이전 미국에 거주하는 유대인의 수는 25만 명에서 300만 명으로 늘어났고, 영국의 유대인 수는 6만 명에서 30만 명으로 늘어났다. 서쪽으로 이주한 러시아 유대인 중에 젊은 바이츠만이 있었다. 서유럽에서 그는 게토와 유대인에 대한 법적 차별이 없는 다른 세계를 발견했다. 유대인은 다른 종교를 가지고도 영국인, 프랑스인, 독일인처럼 살 수 있었다. 바이츠만은 러시아 출신의 젊은 의학도인 여성과 결혼했고, 평생 지속될 두 가지 열정을 찾았다. 그것은 화학과 시온주의였다.

유대인의 고향을 회복하고, 유대인이 다수 주민으로서 안전하고 존엄을 가지고 살 수 있는 유대인 국가를 건설하기 위한 운동인 시온주의는 처음에는 소수의 괴짜와 이상주의자들에게만 호소력을 가졌다. 그러나 1900년이 되자 많은 것이 변했다. 시온주의를 탄생시킨 민족주의는 다른 민족주의자들, 예를 들어 프랑스나 독일이 소수민족을 의심의 눈길로 바라보면서 유대인들에게 새로운 위험을 가져왔다. 유대인, 심지어 통합된 유대인과 세속적 유대인에 대해서도 과거의 당혹스러운 공포의 증오가 다시 살아나고 있었다. 지크문트 프로이트의 아버지는 "유대인 놈아, 길에서 꺼져"라고 소리치는 낯선 사람에 의해 모자가 날아가는 수모를 겪었다. 자유, 평등, 박애의 고향을 자부하는 프랑스인들은 날조된 반역 음모를 기꺼이 믿었다. 기소된 장교인 알프레드 드레퓌스가 유대인이었기 때문이다. 전쟁 전 오스트리아 빈의 시장은 악명 높은 반유대주의자였고, 멋진 카페에서 사람들은 거친 반유대인 농담을 주고받았다. 1897년에 저명한 기자였던 테오도어 헤르츨Theodor Herzl은 1차 세계 유대인대회를 개최했다. 바이츠만은 2차 대회에 참석했고, 이후 모든 대회에 참석했다.

키가 크고 대머리에 염소수염을 길러 "잘 먹은 레닌"처럼 보인다는 말을 들은 바이츠만은 대단한 확신을 가지고 있었다. 그는 시온주의 운동 선배들이 너무 겁이 많다고 비판했다. 그는 영국 정부로부터 우간다를 매입해 그곳에 유대인 국가를 건설하려는 계획을 놓고 헤르츨과 공개적으로 충돌했다. 바이츠만과, 최종적으로 다수 유대인에게 유일하게 가능한 장소는 당시 오스만제국의 낙후된 작은 지방이던 팔레스타인이었다. 그곳은 성지가 있고, 로마에 의해 파괴된 마지막 유대 왕국의 유산이 남아 있는 곳이었다. 한번은 누군가 바이츠만에게 왜 유대인이 팔레스타인에 대한 권리를 가지고 있냐고 묻자, 그는 간단하게 대답했다. "기억은 옳습니다."

바이츠만은 동화된 유대인과 시온주의를 지지하지 않는 유대인을 경멸했다. 그들은 눈이 멀었고, 더 나쁜 것은 그들의 비애국적인 행동이었다. 그는 자신이 학생 시절에 알던 독일 유대인들에 대해 이렇게 말했다. "대다수 유대인이 간과하는 유대인 비극의 핵심은 독일인들에게 자신의 에너지와 두뇌를 바치는 유대인들이다. 이들은 유대인 정체성을 포기하고 독일인으로서 독일을 부유하게 만들어주고 있다." 팔레스타인에 유대인의 근거지를 만드는 것은 무엇보다 중요했다. "팔레스타인에 자체 세력과 고유의 전통을 가진 유대인 국가를 수립함으로써 유대인의 지위를 확립하고 100퍼센트 온전한 유대인을 탄생시킬 수 있다."[8]

1914년이 되자 바이츠만은 맨체스터에 있는 대학의 화학 조교수가 되었다. 그리고 이제 13만 명의 유료 회원을 둔 시온주의 조직에서도 지위가 올라갔지만, 자신에게 걸맞은 지위를 얻지는 못했다고 생각했다. 동방에서 온 유대인들은 그가 너무 영국화되었다고 생각했고, 영국 유대인들은 그가 너무 러시아적이라고 생각했다. 그는 헤르츨에 대한 비판으로 나이 많은 유대인들을 모욕했고, 냉소주의와 지루함을 참지 못하는 성격 때문에 동년배 유대인들을 불쾌하게 했다. 그의 연설은 우월감에 찬 강의였다. 나중에 이스라엘 외무장관이 되는 아바 에반Abba Eban은 젊은 시절부터 그를 위해 일했다. "그는 현실에 대한 엄중한 자각, 과학자 특유의 절제된 언사로 유대인 청중에게 자신들의 유대인 과업이 얼마나 힘들 것인가를 무자비할 정도로 강조해서 말했다."⁹ 이 과업을 추진할 자질을 갖춘 다른 사람이 없었기에 바이츠만은 결국 시온주의 운동의 지도자가 되었다.¹⁰ 그는 자주 낙담했고 사임하겠다고 위협했지만, 팔레스타인에 유대인 국가를 건설하는 장기적 목표를 포기한 적은 없었다. 시온주의에 대한 그의 가장 큰 공헌은 유대인 공동체와 세계 지도자 중 핵심 인물들의 지지를 이끌어내는 비상한 능력이었다. 그는 어느 비판자에게 말했다. "핀스크 출신 이드yied〔동유럽에서 유대인을 비하해 부르는 말〕이고 시골 대학의 교수 언저리에 있을 뿐인 나 하임 바이츠만은 아무것도 없는 상태에서 로스차일드와 그의 방계 회사들이 미쳤다고 생각할 프로젝트를 지지하는 유대인들의 꽃을 조직했다."¹¹

전쟁이 시작되자 바이츠만은 일에 속도를 냈다. 그는 유대인이 이주할 팔레스타인을 확보하는 데 도움이 될 만한 사람은 누구나 만났다. 그렇게 만나서 대화를 나눈 사람이 정치인, 관리, 외교관 등을 포함해 2천 명에 이르렀다. 그는 외국인과 영국 상류층의 유대인에 대한 혐오감을 극복했다. 세실은 "다소 역겹고 지저분한 외모에 감춰진 차분한 열정과, 대단한 인상을 주는 태도"에 놀랐다고 말했다.¹² 바이츠만은 세실의 마음을 완전히 사로잡았다. 나아가

1916년 이후 외무장관을 맡게 되는 세실의 사촌 밸푸어도 설득했다. 이것은 유대인 거주 구역 출신의 집요한 유대인과, 삶을 너무 쉽게 헤쳐온 매력이 넘치는 세속적인 영국인 사이에 생긴 기이한 우정이었지만, 바이츠만과 시온주의에게 이것은 엄청나게 중요한 역할을 했다.

밸푸어는 한마디로 정의하기 어려운 사람이었다. 정치인이 된 철학자였고, 테니스와 골프를 좋아한 운동선수였으며, 아일랜드인이 큰 대가를 치르고 깨달은 것처럼 무자비했지만, 자신의 부하에게는 한결같이 친절하고 사려 깊었다. 자신이 가장 좋아하는 스릴러 작가의 이름을 까먹자, 그는 "늘 그렇지. 너무 배은망덕해. 너무 배은망덕한 거야"라고 한탄했다.[13] 신경쓰지 않은 듯한 우아한 옷차림과 느긋하고 항상 미소를 띤 그의 태도는 "묘비에 비치는 달빛" 같다고 누군가 말했다. 그는 자신이나 어떤 것도 진지하게 여기지 않는 것처럼 보였다.[14] 그는 뛰어난 의회 연설자였지만, 그것을 대수롭지 않게 생각했다. "나는 마음속에 떠오르는 말을 하고, 제대로 된 첫 문장이 끝나야 자리에 앉는다"라고 처칠에게 말했다.[15] 그는 한 오찬 파티에서 자신이 결정을 내리는 데 정신적 기벽이 있다고 말했다. "나는 모든 주장을 기억하고, 찬성과 반대를 다 기억하고, 그 주제에 대해 멋진 연설도 하지만, 결론과 결정은 내 마음에서 완전히 공백으로 남겨둔다."[16] 그를 옹호하는 사람들은 이를 그만의 정신적 태도라고 정당화했지만, 다른 사람들은 그렇게 생각하지 않았다. "만일 어떤 일을 끝내지 않으려면, 밸푸어가 그 최적임자"라고 처칠은 말했다.[17] 밸푸어가 역사에서 어떤 자리를 차지할 것 같냐는 질문에 로이드조지는 "주머니 속에 있는 손수건의 향기같이 될 것"이라고 말했다.[18]

밸푸어는 아버지로부터 물려받은 재산 덕분에 영국에서 손꼽히는 부자가 되었다. 신앙심이 깊은 어머니로부터는 세실 가문의 공직 전통과 보수주의 정치를 물려받았다. 그의 후임자가 되는 커즌과 마찬가지로 그는 모든 사람이 어떤 식으로건 서로 연결된 아늑한 대귀족 세계의 일부였다. 그가 거의 약혼할 뻔했던 여성은 발진티푸스 열병으로 사망했다. 그는 평생 결혼하지 않았고, 여동생이 그의 집을 관리했다. 그는 가족과 친구에게 친밀감은 느꼈지만 그들을 필요로 하지는 않았다. 그는 한 지인에게 썼다. "당신은 늘 그랬듯이 필요하지만, 얼마나 필요한가는 의문이다. 우리 모두는 서로에게 얼마나 필요한가?"[19]

그는 영리했고, 아이디어에 끌렸고, 논쟁의 핵심을 파악하는 능력이 뛰어났다. 그러나 신기할 정도로 무심한 면도 있었다. 독일의 잠수함 작전이 최고조에 달해서 영국의 경제 붕괴가 우려되는 상황에서 침몰한 선박에 대한 보고를 들은 그는 그저 "아주 진저리가 나는군. 이 독일 놈들은 참아줄 수가 없어"라고만 말했다. 로이드조지에 따르면, 내각 회의에서 밸푸어는 어느 주장을 설득력 있게 제시한 다음, 반대편 주장도 이에 못지않게 유창하게 제시하고서 한숨을 쉬며 이렇게 마무리하곤 했다. "그러나 만일 내게 어느 쪽을 택해야 하냐고 묻는다면, 나는 난처하다고 말할 수밖에 없소."[20] 그를 잘 아는 커즌은 그를 사악하고 위험한 사람으로 여기게 되었다.

그가 보여주는 매력적인 매너, 비상한 지적 능력, 사소한 일에 무심한 듯한 태도, 논리력, 오랜 명예로운 공직 근무는 정권에 대한 한탄할 만한 그의 무관심, 경박함과 평온함 등 그를 아주 잘 아는 사람을 제외하고 모든 사람을 기만한다. 그는 자신에게 전달된 서류를 연구하는 법이 없고, 사실을 파악하는 법도 없고, 내각 회의에서는 매일 아침 들어오는 외무부 전문을 읽는 일이 드물고, 앞을 내다보지도 않는다. 자신의 대단한 임기응변 능력이 어떤 문제도 헤쳐 나가게 만들고, 한 위기에서 다른 위기로 가볍게 넘어갈 수 있게 해준다고 믿는다.[21]

그런 밸푸어가 시온주의를 확고히, 지속적으로 지지한 것은 의아할 정도다. 한 수행원은 그가 다른 것은 그렇게 신경쓴 적이 없다고 말했다.[22] 이것은 로이드조지와 마찬가지로 유대인 역사에 대한 친근한 지식을 제공한 어린 시절 종교 교육 때문인가? 유대인의 지적 능력에 매료되었기 때문인가? 그는 니컬슨에게 유대인은 "서기전 5세기의 그리스인 이래 가장 재능이 뛰어난 민족"이라 말한 적이 있었다.[23] 그는 스스로 말한 것처럼 시온주의에서 "동화되지 않은 유대인을 세계 정치에서 위대한 보수 세력으로 만드는 종교적·민족적 전통의 수호자"를 발견한 것인가? 그러나 그는 하우스에게 이렇게 말한 적이 있다. "누군가 내게 모든 볼셰비즘과 그와 유사한 소요는 세계 유대인에게서 그 원인을 찾을 수 있다고 말했다. 그들은 자신들이 원하는 것을 하거나 문명을 전복시킬 작정을 한 것처럼 보인다."[24] 그는 반유대주의가 저속하고 개탄스럽다고 생각했지만, 가까운 여성 친구에게 자신이 주말에 너무나 많은 유대인과 마주쳤다고 말했다. "나는 히브리인의 수가 실제로 매우 많다고 생각한다. 나는 그 민족에 대한 편견은 없지만(사실은 이와 정반대였다), 외국인 이민을 반대하는 사람들의 시각을 이해하기 시작했다."[25] 밸푸어의 다른 많은 것과 마찬가지로 그의 사고와 마음의 작용은 미스터리로 남아 있지만, 그의 조카는 그가 죽기 얼마 전에 "내가 유대인을 위해 한 일은 지금 돌이켜보면 가장 가치가 있는 일이었다"라고 말하는 것을 들었다.[26]

밸푸어는 바이츠만을 1906년에 처음 만났다. "바이츠만과 대화를 나누면서 나는 유대인의 애국주의 형태가 유일무이하다는 것을 알게 되었다. 나라에 대한 그들의 사랑은 우간다 계획으로는 만족할 수 없는 것이었다."[27] 1914년에 두 사람은 다시 만났다. 바이츠만이 기억하는 바에 따르면 밸푸어는 특별한 감흥으로 말했다. "당신이 추구하는 이상은 아주 위대하다. 나는 당신이 계속 다시 찾아오기를 바란다."[28] 바이츠만에게 마음이 사로잡힌 사람은 밸푸어만이 아니었다. 처칠, 사이크스, C. P. 스콧 모두 그의 지지자가 되었다. 가장 중요한 것은 로이드조지도 그의 지지자가 되었다는 사실이다.

밸푸어처럼 로이드조지도 성경과 함께 자랐다. "나는 내 조국의 역사보다 유대인의 역사에 대해 훨씬 많은 것을 배웠다. 영국 왕은 대여섯 명밖에 모르고, 웨일스 왕도 그 정도밖에 모르지만, 이스라엘 왕은 모두 말할 수 있다."²⁹ 또한 웨일스인과 유대인은 서로 비슷한 점이 많았다. 종교적이고 배움에 대한 사랑도 같았다. 로이드조지는 영국군이 예루살렘을 점령하자 흥분했다. "유럽의 기사 여러 세대가 하지 못한 일을 우리가 해냈다."³⁰ 그는 중부 유럽의 지리에 대해서는 아는 바가 별로 없었지만, 성지에 대해서는 잘 알았다. (실제로 로이드조지가 영국의 팔레스타인 위임통치는 "단Dan에서 베르셰바Beersheba"에 이르러야 한다는 과감한 발언을 했을 때 전문가들은 그가 의미하는 곳을 찾기 위해 성서 지도를 열심히 들여다보아야 할 정도로 강화회의에 파장을 일으켰다.)

전쟁 중 군수장관으로 일한 로이드조지는 바이츠만에게 특별한 빚을 졌다고 말하곤 했다. 영국은 폭약을 만드는 데 필요한 아세톤이 절대적으로 부족했다. 바이츠만은 우연히 아세톤을 대량으로 생산해내는 방법을 발견했다. 그는 선의의 제스처로 전쟁 중 아무 대가 없이 이를 영국에 제공했다. 로이드조지가 바이츠만에게 국왕으로부터 작위를 수여받으라고 하자 그는 "나는 아무것도 원하지 않는다"라고 대답했다. 그래도 로이드조지가 물러나지 않자 바이츠만은 시온주의 목표를 지지해줄 것을 요청했다. 로이드조지는 회고록에서 "그것이 팔레스타인에 유대인 국가 근거지를 만드는 유명한 선언의 원천이자 기원"이었다고 적었다.³¹ (프랑스인들은 그게 아니라 로이드조지가 유대인 사업가의 아내를 애인으로 두고 있었다고 주장했다.³²)

바이츠만과 아세톤은 놀라운 이야기를 만들어냈지만, 영국 정치인들은 영국의 이익에 반하는 일은 절대 하지 않는 사람들이었다. 그러나 1917년이 되자 시온주의 목표와 이것은 수렴하는 것처럼 보였다. 바이츠만은 유대인을 위한 팔레스타인을 원했고, 그가 지적한 바와 같이 그 지역은 앞으로 몇 년 동안 보호를 필요로 했다. 그는 프랑스를 믿지 않았고, 미국인에 대해서도 큰 기대를 하지 않았다. 영국은 강력한 데다 정의롭고 공정했다. 더군다나 "영국이 성서적 나라라는 것이 그들과 유대인 사이의 영적 유대성을 설명한다"라고 생각했다.[33] 유대인들이 이주한 팔레스타인은 "아시아의 벨기에"가 되고, 영제국의 중요한 전략 자산이 될 수 있었다. "팔레스타인은 이집트의 자연적 연장이고, 수에즈 운하를 (…) 흑해로부터 분리하는 장애물이 된다."[34] 이러한 주장은 로이드조지, 영국 전쟁부, 그리고 외무부의 일부 관리들에게 타당하게 들렸다. 사이크스-피코 합의에서 프랑스와 약속한 그 땅을 프랑스로부터 떼어내는 것은 더할 나위 없이 좋았다. 1917년부터 사이크스는 로이드조지의 격려를 받아 바이츠만과 여러 시온주의자를 만났다. 시온주의자들에 대한 영국의 지지를 이끌어낸 결정적 요소는 시온주의자들의 유대인에 대한 선전 활동이었다. 특히 아직 참전하지 않은 미국과, 명백한 이유로 유대인들이 자국 정부에 미온적이었던 러시아에서 그러했다. 유대인이 많이 사는 독일이 시온주의를 지지하는 공개 선언을 할 것이라는 놀라운 소문이 런던에 전해지자 영국 정부는 더는 가만 있을 수 없었다.

동료들과 다르게 직접 팔레스타인에 가본 커즌은 시온주의자의 꿈이 얼토당토않다고 생각했다. "나는 발전되고 지적인 공동체를 그곳으로 내모는 것보다 더 나쁜 구속을 생각할 수 없다." 그는 또한 불편한 질문도 제기했다. "그 땅의 주민들은 어떻게 되는가?"[35] 훨씬 더 치열한 주장이 쉽게 흥분하는 인도 담당 국무장관 몬터규에게서 나왔다. 그는 시온주의는 "영국의 어떤 애국적 주민도 수용할 수 없는 유해한 정치적 신조"라고 생각했다. 그 자신이 국적은 영국이었지만 신앙적으로는 유대인이었다. 그러면 그의 진정한 충성은 팔레스타인에 있다고 말해야 하는가? 그리고 이것은 다른 나라 국민으로 있는 유대인의 권리에 대해서는 무엇을 의미하는가? 영국 내각은 모든 반대를 물리치고 1917년 10월에 한 공식에 합의했다. 사이크스는 종이 한 장을 흔들며 내각 회의장에서 뛰어나왔다. "바이츠만 박사, 아이가 태어났소!"[36] 밸푸어는 영국의 대표적인 유대인인 로스차일드에게 짧은 편지로 영국의 정책을 설명했다. "국왕 정부는 팔레스타인에 유대인 주민을 위한 민족의 고향을 설립하는 데 호의적이고, 최선의 노력을 기울여 이 목표가 달성되도록 할 것이다." 어휘는 세심하게 선택되었다. 영국 정부가 반복적으로 주장한바, "민족의 고향"은 국가를 의미하는 것이 아니었다. 바이츠만과 시온주의 지도자들 역시 극도로 조심했다. 그들은 유대인 국가를 만들 의도는 전혀 없다고 즉시 말했다. 물론 먼 훗날 더 많은 유대인이 이주해오는 경우에는 달라질 수 있겠으나, 그렇게 되리라고 확신하거나 예상한 사람은 많지 않았다. 선언이 공개된 다음 날 《타임스》의 머리기사는 "유대인을 위한 팔레스타인. 공식적 동정"이었다. 처음부터 유대인과 비유대인을 막론하고 정치인, 외교관, 기자들은 유대인 국가라는 관점에서 이를 다루었다.[37]

몇 달 후 영국군은 이집트에서 북상해 예루살렘을 점령한 다음 팔레스타인 전체를 장악했다. 유대인 군단이라고 불린, 유대인들로 구성된 국왕 화승총부대가 그들과 함께 진입했다. (명석하고 거칠고 극단적인 러시아 출신 기자 블라디미르 야보틴스키Vladimir Jabotinsky가 유대인 군단을 조직해 중위 계급으로 참전했다.)

앨런비가 팔레스타인에 군사 행정 당국을 만들자 그의 첫 포고문과 이후 공식 문서들은 히브리어와 아랍어로 번역되었다. 1918년 여름 영국 정부의 동의를 얻은 시온주의자들은 예루살렘 언덕에 토지를 사들였고, 앨런비와 고위 연합군 지휘관들이 참석한 가운데 바이츠만은 히브리대학교의 초석을 놓았다. 1918년 영국 정부는 바이츠만이 이끄는 시온주의 위원회의 팔레스타인 파견을 승인했다. 영국 군사 행정 당국과의 연계 아래 현지 유대인을 조직하는 모호한 임무를 받은 이 위원회는 팔레스타인 유대인 공동체의 공식 대표부 성격을 띠었다. 이뿐 아니라 이 위원회는 영국 장교들이 때로 불평했듯이 마치 정부를 구성하는 것처럼 행동했다.[38]

바이츠만은 조심스럽게 움직였다. 그는 즉각적인 유대인 국가 건설을 요구하는 야보틴스키 같은 소수 급진주의자들의 압박에 흔들리지 않았다. 그는 너무 제국주의적이고 너무 가톨릭적인 프랑스가 아닌, 영국이나 미국이 팔레스타인을 위임통치하게 하려고 애썼다. 그러나 시온주의 내부의 분열과 경쟁이 걸림돌이었다. 강화회의의 여파로 시온주의 운동을 하는 미국 유대인들은 유럽인들의 지배에 도전했다. 강화회의에 온 미국 시온주의 대표단은 바이츠만이 독재적이고 비민주적이며, 그의 팔레스타인에 대한 각서 초안이 "너무 약하다"고 비난했다. 그들은 "유대인 연방Jewish Commonwealth"과 심지어 "유대인 국가"를 주장하고, 유대인 총독과 유대인이 행정을 장악하고, 행정·입법 평의회에 유대인이 다수가 되어야 한다고 주장했다. 바이츠만은 미국 유대인이 법적·정치적으로 순진하다는 것을 발견했다. "우리의 요구는 강화회의의 공식 의제가 되어서는 안 되고, 매일 그리고 매달 꾸준하고 지치지 않게 추구해야 하는 일임을 거듭 강조한다." 그는 때로 사임하겠다고 위협하고, 또한 영국 정부가 그런 조건에서는 위임통치를 맡지 않을 것임을 분명히 했다는 점을 내세우며 난관을 헤쳐 나갔다. 그 단계에서 미국 유대인들은 그에게 공개적으로 도전하지 않았다. 장래에 대법원 판사가 되는 펠릭스 프랑크푸르터Felix Frankfurter는 다음과 같이 지적했다. "그는 당시의 영국 공인들이나 로이드조지와 밸푸어가 더이상 자리에 있지 않을 때 영국의 주축이 될 관리들에 대한 영향력이 있었다. 이것은 영국이나 유럽 대륙의 다른 유대인이 쉽게 가질 수 없는 능력이었다."[39]

주요 시온주의자 대부분이 강화회의를 위해 파리로 갔다. 바이츠만은 늘 하던 대로 권력과 영향력이 있는 사람들과 여러 차례 면담을 했다. 하우스는 늘 그렇듯이 그에게 호의적이었다. 윌슨은 그에게 40분을 할애했고, 밸푸어는 팔레스타인이 관대한 국경을 갖게 될 것이라고 보장했다. 프랑스인들은 소극적이었다. 바이츠만은 윌슨에게 말했다. "나는 프랑스어를 유창하게 구사하지만, 프랑스인과 대화할 때는 다른 언어를 사용했다."⁴⁰ 바이츠만은 장래 유대인 국가나, 유대인의 팔레스타인 이주를 언급하지 않는 조심스러운 태도를 취했다. 그러나 한번은 "영국이 영국인의 것이듯이 팔레스타인은 유대인의 것이 될 것"이라고 발언해서, 이후 시온주의자들에게 부담으로 작용했다.⁴¹

시온주의 대표단은 2월 27일 최고평의회에서 발언을 했다. 바이츠만만 발언하진 않았다. 미국 시온주의자들은 아무도 발언하지 않았는데, 그 이유는 핵심 대변인이 런던에서 아직 도착하지 않았기 때문이다. 유럽 유대인 몇 사람은 발언했다. 폴란드 작가 나훔 소콜로프Nahum Sokolow는 동유럽 유대인들이 겪고 있는 엄청난 고난에 대해 얘기했다. "이 불행한 사람들을 구원해야 할 때가 왔다." 서서 그가 발언하는 모습을 지켜보던 바이츠만은 훗날 이렇게 회고했다. "나는 소콜로프의 표정을 기억한다. 감정을 드러내지 않았지만 지난 2천 년 동안 유대인이 겪은 고난이 그의 어깨 위에 놓인 것 같았다."⁴² 강인한 인상을 주는 러시아 유대인인 메나헴 우시슈킨Menachem Ussishkin은 다시 살아나고 있는 고대 언어인 히브리어로 말했다. 마지막으로 시인이자 프랑스 시온주의의 지도적 인물인 앙드레 스피르André Spire와 저명한 학자인 실뱅 레비Sylvain Lévy가 발언했는데, 두 사람은 바이츠만과 동료들의 강한 반대에도 불구하고 프랑스 정부의 주장에 의해 발언자에 포함되었다. 결국 다른 시온주의자들이 우려한 일이 벌어졌다. 유대인 절대다수의 의견을 대변한다고 주장한 스피르와 레비는 좀더 복잡한 그림을 제시했다. 그들은 프랑스 유대인 가운데 소수만이 시온주의자라는 사실을 지적했는데, 이는 사실 상당히 맞는 말이었다. 그들은 자신이 프랑스인이라는 사실이 자랑스럽다고 말했다(레비는 "감상적으로는 유대인이지 전적으로 프랑스인"이라고 말했다). 그들은 가톨릭교도 보호자로 행동하는 것을 포함한 팔레스타인에 대한 프랑스의 오래된 권리가 유지되어야 한다고 주장하고, 지중해 국가이자 강력한 문명국인 프랑스가 위임통치를 맡기에 가장 적합하다고 제안했다.[43]

프랑스 외무부 관리들은 동의한다는 표정으로 그들의 발언을 경청했다. ("레비는 최면에 걸린 것처럼 보였다"라고 바이츠만은 경멸적으로 말했다.[44]) 프랑스는 전쟁 중 '유대인의 고향'이라는 아이디어를 지지했지만, 이것은 주로 선전 목적이었고, 평화 시에는 팔레스타인에 대한 프랑스의 권리를 포기할 이유가 전혀 없었다. 이 권리의 근거는 식민주의자들이 지겹도록 지적한 것처럼 십자군 시대로 거슬러 올라간다. 피코는 예루살렘 군사 총독인 로널드 스토르스Ronald Storrs에게, 이 성스러운 도시를 튀르크인들로부터 탈환했을 때 프랑스에서 얼마나 큰 환희가 있었는지 영국인들은 전혀 알지 못한다고 말했다. 이 말에 스토르스는 퉁명스럽게 답했다. "그곳을 차지한 우리의 기쁨은 어땠을지 상상해보시오." 팔레스타인 군사 행정 당국에 파견된 프랑스인들은 독실한 가톨릭 신자였다. 한 관리는 스토르스에게 "내가 여기에 부임한 것은 프랑스의 성당에 내 모습이 보이는 것과 같이 고귀하지만, 팔레스타인 성당에 내 모습이 보이지 않는 것도 그만큼 가치가 있다"라고 말했다.[45] 프랑스 외무부 관리들은 1918년 12월 클레망소가 그 유명한 로이드조지와의 회담에서 팔레스타인과 모술에 대한 프랑스의 권리를 포기한 것을 결코 용서하지 않았다. 시온주의 대표단이 최고평의회에서 발언하기 전에 프랑스 외무부의 한 고위 관리는 스피르에게 말했다. "프랑스 시온주의자가 시온주의에 우호적인 발언을 하는 것은 상관없지만, 프랑스가 팔레스타인을 가져야 한다는 것을 분명하게 말하기를 바란다."[46]

레비는 최소한 프랑스인의 시각에서 보기에 기대보다 잘했다. 상당히 긴 시간 동안 발언한 그는 자신이 시온주의자가 아니라고 단호하게 말했다. 그러면서 바이츠만이 말한 대로 팔레스타인으로 이주하라는 신호만 기다리고 있다는 동유럽의 모든 유대인이 실제로 그것을 행동에 옮길 경우 일어날 수 있는 문제들을 지적했다. 그 나라는 아직 대규모 주민을 지원할 준비가 되어 있지 않았다. (바이츠만이 이를 공개적으로 인정한 적은 없지만, 사실은 그도 공유한 우려였다.[47]) 그는 또한 다음과 같은 심각한 의문도 제기했다. "유대인의 고향이 유대인에게 올바른 일인가?" 그는 유대인이 전 세계 모든 나라에서 동등한 권리를 인정받자마자 팔레스타인에서 자신들만의 예외적 특권을 추구한다는 것은 충격적인 일이라고 말했다. 일부 시온주의 지도자들이 말하는 대로 유대인들이 전 세계에서 모여든다면, 과연 팔레스타인에서 정부를 공유할 수 있겠는가? "이미 한 나라의 시민권을 획득한 주민들이 새로운 나라에서 통치하고 다른 권리를 행사하도록 고무되는 전례를 만드는 것은 위험한 일이다." 유대인은 이미 의심을 받고 있는 상황이었다. "유대인의 뿌리를 가진 프랑스인으로서 나는 그 결과를 두려워한다."[48] 이는 몬터규가 밸푸어 선언을 공격할 때 사용한 논리이기도 했다. 바이츠만은 몬터규에게 퍼부었던 분노를 레비에게도 퍼부었다. "더는 아는 체하지 마시오. 배신자 같으니."[49]

그날 팔레스타인에 대한 결정은 아무것도 내려지지 않았고, 이후 몇 달 동안도 마찬가지였다. 이 문제는 강화회의에서 드물게만 언급되었다. 파리 강화회의에서 자주 있는 일이지만, 앞으로 특별한 문제를 일으킬 의제는 거의 제대로 논의되지 않았다. 팔레스타인 사람들은 밸푸어 선언에 대해 아주 불만이 많다고 1917년에 한 미국 정보 장교가 보고했다. "그들은 시온주의 지도자들이 유대인 공동체를 만들려는 명백한 의도가 있다고 확신하고, 만일 시온주의가 성공하면 자신들의 종교적·정치적 권리가 제아무리 보호된다고 한들 그들에 의해 결국 상실될 것이라고 우려하고 있다."[50] 밸푸어 선언은 "팔레스타인의 기존 비유대인 공동체" 주민의 권리에 대한 보호를 언명하고 있지만, 대부분 무슬림이고 일부 기독교도가 포함된 팔레스타인 아랍인이 현지 주민 약 70만 명 가운데 5분의 4를 차지하고 있는 상황에서 이것은 기묘한 구상이었다.[51] 이것은 또한 세계 정치인들과 시온주의자들이 팔레스타인을 비어 있는 땅으로 보는 경향을 반영하고 있었다. 사이크스는 말했다. "만일 시온주의자들이 그곳에 가지 않더라도, 누군가 갈 것이다. 자연은 진공을 싫어한다."[52] 영국의 한 시온주의자는 "사람이 없는 땅은 땅이 없는 사람들에게"라는 공식을 만들어냈다.[53]

팔레스타인에 아랍인이 살고 있다는 것을 인정하는 사람들조차 서구 제국주의의 시각에서 그들을 바라보았다. 전쟁 전 그곳에 도착한 시온주의자들은 자신들의 새 땅이 얼마나 "동양적"이고 미개한가를 보고 자주 놀랐다. 그들은 새로 도착할 진보적이고 자유주의적인 많은 사람이 아랍인들을 전통에 얽매인 생활에서 벗어나게 해서 앞으로 나아가게 할 것이라고 희망적으로 얘기했다. 헤르츨은 저명한 아랍 가족의 구성원에게 팔레스타인 전역이 번영하게 될 것이라고 보장했다. "만일 누군가 이런 시각에서 상황을 바라본다면, 그것이 올바른 시각이고, 그는 분명 시온주의자의 친구가 될 것이다." 아랍인 자치 정부는 고려할 필요가 없게 될 것이라고 그들은 생각했다. 그러나 1914년 전에도 민족주의와 유대인의 존재에 대한 불안한 감정이 팔레스타인 아랍인들 사이에 일어나는 조짐이 보였다.[54] 팔레스타인 사람들에 대해 말할 때도 인도 지방의 영국 관리처럼 보인 바이츠만은 이를 부인했다. "외양적으로 영리하고 기민한 아랍인들은 오로지 권력과 성공만을 탐한다."[55] 이러한 경악할 무지와 몰이해는 아주 위험했다.

1919년에도 팔레스타인에 있는 영국인들은 자신들이 시온주의자들과 아랍인들 사이에서 진퇴양난의 상황이라는 것을 발견했다. 시온주의자들은 영국 군사 당국이 무감각하고, 반유대적인 경우도 있다고 불평했는데, 이것은 어느 정도 사실이었다. 유대인 군단의 야보틴스키는 영국인들이 아랍인을 "수 세기 동안 영국인이 지배하고 이끌어온 것과 같은 오래된 '원주민'일 뿐, 새롭지도 않고 문제도 없다고 본다"라고 비판했다. 반면 시온주의자들에 대해서는 "머리끝에서 발끝까지 문제이고, 모든 면에서 어려움을 주는 대상으로 본다. 수는 적지만 꽤 강하고 영향력이 있으며, 영어를 모르지만 유럽 문화가 몸에 배어 있고, 골치 아픈 요구를 제기하는 사람들로 본다."[56] (야보틴스키가 이 문제에 스스로 기여한 것은 지하 군대를 조직한 것이었다.)

  영국은 전쟁 중 이행할 수 없는 모순적인 약속을 해서 스스로 딜레마에 빠졌다. 그들은 아랍인이 주로 거주하는 땅에 유대인의 고향을 건설하는 것을 지지했는가 하면, 아랍의 독립을 약속하고 아랍인들에게 오스만 통치자에 대항해 봉기를 일으키도록 고무했다. 아랍 통치를 받아야 하는 땅에서 팔레스타인이 제외된 점을 아랍인들이 지적하자, 영국은 아랍인들의 배은망덕을 비난했다. 밸푸어는 말했다. "나는 그들이 이 모든 것을 기억하고, 지리적으로나 역사적으로나 현재 아랍 영토의 작은 한 조각이 수백 년 동안 흩어져 살던 사람들에게 주어지는 것을 원망하지 않기를 바란다."[57]

  아랍인들, 특히 팔레스타인에 거주하는 아랍인들은 당연히 이를 받아들일 수 없었다. 1917년 밸푸어 선언과 1918년 시온주의 위원회가 도안한 파란색과 흰색으로 만들어진 시온주의 깃발이 팔레스타인 여기저기에서 휘날렸고, 야파에서 열린 시온주의 총회에서 이 지역의 이름을 즉각 에레츠 이스라엘Eretz Israel(이스라엘의 땅)로 바꾸라고 눈치없이 요구한 것 모두가 현지 아랍인들을 극도로 불안하게 만들었다.[58] 커즌은 이에 대해 경고했다. "만일 우리가 스스로를 유대인과 동일시하면, 다른 편에서 파이살이 지원하는 아랍 세력 전체가 우리에게 반기를 들 것이다. 이것은 복잡한 문제를 야기할 것이다."[59] 그 복잡한 문제는 발생할 수밖에 없었다.

자신들이 취한 행동의 결과를 피하기 위해 영국은 시온주의자들과 아랍 민족주의자들이 서로 타협하도록 고무했다. 1918년에 바이츠만이 팔레스타인을 방문했을 때 영국 외무부는 그에게 상기시켰다. "시온주의의 진정한 목표에 대한 아랍인들의 의심을 누그러뜨리기 위해 (…) 가능한 모든 일을 하는 것이 긴요하다."[60] 예루살렘 군사 총독인 스토르스가 시온주의 방문단과 지역 고위 인사들에게 만찬을 베풀었을 때, 바이츠만은 품위 있게 연설했다. "양측이 나란히 일할 수 있는 공간이 있습니다. 시온주의자들이 정치적 권력을 추구한다고 왜곡하는 사악한 자들을 주의하고, 양측이 공동 자치를 얻을 때까지 함께 진보하는 길을 가도록 합시다."[61] 그해 여름 바이츠만과 파이살은 아카바만 인근에 있는 파이살의 캠프에서 만났다. 두 사람의 회동은 호의적인 분위기 속에 진행되었다. 두 사람이 함께 사진을 찍을 때 바이츠만은 아랍식 머릿수건을 썼다. 두 사람은 프랑스를 신뢰할 수 없다는 데 의견이 일치했다. 파이살은 팔레스타인에 시온주의자들이 존재하는 것을 호의적으로 생각하는 듯 보였다. 그러나 그는 자신의 아버지와 상의하기 전에는 결정적인 약속을 할 수 없었다. 바이츠만은 파이살이 팔레스타인 아랍인들을 높이 평가하지 않는다는 인상을 받았다. "그는 팔레스타인 아랍인을 경멸했고, 그들을 아랍인이라고 여기지도 않았다."⁶²

그해 후반 전쟁이 끝나갈 무렵, 두 사람은 런던에서 다시 만났다. 이번에도 모든 일이 잘 진행되었다. 바이츠만은 파이살에게 시온주의자들은 미국이 아랍인을 지지하도록 영향력을 사용할 수 있다고 말했고, 파이살은 이에 대한 보답으로 자신은 팔레스타인에서 어떤 문제도 예상하지 않는다고 말했다. "그곳에서 아랍인과 유대인 사이에 마찰이 있을 것이라고 생각하는 것은 이상하다"라고 그는 바이츠만에게 말했다. 어찌되었건 이를 해결할 충분한 땅이 있었다.⁶³ 1919년 1월 3일 두 사람은 선의와 미래에 대한 희망으로 가득한 합의문에 서명했다. 유대인의 팔레스타인 이주는 장려되었고, 시온주의자들은 강화회의에서 결정될 것으로 여겨지는 독립된 아랍 국가 설립에 조력하기로 했다. 파이살은 영국이 아랍인들에게 한 약속에 동의한다는 문구를 즉흥적으로 써넣었다.⁶⁴ 실현 가능성이 없었던 이 합의는 파이살과 영국 사이, 유대인과 아랍인 사이의 커지는 간극 속으로 사라져버렸다.

팔레스타인의 운명은 수 세기 동안 그랬던 것처럼 외부 세력에 달려 있었다. 1919년에 그것은 주로 영국과 프랑스를 의미했다. 이탈리아도 성지의 기독교도를 보호한다는 성의 없는 주장을 내세우기 위해 병사로 위장한 일부 이탈리아 사제들을 파견했다. 그러나 이탈리아의 주된 목표는 자신들이 갖지 못한 것을 프랑스도 갖지 못하게 하는 것이었다.

2차대전 후 일어난 일과 대비되게 미국은 부차적인 역할만 했다. 미국 정부는 조용히 밸푸어 선언을 지지했고, 윌슨은 시온주의에 우호적이었다. 그는 뉴욕의 최고 랍비에게 말했다. "목사의 아들로 태어난 내가 생각하기에 성지가 그 주민들에게 회복되도록 도와야 하는 것은 당연하다."⁶⁵ 그는 자신들의 민족성을 향유하는 것은 유대인에게 유익할 것이라고 생각했다.⁶⁶ 그는 잠시 동안이기는 하지만, 미국이 팔레스타인 위임통치를 맡는 방안도 고려했다. 그러나 다른 한편에 민족자결이라는 성스러운 계명이 있었다. 소수인 유대인이(팔레스타인에 거주하는 모든 유대인이 시온주의자는 아니었다) 다수인 아랍인을 통치해야 하는가? 밸푸어와 미국의 대법관이자 핵심 시온주의자인 루이스 브랜다이스Louis Brandeis는 기발한 해결책을 생각해냈다. 팔레스타인의 유대인 땅으로 돌아갈 수많은 잠재적 주민이 국경 밖에 살고 있으므로 단순한 "수적 자결권"은 이 경우에 맞지 않다는 것이었다.⁶⁷ 밸푸어는 주장했다. "옳건 그르건, 좋건 나쁘건, 시온주의는 아주 오랜 전통, 현재의 필요, 미래의 희망에 뿌리를 두고 있기 때문에 현재 그 유서 깊은 땅에 거주하고 있는 70만 아랍인의 바람이나 편견보다 훨씬 큰 중요성을 가지고 있다." 그는 강대국이 시온주의를 지지한다는 오래된 외교적 언어를 사용했다.⁶⁸ 윌슨은 중동조사위원회의 작업에 팔레스타인을 포함해야 한다고 주장했다. 사업가와 교수 출신인 조사위원 크레인과 킹은 1919년 여름에 제출한 조사 보고서에서 팔레스타인의 아랍인들이 "시온주의 프로그램 전체에 강력히 반대하고 있다"라고 보고하고,

강화회의가 유대인 이주를 제한하고, 팔레스타인을 유대인의 고향으로 만드는 것을 포기해야 한다고 건의했다.[69] 그러나 여기에 조금이라도 주의를 기울이는 사람은 없었다. 윌슨은 미국으로 돌아갔고, 영국과 프랑스는 여전히 중동 문제를 놓고 힘겨루기를 하고 있었다.

팔레스타인과 관련해서 당시 가장 중요한 문제는 장래의 경계선이었다. 단에서 베르셰바까지 이어지는 땅이라는 로이드조지의 애매한 말에 프랑스는 크게 우려했다. 프랑스는 시리아가 희생되는 대가로 팔레스타인 땅이 늘어난다고 보았다. 단은 리타니강을 포함하고, 요르단의 상부를 포함하는가? 물은 중동에서 항상 중요한 고려 사항이었다. 시온주의자들은 가장 넓은 국경을 밀어붙였다. 바이츠만은 이렇게 주장했다. "팔레스타인의 경제 발전을 위해서는 대규모 유대인 정착촌을 수용하고 유지할 수 있는 요르단 동쪽 영토를 포함하도록 선을 긋는 것이 절대적으로 필요하다."[70] 그가 주장하는 영토는 현재의 요르단을 포함했다. 영국 정부는 프랑스의 영향력을 제한하고 메소포타미아와 지중해 사이의 철도를 보호하는(철도는 아직 존재하지 않았다) 자국의 이익을 위해 그를 지지했다. 프랑스 외무부는 이에 항의했다. 그렇게 되면 팔레스타인은 다마스쿠스 교외까지 뻗게 될 터였다.[71] 클레망소는 시온주의자와 그가 보기에 이를 조종하는 영국에 더이상 양보하기를 거부했다. 결국 시리아와 팔레스타인 사이의 경계는 사이크스-피코 합의에 의해 정해진 선으로 남게 되었다. 프랑스는 팔레스타인이 시리아로부터 잉여 수자원을 제공받을 수 있다는 양보만 했고, 이것은 오늘날까지도 문제를 일으키고 있다.

1920년 4월 산레모에서 영국과 프랑스는 중동에 대한 합의를 최종적으로 승인했다. 영국은 팔레스타인을 위임통치령으로 갖게 되었다(그 조건은 밸푸어 선언을 시행하는 것을 포함했다). 프랑스는 기독교도를 보호하는 과거의 권리를 유지하기 위한 마지막 시도를 했다. 영국과 이전 합의를 암시하는 선선한 태도로 이탈리아는 오스만제국이 사라지고 "문명화된 국가"가 팔레스타인을 인수하는 상황에서 특별한 조정은 필요 없다고 말했다.[72] 회담 말미에 로이드조지는 팔레스타인에서 달려온 바이츠만에게 말했다. "이제 당신들이 추진하던 일이 시작되었으니, 앞으로 모든 일은 당신들에게 달려 있소."[73] 팔레스타인 아랍인들은 산레모 회의에 참석하지 않았지만, 2주 전에 일어난 유대인에 저항하는 폭동으로 자신들의 감정을 분명히 드러냈다.

위임통치령의 상세 사항을 작성하고 국제연맹의 승인을 받는 일이 남아 있었다. 오스만튀르크가 조약에 서명하는 것이 불가능해졌기 때문에 이 일은 2년이 더 걸렸다. 영국은 팔레스타인이 공식적으로 자기 땅인 것처럼 일을 진행했다. 아랍인들에게 한 약속을 의식한 영국 정부는 이제 식민장관이 된 처칠의 촉구에 의해 위임통치령을 둘로 나누었다. 팔레스타인은 요르단 서부 지역으로 한정되고, 트란스요르단이라는 새로운 작은 나라가 파이살의 형인 압둘라의 통치 아래 탄생했다. 바이츠만은 이런 조치에 실망했다. 그는 처칠에게 요르단 동쪽의 땅은 항상 "팔레스타인의 일부이고 중요한 부분"이라는 사실을 강조했다. 그곳의 토양은 비옥하고 기후도 "활력을 주고" 물도 충분히 있었다. 그는 "유대인 정착촌은 지역 주민들과 마찰 없이 대규모로 발전할 수 있다"라고 낙관적으로 말했다.[74] 그러나 시온주의자들은 이 문제로 영국과 대립할 생각은 없었다. 위임통치 조건을 자신들에게 유리하게 만드는 것이 그들에게는 훨씬 중요했다.

이것은 쉽지 않았다. 영국에서는 팔레스타인에 유대인의 고향을 만드는 것이 영국에게 문제가 될 것이라는 인식이 생겨나고 있었다. 커즌은 외무부의 많은 사람을 대변해 밸푸어에게 말했다. "개인적으로 나는 팔레스타인이 그곳을 위임통치하는 사람의 몸을 찌르는 가시가 될 것이라고 본다. 나는 아직 가능할 때 이 책임에서 벗어나는 것이 좋다고 생각한다."[75] 시온주의는 전에는 존재하지 않았던 조직된 아랍 여론을 만들어냈고, 신속하게 항의·청원·자치의 언어를 사용하는 법도 깨닫게 해주었다.[76] 거리에서 팔레스타인 폭도들은 좀더 직접적인 행동에 나섰다. 1920년부터 영국 당국은 유대인에 대해 간헐적으로 계속 일어나는 폭력 행위를 제압해야 했다. 처칠은 시온주의에는 호의적이었지만, 로이드조지에게 경고했다. "팔레스타인을 유지하는 데 매년 600만 파운드의 비용이 든다. 시온주의 운동은 아랍인들과 지속적인 마찰을 야기할 것이다. 시리아에 4개 사단을 손쉽게 주둔시킨 프랑스는(그들은 우리에게 마땅히 지불해야 하는 돈으로 그 비용을 충당하고 있다) 시온주의 운동에 반대하고, 아랍인들에게 우리를 진정한 적으로 만들려고 시도할 것이다."[77]

영국은 계속 임시방편을 사용했다. 팔레스타인의 아랍인들이 시온주의자들과 양해에 이를 것이라는 낙관적 견해가 그 바탕에 있었다. 1921년 여름 팔레스타인 아랍인 대표단이 런던을 방문했다. 처칠은 시온주의자들에 대한 그들의 소란스러운 불평을 경청했다. (그는 "당신들이 한 약속은 무엇이고, 그것은 무엇을 의미하는가?"라는 대표단 지도자의 질문에 즉답을 피했다.) 그러고서 처칠은 말했다. "바이츠만 박사와 잘 얘기해보라. 앞으로 몇 년 동안 그와 무언가 타협해보길 바란다."[78] 어느 쪽도 상대와 진지하게 얘기할 준비가 되어 있지 않았다. "정치적 공갈꾼", "쓰레기"라는 것이 바이츠만이 아랍인에 대해 갖는 시각이었다.[79] 아랍인들은 밸푸어 선언과 그 이름으로 진행된 일을 인정할 수 없다는 말만 되풀이했다.

영국은 또한 위임통치의 언어를 완화해서 유대인의 고향은 팔레스타인 내부에 국한되고 이 지역 전체를 점령하는 것이 아니라고 암시했다.[80] 위임통치 국가는 "자치적 연방"을 발전시킬 의무가 있다는 말 대신 "자치 제도"를 발전시킨다는 표현을 사용했다. 끊임없이 여행하고, 편지와 청원서를 보내고, 많은 인물을 접촉한 바이츠만은 영국 정부가 위임통치 조건을 더 약화하지 않도록 많은 노력을 기울였다. 그는 실망한 채 알베르트 아인슈타인에게 썼다. "세계의 모든 영리한 자들이 우리에 대항해서 일하고 있다. 부유한 노예 같은 유대인, 어둡고 광신적인 유대인 몽매주의자들이 바티칸, 아랍 암살자들, 영제국주의 반유대 반동주의자들과 결합해 움직이고 있다. 한마디로 모든 개들이 으르렁대고 있다."[81] 그러나 바이츠만은 그가 생각한 것만큼 외롭지는 않았다. 종종 예상하지 못했던 곳에서 지지가 표명되었다. 독일 시온주의자들, 영국 성공회 당국자들, 이탈리아 가톨릭 당국이 지지를 보냈다. 미국 의회는 내부 지향적이고 고립주의적인 분위기에서 벗어나 유대인 민족의 고향을 지지하는 결의를 통과시켰다. 바이츠만의 핵심 영국 동맹들도 태도가 확고했다. 1921년 7월 22일 밸푸어의 집에서 가진 사적 회동에서 로이드조지와 밸푸어는 그에게 자신들은 "최종적으로 유대인 국가를 염두에 두고 있다"고 말했다. 팔레스타인에 총기 밀수라는 불편한 문제가 대두되자 처칠은 짧게 말했다. "우리는 신경쓰지 않을 거요. 그러니 그에 대해 말하지 마시오."[82] 그 자리에 있던 모두가 아랍인 대표단이 짜증난다는 데 생각이 일치했다. 로이드조지는 그들을 매수하는 게 어떻겠냐고 쾌활하게 말했다. 그는 여러 가지 좋은 생각이 있었다. 그는 밸푸어에게 "앨버트홀에서 다시 한번 시온주의에 대해 큰 연설을 해야 한다"고 조언했다.[83]

1922년 7월 국제연맹은 영국 정부가 제출한 팔레스타인 위임통치안을 승인했다. 팔레스타인에서 아랍인 총회는 위임통치를 완전히 거부했다. 바이츠만은 몹시 기뻤다. 위임통치는 곧 유대인을 하나의 민족으로 공식 인정한 셈이었다. 그러나 이것은 유대인 투쟁의 첫 장의 끝에 불과했다. "만일 우리가 팔레스타인에서 일하고 또 일한다면, 위임통치에 진정한 의미를 부여할 또다른 기회를 맞이하게 될 것"이라고 바이츠만은 말했다.[84] 그 기회는 히틀러의 등장과

2차대전이라는 끔찍하고도 예상치 못한 방식으로 나타났다.

 밸푸어는 1925년에 바이츠만과 그의 아내와 함께 팔레스타인을 처음으로 방문했다. 예루살렘에서 그는 히브리대학교 창립식에 참석해 유대인의 고향을 설립하는 데 자신이 한 역할을 자랑스럽게 평가하는 감동적인 연설을 했다. 그는 팔레스타인 여러 곳에서 유대인들로부터 받은 열렬한 환영에 감격했지만, 상점 문을 닫고 조복 차림으로 항의하는 아랍인들에게는 눈을 돌리지 않았다. 그의 개인 비서는 분노에 찬 아랍인들이 보낸 수백 통의 전보를 그가 읽기 전에 폐기해버렸다. 그와 일행이 관광을 위해 시리아로 이동하자 프랑스 당국은 그 둘레에 경비병을 배치해 그를 짜증나게 만들었다. 다마스쿠스에서 그가 묵는 호텔은 흥분한 6천 명의 아랍인들로 에워싸였다. 도로에서 뜯어낸 돌이 날아들고 프랑스 기병이 사격을 가하는 장면을 밸푸어는 재미있다는 듯이 바라보았다. 그의 일행을 수행한 한 아랍인 젊은이는 왜 그렇게 시온주의를 반대하는지를 설명하려고 했다. 밸푸어는 그저 자신의 실험 결과가 "비상하게 흥미롭다"는 말로 답했다.[85] 그는 스핑크스호를 타고 영국으로 귀환했다.

29장

아타튀르크와 세브르 조약 파기

1919년 5월 오스만제국에 대한 자주 중단된 논의는 이탈리아가 소아시아에서 벌인 일로 인해서 달갑지 않은 충격을 받았다. 이탈리아는 지난겨울 이탈리아인과 수녀원을 보호한다는 명목으로 그곳에 잠시 동안 병력을 주둔시키기도 했다. 이탈리아 병력은 남쪽의 안탈리아 항구와 로도스섬을 마주 보는 마르마리스에 자리를 잡는 것처럼 보였다. 이 두 지역은 이탈리아가 전쟁 중 맺은 합의에 의해 자국 영토라고 주장하는 곳이었다. 이탈리아 전함이 스미르나(이즈미르) 항구에 나타났다는 보고도 들어왔다. 5월 11일 그리스 총리 베니젤로스는 4인 평의회에 이탈리아 작업팀이 조금 남쪽인 스칼라 누오바(쿠사다시)에 제방을 쌓고 있다고 보고했다. 그는 또한 이탈리아가 튀르크인들과 비밀 거래를 했다고 주장했다. 중재자들은 최악의 상황이 벌어질 것을 예상했다. 이탈리아 대표단은 독일 조약이 완성되어가던 4월 24일에 피우메 문제로 강화회의에서 이탈했다. 윌슨은 아드리아해에서 이탈리아가 원하는 모든 것을 줄 생각이 전혀 없었고, 소아시아에서 이탈리아가 위임통치를 담당하는 아이디어에도 냉담했다. "나는 그 지역에서 이탈리아인들이 원하는 것을 허용할 생각이 없다. 나는 그들의 의도를 믿지 않는다. 만일 그들의 행동과 음모에 대해 우리가 알고 있는 모든 것을 미국 언론에 알리면, 그들 내부의 시한폭탄이 터지게 될 것이다."[1]

로이드조지와 클레망소도 윌슨의 분노에 공감했지만, 전쟁 중에 한 약속으로 인해 제약을 받고 있었다. 이탈리아의 참전을 이끈 1915년 런던 조약에서 그들은 만일 튀르크가 분할되는 경우 이탈리아는 "정당한 몫"을 갖게 될 것이라고 약속했다. 조약의 언어는 위험할 정도로 모호해서, 이탈리아가 소아시아 해안의 큰 지역을 차지하고, 분명한 이탈리아의 튀르크 지역과 그 주변은 물론 더 북쪽에서는 스미르나까지, 남쪽에서는 소아시아 해안이 다시 남쪽으로 꺾여지는 아다나까지 차지할 수 있다고 암시했다. 이것이 이탈리아가 당연히 여긴 것이었다.[2] 영국과 프랑스 사이에 맺어진 사이크스-피코 합의로 프랑스도 아다나 인근 지역에 대한 권리를 주장하고 있는 상황에서 이것은 불편한 문제였다. 이탈리아 정부는 이 합의 내용을 직접 보지는 못했지만, 소문을 들어서 마음이 불편한 상태였다. 소니노는 거듭해서 명확한 입장을 요구했다. 그는 1917년 4월에 알프스산맥의 작은 산악 도시 생장드모리엔에서 이 문제를 꺼냈다. 로이드조지는 이 회동 분위기가 당시 여전히 땅에 쌓여 있던 눈처럼 차가웠다고 기억했다. 소니노는 "분노를 참느라 붉어진 얼굴"을 보였다. 영국과 프랑스는 마지못해 더 큰 튀르크 영토를 양보했다. 소아시아 남쪽에서 중요한 항구인 스미르나가 포함된 거대한 사각형 지역을 이탈리아가 직접 통제하고, 스미르나 북쪽의 커다란 돌출부는 이탈리아의 세력권으로 인정되었다. 로이드조지는 "당신은 전쟁이 끝나면 우리가 이것을 다 만들어서 당신에게 넘겨주기를 원하고 있다"라고 날카롭게 소니노에게 말했다. 이후 영국과 프랑스는 러시아의 동의를 받아야 한다는 이유로 이 합의의 유효성을 부인했지만(러시아 혁명으로 불가능해졌다), 이탈리아 정부는 자신들이 소아시아의 해당 부분을 차지할 권리가 있다고 주장했다.[3]

이탈리아 민족주의자들은 자신들의 주장을 뒷받침하기 위해 위대한 로마제국의 기억도 동원했다(그리스인들이 더 오래된 자신들의 제국을 동원하자 "공허한 헬레니즘적 과대망상"이라고 폄하했지만). 그들은 천연자원(에레일리(또는 이탈리아인들이 선호하는 지명인 헤라클레움)의 탄광이 특히 중요했다)을 필요로 했고, 투자와 상품 수출 시장이 필요했다. 이탈리아인들은 기독교도 전반과 특히 이탈리아인 정착민(거의 없었지만)을 보호하고, 튀르크인을 문명화하려 한다고 주장했다.[4] 이탈리아 총참모부는 1918년에 장래 이탈리아 지역에 대한 서정적 그림을 그렸다. "그곳의 기후는 우리 이주자들에게 알맞고, 토지의 비옥함은 잘 알려져 있다. 옥수수는 수확량이 50배에 달한다. 나아가 경작되지 않은 엄청난 지역의 존재는 인구 밀도로 증명된다.

소도시를 포함해 인구 밀도는 제곱킬로미터당 27명에도 미치지 못한다. 그곳 주민들은 이탈리아의 식민화로 모든 것을 얻게 될 테지만 잃을 것은 아무것도 없다."[5] 그러나 실상 대부분의 이탈리아인은 자신들의 자금을 국내에 투자하기를 선호했고, 이탈리아의 얼마 되지 않는 식민지 경험이 보여주듯이 이민자들은 아메리카 대륙을 선호했다. "이탈리아인들은 소아시아에 별로 관심이 없고, 아프리카의 식민지에도 신경을 쓰지 않는다"라고 오를란도는 인정했다.[6]

소니노는 소아시아는 전쟁 전리품의 일부이고, 이탈리아가 일정 몫을 챙겨야 한다는 단도직입적인 시각을 취했다. 그는 모든 강대국이 조금씩 나누어 갖거나 아무것도 갖지 말아야 한다고 주장했다.[7] 그는 콘스탄티노플에 주재하는 이탈리아인 고등판무관에게 이탈리아의 경쟁국들은 이탈리아의 병합과 세력권 요구를 부정하기 위해 민족자결을 교묘하게 이용하고 있다고 말했다. 이에 대응하려면 지역 주민들이 이탈리아의 보호를 요구하도록 만들어야 했다. 소니노는 고등판무관에게 이 작업을 조심스럽고 은밀하게 추진하도록 지시했다.[8] 그러나 그가 정말로 신경쓰는 곳은 아드리아해 지역이었고, 먼 곳 영토에 대한 요구는 자국에 가까운 곳의 영토 획득을 위해 양보할 준비가 되어 있었다.[9]

1919년 4월 말 아드리아해 지역을 둘러싼 이탈리아와의 위기가 악화되자, 로이드조지와 클레망소 모두 소아시아를 미끼로 사용하려고 했다. 로이드조지는 윌슨에게 "소니노를 우리 쪽으로 이끌려면 아시아에서 양보를 해야 할 것"이라고 말했다. 밸푸어는 그것은 위험하다고 말했지만, 이탈리아인을 달래는 것은 중요했다. "불행하게도 이 문제는 외교에서 우리의 모든 움직임을 쫓아다니며 방해했다"라고 밸푸어는 말했다.[10] 윌슨은 이에 반대했다. 그들은 지역 주민들의 이해관계를 고려해야 했다. 그는 "이탈리아인은 식민지 경영의 경험이 부족하다"라고 지적했다. 게다가 튀르크인들은 이탈리아의 통치를 싫어했다. 로이드조지는 역사를 인용했다. "로마인들은 식민지를 잘 통치했다"라고 지적하고, 튀르크인에 대해서는 예상치 않은 평가를 했다. "온순한 사람들이며 철도를 파괴한다거나 이와 비슷한 일을 한 적이 없다." 그러나 "애석하게도 현대 이탈리아인은 로마인이 아니다." 그는 또한 소아시아에서 모종의 위임통치를 하게 될 그리스인들이 이탈리아인을 싫어한다는 사실도 지적했다. "지난번에 나를 만나러 온 콘스탄티노플 총대주교는 성직자로서의 조심성을 가지고, 이탈리아인이 이웃이 될 가능성에 대해 각별한 우려를 표명했다."[11]

 5월 첫째 주 이탈리아가 계속 강화회의를 거부하자 영국과 프랑스 측은 오스만제국의 작은 땅을 미끼로 이탈리아를 다시 끌어들이려는 생각을 포기했다. 5일 2일에 세 거두가 만났을 때 소아시아 해안에서 이탈리아의 움직임에 대한 추가적인 보고가 들어왔다. "미친 짓"이라고 로이드조지는 말했고, 클레망소는 강경 노선을 주장했다. "만일 우리가 주의를 기울이지 않으면 그들은 우리 목을 겨냥할 것이다." 윌슨은 미국 전함을 피우메나 스미르나로 파견할 것이라고 위협했고, 로이드조지는 베니젤로스가 그리스 전함을 파

견할 것을 제의했다고 말했다.[12]

베니젤로스는 자신이 하던 일을 계속하면서 이탈리아에 대한 반감을 선동하고, 강대국들에 도움을 요청했다. 그가 인식했듯이 이 위기는 그리스에게는 좋은 기회였다. 그는 강화회의 시작 때부터 그리스의 주장을 내세우기 위해 엄청나게 노력했지만, 큰 성공을 거두지 못했다. 또한 그는 소아시아 해안은 논란의 여지 없이 그리스적 성격을 가지고 있고, 튀르크인은 소수 주민이라고 주장했지만, 그의 통계는 신뢰하기 어려웠다. 튀르크인이 다수 주민이라는 것을 인정해야 했던 내륙 지역에서도 베니젤로스는 경제적 주장을 제기했다. 그 지역 전체(튀르크 지방인 아이딘, 브루사와 다르다넬스와 이즈미트 인근 지역)가 지중해에 속하는 지리적 단위라고 그는 주장했다. 그곳은 따뜻하고 수자원이 풍부하고 땅이 비옥하며 세계에 열려 있어서, 건조하고 아시아적인 내륙 지역과 달랐다. 그는 2월 최고평의회에 처음 출석했을 때 이렇게 주장했다. "튀르크인은 좋은 일꾼이고, 정직한 관계를 맺는 사람들이고, 신민으로서는 좋은 주민이지만, 통치자로서는 문명에 도움이 되지 않고 수치를 줄 뿐이다. 그들은 지난 4년 동안 100만 명 이상의 아르메니아인과 30만 명의 그리스인을 멸절했다."[13] 그는 자신이 얼마나 합리적인가를 보여주기 위해 흑해 동쪽에 있는 폰토스의 고대 그리스인 정착지에 대한 모든 요구를 포기했다. 그는 폰토스 그리스인들의 청원을 듣지 않았고, "나는 그들에게 트라키아와 아나톨리아에 집중하고 있기 때문에 흑해 남쪽 지방에 대한 영유권을 주장할 수 없다고 말했다"라고 하우스의 보좌관인 본살을 안심시켰다. 이탈리아의 주장과 사소한 충돌이 있기는 하지만 우호적인 합의에 다다를 수 있다고 그는 확신했다. 그러나 사실 두 나라는 이미 서로를 떠보았지만 어느 쪽도 물러날 생각이 없었고, 특히 스미르나에 대해서는 입장이 확고했다.[14]

번창하는 스미르나 항구는 그리스 요구의 중심에 있었다. 그곳은 위대한 헬레니즘 시대에 그리스 땅이었고, 내륙까지 뻗은 철도를 교역과 투자에 이용하기 위해 그리스 본토에서 건너온 이민자들이 모여 살면서 다시 그리스 지역이 되었다. 전쟁 전 그리스 인구는 최소한 25만 명이 넘었고, 아테네보다 더 많은 그리스인이 그곳에 살고 있었다. 그들은 아나톨리아 평원에서 소아시아로 연결되는 무화과, 아편, 카펫 등의 수출을 장악했다. 스미르나는 그리스 도시였고, 그리스 학문과 민족주의의 중심지였지만, 튀르크의 경제에 없어서는 안 될 중요한 부분이었다.

베니젤로스가 스미르나와 그 내륙 지역에 대한 요구를 제기했을 때 그는 민족자결로 정당화할 수 있는 범위를 넘어선 것이었다. 그는 또한 그리스를 위험한 상황에 몰아넣었다. 건조한 아나톨리아 고지대를 향해 올라가는 소아시아 서부의 비옥한 땅을 얻는 것은 그가 주장한 대로 해안에 펼쳐져 있는 그리스 식민지를 보호하는 데 필요한 일이었다. 그러나 다른 관점에서 보면 이것은 비그리스인이 대거 포함된 그리스 지방을 만들 뿐 아니라 아나톨리아 중앙을 공격하려는 세력을 방어해야 하는 긴 경계선을 만드는 것이었다.

나중에 그리스의 독재자가 되는 베니젤로스의 경쟁자 메타크사스Metaxas 장군은 이를 계속 경고했다. "그리스 국가는 현재 그렇게 광대한 영토를 통치하고 이용할 준비가 되어 있지 않다"라는 그의 말은 옳았다.[15]

오스만제국을 둘러싸고 서로 경쟁하는 모든 요구에 대해 합리적 해결책을 만들어낼 것으로 기대된 그리스 위원회가 그렇게 하지 못한 것은 놀라운 일이 아니었다. 이탈리아인들은 유럽 지역에서 그런 것처럼 그리스의 요구를 전면 반대했고, 영국과 프랑스는 그리스에 호의적이었다. 핵심 이견은 유럽에서 그리스의 요구를 인정할 준비가 된 미국 전문가들이 소아시아에서는 그럴 생각이 없다는 점이었다. 그 지역에서는 튀르크인이 전체적으로 다수 주민이었고, 스미르나가 그리스인 지역이라 하더라도 그곳을 튀르크에서 분리하는 것은 경제적 측면에서 잘못된 일이었다. "스미르나와 그 항구는 아나톨리아 주민들의 눈, 코, 입이다." 미국은 또한 튀르크인이 너무 낙후되어서 외부의 통치를 받아야 한다는 주장도 받아들이지 않았다. 한 미국 전문가는 이렇게 말했다. "튀르크인을 잘 아는 미국 선교사들, 그들과 함께 오랜 기간 일했던 미국·영국·프랑스의 고고학자들, 그들과 교역해온 영국 상인들, 그들과 싸운 영국 병사들의 일치된 견해는 아나톨리아 튀르크인이 중근동의 다른 주민들처럼 정직하고, 근면한 농민이고, 기사도적 본능으로 무장한 용감하고 진정한 전사라는 것이다."[16]

그리스 위원회의 보고서는 두 견해 모두를 반영했다. 이탈리아인들에 대한 월슨의 분노가 베니젤로스의 말을 경청하도록 만들지 않았다면 월슨은 미국 전문가들의 입장을 지지했을 것이다. 베니젤로스는 그리스인이 튀르크인들에 의해 대량학살을 당하고 있고, 이탈리아인들도 튀르크인과 한통속이 되었다는 우려스러운 보고를 세 거두가 받도록 만들었다.[17] 그리스 위원회의 영국 멤버인 니컬슨에게 베니젤로스는 의기양양하게 "나는 로이드조지와 월슨으로부터 위안과 지지를 약속받았다"라고 말했다. 로이드조지는 이미 그리스 순양함이 스미르나로 출동하는 것에 동의했고, 베니젤로스는 이탈리아군에 대한 대응으로 그리스 병력을 소아시아로 파견할 수 있는 구실을 찾았다.[18] 5월 초 로이드조지와 베니젤로스가 사적으로 저녁 식사를 할 때 그 자리에 배석했던 로이드조지의 비서 프랜시스 스티븐슨은 "두 사람은 상대를 존중했고, 로이드조지는 이탈리아와 문제가 있음에도 불구하고 스미르나를 그리스에게 넘겨주려고 한다"라고 일기에 적었다. 베니젤로스가 기억하는 바로는, 그날 저녁 회동에서 로이드조지는 그리스가 콘스탄티노플도 얻기를 희망하고 있었다.[19]

  5월 6일 아침 연합국은 태연하게 스미르나, 베니젤로스의 위대한 꿈, 로이드조지의 연정을 차례로 파괴하게 만드는 일련의 사건을 촉발한 결정을 내렸다. 4인 평의회에서 로이드조지는 스미르나에 대한 결정을 압박했다. 만일 그들이 행동에 나서지 않으면 이탈리아가 소아시아의 땅을 차지하게 될 것이라고 그는 말했다. 그리스 병력을 사용할 수 있는 상태이고, 소요나 학살이 일어날 조짐이 보이면 그들은 언제든지 그곳에 상륙할 수 있다고 로이드조지가 말했다. 윌슨이 "지금 상륙하라고 말하지 못할 이유가 무엇입니까?"라며 "여러분은 반대합니까?"라고 물었다. 로이드조지는 "전혀 반대하지 않습니다"라고 대답했고, 클레망소는 "나도 반대하지 않습니다. 다만 이탈리아인들에게 통보해야 하지 않을까요?"라고 덧붙였다. "내 생각에는 그럴 필요 없습니다"라고 로이드조지가 말했다. 다음날 강화회의에 복귀한 이탈리아 대표들에게 연합국은 그들이 없는 동안 임박한 대량학살을 막기 위해 행동을 취할 수밖에 없었다고 부정직하게 말했다. 소니노가 강대국이 왜 자국 군대를 파견하지 않느냐고 묻자, 클레망소는 이 군대를 그리스 장군의 지휘 아래 두는 것은 어렵기 때문이라고 대답했다. 그는 소니노에게 "이것은 스미르나의 운명을 결정짓는 문제가 아니라, 잘 정의된 목표를 가지고 임시 작전을 수행하는 문제"라며 안심시켰다.[20] 사실 당시 클레망소는 베니젤로스의 매력에 빠져 있었다. 그는 모르다크에게 말했다. "오디세우스도 그 옆에서는 아주 작은 사람에 불과하다. 그는 최고의 외교관이고, 아주 합리적이고, 아주 잘 훈련되고, 아주 기민하고, 언제나 자신이 해야 할 일을 아는 사람이다."[21]

운명적 결정이 내려진 후인 그날 오후에 로이드조지는 베니젤로스에게 4인 평의회가 시작되기 전에 긴급히 만나자고 제의했다. 베니젤로스는 로이드조지가 단순한 질문으로 대화를 시작했다고 일기에 적었다.

로이드조지: 당신은 보낼 병력이 있습니까?

베니젤로스: 있습니다. 무슨 목적입니까?

로이드조지: 윌슨 대통령과 클레망소 씨와 나는 오늘 당신들이 스미르나를 점령해야 한다는 결정을 내렸습니다.

베니젤로스: 우리는 준비되어 있습니다.[22]

베니젤로스는 세 거두를 만나고, 상세한 사항을 논의하려고 그들의 군사 참모들과 만났을 때 낙관으로 가득 찼다. 그의 그리스 군대는 준비가 되었고, 튀르크인들은 아무 저항도 하지 않을 것이고, 스미르나의 그리스인들은 당연히 우호적으로 나올 것이었다. 로이드조지와 그는 프랑스 병력과 영국 병력이 항구 입구의 요새들을 점령한 다음 그리스인에게 넘겨주는 것이 최선이라는 데 생각이 일치했다. 클레망소는 다소 주저했지만 결국 동의했다. 그는 이탈리아인들을 불필요하게 적대적으로 만드는 것을 우려했다.[23] 윌슨은 법조문에 따라 행동하는 것과 이탈리아인에 대한 혐오 사이에서 갈등했지만, 결국 5월 15일로 예정된 스미르나 점령을 지지했다. "이 모든 일은 미친 짓이고 아주 나빴다"라고 영국 군사 전문가인 헨리 윌슨이 썼다.[24]

스미르나의 분위기는 긴박했다. 그리스 정부의 요원들이 전쟁 종결 후부터 그곳에 와서 그리스 통치에 대한 주민들의 지지를 이끌어내기 위해 활동하고 있었다. 영국과 프랑스의 대표들은 이 모습을 우호적으로 지켜보았고, 이탈리아는 적대적으로 관망했다. 튀르크인 소수 주민들은 크게 동요했다. 그리스군이 온다는 소문이 돌자 수천 명의 튀르크인이 항의의 표시로 밤에 북을 치며 시위를 벌였다. 훨씬 더 많은 그리스인이 5월 15일에 해안가로 모였다. 정교회 주교는 도착하는 병사들을 축복할 준비를 했다. 파란색과 흰색의 그리스 국기가 도처에서 휘날렸다. 첫 그리스 병력이 도시 안으로 행진해 들어오자 군중은 환호를 지르고 눈물을 흘렸다. 마치 축일 같았지만, 곧 누군가 튀르크군 병영 밖에서 총을 쏘았다. 그날 분위기는 험악해졌다. 그리스 병사들은 마구 총을 쏘았고, 항복한 튀르크 병사들이 병영 밖으로 나오자 그들을 구타하고 총검을 앞세운 채 해안가로 몰고 갔다. 그리스 구경꾼들은 흥분해서 폭력에 가담했다. 약 30명의 튀르크인이 사망했다. 스미르나 도처에서 폭도들이 나타나 살인과 약탈을 시작했는데, 그들 중 일부는 튀르크인이었다. 저녁이 되자 300~400명의 튀르크인과 약 100명의 그리스인이 사망했다. 무질서는 다음날 인근 농촌 지역과 소도시로 확산되었다.[25] 이 모든 상황은 그리스와 그리스의 영토 주장에 재앙이었고, 앞으로 일어날 일의 예고편이었다.

튀르크 전역에서 튀르크인들은 그리스군의 상륙 소식에 경악했다. 많은 사람들은 오스만제국 분할의 첫걸음이 내디뎌졌다고 생각했다. "스미르나 상륙의 세부적인 소식을 들은 후 나는 앞으로 있을 성스러운 투쟁 이외의 다른 문제에 대해서는 거의 입을 열 수가 없었다"라고 아타튀르크를 초기부터 지지한 한 여성이 회ompared했다.[26] 콘스탄티노플에서 군중은 검은 깃발을 들고 행진했다. 상류 계급 여성 대표들이 전례 없이 영국 고등판무관을 방문했다. "우리의 일부인 살아 있는 오스만제국의 몸에서 살점이 베어졌고, 그 행동으로 우리도 피를 흘리고 있다"라고 그들은 항의했다.[27] 술탄은 자신의 궁전에서 눈물을 흘렸다. 그의 장관들은 항의해야 한다고 간청했다. 그 자리에 있던 아타튀르크는 "당신들이 항의한다고 그리스군이나 영국인이 물러날 것 같은가?"라고 일갈했다. 장관들이 의기소침해지자 그는 "좀더 분명한 조치를 취해야 할 것"이라고 말했다.[28]

아타튀르크는 자신이 가야 할 곳은 장교들과 병사들이 민족주의 사상에 충성하는 내륙 지역이라고 결정했다. 문제는 그곳에 가는 방법이었지만, 이는 영국 점령 당국의 부주의한 조치로 해결되었다. 점령 당국은 튀르크 정부가 장교 하나를 그곳으로 보내 법과 질서를 회복해야 한다고 주장했다. 아타튀르크는 아나톨리아 전역에 걸쳐 전권을 갖는 총감찰관으로 스스로를 임명했다. 그는 이 순간을 "마치 새장의 문이 열리고, 날개를 펴고 하늘을 날아오를 준비가 된 새처럼 느꼈다"라고 회고했다.[29] 그리스군이 스미르나에 상륙한 다음날 그는 영국 당국이 발행한 통행증을 가지고 콘스탄티노플을 떠났다. 그로부터 4일 후인 5월 19일에 그와 소규모 일행은 흑해의 항구 삼순에 상륙했다. 나중에 그는 그날을 튀르크 국경일로 삼았다. 콘스탄티노플에 있는 사람 중 그가 무슨 생각을 하고 있는지 알아차린 이는 거의 없었다. 아나톨리아에서 일어나고 있는 일에 대한 첫 암시가 파리에 도착하기까지는 몇 달이 걸렸다. 로이드조지는 나중에 이렇게 회고했다. "소아시아에서 패배하고 줄어든 튀르크 군대를 재조직하는 움직임에 대한 어떤 정보도 보고받지 못했다. 우리 군 정보부는 철저히 무지한 상태였다."[30]

　연합국이 이후 몇 달 동안 어리석게도 아타튀르크에게 도움을 제공하지 않았더라면 그와 동료들의 과감한 도박수는 결코 성공하지 못했을 것이다. 연합국의 정책은 혼란스럽고 어리석었을뿐더러 위험 부담이 컸고, 튀르크 민족주의가 크게 살아날 이상적 여건을 만들어주었다. 이탈리아군, 그다음에는 그리스군이 소아시아 해안에 상륙하도록 허용한 것, 아르메니아와 쿠르디스탄이 별개의 국가가 될 것이라고 암시한 것, 콘스탄티노플을 포함한 흑해 해협 주변 지역 전체가 튀르크에서 분리될 가능성 등은 튀르크 민족주의자들에게 배수진을 치게 했다. 나라 자체가 사라질 판인데 저항을 벌인다고 무엇을 더 잃겠는가? 파리에서 오스만제국과 조약을 만들어내는 것이 지연될 때마다 연합군은 점점 더 약해졌고, 아타튀르크는 점점 더 강해졌다.

　1919년 여름, 태양이 내리쬐는 아나톨리아 평원에서 아타튀르크는 쉴 새 없이 움직였다. 때로는 차량으로, 때로는 기차로, 또 자주 말을 타고 이동하며 같은 생각을 가진 민족주의자 장교들을 끌어들이고, 연합국의 점령에 항의해 일어난 독자적 집단들을 민족주의 운동의 기초로 규합했다. "우리에게 싸울 무기가 없다면, 이빨과 손톱으로 싸울 것"이라고 그는 각오를 다졌다.[31] 6월에 그는 스미르나의 그리스군, 남쪽의 프랑스군, 동쪽의 아르메니아인을 상대로 민족 저항 운동의 시작을 선언했다. "농민의 신을 신고, 산악 지역으로 후퇴하고, 마지막 바위까지 내몰리더라도 우리 땅을 방어해야 한다. 만일 우리가 패배하는 것이 신의 뜻이라면, 우리 집과 모든 재산을 불태우고 이 나라를 폐허로 만들어 텅 빈 사막이 되게 할 것이다." 여러 보고가 콘스탄티노플로 들어오자 영국 당국은 술탄 정부에 총감찰관인 아타튀르크를 소환하도록 압박했다. 6월 23일 콘스탄티노플로 귀환하라는 명령을 받은 아타튀르크는 직책을 사임하고, 에르주룸에서 총회를 열어 국가적 조약이 되는 강령을 발표했다. 콘스탄티노플을 포함한 튀르크인이 거주하는 땅은 마땅히 온전하게 하나로 남아야 한다는 것이 이 강령의 핵심 조항이었다.[32]

1919년 봄 이후 오스만제국에 남아 있던 지역의 운명은 점점 더 파리에서 일어나는 일이 아니라 아타튀르크의 움직임에 달린 일이 되었다. 두 개의 다른 세계가 충돌을 향해 나아가고 있었다. 국제회의, 지도상의 경계선, 이 나라 저 나라로 순종적으로 이동하는 주민들의 세계와, 오스만이라는 과거를 떨쳐버리고 튀르크 민족으로 각성한 사람들의 세계가 그것이었다. 파리에서 강대국은 동방에서 일어나고 있는 일을 제대로 파악하지 못한 채 자신들의 길을 가고 있었다. 위선적인 위임통치 거래가 아무 일 없다는 듯이 계속 진행되었다. 5월 13일, 이 지역 사정에 밝은 전문가인 니컬슨은 지도를 들고 니토 거리에 있는 로이드조지의 숙소로 불려와서 이탈리아인들에게 얼마만큼 떼어줄 수 있는지를 설명했다. 오를란도와 소니노도 그곳에 도착했고, 일행은 거실 탁자에 둘러앉았다. "파이가 더 커졌소." 이탈리아인들은 스미르나 남쪽 지역도 요구했다. "그럴 수 없소. 그곳은 그리스인으로 가득 찼소"라고 로이드조지는 말했다. 로이드조지가 주민 분포를 표시한 색을 착각한 것을 알아채고 니컬슨은 경악했다. "로이드조지는 순발력 있게 유머로 자신의 착오를 시정했다. 그는 물총새처럼 행동이 빨랐다." 누군가 위임통치는 "관련된 주민들의 동의와 바람"에 상응해야 한다고 지적하자, 유쾌한 웃음이 터졌다. "오를란도의 하얀 뺨은 웃음으로 부풀어 올랐고, 그의 눈은 웃음의 눈물로 가득 찼다."33

그날 오후 니컬슨의 지도는 카펫에 깔려 클레망소, 윌슨, 로이드조지 앞에 펼쳐졌고, 지도의 주인은 밖에서 《도리안 그레이의 초상》을 읽었다. 윌슨의 서재 내부에서 로이드조지는 아나톨리아 남부에 대한 이탈리아의 위임통치안을 화려한 말로 설명했다. "튀르크인들이 황야로 만든 곳에 이탈리아인들은 도로, 철도, 관개시설을 만들고 그 땅을 경작할 수 있습니다." 프랑스는 아나톨리아 북쪽 지역을 차지하고, 그리스는 스미르나 및 그 주변 지역과 도데카네스제도를 차지할 수 있다고 설명한 로이드조지는 후하게도 그리스가 키프로스도 차지할 수 있다고 말했다. 옆에서 조용히 앉아 있던 클레망소는 그리스인이 위임통치령을 운영할 능력이 있는지에 대해 다소 의구심을 표현했다. "나는 펠로폰네소스 지역 전체를 돌아다녔지만, 제대로 된 도로를 보지 못했소." 윌슨은 그들에게 기회를 주자고 말했다. "그들에게 우리의 확신을 보여주면 그들은 잘할 수 있을 거요." 분위기에 사로잡힌 윌슨은 미국이 아르메니아 위임통치를 맡을 수 있기를 희망한다고 말했다. 클레망소는 미국이 콘스탄티노플도 관할할 수 있다고 말했다. 니컬슨이 지시를 받기 위해 안으로 불려 들어갔다.[34] 이것을 안 밸푸어는 "전능하고 완전히 무지한 세 사람이 대륙을 분할하고 있고, 어린아이 하나가 그들 이야기를 받아 적고 있다"라며 보기 드물게 분노를 표출했다.[35] 그는 로이드조지에게 튀르크를 분할하는 것이 얼마나 위험한지 지적하는 강한 어조의 각서를 보냈다.[36]

로이드조지는 거의 만장일치로 이 계획에 반대하는 군사 참모들의 말도 들었다. 튀르크를 분할하는 것은 당연히 인도를 포함한 이슬람 세계와 "영구적 전쟁"을 하는 것이나 마찬가지라고 경고하기 위해 런던에서 달려온 처칠과 몬터규도 반대에 가세했다.[37] 로이드조지는 인도 대표단을 접견하기로 했지만, 런던에서 뒤늦게 도착한 대표단은 로이드조지가 차를 타고 시찰에 나선 것을 발견했다.[38]

5월 13일에 만든 튀르크 분할안은 거의 즉시 무산되었다. 이탈리아는 새로운 병력을 상륙시켜 로이드조지와 윌슨을 화나게 했다. 로이드조지는 이탈리아 위임통치령에 대한 생각을 완전히 바꾸었다. "이탈리아인을 소아시아에 들어가게 하는 것은 그곳에 분쟁의 씨앗을 만드는 것이라고 본다."[39] 그는 또한 몬터규의 경고에 마음이 움직였다. 그는 5월 19일 다른 지도자들에게 말했다. "튀르크 본토를 분할하는 것은 불가능하다는 결론을 내렸다. 우리는 무함마드 세계에 무질서를 던져 넣는 큰 위험 부담을 안게 될 것이다." 윌슨도 그런 위험이 있다는 데 동의했다. 또한 위임통치가 전리품의 분배처럼 보이게 될 것을 우려했고, 튀르크인이 단일 국가를 원한다는 것을 분명히 했기 때문에 아나톨리아를 프랑스 위임통치령과 이탈리아 위임통치령으로 나누는 것은 잘못된 일까지는 아니더라도 불편하다고 생각했다. 그는 튀르크의 주권을 파괴하는 것은 정당성이 전혀 없다고 주장했다. "나는 이것을 14개조에 밝혔고, 14개조는 우리를 구속하는 일종의 조약이라는 것을 스스로 새삼 상기했다." 그는 프랑스가 '위임통치' 대신에 튀르크 국가에 조언을 하는 역할을 맡을 수 있다고 제안했다. 그들은 술탄을 흑해 해협에 대해 아무런 권한을 갖지 않는 상태로 콘스탄티노플에 그대로 둘 수 있었다. 로이드조지도 이에 동의했지만, 이틀 후 이 문제를 논의하기 위해 급히 파리로 건너온 당황하는 내각 각료들을 만나고 나서는 아나톨리아 전체와 흑해 해협, 아르메니아를 프랑스가 아니라 미국이 통제하는 방안으로 돌아갔다.[40]

  이 과정을 당황스레 지켜보던 클레망소는 격앙했다. 그는 이미 시리아 문제를 놓고 로이드조지에게 분노한 상태였다. "당신은 이탈리아를 불쾌하게 한다는 이유로 프랑스가 소아시아에 들어갈 수 없다고 말하고 있다. 프랑스에는 여론이 전혀 없다고 생각하는가? 게다가 프랑스는 유럽 전체에서 튀르크와 경제적·재정적 이해관계가 가장 큰 나라다. 그런데 지금 프랑스는 처음에는 무함마드의 사람들, 다음에는 이탈리아를 달래기 위해 내던져졌다." 그와 로이드조지는 튀르크 분할뿐만 아니라 중동 문제 전체를 놓고 격렬한 논쟁을 벌였다. "두 사람 모두 크게 격분해서 비열한 비방을 했다. 클레망소는 끝에 가서 겨우 화를 억눌렀고, 헤어질 때 '당신도 참 대단하다'라고 말했다."[41] 들리는 말에 따르면 어느 시점에서 클레망소는 자신의 경험에서 나온 해결책을 제안하며 로이드조지에게 권총이냐 칼이냐를 선택하라고 말했다.[42]

윌슨은 대립을 무마하려고 노력했다. "우리는 오늘 실제보다 이견이 훨씬 부풀려진 듯하다"라고 그는 말했다.[43] 그러나 그는 제시할 해결책이 거의 없었다. 개인적으로는 미국이 아르메니아 위임통치를 맡을 수 있다고 생각했지만, 이제 그 가능성에 대해서는 매우 회의적이었다. 그저, 다른 문제에서와 마찬가지로 좀더 연구하면 해결책이 나올 수 있다는 입장으로 물러섰다.[44] 다른 중재자들은 이 문제를 논의에서 빼버렸다. 독일과의 조약이 훨씬 시급했고, 튀르크 문제는 미룰 수 있었다.[45]

오스만제국은 6월 말 윌슨이 미국으로 돌아가기 전에 단 한 번 논의되었고, 술탄 정부 대표들이 회의에 나타난 것에 대한 반응으로 진행되었다. 강대국들은 독일의 반응을 기다리면서 시간을 보냈지만, 독일에게 한 것과 달리 패전국인 오스만제국은 조약이 완성되기 전에 출석하게 했다. 이는 강대국이 오스만제국의 운명을 얼마나 대수롭지 않게 다루었는지를 보여주는 증표였다. 6월 17일 오스만튀르크의 세 대표가 클레망소, 로이드조지, 윌슨과 그들의 외무장관이 모인 회의에 출석했다. 상냥하고 부유하며 술탄의 여동생과 결혼한 것이 가장 큰 성취인 튀르크 총리인 다마트 페리트 Damad Ferid가 튀르크의 입장을 설명했다. 그는 튀르크의 참전과 기독교도 아르메니아인 학살에 대한 책임을 전임자들에게 돌렸고, 자국의 가장 큰 희망은 국제연맹의 유의미한 회원국이 되는 것이라고 호소했으며, 오스만제국을 손상하지 말아달라고 청원했다. 그는 또한 제대로 완성되지 않은 서면 청원도 가지고 왔다. 클레망소는 냉정하게 말했다. "유럽, 아시아, 아프리카에서 튀르크의 통치는 물질적 번영을 퇴보시키거나 문화 수준을 떨어뜨렸을 뿐이오. 유럽의 기독교도나 시리아, 아라비아, 아프리카의 이슬람교도 누구도 튀르크처럼 정복한 국가를 파괴한 예가 없소."[46]

중재자들은 다마트가 한심한 청원을 했다는 데 의견이 일치했다. 윌슨은 "이보다 더 바보 같은 짓을 본 적이 없다"라고 생각했다. 그는 튀르크 대표단에게 짐을 싸서 귀국할 것을 제안했다. "그들은 상식은 전혀 보여주지 않았고, 서구 문명에 대한 완전한 오해만 보여주었다." 로이드조지는 이것이 "튀르크인의 정치적 무능을 가장 잘 보여주는 증거"라고 생각했다.[47] 튀르크 대표단과 각서는 해프닝으로 끝났다. 답신에 뭘 써야 할지 아무도 몰랐고, 윌슨은 답신 자체를 보낼 필요가 있는지 회의적이었다. 로이드조지는 아랍 땅, 스미르나, 아르메니아 문제를 정리한 평화 조건을 만들고, 트라키아와 아나톨리아 문제는 뒤로 미루는 방안을 제안했다. 이 문제들은 미국이 어디를 위임통치령으로 맡을지를 결정한 다음에 다룰 수 있었다. 그는 앞으로 두 달 정도면 해결될 문제라고 보았다. 윌슨은 사적으로 이제 자신은 튀르크인을 콘스탄티노플 통제에서 제외하는 것을 생각하고 있다고 말했다. 클레망소는 "오스만제국의 영토를 처분하는 문제에서, 지난번의 대화 이후 우리가 지금 어떤 입장인지 나조차도 잘 모르겠다"라고 말했다. 세 사람은 이 문제 해결에서 손을 놓았고, 로이드조지는 "우리가 손쉽게 평화를 만들고 이것을 끝낼 수 있다면 더할 나위 없겠다"라고 말했다. 클레망소는 "물론 그것은 가능하지 않다"라고 맞장구쳤다.[48]

런던에서는 파리에 있는 누구보다 오스만제국에 대해 더 많이 알고 있는 사람이 이 모든 과정을 경각심과 실망감을 가지고 지켜보고 있었다. 밸푸어가 자리를 비운 사이 외무부를 맡고 있던 커즌은 튀르크인이 끝났다는 전제의 위험성과, 포괄적 해결을 미루는 것은 바보 같은 짓임을 경고하는 각서와 서한을 연달아 보냈다. 로이드조지는 대부분의 직업 외교관을 무시한 것처럼 그의 경고에 별로 신경쓰지 않았다. 커즌은 대귀족, 지주, 세련된 옥스퍼드대학 출신이자 런던 사교계 출신이었는데, 로이드조지는 프랜시스 스티븐슨에게 사적으로 자신이 "커즌 같은 인간들을 얼마나 혐오하는지, 그들의 매너리즘, 이상, 관습, 생활양식을 얼마나 싫어하는지" 말했다.[49] 시간이 지나면서 그의 혐오는 커즌의 지식과 능력에 대한 마지못한 존중과 결합된 조롱으로 완화되었다.[50] 그러나 결국 로이드조지를 무너뜨린 것은 커즌이었다.

그리고 아타튀르크 및 그의 군대와 함께 현대 튀르크의 국경을 정한 것도 커즌이었다. 영국 정치인과 튀르크의 군인으로 서로 적수인 두 사람은 만난 적은 없었다. 둘 다 고집이 세고, 영리하고, 자존심이 강하고, 깊은 불안의 순간이 있고, 겉으로 보이는 것보다 복잡한 성격을 가지고 있었다. 인도 총독이었던 커즌은 인도인을 살해한 영국군 연대를 징계해 델리의 영국인들에게 야유를 받은 적이 있었다. 그는 미국인을 아내감으로 선호한 영국 상류층의 속물이었고, 멋진 그림과 가구를 좋아하는 정치인이었으며, 당대인 대다수보다 비유럽 세계를 잘 알고 있는 원조 제국주의자였다. 부상당한 등의 고통과 그의 몸을 똑바로 지탱하는 철심을 정장 외투가 감추고 있는 것처럼, 그의 거만함은 상처받았을 때 눈물 흘리는 면모를 감추었다. 그는 자신에게 불리한 얘기를 별 생각 없이 하기도 했다. 일반 병사들이 목욕하는 모습을 본 그는 "아 이런, 하층 사람들도 흰 피부를 가지고 있다는 걸 미처 생각하지 못했군"이라고 말했다.[51]

조지 커즌은 대전쟁 전에 영국을 지배하고, 영국을 통해 세계를 지배하던 계층에서 태어났다. 그의 가족은 오랫동안 더비셔에 영지를 소유했고, 그는 원한다면 유유자적하게 살 수 있었다. "우리 조상은 900년 동안 대를 이어 케들스톤을 소유했지만, 세상에 두각을 나타낸 사람은 아무도 없었다. 그들은 평범한 시골 신사로 의원, 경찰서장 등을 역임했다. 나는 그 숲에서 벗어나기로 마음먹었다."[52] 그의 부모는 당시 관행에 따라 자녀 양육을 다른 사람에게 맡겼다. 장난감을 싫어하고 완전히 상상적인 죄에 대해 징벌하곤 하던 여성 가정교사가 그를 맡았다. 생애 후반에 커즌은 그녀가 분명히 미쳤다고 결론 내렸다.[53] 이튼스쿨에 들어가서야 그는 꽃피기 시작했다. 그때 사귄 몇몇 친구는 평생 친구가 되었으며, 스스로 인정한 대로 "반에서 제일 앞서기로 결심해" 모든 상을 휩쓸었다. 학교를 졸업할 때 그는 현란하고 인기 많고 성공하고 거칠고 당당한 명사가 되었다. 옥스퍼드대학 시절은 이런 성격을 다시 확인해주었다. 그는 대학에서 대중 연설을 하는 법을 익혔지만, 일부 사람들은 그의 연설 스타일이 너무 과장되었다고 생각했다. 또한 대표적인 보수주의자라는 명성을 얻었고, 사교계 생활에 과감하게 뛰어들었다. 그는 대학 졸업시험에서 1등을 놓치자 잠깐 좌절했지만, 많은 사람들은 그의 출발이 뛰어나다고 생각했다.

한편 그는 너무 쉽게 상처를 받았고, 너무 쉽게 자기 연민에 빠졌다. 매우 열심히 일했지만 종종 중요하지 않은 일에 그런 열정을 보였다. 그는 국제 위기가 절정에 달했을 때 밤늦게까지 책상에 앉아 열심히 계산서를 결산했다.[54] 전쟁 내각에서 그의 동료였던 몬터규는 한 친구에게 썼다. "그는 흥미로우면서도 짜증나는 자다. 종국에는 다루기 아주 쉽지만, 그 과정이란 정말이지…" 커즌은 편지와 질문 공세를 퍼붓곤 했다. "그가 두 차례 전쟁 내각 회의와 동방위원회 회의에 참석해야 하고, 이 세 회의 관련 문서를 숙지하고 있어야 하는 날에, 해러즈백화점에서 그가 차(茶)를 사는 모습을 내 아내가 발견했다고 한다. 이 얼마나 흥미로운 광경인가!"[55] 그는 딸의 수업을 위한 하루 일과표를 그려주고, 유모에게 여성 속바지의 가격을 상세히 따져 묻고, 정원사에게는 씨를 뿌리는 방법, 숲 관리인에게는 나무 자르는 법을 알려주었다. 그는 자신의 그림을 직접 걸겠다고 고집을 부렸다. 런던의 하인들은 그를 기피 대상 명단에 올려놓

았다.[56]

그는 자신이 원하는 것을 제대로 달성하지 못했다. 그가 인도에서 일한 시간은 영광이었지만, 인도 주둔군 사령관 키치너 경에게 밀려 물러나면서 무명으로 직책을 마쳤다. 1919년 가을에 드디어 외무장관이 되었을 때도 그는 로이드조지의 그늘에 가려져 있었다. 로이드조지가 실각하자 그는 총리로 추천될 것을 기다렸지만 허사였다. 사람들은 그와 함께 일하는 게 힘들다고 생각했고, 특히 그의 부하로 일하는 사람들은 더욱 그랬다. 그중 한 사람은 이렇게 말했다. "그는 예술에 대한 지식, 세속적 소유와 사회적 위치에 대한 과대망상에 시달렸다. 나는 그가 사람이나 사물에 대해 겸손함을 보이는 것을 본 적이 없다. 한심한 지경이었다." 그는 철저히 일관성이 없었다. "그는 어느 날 우리를 소매치기처럼 학대하다가 다음날에는 황홀한 감사 편지를 써서 보냈다."[57]

커즌은 영국과 영제국을 세계를 위한 선의 세력이라 여기며 평생 헌신했고, 다른 많은 영국 정치인과 마찬가지로 유럽의 세력 균형이 무너지면 위험하다고 생각했다. 그를 잘 알게 된 니컬슨은 이렇게 말했다. "그가 생각하는 이상적인 세계는 영국이 유럽에 간섭할 일이 없고, 유럽이 아프리카나 아시아에 간섭할 일이 없는 세계다. 미국은 멀리 떨어져 있으므로 반항적이든 어떻든 별로 상관이 없었다."[58] 그는 외국인 대부분을 싫어했고, 특히 프랑스인을 싫어했다. 그는 최소한 추상적인 면에서는 아나톨리아의 튀르크인 같은 소박한 농민을 좋아했다. 커즌은 "유럽과 분리된 단순한 삶을 영위하기를 좋아하는, 단순한 생각을 가진 고상한 사람이었다." 그는 수에즈 동쪽의 세계를 잘 알았다. 그는 옛 오스만제국에서 일본까지 여행을 했고, 중앙아시아, 페르시아, 인도에 대한 엄청난 연구 논문을 썼다. 내각의 동료들은 그가 먼 곳에 가본 적이 있는 유일한 사람이라는 사실을 자주 상기해야 했다.[59] 그는 자신감 넘치고 토론에 탁월한 사람이었지만 구체적인 정책을 만드는 데는 별반 성공을 거두지 못했다.[60]

1919년 파리에서 미적거리는 것을 본 커즌은 거의 미칠 지경이었다. 그는 오스만제국을 전혀 사랑하지 않았지만, 튀르크 민족주의를 자극하는 것에 대해 반복적으로 경고했다.

튀르크인에게서 콘스탄티노플을 빼앗는 것은 전쟁에 패전한 국가의 증거로서 불가피하고 바람직하다고 할 수 있다. 그리고 동방 세계가 이것을 심히 주저한다 하더라도 결국은 수용할 것이라고 생각한다. 그러나 도망자가 이리저리 내몰리고, 사실상 튀르크제국과 칼리프 제도가 완전히 사라지게 되면, 동방 세계 무슬림의 열정에 극도로 위험하고 불필요한 자극을 주게 되고, 음침한 분노는 쉽게 야만적 광기로 분출될 수 있다.

그는 아나톨리아 남부와 다른 곳을 이탈리아의 위임통치령으로 만드는 것과 스미르나를 그리스에 넘겨주는 것을 강하게 반대했다. 그리스는 "살로니카 대문 8킬로미터 밖에서도 질서를 유지할 수 없는" 나라였다.⁶¹ 스미르나 상륙은 "파리에서 일어난 가장 중대한 실수였다"라고 그는 몇 달 후 말했다.⁶²

그의 경고에 귀를 기울이는 사람은 거의 없었고, 커즌은 자신의 억눌린 에너지를 외무부를 재조직하는 데 썼다. 그는 사무용 잉크 스탠드를 바꾸고, 비서들에게 블라인드를 올리게 하고, 날카로운 큰 핀으로 파일을 정리하라고 지시해서 직원들이 손가락을 다치는 결과를 가져왔다.⁶³ 1919년 10월에 그는 마침내 외무장관이 되었다. 그는 튀르크에 대해 좀더 관대한 평화 조건을 주장했지만, 외교 업무 상당 부분을 직접 관장한 로이드조지와 그의 참모들에게 만족해야 했다. 로이드조지는 그리스가 스미르나 외에도 가능하면 더 많은 것을 차지해야 한다고 생각했고, 커즌은 자신의 모든 의구심에도 불구하고 그에게 맞서지 않았다. 그는 때로 사임한다고 위협했지만, 외무장관이 되기 위해 너무 오래 기다려온 터였다. 로이드조지는 커즌은 항상 사직서는 매우 느린 전령을 통해 보내고, 이를 취소하는 것은 훨씬 빠른 전령을 통해 알린다고 농담했다.⁶⁴

영국인들이 내부적으로 의견이 갈려 있는 동안, 일관성을 보여준 적이 없는 연합국도 혼란에 빠졌다. 미국은 해외 간섭에서 발을 빼는 것이 분명해 보였고, 아나톨리아, 흑해 해협, 아르메니아에 대한 미국의 위임통치령은 불가능한 일이 되었다. 영국은 이상할 정도로 이런 현실을 직시하려 하지 않았다. 그것은 아마도 로이드조지가 소아시아에서 그리스의 입지가 강해질 시간 벌기를 희망했기 때문일 것이다.⁶⁵ 윌슨이 파리를 떠나자 로이드조지는 연합국은 미국이 위임통치를 수용하도록 설득할 수 있다며, 더 기다려보자고 했다. 1919년 9월에 윌슨이 와병하자 그는 "충분히 휴식을 취하면 회복할 것이라는 공식 의학 진단을 받은 상태에서 성급하게 대통령의 하야를 전제해서는 안 된다"라고 말했다. 그래서 연합국은 또 기다렸다. "우리는 미국과의 관계가 악화될 위험 없이 취할 수 있는 행동이 있는가에 대해 회의적인 상황에 처해 있다."[66]

튀르크에 대한 이탈리아의 관심도 줄어들었다(애초 강했던 적은 없었다). 1919년 6월 19일 오를란도 정부는 실각했고, 소니노도 물러났다. 새로 총리가 된 프란체스코 니티는 만만치 않은 국내 문제에 더 집중했다. 그는 곧바로 전임자들이 약속한, 비용이 많이 들고 위험한 코카서스 원정을 취소했다. 소아시아와 관련해서 그와 새 외무장관 티토니는 영토 확보보다는 이를테면 탄광 같은 특권을 얻는 데 더 관심이 많았다. 그들은 문제가 없다면 소아시아에서 이탈리아군을 철수할 준비가 되어 있었다.[67] 영국은 이탈리아가 튀르크 민족주의자들과 공모하고 있다는 합리적 의심을 했다.[68]

프랑스는 튀르크에 계속 관심을 가졌지만, 영국과 같이 일할 분위기는 전혀 아니었다. 시리아 문제는 계속 악화되었고, 많은 프랑스인은 영국이 튀르크에서 프랑스도 몰아내는 작업을 할 것을 우려했다. 클레망소는 그리스에 대한 지지를 분명히 보여준 적이 없고, 튀르크인들과 타협하라는 친튀르크 재정가들의 압박에 시달리고 있었다.[69] 프랑스는 오스만의 대외 부채의 60퍼센트를 제공한 상태였다. 만일 튀르크가 분할되면 이 부채를 회수하는 것은 불가능

해질 터였다.[70]

커즌은 미국이 없는 상황에서 튀르크 문제에 대해 프랑스와 타결을 짓는 게 중요하다고 인식했다. 1919년 11월 그는 파리에서 피숑을 만나 비밀 협의를 제안했다.[71] 그는 시간이 얼마 남지 않았다고 확신했다. 10월에 그는 아타튀르크를 조금 아는 앨프리드 롤린슨Alfred Rawlinson 중령을 파견해 그가 어떤 평화 조건을 수락할 것인지 탐색했다.[72] 튀르크 민족주의자들은 내륙 지역 4분의 1 이상을 통제하고 있었다. 그해 말이 되자 아타튀르크는 콘스탄티노플에 대항하는 수도를 앙카라에 수립했다. 영국이 프랑스와 이탈리아의 뒤를 이어 1920년 3월 16일에 마지못해 법과 질서를 명분으로 콘스탄티노플 통제권을 장악하고 많은 튀르크 민족주의자를 체포하자, 아타튀르크는 자신의 관할 지역 안에 있는 모든 연합군 장교를 체포하는 것으로 대항했는데, 여기에는 롤린슨도 포함되었다. 아타튀르크는 민족주의 의회를 소집하는 대응도 했다. 이제 앙카라가 튀르크인 사이에 힘의 중심이 된 것은 분명했다. 커즌은 최선의 방법은 아타튀르크를 수장으로 하는 새로운 튀르크의 수립을 허락하는 것이라는 결론에 도달했다.[73] 그러나 그는 이 방안을 로이드조지에게 확신시킬 수 없었다.

여러 번의 연합국 회의 끝에 1920년 4월 산레모(커즌은 "영국의 2급휴양지" 같다고 했다[74])에서 최종 합의 초안이 작성되어 콘스탄티노플 정부 대표들에게 제출되었다. 튀르크는 작고 종속적인 국가가 될 터였다. 19세기부터 시작된 뒤죽박죽이던 외부의 재정 통제를 정리했지만 실제로는 더 강화되었다. 튀르크인은 콘스탄티노플을 계속 유지하게 되었지만, 흑해 해협은 국제 통제 아래 들어가게 되었다. 프랑스와 이탈리아는 아나톨리아에 세력권을 확보하게 되었고, 그리스는 스미르나와 트라키아를 차지하게 되었다. 아르메니아는 독립하기로 결정되었고(이것을 보장하는 규정은 없었다), 쿠르디스탄이라고 불리는 정치체가 튀르크 안에서 자치를 행사하게 되었다.

그러나 이런 결정은 아르메니아에게는 너무 늦은 것이었다. 이 시점에 아르메니아에는 몇 달의 시간만 남아 있었다. 차르 전제정 러시아의 붕괴와 오스만 군대의 철수로 열렸던 창문이 닫히고 있었다. 아르메니아, 다게스탄, 조지아, 아제르바이잔 모두 1918년 봄에 독립을 선언했다. 새 국가들은 취약하고 가난하고 난민을 처리하느라 애를 썼지만, 도적 떼, 튀르크군 탈영병, 러시아 백군, 질병과 기아에서 살아남을 수 있었다. 서로 전쟁하게 만든 자신들 사이의 이견도 해결할 수 있었다. 백군의 데니킨 장군은 볼셰비키 군대를 상대해야 했으므로 막아낼 수 있었다. 특히 아르메니아는 남쪽 튀르크 지역으로 영역을 확장할 수도 있었다. 그러나 그들이 막을 수 없는 것은 북쪽의 러시아와 남쪽에서 다시 일어나는 튀르크 세력의 동시 공격이었다.

그럼에도 불구하고 외부 지원이 있다면 희망을 가질 수 있을지도 몰랐다. 모든 강대국 중에 영국이 즉각적인 원조를 제공하기에 가장 좋은 위치에 있었다. 1918년 말 메소포타미아의 영국군 부대가 현재 아제르바이잔의 수도인 바쿠와 유전 지역을 점령하기 위해 카스피해 쪽에서 코카서스로 진입했다. 추가로 세 개 사단이 콘스탄티노플에서 흑해를 건너가 조지아의 중요한 항구인 바툼(지금의 바투미)을 점령했다. 1919년 초가 되자 영국군은 코카서스를 횡단해 바쿠와 바툼을 잇는 철도를 장악했다. 그러나 영국이 의도하는 것은 영국인 자신들에게도 불분명했다. 카스피해의 석유에 대한 접근권, 인도로 가는 경로의 보호, 민족자결의 지원 등 모두가 영국이 코카서스를 점령하는 이유가 될 수 있었다.[75] 1919년이 되자 이 혼란에 볼셰비키의 위협이 가중되었다. 커즌은 이 지역이 "아무런 제약을 받지 않고 모든 법을 파괴하는 야만인 무리의 수중에 떨어지는 것"에 대해 경고했다.[76] 그러나 그의 동료 대부분은 관여하지 않는 것을 선호했다. 밸푸어는 코카서스가 잘못 통치된다고 해서 무슨 큰 문제냐고 물었다. 커즌은 "그건 곧 그들끼리 서로 목을 치도록 방치하는 것"이라고 답했다. 그러자 밸푸어가 응수했다. "그거 좋군요."[77]

커즌의 주장에도 불구하고 1919년 봄이 되자 영국 정부는 이 지역에 관여하는 것은 너무 큰 부담이 될 수 있다고 판단했다. "더 빨리 빠져나올수록 좋다"라고 헨리 윌슨은 로이드조지에게 말했다.[78] 6월, 내각은 연말까지 모든 영국군을 철수시키기로 하고, 신생 독립국가들을 건드리지 않는다는 조건으로 데니킨에게 무기를 제공하기로 했다.[79] 이탈리아군이 영국군을 대신할 수도 있었지만, 윌슨은 로이드조지에게 그럴 가능성은 지극히 희박하다고 말했다.[80] 이 결정은 많은 사람에게 우려를 자아냈다. 내각 비서인 행키는 그해 가을 로이드조지에게 썼다. "영제국의 내 동료들은 아르메니아인에 대한 호의와 그들의 운명을 우리가 과거 그렇게 경멸했던 국가에 맡기는 것을 우려하고 있다. 대량살상 보고가 들어오는 시점에 남코카서스에서 우리 병력을 철수하는 것은 너무 냉혹한 조치임을 부정할 수 없다."[81]

영국군의 철수는 계속되었고, 데니킨을 자극하지 않기 위해 영국은 코카서스 공화국들에 대한 승인을 보류했다. 백군이 이미 끝났고, 볼셰비키가 남쪽 지역을 장악할 것이 분명해진 1920년 1월이 되어서야 영국은 이 작은 국가들을 승인했고, 약간의 무기를 보냈다.[82] 전쟁부는 이 기회에 완벽한 조건에서도 총알이 막히는 것으로 유명한, 남아도는 캐나다제 로스 소총을 처분했다.[83]

그 사이 남쪽에서는 아타튀르크가 아나톨리아의 입지를 강화하면서 위협이 커졌다. 튀르크인들은 아르메니아 지방을 계속 차지하고, 독립한 아르메니아 일부도 탈환하겠다는 결의를 감추지 않았다.[84] 볼셰비키와 튀르크 민족주의자들 사이의 접촉은 이미 시작되었다. 아타튀르크는 공산주의자가 아니었지만, 볼셰비키는 자신의 적인 영국의 적이었다.[85] 그리고 신생 독립 공화국인 아르메니아, 조지아, 아제르바이잔은 제국주의자들을 상대로 한 튀르크인과 볼셰비키의 공동전선 형성을 막고 있었다.[86] 아타튀르크와 마찬가지로 친구가 없는 볼셰비키는 열성을 보였고, 무기와 금을 아나톨리아로 보냈다.

연합국이 산레모에서 아르메니아 문제를 논의하고 있을 때, 볼셰비키는 인접한 아제르바이잔공화국을 점령했다. 아르메니아에서는 공산주의자들이 선동한 반란이 일어났다. 연합국은 국제연맹에 자신들이 설립하려고 하는 대아르메니아를 보호하기 위해 나설 것을 요청했지만, 국제연맹은 그 국가가 아직 존재하지 않기 때문에 그럴 수 없다고 답했다.[87] 그러자 연합국은 이 문제를 미국에 요청했다. 미국이 아르메니아를 위임통치한다는 안은 윌슨이 미국으로 돌아간 후 사장된 상태였다. 와병 중인 윌슨은 이 안을 의회에 회부했지만, 5월에 압도적으로 부결되었다. 로지 상원의원은 한 친구에게 말했다. "내가 아르메니아에 대해 유감스러워하지 않는다고 생각하지 말게. 그러나 그들이 우리에게 떠넘길 일에도 정도가 있는 거야."[88]

쿠르디스탄은 보호자를 찾을 가능성이 아르메니아보다 더 적었다. 이 문제는 파리 강화회의에서 딱 한 번 언급되었다. 1919년 1월 30일 로이드조지는 오스만 영토에 대한 가능한 위임통치 목록을 제안할 때 쿠르디스탄을 언급하는 것을 놓쳤다. 그는 급하게 쿠르디스탄을 목록에 추가하면서, 쾌활하게 자신의 지리 지식이 짧다는 것을 인정했다. 그는 쿠르디스탄이 메소포타미아나 아르메니아에 포함된다고 생각했지만, 그의 참모들은 그가 착각했다는 사실을 지적했다. 현명하게도 그는 이 새로운 위임통치령의 경계를 확정하려고 하지 않았다. 쿠르디스탄과 관련된 다른 많은 문제처럼 이것은 분명하지 않았다.[89]

쿠르드족은 멀리 오스만제국의 동쪽 끝에 거주하고 있었고, 당시 세계 여론에 거의 아무런 영향을 미치지 못했다. 전쟁 전 쿠르드족 지역을 방문한 마크 사이크스는 그들이 강인하고 뛰어난 전사라는 것을 알고 그들을 좋아하게 되었다.⁹⁰ 그러나 그곳을 방문한 적이 없는 미국 전문가들은 그렇지 않았다. "어느 면에서 쿠르드족은 북아메리카의 인디언 부족을 연상시킨다. (…) 그들은 성정이 불같고, 분노에 차 있고, 복수심이 강하고, 음모와 배신을 잘한다. 그들은 좋은 병사는 될 수 있지만, 좋은 리더는 되지 못한다. 그들은 욕심이 많고, 대단히 이기적이고, 철면피 같은 거지이고, 훔치는 것을 아주 좋아한다."⁹¹

쿠르드족은 위험한 지역에 살고 있었다. 북쪽과 동쪽 산 너머에는 러시아와 페르시아가 있고, 서쪽에는 튀르크인, 남쪽에는 메소포타미아 아랍인들이 자리잡고 있었다. 1차대전 중 오스만군과 러시아군은 그들 거주 지역의 북쪽 끝에서 전투를 벌였고, 영국은 남쪽에서 밀고 올라오고 있었다. 최대 80만 명의 쿠르드족이 오스만 군대에서 전투를 하거나, 기아나 질병으로 사망했다.⁹² 쿠르드족의 수를 집계하는 것은 결코 쉽지 않았다. 쿠르드 문화가 아랍, 페르시아, 튀르크, 심지어 아르메니아 문화에 융합되었기 때문에 얼마나 많은 쿠르드족이 있는지 말하는 것은 불가능했다. 그들의 4분의 3에 해당하는 100만 명에서 많게는 200만 명이 오스만제국 내에 거주했고, 그들 대다수는 후에 튀르크, 나머지는 이라크에, 일부는 시리아에 거주했다. 일부 소수는 페르시아에 거주했다.

쿠르드족이 누구인지 말하는 것은 쉽지 않다. 아마도 그들은 페르시아에서 서쪽으로 이주해온 인도-유럽어 사용 민족일 것이다. 명칭 자체가 '유목민'을 뜻했다. 위대한 쿠르드 왕국은 존재하지 않았고, 살라딘 외에는 쿠르드족 영웅도 없었다. 그들에게는 일관된 역사도 없고, 그들의 기원에 대해서는 서로 상충하는 신화가 있다.[93] 쿠르드족은 부족, 종교(대부분 수니파 무슬림이지만 시아파와 기독교인도 있다), 언어, 그들이 여러 나라에 흩어져 있다는 사실로 서로 구분된다. 그들은 통제하기 어렵다고 알려져 있었다. 독일의 한 민속지학자는 좀더 너그러운 평가를 했다. "지난 8세기 동안 조직화된 정부가 존재하지 않았던 땅에서 불안한 삶을 살아온 것이 그들의 악습으로 작용했다."[94] 그들은 오스만, 페르시아, 기타 민족의 통제 밖에서 서로 싸웠다. 오스만제국은 쿠르드 무슬림을 이용해 아르메니아인을 학살했다.[95] 전쟁 말기 이 지역을 점령한 영국군과 인도군이 불안한 평화를 유지했다.

다른 신생 국가들과 다르게 쿠르디스탄은 파리에서 강력한 후원자가 없었고, 쿠르드족도 자신들의 입장을 효과적으로 대변할 능력이 아직 없었다. 가축 약탈, 납치, 부족 전쟁, 도적질, 광적인 아르메니아인 살해 아니면 단순히 생존에 정신이 없었던 그들은 쿠르드족 다수가 거주하는 오스만제국 내에서 더 큰 자치를 확보하는 데도 그다지 관심을 보이지 않았다. 1차대전 이전에 중동의 여러 민족들 사이에서 일어난 민족주의가 쿠르드족 사이에서는 희미한 메아리만 울려 퍼졌을 뿐이다. 몇 안 되는 결사와 소수의 지식인이 나선 쿠르드족 민족주의의 중심은 콘스탄티노플에 있었다. 1919년 파리에서 유일한 쿠르드족 대표 역할을 맡은 매력적인 남자는 파리에 오래 살아 '멋진 샤리프'라는 별명을 얻었다. 그는 아르메니아(만일 존재하게 된다면)에서 지중해까지 뻗은 거대한 지역에 대한 요구를 설명하는 데 최선을 다했다.⁹⁶ 이 지역의 상당 부분은 아르메니아인과 페르시아도 영유권을 주장하고 있었다.⁹⁷

영국은 쿠르디스탄이 지도에 나타나는 것에 일시적인 흥미 이상을 가진 유일한 강대국이었다. 아르메니아인에 대해 호의적인 미국은 쿠르드족을 전혀 좋아하지 않았다.⁹⁸ 프랑스는 거래 수단으로 이 지역에 대한 위임통치 요구를 내놓았다. 1919년 가을에 영국이 시리아에 대한 영유권을 확인하자, 프랑스는 더이상 관심이 있는 척하지 않았다.⁹⁹ 그러나 프랑스는 계속해서 쿠르디스탄에 대한 영국의 위임통치에 반대했다.

로이드조지와 그의 참모들은 중요한 석유 매장 지역인 메소포타미아에 대한 위임통치를 확보하는 데 주로 관심을 쏟았다. 그들은 북쪽으로 이어지는 오스만 영토를 차지하지 않는 쪽을 선호했다. 쿠르디스탄이 존재하면 아르메니아(만일 존재하게 된다면)의 남쪽 국경을 방어하는 데 유리하고, 볼셰비즘과 영국의 이해 사이에 또다른 장벽을 만들 수 있었다. 이것은 또한 시리아와 아나톨리아 남부의 프랑스 세력이 북쪽으로 영향력을 확대하는 것을 깔끔하게 막을 수 있었다.¹⁰⁰ 영국은 인도 북부 지역의 통치 방식을 따라 지역 부족장을 통해 쿠르디스탄을 쉽게 통제할 수 있으리라고 생각했다. 또한 쿠르드족이 영국의 보호를 원한다고 주장했다. 그러나 쿠르드족은 1919년 오히려 영국 점령군에 반기를 들고 영국 요원들을 살해하는 데 많은 에너지를 쏟았다.[101]

1919년과 1920년에 튀르크와의 조약 타결에 힘쓰던 영국은 쿠르드족을 영국의 보호 아래 둘 수 있다고 주장하는 다양한 쿠르드족 집단을 재정적으로 지원했다. '쿠르드족의 로렌스'라고 불린 노엘 소령은 독립운동을 촉진하기 위해 1919년 여름 모종의 임무를 띠고 쿠르드족 지역으로 갔으나, 민족주의적인 튀르크인들과 자신의 동료들을 격분시키기만 했다. 콘스탄티노플의 영국 정치 자문관은 이렇게 불평했다. "우리는 튀르크인들에게 대항하는 음모를 꾸미지 않고, 쿠르디스탄의 미래에 대해 어떤 일도 하지 않겠다고 다섯 번이나 약속해야 했다."[102]

1919년 영국의 지원은 미적지근했고, 부분적으로는 미국이 쿠르디스탄 북쪽에 있는 아르메니아에 대한 위임통치를 맡는다는 전제가 깔려 있었다. 가을이 되자 이 일이 실현되지 않을 것이 분명해졌다. 또한 튀르크인의 세력이 아직 강하다는 것도 분명해졌다. 아타튀르크는 쿠르드족 지역과 가까운 동부에서 신속하게 세력을 증강하고 있었다. 별도의 쿠르디스탄을 지지한다는 영국의 생각은 재정적·군사적 시각에서 점점 더 매력이 없어졌다. 오스만제국 내의 영국군 병력은 1919년 여름이 되자 32만 명으로 축소되었다. 메소포타미아의 영국 당국은 쿠르드족 지역 일부를 이라크에 대한 새로운 위임통치령에 포함시키는 방안을 주장했다. 그 지역에서 오스만의 지방 경계는 분명하지 않았기 때문에 모술의 옛 지역은 북쪽으로

는 쿠르드 구릉과 산악 지역까지 뻗어 있다는 주장이 가능했다.[103]

쿠르드족 자체도 그 어느 때보다 더 분열되었다. 그들은 튀르크와 영국 중 누구를 더 신뢰해야 하는가? 아르메니아인과는 관계를 개선해야 하는가? 볼셰비키에게 도움을 요청할 것인가? 그리스의 위협은 최소한 일시적으로 많은 사람이 마음을 정하는 데 도움을 주었다. 1919년 봄에 그리스군이 처음으로 스미르나에 상륙하고 여름에 아타튀르크와 그의 군대를 향해 내륙으로 진격해오자, 전반적으로 신앙심이 깊은 쿠르드족 무슬림은 이것을 이슬람과 기독교의 싸움으로 보았다. 아타튀르크는 개인적 감정에 관계없이 능숙하게 이슬람의 분노에 호소하며 쿠르드족 족장들을 만나 지원을 요청했다. 영국이 남부 쿠르드 지역을 장악할 계획이라는 소문이 돌자 쿠르드 민족주의자들조차 운명을 아타튀르크에게 맡기기로 했다.[104]

이 시점이 되자 커즌과 로이드조지는 독립된 쿠르드 국가는 불가능하다는 데 처음으로 의견이 일치했다. 그 결과 일부 쿠르드 영토가 튀르크의 통제 아래 남게 되더라도 큰 문제로 여기지 않았다. 1920년 4월에 산레모에서 로이드조지는 다음을 인정했다.

나는 쿠르드족이 어떤 감정을 가지고 있는지 알아보려고 노력했다. 콘스탄티노플과 바그다드 등 여러 지역에서 조사를 한 후 나는 쿠르드족을 대표하는 사람을 찾는 것이 불가능하다는 사실을 알았다. (…) 어느 쿠르드인도 자신의 부족 이상을 대표하지 못했다. (…) 다른 한편으로 쿠르드족은 강대국의 지원 없이는 자신들의 존재를 유지할 수 없다고 느끼는 듯했다. (…) 그러나 만일 프랑스나 영국이 그 역할을 맡지 않으면(그는 그러기를 바랐다) 그들을 튀르크인의 보호 아래 두는 편이 더 나은 것처럼 보였다. 그곳은 튀르크의 통치에 길들여져 있었고, 대안적 보호자를 찾지 못하면 튀르크에서 분리하는 것이 어렵다.[105]

튀르크를 위해 작성된 평화 조건에서 쿠르디스탄은 미해결 과제로 남았다. 튀르크 내의 자치나 강대국의 위임통치, 또는 완전한 독립 어느 것도 결정되지 않았다. 그래서 사실조사 팀에게 맡겨진 국경 확정 문제도 방치되었다. (영국은 자신들이 원하는 영토가 확고하게 이라크 안에 들어가도록 만들었다.) 그리고 애매한 약속만 주어졌다. 만일 쿠르드족이 독립할 준비가 되어 있고, 독립을 정말 원한다는 것을 국제연맹에 확신시킬 수 있으면 언제고 이라크의 동료들과 함께 국제연맹에 가입할 수 있다는 약속이었다.[106]

1920년 봄 산레모 회의 후 이러한 내용과 다른 조건들의 세부 사항이 외부에 유출되자 튀르크인들의 반응은 예상한 대로였다. 아타튀르크에게 파견된 커즌의 연락관은 "모든 곳에서 커다란 조롱의 웃음소리가 터져 나왔고, 군사 준비가 즉각적으로 강화되었다"라고 보고했다.[107] 앙카라에서 민족주의 의회는 조약 조건과 술탄 정부 모두를 부정했다. 콘스탄티노플을 이탈해 아타튀르크 군대에 합류하는 민족주의자들의 물결이 계속 이어졌다.[108] 연합국 고등판무관은 이미 불이 붙은 튀르크인들의 여론은 스미르나 상실을 받아들이지 않을 것이라고 강력하게 경고했다.[109] 커즌 역시 이를 우려했다. 그는 로이드조지에게 이렇게 썼다. "나는 튀르크인들에게 마지막까지 선의를 보일 사람이다. (…) 그러나 소아시아가 평화로 워지기를 바란다. 스미르나의 그리스인들과 베니젤로스의 명령을 수행하며 소아시아 전역을 활보하는 그리스 군대가 존재하는 한, 이는 불가능할 것이다."[110]

상황이 악화되자 연합국은, 아니 영국은 궁극적으로 튀르크에서 자신들의 입지에 결정적 타격을 입히게 되는 조치를 결정했다. 베니젤로스는 모종의 성공을 거두지 않으면 정부가 실각할 것을 두려워하고, 그리스군이 반복되는 민족주의자들의 공격에 시달리는 상황에서 1920년 6월에 로이드조지로부터 내륙으로 진군해도 된다는 동의를 받아냈다. 이에 대한 보상으로 베니젤로스는 콘스탄티노플 점령군을 지원하는 병력도 파견했다. 아직 존재하던 최고평의회는 얄팍한 합법성의 막을 제공했다. 그리스 군대가 연합국을 대신해 튀르크군의 공격에 대응한다는 것이 그 논리였다. 콘스탄티노플의 영국 고등판무관은 분노에 차서 커즌에게 다음과 같은 전문을 보냈다. "최고평의회는 전면전 재개 준비를 하고 있다. 그들은 스스로 선언한 원칙을 저버릴 준비를 하고 있다. 그들은 중근동에서 유혈 사태를 무한정 지속할 준비를 하고 있다. 이는 무엇을 위한 것인가? 베니젤로스의 권력을 유지하기 위함이라면 그것은 객관적으로 보건대 본질적으로 몇 년을 넘기지 못한다." 커즌은 이 주장에 완전히 동의했다. "베니젤로스는 자신의 군대가 튀르크인들을 산악 지역으로 몰아낼 것이라고 생각하는 듯하지만, 나는 과연 그렇게 될지 의문이다."[111]

아무튼 그렇게 해서 튀르크에서의 평화 정착 마지막 국면은 전쟁으로 시작되었다. 그리스 군대는 스미르나를 벗어나 넓은 전선을 형성해 아나톨리아 평원까지 계속 진격했다. 튀르크 민족주의 군대는 내륙 지역으로 후퇴했다. 유럽에서 그리스 군대는 트라키아에 주둔한 보잘것없고 조직되지 않은 튀르크군을 몰아냈다. 베니젤로스는 대단한 확신을 보였다. 그는 헨리 윌슨에게 아타튀르크 군대가 붕괴하고, 그리스 세력이 내륙으로 확대되어 콘스탄티노플과 심지어 흑해 연안 폰토스 지역까지 진격할 것이라고 말했다.[112] 베니젤로스는 개인적으로는 공포의 순간도 맞았지만, 이 시점에 그는 이미 시작한 일을 밀고 나가는 것 외에는 다른 선택지가 없었다.[113] 1920년 8월이 되자 그리스군은 내륙으로 400킬로미터나 진격했다.

그달에 연합국과 술탄 정부를 대표한 다마트 페리트는 파리 외곽에 있는 세브르 도자기 공장 전시실에서 평화조약에 서명했다. 이것은 아름다운 작품이 아니라 쉽게 부서질 수 있는 것이었다. 연합군 참모들은 평화 조건을 강제하려면 최소한 27개 사단이 필요하다고 경고했지만, 연합국은 그만한 병력이 없었다.[114] 튀르크에서는 국가 애도일이 선포되어, 신문들은 검은 지면을 발행하고, 상점은 문을 닫고, 하루종일 기도문이 낭송되었다.[115] 아타튀르크는 계속 투쟁하기로 결정했다. 이제 그는 튀르크의 거의 모든 민족주의 군대를 자신의 휘하에 두었다. 그와 볼셰비키의 군대는 북쪽의 코카서스 공화국들을 정벌하기 시작했다.

1920년 9월, 세브르 조약이 튀르크 영토 일부를 포함한 독립 아르메니아를 약속한 지 한 달도 채 되지 않아 아타튀르크 군대는 남쪽에서부터 아르메니아 지역을 공격했다. 아르메니아인들이 최선을 다해 방어를 하고 석 대에 불과한 비행기를 이용해 맞섰지만 점점 더 후퇴했다. 파리에서 아르메니아를 대표해 발언한 미국 시인 아하로니안Aharonian은 런던에서 커즌을 만나려고 시도했지만, 무시당하고 편지 하나만 받았다. "우리가 지금 보기를 원하는 것은 선전과 구걸에 의존한 순진한 대외 정책이 아니라 본국에서의 건설적이고 행정적인 능력이다." 11월 17일 아르메니아 정부는 튀르크와 정전 협정에 서명했고, 아직 점령되지 않은 작은 지역의 땅만 남게 되었다. 5일 후에 윌슨 대통령의 메시지가 도착했다. 세브르 조약에 의해 아르메니아의 국경을 그리라는 요청을 받았던 윌슨은 튀르크 영토의 4만 2천 제곱킬로미터를 차지하는 경계를 결정했다.[116]

세계로부터 버림받고, 두 적국 사이에서 분쇄된 아르메니아의 총리는 "아르메니아인들은 두 개의 악 중 덜 사악한 것을 고르는 것 외에 할 수 있는 일이 없다"라고 말했다.[117] 그해 12월 아르메니아는 소비에트공화국이 되었다. 민족 문제 담당 볼셰비키 인민위원이던 스탈린은 아르메니아를 무릎 꿇게 하는 데 적극적인 역할을 했다. 1921년 3월 튀르크와 소련 사이에 체결된 모스크바 조약에 따라 튀르크 지역인 카르스와 아르다한 지방은 튀르크에 반환하기로 결정되었다(스탈린은 볼셰비키 측 협상자였다). 그 국경은 현재까지 이어지고 있다.

쿠르디스탄에 대한 아이디어도 끝났다. 1921년 3월이 되자 연합국은 이미 세브르 조약에서 한 애매한 약속에서 물러나기 시작했다. 쿠르디스탄에 관해서는 "현재 사실에 부합하도록" 조약을 변경할 준비가 되어 있다고 했다.[118] '현재 사실'은 아타튀르크가 조약 전체를 부정하고 있다는 것이었다. 아타튀르크는 아르메니아 영토 일부를 튀르크에 포함하는 데 성공했고, 소련과 조약을 체결하기 직전이었다. 쿠르드 민족주의자들의 항의에도 불구하고 연합국은 더이상 독립 쿠르디스탄 국가에 관심이 없었다.

북쪽에서 안정을 확보한 아타튀르크는 서쪽의 그리스군을 상대할 수 있게 되었다. 이제 현지 상황은 그에게 유리하게 전개되었다. 1920년 11월, 많은 사람의 예상과 달리 베니젤로스는 선거에서 패배했다. 이로써 과거 그의 적인 콘스탄티노스 국왕이 복귀하는 길이 열렸고, 튀르크에 대한 연합국 정책에서 남아 있던 것도 끝이 났다. 이탈리아와 프랑스는 더이상 그리스를 지지할 의무가 없고, 세브르 조약은 개정되어야 한다고 주장했다. 이탈리아는 조약을 변경하기 위해 튀르크 민족주의자들과 함께 노력할 수 있다고 암시했다.[119] 세브르 조약은 프랑스에서 인기가 너무 없었고, 식민주의자들은 이것을 배반이라고 비난했다. 프랑스는 더이상 손실을 감당할 수 없었다. 1920년 2월 전투가 시작된 지 2주 만에 병사 500명이 전사했고, 그 지역에 프랑스군을 유지하는 데 매년 5억 프랑이 들어갔다.[120] 1921년 10월에 프랑스는 아타튀르크 정부와 협정을 맺고, 남쪽의 킬리키아에 있는 모든 프랑스 병력을 철수하기로 합의했다. 프랑스는 경제적 특권을 얻었고, 아타튀르크는 이보다 훨씬 중요하게 주요 강대국으로부터 승인을 받았다. 커즌은 이에 격분했다. "프랑스와 영국 사이의 거의 반감에 가까운 과거의 전통적 이견으로 돌아가고 있는 것 같다. 무원칙한 정부와 사악한 언론이 만들어낼 수 있는 온갖 장치에 의해 상황이 악화되고 있다."[121]

그리스에서 콘스탄티노스의 복귀는 군에서 친베니젤로스 장교들의 숙청으로 이어져서 1921년 봄 소아시아의 원정 시기에 그리스군은 큰 혼란에 빠졌다. 그럼에도 불구하고 새 그리스 정부는 그리스에게 약속된 것은 지켜져야 한다는 입장을 취했다. 로이드조지는 커즌의 반대에도 불구하고 튀르크에 대한 공격을 암묵적으로 고무했다. 그해 여름 그리스군은 앙카라를 향해 내륙으로 진격해 초토화된 황무지에서 대단한 군사적 성과를 거두었다. 그러나 이것은 그리스군이 진군하고 전선을 유지할 수 있는 한계를 넘어서는 것이었다. 600킬로미터가 넘는 전선에 배치된 병사들은 자신들이 아주 힘든 상황에 처했음을 알게 되었다. 다음해 병사들은 "소아시아가 어찌되건 집으로 보내달라"고 이구동성으로 외쳤다.[122]

1922년 8월 26일 튀르크군이 스미르나 방향으로 반격을 개시했다. 명령은 단순했다. "병사들이여, 목표는 지중해다."[123] 그리스군은 완패했고, 9월 10일 아타튀르크는 승자로 스미르나에 입성했다. 스미르나는 내륙 그리스 마을에서 도망쳐온 낙오자와 피난민으로 가득 찼다. 부두에는 배에 올라 안전한 곳으로 탈출하려는 엄청난 인파가 몰렸다. 뒷거리와 골목에서는 약탈과 살인이 시작되었다. 토착 튀르크인과 점령군 병사들은 그리스인과 아르메니아인에게 복수할 일이 많았다. 로마, 파리, 런던의 정치인처럼 다른 강대국 대표들도 그리스인들을 버렸다. 외국 군대가 함정에서 바라보는 가운데 도시는 불타기 시작했다.

첫 화재는 우연히 발생했을 수도 있다. 그러나 후에 목격자들은 튀르크인들이 석유통을 들고 아르메니아인과 그리스인 거주 지역을 돌아다니는 것을 목격했다. 한 영국군 장교는 회상했다. "멀리서 보기에도 섬뜩한 광경이었다. 상상하기 힘든 무서운 비명소리가 들렸고, 불에 타는 집에서 좀더 멀리 도망치려는 사람들이 군중에 의해 바다로 떨어졌다." 아타튀르크는 냉담하게 화재를 지켜보았다. "유쾌하지 않은 사건"이 그의 반응이었다.[124] 불길이 잦아들었을 때 그리스인 도시 스미르나는 더이상 없었다.

그리스군의 붕괴로 콘스탄티노플과 흑해 해협의 소규모 연합군 점령군이 갑자기 적군에 노출되었다. 아타튀르크의 군대가 북쪽에서 마르마라해와 콘스탄티노플을 향해 진격하자 영국 정부는 아시아 쪽 해안인 차나크와 이즈미트를 굳건히 방어해야 한다고 생각했다. 영국 정부는 영제국과 영연방 자치령에 출병을 요청했지만, 변명과 비난만 돌아왔다. 영연방 자치령 중 뉴질랜드만이 이 부름에 호응했다. 이탈리아는 신속하게 아타튀르크에게 중립을 약속했다. 커즌은 파리로 달려가 이제 프랑스 총리가 된 푸앵카레를 만났지만 험한 분위기만 연출되었고, 커즌은 '포기'과 '배신'을 말했다. 그러자 푸앵카레가 격분해서 소리쳤고, 커즌은 울먹이며 방을 뛰쳐나왔다. 그는 영국 대사의 팔을 붙들고 "저 끔찍한 자를 참아낼 수 없다"고 하소연했다. 브랜디 한 잔을 마신 후에야 그는 협상을 재개했지만 아무 결과도 얻지 못했다.[125]

로이드조지는 전쟁을 지지했지만, 좀더 냉정한 커즌과 현장의 군 지휘관들이 결국 승리했다. 아타튀르크도 협상을 할 준비가 되어 있었다. 10월 11일 무다니아Mudania 정전 협정으로 튀르크인들은 동트라키아를 그리스로부터 되찾게 되었다. 이에 대한 보상으로 아타튀르크는 강화회의가 결정을 내리기 전까지 콘스탄티노플, 갈리폴리, 이즈미트로 병력을 이동하지 않겠다고 약속했다.

소아시아 전역과 트라키아에서 그리스인 100만 명 이상이 탈출했다. 그리스 상점 주인, 농민, 사제, 노인, 무슬림 그리스인, 그리스어를 한마디도 하지 못하는 그리스인 할 것 없이 자신들에게 먹을 것과 숙소를 제공할 수 없는 그리스 본토로 몰려들었다. 토론토 신문 기자로 일하던 젊은 어니스트 헤밍웨이는 그리스 병사들이 귀환하는 모습을 다음과 같이 서술했다. "하루종일 나는 더럽고 지치고 면도도 못하고 바람을 맞은 병사들과 함께 황량하고 산이 많은 누런 트라키아 시골길을 따라 지나갔다. 군악대도 없고 구호 단체도 없고 쉴 곳도 없으며, 그저 더러운 담요와 이와 모기만 있다. 그들은 그리스라는 영광의 마지막 모습이었다. 이것은 두 번째 트로이 포위의 종말이었다."[126]

소아시아에서 그리스의 모험은 이미 베니젤로스를 실각시켰고,

이제 그의 위대한 후원자인 로이드조지를 실각시켰다. 차나크 위기는 위태로운 연립정부에 너무 큰 부담이었다. 커즌은 조심스럽게 옛 동료들을 버렸다. 1922년 11월 보너 로가 이끄는 새로운 보수당 정부가 들어서자 커즌은 다시 외무장관에 임명되었다. 그는 바로 로잔으로 출발했고, 그곳에서 결국 새로운 튀르크 평화조약이 체결되었다.

그곳에 모인 사람 중 몇은 이미 강화회의에 참석했던 사람들이었다. 커즌, 푸앵카레, 의기소침한 베니젤로스, 매력적인 여성 통역사를 대동한 불가리아의 스탐볼리스키의 모습이 보였다.[127] 새 얼굴도 보였는데, 그중 무솔리니도 있었다. 흰 각반을 차고 검은 셔츠를 입은 그는 처음 참석하는 국제 행사에 어색해하는 모습을 보였다. 얇은 붉은 턱수염과 "엉큼한 노인 같은 구부정한 자세를 취한" 소련 외무 인민위원 그레고리 치체린의 모습도 보였다.[128] 튀르크는 이제 민족주의자들이 나라를 대표했다. 대표단은 아타튀르크가 신임하는 장군인 이스메트 이뇌뉘Ismet Inönü가 이끌었다. 연합국이 콘스탄티노플의 정부도 초청하려고 하자, 아타튀르크는 술탄 제도를 없애 버렸다. 이제 태도를 바꾸어 유럽 문제에 거리를 두려는 미국은 옵서버만 파견했다. 정감 있는 전직 기자 리처드 차일드Richard Child와 후에 진주만 공습 때 일본 주재 미국 대사를 맡게 되는 조지프 그루Joseph Grew가 참석했다. 그루는 커즌이 꽤 매력이 있다는 것을 알고 놀랐다. "나는 그가 참석한 서너 명의 작은 만찬을 더할 나위 없이 즐겼다. 식기가 치워지고 차가 나오면 그는 몇 시간이고 앉아서 요즘 사교계에서 보기 드물게 이야기, 일화, 경험을 흥미진진하게 풀어냈다."129

커즌은 로잔에서 참을성을 발휘해야 했다. 급사는 그의 바지를 잃어버렸고, 그의 등에 박은 철심이 부러져 몸을 찔렀다. 그러나 가장 많이 참아야 할 대상은 프랑스인과 이탈리아인이었다. "튀르크인들에게 지나치게 공손한 태도를 보이며, 모든 문제를 사사건건 물고 늘어졌다."130 그리고 튀르크인들도 대단했다. "키가 작고 피부가 검고 사람을 끌어당기는 매력이라고는 전혀 없는" 이스메트는 "튀르크 장군이라기보다는 아르메니아인 신발 끈 장사"처럼 보였다. 그는 요지부동으로 귀가 먹은 척하며 자신의 요구만 끈질기게 반복했다.131 아타튀르크로부터 외부 간섭에서 자유로운 독립국 튀르크에 대해 협상하라는 엄중한 훈령을 받은 충성스러운 군인인 그는 그 명령을 충실히 수행했다. 하루는 커즌이 이렇게 내뱉었다. "당신은 정말이지 뮤직 박스 같다. 매일 같은 얘기만 해서 아주 진저리가 난다. '주권, 주권, 주권.'"132 커즌은 무자비한 냉소로 이스메트가 주장하는 내용의 허점을 공격했다. 이스메트는 머리를 한번 갸우뚱하고는 이내 무시했다. 이스메트는 이렇게 회상했다. "커즌은 우리를 학생처럼 대했지만, 우리는 신경쓰지 않았다. 그는 프랑스인과 이탈리아인도 같은 방식으로 대했다."133 저녁에 튀르크 대표들은 커즌이 가장 좋아하는 술인 녹색 샤르트뢰즈에서 위안을 얻었다. 별생각 없이 이 술을 마신 미국 대표 한 사람은 두 번 다시는 이 술에 입을 대지 않았다.134 커즌을 더 짜증나게 한 것은 보이지 않는 적과 싸워야 한다는 사실이었다. 먼 앙카라에서 아타튀르크는 회담 진행 상황을 면밀히 주시하며 이스메트에게 일일이 지시를 내렸다.[135]

끝없는 실랑이가 벌어지고, 튀르크 측을 압박하기 위해 커즌이 극적으로 회담장을 이탈한 끝에 1923년 7월 평화안이 만들어졌다. "눈 아래 다크서클이 진한" 이스메트가 튀르크를 대표해 조약에 서명했고, 콘스탄티노플 주재 영국 대사가 영국을 대표해 서명했다.[136] 로잔 조약은 파리 강화회의의 산물인 베르사유 조약, 트리아농 조약, 생제르맹 조약, 뇌이 조약, 세브르 조약과 달랐다. "커즌은 이렇게 썼다. "지금까지 우리는 평화조약 내용 작성을 주도해왔다. 그러나 이제 우리는 군대가 없는 상황에서 군대를 보유한 적과 협상하는 전례 없는 처지다."[137]

세브르 조약 내용에서 남은 논쟁거리는 거의 없었다. 독립한 아르메니아나 쿠르디스탄은 전혀 언급이 없었고, 커즌이 새 조약에 소수민족 보호 조항을 삽입하려고 노력했지만, 튀르크 측은 주권을 근거로 이를 거부했다.[138] 튀르크의 영토는 동쪽으로는 트라키아에서 시리아에 이르기까지 사실상 튀르크어를 사용하는 모든 영토를 포함하게 되었다. 흑해 해협은 튀르크에 남았지만, 그 사용에 대해서는 국제적 합의가 필요했다. 과거의 치욕적인 항복은 사라졌다. 로잔 조약은 무슬림 주민과 기독교 주민의 강제적 이동도 규정했다. 그리스인 대부분은 이미 튀르크를 떠났다. 크레타섬에서 알바니아 국경에 이르는 지역에 거주하는 무슬림 가족들은 강제로 근거지를 박탈당하고 튀르크로 보내졌다. 이에 대해 "세계가 앞으로 100년 동안 징벌을 받아야 할 완전히 잘못되고 사악한 해결책"이라고 커즌은 경고했다.[139] 주민 강제 이주의 유일한 예외는 서트라키아의 튀르크인, 그리고 콘스탄티노플과 작은 두 섬의 그리스인이었다. 잔존한 공동체들은 사소한 규정에 의해 탄압받고, 그리스와 튀르크의 관계가 악화될 때마다 편리한 희생양이 되었다. 1960년대 키프로스 문제와 1999년 코소보 사태 때 이런 일이 벌어졌다.[140]

로잔에서 해결되지 않은 한 가지 문제는 이라크 북부의 모술이었다. 튀르크 정부가 앞으로 계속 사용하게 되는 논리를 내세운 튀르크 대표단은 쿠르드족이 진정한 튀르크인이라는 이유로 모술에 대한 영유권을 주장했다. 튀르크 대표단의 이스메트는 당당하게 '브리태니커 백과사전'에서 그렇게 정의했다고 말했다. 쿠르드족보다는 석유 때문에 모술을 지키기로 마음먹었던 커즌은 위축되었다. "쿠르드인이 튀르크인이라는 것은 역사상 처음으로 튀르크 대표단이 발견한 사실이다."[141] 모술 문제는 거의 회담을 결렬시킬 뻔했다. 결국 양측은 이 문제를 국제연맹에 회부하기로 했고, 국제연맹은 1925년에 모술을 이라크에 넘겨주었다.

쿠르드족은 여러 나라 정부의 통치 아래 남게 되었다. 그들은 아타튀르크 정부, 페르시아의 레자 샤 정부, 이라크의 파이살 정권 아래 남게 되었지만, 이 정부 중 어디도 쿠르드 자치에 대해 관용을 보이지 않았다. 쿠르드족이 아랍의 통치를 받는 것을 싫어한다는 것을 인지한 영국은 잠시 이라크 내에서 쿠르드족 지역에 대한 별도의 행정을 고려했으나 아무 일도 하지 않기로 했다. 이라크는 1932년에 독립했지만, 쿠르드족에 대한 특별한 고려는 약속하지 않았다.¹⁴² 튀르크에서 아타튀르크와 민족주의자들은 모든 무슬림 주민을 통합한다는 이전의 약속을 버리고, 세속적인 튀르크 국가를 수립하는 쪽으로 옮겨갔다. 그들은 칼리프 제도를 없앴고, 많은 쿠르드족이 이에 낙담했다. 교육과 정부의 언어는 튀르크어로 규정되었다. 1923년부터 1991년까지 쿠르드어는 언어로 인정되지 않았다. 1927년 튀르크 총리는 영국 대사에게 쿠르드족은 "붉은 힌두교도Red Hindus"처럼 사라질 것이라고 장담했다. 만일 쿠르드족이 민족주의로 향하는 기미가 조금이라도 보이면 튀르크는 아르메니아인과 그리스인에게 한 것처럼 그들을 추방할 것이라고 총리는 말했다.¹⁴³

쿠르드족은 자신들의 운명을 결코 조용히 받아들이지 않았다. 파리 강화회의 시기에 약한 세력이었던 쿠르드 민족주의는 오랜 기간 압제 속에서 강해졌다. 그리고 파리와 첫 세브르 조약에서 제공된 약속은 쿠르드족의 기억과 희망의 일부가 되었다. 1919년 여름에 쿠르드 영토에서 일어난 여러 봉기 중 첫 번째 봉기에서 지도자는 팔에 코란을 감고 백지 위에 비튀르크 민족의 자치적 발전을 언급한 윌슨의 14개조를 포함해 연합국이 한 약속을 적었다.¹⁴⁴

로잔에서 귀국한 이스메트는 영웅과 같은 환영을 받았고, 로잔 조약은 현대 튀르크의 가장 큰 외교적 승리로 간주되었다.¹⁴⁵

1923년 가을에 마지막 외국 병력이 콘스탄티노플을 떠났다. 술탄은 1년 전에 이미 떠났다. 왕궁에서 쫓겨난 그는 영국의 군용 의료 차량에 실려 영국 군함을 타고 몰타로 갔다. 그는 망명지인 산레모에서 가난하고 외롭게 죽었다. 그의 사촌인 점잖은 예술가가 1년 남짓 술탄을 맡았지만 아타튀르크는 술탄 제도마저 없애버렸다. 남아 있던 왕족은 모두 망명을 떠났고, 조금 남은 자금으로 연명하며 점차 곤궁에 빠졌다. 소수는 다시 튀르크로 돌아왔다. 한 공주는 호텔을 경영했고, 한 왕자는 톱카프 궁정의 문서고에서 일했다.[146] 오랜 기간 과로로 건강을 해친 커즌은 1925년에 사망했다. 아타튀르크는 1938년에 간경변으로 사망했고, 이스메트가 그의 후계자로 대통령이 되었다. 로잔 조약 70주년인 1993년에 이스메트의 아들과 커즌의 손자가 아타튀르크의 묘지에 함께 화환을 바쳤다.[147]

8부 ——— **마무리**

30장

거울의 방

1919년 5월 4일 일요일, 4인 평의회는 독일 조약을 마지막 순간에 일부 수정한 후 인쇄하도록 지시했다. 로이드조지는 퐁텐블로로 나들이를 떠났고, 다른 지도자들은 휴식을 취했다. 이틀 후 조약 투표를 위해 오랜만에 전체 회의가 소집되었다. 조약 최종본이 준비되지 않았기 때문에 각국 대표들은 앙드레 타르디외가 프랑스어로 긴 조약문을 낭독하는 것을 들어야 했고, 영어를 사용하는 대표들은 꾸벅꾸벅 졸았다.[1] 헨리 윌슨은 일기에 이렇게 적었다. "그렇게 우리는 스스로 먼저 읽지 않고 평화 조건을 독일인들에게 넘겨주었다. 나는 역사에 이런 일은 없다고 생각한다."[2] 포르투갈 대표단은 자신들이 아무런 배상을 받지 못하는 것에 불만을 나타냈다. 중국 대표단은 중국 내 독일의 특권을 일본에 넘겨주는 것을 반대했고, 이탈리아 대표단은 동료들이 없는 상태에서 결정된 조항에 대해 할 말이 있다고 항의했다. 그런 다음 포슈 원수가 자신의 발언을 들어달라고 요청했다. 그는 라인란트가 독일과 프랑스 사이의 장벽이 되어야 한다고 마지막으로 간청했다.³ 클레망소는 그가 왜 그런 장면을 연출했는지를 화를 내며 따졌다. 포슈는 "나의 양심에 따라 한 일"이라고 말했다.⁴ 그는 《뉴욕 타임스》와의 인터뷰에서 말했다. "다음번에 독일은 절대 실수하지 않을 것이다. 이걸 잊어선 안 된다. 그들은 프랑스 북부를 돌파해 영국해협 항구를 장악한 다음 영국에 대한 작전의 발판으로 삼을 것이다."⁵ 20년 후 히틀러가 정확히 그 일을 할 때 다행히도 그는 살아 있지 않았다.

포슈의 경고에 신경쓰는 중재자는 없었다. 프랜시스 스티븐슨은 이렇게 썼다. "모두가 평화 조건에 만족해하는 듯하다. 그 조건들이 충분히 엄격하지 않다는 것이 흠결이 되지는 않는다."⁶ 윌슨은 인쇄된 조약서를 자랑스럽게 바라보며 말했다. "내 여생 동안 이 문서 전체를 찬찬히 읽고 싶습니다. 우리는 네 사람이 해낼 수 있는 가장 위대한 일을 최대한 짧은 시간에 완수했소." 클레망소도 기뻐했다. "이게 그 결과물이군요. 사람이 한 일이니 완벽할 수는 없겠지만, 우리 모두 신속하면서도 잘해내기 위해 최선을 다했소."⁸ 윌슨이 독일인들을 맞을 때 실크해트를 써야 하는지 묻자, 클레망소는 "그렇소, 깃털 달린 것으로"라고 답했다.⁹

베르사유에 있는 춥고 음침한 레제르부아 호텔에는 전문가, 외교관, 비서관, 기자로 구성된 약 180명의 독일 대표단이 초조한 마음으로 대기하고 있었다. 그들은 "흥분되고 거의 비정상적인 마음 상태"로 베를린에서 출발했고, 자신들이 따돌림을 받게 될 것이라고 확신하고 있다고 한 미국 관찰자가 전했는데, 프랑스에서 받은 대우는 이러한 두려움을 사실로 확인시켜주었다.[10] 프랑스 측은 그들이 탄 기차가 전쟁으로 폐허가 된 지역을 통과할 때 일부러 속도를 늦추었는데, 한 독일인은 이것을 "영적 채찍질"이기도 하지만 하나의 징조라고 말했다. "4년 반 동안 진행된 이 끔찍한 생명과 재산 파괴에 대한 모든 책임은 전적으로 우리에게 떠넘겨졌다."[11] 파리에 도착한 독일인들은 신속하게 버스에 실려 엄중한 호위를 받으며 베르사유로 보내졌고, 호텔 마당에 내팽개쳐진 짐을 직접 들고 올라가라는 무례한 말을 들었다. 이 호텔은 1871년 프랑스 지도자들이 비스마르크와 협상하는 동안 머물던 곳이었다. 프랑스는 자기네 군이 독일 대표단의 안전을 위해 이 호텔을 에워싸고 있다고 주장했다. 독일인들은 자신들이 "박람회에 전시된 흑인 마을의 주민들 같은 취급을 당하고 있다"라고 불만을 나타냈다.[12]

독일 대표단 지도자는 독일 외무장관 브록도르프-란차우였다. 그가 선택된 것은 당연한 일이었다. 그는 구독일제국 외무부에서 뛰어난 경력을 쌓았지만, 많은 동료들과 달리 새로운 질서를 받아들였고, 현재 집권 세력이 된 사회주의자들과 좋은 관계를 맺었다. 전쟁 중 그는 독일 정책에 대해 매우 비판적이었고, 타협적인 평화를 촉구했다. 하지만 그는 좋지 않은 선택이기도 했다. 당당한 느낌에 외알안경을 쓰고, 호리호리하고 깔끔한 외양의 그는 카이저의 궁정에서 막 나온 것처럼 보였다. (실제로 그의 쌍둥이 형제가 카이저의 영지를 관리했다.) 그의 가족은 유서 깊은 가문 출신이었다. 란차우 집안의 조상들은 덴마크와 독일, 17세기에는 프랑스에서도 근무한 적이 있었다. 란차우 원수는 루이 14세의 친부라는 소문이 돌기도 했다. 프랑스 장교가 브록도르프-란차우에게 그 소문에 대해 묻자 그는 "그렇다. 우리 집안에서 지난 300년 동안 부르봉 가문은 서자 란차우로 여겨져왔다"라고 대답했다. 그는 재치 있지만 잔인하고 변덕스러운 성격 때문에 많은 사람들로부터 두려움을 샀다. 샴페인과 브랜디를 좋아했고, 과음한다는 말도 돌았다. 베를린 주재 영국 무관부 책임자는 그가 마약을 복용한다고 생각했다.[13]

1919년 당시 많은 독일인과 마찬가지로 브록도르프-란차우도 미국에 기대를 걸었다. 그는 장기적으로 미국이, 재건된 독일과 함께하는 일이 경제적·정치적으로 이득이라는 것을 깨닫게 되리라고 생각했다. 두 나라는 영국, 어쩌면 프랑스와 함께 동방에서 볼셰비즘을 막기 위해 협력할 수도 있었다. 그리고 미국과 영국의 사이가 나빠진다면(그는 그럴 거라고 확신했다) 미국은 강력한 독일을 자기편으로 남겨둘 필요가 있다는 것을 알게 되리라고 예상했다. 그리고 윌슨 대통령이 온건한 평화 조건을 보장할 것으로 생각했다. 결국 독일은 윌슨이 제안한 대로 공화국이 되었으니 말이다. 그것만으로도 독일은 선의를 입증한 셈이었다.

대부분의 독일인은 14개조가 평화조약의 기초가 될 것이라는 전제하에 항복했다고 믿었다. 베를린에 파견된 미국 외교관 엘리스 드레셀Ellis Dresel은 보고했다. "독일 국민은 정정당당하게 싸웠지만 봉쇄가 국내 사기에 파멸적인 영향을 미쳤고, 지도자들의 너무 무리한 계획 때문에 불운하게 패배했다고 믿고 있다. 그리고 윌슨 대통령에게 호소할 수 있고, 그가 독일이 만족할 만한 타협적인 평화를 마련할 것이라고 믿고 있다."[14] 독일이 배상금을 지불해야 하는 것 자체는 명약관화하지만, 전쟁 비용 전체에 가까운 배상금까지는 아닐 것으로 생각했다. 또한 국제연맹의 회원국이 되고, 식민지를 유지할 수 있을 것으로 예상했다. 그리고 민족자결의 원칙도 독일에게 유리하게 작용할 것으로 생각했다. 오스트리아는 독일 사촌들과 통합할지를 스스로 결정할 수 있어야 했다. 물론 서프로이센과 실레지아의 독일어권 지역은 독일 땅으로 남게 될 터였다. 알자스-로렌에서 독일인이 다수 주민인 지역도 자신들의 미래에 대해 투표할 수 있을 것으로 보았다.[15]

휴전 이후 첫 몇 달 동안 독일인들은 14개조에 거의 생명줄처럼 매달렸고, 승전국이 상황을 자신들과 다르게 볼 수도 있다는 것을 거의 감지하지 못했다. 카이저, 군대, 관료제 등 독일인에게 익숙한 많은 상징은 사라졌고, 이는 불안한 희망과 두려움을 가져왔다. 국가가 만들어진 지 50년도 채 되지 않았는데 왜 계속 존재해야 하는가? 바이에른 주민들과 라인란트 주민들은 독일이 탄생한 1870년에 잃어버린 독립을 되찾는 것을 고려했다. 극좌파 혁명가들은 또 다른 러시아 혁명을 꿈꿨고, 한동안 여러 도시에서 연이어 예측할 수 없는 봉기가 일어나면서 그들의 소망은 실현될 것처럼 보였다. 토마스 만Thomas Mann은 문명의 종말을 거의 환희에 가까운 목소리로 이야기했다.¹⁶ 모든 정치 스펙트럼의 정당들은 스스로를 재정의하려고 노력하면서 부산하게 움직였다. 독일 사회가 끝났다는 공포가 널리 퍼졌고, 오래된 도덕적 기준이 무너졌다.¹⁷ 또한 미래, 특히 파리에서 만들어지고 있는 미래에 대해 진지하게 생각하기를 꺼리는 분위기도 있었다. "사람들은 대체로 평화와 관련된 문제에 대해 이상할 정도로 냉담하다"라고 드레셀은 보고했다. 오락과 유흥에 몰두하며 당면한 문제를 잊으려는 뜨거운 열망이 도처에서 눈에 띄었다. 극장, 댄스홀, 도박장, 경마장은 그 어느 때보다 붐볐다.¹⁸ 독일의 한 저명한 학자는 "휴전 시기의 꿈같은 나라"였다고 회상했다.¹⁹

일부 독일인들은 기다리는 동안 파리에서 무슨 일이 벌어지고 있는지 알아내는 데 집중했다. 외무부는 연합국의 언론을 분석하며 승전국 간의 분열을 찾아냈다. 봉쇄 해제 또는 휴전 조건에 대한 협상에서 연합국과 직접 접촉하기도 했다. 연합국 대표들은 때때로 더 큰 문제를 언급했다. 미국 정보장교인 콘거Conger 대령은 자신이 파리의 상부 기관을 대신해 움직이고 있다고 암시했다. 하버드대학을 졸업하고 고전, 동양 종교, 음악을 공부한 콘거는 독일 측 대표들에게 휴전을 둘러싼 미국과 프랑스 간의 긴장에 대해 이야기하고, 윌슨이 프랑스의 과도한 요구에 반대할 것이라는 확신을 주었다. 그는 또한 독일 측에 많은 조언을 해주었다. 독일은 새 헌법을 만들 때 미국 모델을 따르고, 대통령에게 상당한 권한을 부여해야 한다고 조언했다. 독일 외무부는 이를 바이마르 헌법 초안 작성자들에게 정식으로 전달했다.²⁰ 1919년 3월에 표면적으로는 하급 외교관이지만 실제로는 스위스 주재 프랑스 비밀공작국 책임자였던 아게닌Haguenin 교수는 베를린에서 저명한 독일인들과 비밀리에 대화를 나누었다. 그는 독일이 자르 지역 광산에 대한 프랑스의 지배와 라인란트 점령을 묵인한다면, 프랑스가 배상금과 실레지아에 대해 온건한 태도를 취할 준비가 되어 있다는 잘못된 인상을 심어주었다.[21] 독일 정부는 그런 사람들을 메신저로 활용하려 했다. 1919년 4월에 미국인 드레셀이 브록도르프-란차우에게 독일이 자르에 대한 프랑스의 통제권과 단치히 자유도시를 받아들여야 한다고 말하자 란차우는 격분했다. "어떤 상황에서도 나는 평화조약에 서명할 수 없다." 그는 "협상국들이 이런 조건을 고집하면, 독일에서 볼셰비즘은 피할 수 없을 것"이라는 이미 익숙한 경고를 했다.[22] 1919년 유럽의 다른 나라들과 마찬가지로 독일인들도 중재자들을 압박하는 수단으로 혁명이라는 미끼가 유용하다고 생각했다. 독일 정부 자체는 이 위협을 딱 심각하게 받아들이지 않았다는 증거가 있다.[23]

　독일 정부가 매우 진지하게 한 일은 연합국과의 강화회담을 위한 준비였다. 1918년 11월 독일 정부는 특별 평화 기구를 설치해 겨울 내내 독일 대표단을 위해 상세한 연구 자료, 지도, 각서, 주장 및 반론 자료를 계속 작성했다. 특별 열차가 베르사유를 향해 출발할 때, 그들이 결코 할 수 없게 되는 협상을 위한 자료로 가득 찬 상자들도 함께 떠났다.

　독일 대표단은 베르사유에서도 끈질기게 일을 했다. 프랑스 측이 도청하고 있다고 확신한 그들은 회의를 할 때마다 차례로 탄호이저의 〈헝가리 랩소디〉, 〈순례자의 행진〉을 연주하거나, 베를린에서 가져온 축음기를 틀어놓은 상태에서 진행했다.²⁴ 새로운 민주적 독일의 정신에 따라 귀족은 노동계급 사회주의자 옆에, 장군은 교수 옆에 앉아 함께 식사를 했다. 그들은 모두 노동절을 축하했다. 프랑스 언론은 독일인들이 엄청난 양의 오렌지를 먹으며 많은 설탕을 요구하고 있다고 대대적으로 보도했다.

호텔 밖에는 적을 보려는 호기심 많은 프랑스 군중이 모여 기다렸다. 때때로 그들은 야유하고 휘파람을 불었지만, 대부분은 조용하고 심지어 친절했다. 독일군은 프랑스인들이 제공한 차를 타고 베르사유의 상점이나 지방으로 나들이를 갔다. 그들은 트리아농 공원을 산책했다. 독일 외무부의 한 관리는 아내에게 "오래된 목련과 사과나무가 만개했고, 진달래와 라일락도 곧 꽃을 피울 것"이라고 썼다. 새, 되새, 꾀꼬리, 종달새도 멋진 모습을 자랑했다. "그러나 이 모든 사랑스러운 배경 너머로 우리를 향해 손을 내미는 듯 운명의 그림자가 점점 더 짙어지고 점점 더 가까이 다가오고 있소."²⁵

독일 대표단이 베르사유에 한 주 머문 후 마침내 트리아농 팰리스 호텔에서 회의 통지서가 날아왔다. 5월 7일(우연의 일치인지 독일 해군이 루시타니아호를 침몰시킨 날)에 연합국은 평화 조건을 제시할 예정이었다. 독일군은 2주 안에 서면으로 의견을 제출해야 했다. 그날 밤 새벽 2시까지 그리고 다음날 아침에도 독일 대표들이 어떻게 대응해야 하는지에 대한 논쟁으로 레제르부아 호텔이 시끄러웠다. 핵심 발언자가 될 브록도르프-란차우는 프랑스 신문에서 독일 대표들에게 배정된 좌석이 '포로수용소'로 표시된 회의실 그림을 보고 자리에서 일어나지 않기로 했다. 그가 무슨 말을 해야 할지 결정하는 것은 훨씬 더 어려웠다. 이번이 그가 중재자들에게 직접 연설할 수 있는 유일한 기회일 수 있었다. 독일 대표단은 이미 연설문 초안을 여러 개 준비해둔 상태였다. 5월 7일 공원을 지날 때 브록도르프-란차우는 두 개의 원고를 가지고 있었다. 하나는 매우 짧고 간결한 내용이었고, 다른 하나는 훨씬 더 길고 도전적이었다. 그는 어느 것을 사용해야 할지 결정하지 못했다.[26]

회의장은 각국 대표, 비서, 장군, 제독, 언론인 등으로 꽉 찼다. 한 독일 기자는 이렇게 보도했다. "지구상의 모든 인종 중 인디언과 오스트레일리아 원주민만 불참했다. 연한 아이보리색, 커피색, 갈색, 짙은 검은색 피부를 가진 사람들이 방에 들어찼다."[27] 방 한가운데에는 강대국들을 마주 보는 자리에 독일 대표들이 앉을 탁자가 놓여 있었다. "뻣뻣하고 어색해하는 사람들"이 들어올 때 모든 시선이 일제히 문으로 향했다. 한 목격자는 브록도르프-란차우가 "아프고 초조해 보였고" 땀을 흘리고 있었다고 기록했다.[28] 잠시 망설이던 사람들은 1914년에 사라진 세계의 예의에 따라 자리에서 일어났다. 브록도르프-란차우와 클레망소는 서로 목례를 했다.[29]

클레망소가 회의를 시작했다. 그는 조금도 긴장한 기색 없이 건조한 어조로 조약의 주요 내용을 설명했다. 그는 독일 대표들에게 말했다. "서로 중대한 합의를 해야 하는 시간이 되었습니다. 여러분은 우리에게 평화를 요청했습니다. 우리는 그것을 여러분에게 부여할 준비가 되어 있습니다." 한 독일 대표는 그가 "마치 분노와 경멸을 응축해 표출하는 것처럼 말을 내뱉었고 (…) 처음부터 독일 대표들이 대답을 하는 것이 무의미하게 만들었다"라고 기록했다.[31] 통역사들이 영어와 프랑스어로 통역을 끝내자 클레망소는 발언할 사람이 있는지 물었다. 브록도르프-란차우가 손을 들었다.[32]

그는 긴 연설문을 선택했다. 그는 화해를 위한 말을 많이 했지만, 통역사의 부족함, 자리에 앉은 채로 말한 그의 태도, 거친 목소리는 끔찍한 인상을 남겼다. 클레망소는 불쾌해서 얼굴이 달아올랐고, 로이드조지는 상아 종이칼을 두 동강 냈다. 로이드조지는 후에 프랑스인이 독일인에게 느끼는 증오심을 처음으로 이해했다고 말했다.[33] 윌슨은 "내가 들어본 가장 요령 없는 연설이었다"라고 말했다. "독일인들은 정말 어리석은 민족이다. 그들은 항상 일을 그르친다." 로이드조지도 "우리가 그에게 연설을 허용한 것은 개탄할 일"이라며 동의했다.[34] 늘 그렇듯이 냉정한 밸푸어만이 이런 분노를 공유하지 않았다. 그는 브록도르프-란차우의 행동을 눈여겨보지 않았다고 니컬슨에게 말했다. "나는 사람들이 명백하게 고통스러워할 때는 쳐다보지 않는 것을 원칙으로 삼고 있다."[35] 브록도르프-란차우는 트리아농 팰리스 호텔을 나서면서 계단에 잠시 서서 무심하게 담뱃불을 붙였다. 가까이 있던 사람들만이 그의 입술이 떨리는 것을 알아챘다.[36]

호텔로 돌아온 독일 대표들은 다함께 조약 사본에 달려들었다.

각 부분은 분리되어 번역 팀에게 넘겨졌다. 아침이 되자 독일어 버전이 인쇄되어 발송되었다. 한 팀이 베를린에 전화를 걸어 요점을 설명했다. "자르 분지, (…) 폴란드, 실레지아, 오펠른, (…) 우리가 지불해야 하는 금액은 1230억이며, 이 모든 것에 대해 우리는 '대단히 감사하다'라고 말해야 한다." 그들은 너무 큰 소리로 외쳐서 도청하는 프랑스 비밀경호국이 거의 알아들을 수 없을 정도였다.[37] 독일 대표들이 급하게 식사를 하기 위해 자정에 모였을 때, 식당에서는 여러 말이 오갔다. "우리의 모든 식민지", "독일은 국제연맹에서 제외될 것", "상선단 거의 전체", "윌슨이 말하는 열린 외교가 이런 것인가?" 등의 말이 나왔다.[38] 전직 노동조합원이었던 한 대표는 비틀거리며 회의장에 들어와 푸념했다. "여러분, 나는 술에 취했소. 프롤레타리아적일지 모르지만 나에게는 다른 방법이 없소. 이 수치스러운 조약은 오늘까지 윌슨을 믿었던 나를 망가뜨렸소."[39] (이 사건은 파리에서 부풀려져 풍문으로 돌았다. "대표단, 비서, 통역관들이 호텔 방과 심지어 계단에서 벌거벗은 채 술에 취해 누워 있었다."[40]) 독일 은행가 막스 바르부르크Max Warburg 는 "위선의 깃발 아래 자행된 최악의 세계적 약탈 행위"라고 격렬히 비난했다. 브록도르프-란차우는 경멸스러운 어조로 중얼거렸다. "이 방대한 분량은 불필요한 것이다. 그들은 그저 한 문장으로 표현할 수 있었을 것이다. '독일은 스스로의 존재를 포기한다.'"[41]

충격은 독일에 그대로 전달되었다. 독일은 왜 영토의 13퍼센트와 인구의 10퍼센트를 잃어야 하는가? 진정 독일은 전쟁에서 패배한 것인가? 휴전 이후 군부와 그 동조자들은 독일이 전장에서가 아니라 국내의 배신으로 패배했다는 배신론의 근거를 만들어내려고 부지런히 노력했다. 왜 독일만 무장해제를 당해야 하는가? 왜 독일만 전쟁의 책임을 져야 하는가? 이런 것들이 조약에 대한 독일인들의 증오의 초점이 된 질문이었다. 대부분의 독일인은 여전히 1914년의 전쟁 발발은 동쪽의 야만적인 슬라브족의 위협을 방어하기 위해 필요한 일이었다고 생각했다.[42] 총리 필리프 샤이데만은 이 조약을 절대 수용할 수 없다고 말했다. "자멸을 초래할 이 족쇄를 어떻게 스스로 채울 수 있겠는가?"[43] 윌슨의 약속은 어떻게 된 것인가? "내가 열린 외교가 뭔지 보여주겠소." 거칠고 투박한 국방장관 구스타프 노스케는 미국 기자에게 말했다. "당신네 미국인들 모두 미국으로 돌아가 윌슨과 함께 스스로를 묻으시오.[44] 독일의 구세주로 여겨지던 윌슨은 하루아침에 사악한 위선자가 되었다. 1924년 윌슨이 사망했을 때 워싱턴 주재 외국 대사관 중 유일하게 독일 대사관만이 조기를 거는 것을 거부했다.[45]

그러나 사실 독일 외무부는 강화 협상을 준비하면서 군축, 라인란트의 비무장화 및 점령, 영토 손실(최소 자르 지역에서 독일 동부 국경 지대의 단치히를 포함한 상당한 지역까지), 최소한 600억 마르크의 배상금 등 대부분의 평화 조건을 예상하고 있었다.[46] 그런데도 독일이 이런 반응을 보인 것에 대한 가장 좋은 설명은 1919년 4월 한 미국인 관찰자가 한 말에서 찾을 수 있다. "독일인들에게는 희망 외에는 남은 것이 거의 없었다. 미국인들이 뭔가 해줄 것이라는 희망, 최종 조건이 정전 협정처럼 그렇게 가혹하지는 않을 것이라는 희망에만 매달린 것이다. 독일인들은 잠재의식에서 자신들이 인식한 것보다 더 낙관적이었다." 그는 예상했다. "독일인들은 인쇄된 평화 조건을 보는 순간 강한 유감, 증오, 절박감에 빠지게 될 것이다."[47]

독일 대표단은 그런 상태에서 평화 조건에 대한 마음의 준비를 했다. 5월 말까지 그들은 세심하게 만들어진 반대와 역제안을 담은 두꺼운 문서를 만들어냈다. 조약은 연합국이 한 약속과 달리 정의롭지도 정당하지도 않다는 것이 그들의 전반적인 주장이었다. 독일로부터 잘려나가는 영토에서 독일인들은 민족자결권을 부정당했다. 배상금은 독일인들이 "영구적인 노예 노동"을 하라고 저주하는 것이었다.[48] 또한 독일에게만 무장해제를 요구했다. 브록도르프-란차우는 위험한 결과를 가져오게 되는 전략을 추구했다. 그는 독일은 전쟁에 대한 책임을 단독으로 지지 않을 것이라고 선언했다. "내 입으로 그런 고백을 한다면 명백한 거짓말을 하는 셈"이라고 그는 트리아농 팰리스 호텔에 모인 사람들에게 말했다.[49] 독일인들이 "전쟁 범죄 조항"이라고 부른 악명 높은 제231조는 독일에 전쟁 배상금을 물리기 위해 삽입되었다고 그들은 생각했다. 사실 오스트리아 및 헝가리와의 조약에도 유사한 조항이 있었다. 다만 관련 국가들이 그것을 걸고넘어지지 않았을 뿐이다.[50]

독일인들의 반응이 다른 나라들과 달랐던 부분적인 이유 중 하나는 그들이 몇 달 동안 초조하게 비난을 예상하고 있었기 때문이다. 전쟁 중 자국 정부를 비판했던 자유주의자들은 독일이 죄책감이라는 짐을 짊어질 필요가 없다고 주장해왔다. 위대한 사회학자 막스 베버와 주요 교수들은 "우리는 전쟁 전과 전쟁 중 권력자들의 책임을 부정하지 않지만, 전쟁을 벌인 유럽의 모든 강대국이 유죄라고 할 수 있다"라는 공개 선언문을 발표했다.[51] 평화 협정이 발표되자 정치적 성향에 관계없이 독일인들은 최악의 공포가 현실이 되는 것을 목도했다.

브록도르프-란차우는 배상금 요구를 약화시키기 위해 제231조에 대해 물고늘어졌다. 독일 정부는 이런 행동의 타당성에 대해 회의적이었지만, 그는 개인적인 명예심에서 고집스럽게 밀어붙였다.[52] 5월 13일 그는 연합국에게 "독일 국민은 전쟁을 원하지 않았고, 결코 침략 전쟁을 일으키지 않았다"라는 내용의 편지를 보냈다. 그는 다른 장문의 편지에서도 이 주장을 몇 번이고 되풀이했다.[53] 연합국은 기존의 입장을 계속 고수했다. 로이드조지는 회고록에서 "전쟁에 참전한 우리의 명분 자체를 부정하지 않는 한, 독일의 관점은 받아들일 수 없는 것이었다"라고 썼다.[54] 윌슨은 "우리는 독일 정부의 말을 한마디도 받아들이지 않는다고 답하는 것으로 충분하다"라고 단호하게 말했다.[55] 클레망소는 독일이 휴전을 제안했을 때 이미 자신들의 침략과 책임을 인정했다고 4인 평의회를 대표해서 말했다. "오늘에 와서 이를 부인하는 것은 너무 늦은 일이다."[56] 젊은 존 포스터 덜레스가 배상에 대한 타협안으로 초안을 작성하는 데 도움을 준 제231조는 이로써 독일 바이마르공화국과 이후 역사에서, 그리고 영어권 세계에서 베르사유 조약의 불공정성과 부당성을 보여주는 중요한 상징이 되었다.

독일이 조약을 체결하던 날인 5월 7일 새벽 4시, 미국 구호국 책임자인 허버트 후버는 언론에 막 보도된 조약 사본을 들고 온 전령에 의해 잠에서 깨어났다. 다른 모든 사람들과 마찬가지로 그도 조약 전체를 읽어본 적이 없었다. 그 방대한 범위와 누적된 영향력에 그는 불안해졌다. 잠을 더 잘 수 없던 그는 텅 빈 파리 거리를 헤매고 돌아다녔다. 날이 밝을 무렵, 그는 영국 대표단의 스뮈츠와 케인스를 만났다. 후버는 몇 년 후 회고했다. "우리는 조약의 많은 부분이 궁극적으로 파멸을 가져올 것이라는 데 생각이 일치했다."[57]

발표된 조약은 많은 중재자들이 느낀 불안을 구체화했지만, 그 불안이 평화조약 자체로 인한 것인지, 강화회의의 성격 때문인지, 세계의 미래 때문인지, 아니면 자신의 미래 때문인지 구별하기는 쉽지 않았다. 방관자 입장에서 분개하던 미국 국무장관 랜싱은 이 조약이 윌슨의 협상 능력에 대한 자신의 최악의 두려움을 확인시켜주었다고 생각했다. 그는 "평화조약의 조건은 헤아릴 수 없을 만큼 가혹하고 굴욕적이며, 상당수는 이행할 수 없는 것"이라는 내용의 격렬한 비망록을 남겼다.[58] 러시아 외교의 실패로 여전히 정신을 차리지 못한 불릿은 크리용 호텔에서 미국 대표단의 젊은 멤버들을 모아 회의를 소집했다. 그는 "이것은 평화조약이 아니다"라고 선언했다. 그는 자신들 모두가 사임해야 한다고 주장했다. 십수 명 정도가 이에 동의했다. 불릿은 탁자 장식을 뜯어내어 동의한 사람에게는 붉은 장미를, 동의하지 않은 사람에게는 노란 종려나무를 수여했다.

사직서에는 윌슨의 위대한 원칙과 미국의 이상주의가 탐욕스러운 유럽인들의 이익을 위해 희생되었다는 환멸의 내용이 담겼다. 불릿은 늘 하던 대로 자신의 편지가 언론에 직접 전달되도록 했다.[59]

영국 대표단의 반응도 비슷했다. 니컬슨이 그 분위기를 잘 파악했다. "우리는 새로운 질서가 곧 확립될 것이라고 확신하고 파리에 왔지만, 새로운 질서는 단지 구질서를 더럽히는 것일 뿐이라는 확신을 가지고 떠나게 되었다. 우리는 윌슨 대통령 학교의 열렬한 학생으로 왔지만, 배신자가 되어 떠나게 되었다."[60] 영국은 '제국주의적 평화'를 만들어낸 것은 모두 이탈리아와 프랑스의 책임이라며 떠넘겼다. 영국에서는 전쟁 직후의 애국심 가득한 감정이 점차 사라지고 독일에 대한 관용적인 감정이 생겨나고 있었다. 캔터베리 대주교는 이 조약에 대해 "매우 불편하게 느낀다"라고 선언했다. 그는 "평소에 침묵하고 있고 일반 언론 매체에 자신의 의견을 표현하지 못하는 대규모의 중심적 여론"을 대변해 말하는 것이라고 했다.[61]

프랑스의 반응은 달랐다. 비평가들은 조약이 너무 약하다고 불평했고 일부 좌파 인사들은 조약이 너무 가혹하다고 생각했지만, 이들의 불만은 대중에게 거의 영향을 미치지 못했다. 많은 프랑스인은 클레망소가 최선의 조건을 얻어냈다고 생각했다. 한 언론인은 "영광스럽고 위로가 된다"고 말했다. 어쨌든 그들은 진이 빠지는 협상을 다시 재개할 의욕이 거의 없었다. 5월 29일 독일이 상세한 반대 의견을 보냈을 때, 프랑스 언론은 "대단한 뻔뻔함", "지저분한 허풍", "오만함" 등 혹평을 쏟아냈다. 한 저명한 자유주의자는 독일

각서에 대해 자신이 찾을 수 있는 단어는 "무례함과 양심의 결여"뿐이라고 외쳤다.[62]

반면 영국인과 미국인들은 깊은 인상을 받았다. 독일에 우호적이지 않았던 헨리 윌슨은 일기에 이렇게 적었다. "독일인들은 내가 예상한 그대로 행동했다. 우리의 조항을 깡그리 무시한 다음, 14개조에 기초한 자신들의 완벽한 조건을 제출했는데, 우리 것보다 훨씬 일관성이 있다."[63] 그 순간 라인란트의 분리주의자들이 일부 프랑스군의 지원을 받아 독립을 위한 무모한 시위를 벌인 것은 불행한 일이었다. 6월 1일 라인란트의 여러 도시에 현수막이 걸렸다. 성난 군중이 즉시 현수막을 철거하지 않은 곳에서는 깊은 침묵이 흘렀다. 관공서를 점거하려는 시도는 처참하게 실패했다. 브록도르프-란차우는 즉시 클레망소에게 강력하게 항의했다. 6월 2일 윌슨과 로이드조지는 클레망소에게 라인란트에 있는 자국 장군들이 보낸 보고서를 보여주었다. 프랑스의 음모에 대해 불평하는 내용이었다. 로이드조지는 연합국이 15년 동안 라인란트를 점령하는 결정을 재고해야 할지도 모른다고 말했다.[64]

로이드조지는 사실 조약 전체를 재고해야 한다고 생각했다. 그는 장기적으로 볼 때 취약하고 혁명 가능성이 있는 독일을 유럽의 중심에 두는 것이 영국의 국익에 도움이 되지 않는다는 것을 잘 알고 있었다. 또한 자신의 정치적 이익에도 부합하지 않는다고 생각했다. 센트럴 헐Central Hull에서 치러진 보궐선거에서 "선하고 신속하며 보복 없는 평화"를 주창한 후보가 연립정부 후보를 꺾고 승리했다.[65]

측근들은 로이드조지에게 영국 국민은 가혹한 조약을 지지하지 않을 것이라고 경고했다. 5월 30일 연합국이 받은 조약에 대한 독일의 상세한 의견은 3월 말 퐁텐블로에서 그가 영국 동료들과 논의했던 많은 우려를 반영했다. 부총리 보너 로는 독일의 이의 제기에 대해 "많은 부분에서 반박하기 매우 어렵다"고 생각했다.[66] 로이드조지도 동의했다. 독일 대표단은 사실상 연합국에 이렇게 말하는 셈이었다. "당신들의 원칙이라는 건 자신들에게 유리할 때는 적용하고, 우리에게 유리할 때는 그냥 넘어가는 것이다."[67]

가장 설득력 있는 비판자는 스뮈츠였다. "이것이 우리의 정치적 결과라는 사실에 말로 표현할 수 없을 정도로 슬픔을 느낀다"라고 그는 썼다. "잘못된 근거로 잉태된 불가능한 평화", "현재의 공황 정책", "충격적", "과격한" 등의 표현이 계속 이어졌다. "독일이 조약의 조항을 이행하는 것은 사실상 불가능하다." 배상금에 관한 조항은 "황금 알을 낳는 거위를 죽여야 하는" 실행 불가능한 것이었다. (그러나 연합군의 미망인과 고아를 위한 연금을 추가해 배상액을 부풀린 것은 스뮈츠 자신이었다.) 라인란트 점령과 독일 영토의 폴란드 이양은 "유럽의 미래를 심각하게 위협하는" 일이었다.[68] 그는 당사국들이 조약에 그대로 서명할지 매우 의심했다. 로이드조지는 다소 신경질적으로 남아프리카가 독일에 서남아프리카를 반환할 준비가 되어 있느냐고 반문했다. 이에 스뮈츠는 답했다. "이 중대한 사안에서 문명 세계를 짓누르고 있는 짐에 비하면 남아프리카 문제는 저울 위의 먼지에 불과하다."[69]

이 모든 일로 크게 동요한 로이드조지는 6월 1일에 영제국 대표단을 소집했다. 전날 밤 런던에서 건너온 재무장관 오스틴 체임벌린, 인도 담당 국무장관 몬터규, 전쟁장관 처칠 등 영국 정부의 주요 각료들도 이 회의에 참석했다. 스뮈츠는 열성적으로 연설했다. 평화조약은 "한 세대 동안 유럽에 정치적·경제적 혼란을 초래할 것이고, 장기적으로 대가를 치러야 하는 것은 영제국"이며, "그 합의에는 프랑스의 요구가 너무 많다." 회의 참석자들은 대체로 동의하는 분위기였다. 처칠은 "독일에 대한 프랑스의 증오심은 인간적인 것을 넘어섰다"라고 말했다.[70] 거의 말을 하지 않던 남아프리카 총리 보타 장군은 그날이 17년 전 보어 전쟁을 끝내고 밀너 경과 평화조약을 체결했던 날임을 상기시켰다. "당시 영제국을 구한 것은 중용이었다. 이번 기회도 세계를 구할 수 있는 중용이 되기를 바란다." 회의는 만장일치로 로이드조지에게 폴란드와의 국경, 배상금, 라인란트 점령 및 자잘하지만 자극적인 "고통을 주는" 수십 개의 조건을 수정하도록 요청할 권한을 부여했다. 또한 그는 독일이 국제연맹에 곧 가입할 수 있다는 약속을 연합국에 요청하기로 했다.[71]

다음날 로이드조지는 4인 평의회에서 자신의 동료들이 현재 상태의 조약에 서명하는 것을 승인하지 않을 것이며, 영국군이 독일로 진격하거나 영국 해군이 봉쇄를 재개하는 데 동의하지 않을 것이라고 말했다.[72] 윌슨과 클레망소는 그토록 고통스럽게 완수한 일을 다시 해야 한다는 생각에 치를 떨었다. 두 사람 모두 로이드조지가 제정신이 아니라고 결론지었다.[73] 윌슨은 미국 대표단에게 말했다. "사람들이 지금 와서 독일이 서명하지 않을지도 모른다고 두려워하다니, 참 피곤한 일이다. 그들이 우려하는 부분은, 조약 작성 당시 그들의 주장 때문에 생겨난 것이다."[74] 로이드조지는 "원칙이 전혀 없어 보이며, 마지막으로 나눈 대화에 따라 반응하는, 즉 편의주의가 유일한 기준인 듯하다"라고 윌슨은 말했다.[75] 윌슨은 이제 마음을 바꿀 생각이 없었다. 클레망소는 사소한 문제에 대해서만 양보를 했다. 그는 여기까지 오기 위해 국민들과 싸웠으며, 더 양보하면 정부는 무너질 것이라고 주장했다.[76] 로이드조지는 회고록에서 자신이 조약을 윌슨의 원칙에 더 부합하도록 만들기 위해 큰 변화를 제안한 것은 아니라는 견해를 밝혔다.[77]

2주 동안 격렬한 토론이 이어졌다. (한때 윌슨은 로이드조지에게 "당신 때문에 정말 골치 아프다"라고 말한 것으로 알려졌다.[78]) 결국 로이드조지는 상부 실레지아 주민들이 독일에 남을지 폴란드에 속할지를 주민투표로 결정하기로 하는 상당한 양보를 얻어냈다. 그것을 제외하면 그는 동맹국을 자극하는 것 외에 별다른 성과를 거두지 못했다. 라인란트 점령 기간 단축 제안에 대해서는 클레망소의 완강한 반대에 부딪혔는데, 그는 하우스에게 말했듯이 "14년 364일"조차 동의하지 않았다.[79] 결국 점령군과 독일 정부 및 민간인 사이의 마찰을 최소화하기 위한 몇 가지 작은 수정만 이루어졌다.[80] 연합국은 독일이 올바로 행동하고 있다고 판단하면 이를 인정하겠다고 독일을 안심시키기만 했다.[81]

로이드조지는 배상 조항에서 거의 진전을 이루지 못했는데, 그 이유는 그 자신도 원하는 것이 무엇인지 명확하지 않았기 때문이다. 그는 과거에는 조약에 고정된 금액을 명시하는 것을 반대했지만, 지금은 망설이고 있었다. 어쩌면 연금 등을 충당하기 위해 일정한 금액을 언급할 수 있으며, 독일이 벨기에와 프랑스의 피해를 복구하기로 약속할 수 있었다. 혹은 독일이 배상금을 제시하면 연합국이 그를 검토해 조정할 수 있었다. 그는 적어도 배상금 문제를 다시 한번 살펴봐야 한다고 생각했다.[82] 윌슨은 공보 비서인 베이커에게 로이드조지는 오만하고 참을 수 없는 자라고 말했다.[83]

배상금위원회는 문제를 전체적으로 다시 검토해달라는 요청을 받았다. 그러나 이번에도 합의는 도출되지 않았다. 프랑스와 영국은 액수를 정하는 것이 불가능하다고 판단했고, 미국은 1200억 금마르크를 제안하고 독일에 보낼 메모까지 작성했다. 윌슨은 단호히 말했다. 정의는 독일에게 무거운 짐을 지우는 것을 요구하지만, 연합국이 독일 경제를 파탄으로 몰아가서는 안 된다고 말이다. 로이드조지는 "이 파이의 크러스트와 소스가 마음에 들지만 속에 든 고기는 마음에 들지 않는다"라고 말했다. 윌슨은 "하지만 당신은 고기를 감당할 위장을 준비해야 한다"라고 대답했다. 로이드조지는 한 가지 조건은 분명히 말했는데, "나에게 충분히 주어야 한다"는 것이었다. 클레망소는 이 말에 끼어들어 "다른 사람의 배로 들어가지 않는다는 보장이 필요하다"고 말했다. 로이드조지는 고정된 금액을 정하지 않고도 정해진 액수라는 인상을 주기 위해 여러 가지 기발한 방법을 제안했다. 윌슨은 믿기지 않는 듯이 물었다. "그게 금액을 확정하자는 미국의 제안에 대한 당신의 답변입니까? 미국 보고서의 나머지 부분은 읽어보았습니까?"[84] 그 조항은 그대로 남겨졌다.

6월 16일, 독일은 3일 안에 조약을 수락하지 않으면 연합국이 필요한 조치를 취할 것이라는 통보를 받았다. (이후 6월 23일까지로 연장되었다.) 브록도르프-란차우와 그의 수석 보좌관들은 그날 밤 바이마르로 출발했다. 성난 군중은 그들이 탄 차가 기차역을 향해 출발하자 휘파람을 불며 야유했다. 비서 한 명이 돌에 맞아 쓰러졌다. 한 보고서에 따르면 프랑스 당국은 이런 사태에 사과하지 않고, 오히려 독일군이 벨기에에서 저지른 일을 상기시켰다. 프랑스 당국은 부상에서 회복하지 못한 이 불행한 비서에게 나중에 상당한 보상금을 지불했다.[85]

연합군 요원들은 독일 정부가 조약을 거부할 가능성이 높다고 보고했다. 독일 국민이 싸울 준비가 되어 있는지는 확실하지 않았지만, 조약 체결에는 강력히 반대하고 있었다.[86] 연합국이 감청한 전보를 통해 알 수 있듯이 브록도르프-란차우는 거부를 촉구하고 있었고, 그의 대표단은 그를 지지했다.[87] 클레망소는 4인 평의회에서 "만일 독일이 거부한다면 서명을 강제할 수 있는 강력하고 끊임없는 군사적 타격을 해야 할 것"이라고 말했다. 윌슨과 로이드조지도 주저 없이 동의했다.[88] 5월 20일, 연합군 최고사령관 포슈는 42개 사단에 대규모 독일 중부 진격 명령을 내렸다.[89] 영국은 해상봉쇄를 재개할 준비를 했다.

마감 시한 이틀 전 연합국의 결의를 더욱 확고히 만드는 사건이 발생했다. 스캐파플로에서 포로가 된 독일 함대의 장교들은 멀리 떨어진 파리에서 오는 소식을 듣고 있었다. 길고 우울한 겨울이 계속되고 있었다. 특히 영국에 혁명을 전파하기 위해 자원 입대했던 급진적인 선원들은 해변으로 나가는 것이 금지되자 크게 실망했다.[90] 지루함과 반란에 지친 병사들은 오랜 토론 끝에야 명령에 복종했고, 독일 해군의 자랑이었던 함선은 이제 더러워졌다. 책임자인 제독은 독일 해군의 명예를 되찾기로 결심했다. 6월 21일 정오에 영국 수병들은 모든 적 함선들이 일제히 독일 해군 깃발을 올린 것을 발견했다. 드레드노트급 전함과 구축함들이 차례로 모습을 드러내면서 무슨 일이 벌어지고 있는지 확실해졌다. 영국군은 너무 늦어서 겨우 몇 척만 구할 수 있었고, 그날 오후 5시까지 40만 톤의 값비싼 독일 선박들이 독일 수병들에 의해 침몰했다.[91] 독일인들은 기뻐했고, 하우스는 일기에 "모두가 영국 해군부를 비웃고 있다"라고 적었다. 중재자들은 이 사건에 역정을 냈다. 로이드조지는 "이 배들이 침몰한 것은 신의를 저버린 행위라는 데 의심의 여지가 없다"라고 말했다. 윌슨은 "로이드조지의 의혹을 충분히 공유했고 독일인을 신뢰하지 않는다"라고 동의했다. 독일 정부의 요청대로 기한을 더 연장할 수는 없었다. 사실 영국과 미국 사이에 갈등의 소지가 제거되었다는 다소의 안도감도 있었다.[92]

독일의 정치 상황은 혼란스러웠다. 연립정부는 조약에 서명할지 여부를 놓고 크게 분열되어 있었다. 연합군의 침략 경로에 있는 서부의 정치 지도자들은 어떤 대가를 치르더라도 평화를 원했고, 별도의 조약을 체결해야 한다고 생각하고 있던 대부분의 독일 주 총리들도 마찬가지였다. 민족주의자들은 유용한 제안을 하지 않은 채 용감하게 저항을 거론했다. 군부에서는 동부에 연합군에 대항하는 요새가 될 새로운 국가를 세우거나, 장교들이 정부를 상대로 대규모 반란을 일으키거나, 조약 체결을 지지하는 중도 정치인 마티아스 에르츠베르거Matthias Erzberger를 암살하자는 등의 과격한 계획이 떠돌았다.[93]

독일 남부의 가톨릭 마을에서 우체부의 아들로 태어난 에르츠베르거는 대담하고 쾌활하며 실용적인 사람이었다. 전쟁 동안 그는 온건한 평화 협상을 위해 영향력 있는 목소리를 냈다. 그의 적수들은 그의 붉은 얼굴과 작은 눈, 광기 어린 미소, 상상할 수 없는 말을 하는 습관 때문에 그를 증오했다. 거의 모든 면에서 그와 정반대였던 브록도르프-란차우는 그에게 예의를 갖추기 어려웠다.[94] 1919년 에르츠베르거는 독일의 휴전위원회 위원장이었다. 그는 독일이 다시 전쟁을 시작할 여력이 없다고 확신했다. 민족주의자들의 시끄러운 시위에 대한 여론도 그의 의견에 동의하는 듯했다.[95] 그는 내각의 동료에게 이 조약은 독일 국민에게 끔찍한 부담을 줄 것이며, 우파가 군사 쿠데타를 시도할 수 있다고 정확하게 말했다. 그러나 그는 독일이 살아남을 기회는 있을 것이라고 생각했다. 전쟁이 끝나면 공장은 다시 생산을 시작하고, 실업률은 낮아지고, 수출은 증가하고, 수입을 감당할 수 있을 것이라고 보았다. "볼셰비즘은 매력을 잃을 것이다." 그러나 독일이 조약에 서명하지 않는다면 상황은 매우 달라질 터였다. 연합군이 독일의 산업 중심지인 루르 지역을 점령하고 동쪽으로 진격하면 독일이 반으로 쪼개지고, 폴란드가 동쪽에서 공격해올 것이며, 경제와 교통 시스템이 붕괴할 것이 분명했다. "약탈과 살인이 현실의 질서가 될 것이다." 독일은 일부는 볼셰비키 통치를 받고, 일부는 우파 독재의 지배를 받는 "미친 듯이 어지러운 조각보" 같은 국가로 분열될 것이기 때문에 독일은 조약에 서명해야 한다고 그는 말했다.[96]

브록도르프-란차우는 그렇게 생각하지 않았다. 그는 확실한 근거 없이 연합국이 허풍을 떨고 있다고 주장했다. 연합국은 독일을 점령하고 싶어하지 않는다고 그는 생각했다. 독일이 굳건히 버티면 연합국은 양보할 수밖에 없고, 심지어 진지하게 협상에 임할 수도 있다고 보았다. 영국과 미국은 어쩌면 프랑스와 결별할 수도 있었다.[97] 그의 대표단은 "독일이 국가로서 명예롭게 계속 존속할 수 없기 때문에 우리는 여전히 평화 조건을 받아들일 수 없다"라는 권고안을 만장일치로 통과시켰다.[98] 독일 군부도 같은 입장을 취했다. 힌덴부르크 야전사령관은 "연합군에 대항하는 성공의 희망은 가질 수 없지만, 군인으로서 나는 불명예스러운 평화보다는 명예로운 패배를 택하겠다"라고 말했다.[99] 조약 수용 쪽으로 기울던 내각은 교착상태에 빠졌고, 6월 20일에 전면 사임했다. 브록도르프-란차우는 독일 대표단장직을 사임하고 정계를 완전히 떠났다. (1922년에 그는 모스크바 주재 대사가 되었다. 그의 당당한 태도는 볼셰비키들에게 깊은 인상을 주었으며, 그곳에서 그는 상당한 성공을 거두며 독일과 소련 간의 긴밀한 관계를 위해 일했다.)

독일에는 이제 정부도 대변인도 없었다. 대통령도 없을 뻔했지만, 사람들은 프리드리히 에베르트에게 대통령직을 유지해야 할 의무가 있다고 설득했다. 6월 23일 오후 7시라는 마감 시한이 점점 다가왔다. 6월 22일 에베르트는 마침내 정부를 구성하는 데 성공했다. 오랜 토론 끝에 국회는 독일이 항복과 전쟁 책임자 재판, "전쟁 책임" 조항을 인정하지 않는다는 유보 조항을 달아 서명하는 데 찬성표를 던졌다. 파리의 반응은 신속했다. "독일 정부는 어떠한 조건도 없이 정해진 기간 내에 이 조약에 서명하는 것을 수락하거나 거부해야 한다"는 것이었다.[100] 바이마르에서는 두려움에 싸인 혼란이 일어났다. 많은 의원과 내각 장관들이 자신의 임무가 끝났다고 확신하며 고향으로 떠났다. 독일 정부는 파리에 기한 연장을 요청했고, 밤새도록 회의를 진행했지만 결론을 내리지 못했다. 6월 23일 오전, 파리에서 마감 기한이 연장되지 않을 것이라는 소식이 전해졌다. 독일군이 서명에 찬성한다는 사실을 알린 지 열한 시간이 지난 후, 정부는 국회를 통해 결의안을 받아내는 데 성공했다. 서명에 격렬하게 반대하던 많은 우파 민족주의자는 이 결정에 개인적으로 안도했다. 그들은 또다른 결의안에서 정부를 지지했던 사람들의 애국심을 의심하지 않는다고 투표했다. 제국의회 의장은 "우리는 자비로운 신의 보살핌에 우리의 불행한 나라를 맡긴다"라고 말하면서 폐회를 선언했다.[101]

중재자들은 긴장된 마음으로 독일인의 최종 답변을 기다렸다. 오후 4시 30분경 한 비서가 독일 측의 답변이 들어오고 있다는 소식을 전하기 위해 4인 평의회로 달려왔다. 클레망소는 "나는 매분을 세고 있다"라고 말했다. 5시 40분에 메모가 도착했다. 프랑스 장교가 독일어를 통역하는 동안 정치가들은 주위에 몰려들었다. 로이드 조지는 웃음을 터뜨렸고, 윌슨은 가벼운 미소를 지었으며, 클레망소는 포슈에게 진격을 중지하라는 명령을 내리는 한편 파리의 군대에 축포를 발사하라는 명령을 내렸다. 그날 강화회의에서는 더 이상 할 일이 없었다.[102]

조약 조인식은 6월 28일로 정해졌다. 사라예보에서 오스트리아 대공 부부가 암살당한 날짜였고, 장소는 1871년 독일제국이 선포된 베르사유궁의 거울의 방이었다. 클레망소가 직접 준비를 맡았다. 그는 유쾌하게 궁전의 큰 연회장을 활보하며 프랑스 왕들의 과거 스캔들을 주변 사람들에게 말하며 분위기를 즐겁게 했다. 그는 윌슨과 밸푸어를 가리키며 "저 두 사람을 보게. 분명 더러운 얘기를 하고 있을 거야. 늙은 풍자가 같은 밸푸어의 표정을 보게"라고 속삭였다.[103] 그는 위엄을 더하기 위해 웅장한 가구와 태피스트리를 들여오고, 불쾌감을 주는 잉크통을 치우라고 지시했다. (프랑스의 고위 관리들은 파리의 박물관과 골동품 가게를 샅샅이 뒤져 그가 원하는 기물을 찾아 그의 승인을 받았다.[104])

많은 전권대표들도 골동품 가게에서 금속이든 돌로 만든 것이든 가장 멋진 인장을 찾아 헤맸다. (서명에 개인 도장을 찍는 것은 외교적 전통이었다.) 오스트레일리아의 휴스 총리는 헤라클레스가 용을 죽이는 장면이 그려진 도장을 사려다 말고, 결국 오스트레일리아 군복의 단추를 사용했다. (그는 오랫동안 고생한 보좌관을 위해 대리석으로 만든 1.2미터 높이의 밀로의 비너스 복제품을 구입하기도 했다.[105]) 로이드조지는 1파운드 금화를 사용할 수도 있다고 생각했다. 클레망소는 "그럼 그것을 나에게 맡기시오"라고 말했다. 로이드조지는 "더 남은 게 없소. 모두 미국으로 갔소"라고 대답했다.[106] 6월 27일 한 비서가 깔때기로 붉은 왁스를 조심스럽게 떨어뜨리는 동안 전권위원들은 다음날에 있을 서명을 준비하기 위해 조약에 차례로 인장을 찍었다.[107]

거울의 방 입장권을 얻기 위한 경쟁도 벌어졌다. 5개 강대국은 60석씩을 배정받았다. 윌슨은 "매우 애매한 숫자"라고 말했다. "10개라면 선택하기 쉬웠을 텐데, 60개를 선택해야 하니 불만이 생길 것이다."[108] 한 진취적인 미국 사업가는 제조업체의 문장이 찍힌 담배 케이스를 출입증인 체하며 궁전 바깥 경내에 들어갈 수 있었다.[109] 매혹적인 붉은 머리칼을 가진 작가 엘리너 글린은 로이드조지를 매료시켜 기자로 참석할 수 있었다.[110] 입장권이 터무니없이 비싼 가격에 팔린다는 이야기가 돌았다.[111]

더 놀라운 소문도 돌았다. 베를린에서 한 독일군이 프랑스로 반환될 예정인 프랑스-프로이센 전쟁 당시의 국기를 탈취해 프리드리히 대제 기념비 앞에서 불태우고 군중이 국가를 불렀다는 소문이었다.[112] 독일인들이 과연 이 시점에 서명을 거부할 수 있을까?

6월 25일 프랑스 언론은 레제르부아 호텔에 모인 독일 대표단이 기분이 상해서 하위 관리를 보내 조약에 서명할 것이라고 보도했다. 4인 평의회가 사절을 보내 문의했을 때, 담당 대표는 정부가 서명 책임을 맡을 장관을 찾는 데 큰 어려움을 겪고 있다고 정확하게 보고했다.[113] 6월 27일에야 두 명의 대표, 즉 헤르만 뮐러Hermann Müller 신임 외무장관과 요하네스 벨Johannes Bell 교통장관이 서명을 하기 위해 오고 있다는 소식이 전해졌다. 독일 대표단은 전장을 통과하는 관례적인 느린 기차 여행 끝에 새벽 3시에 도착했다. 두 사람이 서명할 것이라는 소문과 함께 그들이 로이드조지와 클레망소에게 총을 쏘거나 폭탄을 투척해 자폭할 것이라는 소문이 파리 시내에 떠돌았다.[114]

6월 28일, 찬란한 여름날이 밝아왔다. 그날 아침 프랑스가 영국 및 미국과 별도의 조약에 서명함으로써 독일이 공격할 경우 영국과 미국 연합이 프랑스를 방어하겠다는 보증이 공식적으로 구체화되었다. 그 보증이 신뢰할 만한지는 별개의 문제였다. 하우스는 이 조약이 상원의 승인을 받을 수 있을지 의심했다. 그는 항상 이 조약이 프랑스에 유용한 미봉책일 뿐 진지한 약속이 아니라고 생각했다.[115] 윌슨도 이에 동의하는 경향이 있었는데, 그는 기자회견에서 "어느 정도 프랑스의 관점을 충족시키기 위해 양보했다"라고 말했다. 그는 독일이 다시 위협이 되기 훨씬 전에 국제연맹이 정상적으로 운영되면 보증이 불필요해질 것이라고 자신 있게 예상했다.[116]

중재자들은 자동차를 타고 베르사유궁으로 갔다. (영국 대표단의

여성 비서들은 운이 좋지 않아 "정어리 통조림처럼" 트럭에 꽉 채워졌다.[117])
성문에서 궁전까지 1.5킬로미터에 이르는 길에는 파란색 제복과 강철 투구를 쓴 프랑스 기병대가 부동 자세로 줄지어 서 있었고, 창에 달린 붉은색과 흰색 페넌트가 바람에 펄럭였다. 더 많은 병력으로 가득 찬 안뜰에서 초대받은 사람들은 흰 바지, 검은 장화, 짙은 파란색 코트, 긴 말총 깃털이 달린 은빛 투구를 쓰고 검을 든 엘리트 공화국 근위대 병사들의 경례를 받으며 중앙 계단을 올라갔다.

거울의 방에는 정치가, 외교관, 장군, 기자, 엄선된 일부 일반 병사(끔찍한 부상을 입은 프랑스 병사), 여기저기 흩어진 여성 등의 군중이 붉은 천을 덮은 벤치에 자리를 잡고 앉아 큰 소리로 수다를 떨었다. 기자단은 방 한쪽 끝으로 몰려들었다. 주요 조약 장면이 촬영되는 것은 이번이 처음이었다.[118] 프랜시스 스티븐슨은 "사방에 카메라를 들고 중앙 인물에게 최대한 가까이 다가가는 것이 유일한 목표인 사람들이 있는 상황에서 어떻게 그 장면의 엄숙함에 집중할 수 있겠는가"라고 분개했다."[119] 눈에 띄는 결석자가 몇 명 있었다. 포슈는 라인란트에 있는 사령부로 간 상태였다. 그는 클레망소를 용서하지 않았다. "빌헬름 2세는 전쟁에서 패했다. (…) 클레망소는 평화에서 패했다."[120] 중국은 산둥반도를 일본에 양도하기로 한 결정에 항의하며 조약 체결을 거부했기 때문에 그 자리도 비어 있었다.

주요 인사들이 하나둘씩 들어와 커다란 탁자 앞에 앉았고, 그 옆으로 키가 작은 두 사람이 자리를 잡았다. 클레망소는 환하게 웃고 있었다. 그는 랜싱에게 "오늘은 프랑스에 좋은 날"이라고 말했다. 특별한 가죽 상자에 담긴 조약 사본이 작은 루이 15세 탁자 위에 놓여 있었다. 로마 황제이자 위대한 통치자이자 외부 세력에 대한 승리자인 루이 14세의 초상화가 머리 위에 걸려 있어 프랑스와 독일 간의 오랜 투쟁의 최근 장을 보여주었다. 오후 3시가 되자 진행자가 묵념을 요청했다. 클레망소가 독일인들을 들여보내라고 지시했다. 연합군 경비병이 문을 열고 들어왔고, 그 뒤로 정장을 차려입은 두 독일 대표가 들어왔다. 니컬슨은 이렇게 회상했다. "그들은 죽은 사람처럼 창백했다. 잔인한 군국주의의 대표로 보이지 않았다." 니컬슨을 비롯한 많은 청중은 그들에게 깊은 안타까움을 느꼈다.[121]

클레망소는 간단한 발언으로 회의 시작을 알렸다. 독일 대표들은 수천 쌍의 눈을 의식하며 앞으로 걸어 나갔다. 그들은 프랑스 애국단체에서 제공한 펜을 사용할 필요가 없도록 조심스레 가져온 만년필을 꺼내 떨리는 손으로 조약에 서명했고, 별다른 감정을 드러내진 않았다. 방에서 외부 세계로 신호를 보내는 불이 번쩍이자, 베르사유 주변에 총소리가 울려 퍼지고 다른 총소리가 여기에 합세하면서 축포 소리가 프랑스 전역으로 퍼졌다. 연합국과 관련 강대국들은 차례로 조약에 서명한 후 라인란트 행정에 관한 의정서와 폴란드와의 조약 등 두 개의 다른 조약에 서명하기 위해 줄을 섰다.[122]

런던 주재 프랑스 대사 폴 캉봉은 이 모든 일이 너무 요란스럽다고 생각했다. "전권대표들에게 서명하라고 펜을 건네주기 전의 식전 행사에 발레 공연만 빠졌을 뿐이다. 루이 14세는 비록 개인적으로 발레를 좋아했지만, 조약 서명은 서재에서 조용히 했다. 민주주의가 그런 대왕보다 더 연극적이라니."[123] 하우스에게 이 장면은 정복자의 전차 뒤에 패배자들을 묶어 끌고 다니는 로마의 승리 행진을 연상시켰다. "내 생각에 이것은 우리가 열성적으로 열고자 하는 새 시대와 어울리지 않는다. 좀더 간소하면 좋았을 텐데, 기사도 정신 같은 것은 전혀 없었다. 적에게 최대한 굴욕을 안겨주도록 모든 것이 정교하게 연출되었다."[124] 한편으로, 한 젊은 미국인이 낙관적으로 본 것처럼 유럽에서 복수가 복수를 낳는 악순환이 마침내 끊어졌다고 생각한 사람들도 있었을지 모른다.[125]

청중은 처음에는 엄숙한 침묵으로 지켜보았지만, 시간이 지날수록 대화 소리가 커졌다. 서명을 마친 대표들은 친구들과 이야기를 나누기 위해 돌아다녔다. 어떤 사람들은 유명인사들의 사인을 받기 위해 프로그램 사본을 들고 돌아다녔다. 독일인들은 고독하게 앉아 있었는데, 마침내 대담한 볼리비아인 한 명과 캐나다인 두 명이 다가가 사인을 요청했다. 45분이 지나자 장내 정숙을 요청하는 목소리가 들렸고, 클레망소가 회의 종료를 선언했다. 독일인들은 호위를 받으며 퇴장했다. 뮐러는 사무적으로 행동하겠다고 스스로 다짐했다. "나는 이 비극적인 순간에 내가 대표하는 독일 국민의 깊은 고통을 우리의 옛 적들이 보지 않기를 바랐다." 호텔로 돌아온 그는 쓰러졌다. "평생 한 번도 느껴보지 못한 식은땀이 온몸에서 흘렀고, 말로 표현할 수 없는 정신적 긴장으로 인한 필연적인 신체 반응이 일어났다. 그제서야 내 인생 최악의 시간이 지나갔다는 것을 알았다." 그와 일행은 그날 밤 독일로 떠나겠다고 고집했다.[126]

중재자들은 분수가 뿜어져 나오는 멋진 정원이 내려다보이는 테라스로 걸어 내려갔다. 열광적인 군중이 그들 주위로 몰려들었다. 윌슨은 분수대로 떠밀려갈 뻔했다. 로이드조지는 화가 난 채 흐트러진 모습으로 군인들에게 구출되었다. 그는 이탈리아 외교관에게 "영국에서는 이런 일이 결코 일어나지 않았을 것"이라고 말했다. "만약 이런 일이 일어났다면 누군가는 대가를 치러야 했을 것이다."[127] 로이드조지는 짜증이 많이 났지만, 평화조약이 체결되었음을 알리는 편지를 국왕에게 써야 했다.[128]

윌슨은 그날 밤 기차를 타고 르아브르를 거쳐 미국으로 떠났다. 한 기자에 따르면 클레망소가 그를 배웅하러 와서 "내 생애 가장 친한 친구를 잃는 것 같다"라며 남다른 감정을 드러냈다.[129] 소수의 군중이 지루한 외침을 몇 차례 내뱉어서 미국인들의 출발을 재촉했다. 마제스틱 호텔에서 영국인들은 평소보다 한 코스 더 많은 음식과 무료 샴페인이 포함된 특별한 축하 만찬을 제공받았다. 그후 호텔 직원들과 손님들을 위한 무도회가 이어졌다. 조약에 대한 항의의 표시로 스뮈츠도 직원들과 함께 춤을 추었다. 거리에는 노래를 부르고 춤을 추는 사람들로 가득 차 파리 자체가 거대한 축제의 장이 되었다. 그랑불바르를 따라 늘어선 건물들은 불빛으로 번쩍이고 자동차들은 노획한 독일군의 대포를 견인해갔다(당국이 이 대포들을 회수하는 데 며칠이 걸렸다). 밤늦게 랜싱이 그날의 기록을 마무리하는 동안에도 밖에서는 여전히 축제의 소음이 들렸다.¹³⁰

파리가 기뻐하는 동안 독일은 슬픔에 잠겼다. 도시와 마을에는 조기가 게양되었다. 선량한 사회주의자들도 이제 "굴욕적인 평화"에 대해 이야기했다.¹³¹ 독일 자원자들이 볼셰비즘에 맞서 (그리고 독일의 권력을 재확인하기 위해) 싸우고 있던 발트해 연안에서 이 소식은 우레처럼 들려왔다. 한 병사는 이렇게 말했다. "우리는 버림받았다는 끔찍한 추위에 떨었다. 조국이 결코 우리를 배신하지 않을 것이라고 믿었건만."¹³² 민족주의자들은 독일의 등을 찌른 국내 반역자들과 조약에 서명한 집권 연립정부를 비난하는 성명을 발표했다. 바이마르공화국은 이 이중의 부담에서 결코 회복하지 못했다. 민족주의자들은 조약에 찬성한 사람들의 애국심을 의심하지 않겠다는 스스로의 약속을 가볍게 무시하고, 독일 국민의 눈에 그들을 배신자로 낙인찍기 위해 최선을 다했다. 1921년에 검은 숲에서 휴가를 보내고 있던 에르츠베르거는 전직 육군 장교 두 명에게 암살당했다. 한 유력 민족주의 신문은 "여전히 많은 관공서와 법률에 자신의 정신을 널리 퍼뜨린 이 반역자가 마침내 합당한 처벌을 받았다"라고 평가했다. 살인범들은 헝가리로 도망쳤지만, 히틀러가 집권하자 "에르츠베르거 심판자"로 의기양양하게 독일로 돌아왔다. 두 사람 모두 2차대전이 끝난 후에야 재판을 받았다.¹³³

영국에서 케인스는 자신의 미래를 생각했다. 그는 조약이 체결되기 전에 재무부에 사표를 내고 파리를 떠났다. 6월 5일 로이드조지에게 보낸 편지에서 그는 이렇게 썼다. "지난 몇 주간의 끔찍한 시간 속에서도 나는 조약을 공정하고 유용한 문서로 만들 방법을 찾으려 했다. 그러나 이제 너무 늦었다. 싸움은 끝났다." 케인스는 기분이 묘했다. 그는 버지니아 울프에게 유럽, 특히 자신이 속한 지배 계급이 파멸했다고 말했지만, 다른 친구에게는 케임브리지로 돌아오게 되어 대단히 기쁘다는 편지를 보냈다.[134] 개인적으로 그는 직업적으로나 사회적으로나 매우 성공적이었다. 반면에 그는 많은 블룸즈버리 친구들이 평화주의자였던 시절에 자신이 전쟁에 참여한 것에 대해 죄책감을 느꼈다. 그들은 그의 세속적 성공과 새로운 친구들, 이성애에 대한 실험을 비웃었다. 어쩌면 《평화의 경제적 결과》는 일종의 속죄 행위였을지도 모른다.[135] 미국의 배상 전문가인 러몬트가 "케인스는 자신의 조언을 받아들이지 않아서 화가 났고, 인내가 한계에 달해 사직했다"라고 한 말이 맞을 수도 있었다.[136]

케인스는 여름 내내 글을 쓰며 시간을 보냈다. 10월에 그는 암스테르담에서 열린 회의에서 독일 은행가 멜키오르를 다시 만났다. 그는 케인스의 초고를 읽었고, 큰 감명을 받았다. 베르사유 조약에 대해 독일인들이 말한 내용이 원고에 상당 부분 반영되어 있었기 때문이다.[137] 《평화의 경제적 결과》는 1919년 크리스마스 직전에 출간되었고 그후로도 증쇄를 거듭했다. 출간 1년 만에 10만 부 이상 팔렸고, 독일어를 포함한 11개 언어로 번역되었다. 미국 상원에서는 조약에 반대하는 주요 인사가 발췌본을 낭독하기도 했다. 이 책은 독일에서 큰 성공을 거두었고, 영어권 세계에서는 평화 협정과 프랑스에 대한 여론을 뒤집는데 일조했다. 1924년 영국 노동당 정부의 한 장관은 "우리 군인들이 싸우며 지켜낸 모든 원칙을 배반한 피와 철의 조약"이라고 말했다.[138]

1919년의 절망적인 상황에 대한 기억이 희미해지면서, 독일인들 사이에서는 나약하고 비열한 정치인들이 굳건히 버텼다면 독일이 평화조약에 저항할 수 있었다는 믿음이 퍼져나갔다. 이 조약은 대중가요의 표현대로 "종이 한 장"에 불과했다.[139] 1921년에 한 프랑스 외교관은 "'독일이 전쟁을 일으킨 원흉'이라고 못 박은 베르사유 조약의 법적 근거를 약화하기 위해 독일에서 언론, 포스터, 집회를 이용한 폭력적인 캠페인이 진행되고 있다"라고 파리에 보고했다.[140] 독일 외무부는 전쟁 책임 특별 부서를 설치해 비판적인 연구 결과를 쏟아냈다. 바이에른의 맥주홀에서 젊은 히틀러는 "굴욕적인 평화"에 대한 비난을 쏟아내며 군중을 끌어 모았다.[141]

영국과 미국의 여론은 독일과의 평화 협정이 매우 불공평하다는 견해로 점점 돌아섰다. 이후 10년 동안 《서부전선의 독일군》(영문판 출간 첫해 25만 부 판매) 같은 회고록과 소설은 양측 병사들이 참호전의 공포로 똑같이 고통받았다는 사실을 보여주었다. 전쟁 전 문서 보관소의 기밀문서가 공개되면서 독일만이 전쟁의 책임이 있다는 가정이 무너졌다. 전쟁의 기원에 관한 책들은 러시아나 오스트리아-헝가리에서 붕괴된 정권, 무기 제조업체 또는 자본주의 전반에 책임을 더 고르게 배분했다.[142]

독일에서는 수많은 민족주의 단체가 체코슬로바키아의 수데텐란트, 폴란드, 단치히 자유도시에서 수백만 명의 독일어 사용자가 외세의 통치를 받게 되었다는 사실을 부각하며 불만을 키웠다. 군축 조항은 위선적인 것으로 여겨졌고, 독일과 오스트리아 간 연합 금지는 자결권 원칙에 대한 명백한 위반으로 간주되었다. 배상금은 "징벌적"이고 "야만적"이었으며, 최종 배상액이 얼마인지 모른 채 독일이 베르사유 조약에 서명해야 했다는 사실로 인해 불공정성이 더욱 심화되었다. 독일에서는 고물가, 저임금, 실업, 세금, 인플레이션 등 모든 경제적 문제에 대한 책임을 "강요된 조약$_{Diktat}$"이 져야 했다. 배상금 부담이 없다면 삶은 정상으로 돌아갈 것이었다. 햇살이 비치고, 비어가든, 포도주 저장고, 공원에서 행복한 오후를 보낼 수 있게 될 것이다. 독일인들은 1차대전에 많은 비용이 들었고, 전쟁에서 패배하면 그 비용을 다른 사람에게 전가할 수 없다는 사실을 외면했다.[143] 한편으로 다른 대다수 사람들이 그러했듯, 독일인들은 공개적으로 언급된 막대한 배상 금액보다 실제 배상액이 훨씬 적다는 것을 알지 못했다.

1921년 런던에서 최종적으로 결정된 금액은 1320억 마르크(66억 파운드, 330억 달러)였다. 그러나 실제로 독일은 기발한 채권 시스템과 복잡한 조항을 통해 그 절반도 안 되는 금액을 지불하기로 약속했다. 나머지는 독일의 수출이 개선되는 등 상황이 허락하는 경우에만 지불하기로 했다.[144] 독일은 전쟁 초기에 독일군이 불태운 벨기에 루뱅 도서관의 장서를 교체하거나 폴란드에 양도한 영토의 독일 철도 등 이미 지불한 비용에 대해서도 넉넉한 신용을 받았다.

(독일은 스캐파플로에서 침몰한 선박에 대한 배상 청구도 시도했지만 뜻을 이루지 못했다.[145]) 그러나 배상금 지급 조건이 여러 차례 하향 조정되었음에도 불구하고, 독일은 배상금을 감당할 수 없다고 계속 주장했다. 바이마르 정치에서는 보기 드문 만장일치 의견으로, 거의 모든 독일인이 배상금을 너무 많이 지불하고 있다고 생각했다. 독일은 1932년을 기점으로 영구히 배상금 지급을 불이행했다. 오를란도는 1919년에 지불 능력은 채무자의 의지와 관련이 있다며 이에 대해 경고한 바 있었다. 그는 "악의와 노동 거부에 보상을 주는 공식을 채택하는 것은 위험할 것"이라고 덧붙였다.[146]

최종 계산에서는 독일은 1918년부터 1932년까지 약 220억 금마르크(11억 파운드, 45억 달러)를 지불한 것으로 추정된다.[147] 이는 1870~1871년 프랑스-프로이센 전쟁 이후 경제 규모가 훨씬 작았던 프랑스가 독일에 지불했던 배상금보다 약간 적은 액수였다.[148] 어떤 면에서는 수치가 중요하지만, 또 어떤 면에서는 아무 의미가 없었다. 독일인들은 배상금이 독일을 망치고 있다고 확신했다. 독일이 배상금을 지불할 준비가 되어 있지 않았고, 연합국도 자신들의 뜻을 강제할 준비가 되어 있지 않았다. 베르사유 조약에 따른 제재, 특히 라인란트 점령 연장이라는 제재 수단이 있었지만, 이를 사용하고 싶어하지 않았다. 1930년대까지 영국이나 프랑스 정부 모두 배상금이든 다른 어떤 것에 대해서든 그렇게 할 준비가 되어 있지 않았다.

1924년 독일의 군사 조항 준수 여부를 감시하기 위해 베르사유 조약에 따라 설립된 연합국 간 통제위원회의 한 영국 위원은 독일군이 조직적으로 업무를 방해하고, 군축 조항을 광범위하게 위반하고 있다고 불평하는 기사를 발표했다. 그러자 독일에서는 폭풍 같은 항의가 쏟아졌다. (몇 년 후 히틀러 집권하에서 독일 장군들은 이 기사가 상당히 옳았다고 인정했다.[149]) 독일인들은 그토록 자주 언급되는 '보편적 군축'은 어디 갔는지 반문했다. 왜 독일만이 전 세계에서 유일하게 무장을 해제해야 하는가? 국제연맹 가입 거부로 국제 문제에서 눈에 띄게 후퇴한 미국인들은 독일인들의 이런 태도에 크게 이견을 보이지 않았다. 영국도 마찬가지였다. 독일이 군사 조항을 어기고 있다고 불평하는 프랑스는 점점 더 고립되는 것을 느꼈다.

당시에는 프랑스조차도 독일의 불만이 어느 정도인지를 완전히 파악하지 못했다. 독일에서 비행 클럽은 갑자기 큰 인기를 끌었고, 히틀러가 총리가 되었을 때 거의 한 번에 독일 공군을 만들 수 있을 정도로 효과적이었다. 독일에서 가장 규모가 큰 프로이센 경찰은 조직과 훈련에서 점점 더 군사화되었다. 경찰은 쉽게 독일군으로 이동할 수 있었고, 실제로 그렇게 하기도 했다. 1918년에 창설된 자칭 자유민병대는 해체되었고, 그 구성원들은 기발한 아이디어를 다양하게 내서 노동 집단, 자전거 대리점, 여행 서커스단, 탐정 사무소 등으로 재편되었다. 일부는 입대했다.[150] 베르사유 조약은 군대 장교의 수를 4천 명으로 제한했지만, 부사관에 대해서는 아무런 언급이 없었다. 그래서 독일군에는 4만 명의 하사와 상병이 있었다.[151] 포슈의 말처럼, 지원병은 빠른 확장을 위한 중추를 제공할 수 있었다.

한때 전차를 생산하던 공장은 이제 엄청나게 무거운 트랙터를 생산했고, 이 연구는 미래를 위해 유용했다. 베를린의 카바레에서는 유모차 공장에서 부품을 몰래 빼돌려 갓 태어난 아이를 위해 조립하려다 결국 기관총을 만든 노동자에 대한 농담이 오갔다. 유럽 전역에 걸쳐, 네덜란드와 스웨덴 같은 영세 중립국에서는 독일이 최종 소유권을 가진 회사들이 전차나 잠수함을 만들었다.[152] 군비 통제위원회의 감시에서 가장 멀리 떨어져 있어 가장 안전한 곳은 소련이었다. 1921년, 유럽의 두 패권 국가는 서로에게 제공할 것이 있다는 것을 깨달았다. 전차, 항공기, 독가스 실험 등을 위한 부지 확보와 비밀 유지를 대가로 독일은 기술 지원과 훈련을 제공했다.[153]

역사가들이 점점 더 많은 세부 사항을 살펴보면서 지적하듯, '보복성 평화 조약에 의해 무너진 독일'은 실제와 다른 그림이었다. 독일은 영토를 잃었지만, 이는 전쟁에서 패배한 불가피한 결과였다. 만약 독일이 승리했다면 벨기에, 룩셈부르크, 프랑스 북부 일부, 네덜란드 대부분을 차지했으리라는 점을 기억해야 한다. 브레스트-리토프스크 조약은 동부 국경에 대한 독일 최고사령부의 의도를 보여주었다. 독일은 패전국이었음에도 불구하고 전쟁 기간 소련 서쪽의 유럽에서 가장 큰 국가로 남아 있었다. 독일의 전략적 위치는 1914년 이전보다 훨씬 나아졌다. 폴란드의 재부상으로 이제 옛 러시아의 위협을 막아주는 장벽이 생겼다. 독일 동쪽에는 오스트리아-헝가리 대신 약하고 분쟁이 많은 국가들만 있었다. 1930년대가 보여주듯 독일은 이들 사이에서 경제적·정치적 영향력을 확대할 수 있는 좋은 위치에 있었다.

동프로이센이 독일의 나머지 지역으로부터 분리된 것은 화가 나는 일이었지만, 이러한 분리는 대부분의 기간 연속되지 않은 영토를 유지해왔던 프로이센의 역사에서 새로운 것은 아니었다. 이러한 분리가 반드시 문제를 가져올 수밖에 없는지는 분명하지 않다. 알래스카는 캐나다라는 큰 땅에 의해 미국의 다른 지역과 분리되어 있다. 워싱턴과 오타와가 마지막으로 교통권에 대해 서로 불평했던 것이 언제였는가?[154] 폴란드 회랑의 진짜 문제는 전쟁 중 대다수의 독일인들이 폴란드에 대한 태도, 그리고 베르사유 조약에 대한 분노와 관련된 여러 가지 이유로 이를 받아들이지 않았다는 것이다. 폴란드와 독일의 관계가 좀더 좋았다면 이 국경 장벽은 문제가 되지 않았을 것이다. 단치히는 자유도시가 되었지만, 여전히 독일의 투자와 해운에 개방되어 있었다.

독일 서부도 유리한 상황을 맞았다. 프랑스는 전쟁으로 국력이 심각하게 고갈되었고, 1930년대에 이르러서는 독일에 대항할 결의를 점점 더 다질 수 없게 되었다. 미국과 영국의 보증은 미국 상원의 비준 실패로 무용지물이 되어버렸다. 프랑스가 서로 다투는 중부 유럽의 약소국들과 동맹을 맺으려는 시도는 절박함의 표현이었다. 제국이 최우선 관심사라는 점을 분명히 한 영국으로부터는 거의 지지를 받지 못했다. 중재자들이 독일을 약화하지 않았다는 가장 분명한 증거는 1939년 이후 확연히 드러났다.

대공황으로 인한 피해가 없었다면 서방 민주주의 국가들의 리더십이 달라졌을 것이고, 바이마르 독일에서 민주주의가 더욱 강화되었다면 이야기는 다르게 전개되었을지도 모른다. 그리고 히틀러가 평범한 독일인들의 분노를 동원하고 민주주의 국가의 많은 사람들의 죄책감을 이용하지 않았다면 유럽은 1차대전 직후에 또다른 전쟁을 겪지 않았을지도 모른다. 베르사유 조약 자체는 책임이 없다. 베르사유 조약은 일관되게 시행되지 않았고 독일의 힘을 제한하지 못했으며, 그저 독일의 민족주의를 자극해 유럽의 평화를 방해하는 정도에 그쳤을 따름이다. 1933년 히틀러와 나치의 승리로 독일에는 베르사유 조약을 파기하는 데 혈안이 된 정부가 들어섰다. 1939년 독일 외무장관 폰 리벤트로프는 단치히에서 승리한 독일인들에게 말했다. "총통은 역사상 가장 불합리한 조약이 한 국가, 나아가 유럽 전체에 가져온 극도로 심각한 결과를 시정했을 뿐이다. 다시 말해 서구 민주주의 국가 정치가들이 저지른 최악의 실수를 바로잡아왔을 따름이다."[155]

맺으며

1919년 6월 28일, 베르사유 조약의 서명과 함께 파리의 세계 정부는 해산했다. 윌슨은 그날 밤 떠났고, 로이드조지와 남아 있던 영제국 대표들은 다음날 아침 특별 열차편으로 떠났다. (영국 정부는 프랑스로부터 값비싼 기차 사용료 청구서를 받고 짜증이 났다.[1]) 정부가 붕괴한 오를란도는 이미 파리를 떠난 상태였다. 네 거두 중 클레망소만 파리에 혼자 남았다. 그는 프랑스 의회에서 독일 평화조약을 처리하고, 7월에 치러질 예정인 국가 기념일 행사 준비를 감독하면서 여름을 보냈다. 그의 유일한 휴식은 전쟁 피해를 크게 입은 프랑스 북부 지방을 방문한 것이었다. 파리의 호텔들은 기자와 대표들이 떠나면서 다시 정상 영업을 했다. 매춘부들은 대목이 끝났다고 불평했다.[2] 여름이 끝날 때 영국은 마제스틱 호텔을 내놓았다. 20년 후 이 호텔은 다시 외국 대표단의 사령부가 되었는데, 이번 주인은 파리를 점령한 독일군이었다.

강화회의는 1920년 1월까지 업무를 지속했지만, 주연 배우들이 떠난 다음에 진행되는 공연 같았다. 외무부와 외교관들이 다시 일을 주도했지만, 그들은 외교 관계에 대한 과거의 주도권을 더이상 행사하지 못했다. 중요한 결정은 항상 로마나 런던 또는 워싱턴에 있는 상관들에게 맡겨졌고, 어려운 문제는 특별 회의에서 논의되었다. 로이드조지는 1919년부터 1922년까지 이런 회의에 서른세 번이나 참석했다.

1919년 1월부터 6월 사이에 중재자들은 엄청난 일을 해냈다. 국제연맹, 국제노동기구, 위임통치가 마무리되었고, 독일 평화조약이 체결되었으며, 오스트리아·헝가리·불가리아·오스만튀르크와의 조약도 마무리되었다. 그러나 해결되지 않은 문제도 많이 남아 있었다. 러시아의 국경은 아직 유동적이었고, 변방에 있는 국가 중 어디가 새로 얻은 독립을 유지할지도 불분명했다. 핀란드? 우크라이나? 조지아? 아르메니아? 중앙 유럽의 제국 잔해 위에서는 국경에 대한 논쟁이 아직 진행 중이었다. 그리고 그리스군의 스미르나 상륙을 위해 너무 가볍게 내려진 결정들은 1923년까지 이어진 연쇄적 폭발을 점화시켰다.

나아가 강화회의 초기에 중재자들이 당면했던 가장 어려운 문제 중 일부는 그대로 방치되었다. 러시아 볼셰비즘은 봉쇄된 듯했지만, 자본주의 서방과 공산주의 동방 사이에 오래 지속되는 전쟁은 이제 막 시작된 참이었다. 독일은 앞으로 계속 유럽에 문제를 안길 터였다. 연합국의 승리는 충분히 결정적이지 않았고, 독일은 너무 강한 상태로 남았다.

민족주의는 소멸하기는커녕 계속 추동력을 얻고 있었다. 중부 유럽과 더 먼 곳인 중동과 아시아에 앞으로 계속 타오를 기름이 충분히 남아 있었다. 많은 경우 중재자들은 이미 기정사실화된 일을 다루고 있다는 것을 알고 있었다. 유고슬라비아, 폴란드, 체코슬로바키아는 강화회의가 시작되기 전에 존재해 있었다. 중재자들이 할 수 있는 최선의 일은 유럽과 중동이 민족주의에 기반한 더 작은 단위로 점점 더 해체되는 것을 막고, 가능한 한 합리적인 국경을 긋는 것이었다. 하나의 민족에 기반한 민족국가라는 요구는 1919년 세계에서는 합당하지 않았다. 유럽에 있는 모든 폴란드인을 폴란드로, 모든 독일인을 독일로 모이게 하는 것은 불가능했다. 유럽에서만 3천만 명의 주민이 자신이 소수민족이고, 국내에서는 의심의 대상이고, 해외의 동포들에게는 국가 건설이 가능해지기를 바라는 나라에서 살고 있었다.[3]

1919년의 우중충한 겨울, 빈에 근무하는 젊은 미국 외교관은 발칸 지역 북동쪽 슬로베니아에서 온 회색 턱수염을 기른 대표들을 만났다. 그들은 독일어를 사용했고, 그들의 작은 도시의 주민 6만 명도 700년 이상 독일어를 사용해왔다. 그런데 이제 슬로베니아는 새로 탄생한 국가 유고슬라비아의 일부가 될 터였다. 그들은 자신들보다 열등하다고 여기는 민족의 지배를 받는 것을 우려했다. 미국이 그들을 병합할 수는 없는가? 이들을 만난 시어도어 루스벨트의 사촌동생인 니컬러스 루스벨트는 이 요청을 상관들에게 전했지만 아무 답변도 듣지 못했다.[4] 루스벨트와 연로한 독일인들 모두 알지 못했지만, 그들의 공동체는 다른 많은 공동체와 함께 사라질 운명에 처해 있었다. 독일인들은 2차대전 후 중부 유럽의 대부분 지역에서 강제 이주를 당했다.

1919년 세계는 소수민족에 대한 추방으로 움츠러들었고, 강제적 동화에 눈살을 찌푸렸다. 이는 소수 주민에 대한 다수 주민의 관용에만 의존한 것처럼 보였는데, 많은 나라에서 이런 관용은 잘 나타나지 않았다. 중재자들은 각국 정부가 소수민족을 차별하지 않도록 의무를 부과하는 데 최선을 다했다. 중부 유럽의 새 국가들과 일부 약소국은 소수민족을 동등하게 다루고, 그들의 종교를 인정하고, 모국어 사용을 허용한다는 의무를 담은 조약에 서명해야 했다. 루마니아인과 유고슬라비아인 모두 여기에 항의했다. 미국에서 흑인에 대해, 영국에서 아일랜드에 대해 유사한 규정을 강요한다면 미국은 어떻게 하겠느냐고 루마니아의 마리 왕비가 윌슨에게 물었다. 루마니아의 브러티아누 총리는 자신의 국가만 선별된 이유가 무엇인지를 따져 물었다. 이탈리아에도 소수민족이 있지만, 그런 조약에 서명하라는 요청은 받지 않았다. 동유럽은 다르다고 클레망소는 아무 도움이 되지 않는 답변을 했다. 루마니아와 유고슬라비아 모두 결국 마지못해 서명을 했지만, 분명 상서로운 출발은 아니었다.[5]

소수민족의 대우에 대한 조약들은 점점 더 커지는 민족적 국수주의 앞에서 연약한 몸짓에 지나지 않았다. 국제연맹은 1934년이 되자 이를 규율하기를 포기했고, 강대국들은 눈에 잘 띄지 않는 소수민족 말고도 처리할 일이 많았다. 일부 희망적인 신호도 있었다. 소국 에스토니아가 자발적으로 소수민족에게 자치를 허용했다. 주민들이 주로 스웨덴어를 사용하는 올란드제도도 1919년 핀란드의 통치를 받게 되었지만, 특별한 조약에 의해 두 언어와 문화가 모두 보장되었다. 2차대전은 다른 해결책을 보여주었다. 바로 원하지 않는 소수민족을 제거하는 것이었다. 1945년 히틀러가 시작한 대규모 추방이 완성되었고, 유럽에는 이제 아주 작은 소수민족만 남게 되어 그들의 수는 유럽 전체 인구의 3퍼센트 이하로 떨어졌다.[6]

1919년에 중재자들은 최선을 다했다고 생각했지만, 세계의 문제들을 해결했다는 환상은 전혀 갖지 않았다. 6월 28일에 파리를 떠나면서 윌슨은 아내에게 말했다. "아무도 만족하지는 않지만 이제 끝이 났소. 나는 공정한 평화를 이루었다는 희망을 갖고 싶지만, 이제 모든 것은 신의 손에 달려 있소."[7] 이것은 또한 앞으로 세계를 이끌 사람들의 손에도 달렸다. 그들 중 일본의 고노에 후미마로 총리, 프랭클린 루스벨트 등 일부는 파리에 왔었고, 일부는 멀리서 이를 지켜보았다. 이탈리아에서는 단눈치오 같은 사람들의 공격으로 구자유주의 질서가 무너지면서 무솔리니가 민족주의적 정치에서 부상하고 있었다. 젊은 아돌프 히틀러는 그해 6월에 마음에 맞는 사람들과 함께 독일 역사의 영광과 국제적 유대인 자본의 악을 가르치는 과목을 듣고 있었다. 그는 이미 이데올로그와 웅변가로서 자신의 재능을 깨닫고 있었다.

로이드조지는 3년 더 정권을 유지했지만, 사임하고 나서는 더이상 행정직을 맡지 않고 1945년에 사망할 때까지 의원직을 유지했다. 강화회의에 대한 그의 회고록은 흥미롭지만 오류가 많았고, 잘못된 일은 전부 프랑스와 미국의 책임으로 돌렸다. 클레망소는 현명하지 못하게도 1919년 대통령직에 도전했다. 그는 많은 지지를 받을 것을 기대했지만, 반대에 직면하자 출마를 포기했다. 그는 거의 즉시 프랑스를 떠나 이후 몇 년 동안 여행을 하면서 보냈다. 그는 계속 글을 써서 두 권으로 된 거의 읽기 힘든 철학책과 고대 아테네 웅변가 데모스테네스에 대한 짧은 연구서를 썼다. 데모스테네스는 문명화되고 안락을 추구하는 동포 그리스인들에게 마케도니아의 야만적인 필리포스로 인한 위험이 도래할 것이라고 경고한 인물이었다. 클레망소는 회고록 집필을 거부했고, 1928년에 거의 모든 문서를 파기했다. 그는 한 영국 기자에게 자신이 역사에 기여를 했다고 말했지만, 과거에 한 모든 토론을 경멸했다. 포슈 사후에 그에 대해 공격하는 책이 발간되자 그는 드디어 펜을 잡고, 전쟁과 강화회의에서 자신이 한 일을 방어하는 글을 쓰기 시작했다. 하지만 집필을 끝내지 못하고 1929년 11월에 사망했다. 그는 강화회의에서 진행된 은밀한 협상의 비밀을 무덤으로 가지고 갔다.[8]

　윌슨의 말로가 가장 안타까웠다. 그는 미국에 도착하자마자 베르사유 조약, 좀더 특정하면 국제연맹 인준을 놓고 상원과 싸움에 돌입했다. 그는 다수를 확보했지만, 인준에 필요한 3분의 2까지는 확보하지 못했다. 그가 파리에 가 있는 동안 그의 적들은 조직을 강화했다. 서방으로부터의 고립을 주장하는 사람, 윌슨이 자신의 원칙을 배반했다고 생각한 진보주의자, 아일랜드 문제를 놓고 그가 영국과 대결을 했어야 한다고 생각하는 아일랜드계 이민자, 민주당을 신뢰할 수 없는 공화당 의원, 윌슨을 신뢰하지 않는 민주당 의원, 윌슨이 오랜 기간 소외시킨 사람 등을 무자비한 공화당 상원의원 로지가 지휘했다.

윌슨은 자신의 연합을 구성할 수 있었다. 혹은 국제연맹 규약에 대한 투표를 앞두고 미국의 위임통치에 대한 부분을 반대 진영의 온건파가 수용할 만하게 조정하겠다고 해서 그들을 끌어들일 수도 있었다. (동맹국들이 이런 변화를 수용할 것인가는 별개의 문제였지만.) 그러나 그는 아무것도 양보하려고 하지 않았고, 반대자들이 저열한 본능에 의해 움직이고 있다고 비난했다. "그들은 역사에서 가장 경멸받는 이름을 얻게 될 것이다." 그는 국민에게 직접 호소하기로 했다. 1919년 9월 2일 그는 워싱턴을 떠나 미국 전역을 방문했다.[9]

그의 측근들은 떠나지 말라고 간청했다. 윌슨은 파리 이후 휴식을 취하지 못했고, 그해 여름은 길고도 힘든 시기였다. 상원에서 청문회가 이어지고, 전국적으로 노동 소요가 일어났다. 그러나 윌슨은 개의치 않았다. 그는 목숨을 잃는 한이 있더라도 조약을 구해야 한다고 생각했다. "세계가 마주한 커다란 비극이 존재하는 상황에서 고결한 사람이라면 자신의 개인적 운을 우선적으로 고려해서는 안 된다."[10] 그는 특별 열차에 올라타면서 자신이 겪어온 무서운 두통에 짜증을 냈다.

거의 한 달을 기차를 타고 서쪽으로 이동하면서 윌슨은 연이어 연설을 했다. 청중은 점점 더 많아지고 열성적이 되었지만, 그의 두통도 악화되었다. 워싱턴에서 나쁜 소식이 들어왔다. 자신의 러시아 방문에 대한 비난을 여전히 곱씹고 있던 불릿이 복수를 시작한 것이었다. 그는 상원 청문회에 출석해, 파리에서 저질러진 대실수를 하나하나 폭로했다. 그가 랜싱도 자신의 비판을 공유한다고 주장하자 국무장관은 설득력이 떨어지는 부정을 했다. 윌슨은 외쳤다. "맙소사, 랜싱이 이런 식으로 행동할 줄 몰랐어." 9월 26일 이른 아침에 윌슨은 쓰러졌고, 나머지 여행 일정은 취소되었다. 일주일 후 심각한 뇌졸중으로 그는 부분 마비 상태가 되었다. 대통령으로서 그는 다시는 제대로 일할 수 없었다.[11] 그의 여행은 아무 결과도 가져오지 못했다. 조약 비준은 상원에서 실패했다. 미국은 후에 독일, 오스트리아, 헝가리와 별도의 조약을 체결했지만, 국제연맹에는 가입하지 않았다.

윌슨은 1924년에 사망했다. 그의 노력이, 나아가 그의 이상을 공유한 다른 많은 중재자들의 노력이 완전히 사장된 것은 아니었다. 베르사유 조약과 이를 모델로 패전국과 체결한 다른 조약들은 과거의 관습대로 영토와 배상금을 포함하고 있었지만, 그 안에는 새로운 정신이 싹트고 있었다. 국제연맹 규약은 나중에 고려한 것이 아니라 제일 먼저 실렸고, 주민투표, 자르와 단치히 통치 문제, 위임통치 감독 등이 뒤를 이었다. 국제노동기구 조항, 소수민족 보호에 대한 조항, 상설 국제사법재판소 설치, 국제 도덕에 반하는 범죄를 저지른 자들에 대한 재판 등은 모든 인류가 공유하는 것들이 있고 단순한 국가 이익을 넘어서는 국제적 기준이 있을 수 있다는 사상을 강조했다. 이 조약들이 전간기 중 공격받은 이유는 전반적으로 이 기준에 맞지 않았기 때문이다.

1920년대와 1930년대에 일어난 잘못된 일은 죄다 중재자들과 그들이 1919년에 한 일에 그 책임이 있다는 인식이 나중에 일반적인 관행이 되었고, 이는 모든 일을 민주주의에 대한 실망으로 돌리는 것만큼 쉬웠다. 남에게 책임을 전가하고 회의적인 태도를 보이는 것은 책임을 회피하는 아주 편리한 방법이다. 80년이 지난 후에도 파리 강화회의에 대한 오랜 비난은 폭넓은 지지를 받고 있다. 《이코노미스트》 강화회의 100주년 특집호의 제목은 "최종 범죄: 가혹한 조건으로 두 번째 전쟁이 일어날 수밖에 없게 만든 베르사유 조약"이었다.[12] 이는 1919년부터 1939년까지 20년 동안 정치 지도자, 외교관, 병사, 일반 투표자 등 모든 사람의 행동을 무시하는 것이나 다름없다.

히틀러는 베르사유 조약 때문에 전쟁을 일으킨 것이 아니었다. 물론 그는 이 조약의 존재를 자신의 선전선동을 위한 천재일우의 재료로 사용했다. 그러나 독일이 과거 국경을 그대로 유지하고, 원하는 군사력을 계속 유지하고, 오스트리아와의 병합을 허용했다 하더라도 히틀러는 더 많은 것을 원했을 것이다. 그는 폴란드 파괴, 체코슬로바키아 통제, 그리고 무엇보다 소련 정복을 원했을 것이다. 그는 독일 국민이 확장할 공간과, 유대인이건 볼셰비키건 적의 파괴를 요구했을 것이다. 베르사유 조약은 이런 것들과 아무 관련이 없다.

1919년 중재자들은 물론 실책을 저질렀다. 비유럽 세계에 대한 주먹구구식 일처리로 그들은 서방이 오늘날까지 대가를 치르고 있는 분노를 야기했다. 유럽에서는 모든 사람이 만족할 만한 국경선을 그리지 못했지만 아프리카에서는 제국주의 강대국들의 입맛에 맞춰 영토를 나눠주는 오래된 관행을 이어갔다. 중동, 특히 이라크에서는 사람들을 마구잡이로 한곳에 몰아넣어, 오늘날까지도 시민사회를 만들어내지 못하고 있다. 그러나 그들이 좀더 잘할 수도 있었겠지만, 훨씬 못했을 수도 있다. 그들은, 심지어 냉소적인 클레망소도 더 나은 질서를 만들어내기 위해 노력했다. 그들은 미래를 예측할 수 없었고, 당연히 그것을 통제할 수도 없었다. 미래는 그들의 후임자들에게 달린 문제였다. 1939년에 전쟁이 다시 발발한 것은 그전 20년 동안 내려진 결정 또는 내려지지 않은 결정의 결과였지, 1919년에 만들어진 조정의 결과는 아니었다.

물론 독일이 좀더 철저히 패배했더라면, 상황은 달라질 수 있었다. 혹은 미국이 2차대전 이후만큼 강했다면, 그리고 그 힘을 행사하려고 했다면. 혹은 영국과 프랑스가 전쟁으로 약해지지 않았다면, 아니면 너무 약해져서 미국이 좀더 개입할 수밖에 없었다면. 오스트리아-헝가리가 사라지지 않았다면. 그 후계 국가들이 서로 싸우지 않았다면. 중국이 그렇게 약하지 않았다면. 일본이 좀더 자신감을 가졌다면. 국가들이 실질적 권한을 가진 국제연맹을 받아들였다면. 세계가 전쟁으로 철저하게 황폐해져서 국제관계를 완전히 새로운 방식으로 구축해야만 했다면.

그러나 중재자들은 '만약'이 아니라 현실을 다루어야 했다. 그들은 중차대하고 어려운 문제들과 씨름해야 했다. 큰 피해가 나기 전에 민족주의나 종교의 비합리적인 열정을 어떻게 억제할 수 있는가? 전쟁은 어떻게 방지할 수 있는가? 우리는 여전히 이러한 질문들을 던지고 있다.

부록

우드로 윌슨의 평화 원칙 14개조

* 아래 글은 우드로 윌슨 미국 대통령이 1918년 1월 8일 미국 상하양원 합동회의에서 연설한 1차대전 이후 평화 체제 수립을 위한 14개조 전문이다.

* 번역문은 국사편찬위원회 우리역사넷 홈페이지에서 인용했다(contents.history.go.kr/mobile/hm/view.do?levelId=hm_123_0020).

1. 강화 조약은 공개적으로 진행하고 공표해야 한다. 그 체결 이후에는 어떠한 종류의 비밀 회담도 있어서는 안 된다. 외교는 항상 솔직하고 공개적인 방식으로 진행되어야 한다.

2. 평시와 전시를 막론하고 영해 밖에서 항해의 자유는 절대 보장되어야 한다. 다만 국제협약을 이행하기 위해 취해진 국제적 조치로 해양이 전체 혹은 부분적으로 봉쇄되는 경우는 예외로 한다.

3. 평화를 희망하고 평화를 유지하기 위해 상호 협력하는 모든 국

가들 사이에는 가능한 모든 경제적 장벽을 없애고 동등한 무역 조건을 확인해야 한다.
4. 각국의 군비는 상호 보장 아래 자국의 안보에 필요한 최소 수준으로 감축해야 한다.
5. 모든 주권 문제의 결정에 있어 관련 주민의 이해는, 권리를 가진 정부의 정당한 요구와 동등한 비중을 가져야만 한다는 엄격한 원칙을 준수하는 기반 위에서 모든 식민지 요구는 자유롭고 열린 마음과 절대적으로 공정하게 조정되어야 한다.
6. 외국군은 러시아의 모든 영토에서 철수해야 하며, 러시아는 자국과 관련된 모든 정치적 발전과 국가정책을 자주적으로 결정해야 한다. 또한 러시아는 러시아의 모든 영토에서 외국군의 철수와 러시아와 관련된 모든 사안의 해결을 위해 세계 다른 나라들로부터 최선의 그리고 자유로운 협조를 보장받게 될 것이며, 이것은 정치 발전과 국가정책에 관한 러시아 스스로의 독립적인 결정을 제약하거나 방해하지 않을 것이다. 그리고 러시아가 어떠한 사회체제를 선택하든 관계없이 자유국가 세계의 일원으로서 진심으로 환영받을 것이며, 러시아가 필요로 하거나 희망하는 모든 종류의 원조를 제공받을 것이다. 우방국에 의해 수개월 안에 이루어질 러시아에 대한 원조는 자국의 이해와 상관없이 우방국 러시아에 대한 선의, 이해 및 사려 깊은 호의를 반영하는 시금석이 될 것이다.
7. 벨기에는 세계의 모든 국가와 마찬가지로 주권을 회복하게 될

것이며, 벨기에에 주둔해 있는 외국군은 철수하게 될 것이다. 세계 각국은 이러한 사실에 동의할 것이며, 벨기에의 주권을 제한하려는 어떤 시도도 일어나지 않을 것이다. 이러한 조치는 다른 어떤 행위보다도 각국이 자발적으로 국가 간 상호 관계를 정립하기 위하여 설정한 법에 대한 신뢰를 회복시키는 계기가 될 것이다. 이러한 치유책이 없이는 국제법의 모든 구조와 효력은 영원히 손상될 것이다.

8. 프랑스의 모든 영토는 해방되어야 하고, 침략당한 지역은 회복되어야 한다. 또한 1871년 알자스-로렌 문제에 관해 프로이센이 프랑스에 가한 부당 행위는 거의 50년 동안 세계 평화를 교란했던 것인 만큼 다시 한번 모든 나라의 이익을 위해 평화가 확보될 수 있도록 시정해야 한다.

9. 이탈리아 국경을 재조정하는 문제는 확실히 인정될 수 있는 민족적 경계에 따라 정해야 한다.

10. 오스트리아-헝가리제국 내의 민족들에 대해 우리는 그들의 국제적 지위가 보호되고 보장되기를 바라며, 따라서 그들에게는 자주적으로 발전시킬 수 있도록 아무런 제약 없이 그들의 기회를 인정해야 한다.

11. 루마니아, 세르비아와 몬테네그로에 주둔한 외국군은 철수해야 하며, 점령 지역은 원상 복구되어야 한다. 세르비아에게는 자유롭고 안전하게 해상에 접근할 수 있도록 인정받아야 한다. 발칸에 위치한 여러 국가 간의 상호 관계는 역사적으로 형성된

민족 정체성과 충성심에 바탕을 두고 우호적인 협의를 통해 결정해야 한다. 발칸 국가들의 정치적·경제적 독립과 영토 보전은 국제적으로 보장되어야 한다.

12. 현재의 오스만제국 중에서 튀르크인이 차지하는 영토의 주권을 확실히 보장해야 한다. 튀르크의 지배를 받는 다른 민족들에게도 생활의 확실한 안전과 절대로 방해받지 않는 자율적인 발전을 보장해야 한다. 그리고 다르다넬스 해협은 국제적 보장 아래에 모든 국가의 선박 및 교역의 자유로운 통로로 영원히 개방해야 한다.

13. 독립된 폴란드인의 국가가 수립되어야 한다. 독립국가 폴란드는 분명하게 폴란드 주민이 거주하는 영토를 소유하며, 해상으로 자유롭고 안전하게 나갈 수 있는 통로를 보장받게 될 것이다. 또한 국제협약에 의해 폴란드의 정치적·경제적 독립과 영토 보전을 보장해야 한다.

14. 강대국과 약소국을 막론하고 정치적 독립과 영토 보전을 상호 보장할 목적으로 특별한 규약 아래에 전체 국가의 연맹체를 결성해야 한다.

감사의 말

이 책 표지에는 내 이름이 올라 있지만, 많은 사람의 도움이 없었더라면 이 책은 존재하지 않았을 것이다. 그들은 내가 이렇게 거대한 주제와 씨름하도록 격려하고, 내가 낙담할 때 나를 지지해주고, 내가 국제연맹만을 논하고 싶어할 때 나를 이해해주었다. 많은 사람들에게 감사하지만, 다음의 이들에게 특별히 감사를 표한다. 샌드라 하그리브스, 아비 슐라임, 피터 스노, 와이덴펠드 경은 하나의 아이디어를 진지한 프로젝트로 바꾸는 데 도움을 주었다. 존 머리 출판사와 함께한 택한 것은 큰 행운이었다. 그랜트 매킨타이어와 매슈 테일러는 매우 유용하고 흠잡을 데 없는 편집을 해주었다. 동료이자 친구인 밥 보스웰에게 엄청난 지적 빚을 졌다. 그는 여러 해 동안 파리 강화회의뿐만 아니라 역사 저술에 대한 나의 구상을 선명하게 해주었다. 오드 모턴, 토머스 바크세이, 데이비드 맥밀런, 카타리나 맥밀런, 토머스 맥밀런, 알렉스 맥밀런, 메건 맥밀런, 앤 맥밀런, 피터 스노, 대니얼 스노, 바버라 이스트먼은 원고의 일부를 읽고 중요한 조언을 해주었다. 나의 부모인 엘리네드 맥밀런과 로버트 맥밀런은 아무 불평 없이 모든 문장을 다 읽고, 일부는 종종 여러 번 읽어주었다. 나는 뛰어난 자료 조사원 두 사람의 신세를 졌다. 리베카 스노는 도판을 찾아주었고, 존 온드로브치크는 원문을 점검하고 참고문헌을 정리해주었다. 밥 맨슨, 알 바르고, 에롤 에스베빅은 여러 과정에서 나의 연구를 지원해주었다.

도서 자료와 저작권이 있는 자료를 인용하도록 허락해준 다음 기관과 사람들에 감사한다. 스코틀랜드 국립문서보관소의 로디언 문서(GD40/17), 해럴드 니컬슨의 《중재, 1919 Peacemaking, 1919》(런던, 머슈언, 1964)를 인용하게 해준 나이절 니컬슨, 로이드조지 문서 비버브룩 재단을 대신해 일하는 기록사무소, 로즈 기록보관소, 아서 S. 링크가 편집한 《4인 평의회 논의 The Deliberations of the Council of Four》(전 2권, 프린스턴·뉴저지: 프린스턴대학교 출판부, 1992)를 인용하게 해준 프린스턴대학교 출판부, 밸푸어 문서 영국박물관 이사회. 저작권을 추적하기 위해 모든 노력을 기울였지만, 저자가 누락된 경우 기꺼이 그들로부터 연락을 기다린다.

저술 시간을 허락해준 고용주인 라이어슨대학교와 겸임 선임교수를 허락해준 옥스퍼드대학교 세인트앤서니칼리지에 감사한다. 런던의 스노 가족, 맥밀런 가족, 옥스퍼드의 아비 슐라임 가족은 아낌없는 환대와 격려를 제공했다. 만일 이 책이 이 모든 것을 반영하지 못했다면, 그것은 나의 잘못이다.

옮긴이의 말

이 책은 얼마 전 국내에 번역 출간된 《평화를 끝낸 전쟁The War That Ended Peace》과 함께 마거릿 맥밀런 교수가 저술한 1차대전에 관한 기념비적 책이다. 1차대전과 파리 강화회의를 다룬 책은 많지만, 이 저술이 돋보이는 것은 6개월에 걸쳐 진행된 강화회의를 연이어지는 연극처럼 독자들 눈앞에 생생하게 펼쳐 보인다는 점이다. 새로운 막이 시작되면 새 등장인물들이 주인공인 4개 강대국 지도자들 앞에서 자국의 입장을 주장하고, 읍소하고, 때로 결정에 크게 낙담해 눈물 흘리는 광경이 생생히 묘사된다. 등장인물의 성장 과정, 정치 성향, 인간적 면모도 놓치지 않고 서술한다.

"전쟁을 하는 것보다 평화를 이루는 것이 훨씬 어렵다"는 클레망소의 말처럼 당시 주요 강대국 지도자들은 6개월의 산고 끝에 1차대전을 마무리하는 여러 조건과 현상status quo을 만들고 헤어졌다. 베르사유 조약, 트리아농 조약, 생제르맹 조약, 뇌이 조약, 세브르 조약 등으로 만들어진 새로운 세계 질서는 1919년 이후 20세기의 여러 사건과 전쟁, 비극의 씨앗을 잉태한 채 출발했고, 동유럽과 중동 지역에는 새로운 국가들이 탄생했다.

파리 강화회의에 참여한 모든 정치인, 외교관, 군인은 나름대로 전쟁 없는 세상을 만든다는 목표하에 공정한 결정을 내리려고 노력했지만, 그들이 만든 새로운 국제 질서의 평원에는 곳곳에 위험한 지뢰밭이 만들어졌다. 어려운 국내 문제를 단순한 사회 공학으로 풀려고 하는 순진한 정부들이 자주 실패하는 것처럼, 난마같이 복잡하게 얽힌 국제 문제도 외교적 공학으로 쉽게 풀 수 없는 것이 당연하다. 파리 강화회의가 만들어낸 새로운 국제 질서와 현상은 많은 당사국들로 하여금 큰 불만을 품게 만들었고, 불과 20년도 지나지 않은 시점에 현상을 타파하려는 국가들에 의해 더 큰 세계대전이 시작되었다.

1차대전에 대한 교과적인 설명에서는 서부전선에서 독일의 패배로 인한 종전, 그리고 영국·프랑스가 독일에 부과한 과중한 징벌에 초점을 맞추지만, 이 책을 읽다 보면 독일, 오스트리아-헝가리, 러시아제국의 무너진 터전 위에 새로 탄생한 동유럽 국가들과 그들 사이의 갈등 요소를 훨씬 깊이 이해하게 된다. 그러나 이 국가들은 자국을 지킬 국력과 국방력이 채 갖춰지지 않은 상태로 나치 독일과 소련 사이에 다시 놓이게 되면서 이 두 제국의 침략과 지배를 받게 된다. 또한 오스만제국의 폐허 위에 탄생한 시리아, 이라크, 사우디아라비아, 레바논, 요르단, 이스라엘의 건국 과정은 너무나 자의적이라는 인상을 지울 수 없고, 특히 이스라엘 수립 논의는 수 차례에 걸친 격렬한 중동 전쟁과 현재도 진행 중인 가자 전쟁 등을 낳은 중동 갈등의 씨앗을 뿌려놓았다.

두 차례 세계대전 후 최소한 서유럽에서 전쟁이 종식된 것은 프랑스와 독일 간 화해의 결과였다. 결국 이 화해는 유럽석탄철강공동체에서 출발한 유럽연합(EU)을 탄생시켰고 동유럽도 그 질서 안으로 끌어들였다. 정치가와 국제정치학자들은 세력 균형, 상호 견제, 다극 체제, 양극 체제 등 여러 모델로 국제 질서를 논의하지만, 이런 모델로 설명할 수 없는 역사적 경험과 심리적 패배감, 복수심 등이 오히려 더욱 크게 작용해 새로운 충돌이 촉발되곤 한다. 독일과 프랑스의 화해에 따른 평화 정착은 이러한 과거의 기억을 극복한 데 대한 보상이다. 아쉽게도 동아시아에서는 아직 이런 과정이 시작되지 않았다.

1차대전과 2차대전의 전후 처리 과정을 비교할 때 가장 크게 대비되는 것은 패전국에 대한 대우다. 프랑스가 구원舊怨으로 독일에 가혹한 징벌을 가하려고 한 데 반해, 2차대전 후 미국은 패전국인 독일과 일본을 끌어안고 오히려 경제 부흥을 위해 발 벗고 나서서 마셜플랜 같은 구제책을 마련했다. 총성은 울리지 않았지만 체제 전쟁에서 패배한 소련에 대해 미국이 이런 태도를 보였다면 현재의 러시아-우크라이나 전쟁은 일어나지 않았을 것이라는 아쉬움이 남는다.

2차대전 후 미국과 소련이 주도하는 양극 체제로 반세기 이상 강대국 간 전쟁이 없었던 상황을 1차대전 종전 후 상황과 비교하는 것이 무리라는 것을 저자는 다음과 같이 지적한다. "1919년 상황을 1945년과 비교하는 것은 유혹적이지만, 현실을 호도하는 것이다. 1919년에는 초강대국이 없었다. 수백만 명의 병력으로 유럽 중앙을 장악한 소련도 없었고, 대규모 경제와 핵폭탄을 독점한 미국도 없었다. 1919년 적국들은 완전히 패배하지 않았다. 1919년 중재자들은 나라를 만들고 없애는 일에 적극적으로 나섰지만, 그 진흙은 그렇게 단단하지 않았고, 그것을 형체로 만드는 힘도 그렇게 강하지 못했다."

우리나라와 관련된 아쉬움은 일본이 승전국이자 5대 강대국의 지위로 강화회의에 참가한 사실을 간과하고 윌슨의 민족자결주의에 헛된 희망을 걸었다는 점이다. 당시나 지금이나 국제 정세의 흐름을 제대로 파악하는 능력은 국가 존립에 매우 중요하다. 3·1운동이나 중국의 5·4운동에 대한 교과서의 서술에서 단순한 애국주의적 시각보다 파리 강화회의를 위시한 당시 국제정치 상황을 냉정하게 반영한 설명이 필요하다고 본다. 강화회의에서 부정확하고 변조된 지도에 의존해 여러 나라의 경계를 긋는 장면을 보노라면, 《내셔널지오그래피》에 실린 지도로 38선이 그어진 우리의 역사가 떠오른다.

우리는 인간의 판단은 늘 결함이 많고 미래 예측 능력이 극도로 제한적임을 인정하고, 새로운 국제 질서를 구축할 때 겸손하고 보수적인 자세로 최소한의 안전판을 마련하고, 보편적 인류의 가치에 입각한 평화 정착 노력이 가장 중요하다는 점을 깨달아야 할 것이다. 미국이 냉전에서 승리하자 향후 100년은 팍스아메리카의 시대가 지속될 것이라고 호언장담한 사람은 많았지만, 불과 30년도 지나지 않은 시점에 유럽에 새로운 전쟁이 일어나고 미국과 중국의 충돌은 일촉즉발의 상황에 이를 것으로 예상한 사람은 많지 않았다. 체임벌린이 "우리 시대를 위한 평화peace for our time"를 지켜냈다고 자랑한 뮌헨 회담은 불과 1년도 되지 않은 시점에 2차대전을 촉발했고, 베트남 전쟁을 마무리 지은 파리 평화회담은 불과 1년 반 만에 북베트남의 전 국토 점령이라는 결과로 귀결되고 말았다. 그런 면에서 평화회담의 역사는 전쟁사만큼 중요하게 다루어져야 하고, 이 책은 이 부분에 큰 공헌을 하고 있다. 앞으로 한반도의 운명을 다룰 회담과 거기에 참여할 중재자들peacemakers은 이런 과거 중재자들의 오만, 확증편향, 집단사고, 시행착오에서 많은 것을 배울 필요가 있다.

올 7월에 나온 《평화를 끝낸 전쟁》과 함께 이 책은 1차대전 연구와 이해에 필독서가 되리라 생각한다. 두 책 모두 1000쪽 내외의 방대한 분량이지만, 학술적 난해함은 없어서 독자들에게 쉽게 다가갈 수 있다. 마거릿 맥밀런 교수의 두 주요 저작 한국어판 출간을 결정하고, 어려운 번역, 편집 과정을 거쳐 출간의 결실을 가져온 도서출판 책과함께의 류종필 대표와 편집진께 감사의 마음을 표한다.

허승철

참고문헌

약어

FRUS   *Papers Relating to the Foreign Relations of the United States: The Paris Peace Conference 1919*

PWW   *The Papers of Woodrow Wilson*

미출간 자료

Bodleian Library, Oxford
    Alfred Milner Papers
British Museum, London
    Arthur Balfour Papers
Churchill College, Cambridge
    Archives of Lord Hankey of the Chart
    Winston S. Churchill Papers, Charwell Group
    Alan Leeper Papers
House of Lords Record Office
    Lloyd George Papers
India Office Library, London
    George Nathaniel Curzon Papers
    Edwin Montagu Papers
Library of Congress, Washington, D.C
    The Ray Stannard Baker Papers
    George Louis Beer Collection
    Tasker H. Bliss Papers
Ministère des Affaires Etrangères, Paris
    Jules Cambon Papers
    Paul Cambon Papers
    Georges Mandel Papers
    André Tardieu Papers
    Série à Paix, 1914-1920
    Europe, 1918-1929
Ministère de la Défense, Archives d'Armée de Terre, Château de Vincennes
    Clemenceau Papers

National Archives of Canada, Ottawa
   Oliver Mowat Biggar Papers
   Robert Laird Borden Papers
   Loring Christie Papers
National Library of Australia, Canberra
   Frederic William Eggleston Papers
   William Morris Hughes Papers
   J.G. Latham Papers
   R.R.Garran Papers
Public RecordOffice, London
   Cabinet Papers, CAB 29/ Peace Conference and Other International Conferences
Scottish RecordOffice, Edinburgh
   Lothian (Philip Kerr) Papers
St Antony's College, Oxford
   Ian Malcolm Papers
University Microfilms International
   Sidney Sonnino Papers
Yale University Library, New Haven
   Gordon Auchincloss Papers
   Edward Mandel House Papers
   Charles Seymour Papers
   Sir William Wiseman Papers

출간 자료

Adam, M., 'France and Hungary at the Beginning of the 1920s',*War and Society in East Central Europe*, ed.B.K. Kiraly, P. Pastor and I. Sanders, vol. 6, *Essays onWorldWar I: TotalWar and Peacemaking, A Case Study on Trianon*, ed. B. K. Kiraly, P. Pastor and I. Sanders. New York, 1982. New York, 1982

Adamthwaite, A., *Grandeur and Misery: France's Bid for Power in Europe, 1914-1940*. London, 1995

Adelson, R., *Mark Sykes: Portrait of an Amateur*. London, 1967

Ahmad, F., 'The Late Ottoman Empire', *The Great Powers and the End of the Ottoman Empire*, ed. M. Kent. London, 1984

Alastos, D.,*Venizelos: Patriot, Statesman, Revolutionary*. London, 1942

Albrecht-Carrié, R., 'Fiume: Nationalism versus Economics', *Journal of Central EuropeanAffairs* (1942)

_____, *Italy at the Paris Peace Conference*. Hamden, Connecticut, 1966

Alcock, A., 'Trentino and Tyrol: From Austrian Crownland to European Region', *Europe and Ethnicity*, ed. S. Dunn and T.G. Fraser. London, 1996

Aldcroft, D.H., *FromVersailles toWall Street, 1919-1929*. London, 1987

———, 'The Versailles Legacy', *History Review*, 29 (December 1997)

Aldrovandi Marescotti, L., *Guerra diplomatica: ricordi e frammenti di diario*. Milan, 1936

———, *Nuovi ricordi e frammenti di diario per far seguito a 'Guerra diplomatica' (1914-1919)*. Milan, 1938

Allizé, H., *Ma mission à Vienne*. Paris, 1933

Almond, N., and Lutz, R.H. (eds.), *The Treaty of St. Germain: A Documentary History of its Territorial and Political Clauses*. Stanford, California, 1935

Ambrosius, L.E., *Woodrow Wilson and the American Diplomatic Tradition: The Treaty Fight in Perspective*. Cambridge, 1990

Amery, L.S., *The Leo Amery Diaries*, ed. J. Barnes andD. Nicholson, 2 vols. London, 1980

Anderson, M.S., *The Eastern Question, 1774-1923: A Study in International Relations*. London, 1966

Andrew, C.M., and Kanya-Forstner, A.S., *France Overseas: The Climax of French Imperial Expansion, 1914-1924*. Stanford, California, 1981

Antonius, G., *The Arab Awakening: The Story of the Arab National Movement*. New York, 1965

Apponyi, A., *The Memoirs of Count Apponyi*. London, 1935

Armstrong, H.F., *Peace and Counterpeace: From Wilson to Hitler: Memoirs of Hamilton Fish Armstrong*. New York, 1971

Ashmead-Bartlett, E., *The Tragedy of Central Europe*. London, 1923

Azan, P., *Franchet d'Esperey*. Paris, 1949

Baerlein, H.P., *The Birth of Yugoslavia*, 2 vols. London, 1922

Bailey, T.A., *Woodrow Wilson and the Lost Peace*. Chicago, 1963

Baker, R.S., *What Wilson Did at Paris*. New York, 1919

———, *Woodrow Wilson and World Settlement: Written from his Unpublished Material*. 2 vols. London, 1923

———, *Woodrow Wilson: Life and Letters*, 8 vols. Garden City, New York, 1927-39

Banac, I., *The National Question in Yugoslavia: Origins, History, Politics*. Ithaca and London, 1984

Bandholtz, H., *An Undiplomatic Diary by the American Member of the Inter-Allied Military Mission to Hungary, 1910-1920*. New York, 1966

Barcsay, T., 'The Karolyi Revolution in Hungary, October 1918-March 1919', unpublished DPhil. thesis, University of Oxford, 1971

Bartlett, V., *Behind the Scenes at the Peace Conference*. London, 1920

Baruch, B.M., *The Making of the Reparation and Economic Sections of the Treaty*. New York, 1920

Bauer, O., *The Austrian Revolution*. London, 1925

Beadon, R.H., *Some Memories of the Peace Conference*. London, 1933

Beaverbrook, Lord, *The Decline and Fall of Lloyd George*. London, 1963

Beers, B.F., *Vain Endeavor: Robert Lansing's Attempts to End the American-Japanese Rivalry*. Durham, North Carolina, 1962

Bell, P.M.H., *France and Britain 1900-1940: Entente and Estrangement*. London and New York, 1996

Bennett, G., *Cowan's War: The Story of British Naval Operations in the Baltic, 1918-1920*. London, 1964

Bessel, R., *Germany after the First World War*. Oxford, 1993

———, 'Why did the Weimar Republic Collapse?', *Weimar: Why Did German Democracy Fail?*, ed. I. Kershaw. New York, 1990

Birdsall, P., *Versailles: Twenty Years After*. London, 1941

Block, R., 'City of the Future', *New York Review of Books* (9 June 1994)

Boemeke, M., Feldman, G.D., and Glaser, E. (eds.), *The Treaty of Versailles: A Reassessment after 75 Years*. Cambridge and Washington, 1998

Bonsal, S., *Unfinished Business*. Garden City, New York, 1944

———, *Suitors and Suppliants: The Little Nations at Versailles*. New York, 1946

Borden, R.L., *Robert Laird Borden: His Memoirs*, ed. H. Borden, 2 vols. London, 1938

Borsanyi, G., *The Life of Communist Revolutionary, Bela Kun*. Highland Lakes, New Jersey, 1993

Bosworth, R.J.B., 'Italy and the End of the Ottoman Empire', *The Great Powers and the End of the Ottoman Empire*, ed. M. Kent. London, 1984

Bothwell, R., *Loring Christie*. New York and London, 1988

Boyce, R. (ed.), *French Foreign and Defence Policy, 1918-1940: The Decline and Fall of a Great Power*. London and New York, 1998

Brecher, F.W., 'French Policy towards the Levant, 1914-18', *Middle Eastern Studies*, 29/4 (1993)

Brown, J. M., *Gandhi's Rise to Power*. Cambridge, 1972

———, *Gandhi: Prisoner of Hope*. New Haven and London, 1989

Brown, R.C., *Robert Laird Borden*, 2 vols. Toronto, 1975-80

Brownell, W., and Billings, R.N., *So Close to Greatness: A Biography of William C. Bullitt*. New York and London, 1987

Bruun, G., *Clemenceau*. Cambridge, Massachusetts, 1943

Bunselmeyer, R., *The Cost of War, 1914-1919: British Economic War Aims and the Origins of Reparation*. Hamden, Connecticut, 1975

Burgwyn, H.J., *Italian Foreign Policy in the Interwar Period, 1918-1940*. Westport, Connecticut, 1987

_____, *The Legend of the Mutilated Victory: Italy, the Great War, and the Paris Peace Conference, 1915-1919*. Westport, Connecticut, 1993

Burnett, P.M., *Reparation at the Paris Peace Conference from the Standpoint of the American Delegation*, 2 vols., New York, 1965

Burns, M., 'Disturbed Spirits: Minority Rights and New World Orders, 1919 and the 1990s', *New European Orders, 1919 and 1991*, ed. S.F. Wells and P. Bailey Smith. Washington, 1996

Busch, B.C., *Mudros to Lausanne: Britain's Frontier in West Asia, 1918-1923*. Albany, 1976

_____, *Britain, India and the Arabs, 1914-1921*. Berkeley, 1971

Butler, H., *The Lost Peace*. London, 1941

Butler, J.R.M., *Lord Lothian, Philip Kerr, 1882-1940*. London, 1960

Cairns, J.C., 'A Nation of Shopkeepers in Search of a Suitable France: 1919–1940', *American Historical Review*, 3 (1974)

Calder, K.J., *Britain and the Origins of the New Europe*. Cambridge, 1976

Callimachi, A.-M., *Yesterday Was Mine*. New York, London and Toronto, 1949

Callwell, C.E., *Field Marshal Sir Henry Wilson: His Life and Diaries*, 2 vols. London, 1927

Cambon, P., *Correspondance, 1870-1924*, 3 vols. Paris, 1946

Cambridge History of Japan, 6 vols. Cambridge, 1989

Campbell, F.G., 'The Struggle for Upper Silesia, 1919–1922', *Journal of Modern History*, 42/3 (September, 1970)

Campbell, J., *F.E. Smith, First Earl of Birkenhead*. London, 1983

Cannadine, D., *The Decline and Fall of the British Aristocracy*. New Haven and London, 1990

Carls, S.D., *Louis Loucheur and the Shaping of Modern France, 1916-1931*. Baton Rouge and London, 1993

Carsten, F.L., *Revolution in Central Europe, 1918-19*. Berkeley and Los Angeles, 1972

Carton de Wiart, A., *Happy Odyssey: The Memoirs of Lieutenant-General Sir Adrian Carton de Wiart*. London, 1950

Cecil, R., *A Great Experiment: An Autobiography*. London, 1941

_____, *All the Way*. London, 1949

Chernow, R., *The Warburgs*. New York, 1993

Chi, M.S., *China Diplomacy, 1914-1918*. Cambridge, Massachusetts, 1970

———, 'Ts'ao Ju-lin (1876-1966): His Japanese Connections', *The Chinese and the Japanese: Essays in Political and Cultural Interactions*, ed. A. Iriye. Princeton, New Jersey, 1980

Chow, T., *The May Fourth Movement: Intellectual Revolution in Modern China*. Cambridge, Massachusetts, 1960

Chu, P.,V.K. *Wellington Koo: A Case Study of China's Diplomat and Diplomacy of Nationalism, 1912-1966*. Hong Kong, 1981

Churchill, W.S., *The Aftermath*. New York, 1929

———, *Great Contemporaries*. London, 1959

Cienciala, A.M., 'The Battle of Danzig and the Polish Corridor at the Paris Peace Conference of 1919', *The Reconstruction of Poland, 1914-23*, ed. P. Latawski. London, 1992

Cienciala, A.M., and Komarnicki, T., *From Versailles to Locarno: Keys to Polish Foreign Policy, 1919-1925*. Lawrence, Kansas, 1984

Clemenceau, G., *Grandeur and Misery of Victory*. Toronto, 1930

Clogg, R., *A Concise History of Greece*. Cambridge, 1992

Cohen, W.I., *The American Revisionists: The Lessons of Intervention in World War I*. Chicago and London, 1967

Connors, L., *The Emperor's Advisor: Saionji Kinmochi and Pre-war Japanese Politics*. London, 1987

Constant, S., *Foxy Ferdinand: Tsar of Bulgaria*. London, 1979

Cook, G.L., 'Sir Robert Borden, Lloyd George, and British Military Policy, 1917-1918', *Historical Journal*, 14/2 (1971)

Coolidge, H.J., and Lord, R.H., *Archibald Cary Coolidge*. Boston and New York, 1932

Craig, G.A., and Gilbert, F. (eds.), *The Diplomats: 1919-1939*. New York, 1963

Crampton, R.J., *A Short History of Modern Bulgaria*. Cambridge, 1987

Crozier, A.J., 'The Establishment of the Mandates System, 1919-25', *Journal of Contemporary History*, 14/3 (1979)

Cruttwell, C.R.M.F., *A History of the Great War, 1914-1918*. London, 1982

Curry, G., 'Woodrow Wilson, Jan Smuts and the Versailles Settlement', *American Historical Review*, 66/4 (July 1961)

Curry, R.W., *Woodrow Wilson and Far Eastern Policy, 1913-1921*. New York, 1968

Czernin, F., *Versailles 1919*. New York, 1964

Darwin, J., *Britain, Egypt and the Middle East: Imperial Policy in the Aftermath of War, 1918-1922*. New York, 1981

Davies, N., 'Great Britain and Polish Jews, 1918-1920', *Journal of Contemporary History*, 8/2 (April 1973)

_____, 'Lloyd George and Poland, 1919-20', *Journal of Contemporary History*, 6/3 (1971)

_____, *White Eagle, Red Star: The Polish-Soviet War, 1919-1920*. London, 1972

_____, *God's Playground: A History of Poland*, 2 vols. New York, 1982

Deák, F., *Hungary at the Paris Peace Conference: The Diplomatic History of the Treaty of Trianon*. New York, 1942

Debo, R.K., *Revolution and Survival: The Foreign Policy of Soviet Russia, 1917-18*. Toronto and Buffalo, 1979

Department of External Affairs, Ottawa, *Documents on Canadian External Relations*, vol. 2, *The Paris Peace Conference*. Ottawa, 1969

Department of State, *Papers Relating to the Foreign Relations of the United States: The Paris Peace Conference 1919*, 13 vols. Washington, 1942-7

_____, *Papers Relating to the Foreign Relations of the United States: The Robert Lansing Papers, 1914-1920*, 2 vols. Washington, 1939-40

_____, *The Treaty of Versailles and After*.Washington, 1947

Desmond, R.W., *Windows on the World: World News Reporting, 1900-1920*. Iowa City, 1980

Deutscher, I., *The Prophet Armed: Trotsky: 1879-1921*. New York, 1965

Dillon, E.J., *The Inside Story of the Peace Conference*. New York and London, 1920

Dingman, R., *Power in the Pacific: The Origin of Naval Arms Limitations, 1914-1922*. Chicago, 1976

Dockrill, M.L., and Goold, J.D., *Peace without Promise: Britain and the Peace Conferences, 1919-1923*. Hamden, Connecticut, 1981

Dockrill, M.L., and Steiner, Z., 'The Foreign Office at the Paris Peace Conference in 1919', *International History Review*, 2/1 (January 1980)

Dominian, L., *The Frontiers of Language and Nationality in Europe*. New York, 1917

Dontas, D.V., 'Troubled Friendship: Greco-Serbian Relations, 1914-1918', *The Creation of Yugoslavia*, ed. D. Djordjevic. Santa Barbara and Oxford, 1980

Dragnich, A.N. *Serbia, Nikola Pasic, and Yugoslavia*. New Brunswick, New Jersey, 1974

_____, 'The Serbian Government, the Army and the Unification of Yugoslavs', *The Creation of Yugoslavia, 1914-1918*, ed. D. Djordjevic. Santa Barbara and Oxford, 1980

Duchêne, F., *Jean Monnet: The First Statesman of Independence*. New York, 1994

Dugdale, B., *Arthur James Balfour, 1906-1930*. New York, 1937

Dunn, S., and Fraser, T.G. (eds.), *Europe and Ethnicity: The First World War and Contemporary Ethnic Conflict*, London, 1996

Durham, M.E., *Twenty Years of Balkan Tangle*, London, 1920

Duroselle, J.-B., *Clemenceau*, Paris, 1988

Duus, P., *The Rise of Modern Japan*, Boston, 1976

Dyer, G., 'The Turkish Armistice of 1918: 1 – The Turkish Decision for a Separate Peace, Autumn 1918', *Middle Eastern Studies*, 8/2 (May 1972)

_____, 'The Turkish Armistice of 1918: 2 – A Lost Opportunity: The Armistice Negotiations of Moudros', *Middle Eastern Studies*, 8/3 (October 1972)

Dziewanowski, M.K., *Joseph Pilsudski: A European Federalist, 1918-1922*, Stanford, 1969

Eban, A., *An Autobiography*, New York, 1977

Eckelt, F., 'The Internal Policies of the Hungarian Soviet Republic', *Hungary in Revolution, 1918-19*, ed. I. Volgyes, Lincoln, Nebraska, 1971

Egerton,G.W., 'Britain and the "Great Betrayal": Anglo-American Relations and the Struggle for United States Ratification of the Treaty of Versailles, 1919-1920', *Historical Journal*, 21/4 (1978)

_____, *Great Britain and the Creation of the League of Nations*. Chapel Hill, North Carolina, 1978

_____, 'The Lloyd George Government and the Creation of the League of Nations', *American Historical Review*, 79/2 (April 1974)

Ekmecic, M., 'Serbian War Aims', *The Creation of Yugoslavia*, ed. D. Djordjevic, Santa Barbara and Oxford, 1980

Elcock, H., *Portrait of a Decision: The Council of Four and the Treaty of Versailles*. London, 1972

Elon, A., *The Israelis: Founders and Sons*. New York, 1972

Epstein, K., *Matthias Erzberger and the Dilemma of German Democracy*. New York, 1971

Esposito, D.M., 'Imagined Power: The Secret Life of Colonel House', *Historian*, 60/4 (Summer 1998)

Eubank, K.K., *Paul Cambon: Master Diplomatist*. Norman, Oklahoma, 1960

Eyck, E., *A History of the Weimar Republic*, 2 vols. New York, 1970

Farnsworth, B., *William C. Bullitt and the Soviet Union*. Bloomington and London, 1967

Farwell, B., *The Great War in Africa, 1914-1918*. New York and London, 1986

Ferguson, N., 'Keynes and German Inflation', *English Historical Review*, 110/436 (April 1995)

_____, *The Pity of War*. New York, 1999

Fifield, R.H., 'Disposal of the Carolines, Marshalls, and Marianas at the Paris Peace Conference', *American Historical Review*, 51/3 (April 1946)

_____, *Woodrow Wilson and the Far East: The Diplomacy of the Shantung Question*. New York, 1952

Figes, O., *A People's Tragedy: The Russian Revolution, 1891-1924*. London, 1996

Fischer, L., *The Soviets in World Affairs: A History of the Relations between the Soviet Union and the Rest of the World, 1917-1929*. New York, 1960

Fisher, J., *Curzon and British Imperialism in the Middle East, 1916-19*. London, 1999

Fitzhardinge, L.F., 'Hughes, Borden, and Dominion Representation at the Paris Peace Conference', *Canadian Historical Review*, 49/2 (June 1968)

_____, *The Little Digger, 1914-1952: William Morris Hughes. A Political Biography*, 2 vols. London and Sydney, 1979

_____, 'W.M. Hughes and the Treaty of Versailles, 1919', *Journal of Commonwealth Political Studies*, 5 (July, 1967)

Fitzherbert, M., *The Man Who Was Greenmantle: A Biography of Aubrey Herbert*. London, 1983

Floto, I., *Colonel House in Paris: A Study of American Policy at the Paris Peace Conference, 1919*. Princeton, New Jersey, 1973

Foch, F., *The Memoirs of Marshal Foch*. Garden City, New York, 1931

Fogelsong, D.S., *America's Secret War against Bolshevism*. Chapel Hill and London, 1995

French, D., ' "Had We Known How Bad Things Were in Germany, We Might Have Got Stiffer Terms": Great Britain and the German Armistice', *The Treaty of Versailles: A Reassessment after 75 Years*, ed. M. Boemeke, G. D. Feldman and E. Glaser. Cambridge and Washington, 1998

Fried, A. (ed.), *A Day of Dedication: The Essential Writings and Speeches of Woodrow Wilson*. New York, 1965

Friedman, I., 'The McMahon-Hussein Correspondence and the Question of Palestine', *Journal of Contemporary History*, 5/2 (1970)

_____, *The Question of Palestine, 1914-1918: British-Jewish-Arab Relations*. Oxford, 1973

Fromkin, D., *A Peace to End All Peace: The Fall of the Ottoman Empire and the Creation of the Modern Middle East*. New York, 1989

_____, *In the Time of the Americans: FDR, Truman, Eisenhower, Marshall, MacArthur -The Generation that Changed America's Role in the World*. New York, 1995

Fry, M.G., *Lloyd George and Foreign Policy*, 2 vols. Montreal and London, 1977

Garnett, D. (ed.), *The Essential T.E. Lawrence*. New York, 1951

Garran, R., *Prosper the Commonwealth*. Sydney, 1958

Geddes, D., 'The Mandate for Yap', *History Today* (December 1993)

Gelfand, L.E., *The Inquiry*. New Haven, Connecticut., 1963

Genov, G.P., *Bulgaria and the Treaty of Neuilly*. Sofia, 1935

George, A.L., and George, J.L., *Woodrow Wilson and Colonel House: A Personality Study*. New York, 1964

Gerson, L., *Woodrow Wilson and the Rebirth of Poland, 1914-1920: A Study in the Influence on American Policy of Minority Groups of Foreign Origin*. Hamden, Connecticut, 1972

Gidney, J.A., *A Mandate for Armenia*. Kent, Ohio, 1967

Gilbert, M., *Winston S. Churchill*, 8 vols. London, 1966-88

———, *Sir Horace Rumbold: Portrait of a Diplomat, 1869-1941*. London, 1973

Gilmour, D., *Curzon*. London, 1994

Glazebrook, G.P. de T., *Canada at the Peace Conference*. London, Toronto and New York, 1942

Glyn, A., *Eleanor Glyn*. London, 1968

Gokay, B., 'Turkish Settlement and the Caucasus, 1918-20', *Middle Eastern Studies*, 32/2 (April 1996)

Goldstein, E., 'Great Britain and Greater Greece, 1917-1920', *Historical Journal*, 32/2 (1989)

———, *Winning the Peace: British Diplomatic Strategy, Peace Planning, and the Paris Peace Conference, 1916-1920*. Oxford, 1991

Gollin, A.M., *Proconsul in Politics: A Study of Lord Milner in Opposition and in Power*. London, 1964

Grayson, C.T., *Woodrow Wilson*. Washington, 1960

Gregory, J.D., *On the Edge of Diplomacy: Rambles and Reflections, 1902-1928*. London, 1928

Grew, J.C., *Turbulent Era: A Diplomatic Record of Forty Years, 1904-1945*. Boston, 1952

Grigg, J., *The Young Lloyd George*. London 1973

———, *Lloyd George: From Peace to War, 1912-1916*. London, 1985

———, *Lloyd George: The People's Champion*. Berkeley and Los Angeles, 1978

Griswold, A.W., *The Far Eastern Policy of the United States*. New Haven, Connecticut, 1938

Groueff, S., *Crown of Thorns*. Lanham, Maryland, 1987

Guhin, M.A., *John Foster Dulles: A Statesman and his Times*. New York and London, 1972

Guiral, P., *Clemenceau et son Temps*. Paris, 1994
Hall, H.D., *Mandates, Dependencies and Trusteeship*. London, 1948
Hancock, W.H., *Smuts: The Sanguine Years, 1870-1919*. Cambridge, 1962
Hancock, W.H., and Van der Poel, J. (eds.), *Selections From the Smuts Papers*, 7 vols. Cambridge, 1966
Hankey, M.P., *The Supreme Control at the Paris Peace Conference 1919: A Commentary*. London, 1963
Hardach, G., *The First World War, 1914-1918*. Berkeley and Los Angeles, 1977
Hardinge, C., *Old Diplomacy: The Reminiscences of Lord Hardinge of Penshurst*. London, 1947
Harington, C., *Tim Harington Looks Back*. London, 1940
Harris, H.W., *Peace in the Making*. London, 1920
Harrod, R.F., *The Life of John Maynard Keynes*. London, 1951
Haskins, C.H., and Lord, R.H., *Some Problems of the Peace Conference*. Cambridge, Massachusetts, 1920
Headlam-Morley, J., *A Memoir of the Peace Conference 1919*, ed. A. Headlam-Morley, R. Bryant and A. Cienciala. London, 1972
Heater, D., *National Self-Determination: Woodrow Wilson and his Legacy*. New York, 1994
Hecksher, A., *Woodrow Wilson*. New York, 1991
Helmreich, P.C., *From Paris to Sèvres: The Partition of the Ottoman Empire at the Peace Conference of 1919-20*. Columbus, Ohio, 1974
Henig, R.B. (ed.), *The League of Nations*. New York, 1973
Hess, R.L., 'Italy and Africa: Colonial Ambitions in the First World War', *Journal of African History* (1963)
Hiery, H.J., *The Neglected War: The German South Pacific and the Influence of World War I*. Honolulu, 1995
Hoensch, J.K., *A History of Modern Hungary, 1867-1986*. London and New York, 1988
Holborn, H., 'Diplomats and Diplomacy in the Early Weimar Republic', *The Diplomats, 1919-1939*, ed. G. A. Craig and F. Gilbert. New York, 1963
Hoover, H., *The Ordeal of Woodrow Wilson*. Baltimore and London, 1992
House, E.M., *The Intimate Papers of Colonel House Arranged as a Narrative by Charles Seymour*, 4 vols. Boston and New York, 1926-8
House, E.M., and Seymour, C. (eds.), *What Really Happened at Paris: The Story of the Peace Conference, 1918-1919, by American Delegates*. New York, 1921
Hovi, K., *Cordon sanitaire or barrière de l'est?* Turku, 1975
Howard, E., *Theatre of Life: Life Seen from the Stalls, 1905-1936*. London, 1936

Howard, H.N., *The Partition of Turkey: A Diplomatic History, 1913-1923*. New York, 1966

———, *Turkey, the Straits and U.S. Policy*. Baltimore and London, 1974

Howard, M., *War and the Liberal Conscience*. Oxford, 1981

Huddleston, S., *Peace-making at Paris*. London, 1919

Hudson, G., 'The Far East at the End of the First World War', *Journal of Contemporary History*, 4/2 (April 1969)

Hudson, W.J., *Billy Hughes in Paris: The Birth of Australian Diplomacy*. West Melbourne, Victoria, 1978

Hugessen, H.M.K., *Diplomat in Peace and War*. London, 1949

Hughes, W.H., *Policies and Potentates*. Sydney, 1950

———, *The Splendid Adventure*. Toronto, 1928

Hunter, J., *The Emergence of Modern Japan*. London and New York, 1989

Hunter Miller, D., *My Diary at the Conference of Paris, with Documents*, 21 vols. New York, 1928

———, *The Drafting of the Covenant*, 2 vols. New York, 1928

Huntford, R., *Nansen: The Explorer as Hero*. London, 1998

James, L., *The Golden Warrior: The Life and Legend of Lawrence of Arabia*. London, 1990

———, *Imperial Warrior: The Life and Times of Field-Marshal Viscount Allenby, 1861-1936*. London, 1993

Jaszi, O., *The Dissolution of the Habsburg Monarchy*. Chicago and London, 1929

Jedrezejewicz, W., *Pilsudski: A Life for Poland*. New York, 1982

Jelavich, B., *History of the Balkans*, 2 vols. Cambridge and New York, 1983

Jelavich, C., 'Nicholas P. Pasic: Greater Serbia or Jugoslavia?', *Journal of Central European Affairs*, 11/2 (July 1951)

Jones, T., *Whitehall Diary*, vol. 1, *1916-1925*. London, 1969

Károlyi, M., *Memoirs of Michael Károlyi: Faith without Illusion*. London, 1956

Kawamura, N., 'Wilsonian Idealism and Japanese Claims at the Paris Peace Conference', *Pacific Historical Review*, 66/4 (1997)

Kedourie, E., *The Chatham House Version and Other Middle-Eastern Studies*. London, 1970

———, 'The End of the Ottoman Empire', *Journal of Contemporary History*, 3/4 (Ocotber 1968)

Keegan, N.M., 'From Chancery to Cloister: The Chinese Diplomat Who Became a Benedictine Monk', *Diplomacy and Statecraft*, 10/1 (1999)

Keiger, J., *Raymond Poincaré*. Cambridge, 1997

Kenez, P., *Civil War in South Russia, 1919-1920*. Berkeley and Los Angeles, 1977
Kennedy, A.L., *Old Diplomacy and New*. London, 1922
Kennedy, M.D., *The Estrangement of Great Britain and Japan, 1917-1935*. Berkeley and Los Angeles, 1969
Kent, B., *The Spoils of War: ThePolitics, Economics, and Diplomacy of Reparations, 1918-1932*. Oxford, 1989
Kent, M., *Oil and Empire: British Policy and Mesopotamian Oil, 1900-1920*. London, 1976
_____, (ed.), *The Great Powers and the End of the Ottoman Empire*. London, 1984
_____, *Moguls and Mandarins: Oil, Imperialism and the Middle East in British Foreign Policy, 1900-1940*. London, 1993
Kershaw, I. (ed.), *Weimar: Why Did German Democracy Fail?* New York, 1990
_____, *Hitler, 1889-1936: Hubris*. London and New York, 1998
Kessler, H., *In the Twenties: The Diaries of Harry Kessler*. New York, 1971
Keylor, W.R., 'Versailles and International Diplomacy', *The Treaty of Versailles: A Reassessment after 75 Years*, ed. M. Boemeke, G. D. Feldman and E. Glaser. Cambridge and Washington, 1998
_____, *The Legacy of the Great War*. Boston and New York, 1998
Keynes, J.M., *Two Memoirs: Dr. Melchior, a Defeated Enemy, and My Early Beliefs*. London, 1949
_____, *The Economic Consequences of the Peace*. New York, 1971
Khoury, P., *Syria and the French Mandate*. Princeton, 1987
King, J.C., *Foch versus Clemenceau: France and German Dismemberment, 1918-1919*. Cambridge, 1960
King, W. [Wen-ssu Chin], *China at the Paris Peace Conference in 1919*. Jamaica and New York, 1961
_____, *V.K. Wellington Koo's Foreign Policy*. Shanghai, 1931
Kinross, P.B., *Ataturk: A Biography of Mustafa Kemal, Father of Modern Turkey*. London, 1964
Kiraly, B.K., Pastor, P., and Sanders, I. (eds.), *War and Society in East Central Europe*, vol. 6, *Essays on World War I: Total War and Peacemaking: A Case Study on Trianon*. New York, 1982
Kissinger, H., *Diplomacy*. New York, 1994
Klein, F., 'Between Compiègne and Versailles: The Germans on the Way from a Misunderstood Defeat to an Unwanted Peace', *The Treaty of Versailles: A Reassessment after 75 Years*, ed. M. Boemeke, G.D. Feldman and E. Glaser. Cambridge and Washington, 1998

Kleine-Ahlbrandt, W.L., *The Burden of Victory: France, Britain and the Enforcement of the Versailles Peace,1919-1925*. Lanham, New York and London, 1995

Klieman, A., *Foundations of British Policy in the Arab World: The Cairo Conference of 1921*. Baltimore and London, 1970

Klingaman, W., *1919: The Year Our World Began*. New York, 1987

Klotz, L.L., *De la guerre à la paix: souvenirs et documents*. Paris, 1924

Knock, T.J., *To End All Wars: Woodrow Wilson and the Quest for a New World Order*. New York and Oxford, 1992

Komarnicki, T., *Rebirth of the Polish Republic: A Study in the Diplomatic History of Europe, 1914-1920*. London, 1957

Krüger, P., 'German Disappointment and Anti-Western Resentment, 1918-19', *Confrontation and Cooperation: Germany and the United States in the Era of World War I, 1900-1924*, ed. H.-J. Schröder. Providence and Oxford, 1993

Kumao, H., *Saionji-Harada Memoirs: Fragile Victory, Prince Saionji and the 1930 London Treaty Issue*, trans. T. F. Mayer-Oakes. Detroit, 1968

Lacey, R., *The Kingdom*. New York and London, 1981

La Fargue, T.E., *China and the World War*. Stanford, California, 1937

Laffan, R.G.D., *The Serbs: The Guardians of the Gates*. New York, 1989

Landau, Z., 'The Economic Integration of Poland 1918-23', *The Reconstruction of Poland, 1914-23*, ed. P. Latawski. London, 1992

Langer,W.L., 'The Well-Spring of our Discontents', *Journal of Contemporary History*, 3/4 (October 1968)

Lansing, R., *The Big Four and Others of the Peace Conference*. Boston, 1921.

———, *The Peace Negotiations: A Personal Narrative*. Boston and New York, 1921

Laroche, J., *Au Quai d'Orsay avec Briand et Poincaré, 1913-1926*. Paris, 1957

Latawski, P., 'Roman Dmowski, the Polish Question, and Western Opinion, 1915-1918: The Case of Britain', *The Reconstruction of Poland, 1914-23*, ed. P. Latawski. London, 1992

Latham, J.G., *The Significance of the Peace Conference from an Australian Point of View*. Melbourne, 1920

Lauren, P.G., 'Human Rights in History: Diplomacy and Racial Equality at the Paris Peace Conference', *Diplomatic History*, 2/3 (1978)

Lazo, D.D., 'A Question of Loyalty: Robert Lansing and the Treaty of Versailles', *Diplomatic History*, 9/1 (Winter 1985)

Lebow, R.N., 'Woodrow Wilson and the Balfour Declaration', *Journal of Modern History*, 40/4 (1968)

Ledeen, M., *The First Duce: D'Annunzio at Fiume*. Baltimore, 1977

Lederer, I.J., *Yugoslavia at the Peace Conference: A Study in Frontiermaking*. New Haven and London, 1963

Lentin, A., *Lloyd George, Woodrow Wilson and the Guilt of Germany*. Leicester, 1984

———, 'Lord Cunliffe, Lloyd George, Reparations and Reputations at the Paris Peace Conference, 1919', *Diplomacy and Statecraft*, 10/1 (1999)

———, 'Trick or Treat? The Anglo-French Alliance, 1919', *History Today*, 42 (December 1992)

Levene, M., 'The Balfour Declaration: A Case of Mistaken Identity', *English Historical Review* (January 1992)

———, 'Nationalism and its Alternatives in the International Arena: The Jewish Question at Paris, 1919', *Journal of Contemporary History*, 28 (1993)

———, *War, Jews, and the New Europe: The Diplomacy of Lucien Wolf, 1914-1919*. Oxford and New York, 1992

Lewis, David L., *W.E.B. DuBois: Biography of a Race, 1868-1919*. New York, 1993

Liddell Hart, B., *Foch: The Man of Orleans*. London, 1931

Lieven, A., *The Baltic Revolution: Estonia, Latvia, Lithuania and the Path to Independence*. New Haven and London, 1994

Link, A.S., *Wilson: The Road to the White House*. Princeton, New Jersey, 1947

———, *Wilson: The New Freedom*. Princeton, New Jersey, 1956

———, *Wilson the Diplomatist*. Chicago, 1963

———, *Wilson: Confusions and Crises, 1915-1916*. Princeton, New Jersey, 1964

Lloyd George, D., *The Truth about Reparations and War Debts*. London, 1932

———, *War Memoirs*, 6 vols. London, 1934

———, *The Truth about the Peace Treaties*, 2 vols. London, 1938.

Lloyd George, F., *The Years that Are Past*. London, 1967

Louis, W.R., *British Strategy in the Far East, 1919-1939*. Oxford, 1971

———, *Great Britain and Germany's Lost Colonies, 1914-1919*. Oxford, 1967

Lovin, C.R., *A School for Diplomats: The Paris Peace Conference of 1919*. Lanham, Maryland, 1997

Lowe, C.J., and Dockrill, M.L., *The Mirage of Power*, 3 vols. London and Boston, 1972

Lowe, C.J., and Marzari, F., *Italian Foreign Policy, 1870-1940*. London and Boston, 1975

Lowry, B., *Armistice 1918*. Kent, Ohio, and London, 1996

Luckau, A., *The German Delegation at the Paris Peace Conference*. New York, 1971

Lundgreen-Nielsen, K., *The Polish Problem at the Paris Peace Conference: A Study in the Policies of the Great Powers and the Poles, 1918-1919*. Odense, 1979

———, 'Aspects of American Policy towards Poland at the Paris Peace Conference and the Role of Isiah Bowman', *The Reconstruction of Poland, 1914-23*, ed. P.

Latawaski. London, 1992

———, 'The Mayer Thesis Reconsidered: The Poles and the Paris Peace Conference, 1919', *International History Review*, 7/1 (February 1985)

Macartney, C.A., *Hungary and her Successors: The Treaty of Trianon and its Consequences 1919-1937*. London and New York, 1937

———, *National States and National Minorities*. New York, 1934

Macfie, A.L., 'The British Decision regarding the Future of Constantinople, November 1918-January 1920', *Historical Journal*, 18/2 (1975)

———, *The End of the Ottoman Empire, 1918-1923*. London and New York, 1998

Mackay, R.F., *Balfour: Intellectual Statesman*. Oxford and New York, 1985

MacMillan, M., 'Canada and the Origins of the Imperial War Cabinet', *Imperial Canada, 1867-1917*, ed. C. M. Coates. Edinburgh, 1997

Magosci, P.R., *Historical Atlas of East Central Europe*. Toronto, 1993

Maier, C.S., *Recasting Bourgeois Europe*. Princeton, 1975

———, 'The Truth about the Treaties?', *Journal of Modern History*, 51 (March 1979)

Malcolm, I., *Lord Balfour: A Memory*. London, 1930

Mamatey, V.S., *The United States and East Central Europe, 1914-1918: A Study in Wilsonian Diplomacy and Propaganda*. Princeton, New Jersey, 1957

Mamatey V.S., and Luza, R., (eds.), *A History of the Czechoslovak Republic, 1918-1948*. Princeton, 1973

Mansel, P., *Constantinople: City of the World's Desire, 1453-1924*. New York, 1995

Mansergh, N., *The Commonwealth Experience*, 2 vols. Toronto and Buffalo, 1983

Mantoux, E., *The Carthaginian Peace*. London, 1946

Mantoux, P., *The Deliberations of the Council of Four*, 2 vols., ed. and trans. A. S. Link. Princeton, New Jersey, 1992

Marder, A.J., *From the Dreadnought to Scapa Flow: The Royal Navy in the Fisher Era, 1904-1919*, 5 vols. London, 1970

Marks, S., *Innocent Abroad: Belgium at the Paris Peace Conference of 1919*. Chapel Hill, 1981

———, 'The Myths of Reparations', *Central European History*, 11/3 (1978)

———, 'Reparations Reconsidered: A Reminder', *Central European History* 2/4 (1969)

———, 'Smoke and Mirrors', *The Treaty of Versailles: A Reassessment after 75 Years*, ed. M. Boemeke, G.D. Feldman and E. Glaser. Cambridge and Washington, 1998

Marlowe, J., *Late Victorian: The Life of Sir Arnold Talbot Wilson*. London, 1967

Marston, F.S., *The Peace Conference of 1919: Organisation and Procedure*. London, 1944

Martel, G., 'The Prehistory of Appeasement: Headlam-Morley, the Peace Settlement and Revisionism', *Diplomacy and Statecraft*, 9/3 (November 1998)

Masaryk, T.G., *The Making of a State: Memories and Observations, 1914-1918*. New York, 1969

Maxwell, E., *R.S.V.P.: Elsa Maxwell's Own Story*. Boston and Toronto, 1954

May, A.J., *The Passing of the Hapsburg Monarchy, 1914-1918*, 2 vols. Philadelphia, 1966

Mayer, A.J., *Politics and Diplomacy of Peacemaking: Containment and Counterrevolution at Versailles, 1918-1919*. New York, 1967

Mazower, M., 'Minorities and the League of Nations in Interwar Europe', *Daedalus*, 126/2 (1997)

―――, 'Two Cheers for Versailles', *History Today*, 49/7 (July 1999)

McCrum, R., 'French Rhineland Policy at the Paris Peace Conference, 1919', *Historical Journal*, 21/3 (1978)

McDougall,W.A., *France's Rhineland Diplomacy, 1914-1924: The Last Bid for a Balance of Power in Europe*. Princeton, New Jersey, 1978

―――, 'Political Economy versus National Sovereignty: French Structures for German Economic Integration after Versailles', *Journal of Modern History*, 51 (March 1979)

McDowall, D., *A Modern History of the Kurds*. London and New York, 1996

Mee, C.L., *The End of Order: Versailles 1919*. New York, 1980

Ministero degli Affari Esteri, *I documenti diplomatici italiani*, 6th ser., ed. R. Mosca. Rome, 1956–

Miquel, P., *La paix de Versailles et l'opinion publique française*. Paris, 1972

Mitchell, D., *1919: Red Mirage*. New York, 1970

Mitrovic, A., 'The 1919-1920 Peace Conference in Paris and the Yugoslav State: An Historical Evaluation', *The Creation of Yugoslavia, 1914-1918*, ed. D. Djordjevic. Santa Barbara and Oxford, 1980

Mommsen, W.J., 'Max Weber and the Peace Treaty of Versailles', *The Treaty of Versailles: A Reassessment after 75 Years*, ed. M. Boemeke, G.D. Feldman and E. Glaser. Cambridge and Washington, 1998

Monroe, E., *Britain's Moment in the Middle East*. Baltimore, 1963

Montgomery, A.E., 'The Making of the Treaty of Sèvres of 10 August 1920', *Historical Journal*, 25/4 (1972)

Mordacq, G.H., *Clemenceau au soir de sa vie*, 2 vols. Paris, 1933

―――, *Le ministère Clemenceau*, 4 vols. Paris, 1931

Morgan, K. O., *David Lloyd George: Welsh Radical as World Statesman*. Westport, Connecticut, 1982

Mosley, L., *Curzon: The End of an Epoch*. London, 1961
Napier, H.D., *The Experiences of a Military Attaché in the Balkans*. London, 1924
Nassibian, A., *Britain and the Armenian Question, 1915-1923*. New York, 1984
Nekrich, A.M., *Pariahs, Partners, Predators: German-Soviet Relations, 1922-1941*. New York, 1997
Nelson, H.I., *Land and Power: British and Allied Policy on Germany's Frontiers 1916-19*. London and Toronto, 1963
Neu, C.E., *The Troubled Encounter: The United States and Japan*. New York, 1975
Nevakivi, J., *Britain, France and the Arab Middle East, 1914-1920*. London, 1969
Newman, B., *Secret Servant*. London, 1935
Nicolson, H., *Curzon: The Last Phase*. London, 1934
_____, *Peacemaking 1919*. London, 1964
Nicolson,N., ed., *Vita and Harold: The Letters of Vita Sackville-West and Harold Nicolson*. London, 1993
Nish, I.H., *Alliance in Decline: A Study in Anglo-Japanese Relations, 1908-23*. London, 1972
_____, *Japanese Foreign Policy, 1869-1942: Kasumigaseki to Miyakezaka*. London, 1977
Nitti, F., *Rivelazioni: dramatis personae*. Naples, 1948
Noble, G.B., *Policies and Opinions at Paris, 1919: Wilsonian Diplomacy, the Versailles Peace, and French Public Opinion*. New York, 1935
Nordholt, J.W.S., *Woodrow Wilson: A Life For World Peace*. Berkeley, 1991
Northedge, F.S., '1917-1919: The Implications for Britain', *Journal of Contemporary History*, 3/4 (October 1968)
Nowak, K.F., *Versailles*. London, 1928
Orga, I., *Portrait of a Turkish Family*. London and New York, 1988
Orlando, V.E., *Memorie (1915-1919)*. Milan, 1960
Ormos, M., 'The Hungarian Soviet Republic and Intervention by the Entente', *War and Society in East Central Europe*, vol. 6, *Essays on World War I: Total War and Peacemaking. A Case Study on Trianon*, ed. B. K. Kiraly, P. Pastor and I. Sanders. New York, 1982
Orpen, W., *An Onlooker in France, 1917-1919*. London, 1921
Pakula, H., *Queen of Rumania*. London, 1989
Palmer, A. W., *The Decline and Fall of the Ottoman Empire*. London, 1993
Palmer, F., *Bliss, Peacemaker*. Freeport, New York, 1970
Paloczi-Horvath, G., *The Undefeated*. London, 1993
Pandey, B.N., *The Break-up of British India*. London and New York, 1969

Pastor, P., *Hungary between Wilson and Lenin: The Hungarian Revolution of 1918-1919 and the Big Three*. New York, 1976

Perman, D., *The Shaping of the Czechoslovak State: A Diplomatic History of the Boundaries of Czechoslovakia*. Leiden, 1962

Petsalis-Diomidis, N., *Greece at the Paris Peace Conference (1919)*. Thessaloniki, 1978

Pipes, R., *Russia under the Bolshevik Regime*. New York, 1995

Poincaré, R., *Au service de la France XI: A la recherche de la paix, 1919*. Paris, 1974

Pope, N., and Pope, H., *Turkey Unveiled: Ataturk and After*. London, 1997

Pugach, N.H., *Paul S. Reinsch: Open Door Diplomat in Action*. Millwood, New York, 1979

Pugh, M., *Lloyd George*. London and New York, 1988

Raffo, P., 'The Anglo-American Preliminary Negotiations for a League of Nations', *Journal of Contemporary History*, 9/4 (1974)

Rattigan, F., *Diversions of a Diplomat*. London, 1924

Rawlinson, A., *Adventures in the Near East 1918-1922: In Three Parts*. London and New York, 1924

Reinharz, J., *Chaim Weizmann: The Making of a Statesman*. New York and Oxford, 1993

Renouvin, P., *War and Aftermath, 1914-1929*. New York, 1968

Repington, C., *After the War: London, Paris, Rome, Athens, Prague, Vienna, Budapest, Bucharest, Berlin, Sofia, Coblenz, New York, Washington: A Diary*. Boston and New York, 1922

Reynolds, D., *Britannia Overruled*. London and New York, 1991

Ribot, A., *Journal d'Alexandre Ribot et correspondances inédites, 1914-1922*. Paris, 1936

Riddell, G., *Lord Riddell's Intimate Diary of the Peace Conference and After 1918-1923*. London, 1933

Riddell, G., et al., *The Treaty of Versailles and After*. New York, 1935

Rodd, J.R., *Social and Diplomatic Memories*, 3 vols. London, 1925

Röhl, J.C.G., *The Kaiser and his Court: Wilhelm II and the Government of Germany*. Cambridge, 1996

Roosevelt, N., *A Front Row Seat*. Norman, Oklahoma, 1953

Rose, K., *King George V*. London, 1983

Roskill, S., *Hankey: Man of Secrets*, 3 vols. London, 1972

Roszkowski, W., 'The Reconstruction of the Government and State Apparatus in the Second Polish Republic', *The Reconstruction of Poland, 1914-23*, ed. P. Latawski. London and Basingstoke, 1992

Rothschild, J., *East Central Europe between the Two World Wars*. Seattle and London, 1974

Rowland, P., *Lloyd George*. London, 1975

Rowley, C.D., *The Australians in German New Guinea, 1914-1921*. Carlton, Victoria, 1958

Rudin, H., *Armistice, 1918*. New Haven, Connecticut, 1944

Ryan, A., *The Last of the Dragomans*. London, 1951

Ryder, A.J., *The German Revolution of 1918*. Cambridge, 1967

Sakmyster, T.L., 'Great Britain and the Making of the Treaty of Trianon', *War and Society in East Central Europe*, vol. 6, *Essays on World War I: Total War and Peacemaking. A Case Study on Trianon*, ed. B.K. Kiraly, P. Pastor and I. Sanders, New York, 1982

———, *Hungary's Admiral on Horseback: Miklòs Horthy, 1918-1944*. New York, 1994

Saladino, S., 'In Search of Sidney Sonnino', *Reviews in European History* (1976)

Salter, A., *Slave of the Lamp; A Public Servant's Notebook*. London, 1967

Sanders, R., *The High Walls of Jerusalem: A History of the Balfour Declaration and the Birth of the British Mandate for Palestine*. New York, 1983

Sayer, D., *The Coasts of Bohemia: A Czech History*. Princeton, New Jersey, 1998

Schachtmann, T., *Edith Woodrow*. New York, 1981

Schiff, V., *The Germans at Versailles 1919*. London, 1930

Schrecker, J.E., *Imperialism and Chinese Nationalism; Germany in Shantung*. Cambridge, Massachusetts, 1971

Schröder, H.-J., *Confrontation and Cooperation: Germany and the United States in the Era of World War I, 1900-1924*. Providence and Oxford, 1993

Schuker, S.A., *American 'Reparations' to Germany, 1919-33: Implications for the Third-World Debt Crisis*. Princeton, 1988

———, *The End of French Predominance in Europe: The Financial Crisis of 1924 and the Adoption of the Dawes Plan*. Chapel Hill, North Carolina, 1976

———, 'The Rhineland Question', *The Treaty of Versailles: A Reassessment after 75 Years*, ed. M. Boemeke, G.D. Feldman and E. Glaser. Cambridge and Washington, 1998

Schüller, R., *Unterhändler des Vertrauens: aus den nachgelassenen Schriften von Sektionschef Dr. Richard Schüller*, ed. J. Nautz. Munich, 1990

Schwabe, K., 'Germany's Peace Aims and the Domestic and International Constraints', *The Treaty of Versailles: A Reassessment after 75 Years*. ed. M. Boemeke, G.D. Feldman and E. Glaser. Cambridge and Washington, 1998

———, *Woodrow Wilson, Revolutionary Germany, and Peacemaking, 1918-1919:*

Missionary Diplomacy and the Realities of Power. Chapel Hill and London, 1985

Schwarcz, V., *The Chinese Enlightenment: Intellectuals and the Legacy of the May Fourth Movement of 1919*. Berkeley, 1986

Scott, C.P., *The Political Diaries of C.P. Scott, 1911-1928*, ed. T. Wilson. London, 1970

Seton-Watson, C., *Italy From Liberalism to Fascism, 1870-1925*. London, 1967

_____, '1919', *Review of International Studies* (1989)

Seton-Watson, H., and Seton-Watson, C., *The Making of a New Europe: R.W. Seton-Watson and the Last Years of Austria-Hungary*. London, 1981

Seymour, C., *Letters from the Paris Peace Conference*. New Haven and London, 1965

Sforza, C., *Fifty Years of War and Diplomacy in the Balkans*. New York, 1940.

_____, 'Sonnino and his Foreign Policy', *Contemporary Review* (1929)

Shaarawi, H., *Harem Years: The Memoirs of an Egyptian Feminist (1879-1924)*. New York, 1986

Shanafelt, G.W., 'An English Lady in High Albania: Edith Durham and the Balkans', *East European Quarterly*, 30/3 (1996)

Sharp, A., 'The Genie that Would Not Go Back into the Bottle: National Self-Determination and the Legacy of the First World War and the Peace Settlement', *Europe and Ethnicity: The First World War and Contemporary Ethnic Conflic*, ed. S. Dunn and T. G. Fraser. London, 1996

_____, *The Versailles Settlement: Peacemaking in Paris, 1919*. London, 1991

Shotwell, J.T., *At the Paris Peace Conference*. New York, 1937

Silverman, D.P., *Reconstructing Europe after the Great War*. Cambridge, Massachusetts, 1982

Skidelsky, R., *John Maynard Keynes: A Biography*, 2 vols. London, 1983

Sluglett, P., *Britain in Iraq, 1914-1932*. London, 1976

Smith, M.L., *Ionian Vision: Greece in Asia Minor, 1919-1922*. New York, 1973

Snelling, R.C., 'Peacemaking, 1919: Australia, New Zealand and the British Empire Delegation at Versailles', *Journal of Imperial and Commonwealth History*, 4/1 (1975)

Sonyel, S.R., *Turkish Diplomacy 1918-1923: Mustafa Kemal and the Turkish National Movement*. London and Beverley Hills, 1975

Soutu, G.-H., 'The French Peacemakers and their Home Front', *The Treaty of Versailles: A Reassessment after 75 Years*, ed. M. Boemeke, G.D. Feldman and E. Glaser. Cambridge and Washington, 1998

Spector, S., *Rumania at the Paris Peace Conference: A Study of the Diplomacy of Ioan I.C. Bratianu*. New York, 1962

Spence, J.D., *The Search for Modern China*. New York and London, 1990

Stadler, K.R., *The Birth of the Austrian Republic, 1918-1921*. Leyden, 1966

———, 'The Disintegration of the Austrian Empire', *Journal of Contemporary History*, 3/4 (October 1968)

Steed, H.W., *Through ThirtyYears, 1892-1922: A Personal Narrative*, 2 vols. Garden City, New York, 1924

Steffens, L., *The Autobiography of Lincoln Steffens*. New York, 1931

Stein, L., *The Balfour Declaration*. London, 1961

Stevenson, D., *The First World War and International Politics*. Oxford, 1991

———, 'France at the Paris Peace Conference' *French Foreign and Defence Policy, 1918-1940: The Decline and Fall of a Great Power*, ed. R. Boyle. London and New York, 1998

———, 'French War Aims and the American Challenge, 1914-1918', *Historical Journal*, 22/4 (1979)

Stevenson, F., *Lloyd George: A Diary*, ed. A.J.P. Taylor. London, 1971

Stickney, E. P., *Southern Albania or Northern Epirus in European International Affairs, 1912-1923*. Stanford, California, 1926

Storrs, R., *Orientations*. London, 1937

Sugar, P.F., and Lederer, I.J. (eds.), *Nationalism in Eastern Europe*. Seattle and London, 1994

Suny, R.G., *Looking toward Ararat: Armenia in Modern History*. Bloomington and Indianapolis, 1993

Sykes, C., *Crossroads to Israel: 1917-1948*. Bloomington and London, 1973

Tanner, M., *Croatia: A Nation Forged in War*. New Haven and London, 1997

Tardieu, A., *The Truth about the Treaty*. Indianapolis, 1921

Taylor, A.J.P., *The Troublemakers*. London, 1993

Taylor, E., *The Fall of the Dynasties: The Collapse of the Old Order, 1905-1922*. New York, 1963

Temperley, H.W.V. (ed.), *A History of the Peace Conference of Paris*, 6 vols. London, 1920-24

———, 'How the Hungarian Frontiers were Drawn', *Foreign Affairs*, 6 (1928)

Thompson, C.T., *The Peace Conference Day by Day*. New York, 1920

Thompson, J.M., *Russia, Bolshevism, and the Versailles Peace*. Princeton, New Jersey, 1966

Tihany, L.C., 'The Baranya Republic and the Treaty of Trianon', *War and Society in East Central Europe*, vol. 6, *Essays on World War I: Total War and Peacemaking. A Case Study on Trianon*, ed. B.K. Kiraly, P. Pastor and I. Sanders. New York, 1982

Tillman, S.P., *Anglo-American Relations at the Paris Peace Conference of 1919*.

Princeton, 1961
Tokes, R.L., 'Bela Kun: the Man and the Revolutionary', *Hungary in Revolution 1918-19*, ed. I. Völgyes. Lincoln, Nebraska, 1971
Toynbee, A., *Acquaintances*. London, 1967
Trachtenberg, M., *Reparation in World Politics: France and European Economic Diplomacy, 1916-1923*. New York, 1980
_____, 'Reparations at the Paris Peace Conference', *Journal of Modern History*, 51 (March 1979)
_____, 'Versailles after Sixty Years', *Journal of Contemporary History*, 17 (1982)
Tumulty, J.P., *Woodrow Wilson as I Knew Him*. New York, 1921
Ullman, R.H., *Anglo-Soviet Relations, 1917-1921*, 3 vols. Princeton, 1961-72
Unterberger, B.M., 'The United States and National Self-Determination: A Wilsonian Perspective', *Presidential Studies Quarterly*, 26/4 (Fall 1996)
_____, *The United States, Revolutionary Russia, and the Rise of Czechoslovakia*. Chapel Hill, 1989
_____, 'Woodrow Wilson and the Bolsheviks: The "Acid Test" of Soviet-American Relations', *Diplomatic History*, 11/2 (Spring 1987)
Vansittart, R., *The Mist Procession: The Autobiography of Lord Vansittart*. London, 1958
Vermes, G., 'The October Revolution in Hungary: From Karolyi to Kun', *Hungary in Revolution, 1918-19*, ed. I. Völgyes. Lincoln, Nebraska, 1971
Villard, O.G., *Fighting Years: Memoirs of a Liberal Editor*. New York, 1939
Vivarelli, R., *Storia delle origini del fascismo*, 2 vols. Bologna, 1991
Vopicka, C.J., *Secrets of the Balkans; Seven Years of a Diplomatist's Life in the Storm Centre of Europe*. Chicago, 1921
Waite, R.G.L., *Vanguard of Nazism: The Free Corps Movement in Postwar Germany, 1918-1923*. Cambridge, Massachusetts, 1952
Walker, C.J., *Armenia: The Survival of a Nation*. London, 1990
Wallace, W.S., *The Memoirs of The Rt. Hon. Sir George Foster, P.C., G.C.M.G.* Toronto, 1933
Wallace, W.V., 'Czechs and Slovaks' *Europe and Ethnicity: The First World War and Contemporary Ethnic Conflict*, ed. S. Dunn and T. G. Fraser. London, 1996
Wallach, J., *Desert Queen: The Extraordinary Life of Gertrude Bell: Adventurer, Adviser to Kings, Ally of Lawrence of Arabia*. New York, 1996
Walworth, A., *Wilson and his Peacemakers: American Diplomacy at the Paris Peace Conference, 1919*. New York, 1986
_____, *Woodrow Wilson*, 2nd edn. Baltimore, Maryland, 1965
Wambaugh, S., *Plebiscites since the World War*, 2 vols. Washington, 1933

Wandycz, P.S., *France and her Eastern Allies, 1919-1925; French-Czechoslovak-Polish Relations from the Paris Peace Conference to Locarno*. Minneapolis, 1962

―――, *The Lands of Partitioned Poland, 1795-1918*. Seattle and London, 1974

―――, *The United States and Poland*. Cambridge, Massachusetts., 1980

―――, 'Dmowski's Policy and the Paris Peace Conference: Success or Failure?', *The Reconstruction of Poland, 1914-23*, ed. P. Latawski. London and Basingstoke, 1992

Watson, D., *Georges Clemenceau: A Political Biography*. New York, 1974

Watt, R.M., *The Kings Depart*. New York, 1968

Webster, C., *The Congress of Vienna, 1814-1815*. London, 1963

Weinberg, G.L., 'The Defeat of Germany in 1918 and the European Balance of Power', *Central European History*, 2/3 (1969)

―――, *The Foreign Policy of Hitler's Germany: Diplomatic Revolution in Europe 1933-36*. Highlands, New Jersey, 1994

Weintraub, S., *A Stillness Heard around the World*. New York and Oxford, 1985

Wemyss, W., *The Life and Letters of Lord Wester Wemyss*. London, 1935

West, R., *Black Lamb and Grey Falcon: A Journey through Yugoslavia*. New York, 1941

Wheeler-Bennett, J., *Brest-Litovsk*. London, 1963

―――, *The Nemesis of Power: The German Army in Politics, 1918-1945*. London, 1956

White, W., *Dateline: Toronto. The Complete Toronto Star Dispatches, 1920-1924*. New York, 1985

White, W.A., *The Autobiography of William Allen White*. New York, 1946

Widenor, W.C., *Henry Cabot Lodge and the Search for an American Foreign Policy*. Berkeley, 1980

Willert, A., *The Road to Safety: A Study in Anglo-American Relations*. New York, 1953

Williams, W., *The Tiger of France: Conversations with Clemenceau*. New York, 1949

Wilson, J., *Lawrence of Arabia: The Authorised Biography of T.E. Lawrence*. London, 1989

Wilson, W., *The Papers of Woodrow Wilson*, ed. A. S. Link, 69 vols. Princeton, New Jersey, 1966–

Windisch-Grätz, L., *My Adventures and Misadventures*, ed. and trans. C. Kessler. London, 1965

Winstone, H.V.E., *Gertrude Bell*. London, 1980

Wolff, R.L., *The Balkans in our Time*. New York, 1967

Woodhouse, J., *Gabriele D'Annunzio: Defiant Archangel*. Oxford, 1998

Wormser, G.M., *Clemenceau vu de près*. Paris, 1979

Yapp, M., *The Making of the Modern Near East, 1792-1923*. London and New York, 1987

―――, *The Near East since the First World War*. London and New York, 1991

Yearwood, P., '"On the Safe and Right Lines": The Lloyd George Government and the Origins of the League of Nations, 1916-1918', *Historical Journal*, 32/1 (1989)

Yergin, D., *The Prize: The Epic Quest for Oil, Money, and Power*. New York, 1991

Zamir, M., 'Faisal and the Lebanese Question, 1918-20', *Middle Eastern Studies*, 27/3 (1991)

Zamoyski, A., *Paderewski*. London, 1982

Zebel, S.H., *Balfour: A Political Biography*. Cambridge, 1973

Zeine, Z.N., *The Emergence of Arab Nationalism, with a Background Study of Arab-Turkish Relations in the Near East*. Beirut, 1966

Zeman, Z., *The Masaryks: The Making of Czechoslovakia*. London and New York, 1990

Zimmern, A., *The Third British Empire*. London, 1926

Zinner, P.E., 'The Diplomacy of Eduard Benes', *The Diplomats: 1919-1939*, ed. G. A. Craig and F. Gilbert. New York, 1963

Zivojinovic, D.R., *America, Italy and the Birth of Yugoslavia, 1917-1919*. Boulder, 1972

주

들어가며
1 Cambon, vol. 3, p. 292 2 Temperley, *History*, vol. 1, pp. 243-6 3 Webster, p. 15 4 Ribot, p. 255 5 Callwell, vol. 2, p. 197

1장 우드로 윌슨, 유럽에 가다
1 Beers, p. 148 2 Seymour, p. 8; Shotwell, pp. 67-9 3 Willert, p. 166 4 FRUS, vol. 1, pp. 128-37; Walworth, *Woodrow Wilson*, vol. 2, p. 215 5 Link, *Road to the White House*, pp. 2-4; Nordholt, pp. 13, 33 6 Villard, p. 226 7 Library of Congress, Baker Papers, Group 1, notebooks, 8.3.19 8 C.T. Thompson, p. 190 9 F. Palmer, p. 400 10 Beers, pp. 52-3, 100 11 Armstrong, p. 104; Walworth, *Wilson and his Peacemakers*, p. 9; Palmer, p. 363 12 Walworth, *Wilson and his Peacemakers*, p. 9 13 Bailey, p. 87 14 House, *Intimate Papers*, vol. 4, pp. 220-6; Bailey, pp. 92-101 15 Nordholt, p. 195 16 Library of Congress, Baker notebooks, 18.10.18 17 Fried, p. 309 18 PWW, vol. 55, p. 120; vol. 56, p. 128 19 Scott, p. 386 20 Seymour, pp. 9-10 21 Link, *Confusions and Crises*, pp. 11-14 22 National Archives of Canada, Biggar Papers, vol. 2, letter of 20.3.19 23 Yale University Library, Auchincloss Papers, Group 580, series I, diary, 22.12.18 24 Hecksher, pp. 347-53, 498-9 25 Seymour, p. 22 26 Ibid., pp. 23-6; Shotwell, pp. 75-8; Hunter Miller, *Drafting of the Covenant*, vol. 1, pp. 41-4 27 Scott, p. 367; C.T. Thompson, p. 369 28 Seymour, p. 24 29 Link, *The New Freedom*, pp. 324-7; FRUS, vol. 2, p. 461 30 FRUS, vol. 2, pp. 461-2 31 Link, *The New Freedom*, p. 375 32 Ibid., p. 386 33 Ibid., p. 398 34 British Museum, Balfour Papers, 49734/186-192 35 Link, *The New Freedom*, p. 67 36 Hunter Miller, *Drafting of the Covenant*, vol. 1, p. 46 37 Zivojinovic, p. 44 38 Hunter Miller, *Drafting of the Covenant*, vol. 1, p. 46 39 Seymour, p. 25 40 Roosevelt, p. 97 41 Fried, pp. 309, 318, 332 42 Sharp, 'The Genie', *passim* 43 Bonsal, *Suitors and Suppliants*, p. 275 44 PWW, vol. 55, p. 463; Hunter Miller, *Drafting of the Covenant*, vol. 1, p. 294 45 Lansing, *Peace Negotiations*, pp. 97-8 46 Temperley, *History*, vol. 1, p. 439 47 Sharp, 'The Genie', p. 10 48 Wambaugh, vol. 1, pp. 3-5, 13-14, 17; Davies, *White Eagle, Red Star*, p. 35 49 FRUS, vol. 12, p. 515 50 Temperley, *History*, vol. 4, p. 429 51 Spector, p. 243 52 Seymour, p. 25 53 Link, *Wilson the Diplomatist*, pp. 14-15 54 Ibid., pp. 96-7 55 Yale University Library, Auchincloss diary, 5.11.18 56 FRUS, vol. 1, pp. 296, 407 57 Hunter Miller, *Drafting of the Covenant*,

vol. 1, p. 43; Seymour, p. 23 **58** D. Lloyd George, *Truth about the Peace Treaties*, vol. 1, pp. 223-4 **59** Zeine, p. 85, n. 11; H. Nicolson, *Peacemaking*, pp. 35-42 **60** Nordholt, pp. 285-6; Bailey, pp. 27-8; PWW, vol. 54, p. 432; R.W. Curry, pp. 210-11 **61** Schwabe, *Wilson, Revolutionary Germany, and Peacemaking*, pp. 180-1 **62** PWW, vol. 53, pp. 378-9, 397; Seymour, pp. 38-9; Shotwell, pp. 81-4 **63** Shotwell, pp. 85-8; PWW, vol. 53, pp. 382-4

2장 첫인상

1 Library of Congress, Baker notebooks, 23.12.18 **2** George and George, pp. 76-9 **3** Link, *New Freedom*, p. 95 **4** Library of Congress, Baker notebooks, 16.12.18 **5** Esposito, pp. 741-56; George and George, p. 231 **6** Link, *New Freedom*, pp. 93-4 **7** Ibid., George and George, pp. 92-3 **8** House, *Intimate Papers*, vol. 4, p. 88 **9** Yale University Library, House Papers, series II, c, diary **10** Mordacq, *Le ministère Clemenceau*, vol. 1, pp. 93-5 **11** Riddell, *Intimate Diary* , p. 78 **12** D. Lloyd George, *Truth about the Peace Treaties*, vol. 1, pp. 245-6 **13** Yale University Library, House diary, 1.4.19 **14** Library of Congress, Baker notebooks, 3.4.19 **15** 다음을 보라. D. Lloyd George, *War Memoirs*, vol. 6, chapter 85; D. Stevenson, *First World War*, pp. 225-35; Rudin, pp. 271-83 **16** Floto, p. 78 **17** FRUS, vol. 1, p. 333 **18** House, *Intimate Papers*, vol. 4, pp. 252-3 **19** Walworth, *Woodrow Wilson*, vol. 2, p. 217 **20** Tillman, p. 66 **21** D. Lloyd George, *Truth about the Peace Treaties*, vol. 1, pp. 181-2 **22** PWW, vol. 53, p. 520 **23** D. Lloyd George, *Truth about the Peace Treaties*, vol. 1, pp. 185-201 **24** Ibid., pp. 193-4 **25** Ibid., pp. 149-50 **26** PWW, vol. 53, pp. 707-8; vol. 54, p. 175 **27** FRUS, vol. 1, pp. 386-96; House, *Intimate Papers*, vol. 4, p. 243, n. 1 **28** PWW, vol. 54, p. 235 **29** Ministère de la Défense, Clemenceau Papers, 6N72, Conférence de la Paix, memorandum of 18.12.18 **30** C.T. Thompson, pp. 56-8; Shotwell, p. 100, n. 2 **31** Bonsal, *Suitors and Suppliants*, p. 132; Bonsal, *Unfinished Business*, p. 68 **32** F. Stevenson, p. 192; Riddell, *Intimate Diary*, p. 41 **33** Watson, pp. 401-7 **34** D. Stevenson, 'France at the Peace Conference', p. 13 **35** *Times*, 21.12.18 **36** Seymour, p. 42 **37** Shotwell, p. 88 **38** FRUS, vol. 11, p. 498 **39** H. Nicolson, *Peacemaking*, p. 225 **40** Toynbee, pp. 200-02 **41** House, *Intimate Papers*, vol. 4, pp. 269-71; Yale University Library, Auchincloss diary, 18.12.18

3장 파리

1 National Archives of Cananda, Biggar Papers, letter of 14.1.19 **2** Shotwell, pp. 112, 115 **3** House, *Intimate Papers*, vol. 4, pp. 218-9 **4** FRUS, vol. 1, pp. 119-23; Ministère de la Défense, Clemenceau Papers, 6N72, Conférence de la Paix, Pichon to Jusserand, 7.11.18 **5** D. Lloyd George, *Truth about the Peace Treaties*, vol. 1, pp. 147-8 **6** Yale University

Library, Wiseman Papers, series I, 7/178, Peace Conference diary, 19.1.19 **7** Williams, p. 246 **8** Watson, p. 220 **9** Kleine-Ahlbrandt, p. 39 **10** Aldcroft, *Versailles to Wall Street*, pp. 13-19 **11** Nevakivi, p. 109 **12** Laroche, pp. 58-60; Keylor, 'Versailles and International Diplomacy', p. 483, n. 41 **13** Guiral, p. 309 **14** Mordacq, *Le ministère Clemenceau*, vol. 3, p. 118; Riddell, *Intimate Diary*, p. 20 **15** Yale University Library, House diary, 28.4.19 **16** Orlando, p. 369 **17** F. Stevenson, p. 286 **18** Williams, p. 28 **19** Ibid., pp. 16, 280 **20** Ibid., pp. 281-2 **21** Ibid., p. 278 **22** Watson, p. 136 **23** F. Stevenson, p. 212 **24** D. Lloyd George, *War Memoirs*, vol. 5, p. 2675 **25** Williams, p. 249 **26** Ibid., pp. 254-5 **27** D. Lloyd George, *War Memoirs*, vol. 5, p. 2681 **28** Williams, p. 165 **29** Mordacq, *Le ministère Clemenceau*, vol. 2, p. 343 **30** Williams, pp. 72-4 **31** Mordacq, *Le ministère Clemenceau*, vol. 3, p. 5 **32** Trachtenberg, *Reparation in World Politics*, p. 30 **33** Mordacq, *Le ministère Clemenceau*, vol. 3, p. 206 **34** P. Mantoux, vol. 2, p. 274;Watson, pp. 338-9; Ministère des Affaires Etrangères, Série à Paix, 60 (Conditions de la Paix), notes préliminaires sur la réorganisation de l'Allemagne, 27.10.17 **35** Churchill College, Hankey Papers, 4/11, Hankey to Esher, 10.2.19 **36** Headlam-Morley, p. 102 **37** Library of Congress, Beer Collection, diary, 1.3.19 **38** Yale University Library, House diary, 24.1.19 **39** Riddell, *Intimate Diary*, p. 20 **40** Mordacq, *Le ministère Clemenceau*, vol. 3, p. 106 **41** Watson, pp. 278-9, 341; Williams, pp. 203-4; PWW, vol. 57, p. 513 **42** F. Lloyd George, p. 155 **43** Hardinge, p. 242 **44** F. Stevenson, p. 192 **45** Nitti, p. 95 **46** Repington, p. 389 **47** Williams, p. 286 **48** Keiger, pp. 92, 98, 210 **49** Adamthwaite, p. 8; Hughes, *Policies and Potentates*, pp. 223-7 **50** Keiger, p. 223 **51** Ibid., pp. 256-9 **52** Ibid., pp. 234-6 **53** Ibid., pp. 246-7; 251-2 **54** Ibid., p. 255 **55** Mordacq, *Le ministère Clemenceau*, vol. 3, p. 191 **56** Duroselle, p. 723 **57** Ibid., pp. 721-8; 725

4장 로이드조지와 영제국 대표단

1 Watson, p. 226 **2** D. Lloyd George, *War Memoirs*, vol. 5, pp. 2678-9, 2686 **3** Mordacq, *Clemenceau au soir de sa vie*, vol. 1, pp. 256-7 **4** Rowland, p. 419 **5** Cecil, *Great Experiment*, p. 67 **6** Grigg, *Young Lloyd George*, pp. 100-02 **7** Grigg, *From Peace to War*, p. 225 **8** Churchill, *Aftermath*, pp. 4-5 **9** Grigg, *Young Lloyd George*, p. 210-2 **10** Harrod, p. 257 **11** Grigg, *Young Lloyd George*, p. 67 **12** Ibid., pp. 33-6 **13** Grigg, *The People's Champion*, p. 338; Harrod, p. 240 **14** Grigg, *The People's Champion*, p. 77 **15** Ibid., p. 358 **16** Ibid., p. 125, n. 3 **17** Ministère des Affaires Etrangères, Europe, 1918-1929, EU18-40, Grande Bretagne, vol. 7, Les comptes-courants, 1.3.23 **18** PWW, vol. 58, p. 103 **19** Grigg, *The People's Champion*, pp. 327-30 **20** Grigg, *From Peace to War*, p. 212 **21** Ibid., p. 478 **22** Dugdale, pp. 132-3 **23** Rowland, p. 418 **24** Beaverbrook, p. 303 **25** Dugdale, p. 131; Grigg, *From Peace to War*, p. 477 **26** Dockrill and Steiner, pp. 55-

86 **27** Dugdale, p. 199 **28** Fry, vol. 1, p. 255 **29** Amery, vol. 1, p. 240; Vansittart, p. 248 **30** Fry,pp. 246-8; Grigg, *From Peace to War*, p. 420 **31** Dockrill and Steiner, p. 77 **32** Riddell, *Intimate Diary*, p. 42 **33** Grigg, *Young Lloyd George*, pp. 212, 285, 296-7 **34** D. Lloyd George, *War Memoirs*, vol. 4, pp. 1731-2 **35** Cook, p. 385 **36** MacMillan, pp. 67-9, 72-3 **37** Fitzhardinge, *The Little Digger*, vol. 2, pp. 91-4, 300; D. Lloyd George,*War Memoirs*, vol. 4, p. 1744 **38** Roskill, vol. 2. p. 29; **39** Fitzhardinge, *Little Digger*, vol. 2, p. 354; House of Lords Record Office, Lloyd George Papers, F/28/2/9 **40** Roskill, vol. 2, p. 30 **41** R.C. Brown, vol. 2, p. 152 **42** Roskill, pp. 29-30 **43** FRUS, vol. 1, pp. 482-6, 531-3; Public Record Office, CAB29/28, British empire delegation minutes, 1 (13.1.19) **44** Zimmern, p. 30 **45** Hunter Miller, *Drafting of the Covenant*, vol. 1, 490; House of Lords Record Office, Lloyd George Papers, F/5/5, Botha to Lloyd George, 15.5.19 **46** Nicolson, *Peacemaking*, p. 240 **47** Ministère des Affaires Etrangères, Série à Paix, 1914-1920, vol. 287, travaux préparatoires de la conférence, Paul Cambon to Pichon 6.11.18 **48** 예를 들어 다음을 보라. Yale University Library, House diary, entries for 28.10.18 and 6.2.19 **49** Garran, p. 257; Steed, vol. 2, p. 265; H. Nicolson, *Peacemaking*, pp. 44-5 **50** National Archives of Canada, Biggar Papers, letter of 9.2.19 **51** Shotwell, p. 170 **52** National Archives of Canada, Christie Papers, vol. 4, file 9; H. Nicolson, *Peacemaking*, p. 45; Toynbee, p. 205 **53** E. Howard, p. 288 **54** National Archives of Canada, Christie Papers, vol. 7, file 20 **55** Borden, vol. 2, p. 844 **56** D. Lloyd George,*War Memoirs*, vol. 4, p. 1754; House of Lords Record Office, Lloyd George Papers, F/5/2/28, Borden to Lloyd George, 23.11.18 **57** Louis, *Great Britain and Germany's Lost Colonies*, pp. 82-3 **58** Fitzhardinge, *Little Digger*, vol. 2, pp. 74-5 **59** Bonsal, *Suitors and Suppliants*, p. 229 **60** Ibid., p. 113 **61** National Archives of Canada, Biggar Papers, vol. 2, letter to Mrs Biggar, 7.3.19

5장 최고평의회

1 H. Nicolson, *Peacemaking*, pp. 253-4; Shotwell, pp. 175-7; Seymour, pp. 154-5; House and Seymour, p. 181; Riddell et al., *The Treaty of Versailles*, p. 15; PWW, vol. 54, p. 5 **2** House, *Intimate Papers*, vol. 4, p. 469 **3** Churchill, *Aftermath*, pp. 13-14 **4** Gelfand, pp. 227-8, 259 **5** National Archives of Canada, Borden Papers, vol. 431, file 53 **6** H. Nicolson, *Peacemaking*, p. 26 **7** FRUS, vol. 3, pp. 535-7; Tardieu, pp. 88-91 **8** Hankey, pp. 29-31 **9** FRUS, vol. 3, pp. 553-6 **10** Ibid., pp. 492, 537 **11** Ibid., pp. 600, 618 **12** Ibid., pp. 607 **13** Aldrovandi Marescotti, *Nuovi ricordi*, p. 102 **14** FRUS, vol. 3, pp. 614, 620-2 **15** White, *Autobiography*, p. 555 **16** FRUS, vol. 3, pp. 612-13 **17** Mordacq, *Le ministère Clemenceau*, vol. 3, p. 106 **18** FRUS, vol. 3, pp. 609-11 **19** Villard, pp. 387-8 **20** FRUS, vol. 3, pp. 546-7 **21** Ibid., p. 551 **22** D. Lloyd George, *Truth about the Peace*

Treaties, vol. 1, p. 91 **23** Mazower, 'Minorities', p. 50 **24** Library of Congress, Bliss Papers, box 244, letter of 26.2.19 **25** R.W. Curry, p. 211 **26** National Archives of Canada, Borden Papers, 444/158 **27** FRUS, vol. 3, pp. 1022-3; Shotwell, p. 179 **28** Shotwell, pp. 144-5; Seymour, p. 128 **29** Hoover, p. 88; Mitchell, pp. 92-6; FRUS, vol. 2, p. 635; vol. 3, p. 513 **30** FRUS, vol. 3, p. 516 **31** Hoover, pp. 91-9; FRUS, vol. 2, pp. 658-61 **32** Ministère des Affaires Etrangères, Tardieu Papers, 166/195, 'Conférence interallié de Londres, 2 et 3 décembre 1918'; Trachtenberg, *Reparation in World Politics*, pp. 23-4 **33** Hoover, pp. xv-xx **34** D. Lloyd George, *Truth about the Peace Treaties*, vol. 1, pp. 305-6 **35** FRUS, vol. 2, pp. 713-4 **36** Temperley, *History*, vol. 1, pp. 304-8; Hoover, pp. 99-114 **37** Aldcroft, 'Versailles Legacy', pp. 8-14; Silverman, chapters 7 and 8

6장 러시아

1 Mordacq, *Le ministère Clemenceau*, vol. 3, p. 88 **2** FRUS, vol. 3, pp. 159-64 **3** H. Nicolson, *Peacemaking*, p. 243 **4** D. Lloyd George, *Truth about the Peace Treaties*, vol. 1, pp. 326-7 **5** Ullman, vol. 2, p. 111, n. 22; pp. 174-5 **6** Watson, pp. 315, 372 **7** Headlam-Morley, pp. 7-8 **8** Baker, *Woodrow Wilson and World Settlement*, vol. 2, p. 64 **9** National Archives of Canada, C1864, Borden diary, 13.2.19 **10** P. Mantoux, vol. 1, p. 46 **11** Klein, *passim* **12** National Archives of Canada, Biggar Papers, vol. 2, letters of 20.1.19; 4.4.19; 5.2.19 **13** J.M. Thompson, pp. 175-6 **14** Ullman, vol. 2, pp. 141-2 **15** Gilbert, *Churchill*, vol. 4, pp. 227, 277-9, 355-6, 375; D. Lloyd George, *Truth about the Peace Treaties*, vol. 1, pp. 325 **16** Ullman, vol. 1, pp. 68-70 **17** FRUS, vol. 3, p. 583 **18** PWW, vol. 56, p. 247 **19** D. Lloyd George, *Truth about the Peace Treaties*, vol. 1, pp. 330-1 **20** Davies, *White Eagle, Red Star*, p. 90 **21** Duroselle, p. 809 **22** FRUS, vol. 3, pp. 591-2 **23** Shotwell, p. 77 **24** Ashmead-Bartlett, p. 201 **25** D. Lloyd George, *Truth about the Peace Treaties*, vol. 1, p. 321 **26** FRUS, vol. 3, p. 491 **27** Watson, pp. 48-55 **28** House of Lords Record Office, Lloyd George Papers, F3/4/5, Balfour to Lloyd George, 18.1.19 **29** D. Lloyd George, *Truth about the Peace Treaties*, vol. 1, p. 369; Bonsal, *Suitors and Suppliants*, p. 20 **30** FRUS, vol. 3, pp. 581-4 **31** Yale University Library, Wiseman diary, 19.1.19 **32** Public Record Office, Cabinet Papers, CAB 29/28, British empire delegation minutes, 2 (20.1.19) **33** Churchill, *Aftermath*, pp. 243-4 **34** Gilbert, *Churchill*, vol. 4, p. 231 **35** Mamatey, p. 297 **36** J.M. Thompson, pp. 5-6, 46-50 **37** Knock, pp. 156-7 **38** Noble, p. 270 **39** Ullman, vol. 2, chapter 1 **40** Gilbert, *Churchill*, vol. 4, pp. 226-7 **41** Ibid., 230-3 **42** Public Record Office, Cabinet Papers, CAB 29/28, British empire delegation minutes, 8 (17.2.19) **43** Azan, p. 239 **44** Kenez, pp. 180-191; Pipes, pp. 74-5 **45** FRUS, vol. 3, pp. 471-3; vol. 4, pp. 122-3, 379-382; F. Palmer, p. 378 **46** Hovi, pp. 216-7 and *passim* **47** FRUS, vol. 4, p. 121; Gilbert, *Churchill*, vol. 4,

p. 254; Public Record Office, Cabinet Papers, CAB 29/28, British empire delegation minutes, 8 (17.2.19) **48** Ministère de la Défense, Clemenceau Papers, 6N72, notes of a conversation at 10 Downing Street, London, 11.12.19 **49** Churchill College, Churchill Papers, Charwell Group, Char 16/20, Lloyd George to Churchill, 16.2.19 **50** Churchill, *Aftermath*, pp. 266-7 **51** Scottish Record Office, Lothian Papers, 771, 19.2.19, Lloyd George to Kerr, 19.2.19 **52** Figes, p. 575; Ullman, vol. 2, pp. 212-14 **53** Gilbert, *Churchill*, vol. 4, pp. 264, 286 **54** House of Lords Record Office, Lloyd George Papers, F/89/2/20, Lloyd George to Kerr, 16.2.19 **55** FRUS vol. 3, pp. 647-53 **56** Riddell, *Intimate Diary*, p. 13 **57** C.T. Thompson, p. 133 **58** Debo, p. 18 **59** Fischer, pp. 101-3 **60** J.M. Thompson, pp. 90-1 **61** FRUS, vol. 3, pp. 643-6 **62** National Archives of Canada, Borden diary, 23.1.19 **63** J.M. Thompson, pp. 115-6 **64** Ibid., pp. 119-22; E. Howard, p. 300 **65** J.M. Thompson, pp. 110-11, 122; Yale University Library, Wiseman diary, 19.1.19 **66** Poincaré, p. 131 **67** Scottish Record Office, Lothian Papers, 1216, Kerr to Lloyd George, 11.2.19 **68** D. Lloyd George, *Truth about the Peace Treaties*, vol. 1, p. 368 **69** Gilbert, *Churchill*, vol. 4, pp. 239-43; Churchill, *Aftermath*, p. 173; FRUS, vol. 3, pp. 1041-4 **70** Public Record Office, Cabinet Papers, CAB 29/28, British empire delegation minutes, 8 (17.2.19); FRUS, vol. 4, pp. 10-21, 28; Yale University Library, House diary, 17.2.19; Callwell, vol. 2, p. 170 **71** Riddell, *Intimate Diary*, p. 21 **72** Churchill, *Aftermath*, pp. 176-7; Churchill College, Churchill Papers, Char 16/20, Lloyd George to Churchill, 16.2.19 **73** Callwell, vol. 2, p. 170; J.M. Thompson, pp. 141-3 **74** Tillman, p. 141 **75** J.M. Thompson, pp. 149-52 **76** Brownell and Billings, pp. 18-21, 29-33 **77** Farnsworth, pp. 30-3 **78** Steffens, p. 791 **79** Farnsworth, pp. 35-9; J.M. Thompson, pp. 152-8 **80** Farnsworth, p. 40; Steffens, pp. 797-8 **81** Steed, vol. 2, p. 302-6 **82** Ullman, vol. 2, pp. 153-7 **83** Brownell and Billings, pp. 93-8; Farnsworth, pp. 62-3 **84** Hoover, pp. 118-9, 247-9 **85** Ibid., pp. 120-2 **86** Huntford, pp. 488-9; J.M. Thompson, pp. 263-7 **87** Pipes, pp. 9-14 **88** Churchill, *Aftermath*, p. 186 **89** P. Mantoux, vol. 2, pp. 193-5, 333-4

7장 국제연맹

1 Yale University Library, Auchincloss diary, 28.1.19, 29.1.19 **2** Henig, pp. 164-6 **3** Kissinger, p. 161; M. Howard, chapters 1-3 **4** H. Nicolson, *Peacemaking*, pp. 31-2 **5** House of Lords Record Office, Lloyd George Papers, F/117/1/3, Imperial War Cabinet, 1918, minutes of meetings, 46 (24 December 1918); Egerton, 'The Lloyd George Government', p. 431 **6** Cecil, *All the Way* , pp. 153-6 **7** Noble, pp. 99-104 **8** PWW, vol. 54, p. 235 **9** Cecil, *Great Experiment*, p. 59 **10** Temperley, vol. 1, p. 447 **11** Willert, pp. 152-3 **12** Hunter Miller, *Drafting of the Covenant*, vol. 1, p. 122 **13** Egerton, *Great*

Britain and the Creation of the League of Nations, pp. 65–9 **14** Willert, pp. 152–3 **15** National Archives of Canada, Biggar Papers, letter of 30.3.19 **16** Jones, vol. 1, p. 28 **17** Hancock, pp. 1–51 **18** Hancock and van der Poel, vol. 4, pp. 10–16 **19** Clemenceau, p. 141 **20** Public Record Office, CAB 29/12, memorandum of 3.12.18 **21** Hunter Miller, *Drafting of the Covenant*, vol. 2, pp. 23–60 **22** Hancock and van der Poel, vol. 4, p. 34 **23** Hunter Miller, *Drafting of the Covenant*, vol. 1, pp. 34–6 **24** Hancock and van der Poel, vol. 4, pp. 41–2 **25** PWW, vol. 55, p. 266; Tillman, p. 73 **26** Clemenceau, p. 138 **27** Cecil, *Great Experiment*, pp. 11–16; Cecil, *All the Way*, pp. 13–18 **28** Cecil, *Great Experiment*, p. 63; Raffo, p. 166 **29** PWW, vol. 54, p. 152 **30** FRUS, vol. 3, pp. 176–201 **31** PWW, vol. 54, p. 152 **32** Hunter Miller, *Drafting of the Covenant*, vol. 1, pp. 120–1, 124–6; Temperley, vol. 6, pp. 434–5 **33** PWW, vol. 54, p. 514 **34** Yale University Library, House diary, 4.2.19 **35** Baker, *Woodrow Wilson and World Settlement*, vol. 1, 242–3 **36** House and Seymour, p. 403 **37** Cecil, *Great Experiment*, pp. 64–5 **38** Ministère de la Défense, Clemenceau Papers, 6N72, Conférence de la Paix, memorandum of 18.12.1918 **39** Yale University Library, House diary, 28.4.19 **40** Bonsal, *Unfinished Business*, p. 30 **41** PWW, vol. 54, p. 489 **42** Mordacq, *Le ministère Clemenceau*, vol. 3, pp. 256–7; Poincaré, p. 283 **43** Willert, p. 152 **44** Egerton, *Great Britain and the Creation of the League of Nations*, pp. 134–5 **45** Hunter Miller, *Drafting of the Covenant*, vol. 1, pp. 209–10, 216–17 **46** Lansing, *Peace Negotiations*, p. 49; Widenor, pp. 306–7; Steed, vol. 2, p. 282; Cecil, *Great Experiment*, p. 78; Egerton, *Great Britain and the Creation of the League of Nations*, p. 142; Egerton, 'The Lloyd George Government', pp. 432–3; Callwell, vol. 1, pp. 184, 213 **47** D. Lloyd George, *Truth about the Peace Treaties*, vol. 1, pp. 195–6 **48** House of Lord Record Office, Lloyd George Papers, F5/5/28, Borden to Lloyd George, 23.11.18 **49** Brown, vol. 2, pp. 155–6; Department of External Affairs, Ottawa, vol. 2, pp. 58–63 **50** C.T. Thompson, pp. 187–8; Steed, vol. 2, p. 282 **51** Hunter Miller, *Drafting of the Covenant*, vol. 1, pp. 209–10 **52** Ibid., pp. 216–7 **53** Ibid., vol. 2, pp. 344–6 **54** PWW, vol. 56, pp. 164–5 **55** Poincaré, p. 150 **56** PWW, vol. 55, p. 120 **57** Cecil, *Great Experiment*, p. 72 **58** FRUS, vol. 3, p. 1002 **59** Hunter Miller, *Drafting of the Covenant*, vol. 1, pp. 279–80 **60** Public Record Office, Cabinet Papers, CAB 29/28, British empire delegation minutes, 17 (3.4.19. p.m.); House, *Intimate Papers*, vol. 4, p. 285; Mayer, pp. 378–80 **61** D. Lloyd George, *Truth about the Peace Treaties*, vol. 1, p. 656 **62** FRUS, vol. 3, pp. 210–15 **63** PWW, vol. 55, pp. 160 **64** Public Record Office, Cabinet Papers, CAB 29/28, British empire delegation minutes, 27 (21.4.19); Tillman, pp. 280–3 **65** Tillman, pp. 287–94; Hunter Miller, *Drafting of the Covenant*, vol. 1, pp. 337–8 **66** Public Record Office, Cabinet Papers, CAB 29/28, British empire delegation minutes, 27 (21.4.19) **67** Hunter Miller, *Drafting of the Covenant*, vol. 1, pp.

442-50; Walworth, *Woodrow Wilson*, vol. 2, pp. 302-3 **68** FRUS, vol. 3, pp. 285-319; Hunter Miller, *Drafting of the Covenant*, vol. 1, pp. 497 **69** Cecil, *All the Way*, p. 152 **70** Tillman, p. 133

8장 위임통치

1 Scottish Record Office, GD 40, Lothian Papers, 883/2, notes by Headlam-Morley, 2.4.19 **2** Temperley, vol. 3, p. 221 **3** Louis, *Great Britain and Germany's Lost Colonies*, pp. 7-9 **4** D. Lloyd George, *Truth about the Peace Treaties*, vol. 1, pp. 622-5; Louis, *Great Britain and Germany's Lost Colonies*, p. 119 **5** Public Record Office, Cabinet Papers, CAB 29/28, British empire delegation minutes, 5 (28.1.19) **6** C.T. Thompson, p. 160 **7** Poincaré, p. 104 **8** Mordacq, *Le ministère Clemenceau*, vol. 3, p. 192 **9** FRUS, vol. 3, pp. 803-4; Hunter Miller, *Drafting of the Covenant*, vol. 1, pp. 115-16, 501-3; Hankey, pp. 143-4; Marston, pp. 185-6 **10** Farwell, pp. 73-5; Bodleian Library, Milner Papers, dep. 380/2/8-10 and 380/3/11 **11** FRUS, vol. 3, pp. 722-3, 740-5 **12** Walworth, *Wilson and his Peacemakers*, p. 71 **13** FRUS, vol. 3, pp. 720-2 **14** W.J. Hudson, p. 17; Rowley, pp. 276-9 **15** W.J. Hudson, p. 78 **16** Hiery, pp. 157-9 **17** Ibid., pp. 177, 206 **18** C.T. Thompson, pp. 159-61 **19** National Library of Australia, Eggleston Papers, 423/6/58-92, private Peace Conference diary, 29.1.19 **20** FRUS, vol. 3, pp. 759-63 **21** Ibid., p. 768 **22** Ibid., pp. 743, 765-6 **23** PWW, vol. 54, p. 308 **24** House, *Intimate Papers*, vol. 4, p. 297 **25** FRUS, vol. 3, p. 771 **26** Roskill, p. 53; Public Record Office, Cabinet Papers, CAB 29/28, British empire delegation minutes, 4 (27.1.19); D. Lloyd George, *Truth about the Peace Treaties*, vol. 1, p. 538; Yale University Library, House diary, 27.1.19 **27** Yale University Library, House diary, 29.1.19; Hunter Miller, *Drafting of the Covenant*, vol. 1, p. 109 **28** Garran, p. 265 **29** Borden, p. 908 **30** Sharp, *Versailles Settlement*, p. 162 **31** Borden, p. 906 **32** Riddell, *Intimate Diary*, pp. 16-18; Fitzhardinge, 'Hughes and the Treaty of Versailles', pp. 136-7 **33** House, *Intimate Papers*, vol. 4, p. 299 **34** D. Lloyd George, *Truth about the Peace Treaties*, vol. 1, p. 542; National Archives of Canada, Borden diary, 30.1.19; Bonsal, *Unfinished Business*, p. 37 **35** National Library of Australia, Eggleston Papers, 423/6/8-31, 'The Paris Peace Conference' **36** D. Lloyd George, *Truth about the Peace Treaties*, vol. 1, pp. 542-6; FRUS, vol. 3, pp. 797-802 **37** Mordacq, *Le ministère Clemenceau*, vol. 3, pp. 106-7 **38** Lewis, pp. 574-6, 577-8 **39** National Archives of Australia, Borden Papers, vol. 431, file 5; House of Lords Record Office, Lloyd George Papers, F 28/3/34, Hughes to Milner, 3.5.19; F 28/3/35 and F 28/3/37, Hughes to Lloyd George, 9.5.19; F36/4/10, Allen to Massey, 15.5.19; F36/4/15, Massey to Milner, 15.5.19 **40** *Guardian Weekly*, 4.7.93; 11.7.93; 4.11.99 **41** Bodleian Library, Milner Papers, 390, Costa to Clemenceau, 4.5.19

42 Louis, *Great Britain and Germany's Lost Colonies*, pp. 151-2 43 FRUS, vol. 5, p. 420 44 Marks, *Innocent Abroad*, pp. 46-7 45 Louis, *Great Britain and Germany's Lost Colonies*, pp. 64-6 46 Marks, *Innocent Abroad*, p. 320

9장 유고슬라비아

1 PWW, vol. 54, p. 149 2 Bonsal, *Suitors and Suppliants*, p. 247 3 Mitrovic, pp. 207-8 4 Dragnich, *Serbia, Pasic and Yugoslavia*, p. 226 5 Sforza, *Fifty Years*, pp. 113, 146-7 6 D. Lloyd George, *Truth about the Peace Treaties*, vol. 2, p. 802 7 Banac, pp. 158-9 8 Scottish Record Office, Lothian Papers, 925, notes of an interview between Lloyd George and Pas˜ic', 15 October 1918 9 Banac, p. 59 10 Armstrong, p. 261 11 Sforza, *Fifty Years*, pp. 8-9 12 Durham, p. 95 13 Block, p. 51 14 Durham, pp. 209, 232-3 15 Lederer, p. 92 16 Armstrong, p. 364; West, p. 366 17 Lederer, p. 86 18 C.A. Macartney, *Hungary and her Successors*, p. 365 19 Sforza, *Fifty Years*, p. 157 20 Tanner, p. 125 21 Albrecht-Carrié, *Italy at the Paris Peace Conference*, pp. 30-1 22 Tanner, p. 115; Steed, vol. 2, pp. 165-6 23 House of Lords Record Office, Lloyd George Papers, 56/2/18. Rennell Rodd to Arthur Balfour, 11 November 1918 24 Tanner, p. 116 25 Dragnich, 'Serbian Government', pp. 43-4 26 Steed, vol. 2, pp. 235-9 27 Seton-Watson and Seton-Watson, pp. 313, 319 28 Temperley, vol. 4, pp. 202-3 29 Tanner, pp. 119-20 30 FRUS, vol. 12, p. 475 31 Ibid., pp. 487-8 32 B. Jelavich, vol. 2, pp. 150-2 33 Lederer, p. 113 34 Bonsal, *Suitors and Suppliants*, p. 88 35 FRUS, vol. 3, pp. 488, 503 36 Shotwell, p. 136 37 Cruttwell, p. 235 38 West, p. 1051 39 Durham, p. 118 40 Banac, p. 276 41 Department of State, Lansing Papers, vol. 2, p. 123 42 Calder, p. 232, n. 63 43 British Museum, Balfour Papers, Add. MS 49744, diary of Lord Derby, 16 November 1918, p. 161 44 Lederer, chapters 4 and 5 *passim* 45 Ibid., p. 165 46 FRUS, vol. 4, pp. 45-53 47 Seton-Watson and Seton-Watson, p. 150 48 House and Seymour, p. 142 49 Dockrill and Goold, pp. 89-92 50 House, *Intimate Papers*, vol. 3, p. 333

10장 루마니아

1 FRUS, vol. 1, pp. 265-6 2 H. Nicolson, *Peacemaking*, p. 227 3 FRUS, vol. 3, pp. 813-5 4 Callimachi, p. 266 5 H. Nicolson, *Peacemaking*, p. 248 6 Spector, pp. 18-9 7 Walworth, *Wilson and his Peacemakers*, p. 102, n. 90 8 H. Nicolson, *Peacemaking*, p. 254 9 FRUS, vol. 3, pp. 818-34 10 Ibid., p. 854 11 Ibid., p. 827 12 Ibid., pp. 850-1 13 Wolff, p. 36 14 Dillon, pp. 215, 237 15 Callimachi, pp. 56-8 16 Gregory, pp. 52-3, 122 17 Cruttwell, p. 293; Callimachi, p. 49 18 Seymour, pp. 97-8 19 Lederer, p. 100 20 Spector, p. 230 21 Anderson, p. 332, n. 2 22 Rattigan, p. 192 23 Cruttwell, p. 295 24 Spector, pp. 44, nn. 96, 97 25 FRUS, vol. 2, p. 844 26 Lederer, p. 142 27 Spector, p. 89

28 FRUS, vol. 3, pp. 851-4 29 Dockrill and Goold, p. 93 30 H. Nicolson, *Peacemaking*, p. 269 31 Marston, p. 117 32 Macartney, *Hungary and her Successors*, pp. 380-90, 393-4 33 Seymour, p. 241 34 Ibid., p. 158 35 Tihany, pp. 297-320 36 Seymour, pp. 173, 268; Spector, p. 125 37 Yale University Library, House Papers, 2/570 26,4,19, minutes of a conversation with Bratianu; Bonsal, *Suitors and Suppliants*, pp. 169-71; Spector, p. 72 38 Pakula, p. 274 39 Callimachi, p. 98 40 Wolff, p. 127 41 Pakula, p. 276 42 British Museum, Balfour Papers, Add. MS 49744, correspondence, 267-8 43 Yale University Library, House diary, 8.3.19 44 British Museum, Balfour Papers, Add. MS 49744, correspondence, 267-8 45 F. Stevenson, p. 171 46 Spector, p. 112, n. 46 47 Pakula, p. 285 48 Walworth, *Wilson and his Peacemakers*, p. 455 49 Pakula, p. 287 50 Macartney, *Hungary and her Successors*, pp. 404, 410-25

11장 불가리아

1 FRUS, vol. 4, pp. 717-8, 749-51 2 Dockrill and Goold, pp. 94-5 3 Wolff, p. 41 4 Roosevelt, p. 382 5 Constant, p. 187 6 Petsalis-Diomidis, p. 160, n. 29; Groueff, p. 59 7 Dockrill and Goold, p. 95 8 Fitzherbert, p. 235 9 Repington, p. 356 10 Groueff, p. 68 11 Ibid., p. 75 12 Ibid., pp. 61, 68, 78 13 Petsalis-Diomidis, p. 87 14 예를 들어 다음을 보라. Ekmecic, p. 20; Lederer, p. 125 15 Petsalis-Diomidis, p. 167 16 FRUS, vol. 2, p. 254 17 Ibid., pp. 246-7 18 Ibid., p. 249 19 Genov, p. 20 20 Temperley, vol. 4, p. 450 21 Genov, p. 33 22 Ibid., p. 31 23 Spector, p. 72; FRUS, vol. 2, pp. 264-6 24 FRUS, vol. 8, p. 84 25 Genov, pp. 25, 49 26 Temperley, vol. 4, pp. 412-5 27 Bowman, pp. 163-4; Groueff, p. 65 28 Petsalis-Diomidis, p. 264 29 Groueff, p. 100; Crampton, pp. 96-8 30 B. Jelavich, vol. 2, p. 255

12장 겨울 휴회

1 PWW, vol. 55, pp. 152-3 2 Ibid., p. 480 3 Shotwell, pp. 108, 153-5, 167; Cecil, *Great Experiment*, p. 69; Seymour, pp. 152-7; H. Nicolson, *Peacemaking*, pp. 104-8, 257 4 Churchill College, Hankey Papers, 4/11, Hankey to Esher, 10.2.19; Scottish Record Office, Lothian Papers, 1240, Kerr to Lloyd George, 3.3.19 5 Yale University Library, House diary, 24.2.19; 25.2. 1919; House of Lords Record Office, Lloyd George Papers, 52/3/11, Derby to Lloyd George, 14.3.19 6 Silverman, pp. 20-39 7 PWW, vol. 54, p. 235; Villard, p. 389; Klotz, p. 105; Hardinge, p. 231; National Archives of Canada, Biggar Papers, letter of 20.3.19; Shotwell, p. 157 8 PWW, vol. 55, pp. 1, 41, 153 9 Ibid., vol. 56, pp. 86-7 10 Shotwell, pp. 136, 187; Seymour, p. 161; E. Howard, p. 301 11 Temperley, vol. 1, pp. 243-4 12 Hugessen, p. 22 13 H. Nicolson, *Peacemaking*, p. 142; A.L. Kennedy, p. 364 14 Glyn, pp. 256-7; Fromkin, *Time of the Americans*, pp. 225-7

15 F. Lloyd George, p. 155 **16** Maxwell, pp. 133, 136 **17** Ibid., p. 136 **18** Seymour, p. 144; Churchill College, Hankey Papers, 3/24 3-29, 18.1.19 **19** Villard, pp. 398-9; Glynn, p. 245 **20** Mee, p. 106; National Archives of Canada, Biggar Papers, letter of 26.1.19 **21** PWW, vol. 57, pp. 502-3 **22** Maxwell, p. 142 **23** Huddleston, pp. 113-4 **24** F. Stevenson, p. 172 **25** Maxwell, pp. 137-8, 162; Villard, p. 454; Mordacq, *Le ministère Clemenceau*, vol. 3, p. 287 **26** Yale University Library, Auchincloss diary, 25.1.19 **27** Hugessen, p. 25 **28** Armstrong, p. 71 **29** F. Lloyd George, p. 149 **30** E. Howard, p. 308; Dillon, p. 31 **31** F. Stevenson, p. 175 **32** Seymour, p. 138 **33** Shotwell, pp. 189-90 **34** White, p. 556 **35** Yale University Library, Auchincloss diary, 21.4.19; Shotwell, pp. 234-9, 270-93, 280; Seymour, pp. 195-200 **36** Lansing, *Peace Negotiations*, p. 107; Bonsal, *Unfinished Business*, p. 42; Beers, p. 149; White, p. 566; PWW, vol. 57, p. 141 **37** Hankey, chapter 9; Seymour, p. 169 **38** H. Nicolson, *Peacemaking*, pp. 175-6 [my translation] **39** Mordacq, *Le ministère Clemenceau*, vol. 3, pp. 133-5; C.T. Thompson, p. 218; F. Stevenson, p. 172 **40** Scottish Record Office, Lothian Papers, 771, Lloyd George to Kerr, 19.2.19 **41** Mee, p. 101; Repington, p. 189; Mordacq, *Le ministère Clemenceau*, vol. 3, pp. 138-43; Poincaré, pp. 167, 177; PWW, vol. 57, p. 332; Steed, vol. 2, p. 325 **42** Jones, vol. 1, p. 76 **43** Rowland, pp. 507-9; Jones, vol. 1, p. 79 **44** Nordholt, pp. 317-21 **45** Walworth, *Wilson and his Peacemakers*, pp. 182-3; Widenor, pp. 283-7 **46** Bonsal, *Unfinished Business*, p. 59; Bonsal, *Suitors and Suppliants*, p. 264; PWW, vol. 55, p. 410; Nordholt, pp. 322-3; Yale University Library, Auchincloss Papers, 002-029, Wilson to House, 4.3.19 **47** Ambrosius, pp. 93-6; Bonsal, *Suitors and Suppliants*, p. 256

13장 징벌과 예방

1 Rudin, p. 370 **2** Ministère des Affaires Etrangères, PA-AP 42, Paul Cambon papers, vol. 68, report of interview between Paul Cambon and Lloyd George, 12.11.18 **3** Steed, vol. 2, p. 252 **4** French, p. 79 and *passim* **5** Schwabe, *Woodrow Wilson, Revolutionary Germany*, p. 156 **6** 예를 들어 다음을 보라. FRUS, vol. 3, pp. 705-14, 895-925 **7** FRUS, vol. 3, p. 978 **8** Ibid., pp. 903, 950 **9** House of Lords Record Office, Lloyd George Papers, F/147/3/4, note from Foch, Bliss, Wilson and Diaz, 9.4.19 **10** St Antony's College, Oxford, Malcolm Papers, 1/12, diary entries for 20.4.19, 21.4.19, 25.4.19 **11** P. Mantoux, vol. 2, pp. 493-500 **12** F. Lloyd George, p. 162 **13** FRUS, vol. 3, pp. 933-4 **14** Temperley, vol. 1, p. 321 **15** FRUS, vol. 3, p. 904 **16** Ibid., pp. 904-5; PWW, vol. 55, p. 161; Keynes, *Two Memoirs*, pp. 61-2 **17** Epstein, pp. 293-4; Temperley, vol. 1, pp. 313-17; Marks, 'Smoke and Mirrors', p. 352, n. 62 **18** FRUS, vol. 4, pp. 274-93 **19** PWW, vol. 53, p. 708 **20** Fried, p. 324 **21** Trachtenberg, *Reparation in World Politics*, p. 51 **22** Röhl, chapter 1 **23** Rose, p. 229 **24** Rowland, pp. 463, 466-9 **25** Callwell, vol. 2, p. 149

26 Rose, p. 231; Lentin, *Lloyd George*, p. 29; J. Campbell, pp. 449-59; House of Lords Record Office, Lloyd George Papers, F/117/1/3, minutes of the Imperial War Cabinet, 37 (20.11.18) 27 Goldstein, *Winning the Peace*, p. 224 28 P. Mantoux, vol. 1, pp. 189, 193 29 Walworth, *Wilson and his Peacemakers*, p. 215, n. 51 30 House and Seymour, pp. 231-58 31 P. Mantoux, vol. 1, p. 110 32 House and Seymour, p. 251 33 Mordacq, *Le ministère Clemenceau*, vol. 3, p. 27 34 Aldrovandi Marescotti, *Nuovi ricordi*, p. 92 35 Röhl, pp. 210-11 36 Eyck, vol. I, pp. 187-8

14장 독일 제어

1 Tillman, pp. 164-5; Reynolds, p. 121 2 FRUS, vol. 3, p. 930 3 House of Lords Record Office, Lloyd George Papers, F23/4/39, Hankey to Lloyd George, 19.3.19 4 Seymour, p. 159 5 Riddell, *Intimate Diary*, p. 190 6 Yale University Library, House diary, 24.1.19 7 PWW, vol. 53, p. 410; Library of Congress, Baker notebooks, 21.3.19 8 FRUS, vol. 3, p. 905 9 Guiral, p. 291 10 Mordacq, *Le ministère Clemenceau*, vol. 3, p. 265 11 Yale University Library, House diary, 14.4.19 12 Liddell Hart, p. 413 13 Mordacq, *Le ministère Clemenceau*, vol. 3, pp. 65, 90-1 14 Scottish Record Office, Lothian Papers, 1214 / 1 15 Ribot, p. 256 16 예를 들어 다음을 보라. FRUS, vol. 3, pp. 704-14 17 PWW, vol. 54, pp. 178, 275, 301-2 18 Lowry, pp. 20-2; Walworth, *Wilson and his Peacemakers*, pp. 48-9, 86-7; FRUS, vol. 3, pp. 896-908, 970-9 19 FRUS, vol. 3, pp. 901, 972 20 Ibid., pp. 900, 905-6 21 Ibid., p. 903 22 Ibid., pp. 970-9 23 House of Lords Record Office, Lloyd George Papers, F23/4/22, Hankey to Lloyd George, 23.2.19 24 FRUS, vol. 4, p. 186 25 House of Lords Record Office, Lloyd George Papers, F3/4/15, Balfour to Lloyd George, 5.3.19 26 FRUS, vol. 4, pp. 213-30 27 F. Palmer, p. 375 28 House of Lords Record Office, Lloyd George Papers, F/147/1, 'Notes of an interview between M. Clemenceau, Colonel House and myself, 7.3.19'; Callwell, vol. 2, p. 173 29 FRUS, vol. 4, pp. 69-71 30 Keiger, p. 258 31 British Museum, Balfour Papers, 49744/184-190, 14.12.18, Derby to Balfour, 14.12.18; Mordacq, *Le ministère Clemenceau*, vol. 3, p. 191 32 Trachtenberg, *Reparation in World Politics*, pp. 86-7 33 Lloyd George, *Truth about the Peace Treaties*, vol. 1, pp. 387-9; Tardieu, p. 146 34 House of Lords Record Office, Lloyd George Papers, F3/4/2, Foch to Lord Robert Cecil, 8.1.19 35 Callwell, vol. 2, p. 153 36 Liddell Hart, p. 411 37 McCrum, p. 631 38 Ibid., pp. 629-30; J.C. King, p. 80 39 McCrum, p. 631 40 J.C. King, p. 41 41 McCrum, pp. 628-32 42 Yale University Library, Auchincloss diary, 23.2.19; Scottish Record Office, Lothian Papers, 1229/2, Hankey memorandum 22.2.19; House of Lords Record Office, Lloyd George Papers, F 89/2/29, Kerr to Lloyd George, 22.2.19 43 House of Lords Record Office, Lloyd George Papers, 52/2/52, Derby to Balfour, 14.12.18 44 Keiger, pp. 251, 256-7 45 J.C. King, chapter 1 46

Yale University Library, House diary, 9.2.19 **47** Scott, p. 372 **48** House of Lords Record Office, Lloyd George Papers, 60/2/42, notes of an interview with the president, 23.1.18; F/147/1, 'Notes of an interview between M. Clemenceau, Colonel House and myself, 7.3.19' **49** Nelson, p. 113 [my translation] **50** McCrum, p. 626, n. 10 **51** D. Lloyd George, *Truth about the Peace Treaties*, vol. 1, p. 386 **52** Tardieu, p. 171; Mordacq, *Le ministère Clemenceau*, vol. 3, p. 118; D. Lloyd George, *Truth about the Peace Treaties*, vol. 1, pp. 398-9 **53** Duroselle, p. 748 **54** Scottish Record Office, Lothian Papers, 1217, Lloyd George to Kerr, 12.2.19 **55** Churchill College, Hankey Papers, 1/5 diary, 27.8.18; PWW, vol. 56, p. 86 **56** PWW, vol. 55, p. 462; Nelson, pp. 204-5 **57** Seymour, p. 226 **58** Tardieu, pp. 147-67 **59** D. Lloyd George, *Truth about the Peace Treaties*, vol. 1, p. 396 **60** PWW, vol. 55, p. 480 **61** Nelson, p. 209 **62** Scottish Record Office, Lothian Papers, 1174, notes of a conversation of 11.3.19 **63** PWW, vol. 55, p. 499 **64** Ibid., p. 488 **65** D. Lloyd George *Truth about the Peace Treaties*, vol. 1, pp. 247-8; PWW, vol. 55, pp. 152-3 **66** PWW, vol. 55, p. 530; Walworth, *Wilson and his Peacemakers*, p. 204 **67** Callwell, vol. 2, p. 174 **68** D. Lloyd George, *Truth about the Peace Treaties*, vol. 1, pp. 601-3 **69** FRUS, vol. 4, p. 249 **70** PWW, vol. 55, p. 522; Marder, vol. 5, p. 251 **71** FRUS, vol. 4, p. 224 **72** Ibid., pp. 224-5 **73** Marder, vol. 5, p. 254 **74** House Papers, Yale University Library, series I/10 0293, Grey to House, 3.6.19 **75** Scottish Record Office, Lothian Papers, 65/49-54, notes on Heligoland, 14.4.19 **76** Marder, vol. 5, p. 254 **77** FRUS, vol. 4, p. 365 **78** P. Mantoux, vol. 1, pp. 252-6 **79** FRUS, vol. 3, p. 475 **80** Marder, pp. 257-62 **81** Dingman, p. 84 **82** P. Mantoux, vol. 1, p. 377 **83** PWW, vol. 55, pp. 515-21; vol. 57, p. 92 **84** Ibid., vol. 55, p. 458; Marder, vol. 5, pp. 263-4; House of Lords Record Office, Lloyd George Papers, F/147/1, 'Notes of an interview between M. Clemenceau, Colonel House and myself, 7.3.19' **85** PWW, vol. 57, p. 91 **86** Marder, vol. 5, pp. 228-30 **87** PWW, vol. 56, p. 338 **88** Marder, vol. 5, pp. 231-4 **89** PWW, vol. 56, pp. 518-9 **90** Marder, vol. 5, p. 269

15장 청구서 작성

1 House and Seymour, p. 259 **2** Public Record Office, Cabinet Papers, CAB 29/28, British empire delegation minutes, 34 (1.6.19, p.m.) **3** 예를 들어 다음을 보라. Schuker, *American 'Reparations'*; Marks, 'Reparations Reconsidered'; Marks, 'The Myths of Reparations' **4** Keynes, *Economic Consequences*, pp. 41-5 **5** Skidelsky, vol. 1, p. 389 **6** Keynes, *Economic Consequences*, p. 36 **7** Keynes, *Two Memoirs*, p. 20 **8** Keynes, *Economic Consequences*, p. 7 **9** Skidelsky, vol. 1, pp. 384-91 **10** Burnett, vol. 1, pp. 1011-14 **11** Silverman, p. 145, and chapter 5, *passim*; Schuker, *The End of French Predominance*, p. 9 **12** Burnett, vol. 1, p. 1018 **13** Trachtenberg, *Reparation in World*

Politics, pp. 1-10; Ministères des Affaires Etrangères, Série à Paix, 59, 'Conditions de la Paix: Notes et études sur les conditions de la paix à obtenir et les clauses à insérer dans les traités de paix à signer. Résumé des voeux et avis du Bureau d'Etudes Economiques' **14** Duchêne, p. 40 **15** PWW, vol. 54, p. 196 **16** House of Lords Record Office, Lloyd George Papers, F6/6/49, Cecil to Lloyd George, 31.5.19, and F89/2/35, Kerr to Lloyd George, 28.2.19; D. Lloyd George, *Truth about Reparations and War Debts*, chapter 9 **17** PWW, vol. 54, p. 494 **18** Ibid., 431; House and Seymour, p. 484; Silverman, pp. 32-5 **19** Kent, pp. 40-3 **20** Rowland, p. 494 **21** C.T. Thompson, p. 236 **22** Yale University Library, House diary, 21.2.19 **23** Burnett, vol. 1, pp. 31-2 **24** Public Record Office, Cabinet Papers, CAB 29/28, British empire delegation minutes, 13 (13.3.19) **25** Baruch, pp. 5-7 **26** Burnett, vol. 1, p. 34 **27** Hardach, pp. 156-60 **28** Schuker, *American 'Reparations'*, p. 20 **29** Burnett, vol. 1, p. 33 **30** Ibid., p. 514 **31** Public Record Office, Cabinet Papers, CAB 29/28, British empire delegation minutes, 33 (1.6.19, a.m.) **32** Burnett, vol. 1, pp. 4-8, 21 **33** B. Kent, p. 69 **34** Bunselmeyer, p. 174, n. 9 **35** Public Record Office, Cabinet Papers, CAB 29/28, British empire delegation minutes, 33 (1.6.19, a.m.) **36** Silverman, p. 39 **37** Burnett, vol. 1, p. 61 **38** House of Lords Record Office, Lloyd George Papers, F/45/9/25, Smuts to Lloyd George, 4.12.18; F45/9/29, Smuts to Lloyd George, 26.3.19; F 45/9/33, Smuts to Lloyd George, 5.5.19 **39** Hancock, pp. 539-41 **40** Burnett, vol. 1, p. 777 **41** House of Lords Record Office, Lloyd George Papers, F/117/1/3, Imperial War Cabinet, 1918, minute 38 (26.11.18) **42** W.S. Wallace, pp. 193-5 **43** Lentin, 'Lord Cunliffe', pp. 50-86, 52, n. 12 **44** Headlam-Morley, p. 180; H. Nicolson, *Peacemaking*, p. 350 **45** Seymour, p. 276 **46** Lentin, 'Lord Cunliffe', p. 52, n. 12 **47** D. Lloyd George, *Truth about the Peace Treaties*, vol. 1, p. 474 **48** Burnett, vol. 1, 711; Yale University Library, House diary, 24.3.19, 4.4.19 **49** Burnett, vol. 1, pp. 43-4 **50** Lentin, 'Lord Cunliffe', pp. 50-86 **51** House of Lords Record Office, Lloyd George Papers, F/213/5/6, Lamont to Wiseman, n.d **52** Public Record Office, Cabinet Papers, CAB 29/28, British empire delegation minutes, 34 (1.6.19, p.m.); Riddell, *Intimate Diary*, p. 31; Trachtenberg, *Reparation in World Politics*, pp. 48-51 **53** British Museum, Balfour Papers, 49744/258-263, notes of a conversation between Briand and Lloyd George, 18.3.19 **54** Yale University Library, House diary, 6.3.19 **55** PWW, vol. 56, p. 285 **56** Bunselmeyer, p. 141 **57** Ibid., pp. 129-33; Pugh, p. 128 **58** F. Stevenson, p. 180; Rowland, p. 490 **59** House of Lords Record Office, Lloyd George Papers, F28/2/16, Hughes to Lloyd George, 10.12.18 **60** A.J.P. Taylor, p. 159 **61** Yale University Library, House diary, 28.4.19; D. Lloyd George, *Truth about the Peace Treaties*, vol. 1, p. 473 **62** Trachtenberg, *Reparation in World Politics*, pp. 41-2 **63** Mordacq, *Le ministère Clemenceau*, vol. 3, p. 218; Riddell, *Intimate Diary*, p. 38 **64** D.

Lloyd George, *Truth about the Peace Treaties*, vol. 1, p. 498 **65** FRUS, vol. 13, p. 205 **66** Keynes, *Two Memoirs*, p. 61 **67** Noble, pp. 201-5; Trachtenberg, *Reparation in World Politics*. pp. 42-3 **68** Poincaré, p. 286; PWW, vol. 56, p. 502; vol. 59, p. 314 **69** Noble, pp. 186-93, 195 **70** FRUS, vol. 3, p. 976; Trachtenberg, *Reparation in World Politics*, p. 43; D. Lloyd George, *Truth about the Peace Treaties*, vol. 1, pp. 441-4 **71** Trachtenberg, *Reparation in World Politics*, p. 42, n. 49 **72** Tardieu, *Truth*, p. 290 **73** Trachtenberg, *Reparation in World Politics*, pp. 55, 64-66, 71; chapter 2, *passim* **74** Ibid., pp. 35-6 **75** House of Lords Record Office, Lloyd George Papers, F/89/2/37, Kerr to Lloyd George, 2.3.19; Scottish Record Office, Lothian Papers, 1236, Kerr to Lloyd George, 1.3.19 **76** Burnett, vol. 1, p. 59 **77** PWW, vol. 56, p. 501 **78** FRUS, vol. 6, p. 796 **79** 다음을 보라. article 234 and annex 1, Treaty of Versailles **80** Guhin, pp. 30-2 **81** P. Mantoux, vol. 1, p. 147 **82** Ibid., p. 106

16장 독일 조항에 대한 협상 교착

1 Yale University Library, House diary. 12.3.19 **2** Walworth, *Wilson and his Peacemakers*, p. 203 **3** PWW, vol. 56, p. 62 **4** Tardieu, pp. 176-8 **5** Ibid., pp. 178-82 **6** PWW, vol. 56, p. 81 **7** House of Lords Record Office, Lloyd George Papers, F 3/4/19, Balfour to Lloyd George, 18.3.19 **8** Tardieu, p. 182; Nelson, pp. 232-40 **9** Riddell, *Intimate Diary*, p. 41 **10** Temperley, vol. 2, p. 178 **11** Headlam-Morley, p. 33 **12** Callwell, vol. 2, p. 176 **13** Hankey, pp. 98, 101 **14** F. Stevenson, p. 174 **15** D. Lloyd George, *Truth about the Peace Treaties*, vol. 1, pp. 404-16 **16** P. Mantoux, vol. 1, p. 31 **17** D. Lloyd George, *Truth about the Peace Treaties*, vol. 1, p. 416 **18** Tardieu, p. 443 **19** Nelson, p. 227 **20** PWW, vol. 56, pp. 247, 444 **21** P. Mantoux, vol. 1, pp. 33-4 **22** Ibid., p. 88 **23** Mordacq, *Le ministère Clemenceau*, vol. 3, p. 202 **24** PWW, vol. 56, p. 312 **25** Ibid., pp. 347-54; P. Mantoux, vol. 1, pp. 49-68; Mordacq, *Le ministère Clemenceau*, vol. 3, pp. 195, 205; Library of Congress, Baker notebooks, 1.4.19 **26** Callwell, vol. 2, p. 180 **27** Shotwell, p. 255 **28** National Archive of Canada, Biggar Papers, letter of 7.4.19 **29** C.T. Thompson, p. 287; Noble, p. 315 **30** Library of Congress, Baker notebooks, 3.4.19; PWW, vol. 56, p. 408 **31** PWW, vol. 56, p. 408 **32** Ibid., p. 540 **33** Noble, pp. 315-6 **34** Callwell, vol. 2, p. 180 **35** F. Stevenson, p. 178 **36** PWW, vol. 57, pp. 50-1, 63 **37** Noble, p. 322 **38** C.T. Thompson, p. 291 **39** Mordacq, *Le ministère Clemenceau*, vol. 3, p. 217 **40** Noble, pp. 324-8 **41** PWW, vol. 57, p. 99 **42** Liddell Hart, pp. 420-3; Mordacq, *Le ministère Clemenceau*, vol. 3, pp. 226-31 **43** Keiger, pp. 258-62; Poincaré, pp. 315-24 **44** Riddell, *Intimate Diary*, p. 45 **45** C.T. Thompson, p. 288 **46** Ibid., p. 292 **47** PWW, vol. 57, pp. 99-101 **48** Ibid., pp. 99-101, 146 **49** Yale University Library, House diary, 12.4.19 **50** Ibid., 14.4.19; Yale University Library, Auchincloss diary, 15.4.19;

Schuker, 'The Rhineland Question', pp. 302-4 **51** Mordacq, *Le ministère Clemenceau*, vol. 3, pp. 220-1 **52** Yale University Library, House diary, 15.4.19; Noble, pp. 331-2 **53** Lloyd George, *Truth about the Peace Treaties*, vol. 1, p. 427; Schuker, 'The Rhineland Question', p. 304 **54** Mordacq, *Le ministère Clemenceau*, vol. 3, p. 245 **55** Ibid., p. 221 **56** Ribot, p. 274 **57** Keiger, p. 262 **58** Watson, p. 361

17장 다시 태어난 폴란드

1 Davies, *God's Playground*, vol. 2, p. 122, and chapter 3, *passim* **2** Zamoyski, p. 178 **3** Jedrezejewicz, pp. 4-10 **4** Davies, *God's Playground*, vol. 2, p. 385 **5** Roszkowski, p. 158 **6** E. Howard, p. 342, n. 1 **7** Shotwell, p. 305 **8** Wandycz, *Lands of Partitioned Poland*, pp. 291-3; Davies, *God's Playground*, pp. 52-3 **9** Gregory, p. 170 **10** Davies, *White Eagle, Red Star*, p. 62 **11** Wandycz, *Lands of Partitioned Poland*, pp. 340-1 **12** Scottish Record Office, Lothian Papers, 879/1, Esmé Howard, 17.2.19 **13** Landau, pp. 146-7 **14** Kessler, p. 23 **15** Wandycz, 'Dmowski's Policy', pp. 119-20 **16** Lundgreen-Nielsen, *Polish Problem*, pp. 55-7 **17** Wandycz, 'Dmowski's Policy', p. 118; Lundgreen-Nielsen, *Polish Problem*, p. 54 **18** FRUS, vol. 12, p. 370 **19** Cienciala and Komarnicki, pp. 91-2 **20** Lundgreen-Nielsen, *Polish Problem*, p. 121, n. 163 **21** Latawski, pp. 4-7; Headlam-Morley, p. xxviii **22** Bonsal, *Suitors and Suppliants*, p. 131 **23** Duroselle, p. 814 **24** Wandycz, *The United States and Poland*, p. 109 **25** Gerson, pp. 62-3 **26** P. Mantoux, vol. 1, p. 108 **27** Komarnicki, pp. 253-9; Gerson, p. 102-3 **28** E. Howard, p. 339 **29** H. Nicolson, *Peacemaking*, p. 332 **30** Komarnicki, p. 145 **31** Lundgreen-Nielsen, *Polish Problem*, pp. 80-1 **32** Gerson, pp. 105-6 **33** Lundgreen-Nielsen, *Polish Problem*, pp. 131-4 **34** FRUS, vol. 3, pp. 670-5 **35** Lundgreen-Nielsen, *Polish Problem*, pp. 231-3 **36** FRUS, vol. 3, pp. 772-82 **37** Churchill College, Hankey Papers, 3/24, Hankey to Adeline Hankey, 29.1.19; Lundgreen-Nielsen, 'Aspects of American Policy', p. 100, n. 21; Ministère des Affaires Etrangères, Tardieu Papers, 356, 'Conférence de la Paix 1919: Pologne: Problèmes politiques et économiques (notes, correspondances), Décembre 1918-Octobre 1919 **38** Library of Congress, Bliss Papers, box 244, diary, 1.1.19' **39** House and Seymour, p. 70 **40** Bonsal, *Suitors and Suppliants*, pp. 118-20 **41** P. Mantoux, vol. 2, p. 150; FRUS, vol. 3, pp. 672-3 **42** FRUS, vol. 3, pp. 673-4 **43** House and Seymour, p. 72 **44** Temperley, vol. 6, p. 220 **45** Nelson, pp. 147-51, 152-4; Wandycz, *France and her Eastern Allies*, pp. 34-7; House and Seymour, p. 71 **46** FRUS, vol. 4, pp. 414-19 **47** Komarnicki, *Rebirth of the Polish Republic*, pp. 319-49; Davies, 'Lloyd George and Poland, 1919-20', pp. 132-3; Wandycz, 'Dmowski's Policy', pp. 123-4 **48** F. Stevenson, p. 38; F. Lloyd George, p. 153 **49** Scottish Record Office, Lothian Papers, 911/2, Kerr to Horace Rumbold, 15.12.19 **50** P. Mantoux, vol. 1, pp.

33-4 **51** PWW, vol. 56, p. 313 **52** Tillman, pp. 207-9; Headlam-Morley, pp. 169-71; P. Mantoux, vol. 1, pp. 105-9 **53** P. Mantoux, vol. 1, p. 201; Nelson, pp. 187-91 **54** P. Mantoux, vol. 1, p. 233 **55** Ibid., p. 118 **56** Cienciala and Komarnicki, pp. 106-10 **57** Weinberg, *Foreign Policy*, pp. 13-14 **58** House and Seymour, p. 80; FRUS, vol. 6, pp. 833-5; St Antony's College, Malcolm Papers, 1/12, diary, 8.5.19 **59** Riddell, *Intimate Diary*, pp. 83-4 **60** Public Record Office, Cabinet Papers, CAB 29/28, British empire delegation minutes, 33 (1.6.19, a.m.) **61** PWW, vol. 60, p. 20 **62** Public Record Office, Cabinet Papers, CAB 29/28, British empire delegation minutes, 34 (1.6.19, p.m.) **63** P. Mantoux, vol. 2, pp. 278-86 **64** Mordacq, *Le ministère Clemenceau*, vol. 3, pp. 304-5 **65** P. Mantoux, vol. 2, pp. 389-92 **66** Ibid., p. 312 **67** F.G. Campbell, pp. 361-85 **68** E. Howard, p. 333 **69** Temperley, vol. 6, p. 297 **70** Bennett, p. 77 **71** Ibid., pp. 70-1 **72** Ibid., p. 83 **73** FRUS, vol. 4, p. 592 **74** Waite, pp. 97-8 **75** Ibid., pp. 101-2 **76** Ibid., pp. 111-15 **77** P. Mantoux, vol. 1, p. 258 **78** Waite, p. 120 **79** P. Mantoux, vol. 2, p. 550 **80** Waite, pp. 123-130 **81** Cienciala and Komarnicki, p. 116 **82** Lieven, pp. 52-3; Cienciala and Komarnicki, p. 114 **83** Cienciala and Komarnicki, pp. 122, 126 **84** Lieven, p. 60 **85** P. Mantoux, vol. 2, p. 309 **86** Lundgreen-Nielsen, *Polish Problem*, pp. 206, 291-8 **87** FRUS, vol. 3, p. 782; Wandycz, *United States and Poland*, pp. 138-9 **88** FRUS, vol. 6, pp. 199-200 **89** P. Mantoux, vol. 2, pp. 143-7 **90** Ibid., vol. 1, p. 44 **91** Lundgreen-Nielsen, *Polish Problem*, pp. 222-3, 279-88 **92** FRUS, vol. 6, p. 199 **93** FRUS, vol. 4, p. 410 **94** Ibid., vol. 6, p. 198 **95** Scottish Record Office, Lothian Papers, 911/2, Kerr to Rumbold, 15.12.19 **96** Cienciala and Komarnicki, pp. 165-73 **97** Gilbert, *Rumbold*, pp. 186; Carton de Wiart, pp. 112-4 **98** Dziewanowski, p. 202 **99** Ibid., pp. 190-1 **100** Carton de Wiart, p. 96 **101** Davies, *God's Playground*, vol. 2, p. 396 **102** Gilbert, *Rumbold*, p. 206 **103** Wandycz, *France and her Eastern Allies*, pp. 154-6 **104** Scott, p. 386 **105** Dziewanowski, p. 305 **106** Davies, *God's Playground*, vol. 2, p. 397 **107** Carton de Wiart, pp. 106-7; Gilbert, *Rumbold*, pp. 209-10, 216 **108** Zamoyski, pp. 204-10

18장 체코와 슬로바키아

1 FRUS, vol. 12, p. 236 **2** House and Seymour, p. 94 **3** F. Lloyd George, p. 152; D. Lloyd George, *Truth about the Peace Treaties*, vol. 2, pp. 941-2 **4** Hovi, pp. 109-11 **5** Ministère des Affaires Etrangères, Série à Paix 344 (Tchécoslovaquie), Les Frontières de la Tchécoslovaquie, 22.2.19 **6** Zinner, vol. 1, pp. 100-04; Laroche, pp. 39-40; Zeman, pp. 156-8 **7** Zeman, pp. 84-5; Bonsal, *Suitors and Suppliants*, pp. 151-2 **8** Ministère des Affaires Etrangères, Série à Paix 299, Benes˜ to Pichon, 7.11.18; British Museum, Balfour Papers, 184-190, Derby to Balfour, 14.12.18 **9** Perman, pp. 35-40; Zinner, pp. 102-3 **10** Zeman, pp. 21-2 **11** Ibid., pp. 43-4, 50-9 **12** Steed, vol. 2, p. 100

13 Zeman, p. 117 14 Mamatey, pp. 316-17, 342-3 15 Ibid., pp. 282-4 16 Masaryk, p. 208 17 Zeman, pp. 110-12; Mamatey, pp. 285-6 18 Mamatey, p. 317 19 Perman, p. 70 20 Ministère des Affaires Etrangères, Série à Paix 299, 'Travaux préparatoires de la conférence, politiques des petites nations alliées', note from Edward Beneˇs, received 3.11.18; Perman, pp. 73-5 21 Perman, pp. 126-30 22 FRUS, vol. 3, pp. 877-87 23 Ibid., 886-7 24 D. Lloyd George, *Truth about the Peace Treaties*, vol. 2, p. 940 25 Ministère des Affaires Etrangères, Série à Paix 299, 'Travaux préparatoires de la conférence, politiques des petites nations alliées', Beneˇs to Pichon, 7.11.18 26 D. Lloyd George, *Truth about the Peace Treaties*, vol. 2, p. 931 27 Seymour, pp. 155-6 28 FRUS, vol. 3, pp. 877-87 29 Ibid., vol. 12, p. 273 30 House and Seymour, p. 97; Seymour, p. 176; H. Nicolson, *Peacemaking*, pp. 272-3; Laroche, pp. 81-2 31 Seymour, p. 176 32 H. Nicolson, *Peacemaking*, p. 280 33 FRUS, vol. 4, pp. 543-6 34 Mamatey, p. 307; Perman, pp. 162-3 35 D. Lloyd George, *Truth about the Peace Treaties*, vol. 2, p. 941 36 Perman, p. 132 37 Mamatey, p. 306 38 FRUS, vol. 3, p. 402; D. Lloyd George, *Truth about the Peace Treaties*, vol. 2, pp. 937-8; Headlam-Morley, p. xxvi; Seton-Watson and Seton-Watson, pp. 367-8 39 Perman, pp. 178-9 40 Rothschild, pp. 76-84 41 Sayer, pp. 150-1, 169-79 42 Perman, pp. 220-1 43 P. Mantoux, vol. 2, pp. 378-80 44 Perman, pp. 222-3 45 P. Mantoux, vol. 2, pp. 351 46 Komarnicki, p. 356; Temperley, vol. 4, pp. 350-1 47 FRUS, vol. 3, pp. 777, 881-3; vol. 8, pp. 118-24 48 Ibid., vol. 4, p. 608 49 Temperley, vol. 4, p. 355 50 FRUS, vol. 12, pp. 318-22 51 Ibid., p. 327 52 Temperley, vol. 4, p. 357 53 H. Nicolson, *Peacemaking*, p. 25 54 FRUS, vol. 3, pp. 782-4 55 E. Howard, p. 305 56 P. Mantoux, vol. 1, p. 234 57 Wandycz, *France and her Eastern Allies*, pp. 93-4 58 FRUS, vol. 4, pp. 327-30 59 Ibid., pp. 608-12 60 House and Seymour, pp. 82-3 61 다음을 보라. Davies, *White Eagle, Red Star*, p. 182 62 D. Lloyd George, *Truth about the Peace Treaties*, vol. 2, p. 945 63 W.V. Wallace, pp. 55-7; Sayer, pp. 172-5 64 FRUS, vol. 12, pp. 238, 345-6, 349 65 Scottish Record Office, Lothian Papers, 68/1-23, memorandum on the position in Hungary by E. Ashmead-Bartlett, 7.6.19 66 Bonsal, *Suitors and Suppliants*, pp. 156-64 67 W.V. Wallace, pp. 58-9

19장 오스트리아

1 Mordacq, *Le ministère Clemenceau*, vol. 3, p. 300 2 P. Mantoux, vol. 2, p. 231 3 Almond and Lutz, eds., pp. 62-3 4 Headlam-Morley, pp. 126-30; P. Mantoux, vol. 2, pp. 228-31; FRUS, vol. 6, pp. 26-30 5 Coolidge and Lord, p. 200 6 House and Seymour, p. 109 7 P. Mantoux, vol. 2, p. 229 8 Almond and Lutz, p. 226 9 D. Lloyd George, *Truth about the Peace Treaties*, vol. 2, p. 291 10 Duroselle, pp. 809-12 11 Schüller, pp. 234-5 12 FRUS, vol. 12, p. 309 13 Almond and Lutz, p. 88 14 FRUS, vol.

4, pp. 775-7; vol. 2, pp. 254-6 **15** Ashmead-Bartlett, pp. 20-6, 30-1; FRUS, vol. 12, pp. 228-32, 285-9; H. Nicolson, *Peacemaking*, pp. 293-4; E. Taylor, pp. 366-7 **16** FRUS, vol. 12, pp. 228 **17** Almond and Lutz, p. 92 **18** FRUS, vol. 12, pp. 286, 305-7 **19** Almond and Lutz, p. 109 **20** FRUS, vol. 12, pp. 290 **21** Mantoux, vol. 1, 428-9; FRUS, vol. 5, pp. 368-9; Hankey, p. 137 **22** Allizé, p. 48; Schüller, p. 228 **23** Allizé, p. 135 **24** Stadler, *Birth of the Austrian Republic*, pp. 41-2 **25** Allizé, p. 138; Beadon, p. 200 **26** Allizé, pp. 138, 142-3; Schüller, pp. 232-3; PWW, vol. 60, p. 19 **27** P. Mantoux, vol. 2, pp. 230, 236, 239 **28** D. Lloyd George, *Truth about the Peace Treaties*, vol. 2, p. 943 **29** Schüller, pp. 234-5 **30** Stadler, *Birth of the Austrian Republic*, pp. 62-9; FRUS, vol. 12, pp. 231, 240-4, 263 **31** Stadler, *Birth of the Austrian Republic*, pp. 70-1 **32** FRUS, vol. 12, pp. 278-9; Bauer, pp. 110-1 **33** House, *Intimate Papers*, vol. 4, 335 **34** Ministère des Affaires Etrangères, Série à Paix 60, Conditions de la Paix, memorandum of 25.10.18; Bonsal, *Unfinished Business*, p. 95 **35** Bonsal, *Unfinished Business*, p. 87; Bauer, p. 116 **36** P. Mantoux, vol. 1, p. 34 **37** Stadler, p. 73 **38** Mantoux, vol. 1, pp. 459-60; Nelson, pp. 309-11; FRUS, vol. 12, pp. 278-9 **39** Temperley, vol. 4, p. 393 **40** Headlam-Morley, p. 147 **41** Hankey, p. 160; Marston, pp. 208-9; Beadon, p. 201 **42** H. Nicolson, *Peacemaking*, p. 356 **43** P. Mantoux, vol. 2, p. 6 **44** Ibid., 470-1; FRUS, vol. 7, pp. 173-4; Dockrill and Goold, p. 113 **45** Almond and Lutz, p. 64 **46** Schüller, p. 236 **47** Stadler, *Birth of the Austrian Republic*, p. 48; Howard, p. 382 **48** Schüller, pp. 237-42 **49** FRUS, vol. 12, pp. 501-10 **50** Ibid., p. 505 **51** Steed, vol. 2, p. 333 **52** Lederer, p. 223 **53** Seymour, p. 250; Laroche, p. 77 **54** Wolff, pp. 155-6 **55** Lederer, p. 297 **56** FRUS, vol. 12, pp. 600-1 **57** Temperley, vol. 4, pp. 382-5 **58** Stadler, *Birth of the Austrian Republic*, pp. 136-41

20장 헝가리

1 Shotwell, p. 225 **2** May, vol. 2, chapter 15 **3** P. Mantoux, vol. 1, p. 49 **4** Károlyi, pp. 24-5 **5** Paloczi-Horvath, chapters 1-3; Jaszi, pp. 220-39 **6** Károlyi, pp. 20-5; Mitchell, p. 59 **7** Windischgrätz, p. 48 **8** Károlyi, pp. 31-2; Windischgrätz, p. 102 **9** FRUS, vol. 12, pp. 380-2 **10** P. Mantoux, vol. 1, p. 97; Ashmead-Bartlett, p. 201 **11** Ministère des Affaires Etrangères, Jules Cambon Papers, folder 88; Scottish Record Office, Lothian Papers, 3-18, Stephen Barczy to Lloyd George, 21.12.18 **12** Barcsay, pp. 293-4 **13** FRUS, vol. 12, pp. 234, 372-7, 380-3, 387-8 **14** Pastor, pp. 50-1 **15** H. Nicolson, *Peacemaking*, p. 127 **16** Azan, pp. 231-2 **17** Károlyi, pp. 146-7 **18** FRUS, vol. 3, p. 845 **19** Macartney, *Hungary and her Successors*, pp. 276-7 **20** FRUS, vol. 3, pp. 848-51 **21** Barcsay, p. 298 **22** Deák, pp. 46-8 **23** D. Lloyd George, *Truth about the Peace Treaties*, vol. 2, p. 920 **24** Pastor, pp. 131-2; FRUS, vol. 12, pp. 395, 405, 408-10 **25** Ministère des Affaires

Etrangères, Jules Cambon Papers, folder 88, 'Documents relatifs a l'Autriche allemande et à la Hongrie' **26** Barcsay, p. 304, n. 1 **27** Károlyi, pp. 146-7 **28** FRUS, vol. 4, p. 158 **29** Ibid., vol. 12, pp. 414-6 **30** Tokes, pp. 170-6; Borsanyi, chapter 2 **31** Bonsal, *Unfinished Business*, p. 124 **32** Vermes, pp. 53-4 **33** FRUS, vol. 12, pp. 416-7 **34** P. Mantoux, vol. 1, pp. 11-15 **35** D. Lloyd George, *Truth about the Peace Treaties*, vol. 1, p. 406; Mantoux, 1, 11-15, 75-6 **36** H. Nicolson, *Peacemaking*, p. 293; Churchill College, Cambridge, Leeper Papers, 3/88, Allen Leeper to Rex Leeper, 10.4.19; F. Stevenson, *Lloyd George*, p. 179; Bonsal, *Unfinished Business*, p. 75 **37** Károlyi, p. 160 **38** H. Nicolson, *Peacemaking*, p. 298 **39** Ibid., p. 304 **40** Bonsal, *Unfinished Business*, pp. 78, 141; FRUS, vol. 5, pp. 41-3; Hancock, pp. 518-9 **41** Ashmead-Bartlett, pp. 101, 123, 134 **42** Károlyi, pp. 159, 163; FRUS, vol. 12, pp. 440-1 **43** Deutscher, p. 434 **44** Ormos, vol. 6, pp. 132-5 **45** Ashmead-Bartlett, pp. 162-71 **46** Ibid., pp. 125-7; Sakmyster, *Hungary's Admiral*, pp. 18-19 **47** Eckelt, *passim* **48** Deák, p. 78; Armstrong, p. 73 **49** P. Mantoux, vol., 2, pp. 349-50, 375-82; Armstrong, p. 79, n. 115 **50** P. Mantoux, vol. 2, p. 352 **51** Ormos, pp. 142-3; Mayer, p. 781 **52** Deák, p. 78 **53** Scottish Record Office, Lothian Papers, 68/1-23 memorandum on the position in Hungary by E. Ashmead-Bartlett, 7,6,19; Churchill College, Leeper Papers 3/8, Allen Leeper to Rex Leeper, 10.4.19 **54** P. Mantoux, vol. 1, p. 386 **55** Ashmead-Bartlett, pp. 200-2 **56** P. Mantoux, vol. 2, p. 376 **57** Spector, pp. 136-7 **58** P. Mantoux, vol. 2, p. 362 n. 1 **59** FRUS, vol. 6, p. 133; P. Mantoux, vol. 2, pp. 338-9 **60** P. Mantoux, vol. 2, p. 354 **61** FRUS, vol. 6, pp. 411-6 **62** Palmer, *Bliss*, p. 399 **63** P. Mantoux, vol. 2, p. 420 **64** House of Lords Record Office, Lloyd George Papers, F/89/3/2, memorandum from Balfour, 2.7.19 **65** Tokes, pp. 202-3 **66** Deák, pp. 112-28 **67** Bandholtz, pp. 303-4 **68** Ibid., pp. 26-8, 42-3, 70-1, 76, 90, 107 **69** Spector, pp. 197-219 **70** Apponyi, p. 256 **71** Apponyi, *passim*; Károlyi, pp. 44-5 **72** Apponyi, p. 253 **73** Laroche, p. 99 **74** Deák, pp. 539-49; D. Lloyd George, *Truth about the Peace Treaties*, vol. 2, pp. 962-70 **75** Apponyi, p. 270 **76** Deák, p. 210 **77** Deák, pp. 253-77; Adam, pp. 148-55 **78** Deák, pp. 214-15; 238-42 **79** Ibid., pp. 239 **80** Ibid., pp. 251-2; Temperley, vol. 4, p. 421 **81** Sakmyster, 'Great Britain', p. 125 **82** Hoensch, pp. 103-4 **83** Sakmyster, *Hungary's Admiral*, pp. 74-6

21장 4인 평의회

1 PWW, vol. 58, p. 275 **2** Bonsal, *Suitors and Suppliants*, p. 179; Aldrovandi Marescotti, *Guerra diplomatica*, p. 407 **3** Hunter Miller, *Drafting of the Covenant*, vol. 1, p. 131; Mordacq, *Le ministère Clemenceau*, vol. 3, pp. 178-9; Tardieu, p. 100; Steed, vol. 2, p. 298 **4** Marston, p. 166; E. Howard, p. 279; Tardieu, p. 102 **5** National Archives of Canada, Borden Papers, 428/9; Dillon, p. 123; Cambon, p. 318 **6** Marston, pp. 168-9;

P. Mantoux, vol. 1, pp. xiii-xvii **7** PWW, vol. 59, pp. 419-20; Riddell, *Intimate Diary*, p. 55; P. Mantoux, vol. 2, p. 358; Aldrovandi Marescotti, *Nuovi ricordi*, p. 53; D. Lloyd George, *Truth about the Peace Treaties*, vol. 1, p. 228 **8** P. Mantoux, vol. 1, pp. 80-99; vol. 2, pp. 193-203; Yale University Library, Auchincloss diary, 31.3.19; Library of Congress, Baker notebooks, 31.3.19; PWW, vol. 56, p. 436; National Archives of Canada, Borden Papers, C1864, diary 31.3.19; F. Stevenson, p. 267; Poincaré, p. 292; Riddell, *Intimate Diary*, pp. 40-1; Noble, pp. 316-22 **9** F. Lloyd George, p. 165; Riddell, *Intimate Diary*, pp. 168-9 **10** PWW, vol. 57, pp. 276; vol. 60, p. 197; vol. 61, p. 112, n. 1; Library of Congress, Baker notebooks, 17.5.19; Hecksher, pp. 555-6 **11** Walworth, *Wilson and his Peacemakers*, p. 390 **12** Marston, pp. 182-3, 185-6; Hankey, pp. 134-8, 143-4 **13** Library of Congress, Baker notebooks, 17.5.19; Marks, *Innocent Abroad*, pp. 197-9 **14** Marks, *Innocent Abroad*, pp. 170-7 **15** PWW, vol. 59, p. 247; Riddell, *Intimate Diary*, p. 43; House of Lords Record Office, Lloyd George Papers, F 3/4/21, Hardinge to Balfour, 4.4.19 **16** Marks, *Innocent Abroad*, pp. 93-5; PWW, vol. 61, p. 375 **17** Marks, *Innocent Abroad*, pp. 9-11, 149-51 **18** Ibid., pp. 144-6; Temperley, vol. 2, pp. 190-1; Nelson, pp. 312-18 **19** P. Mantoux, vol. 1, pp. 135-8; Marks, *Innocent Abroad*, pp. 183-205 **20** Library of Congress, Baker notebooks, 30.4.19

22장 회담을 이탈한 이탈리아

1 F. Stevenson, pp. 181-2 **2** Roskill, vol. 2, p. 8 **3** Churchill College, Hankey Papers, 3/25, letter to wife, 23.4.19 **4** Scott, p. 386 **5** Yale University Library, Auchincloss diary, 13.5.19 **6** H. Nicolson, *Curzon*, p. 106, n. 1 **7** Albrecht-Carrié, p. 82 **8** Vivarelli, vol. 1, 382-3 **9** D. Lloyd George, *Truth about the Peace Treaties*, vol. 2, p. 819 **10** Yale University Library, Auchincloss diary, 15.4.19; 003-0031, House to Wilson, 27.2.19 **11** D. Lloyd George, *Truth about the Peace Treaties*, vol. 1, p. 253 **12** Sforza, 'Sonnino', p. 724 **13** Saladino, p. 623 **14** Aldrovandi Marescotti, *Guerra diplomatica*, p. 369 **15** Mordacq, *Le ministère Clemenceau*, vol. 3, p. 277, n. 1; Vivarelli, pp. 84-5 **16** FRUS, vol. 1, pp. 422-3 **17** British Museum, Balfour Papers, 49734/186-192 **18** Duroselle, pp. 782-4 **19** Repington, p. 13 **20** British Museum, Balfour Papers, 49744/123-128, Derby to Balfour, 15.11.18 **21** D. Lloyd George, *Truth about the Peace Treaties*, vol. 2, pp. 768-9 **22** British Museum, Balfour Papers, 49744/161-3, Derby to Balfour, 21.11.18 **23** Lloyd George, *Truth about the Peace Treaties*, vol. 2, p. 794 **24** Bonsal, *Suitors and Suppliants*, p. 117 **25** Vivarelli, vol. 1, p. 386 **26** Lederer, pp. 72-3 **27** Ibid., pp. 71-5 **28** 다음을 보라. Zivojinovic, chapters 8-10 **29** FRUS, vols. 1, pp. 475-87 **30** Baerlein, vol. 2, pp. 49, 75, 80, 141 **31** Ibid., vol. 1, p. 87; Zivojinovic, pp. 230-1 **32** FRUS, vol. 1, pp. 472-3; Mamatey, p. 315 **33** Aldrovandi Marescotti, *Guerra diplomatica*, p. 250 **34** Ministère de la Défense, Clemenceau Papers, 6N72, minutes of a meeting of the allies, 2.12.18 **35** Zivojinovic, p. 275, n. 26 **36** Library of Congress, Beer diary 30.3.19 **37** Albrecht-Carrié, pp. 80, 90-4 **38** P. Mantoux, vol. 1, p. 293; Bonsal, *Suitors and Suppliants*, p. 102 **39** Mamatey, pp. 361-2 **40** Yale University Library, House diary, 15.11.18 **41** Vivarelli, vol. 1, pp. 398-9 **42** Orlando, p. 388 **43** Mamatey, p. 199 **44** Baker, *Life and Letters*, vol. 7, p. 513 **45** British Museum, Balfour Papers, 49744/ 217-219, Derby to Balfour, 22.12.18 **46** PWW, vol. 53, p. 621 **47** Vivarelli, vol. 1, p. 386, n. 107 **48** Library of Congress, Baker notebooks, 19.5.19 **49** PWW, vol. 54, p. 50 **50** Lovin, p. 27 **51** Hunter Miller, *My Diary*, vol. 1, p. 55 **52** Lovin, pp. 33-4 **53** Seton-Watson, *Italy*, p. 532, n. 1 **54** Orlando, p. 387 **55** Headlam-Morley, p. 16 **56** Rodd, vol. 3, p. 377; Mamatey, p. 118 **57** Steed, vol. 2, p. 273 **58** Orlando, p. 356 **59** D. Lloyd George, *Truth about the Peace Treaties*, vol. 2, p. 806 **60** Mordacq, *Le ministère Clemenceau*, vol. 3, p. 30 **61** Clemenceau, p. 140; Mordacq, *Le ministère Clemenceau*, vol. 3, p. 277, n. 1; Orlando, p. 360 **62** Duroselle, p. 787 **63** Orlando, p. 370 **64** Duroselle, p. 788 **65** Albrecht-Carrié, pp. 370-87 **66** Hess, pp. 105-26 **67** Seton-Watson, *Italy*, p. 534; Bodleian Library, Milner Papers, 389, meeting of Colonial Committee, 15.5.19, 19.5.19; Milner to Lloyd George, 16 May 1919 **68** Temperley, vol. 4, p. 281 **69** Ibid., 283 **70** Albrecht-Carrié, p. 375 **71** Ibid., pp. 81, 85 **72** Yale University Library, House diary, 10.3.19 **73** Baker,*Woodrow Wilson and World Settlement*, vol. 2, p. 146; Library of Congress, Baker Papers, notebook, 28.5.19 **74** Alcock, pp. 71-3, 79-81 **75** Albrecht-Carrié, p. 379 **76** FRUS, vol. 1, p. 478 **77** Zivojinovic, p. 231, n. 49 **78** Hoover, p. 106 **79** Zivojinovic, chapter 9 **80** Albrecht-Carrié, pp. 107-8; Steed, vol. 2, pp. 280-1, Yale University Library, House Papers, series III, box 201, 2/ 566 **81** Mordacq, *Le ministère Clemenceau*, vol. 3, p. 172 **82** Orlando, pp. 482-3 **83** Ministère de la Défense, Clemenceau Papers, 6N75, copy of a treaty, 13.6.19 **84** Orlando, pp. 386-7 **85** House of Lords Record Office, Lloyd George Papers, F/23/4/22, Hankey to Lloyd George, 23 February 1919 **86** Balfour Papers, British Museum, 49752 (vol. 2), 'The Problem of Italy and Turkey in Anatolia', 16 May 1919 **87** Yale University Library, House Papers, series III, box 201, 2/567 **88** Mayer, pp. 219-20 **89** Baerlein, vol. 1, p. 62 **90** Ledeen, p. 28 **91** FRUS, vol. 1, p. 449 **92** Ibid., p. 462 **93** Baker, *Woodrow Wilson and World Settlement*, vol. 2, p. 135 **94** Yale University Library, House diary, 3.4.19 **95** House, *Intimate Papers*, vol. 4, p. 441 **96** Woodhouse, p. 321; Mayer, p. 222 **97** Albrecht-Carrié, p. 116; Vivarelli, vol. 1, p. 391, n. 120 **98** Aldrovandi Marescotti, *Guerra diplomatica*, p. 214 **99** P. Mantoux, vol. 1, pp. 243-4 **100** Yale University Library, House diary, 15.4.19 **101** Bonsal, *Suitors and Suppliants*, pp. 101, 117 **102** Albrecht-Carrié, p. 129 **103** Library of Congress, Baker notebooks, 7.4.19 **104** Yale University Library, House diary, 15.4.19 **105** Albrecht-Carrié, pp. 126-

8, 445-7; Aldrovandi Marescotti, *Guerra diplomatica*, p. 215 **106** Seton-Watson, *Italy*, p. 532, n. 3 **107** P. Mantoux, vol. 1, p. 288 **108** Aldrovandi Marescotti, *Guerra diplomatica*, pp. 247-8 **109** Albrecht-Carrié, pp. 464-5 **110** P. Mantoux, vol. 1, p. 295 **111** Ibid., p. 301 **112** Albrecht-Carrié, p. 479 **113** Mayer, pp. 687-8 **114** P. Mantoux, vol. 1, pp. 290-312; Albrecht-Carrié, pp. 160-2 **115** P. Mantoux, vol. 1, p. 306 **116** Hankey, pp. 125-6 **117** P. Mantoux, vol. 1, 310 **118** Ibid., p. 305 **119** Ibid., p. 306 **120** Aldrovandi Marescotti, *Guerra diplomatica*, pp. 239, 250, 255, 257, 262 **121** Library of Congress, Baker notebooks, 25.4.19; Baker, *Woodrow Wilson and World Settlement*, vol. 2, p. 129 **122** P. Mantoux, vol. 1, pp. 315-7 **123** Riddell, *Intimate Diary*, p. 56 **124** P. Mantoux, vol. 1, p. 308 **125** Aldrovandi Marescotti, *Guerra diplomatica*, pp. 257-65; Mordacq, *Le ministère Clemenceau*, vol. 3, p. 231 **126** Riddell, *Intimate Diary*, p. 56 **127** Steed, vol. 2, p. 329 **128** Mayer, pp. 701-2 **129** Ministère des Affaires Etrangères, Sèrie à Paix, vol. 317, report from the French consul in Turin, 28.4.19 **130** Baerlein, vol. 1, p. 138 **131** Scottish Record Office, Lothian Papers, 66, 6-15; Mayer, pp. 710-11 **132** Woodhouse, p. 319 **133** Mayer, pp. 707-8 **134** C.T. Thompson, p. 335 **135** Seton-Watson, *Italy*, p. 532, n. 2 **136** C.T. Thompson, *Peace Conference Day by Day*, p. 342 **137** University Microfilms International, Sonnino Papers, reel 40, 479, 486, 488; Albrecht-Carrié, pp. 153-5 **138** Seymour, p. 266 **139** Library of Congress, Baker notebooks, 30.5.19 **140** Aldrovandi Marescotti, *Guerra diplomatica*, p. 357 **141** Albrecht-Carrié, p. 168 **142** Library of Congress, Baker notebooks, 19.5.19 **143** Aldrovandi Marescotti, *Nuovi ricordi*, p. 106 **144** Seton-Watson, *Italy*, p. 539 **145** Aldrovandi Marescotti, *Nuovi ricordi*, p. 100 **146** Orlando, p. 484 **147** Baerlein, vol. 1, p. 139 **148** House of Lords Record Office, Lloyd George Papers, 56/2/27, Rodd to Lloyd George, 6.5.19 **149** Albrecht-Carrié, pp. 167-73 **150** Seton-Watson, *Italy*, p. 533 **151** Aldrovandi Marescotti, *Nuovi ricordi*, p. 33 **152** Orlando, pp. 482-3 **153** 다음을 보라. Bodleian Library, Milner Papers, 46/2, Rodd to Milner, 30.6.19 **154** Seton-Watson, *Italy*, p. 535 **155** Ledeen, pp. 102-3, 148-9; Woodhouse, p. 341 **156** Ledeen, pp. 145-6 **157** Ibid., pp. 88, 95 **158** Ibid., pp. 96-7; Seton-Watson, *Italy*, pp. 546-7 **159** Ledeen, p. 108 **160** Tillman, pp. 382-3 **161** F. Stevenson, p. 192 **162** Temperley, vol. 4, pp. 329-30 **163** Seton-Watson, *Italy*, p. 582 **164** Woodhouse, p. 371 **165** Ibid., p. 379 **166** Rodd, p. 384

23장 일본과 인종 평등

1 Bonsal, *Suitors and Suppliants*, p. 239 **2** Nish, *Japanese Foreign Policy*, pp. 4-5 **3** Aldrovandi Marescotti, *Guerra diplomatica*, p. 337 **4** Temperley, vol. 1, p. 259 **5** Seymour, pp. 177-8 **6** Baker, *What Wilson Did*, p. 73 **7** House, *Intimate Papers*, vol. 4, p. 304 **8** Curry, p. 251 **9** Nish, *Japanese Foreign Policy*, p. 117 **10** Nish, *Alliance in*

Decline, p. 267 **11** Connors, pp. 60-1 **12** Bonsal, *Suitors and Suppliants*, pp. 231-2 **13** Ibid., p. 233 **14** Kumao pp. 24-5; Connors, p. 3 **15** Kumao, pp. 24-5; Connors, p. 3 **16** Clemenceau, p. 140 **17** Kumao, pp. 26, 40 **18** Ibid., p. 38 **19** Ibid., pp. 23-4, 26, 63 **20** *Cambridge History of Japan*, vol. 6, pp. 386, 433 **21** Connors, pp. 14-16 **22** Hunter, p. 119 **23** Duus, p. 134 **24** Connors, pp. 15, 18-19, 22, 109-10 **25** Yamagata Aritomo, quoted in Nish, *Alliance in Decline*, p. 255 **26** Nish, *Alliance in Decline*, pp. 127-31 **27** *Cambridge History of Japan*, vol. 6, p. 279 **28** Curry, p. 197 **29** Nish, *Alliance in Decline*, pp. 258-9 **30** Nish, *Japanese Foreign Policy*, p. 282 **31** Chi, *China Diplomacy*, p. 86 **32** Dingman, p. 57 **33** Nish, *Alliance in Decline*, p. 217 **34** La Fargue, p. 46 **35** Dingman, p. 76 **36** Ibid., p. 43 **37** Neu, pp. 128-9, 131-2 **38** Ibid. p. 127; Chi, 'Ts'ao Ju-lin', p. 103; M.D. Kennedy, pp. 41, 44 **39** Dingman, p. 58 **40** Nish, *Alliance in Decline*, p. 196 **41** Fifield, *Woodrow Wilson and the Far East*, p. 111; FRUS, vol. 3, p. 506 **42** Nish, *Alliance in Decline*, pp. 227, n. 48, 232 **43** Ibid., p. 267 **44** Fifield, *Woodrow Wilson and the Far East*, p. 141, 191; Nish, *Alliance in Decline*, p. 267 **45** Curry, pp. 137-8 **46** Beers, p. 70; Curry, pp. 131-2 **47** Hunter Miller, *My Diary*, vol.1, p. 100 **48** FRUS, vol. 3, pp. 739-40 **49** Geddes, pp. 32-7; P. Mantoux, vol. 1, p. 312 **50** Fifield, 'Disposal of the Carolines', pp. 472-9 **51** Nish, *Alliance in Decline*, p. 172 **52** Lauren, pp. 260-1 **53** FRUS, vol. 1, p. 494 **54** Kawamura, pp. 51-2 **55** Yale University Library, House diary, 4.2.19 **56** Scottish Record Office, Lothian Papers, 37-40, notes dictated on Monday 10 February, 1919; Hunter Miller, *Drafting of the Covenant*, vol. 1, pp. 183-4; Bonsal, *Unfinished Business*, p. 33 **57** Hunter Miller, *Drafting of the Covenant*, vol. 2, pp. 323-5; Bonsal, *Unfinished Business*, p. 33; FRUS, vol. 3, pp. 224-5 **58** Lauren, p. 268 **59** PWW, vol. 55, p. 489; Scottish Record Office, Lothian Papers, 37-40, notes dictated on Monday 10 February, 1919; D. Lloyd George, *Truth about the Peace Treaties*, vol. 1, pp. 636 **60** Hunter Miller, *Drafting of the Covenant*, vol. 1, p. 336 **61** Hunter Miller, *My Diary*, vol. 1, p. 100 **62** Link, *Wilson: The New Freedom*, pp. 243-54 **63** Snelling, p. 23; W.J. Hudson, pp. 55-7 **64** National Library of Australia, Hughes Papers, series 24/2, folder 11: 1538/24/902 **65** House of Lords Record Office, Lloyd George Papers, F 6/6/29, Cecil to Lloyd George, 15.4.19 **66** Ministère de la Défense, Clemenceau Papers, 6N74, Société des Nations, letter of 18.4.19 **67** Nish, *Alliance in Decline*, p. 271; W.J. Hudson, p. 57; Garran, p. 265; House of Lords Record Office, Lloyd George Papers, F 6/6/29, Cecil to Lloyd George, 15.4.19; National Archives of Canada, Christie Papers vol. 5, file 16; Borden diary, 31.3.19; Public Record Office, Cabinet Papers, CAB 29/28, British empire delegation minutes, 29 (28.4.19) **68** Bonsal, *Unfinished Business*, p. 154 **69** Yale University Library, House diary, 13.2.19 **70** House, *Intimate Papers*, vol. 4, p. 313 **71** Yale University Library, Auchincloss diary, 10.4.19

72 Hunter Miller, *Drafting of the Covenant*, vol. 1, pp. 461-6 73 Lauren, pp. 274-5 74 FRUS, vol. 3, p. 291 75 P. Mantoux, vol. 1, p. 314

24장 중국의 심장을 겨눈 칼

1 Keegan, p. 173 2 Schrecker, p. 217 3 Ibid., pp. 215-16, 231 4 Ibid., p. 217 5 Ibid., pp. 168-203 6 Ibid., p. 247 7 Chi, *China Diplomacy*, p. 26; Schrecker, p. 248 8 Fifield, *Woodrow Wilson and the Far East*, p. 25 9 Connors, p. 110 10 Nish, *Alliance in Decline*, pp. 158-9 11 Curry, pp. 127-8 12 Nish, *Japanese Foreign Policy*, p. 116 13 Ibid., p. 286 14 Chow, p. 87 15 Fifield, *Woodrow Wilson and the Far East*, p. 187 16 Chi, *China Diplomacy*, p. 25 17 Nish, *Alliance in Decline*, pp. 156, 193 18 Quoted in Louis, *British Strategy*, p. 19 19 Curry, pp. 127, 182, 253-4; Fifield, *Woodrow Wilson and the Far East*, p. 141 20 Curry, p. 155 21 Beers, pp. 109, 121 22 Ibid., pp. 149, 154 23 Fifield, *Woodrow Wilson and the Far East*, p. 134 24 Curry, p. 15 25 Ibid., p. 30 26 Pugach, p. 241 27 Ibid., p. 261 28 Curry, p. 194 29 Clemenceau, p. 140 30 Shotwell, p. 161 31 W. King, *China at the Peace Conference*, p. 3 32 Shotwell, pp. 136-7 33 Fifield, *Woodrow Wilson and the Far East*, pp. 230-1 34 Beers, p. 153 35 Shotwell, pp. 136-7; Fifield, *Woodrow Wilson and the Far East*, pp. 191-4 36 Chu, p. 15 37 La Fargue, p. 178; W. King, *China at the Peace Conference*, p. 2 38 Fifield, *Woodrow Wilson and the Far East*, pp. 140, 144; Chow, p. 86 39 다음을 보라. Fifield, *Woodrow Wilson and the Far East*, p. 144; Chow, p. 86 40 Curry, p. 251 41 Chow, p. 86 42 Bonsal, *Suitors and Suppliants*, p. 237 43 Chu, p. 30, n. 66 44 W. King, *China at the Peace Conference*, p. 26 45 Fifield, *Woodrow Wilson and the Far East*, p. 126, n. 55 46 Ibid., pp. 124-5 47 W. King, *China at the Peace Conference*, p. 5 48 Ibid., pp. 10-11; Fifield, *Woodrow Wilson and the Far East*, pp. 130-1 49 W. King, *China at the Peace Conference*, pp. 9-10 50 Ibid., p. 7 51 Fifield, *Woodrow Wilson and the Far East*, pp. 197-8; Shotwell, p. 151; Kawamura, p. 50 52 다음을 보라. Fifield, *Woodrow Wilson and the Far East*, pp. 143-55 53 Keegan, p. 178 54 W. King, *China at the Peace Conference*, p. 12 55 Fifield, *Woodrow Wilson and the Far East*, p. 142 56 Ibid., p. 141 57 Curry, p. 267; Fifield, *Woodrow Wilson and the Far East*, p. 243; PWW, vol. 57, pp. 582-3 58 Hankey, p. 131 59 Curry, p. 265 60 Fifield,*WoodrowWilson and the Far East*, p. 247-9; Curry, p. 268; P. Mantoux, vol. 1, pp. 319-28 61 P. Mantoux, vol. 1, p. 330; La Fargue, p. 217 62 Fifield, *Woodrow Wilson and the Far East*, p. 253;W. King, *China at the Peace Conference*, p. 21; P. Mantoux, vol. 1, pp. 329-36 63 Hankey, p. 132 64 P. Mantoux, vol. 1, pp. 334-6; La Fargue, p. 218 65 Library of Congress, Baker notebooks, 25.4.19; Fifield, *Woodrow Wilson and the Far East*, p. 268 66 Bonsal, *Suitors and Suppliants*, p. 235 67 Fifield, *Woodrow Wilson and the Far East*, p. 260 68 Curry, p. 274; Fifield, *Woodrow Wilson and the Far East*,

pp. 267-71 **69** PWW, vol. 57, p. 583 **70** Shotwell, p. 196, n. 1; Kawamura, pp. 523-4 **71** Fifield, *Woodrow Wilson and the Far East*, pp. 269-70; Curry, pp. 275-6; P. Mantoux, vol. 1, 399-401 **72** Library of Congress, Baker notebooks, 25.4.19 **73** Beers, p. 160 **74** La Fargue, p. 231 **75** Curry, p. 277 **76** Keegan, p. 178 **77** La Fargue, p. 222; Floto, p. 233; Fifield,*Woodrow Wilson and the Far East*, pp. 298-301; Curry, pp. 272, 279; Beers, p. 158 **78** PWW, vol. 58, p. 244 **79** Library of Congress, Baker notebooks, 30.4.19; Heckscher, p. 567 **80** Fifield, *Woodrow Wilson and the Far East*, pp. 277-9; Heckscher, p. 567 **81** Fifield, *Woodrow Wilson and the Far East*, pp. 279-80; P. Mantoux, vol. 1, pp. 425-7 **82** Chow, p. 90 **83** Bonsal, *Suitors and Suppliants*, pp. 242-3 **84** Curry, p. 280 **85** Fifield, *Woodrow Wilson and the Far East*, p. 287; Curry, p. 280 **86** Bonsal, *Suitors and Suppliants*, p. 244 **87** Chow, p. 90 **88** Ibid., p. 101 **89** Ibid., p. 93 **90** Schwarcz, pp. 14, 18, 22 **91** Fifield, *Woodrow Wilson and the Far East*, p. 303 **92** Schwarcz, p. 12 **93** Ibid., pp. 15-22; Chow, p. 189 **94** Spence, p. 294 **95** Fifield, *Woodrow Wilson and the Far East*, p. 243 **96** Chi, 'Ts'ao Ju-lin', p. 181, n. 138 **97** Nish, *Japanese Foreign Policy*, p. 123 **98** Curry, p. 282 **99** Nish, *Japanese Foreign policy*, pp. 287-8 **100** Fifield, *Woodrow Wilson and the Far East*, pp. 346-7 **101** Griswold, p. 327 **102** Nish, *Japanese Foreign Policy*, p. 138 **103** Chu, p. 80 **104** Fifield, *Woodrow Wilson and the Far East*, p. 300; Beers, p. 26 **105** Fifield, *Woodrow Wilson and the Far East*, p. 298 **106** Curry, p. 309

25장 페리클레스 이후 가장 위대한 그리스 정치가

1 Petsalis-Diomidis, p. 109 and Appendix B **2** F. Lloyd George, p. 167 **3** Petsalis-Diomidis, pp. 123, 135 **4** Churchill College, Hankey diary, 17.10.18 **5** Bonsal, *Suitors and Suppliants*, p. 176 **6** Alastos, pp. 11-12 **7** Ibid., pp. 14-18 **8** Ibid., p. 13 **9** Clogg, p. 33 **10** Petsalis-Diomidis, p. 17 **11** Ibid., p. 187; House of Lords Record Office, Lloyd George Papers, 55/1/10 **12** Petsalis-Diomidis, p. 177; House of Lords Record Office, Lloyd George Papers, 55/1/32, Venizelos to Lloyd George, 23.7.20; 92/12/1, interview between Lloyd George and Venizelos; FRUS, vol. 3, pp. 863-73 **13** Magosci, p. 97 **14** Smith, pp. 25-7 **15** Petsalis-Diomidis, p. 679 **16** Clogg, p. 89 **17** D. Lloyd George, *Truth about the Peace Treaties*, vol. 2, pp. 1203-4; Dillon, p. 75 **18** PWW, vol. 55, p. 266; H. Nicolson, *Peacemaking*, p. 251 **19** FRUS, vol. 3, pp. 859-66, 868-75 **20** Churchill College, Leeper Papers, 3/8, Allen Leeper to Rex Leeper, 3.2.19 **21** FRUS, vol. 3, p. 874 **22** Stickney, p. 79 **23** Duroselle, p. 777; P. Mantoux, vol. 2, p. 56 **24** Smith, pp. 63-4; Goldstein, 'Great Britain and Greater Greece', p. 344 **25** Goldstein, 'Great Britain and Greater Greece', p. 343; Churchill College, Hankey diary, 27.12.18 **26** D. Lloyd George, *Truth about the Peace Treaties*, vol. 2, p. 204; Petsalis-Diomidis, p. 129 **27** Smith, p. 253, n. **28** Goldstein, 'Great Britain and Greater Greece', pp. 346-7 **29** D. Lloyd George,

Truth about the Peace Treaties, vol. 2, p. 1216 **30** Smith, p. 18 **31** Riddell, *Intimate Diary*, p. 27; House of Lords Record Office, Lloyd George Papers, 55/1/10; Petsalis-Diomidis, pp. 72-3, 132-4 **32** Alastos, pp. 188, nn. 1 and 2; Petsalis-Diomidis, p. 135 **33** Petsalis-Diomidis, pp. 49-52, 76-8 **34** Ibid., pp. 62-3, 116-8; House of Lords Record Office, Lloyd George Papers, F3/4/6, Hardinge to Balfour, 21.1.19 **35** Yale University Library, House diary, 8.1.19; Bonsal, *Suitors and Suppliants*, p. 177; H. Nicolson, *Peacemaking*, p. 24; Seymour, p. 56 **36** H. Nicolson, *Peacemaking*, p. 268 **37** Stickney, pp. 88, 95 **38** Petsalis-Diomidis, pp. 162-3, 164, n. 41 **39** National Archives of Canada, Borden diary, 8.2.19; H. Nicolson, *Peacemaking*, pp. 262, 266 **40** Durham, pp. 246, 260-1; Shanafelt, pp. 283-300 **41** Bonsal, *Suitors and Suppliants*, p. 74; Durham, p. 181 **42** Fitzherbert, pp. 125-6 **43** Laffan, pp. 223-8 **44** Dontas, p. 105; Stickney, p. 68 **45** Stickney, pp. 91-2 **46** Roosevelt, p. 95; Cannadine, p. 383; Fitzherbert, *passim* **47** H. Nicolson, *Peacemaking*, p. 268 **48** FRUS, vol. 4, pp. 111-6 **49** Bonsal, *Suitors and Suppliants*, p. 185 **50** H. Nicolson, *Peacemaking*, p. 260 **51** Goldstein, 'Great Britain and Greater Greece', p. 348; Petsalis-Diomidis, pp. 150-1 **52** P. Mantoux, vol. 1, p. 495 **53** Stickney, p. 125 **54** Temperley, vol. 6, pp. 39-40 **55** Petsalis-Diomidis, p. 88 **56** Bonsal, *Suitors and Suppliants*, p. 180; FRUS, vol. 7, p. 397 **57** FRUS, vol. 3, p. 866 **58** Ibid., vol. 7, pp. 246, 379-80; Genov, p. 62 **59** Helmreich, pp. 153-5; Goldstein, 'Great Britain and Greater Greece', p. 349; House of Lords Record Office, Lloyd George Papers, 92/12/1, interview between Lloyd George and Venizelos, 5 September 1919 **60** Genov, p. 56

26장 오스만제국의 종말

1 FRUS, vol. 2, p. 282 **2** Ahmad, p. 18 **3** Dyer, 'The Turkish Armistice of 1918: 2', pp. 316, 323-4 **4** Ibid., pp. 327, 335-6 **5** Ibid., p. 334 **6** Ibid., pp. 319, 335, 345, n. 45 **7** Kinross, p. 153 **8** Ibid., p. 134 **9** FRUS, vol. 2, p. 281 **10** Orga, p. 194 **11** Kinross, p. 159 **12** Ibid., pp. 481, 531, 542 **13** Mazower, 'Minorities', p. 47 **14** Kinross, pp. 16, 437, 468 **15** Suny, p. 107 **16** Pope and Pope, p. 116 **17** Mansel, pp. 286-8 **18** Kinross, p. 21 **19** Ibid., chapters 2 and 3 **20** Ibid., p. 72; Pope, p. 163 **21** Kinross, p. 111 **22** Orga, pp. 164, 209; Kinross, p. 158; A.W. Palmer, pp. 244-5 **23** Mansel, pp. 384-5; Ryan, p. 139 **24** Mansel, pp. 398-400; Busch, *Mudros to Lausanne*, pp. 64-7 **25** Walker, p. 294 **26** India Office Library, Curzon Papers, F112/274,War Cabinet, Eastern Committee minutes, 46 (23.12.18) **27** India Office Library Curzon Papers, Eastern Committee minutes, 40 (2.12.18) **28** Anderson, p. 268 n. 1 **29** Petsalis-Diomidis, p. 75 **30** P. Mantoux, vol. 2, p. 56 **31** Watson, p. 367 **32** D. Lloyd George, *War Memoirs*, vol. 6, p. 3314 **33** P. Mantoux, vol. 2, p. 164 **34** Watson, p. 368 **35** FRUS, vol. 3, p. 806 **36** Helmreich, p. 13 **37** Scottish

Record Office, Lothian Papers, 1173, 'Notes of an interview between M. Clemenceau, Colonel House and myself ', 7.3.19 **38** Walker, pp. 125-6 **39** H.N. Howard, *The Partition*, pp. 135, 424 **40** FRUS, vol. 1, p. 52 **41** H.N. Howard, *Turkey, the Straits and U.S. Policy*, p. 47; Hunter Miller, *My Diary*, vol. 1, pp. 27-8, 74 **42** C.T. Thompson, p. 76; H. Nicolson, *Peacemaking*, p. 226 **43** Macfie, 'The British Decision', p. 391 **44** India Office Library, Curzon Papers, F112/274, Eastern Committee minutes, 46 (23.12.18) **45** House of Lords Record Office, Lloyd George Papers, F40/2, Montagu to Lloyd George, 28.2.19 **46** Helmreich, pp. 29-30; FRUS, vol. 3, pp. 956-69 **47** FRUS, vol. 4, pp. 147-57 **48** Baker, *Woodrow Wilson and World Settlement*, vol. 2, p. 24 **49** Suny, p. 114 and chapter 6, *passim* **50** FRUS, vol. 1, p. 42; Duroselle, p. 822 [my translation]; D. Lloyd George, *Truth about the Peace Treaties*, vol. 2, pp. 1257-8; Walker, pp. 263-4; House, *Intimate Papers* vol. 4, p. 199; Hoover, p. 141 **51** India Office Library, Curzon Papers, Eastern Committee minutes, 42 (9.12.18) **52** Andrew and Kanya-Forstner, pp. 170-1, 194 **53** Helmreich, p. 50; House of Lords Record Office, Lloyd George Papers, 1173, 'Notes of an interview between M. Clemenceau, Colonel House and myself, 10.30 a.m., 7.3.19' **54** D. Lloyd George, *Truth about the Peace Treaties*, vol. 2, p. 1262 **55** FRUS, vol. 3, p. 807; vol. 5, p. 614 **56** Andrew and Kanya-Forstner, p. 194 **57** Ryan, p. 130 **58** Kinross, p. 241 **59** Helmreich, p. 335, n. 38

27장 아랍의 독립

1 Toynbee, pp. 211-12 **2** Mordacq, *Le ministère Clemenceau*, vol. 3, pp. 25, 28-9 **3** Churchill College, Hankey diary, 4.12.18, note added 11.12.20 **4** Temperley, vol. 6, p. 182 **5** Andrew and Kanya-Forstner, pp. 174-5 **6** D. Lloyd George, *Truth about the Peace Treaties*, vol. 2, p. 1038 **7** Churchill College, Hankey diary, 6.10.18; Nevakivi, p. 118 **8** India Office Library, Curzon Papers, Eastern Committee minutes, 39 (27.11.18) **9** Fromkin, *A Peace to End All Peace*, p. 190; Storrs, pp. 316, 324 **10** Sanders, p. 268 **11** Adelson, p. 135; Nevakivi, p. 32 **12** D. Stevenson, *First World War and International Politics*, pp. 129-30 **13** Amery, vol.1, p. 237 **14** Andrews and Kanya-Forster, pp. 46, 69 **15** Ministère de la Défense, Clemenceau Papers, 6N72, memoranda of 18.12.1918, annex III; 'Plan de règlement des questions d'Orient 12.12.18'; 6N76, note 1.2.19 **16** India Office Library, Curzon Papers, F112/274, Eastern Committee minutes, 41 (5.1.2.18) **17** Ibid., Eastern Committee minutes, 42 (9.12.18) **18** Andrews and Kanya-Forster, p. 152 **19** Ibid., pp. 158-9; Nevakivi, pp. 65, 78-9 **20** Temperley, vol. 1, p. 439; Andrews and Kanya-Forster, p. 149 **21** Andrews and Kanya-Forster, p. 147 **22** Curzon Papers, India Office Library, F112/274, Eastern Committee minutes, 39 (27.11.18), minutes 40 (2.12.18) **23** Zeine, p. 46 **24** Nevakivi, pp. 59, 83; Andrews and Kanya-

Forster, p. 90 **25** Lansing, *The Big Four*, pp. 164–5, 169 **26** James, *Imperial Warrior*, p. 173 **27** Lacey, p. 83 **28** Yapp, *Making of the Modern Near East*, pp. 281–6 **29** Fromkin, *Peace To End All Peace*, pp. 174, 176–87 **30** D. Lloyd George, *Truth about the Peace Treaties*, vol. 2, p. 1028 **31** Antonius, p. 321 **32** Garnett, p. 20 **33** James, *Golden Warrior*, p. 311 **34** Garnett, p. 89 **35** Fromkin, *Peace to End All Peace*, pp. 339–41; Garnett, pp. 117–8 **36** Library of Congress, Beer Collection, diary, 8.1.19 **37** India Office Library, Curzon Papers, Eastern Committee minutes, 41 (5.12.18) **38** Nevakivi, p. 85 **39** Mordacq, *Le ministère Clemenceau*, vol. 3, p. 102; Zeine, p. 62 **40** Zeine, p. 51 **41** Bell, p. 128 **42** Zeine, p. 62 **43** Ibid., pp. 50–2 **44** Ibid., p. 59 **45** Antonius, pp. 280–6 **46** James, *Golden Warrior*, pp. 304, 599 **47** Andrews and Kanya-Forster, p. 131 **48** Hughes, *Policies and Potentates*, pp. 221–3 **49** FRUS, vol. 3, pp. 889–94; Library of Congress, Bliss Papers, box 244, diary, 25.1.19; Beer Collection, diary, 7.1.19; Bonsal, *Suitors and Suppliants*, p. 40; Zeine, p. 144 **50** Andrews and Kanya-Forster, p. 186 **51** Shotwell, p. 178 **52** Mordacq, *Le ministère Clemenceau*, vol. 3, pp. 113, 118–9 **53** FRUS, vol. 4, p. 3 **54** Zamir, pp. 408–9 **55** Watson, p. 371 **56** Zeine, p. 59 **57** Nevakivi, p. 98 **58** Public Record Office, London, CAB 29/28, British empire delegation minutes, 7 (7.2.19) **59** British Museum, Balfour Papers, 49734/164-167, Balfour to Curzon, 8.9.19 **60** Yale University Library, House diary, 7.3.19 **61** Nevakivi, p. 119 **62** Andrews and Kanya-Forster, p. 189 **63** Nevakivi, pp. 128–9 **64** Yale University Library, House diary 12.3.19 **65** Andrews and Kanya-Forster, pp. 189, 194–8, 205 **66** Baker, *Woodrow Wilson and World Settlement*, vol. 1, p. 74 **67** James, *Imperial Warrior*, p. 185 **68** FRUS, vol. 5, p. 12 **69** Poincaré, pp. 286–7 **70** Antonius, p. 288 **71** Nevakivi, pp. 138, 143 **72** Fitzherbert, p. 219 **73** James, *Golden Warrior*, p. 311 **74** Mordacq, *Le ministère Clemenceau*, vol. 3, p. 233 **75** Nevakivi, p. 143 **76** P. Mantoux, vol. 2, p. 133 **77** Yergin, pp. 183, 189 **78** Nevakivi, p. 91 **79** Amery, vol. 1, p. 232 **80** Sluglett, p. 32 **81** Callwell, vol. 2, p. 194 **82** M. Kent, *Oil and Empire*, p. 148 **83** Marlowe, p. 92 **84** Ibid., p. 13 **85** Ibid., p. 113 **86** Ibid., p. 132 **87** Sluglett, appendix 1 **88** Marlowe, pp. 136–8 **89** India Office Library, Curzon Papers, Eastern Committee minutes, 43 (16.12.18) **90** Sluglett, p. 37 **91** Wallach, pp. 213–4 **92** Ibid., p. 108 **93** Ibid., p. 290–1 **94** Ibid., p. 207 **95** Marlowe, p. 112 **96** Sluglett, p. 22 **97** Winstone, pp. 195, 198, 202; Zamir, pp. 408–9 **98** Winstone, pp. 209–10 **99** Sluglett, p. 34 **100** Fitzherbert, p. 219 **101** Darwin, chapter 3, *passim* **102** Kedourie, *Chatham House Version*, p. 90 **103** Storrs, p. 54 **104** Kedourie, *Chatham House Version*, pp. 84–8 **105** Zeine, p. 189 **106** Shaarawi, p. 114 **107** Darwin, pp. 83–4 **108** Temperley, vol. 6, p. 198 **109** Public Record Office, CAB 29/2, Indian desiderata for the peace settlement **110** J.M. Brown, *Prisoner of Hope*, pp. 140–1 **111** J.M. Brown, *Gandhi's Rise to Power*, p. 192 **112** House of Lords Record Office, Lloyd George

Papers, F/23/4 'The Future of Constantinople', 5.2.19; Public Record Office, Cabinet Papers, CAB 29/28, British empire delegation minutes, 16 (3.4.19) **113** Busch, *Britain, India and the Arabs*, p. 390 **114** P. Mantoux, vol. 2, pp. 95–100 **115** *The Englishman* (Calcutta), 8.4.19 **116** Pandey, p. 107 **117** Darwin, p. 247 **118** Callwell, vol. 2, p. 182 **119** Darwin, pp. 30–2; James, *Imperial Warrior*, pp. 184, 194 **120** Gilbert, *Churchill*, vol. 4, p. 638 **121** British Museum, Balfour Papers, 49734/154–60, Curzon to Balfour, 20.8.19 **122** Nevakivi, p. 181 **123** Scottish Record Office, Lothian Papers, 74/19–21, 12.8.19 **124** James, *Imperial Warrior*, pp. 194–5; Temperley, vol. 6, pp. 155–6; Nevakivi, p. 178 **125** Andrews and Kanya-Forster, p. 200 **126** Mordacq, *Le ministère Clemenceau*, vol. 4, pp. 97–8 **127** FRUS, vol. 12, pp. 751–863 **128** Nevakivi, p. 199 **129** Wilson, p. 621 **130** Mordacq, *Le ministère Clemenceau*, vol. 4, p. 134 **131** Ibid., pp. 141, 203 **132** Andrews and Kanya-Forster, p. 213; Keiger, p. 268 **133** Nevakivi, p. 208 **134** Andrews and Kanya-Forster, pp. 201–2; Zeine, pp. 146–7 **135** Zeine, p. 120, n. 6 **136** Andrews and Kanya-Forster, p. 215 **137** Marlowe, pp. 212–3 **138** Zeine, pp. 136–7 **139** Marlowe, pp. 162, 204, 215 **140** Gilbert, *Churchill*, vol. 4, p. 495 **141** Callwell, vol. 2, p. 273 **142** India Office Library, Curzon Papers, F111/274, Eastern Committee minutes, 39 (27.11.18) **143** Wallach, pp. 311, 321 **144** Ibid., p. 364 **145** Brecher, p. 656

28장 팔레스타인

1 Reinharz, p. 298 **2** FRUS, vol. 4, pp. 164–5 **3** Andrews and Kanya-Forstner, p. 187 **4** Shotwell, p. 170 **5** Elon, p. 62 **6** Sanders, p. 81 **7** Elon, pp. 63, 67 **8** Sanders, pp. 120–1, 418 **9** Eban, p. 12 **10** Stein, pp. 121–2 **11** Reinharz, p. 36 **12** Sanders, p. 318 **13** House of Lords Record Office, Lloyd George Papers, 60/2/26 **14** Mansergh, vol. 2, p. 27 **15** Churchill, *Great Contemporaries*, p. 250 **16** Gilmour, pp. 503–4 **17** Riddell, *Intimate Diary*, p. 325 **18** Jones, vol. 1, p. 201 **19** Malcolm, p. 110 **20** D. Lloyd George, *War Memoirs*, vol. 2, pp. 1014, 1017 **21** Mosley, p. 207 **22** Vansittart, p. 232 **23** Mackay, p. 317 **24** Yale University Library, House diary, 31.12.18 **25** Sanders, p. 119 **26** Dugdale, vol. 2, p. 171 **27** Stein, p. 152 **28** Dugdale, vol. 2, p. 163; Sanders, pp. 119–21 **29** Sanders, p. 73 **30** Rowland, p. 424 **31** D. Lloyd George, *War Memoirs*, vol. 2, p. 586 **32** Ministère des Affaires Etrangères, Europe 1918–1929, EU18–40, Grande Bretagne, vol. 7, 4.4.19 **33** Sanders, p. 518 **34** Stein, p. 127 **35** Gilmour, p. 481 **36** Adelson, p. 243 **37** Friedman, *Question of Palestine*, pp. 311–24 **38** Reinharz, pp. 223, 242; Sykes, p. 23 **39** Reinharz, pp. 291–5, 303–4 **40** Ibid., p. 296 **41** Gilbert, *Churchill*, vol. 4, p. 639; FRUS, vol. 4, pp. 161–70 **42** Reinharz, p. 298 **43** FRUS, vol. 4, pp. 161–70 **44** Andrews and Kanya-Forstner, p. 187 **45** Storrs, pp. 326, 349, n. 1 **46** Andrews and Kanya-Forstner, p. 187 **47** Reinharz, p. 301 **48** FRUS, vol. 4, p. 168 **49** Reinharz, pp. 194, 299 **50** Ibid., p. 220

51 Yapp, *The Near East since the First World War*, p. 116 52 Adelson, p. 243 53 Elon, p. 195 54 Ibid., pp. 209, 225-6: chapter 5, *passim* 55 Scottish Record Office, Lothian Papers, 64-78, Weizmann to Balfour, 30.5.18 56 Reinharz, p. 278 57 Dugdale, p. 161 58 Sanders, p. 652; Storrs, p. 414 59 India Office Library, Curzon Papers, Eastern Committee minutes, 41 (5.12.18) 60 Wilson, p. 512 61 Storrs, p. 400 62 Reinharz, pp. 255-6 63 Wilson, p. 593 64 Antonius, pp. 285-6, appendix F 65 Lebow, pp. 501-23 66 PWW, vol. 54, pp. 432-3 67 Tillman, p. 226 68 Dockrill and Goold, p. 163 69 FRUS, vol. 12, pp. 793-5 70 Klieman, p. 70 71 Nevakivi, pp. 119-23 72 Ibid., p. 274 73 Reinharz, pp. 318, 387 74 Gilbert, *Churchill*, vol. 4, p. 541 75 British Museum, Balfour Papers, 49734/154-60, Curzon to Balfour, 20.8.19 76 Sykes, pp. 49-50 77 Gilbert, *Churchill*, vol. 4, pp. 484-5 78 Ibid., p. 625-7 79 Reinharz, pp. 357-8 80 Sanders, p. 657; D. Lloyd George, *Truth about the Peace Treaties*, vol. 2, p. 1194 81 Reinharz, p. 392 82 Gilbert, *Churchill*, vol. 4, p. 621 83 Sykes, pp. 549-61 84 Reinharz, pp. 394-5 85 Sykes, pp. 72-3

29장 아타튀르크와 세브르 조약 파기

1 P. Mantoux, vol. 1, p. 454; vol. 2, pp. 37-8 2 Temperley, vol. 6, p. 21 3 Petsalis-Diomidis, p. 47; D. Lloyd George, *Truth about the Peace Treaties*, vol. 2, pp. 774-83 4 Bosworth, pp. 52-5 5 Smith, pp. 69-79 6 Bosworth, pp. 67-9; Lowe and Marzari, p. 172 7 Bosworth, p. 53 8 University Microfilm International, Sonnino Papers, reel 40/47, telegram of 26.1.19 9 Aldrovandi Marescotti, *Guerra diplomatica*, p. 365 10 P. Mantoux, vol. 2, p. 40; FRUS, vol. 5, p. 582; British Museum, Balfour Papers, 49752, vol. 2, 'The Problem of Italy and Turkey in Anatolia', 16.5.19 11 P. Mantoux, vol. 1, p. 305 12 Ibid., pp. 448-55 13 FRUS, vol. 3, pp. 868-75, 872 14 Bonsal, *Suitors and Suppliants*, p. 183; Llewellyn Smith, p. 70 15 Llewellyn Smith, p. 51 16 House and Seymour, pp. 192-3; House of Lords Record Office, Lloyd George Papers, F23/4/22, Hankey to Lloyd George, 23.2.19 17 P. Mantoux, vol. 2, p. 31 18 H. Nicolson, *Peacemaking*, pp. 321-2 19 F. Stevenson, p. 183; Smith, p. 80 20 P. Mantoux, vol. 2, pp. 47-8 21 Mordacq, *Le ministère Clemenceau*, vol. 3, p. 278 22 Smith, p. 79 23 P. Mantoux, vol. 1, pp. 495-6; vol. 2, pp. 29-31, 36 24 Callwell, vol. 2, p. 192 25 Smith, pp. 86-91 26 Kinross, p. 181 27 Ryan, p. 128 28 Kinross, pp. 181-2 29 Ibid., p. 177 30 D. Lloyd George, *Truth about the Peace Treaties*, vol. 2, p. 1285 31 Kinross, p. 199 32 Ibid., pp. 671-2 33 H. Nicolson, *Peacemaking*, pp. 333-5 34 P. Mantoux, vol. 2, pp. 55, 70 35 N. Nicolson, p. 84 36 British Museum, Balfour Papers, Add. MS 49752, vol. 2, 'The Problem of Italy and Turkey in Anatolia', 16.5.19 37 Callwell, vol. 2, p. 193 38 N. Nicolson, p. 84 39 P. Mantoux, vol. 2, p. 106 40 Ibid., pp. 72, 100, 109-13 41 Ibid., pp.

133–4; Roskill, vol. 2, p. 91 **42** Churchill College, Hankey diary, 21.5.19; Andrew and Kanya-Forster, p. 197; Steed, vol. 2, p. 330 **43** P. Mantoux, vol. 2, p. 137 **44** Helmreich, pp. 75–9 **45** Baker, *Woodrow Wilson and World Settlement*, vol. 2, p. 203 **46** H.N. Howard, *Partition of Turkey*, p. 237 **47** Helmreich, p. 110; FRUS, vol. 6, p. 711 **48** P. Mantoux, vol. 2, pp. 552–6 **49** F. Stevenson, p. 76 **50** Gilmour, pp. 491, 534–5 **51** H. Nicolson, *Curzon*, p. 47, n. 1 **52** Riddell, *Intimate Diary*, p. 184 **53** Gilmour, pp. 7–8 **54** H. Nicolson, *Curzon*, p. 20 **55** India Office Library, Montagu Papers, 15.6.18/31 **56** Vansittart, p. 273 **57** Gregory, p. 254 **58** H. Nicolson, *Curzon*, p. 193 **59** Gilmour, p. 510 **60** H. Nicolson, *Curzon*, p. 193 **61** Ibid., p. 80 **62** Gidney, p. 113 **63** Gilmour, p. 502; H. Nicolson, *Curzon*, p. 74 **64** H. Nicolson, *Curzon*, p. 214 **65** Gidney, pp. 196–9 **66** D. Lloyd George, *Truth about the Peace Treaties*, vol. 2, pp. 1264–7 **67** Lowe and Marzari, pp. 172–3; House of Lords Record Office, Lloyd George Papers, notes of an interview between Lloyd George and Tittoni, 31.8.19, F200/1/12 **68** Helmreich, p. 197, n. 6 **69** Duroselle, pp. 778–9 **70** Montgomery, p. 776 **71** A.L. Macfie, 'The British Decision', p. 393 **72** Rawlinson, pp. 190, 250–2 **73** Scottish Record Office, Lothian Papers, 1–9, memorandum, 'America and the League of Nations', 14.11.19 **74** Gilmour, p. 521 **75** India Office Library, Curzon Papers, Eastern Committee **76** Gilbert, *Churchill*, 4, 305 **77** India Office Library, Curzon Papers, Eastern Committee meeting, 42 (9.12.18) **78** Gilmour, p. 516; House of Lords Record Office, Lloyd George Papers, F47/8/13, Wilson to Lloyd George, 12.5.19 **79** Gilbert, *Churchill*, vol. 4, pp. 265, 305 **80** House of Lords Record Office, Lloyd George Papers, F 47/8/14, Wilson to Lloyd George, 14.5.19 **81** Ibid., F/24/1/10, Hankey to Lloyd George, 4.9.1919 **82** Nassibian, pp. 152–4 **83** Walker, p. 290, n.; Nassibian, p. 229 **84** Walker, pp. 275, 279 **85** Gokay, pp. 59–61 **86** Ibid., pp. 62–6 **87** Walker, p. 281 **88** Suny, p. 129 **89** FRUS, vol. 3, p. 806 **90** Adelson, p. 65 **91** Gelfand, p. 243 **92** McDowall, pp. 108–9 **93** Ibid., pp. 3–5 **94** Dominian, p. 296 **95** Nassibian, pp. 19–20, 25 **96** McDowall, p. 3 **97** Sonyel, pp. 6–8 **98** McDowall, p. 130 **99** Busch, *Mudros to Lausanne*, p. 178 **100** McDowall, pp. 120–1 **101** Helmreich, p. 204 **102** McDowall, pp. 121–9, 128 **103** Ibid., pp. 120–1, 134–7, 143; Fromkin, *Peace to End All Peace*, p. 404 **104** McDowall, pp. 125–8, 132 **105** Helmreich, pp. 301–2 **106** Temperley, vol. 6, pp. 90–1; McDowall, pp. 450–1 **107** Rawlinson, pp. 295–6 **108** Busch, *Mudros to Lausanne*, p. 207 **109** Smith, p. 122 **110** M. Kent, *Moguls and Mandarins*, p. 100 **111** Dockrill and Goold, p. 210 **112** Smith, p. 127; Callwell, vol. 2, pp. 248–9 **113** Callwell, vol. 2, p. 213 **114** Dockrill and Goold, p. 210 **115** Sonyel, p. 82 **116** Walker, pp. 315–6 **117** Walker, p. 315 **118** Temperley, vol. 6, p. 91 **119** Sonyel, pp. 83–4 **120** Adamthwaite, p. 94 **121** Dockrill and Goold, p. 222 **122** Smith, pp. 191–7, 266 **123** Kinross, p. 354 **124** Smith, p. 309; Kinross, p. 372 **125** H. Nicolson, *Curzon*, pp. 273–4; Gilmour, p. 544

126 W.A. White, p. 245 127 N. Nicolson, p. 121 128 W.A. White, pp. 244-5, 254 129 Grew, vol. 1, p. 525, n. 45 130 Dockrill and Goold, p. 241 131 White, p. 254 132 Grew, vol. 1, p. 525 133 Dockrill and Goold, p. 246 134 Grew, vol. 1, pp. 542-3 135 Gilbert, *Rumbold*, p. 290 136 Grew, vol. 1, p. 584 137 Gilmour, p. 556 138 Dockrill and Goold, p. 239 139 C.A. Macartney, *National States*, p. 444 140 Pope, pp. 116-18 141 Kinross, p. 407 142 McDowall, pp. 171-8 143 Mansel, p. 421 144 McDowall, p. 158 145 Sonyel, p. 225 146 Pope, pp. 22-3 147 Gilmour, p. 567

30장 거울의 방

1 Hankey, pp. 143-4, 146; Marston, pp. 185-6 2 Callwell, vol. 2, p. 189 3 FRUS, vol. 3, p. 386 4 H. Nicolson, *Peacemaking*, p. 327 5 P. Mantoux, vol. 2, p. 473, n. 2 6 F. Stevenson, p. 183 7 Aldrovandi Marescotti, *Guerra diplomatica*, p. 318 8 Mordacq, *Le ministère Clemenceau*, vol. 3, p. 264 9 Aldrovandi Marescotti, *Guerra diplomatica*, p. 299 10 FRUS, vol. 12, p. 85 11 Schiff, pp. 51-2 12 Lovin, p. 58; Scottish Record Office, Lothian Papers, 70/5, notes by M. Massigli, 8.5.19 13 Schiff, pp. 34-9; Nowak, pp. 184-6; Wheeler-Bennett, *Nemesis of Power*, p. 49, n. 2; St Antony's College, Malcolm Papers, 1/2, diary, 25.4.19 14 FRUS, vol. 12, p. 119 15 Schwabe, *Woodrow Wilson, Revolutionary Germany*, pp. 185-8 16 Klein, p. 206 17 Bessel, *Germany after the First World War*, chapter 8; FRUS, vol. 12, pp. 92, 99 18 FRUS, vol. 12, p. 86 19 Schwabe, 'Germany's Peace Aims', p. 42 20 다음을 보라. Schwabe, *Woodrow Wilson, Revolutionary Germany*, pp. 157-9, 319, n. 51; Epstein, pp. 305-6 21 Soutu, pp. 179-80; Nowak, pp. 240-4; Epstein, p. 319 22 Schwabe, *Woodrow Wilson, Revolutionary Germany*, pp. 310-17; Walworth, *Woodrow Wilson and his Peacemakers*, p. 385 23 Klein, pp. 211-2 24 Schiff, pp. 32-3; Nowak, pp. 178-82; Lovin, 57-60 25 Luckau, p. 116 26 Luckau, pp. 62-5 27 Schiff, p. 67 28 Riddell, *Intimate Diary*, p. 71 29 Hankey, pp. 151-3 30 Ibid., p. 153 31 Luckau, p. 119 32 Hankey, p. 153 33 F. Stevenson, p. 183 34 Hankey, pp. 154-5; Riddell, *Intimate Diary*, pp. 73-4; Aldrovandi Marescotti, *Guerra diplomatica*, p. 306 35 H. Nicolson, *Peacemaking*, pp. 329-30 36 Nowak, p. 225 37 Sharp, *Versailles Settlement*, p. 127 38 Schiff, pp. 75-7 39 Luckau, p. 124 40 Steed, vol. 2, p. 336 41 Nowak, p. 228 42 Mommsen, p. 535 43 Eyck, vol. 1, p. 98 44 Schwabe, *Woodrow Wilson, Revolutionary Germany*, p. 336 45 Krüger, pp. 323-35 46 Luckau, pp. 182-8 47 FRUS, vol. 12, p. 96 48 Ibid., vol. 6, pp. 795-901 49 Holborn, p. 141 50 Marks, 'Smoke and Mirrors', pp. 356-9; Holborn, pp. 140-4; Luckau, pp. 81-4; Mommsen, pp. 537-9 51 Luckau, p. 47, 81 52 Ibid., pp. 130-1; Nowak, p. 244 53 Luckau, pp. 242, 268-72; 287-99; 306-14 54 D. Lloyd George, *Truth about the Peace Treaties*, vol. 1, p. 684 55 P. Mantoux, vol. 2, p. 403 56 Luckau, p. 254 57 Hoover, p. 234

58 Lansing, p. 272 **59** Fromkin, *In the Time of the Americans*, pp. 260–3; Walworth, *Wilson and his Peacemakers*, pp. 394–5 **60** H. Nicolson, *Peacemaking*, p. 187 **61** Lentin, *Lloyd George, Woodrow Wilson*, p. 92 **62** Noble, pp. 353–8, 362–3; Miquel, pp. 548–55 **63** Callwell, vol. 2, p. 195 **64** J.C. King, pp. 96–102; McDougall, *France's Rhineland Diplomacy*, pp. 70–72; Mordacq, *Le ministère Clemenceau*, vol. 3, pp. 298–9 **65** Lentin, *Lloyd George, Woodrow Wilson*, pp. 89–93 **66** House of Lords Record Office, Lloyd George Papers, F 6/6/47, Cecil to Lloyd George, 27.5.19; Lentin, *Lloyd George, Woodrow Wilson*, p. 93 **67** Public Record Office, Cabinet Papers, CAB 29/28, British empire delegation minutes, 32 (30.5.19) **68** House of Lords Record Office, Lloyd George Papers, F 45/9/29, Smuts to Lloyd George, 26.3.19; F45/9/33, Smuts to Lloyd George, 5.5.19; F 45/9/34, Smuts to Lloyd George 14.5.19; F 45/9/35, Smuts to Lloyd George, 22.5.19; F45/9/39, Smuts to Lloyd George, 2.6.19 **69** Ibid., F45/9/4, Lloyd George to Smuts, 3.6.19; F45/9/41, Smuts to Lloyd George, 4.6.19 **70** Public Record Office, Cabinet Papers, CAB 29/28, British empire delegation minutes, 33 (1.6.19, a.m.) **71** Ibid., 34 (1.6.19, p.m.) **72** P. Mantoux, vol. 2, p. 268–72 **73** Mordacq, *Le ministère Clemenceau*, vol. 3, p. 303; FRUS, vol. 11, p. 222 **74** FRUS, vol. 11, p. 222 **75** Library of Congress, Baker notebooks, 9.6.19 **76** P. Mantoux, vol. 2, p. 274 **77** D. Lloyd George, *Truth about the Peace Treaties*, vol. 1, pp. 678–8 **78** Lentin, *Lloyd George, Woodrow Wilson*, p. 100 **79** Yale University Library, House diary, 31.5.19 **80** P. Mantoux, vol. 2, pp. 428–37 **81** FRUS, vol. 6, pp. 341–2 **82** P. Mantoux, vol. 2, p. 276 **83** Library of Congress, Baker notebooks, 3.6.19 **84** P. Mantoux, vol. 2, pp. 358–61; 363–75 **85** Ministère de la Défense, Clemenceau Papers, 6N73, 'Incidents de Versailles'; Schiff, pp. 124–6 **86** British Museum, Balfour Papers, Add. MS 49750/231–236, memorandum from Sir Ian Malcolm; Scottish Record Office, Lothian Papers 466/26 3.6.19; St Antony's College, Malcolm Papers, 8.5.19 **87** P. Mantoux, vol. 2, p. 401; Schiff, pp. 114–34 **88** P. Mantoux, vol. 2, pp. 462, 459–75 **89** Klein, p. 214, n. 35; Holborn, pp. 145–7 **90** Rudin, p. 316 **91** Marder, vol. 5, pp. 270–82 **92** FRUS, vol. 6, pp. 613–4; Yale University Library, House diary, 23.6.19 **93** Epstein, pp. 311–24 **94** Ibid., p. 314, n. 51 **95** Nowak, p. 267; Schiff, p. 143 **96** Epstein, chapter 12, *passim*; pp. 315–7 **97** Ibid., pp. 325–6 **98** Luckau, p. 91 **99** Nowak, p. 266 **100** P. Mantoux, vol. 2, p. 513 **101** Eyck, vol. 1, p. 104; Luckau, pp. 109–12; Wheeler-Bennett, *Nemesis of Power* pp. 55–9; Epstein, pp. 320–23 **102** Aldrovandi Marescotti, *Nuovi ricordi*, pp. 83–4; Hankey, p. 181 **103** Aldrovandi Marescotti, *Nuovi ricordi*, p. 89 **104** Ministère des Affaires Etrangères, Jules Cambon Papers, folder 100 (correspondence), Jules Cambon to Paul Cambon, 26.6.19 **105** Garran, p. 271 **106** Aldrovandi Marescotti, *Nuovi ricordi*, p. 96 **107** National Archives of Canada, Christie Papers, vol. 7, file 21, 'The Dominions and the Peace Conference: A New Page in

Constitutional History', by Clement Jones, p. 184 **108** Riddell, *Intimate Diary*, p. 99 **109** Shotwell, p. 382 **110** Amery, vol. 1, p. 260 **111** Lovin, p. 70 **112** Aldrovandi Marescotti, *Nuovi ricordi*, p. 87 **113** Hankey, pp. 182-5 **114** Garran, p. 270 **115** Yale University Library, House diary, 20.3.19 **116** C.T. Thompson, p. 411 **117** Headlam-Morley, p. 178 **118** Marks, 'Smoke and Mirrors', p. 370, n. 138 **119** F. Stevenson, p. 187 **120** Duroselle, p. 886 **121** H. Nicolson, *Peacemaking*, p. 368; Shotwell, p. 383 **122** FRUS, vol. 11, pp. 597-604; H. Nicolson, *Peacemaking*, pp. 365-71; Schiff, pp. 167-71; Hankey, pp. 188-9; Callwell, vol. 2, p. 201 **123** Eubank, p. 193 **124** House, *Intimate Papers*, vol. 4, p. 487 **125** Shotwell, p. 383 **126** Schiff, pp. 170-2 **127** Aldrovandi Marescotti, *Nuovi ricordi*, p. 110 **128** Rowland, p. 495 **129** C.T. Thompson, p. 421 **130** Headlam-Morley, p. 180; Garran, p. 272; F. Lloyd George, p. 145; FRUS, vol. 11, pp. 603-4; Ashmead-Bartlett, pp. 208-10 **131** Ryder, p. 224 **132** Waite, p. 129 **133** Epstein, pp. 388-9 **134** Skidelsky, vol. 1, pp. 374-5, 378-9 **135** Ibid., pp. 348-53 **136** Keylor, 'Versailles and International Diplomacy', p. 485, n. 51 **137** Ferguson, 'Keynes and German Inflation', p. 375 **138** Schuker, *End of French Predominance*, p. 296 **139** Schuker, *American 'Reparations' to Germany*, p. 12 **140** Keiger, p. 271 **141** Kershaw, *Hitler*, pp. 148-53 **142** 예를 들어 다음을 보라. Cohen **143** Bessel, 'Why Did the Weimar Republic Collapse?', pp. 126-8 **144** Schuker, *American 'Reparations' to Germany*, pp. 16-17; Marks, 'Reparations Reconsidered', *passim* **145** Marks, 'The Myths of Reparations', pp. 233-4; Eyck, vol. 1, pp. 174-5 **146** P. Mantoux, vol. 1, p. 151 **147** Schuker, *American 'Reparations' to Germany*, pp. 106-8; Marks, 'The Myths of Reparations', p. 233 **148** Marks, 'Smoke and Mirrors', p. 348; Temperley, vol. 2, p. 54 **149** Eyck, vol. 1, p. 318 **150** Waite, chapter 8 **151** Wheeler-Bennett, *Nemesis of Power*, p. 98 **152** Ibid, pp. 145-6 **153** Eyck, vol. 1, 223-4; Nekrich, chapter 1, *passim* **154** 다음을 보라. Weinberg, 'The Defeat of Germany', pp. 252-3 **155** Department of State, *The Treaty of Versailles and After*, p. 27

맺으며

1 Ministères des Affaires Etrangères, Georges Mandel Papers, 234/2, 22.7.19 **2** Steffens, p. 803 **3** Sharp, 'The Genie', p. 25 **4** Roosevelt, p. 97 **5** FRUS, vol. 3, pp. 394-410 **6** Ibid., pp. 403-5, 408-9; Burns, pp. 47-50 **7** Schachtman, p. 189 **8** Repington, p. 187; Watson, pp. 388-94, 438 **9** Tumulty, p. 378 **10** Ibid., p. 435 **11** Ibid., p. 447-8; Hecksher, pp. 609-22 **12** *The Economist*, 31.12.99

찾아보기

ㄱ

간디, 모한다스 113, 726, 733, 735-6
곰퍼스, 새뮤얼 194
구웨이쥔(웰링턴 쿠) 588, 607, 609-13, 615-6, 621, 625, 628
그레이슨, 케리 71, 143, 192, 264, 330, 332, 373, 377, 380, 620
글린, 엘리너 284, 286, 856

ㄴ

난센, 프리드쇼프 168
네이미어, 루이스 284, 396
노스클리프, 앨프리드 92-3, 165-6, 357
니컬슨, 해럴드 71, 108-9, 177, 247, 249, 259, 281, 292, 399, 442, 479, 487, 641-2, 650-1, 653, 659, 662, 754, 784, 790-2, 799, 838, 844, 859
니콜라스 2세(몬테네그로 왕) 233-6
니티, 프란체스코 557, 559-60, 802

ㄷ

단눈치오, 가브리엘레 543-4, 553, 556-62, 741, 875
대니얼스, 조지퍼스 337-9
더럼, 에디스 234-5, 654-6, 659
덜레스, 존 포스터 364, 842
데니킨, 안톤 146, 154-5, 169, 804-6
데스페레이, 루이 프란셰 151, 480, 489
도메르그, 가스통 704

드골, 샤를 403
드레셀, 엘리스 832-5
드모프스키, 로만 392-401, 407, 419, 422, 427, 446
디첼레레, 마치 528-31

ㄹ

라르노드, 페르디낭 188-9, 196, 588
라우프, 후세인 672-6
랜싱, 로버트 24, 33, 37-8, 45-9, 72, 119, 287, 291, 313-4, 335, 437, 443, 603, 605, 608, 610, 612-4, 617, 619, 619-20, 628, 691, 706, 843, 859, 862, 878
러몬트, 토머스 284, 341, 356, 863
레너, 카를 456, 461-3, 467, 473
로, 보너 92, 160, 285, 295, 821, 846
로런스, 토머스 E. 24, 109, 699, 708-13, 716, 719, 728-9, 745
로스차일드 751, 758
로지, 헨리 캐벗 39
롱, 월터 339, 722
루덴도르프, 에리히 301-2, 315
루쇠르, 루이 78, 360, 363, 365
루스벨트, 시어도어 36, 39-40, 875
루스벨트, 프랭클린 34, 285, 570, 577, 873
루정샹 593-4, 596, 609-10, 613, 619, 628
리델, 조지 379, 411, 508
리트비노프, 막심 158, 168

찾아보기 955

ㅁ

마리 (루마니아 왕비) 24, 249, 262-4, 495, 874
마사리크, 얀 453
마사리크, 토마시 430-9, 443, 447, 450, 452-3
마키노 노부아키 565, 576, 580, 583-4, 587-9, 610, 613-4, 617-9
매시, 윌리엄 113, 205, 207, 209, 211, 586
맥스웰, 엘사 285-8
머독, 키스 112
멜키오르, 카를 345, 863
몬터규, 에드윈 113, 349, 355, 694, 732, 734-5, 758, 764, 792, 798, 847
무솔리니, 베니토 173, 498, 535, 540, 543-4, 558, 560-2, 664, 821, 875
뮐러, 헤르만 857, 860
밀너, 앨프리드 211, 717, 847

ㅂ

바돌리오, 피에트로 524
바루크, 버나드 284, 348
바우어, 오토 463-4
바이츠만, 하임 712, 746-52, 755-75
반스, 조지 194
밸푸어, 아서 46, 78, 99-100, 106, 109, 128, 134, 142-3, 160, 185, 224, 233, 248, 251, 263, 275, 287-8, 291, 293, 321, 326, 367, 402-3, 412, 417-8, 462, 467, 534, 537, 540, 574-5, 583, 604, 613, 617-9, 694, 702, 708, 716, 719, 726, 729-30, 737, 747, 752-5, 758, 760, 764, 766, 769, 771-5, 779-80, 792, 796, 805, 838, 855
버클러, 윌리엄 158

베네시, 에두아르드 289, 429-41, 446-9, 453, 455
베니젤로스, 엘레프테리오스 24, 134, 277, 431, 539, 557, 585, 588, 633-43, 646-67, 680, 776, 780-6, 814-8, 820-1
베스니치, 밀렌코 238, 250
베이커, 레이 스태나드 37, 39, 59, 61, 125, 138, 187, 376, 508-9, 547, 555, 565, 619, 621, 849
벤슨, 윌리엄 335, 338-40
벨, 거트루드 727, 729-30, 743-5
벨, 요하네스 857
보든, 로버트 105-6, 110-1, 114, 135, 138, 151, 159, 181, 190, 208, 510, 564, 587, 612
보리스 3세 (불가리아 왕) 270-1, 279
보타, 루이스 111, 203-4, 209, 847
본살, 스티븐 451-2, 563, 566-7, 617, 621, 660, 665, 782
부르주아, 레옹 180, 188-9, 191-2, 196, 588
불릿, 윌리엄 43, 163-6, 843-4, 878
브랜다이스, 루이스 769
브르티아누, 이온 246, 249-58, 261-3, 275, 289, 481, 490-5, 874
브록도르프-란차우, 울리히 444, 464, 831-2, 835, 837-42, 845, 850-3
블리스, 태스커 38, 72, 127, 139, 493, 619
비솔라티, 레오니다 540-1
비스마르크, 오토 폰 175, 311, 322, 328, 519, 831
빌헬름 2세 311, 314, 670, 858

ㅅ

사빈고프, 보리스 146

사이온지 긴모치 563-71, 573, 583, 601, 617, 626
사조노프, 세르게이 146, 160
섬너 355
세실, 로버트 91, 100, 173-4, 185-8, 191, 195-6, 201, 207, 324, 526, 584-5, 588, 704, 751-3
소니노, 시드네이 51, 119, 122, 147, 155, 232, 242, 287, 504, 515, 517-34, 539, 548-50, 552, 554, 556, 562, 650, 747, 777-9, 785, 790, 802
슈테파니크, 밀란 432
스뮈츠, 얀 105, 111, 181-5, 188, 195, 200-4, 207, 303, 352-3, 412, 486-90, 507, 587, 704, 843, 846-7, 861
스콧, C. P. 426, 744
스탈린, 이오시프 165, 171, 173, 425, 453, 494, 816
스탐볼리스키, 알렉산데르 270-1, 275-8, 821
스테펀스, 링컨 141, 162-5
스토르스, 로널드 762, 767
스티드, 헨리 위컴 166, 226, 228, 434, 470, 531
스티븐슨, 프랜시스 70, 93, 98, 109, 287, 305, 358, 371, 514, 634, 784, 796, 830, 858
시모어, 찰스 260, 289, 429
시몽, 앙리 206, 212
시턴-왓슨, 로버트 226, 229, 238

ㅇ

아가 칸 735
아데나워, 콘라트 326
아인슈타인, 알베르트 773
아타튀르크, 무스타파 케말 674-9, 787-90, 796, 803, 806, 811-26
아포니, 알베르트 496-7
알렉산더 (유고슬라비아 왕자) 224, 231-2
압둘라 (요르단 왕) 741-4
앨런비, 에드먼드 702-3, 706, 718, 733, 737-8, 759
야보틴스키, 블라디미르 759, 766
에르츠베르거, 마티아스 852
에머리, 레오 721
에베르트, 프레드리히 854
오킨클로스, 고든 290, 587
오펜, 윌리엄 285, 288
위미스, '로지' 339
윈게이트, 레지널드 731-2
윌슨, 아널드 723-30, 743, 745
윌슨, 에디스 (윌슨 부인) 38, 42, 283, 288, 291, 297, 332
윌슨, 헨리 29, 190, 318, 321, 325, 333, 369-70, 376, 492, 694, 722, 737, 786, 805, 815, 829, 845
이스메트 이뇌뉘 821-6
이승만 128
이오네스쿠, 타케 255-6

ㅈ

자글룰, 사이드 731-3
조지 5세 (영국 왕) 99, 294, 312, 478

ㅊ

처칠, 윈스턴 94, 99-100, 120, 141-2, 148, 153, 155, 160-2, 169-70, 190, 222, 352, 679, 737, 743, 752-3, 755, 771-4, 792,

847

치체린, 게오르기 157, 164, 168, 821
친다 수테미 565, 583-4, 587-8, 613, 617, 627

ㅋ

카로이 미하이 476-9, 482-4, 489, 498
카를 1세 (오스트리아 황제) 314, 455, 467
카턴 드 위아트, 에이드리언 403, 424
캉봉, 쥘 284, 405, 645
캉봉, 폴 68, 77, 505, 693, 859
캐슬레이 26
커, 필립 100, 109, 139, 162, 331, 369-70, 407
커즌, 조지 100-1, 143, 155, 415, 604, 627, 681-2, 698, 702, 705, 710, 716, 721, 737, 743, 753-4, 757, 767, 772, 796-805, 812-24, 826
컨리프 355, 363
케인스, 존 메이너드 94, 96, 343-8, 353, 355, 360, 363, 488, 843, 862-3
콘스탄티노스 1세 (그리스 왕) 640, 648, 817-8
콜차크, 알렉산드르 146, 169-70, 416
쿤, 벨러 165, 474-6, 483-96, 539
크라마시, 카렐 289, 429, 439, 440, 445
크레인, 찰스 437, 739, 769
클레망텔, 에티엔 347
클로츠, 루이-뤼시앵 282, 359-60, 362

ㅌ

타르디외, 앙드레 65, 78, 121, 329-31, 367, 375, 378, 504, 829
타벨, 아이다 124

태프트, 윌리엄 38-9, 570
토인비, 아널드 284, 691, 695
토프타니, 에사드 파샤 656
트로츠키, 레온 143, 157, 425, 489, 748
트룸비치, 안테 224-30, 250
티소, 요제프 452-3

ㅍ

파데레프스키, 이그나치 얀 24, 392, 397-400, 403, 407, 409, 413, 422, 427, 436, 447, 449
파시치, 니콜라 219-24, 227-30, 237
파이살 (이라크 왕) 431, 706-20, 725, 728-9, 732, 738-44, 767-8, 771, 824
퍼싱, 존 64, 120, 285, 303, 318, 320
페르디난트 2세 (불가리아 왕) 269-71, 276
페탱, 앙리 필리프 318, 325
포슈, 페르디낭 82, 148, 152-3, 170, 263, 289, 303, 305, 317-25, 333, 374, 376, 378, 380, 382, 400, 445, 478, 485, 507, 510, 830, 850, 855, 858, 867, 876
푸앵카레, 레몽 56, 78, 86-8, 134, 160, 189, 192, 201, 294, 327, 367, 378-9, 382-3, 711, 718-9, 740, 819-21
프랑크푸르터, 펠릭스 760
프루스트, 마르셀 292
피숑, 스테판 56, 78, 118, 147, 202, 367, 397, 523, 613, 685, 696, 703, 705, 713-4, 718, 803
피우수트스키, 유제프 388-402, 415, 419, 425-7, 431
피코, 조르주 684, 698-704, 718, 745, 762
필리모어, 월터 180
필비, 세인트 존 728, 744

필비, 킴 664

ㅎ

하우스, 에드워드 34, 37-8, 42, 58-64, 68, 72, 74--5, 107, 120-1, 140, 150, 162-5, 179, 187-8, 207, 211, 236, 261, 263, 281-2, 290-1, 293, 297, 315, 327, 329, 331-3, 33, 357, 380-1, 451, 459, 463, 518, 527-8, 534-5, 542-3, 546, 555, 563, 565, 583-8, 604, 613, 617, 619, 650, 660, 678-9, 684, 686-7, 693, 717, 754, 760, 782, 848, 851, 857, 860

하이만스, 폴 511

할레르, 유제프 392, 400

행키, 모리스 55, 83, 106, 122, 203, 282, 286, 317, 369-70, 466, 506, 514, 549, 614, 634, 805

허버트, 애스퀴스 92

허버트, 오브리 658, 730

헌터 밀러, 데이비드 186, 629

헤르츨, 테오도어 749-50, 765

호르티 미클로시 490, 494, 498

호찌민 128

화이트, 헨리 38, 72, 377, 620

후버, 허버트 130-3, 167-8, 261, 537, 843

후세인, 이븐 알리 (메카의 샤리프) 706-7

휴스, 빌리 104-7, 112-3, 190, 205-9, 211, 213, 336, 356, 359, 574, 586-7, 856

홀린카, 안드레이 451-2

히틀러, 아돌프 173, 266, 301, 308, 315, 380, 410, 414, 418, 421, 445, 472-3, 498, 562, 690, 774, 830, 862, 864, 867, 870, 875, 879

힌덴부르크, 폴 폰 301-2, 315, 853

파리 1919
새로운 세계 질서를 향한 6개월

1판 1쇄 2025년 11월 28일

지은이 | 마거릿 맥밀런
옮긴이 | 허승철

펴낸이 | 류종필
편집 | 이정우, 노민정, 권준, 이은진
경영지원 | 홍정민
교정교열 | 오효순
표지 디자인 | 석운디자인
본문 디자인 | 이미연

펴낸곳 | (주)도서출판 책과함께
   주소 (04022) 서울시 마포구 동교로 70 소와소빌딩 2층
   전화 (02) 335-1982
   팩스 (02) 335-1316
   전자우편 prpub@daum.net
   블로그 blog.naver.com/prpub
   등록 2003년 4월 3일 제2003-000392호

ISBN 979-11-94263-76-0 03900